Glaubenszugänge

Lehrbuch der katholischen Dogmatik

Band 3

Glaubenszugänge

Lehrbuch der katholischen Dogmatik
in drei Bänden
Herausgegeben von Wolfgang Beinert

Band 3

1995

Ferdinand Schöningh
Paderborn · München · Wien · Zürich

Glaubenszugänge

Lehrbuch der Katholischen Dogmatik

Herausgegeben von

Wolfgang Beinert

Band 3

Bertram Stubenrauch:
Pneumatologie – Die Lehre vom Heiligen Geist

Georg Kraus:
Gnadenlehre – Das Heil als Gnade

Günter Koch:
Sakramentenlehre – Das Heil aus den Sakramenten

Josef Finkenzeller:
Eschatologie

1995

Ferdinand Schöningh
Paderborn · München · Wien · Zürich

Die Deutsche Bibliothek – CIP-Einheitsaufnahme

Glaubenszugänge: Lehrbuch der katholischen Dogmatik: in drei Bänden / hrsg. von Wolfgang Beinert. – Paderborn; München; Wien; Zürich: Schöningh.
NE: Beinert, Wolfgang [Hrsg.]

Bd. 3. Pneumatologie – die Lehre vom Heiligen Geist [u. a.]. – 1995
ISBN 3-506-70807-4 kart.
ISBN 3-506-70803-1 Gb.
NE: Stubenrauch, Bertram

Umschlag- und Einbandgestaltung: Elmar Lixenfeld, Frankfurt a. M.

Gedruckt auf umweltfreundlichem, chlorfrei gebleichtem und alterungsbeständigem Papier ∞ ISO 9706

Printed in Germany. Herstellung: Ferdinand Schöningh, Paderborn

ISBN 3-506-70803-1 (gebunden)
ISBN 3-506-70807-4 (kartoniert)

Vorwort

Auch für diesen Abschlußband des Lehrbuches „Glaubenszugänge" sei auf das Vorwort des Bandes 1 zurückverwiesen: Dort finden Leserin und Leser nähere Angaben über das, was Herausgeber und Autoren damit wollen und wie sie es ins Werk zu setzen bemüht gewesen sind.

Man könnte den Band 3 als die dogmatische Erläuterung zum dritten Artikel der christlichen Symbola betrachten. Das Christusereignis vollendet sich in der Geschichte durch die Sendung seines Geistes, des *Hagion Pneuma*. Er geleitet durch sein Wirken Menschen und Welt in die absolute Zukunft, in das endlose Ende.

So wird dieser Teil des Werkes eröffnet durch die *Pneumatologie*. Sie ist noch nicht allzulange Bestandteil des Cursus dogmaticus. Das hängt mit der vielberufenen Geistvergessenheit der abendländischen Christenheit zusammen; sie ist ein gängiges, vielleicht manchmal zu viel zitiertes Schlagwort. Aber dieser Umstand ist nicht zuletzt das Verdienst der Aufarbeitung des tatsächlich nicht zu leugnenden Defizits durch bedeutende Theologen des 20. Jahrhunderts. Gottes Geist ist der Geist der Liebe und der Freiheit, er ist Gabe und Kommunikation mit Gott und der Menschen untereinander. Sich der geistlichen Tradition der christlichen Kirche und der christlichen Theologie zu erinnern, ist daher in besonderer Weise in der gegenwärtigen Situation von allergrößter Bedeutung. Privatdozent Dr. theol. habil. *Bertram Stubenrauch*, Regensburg, ruft sie in unser Bewußtsein. Auch an dieser Stelle muß mit tiefer Dankbarkeit erwähnt werden, daß er sich kurzfristig dieser Mühe unterzogen hat, indem er für einen anderen Autor eingesprungen ist.

Das Wirken Gottes im Herzen der Menschen durch den Geist Jesu Christi nennt die christliche Glaubensreflexion Gnade. Die dem unter dogmatischem Blickwinkel gerecht werdende *Gnadenlehre* war über lange Jahrhunderte die Walstatt, auf der sich im christlichen Westen erbitterte Gefechte, ja Schlachten abgespielt haben, die ob ihrer Verbissenheit eine traurig stimmende Opferbilanz zum Ergebnis hatten. Hie Gottes Souveränität – hie des Menschen Freiheit, so klangen die Kampfparolen. Gottes Gottsein und des Menschen Menschsein – um nicht weniger geht es tatsächlich in diesem Traktat. Man versteht da schon den Ernst der Auseinandersetzung. *Georg Kraus*, Dogmatiker an der Universität Bamberg, kann, gestützt auf die heutige Theologie, zeigen, daß und wie sie weitgehend auf unzureichenden Ansätzen beruhte. Er weist den Weg zu einer in Wahrheit befreienden und so das Lob der Gnade weckenden Lösung.

Gnade schenkt Gott auf vielerlei geheimnisvollen Wegen, sein Königsweg aber sind die Sakramente, die die Kirche, selber Werk des Christus-Geistes, allen schenkt, die sie würdig empfangen wollen. So fügt sich die *Sakramentenlehre*, erstellt von dem Würzburger Dogmatiker *Günter Koch*, der Gnadenlehre an. Von ihren Anfängen an hat sich die Aufmerksamkeit der Christen auf jenen Kosmos der Heilszeichen gerichtet, der spätestens seit dem Konzil von Trient im bekannten Septenar sichtbar wurde, der sich aber für die Theologie von heute auch in der Gestalt Christi und seiner Kirche und in vielen Strukturen der Heilsgeschichte anschaulich macht. Die Sakramentenlehre ist daher ein ausgesprochen materialreicher Traktat. Er ist aber auch die Stelle, an der der Praxisbezug der Dogmatik höchst deutlich zutage tritt.

Das gilt sicher nicht minder, eher mehr noch von der *Eschatologie* – auch wenn es für das christliche Lebensgefühl unserer Zeit nicht immer klar ist. Die nicht angenehm klingende Erfahrungsweisheit der mittelalterlichen Mönche aber hat nichts an Realität verloren: *Media in vita in morte sumus*. Leben ist je Einübung in den Tod – christliches Leben ist, wo es gelingt, Verkosten des Ewigen Lebens, zu dem uns der Gottesgeist führt, der in uns Abba ruft. Der emeritierte Münchener Lehrer der Dogmatik *Josef Finkenzeller* führt in Inhalt und Gehalt des herkömmlicherweise an der letzten, aber nicht an der geringsten Stelle des langen und schwierigen Ganges durch die Inhalte des Glaubens stehenden Traktates. Die Eschata freilich haben nicht die „letzten Dinge" von Welt und Menschen zum Thema; sie sind nur der letzte und äußerste und irreversible Zugang zu Glaube und Hoffnung der Christen. Denn wo sich alle Versuche der Gottes- und Menschenliebe im dreieinen Gott vollenden, da ist der Himmel, der nichts anderes ist als die Gemeinschaft mit diesem Gott. So und unter allen denkbaren Aspekten betrachtet aber ist der Himmel das Ende jeder Theologie. Dort gibt es Dogma nur mehr als Doxa. Der Glaube ist am Ziel. Das Ziel des Glaubens ist die Liebe.

Wolfgang Beinert

Inhaltsverzeichnis

Georg Kraus

GNADENLEHRE – DAS HEIL ALS GNADE

Günter Koch

SAKRAMENTENLEHRE – DAS HEIL AUS DEN SAKRAMENTEN

Josef Finkenzeller

ESCHATOLOGIE

VERZEICHNIS DER TABELLEN UND SCHAUBILDER

Bertram Stubenrauch

Pneumatologie – Die Lehre vom Heiligen Geist

1. Einführung

1.1 Zum Traktat Pneumatologie

Als dogmatischer Traktat spielt der Begriff *Pneumatologie* – die Lehre vom Heiligen Geist – erst seit wenigen Jahrzehnten eine Rolle. Zwar hatten bereits die Katechesen der Kirchenväter und die großen Lehrwerke der Scholastiker vom Heiligen Geist gehandelt, doch ihre Reflexion wurde besonders von seiten der lateinischen Theologie in den Dienst vorgeordneter Themen, namentlich der Gotteslehre, der Ekklesiologie und der Gnadenlehre gestellt. Für einen eigenen Traktat über das Wesen und das Wirken des Geistes bestand darum kein Interesse. Noch die zweite Auflage des ‚Lexikons für Theologie und Kirche' bietet in Band 6 (1963) zwar das Stichwort ‚Pneuma', der Begriff ‚Pneumatologie' hingegen fehlt.

Er begegnet zum ersten Mal im Zusammenhang *philosophischer* Überlegungen und umschreibt zu Beginn des 17. Jahrhunderts jenen speziellen Teil der Metaphysik, der „von Gott ... und den geschaffenen Engeln und Seelen der Menschen als den drei stofflosen und vernunftbegabten ‚Geistern'" handelt[1]. In diesem Sinn besaß die Pneumatologie oder *Pneumatik* als die Lehre von den Geistwesen und den Dämonen zwar einen theologischen und zum Teil mythologischen Hintergrund, hatte indes mit dem *Heiligen Geist* – der dritten göttlichen Person – wenig zu tun. Selbst als durch die Aufklärung und den Deutschen Idealismus der Begriff des ‚Geistes' von seinem mythologischen Hintergrund emanzipiert worden war und zu einem philosophischen Kernbegriff avancierte, blieb der Bezug auf das Pneuma im Sinn der christlichen Gotteslehre nur indirekt erkennbar.

Die pneumatologische Neubesinnung innerhalb der *Dogmatik* läßt sich auf mehrere Ursachen zurückführen. Sie hängt zunächst mit den Weichenstellungen des Zweiten Vatikanischen Konzils und zu einem Gutteil mit dem ökumenischen Neuaufbruch der jüngsten Zeit zusammen. Vor allem hat das Gespräch mit den pneumatologisch aufgeschlossenen *Ostkirchen* die katholische Glaubensreflexion bereichert. Ferner dürften charismatische Bewegungen innerhalb und außerhalb der Kirche die Wiederentdeckung des Heiligen Geistes mitbedingt haben.

Mit ihr steht die Theologie in der Pflicht: Ein eigener Traktat ‚Pneumatologie' ist heute aus einem dogmatischen Handbuch nicht mehr wegzudenken. Obwohl er, wie K. H. Neufeld zu Recht bemerkt hat, nur in enger Verknüpfung mit den „Heilstatsachen und das Sein Gottes" Sinn gewinnt[2], also seinem Wesen nach gar nicht von den übrigen Diskursen über den Glauben, vor allem nicht von der

[1] Th. Mahlmann, Pneumatologie, Pneumatik: HWP 7, 996.
[2] Pneumatologie: LKDog (^{3}1991) 417.

Gotteslehre getrennt werden kann[3], bleibt er unentbehrlich: Durch ihn geschieht *Bewußtseinsbildung*. Nur wenn das Mysterium des Geistes als solches genannt und systematisch durchdacht wird, leuchtet ein, daß „alle theologische Wahrheit ... ‚pneumatologisch' zu erfassen und darzustellen" ist[4].

1.2 Zur Unterscheidung der Geister

Das deutsche Wort ‚Geist' vermengt Inhalte, die in der hebräischen, griechischen und lateinischen Sprache auch begrifflich unterschieden und darum nicht so leicht miteinander zu verwechseln sind[5]. Deshalb tut zunächst eine Besinnung auf den dogmatischen Geistbegriff not.

Spricht das Dogma vom ‚Geist', dann meint es in erster Linie eine Wirklichkeit völlig eigener Art, die sich nicht mit innerweltlich Bekanntem verrechnen läßt. Das Pneuma ist, wie Gottes Sein überhaupt, eine streng *transzendente* Größe und darum nur durch Offenbarung zu erkennen. Von daher verbietet sich zunächst der durch den deutschen Begriff nahegelegte Fehlschluß, den Gottesgeist auf die Seinsebene des geschaffenen Geistes zu stellen und ihn mit dessen ontischen oder psychologischen Qualitäten zu vergleichen.

Der Geist Gottes bleibt vom Geist des Menschen grundsätzlich unterschieden. Vor allem läßt sich der mit dem anthropologischen Geistbegriff verbundene Dualismus von Geist und ‚Körper', von Geist und ‚Materie' nicht in den theologischen Pneumabegriff hineintragen. Weder stellt der Geist den nichtstofflichen Teil Gottes dar noch läßt er sich überhaupt in die Kategorien Stoff und Nicht-Stoff zwängen. Er bleibt ob der Integrität seiner unvergleichlichen Seinsweise im nichtzugänglichen Licht Gottes verborgen, und wenn er aus ihm heraustritt, dann geschieht das nicht auf eine geistige, leiblose Weise, sondern in der Form der *Kraft*: Der Heilige Geist *konstituiert* Wirklichkeit, gleich, ob sie geistiger oder stofflicher Art ist. Er *verändert* Wirklichkeit, aber wiederum so, daß alle ihre Dimensionen von ihm berührt bleiben. Und er *vollendet* Wirklichkeit, denn seine Tiefe ist unauslotbar und vielschichtig und gerade aus diesem Grund verheißungsvoll. Kurz: Der Geist tritt in der Weise Gottes an die Wirklichkeit heran, das heißt als *Schöpfer*.

Damit mag die *Unterscheidung der Geister* gelingen: Sämtliche Vorstellungsgehalte, die sich im täglichen Sprachgebrauch mit dem Wort ‚Geist' verbinden, meinen Teilbereiche der geschöpflichen Wirklichkeit im Blick auf ihre Tiefendimension. In diesem Sinn kennt ein mythologisches oder esoterisches Weltbild

[3] Überschneidungen der Traktate Pneumatologie und Gotteslehre sind deshalb nicht immer zu vermeiden; man beachte die entsprechenden Querverweise.

[4] K. H. Neufeld, Pneumatologie, 417.

[5] Vgl. das Schaubild am Ende dieses Abschnitts 1.2; dazu B. J. Hilberath, Pneumatologie (LeTh 23), Düsseldorf 1994, 26.

Geister und Dämonen, kann vom ‚Geist der Natur' oder dem kreativen Geist eines Menschen, dem Genie, die Rede sein. Auch gesellschaftliche Übereinkünfte oder kulturelle Erbschaften haben Geist und vermögen mit Macht zu wirken.

Der Geist Gottes stellt demgegenüber keinen Teilbereich der Wirklichkeit dar, sondern ihre Totalität und ihren transzendenten Ursprung. Darum muß vor jede Pneumatologie das Vorzeichen einer *negativen Theologie* treten: Gott ist als Geist und als Gott, der Geist hat, nur ansatzweise mit den verschiedenen Ausprägungen des kreatürlichen Geistes zu vergleichen. Und selbst nachdem durch die heilsgeschichtliche Offenbarung jene Denk- und Vorstellungsansätze freigelegt worden sind, die sich für die Rede vom Geist eignen, ist Zurückhaltung geboten. Die Unterscheidung der Geister darf auch dann nicht unterbleiben, wenn die Schrift und die Tradition es erlauben, positiv vom Geist zu reden.

Hier findet die Dogmatik ihre Grenze und ihre Größe zugleich: Obwohl sie als Hermeneutin der Offenbarung vom Geist *reden* muß und es im Lauf ihrer Geschichte auf vielfältige Weise getan hat, muß sie sich zu bescheiden versuchen. Solange sie indes auch für das *Wirken* des Geistes sensibel bleibt, kommt ihr die Aufgabe zu, Wort und Wirklichkeit in eins zu bringen.

Was ist „Geist"?

Deutsche Sprache:

Geist mit seinen zahlreichen Ableitungen nimmt eine hervorragende Stellung ein. Es ist ein *Urwort,* das kaum durch irgendwelche Bestimmungen eingeschränkt werden kann.

Bandbreite: Gottes Wesen – Gespenst – Bewußtseinszentrum – Wesensbestandteil des Menschen – Genie – Witz (Esprit) – Organ des theoretischen Denkens usw.
Äquivalente: Seele – Verstand – Vernunft – Gesinnung – Herz – Bewußtsein.
Gegensatzworte: Materie – Natur – Leib – Körper – Fleisch – Buchstabe.

Etymologie: westgerm. (ndl. geest, engl. ghost) *erregt sein, aufgebracht sein, schaudern.*

Hebräische Sprache:

Ruach (fem.) hat einen außerordentlich großen Bedeutungsumfang, der Physisches und Psychisches, Außen und Innen vereint. Dahinter steht die *Erfahrung* einer unsichtbaren Realität mit großen Wirkungen.

Bandbreite: Wind – Atem – Lebensodem – Geist – Sinn – Gemüt – „Herz" (das Innere des Menschen).

Griechische Sprache:

Pneuma (neutr.) von πνεῖν (wehen) hat eine objektiv-materiale Bedeutung: Luft in Bewegung.

Bandbreite: Atem – Wesensbestandteil des Kosmos – Lebensodem – Substanz von Gottheit und Seele (stoisch).
Äquivalente: νοῦς – ψσυχή – διάνοια – γνώμη – ἦθος – φρόνημα – ἀγχίνοια.

Lateinische Sprache:

Spiritus (masc.) hat, ausgehend von „Hauch", kosmologisch-teleologische Bedeutung.

Äquivalente: animus – anima – mens – intellectus – ratio – ingenium.

Allgemeine Begriffsbestimmung:

Geist/Ruach/Pneuma/Spiritus bedeutet

personale Bestimmtheit,
Partizipation,
Dynamik und Zielgerichtetheit,
die schöpferische Transzendenz Gottes

und ist eine Wirklichkeit, die Anhalts- und Anknüpfungspunkte in Erfahrung und Erlebnishorizont der Menschen besitzt.

Erstellt von Wolfgang Beinert

2. Die Wirklichkeit des Geistes nach dem Alten Testament

2.1 Zum Kontext der alttestamentlichen Pneumatologie

2.1.1 Die Grundhaltung Israels

Was sich aus den Schriften des Alten Testaments über das Wirken des Geistes entnehmen läßt, gründet in der Welt- und Gotteserfahrung Israels während einer bewegten Geschichte. Die Wechselfälle dieser Geschichte bedingen die Vielfalt, aber auch die Uneinheitlichkeit der alttestamentlichen Pneumatologie: In der Jahwe-Religion blieb die Erfahrung des Geistes untrennbar mit dem Erleben Gottes selbst verknüpft. Sie war wie dieses in den Lauf des täglichen Lebens eingebunden und darum die Angelegenheit einer beständigen Reflexion. Die Wirklichkeit des Geistes konnte nicht mit einem Mal beschrieben, geschweige denn begriffen werden, sie trat vielmehr jeweils neu und mit unterschiedlicher Intensität in das Glaubensbewußtsein Israels ein, um es lebendig und flexibel zu halten.

Doch vor allem: Die Erkenntnis des Gottesgeistes ging aus dem Mut der Jahwefrommen hervor, ihre pneumatischen Erfahrungen durch eine *theologische* Interpretation auf den lebendigen Gott ihrer Geschichte zurückzuführen. Denn im Mittelpunkt des Glaubens Israels stand der eine Gott, der heilige Gott des Bundes, dessen souveräne Alleinherrschaft es gegenüber den Ansprüchen fremder und vieler Götter zu verteidigen galt: „Höre Israel! Jahwe, unser Gott, Jahwe ist einzig. Darum sollst du den Herrn, deinen Gott, lieben mit ganzem Herzen, mit ganzer Seele und mit ganzer Kraft" (Dtn 6,4-5). Aber dieser Gott wurde nicht in eine unzugängliche Ferne gerückt. Israel vertraute auf seine Fürsorge und gewahrte seine Weisheit im Gefüge der Schöpfung nicht weniger deutlich als im Geschick der eigenen Volksgemeinschaft. Mit anderen Worten: Israel barg sich in Gottes Gegenwart.

Von dieser Haltung nimmt die alttestamentliche Pneumatologie ihren Ausgang. Sie umschreibt nichts anderes denn die Wirksamkeit eines Gottes der Geschichte und der Menschen. Sie gibt zu erkennen, daß dieser Gott nicht jenseits der Welt agiert, sondern mitten in ihr und zu ihren Gunsten, aber erhaben über innerweltliche Zusammenhänge, die sich berechnen und verzwecken lassen.

2.1.2 Der Beitrag der Geschichte

Die Religionsgeschichte

Da sich der Gottesglaube Israels nicht losgelöst von seiner Umwelt entwickelt hat, ist anzunehmen, daß *fremdreligiöse* Vorstellungen auch auf die alttestamentliche Pneumatologie Einfluß nahmen. Spuren dieses Prozesses finden sich vor allem in den prophetischen Überlieferungen Israels. Zu ihnen zählen Texte, in denen sich Ereignisse aus der Zeit vor dem Auftreten der sogenannten Schriftpropheten des achten und siebten Jahrhunderts spiegeln. In diesen Texten wird von ‚Sehern' berichtet, die – einzeln oder in Scharen auftretend – aus heiterem Himmel vom ‚Geist Gottes' (*ruach elohim)* überfallen werden. Das versetzt sie in einen vorübergehenden ekstatischen Trancezustand, in eine Art religiöse Raserei, die zudem ansteckend ist – von ihr können auch Personen ergriffen werden, die sich zufällig oder absichtlich den besagten Gruppen nähern. Nach 1 Sam 10,5-12 und 19, 20-24 bekommt diese geheimisvolle Kraft der König Saul zu spüren. Obwohl an diesen Stellen ausdrücklich vom ‚Geist Gottes' die Rede ist, läßt sich außerisraelitischer Einfluß erkennen: Zum einen verwendet der hebräische Urtext den relativ unspezifischen Gottesnamen *Elohim* (außer in 1 Sam 10,6: *ruach Jahwe*); zum anderen weiß die Religionsgeschichte von vergleichbaren Phänomenen im Zusammenhang kanaanitischer, syrischer und indogermanischer Kulte zu berichten[6].

Mit der fortschreitenden Präzisierung des israelitischen Gottesglaubens geht indes eine wachsende Distanz gegenüber diesen Phänomenen einher. Das Wissen um die Klarheit des von Jahwe ergangenen Wortes gewinnt gegenüber der prophetischen Ekstase zunehmend an Bedeutung, und die Abgrenzung von fremden Kulten nimmt entschiedenere Züge an. Daneben wächst die Skepsis angesichts ekstatischer Phänomene wohl auch aus dem Grund, weil sie Israel an den Dämonenglauben seiner spiritistisch durchtränkten Umwelt sowie an den numinosen Ursprung der eigenen Gotteserfahrung erinnern[7].

In der frühen alttestamentlichen Pneumatologie sind auch diese Zusammenhänge noch deutlich zu erkennen. Sie unterscheidet zwischen einer guten und einer bösen *ruach*, die – je nachdem – bei den Menschen Heil oder Unheil bewirkt. Wieder ist an König Saul zu erinnern; das Buch Samuel bescheinigt ihm ausdrücklich, von einem ‚bösen Geist' besessen zu sein (vgl. 1 Sam 16,14; 18,10). Auch die Bürger von Sichem werden nach Ri 9,23 von einem Dämon, einer bösen *ruach* geplagt. Dem religiös wankelmütigen König Ahab tritt ein ‚Lügengeist' gegenüber, damit er „betört werde" – und seine Hofpropheten entpuppen sich ob dieses Lügengeistes sämtliche als falsche Propheten (vgl. 1 Kön 22; 2 Chr 18).

Trotz dieser offensichtlich vom Dämonismus geprägten Vorstellungen findet in der Theologie Israels eine bezeichnende Umformung statt. Sie besteht darin, „daß nicht viele Götter und Dämonen herrschen, sondern der Eine Gott als der Herr dieser guten und bösen Kräfte aufgefaßt" wird[8]. Durch die in Israel vollzo-

---

6 Vgl. H. D. Preuß, Theologie des Alten Testaments II, Stuttgart - Berlin - Köln 1992, 74 f.

7 Zum Dämonischen am Gottesbild Israels vgl. M. Buber, Moses, Gerlingen [4]1994, 75-80, 78 f: „Die Frühzeit der israelitischen Religion kennt keinen Satan: wenn auf den Menschen eine Macht stößt und ihn bedroht, gilt es auch in ihr, sie sei noch so nächtig-grauenhaft und grausam, JHWH wiederzuerkennen und ihm standzuhalten, da er doch nichts anderes von mir heischt als mich. Das Wort des Exilspropheten (Jesaja 45,7) ‚Der den Frieden macht und das Übel schafft, ich IHWH bin's, der all dies macht' hat uralte Wurzeln".

8 J. Moltmann, Der Geist des Lebens. Eine ganzheitliche Pneumatologie, München 1991, 54.

gene theologische Zentrierung des prophetischen Ruach-Gedankens erfahren die von der Umwelt übernommenen Ideen eine deutliche Korrektur. Aber der religionsgeschichtliche Einfluß läßt sich nicht mehr verleugnen.

Die israelitische Volksgeschichte

Weitaus prägender als die Religionsgeschichte erwies sich für das biblische Geistverständnis jedoch der Verlauf der *politischen Geschichte* Israels. Vor allem zwei Ereignisse markieren die Entwicklung der alttestamentlichen Pneumatologie: die Errichtung des Königtums und das babylonische Exil.

Mit dem Königtum entsteht eine Art *politische Pneumatologie*: Die Rede vom Geist Gottes dient fortan zur Legitimation und zur theologischen Interpretation der staatlichen Autorität. Im Zuge dieser Umformung verschmelzen bedeutsame Theologumena der israelitischen Glaubenstradition mit dem Ideal des von Jahwe selbst ermächtigten Königs, der bei seiner Inthronisation zum ‚Sohn Gottes' ausgerufen wird. Ps 2 bewahrt ein entsprechendes, an ägyptischen Vorstellungen orientiertes Ritual auf: „Mein Sohn bist du, heute habe ich dich gezeugt" (Ps 2,7; vgl. auch Ps 89,27-30: „Ich mache ihn zum erstgeborenen Sohn, zum Höchsten unter den Herrschern der Erde"). Durch den Würdetitel ‚Sohn Gottes', der im König dem ganzen Volk Israel zukommt (vgl. Ex 4,22 f; Jer 31,9), drückt sich die besondere, ja vertraute Nähe des auserwählten Volkes zu seinem Gott aus. Zugleich erscheint der König als Platzhalter des eigentlichen Königs Jahwe, weshalb er zum Regieren dessen Geist bedarf und ihn mittels einer Salbung tatsächlich erhält. Die Bemerkungen 1 Sam 16,13 f und 2 Sam 23,2 über die Bestellung Sauls und Davids zu Herrschern Israels betten diese Theologie in die turbulenten Ereignisse der Geschichte ein.

Wie viele andere theologische Themen wird auch die alttestamentliche Pneumatologie durch das *babylonische Exil* geprägt, der in den Jahren 597-582 v. Chr. erfolgten Deportation führender Schichten Jerusalems und Judas nach Südmesopotamien. Mit dem Exil findet die staatliche Souveränität Israels – von der kurzen Episode der Hasmonäerherrschaft abgesehen – ihr endgültiges Ende. Damit entfällt ein wesentlicher Faktor des religiösen Selbstverständnisses Israels. Es kommt ein Prozeß in Gang, der zu folgenreichen Veränderungen führt: Zum einen werden die überkommenen Glaubenstraditionen im Licht der veränderten Situation überdacht und mit neuen Akzenten versehen; zum anderen werden verlorene Werte durch andere ersetzt. So tritt an die Stelle des alten Nationalgedankens das Ideal der zur Schriftlesung versammelten und betenden Heilsgemeinde. Der frühere Tempel- und Opferkult aber, obgleich nach dem Exil wiederhergestellt, büßt angesichts der nunmehr verstärkten Pflege des ‚Gesetzes' und damit der persönlichen Heiligung im Alltag zumindest einen Teil seiner ursprünglichen Bedeutung ein.

Was die Pneumatologie betrifft, so läßt sich die Tendenz beobachten, die Rede vom Gottesgeist mit dem *Ende der Geschichte* zu verbinden. Außerdem wird dem Geist als solchem ein gesteigertes Interesse zuteil: Die exilischen bzw. nachexilischen Propheten Ezechiel und Joël verheißen das Pneuma als Heilsgut des endzeitlichen Gottesvolkes, stellen es also ausdrücklich in den Mittelpunkt einer hoffnungsfrohen Erwartung (vgl. Ez 36,24-28; Joël 3,1-4). Daneben erkennt vor allem Ezechiel die Teilhabe des Geistes an der universalen Schöpferkraft Jahwes. Von ihr erwartet er in seiner berühmten Vision Ez 37,1-14 die Auferstehung und Neuschöpfung des entseelten Israel: „Da sagte er (Jahwe) zu mir: Sprich als Prophet über diese Gebeine und sag zu ihnen: Ihr ausgetrockneten Gebeine, hört das Wort des Herrn! So spricht Gott, der Herr, zu diesen Gebeinen: Ich selbst bringe Geist in euch, dann werdet ihr lebendig" (VV. 4-5); „Da sprach ich als Prophet wie er mir befohlen hatte, und es kam Geist in sie. Sie wurden lebendig und standen auf – ein großes, gewaltiges Heer" (V. 10)[9].

Der eschatologische Ausblick, den Ezechiel und Joël eröffnen, läßt zudem die *messianische Frömmigkeit* Israels in einem neuen Licht erscheinen. Anstatt auf das entmachtete Königtum, dessen Inhaber allesamt vor dem Anspruch ihres Amtes kapitulieren mußten, richtet sich die Hoffnung des Volkes auf einen endzeitlichen Heilsbringer, der insofern pneumatische Züge trägt, als man ihm nicht nur die Fülle des Geistbesitzes, sondern auch die Fähigkeit zutraut, den Geist tatsächlich an alle weiterzugeben. In diesem Sinn verstärken und erweitern die nachexilischen Propheten Deutero- und Tritojesaja die messianische Verheißung ihres vorexilischen Namensgebers, der die Geistbegabung des kommenden Messias-Königs mit eindringlichen Worten beschrieben hatte: „Der Geist des Herrn läßt sich nieder auf ihm: der Geist der Weisheit und der Einsicht, der Geist des Rates und der Stärke, der Geist der Erkenntnis und der Gottesfurcht" (Jes 11,2). Jedoch nimmt diese messianische Gestalt in der Vision des Deuterojesaja knechtliche und damit noch eindeutiger proexistente Züge an (vgl. Jes 42,1-4: das erste Lied vom Gottesknecht). Dasselbe geschieht bei Tritojesaja (vgl. Jes 61,1-2); seiner Überzeugung nach „wirkt der Geist Jahwes nicht mehr in dem für einen König spezifischen Handeln, also in der Ausübung königlicher Macht, sondern im Verkünden der guten Botschaft für die Armen. Nur aus diesem Gegensatz bekommt das Wort seinen Sinn"[10]. Wer dieser Geist der Endzeit näherhin sein könnte, wie sich sein Verhältnis zu Jahwe und dessen Messias tatsächlich gestaltet und wie man sich sein Wirken im einzelnen vorzustellen hat, bleibt in den genannten Texten offen. Ihren Gewährsleuten lag weniger daran, den Geist zu definieren als klarzustellen, daß für die Endzeit eine völlige Umkehrung der Verhältnisse, das heißt eine grundlegende Erneuerung der Beziehung zwischen Gott und Mensch zu erwarten sei. Der Geist steht gewissermaßen als Garant und Symbol dieser verheißenen Erneuerung.

Die Ideengeschichte

Natürlich haben auch *ideengeschichtliche* Einflüsse die alttestamentliche Pneumatologie verändert. Als besondes beredt erweist sich in diesem Zusammenhang das Stichwort *Hellenismus*: Die aus Jerusalem und Juda deportierte oder auch freiwillig von dort ausgewanderte Judenschaft war mit der seit Alexander dem Großen grie-

---

[9] Dazu B. J. Hilberath, Pneumatologie, 46: „Theologisch gesehen ist bemerkenswert, daß dieses Neuschaffen mit dem Öffnen der Gräber und dem Heraufholen aus den Gräbern verglichen wird: Gottes Geist wirkt an der Trennungslinie zwischen Tod und Leben".

[10] C. Westermann, Geist im Alten Testament: EvTh 41 (1981) 228.

chisch durchtränkten Welt des Mittelmeerraums in Berührung gekommen und darum bemüht, die eigene Glaubenstradition mit griechischen Sprach- und Denkgewohnheiten zu versöhnen. Durch die Hellenisierung der hebräischen Überlieferung, aber auch durch die Weiterführung von in der biblischen Tradition bereits vorhandenen gemeinorientalischen Weisheitsphilosophien rückt die Auffassung vom Geist unmittelbar an das Ideal der ewigen Weisheit heran. Mehr noch: Der Geist Gottes wird ausdrücklich mit der Weisheit Gottes gleichgesetzt (vgl. Weish 1,4-6: die ‚Weisheit' – *sophia* – steht synonym mit ‚Heiliger Geist' – *hágion pneuma*). Dazu tritt, wie überhaupt in der nachexilischen Zeit, ein kosmologisches, schöpfungstheologisches Element: Wie die Weisheit Gottes die ganze Welt umspannt, hervorbringt und ordnet (vgl. Weish 9,1-19), wie sie ferner den Menschen zur Übereinstimmung mit dem Schöpfer bringt, um ihn weise zu machen (vgl. Weish 7,22-27), so erfüllt der „Geist des Herrn" den Erdkreis (Weish 1,7) und ist in allem, was existiert, sein „unvergängliches Pneuma" (Weish 12,1). Neben Weish 1,4-6 werden auch Weish 7,22-27 und 9,17 der ‚Geist' Gottes und die ‚Weisheit' Gottes synonym gebraucht. Zudem erfahren beide Größen eine Personifizierung, die, wie Y. Congar meint, mehr ist denn eine „Stilfigur"[11].

Ein besonders eindrucksvolles Beispiel dieser nachexilischen Personifizierungs- und Identifizierungstendenz bietet Weish 7,22 f: „In ihr (der Weisheit) ist ein Geist: gedankenvoll, heilig, einzigartig, mannigfaltig, zart, beweglich, durchdringend, unbefleckt, klar, unverletzlich, das Gute liebend, scharf, nicht zu hemmen, wohltätig, menschenfreundlich, fest, sicher, ohne Sorge, alles vermögend, alles überwachend und alle Geister durchdringend, die denkenden, reinen und zartesten". Durch die Hypostasierung von Weisheit und Geist kündigt sich leise an, was die neutestamentliche und spätere kirchenamtliche Pneumatologie nachhaltig bestimmen wird.

2.2 Wirken und Wesen des Geistes nach dem Alten Testament

2.2.1 Die Begrifflichkeit

Für das Verständnis der wichtigsten pneumatologischen Schriftstellen mag ein ordnender Überblick über die Begrifflichkeit des alttestamentlichen Zeugnisses von Nutzen sein. Zunächst gilt festzuhalten, daß der hebräische Terminus *ruach*, der im hebräischen Alten Testament an 378 Stellen begegnet und in den meisten Fällen feminines Geschlecht besitzt[12], in einem lautmalerischen Sinn den ‚Wind' oder den ‚Sturmwind', also eine Naturerscheinung bezeichnet. Von dieser ersten Grundbedeutung her erschließen sich unmittelbar einige weitere: Da der Wind

[11] Y. Congar, Der Heilige Geist, Freiburg - Basel - Wien ²1986, 27.

[12] Die Geschlechtsbestimmung hängt u.a. vom Kontext ab; vgl. H. Schüngel-Straumann, Rûaḥ bewegt die Welt. Gottes schöpferische Lebenskraft in der Krisenzeit des Exils (SBS 151), Stuttgart 1992, 18-21.

in der Natur dem ‚Wind' im menschlichen und tierischen Organismus entspricht, bezeichnet *ruach* den ‚Atem' von Mensch und Tier, ohne den es kein Leben gäbe und ohne den namentlich der Mensch kein mit Gemüt und ‚Geist' ausgestattetes Wesen vorstellte. So ergibt sich für den Terminus *ruach* die Grundbedeutung ‚Wind', ‚Atem', ‚Leben' und ‚Geist' – ein beachtlich weitgespanntes Bedeutungsspektrum. Über dessen Dehnbarkeit belehrt zudem der Umstand, daß in der Spätzeit des Alten Testaments die Bedeutungsnuance ‚Geist' zur Bezeichnung himmlischer Wesen, nämlich guter und böser ‚Geister' oder Engel wird.

Besonders aufschlußreich sind freilich jene Schriftstellen, in denen der Ruachbegriff mit Ausdrücken in eins geht, die ihn näher qualifizieren. Begegnet er als Genitivkonstruktion in Verbindung mit einem menschlichen Namen, was bei einem guten Drittel der Texte der Fall ist (vgl. z.B. Gen 45,27: „Geist Jakobs"; Esra 1,1: „Geist des Königs Kyros"), wird eine Gemütsverfassung des betreffenden Menschen ausgesagt, eine kraftvolle Initiative zumeist, mit der etwas angestoßen, etwas Bedeutsames bewirkt wird. Gleichermaßen kann das Wort *ruach* mit Gemütsbezeichnungen guter oder schlimmer Art verschmelzen. In diesem Sinn reden Jes 19,24 vom ‚Geist der Verwirrung' und Num 5,14.30 vom ‚Geist der Eifersucht', während Ex 28,3 und Dtn 34,9 an den ‚Geist der Weisheit' erinnern. Dabei läßt sich nur schwer entscheiden, ob mit ‚Geist' überirdische, auf den Menschen einwirkende Kräfte gemeint sind oder die drückende wie beflügelnde Mächtigkeit der jeweiligen Eigenschaften selbst. Immerhin zeigt sich bereits auf dieser Ebene, wie sehr im Ruachbegriff die Ebenen von Natur und Übernatur, von Anthropologie und Theologie ineinanderfließen.

Diese Interferenz offenbart sich geradezu als Wesensgesetz, wenn das Wort *ruach* mit den Gottesbezeichnungen *Jahwe* oder *Elohim* verbunden wird. In diesen Fällen steht eine irdisch erfahrbare Wirklichkeit unmittelbar im Dienst des göttlichen Wirkens, werden Naturerscheinungen zu Symbolträgern der Gegenwart, der Durchsetzungskraft und der Fürsorge Jahwes. Dabei kommt der Grundbedeutung ‚Wind' – ‚Leben' eine besondere Bedeutung zu: Jahwe handelt *durch* den Wind; aufgrund seiner *ruach*, die niemals ihr Ziel verfehlt, läßt er nach der Sintflut die Wasser zurückgehen (Gen 8,1); mit ihrer Hilfe trocknet er das Schilfmeer aus, um Israel den Weg in die Freiheit zu ebnen (vgl. Ex 14,21; 15,8). Winde dienen als Boten und Botschafter Jahwes und können sich nach seinem Willen zum Heil, aber auch zum Unheil, beispielsweise strafend auswirken (vgl. Ps 104,3-4; 147,18; Jer 4,12); der Windbraus ist lebensspendender Hauch und Anhauch des Herrn (Jes 40,7.28; Hos 13,15).

Daß der Geist zugleich von Gott kommt und doch zuinnerst mit der Schöpfung verbunden ist, zeigt sich dann, wenn er zum Vitalitätsprinzip alles Lebendigen, insbesondere des Menschen erklärt wird. In diesem Fall bezeichnet die *ruach Jahwe* die „dynamische Gottesbezogenheit" des kreatürlichen Seins[13], dessen ureigenes Lebensprinzip wie zugleich den wirksamen Willen Gottes, Leben zu schenken und Leben zu erhalten. Mit poetischer Eleganz kommt diese Überzeugung – sie wird übrigens von allen Kulturen des Alten Orients geteilt – in Ps 104 zum Ausdruck: „Sie alle warten auf dich, daß du ihnen Speise gibst zur rechten Zeit. Gibst du ihnen, dann

---

[13] U. Dahmen, ruah: ThWAT 7, 409.

sammeln sie ein; öffnest du deine Hand, werden sie satt an Gutem. Verbirgst du dein Gesicht, sind sie verstört; nimmst du ihnen den Atem, so schwinden sie hin und kehren zurück zum Staub der Erde. Sendest du deinen Geist aus, so werden sie alle erschaffen und du erneuerst das Antlitz der Erde" (VV. 27-30)[14].

Aber wie steht es mit der Bezeichnung ‚Heiliger Geist' im Alten Testament, wie mit dem Verhältnis seiner offensichtlich überweltlichen und zugleich welthaften Seinsweise? Vom ‚Heiligen Geist' wird erst relativ spät und nur an wenigen Stellen gesprochen: Ps 51,13; Jes 63,10 f und, wie erwähnt: Weish 1,4-6 (hier wohl in Anlehnung an die beiden erstgenannten Zeugnisse). Die Wortverbindung ‚Heiliger Geist' steht in dieser späten Zeit – außer im Weisheitsbuch, wo sie die göttliche *sophia* qualifiziert – für die erhabene Unantastbarkeit Jahwes und damit eher allgemein für Gottes Gottsein. Der ‚Heilige Geist' des Alten Testaments hat demnach mit dem Heiligen Geist des Christusereignisses wenig zu tun, wie übrigens auch die *ruach Jahwe* nicht vorschnell als eine Offenbarung des Geistes im Sinn des kirchlichen Bekenntnisses aufgefaßt werden darf.

Auf die Frage nach der seinshaften Beheimatung der *ruach Jahwe* sei mit J. Moltmann geantwortet: „So sehr die ruah als ruah Jahwe transzendenten Ursprungs ist, so sehr ist sie als Lebenskraft alles Lebendigen immanent wirksam. Die Schöpferkraft Gottes ist die transzendente, die Lebenskraft des Lebendigen die immanente Seite der ruah"[15]. Diese Einsicht wird sich im Verlauf unserer Untersuchung weiter aufschließen. An ihr Textfundament erinnert die folgende Tabelle:

ruach	als Naturerscheinung:	Wind(e); Windhauch; Luftzug; Sturm
bedeutet	als Vitalitätsprinzip:	Atem – Leben; ‚beseeltes' Leben
	als anthropologische Komponente:	Gemüt – Gemütszustand; Geist; ‚Ich'; Herz; Verstand: das ‚Innere' des Menschen
	als esoterischer Begriff:	Geister – Dämonen; Engel (atl. Spätschriften)
	als theologische Größe:	Wirksame Gegenwart Gottes; lebenspendende Kraft Jahwes und dessen schöpferische Macht; Gottes Gottsein und Allheit
	als prophetische Kraft:	Entrückung und Inspiration
	als eschatologische Größe:	Kraft der Erneuerung und Symbol einer stimmigen Gott-Mensch-Beziehung

2.2.2 *Das reale und zugleich unverfügbare Wirken des Geistes*

Schon die semantische Erschließung des Wortes *ruach* gemäß der alttestamentlichen Verwendung hat einen eigentümlichen Sachverhalt zutage gebracht: Dem *Geist* eignet ein handfester Realismus. Er ist weder mit einer Idee noch mit der Vorstellung einer unkörperlichen Substanz zu verwechseln. Das Pneuma stellt

[14] Vgl. außerdem Gen 6,3.17; Num 16,22; Ijob 12,10; Jes 42,5; Ri 15,19; 1 Kön 21,5 u.ö.

[15] Der Geist des Lebens, 55.

nach semitischer Auffassung eine dynamische Kraft und eine Bewegung dar, die man zu spüren bekommt, die Wirklichkeit belebt, gestaltet und verändert. Gleichwohl lassen die alttestamentlichen Schriften keinen Zweifel daran, wie wenig sich über den Gottesgeist verfügen läßt. Diese Unverfügbarkeit liegt nicht nur darin begründet, daß schon die Naturgewalt des Windes wenig zu beeinflussen, höchstens zu beobachten und zu bestaunen ist (vgl. 2 Kön 3,17; Koh 8,8; 11,4); sie erklärt sich auch nicht allein aus der Unverfügbarkeit des Lebens selbst, das die Kreatur, insbesondere der Mensch als deren Hüter und Krone (vgl. Gen 1,27 f; Ps 8,5-9), lediglich als Geschenk entgegenzunehmen vermag. Das Unverfügbare des Geistes folgt aus der heiligen Souveränität Gottes selbst und geht notwendig mit dessen unbedingter Transzendenz einher. So steht das Pneuma im Alten Testament gewissermaßen für die Allheit Gottes. Und doch tritt es als verbindendes Element *zwischen* Gott und Welt, um beide aneinanderzufügen und um *in* der Welt der Herrschaft Jahwes zum Durchbruch zu verhelfen.

Der Geist ist also nach alttestamentlicher Überzeugung gleichermaßen real wie unverfügbar: Beide Bestimmungen leuchten besonders in Situationen auf, in denen die *ruach Jahwe* spürbar auf das Geschehen der Natur oder auf das Geschick des Volkes Israel Einfluß nimmt. Bisweilen greift das eine in das andere, wie in der schon erwähnten Schilfmeererzählung Ex 13,17-15,21, deren theologische Pointe im Moselied Ex 15,6.8.10 zum Ausdruck kommt: „Deine Rechte, Herr, ist herrlich an Stärke; deine Rechte, Herr, zerschmettert den Feind ... Du schnaubtest vor Zorn, da türmte sich Wasser, da standen Wogen als Wall, Fluten erstarrten im Herzen des Meeres ... Da schnaubtest du Sturm (*ruach*). Das Meer deckte sie zu. Sie sanken wie Blei ins tosende Wasser“. Am Realismus dieses Geschehens kann es keinen Zweifel geben: Israel wird trotz einer nach menschlichem Ermessen ausweglosen Situation vor dem Untergang bzw. vor neuer Versklavung bewahrt. Die ägyptische Streitmacht geht zugrunde. Aber die Errettung durch den Geist bleibt allein die Sache Jahwes; Israel wird durch Mose ausdrücklich ermahnt, zu vertrauen und „ruhig abzuwarten“ (Ex 14,14).

Ähnlich verhält es sich gelegentlich anderer bedrängender Ereignisse. So berichtet 1 Sam 11,1-13, wie sich die Bevölkerung der Stadt Jabesch-Gilead und mit ihr ganz Israel außerstande sieht, sich unter der Obhut eines beherzten Führers gegen die Übermacht der herandrängenden Ammoniter zu wehren. Auch aus dieser beklemmenden Situation hilft die *ruach Jahwe*: Sie überkommt mit einem Nu den frisch zum König gesalbten Saul, um durch ihn das ganze Volk zu begeistern: „... und sie rückten aus wie ein Mann“ (VV. 6-7). Israel schlägt die Ammoniter vernichtend. Erneut erweist sich der Sieg als ein unverfügbares Gottesgeschenk. Und es tritt zutage, daß die Geschichte des auserwählten Volkes kein ideelles Konstrukt, sondern ein Zeugnis pneumatischer Erfahrungen ist.

Übrigens wird das Element der Unverfügbarkeit und Unberechenbarkeit des Geistes in dieser Art von kriegerischen Erzählungen auch dadurch hervorgehoben, daß dessen Einbruch jeweils nur situativ erfolgt; der Geist rettet hier und jetzt, begründet aber keine „stetige Macht“; er greift ein – und entzieht sich wieder[16].

---

[16] C. Westermann, Geist im Alten Testament, 225.

2.2.3 Das individuelle und zugleich kollektive Wirken des Geistes

An das Eingreifen des Gottesgeistes in für Israel lebensbedrohende Auseinandersetzungen erinnern vor allem Erzählungen aus der Richterzeit, in denen sich die mühseligen, teilweise anarchischen Verhältnisse der Landnahme Kanaans spiegeln. In diesen Berichten erscheint die *ruach Jahwe* als Garantin eines charismatischen Führertums, das gleichwohl eine altruistische, auf das Volk bezogene Sinngebung besitzt: Der Geist ist der Geist einzelner wie aller zugleich. Aus dem Kreis der markanten Rettergestalten fällt am meisten der ‚Richter' Simson ins Auge (vgl. Ri 13-16). Dessen charismatische Begabung wächst ins Gigantische und scheint schier unbändig (er zerreißt nach Ri 14,6 einen Löwen mit bloßen Händen und erschlägt nach Ri 14,19 „dreißig Mann" auf einmal). Dennoch bleibt er wie alle anderen geistbewegten Führer der Richterzeit ein bloß vorübergehend mit dem Geist Begabter, der nach getaner Arbeit in die Reihe aller anderen zurücktreten muß[17]. Mit der Errichtung des Königtums erlischt zwar die Funktion der charismatischen Rettergestalten, nicht aber der Glaube an die besondere Geistbegabung einzelner. Neu aber ist nun, daß die Geistbegabung nicht mehr zu besonderen Handlungen oder Worten ermächtigt, sondern in eher abstrakter Weise eine Institution legitimiert, an die sich später messianische Hoffnungen knüpfen[18].

Von der Geistbegabung einzelner sprechen auch die bereits zitierten Texte aus der frühen prophetischen Tradition Israels: Die *ruach* fährt in einzelne Personen oder Personengruppen, um sie in Ekstase zu versetzen und so zu ‚Propheten' und ‚Sehern' zu machen (vgl. 1 Sam 10; 19). Allerdings haben die großen Schriftpropheten des achten und siebten Jahrhunderts davon Abstand genommen, sich auf den Geist zu berufen. Ihre Autorität gründet in der Verantwortung für das Gotteswort, das, gesellschaftlich gesehen, nicht selten wirkungslos bleibt und sie selbst – man denke an Jeremia – schweren Anfechtungen aussetzt. Der prophetische Rekurs auf den Geist und die Geistinspiration erfolgt erst wieder in der exilisch-nachexilischen Zeit (vgl. Sach 7,12; 1 Chr 15,1; 24,20), namentlich von seiten Ezechiels. Bei ihm kommt auch das ekstatische Element wieder zu Ehren: Der Geist stellt ihn nach einer Vision der Herrlichkeit Gottes „auf die Füße" (Ez 2,2), er hebt ihn „empor" (3,12.14), versetzt ihn an verschiedene Orte (8,3; 11,24) und gibt ihm Gottes Botschaft ein (11,5: „Da überfiel mich der Geist des Herrn und er sagte zu mir: Sag: So spricht der Herr ..."). Bei Deutero- und Tritojesaja schließlich erscheint der geistbegabte Prophet – in Retrospektive – als Urbild des Prophetischen überhaupt; allen voran steht die Gestalt des Mose (vgl. Jes 63,11.14; dazu Jes 48,16; 61,1; Joël 3,1; Sach 7,12; 2 Chr 15,1; 20,14).

Mit der Stilisierung des Mose zum Propheten schlechthin, aber auch aufgrund der nachexilischen Geschichtstheologie, derzufolge die ganze Geschichte Israels

---

[17] Zu nennen sind vor allem Gideon (Ri 6,34) und Otniel (Ri 3,10). Vgl. dazu Ri 11,29; 13,25; 14,6.9; 1 Sam 11,6: Die ruach Jahwe „überkommt", „dringt ein", „stößt" und „zieht" – allesamt Umschreibungen, die die unmittelbare, machtvolle, aber auch vorübergehende Wirksamkeit des Geistes zum Ausdruck bringen.

[18] Vgl. 2 Sam 7; 1 Sam 16,13 f: „Samuel nahm das Horn mit dem Öl und salbte David mitten unter seinen Brüdern. Und der Geist des Herrn war über David von diesem Tag an".

als eine Biographie im Licht des Geistes zu lesen ist (vgl. Jes 63,10-14), verstärkt sich das *kollektive* Element in der alttestamentlichen Geisttheologie. Wie sehr es in der Sehnsucht Israels verwurzelt war, zeigt eine Erzählung aus der elohistischen Schicht des Buches Numeri: Auf das Geheiß Jahwes hin versammeln sich siebzig Älteste vor Mose, um eben jenen Geist zu empfangen, den der Erzvater selbst besitzt. Sie sollen die Befähigung erlangen, mit Mose zusammen „an der Last des Volkes zu tragen" (Num 11,17). Die Translation des Geistes erfolgt tatsächlich und die siebzig geraten in Ekstase (vgl. Num 11,25). Als Josua dagegen Protest erhebt, spricht Mose einen tiefgründigen Wunsch aus: „Wenn nur das ganze Volk des Herrn zu Propheten würde, wenn nur der Herr seinen Geist auf sie alle legte!" (11,29).

Die nachexilische Zeit bringt diesem Wunsch volles Verständnis entgegen. Ihr geht auf, daß die charismatische Begnadung der Richter, Könige und Propheten als Brücke für die Geistbegabung aller Glieder Israels diente. Nachgerade auf diese umfassende Geistausgießung richtet sich die Hoffnung des Propheten Ezechiel: „Ich hole euch heraus aus den Völkern, ich sammle euch aus allen Ländern und bringe euch in euer Land. Ich gieße reines Wasser über euch aus, dann werdet ihr rein ... Ich schenke euch ein neues Herz und lege einen neuen Geist in euch. Ich nehme das Herz von Stein aus eurer Brust und gebe euch ein Herz von Fleisch. Ich lege meinen Geist in euch und bewirke, daß ihr meinen Gesetzen folgt und auf meine Gebote achtet und sie erfüllt" (Ez 36,24-28; dazu 37,14; 39,29). Dieselbe Erwartung begeistert den apokalyptischen Seher Joël. Indirekt – nämlich über die Vermittlung Israels – kommen bei ihm alle Völker der Erde in den Blick: „Danach aber wird es geschehen, daß ich meinen Geist ausgieße über alles Fleisch. Euere Söhne und Töchter werden Propheten sein, euere Alten werden Träume haben und euere jungen Männer haben Visionen. Auch über Knechte und Mägde werde ich meinen Geist ausgießen in jenen Tagen" (Joël 3,1-3).

Doch um noch einmal auf Ezechiel zu kommen: Er verlegt im oben zitierten Text die Wirkung des Geistes in das Innere des Menschen und erwartet eine Umwandlung der Herzen, sozusagen des personalen Ichzentrums jedes und jeder einzelnen. Hier zeigt sich ein weiteres Mal die gleichzeitig anthropologische wie theologische Dimension des alttestamentlichen ruach-Gedankens, sofern er eine menschliche Verfaßtheit mit ihrem gewährenden Urgrund verbindet. In diesem Sinn korrespondiert bei Ezechiel, der vom Geist Jahwes eine endgültige Veränderung des Menschen erwartet, der Begriff *ruach* mit dem hebräischen Terminus *leb:* Herz (vgl. Ez. 11,19; 18,31; 21,12; 36,26). Dieser kann zwar auch die Aufsässigkeit des Menschen und seine Gottferne bezeichnen, aber er belegt gerade dadurch dessen wesenhafte Gottbezogenheit, deren Festigung durch den Geist der Prophet so inständig erhofft. Dem entspricht die Überzeugung des Psalmisten, daß die *ruach Jahwe* eine innere, persönlichkeitsbildende Wirklichkeit ist, die den einzelnen vor das Angesicht Gottes und damit in die rechte Ordnung seiner Mitmenschen stellt: „Erschaffe mir Gott ein reines Herz, und gib mir einen neuen, beständigen Geist. Verwirf mich nicht von deinem Angesicht und nimm deinen heiligen Geist nicht von mir" (Ps 51,12 f); „Lehre mich, deinen Willen zu tun; denn du bist mein Gott. Dein guter Geist leite mich auf ebenem

Pfad" (Ps 143,10). Im Geist gibt sich die Herrschaft Jahwes gleichsam im vorhinein zu verkosten. Denn „durch die ruah, und d.h. durch die Gegenwart Gottes bis in die Tiefen menschlichen Seins, kommt es zum Tun der Gebote Gottes"[19], das heißt zur Beachtung jener Ordnung, die Gott zum Wohl der Menschen errichtet hat. Dabei lassen sich nach alttestamentlichem Verständnis der einzelne und sein Volk nicht gegeneinander ausspielen.

2.2.4 *Die universale und zugleich partikulare Gegenwart des Geistes*

Daß im Buch der Weisheit die *ruach Jahwe* mit der *chokmā*, der Weisheit Jahwes verschmilzt und von beiden Größen gesagt wird, sie erfüllten Himmel und Erde, wurde bereits erwähnt. Damit ist auf die universale Dimension des Gottesgeistes abgehoben, die in den späten Schriften des Alten Testaments mit dessen Schöpfermacht verbunden wird. Als besonders aufschlußreich erweist sich in diesem Zusammenhang das große Schöpfungslied Ps 104, für das ein ägyptischer Sonnenhymnus, aber auch mythologische Vorstellungen aus der Umwelt Israels Pate standen. Diese Vorstellungen wurden von den Verfassern des Psalms im Sinn einer bereits ausgefeilten Jahwetheologie entmythologisiert, keineswegs aber ihrer poetischen Bildersprache beraubt. Das zeigt ein Beispiel: Wie in der ugaritischen Mythologie der Gott Baal als Wolkenreiter auftritt, so bedient sich auch Jahwe eines Gefährts, jedoch nicht *nur* der Wolken, sondern in erster Linie seiner *ruach*: „Du nimmst dir die Wolken zum Wagen, du fährst einher auf den Flügeln des Sturmes (*ruach*). Du machst dir die Winde (*ruach* im Plural) zu Boten" (Ps 104,3 f). Welche schöpfungstheologische Funktion hat die *ruach* an dieser Stelle? In welchem Bezug steht sie zu Jahwe? Sie dient „einmal als Mittel der eigenen Fortbewegung, dann (im Plural stehend, also im Fall der Winde) als Boten, die zu seiner Verfügung stehen, die er in Bewegung setzen kann für seine Ziele", eben für die Erschaffung der Welt[20]. Wie sich die Welterschaffung mit Hilfe der *ruach* näherhin gestaltet, umschreibt das hebräische Verb *bara'*. Es bleibt im Alten Testament einzig und allein der göttlichen, voraussetzungslosen Kreativität Jahwes vorbehalten und wird in V. 30 der *ruach Jahwe* kausal zugeordnet: „Sendest du deinen Geist (*ruach*) aus, so werden sie alle erschaffen (*bara'*), und du erneuerst das Antlitz der Erde". Die Schöpfung tritt also durch den Geist in ihr Dasein und in ihre Ordnung ein, und die *ruach* entscheidet über Leben und Tod aller atmenden Kreaturen (vgl. VV. 24-29). Wieder zeigt sich: Der Geist verbindet Gott und Welt. Er ist eine Gabe, die ursprünglich von Gott kommt und doch so sehr dem Geschöpf zu eigen wird, daß es ohne ihn ins Nichts versänke.

Neben der Beiordnung *ruach – bara'* begegnet in anderen Zusammenhängen die Parallele *ruach – dabar* (sprechen). Die Wirksamkeit des göttlichen Wortes erscheint an das Wehen der *ruach* gebunden und umgekehrt: Die *ruach* vollzieht, was das

[19] H.-J. Kraus, Systematische Theologie im Kontext biblischer Geschichte und Eschatologie, Neukirchen-Vluyn 1983, 449.

[20] H. Schüngel-Straumann, Rûah bewegt die Welt, 72.

Wort Jahwes gebietet. So formuliert Ps 33,6: „Durch das Wort des Herrn wurden die Himmel geschaffen, ihr ganzes Heer durch den Hauch seines Mundes". Und mit sinnenfälliger Poesie gibt Ps 147 zu erkennen, daß die *ruach* – wie sie es bei der Welterschaffung mit Jahwe selbst tat – das Gotteswort dorthin trägt, wo es seine lebensfreundliche Wirksamkeit entfalten soll: zu den Massen gefrorenen Eises, auf daß sie schmelzen und durch ihre Wasser die Erde fruchbar machen: „Eis wirft er herab in Brocken, vor seiner Kälte erstarren die Wasser. Er sendet sein Wort aus, und sie schmelzen, er läßt die *ruach* wehen, dann rieseln die Wasser"[21] (V. 18).

Die Schöpfermacht der *ruach Jahwe* artikuliert sich im Alten Testament besonders eindringlich auf der Ebene der *Anthropologie*, deren Bedeutung bereits wiederholt zur Sprache kam. Die Überzeugung, daß das Besondere des Menschen – nämlich seine selbstbewußte Gottbezogenheit – eine Gabe des Geistes ist, durchwirkt alle Schichten des Alten Testaments: den jahwistischen Schöpfungsbericht Gen 2,7 zum Beispiel, der die menschliche Vitalität und Religiosität auf die Wirkung der *ruach* zurückführt (vg. auch Gen 6,3); oder die Weisheit des Buches Jjob, das seine Leser durch den Mund des Jjobfreundes Elihu daran erinnert, in Demut der Würde wie den Grenzen der menschlichen Geschöpflichkeit eingedenk zu sein (vgl. Ijob 33,1-13, bes 4). Auch die Theologie des nachexilischen Prophetenbuches Sacharja weist in diese Richtung. Dort gibt es eine Stelle, in der die traditionelle Botenformel der prophetischen Rede mit einer preisenden Erwähnung der göttlichen (wie zugleich menschlichen) *ruach* erweitert ist: „Spruch des Herrn, der den Himmel ausgespannt, die Erde gegründet und den Geist im Innern des Menschen geformt hat" (Sach 12,1).

Im Verein mit den kosmologischen Schöpfungsaussagen der Weisheitsliteratur und der nachexilischen Hoffnung auf die Neuordnung der Welt durch ein besonderes Einwirken Jahwes belegen die anthropologischen Aussagen des Alten Testaments auf eindrucksvolle Weise die universale Anwesenheit des Gottesgeistes in der Welt. Zu dieser Universalisierung hat freilich auch der bereits erwähnte Umstand beigetragen, daß in der späten Zeit des Alten Testaments die Rede vom Geist Gottes eine starke Verallgemeinerung erfuhr. Das Wort ‚Geist' war zu einem Äquivalent für ‚Gott' geworden. Von daher lag es nahe, die ganze Welt mit allen ihren Schichtungen der Fürsorge der einen Wirklichkeit ‚Gott' anheimzustellen.

Aber konnte sich die alttestamentliche Frömmigkeit mit dem Verweis auf die Universalität Gottes zufriedengeben? Was war aus dem Erwählungsbewußtsein Israels geworden? Waren im Geist alle Menschen und Völker Jahwe gleich unmittelbar?

Bezeichnenderweise beginnt gerade am Ende der alttestamentlichen Zeit, in der für nationalen Stolz kein Raum mehr bleibt, eine ausdrückliche Reflexion auf die besondere Art der Gegenwart Jahwes und seines Geistes. Der Begriff ‚Heiliger Geist' nimmt in der Theologie der Rabbinen die Bedeutung „Geist des Heilig-

---

[21] Die genannten Zusammenhänge finden sich übrigens durchweg in hymnischen Textgruppen, haben also ihren Sitz im Leben im Lobpreis und Gebet Israels. Das zeigt sich noch im nur griechisch überlieferten Juditbuch: „Dienen muß dir deine ganze Schöpfung. Denn du hast gesprochen und alles entstand. Du sandtest deinen Geist, um den Bau zu vollenden" (Jdt 16,14); vgl. dazu H. Schüngel-Straumann, Rûaḥ bewegt die Welt, 79.

tums" an[22]. Mithin besitzt er einen konkreten Sitz im Leben: Am Wasserschöpftag des Laubhüttenfestes, bei dem das im Vorhof des Tempels versammelte Volk mit Wasser besprengt wird, teilt sich nach frühjüdischer Auffassung der Heilige Geist mit. Dieser rituell vermittelte Geistempfang findet „nicht an irgendeinem beliebigen Ort statt, sondern ausschließlich im Heiligtum als ‚Ort' des hl. Geistes"[23]. Infolge dieser Kulttheologie nähert sich die Vorstellung von der Anwesenheit des Geistes an jene von der *schekinah* Gottes an: Dieser Begriff bezeichnete zuvor die erwählende Einwohnung Jahwes im festumgrenzten Bezirk des Tempels[24] und erinnerte, nachdem der Tempel zerstört worden war, an die Gegenwart Gottes in der Synagoge und der betenden Versammlung frommer Israeliten, aber auch bei den Gelehrten, den Richtern und den Kranken. Die *schekinah* Jahwes sorgte besonders dann für Trost, als sich Israel in der Zerstreuung verloren hatte.

Auch die retrospektive Vorstellung, die Propheten seien vom Geist inspiriert gewesen, wird in der frührabbinischen Zeit als eine Einwohnung der *schekinah* betrachtet; diese habe auf den erwählten Sehern ‚geruht'. In der kabbalistischen, das heißt mystischen Literatur des Frühjudentums zeichnet sich schließlich die Tendenz ab, die *schekinah* zu hypostasieren und als eine von Gott unterscheidbare Größe zu betrachten. Personifizierungen poetischer Art gab es auch in der frühen rabbinischen Literatur[25].

Die Auswirkungen der Schekinah-Theologie auf die frühjüdische Geistvorstellung hat J. Moltmann in drei bedenkenswerte Punkte gefaßt: „1. Die Lehre von der ‚schechina' macht den personalen Charakter des Geistes klar: Der Geist ist die wirkende Gegenwart Gottes selber ... 2. Die Schechinavorstellung macht darüber hinaus auf die Empfindsamkeit Gottes des Geistes aufmerksam: Der Geist wohnt ein, der Geist leidet mit ... 3. Die Schechinavorstellung weist auf die Kenosis des Geistes hin. In seiner schechina verzichtet Gott auf seine Unverletzbarkeit und wird leidensfähig, weil er liebeswillig ist"[26].

2.3 Die Vorstellung vom Heiligen Geist im außerbiblischen Judentum

Mit der Schekinah-Theologie sind die Grenzen der kanonischen alttestamentlichen Literatur bereits überschritten, und das zu Recht: Die religiösen Vorausset-

---

[22] P. Schäfer, Die Vorstellung vom Heiligen Geist in der rabbinischen Literatur (StANT 28), München 1972, 137 .

[23] Ebd. 136, vgl. auch 84 88.

[24] P. Schäfer, 140: „Das Heiligtum ist der Ort des hl. Geistes, weil es der Ort der Schechinah ist; die Gegenwart des hl. Geistes im Heiligtum ist von der Gegenwart der Schechinah abhängig".

[25] Vgl. A. M. Goldberg, Untersuchungen über die Vorstellung von der Schekhinah in der frühen rabbinischen Literatur, Berlin 1969, 462; zur Kritik 535; übrigens beurteilt Goldberg die Beziehungen von Geist und Schekinahtheologie äußerst vorsichtig.

[26] Der Geist des Lebens, 64.

zungen des Christentums wurzeln im Gesamt der israelitisch-frühjüdischen Überlieferung. Deshalb ist das bisher Gesagte mit pneumatologischen Aussagen der zwischentestamentlichen, also frühjüdischen Zeit zwischen dem zweiten Jahrhundert vor und dem ersten Jahrhundert nach Christus zu ergänzen.

Das Geistverständnis dieser Epoche wird von wenigstens vier unterschiedlichen Quellen gespeist. Da sind zunächst die sogenannten *Apokryphen* oder *Pseudepigraphen*, geistlich-theologische Schriften meist apokalyptischer Färbung, die zum Teil bereits vor der Hellenisierung des Judentums entstanden sind und nicht zu den offiziell anerkannten heiligen Schriften gehörten. Da sind weiter die verschiedenen literarischen Erzeugnisse des *rabbinischen Schrifttums* im engen Sinn. Zwar galten auch sie nicht als kanonisch, aber sie besaßen eine hohe geistliche Autorität, sofern sie im Dienst der Toraerklärung standen[27]. Die dritte Quellengruppe bilden die Schriften des jüdischen Gelehrten *Philo von Alexandrien* († 45/50 n. Chr.), durch dessen Exegese der Hellenismus der Zeit auf die jüdisch-griechische Diaspora mächtigen Einfluß nahm. Von großer Bedeutung ist schließlich das Gedankengut der *Essener*, einer stark eschatologisch orientierten Sondergemeinschaft, deren bekannteste Niederlassung in Qumran beheimatet war. Spuren essenischen Denkens finden sich noch im Johannesevangelium.

Anthropologischer Dualismus

Was die pneumatologische Relevanz des genannten Schrifttums betrifft[28], so ist festzustellen, daß die Vorgaben der Schrift aufgegriffen und weiterentwickelt, zum Teil aber auch einschneidend verändert werden. Letzteres geschieht zum Beispiel in der rabbinischen Anthropologie. Während im Alten Testament die *ruach* Gottes nicht von der des Menschen zu trennen war und immer betont blieb, wie sehr sie den einen und ganzen Menschen belebe, bildet sich im Rabbinismus ein klar dualistischer Ansatz heraus: Der Leib des Menschen sei ein Bestandteil der Erde, sein Geist aber ein Abbild des Himmels. Damit verbinden sich gräzisierende Vorstellungen von der Präexistenz und der Unsterblichkeit der Seelen. Aber diese Vorstellungen werden insofern semitisch abgemildert, als man sich die Auferstehung der Toten am Ende der Zeit als eine Wiedervereinigung von Seele und Leib vorstellt, die durch einen neuen An-Hauch des Geistes geschehen soll[29].

Deutliche Spuren des griechischen Dualismus finden sich vor allem im Denken *Philos*. Er unterscheidet aufgrund der beiden Schöpfungsberichte der Genesis einen himmlischen und einen irdischen Menschen, von denen der eine als ideales Abbild Gottes wesentlich durchgeistet, der andere hingegen lediglich in seinem ‚Verstand' – nirgends sonst – vom Geist berührt sei. Außerdem stellt Philo

---

[27] Die literarischen Gruppen des Rabbinismus sind: Targume, Pescher, der Midrasch, die Mischna, die Tosefta und die Talmude.

[28] Detaillierte und gut gegliederte Übersichten finden sich in E. Sjöberg, ThWNT 6, 373-387; P. Schäfer, Geist/Heiliger Geist/Geistesgaben II: TRE 12, 173 –176; B. J. Hilberath, Pneumatologie, 52-62.

[29] Belegstellen sind die Targume zu Ez 36,26 f und 37,14: E. Sjöberg, ThWNT 6, 377; 383 Anm. 287.

der Welt ein universales Pneuma gegenüber, das er sich völlig unkörperlich, ja streng transzendent denkt. Gleichwohl schreibt er ihm die Aufgabe zu, Gott in der Welt zu offenbaren und auf den menschlichen Verstand so einzuwirken, daß er Gott erkennen könne.

Die prophetische Inspiration

Zum großen Thema der rabbinischen Pneumatologie entwickelt sich indes der überkommene biblische Gedanke von der *prophetischen Inspiration*. Der Heilige Geist – von den Rabbinen ausdrücklich so genannt – gilt in erster Linie als prophetischer Geist, der die ganze Schrift inspirierend durchwaltet und damit ihren göttlichen Ursprung verbürgt. Er wird zugleich als jene Kraft beschrieben, die sich in einzelnen Personen oder Gruppen zu Wort gemeldet und dann veranlaßt hat, daß sich dieses Wort authentisch zu Buche schlug. Durch diese Auffassung weitet sich der Kreis der inspirierten Personen beträchtlich: Neben die Propheten, die bereits in den Spätschriften des Alten Testaments als inspiriert galten (vgl. Sir 48,12.24), treten die Patriarchen und ihre Frauen, die Könige David und Salomo, die Priester des Tempels und überhaupt alle Frommen der Frühzeit[30]. Der Glaube an die Geistinspiriertheit der Schrift verwurzelt sich in der rabbinischen Literatur so tief, daß ein Wort aus der Schrift sowohl als eine Weisung der Tora wie eine des Heiligen Geistes betrachtet werden kann.

Aber nicht nur den Großen der biblischen Vergangenheit gilt nach frühjüdisch-rabbinischer Auffassung die Gunst des Heiligen Geistes, sondern jedem frommen und gottgläubigen Israeliten. „Wer die Tora studiert mit der Absicht, sie zu tun, verdient es, den Heiligen Geist zu erhalten“, so lautet ein Wort des Rabbi Acha[31]. Es gibt die Überzeugung wieder, wonach der Geist einerseits als Belohnung für ein gottgefälliges Leben, andererseits als dessen Inspirator zu empfangen ist. Allerdings konkurriert diese Geisteuphorie mit der ebenfalls rabbinischen, aber auch in der apokryphen Literatur vertretenen Ansicht, der Geist sei nach den letzten Propheten Haggai, Sacharja und Micha in Israel erloschen, um erst am Ende der Zeit wieder in Erscheinung zu treten. Deshalb ergehen sich beide Literaturstränge ausgiebig darin, die Geistbegabung des verheißenen Messias im Anschluß an Jes 11,1-2 auszumalen. Mit gleichem Eifer erinnern sie an die für die Endzeit erwartete universale Mitteilung des Gottesgeistes. Um ihre Wirkung zu beschreiben, greift vor allem die rabbinische Literatur auf die Weissagungen Ezechiels von den im Geist erneuerten Herzen zurück (Ez 36,26 f; 37,34). „Wird dabei der Geist als sittlich inspirierende, den Willen des Menschen verwandelnde Kraft verstanden, so steht in anderen Aussagen die prophetisch inspirierende Kraft des Geistes im Vordergrund: in der Endzeit werden die Israeliten alle Propheten sein“[32].

[30] Vgl. z.B. das apokryphe ‚Buch der Jubiläen', das eine Nacherzählung der Genesis und von Ex 1,14 ist: Jub 25,24; 31,12.

[31] Rabbinischer Kommentar zum Buch Leviticus 35,7; zitiert nach J. Neusner, Judaism and Scripture. The Evidence of Leviticus Rabbah (Chicago Studies in the History of Judaism), Chicago-London 1986, 583.

[32] E. Sjöberg, ThWNT 6, 383.

Übrigens hatte die Gemeinde der *Essener* diese Geistausgießung der Endzeit bereits für sich reklamiert. Ein aus vielen Waschungen bestehender, kultisch geordneter Lebensrhythmus sollte diesem Bewußtsein Ausdruck verleihen: Der Geist, dessen Ankunft man für erwiesen hielt, werde von allen Sünden reinigen und die Verkehrtheiten einer fehlgelaufenen Geschichte in Ordnung bringen.

Der Geist als Hypostase?

Was hat es mit der bereits erwähnten Tendenz auf sich, den Geist Gottes zu hypostasieren? In der Tat haben sich die Rabbinen nicht gescheut, auf das Pneuma menschliche Eigenschaften personaler Art zu übertragen: Der Geist spricht, schreit, mahnt, freut sich oder tröstet. Doch dabei handelt es sich um rhetorisch-poetische Stilmittel, die das Ziel verfolgen, den Geist als eine „objektive Realität" zu beschreiben, „die dem Menschen begegnet und ihn beansprucht"[33]. Es bleibt immer zu beachten, daß der Geist niemals als Ersatz, sondern als Repräsentant Gottes dient. Das trifft auch für die Spekulationen Philos zu. In seiner Theologie ist die Hypostase des Geistes insofern angedeutet, als er bisweilen mit den ebenfalls hypostasierten Größen ‚Weisheit' und ‚Logos' verschmilzt. Aber der alttestamentliche Monotheismus wird bei ihm und bei den Rabbinen „an keiner Stelle gesprengt"[34].

---

[33] Ebd. 386.

[34] B. J. Hilberath, Pneumatologie, 50, über das kanonische Alte Testament; der Sache nach gilt dies für die zwischentestamentliche Zeit in gleicher Weise.

3. Der Heilige Geist im Neuen Testament

3.1 Der Ausgangspunkt

Wer mit dem Neuen Testament vom Heiligen Geist spricht, muß sich über folgendes im klaren sein: Zwar trägt die neutestamentliche Pneumatologie alttestamentliches Erbe in sich, aber sie führt – im Vergleich zu ihm – in völlig neue Dimensionen hinein. Das Verhältnis der beiden in der Schrift niedergelegten Pneumatologien läßt sich mit den Stichworten *Kontinuität* und *Diskontinuität* umschreiben: Ohne die Geisterfahrung der erstbundlichen Glaubensgemeinschaft wäre es undenkbar gewesen, die Geschehnisse um Jesus von Nazaret und ihn selbst pneumatisch zu deuten. Die ersten Christen – allesamt gläubige Juden – wären ohne den Glauben ihrer Väter nicht für die mit dem Christusereignis verbundene Geisterfahrung sensibilisiert gewesen. Sie hätten folglich nicht über das geeignete Vokabular verfügt, sie auszudrücken und zu verkünden. Insofern steht die neutestamentliche Pneumatologie zum überkommenen Zeugnis in einer gewissen Kontinuität. Sie setzt fort, was vor Zeiten seinen Anfang nahm.

Aber die Kontinuität ist durch Diskontinuität gebrochen. Denn das Christusgeschehen erwies sich in einem derart hohen Grad als neu, daß die gewohnten Worte und Vorstellungen für die Beschreibung des Erlebten nicht mehr zureichten. Sie wurden vielmehr einer *Reinterpretation* unterzogen, die schließlich zur Bildung einer neuen Glaubensgemeinschaft, ja einer neuen Religion führte. So besiegelt die Pneumatologie der entstehenden Kirche zusammen mit ihrer Christologie das Charakteristikum des neutestamentlichen Gottesbildes: Der Monotheismus des Alten Testaments verändert sich zugunsten eines trinitarischen Gottesbildes.

Die Pneumatologie des Neuen Testaments läßt sich deshalb nicht losgelöst vom trinitarischen Gottesglauben erheben, sondern nur mit ihm zusammen. Dabei ist vorauszusetzen, daß er nicht als spekulatives Denkprodukt nachträglich dem Gefüge der jesuanischen Gottesoffenbarung eingeschrieben wurde. Das Gegenteil ist der Fall: Im Maß sich das Persongeheimnis Jesu zu erkennen gab – nämlich an Ostern – offenbarte sich auch die Bedeutung des Vaters und des Geistes, und zwar auf geschichtliche Weise: Gott wurde an Ostern als Vater, Sohn und Geist *erfahren*, keineswegs als solcher erdacht[35]. Dem Denken kam freilich nachträglich die Aufgabe zu, das Erfahrene – gewissermaßen eine überwältigende Begegnung – nach seinen Voraussetzungen und Konsequenzen hin auszuleuchten und zu Gehör zu bringen. Das Ostergeschehen mußte als vernommene Ur-Kunde des Heiles zur verkündeten Ur-Kunde des Glau-

---

[35] Vgl. in diesem Werk Bd. I: Gotteslehre 2.4.3 und 2.4.4.

bens werden. Dieser fand seinen Ausdruck in den vielen Urkunden der neutestamentlichen Literatur, die zwar einen je unterschiedlichen theologischen Reflexionsstand dokumentieren, aber allesamt das eine Geschehen der österlichen Offenbarung Gottes als Vater, Sohn und Geist bezeugen.

Um den Ursprung der neutestamentlichen Lehre vom Heiligen Geist zu ergründen, ist also zunächst vom Oster*ereignis* auszugehen und von den Schriftstellen, die darauf unmittelbar Bezug nehmen. Sodann sind jene Texte zu befragen, die im *Licht* der Ostererfahrung und der Ostergewißheit das Tun und die Person des irdischen Jesus interpretieren oder in der Helligkeit dieses Lichts die Ereignisse der Gegenwart deuten – jene der im Aufbau begriffenen Kirche.

Indes darf auch der im Neuen Testament bezeugte Vorgang der nach-denkenden Deutung und Interpretation des Jesus- und Kirchenereignisses im Licht der Ostererfahrung nicht als willkürliche Spekulation abgetan werden. Was die einzelnen Schriften bezeugen, ist der Prozeß eines fortschreitenden *Verstehens* von geschichtlichen Ereignissen, die ohne den Osterglauben rätselhaft und vieldeutig geblieben wären.

3.2 Das Osterereignis als Offenbarung des Geistes

Der Schriftbefund

Den Evangelien liegt daran, die Ausgießung des Heiligen Geistes als eine Folge der Erhöhung Jesu darzustellen: „Der Geist war noch nicht gegeben, weil Jesus noch nicht verherrlicht war", so beteuert zum Beispiel der Verfasser des Johannesevangeliums (Joh 7,39). Die frühe Kirche war sich demnach bewußt, erst mit der Auferstehung Jesu zur vollen Erkenntnis des Geistes gelangt und damit allererst in die Lage versetzt worden zu sein, Jesus als den *Christus*, das heißt als den geistgesalbten Messias Gottes zu erkennen[36].

Allerdings hat dieses Bewußtsein eine unterschiedliche literarische Ausgestaltung erfahren. Für die Paulusbriefe und das Johannesevangelium bilden der Tod, die Auferstehung, die Himmelfahrt und die Geistsendung Jesu eine untrennbare Einheit. Noch am Osterabend empfangen die Jünger hinter verschlossenen Türen den Heiligen Geist. Der Auferstandene tritt in ihre Mitte, um sie mit dem Pneuma auszustatten: „Er hauchte sie an und sprach zu ihnen: Empfangt den Heiligen Geist" (Joh 20,22; vgl. auch 7,37-39; 4,16.26; 15,26; 16,13). Im lukanischen Schrifttum aber – dem nach Lukas benannten Evangelium und der Apostelgeschichte – sind die einzelnen Stadien der Erhöhung Jesu deutlich voneinander unterschieden und durch die Einführung einer Zwischenzeit von 40 (Himmelfahrt) bzw. 50 Tagen (Pfingsten) katechetisch aufbereitet. Diese Dar-

[36] Vgl. dazu 1 Kor 12,3: „Keiner kann sagen: Jesus ist der Herr!, wenn er nicht aus dem Heiligen Geist redet".

stellung bestätigt das paulinische wie johanneische Zeugnis und ergänzt es zugleich: Sie bringt den Zusammenhang zwischen der Auferstehung Jesu und der Sendung des Geistes besonders anschaulich zur Geltung, weiß aber, daß die Kirche nicht mehr von den Osterepiphanien Christi – die zu erleben nur den vorherbestimmten Zeugen beschieden war –, sondern von der *Gabe* des Erhöhten, also vom Heiligen Geist lebt. Darum kennt Lk ein eigenes *Pfingstereignis*, dem er einen mit bunten Farben ausgemalten, gleichwohl theologisch stilisierten Bericht widmet. Er handelt von einem pneumatischen Widerfahrnis aller Christusgläubigen: Da ist vom Sturmesbraus die Rede, von herabsteigenden Feuerzungen und vom Sprachenwunder einer sich spontan ausbreitenden Begeisterung – alles Anzeichen, Sinnbilder und Wirkungen der Geistesankunft, die sich nun zu entfalten beginnt (vgl. Apg 2,1-13)[37]. Das theologische Resümee des so beschriebenen Ereignisses hat Lk in den Mund des Petrus gelegt, in dessen Predigt der innere, das heißt trinitarische Sinn des Pfingstmysteriums zum Aufschein kommt: „Diesen Jesus hat Gott auferweckt, dafür sind wir alle Zeugen. Nachdem er durch die rechte Hand Gottes erhöht worden war und vom Vater den verheißenen Heiligen Geist empfangen hatte, hat er ihn ausgegossen, wie ihr seht und hört" (Apg 2,32 f).

Der lukanischen Pfingsttheologie zufolge gehört der Geist in die Mitte Gottes (des Vaters) hinein, um sich in dem Moment zu offenbaren, in dem dessen weltbezogenes Erlösungswerk seinen heilsgeschichtlichen Abschluß findet. Das Pneuma ist gleichsam die der Welt zugewandte Dimension der innergöttlichen Vater-Sohn-Beziehung, sofern es eine Machttat des Vaters und mit ihm das Wesen eines Christus bekanntmacht, der die Welt zur Gemeinschaft mit Gott ruft: „Mit Gewißheit erkenne also das ganze Haus Israel: Gott hat ihn zum Herrn und Messias gemacht, diesen Jesus, den ihr gekreuzigt habt" (Apg 2,36). Erst vor dieser heilsgeschichtlichen Sinngebung gewinnt das große Joëlzitat Apg 2,17 seinen Sinn – „Ich werde von meinem Geist ausgießen über alles Fleisch": Der Geist Jahwes, den der nachexilische Prophet als eschatologische Gabe verheißen hatte (vgl. Joël 3,1-5), erweist sich nun als der Geist des Vaters und des Sohnes. Er ist der Geist, in dem der Gekreuzigte zum Messias, ja allererst zum ‚Sohn' wurde, und jene Kraft, in der das neuberufene Israel endgültig mit Gott verbunden bleibt.

Mit dieser soteriologisch aufgefächerten Ostertheologie decken sich die Aussagen der petrinischen Pfingstpredigt mit der Überzeugung des übrigen lukanischen Schrifttums und dem Gesamtzeugnis des Neuen Testaments, das an vielen Stellen den Heiligen Geist mit dem Heilshandeln des Vaters und des Sohnes in Verbindung bringt. Es läßt keinen Zweifel darüber aufkommen, daß die Auferweckung Jesu eine Machttat des *Vaters* war: „Den Urheber des Lebens habt ihr getötet, aber Gott hat ihn von den Toten auferweckt", so bekräftigt der luka-

[37] Vgl. G. Schneider, Die Apostelgeschichte I (HThK 5,1), Freiburg - Basel - Wien 1980, 260: „Damit ist angezeigt, wie Lukas Christologie und Ekklesiologie miteinander verbindet: Die Kirche empfing den Geist durch Jesu Vermittlung In der Zeit der Kirche wird durch den Geist das Werk Jesu fortgeführt, und zwar sowohl in der verfaßten und missionierenden Kirche als auch in spontanen Impulsen, die auf das von Gott verfügte Ziel hinlenken".

nische Petrus auf dem Tempelplatz in Jerusalem (Apg 3,15). Auch für Paulus, der sehr alte Auferstehungsbekenntnisse bewahrt und überliefert hat, gilt wie selbstverständlich der *Vater* als der eigentlich Handelnde. Er – Gott – hat den Sohn ‚auferweckt': Röm 10,9; 1 Kor 6,14; 1 Kor 15,15, Gal 1,1 u.ö. Als Medium dieser Auferweckung aber, als deren Wirkprinzip, betrachtet Paulus den *Geist*, wobei zugleich die soteriologische, das heißt weltzugewandte Kraft dieses Geistes mit kräftigen Aussagen belegt ist: „Wenn der Geist dessen in euch wohnt, der Jesus von den Toten auferweckt hat, dann wird er, der Christus Jesus von den Toten auferweckt hat, auch euren sterblichen Leib lebendig machen, durch seinen Geist, der in euch wohnt" (Röm 8,11).

Auch an dieser Stelle kommt dem Geist eine Rolle im Verhältnis zwischen dem Vater und dem Sohn wie zwischen dem Vater und dem im Sohn erwählten Gottesvolk zu. Der Geist ist die Kraft, in der der Vater die Auferstehung des Sohnes bewirkt hat. Er geht zugleich von der Auferstehung aus, um die dem *Sohn* gleichgestalteten Glaubenden in das Leben bei Gott einzubergen. Mit Recht kann Paulus deshalb an der zitierten Römerbriefstelle Christus und den Geist parallel nebeneinanderstellen. *Beide* wohnen seiner Überzeugung nach den Glaubenden ein, um sie lebendig zu machen und dem Vater zuzuführen: „Wenn Christus in euch ist, dann ist zwar der Leib tot aufgrund der Sünde, der Geist aber ist Leben, aufgrund der Gerechtigkeit. Wenn der Geist dessen in euch wohnt, der Jesus von den Toten auferweckt hat, dann wird er, der Christus Jesus von den Toten auferweckt hat, auch euren Leib lebendig machen, durch den Geist, der in euch wohnt" (Röm 8,10-11).

An die Auferweckung Jesu im Heiligen Geist erinnert weiter eine Notiz im ersten Petrusbrief: „Denn Christus ist der Sünden wegen ein einziges Mal gestorben, er, der Gerechte, für die Ungerechten, um euch zu Gott hinzuführen; dem Fleisch nach wurde er getötet, dem Geist nach lebendig gemacht" (1 Petr 3,18). Die scharfe Antithese von Fleisch und Geist, die an dieser Stelle Verwendung findet, dient nicht dazu, einen anthropologischen Dualismus zu propagieren oder die Auferstehung Jesu zu spiritualisieren. Sie will vielmehr das Leben des Auferweckten als eine neue, mit dem irdischen Leben nicht zu vergleichende Seinsweise in der Sphäre Gottes charakterisieren, als deren Lebenselement der Heilige Geist gilt. In diesem Sinn konnte Jahrzehnte vorher Paulus von Christus sagen, er sei „lebendigmachender Geist": als erhöhter Kyrios gleichsam mit dem Lebenselexier der Liebe Gottes begabt, mit dessen Hilfe der alte, sterbliche Adam zum neuen, nunmehr unsterblichen Adam wurde (vgl. 1 Kor 15,45-50)[38].

Die Grundaussage

Der Schriftbefund sei noch einmal gebündelt: Was offenbart das Osterereignis über den Heiligen Geist? Die erste und grundlegende Antwort gibt Auskunft

[38] Vgl. dazu auch Röm 1,4: „... der dem Geist der Heiligkeit nach eingesetzt ist als Sohn Gottes in Macht seit der Auferstehung von den Toten"; auch das Wort 2 Kor 3,17 gehört hierher: „Der Herr aber ist der Geist". Über die gesamttheologischen Zusammenhänge dieser Aussagen unterrichtet die Studie von P. Schoonenberg, Der Geist, das Wort und der Sohn. Eine Geist-Christologie, Regensburg 1992, 72-80.

über seine Herkunft und sein Wirken: Er entstammt als eigenständige Kraft der Mitte Gottes und macht als Träger von dessen unvergänglichem Leben den Gekreuzigten zum Erhöhten. Zugleich tritt er als Gabe des Erhöhten und mit ihm zusammen aus der Sphäre Gottes heraus, um denen Leben zu schenken, die den Erhöhten als ihren Herrn bekennen. So läßt sich sagen: „Kraft seiner pneumatischen Existenz wirkt der auferweckte Gekreuzigte im Geist an den Seinen", denn „durch Christus erfahren sie im Geist die lebendige Gegenwart Gottes"[39].

Im übrigen hat mit Ostern die Reich-Gottes-Erwartung der frühen Kirche eine pneumatologische Korrektur erfahren. Dazu ist noch einmal auf das lukanische Schrifttum zu verweisen: Dort nimmt die Überzeugung von der Ankunft des Geistes an Pfingsten jene Stelle ein, die in der Verkündigung des historischen Jesus die Verheißung des Reiches Gottes innehatte[40]. Die urchristliche Naherwartung, die mit dem Problem der Parusieverzögerung zu kämpfen hatte, wurde mit zunehmender pneumatologischer Reflexion umgeschmolzen: Der *Geist selbst* erscheint als die zumindest vorläufige Verwirklichung des Gottesreiches, als die eschatologische Erfüllung der von den Propheten verkündeten Heilszeit, die gleichwohl auf das Eschaton der kosmischen Vollendung ausgestreckt bleibt (vgl. Lk 21,27 f). In diesem Sinn hatte auch Paulus den Heiligen Geist einen „Erstanteil" und einen „Vorgeschmack" genannt; in ihm verwirklicht sich, was sich einst vollends offenbaren soll (vgl. Röm 8,23; 2 Kor 1,22; 5,5).

3.3 Christus, der Geistträger in Fülle

3.3.1 Das pneumatologische Christuszeugnis der Evangelien

Die neutestamentlichen Schriften blicken von Ostern zurück auf die Zeit des irdischen Jesus und sie schauen nach vorn: auf die Gegenwart und die Zukunft der entstehenden Kirche, die den Geist erfahren hat. Dem Blick in die Vergangenheit, auf Person und Werk Jesu, haben sich vor allem die Synoptiker und das Johannesevangelium verschrieben. Wenn auch die pneumatologischen Schwerpunkte von Schrift zu Schrift und gemäß unterschiedlicher theologischer Zielvorstellungen und Entwicklungsstufen differieren, so entwerfen alle vier Evangelien ihre Pneumatologie im Zusammenhang christologischer Aussagen. Dabei stehen die folgenden, von Ostern geprägten Einsichten im Hintergrund:

- In Jesus von Nazaret haben die alttestamentlichen Verheißungen ihre Erfüllung gefunden; er ist der Geistbewegte schlechthin, der wahre Messias, der Sohn.
- Der Geistbesitz bestimmt nicht nur das Tun, sondern auch das Wesen des Nazareners, und das so nachhaltig, daß sich selbst sein Ursprung nur im Geist erhellen läßt.

[39] B. J. Hilberath, Pneumatologie, 69.

[40] Vgl. J. Gnilka, Theologie des Neuen Testaments (HThK.S 5), Freiburg-Basel-Wien 1994, 210-214.

- Das Geheimnis des Heiligen Geistes kann weder vom Sohn noch vom Vater getrennt werden; es ist nur mittelbar, nämlich trinitarisch zu erfassen.
- Vater, Sohn und Heiliger Geist gehören zwar im Handeln und im Sein untrennbar zueinander, dennoch gehen sie nicht ineinander auf; ein anderer ist der Vater, ein anderer der Sohn, ein anderer der Geist[41].

Obwohl der historische Jesus nicht von der Ankunft des Geistes, sondern vom Reich Gottes gesprochen hat und sich nach Aufweis der frühesten Überlieferungen auch nicht als Charismatiker verstand[42], geben die Evangelien das Wesen und Wirken Jesu authentisch wieder. Sie tun es freilich im Licht eines bereits ganzheitlichen Christusbildes, das die verschiedenen Schichten der Persönlichkeit Jesu in eins sieht. Das Präskript des Römerbriefes erinnert an den theologischen Erkenntnisprozeß, den das frühe Christentum bezüglich des Christusgeheimnisses durchlaufen hat: Paulus sieht sich genötigt, das Evangelium dessen zu verkünden, „der dem Fleisch nach geboren wurde als Nachkomme Davids", dem „Geist der Heiligkeit nach" aber „eingesetzt ist als Sohn Gottes in Macht seit der Auferstehung von den Toten" (Röm 1,3-4). Damit ist nicht gesagt, Jesus sei erst nachträglich, gewissermaßen durch eine in der Auferstehung geschehene Adoption zum Gottessohn geworden. Das Wort des Paulus unterstreicht die *Manifestation* der Gottessohnschaft Jesu, eine durch Kreuz und Auferstehung geschehene Offenbarung dessen, was immer schon war, aber erst jetzt in rechter Weise zu erkennen ist: die göttliche Würde des Messias Gottes im „Geist der Heiligkeit"[43]. Von der christologischen Tragweite dieses Geistes überzeugt, deuten die Evangelien das historische Biogramm Jesu.

Ihre Vision verdichtet sich in zwei Erzählsträngen: in den von den Synoptikern und Johannes überlieferten Berichten über die *Taufe Jesu,* dann in den sogenannten *Kindheitserzählungen* des Matthäus- und Lukasevangeliums, die unter anderem von der Empfängnis und der Geburt Jesu sprechen. In beiden Themenblöcken bekundet sich das Interesse frühchristlicher Kreise, die Geistbegabung Jesu von Ostern her immer weiter zurück bis in die Anfänge seiner irdischen Existenz zurückzuverfolgen.

3.3.2 Der Heilige Geist und Jesu messianische Würde – Die Taufe Jesu

Mit knappen Worten berichtet Mk 1,9-11: „In jenen Tagen kam Jesus von Nazaret in Galiläa und ließ sich von Johannes im Jordan taufen. Und als er aus dem Wasser stieg, sah er, daß der Himmel sich öffnete und der Geist wie eine Taube auf ihn herabkam. Und eine Stimme aus dem Himmel sprach: Du bist mein

---

[41] Diese in der Schrift grundgelegte Unterscheidung wird später die dogmatische Argumentation beeinflußen. Die drei göttlichen Personen seien jeweils ‚ein anderer' nicht ‚etwas anderes' (alius, non aliud); vgl. Tertullian, adv. Prax. 12,7; CChr. SL 2, 1173.

[42] G. Dautzenberg, Geist: BThW, 217.

[43] Daß für Paulus Jesus seinem Wesen nach Sohn Gottes war, belegen 1 Kor 8,6; Phil 2,6; außerdem die Präexistenzaussage Gal 4,4: „Als aber die Zeit erfüllt war, sandte Gott seinen Sohn, geboren von einer Frau und dem Gesetz unterstellt"; vgl. dazu H. Schlier, Der Römerbrief (HThK 5), Freiburg – Basel – Wien 1977, 24 f.

geliebter Sohn, an dir habe ich Gefallen gefunden". Der Evangelist hat diese Szene mit Bedacht an den Anfang des Wirkens Jesu gestellt. Er möchte anzeigen, daß mit dem Auftreten Jesu die von den Propheten vorverkündete Wirksamkeit des endzeitlichen Geistes anhebt und sich im Tun und Reden des Nazareners spürbar auswirkt. Dabei scheint bereits die markinische Vorlage die Geistbegabung Jesu mit seiner Gottessohnschaft verbunden zu haben. Denn die Stimme aus dem Himmel, die auf den Sohn verweist, erinnert sowohl an die alttestamentlichen Knecht-Gottes-Lieder (besonders an Jes 42,1: „Seht, ... das ist mein Erwählter, an ihm finde ich Gefallen") als an die überkommenen Vorstellungen von der Inthronisation des Königs Israels zum Sohn Gottes (vgl. Ps 2,7). Bedeutsam ist, daß Mk die Geistbegabung Jesu nicht als Folge der Johannestaufe betrachtet. Dadurch wird die Überlegenheit des Täuflings über den Täufer demonstriert und ausgesagt, daß sich die Verheißung des Johannes, Jesus werde mit dem Heiligen Geist taufen (Mk 1,8) nunmehr insofern zu erfüllen beginnt, als der Messias aufgrund seiner Geistbegabung hinreichend für diese Aufgabe legitimiert ist. Warum Markus im Gegensatz zu den anderen Synoptikern seinen Bericht als subjektives Erlebnis Jesu gestaltet hat, läßt sich nicht mit Bestimmtheit sagen. Jedenfalls deutet die bewußt gesetzte Wendung: ‚Du bist mein geliebter Sohn' (vgl. auch Mk 9,7) auf die Intimität des Geschehens sowie auf das persönliche und als solches einzigartige Verhältnis Jesu zum Vater hin, das mit der himmlischen Stimme zum Ausdruck gebracht wird. In dieser persönlichen Intimität verbleibt auch das Wirken des Geistes; über dessen genaueres Verhältnis zu Jesus weiß der Evangelist nichts zu berichten.

Läßt sich bei der Taufszene von einer Offenbarung des dreifaltigen Gottes reden? Man kann es sicher nicht im Sinn der nachnizänischen Gotteslehre tun. Dennoch erfolgen bereits die Weichenstellungen, die zu ihr führen werden: Vom Heiligen Geist ist nicht für sich allein, sondern im Zusammenhang mit dem Sohn und (wenngleich indirekt) mit dem Vater die Rede. Zugleich bleibt der Evangelist darum bemüht, den Geist weder mit dem Vater noch mit dem Sohn in eins zu setzen. Die Wirklichkeit des Pneuma ist durchaus eigengeprägt. Sie unterstreicht nicht zuletzt der eschatologisch-apokalyptische Kontext, in den Mk den Bericht über die Taufe Jesu hineinkomponiert hat. Die alttestamentlichen Anklänge zeigen, daß „Himmelsöffnung, Kommen des Geistes und Erschallen der Gottesstimme Zeichen der Endzeit sind"[44]. Entsprechend erweist sich der Geist als jene eschatologische Gabe, in deren Kraft der Messias und Gottessohn zu wirken beginnt und in deren Zeichen das Reich des Vaters Gestalt annimmt. Auch die Herabkunft des Geistes in Gestalt einer Taube verweist auf dessen Eigenwirklichkeit. Dabei spielt es nur eine untergeordnete Rolle, wofür das Bild der Taube näherhin steht[45]. Wesentlich ist, daß mit ihm ein Symbol in Gebrauch genommen wird, das von der Tradition her zwar für das *Wirken* Gottes, nicht aber für Gott selbst verwendet wurde und darum geeignet war, die Eigenwirklichkeit des Geistes anschaulich ans Licht zu heben.

---

[44] E. Schweizer, Das Evangelium nach Markus (NTD 1), Göttingen 1975, 14.

[45] Vgl. den Exkurs bei B. J. Hilberath, Pneumatologie, 80 f.

Der Grundbescheid, daß in Jesus der eschatologische Geistträger und auserwählte Messias begegnet, findet in den Taufberichten des Matthäus- und Lukasevangeliums eine weitere Bestätigung. Gleichwohl setzen alle Evangelien je eigene Akzente. Sowohl Mt (3,13-17) als auch Lk (3,21-22) verstehen das Geistgeschehen am Jordan nicht mehr als innere Erfahrung Jesu allein, sondern als öffentliche Proklamation seiner messianischen Würde. Außerdem wird von Mt und Joh das mit Sicherheit historische Faktum, daß sich Jesus der johanneischen Bußtaufe unterzog, ausdrücklich problematisiert. Während sich nach Mt der Täufer gegen die Taufhandlung sträubt und erst einlenkt, nachdem Jesus die Taufe verlangt und begründet hat (vgl. Mt 3,14-15), macht Joh den Täufer zum Primärzeugen der messianischen Geistbegabung Jesu und damit zum Garanten dessen im Geist begründeten einzigartigen Gottesverhältnisses: „Auf wen du den Heiligen Geist herabkommen siehst, und auf wem er bleibt, der ist es, der mit dem Heiligen Geist tauft. Das habe ich gesehen, und ich bezeuge: Er ist der Sohn Gottes" (Joh 1,29-34, hier 33 f).

Für die *pneumatische* Komponente der Taufszene interessiert sich am meisten das Lukasevangelium. Zunächst wird die bereits von Mk angedeutete Intimität des Geschehens zwischen dem Vater und dem Sohn mit der Bemerkung unterstrichen, Jesus habe den Geist ‚betend' empfangen (Lk 3,21). Damit gewinnt der Geist einen inneren Bezug zur Gottessohnschaft Jesu, die gerade im Gebet, näherhin in der Abba-Frömmigkeit Jesu am ursprünglichsten zum Ausdruck kommt; das Pneuma hat seinen Platz inmitten der Vater-Sohn-Beziehung. Aber auch die Realität der Geistbegabung Jesu und die Eigenwirklichkeit des Geistes selbst werden von Lk nachdrücklich hervorgehoben. Das geschieht durch eine höchst realistische Auffassung des Taubensymbols: Der Geist kommt „sichtbar", wörtl.: „in körperlicher Gestalt" auf Jesus herab (3,22). Diese Ausdrucksweise entspricht der lukanischen Vorliebe, den Manifestationen des Geistes eine handgreifliche Komponente zu geben (vgl. auch Apg 2,3-6: die Feuerzungen des Pfingstgeschehens; Apg 4,31: Geistempfang unter Erdbeben). Damit findet der Realismus des alttestamentlichen Ruachgedankens seine neutestamentliche Entsprechung.

3.3.3 Der Heilige Geist und Jesu irdischer Ursprung – Die Kindheitserzählungen

Während alle vier Evangelien auf die Taufe Jesu Bezug nehmen, um sie pneumatologisch und christologisch auszugestalten, überliefern nur Mt und Lk Erinnerungen an die Kindheit Jesu sowie Aussagen über dessen irdischen Ursprung. Dabei steht kein historisches Interesse im Vordergrund, sondern das *Kerygma*: die Verkündigung Jesu als den Christus, verbunden mit der Absicht, „Glauben zu wecken und im Glauben zu festigen"[46]. Auch die Kindheitserzählungen und die Berichte über den geistgewirkten Ursprung Jesu setzen also eine bereits durchdachte und ausgefeilte Christologie voraus. Sie wollen insbesondere die einzigarti-

[46] J. B. Bauer, J. Schmid, Evangelium: BThW, 160.

ge Beziehung Jesu zum Vater dokumentieren und hervorheben, daß sich Jesus ganz als der ‚Sohn' erweist, sich in allen Schichtungen seiner Existenz dem Vater *verdankt* und gerade aus dem Grund den Vater in einzigartiger Weise *repräsentiert.*

Die Kindheitserzählungen bilden sozusagen ein biographisch vervollständigtes Christusbekenntnis im Dienst apologetischer Interessen: Die Gottessohnschaft Jesu soll gegen adoptianistische oder metaphorisierende Verkürzungen unmittelbar im Wesen Jesu verankert und mit dem Ganzen seiner Existenz verbunden werden. Und hatte schon in den Taufberichten der Verweis auf den Jesus überkommenden Geist dazu gedient, dessen Sohnschaft als innige Beziehung zum Vater zu beschreiben, so kommt ihm in den Empfängnisberichten nachgerade die Aufgabe zu, das Sohnsein Jesu seiner irdischen Existenz nach zu ermöglichen und in seine Wirklichkeit einzusetzen. So läßt sich sagen: „Das ‚Sohnes-Verhältnis' Jesu zu Gott ist durch den Heiligen Geist, d.h. Gottes Offenbarungsgegenwart, vermittelt"[47].

Die in Frage kommenden Texte sind Mt 1,18-24 und Lk 1,26-38. Mt, der im Gegensatz zu Lk nichts über ein Verkündigungsgeschehen verlauten läßt, stellt mit großer Nüchternheit fest: Jesus sei gezeugt „durch das Wirken des Heiligen Geistes" (1,18.28). Mit dieser Aussage verbinden sind zwei weitere, die als unmittelbare Folge des behaupteten Geistursprungs Jesu erscheinen: zunächst, daß seine Empfängnis in Maria auf jungfräuliche Weise geschah – ohne Zutun eines irdischen Vaters (vgl. V. 18; V. 23: Ein Verweis auf Jes 7,14, ein sog. ‚Erfüllungszitat'), dann, daß dem Kind eine außerordentliche Würde zukommen werde, nämlich die, Israel von seinen Sünden zu erlösen (V. 21). Diese Würde erfährt durch den *Immanuel*-Namen eine ausdrucksstarke Interpretation: Im Kind Mariens, so will Mt sagen, ist Gott selbst bei seinem Volk angekommen und nunmehr tatsächlich der ‚Gott mit uns'. Dabei denkt der Evangelist an die Vorgaben seiner christologischen Überlieferung. Mit seinen Glaubensgenossen und für sie bekennt er das Herrsein Jesu, durch das Gottes Anwesenheit inmitten seines Volkes allererst ermöglicht wurde und das in der Kirche fortdauert (vgl. Mt 28,20: „Seid gewiß: Ich bin bei euch alle Tage bis zum Ende der Welt").

Einen vergleichbaren theologischen Befund weist auch die *Lukasversion* auf (1,26-38); nur ist die Empfängnisthematik – in Anlehnung an das literarische Schema alttestamentlicher Berufungsszenen – mit Hilfe der Verkündigungsszene erzählerisch und dramatisch ausgestaltet. Das Geschehen, dessen faktischer Kern wie die Auferstehung Jesu jeder Beschreibbarkeit spottet und darum nur bildhaft und schematisch dargestellt werden *kann*, entwickelt sich als Frage- und Antwortspiel zwischen Maria und dem Verkündigungsengel. Darüber hinaus hat Lk den Geistursprung Jesu mit dessen jungfräulicher Empfängnis und seiner Würde als Gottessohn deutlicher verknüpft. Auf den Einwand Mariens hin, keinen Mann zu erkennen, kommt ihr folgende Antwort zu: „Der Heilige Geist wird über dich kommen, und die Kraft des Höchsten wird dich überschatten. Deshalb wird auch das Kind heilig und Sohn Gottes genannt werden" (Lk 1,35; vgl. dazu 1,32: „Er wird groß sein und Sohn des Höchsten genannt werden").

[47] G. L. Müller, Was heißt: Geboren von der Jungfrau Maria? Eine theologische Deutung (QD 119), Freiburg – Basel – Wien 1989, 83.

Will man den pneumatologischen Gehalt der Empfängniserzählungen in den Blick bekommen, so muß man sich nicht von den in vieler Hinsicht durchaus berechtigten Diskussionen über die Historizität des Erzählten, insbesondere der Jungfrauengeburt beirren lassen[48]. Wie bereits erwähnt, bezeugt die den beiden Evangelisten vorausliegende Tradition das im Geist geoffenbarte Persongeheimnis Jesu in einer *ganzheitlichen* Weise. Sie bekennt, daß mit Jesus, dem im Geist gesalbten Christus, etwas völlig Neues in die Welt getreten ist und ein Neuanfang geschah, der von rein menschlichen Voraussetzungen her unmöglich gewesen wäre. Darum beschreiben Lk und Mt auf ihre Weise, was *Paulus*, dem die Tradition der Jungfrauengeburt augenscheinlich unbekannt war, auf abstrakte Weise klärt, indem er Christus als *neuen Adam* feiert und ihn dem alten Adam – der menschlichen Abstammungsgemeinschaft – gegenüberstellt. Auch Paulus ist wie Mt und Lk der Überzeugung, daß der Nachkomme Davids (vgl. Röm 1,3; Mt 1,20; Lk 1,32) kein Sproß des erlösungsbedürftigen Menschengeschlechts sein konnte. Und wie die beiden Evangelisten verbindet er die Gottessohnschaft Jesu mit dessen Geistbesitz (vgl. Röm 1,4; ferner Gal 4,29). Gerade die Anerkennung der schöpferischen und neuschöpferischen Wirksamkeit des Geistes bildet aber den pneumatologischen und zugleich ‚historischen' Gehalt der in Frage stehenden Schriftstellen.

In keiner Weise ist der Geist als Vater Jesu anzusprechen, wie auch die Überschattung Mariens nicht als eine wie auch immer gestaltete Begattung angesehen werden darf. Beide Evangelisten haben derartige Fehlmeinungen zu vermeiden gesucht. Das wird besonders an der lukanischen Version ansichtig. Der entscheidende Satz Lk 1,35: „Heiliger Geist wird über dich kommen, und die Kraft des Höchsten wird dich überschatten" knüpft bewußt an die jedem Juden geläufige Vorstellung von der kreatorischen Qualität der *ruach Jahwe* an. „Gottes Pneuma wird ihm (dem angekündigten Kind) schöpferisch lebenspendend das Dasein geben, darum sein innerstes Wesen bestimmen und es ‚heilig' machen"[49]. Um das Schöpferische am Geistwirken herauszuheben, hat Lk es vermieden, dem Geist in der Verkündigungsszene eine spezifisch innergöttliche Kontur zu geben und zu diesem Zweck sowohl den Artikel weggelassen als das *pneuma hagion* mit der *dynamis theou* gleichgeschaltet. Damit assoziiert er die Geistwirksamkeit zu Beginn der Welterschaffung (Gen 1,2), um die Entstehung des Menschen Jesus von Nazaret jenem Gott anheimzustellen, dem „nichts unmöglich ist" (V. 37 – Gen 18,14). Die Frage nach der Historizität des Geschehens verliert ihre Bedeutung angesichts des wirkmächtigen, die konkrete Welt und den leibhaften Menschen berührenden Gottes. Sein schöpferisches Eingreifen in die Welt geschieht immer geschichtlich und damit ‚wirklich', aber es gelangt erst dann zu seiner Wahrheit, wenn es im Glauben erfaßt wird. Die mit der alttestamentlichen Tradition vertrauten Evangelisten hatten mit dieser Art ‚Glaubensrealismus' wenig Schwierigkeiten.

---

48 Vgl. dazu in diesem Werk Bd. II: Mariologie 3.3.1.

49 H. Schürmann, Das Lukasevangelium (HThK 3/1), Freiburg-Basel-Wien 1969, 54, mit den Verweisstellen (in Auswahl) Gen 1,2; Ri 16,17; Ps 33,6; Röm 8,11; Joh 6,63, die allesamt an die kreatorische Funktion des Gottesgeistes erinnern.

3.3.4 *Die Wirksamkeit des irdischen Jesus im Heiligen Geist*

Alle drei Synoptiker schließen unmittelbar an den Taufbericht die Bemerkung an, Jesus habe sich „vom *Heiligen Geist* erfüllt" (Lk 4,1) in die Wüste begeben (vgl. auch Mk 1,12: „vom *Geist* getrieben"; Mt 4,1: „vom *Geist* geführt"). Damit stellen sie das irdische Tun Jesu unter das Zeichen des Geistes. Fortgeschrittene Pneumatologie indes, namentlich die des Lukasevangeliums, vermeidet es, Christus als Pneumatiker zu zeichnen. Während Mk noch relativ unreflektiert das kräftige Wort *ekballei* gebraucht (er ‚warf' ihn in die Wüste ‚hinaus'), um anzuzeigen, daß Jesu Wirken unter der Hegemonie des Taufgeistes steht, verfolgt Lk ein anderes Interesse. Ihm liegt daran, die souveräne *Verfügungsgewalt* Jesu über den Geist herauszustellen. Jesus ist für ihn „nicht Pneumatiker, sondern Herr des Pneuma"[50], folglich nicht wie die Großen des Alten Testaments oder die an Ostern und Pfingsten berufenen Christen vom Geist inspiriert und allererst als Charismatiker ins Leben gerufen, sondern ein Geistträger völlig eigener Art: Jesus ist im Geist so mit dem Vater verbunden, daß er allein dessen Herrschaft in der Welt aufzurichten vermag.

Das lukanische Zeugnis

Überhaupt hat Lk nachdrücklicher als die anderen Synoptiker das Bild des im Geist handelnden Christus gezeichnet. Nicht zufällig findet sich das pneumatologisch am reichsten ausgestaltete Erfüllungszitat des Neuen Testaments in seinem Evangelium. Auf die Verheißung des Propheten Jesaja, der ersehnte Messias Gottes werde in der Kraft des über ihn ausgegossenen Geistes die frohe Botschaft nicht nur verkünden, sondern auch verwirklichen (vgl. Jes 61,1), antwortet der lukanische Jesus in der Synagoge zu Nazaret mit einer klaren Auskunft: „Heute hat sich das Schriftwort, das ihr eben gehört habt, erfüllt" (Lk 4,16-30, hier 21).

Wie sehr sich diese Selbstoffenbarung Jesu im Verlauf seiner irdischen Tätigkeit als richtig erwies, bestätigt ein von Lk sorgsam plaziertes Summarium in der *Apostelgeschichte.* Wieder nimmt Petrus in einer öffentlichen Rede auf die Erweckung Jesu Bezug, aber vom Geist ist nicht im Blick auf sie, sondern auf das irdische Leben des Erhöhten die Rede: „Ihr wißt, was im ganzen Land der Juden geschehen ist, angefangen in Galiläa, nach der Taufe, die Johannes verkündet hat: wie Gott Jesus von Nazaret gesalbt hat mit dem Heiligen Geist und mit Kraft, wie dieser umherzog, Gutes tat und alle heilte, die in der Gewalt des Teufels waren; denn Gott war mit ihm" (Apg 10,37 f). In die eigentliche Jesusgeschichte hat Lk die Geistthematik nur sporadisch eingefügt, allerdings so, daß sich ein geschlossenes Gesamtbild ergibt. Christus und der Geist sind seiner Darstellung nach gewissermaßen synergistisch aufeinander bezogen, das heißt in einer aufeinander abgestimmten Weise: Jesu Auftreten wird vom Geist vorbereitet, ermöglicht und bezeugt; andererseits lassen die Souveränität seiner Lehre, aber auch einige direkte Aussagen das Wirken des Geistes erkennen.

---

[50] E. Schweizer, pneuma, pneumatikos: ThWNT 6, 402.

Andeutungen über die vorbereitende und zeugnisgebende Funktion des Geistes hat Lk naturgemäß an den Anfang seines Evangeliums, in die sogenannte ‚Vorgeschichte' plaziert: Dort ist von der Geisterfülltheit Johannes' des Täufers die Rede (Lk 1,15.17.80) und von dessen Eltern Zacharias und Elisabet, die – vom Geist erleuchtet – die heilsgeschichtliche Rolle ihres Sohnes, jene Mariens und die Jesu selbst erkennen und dankbar preisen (Lk 1,41-42. 67-79). Dieselbe Erleuchtung wird dem greisen Simeon zuteil; auf ihm ‚ruht' der Geist, um den Sinn der kommenden Ereignisse zu offenbaren und ihn zu jener schicksalhaften Begegnung im Tempel zu führen, wo der ‚Geistesmann' das ‚Geisteskind' erkennen wird (vgl. Lk 2,25-32). „In diesem vom Geist gewirkten Milieu steht auch Maria, in der über alle Prophetie hinaus der heilige Geist das Wunder der Jungfrauengeburt wirkt"[51]; mit ihrer Erwählung nimmt das Christusereignis seinen Anfang.

Daß umgekehrt das Verhalten und Reden Jesu den Geist zu erkennen gibt, erhellt aus Textabschnitten, die Lk der Logienquelle entnommen, aber pneumatologisch bearbeitet hat. Bezeichnend dafür ist der Jubelruf Jesu Lk 10,21: „In dieser Stunde rief Jesus, vom Heiligen Geist erfüllt, voll Freude aus: Ich preise dich, Vater, Herr des Himmels und der Erde, weil du all das den Weisen und Klugen verborgen, den Unmündigen aber offenbart hast". Im Gegensatz zu Mt, der den Jubelruf überliefert, ohne den Geist zu erwähnen (Mt 11,25), erklärt Lk den Geist zu dessen Urheber und mithin Jesus selbst zum Geistträger par excellence. Damit erscheint der Geist wie in der Taufszene ein weiteres Mal als jene Kraft, in der sich der Vater und der Sohn zu einer innigen Gemeinschaft fügen. Im *Geist* kennt der Sohn den Vater und im *Geist* ist er ermächtigt, den Vater in der Welt bekanntzugeben. Darum folgt auf den Jubelruf ein für synoptische Verhältnisse überraschendes Offenbarungswort: „Mir ist von meinem Vater alles übergeben worden; niemand weiß, wer der Sohn ist, nur der Vater, und niemand weiß, wer der Vater ist, nur der Sohn und der, dem es der Sohn offenbaren will" (Lk 11,26). Aus dieser Offenbarungsvollmacht des Sohnes aber resultiert zugleich dessen Wissen um die Bedeutung des Geistes selbst. Um ihn sollen die Jünger bitten, denn er ist die eigentliche Gabe des Vaters (Lk 11,13) und jener Beistand, der in der Stunde der Bedrängnis den Christen die zum Glaubenszeugnis notwendigen Worte „eingeben" wird (Lk 12,12; vgl. auch Mk 13,11).

Da Lk mit einer Zwischenzeit rechnet und damit auch dem Walten des *Auferstandenen* eine zeitliche Komponente gibt, fügt es sich, daß dieser noch vor seiner Erhöhung Weisungen für die Zukunft erteilt: Den ersten Kapiteln der Apostelgeschichte zufolge verspricht der Auferstandene die Sendung des Heiligen Geistes. Sie wird an Pfingsten tatsächlich geschehen (vgl. Apg 1,4-5.8 und 2,33).

Die übrigen Synoptiker

Wird das Lebenswerk Jesu auch von den übrigen Synoptikern pneumatologisch gewürdigt? Im Vergleich zu Lk geben sie sich relativ bescheiden. Obwohl alle

[51] R. Schnackenburg, Die Person Jesu Christi im Spiegel der vier Evangelien (HThK. S 4), Freiburg - Basel - Wien 1993, 157.

Evangelien von der in der Taufe offenbar gewordenen Geistbegabung Jesu überzeugt sind und das Matthäusevangelium angesichts der befreienden Tätigkeit Jesu an das erste Gottesknechtlied Jes 42,1-4 erinnert (vgl. Mt 12,17-21), wird sie kaum thematisiert. Eine Ausnahme bilden das Logion von der Sünde gegen den Heiligen Geist, die (von Lk gemiedene) Einschätzung, Jesus treibe im Geist die Dämonen aus, und der sogenannte Taufbefehl Mt 28,19.

Das Wort von der *Lästerung gegen den Geist* (vgl. Mk 3,29; Mt 12,31 f; Lk 12,10) ist bereits im Selbstverständnis der frühen Gemeinde beheimatet, die sich von Ostern her mit dem Geist ausgestattet weiß und deshalb äußerst scharf reagieren muß, wenn der nunmehr wunderbar erfahrenen Wirksamkeit des Geistes ein trotziges Nein entgegengehalten wird. Dieses wiegt schwerer als die Ablehnung des irdischen Jesus, über dessen Niedrigkeit man gegebenenfalls hinwegsehen konnte[52]. Mit der Geisterfahrung der frühen Gemeinde hängen auch das Wort von der *Dämonenaustreibung* und der *Taufbefehl* zusammen. Während die Logienquelle in allgemeiner Weise davon sprach, die Dämonen würden durch den ‚Finger Gottes' ausgetrieben (so ursprünglich von Lk 11,20 überliefert), hat Mt den ‚Finger Gottes' mit dem der Gemeinde mitgeteilten Heiligen Geist identifiziert: „Wenn ich aber", so erklärt Jesus nach Mt 12,28, „die Dämonen durch den Geist Gottes austreibe, dann ist das Reich Gottes schon zu euch gekommen". Damit ist auch von seiten des Matthäusevangeliums der irdische Jesus rückblickend als eschatologischer Träger der Gottesherrschaft qualifiziert und der Heilige Geist – hier läßt sich Mt mit Lk vergleichen – als eschatologische Gabe begriffen. Entsprechend hat Mt dem auferstandenen Jesus eine Tauf formel in den Mund gelegt, die den Heiligen Geist mit dem Sohn und dem Vater auf die gleiche Stufe stellt: „Darum geht zu allen Völkern und macht alle Menschen zu meinen Jüngern; tauft sie auf den Namen des Vaters und des Sohnes und des Heiligen Geistes" (Mt 28,19). In dieser Formel spiegelt sich gegenüber den alten Jesusüberlieferungen eine bereits fortgeschrittene trinitarische Reflexion. Aber längst bevor sich diese zu entfalten begann, waren sich die ersten Christen darüber bewußt geworden, daß dem Vater und dem Sohn nur begegnet, wer sich durch Umkehr und Taufe vom Heiligen Geist in den Lebensraum der Gemeinde Christi aufnehmen läßt.

3.4 Die Kirche – Geschöpf des Geistes

Weil die neutestamentliche Pneumatologie gänzlich vom Christusereignis abhängt, war es geboten, zunächst nach der pneumatischen Dimension Jesu von Nazaret zu fragen. Gleichwohl ist noch einmal daran zu erinnern, daß sich der

[52] Y. Congar, Der Heilige Geist, 34: „Man wird sich über Jesus täuschen können, ‚der ‚den Menschen gleich' (Phil 2,7) geworden ist, wird aber nicht gegen den Geist sündigen dürfen, indem man da, wo er seine Macht ausübt, sein Wirken nicht wahrnimmt".

verständige Blick zurück erst durch Ostern und Pfingsten auftat. Die pneumatologische Reflexion der Evangelien setzt die pneumatische Urerfahrung der frühen Kirche voraus und damit deren Bewußtsein, im Heiligen Geist allererst zur berufenen Interpretin und zur Heilsgemeinde Jesu Christi geworden zu sein. Aus diesem Grund steht der Hauptteil der neutestamentlichen Pneumatologie in einem *ekklesiologischen* Kontext.

Bei der Erhebung des einschlägigen Befundes wäre aus chronologischen Gründen mit den paulinischen Briefen zu beginnen und mit dem johanneischen Schrifttum abzuschließen. Da indes beide Textzeugnisse für sich und als geschlossenes Ganzes behandelt werden (vgl. 3.4 und 3.5), mag an dieser Stelle ein Blick auf das ekklesiologische Programm der Apostelgeschichte genügen.

3.4.1 Die ekklesiale Pneumatologie der Apostelgeschichte

Mit dem Bericht über das Pfingstereignis hat Lk der Geisterfahrung der frühen Kirche eine zeitlich und örtlich zu greifende Mitte gegeben. Für die theologische Erschließung dieses Geschehens bietet sich noch einmal das zentrale Wort aus der Pfingstpredigt des Apostels Petrus an: „Nachdem er (Jesus) durch die rechte Hand Gottes erhöht worden war und vom Vater den verheißenen Heiligen Geist empfangen hatte, hat er ihn ausgegossen, wie ihr seht und hört" (Apg 2,33). Von diesem Grundbescheid leben alle weiteren pneumatologischen, auf die Kirche bezogenen Aussagen der Apostelgeschichte:

- daß der Sohn und der Vater mit dem Geist gegeben haben, was sie geben konnten;
- daß der Geist der Verheißung des Joël gemäß *allen* Gliedern der Gemeinde und auf Dauer zukommt;
- daß sich in der Taufe das Pfingstgeschehen sozusagen jeweils individuell auswirkt;
- daß im Geist die ganze Geschichte zur Heilsgeschichte wird und deshalb das Leben der Kirche – besonders das ihrer Mission – vom Heiligen Geist geleitet und zielgerichtet bleibt.

Aus programmatischen Gründen steht der Pfingstbericht am Beginn der Apostelgeschichte – wie die Bekenntnisse zur Geistbegabung Jesu das Lukasevangelium präludieren (vgl. besonders Lk 4,16-21). So kommt zum Aufschein, daß die Kirche das Werk Jesu fortzuführen hat, dies aber nicht aus eigener Vollmacht heraus vermag, sondern allein kraft jener Verbindung, die im Heiligen Geist mit dem erhöhten Herrn und in ihm mit dem Vater verwirklicht ist.

Kirche und Pfingsten

Wie sehen die angedeuteten Zusammenhänge im einzelnen aus? Mit der Zitation von Joël 3,1-5 (Apg 2,17) hat Lk den Pfingstgeist als endzeitliche Gabe qualifiziert, wie sie vom Alten Testament her und von den Verheißungen des Täufers und Jesu selbst zu erwarten war (vgl. Lk 3,16; 24,49; Apg 1,4 f): Nunmehr sind in der Tat *alle* zu Propheten, das heißt zu Geistträgern geworden, und das nicht nur, um vorübergehende Aufgaben zu erfüllen, sondern ein für allemal. Als äußeres Zeichen, gleichsam um die Realität dieses Geschehens zu unterstreichen, verweist Apg 2,1-13 auf das *Sprachenwunder*. Es wird von Außenstehenden als Folge eines Alkoholmißbrauchs gedeutet (2,11.13), stellt aber für Lk einen Aufweis echter Prophetie dar: Diese führt, wie er durch Petrus zu verstehen gibt, zum Zeugnis für Christus (2,36). Ist mit dieser pfingstlichen Wirkung ein ekstatisches Phänomen gemeint? Sicher nicht im Sinn der alttestamentlichen Prophetenschwärme, von deren Geist-Ekstase keine Verkündigung ausging. Wohl aber geschieht ein Wunder der Neuschöpfung und der inneren Wandlung: „Dieses Neue ist von außen her in keiner Weise verständlich zu machen. Es ist für den betroffenen ein ‚Außerhalb-seiner-selbst-Stehen', eine Befreiung und Freiheit ohnegleichen. Aber kein Absturz in Rausch und Enthusiasmus, kein ‚Trip' ins bunt schillernde Nichts, sondern ein Aufgenommenwerden in die Schutzmacht Gottes, die ‚Heiliger Geist' heißt und den heimatlosen Menschen ‚in Christus' versetzt"[53]. Das Sprachenwunder deutet neben der beschriebenen, sozusagen ‚mystischen' Wirkung freilich auch auf die völkerübergreifende Universalität der neugeschaffenen pneumatischen Kirche hin. Mit Nachdruck betont die Apostelgeschichte, daß ihr auch die ‚Heiden' angehören (10,44-48; 11,15-18; 15,8).

Kirche und Taufe

Als der normale Weg, um in der Kirche Aufnahme zu finden, gilt die *Taufe*. Durch sie teilt sich der Geist jedem einzelnen Kirchenglied mit (vgl. Apg 10,46; 19,6). Dabei kann es offen bleiben, in welchem genauen Verhältnis der Ritus der Wassertaufe zum eigentlichen Geistempfang steht. Lk hat verschiedene Teile einer in den Gemeinden geübten liturgischen Tradition aufgenommen, ohne allzugroßen Wert auf liturgietheologische Feinheiten zu legen. So erscheint die Geistmitteilung nach Apg 9,17 f als unmittelbare Wirkung der Taufe und gemäß 2,38 als deren Folge. Nach 10,44-48 verhält sich die Sache genau umgekehrt: Der Geistempfang geht der Taufe voraus. Wesentlich bleibt in allen Fällen, daß Taufe und Geistempfang eine entschiedene Bekehrung und den Glauben an den „Namen Jesu" voraussetzen (2,38; auch 8,12; 9,1-19). Darüber hinaus weist Lk dem persönlichen Gebet bei der Geistaufnahme eine entscheidende Rolle zu. Insofern rückt der einzelne Glaubende auch der inneren Haltung nach nahe an den Geistträger Jesus von Nazaret heran, der nach Lk 3,21 bei seiner Taufe den Geist gleichermaßen betend empfing. Es gibt sogar Stellen, an denen die Gabe des Geistes dem Gebet allein zugeschrieben wird, ohne daß die Taufe Erwähnung fände. Außerdem erscheint das Pfingstereignis selbst als eine Taufe mit Geistmitteilung – von der Wassertaufe ist nicht die Rede (Apg 4,31; 13,1-3; 8,15).

Der etwas uneinheitliche Befund könnte den Eindruck erwecken, als sei die Kirche für Lk vorrangig eine rein spirituelle Gemeinschaft, die ohne Sakrament

53 H.-J. Kraus, Heiliger Geist. Gottes befreiende Gegenwart (Evangelium konkret), München 1986, 87.

und ohne Verfassung existiert; dieser Eindruck trügt. Die Wassertaufe ist aber nur *eine* Lebensgrundlage dieser geistgewirkten, neuen Familie, deren Pfingsten bis zum Ende der Zeit anhält.

Kirche und Heilsgeschichte

Mit Bedacht hat der Verfasser der Apostelgeschichte die sichtbare Gemeinschaft ‚Kirche' in den Rahmen einer heilsgeschichtlichen Vision eingebettet, für deren Realität der Heilige Geist bürgt. In diesem Zusammenhang begegnet die vom Alten Testament überkommene, aber auch in der zwischentestamentlichen und rabbinischen Literatur gepflegte Pneumatologie der *Schriftinspiration*[54]. Mit ihrer Hilfe wird der Heilige Geist als Propagator und Offenbarer des geschichtlich sich verwirklichenden Heilspanes Gottes dargestellt. Insbesondere David und Jesaja erscheinen als inspirierte Propheten (Apg 1,16; 4,25; 28,25); da deren Worte Weissagungen des Geistes sind, *müssen* sie in Erfüllung gehen (vgl. Lk 22,37; Apg 1,16). Die für Lk charakteristische Vorliebe, die Wirksamkeit des Geistes möglichst realistisch zu zeichnen, prägt jene Berichte der Apostelgeschichte, nach denen der Geist gleichsam handgreiflich den Verlauf der christlichen Glaubensgeschichte beeinflußt: Er treibt den Diakon Philippus zu Mission und Taufe an und versetzt ihn nach vollbrachter Tat an andere Orte (Apg 9,29.39); den Apostel Paulus bindet er förmlich fest, damit sein Missionseifer um der Verkündigung Jesu willen nicht nachläßt (vgl. Apg 20,22-24).

Die heilsgeschichtliche Funktion der Kirche erhellt weiter aus der Fürsorge, die dem Geist Gottes bezüglich ihrer Ausbreitung, ihrer Mission und ihrer inneren Organisation zugeschrieben wird. Nach Auskunft der entsprechenden Texte[55] kommt der Kirche die Aufgabe zu, die ganze Erde für das Kommen des Reiches Gottes vorzubereiten: „Die Weltgeschichte zerfällt nicht mehr in sinnlos zerstückelte Schicksale und zahlreiche, machtvoll auseinanderstrebende Sinnsetzungen; sie bekommt Sinn und Ziel, Einheit und Geschlossenheit in der Erkenntnis der großen Taten Gottes, die der Vollendung des Reiches Gottes entgegenführen. Die Kirche in der Kraft des Geistes wird zum treibenden, nach vorn weisenden und mitreißenden ‚Faktor' in der Völkerwelt. Sie wird zur Avantgarde der zukünftigen Welterneuerung"[56]. Dem entspricht, daß die Zeit zwischen der Himmelfahrt und der Wiederkunft Christi von Lk ausdrücklich als die ‚Zeit der Kirche' charakterisiert wird. Sie drängt als ‚Endzeit' der Geistesgegenwart zur Glaubensentscheidung (vgl. Apg 2,17.20; 19,2).

Kirche und Amt

Was die innere Organisation der Kirche betrifft, so liegt in der Apostelgeschichte eine bereits fortgeschrittene, pneumatologisch durchdachte *Amtstheologie* vor, die

[54] Vgl. in diesem Werk Bd. I: Theologische Erkenntnislehre 4.4.3.

[55] Vgl. vor allem den Bericht über den oben erwähnten Philippus, Apg 8,29.30 und die Notizen über die missionarischen Bemühungen des Petrus und des Paulus: Apg 11,12; 13,1-4; 16,6-7; 20,22; 21,11.

[56] H.-J. Kraus, Heiliger Geist, 87.

gleichwohl nicht mit der Auffassung kollidiert, alle Christusgläubigen hätten den Heiligen Geist empfangen[57]. Als Bezugspunkt kirchlicher Autorität dient das Apostolat. Es deckt sich nach Lk mit dem Zwölferkreis und hat gemäß Apg 1,1-8 die Aufgabe, das Evangelium zu verkünden und die Kirche aufzuerbauen. Beides geschieht dem besagten Text zufolge in der Kraft und Autorität des Heiligen Geistes[58]. Dazu fügt sich, daß die Entscheidung des sogenannten Apostelkonzils (vgl. Apg 15,22-29), die Heidenmission von jüdischer Gesetzlichkeit freizuhalten, schlankweg als Entscheidung des Geistes deklariert wird: „Denn der Heilige Geist und wir haben beschlossen, euch keine weiteren Lasten aufzuerlegen" (V. 28).

In Apg 10,17-38 deutet sich leise die später von den Kirchenvätern entfaltete Lehre von der *apostolischen Sukzession* an, die mit einer legitimen Nachfolge der Episkopen und Presbyter (die Titel sind in der Apg noch unspezifisch und eher funktional verstanden) in der apostolischen Sendung rechnet: Paulus richtet eine Rede an die Presbyter in Milet, um sich von ihnen mit der beschwörenden Mahnung zu verabschieden, auf „sich selbst" und die „ganze Herde" zu achten, für die sie „der Heilige Geist zu Bischöfen (*episkopoi* – Aufseher) bestellt" habe (10,28). Zwar treten die Presbyter und Episkopen an die Stelle des Apostels, aber ihre Autorität gründet jenseits menschlicher Übereinkünfte. „Das Amt der Presbyter wird als Setzung des Heiligen Geistes verstanden: nicht etwa Paulus hat die Presbyter eingesetzt, sondern das Pneuma"[59].

Aufs Ganze gesehen bleibt die Pneumatologie der Apostelgeschichte in einer gewissen Schwebe: Der Geist gilt einerseits als bleibende Gabe an die Kirche, so daß alle auf Dauer zu Geistlichen und Propheten und einige von ihnen zu Aufsehern werden. Andererseits wirkt noch das eher dynamistische Verständnis des Alten Testaments nach: Der Geist wirkt in spektakulären Manifestationen (auch in Strafaktionen: Apg 5,3.9; 13,9) und befähigt zu außergewöhnlichen Leistungen vor allem in der Mission. Aus diesem Grund wird das ‚normale' Leben in der Kirche mitunter auch dargestellt, ohne daß auf den Heiligen Geist rekurriert wäre (vgl. z.B. das Summarium über die Urkirche Apg 2,42-47). Allerdings ist zu beachten, daß Lk die Wirkung des Pfingstgeistes auch unausgesprochen allen kirchlichen Funktionen zugrundelegt.

---

57 Das mag auch damit zusammenhängen, daß Lk ein etwas harmonisierendes Idealbild entwirft, das paränetische Ziele verfolgt; vgl. Apg 2,42. Vgl. zum ganzen in diesem Werk Bd. II: Ekklesiologie 4.

58 Vgl. Apg 1,2: „Vorher hat er (der erhöhte Christus) durch den Heiligen Geist den Aposteln, die er sich erwählt hatte, Anweisungen gegeben"; ebd. V. 8: „Aber ihr werdet die Kraft des Heiligen Geistes empfangen, der auf euch herabkommen wird; und ihr werdet meine Zeugen sein in Jerusalem und in ganz Judäa und Samarien und bis an die Grenzen der Erde"; zum Apostelbegriff des Lukas vgl. R. Kühschelm, Apostel: BThW, 40.

59 J. Ratzinger, Theologische Prinzipienlehre. Bausteine zur Fundamentaltheologie, München 1982, 293.

3.5 Das pneumatologische Zeugnis des paulinischen Schrifttums

Mit den Briefen des Apostels Paulus begegnet ein sehr ursprüngliches Geistzeugnis, zugleich eine erste Pneumatologie im strengen Sinn des Wortes. Denn Paulus hat auf jeweils konkrete Situationen reagiert und unmittelbar erlebte Verhältnisse beschrieben, aber er hat zugleich das Erfahrene und aus der Tradition Übernommene systematisch weitergedacht, also zur *Lehre* entwickelt. Um die Unterschiede zwischen der paulinischen und der lukanischen Pneumatologie zu kennzeichnen, gibt Y. Congar im Anschluß an einige Exegeten folgende Punkte zu bedenken: Während die Apostelgeschichte Wert auf das äußerlich sichtbare Wirken des Geistes lege, beschreibe Paulus dessen Wirkung im Innern jedes Glaubenden; würde Lk ein spektakuläres Geistverständnis der unmittelbaren Erfahrung vertreten, so Paulus eines des nüchternen Glaubensgehorsams; schließlich unterschieden sich beide Zeugnisse in der Art und Weise, das Verhältnis des Geistes zu Christus zu denken[60].

Solche Urteile mögen hilfreich sein, um Grundtendenzen kenntlich zu machen, präzise sind sie – wie Y. Congar denn auch zu Recht einwendet – nicht. Gerade in der Pneumatologie sind Differenzierungen schwierig, da die einschlägigen Texte nicht selten lediglich Anstöße geben und mitunter angesichts des an sich Unbeschreibbaren verstummen. Alle pneumatologischen Schriftzeugnisse des Neuen Testaments bezeugen ein und dieselbe Wirklichkeit in ihren tausendfachen Brechungen, darum sind die Unterschiede perspektivisch und theologiegeschichtlich begründet. Sie schließen komplementäre oder ergänzende Aspekte nicht aus, sondern rufen sie hervor, geben ihnen gerade dadurch Raum, daß sie sie zunächst nur umrißhaft andeuten und ihnen damit die Möglichkeit geben, dann ans Licht zu treten, wenn ihre Zeit gekommen ist.

3.5.1 Der Geist der persönlichen Auferbauung

Zuallererst ist festzuhalten, daß der Apostel Paulus den irdischen Jesus von Nazaret nicht gekannt hat. Darum gründet seine Theologie ihrem Schwerpunkt nach in der Erfahrung des gekreuzigten, auferweckten und erhöhten Christus, den er als Gottes *Sohn* bekennt (vgl. Gal 1,15). Entsprechend hängt seine Geisterfahrung mit seiner Christusfrömmigkeit zusammen.

Für Paulus steht das gesamte christliche Leben im Zeichen einer durch Christus geleisteten Neuschöpfung, die im Heiligen Geist anhält und sich auf die Kirche hin und in ihr auswirkt. Christliches Sein vollzieht sich als ‚Sein in Christus' (2 Kor 5,21; Röm 14,12), das heißt im Einflußbereich des göttlichen Kyrios. Dieses ‚Sein in Christus' prägt sowohl den ontischen Stand der Christen als auch deren ethische Orientierung: In Christus ist, wer sich fortan von seinem

[60] Y. Congar, Der Heilige Geist, 58 f, mit den Positionen von P. Gaechter und G. Haya-Prats.

‚Geist' bestimmen läßt und nicht vom ‚Fleisch', das im paulinischen Sinn die gottwidrige Gesetzlichkeit der unerlösten Welt, nicht einen minderwertigen Teil der menschlichen Natur meint (vgl. Gal 5,13-26)[61]. Der ganze, unmittelbar von Gott berührte Mensch ist dieser Konzeption gemäß ‚in Christus' (Röm 8,1), aber auch ‚im Heiligen Geist' (Röm 8,9), oder besser gesagt: *‚durch den Heiligen Geist in Christus'*, denn seit der Auferstehung begegnet Christus im Geist und führt der Geist zu Christus, wie man wohl das vieldiskutierte Wort 2 Kor 3,17 deuten darf: „Der Herr aber ist der Geist".

Die Gabe der Freiheit

Welche Wirkungen zeitigt das ‚Sein in Christus durch den Heiligen Geist'? Seine erste und grundlegende heißt *Freiheit*. Mit diesem Begriff umschreibt Paulus zuallererst die *Freiheit vom Gesetz*, das heißt die Gelassenheit, sich nicht aus eigener Kraft und Leistung vor Gott behaupten zu müssen, sondern auf das vertrauen zu dürfen, was durch Christi Tod und Auferweckung geschehen ist. Der Heilige Geist aber bildet das Unterpfand dieser Zuversicht: die in Gott begründete und von Gott gegebene Garantie ihrer Tragfähigkeit. In diesem Sinn glaubt Paulus die Christen gerechtfertigt, ja geheiligt durch Christus selbst (1 Kor 1,2; 2 Kor 5,21, Röm 8,1), desgleichen durch den Geist (Röm 14,17; 15,16). Mitunter greift das eine in das andere, so 1 Kor 6,11: „Ihr seid reingewaschen, seid geheiligt, seid gerecht geworden im Namen Jesu Christi, des Herrn, und im Geist unseres Gottes". Übrigens gibt dieses Wort zu verstehen, daß die Rechtfertigung allein in der Macht Gottes geschieht (des Vaters also), der *durch* Christus und den Geist Initiative ergriffen hat (vgl. 2 Kor 5,21; Röm 3,24-26). Damit sind Christus und der Geist als Kräfte des einen Gottes qualifiziert; sie kommen aus seiner Mitte und treten der Welt schöpferisch gegenüber.

Doch zurück zum Problem Freiheit: Neben die Freiheit vom Gesetz tritt nach Paulus die vom Geist gewirkte Freiheit des Menschen von der Sünde, vom Tod, von den Mächten der Welt und der Unterwelt, nicht zuletzt die *Freiheit von sich selbst*. Der Christ soll dem Vorbild Jesu gemäß für andere dasein, und er kann es auch: Weil er durch den Heiligen Geist zum ‚Tempel Gottes' geworden ist (1 Kor 6,19), hat er teil an der Souveränität Gottes selbst. Er vermag seinen Weg in eigener Verantwortung zu gehen, ohne von egoistischen Lebensentwürfen behindert zu werden. „Der Heilige Geist transzendiert sowohl gesellschaftliche Strukturen als auch menschlichen Enthusiasmus, besser: enthusiastischen Partikularismus"[62]; weil er universal wirkt, werden ideologische Grenzen bedeutungslos; aber weil er konkret wirkt, bleibt der einzelne unersetzbar.

---

61 Meines Erachtens ist damit der Streit, ob das ‚Sein in Christus' mystisch oder ethisch, ontisch oder metaphorisch auszulegen ist, gegenstandslos, dem Gesamt der paulinischen Theologie zu schließen, ist beides intendiert; zur Problemstellung vgl. H. Conzelmann, Grundriß der Theologie des Neuen Testaments (UTB 1446), Tübingen [4]1987, 232-235. Zum Begriff ‚Fleisch' vgl. in diesem Werk Bd. I: Theologische Anthropologie 2.2.3.

62 H. Schlier, Herkunft, Ankunft und Wirkungen des Heiligen Geistes im Neuen Testament: C. Heitmann, H. Mühlen (Hg.), Erfahrung und Theologie des Heiligen Geistes, Hamburg 1974, 126.

Die Gabe der Liebe

Eine zweite, grundlegende Wirkung des ‚Seins in Christus durch den Heiligen Geist' ist die *Liebe,* kraft der die einzelnen Glaubenden mit Christus und dem Vater, aber auch untereinander verbunden sind. Dieser Aspekt hat auf die theologische, dogmatische und spirituelle Erschließung der Pneumatologie, aber auch der Trinitätslehre und der Ekklesiologie einen nachhaltigen Einfluß ausgeübt. Paulus selbst begnügt sich damit, die Tatsache seinen Gemeinden ins Bewußtsein zu heben. Während bereits Gal 4,4-6 die in Christus gewirkte Sohnschaft der Christen als eine innige Beziehung der Gerechtfertigten zu Gott versteht, die vom Heiligen Geist ermöglicht ist und alle zu ‚Söhnen' macht[63], wird Röm 5,5 das Wesen des Geistes geradewegs mit der Liebe Gottes identifiziert: „Die Hoffnung läßt nicht zugrunde gehen; denn die Liebe Gottes ist ausgegossen in unsere Herzen durch den Heiligen Geist, der uns gegeben ist". Später spricht Paulus im selben Brief von der „Liebe des Geistes" (Röm 15,30). Sie meint vorrangig jene Zuneigung der Gnade, die Gott im Geist zu den Menschen trägt. Ist sie aber dort erst einmal angekommen, wird die ‚Liebe des Geistes' zum Fundament der im Glauben motivierten *zwischenmenschlichen* Liebe. Darum betrachtet der Apostel den Heiligen Geist als den Wegführer des christlichen Lebens, als den, der den einzelnen gleichermaßen trägt wie verpflichtet, ihm Gabe und Aufgabe zugleich ist. „Die sich vom Geist Gottes leiten lassen, sind Söhne Gottes", heißt es Röm 8,14. Man beachte dazu Gal 6,1 in bezug auf 5,16.25: Weil die Christusgläubigen „vom Geist erfüllt sind" und „aus dem Geist leben", sollen sie danach trachten, sich „vom Geist leiten zu lassen" und „dem Geist zu folgen". Die im paulinischen Schrifttum „wiederholten Antithesen von Geist und Fleisch (Gal 3,3; 5,17; Röm 8,9), Gesetz und Geist (Gal 5,8), Geist und Buchstabe (Röm 2,29; 7,6) warnen" vor der bedrohlichen Möglichkeit „aus dem Sein im Geist wieder herauszufallen"[64].

Christus und der Geist

In welcher genauen Beziehung steht der Geist zu Christus? Die bislang beschriebene Beiordnung des einen mit dem anderen könnte den Anschein erwecken, beide stellten ein und dasselbe Erlösungsprinzip dar. In Wirklichkeit bleibt bei Paulus die Ankunft und die Wirksamkeit des Geistes streng auf das Werk des irdischen und erhöhten Christus verwiesen, den er (zusammen mit dem Vater – vgl. 3.4.4) als Geber des Geistes begreift. Damit bleibt, wie W. Schmithals sich ausdrückt, die „christologische Differenz" gewahrt[65]. Das heißt: Der Geist läßt sich weder mit Christus identifizieren noch als zweiter, eigenständiger Erlöser an

---

[63] Gal 4,4-7: „Als aber die Zeit erfüllt war, sandte Gott seinen Sohn, geboren von einer Frau und dem Gesetz unterstellt, damit er die freikaufe, die unter dem Gesetz stehen und damit wir die Sohnschaft erlangen. Weil ihr aber Söhne seid, sandte Gott den Geist seines Sohnes in unser Herz, den Geist, der ruft: Abba, Vater. Daher bist du nicht mehr Sklave, sondern Sohn; bist du aber Sohn, dann auch Erbe, Erbe durch Gott".

[64] J. Gnilka, Theologie des Neuen Testaments, 106.

[65] Geisterfahrung als Christuserfahrung: C. Heitmann, H. Mühlen, Erfahrung und Theologie des Heiligen Geistes, 110.

dessen Stelle setzen. Er kommt vom Erhöhten, um das Werk des *im Fleisch erschienenen* Christus zu bezeugen und den einzelnen auf das Bekenntnis zu Christus zu verpflichten. Er ist der ‚Geist des Glaubens' und kann nur empfangen werden, wenn man das Heilswerk *Jesu* im Glauben bejaht (vgl. Gal 3,15; 5,5). So bleibt verhindert, daß sich jemand auf den Geist beruft, ohne sich zu Christus zu bekennen.

Daß diese Einstellung eine wirkliche Gefahr darstellte, beweist der geschichtliche Hintergrund der paulinischen Pneumatologie: Gnostische Häretiker, die den frischgegründeten Gemeinden arg zu schaffen machten, hatten behauptet, den Geist nicht als unverfügbares Geschenk von Gott erhalten, sondern kraft ihrer pneumatischen Natur immer schon besessen zu haben. Sie hatten sich außerdem damit gebrüstet, als Pneumatiker vom irdischen Christus und seinem Kreuz unabhängig zu sein. Zum Teil betrachteten sie sich sogar als Teil eines universalen Christus, den sie mit dem Pneuma gleichsetzten. In bewußter, vielleicht sogar etwas gewagter Anlehnung an diese Vorstellungen bestätigt Paulus 1 Kor 2,11-16, daß die Christen tatsächlich Pneumatiker, das heißt Geistträger sind und deshalb die Erkenntnis der „Tiefen Gottes" besitzen: „Wir haben nicht den Geist der Welt empfangen, sondern den Geist, der aus Gott stammt, damit wir das erkennen, was uns von Gott geschenkt worden ist" (V. 12). Aber Paulus unterstreicht sowohl den Geschenkcharakter des Geistes als auch dessen Verbindung mit dem gekreuzigten Christus, deshalb rückt die Versuchung ferne, das Geschenk der Gnade mit einem naturgegebenen Besitz zu verwechseln (VV. 2,2.16). Die Christen aber sind „Gemeinde des eschatologischen Heils allein durch diesen Bezug auf das extra nos des Christusereignisses"[66].

3.5.2 Der Geist der kirchlichen Auferbauung

Grundsätzlich gilt für Paulus: Was der einzelne als persönliches Gnadengeschenk an sich erfährt, muß dem Aufbau der Gemeinde dienen und damit der einen Kirche, die in den einzelnen Gemeinden repräsentiert wird[67]. So steht es auch mit der Gabe des Geistes. Zwar empfängt in der Taufe jeder und jede Glaubende den Geist höchst individuell, um mit Christus eins zu werden (vgl. 1 Kor 6,17: „Wer dem Herrn anhängt, ist ein Geist mit ihm"), aber Tempel des Geistes heißt mit dem einzelnen die gesamte *Ekklesia*, deren Existenz mit derjenigen Christi steht und fällt (vgl. 1 Kor 3,16 mit 6,19).

Um die Schicksalsgemeinschaft Christi und der Kirche auszudrücken, hat Paulus das berühmte Vorstellungsschema von Christi *Leib* geprägt. Der Leib-Gedanke hatte schon lange der antiken Moralphilosophie als paränetische Meta-

---

66 W. Schmithals, ebd.

67 Das Wort ‚ekklesia' bezeichnet bei Paulus sowohl die Kirche insgesamt als auch die einzelnen Gemeinden und Hauskirchen; vgl. 1 Kor 1,2; 2 Kor 1,1; Thess 1,1; Gal 1,2. Zudem ist damit die gottesdienstliche Versammlung gemeint: 1 Kor 11,18; 14,19.28. Namentlich die Eucharistiefeier ist „Ursprungs- und Darstellungsort der Kirche als ganzer und der Gemeinde im einzelnen", so K. Kertelge, Die Wirklichkeit der Kirche im Neuen Testament: HFTh 3, 98.

pher gedient, als Mahnung zu Einmütigkeit und Corpsgeist. Gewiß spielt dieser metaphorische, bildliche Charakter auch ins paulinische Begriffsfeld hinüber, was immerhin vor der Fehlmeinung bewahrt, Christus mit der Kirche gleichzusetzen. Aber durch die Wirksamkeit des Geistes, die Paulus und seine Gemeinden am eigenen Leib erfahren hatten, wird aus dem Vergleich die Beschreibung einer pneumatischen Realität, die an seinshafter Dichte nichts zu wünschen übrig läßt: „Denn wie wir an dem einen Leib viele Glieder haben, ... so sind wir, die vielen, ein Leib in Christus, als einzelne aber sind wir Glieder, die zueinandergehören" (Röm 12,4-5).

Warum ist dem so? Es gilt, weil durch die Taufe und den in ihr mitgeteilten Geist der einzelne so zugerüstet wird, daß er – dem gekreuzigten und auferstandenen Christus gleichgestaltet (vgl. Röm 6,1-11) – mit allen anderen zusammen eine einzige Lebens- und Schicksalsgemeinschaft bildet: „Durch den einen Geist wurden wir in der Taufe alle in einen einzigen Leib aufgenommen. Juden und Griechen, Sklaven und Freie; und alle wurden wir mit dem einen Geist getränkt" (1 Kor 12,13). Die Taufe ist sozusagen der Drehpunkt, an dem die Geistbegabung des einzelnen die Geistbegabung der ganzen Kirche konstituiert; umgekehrt hat der einzelne an der pneumatischen Begabung der einen Kirche teil. Diese Auskunft mag etwas abstrakt klingen, aber sie hat für Paulus einen konkreten Anhalt in dem, was er in seinen Gemeinden erleben konnte: Dort war der Geist wirksam, indem er außerordentliche und ordentliche Wirkungen hervorrief.

3.5.3 Die Gaben des Geistes – Die Charismenlehre

Wesen und Formen der Charismen

Gelegentlichen Hinweisen zufolge war das Wirken des Paulus von außerordentlichen Phänomenen begleitet, die der Apostel als Manifestationen des Geistes begriff. Seine Verkündigung sei mit „der Kraft von Zeichen und Wundern in der Kraft des Geistes Gottes" verbunden gewesen und mit dem „Erweis von Geist und Kraft" (Röm 15,19; 1 Kor 2,4). Es hat wenig Sinn, den genauen Gehalt der besagten ‚Wunderzeichen' rekonstruieren zu wollen. Entscheidend ist vielmehr das Bewußtsein der frühen Kirche, vom Geist getragen und geleitet zu sein, gleich, ob diese Wirklichkeit zu spüren war oder nicht. Die sogenannte *Charismenlehre* des Paulus – die strenggenommen gar keine Lehre, sondern eine deutende Beschreibung registrierter Phänomene ist – spiegelt diese Haltung wider. Denn unter Charismen (*charismata*) versteht Paulus 1 Kor 12 und Röm 12,3-8 zufolge die „vom Heiligen Geist gewirkten ‚Kräfte' (*energēmata*, 1 Kor 12,6.11), die den einzelnen Christen als Gliedern der Gemeinde zuteil werden und durch die sie befähigt werden, an der ‚Erbauung' der Gemeinde (1 Kor 14,5.12.16) mitzuwirken"[68]. Dabei müssen nicht alle Fähigkeiten sogleich ins Auge springen; auch unscheinbare Dienste gehören dazu, und sie sind nicht weniger geistdurchwirkt als das, was staunen macht (vgl. 1 Kor 12,1; 14,1).

Welche Charismen nennt Paulus? Es lassen sich drei Gruppen voneinander unterscheiden:

---

[68] K. Kertelge, Die Wirklichkeit der Kirche im Neuen Testament, 109.

1.) Da sind zunächst jene Charismen, die Paulus neben offener Freude auch Sorgen bereitet haben, Gaben der *öffentlichen Rede* verschiedenster Art: prophetische Worte, Trost- und Mahnworte, Lehrvorträge, Offenbarungen oder visionäre Erlebnisse, die im Gottesdienst mitgeteilt wurden; schließlich die Gabe der Zungenrede, der *Glossolalie*. Man versteht darunter für Außenstehende schwer verständliche Äußerungen privater Ergriffenheit, die sich in der Regel mit ekstatischen Zuständen verbanden. Gerade die Glossolalie machte Paulus argwöhnisch, vornehmlich dann, wenn sie sich – wie bei den Korinthern – verselbständigte und zu Konventikeln führte, die dem Aufbau der Gemeinde zuwiderliefen. Durch Erfahrung belehrt, führt Paulus die Glossolalie in seiner Charismentafel 1 Kor 12,8-10.28 an letzter Stelle an. Außerdem gesellt er ihr sogleich die Gabe zu, die Zungenrede „zu deuten" (V. 10). Und im 14. Kapitel desselben Briefes legt er ausführlich dar, daß die Glossolalie ohne eine zureichende Einbindung in den verständlichen Gesamtzusammenhang des kirchlichen Glaubens nur wenig von Nutzen sein kann. Den besseren Weg eröffnet die *prophetische Rede*; sie „baut auf, ermutigt und spendet Trost" und kann sogar zur Bekehrung führen (1 Kor 14,3.24-25).

2.) Die zweite Art der Charismen zeichnet sich durch *besondere Tätigkeiten* aus. Gemeint sind außerordentliche Heilkräfte und Taterweise (1 Kor 12,9.28.30), zum Beispiel jene „Zeichen, Wunder und Kräfte", die Paulus für seine eigene Tätigkeit reklamiert (Röm 15,19) und die nach dem Aufweis der Apostelgeschichte zum normalen Alltag der frühen Kirche gehörten (vgl. Apg 3,1-10; 8,6: Die Taten der Apostel Petrus und Johannes sowie des Diakons Philippus).

3.) Die dritte Gruppe der Charismen umschließt Gaben, die zwar wenig Aufsehen erregen, aber nicht minder von Bedeutung sind. Paulus hat ihnen im Römerbrief eine eigene Liste gewidmet. Er nennt – mit Ausnahme der erneut erwähnten prophetischen Rede – nunmehr ordentliche Gaben, die zu den außerordentlichen Gaben der Korintherbriefliste in eine heilsame Spannung treten: der soziale Dienst, das Lehren und Ermahnen im Alltag, das Dienen, das Leiten einer Gemeinde, das Almosengeben und schließlich die Werke der Barmherzigkeit (vgl. Röm 12,6-8).

Charismen im paulinischen Sinn *Belegstellen:* 1 Kor 12,8-10. 28	Die Gabe,	Weisheit mitzuteilen Erkenntnis zu vermitteln Kranke zu heilen Geister zu unterscheiden Zungenreden zu deuten zu helfen, zu heilen, zu trösten zu dienen, zu ermahnen, zu geben
Röm 12,6-8	Glaubenskraft – Wunderkräfte – Zungenrede – Liebesdienste – Barmherzigkeit	
Eph 4,11 1 Petr 4,10	Der Auftrag,	als Apostel zu wirken als Prophet zu wirken als Lehrer zu wirken als Evangelist zu wirken als Vorsteher zu wirken als Hirt zu wirken

Der Umgang mit den Charismen

Wie ist mit den Charismen umzugehen, wie erweist sich ihre Legitimität? Der Apostel hat im ersten Korintherbrief genaue Kriterien erstellt[69]. Zuallererst gilt, daß die Geistesgaben dem Aufbau des Leibes Christi zu dienen haben. Sie dürfen also nicht sozusagen unbehaust und heimatlos bleiben, sondern sollen einen Dienst innerhalb der Kirche verrichten. Deren Einheit darf niemals ins Wanken geraten. Darum bleiben alle Charismen, so unterschiedlich sie auch wirken mögen, einem einfachen, nüchternen Härtetest unterworfen: dem Bekenntnis zu Christus, das ebenfalls ‚im Geist' geschieht. „Darum erkläre ich euch: Keiner, der aus dem Geist redet, sagt: Jesus sei verflucht! Und keiner kann sagen: Jesus ist der Herr!, wenn er nicht aus dem Heiligen Geist redet" (1 Kor 12,3).

Nicht weniger nüchtern gestaltet sich das zweite Kriterium für die Legitimität der Charismen: die Liebe – ihres Zeichens das bedeutendste und grundlegende aller Charismen. Das hochpoetische Loblied auf sie, das Paulus im dreizehnten Kapitel des ersten Korintherbriefes anstimmt, darf nicht darüber hinwegtäuschen, daß die Liebe harten Einsatz erfordert und nicht nur mit erbaulichen Gefühlen verbunden ist. Für die Dauer dieser Weltzeit hat sie Paulus mit den Tugenden des Glaubens und der Hoffnung verbunden. Sie werden dafür sorgen, daß die Liebe – auch wenn sie momentan wenig einzubringen scheint – einmal zu ihrer Vollendung gelangt: „Für jetzt bleiben Glaube, Hoffnung, Liebe, diese drei: doch am größten unter ihnen ist die Liebe" (1 Kor 13,13).

Natürlich ist die Liebe auch diejenige Kraft, die die einzelnen Charismen miteinander verbindet. Diese sind, wie Paulus mehrmals betont, durchaus unterschiedlich; nicht jedem oder jeder kommt dasselbe Charisma zu, aber jedes Charisma hat seinen Platz in der Gemeinschaft aller. Aus diesem Grund entspräche es kaum dem Sinn des Paulus, die Charismen gegeneinander auszuspielen. Insbesondere ist es unzulässig, das Charisma dem Amt entgegenzusetzen. Wie sich aus den Charismentafeln des Römer- und Korintherbriefes entnehmen läßt, rechnet der Apostel auch das Amt der Gemeindeleitung zu den Gaben an die Kirche und für die Kirche: „So hat Gott die einen als Apostel eingesetzt, die anderen als Propheten, die dritten als Lehrer" (1 Kor 12,28; Röm 12,8). Im selben Atemzug führt er durch rhetorische Fragen jeden Versuch ad absurdum, die spezifischen Konturen der einzelnen Gaben einzuebnen (1 Kor 12,29-30). Das je Gemeinsame wie je Unterschiedene der Charismen liegt in der Herkunft von dem einen Geist: Alle Dienste gründen in seiner Gnade (*charis*), insofern sind sie alle gleich; aber jeder Dienst hat seine besondere Funktion und Reichweite; darin bleiben sie unterschieden.

3.5.4 Die Charismen und der dreifaltige Gott

Paulus formuliert 1 Kor 2,10-12: „Denn uns hat es Gott enthüllt durch den Geist. Der Geist ergründet nämlich alles, auch die Tiefen Gottes. Wer von den

[69] Die Kapitel 12-14 des besagten Briefes behandeln die Charismen im Rahmen eines kunstvoll gestalteten Planes und bilden daher eine Einheit. Die sachgemäße Überschrift in der Einheitsübersetzung lautet: „Die Geistesgaben und das Leben der Christen".

Menschen kennt den Menschen, wenn nicht der Geist des Menschen, der in ihm ist? So erkennt auch keiner Gott – nur der Geist Gottes. Wir aber haben nicht den Geist der Welt empfangen, sondern den Geist, der aus Gott stammt, damit wir das erkennen, was uns von Gott geschenkt worden ist". Wenngleich diese Stelle nicht unmittelbar von den Charismen spricht, hat sie für sie Belang. Denn sie gibt Auskunft über das Wesen und die Herkunft des Geistes und seiner Wirkkraft. Sowohl der Geber als auch die Gaben erscheinen in ihrem Licht als das Anwesen Gottes in der Welt, in der die christliche Gemeinde Jesu Herrschaft verkünden soll. Im Heiligen Geist hat die Welt Zugang zu Gott und hat Gott Zugang zu ihr. Im Geist hat sich Gott erschlossen. „Damit ist der Geist Gottes der Geist oder die Macht von Gottes innerster Selbstergründung, Selbsterkenntnis und Selbsterfahrung"[70]; die im Geist geschehene Exegese Gottes drängt als die Gabe der Liebe in die Welt herein.

Angesichts dieser Einsicht drängt sich die Frage auf, ob die paulinische Pneumatologie eine *trinitarische* Prägung besitzt. Tatsächlich leitet Paulus die Charismentafel des ersten Korintherbriefs mit einer dreigliedrigen Formel ein, die für das eine Wirkprinzip ‚Gott' die drei spezifischen Vorstellungen ‚Vater', ‚Sohn' und ‚Geist' assoziiert[71]. Nur beginnt Paulus sozusagen von unten, bei dem, was den Charismatikern der Kirche gewissermaßen auf den Leib geschrieben steht, um dorthin zurückzuverweisen, wohin alles führt und wo alles seinen Ausgang nimmt. Die Charismen erscheinen so als eine Auswirkung des dreifaltigen Gottes: „Es gibt verschiedene Gnadengaben (*charismata*), aber nur den einen Geist (*pneuma*). Es gibt verschiedene Dienste (*diakoniai*), aber nur den einen Herrn (*kyrios*). Es gibt verschiedene Kräfte (*energemata*), aber nur den einen Gott (*theos*): Er bewirkt alles in allem" (1 Kor 12,4-6). Daß Paulus am Ende der Charismentafel nur ‚Gott' allein als den Geber der Charismen benennt, obwohl es der zitierten Formel nach auch das Pneuma und der Kyrios sind (vgl. 1 Kor 12,28: „So hat *Gott* in der Kirche die einen als Apostel eingesetzt ..."), zeigt, wie selbstverständlich er im Geist eine offenbare Wirklichkeit des einen Gottes erblickt. Das Pneuma ist nicht aus der einen Wirkkraft des Vaters und des erhöhten Sohnes herauszulösen. Darum spricht der Apostel in seinen verschiedenen Briefen relativ unbefangen vom ‚Geist Gottes' (1 Kor 3,16; 7,40; Röm 8,14; 2 Kor 3,3) und zugleich vom ‚Geist Jesu Christi' (Phil 1,19), vom ‚Geist des Herrn' (2 Kor 3,17) oder vom ‚Geist seines Sohnes' (Gal 4,6).

Zudem deutet Paulus die personale Dimension des Geistes an. Das geschieht insofern, als er dessen eigenständige Subjekthaftigkeit ohne weiteres voraussetzt: Der Geist verfügt über einen eigenen Willen (1 Kor 12,11); er bildet mit den Getauften eine Kommunikationsgemeinschaft, indem er ihnen ‚einwohnt' (1 Kor 3,16); er betet mit den Glaubenden, so er mit ihnen zusammen den alleswirkenden Gott ‚Abba' nennt und ihn als ‚lieben Vater' der Gemeinde erschließt (vgl. Gal 4,6; Röm 8,26-27).

---

[70] H. Schlier, Herkunft, Ankunft und Wirkungen des Heiligen Geistes, 118.

[71] Triadische Formeln finden sich des öfteren bei Paulus; vgl. 2 Kor 13,13: „Die Gnade Jesu Christi, des Herrn, die Liebe Gottes und die Gemeinschaft des Heiligen Geistes sei mit euch allen"; dazu Gal 4,4-6; Röm 5,1-5.

Der logische Schluß von der unmittelbaren Nähe des Geistes zu Gottes Wesen und Wirken auf des Geistes eigene ‚Personalität' blieb freilich der johanneischen und vor allem der altkirchlichen Theologie vorbehalten. Paulus selbst war an einer systematischen Bestimmung der Verhältnisse in Gott nicht interessiert.

3.5.5 Der Geist der Schöpfung, der Neuschöpfung und des Betens

Eine pneumatische Schöpfungslehre

Wohl alttestamentliches Erbe liegt vor, wenn Paulus die Anwesenheit des Geistes in der ganzen Schöpfung behauptet. Aber der Apostel war ein viel zu guter Theologe, um lediglich Überkommenes zu wiederholen. In einer Passage des Römerbriefes verbindet er pneumatologische Aussagen mit einer anthropologisch durchwirkten *Schöpfungstheologie*: „Die ganze Schöpfung wartet sehnsüchtig auf das Offenbarwerden der Söhne Gottes. Die Schöpfung ist der Vergänglichkeit unterworfen, nicht aus eigenem Willen, sondern durch den, der sie unterworfen hat; aber zugleich gab er ihr Hoffnung: Auch die Schöpfung soll von der Sklaverei und Verlorenheit befreit werden zur Freiheit und Herrlichkeit der Kinder Gottes. Denn wir wissen, daß die gesamte Schöpfung bis zum heutigen Tag seufzt und in Geburtswehen liegt. Aber auch wir, obwohl wir als Erstlingsgabe der Geist haben, seufzen in unseren Herzen und warten darauf, daß wir mit der Erlösung unseres Leibes als Söhne offenbar werden" (Röm 8,19-23). Mit diesen Worten wird der Geist – in Harmonie mit der Pneumatologie der übrigen paulinischen Briefe – als eine Gabe beschrieben, die Gottes Heil zwar gegenwärtig setzt, aber noch nicht in dessen vollendeter Gestalt. Wie bereits erwähnt, nennt Paulus den Geist ein Angeld, ein Unterpfand, eine Vorausgabe dessen, was sich einst machtvoll entfalten wird (vgl. 2 Kor 1,22; 5,5: *‚arrabon tou pneumatos'*).

Das Besondere der zitierten Stelle liegt indes darin, daß der Apostel das Wirken des Geistes über den Menschen hinaus auf die ganze Schöpfung bezieht und so auch das Schicksal des Kosmos für die Erlösung belangvoll macht. Im Menschen, besser gesagt: im durch Christus *erneuerten* Menschen soll aufscheinen, daß der Geist als Geist der Schöpfung und der Neuschöpfung universale Dimensionen besitzt. Zwar verbindet sich mit dieser Einsicht zugleich das Wissen um die durch die Sünde gewirkte Verderbtheit der Schöpfung, doch behält die Hoffnung, deren Fundament der Geist ist, das letzte Wort. Diese Hoffnung schließt mit dem Ganzen der Schöpfung das Heil der einen und unteilbaren Menschheit ein, die in Christus, dem neuen Adam, am „lebensspendenden Pneuma" Anteil hat (1 Kor 15,45). Von hier aus auf die Wirksamkeit des Geistes auch „in den Religionen der Menschheit, in ihren Kulturen und ihrem Ethos" zu schließen, ist nur ein konsequenter Schritt[72].

---

[72] J. Blank, Geist, Hl./Pneumatologie, A. Bibeltheologisch: NHThG 2, 162.

Eine pneumatische Auferstehungslehre

Den Anfang der im Geist gewirkten Welterneuerung sieht Paulus in der Auferstehung Jesu bereits grundgelegt. Weil er überzeugt ist, daß der neuen Menschheit zugute kommt, was dem einen Christus geschah, kann er beider Schicksale in eins setzen. Sie fügen sich im *Heiligen Geist* zueinander, im Geist der Neuschöpfung und des Lebens: „Gott hat den Herrn auferweckt; er wird durch seine Macht auch uns auferwecken" (1 Kor 6,14). Denn es gilt: „Wenn der Geist dessen in euch wohnt, der Jesus von den Toten auferweckt hat, dann wird er, der Christus Jesus von den Toten auferweckt hat, auch euren sterblichen Leib lebendig machen, durch seinen Geist, der in euch wohnt" (Röm 8,11). Die große Vision des Ezechiel von der Belebung des Totenfeldes Israels, die Paulus sicher gekannt hat, ist nunmehr durch den Realismus der Auferstehung Jesu über ihre ursprünglich bildhafte Dimension hinaus zu ihrer Erfüllung gekommen. Es ist geschehen, weil durch den Geist die Sohnschaft des Sohnes auf die neue Menschheit überging und diese von den Fesseln der Gottesferne – deren äußerster Ausdruck der Tod ist – befreit wurde: „Ihr habt nicht einen Geist empfangen, der euch zu Sklaven macht, so daß ihr euch immer noch fürchten müßtet, sondern ihr habt den Geist empfangen, der euch zu Söhnen macht, den Geist, in dem wir rufen ‚Abba', Vater! So bezeugt der Geist selber unserem Geist, daß wir Kinder Gottes sind. Sind wir aber Kinder, dann auch Erben; wir sind Erben Gottes und sind Miterben Christi, wenn wir mit ihm leiden, um mit ihm auch verherrlicht zu werden" (Röm 8,15-17).

Aus einer anderen Stelle erhellt, daß Paulus aufgrund dieser zugleich höchst verinnerlichten wie real verstandenen Geistmitteilung tatsächlich erfüllt glaubt, was der Prophet Ezechiel verheißen hatte. Denn das Lebensgesetz der in Christus erneuerten Menschheit befindet sich nicht mehr auf Tafeln aus Stein, sondern in den Herzen der Glaubenden und wurde geschrieben im Heiligen Geist: „Unverkennbar seid ihr ein Brief Christi, ausgefertigt durch unseren Dienst, geschrieben nicht mit Tinte, sondern mit dem Geist des lebendigen Gottes, nicht auf Tafeln aus Stein, sondern – wie auf Tafeln – in Herzen von Fleisch" (2 Kor 3,3; vgl. Ez 11,19; 36,26). Wieder wird das Bildwort der alttestamentlichen Prophetie durch das Christusereignis und den apostolischen „herrlichen Dienst des Geistes" (vgl. 2 Kor 3,4-11) zu einer pneumatischen Realität: „Wir alle spiegeln mit enthülltem Angesicht die Herrlichkeit des Herrn wider und werden so in sein eigenes Bild verwandelt, von Herrlichkeit zu Herrlichkeit, durch den Geist des Herrn" (2 Kor 3,18).

Eine pneumatische Gebetslehre

Die ‚Herrlichkeit des Herrn', von der der Apostel spricht, das heißt der unmittelbare Zugang zu Gott für jede und jeden in der christlichen Gemeinschaft, findet ihren konkreten Ausdruck in der *Liturgie* der Kirche, in der gottesdienstlichen *ekklesia*. Auf sie bezieht sich das etwas rätselhafte Wort Röm 8,26: „So nimmt sich der Geist unserer Schwachheit an, denn wir wissen nicht, worum wir in rechter Weise beten sollen; der Geist selber tritt jedoch für uns ein mit Seufzen, das wir nicht in Worte fassen können". Nach J. Gnilka nimmt Paulus auf das Phänomen der Zungenrede Bezug, die im Geist auch dann rechtens bleibt, wenn die Gottinnigkeit der Betenden das verständliche Wort übersteigt – vorausgesetzt, deren Spiritualität stört nicht die Einheit der gottesdienstlichen Versammlung[73]. Vor allem den akklamierenden liturgischen Ruf ‚Abba, Vater' interpretiert Paulus als Erweis des Geistes im Gottesdienst. Gemeint ist ein Ruf oder ein Schrei, „der den Versammelten die gewonnene Freiheit der Gotteskinderbezeugt (Röm 8,15 f). Nach Gal 4,6 ist es sogar der Geist selbst, der diesen Schrei hervorbringt. Ausdruck der Freien ist das laute Rufen. Der Sklave wimmert"[74].

Überhaupt vollziehen sich die Mysterien des Glaubens für Paulus in der Kraft des Pneuma. Man darf sie getrost Sakramente nennen: Von der Taufe war bereits die Rede, davon, daß sie den Geist mitteilt und im Geist geschieht. Dasselbe gilt für die Feier der Eucharistie, deren Gehalt Paulus der Tradition der Urkirche entnimmt (vgl. 1 Kor 11,23-25). Von besonderem Belang ist, daß Paulus den Genuß des eucharistischen Brotes als Basis einer innigen *communio* betrachet. Es nährt den einzelnen mit Christi „Leib und Blut" (1 Kor 10,16) und gliedert ihn dem einen Leib ein, den die Kirche des erhöhten Herrn darstellt: „Ein Brot ist es. Darum sind wir viele ein Leib; denn alle haben teil an dem einen Brot" (1 Kor 10,17). Als inneres Prinzip und als Realitätsgarantie dieser vertikal wie horizontal verfaßten *communio* dient wiederum der Geist. Denn es handelt sich bei der eucharistischen Gabe um eine ‚Geistesspeise' und einen ‚Geistestrank', so durch ihre Darbietung die Ereignisse der Geschichte Israels in der Wüste durch Christus, dem „lebensspendenden Felsen" zur pneumatisch-sakramentalen Wirklichkeit wurden (vgl. 1 Kor 10,3-4, in typologischer Auslegung von Ex 17,6 und Num 20,7-11). „Der Geist, dessen man im Herrenmahl teilhaftig wird, ist die Gabe Christi, der selbst im Geist anwesend ist. Brot und Wein vermitteln den Geist, in dem Christus gegenwärtig ist"[75].

3.6 Das pneumatologische Zeugnis des johanneischen Schrifttums

Das Johannesevangelium bietet eine Theologie, in der das frühchristliche Nachdenken über das Wesen und das Wirken des Heiligen Geistes ein besonderes Niveau besitzt. Neben den auch bei den Synoptikern zu findenden Traditionssträngen, welche die Geistbegabung des irdischen Jesus zum Inhalt haben, überliefert das vierte Evangelium besonders eindringliche Meditationen über das Verhältnis des erhöhten Herrn zu dem von ihm verheißenen und gesendeten Pneuma. Außerdem thematisiert es mehr als die übrigen Zeugnisse des Neuen Testaments das ‚personale Wesen' des Heiligen Geistes und sein offenbarendes Wirken innerhalb der kirchlichen Glaubensgemeinschaft.

---

[73] J. Gnilka, Theologie des Neuen Testaments, 104.
[74] J. Gnilka, ebd.
[75] H. Schlier, Herkunft, Ankunft und Wirkungen des Heiligen Geistes, 122.

3.6.1 Die johanneische Pneumatologie und ihr Kontext

Eine dreifache Rahmung birgt den eher traditionellen Teil der johanneischen Geisttheologie: der für den Evangelisten typische *Dualismus*, die synoptische *Täufertradition* mitsamt der frühchristlichen Tauftheologie, schließlich das der ganzen neutestamentlichen Theologie zugrundeliegende *Osterbewußtsein.*

Johanneischer Dualismus

Der Dualismus der johanneischen Theologie ist nicht mit dem Dualismus der mit dem frühen Christentum konkurrierenden Gnosis zu verwechseln. Dort bildete er die Grundlage einer zweigeteilten Weltsicht, wonach sich die Prinzipien von Gut und Böse, von Licht und Finsternis, von Geist und Materie unversöhnlich gegenüberstehen und die Menschheit in zwei entgegengesetzte Lager weisen: die einen, die Erd- und Leibverhafteten, seien von Natur aus zur Verdammnis, die anderen, Pneumatiker genannt, zur Erlösung bestimmt. Johannes greift dieses Denkschema auf, um ihm den Wind aus den Segeln zu nehmen. Es wird für die *christliche* Botschaft in Dienst genommen und kräftig korrigiert: Der *eine* Gott ist Ursprung von Himmel und Erde und Schöpfer der einen Menschheit, wie er desgleichen als Erlöser *aller* verkündet wird und sein Heil jeweils den *ganzen* Menschen betrifft. Dualistische Gegenüberstellungen dienen im Johannesevangelium als kerygmatisches Signal. Sie sollen zur Glaubensentscheidung rufen und klarstellen, daß Erlösung nicht ein naturgegebenes Privileg einzelner ist, sondern ein unverfügliches Geschenk an alle, das sich einzig und allein der Initiative Gottes verdankt.

In diesem Sinn steht bei Joh das *pneuma* (der Geist) der *sarx* (dem Fleisch) gegenüber, zum Beispiel Joh 3,6, wonach Jesus dem Ratsherrn Nikodemus folgende Belehrung erteilt: „Was aus dem Fleisch geboren ist, das ist Fleisch; was aber aus dem Geist geboren ist, das ist Geist". Das Pneuma – der Begriff wird übrigens im ersten Teil des Johannesevangeliums eher unbestimmt, jedenfalls ohne erklärenden Zusatz und ohne Artikel gebraucht – umschreibt die Wirklichkeit Gottes und das mit seiner Gnade anbrechende Gottesreich, das dem Ungeist der gottabgewandten Welt entgegentritt. In dieses Reich hat Einlaß, wer sich im Glauben zum *Sohn* bekennt. Darum erklärt der johanneische Christus anläßlich einer Krise unter den Jüngern bezüglich seiner Person noch einmal: „Der Geist ist es, der lebendig macht; das Fleisch nützt nichts. Die Worte, die ich zu euch gesprochen habe, sind Geist und Leben (*pneuma kai zoe*). Aber es gibt unter euch einige, die nicht glauben" (Joh 6,63-64).

Aufgrund der unmittelbaren Verflechtung des johanneischen Geistbegriffs mit einer ausgereiften Christologie rückt das Pneuma im weiteren Verlauf des Johannesevangeliums zum ‚Pneuma der Wahrheit' auf (vgl. Joh 14,17; 15,26; 16,13): Der Glaubende soll die Wahrheit über den Christus erkennen, soll ihn selbst als „wahren Gott" bekennen (1 Joh 5,20) und so zum Pneumatiker werden. Als Pneumatiker aber lebt er im Geist und erkennt die Wahrheit. „So entspricht das *‚en pneumati'* sachlich dem paulinischen *‚en Christo'*"[76]. *Durch* den Geist, aber *in*

[76] E. Schweizer, pneuma, pneumatikos: ThWNT 6, 438.

Christus zu leben ist reines Geschenk und setzt in Gegensatz zu einer gottfremden Welt.

In diesem Sinn ist denn auch das viel zitierte und oft mißverstandene Wort Joh 3,8 zu verstehen: „Der Wind (*to pneuma*) weht, wo er will; du hörst sein Brausen, weißt aber nicht, woher er kommt und wohin er geht". Johannes greift das offensichtlich aus alttestamentlichen Quellen gespeiste Bildwort auf, um die absolute Unverfügbarkeit der göttlichen Offenbarung zu unterstreichen. Gleichzeitig will er klarstellen, daß der Geist mit dem Auftreten Jesu tatsächlich geweht *hat* und bei denen *bleiben* wird, die daran festhalten, allein durch Jesus zum Vater zu gelangen. Diese offenbarungstheologische Bedeutung des Bildwortes deckt sich mit der Auffassung des johanneischen Christus vom wahren Gottesdienst: „Aber die Stunde kommt, und sie ist schon da, zu der die wahren Beter den Vater anbeten werden im Geist und in der Wahrheit. Gott ist Geist, und alle, die ihn anbeten, müssen im Geist und in der Wahrheit anbeten" (Joh 4,23-24). An die Stelle der Heiligtümer wird der auferstandene und erhöhte Christus treten. Ihn bezeugt das Pneuma, indem es dessen göttliche Herkunft lehrt. „Weil Gott Geist ist, bedarf es im absoluten Sinn seines Entgegenkommens"[77], die Welt aus sich selbst vermag dagegen nichts.

Johanneische Tauftheologie

Mit den Synoptikern teilt Joh die Ansicht, in Christus sei der eigentliche Geistträger begegnet (Joh 3,34). Er hält mithin daran fest, dieser sei auch der einzige Geistspender. Deshalb erinnert Joh wie die Synoptiker an das Faktum der Taufe Jesu, hält sich aber nicht bei den äußeren Umständen auf, sondern stellt sie unmittelbar in den Dienst seiner Geisttheologie. Der Täufer wird zum Zeugen, daß der Geistträger Jesus tatsächlich den Geist geben, nämlich mit dem Heiligen Geist *taufen* wird: jene, die den als Sohn Gottes glauben, der als ‚Lamm Gottes' am Kreuz verherrlicht wurde (vgl. Joh 1,29-34). Gemäß der sogenannten ‚johanneischen Sehweise'[78] schieben sich im Evangelium verschiedene Christusbilder ineinander. Der Irdische trägt die Züge des Verherrlichten, der Verherrlichte aber ist kein anderer als der Irdische[79]. Aus diesem Grund vermag der johanneische Christus bereits im irdischen Leben zu verheißen und zu erläutern, was die Kirche vom erhöhten Herrn empfangen glaubt. Er wirkt in höchst eigener Person als Katechet der kirchlichen Glaubenslehre und nimmt als Irdischer Funktionen wahr, die *nach* seiner Auferstehung und Erhöhung der Heilige Geist, der *Paraklet* übernehmen wird. Doch davon soll später die Rede sein. Zunächst sei aufgewiesen, wie sich die urchristliche Tauftheologie in den *Reden* des johanneischen Jesus spiegeln.

---

[77] J. Gnilka, Theologie des Neuen Testaments, 288.

[78] Vgl. F. Mußner, Die johanneische Sehweise und die Frage nach dem historischen Jesus (QD 28), Freiburg – Basel – Wien 1965, bes. 56-63.

[79] H. Schlier formuliert die johanneische Christologie sehr treffend so: „Jesus ist gewiß der, der er war, aber er war auch immer schon der, der er ist": Der Heilige Geist als Interpret nach dem Johannesevangelium: ders., Der Geist und die Kirche. Exegetische Aufsätze und Vorträge. Hg. v. V. Kubina, K. Lehmann, Freiburg – Basel – Wien 1980, 165.

In der bereits erwähnten Nikodemus-Perikope (vgl. Joh 3,1-13) steht der Geist in engster Verbindung mit dem Taufgeschehen. Wieder zeigt sich der Evangelist wenig am Äußerlichen interessiert. Nicht einmal der terminus technicus für die Taufe begegnet: das Wortfeld *,baptisma-baptizein'*. Aber Joh deutet das innere, sozusagen mystische Geschehen. Er unterstreicht, daß sich in der Taufe durch den Geist eine Neugeburt vollzieht, die für das Reich Gottes tauglich macht: „Wenn jemand nicht aus Wasser und Geist geboren wird, kann er nicht in das Reich Gottes gelangen" (V. 5). Diese Auskunft entspricht der Tauftheologie der johanneischen Gemeinden und der oben charakterisierten Betonung der zuvorkommenden Gnade Gottes: Niemand kann zu Gott kommen, der nicht im Glauben den Christus bekennt und nicht als die Kraft dieses Glaubens den Heiligen Geist empfangen hat. Wer aber „aus dem Geist geboren ist" (V. 8), wurde ohne menschliches Zutun neu geschaffen und gehört fortan nicht mehr der ,Welt' an.

Übereinstimmungen mit der paulinischen Theologie und mit jener der übrigen neutestamentlichen Gemeinden lassen sich mit Händen greifen: „Er hat uns gerettet – nicht weil wir Werke vollbracht hätten, die uns gerecht machen können, sondern aufgrund seines Erbarmens – durch das Bad der Wiedergeburt und der Erneuerung im Heiligen Geist", so verkündet der Titusbrief (Tit 3,5).

Johanneische Geistsymbolik

Weil Joh eine besondere Vorliebe für Metaphern und Bilder hat, aber auch von jüdischen Ritualen und der Taufpraxis seiner Gemeinden inspiriert ist, erhebt er das *Wasser* – zusammen mit dem Wind – zum großen Symbol des Geistes. Es unterstreicht – man denke an das Klima in Palästina – die schöpferische, Leben gewährende und Leben bewahrende Kraft des Geistes. Namentlich in zwei Redekompositionen versinnbildet die Symbolik des Wassers dessen Wesen und Wirkung:

Das Gespräch Jesu mit der Samariterin am Jakobsbrunnen findet einen ersten Höhepunkt in dem Wort: „Wer von dem Wasser trinkt, das ich ihm geben werde, wird niemals mehr Durst haben; vielmehr wird das Wasser, das ich ihm geben werde, in ihm zur sprudelnden Quelle, deren Wasser ewiges Leben schenkt" (Joh 4,14). Die Erklärung, dieses Wasser sei ein Geschenk, näherhin eine ,Gabe' („Wenn du wüßtest, worin die Gabe Gottes besteht und wer es ist, der zu dir sagt: Gib mir zu trinken!, dann hättest du ihn gebeten und er hätte dir lebendiges Wasser gegeben" Joh 4,10) und die Aussagen über den rechten Gottesdienst in den Versen 23-24 verraten, daß mit ,lebendiges Wasser' der Geist gemeint ist. Das Bild verweist freilich auch auf den ,Glauben an Jesus', den der Geist hervorbringt und aufrecht erhält.

Die offene Gleichung von Wasser und Geist und auch der Hinweis auf Ostern als das Ereignis der tatsächlichen Geistmitteilung begegnet Joh 7,37-39: „Am letzten Tag des (Laubhütten-)Festes, dem großen Tag, stellte sich Jesus hin und rief: Wer Durst hat, komme zu mir, und es trinke, wer an mich glaubt. Wie die Schrift sagt: Aus seinem Innern werden Ströme von lebendigem Wasser fließen. Damit meinte er den Geist, den alle empfangen sollten, die an ihn glauben; denn der Geist war noch nicht gegeben, weil Jesus noch nicht verherrlicht war". Y. Congar kommentiert diesen Text folgendermaßen: „Der Anlaß ist angegeben: Während des Laubhüttenfestes holten die Priester jeden Morgen an der Quelle Schiloach Wasser und brachten es unter dem Gesang des Hallel (Ps 113-118) sowie des Jesajaverses: ‚Ihr werdet Wasser schöpfen voll Freude aus den Quellen des Heils' (12,3) in den Tempel und gossen es als Trankopfer über den Opferaltar. Dies war ein Läuterungsritus und auch ein Gebet um die Herbstregen. Doch das Wasser hat in der Bibel und für die Israeliten einen reichen, vielfachen Symbolgehalt. Es bedeutet erstens Läuterung, Leben, Fruchtbarkeit, aber auch das Gesetz, das Gotteswort sowie die in ihnen entspringende Weisheit (Jes 55,1f.10 f) und, mit der Erinnerung an das Wasser aus dem Felsen in der Wüste verbunden, die eschatologische Verheißung des neuen Wunders (Jesaja) oder einer Fruchtbarkeit, die in Gestalt eines Quellwassers dem Tempel entströmt. Das Gottesvolk hatte von diesem Wasser gelebt und sollte von ihm leben. Jesus wendet die Verheißung auf sich an. Im Johannesevangelium ist er der Tempel (2,21), von dem Ezechiel belebende Wasserströme ausgehen sah (47,1-12; vgl. Offb 21,22;22,1)"[80]. Die Verbindung zwischen Christus und dem Geist, sowie dessen Wirkung und Herkunft (nämlich aus dem Tempel, dem Bereich Gottes) konnte wohl kaum eindringlicher dargestellt werden.

Johanneische Ostertheologie

Daß Jesus am Kreuz stirbt und sein Leben aushaucht, ist für Johannes die Voraussetzung dafür, daß der Heilige Geist kommt und seine Wirkung entfaltet. Erst durch ihn wird das Wesen des Sohnes allererst offenbar. Ein eigenes Pfingsten kennt Johannes nicht. Der Geist wird seiner Auffassung nach – damit geht er mit Paulus und Lukas in eins – vom auferstandenen und erhöhten Herrn gespendet, dann also, wenn der irdische Jesus sein Werk vollbracht hat und ‚verherrlicht' worden ist. Die Verleihung des Geistes an die Jünger am Osterabend durch den Anhauch Jesu (vgl. Joh 20,22) entspricht dem Vorbehalt Joh 7,39 – „Der Geist war noch nicht gegeben, weil Jesus noch nicht verherrlicht war". Die Geistverleihung erfüllt, was zuvor höchstens erahnt werden konnte.

Mit der Gabe des Geistes nimmt das Werk Christi seinen Fortgang. Aber das Pneuma führt weder von Christus weg noch ist es ohne ihn und ohne sein Kreuz zu haben: „Am Abend dieses ersten Tages der Woche, als die Jünger aus Furcht vor den Juden die Türen verschlossen hatten, kam Jesus, trat in ihre Mitte und sagte zu ihnen: Friede sei mit euch! Nach diesen Worten zeigte er ihnen seine Hände und seine Seite. Da freuten sich die Jünger, daß sie den Herrn sahen ... Er hauchte sie an und sprach zu ihnen: Empfangt den Heiligen Geist. Wem ihr die Sünden vergebt, dem sind sie vergeben, wem ihr die Vergebung verweigert, dem ist sie verweigert" (Joh 20,20.23). Deutlich wahrt also auch das Johannesevangelium die ‚christologische Differenz': Christus und der Geist fallen nicht ineinander, aber sie gehören zusammen. Das Ereignis ‚Jesus von Nazaret' bleibt im Heiligen Geist der geschichtliche Ursprung, auf den die Kirche zeit ihrer Existenz verpflichtet ist.

[80] Der Heilige Geist, 61 f.

Aber bedeutet die Tatsache, daß bei Johannes Pfingsten keine Rolle spielt, sondern mit Ostern zusammenfällt, *alle* in der Kirche hätten den Auferstandenen erfahren und würden es immerfort tun? Keineswegs. Für alle zu erfahren gibt sich nach Johannes einzig der Geist. Zwar bleibt der Auferstandene gegenwärtig, aber er ist vermittelt im Zeugnis des *Parakleten*, jenes ‚anderen', den der Geist nach der Lehre des vierten Evangeliums darstellt. Damit ergibt sich das Spezifikum der johanneischen Pneumatologie.

3.6.2 Der Paraklet – Name, Herkunft und Wesen

Durch die betonte Distanz zwischen der Ankündigung des Geistes und seiner tatsächlichen Mitteilung an Ostern hat sich der Verfasser des Johannesevangeliums die Möglichkeit geschaffen, das Wesen des Geistes in Form von kunstvoll komponierten Verheißungs- und Trostreden zu beschreiben. Um die Bezugstexte für die folgenden Überlegungen vor Augen zu haben, seien die fünf sogenannten ‚Paraklet-Sprüche' der Reihe nach angeführt:

Joh 14,15-18: „Wenn ihr mich liebt, werdet ihr meine Gebote halten. Und ich werde den Vater bitten, und er wird euch einen anderen Parakleten geben, der für immer bei euch bleiben soll. Es ist der Geist der Wahrheit, den die Welt nicht empfangen kann, weil sie ihn nicht sieht und nicht kennt".

Joh 14,26: „Der Paraklet aber, der Heilige Geist, den der Vater in meinem Namen senden wird, der wird euch alles lehren und euch an alles erinnern, was ich euch gesagt habe".

Joh 15,26: „Wenn aber der Paraklet kommt, den ich euch vom Vater aus senden werde, der Geist der Wahrheit, der vom Vater ausgeht, dann wird er Zeugnis für mich ablegen".

Joh 16,7-8: „Doch ich sage euch die Wahrheit: Es ist gut für euch, daß ich fortgehe. Denn wenn ich nicht fortgehe, wird der Beistand nicht zu euch kommen; gehe ich aber, so werde ich ihn zu euch senden. Und wenn er kommt, wird er die Welt überführen, was Sünde, Gerechtigkeit und Gericht ist".

Joh 16,12-15: „Noch vieles habe ich euch zu sagen, aber ihr könnt es jetzt nicht tragen. Wenn aber jener kommt, der Geist der Wahrheit, wird er euch in die ganze Wahrheit führen. Denn er wird nicht aus sich selbst heraus reden, sondern er wird sagen, was er hört, und euch verkünden, was kommen wird. Er wird mich verherrlichen; denn er wird von dem, was mein ist, nehmen und es euch verkünden. Alles, was der Vater hat, ist mein; darum habe ich gesagt: Er nimmt von dem, was mein ist, und wird es euch verkünden".

Jesus verheißt also einen ‚Parakleten', wörtlich übersetzt: einen ‚Herbeigerufenen', gut Latein: einen Advokaten. Das Sinnfeld dieses Ausdrucks birgt mehrere Nuancen. Man bringt sie gewöhnlich mit den Begriffen ‚Beistand', ‚Hilfe', ‚Tröster', ‚Fürsprecher', ‚Anwalt', ‚Berater', ‚Mittler' und ‚Ermahner' zum Ausdruck[81]. Die Einheitsübersetzung bevorzugt den Begriff ‚Beistand', die Lutherbibel redet vom ‚Tröster' und Fridolin Stier hat an den ‚Mutbringer' erinnert[82].

[81] Vgl. Y. Congar, Der Heilige Geist, 65.

[82] Das Neue Testament. Übersetzt von Fridolin Stier, München 1980.

Welche Bedeutung auch gewählt wird, in jedem Fall schwingt eine personale und proexistente Konnotation mit. Sie stellt den Geist als handelndes Subjekt vor, das die Dinge zum Guten führt. In diesem Sinn wurde der Parakletbegriff von den johanneischen Gemeinden bereits auf Jesus angewendet: „Wenn aber einer sündigt, haben wir einen Parakleten beim Vater: Jesus Christus, den Gerechten" (1 Joh 2,1).

Über die Herkunft des Parakleten geben die Texte eine klare Auskunft. Er kommt vom Vater und ist dessen ‚Gabe', ist von ihm ‚gesendet' und geht von ihm aus. „Gott gibt und enthüllt sich in ihm als der Gebende und als die Gabe", wie H. Schlier formuliert[83]. Allerdings kommt der Beistand und Mutmacher auf die Initiative Jesu hin. Mehr noch: Der Paraklet wird vom verherrlichten Christus *gesendet*. Das geschieht zwar vom „Vater aus", aber *durch* den Sohn, der zuvor ‚fortgehen' muß in das unzugängliche Licht Gottes. Von *dort* aus sendet er den Beistand.

Um in letzter Konsequenz zu begreifen, wo der Geist-Paraklet seinen Ausgang nimmt, ist die Eigenart der johanneischen Christologie im Auge zu behalten. Für Joh begegnet in Jesus der Sohn schlechthin, der einzige, der „Gott ist und am Herzen des Vaters ruht" (Joh 1,18). Er allein ist darum der maßgebliche Exeget und Offenbarer Gottes. Infolgedessen steht im Johannesevangelium Christus selbst in der Mitte der Verkündigung, und die Betrachtung seines Verhältnisses zum Vater nimmt einen breiten Raum ein. Dieses Verhältnis scheint am aussagekräftigsten in einer spezifischen *Sendungschristologie* auf, mit der Johannes die sowohl funktionale wie ontische Einheit des Sohnes mit dem Vater zum Ausdruck bringt: Sofern im Reden und Tun des irdischen Christus das Reden und Tun des Vaters begegnet (vgl. Joh 12,50; 14,10), sind der Vater und der Sohn ‚eins', lebt der eine im anderen, liebt der eine den anderen und wirken beide zusammen zum Heil der Welt (vgl. Joh 10,38; 14,8-11; 17,21).

Und der Heilige Geist? Er entströmt gewissermaßen der Einheit von Vater und Sohn und geht vom Vater wie vom erhöhten Sohn aus, weil er ‚von dem nimmt', was ‚des Sohnes ist', der Sohn aber alles vom Vater und alles mit ihm zusammen hat (vgl. den fünften Paraklet-Spruch Joh 16,14-15). Indem Joh die Sendung des Geistes mit der Sendung des Sohnes parallelisiert, ortet er den Ursprung des Geistes in der Mitte des Vaters. Damit ist der Geist – nicht weniger als der Sohn – als unüberbietbares Geschenk Gottes qualifiziert. Des Vaters „größte und allumfassende Gabe an die erlösungsbedürftige Menschheit ist sein Sohn. Dieses Geben Gottes setzt sich im Geben des Geistes durch den Sohn fort (16,16), der dadurch sein Heilswerk fortführt"[84].

So offenbart sich das *Wesen* des Geistes: Er steht sowohl zum Vater als auch zum Sohn in einem Verhältnis der Unmittelbarkeit und Vertrautheit, was ihn gleichsam zum Mitwisser und zum Mitträger der einen göttlichen Heilsinitiative macht. Insofern steht er auf göttlicher Stufe, obwohl ihn der Evangelist – anders als den Sohn – an keiner Stelle ‚Gott' nennt (vgl. Joh 1,1.18). Aber nur als Mitwisser der Geheimnisse Gottes ist der Geist in der Lage, das von Gott

---

[83] Der Heilige Geist als Interpret nach dem Johannesevangelium, 170.

[84] R. Schnackenburg, Die Person Jesu Christi, 284.

‚Gehörte' (16,13) zu ‚lehren' (14,26) und, indem er den Sohn ‚verherrlicht' (16,14), die Jüngerschaft ‚in die ganze Wahrheit einzuführen' (16,13).

3.6.3 Der Paraklet – Sein Wirken in Kirche und Welt

Was und auf welche Weise der Geist-Paraklet in der Welt und der Jüngerschaft wirkt, läßt sich am besten aus seinem Verhältnis zum Sohn ablesen. Joh schreibt an vielen Stellen seines Evangeliums gleiche Tätigkeiten sowohl dem irdischen wie erhöhten Christus als auch dem Parakleten zu: Beide sind – wie bereits erwähnt – vom Vater gegeben und gesandt, beide legen Zeugnis ab für die Wahrheit Gottes, reden also nicht ‚aus sich', sondern im Namen ihres Auftraggebers. Miteinander und in einem gewissen Zusammenspiel führen sie in die ganze Wahrheit ein[85]. Und doch kommt dem Sohn wie dem Geist das Gemeinsame in einer je verschiedenen heilsgeschichtlichen Situation zu. Vor allem bleibt die Tätigkeit des irdischen Jesus der Wirksamkeit des Geistes vorgeschaltet, dieser aber streng auf sie bezogen. Deshalb wird Joh 14,6 der Geist ausdrücklich der „andere Paraklet" genannt, offensichtlich um anzuzeigen, daß er erst *nach* dem Gang Jesu zum Vater die Aufgaben des Sohnes weiterführen, sie aber auch interpretieren, das heißt auf ihre bislang verborgene Tragweite hin durchlichten und dem Gedächtnis der kirchlichen Gemeinschaft einprägen soll. Die Paraklet-Pneumatologie des Johannesevangeliums antwortet auf die drängende Frage der Urkirche: „Wie können die Christen als zu Christus Gehörende in dieser Welt weiterleben, wenn Christus aus dieser Welt gegangen ist und seine Wiederkehr aus dem Blickfeld der Gemeinde geraten ist?"[86].

Die Antwort erschließt sich mit der Erfahrung des Geistes. Als ‚Geist der Wahrheit' geht er auf die Bitte des Erhöhten hin vom Vater aus, um ‚für immer' bei der Jüngerschaft zu bleiben als ihr ‚Lehrer'. Worin besteht seine Lehre? Joh denkt nicht an eine bloß äußerliche Satzwahrheit. Er gibt vielmehr zu erkennen, daß es sich um eine Lehre handeln wird, die die geistliche Existenz der Glaubenden betrifft. Diese sollen für den Glauben an den Sohn sensibilisiert und zum Zeugnis für ihn zugerüstet werden: „Ihr aber kennt ihn (den Parakleten), weil er bei euch bleibt und in euch sein wird" (14,17); „er wird Zeugnis für mich ablegen, und auch ihr werdet Zeugnis ablegen, weil ihr von Anfang an bei mir seid" (15,26-27).

Das geforderte Zeugnis für Christus muß authentisch bleiben, es muß den erfassen, der „von Anfang an war", der mit den Ohren der Erstzeugen gehört, mit ihren Augen ‚geschaut' und mit deren Händen ‚gegriffen' wurde (vgl. 1 Joh 1,1). Der Paraklet ‚erinnert' an diesen Christus und an das, was er ‚gesagt hat' (14,26). Zugleich legt er in diesem Erinnern und durch dieses Erinnern den Christus aus. Er erschließt ihn so, daß er in seiner Bedeutung für die jeweilige

85 Eine vollständige Zusammenschau der hier nur angedeuteten Tätigkeiten, die zugleich Christus wie dem Geist zugeschrieben werden, bietet Y. Congar, Der Heilige Geist, 68.

86 G. Theißen, Paraklet: Praktisches Bibellexikon. Hg. v. A. Grabner Haider, Freiburg Basel Wien [5]1981, 845 f.

Gegenwart belangvoll wird. Bezeichnenderweise versteht sich das Johannesevangelium selbst als ein literarisches Produkt dieser erhellenden Erinnerung: Sowohl Jesu Wort vom Niederreißen und Auferbauen des Tempels (Joh 2,19) als sein Einzug in Jerusalem (vgl. Joh 12,12-19) haben nach der Auskunft des Evangelisten erst durch Ostern – also kraft der Wirksamkeit des Geistes – ihre eigentliche Sinntiefe offenbart. Was demnach in johanneischen Kreisen als Wahrheit erkannt und festgehalten wurde, darf als der Niederschlag einer Paraklet-Erfahrung gelten, mittels derer sich eine lebendige Meditationsgemeinschaft in die Lage versetzt sah, eine bereits fortgeschrittene Theologie zu betreiben. Das Selbstverständnis der johanneischen Gemeinden wehrt der Versuchung, die Funktion des Geistes auf eine bloße Retrospektive zu reduzieren. Es gibt im Parakleten einen wirklichen *Glaubensfortschritt*, eine lebendige Tradition sozusagen, die am Ursprung anknüpft und ihn gegenwärtig hält, die aber gleichzeitig ans Licht bringt, was anfänglich noch nicht oder nicht so klar zu erkennen war.

In diesem Sinn ist der fünfte Paraklet-Spruch Joh 16,12 zu verstehen: „Noch vieles habe ich euch zu sagen, aber ihr könnt es jetzt nicht tragen. Wenn aber jener kommt, der Geist der Wahrheit, wird er euch in die ganze Wahrheit führen". Mit Bedacht hat der Evangelist für das Wort ‚führen' den im Neuen Testament selten gebrauchten Ausdruck *hodegein* gewählt: ‚Weggeleit geben'. Dieser Ausdruck „wird auf den Blindenführer (Mt 15,14), aber auch den Hirten (Apk 7,17) angewandt"[87]. Obwohl er sich auch auf die ethische Rechtleitung der Christen bezieht, wirft er Licht auf das johanneische Verständnis der geistgewirkten Tradition: Wohin der Glaube führt und welche Perspektiven er auftut, läßt sich nicht vorausberechnen, und der Prozeß der fortwährenden Glaubenserschließung durch den Geist darf nicht willkürlich festgefahren werden.

Der Paraklet wirkt freilich nicht nur in der Kirche. Dem Text zufolge nimmt er zugleich wichtige Funktionen der *Welt* gegenüber wahr. Wie erwähnt, symbolisiert der Weltbegriff im johanneischen Denken jenen gottwidrigen Bereich menschlicher Lebensentwürfe, die auf eigene Leistung, ja auf ‚Lüge' bauen. Für sie wird das Kommen des Parakleten zur entscheidenden Krise. Denn er überführt die Sünde als Sünde, ruft die Wahrheit des Auferstehungssieges Christi in die Welt hinein und sagt gerade dadurch jeglicher Macht, die sich an die Stelle Gottes gesetzt hat, ihre Ent-machtung an. Der vierte Paraklet-Spruch verbindet diese drei Funktionen mit dem Wirken des Christus: „Wenn er (der Beistand) kommt, wird er die Welt überführen, was Sünde, Gerechtigkeit und Gericht ist; Sünde: daß sie nicht an mich glauben; Gerechtigkeit: daß ich zum Vater gehe und ihr mich nicht mehr seht; Gericht: daß der Herrscher dieser Welt gerichtet ist" (Joh 16,8-11). Der Geist tritt gleichsam in die Fußstapfen Jesu. Denn alle drei Funktionen – das Aufdecken der Sünde, den Vollzug der Gerechtigkeit und das Gericht über den Bösen – hat Johannes zuinnerst mit der Person des im Fleisch erschienenen Logos verbunden. Aber der Heilige Geist trägt dessen Wirksamkeit durch die Zeiten, so daß sich, was damals geschah, auch heute vollzieht, und die Zukunft (die der Geist nach Joh 16,13 voraussagt) nicht ohne den in Christus erfochtenen Sieg statthat.

---

[87] J. Gnilka, Theologie, 291.

3.7 Das Erbe des Neuen Testaments – Eine Orientierungshilfe

Mit den großen Pneumatologen Paulus und Johannes findet die urchristliche Reflexion über die Wirklichkeit des Geistes ihren abschließenden Höhepunkt. Was die übrigen, bislang nicht berücksichtigten Schriften des Neuen Testaments über den Geist zu sagen wissen, geht kaum über das bereits Bekannte hinaus. Sie erinnern in erster Linie an die traditionelle Lehre vom prophetischen Geist, um die Überzeugung von der Inspiration der Schrift zu bekräftigen (vgl. Eph 6,14; 1 Tim 4,1; 2 Tim 3,16; 1 Petr 1,11; 2 Petr 1,20-21; Hebr 3,7; 9,8; Offb 22,6). Daneben bringen sie in formelhaften Bekenntnissen zum Ausdruck, was inzwischen zum kirchlichen Allgemeingut geworden war (vgl. 1 Tim 3,16; 2 Tim 1,7).

Gewisse Nuancen bieten der *Hebräerbrief* und die *Johannesapokalypse*. Der Verfasser des Hebräerbriefes verbindet die Pneumatologie mit dem Versuch, das Wirken des Hohenpriesters Jesus in liturgischen Kategorien zu beschreiben, wobei ein an Paulus und Johannes erinnernder Dualismus kultisch reformuliert wird[88]. Die Apokalypse des Johannes wiederholt die prophetisch-visionäre Pneumatologie des Ezechielbuches: Der Geist ergreift und entrückt den Seher, um ihm zugleich das Geschaute zu deuten (vgl. Offb 1,10; 4,2; 17,3; 21,10). Generell bahnt sich mit dem Ende der apostolischen und nachapostolischen Zeit an, was auch die frühe patristische Epoche prägen wird: Überkommenes wird festgehalten und weitergegeben, aber nicht eigens problematisiert. Erst einzelne geniale Geister und bestimmte Zeitumstände werden eine weitere Entwicklung anstoßen.

Aber wer ist der Heilige Geist? Oder anders gewendet: Führt die neutestamentliche Vorstellung vom Heiligen Geist nahtlos zur späteren kirchenamtlichen Lehre, er gehöre als dritte Person zur Integrität des dreifaltigen Gottes?

Daß der Geist aus der Sphäre Gottes stammt und dessen Leben und Wirken mit Vollmacht in der Welt etabliert, spiegelt die Überzeugung aller neutestamentlichen Schriften. Desgleichen belegen sie einstimmig die Nähe des Geistes zur Person Jesu, des Christus. Aber die spätere Lehre von der Trinität und der Einheit dreier ‚Personen' bereits im Neuen Testament zu erwarten, wäre schlicht anachronistisch. Erstens liegt der Schwerpunkt der Schrift auf der Erfahrung und auf dem Nachdenken über das in der Erfahrung Gegebene; die ausdrückliche philosophische Spekulation und gedankliche Durchdringung der bezeugten Wirklichkeit liegt außerhalb ihres Interesses. Vor allem stand der neutestamentlichen Zeit nicht jenes theologisch-philosophische Instrumentar zur Verfügung, das sich das christliche Glaubensbewußtsein erst mühsam erarbeiten mußte. Namentlich ist der theologische Personbegriff erst im Zusammenhang tiefgreifender christologischer Auseinandersetzungen entstanden und im Grunde bis in unsere Zeit herauf ein problematischer, interpretationsbedürftiger Begriff geblie-

[88] Vgl. Hebr 9,13-14: „Denn wenn schon das Blut von Böcken und Stieren und die Asche einer Kuh die Unreinen, die damit besprengt wurden, so heiligt, daß sie leiblich rein werden, wieviel mehr wird das Blut Christi, der sich selbst kraft ewigen Geistes Gott als makelloses Opfer dargebracht hat, unser Gewissen von toten Werken reinigen, damit wir dem lebendigen Gott dienen".

ben. Der innergöttliche Status des Geistes indes konnte erst dann annähernd beschrieben werden, als die Theologie anfing, nicht mehr triadisch, sondern bewußt trinitarisch zu denken. Diese Anfänge liegen außerhalb der neutestamentlichen Zeit.

Wer also ist der Heilige Geist? Die Frage läßt sich nur dann weiterverfolgen, wenn man zusieht, wie sich das Erbe des Neuen Testaments im kirchlichen Glaubensverständnis entfaltet hat. Dazu dient der nun folgende Abschnitt.

4. Die Wirklichkeit des Geistes im Spiegel der Dogmen- und Theologiegeschichte

4.1 Die frühe Kirche vor dem Konzil von Konstantinopel (381)

4.1.1 Der Ausgangspunkt

Mit der Gewißheit, *im* Heiligen Geist dem verherrlichten Herrn und seinem Vater verbunden zu sein, sprach die frühe Kirche *über* den Geist. Bei diesem Verständigungsprozeß sind verschiedene Ebenen zu unterscheiden: Zunächst wurden urchristliche Geistaussagen wiederholt und der aktuellen kirchlichen Situation angepaßt, ohne daß über das Wesen des Geistes erklärtermaßen nachgedacht worden wäre. Zugleich wurden einzelne Vollzüge des kirchlichen Lebens pneumatisch erschlossen, indem man biblische Anstöße weiterführte und mit neuen Erfahrungen verband. Beispiele dieses Bemühens finden sich vor allem in katechetisch und mystagogisch ausgerichteten Texten über die Liturgie und die Sakramente.

Daneben regen sich erste Versuche, die Lehre über den Geist in einen *trinitarischen* Kontext zu stellen. Zwar entsprangen auch sie zu einem Gutteil dem katechetischen Interesse, erklärlich zu machen, worauf das durch Sakrament und Gottesdienst genährte neue Leben der Christen gegründet sei. Aber nachdem die von den Anfängen überkommenen Glaubensüberzeugungen nicht unangefochten geblieben waren, mußten Anstrengungen unternommen werden, sie denkerisch abzusichern. Darüber hinaus verlangte die unvermeidliche Berühung des Christentums mit der antiken Bildungswelt eine gesteigerte hermeneutische Anstrengung: Der im semitischen Lebensraum entstandene Glaube an den menschgewordenen Gott war so aufzuschlüsseln, daß er zwar seiner Substanz nach erhalten blieb, aber vor dem Anspruch der philosophisch hochentwickelten hellenistisch-römischen Mentalität bestehen konnte.

Aus dem Gesagten ergibt sich die Gliederung für den vorliegenden Teilabschnitt: Er fragt zunächst nach den aus der neutestamentlichen Zeit überkommenen, aber im Fortgang des kirchlichen Lebens neu adaptierten Geistaussagen der ersten Jahrhunderte und anschließend nach den pneumatologischen Leitlinien der mystagogisch-katechetischen Väterliteratur. Ein dritter Schritt versucht die Ansätze der frühen trinitarischen Spekulation nachzuzeichnen. Dabei muß es durchgehend bei einer strengen Auswahl bleiben. Die Überfülle des Vorhandenen würde selbst einen bedeutend weiteren als den hier gesteckten Rahmen sprengen.

4.1.2 Die ekklesiale Pneumatologie der vornizänischen Väter

Die eine Kirche und das Charisma der Ordnung

Die Pneumatologie der vornizänischen Väter trägt zwar – von den Anfängen der trinitarischen Spekulation abgesehen – kaum systematische Züge, aber sie belegt, wie nahtlos das Erbe der Schrift in das Selbstverständnis der frühen Kirche überging. Für die Charakterisierung der frühen patristischen Pneumatologie bietet sich das Wort 1 Joh 2,20.27a an: „Ihr habt die Salbung von dem, der heilig ist, und ihr alle wißt es ... Die Salbung, die ihr von ihm empfangen habt, bleibt in euch, und ihr braucht euch von niemandem belehren zu lassen". Die Väter identifizieren diese Salbung mit der Geistbegabung der *ganzen* Kirche, deshalb ist ihr Kirchenbegriff *charismatisch* und ihr Geistverständnis *dynamistisch* geprägt. Sie sind mit der Schrift davon überzeugt, daß sich des Geistes Wirksamkeit am konkreten Leben der Kirche erkennen läßt: generell in deren Fähigkeit, im Geist zur Gemeinschaft des Sohnes und des Vaters zu führen, speziell in den verschiedenen Charismen und Ämtern, die sich – gut paulinisch – ihrer Meinung nach nicht gegeneinander ausspielen lassen.

Dieses Denken läßt sich zum Beispiel anhand des *Ersten Klemensbriefes* nachweisen, dem Schreiben eines römischen Presbyters an die christliche Gemeinde in Korinth aus der Zeit um 96 n. Chr. Klemens weiß von einem Charisma aller und ist bemüht, es den wegen Amtsfragen zerstrittenen Korinthern in Erinnerung zu rufen. Er tut es freilich nicht, ohne zur Ordnung zu mahnen. Sie ist seiner Meinung nach ein Hauptmerkmal göttlicher Wirksamkeit: „So war allen ein tiefer und fruchtbarer Friede beschieden, ein unstillbares Verlangen, das Gute zu tun, und ein reicher Erguß des Heiligen Geistes wurde allen zuteil"; das konstatiert Klemens zu Beginn seines Briefes[89]. Um die Absurdität des innergemeindlichen Streites aufzuzeigen, redet er den Korinthern gegen Ende seines Schreibens ins Gewissen: „Warum herrschen Streit, Zorn, Zwistigkeiten, Spaltungen und Krieg unter euch? Haben wir denn nicht einen einzigen Gott, einen einzigen Christus, einen einzigen Geist der Gnaden, der über uns ausgegossen ist, und eine einzige Berufung in Christus?[90]". Die Wahrheit kann für Klemens nur in geistgemäßer Eintracht liegen: „Jeder ordne sich seinem Nächsten unter gemäß der Gnadengabe, die ihm anvertraut wurde"[91].

Dennoch drängt der römische Schlichter auf die unbedingte Anerkennung des amtlichen Dienstes. Die Absetzung der rechtmäßigen, das heißt für Klemens auch: der unter Zustimmung der ganzen Gemeinde eingesetzten Vorsteher war ja gerade der Anlaß der korinthischen Streitigkeiten und der seines Briefes. Die Autorität des Amtes gründet nach Klemens in eben jenem Geist, der die eine Kirche zur apostolischen Gemeinschaft macht. Aber in ihr und zu ihren Gunsten gibt es die besondere Nachfolge im apostolischen Dienst, die auf göttlicher Einsetzung

[89] 1 Clem. 2,2; zitiert nach: Die apostolischen Väter. Clemens von Rom – Ignatius von Antiochien – Polykarp von Smyrna. Neu übersetzt und eingeleitet von H. U. von Balthasar (Christliche Meister 24), Einsiedeln 1984, 24.

[90] 1 Clem. 46,6; H. U. v. Balthasar, 53.

[91] 1 Clem. 38,1; H. U. v. Balthasar, 47.

beruht und vom Geist gewährleistet wird: „Christus kommt also von Gott her, und die Apostel kommen von Christus her, beides stammt in schöner Ordnung aus dem Willen Gottes. Sie (die Apostel) empfingen also Aufträge, und, durch die Auferstehung unseres Herrn Jesus Christus mit Gewißheit erfüllt, im Glauben an das Wort Gottes gefestigt, zogen sie in der Fülle des Heiligen Geistes hinaus und verkündeten die frohe Botschaft vom kommenden Reich Gottes. Sie predigten auf dem Land und in den Städten und setzten ihre Erstlinge nach vorausgehender Prüfung durch den Geist zu Bischöfen und Diakonen für die kommenden Gläubigen ein"[92]. Aufruhr gegen das rechtmäßige Amt heißt für Klemens, die Ordnung des Geistes auf eine zweifache Weise zu verletzen: zunächst, indem der göttlichen Einsetzung zuwidergehandelt wird; dann, weil eine Gemeinde Mißachtung erfährt, die aufgrund ihrer Geistbegabung die Einsetzung der Vorsteher beglaubigt hat.

Die eine Kirche und das Charisma der Prophetinnen und Propheten

Bis zur montanistischen Krise des ausgehenden zweiten Jahrhunderts – wir werden weiter unten auf sie eingehen – scheint das Zueinander der Charismen keine großen Probleme bereitet zu haben. Das zeigt die frühchristliche Hochachtung der *Prophetie*, eines Charismas, das nicht unbedingt amtlich zu sein brauchte und auch nicht an bestimmte Ortsgemeinden gebunden war, wohl aber mit dem Dienst der Gemeindeleitung zusammenfallen konnte. Die frühe Kirche sah im Weiterwirken der Prophetie eines der verläßlichsten Kennzeichen der Geistesgegenwart und die entscheidende Klammer zwischen ihr und der Heilsgemeinde des Alten und Neuen Testaments. Es war der eine Geist, der die heiligen Schriften inspiriert, die Apostel geleitet und die Urkirche erbaut hatte, und dieser Geist war nunmehr in ihrer Mitte und wiederum durch Propheten und Prophetinnen am Werk. Und es war der eine Geist, der durch diese Propheten die Schrift erschloß und so von neuem ans Licht brachte, was er von altersher im heiligen Wort hinterlegt hatte.

Es ist kein Zufall, daß sich das später ins Glaubensbekenntnis aufgenommene Wort: „ ... der gesprochen hat durch die Propheten" in einer Zeit herausgebildet hat, in der es noch Propheten und Prophetinnen gab. Namentlich der frühchristliche Philosoph *Justin der Märtyrer* († um 165) zeichnet mit anderen für diese Glaubensaussage verantwortlich[93]. Er war es auch, der die sowohl jüdisch-rabbinische wie neutestamentliche Lehre vom prophetischen, die Schrift inspirierenden Geist in die patristische Kirche hinübergerettet hat. Justin zufolge nimmt das Pneuma (das freilich nicht deutlich von der Funktion des Logos geschieden, ja zuweilen mit ihm gleichgesetzt wird) eine sowohl *inspirierende* wie *offenbarende* Funktion wahr: „Wie der Geist schon in den alttestamentlichen Propheten gesprochen hat, ... so inspiriert er die Apostel und die jetzigen Zeugen und stärkt sie notfalls bis hin zum Martyrium"[94].

---

[92] 1 Clem. 42,1-4; H. U. v. Balthasar, 50. Daß die Gemeinde der Einsetzung der Amtsdiener zugestimmt hat, setzt 1 Clem. 44,3 voraus.

[93] Vgl. H.-J. Jaschke, Der Heilige Geist im Bekenntnis der Kirche. Eine Studie zur Pneumatologie des Irenäus von Lyon im Ausgang vom altchristlichen Glaubensbekenntnis (MBT 40), Münster 1976, 144 Anm. 4.

[94] B. J. Hilberath, Pneumatologie, 105.

Wer aber waren die frühchristlichen Propheten und wie wirkte ihr Charisma? Die *Didache*, eine Gemeindeordnung des beginnenden zweiten Jahrhunderts, nennt wichtige Kriterien: Zunächst wird darauf gedrängt, falsche Propheten von wahren zu unterscheiden, denn „nicht jeder, der im Geist redet, ist ein Prophet, sondern nur, wenn er die Lebensweise des Herrn hat". Er darf also nicht zum eigenen Vorteil, sondern muß um der Verkündigung des Evangeliums willen auf der Wanderschaft sein. Außerdem muß sich seine Verkündigung im sittlichen Ernst seiner persönlichen Lebensweise spiegeln[95]. Noch eingehender als die Didache setzt sich die frühchristliche Schrift *Hirt des Hermas* mit dem Phänomen des frühchristlichen Prophetismus auseinander. Wieder steht die Auseinandersetzung mit falschen Pneumatikern im Mittelpunkt, mit jenen, die „nichts von der Kraft des göttlichen Geistes in sich" haben und darum entlarvt werden müssen. Das geschieht auch dem Verfasser des ‚Hirten' zufolge in erster Linie durch einen kritischen Blick auf deren Lebensführung, denn „der Mensch, der den göttlichen Geist von oben besitzt, ist milde, ruhig, demütig, frei von jeder Schlechtigkeit und von jeder eitlen Begierde nach dieser Welt"[96]. Daneben wird ein streng theologischer Maßstab angegeben: Die falschen Pneumatiker ließen sich wie Magier hofieren und antworteten gegen Bezahlung auf alle möglichen und unmöglichen Fragen spirituell noch ungefestigter Christenmenschen, doch es hause der Geist des Teufels in ihnen, weshalb der Umgang mit ihnen nichts denn Götzendienst sei. Der *Heilige Geist* hingegen gebe nie „auf eine Frage Auskunft", noch rede er „im Verborgenen für sich oder wenn ein Mensch es will". Er äußere sich vielmehr „nur dann, wenn es der Wille Gottes" sei und nicht auf private Anfragen hin, sondern „in der Versammlung derer", die den „Glauben an den göttlichen Geist" besäßen, also im Gottesdienst[97].

Obwohl, wie gesagt, die Hochschätzung des prophetischen Charismas in der Frühzeit der Kirche über die besagten Probleme hinaus noch wenig Schwierigkeiten bereitete, vollziehen sich wichtige Weichenstellungen: Die Berufung auf den Geist wird vor dem Mißbrauch insofern geschützt, als man sie an den Ernst einer evangelischen Lebensführung und den Gemeinschaftssinn der gemeindlichen Liturgie zurückbindet. Mit der damit gegebenen Verpflichtung auf das kirchliche Christusbekenntnis kommen deutlich die Prinzipien der paulinischen Charismenlehre zur Geltung.

Die eine Kirche und das Charisma der Bischöfe

Die *montanistische Krise* bringt das frühchristliche Prophetentum in Mißkredit. Was war geschehen? Im kleinasiatischen Phrygien – in der heutigen Türkei – hatten sich ein gewisser *Montanus* († 179) mitsamt seinen Begleiterinnen *Priscilla* und *Maximilla* als endzeitliche Propheten ausgegeben und mit großer Strenge das drohende Weltende angekündigt. Es sei ihnen vom Heiligen Geist geoffenbart worden, ja der Geist warne *durch sie* höchstpersönlich davor, nachdem er sich ihres

[95] Did. 11,8; BKV Apost. Väter, 13.

[96] Herm. mand. 11,8; BKV Apost. Väter, 221.

[97] Herm. mand. 11,8-9; BKV Apost. Väter, 221 f.

menschlichen Bewußtseins bemächtigt habe. Der den Propheten abgeforderte sittliche Ernst der Lebensführung war bei den Montanisten, deren Lehre sich rasch auch im Westen ausbreitete, zu einem sittlichen Rigorismus entartet und in scharfen Kontrast zum gemeindlichen kirchlichen Leben getreten. Denn mit der montanistischen Bewegung ging ein pneumatisches Elitedenken einher, das ein ‚normales' christliches Leben mit seinen Höhen und Tiefen nicht mehr erlauben wollte.

Die – inzwischen eindeutig bischöflich verfaßte – Großkirche mußte sich gegen diese Bestrebungen zur Wehr setzen. Sie tat es, indem sie das Wirken des Geistes für ihre Reihen reklamierte, aber den charismatischen Schwerpunkt der kirchlichen Geistbegabung von den Propheten weg auf die in der apostolischen Sukzession stehenden Bischöfe lenkte. Zwar gab es auch nach der montanistischen Krise noch die Überzeugung, das prophetische Charisma werde in der Kirche weiterwirken[98], aber die theologische Anstrengung galt fortan den pneumatischen Grundlagen des Bischofsamtes. Damit wurde die bereits zu Zeiten des Klemensbriefes und der Didache hervortretende Bedeutung eines ortsansässigen Leitungsamtes zusätzlich aufgewertet. Es hatte sich vom Beginn des zweiten Jahrhunderts an in dem Maß etabliert wie sich die Gemeinden zu festigen begannen.

Nunmehr war also der Bischof zum maßgebenden Geistesmann in der Kirche geworden, und mit ihm in Gemeinschaft zu stehen hieß, der wahren Überlieferung des Evangeliums teilhaftig und dem Willen des Geistes gemäß zur Wahrung der kirchlichen Einheit bereit zu sein. In diesem Sinn betonte *Irenäus von Lyon* († um 220), die Bischöfe hätten „mit der Nachfolge des Episkopats das sichere Charisma der Wahrheit empfangen", und *Cyprian von Karthago* († 258) – weniger systematisch denn pastoral, aber nicht minder antischismatisch denkend – wurde nicht müde, das von der „Einheit des Vaters, des Sohnes und des Heiligen Geistes her geeinte Volk" Gottes an ihre Bischöfe zu verweisen. Da es nur „einen Gott, nur einen Herrn und nur einen Heiligen Geist" gebe, könne auch nur „ein (einziger und geeinter) Episkopat in der katholischen Kirche" bestehen[99]. Diese aber ist als ganze Garantin der Wahrheit, denn, so noch einmal Irenäus, „wo die Kirche ist, da ist auch der Geist Gottes. Und wo der Geist Gottes ist, da ist die Kirche und alle Gnade; der Geist aber ist die Wahrheit"[100].

Die eine Kirche und das Charisma der Getauften

Trotz der klaren Tendenz, das (Bischofs-)Amt in der Kirche auszubauen, blieb der patristischen Kirche eine Klerikalisierung im Sinn des mittelalterlichen Standesdenkens erspart. Das lag zum einen an der communio-Ekklesiologie der Väter[101], insbesondere jedoch an der theologischen Sinnsetzung des Amtes: Es war als Geistamt dazu bestimmt, *alle* Glieder der Kirche zu Geistträgern zu machen und so mit dem erhöhten Christus zu verbinden. Aus dieser Überzeugung resultieren die

[98] Vgl. z.B. Irenäus von Lyon, haer. V,6,1; Epiphanius von Salamis, haer. 48,1.

[99] Irenäus von Lyon, haer. IV,26,2; Cyprian von Karthago, domin. or. 23 (CSEL 3, 215); ep. 49,2 (CSEL 3, 611).

[100] Irenäus von Lyon, haer. III,24,1; BKV Iren. I, 317.

[101] Vgl. in diesem Werk Bd. II: Ekklesiologie 3.3.

vielen Textzeugnisse, die jenseits struktureller Unterscheidungen von der Geistbegabung der *einen Kirche* reden. Den Quellort dieser Begabung sehen die Väter – den Vorgaben der Schrift gemäß – in der *Taufe*, durch die jede und jeder einzelne in den Geistesraum der Kirche eintritt und *mit allen zusammen* an ihrer Geistausstattung teilhat.

Wie man sich diese Ausstattung dachte und wie man sie anschaulich ins Wort brachte, zeigen die folgenden Beispiele: Die bereits erwähnte Schrift *Hirt des Hermas* vergleicht die Kirche mit einem *Turmbau,* die Gläubigen aber mit den Steinen, die im Heiligen Geist für diesen Turmbau zugerüstet werden[102]. *Irenäus* und nach ihm *Augustinus* ziehen anthropologische Vergleiche vor. Wie die Seele den Leib durchdringt und belebt, so durchweht der Geist die Kirche: „Den Glauben haben wir von der Kirche empfangen, und wir bewahren ihn rein. Er ist durch den Heiligen Geist ewig jung und erhält auch – ein kostbarer Schatz in einem guten Gefäß – das Gefäß jung, in dem er ist. Er wurde der Kirche anvertraut, ein Geschenk Gottes gleichsam zur Beseelung des Geschöpfs, auf daß alle Glieder, die ihn aufnehmen, belebt werden. In ihm ist die Gemeinschaft mit Christus verliehen, d.h. der Heilige Geist, das Pfand der Unvergänglichkeit, das Mark unseres Glaubens, die Leiter des Aufstiegs zu Gott“[103]. Im gleichen Sinn erklärt *Augustinus*: „Was aber die Seele für den Leib des Menschen ist, das ist der Heilige Geist für den Leib Christi, das ist die Kirche. Der Heilige Geist wirkt das in der ganzen Kirche, was die Seele in allen Gliedern des einen Leibes wirkt ... Wenn ihr also vom Heiligen Geist das Leben haben wollt, haltet fest in der Liebe, liebt die Wahrheit, habt Verlangen nach der Einheit, auf daß ihr zur Ewigkeit gelangt“[104].

In durchaus eigengeprägter Weise fanden diese Überzeugungen in den Werken der sog. *Alexandriner* ihren Niederschlag, bei *Klemens von Alexandrien* († vor 215) und *Origenes* († 253/54). Beide legen besonderes Gewicht auf die Rolle des Geistes bei der persönlichen Heiligung und Vervollkommnung des einzelnen; der Geistesmensch – der Pneumatiker – ist ihr großes Ideal, entsprechend verbindet sich ihre Pneumatologie mit einem griechisch getönten Menschenbild. Nach Klemens hat in der Taufe eine tiefgreifende Umgestaltung statt: Der bloß natürliche, aber bereits im Pneuma geschaffene Mensch wird durch die Einwohnung des Heiligen Geistes vom Hemmschuh der Sünde befreit und befähigt, im Geist das Göttliche zu schauen. Damit vermag Gleiches das Gleiche zu erkennen: der Geistbegabte die Quelle der Gnade, den *Logos*, aber *im* Logos die ewige Gottheit des Vaters. Klemens lehrt darüber hinaus die Vereinigung des Pneumatikers mit dem Pneuma selbst und glaubt, daß Verstand und Wille des Getauften so sehr vom Geist durchdrungen werden, daß er ihnen wie ein unauslöschliches Siegel eingeprägt bleibt.

Während Klemens die Geistbegabung der Christen eindeutig sakramental begründete, dachte sein Schüler Origenes gegen das Namenschristentum seiner Zeit betont ethisch. Seiner Auffassung nach kommt der Geist denjenigen entgegen, die sich aufgrund von Bekehrung und Taufe für ein bewußtes christliches Leben

[102] Herm. sim. IX,30-32; BKV Apost. Väter, 282-285.
[103] Haer. III,24,1; BKV Iren. I, 316.
[104] Serm. 267, 4; PL 38, 1231.

entschieden haben und es tatkräftig zu verwirklichen suchen. Origenes betrachtet den Geist ausdrücklich als den Geist der *sittlichen Heiligung* und sieht ihn in dem Maß am Werk, in dem der Mensch auf dem Weg seiner Vervollkommnung voranschreitet. Darum greift in seinem Kirchenbild ein prozeßhaftes Moment Platz: Nicht alle Getauften leben im selben Grad der Geistinnigkeit, aber allen steht die Möglichkeit offen, sie sich anzueignen. Christliche Existenz bedeutet für Origenes die Bewegung eines Gebens und Nehmens, bei dem die Mitteilung der Gnade im Heiligen Geist mit der Anstrengung des Menschen zusammenwirkt[105].

4.1.3 Der Heilige Geist in der patristischen Glaubensunterweisung

Was die Christen lebten und in ihren Gottesdiensten feierten, wurde in der katechetischen und mystagogischen Literatur der Kirchenväter anschaulich entfaltet. Der natürliche Ort der Glaubensunterweisung war die christliche Initiation. In ihrem Kontext kamen die Väter auf den Geist zu sprechen: bezüglich der Taufe, um anzuzeigen, wer der Geist ist und was er an den Täuflingen bewirkt; bezüglich der Eucharistie, um anzudeuten, wie der Geist mittels der *eucharistischen Gaben* an den Getauften handelt.

Der Geist wirkt mit dem Vater und dem Sohn

Es fällt auf, daß die Katechese der Väter den Geist wie selbstverständlich in einen triadischen Kontext stellt, ohne sich besonders für die trinitarische Problematik zu interessieren; das ändert sich erst durch das erwachte Problembewußtsein im vierten und fünften Jahrhundert. Die frühen Väter bezogen sich schlicht und einfach auf die liturgische Praxis. Diese sah gemäß Mt 28,19 die Taufe auf den „Namen des Vaters, des Sohnes und des Heiligen Geistes" vor. Folglich war den Katechumenen (und auch den bereits Getauften) der Sinn dieser Formel, vor allem aber das *Geschehen* zu erschließen, das durch sie wirksam wurde. Da der antike Mensch gewohnt war, vom Anschaulich-Konkreten unmittelbar auf eine unsichtbare Wirklichkeit zu schließen, taten Bilder gute Dienste. Das Turmsymbol aus dem „Hirten" ist ein beredtes Beispiel dafür. Noch anrührender mag der Einfall des *Ignatius von Antiochien* († um 135) sein, der für die paulinische Lehre vom Tempel des Heiligen Geistes (vgl. 1 Kor 6,19-20) die technische Raffinesse seiner Zeit bemüht: Ihr seid „Bausteine im Tempel Gottes des Vaters, in die Höhe emporgezogen durch das Hebewerk Christi, nämlich das Kreuz, und der Heilige Geist dient euch dabei als Seil, euer Glaube zeigt euch den Weg in die Höhe, und die Liebe ist der Weg, der zu Gott emporführt"[106].

Bedeutend nüchterner sprach hingegen *Hippolyt von Rom* († um 235) in seiner *Traditio apostolica*, die die frühe stadtrömische Taufliturgie wiedergibt und knapp erläutert (verfaßt um 215). Hippolyt ist ein Zeuge dafür, wie eng die Taufliturgie

---

[105] Vgl. zur Theologie der Alexandriner W.-D. Hauschild, Gottes Geist und der Mensch. Studien zur frühchristlichen Pneumatologie (Beiträge 63), München 1972, 28-45; ferner B. McGinn, Die Mystik im Abendland, Bd. I. Ursprünge, Freiburg – Basel – Wien 1994, 155-195.

[106] Ignatius von Antiochien, Eph. 9,1-2; H. U. von Balthasar, 73.

– und damit die Taufkatechese – mit dem dreigliedrigen Glaubensbekenntnis zusammenhängt, das während des Taufaktes vom Täufling gesprochen wurde. Der Ordnung des Symbolums gemäß findet der Heilige Geist bei Hippolyt nach der Nennung des Vaters und des Sohnes Erwähnung. Er wird unmittelbar mit der Existenz der Kirche und der Auferstehung des Fleisches in Verbindung gebracht, also als *lebensspendender* Geist verstanden. Vor allem eine koptisch überlieferte Variante der *Traditio*, deren griechischer Urtext verloren ist, hebt auf diese Eigenschaft ab. Dort heißt es: „Glaubst du an den heiligen, den guten, den lebenspendenden Geist, der das All reinigt in der heiligen Kirche?“[107]. Der Geist interessiert weniger in seinem Wesen und seiner innergöttlichen Stellung denn in seiner heilsgeschichtlichen Tätigkeit. Diese aber bleibt der Intention des Gesamttextes zufolge eindeutig dem einen Heilstun des Vaters und des Sohnes zugeordnet. Allerdings setzt die koptische Version bereits einen fortgeschrittenen trinitarischen Reflexionsgrad voraus.

Zur klassischen katechetischen Literatur der Väterzeit zählen die Glaubensunterweisungen des *Kyrill von Jerusalem* († 387). Obwohl zur Zeit ihrer Entstehung (um 370) bereits die Definitionen des Konzils von Nizäa vorlagen und heftig diskutiert wurden, bleibt Kyrill an der Tradition orientiert. Er möchte schriftnah sprechen und ohne theologische Fachbegriffe, aber doch auf der Höhe der Zeit bleiben. In einer Unterweisung für die Katechumenen umschreibt er das Taufgeschehen mit Hilfe eines doxologisch gehaltenen Segenswunsches, der sowohl die heilsgeschichtliche Wirklichkeit des Geistes wie dessen Stellung innerhalb der Gottheit zum Ausdruck bringt: „Der Gott des Alls aber, der im Heiligen Geist durch die Propheten gesprochen hat, der den Heiligen Geist an Pfingsten auf die Apostel herabgesandt hat, der möge ihn nun auch auf euch herabsenden und durch ihn auch uns bewahren. Er möge uns allen seine Güte zeigen, damit wir überall die Früchte des Geistes hervorbringen: Treue, Sanftmut, Friede etc. (Gal 5,22) in Christus Jesus unserem Herrn, in dem und mit dem zugleich mit dem Heiligen Geist die Ehre sei dem Vater jetzt und allezeit und in Ewigkeit, Amen“[108].

Der Geist spendet Heiligkeit und Leben

Welche Wirkungen wurden dem Geist zugeschrieben? Es ist bezeichnend, wie sehr die patristische Katechese die Nähe der Schrift sucht. Deren Berichte, Lehren und Bilder erfahren eine sinnenfällige Ausdeutung und theologische Erschließung. Das geschieht zum Beispiel mit den Erzählungen über die Taufe Jesu und das Pfingstereignis, deren theologische Botschaft mit Hilfe neutestamentlicher Theologumena aufbereitet wird. Man denke zum Beispiel an die innere Beziehung, die zwischen der Taufe Jesu oder der Pfingstszene und der Aussage Tit 3,5-6 besteht, der Geist werde *durch* Christus auf die Gläubigen ausgegossen im „Bad der Wiedergeburt“. Daran nehmen die Väter Maß: Sie sehen in der Person Jesu eine *Präfiguration*, ein Vorausbild seines mystischen Leibes – der Kirche. Deshalb setzen sie die Geistbegabung Jesu mit der Geistbegabung der Gläubigen par-

---

[107] Trad. apost. 21; SChr 11b, 86.
[108] Catech. 17,38; BKV Kyrill, 336.

allel. Weil Christus Geistträger war, darum sind es auch die Christen. Diese werden mittels der Taufe Christus gleichgestaltet und empfangen zu diesem Zweck die Vergebung der Sünden für eine von Grund auf neue Existenz. Alles das geschieht *im* und *durch* den Heiligen Geist, der sich während des zentralen Taufaktes oder – nach anderer, von *Tertullian* und *Ambrosius* bezeugter Tradition – durch die postbaptismale Handauflegung und Gebetsbitte mitteilt.

Das Ineinander biblischer Vorgaben wie zeitgenössisch-liturgischer Riten bot den frühkirchlichen Katecheten Material genug, um die Wirkungen der sakramentalen Geistmitteilung anschaulich darzustellen: Das Taubensymbol wurde zum Zeichen der vom Geist geeinten Kirche, und die Feuerzungen des Pfingstereignisses zu dem seiner die Herzen durchglühenden Gegenwart. Das Wasser bot sich – als Sinnbild der Fruchtbarkeit und der Reinigung – zum Aufweis seiner kreativen Mächtigkeit an, und mit einem Hinweis auf das in der Liturgie verwendete Salböl ließ sich andeuten, wie eng die geistgesalbten *Christen* mit dem geistgesalbten *Christus* und damit im Geist mit dem ewigen Vater verbunden worden seien.

Stellvertretend für viele Einzelzeugnisse[109] sei auf einen Abschnitt aus der bereits erwähnten 17. Katechese des Kyrill sowie aus einer mystagogischen Predigt des Erzbischofs von Ravenna, *Petrus Chrysologus* († 450) verwiesen. *Kyrill* erklärt: „Gleichwie derjenige, welcher in das Wasser getaucht und getauft wurde, von allen Seiten von Wasser umgeben wird, so wurden die Apostel vollständig vom Geist getauft. Während aber das Wasser nur den Körper umfließt, badet der Geist unaufhörlich die Seele. Was wunderst du dich? Du sollst ein Beispiel aus der Körperwelt haben ...: Wenn das Feuer in das dichte Innere des Eisens eindringt und die ganze Masse zu Feuer macht, wenn das Kalte heiß, das Schwarze leuchtend wird, wenn das Feuer, selbst ein Körper, in den Körper des Eisens eindringt und so ungehindert wirkt, wie kannst du dich wundern, wenn der Heilige Geist in das Innerste der Seele eindringt?“[110]. *Petrus Chrysologus* hebt das lebensspendende, gleichsam mütterliche Element des Taufgeistes hervor: „Darum befruchtet der Geist des Himmels den Schoß der jungfräulichen (Tauf-)Quelle durch sein geheimnisvolles Licht, damit er alle, welche die Abstammung vom Staub der Erde als irdische Menschen geboren hat und zu unglücklichem Los, als himmlische Menschen wiedergebäre und sie hinführe zur Ähnlichkeit mit ihrem Schöpfer“[111].

Der Geist erbaut Christi Leib

Neben den tauftheologischen Katechesen hoben vor allem die *eucharistischen Mystagogien* auf den Heiligen Geist ab. Frühe Texte zeigen, daß für das Gelingen des eucharistischen Hochgebetes der Geist angerufen wurde. Man verstand ihn – mit

[109] Textbeispiele finden sich bei A. Quaquarelli, Accenti espressivi popolari alla catechesi pneumatologica dei primi secoli: S. Felici (Hg.), Spirito Santo e catechesi patristica (Biblioteca di scienze religiose 54), Roma 1983, 265-280. Vgl. auch J. Daniélou, Liturgie und Bibel. Die Symbolik der Sakramente bei den Kirchenvätern, München 1963.

[110] Cyrill von Jerusalem, catech. 17,14; BKV Cyrill, 319 f.

[111] Petrus Chrysologus, serm. 117,4; BKV 284 f. Ähnlich redet Ambrosius, myst. 9,59; SChr 25bis, 192.

Christus zusammen – als Mittler zwischen Gott und der Gemeinde. *Justin der Märtyrer* spricht davon in seiner ersten Apologie, und die *Traditio* Hippolyts macht die liturgischen Kontexte deutlich, in denen der Geist Erwähnung fand. Es geschah bei der feierlichen Rezitation des Glaubensbekenntnisses, dann bei der sogenannten *Epiklese* und schließlich während einer trinitarischen Doxologie am Ende des eucharistischen Hochgebets[112].

Von besonderem Interesse ist im eucharistischen Zusammenhang die *Epiklese,* die Bitte an den Heiligen Geist, aus den Gaben von Brot und Wein Leib und Blut Christi zu machen. Auf die Epiklese wurde vor allem in den östlichen Liturgien Wert gelegt, namentlich in den griechischen und orientalischen, insbesondere syrischen Kirchen. Das geschah mitunter so nachdrücklich, daß noch im späten Mittelalter zwischen Rom und der Ostkirche ein Streit darüber entbrannte, ob die Wandlung der Gaben auf das Aussprechen der Einsetzungsworte oder die epikletische Anrufung des Heiligen Geistes zurückzuführen sei.

Für unsere Belange wichtiger ist indes die Frage, welche Wirkungen dem Geist in der Epiklese zugeschrieben wurden. Denn die Verwandlung der Gaben diente nach frühkirchlicher Überzeugung keinem Selbstzweck, sondern war auf die Verwandlung der *Gemeinde* ausgerichtet: Durch den Genuß der im Pneuma zum Herrenleib gewordenen Gaben sollten die Anwesenden selbst zum Christusleib gefügt und im Geist geheiligt werden. Dieser Zusammenhang läßt sich anhand einer antiochenischen, dem *Johannes Chrysostomus* († 407) zugeschriebenen Epiklese nachweisen. Sie ruft den Geist an, damit er Brot und Wein verwandle. Dann aber erbittet sie dasselbe für die *Gläubigen*, damit sie die „Nüchternheit der Seele und die Vergebung der Sünden" erlangten und der „Gemeinschaft mit dem Heiligen Geist und der Fülle des Reiches (Gottes) teilhaft" würden[113]. Mit klaren Worten ist hier auf die liturgisch wirksame Heilsmittlerschaft des Geistes abgehoben: Er kommt aus der Mitte Gottes, um die betende Kirche in dessen Gemeinschaft zu rufen.

4.1.4 Der Heilige Geist in der frühen trinitarischen Reflexion

Zwar fanden in der kirchlichen Praxis und in der ihr entsprechenden Glaubensunterweisung bereits sehr früh trinitarische Formeln Verwendung, aber der entscheidende Schritt zum späteren pneumatologischen Dogma war erst getan, als Theologen anfingen, diese Formeln denkerisch und sprachlich auszugestalten. Da über die Entwicklung der Trinitätslehre im ersten Band dieses Werkes ausführlich gehandelt wird, genügt es, sich hier auf das Wichtigste zu beschränken[114].

Irenäus von Lyon

Zuerst ist erneut *Irenäus von Lyon* zu nennen und mit ihm einige grundlegende Prinzipien der theologischen Methode, die die weitere Entwicklung bestimmt ha-

---

[112] Justin der Märtyrer, 1 apol. 65,3; 67,2; Hippolyt von Rom, trad. apost. 4; SChr 11b, 46-52.

[113] Text und Interpretation bei V. Saxer, Le Saint-Esprit dans les prières eucharistiques des premiers siècles: S. Felici, Spirito Santo e catechesi patristica, 203.

[114] Vgl. in diesem Werk Bd I: Gotteslehre 4.

ben. Irenäus hebt bei der überlieferten *regula fidei*, dem im Taufbekenntnis grundgelegten Glauben an den Vater, den Sohn und den Heiligen Geist an, um mit Hilfe der Schrift deren je spezifisches Handeln in der einen Heilsgeschichte aufzuspüren. Von dem in diesem Handeln aufscheinenden Zusammenklang aus schließt er in einem zweiten Schritt auf die *Einheit* des dreipersonal handelnden Gottes. Seine Argumentation geschieht vor einem konkreten Hintergrund: Während gnostische Strömungen die Einheit Gottes leugnen wollten, betrachteten die häretischen Monarchianer die drei Namen nur als Erscheinungsweisen ein und derselben göttlichen ‚Person'.

Irenäus geht, gestützt auf eine sorgsame Schriftlektüre, den Mittelweg: Die Kirche hat „von den Aposteln und ihren Schülern den Glauben empfangen, den Glauben an den einen Gott, den allmächtigen Vater, den Schöpfer des Himmels und der Erde und der Meere und alles, was in ihnen ist, und an den einen Christus Jesus, den Sohn Gottes, der, um uns zu erlösen, Fleisch angenommen hat, und an den Heiligen Geist, der durch die Propheten die Heilsordnung Gottes verkündet hat"[115]. Die drei *Namen* bezeichnen laut Irenäus deutlich drei handelnde Subjekte. Fragt man aber nach der seinsmäßigen Beheimatung der drei, so zeigt sich, daß sie allesamt göttliche Dinge vollbringen und darum der Seinssphäre eines einzigen Gottes zugehören.

Da Irenäus noch keine feste Begrifflichkeit zur Verfügung hat, greift er auf Bilder zurück: Der Sohn und der Geist seien wie die beiden Hände des Vaters, folglich nicht von ihm zu trennen und nicht mit Geschöpfen zu verwechseln. Sie sind aber auch nicht bloße Werkzeuge, hervorgebracht zu irgendeinem Zweck, sondern von Ewigkeit her mit dem Vater verbunden[116]. Über die Weise dieser Verbundenheit gibt Irenäus – aus Ehrfurcht vor dem göttlichen Geheimnis – keine Auskunft. Doch aus der Gesamtschau seiner Theologie erhellt, daß er in der einen Heilsgeschichte den Kreislauf einer innergöttlichen, aber auf die Menschheit gerichteten Handlungsbewegung ausmacht: „eine absteigende Linie, die vom Vater über den Sohn zu dem uns mitgeteilten Geist verläuft, und eine aufsteigende Linie, die vom Geist in uns durch den Sohn zum Vater zurückführt"[117]. Damit ist für Irenäus die wesenhafte Einheit der drei handelnden Kraftzentren eindeutig erwiesen.

Tertullian

Was der Bischof von Lyon sozusagen deskriptiv zu entfalten suchte, wurde von *Tertullian* († nach 220) begrifflich präzisiert. Mit ihm, einem ausgebildeten Juristen, der seine Tage im Kreis der montanistischen Sekte beschloß, gewinnt die trinitarische Sprachregelung der Kirche ihre bleibende Kontur. Zunächst geht auch Tertullian von Bildern aus, weil sie ihm geeignet scheinen, die Herkunft des Sohnes und des Geistes vom Vater und zugleich die Verschiedenheit dreier Kraftzentren

[115] Haer. I,10,1; BKV Iren. I, 33.

[116] Texte finden sich bei J. Mambrino, Les deux mains du Pere dans l'oevre de s.Irenee: NRTh 79 (1957) 355-370.

[117] B. Studer, Gott und unsere Erlösung im Glauben der Alten Kirche, Düsseldorf 1986, 84.

in der Innigkeit eines gemeinsamen Heilshandelns auszudrücken. Er vergleicht den Vater mit der Sonne, den Sohn aber mit deren Strahlen. Dann überträgt er die Logik dieses Bildes mittels ähnlicher Bilder auch auf den Geist: Da sei die Quelle, der Fluß und das trinkbare Rinnsal; oder die Wurzel, der Stamm und die Frucht eines Baumes – allesamt Gleichnisse für die Einheit wie reale Unterschiedenheit in der unteilbaren Heilsmächtigkeit des einen Gottes[118].

Auf spekulativer Ebene begegnen folgende Begriffe: Mit den Ausdrücken *(una) substantia, (unus) status, (una) monarchia* oder *potestas* umschreibt Tertullian die eine Seinswürde der *Trinitas,* gewissermaßen die „tragende Ursprungswirklichkeit, die Vater, Sohn und Geist eint"[119]. Aber durch den Blick auf die Heilsgeschichte und die *regula fidei* gedrängt, die drei unterschiedliche Wirkkräfte, nämlich drei göttliche Namen bezeugt, ist von einer *distinctio trinitatis* oder, wie *Novatian* († 270) formuliert, einer *distinctio personarum* zu sprechen: von drei *personae*, die die eine göttliche Substanz strukturieren. Damit war die fortan maßgeblich gewordene Formel *una substantia – tres personae* der Sache nach geboren und ein antihäretisches Instrumentar geschaffen. Gegen die Gnostiker konnte die Einheit und Einzigkeit Gottes, gegen die Monarchianer die reale Unterschiedenheit der drei gemeinsam handelnden Personen verteidigt werden[120].

Die göttliche Würde des Heiligen Geistes war im Zuge der von Tertullian und Novatian entwickelten trinitarischen Formelsprache notwendig mitausgesagt. Aber Tertullian kommt als eifriger Montanist (was seiner Bedeutung für die offizielle trinitarische Lehre der Großkirche keinen Abbruch tut) in einem gegen den Monarchianisten Praxeas gerichteten Werk eigens auf den Heiligen Geist zu sprechen. Er nennt ihn wörtlich die ‚dritte Person' in der Trinität und zusammen mit dem Sohn einen „Helfershelfer" und „Sachwalter" des *Vaters.* Dieser habe während der Heilsgeschichte aus der „Einheit der Trinität" geredet und gehandelt: im Sohn, der den Menschen gleich werden sollte, und im Geist, der die Menschen „heiligen" werde[121]. Auch die traditionelle Lehre von der pneumatischen Schriftinspiration ist bei Tertullian in die neue trinitarische Formelsprache gekleidet. Nach ihm läßt sich der Geist in der Schrift vernehmen, indem er „als dritte Person (der Trinität) *über* den Vater und den Sohn redet"[122]. Die Schrift wird gleichsam aufgrund der Autorität eines Insiders zur gültigen Offenbarung des Wesensgeheimnisses Gottes.

Origenes

Einen nicht unbedeutenden Anteil an der Entstehung der kirchlichen Trinitätslehre hat das Werk des *Origenes* († 253/54). Wir lassen das Problem außer acht, ob dessen christozentrischer Denkansatz binitarisch oder im strengen Sinn trinitarisch sei. In jedem Fall hat auch Origenes den Taufglauben der Kirche interpre-

[118] Tertullian, adv. Prax. 8,7; CChr. SL 1, 1168.
[119] F. Courth, Trinität in der Schrift und Patristik: HDG II,1a (1988) 83.
[120] Vgl. ebd. 84-87.
[121] Adv. Prax. 12,3; CChr. SL 2, 1173.
[122] Adv. Prax. 11,7; CChr. SL 2, 1172: „Animadverte etiam Spiritum loquentem ex tertia persona de Patre et Filio ...".

tiert und in seinem Gefolge den Heiligen Geist als „drittes Hauptstück" in seine Gotteslehre eingebaut. Er nennt den Geist einen „Teilhaber an der Ehre und Würde des Vaters und des Sohnes" und rechnet ihn der „anbetungswürdigen Trias" zu[123]. Außerdem bekräftigt er die für die westliche wie vor allem östliche Trinitätslehre maßgeblich gewordene Vorstellung, der Vater sei der absolute Ursprung der Gottheit, sofern der Sohn und der Geist – jeder auf seine Weise – aus ihm hervorgehen und von ihm abhängen.

Origenes spricht wie Irenäus von einer einzigen Heilsökonomie, in der den drei göttlichen *Hypostasen* (das Wort entspricht in etwa dem Personbegriff Tertullians) verschiedene Aufgaben zukommen. Es handelt sich folglich um eine trinitarische Heilsökonomie: „Gott Vater, Schöpfer und Anfang aller Dinge – der Logos, Prinzip der Rationalität aller geistigen Wesen – der Heilige Geist, in allen Heiligen gegenwärtig. Danach besitzt der Geist keine geringere Würde als der Vater und der Sohn. Ganz auf der Seite von diesen und von allen Geschöpfen unterschieden, wirkt er vielmehr in anderer Weise, eben in der Heiligung der Gerechten. Dazu gehört im übrigen auch die Inspiration der Bibel und ihr geistiges Verständnis"[124].

Zu vermerken ist abschließend: Mit Irenäus, Tertullian und Origenes hat der trinitarische Glaube der Kirche eine eindeutig soteriologische Sinngebung empfangen. Auch die spezifische Stellung des Heiligen Geistes erhellt aus seiner soteriologischen Funktion: Aus dem uneingeschränkt heiligen Leben Gottes stammend, wohnt er ganz beim Menschen, um sich an ihn zu verschenken, ja von ihm ‚genießen' zu lassen. In diesem Sinn schreibt *Hilarius von Poitiers* († 367): „Alles ist nach Kraft und Verdienst wohl geordnet. Eine Macht, aus der alles kommt, ein Sproß, durch den alles ist; ein Geschenk vollkommener Hoffnung ...: Im Vater, im Sohn und im Heiligen Geist findet sich die Unbegrenztheit im Ewigen, die Schönheit im Abbild und der Genuß in der Gabe"[125].

4.2 Die pneumatologische Entwicklung vom Konzil von Nizäa (325) bis zum Konzil von Konstantinopel (381)

4.2.1 Die Herausforderung der Pneumatomachen

Das Grundproblem

Pneumatomachen (dt.: Geistbekämpfer) heißen die Vertreter einer theologischen Lehrmeinung, die um die Mitte der vierten Jahrhunderts in Ägypten, Kleinasien

[123] Origenes, princ. I, praef. 4; (Görgemanns-Karpp, 91, 169); comm. in Joh 6,33; 10,39.
[124] B. Studer, Gott und unsere Erlösung im Glauben der Alten Kirche, 109, mit Origenes, princ. I,3,5 (Görgemanns-Karpp, 168-170).
[125] Hilarius von Poitiers, trin. 2; BKV Hil., 105.

und insbesondere Konstantinopel entstand und ausdrücklich die Göttlichkeit des Heiligen Geistes leugnete. Da diese Auffassung namentlich mit dem Bischof *Makedonios von Konstantinopel* († vor 364) in Verbindung gebracht wird, spricht man auch von *Makedonianern*.

Warum verweigerten die Pneumatomachen dem Heiligen Geist göttliche Ehren? Der Hauptgrund lag wohl in einer biblizistischen Konservativität, die Probleme damit hatte, wenn Aussagen der Schrift über den Wortlaut hinaus denkerisch präzisiert wurden. Genau das aber war auf dem Konzil von Nizäa bezüglich der Christologie geschehen. Es hatte mit dem bibelfremden Begriff *homoousios* gegen Arius die Gleichwesentlichkeit des Sohnes mit dem Vater gelehrt, gerade damit aber den Intentionen der neutestamentlichen Christologie entsprechen wollen. Und blieb schon dem Nicänum nur geteilter Zuspruch und in manchen Kreisen eine höchst zähneknirschende Billigung beschieden, so wollten die Pneumatomachen unter allen Umständen die Anwendung der Homoousie auch auf den Geist verhindern. Ihrer Meinung nach mußte er als ein Werkzeug Gottes betrachtet werden: Er erfülle zwar göttliche Aufträge und vermittle zwischen Gott und Mensch, aber sei eben doch Geschöpf. Man könne ihn, so meinten sie, in etwa mit den Engeln vergleichen.

Weil sich das Konzil von Nizäa zwar zur Stellung des Sohnes, nicht aber zu der des Heiligen Geistes geäußert hatte, war der Streit um dessen ontische Stellung und damit um die vollgültige Gestalt der kirchlichen Trinitätslehre unausweichlich geworden. Die Pneumatomachen mißbrauchten das Schweigen des Konzils, um den verurteilten christologischen Subordinatianismus des Arius nunmehr pneumatologisch zu wenden: Auch wenn der Sohn vom Vater gezeugt und ihm deshalb ‚gleich' oder wenigstens ‚ähnlich' sei – der Geist müsse auf jeden Fall aus dieser Beziehung herausgehalten werden.

Die Antwort des Athanasius von Alexandrien

Diese Position zwang die Verteidiger des Nicänums zur Stellungnahme und damit zu einer vertieften Reflexion. Bezeichnenderweise reagierte der bedeutende Vorkämpfer des nicänischen Glaubens, *Athanasius von Alexandrien* (295-373), als einer der ersten auf die Einwände der Makedonianer. In vier Briefen an den Bischof *Serapion von Thmuis* (geschrieben um das Jahr 360), der ihn um eine Stellungnahme gebeten hatte, legt Athanasius seine Argumentation dar. Sie ergibt sich unmittelbar aus dem soteriologischen Grundanliegen seiner Inkarnationslehre und beruht auf dem Grundsatz, daß nur dann von einer wirklichen Erlösung der Menschheit die Rede sein könne, wenn Gott selbst in sie eingegangen sei und in höchsteigener Person an ihr gehandelt habe.

Dieser Grundsatz hatte in Nizäa zum Bekenntnis der Homoousie des Sohnes geführt, nun sollte er dasselbe für die Homoousie des Geistes leisten. Würde nämlich, so Athanasius, dem Heiligen Geist das göttliche Wesen aberkannt, das ihn mit dem Vater und dem Sohn verbindet, dann bliebe sein Walten in den Herzen der Menschen wirkungslos. Außerdem wäre die Einheit der Trinität zerstört und damit die Gültigkeit des kirchlichen Taufglaubens in Frage gestellt: „Wenn der Heilige Geist ein Geschöpf wäre, so würde uns durch ihn keine Gemeinschaft mit

Gott zuteil; wir würden vielmehr mit einem Geschöpf verbunden und der göttlichen Natur entfremdet, weil wir in nichts derselben teilhaftig wären ... Wenn aber, wie es tatsächlich der Fall ist, eine Trinität existiert, von der erwiesen ist, daß sie unteilbar ist und nichts Ungleiches umschließt, dann muß auch ihre Heiligkeit, ihre Ewigkeit und ihre unveränderliche Natur eine sein"[126].

Die Antwort des Basilius von Caesarea

An die Arbeit des Athanasius knüpft die für die Pneumatologie der Alten Kirche entscheidende Argumentation des *Basilius von Caesarea* (330-379) an. Allerdings hat er nicht die ägyptischen Pneumatomachen, sondern jene Kleinasiens, und zwar in der Person seines ehemaligen Lehrers *Eustathius von Sebaste,* vor sich. Der Zusammenstoß des Basilius mit den Pneumatomachen ereignete sich vor einem konkreten Hintergrund: In seinem Kirchensprengel ließ er neben der überlieferten Doxologie eine leicht abgeänderte beten. Traditionell lautete sie: Der Vater wird durch (*dia*) den Sohn im (*en*) Heiligen Geist verherrlicht. Nach Basilius kommt die Ehre dem Vater mit (*meta*) dem Sohn und mit (*syn*) dem Heiligen Geist zu.

Mit der grammatikalischen Gleichordnung von Vater, Sohn und Geist wollte Basilius die Deutung der Pneumatomachen ausschalten. Denn diese betrachteten die überkommene Formel als einen Beleg für die Subordination des Sohnes, vor allem aber für die des Geistes. Denn wer *durch* einen anderen handle und *in* ihm – gleichsam mit Hilfe von Instrumenten – sei größer als dieser: Folglich seien der Vater und (da es nach Nizäa denn sein mußte) der Sohn dem Geist übergeordnet. Basilius hatte den Mißbrauch erkannt und darum mit seiner neuen Doxologie den offenen Protest der konservativen Makedonianer hervorgerufen. Mit ihnen setzt sich Basilius in seiner bedeutsamen, von einem Freund erbetenen Schrift ‚Über den Heiligen Geist' auseinander. In seiner Argumentation lassen sich drei Schritte unterscheiden.

1.) Basilius untersucht den genauen grammatischen und ontischen Sinn der in den beiden Doxologieformen gebrauchten Präpositionen. Gestützt auf biblische Belege weist er nach, daß sich die Präpositionen nicht philosophisch vereinnahmen und darum nicht gegeneinander ausspielen lassen. Die Schrift verwende sie vielmehr in allen denkbaren Kombinationen, weshalb sie nichts Abträgliches über die Stellung der mit ihnen in Verbindung gebrachten Namen des Sohnes und des Geistes aussagten. Die Lehre der Schrift ist nach Basilius nicht durch grammatisch-sophistische Einzelanalysen, sondern durch die *Zusammenschau* der einzelnen Aussagen zu erfassen. Ihr zufolge aber steht der Geist mit dem Sohn auf der gleichen Seinsebene[127].

2.) Basilius liefert diese Zusammenschau umgehend selbst. Er zeigt, daß die Schrift den Geist zwar niemals ‚Gott', wohl aber ‚Herr' nennt und ihm so Tätigkeiten und Mächtigkeiten zuschreibt, die ihn als Gott ausweisen. Dabei hebt er vor allem die heiligende Tätigkeit des Geistes und sein Walten in der Kirche hervor: Durch den Geist wurden alle, die in die Kirche hineingetauft sind, unfehlbar

[126] Ep. Serap. 1,24.30; zit. D7, Nr. 27.
[127] Spir. 4,6-12; FC 12, 87-103.

zu Gott geführt. Denn es „verläuft der Weg der Erkenntnis Gottes von dem einen Geist durch den einen Sohn zu dem einen Vater. Umgekehrt gelangen die naturhafte Güte, die der Natur entsprechende Heiligung und die königliche Würde vom Vater durch den Sohn zum Geist hin"[128].

3.) Für Basilius bildet der Taufbefehl nach Mt 28,16, die damit verbundene Einsicht an die Untrennbarkeit von Vater, Sohn und Geist und die Doxologie, die allen dreien die gleiche Ehre zuerkennt, eine erkenntnistheoretische Einheit: „Diese Leute (die Geistgegner) sollen uns doch bitte beibringen, nicht zu taufen, wie es uns überliefert wurde, nicht zu glauben, wie wir getauft wurden, nicht zu verherrlichen, wie wir im Glauben bekannt haben". Positiv gewendet: Man muß taufen, wie es Schrift und Tradition nahelegen, glauben, was die Taufformel aussagt, und Gott so lobpreisen, wie er sich im Taufglauben zu erkennen gibt[129]. Allerdings vermeidet es Basilius, den Geist ausdrücklich ‚Gott' zu nennen; auch die Homoousie des Geistes fordert er nicht ausdrücklich. Damit bleibt er auf der Sprachebene der Schrift, weiß sich in der Sache aber den Konsequenzen des nizänischen Glaubens verbunden: „Wie sich somit der Sohn zum Vater verhält, so der Geist zum Sohn gemäß der in der Taufe überlieferten Anordnung des Wortes. Wenn also der Geist *mit* dem Sohn angeführt wird, der Sohn aber *mit* dem Vater, dann offensichtlich auch der Geist *mit* dem Vater"[130].

Die Antwort der anderen Kappadokier

Basilius hatte die göttliche Würde des Geistes bekannt und systematisch begründet. Aber immer noch stand die Frage nach der trinitarischen Terminologie im Raum. Diese wurde außer von Basilius auch von seinen Mitbischöfen *Gregor von Nazianz* († um 390) und *Gregor von Nyssa* († 394) weiterentwickelt. Es kann hier nicht um die Darstellung der komplizierten denkerischen und kirchenpolitischen Vorgänge gehen, die mit der trinitarischen Terminologie des vierten Jahrhunderts verbunden sind[131]. Wichtig ist das Ergebnis: Basilius unterschied als erster die Begriffe *hypostasis* und *ousia*, Gregor von Nazianz und Gregor von Nyssa aber prägten die trinitarische Formel *mia ousia – treis hypostaseis*. Man könnte übersetzen: eine Wesenheit in drei Wesensausprägungen, denn mit dem Begriff *ousia* sollte das Gemeinsame der Gottheit, mit *hypostasis* gewissermaßen die Qualität einer je eigenen, ‚individuellen' Verwirklichung des Gemeinsamen bezeichnet sein. Das heißt: Die eine Gottheit verwirklicht sich „als Vaterschaft, als Sohnschaft und als Heiligung"[132]. Aber nicht drei Verwirklichungen zusammengezählt ergeben den einen Gott, sondern der Vater behält die *arché*. Er ist der Ursprung des göttlichen Lebens, und der Sohn wie der Geist gehen aus ihm hervor.

---

[128] Spir. 18,47; FC 12, 215; auch tzt D7, Nr. 28.

[129] Spir. 27,68; FC 12, 285; dazu G. Kretschmar, Der Heilige Geist in der Geschichte. Grundzüge frühchristlicher Pneumatologie: W. Kasper (Hg)., Gegenwart des Geistes. Aspekte der Pneumatologie (QD 85), Freiburg – Basel – Wien 1979, 92-100.

[130] Spir. 17,43; FC 12, 205.

[131] Vgl. dazu in diesem Werk, Bd I: Gotteslehre 4.3 - 4.4.

[132] B. Studer, Gott und unsere Erlösung, 176.

Damit drängte sich freilich die Frage auf, wie sich bezüglich dieses Hervorgangs der Sohn vom Geist unterscheidet. Während Basilius zurückhaltend bleibt, verweist Gregor von Nazianz auf die unterschiedlichen Ursprungsweisen der ‚Zeugung' und des ‚Hervorgangs'. Der Nyssener geht in der Verhältnisbestimmung des Geistes zum Sohn am weitesten: Er sieht den Geist ‚durch den Sohn' aus dem Vater hervorgehen. Dadurch ist die Vorstellung abgewehrt, der Geist habe keinen Anteil an der einen Würde des Vaters und des Sohnes. Entsprechend wenden beide Namensvettern die Homoousie unbefangen auf den Heiligen Geist an.

4.2.2 Die kirchenamtlichen Entscheidungen im Umkreis des Konzils von Konstantinopel

Es ist bewußt von mehreren Entscheidungen die Rede, denn die Pneumatologie des Konzils von Konstantinopel, das erst in Chalkedon 451 als Ökumenisches Konzil Anerkennung fand, ist von mehreren lehramtlichen Entscheidungen gerahmt. Sie spiegeln die theologische Diskussion wider und versuchen allesamt, das Glaubensbekenntnis von *Nizäa* pneumatologisch zu ergänzen. Die antiarianische Stoßrichtung des Nizänums bildete also von Anfang an den Maßstab auch für die Lehre über den Heiligen Geist.

Die Synode von Alexandrien (362)

Einen ersten Beschluß gegen die Auffassungen der Pneumatomachen faßt die im Jahr 362 abgehaltene *Synode von Alexandrien* unter dem Vorsitz des Athanasius. Sie bekennt sich zur wesenhaften Einheit der Trinität und wehrt der Auffassung, der Geist sei ein Geschöpf. Außerdem wird der bereits lange vor 360 diskutierte trinitarische Sprachgebrauch geklärt: Die Begriffe *ousia* für das eine Wesen Gottes und *hypostasis* für die jeweilige Verwirklichung dieses Wesens in Vater, Sohn und Geist müssen nunmehr klar auseinandergehalten und im Sinn der Kappadokier verwendet werden[133].

Die Lehre der Alexandrinischen Synode bekräftigt 374 ein Schreiben des Papstes *Damasus* an die orientalischen Bischöfe: Der Geist besitzt die gleiche Würde wie der Vater und der Sohn und handelt in der Heilsgeschichte kraft göttlicher Vollmacht. Denn „nicht kann der von der Gottheit getrennt werden, der in der Tätigkeit und der Vergebung der Sünden mit ihr verbunden ist"[134]. Damasus bedient sich dabei der trinitarischen Terminologie des lateinischen Westens. Er redet von einer *divinitas (- maiestas, potestas, virtus)* und von drei *personae.*

Das Konzil von Konstantinopel (381)

Grundlegende Bedeutung für das pneumatologische Dogma erlangt die Entscheidung des *Konzils von Konstantinopel*, das unter der Autorität des Kaisers Theodosius im Jahr 381 abgehalten wird. Neben weitreichenden kirchenpolitischen Regelungen legt diese Kirchenversammlung ein durchdachtes Bekenntnis zum

---

[133] Schreiben der Alexandrinischen Synode an die Antiochener: tzt D7, Nr. 7.

[134] tzt D7, Nr. 8; DH 144-145.

trinitarischen Gott vor. Allerdings sind ihre Akten verlorengegangen, ihre Lehre ist aber im *nicäno-konstantinopolitanischen Symbolum* zu greifen, dem Glaubensbekenntnis des Konzils von Chalkedon. Zudem informiert der (wenngleich ebenfalls nur über Zweitquellen rekonstruierbare) *Tomus* von Konstantinopel über die Konzilsbeschlüsse und präzisiert sie – wir werden unten auf ihn eingehen. Der im Frühsommer des Jahres 381 in Konstantinopel formulierte Passus über den Heiligen Geist, der nach der gegenwärtigen Auffassung der Forschung vom Konzil noch nicht als Teil eines offiziellen Symbolums vorgesehen war, lautet wie folgt[135]:

> „Ich glaube an den Heiligen Geist, den Herrn und Lebensspender, der vom Vater ausgeht. Er wird mit dem Vater und dem Sohn zugleich angebetet und verherrlicht. Er hat gesprochen durch die Propheten[136].

Zuallererst fällt auf, daß die Konzilsväter darauf verzichtet haben, das nizänische *homoousios* der Christologie auf den Heiligen Geist anzuwenden (was nicht den Beifall aller Beteiligten fand). Trotzdem versteht sich die Definition als adäquate Fortführung des nizänischen Glaubens. Denn die dem Geist beigelegten Titel belegen nach biblischer Weise dessen göttliche Würde, dessen Gottgleichheit im Handeln und damit auch im Sein. Die Titel *Herr* und *Lebensspender*, unmittelbare Anleihen aus den paulinischen Briefen und ausgesprochene Hoheitstitel, bekräftigen den göttlichen, herrscherlichen, nicht-geschöpflichen Seinsstatus des Geistes. Mit dem Bekenntnis, der Geist gehe *aus dem Vater* hervor, gelingt eine Wesensaussage, ohne daß ein schriftfremdes Fachwort gebraucht würde. Sie besagt, „daß auch der Geist aus der Hypostase des Vaters stammt und nicht als Geschöpf des Sohnes angesehen werden darf. Wie für den Sohn ist der Vater auch für den Geist Quelle und Prinzip der Gottheit“[137]. Der doxologischen Argumentation des Athanasius und des Basilius entspricht die Ansage, Sohn, Vater *und* Geist seien *zusammen anzubeten* und zu *verherrlichen*. Man erinnere sich: Was die gleiche Würde hat und nach Hoheit und Macht zusammengehört, dem kommt die gleiche Ehre zu. Schließlich bekennt sich das Konzil zu der aus ältester Tradition stammenden Lehre vom *prophetischen Geist.* Sie bekräftigt die Einheit der beiden Testamente wie der Heilsgeschichte und erinnert an die Personalität des Geistes: Dieser ist beziehungsfähig, er ist als handelndes Subjekt kommunikativ wie der Vater und der Sohn.

Der Tomus und der Synodalbrief von Konstantinopel

Die Beschlüsse des Konzils wurden am Ende der Kirchenversammlung in eine dogmatische Erklärung (*Tomus*) gefaßt, die sich gegen eine Reihe trinitarischer Häresien richtete. Der Inhalt dieser Erklärung, deren Originaltext verloren ist, wurde im Jahr 382 den in Rom zu einer Synode versammelten Bischöfen des Westens mitgeteilt, um die Übereinstimmung der beiden Kirchenregionen in dogmatischen Fragen sicherzustellen. Deutlicher noch als das Konzil und das Symbolum bekennt sich

---

[135] Über die Quellenlage und die Umstände des Konzils informiert H. Drobner, Lehrbuch der Patrologie, Freiburg - Basel - Wien 1994, 242-246.

[136] tzt D7, Nr. 10; DH 150.

[137] B. Studer, Gott und unsere Erlösung, 191 f.

dieser an den Westen gerichtete *Synodalbrief von Konstantinopel* zur Unteilbarkeit und Einheit des trinitarischen Gottes. Er bekräftigt, daß die Kirche an die „eine Gottheit, Macht und Wesenheit des Vaters und des Sohnes und des Heiligen Geistes" glaube und ebenso an die „gleiche Ehre und gleiche Würde und gleichewige Herrschaft in drei ganz vollkommenen Hypostasen oder drei vollkommenen Personen"[138]. Mit dem Synodalbrief und der auf dem Konzil von Chalkedon erfolgten Anerkennung der Kirchenversammlung in Konstantinopel war der trinitarische Glaube der noch ungeteilten Großkirche dogmatisch besiegelt. Das Ringen um den rechten Ausdruck der kirchlichen Pneumatologie mußte gleichwohl weitergehen.

Die pneumatologischen Aussagen von Konstantinopel
im Kontext des Symbolums

Text	Inhalt	Parallelen zum 1. Artikel	Parallelen zum 2. Artikel
an den Herrn und Lebensspender	Gottesprädikation unter soteriolog. Aspekt	Allherrscher und Allschöpfer	der Herr, durch den alles gemacht ist
der aus dem Vater hervorgeht	Personale Verbindung mit dem Vater	Vater	aus dem Vater geboren
der zusammen angebetet und verherrlicht wird	Doxologische Gottesprädikation	(mit)	(mit)
der gesprochen hat durch die Propheten	Das Wirken des Geistes in der Kirche	Vermittlung des väterlichen Handelns in die Geschichte	Vermittlung des soteriologischen Handelns Christi in die Geschichte

Erstellt von Wolfgang Beinert

4.3 Der Fortgang der Pneumatologie vom Ausgang der Patristik bis ins beginnende Mittelalter

Mit den lehramtlichen Entscheidungen des ausgehenden vierten Jahrhunderts waren nicht alle Fragen beantwortet, im Gegenteil: Weitere Fragen drängten sich auf. Das Konzil von Konstantinopel hatte zwar die ontische Stellung des Heiligen Geistes geklärt und damit einen Schritt vollzogen, den die Theologie nicht

[138] Vgl. die ‚epistula synodica': tzt D7, Nr. 12.

mehr zurücknehmen konnte. Aber wie stand es um das genaue Verhältnis des Geistes zum Vater und zum Sohn, wie mit dem Geheimnis seines Hervorgangs aus dem Vater im Unterschied zum Sohn? Wie hatte man sich sein Wirken in Welt und Kirche zusammen mit dem Vater und dem Sohn genauerhin vorzustellen? In welcher Form war das Bekenntnis zum Geist auszusprechen?

Der Übergang von der Patristik zum frühen Mittelalter ist in pneumatologischer Hinsicht durch drei Grundhaltungen gekennzeichnet. Zum einen wird das Dogma spekulativ vertieft und präzisiert; dafür steht der Name Augustins. Zum anderen zeigt sich die Tendenz, neben den dogmatischen Gehalt auch die dogmatische Formel zu betonen; bezeichnend dafür ist das sogenannte *Athanasianische Symbol*. Schließlich bahnt sich im Zeichen der Pneumatologie eine gewisse Entfremdung zwischen West- und Ostkirche an; sie offenbart der Filioque-Streit.

4.3.1 Der Beitrag Augustins

Augustinus hat den in Nizäa und Konstantinopel definierten Trinitätsglauben übernommen und bestätigt, aber er gab sich mit dessen formeller Gestalt nicht zufrieden. Vor allem das Problem des Geistes hatte ihn bereits in frühen Jahren beschäftigt und dazu gedrängt, das ihm zuhandene Material zu sammeln und auszuwerten. Obwohl die Trinitätslehre Augustins eine hohe spekulative Qualität besitzt, bleibt sie streng am heilsgeschichtlichen Denken der Schrift orientiert. Wie die großen Theologen vor ihm geht auch der Bischof von Hippo von drei handelnden ‚Personen' aus (das Wort wird ihm zeitlebens unbehaglich bleiben), um von ihnen auf die Gleichheit und das eine Wesen des trinitarischen Gottes zu schließen. Augustinus gelangt von der *aequalitas personarum* zum *Deus-Trinitas*. Außerdem durchzieht ein ausgesprochener Christozentrismus seine ganze Theologie. Die Liebe des dreifaltigen Gottes wird seiner Überzeugung nach nicht anders denn in ihrer geschichtlichen, gewissermaßen dramatischen Dimension offenbar: in der Liebeshingabe des Sohnes nach dem Willen des Vaters, die der Geist bestätigt hat und in der Geschichte lebendig hält. So offenbart sich auch das innere, das ewige Leben Gottes als ein Kreislauf von Beziehungen, von *Relationen* zwischen Vater, Sohn und Geist, die so innig zu denken sind, daß nur von einem einzigen Gott die Rede sein kann. Um dieses Geheimnis bildhaft anzudeuten, greift Augustin auf Analogien aus dem Bereich des menschlichen Geistes zurück. Es ensteht seine ‚relationale' und ‚psychologische' Trinitätslehre. Davon wurde in der Gotteslehre des vorliegenden Werkes gehandelt[139].

Die Pneumatologie Augustins im engen Sinn spiegelt den Grundentscheid seiner trinitarischen Konzeption. Sie umfaßt zwei aufeinander bezogene, aber deutlich zu unterscheidende Komponenten, die den Blick auf folgenden Grundsatz freigeben: Was der Heilige Geist in der Zeit für die Gemeinschaft der Kirche leistet, das vollbringt er von Ewigkeit für die Gemeinschaft zwischen Vater und Sohn: die Einheit der Liebe.

---

[139] Vgl. in diesem Werk Bd. I: Gotteslehre, 4.5.3 – 4.

Der Geist in Gott

Den biblischen Bezugspunkt für die in der Heilsgeschichte offenbare Wirksamkeit des Geistes findet Augustinus in Röm 5,5: „Die Liebe Gottes wurde ausgegossen in unsere Herzen durch den Heiligen Geist, der uns gegeben ist". Mit anderen (im Sinn Augustins) pneumatologischen Schlüsselstellen der Schrift zusammengeschaut – zum Beispiel mit 1 Joh 4,16: ‚Gott ist die Liebe' oder Joh 4,7-14, dem Gespräch Jesu mit der Samariterin am Jakobsbrunnen über das zu erbittende lebendige Wasser des Geistes -, qualifiziert dieses Wort den Geist in einem dreifachen Sinn: Der Geist ist

- die Liebe Gottes und damit die Liebe *in* Gott: das Gemeinsame von Vater und Sohn (der Geist als *caritas).*
- Er ist jene *Liebe*, die Gemeinschaft, ja Einheit ermöglicht – keine geringere, als die Einheit des einen Gottes (der Geist als *communio*).
- Der Geist ist *Gabe*: das beiderseitige Geschenk von Vater und Sohn, in dem der eine Gott zugleich ganz an die Welt vergeben und in seiner heiligen Macht am Werk ist (der Geist als *donum*).

Da sind zunächst die ersten beiden Bestimmungen. Augustin kommt durch die Betrachtung des Namens ‚Heiliger Geist' zu dem Schluß, daß der dritten göttlichen Person mit den Begriffen ‚Geist' und ‚heilig' Qualifizierungen zukommen, die sowohl *seine* Proprietät, *seine* Eigenheit, als auch jene des *einen* Gottes zum Ausdruck bringen. Man könne nicht nur den Geist, sondern auch den Vater und den Sohn, aber ebenso auch alle drei zusammen ‚Heiliger Geist' nennen. Daraus ergibt sich die Folgerung: Der Geist muß dem Vater und dem Sohn gemeinsam zukommen, darum ist „sein Wesen eben dies, communio von Vater und Sohn zu sein"[140]. Da sich diese communio als Liebe vollzieht, als Liebe *in* Gott, nennt Augustinus den Geist ‚Band der Liebe' oder ‚Band des Friedens' (*vinculum amoris, vinculum pacis*). Er bewirkt die ‚unaussprechliche Gemeinschaft' zwischen Vater und Sohn, also deren Einheit und Einssein[141].

Der Geist in der Kirche

Neben die innertrinitarische Bestimmung des Geistes als *communio* und *caritas* tritt seine heilsgeschichtliche Funktion. Denn die Liebe Gottes wird im Geist nach außen hin geöffnet. Gott hat sie nicht für sich behalten, sondern verschenkt, gegeben – ausgegossen, wie Röm 5,5 formuliert. Wieder beobachtet Augustin mit großer Sorgfalt den Wortlaut der Schrift. Dieser führt ihn zur Einsicht, daß durch die Anwesenheit des Geistes im Raum der Kirche eben das geschieht, was sich auch im Raum Gottes zuträgt: Es entsteht die *communio* der Getauften. Denn durch die Sendung des Geistes hat Gott das Prinzip seiner eigenen Einheit auf die Menschen ausgeweitet, damit sie untereinander und zugleich mit Gott eins werden. Nur hat sich das Geschenk des Vaters an den Sohn und des Sohnes an den Va-

[140] J. Ratzinger, Der heilige Geist als communio. Zum Verhältnis von Pneumatologie und Spiritualität bei Augustinus: C. Heitmann, H. Mühlen (Hg.), Erfahrung und Theologie des Heiligen Geistes, 225.

[141] Augustinus, trin. 5,11,12; CChr. SL 50, 214-224.

ter nunmehr zu einem Geschenk *beider* an die Kirche erwiesen. Die Gabe, die der Geist ist, wurde tatsächlich gegeben, aus dem *donum* wurde ein *donatum*, aus dem Geist, der von Ewigkeit her gebbar war, wurde ein Gegebener, so daß sich Gott selbst vom Menschen genießen läßt und nunmehr endgültig und unüberbietbar bei ihm angekommen ist. Deshalb ist für Augustin das sichere Kennzeichen der vom Geist erbauten Kirche die Liebe; das konkrete Leben der Gläubigen muß spiegeln, wozu sie der Geist befähigt hat[142].

Mit seinen Spekulationen hat Augustinus einige Neuerungen in die kirchliche Pneumatologie eingeführt, aber sie waren mit Bedacht vorgetragen und durchaus bibelnah. Zwei Dinge sind ihm auf jeden Fall gelungen: Er hat zeigen können, daß sich Gott in der Zeit so offenbart, wie er in Wirklichkeit und von Ewigkeit her ist. Seine Lehre bestätigt, wie man heute mit K. Rahner formuliert, die Einheit der ökonomischen und immanenten Trinität. Aber auch die Frage nach dem Ursprung des Geistes im Unterschied zum Sohn wurde weiter geklärt. Denn ist der Geist tatsächlich das Gemeinsame von Vater und Sohn und zugleich, nach dem Ausweis der Schrift, eine Gabe des *auferstandenen Herrn*, dann geht er vom Vater *und* vom Sohn aus (*a patre et a filio* – man wird später vom *Filioque* reden) und unterscheidet sich gerade darin vom Sohn: Er ist nicht wie dieser ‚gezeugt', also selbst so etwas wie ein Sohn, und auch nicht Sohn des Sohnes, sondern beider Gabe: ‚hervorgegangen' aus dem Vater und dem Sohn, um beide eins zu machen und die Welt zu begnaden. Ursprung der Gottheit bleibt indes auch bei Augustin – wie bei den Griechen Athanasius und Basilius – der Vater. Aber weil der Vater in der ewigen Zeugung alles dem Sohn übergeben hat und so gewissermaßen ganz im Sohn lebt, wird auch dieser zum Ursprung des Geistes[143].

4.3.2 Das Gewicht der Formel – Ein Beispiel

Augustin hat keineswegs von den Gläubigen verlangt, seine trinitarische und pneumatologische Spekulation in allen Einzelheiten nachzuvollziehen. Er verweist im Gegenteil jene, die das nicht wollen, an die überlieferte Glaubensregel. Auch der amtlichen Kirche war eher daran gelegen, die Orthodoxie der Lehre zu bewahren, als in zu viele Spekulationen einzutreten. In den Jahrhunderten nach Augustin verstärkt sich die Tendenz, die rechte Lehre auch über den Heiligen Geist an das Bekenntnis wohldefinierter Formeln zu binden, wobei das Erbe des einflußreichen Kirchenvaters nicht übergangen, aber domestiziert wird.

Symptomatisch für diese Entwicklung ist das fälschlich dem Athanasius von Alexandrien zugeschriebene *Symbolum Quicumque*[144]. Es stammt, der gegenwärtigen Überzeugung nach, wohl aus der Zeit vor oder um 500, ganz sicher aber aus

---

[142] Vgl. serm. 71,29,33; PL 38, 463: „Die Gemeinschaft der geeinten Kirche Gottes, außerhalb der es keine Vergebung der Sünden gibt, ist gleichsam ein dem Heiligen Geist eigentümliches Werk; es geschieht freilich nicht ohne die Mitwirkung des Vaters und des Sohnes, denn auch die Gemeinschaft zwischen Vater und Sohn ist gewissermaßen der Heilige Geist selbst".

[143] Augustinus, trin. 15,17,29; CChr. SL 50A, 503 f.

[144] DH 75-76; tzt D7, Nr. 15.

der Feder eines westlichen Autors, der die Theologie Augustins gut gekannt hat. Aber nicht die Spekulationen Augustins finden sich in diesem Glaubensbekenntnis, sondern das gereifte, in Formeln gegossene *Ergebnis* seines Denkens mitsamt der antiarianischen Schuldogmatik des Westens: die Lehre von der untrennbaren Einheit von Vater, Sohn und Geist als Folge der *aequalitas personarum,* die ausdrückliche Gottesprädikation aller göttlichen Personen, schließlich das *Filioque*, wenngleich in gemäßigter Formulierung. Die einzelnen Aussagen werden im Symbolum nicht theologisch abgeleitet oder begründet, sondern rhythmisch, also didaktisch aufbereitet. Die Gläubigen sollen sich des Heils dadurch vergewissern, daß sie die Formeln sozusagen im Schlaf beherrschen.

Es gilt denn: „Wer da selig werden will (*Quicumque vult salvus esse*), der muß vor allem den katholischen Glauben festhalten ...: Wie der Vater, so ist der Sohn, so ist auch der Heilige Geist. Unerschaffen ist der Vater, unerschaffen der Sohn, unerschaffen der Heilige Geist. Unermeßlich ist der Vater, unermeßlich der Sohn, unermeßlich der Heilige Geist. Ewig ist der Vater, ewig der Sohn, ewig der Heilige Geist. Und doch sind es nicht drei Ewige, sondern ein Ewiger, wie auch nicht drei Unerschaffene und nicht drei Unermeßliche, sondern ein Unerschaffener und ein Unermeßlicher" (DH 75, Sätze 7-11). Außerdem „ist der Vater Gott, der Sohn Gott, der Heilige Geist Gott, und doch sind es nicht drei Götter, sondern es ist nur ein Gott" (Sätze 15-16).

Was die Unterscheidung der Personen, die Ursprungslosigkeit des Vaters und den Hervorgang des Geistes betrifft, so zeigt sich der augustinische Einfluß am unmittelbarsten: „Der Vater ist von niemand gemacht, noch geschaffen, noch gezeugt. Der Sohn ist vom Vater allein, nicht gemacht, nicht geschaffenen, sondern gezeugt. Der Heilige Geist ist vom Vater *und* vom Sohn, nicht gemacht, nicht geschaffen, sondern hervorgehend (*procedens*). Es ist also ein Vater, nicht drei Väter. Ein Sohn, nicht drei Söhne. Ein Heiliger Geist, nicht drei Heilige Geister ... Wer daher selig werden will, muß dies von der heiligsten Dreifaltigkeit glauben" (Sätze 21-24. 28).

Das Pseudo-Athanasianische Symbol hat im Westen wie im Osten hohe Wertschätzung gefunden; es wurde im Mittelalter dem Apostolischen und dem Nizäno-konstantinopolitanischen Glaubensbekenntnis gleichgestellt. Insofern dokumentiert es den Glauben der noch ungeteilten Kirche, deren Pneumatologie einen gewissen Abschluß erreicht hat.

4.3.3 Das Filioque-Problem

Der theologische Hintergrund

Um zu begreifen, worum es beim Filioque-Streit geht, ist es hilfreich, sich die unterschiedlichen Akzentuierungen der östlichen und westlichen Trinitätstheologie vor Augen zu halten[145]. Wie bereits erwähnt, spielt im östlichen Denken die Monarchie, die *arché* des Vaters eine ganz besondere Rolle. Aus ihm, dem Urprinzip

[145] Vgl. dazu in diesem Werk Bd. I: Gotteslehre 4.6.

der Gottheit, gehen sowohl der Sohn als auch der Heilige Geist hervor, weshalb beiden durch den Vater dieselbe göttliche Wesenheit zukommt. Das Filioque-Problem entstand mit der schwierigen Frage nach dem Ursprung des Geistes und dessen Verhältnis zum Sohn: Sowohl Griechen wie Lateiner sprachen zunächst einmütig davon, der Geist gehe vom Vater *durch* den Sohn aus; sie wollten anzeigen, daß die einzige Quelle der Gottheit allein der Vater sei, daß der Geist aber, nach dem Aufweis der Schrift, durch den Sohn *vermittelt*, das heißt vom Vater hervorgebracht und vom Sohn an die Welt weitergegeben werde[146].

Daneben lehrten die Theologen in Ost und West aber auch den Ausgang des Geistes vom Vater *und* vom Sohn[147]. Das tat zum Beispiel der Bischof *Ambrosius von Mailand*. Aber dessen Lehre blieb im heilsgeschichtlichen Kontext einer zeitlich gemeinten Sendung verhaftet. Sie referierte nur, was aus der Heiligen Schrift über die Geistsendung durch den an Ostern erhöhten Christus zu entnehmen war.

Von den Orientalen hatte *Kyrill von Alexandrien* († 444) am deutlichsten den Ausgang des Geistes vom Sohn gelehrt; der Geist sei dem Sohn „zu eigen", so meinte er, und gehe „von beiden" aus[148]. Aber Kyrill hatte nicht das genaue Verhältnis von Sohn und Geist im Auge, sondern die göttliche Seinsstufe des Geistes, dessen Naturgleichheit mit dem Sohn er gegen die Arianer verteidigen wollte. Das *Filioque* (im sachlichen, nicht unbedingt wörtlichen Sinn) erfüllte also lange Zeit verschiedene theologische Funktionen und wurde kaum als falsch oder störend empfunden.

Das Problem bahnte sich mit der trinitarischen Theologie Augustins an. Wie sich gezeigt hat, legt sich der Filioquegedanke mit deren innerer Logik nahe. Da der Bischof von Hippo den Heiligen Geist als das Gemeinsame von Vater und Sohn begriff, das heißt als deren beiderseitiges Geschenk, war sein Ursprung in beiden Seiten zu suchen. Dabei hatte sich auch Augustinus an den heilsgeschichtlichen Aussagen der Schrift orientiert, aber mutiger als östliche Theologen von den geschichtlichen Aussagen auf das ewige, innertrinitarische Leben Gottes geschlossen. Allerdings läßt sein trinitarisches Denkmodell eine eher zirkulare denn lineare Dynamik vermuten. Sein Denken schreitet nicht wie das des Ostens vom Vater zum Sohn und dann zum Geist, sondern geht vom Vater *im Geist* zum Sohn und umgekehrt; dadurch kommt seiner Trinitätslehre eine gewisse innere Geschlossenheit zu[149].

Das *Symbolum Quicumque* zeigt, daß dieses Denken weder zur Zeit Augustins noch lange danach ein wirkliches Problem darstellte. Aber die im Westen bereitwillig rezipierte Konzeption Augustins barg für griechisches Empfinden durchaus Gefahren in sich: War so nicht erstens die Monarchie des Vaters gefährdet, und konnte nicht zweitens der Schluß von der Heilsgeschichte auf das ewige Sein Gottes den Geheimnischarakter der Trinität verletzen?

---

[146] Texte bei F. Courth, Trinität in Schrift und Patristik, 126 f.

[147] Diese Ansicht führte schließlich zu der lateinischen Formulierung: „ ... qui ex Patre *Filioque* procedit".

[148] Dial. trin. 7; SChr 246, 170. 172; ador. 1; PG 68, 148 A.

[149] So F. Courth, Trinität in Schrift und Patristik, 127 f.

Der historische Hintergrund

Als Zankapfel zwischen Ost- und Westkirche entpuppte sich das Filioque erst, als die Aussage, der Geist gehe vom Vater und vom Sohn aus, unmittelbar nach Abschluß der *3. Synode von Toledo* (589) in den Text des Nicäno-konstantinopolitanischen Glaubensbekenntnisses eingefügt wurde. Dort hatte es ursprünglich nur geheißen, der Geist gehe ‚vom Vater' aus. In der im fränkischen Liturgiebereich verwendeten lateinischen Fassung des Symbolums, das womöglich seit der genannten Synode, sicher aber seit der *8. Synode zu Toledo* (653) in Brauch gekommen war, stand nun das ‚Filioque'[150]. Der Streit entbrannte mit Ende des achten Jahrhunderts in aller Heftigkeit, doch zu den dogmatischen Differenzen gesellte sich die nunmehr offen aufbrechende politische Konkurrenz zwischen den beiden Großmächten des fränkischen und des byzantinischen Reiches. Seit die Franken versuchten, das Filioque über die Autorität des Papstes in Rom und damit in der gesamten Kirche einzuführen – was ihnen schließlich anläßlich der Kaiserkrönung Heinrichs II. im Jahr 1014 gelang –, sah sich der Osten zum Widerstand herausgefordert.

Die theologische, immer noch gemäßigte, ja kompromißbereite Argumentation der frühen Zeit wurde von *Maximus Confessor* († 662) und *Johannes Damascenus* († um 750) geführt. Beide anerkannten die mit dem Filioque zum Ausdruck gebrachte Sorge des Westens um die Einheit und Gleichheit des göttlichen Wesens – eine Sorge, die sie teilten. Beide plädierten aber auch für die Beibehaltung der bisherigen Lehre. Es war ihnen vor allem um die absolute Ursprünglichkeit und die alleinige *arché* des Vaters sowie um den Eigenstand der drei Hypostasen zu tun. Dennoch leugneten sie keineswegs die Beteiligung des Sohnes bei der Geistvermittlung; er dürfe sogar Geist des Sohnes heißen, meinte namentlich der Damaszener[151].

Der eigentliche Gegner der westlichen Konzeption aber, der Patriarch *Photius von Konstantinopel* († 897), blieb – zumindest eine geraume Zeit – politisch und theologisch hart. Er kritisierte die Einführung des Filioque aus den bereits mehrfach genannten theologischen, aber auch aus traditionsorientierten Gründen als blasphemische Neuerung; sie verletze die Heiligkeit des überlieferten Symbolums. Photius sah den Geist allein vom Vater ausgehen ohne Vermittlung des Sohnes. Die gegenteilige Auffassung hielt er für häretisch.

Einigungsversuche

Nachdem die Kirchengemeinschaft zwischen Ost und West durch die tragischen Ereignisse des Jahres 1054 zerbrochen war, stand neben gewichtigen anderen auch die Filioquefrage zwischen den jetzt getrennten Kirchen. Allerdings hat es nicht an Unionsversuchen gefehlt. Die *Synode von Bari* (1098), des *Zweite Konzil von Lyon* (1274) und vor allem das *Konzil von Florenz* (1438-39) bemühten sich um einen Ausgleich. Die Lateiner suchten ihn vor allem dadurch zu erreichen, daß sie dem Verdacht wehrten, mit dem Filioque würden für den Geist zwei Ursprungsprin-

[150] Vgl. die Zusammenschau der beiden Fassungen DH 150.
[151] Fid. orth. 1,8; PG 94, 832 f.

zipien anstelle von einem behauptet. In diesem Sinn formulierte das *Zweite Konzil von Lyon*: „Wir bekennen in Treue und andächtiger Verehrung, daß der Heilige Geist von Ewigkeit her vom Vater und vom Sohne ausgeht, aber nicht wie aus zwei Prinzipien, sondern aus einem Prinzip, nicht durch zwei Hauchungen, sondern durch eine einzige Hauchung“[152]. Zu einer Einigung kam es allerdings nicht, da die vorgelegte Formel von der Ostkirche nicht rezipiert wurde.

Auch dem *Konzil von Florenz* blieb Erfolg nur für kurze Zeit beschieden. Es war mit seiner Lehre dem griechischen Denken dadurch entgegengekommen, daß es den theologischen Gehalt der Aussagen ‚vom Vater *durch* den Sohn‘ und ‚vom Vater *und* vom Sohn‘ durch die Freilegung des eigentlich Gemeinten versöhnlich herausstellte: „Dabei erklären wir, daß, wenn die heiligen Lehrer und Väter sagen, der Heilige Geist gehe aus dem Vater durch den Sohn hervor, sie damit anzeigen wollen, auch der Sohn sei wie der Vater Ursache (wie die Griechen sagen) bzw. Prinzip (wie die Lateiner sagen) der Subsistenz des Heiligen Geistes“[153]. Indes wurden die Griechen nicht zur Annahme des Filioque gedrängt, lediglich gebeten, die westliche Auffassung nicht als ‚unvernünftig‘ zu brandmarken. Da jedoch auch das Florentinum im ganzen zu westlich geprägt war, kam eine wirkliche und dauerhafte Einigung nicht zustande. Außerdem blieb die Frage, ob Zusätze zu einem altehrwürdigen Symbolum legitim seien, weiterhin umstritten; jedenfalls hatte bereits das Konzil von Ephesus (431) ein solches Vorgehen ausdrücklich verboten. Aus diesem Grund fordert der Osten bis heute, das Filioque aus dem Glaubensbekenntnis zu streichen.

Wäre damit der Streit bereinigt? Y. Congar plädiert für eine weitere Vertiefung der in den Formeln gemeinten Sache und für eine Besinnung auf die dogmatische Notwendigkeit der Filioquelehre unter ganz bestimmten Bedingungen. Abschließend meint er: „Unter den genannten Bedingungen könnte die römisch-katholische Kirche das Filioque im Credo, in das es in kanonisch unstatthafter Form hineingebracht worden ist, weglassen. Dies wäre von ihrer Seite ein Akt der Demut und ökumenischen Solidarität, der, falls die Orthodoxen ihn in seinem echten Sinn annehmen, eine neue Situation schaffen könnte, welche die Wiederherstellung der vollen Gemeinschaft begünstigen würde“[154].

4.4 Die Pneumatologie des lateinischen Mittelalters

4.4.1 Der Ausgangspunkt

Der Übergang von der Antike zum frühen Mittelalter ist unter anderem dadurch geprägt, daß die kulturelle Leistung der früheren Epoche in die ihr folgende hin-

[152] Konstitution ‚Fideli ac devota‘; tzt D7, Nr. 17.
[153] Bulle ‚Laetentur caeli‘; tzt D7, Nr. 19.
[154] Der Heilige Geist, 453; zu den Bedingungen ebd. 452 f. Zur neuesten Diskussion vgl. B. J. Hilberath, Pneumatologie, 190-197.

übergerettet wird. Darin liegt einer der Gründe, warum das Mittelalter in pneumatologischer Hinsicht nicht sonderlich originell war. Zuallererst wurde gesammelt, gesichtet und aufbewahrt, dann das Bewahrte kommentiert und mit einigen neuen Einzelfragen konfrontiert. Nur wenige spekulative Geister unternehmen eine Weiterführung des Überkommenen.

Aber auch theologiegeschichtliche Gründe bedingen die pneumatologische Zurückhaltung des (lateinischen) Mittelalters: Das Hauptinteresse dieser Epoche gilt dem Geheimnis *Christi* und dessen Fortwirken in den verschiedenen Lebensfunktionen der Kirche. Darum werden andere Themen auf diesen Schwerpunkt hingeordnet. Namentlich die Pneumatologie steht nunmehr im Dienst der Christologie und der Gnadenlehre, erklärt zum Beispiel, wie Christus seine Würde als Haupt der Kirche ausübt oder welches Verhältnis der Geist zu den theologischen Tugenden des Christen besitzt. Darin bahnt sich aufs Ganze gesehen eine gewisse Geistvergessenheit an, deren Auswirkungen bis in unsere Zeit heraufreichen.

Das Wissen der Christen um die Bedeutung des Heiligen Geistes lebte aber sehr wohl in der Praxis fort, vor allem in den vielen pneumatischen Bewegungen. Diese ergriffen das Denken und die Frömmigkeit, vor allem die Mystik, gestalteten aber auch das konkrete kirchliche Leben. Zum Teil glitten sie ins Häretische ab, sofern sie – wie in der Väterzeit der Montanismus – in die Kirche einen Gegensatz zwischen Geist und Institution hineintrugen. Das hatte wiederum zur Folge, daß charismatischen Elementen von kirchenamtlicher Seite mit Skepsis begegnet und das Institutionelle, ja Kanonische der christlichen Religion hervorgehoben wurde.

Das pneumatologische Denken des Mittelalters vollzieht sich also in einer eigentümlichen Spannung: Da ist das Hören auf die Tradition und das Bemühen, sie zu bewahren. Und doch verändern neue thematische Schwerpunkte das Althergebrachte beträchtlich. Da zeigt sich eine neue Innerlichkeit und mit ihr das Verlangen, den Glauben an den Heiligen Geist zu leben, ja den Geist selbst zu erfahren und zu verkosten. Und doch bemüht sich gerade die Scholastik, den Glauben an den dreifaltigen Gott mehr als vordem *rational* zu durchdringen; die Glaubenserfahrung tritt mitunter in den Hintergrund.

4.4.2 Der Beitrag der scholastischen Spekulation

4.4.2.1 Der Geist in der Trinität

Die scholastische Gotteslehre gründet auf zwei Grundvoraussetzungen, von denen die eine inhaltlicher, die andere formaler Art ist: Sie geht *inhaltlich* bei der Beschreibung des dreifaltigen Wesens Gottes weniger von den Personen und deren ontischer Gleichheit aus als von der Existenz einer einzigen Gottheit (*una deitas*), deren innere Struktur durch Offenbarung und Denken allererst zu eruieren ist. Aus dieser Sicht prägt *Anselm von Canterbury* († 1109) das später axiomatische Wort, in Gott sei alles eins, sofern dem nicht ein Gegensatz der Beziehung entgegenstünde: „*In Deo omnia sunt unum, ubi non obviat relationis oppositio*".

Die *formale* Voraussetzung liegt in der bereits erwähnten positiven Bewertung des menschlichen Erkenntnisvermögens, naherhin in der Überzeugung, die Geheimnisse des Glaubens durch die Vernunft einsichtig, wenn nicht gar beweisbar zu machen. So leitet zumindest die frühe Scholastik die Überzeugung, das Wesen Gottes durch eine vertiefte Anstrengung des Begriffs formallogisch erschließen zu können, etwa in der Analyse des Wortes ‚Liebe'. In der Pneumatologie *Richards von St. Viktor* wird ein entsprechendes Beispiel begegnen.

Der Geist des einen Gottes

Das große Thema der scholastischen Pneumatologie ist die Frage nach dem Hervorgang des Heiligen Geistes, das Problem des *Filioque*. Ihm treten Fragen nach den Beziehungen des Geistes zu Christus als dem Haupt der Kirche zur Seite. Daneben wird diskutiert, was es mit der „Sünde gegen den Geist" auf sich habe, auf welche Weise und mit welchen Gnadenwirkungen der ungeschaffene Geist der geschaffenen Seele einwohne und was unter den Geistesgaben gemäß Jes 11,2-3 zu verstehen sei.

Daß gerade die Filioquefrage die scholastische Pneumatologie beschäftigt hat, beweist deren Interesse für die Einheit und das Einssein Gottes und ihr Gespür für die Theologie Augustins. Denn gleich ob man den Hervorgang des Geistes in psychologischer Manier aus dem Ineinandersein von Verstand, Erkennen und Wollen oder aus der Vorstellung herleitet, im Heiligen Geist seien der Vater und der Sohn in Liebe miteinander verbunden, immer bleibt der Geist der Indikator einer zirkular gefaßten Gottesvorstellung.

Das zeigt sich schon bei *Anselm von Canterbury* († 1109): Er durchdenkt die Konsequenzen eines Wesens, das als Liebeswesen notwendig Beziehung ist und sich durch Selbstdenken und Selbstliebe gewissermaßen hervorbringt, zurückgibt und damit eint im Kreislauf einer einzigen *summa essentia*. In ihr kann es logischerweise keine seinshafte Ungleichheit, sondern nur Identität geben: das ewige Sein eines höchsten und einfachen Wesens. Spricht man aber mit dem kirchlichen Glauben von drei ‚Personen' in Gott, so kann es sich nur um verschiedene Ursprungsbeziehungen handeln, die den höchsten Geist strukturieren: So erkennt sich der Vater im Sohn und spricht sich in ihm aus; er bringt den Sohn zeugend hervor. Aber der Vater ist gerade deshalb ganz im Sohn und der Sohn deshalb ganz im Vater, weil sie als ein einziges höchstes Wesen ein einziger Gott sind.

Und der Heilige Geist?: In ihm, so Anselm, liebt der Vater den Sohn und umgekehrt. Aber diese Liebe ist wiederum identisch mit dem einen Wesen Gottes. Deshalb geht der Geist aus dem Vater und dem Sohn hervor, nämlich aus dem, „worin Vater und Sohn nicht zwei, sondern eins sind", aus dem also, in dem sie für den Geist ein einziges Prinzip bilden: jenes der einen Gottheit[155].

Auch *Thomas von Aquin* († 1274) bindet das Filioque in die Logik seiner Trinitätsauffassung ein. Sein Grundsatz läßt sich in gedrängter Form etwa so formulieren: Weil der Unterschied der göttlichen Personen allein von einem Gegensatz der Ursprungsbeziehungen herrührt, gibt es keine Möglichkeit, den Geist vom

[155] Vgl. monol. 54; de proc. Sp. Scti. 14: „Aus dem nämlich, worin Vater und Sohn eins sind, das heißt aus Gott, stammt der Heilige Geist; er stammt nicht aus dem, worin sie sich voneinander unterscheiden. Aber weil der Gott, aus dem der Heilige Geist stammt, Vater und Sohn ist, deshalb sagt man zu Recht, er stamme aus dem Vater und dem Sohn, die zwei sind".

Sohn zu unterscheiden, wenn der Geist nicht auch vom Sohn ausgeht[156]. Diese Argumentation lebt ganz vom oben genannten Axiom: In Gott ist alles eins, ausgenommen, es bestehen Gegensätze der Beziehungen.

Der Geist der Liebe

Für das rationale Element in der scholastischen Gotteslehre steht *Richard von St. Viktor* († 1173). Sicher war er kein kühler Verstandesmensch. Seine Leistung besteht darin, die dreipersonale Existenz Gottes auf neue Weise mit der Wirklichkeit ‚Liebe' in Verbindung gebracht und damit ein spirituelles, erfahrungshaftes Moment in die scholastische Trinitätsspekulation eingeführt zu haben. Gleichwohl hatte er Interesse daran, den Glauben durch eine verstärkte Anstrengung des *Begriffs* zu durchdringen.

Was die Glaubensregel angeht, so fußen seine Überlegungen auf dem *Symbolum Quicumque.* Wie geht er vor?

Richard setzt bei der Vorstellung Gottes als des höchsten Gutes (*summum bonum*) an, das als vollendetes Wesen alle nur denkbaren guten Eigenschaften in vollendeter Form in sich schließen muß. Dazu gehört vor allem die Liebe. Da sie mithin *vollendete* Liebe ist, ist vorauszusetzen, daß sie in Gott selbst dialogisch wirkt, also von einer ‚Person' zur anderen geht, vom Liebenden zum Geliebten – andernfalls wäre sie als fruchtlose Selbstliebe unvollkommen. Aber auch bei der Zweiheit kann man logischerweise nicht stehen bleiben. Denn dann wäre der eine in den anderen hinein aufgehoben, und die Folge wäre so etwas wie ein „Egoismus zu zweit"[157]. Darum müssen sich auch der Vater und der Sohn in einen Dritten hinein übersteigen. Dieser heißt bei Richard der *condilectus*, der ‚Mitgeliebte', denn „die Probe für die vollkommene Liebe ist (...) der Wunsch, daß die einem selbst zuteil gewordene Liebe weitervermittelt werde"[158].

Aus dieser Kennzeichnung des Geistes als des *Mitgeliebten*, der ganz von der gegenseitigen Liebe des Vaters und des Sohnes her existiert und diese Liebe sozusagen einfängt und an die beiden zurückgibt, leitet sich die Proprietät des Geistes ab: Er ist *Gabe* und, nach Aufweis der Apostelgeschichte, *Feuer.* In ihm schenken sich Vater und Sohn einander; ihn ihm ist die dreifaltige Liebe aber auch auf das Geschöpf hin offen und gewissermaßen selbstüberstiegen. Zwar kommt das Geschöpf nicht als Gegenüber der innergöttlichen Liebe in Frage, wohl aber als Adressat seiner gnadenhaften Liebe als Schöpfer. Im Feuer des Heiligen Geistes wird der Mensch gleichsam in die Liebesglut Gottes hineingeschmolzen[159].

Der Denkweg Richards von St. Viktor wurde von *Wilhelm von Auxerre* († um 1235) und vor allem von *Bonaventura* († 1274) weitergeführt. Von letzterem stammt eine griffige Definition der von Richard angewandten Methode: „Das höchste Gut teilt sich also aufs höchste mit. Die erhabenste Mitteilung muß aber wirklich und innerlich, substanziell und persönlich, naturhaft und willensmäßig,

[156] Vgl. den Zentraltext S.th. I, q. 36, a. 2; tzt D7, Nr. 35.
[157] J. Werbick, Trinitätslehre: Th. Schneider, HbDg 2, 509.
[158] Trin. 3,11; zitiert nach H. U. von Balthasar, Richard von Sanct-Victor. Die Dreieinigkeit (CMe 4), Einsiedeln 1980, 95 f.
[159] Vgl. trin. 6,14; tzt D7, Nr. 34.

frei und notwendig, fehlerlos und vollkommen sein"[160]. Die Anwendung dieses Grundsatzes auf die überkommene Glaubensregel mußte zwangsläufig zu den beschriebenen Urteilen führen und sowohl die augustinische Relationenlehre wie das Filioque bekräftigen.

4.4.2.2 Der Geist der Gnade

Die Rede von Gott als dem *summum bonum*, das die Scholastiker zum Ausgangspunkt ihrer Überlegungen wählten, stammt aus der Gedankenwelt des spätantiken Neuplatonismus. Sie wurde über Augustinus, aber auch durch die Schriften des *Ps.-Dionysius Areopagita* an die mittelalterliche Theologie weitervermittelt. Vom Ps.-Areopagiten, der wohl gegen Ende des fünften Jahrhunderts geschrieben hat, übernahm die Scholastik auch die Vorstellung, daß sich das Gute notwendig nach außen verströme: *Bonum diffusivum sui*. Wie sich zeigte, kommt diese Vorstellung bei den mittelalterlichen Theologen bereits *innertrinitarisch* zum Zug, sofern der Geist als Frucht der ekstatischen, sich überschreitenden Güte von Vater und Sohn betrachtet wird. Die genannte Vorstellung wirkt sich aber auch auf die scholastische Gnadenlehre aus, die sich über Röm 5,5 eng mit der Rede vom Heiligen Geist verbindet. In *ihm* verströmt sich das höchste Gut nach außen, um den Menschen in die Liebe Gottes hineinzuholen.

Die Pneumatologie als Funktion der Christologie und der Ekklesiologie

Es ist ein Kennzeichen der scholastischen Theologie, pneumatologische Aussagen im Kontext christologischer und gnadentheologischer Einsichten zu formulieren. Insofern wurde die Lehre über den Heiligen Geist zwar funktionalisiert, also Erstinteressen untergeordnet, aber auch heilsgeschichtlich geerdet: Der Geist bleibt an seiner *geschichtlichen* Funktion erkennbar.

Spricht die Scholastik von der Gnade, so meint sie zuallererst die Gnade *Christi des Hauptes*. Diese ergießt sich im Heiligen Geist über die Glieder seines Leibes, die als Getaufte nicht anders denn als Glieder der hierarchisch verfaßten Kirche zu denken sind. Dem Geist wird also die Funktion zugesprochen, die Gnade *Christi* im Raum der Kirche an die Gläubigen zu *vermitteln*. Dabei fließen wenigstens zwei Gedankenkreise ineinander: die paulinische Theologie von Christi Leib und die mit ihr verbundene Charismenlehre, dann die aus der Patristik überkommene Vorstellung, die Funktion des Geistes für die Kirche sei mit derjenigen der menschlichen Seele für den Leib zu vergleichen. In diesem Sinn lehrt zum Beispiel *Hugo von St. Viktor* († 1173)[161]. Der in der Kirche zu erlangende Geistbesitz hat für ihn konkrete, individuell wirksame Folgen; sie lassen sich unter das Stichwort ‚Rechtfertigung' subsumieren. Im Heiligen Geist, der die Gnade wirkt, wird der Mensch der Herrschaft des Gesetzes entrissen. Er kann darum Unwissenheit und Begierlichkeit überwinden, die Wahrheit erkennen, die Liebe erlangen und sie in der Tugend zur Anwendung bringen[162].

---

[160] Itinerarium 4,2.
[161] Vgl. myst. christ. fid; PL 176, 415 f; tzt D7, Nr. 33.
[162] Vgl. dazu in diesem Band: Gnadenlehre 3.2.

Die Pneumatologie als Funktion der Gnadenlehre

Mit den beiden Stichworten ‚Liebe' und ‚Tugend' begegnet ein Grundproblem der scholastischen, pneumatisch gefaßten Gnadenlehre: die Frage nach dem Verhältnis zwischen geschaffener und ungeschaffener Gnade. Was verbirgt sich hinter ihr?

Petrus Lombardus († 1160) hatte in seiner *Summa Sententiarum* die These aufgestellt, der Heilige Geist sei die Kraft, mit der der begnadete Mensch „Gott und den Nächsten liebe"[163]. Obwohl sich der Lombarde an die Aussagen der Schrift, besonders an 1 Joh 4,8 (Gott ist die Liebe) und Röm 5,5 gehalten hatte und sich auf die Autorität Augustins berief, war ihm in den Augen der nachfolgenden, bereits differenzierter denkenden Scholastiker ein schwerwiegender Fehler unterlaufen. Er hatte Gott und Mensch in eins gesetzt, genauer gesagt: Er hatte die ‚Person' des Heiligen Geistes mit einer menschlichen, also kreatürlichen Fähigkeit identifiziert und damit zwei Ebenen miteinander vermengt. Außerdem wurde sein Konzept dem Anspruch der menschlichen Freiheit nicht gerecht.

Zunächst protestierte *Gilbert von Poitiers* († 1154): Zwar wohne der Geist selbst kraft seiner göttlichen Majestät dem Menschen ein, die Tugend der Liebe aber sei ein *Zeichen* dieser Einwohnung auf kreatürlicher Ebene. Folglich müsse die menschliche *caritas* als Wirkung der Geistesgegenwart, nicht als Erscheinungsweise des Gottesgeistes gelten[164]. Mit den Ausführungen der Porretanerschule, den geistigen Gefolgsleuten Gilberts, die dessen Kritik fortsetzten, wurden die Grundlagen erarbeitet, begrifflich zwischen geschaffener und ungeschaffener Gnade zu unterscheiden: *Ungeschaffen* und damit Gott selbst ist der Heilige Geist, der niemals zu einer geschaffenen Zuständlichkeit werden kann, aber sehr wohl dem geschaffenen Geist einzuwohnen vermag. *Geschaffen* ist hingegen die im Menschen sich auswirkende Tugend der Liebe, die als *habitus*, als dauernder Zustand von der Anwesenheit des Geistes genährt und getragen wird, aber von ihm unterschieden bleibt.

Obwohl die wichtigsten Theologen der Scholastik, unter ihnen *Thomas von Aquin*, daran festhielten, mit dem Heiligen Geist wohne Gott selbst dem Menschen ein, und man die Gotteseinwohnung ausdrücklich dem Geist *zuschrieb* (lat.: appropriierte), wurden das personale Geheimnis des Geistes und die Eigenständigkeit seines Wirkens allmählich in den Hintergrund gedrängt. In den Mittelpunkt des Interesses rückte statt dessen die Frage nach den *Wirkungen* der Geistesgnade, nach der geschaffenen Gnade also. Diese aber wurde durch immer kompliziertere begriffliche Formalisierungen zunehmend verdinglicht.

Die Rede vom Heiligen Geist verlagerte sich zudem von der Gotteslehre in die Tugendlehre und die Ethik. Vom Geist wurde hinfort unter der Rücksicht gesprochen, inwieweit und auf welche Weise der Mensch befähigt sei, das Gesetz Christi zu erfüllen und die Willenskraft zu erlangen, dieses Gesetz zu verinnerlichen. Aus diesem Grund eignet der Pneumatologie des lateinischen Mittelalters

[163] Summa Sententiarum I, d.17, cap. 1: „Quod Spiritus sanctus est caritas, qua diligimus Deum et proximum".

[164] Texte und Nachwirkung bei A. M. Landgraf, Dogmengeschichte der Frühscholastik, Regensburg 1952, 221-237.

ein gewisser *Voluntarismus*; es geht weniger um die Erleuchtung und Begnadung des *ganzen* Menschen als um die gnadenhafte Motivierung seines selbstverantwortlichen Tuns. Darin zeigt sich eine Nachwirkung der psychologischen Trinitätslehre Augustins. In der *voluntas* hatte der Kirchenlehrer das Abbild des Geistes erblickt.

Eine pneumatologisch noch reich fundierte Gnadenlehre bietet indes der Franziskanertheologe *Bonaventura*. Der Tradition entsprechend nennt er den Geist ‚Gabe' und ‚Liebesband' und bestärkt die Lehre von dessen gnadenhafter Einwohnung im Menschen. Die Problematik des Verhältnisses zwischen ungeschaffener und geschaffener Gnade, zwischen dem Heiligem Geist einerseits und der Tugend des Menschen andererseits, löst Bonaventura durch begriffliche Unterscheidungen: Der Mensch kann die Anwesenheit Gottes im Heiligen Geist nicht verzwecken, indem er sie sich als Tugend zu eigen macht. Gott läßt sich nur ‚genießen' (*frui*), indem er den Menschen über sich hinaus führt und sich ihm als das höchste Gut zu verkosten gibt. Anwenden aber, das heißt ‚gebrauchen' (*uti*), läßt sich, was der Heilige Geist im Menschen *bewirkt*: die Freiheit, dem Ruf Gottes zu antworten, die Fähigkeit, den rechten Weg zu finden, die Liebe, Gott und dem Mitmenschen in angemessener Weise zu begegnen[165].

Allerdings bleibt auch die pneumatische Gnadenlehre Bonaventuras eng mit der Christologie verknüpft. Wie bei Augustinus steht auch bei ihm die Mittlerschaft Christi im Zentrum seines Denkens. Und wie bei Hugo von St. Viktor gilt für Bonaventura der Heilige Geist als die Kraft, die den mystischen Leib *Christi* auferbaut und vollendet.

Daß die Verknüpfung von Pneumatologie und Christologie indes notwendig war, zeigt sich an geschichtstheologischen Bestrebungen, die Rede über den Heiligen Geist samt der mit ihr verbundenen Spiritualität von ihrem heilsgeschichtlichen Ursprung – dem Christusereignis – zu lösen.

4.4.2.3 Der Heilige Geist in der mittelalterlichen Geschichtstheologie

Joachim von Fiore

Die wirkungsgeschichtlich bedeutsamste geschichtstheologische Konzeption des Mittelalters verbindet sich mit dem Namen des kalabresischen Abtes *Joachim von Fiore* († 1202)[166]. Joachim beunruhigte der konkrete Zustand seiner Kirche. Er litt an der Entfremdung zwischen Ost und West, an der Kluft zwischen Klerus und Laien und an der Verweltlichung der Ordensleute. Sein Ideal war die Kirche des verwirklichten Evangeliums, in der es nur die Gemeinschaft von Pneumatikern geben sollte und das unverstellte Leben aus der Liebe. Das Problematische an dieser gewiß grundchristlichen Sehnsucht lag indes darin, daß Joachim es nicht dem Ende der Zeit und der Wiederkunft Christi überlassen wollte, den ersehnten Zustand herbeizuführen. Er erhoffte sich dessen Verwirklichung vom Fortgang der *Geschichte* und erwartete noch zu seinen Lebzeiten den Anbruch einer Geistesherrschaft.

---

[165] Texte und Interpretation bei F. Courth, Trinität. In der Scholastik: HDG II, 1b, 134 f.

[166] Vgl. auch in diesem Werk Bd. I: Gotteslehre 4.7.1.

Joachim hatte die Weltgeschichte in drei Perioden eingeteilt und jeder von ihnen eine Person des dreifaltigen Gottes zugeordnet. Dabei ließ er sich von allegorisch errechneten Zeitangaben leiten: Das erste Reich sei das Reich des Vater gewesen. Es habe die Zeit des Alten Testaments umfaßt und sei von den ‚Fleischesmenschen' bevölkert worden, den verheirateten Laien. Das zweite Reich nennt Joachim das Reich des Sohnes: jenes der hierarchischen Kirche, das Zeitalter des Klerus und des Kirchenregimentes. Dieses zweite Reich aber müsse gegen 1260 einem dritten weichen, demjenigen des *Heiligen Geistes*, dem Zeitalter der Mönche in einem weiten Sinn: der Kontemplativen und Beschaulichen – eben der Pneumatiker. Jedem der genannten Zeitalter hatte Joachim besondere Protagonisten zugeordnet, deren Erscheinen den Wechsel der Zeiten ankündigen sollten. So hätten Adam und Abraham das erste Reich, der Prophet Usija, der Priester Zacharias und Jesus Christus das zweite angekündigt und zugleich begrenzt. Mit dem Ordensgründer *Benedikt* aber habe das dritte Reich begonnen, das sich nunmehr – zu Joachims Zeiten – voll entfalten und bis zum Ende der Zeit dauern werde[167]. Die Weltzeiten greifen also nach Joachim ineinander, enthalten die Keime des Kommenden bereits in sich und können so berechnet und vorbereitet werden.

Die Konzeption des kalabresischen Abtes warf wenigstens zwei miteinander verflochtene Probleme auf: Obwohl sich seine Geschichtsphilosophie am trinitarischen Gott orientierte, riß die strikte Periodisierung der Zeitläufte dessen Wirkeinheit auseinander. Nicht der eine Gott handelt in Vater, Sohn und Geist an der Geschichte, sondern der Vater, der Sohn und der Geist wirken *nacheinander* und somit in einer gewissen Konkurrenz. Die Zerstörung der Wirkeinheit Gottes beweist besonders die Trennung des Geistes vom Sohn; dieser hat „in Joachims Weltzeit den Platz an den Hl. Geist abgetreten. Das Erlösungswerk des Sohnes verliert so seinen Absolutheits- und Endgültigkeitscharakter"[168]. Daraus folgt ein gewandeltes Verständnis von Kirche. Diese ist nicht mehr Kirche Jesu Christi, sondern eine neue Kirche des Geistes, die ohne christologisch-historische Rückbindung bleibt.

Tatsächlich zeigte sich im sogenannten pseudo-joachimitischen Schrifttum der Folgezeit eine von Joachim selbst nicht vollzogene Entgegensetzung von Amt und Geist, von Hierarchie und Freiheit, von Gesetz und Innerlichkeit. Und das Spiritualistische und Schwärmerische an Joachims Idee löste namentlich im Franziskanerorden schwere Krisen aus. Viele seiner frühen Mitglieder hatten im heiligen *Franziskus* die Idealgestalt des von Joachim angekündigten Pneumatikers erblickt und damit große Unruhe gestiftet. Nicht zuletzt aus diesem Grund sahen sich bedeutende Theologen wie *Bonaventura* – seit 1257 Generalmagister der Franziskaner – und *Thomas von Aquin* zur Kritik Joachims herausgefordert. Auf das kirchliche Glaubensbewußtsein hat der Joachimitismus aufs Ganze gesehen abschreckend gewirkt. Damit gingen die positiven Ansätze des Abtes sowie andere wertvolle Anregungen einer pneumatisch orientierten Kirchenreform für lange Zeit verloren. Immerhin war Joachim einer der ersten Denker des Abendlandes,

[167] Die zentrale Aussage der skizzierten Theologie findet sich in Joachims Schrift ‚Concordia Novi ac Veteris Testamenti' IV,33; vgl. dazu R. E. Lerner, Joachim von Fiore: TRE 17 (1988) 84-88

[168] F. Courth, Trinität in der Scholastik, 77 f

der eine systematische Theorie des Fortschritts und die Vision eines sittlich-religiösen Aufstiegs entwickelt hatte.

Rupert von Deutz

Die trinitarische Rhythmisierung der Heilsgeschichte mußte nicht notwendig zu fragwürdigen theologischen Konstrukten führen. Das zeigen die geistigen Vorläufer Joachims. Dieser hat aller Wahrscheinlichkeit nach zumindest die Schriften seines Abtkollegen *Rupert von Deutz* († 1129) gekannt, seinerseits ein Kenner und eigenständiger Interpret der Geschichtstheologie Augustins. Bei Rupert fand er auch die Periodisierung der Weltzeitalter vor. Nur besaß sie bei Rupert ein solideres Fundament in der immanenten Trinitätslehre; sie konnte die Einheit Gottes auch angesichts einer periodisierten Heilsgeschichte wahren. „Es ist klar, daß die gänzlich unzertrennliche Trinität – der eine Gott – ungetrennt handelt", so lautet einer der Grundsätze Ruperts[169].

Dennoch weist der Deutzer Abt auf, daß der in der Heiligen Schrift beschriebene Gang der Heilsgeschichte *Proprietäten*, das heißt Eigentümlichkeiten der einzelnen ‚Personen' offenbart. So sei die Schöpfung das Werk des Vaters und die Erlösung Verdienst des Sohnes. Die Vollendung der Schöpfung aber und die Neuschöpfung sei die Sache des Heiligen Geistes. Entsprechend könne man in der Weltgeschichte drei Epochen ausmachen: die Epoche der Schöpfung als die Zeit des Vaters, die Epoche des Sohnes, gerechnet von der Ursünde Adams bis zum Sühnetod Jesu, endlich die Zeit des Geistes. Rupert datiert sie von der Auferstehung Jesu bis zur Vollendung der Welt am jüngsten Tag.

Betrachtet man sich die Rolle des Geistes bei Rupert genauer, so fällt dessen Nähe zu patristischen, insbesondere griechischen Konzeptionen ins Auge. Denn nach Rupert handelt der Geist nicht für sich und losgelöst von Vater und Sohn. Es ist vielmehr der *Vater*, der – und hier läßt sich das griechische Gedankengut mit Händen greifen – *im* Sohn und *im* Geist für das Heil der Welt Sorge trägt. An Texte des Athanasius und des Basilius erinnert denn auch, was Rupert in seiner Schrift ‚Von den Werken des Heiligen Geistes' über die heilsgeschichtliche Rolle des Geistes zu sagen weiß: Dieser verwirklicht die Vergöttlichung des Menschen, indem er ihn durch Christus zum Vater führt. Er bewirkt die Vergebung der Sünden, beseelt die Liturgie und die Spendung der Sakramente und hält die Kirche durch die Sendung von Charismen dauerhaft am Leben[170].

Da Rupert die Weltzeiten der drei göttlichen Personen noch einmal in jeweils sieben Zeitabschnitte einteilt, findet er Gelegenheit, die genannten Tätigkeiten des Geistes mit Hilfe der sieben Geistesgaben nach Jes 11,1 f weiter zu spezifizieren. Die systematische Ausdeutung der Geistesgaben war inzwischen zu einem vieldiskutierten pneumatologischen Thema geworden:

Erste Epoche (des Geistzeitalters)	Geist der Weisheit	Der Heilige Geist sensibilisiert für das Leiden Christi und die Wirksamkeit der Sakramente
Zweite Epoche	Geist des Verstandes	Der Heilige Geist belehrt die Apostel über die Geheimnisse der Schrift

Dritte Epoche	Geist des Rates	Der Heilige Geist eröffnet die Heidenkirche und verwirft die Juden
Vierte Epoche	Geist der Stärke	Der Heilige Geist ermutigt die Märtyrer zu ihrem Glaubenszeugnis
Fünfte Epoche	Geist der Wissenschaft	Der Heilige Geist ermutigt die Kirchenväter zur Ausbildung der Theologie
Sechste Epoche	Geist der Frömmigkeit	Der Heilige Geist bewirkt die Bekehrung Israels
Siebte Epoche	Geist der Gottesfurcht	Der Heilige Geist führt nach dem Endgericht alle Geretteten zur Gottesschau

Gewiß enthält die Konzeption Ruperts zeitbedingte Vorstellungen und aus Schrift und Tradition übernommene Symbolismen, die auf den heutigen Menschen eher gekünstelt wirken[171]. Aber der Reichtum der altkirchlichen Pneumatologie und die Glut der mittelalterlichen Spekulation verbanden sich bei ihm zu einer geglückten Synthese.

Neben Rupert ergingen sich auch *Gerhoh von Reichersberg* († 1169) und *Anselm von Havelberg* († 1158) in geschichtstheologischen Erörterungen. Trotz unterschiedlicher Akzente stimmen sie mit Rupert und damit gegen Joachim darin überein, daß sich die den einzelnen göttlichen Personen zugeschriebenen Heilsepochen nicht gegeneinander ausspielen lassen. Namentlich die Kirche bleibt für sie das Werk des einen, aber dreieinen Gottes.

4.4.2.4 Der Heilige Geist in Frömmigkeit und Mystik des Mittelalters

Der Blick auf die mittelalterliche Pneumatologie wäre einseitig, würde man nur ihre spekulative Komponente beachten. Auch Liturgie, Caritas und Mystik trugen zum Geistverständnis der Zeit bei.

Die Liturgie

Zuerst ist an den liturgietheologischen Ausbau das Pfingstfestes zu erinnern. Pfingsten wurde in der Alten Kirche, etwa vom vierten Jahrhundert an, als *Herrenfest* begangen, und zwar als Abschluß der Osterzeit. Gegen Ende des elften Jahrhunderts aber rückte der Heilige Geist in den Mittelpunkt der pfingstlichen Frömmigkeit. Diese Entwicklung lag in der Konsequenz des Konzils von Konstantinopel und des mit ihm beginnenden Brauches, den Geist zum Adressaten des menschlichen Gebetsaktes zu machen. Durch die liturgische Ausgestaltung des Pfingstfestes erfuhr dieser Brauch eine zusätzliche spirituelle Belebung und poetische Ausgestaltung: Die Halleluja-Rufe der Meßliturgie wurden durch die

[169] De sancta Trinitate et operibus eius, prologus; CChr. CM 21, 126.

[170] Vgl. F. Courth, Trinität in der Scholastik, 74 f.

[171] Zum Hintergrund der Theologie Ruperts und des Schaubildes vgl. W. Beinert, Die Kirche – Gottes Heil in der Welt. Die Lehre von der Kirche nach den Schriften des Rupert von Deutz, Honorius Augustodunensis und Gerhoch von Reichersberg. Ein Beitrag zur Ekklesiologie des 12. Jahrhunderts (BGPhMA NF 13), Münster 1973, 23-28. 321-327.

Heilig-Geist-Sequenz *Veni sancte Spiritus* ergänzt, die in einem Missale des elften Jahrhunderts erstmals bezeugt und später dem Erzbischof von Canterbury, *Stephan Langton* († 1228), zugeschrieben wurde. Daneben entstanden viele andere Geistlieder und Geistsequenzen. Am bekanntesten dürfte der Hymnus *Veni creator Spiritus* sein, den die Tradition dem gelehrten Benediktinermönch *Rabanus Maurus* (780-856) in den Mund gelegt hat und der wie die Pfingstsequenz noch heute als Kirchenlied dient[172]. Von *Notker Balbulus* († 912), einem körperlich behinderten Bruder der Benediktinerabtei St. Gallen, stammt die Sequenz *Spiritus Sancti adsit nobis gratia*; sie fand besonders am Pfingst*sonntag* Verwendung, weniger in der seit der späten Väterzeit konsequent ausgebauten Pfingstoktav.

Bezeichnend für alle Geistlieder des Mittelalters ist die direkte Anrede der dritten göttlichen Person als unmittelbares Gegenüber des Menschen und die Tendenz, den Geist als dynamisches Prinzip der Gottesgegenwart in Kirche und Menschenherz zu feiern. Was die Meßformulare der Zeit betrifft, so bleibt die Erinnerung an die Erfüllung der fünfzigtägigen Osterzeit und zugleich die Hoffnung auf die neue Ankunft des Heiligen Geistes vorherrschend; auch das gibt der Geistfrömmigkeit mächtige Impulse: „Dem Bewußtsein, daß der Geist gekommen ist (Spiritus Domini replevit), steht die Bitte um die Geistsendung (Veni Sancte Spiritus) ergänzend gegenüber“[173].

Übrigens begegnet erst im Mittelalter der Brauch, Kirchen und kirchliche Institutionen dem Heiligen Geist zu weihen. Namentlich der bedeutende scholastische Lehrer *Petrus Abaelard* († 1142) stellte Kirche und Konvent einer von ihm gegründeten Abtei unter den Schutz des Parakleten.

Die Kranken- und Armenpflege

Auf das Patronat des Heiligen Geistes beriefen sich auch die vielen Menschen, die sich im Mittelalter der Kranken- und Armenpflege zuwendeten. So entstanden entlang der großen Pilgerstraßen nach Spanien und ins Heilige Land, vor allem im Süden Frankreichs, sogenannte ‚Heilig-Geist-Spitäler‘ und ‚Heilig-Geist-Bruderschaften‘, die sich ausdrücklich um Hilfsbedürftige aller Art kümmerten. Auch in bedeutenden Städten errichtete und unterhielt man Heilig-Geist-Spitäler, beispielsweise in Rom und in Nürnberg; beide bestehen bis heute.

Da der Heilige Geist als ‚Vater der Armen‘ galt (Pfingstsequenz S. Langtons) und die Theologie ihn als Anwalt der Sündenvergebung erkannt hatte, rückte die Bedürftigenpflege ideell in den Kontext der mittelalterlichen Bußfrömmigkeit. Kranke zu pflegen hieß nun, auf die Erfahrung des Geistes eine existentielle Antwort zu geben; da er von Sünde und Schuld befreit hatte, war seine Gnade durch Taten der Liebe fruchtbar zu machen. Entsprechend erblickte man im Heiligen Geist den Initiator der sieben, Werke der Barmherzigkeit‘. Sie hatte *Thomas von Aquin* als äußere Wirkungen der vom Geist geschenkten *caritas* qualifiziert[174].

[172] Text: tzt D7, Nr. 48.

[173] H. auf der Maur, Feiern im Rhythmus der Zeit I. Herrenfest in Woche und Jahr: H. B. Meyer u.a. (Hg.), Handbuch der Liturgiewissenschaft 5, Regensburg 1983, 123.

[174] S.th. II, q. 32, a. 2 ff.

Die Mystik

Beachtliche Akzente verdankt die mittelalterliche Pneumatologie der zeitgenössischen Mystik, besonders der vieler Frauen. Für unsere Belange müssen einige Beispiele genügen:

In der patristischen Tradition stehen volkssprachliche Hoheliedkommentare des zwölften Jahrhunderts, die das alttestamentliche Liebeslied auf die mystische Vermählung der Seele mit Gott hin lesen und ihre Deutung mit konkreten spirituellen Erlebnissen anreichern. Dabei erscheint der Heilige Geist als die Kraft der *Liebe*, in der Gott und Kreatur miteinander verschmelzen und mit deren Hilfe sich Gott selbst zu verkosten gibt. Mystik ist im Mittelalter gewissermaßen ein Stück erfahrenes Dogma, eine Gewahrung Gottes auf dem Weg der unmittelbaren Erfahrung. Aussagen der Schrift – zum Beispiel Röm 5,5: ‚die Liebe Gottes ist ausgegossen in unseren Herzen durch den Heiligen Geist' – werden auf mystischem Weg sozusagen in ihrer Innendimension begriffen.

Bezeichnend ist das *St. Trudperter Hohelied* eines unbekannten Verfassers (oder einer Verfasserin?). Es nennt den Heiligen Geist mit der Tradition ‚Gnade' und ‚Liebe', geht dann aber, gemäß der hinter ihm stehenden mystischen Erfahrung, zu den Namen ‚Erquickung' und ‚Süßigkeit' über. Ganz vom Geist ergriffen, schaut der Seher dessen heilsgeschichtliche Rolle: „Er ist der ‚Finger Gottes', der zu Gott führt, die Salbung, der Kämpfer, die Bewaffnung. Er verbindet Leib und Seele, Gottvater und Gottsohn, fügt Himmel und Erde, Gott und Menschen zusammen. Er läutert das Herz, er öffnet es der Gottesliebe"[175]. Auch von den Geistes*gaben* ist die Rede; diese werden im Trudperter Hoheliedkommentar höchst originell auf die Füße, die Hände, die Augen und das Haupt des Menschen bezogen. Sie gelten als Eigentum sowohl des im Geist erschaffenen wie im Geist erlösten Menschen. Dem Heiligen Geist verdankt der Mensch seinen aufrechten Gang, sein Sehvermögen und sein erhobenes Haupt: Durch die sieben Todsünden seien diese Vorzüge gefährdet, durch die sieben Geistesgaben aber bestärkt worden. Hier meldet sich mit Macht die Leib *und* Seele umfassende Dimension der mystischen Geisterfahrung zu Wort.

Von großer Geistinnigkeit zeugt des weiteren die Gottesminne der Mystikerin *Mechthild von Magdeburg* († 1282 oder 1294). Auch sie weiß den Leib *und* die Seele mit der Erfahrung Gottes befaßt: „Ich kann und mag nicht schreiben, wenn ich es nicht sehe mit den Augen meiner Seele, höre mit den Ohren meines unsterblichen Geistes und nicht in allen Gliedern meines Leibes die Kraft des Hl. Geistes spüre", so bekennt sie in ihrem Hauptwerk „Das fließende Licht der Gottheit"[176]. Mechthild schaut in Visionen das trinitarische Geheimnis Gottes und dessen heilsgeschichtliche Wirksamkeit als Vater, Sohn und Geist (die *operatio trinitatis ad extra*); das Wirken des Geistes entfaltet sich vor ihrem geistigen Auge mit besonderer Intensität. Er ist für sie der ‚Gruß Gottes', der „von der himmlischen Flut aus dem Brunnen der fließenden Dreifaltigkeit" ausströmt, in den verschiedenen „Adern" seiner Zuwendung aus dem „fließenden Gott in die arme, dürre Seele"

[175] K. Ruh, Geschichte der abendländischen Mystik II, München 1993, 33.

[176] Zitiert nach K. Ruh, Geschichte, 245, Anm. 1.

dringt und ihr „neue Erkenntnis, neue Schau und den auserlesenen Genuß“ seiner „Gegenwärtigkeit“ gewährt[177]. Ganz im Sinn der patristisch-mittelalterlichen Hoheliedspiritualität und in unbefangen anthropomorphen Bildern deutet Mechthild die Heilsgeschichte als ein Minnegeschehen zwischen Gott und Mensch, in dem der Heilige Geist gewissermaßen die Rolle eines Brautführers übernimmt, um der Seele als ‚Kammerdiener‘ zur Hand zu gehen. Seine vornehmste Aufgabe besteht darin, sie im Brautgemach dem Vater und dem Sohn gleichsam ‚anzuschmiegen‘.

Die Mystikerin wollte mit solchen Bildern nicht zuletzt den Sinn der Heilsgeschichte für einfachere Gemüter ihrer Umgebung und ihrer Zeit erklärlich machen. Darum läßt sich ihr Werk auch als ein Paradestück mittelalterlicher Katechese begreifen.

Die biblische und altkirchliche Überzeugung von der *prophetischen* Wirksamkeit des Heiligen Geistes lebt vor allem in Schicksal und Werk der Äbtissin *Hildegard von Bingen* († 1179), der Inklusin *Dorothea von Montau* († 1394) und der Ordensfrau *Katharina von Siena* († 1380) weiter. Bei allen Unterschieden ihrer Lebensführung verbindet sie die feste Überzeugung, vom Heiligen Geist erleuchtet und gesendet zu sein. Der Geist wird zum Träger ihrer kirchlichen Berufung[178].

4.5 Die Pneumatologie der Reformation

4.5.1 Der geistesgeschichtliche Kontext

Die reformatorische Lehre über den Heiligen Geist wird von philosophischen und theologischen Vorentscheidungen bestimmt: Auf den Vernunftoptimismus der mittelalterlichen Scholastik folgte die Vernunftskepsis der *nominalistischen* Philosophie, die unter anderem die Unerkennbarkeit Gottes und damit die Freiheit und Unverfüglichkeit seines Wirkens betonte. Mit dem Nominalismus – bestärkt vom späteren Humanismus – trat an die Stelle des kirchlichen Kollektivs der einzelne Mensch in den Mittelpunkt der philosophischen Betrachtung. Diese Entwicklung hatte eine gewisse Institutionenkritik zur Folge, aber auch eine neue Hochschätzung der menschlichen Freiheit und Eigenverantwortung.

Es kam sicher nicht von ungefähr, daß große Theologen des Spätmittelalters wie *Johannes Duns Scotus* († 1308) und *Wilhelm von Ockham* († 1347) nachgerade im Zusammenhang pneumatologischer Überlegungen ihr Augenmerk auf den einzelnen richteten. Johannes fragte nach dem Zusammenhang von *spiritus* und *caritas* im individuellen Lebensvollzug, und Wilhelm trieb seine Spekulationen bis zu der These vor, die vom Heiligen Geist gewährte Gewißheit, im Glauben nicht

[177] Das fließende Licht der Gottheit 4,9-12; 1,2.2-4. 35-38. Eingeführt und übersetzt v. M. Schmidt, mit einer Studie v. H. U. von Balthasar, Einsiedeln – Zürich – Köln 1955.

[178] Vgl. dazu P. Dinzelbacher, Mittelalterliche Frauenmystik, Paderborn u.a. 1993, 16-26. 261-284.

zu irren, käme nicht nur der ganzen Kirche, sondern unter Umständen auch dem einzelnen Gläubigen zu. „Hier meldet sich unüberhörbar eine Akzentverlagerung von der Amts- zur Personautorität an"[179]. Mit ihr verband sich die Frage nach der *Vermittlung* von Geist und Gnade: Ist sie an eine ‚Institution' gebunden und wenn ja, an welche? Die Reformatoren hatten die erste Frage zwar mit der Tradition bejaht, die zweite aber – im Gegensatz zu ihr – völlig neu beantwortet.

Mit dem Stichwort ‚Vermittlung' klingt das *theologische* Grundthema der Reformation, insbesondere jener *Martin Luthers* († 1546) an. Sie lautet in zugespitzter Form: Wie geschieht Rechtfertigung, das heißt, auf welche Weise kommt der Mensch in die heilshafte Berührung mit Gott?

Während das Bewußtsein der noch ungeteilten lateinischen Christenheit auf die objektive Wirksamkeit der sakramental und hierarchisch verfaßten Kirche vertraute und davon ausging, der Getaufte sei als Glied des mystischen Leibes Christi kraft einer radikalen Umgestaltung sozusagen in Gott inkorporiert, setzt die Reformation zwischen Gott und Mensch eine klare Grenze. Sie kann nur durch den *Glauben* überwunden werden: Rechtfertigung geschieht weder durch die Mitgliedschaft in der Kirche noch durch die objektive Wirkung der Sakramente, sondern durch den *Glauben* an das Heilswerk Gottes in Jesus Christus. Dieses aber bleibt dem einzelnen grundsätzlich vorgeschaltet, so daß er sich in Glaube und Hoffnung fortwährend nach ihm ausstrecken muß. Nur auf diese Weise bleibt nach reformatorischer Überzeugung das Heilswerk Gottes *extra nos*, also für die Glaubenden ein radikales Gegenüber. Und doch vermag der Mensch aufgrund dieses Heilswerkes die Rechtfertigung zu erlangen: Wenn er glaubt, daß es *pro nobis* geschah, zugunsten der Glaubenden.

In diesem Sinn erklärt sich Luthers erster Grundsatz, *sola fide*: Der Mensch ist gerechtfertigt, weil er trotz seiner Sünde Gott Gehorsam leistet. Da mit dieser Auskunft die Kirche als Vermittlerin des Heilswerkes Christi relativiert ist, tritt an ihre Stelle die Heilige Schrift und damit das zweite Prinzip Luthers, *sola scriptura*: Über das, was Gott in Christus getan hat, belehrt allein die Schrift. Um den Verdacht auszuräumen, der Mensch könne Gott durch seinen Glauben zwingen, baut Luther auf die Alleinwirksamkeit der Gnade, *sola gratia*: Die Gnade ist als personale Zuwendung Gottes an den einzelnen ganz und gar Geschenk und darum unverfügbar.

4.5.2 Die Pneumatologie Martin Luthers

Der Heilige Geist als Glaubensmittler

Zunächst ist festzuhalten, daß Luther die Entscheidungen der großen altkirchlichen Konzilien anerkannt hat. Darum weist seine Geistlehre die Grundzüge der patristischen Pneumatologie auf. Das zeigt sich nicht zuletzt daran, daß sich der Wittenberger Reformator weniger am Wesen des Geistes denn an seiner Wirksamkeit interessiert zeigt. Diese steht bei ihm freilich ganz im Dienst der Ver-

[179] Ch. Schütz, Einführung in die Pneumatologie, 110.

mittlung zwischen dem Christusgeschehen einerseits und dem Christusglauben andererseits: Im Heiligen Geist tritt das Christusereignis an den einzelnen heran, damit ihm der Glaube ermöglicht wird.

Da die Existenz des Geistes Luther zufolge nur im Glauben zu erkennen ist, bleibt auch der Geist für den Menschen ein ständiges Gegenüber. Insofern wendet sich seine Theologie gegen die scholastische Versuchung, den Geist als *geschaffene Gnade* zu verdinglichen und als Besitz der Kreatur zu betrachten. Luthers Pneumatologie ist demgegenüber personalistisch konzipiert: Im Heiligen Geist wohnt nicht Gott dem Menschen *ein*, sondern im Heiligen Geist *begegnet* er ihm, um ihn zum Glauben herauszufordern und zum Glauben zu befähigen.

Dabei bleibt die Wirksamkeit des Geistes ganz auf das Evangelium und die Person Jesu von Nazaret bezogen. Im Geist ist garantiert, daß die Kunde von Jesus dem Christus authentisch an das Ohr und das Herz derjenigen gelangt, die viele Jahrhunderte nach ihm leben: „Denn weder du noch ich könnten jemals etwas von Christus wissen oder an ihn glauben und ihn zum Herrn bekommen, wenn es uns nicht vom Heiligen Geist durch die Predigt des Evangeliums angeboten und ins Herz geschenkt würde ... Damit nun dieser Schatz nicht vergraben bleibe, sondern nutzbringend verwendet und genossen werde, hat Gott das Wort ausgehen und verkünden lassen und darin uns den Heiligen Geist gegeben, um uns diesen Schatz der Erlösung nahezubringen und zuzueignen“[180]. Glaubt aber der Mensch aufgrund des im Geist bezeugten Christusereignisses, so *heiligt* dieser den Menschen auch. Doch dabei handelt es sich weniger um eine ontische Veränderung, sondern um eine heilshafte Konfrontation mit dem allein heiligen Gott: „Darum ist das ‚Heiligen‘ nichts anderes als ein Hinbringen zum Herrn Christus, damit wir da dieses Gut empfangen, zu welchem wir von uns selbst nicht kommen könnten“[181]. Der Mensch muß nach Luther in der Kraft des heiligen und heiligenden Geistes glauben. Dieser verhilft dem Prinzip ‚sola fide‘ sowohl zu seinen Voraussetzungen als auch zu seinen Folgen.

Der Heilige Geist und die Kirche des Wortes

Die Kunde von Jesus dem Christus wird greifbar in der Heiligen Schrift. Da aber, wie der oben zitierte Text Luthers zu verstehen gibt, nicht der Buchstabe, sondern der Geist – der Heilige Geist – als der wahre Künder des Christusereignisses anzusprechen ist, wird das Wort der Schrift zum eigentlichen Medium der Geistesgegenwart. Die Schrift bezieht umgekehrt ihre Autorität aus dem Wehen des Heiligen Geistes *in* ihr, das jeweils dann von neuem auflebt, wenn ein Christ die Schrift zur Hand nimmt und darin in gläubiger Gesinnung zu lesen beginnt. In diesem Sinn lautet der pneumatologische Kernsatz Luthers: „Der im *Wort* begegnende Geist Gottes wirkt den Glauben“[182].

---

[180] Der Große Katechismus; BSELK Nr. 741; zitiert nach W. Metzger, Martin Luther. Der Große Katechismus. Die Schmalkaldischen Artikel (GTB 401), Gütersloh 1983, 98.

[181] Ebd.

[182] W.-D. Hauschild, Geist/Heiliger Geist/Geistesgaben IV. Dogmengeschichtlich: TRE 12, 208 (eigene Hervorhebung).

Der Geist wirkt demnach nicht in der sakramental verfaßten Kirche, sondern kraft der Sakramentalität des Wortes. Gleichwohl wird damit die Institution Kirche nicht einfach hinfällig. Sie erhält jedoch eine andere Sinngebung. Sie bleibt Kirche des Geistes, entsteht aber jeweils dort und jeweils dann, wenn Glaubende auf das Wort der Schrift eingehen und mit jenen in Beziehung treten, die dasselbe tun.

Sind damit die Sakramente durch die Schrift ersetzt? Keineswegs. Aber die Schrift macht das Sakrament allererst zum Sakrament, und da die Schrift vom Geist getragen ist, werden die Sakramente – vor allem Taufe und Eucharistie –, aber auch die Predigt zu Instrumenten des *Geistes*. Mit dieser Auffassung sucht Luther dem Mißverständnis gegenzusteuern, die Kirche könne über den Geist aufgrund ihrer Sakramente verfügen. Nach ihm verhält es sich genau umgekehrt: Nicht die Kirche vermittelt durch die Sakramente den Geist, sondern der Geist handelt völlig frei durch die Sakramente an der Kirche. So schafft er sie allererst und ruft sie ins Dasein. Daß die Existenz der Kirche aber an die Objektivität des Wortes und der Sakramente gebunden bleibt, betont Luther im Blick auf die schwärmerischen und spiritualistischen Strömungen seiner Zeit. Die Anhänger dieser Bewegungen verwechselten in enthusiastischer Manier (Luther selbst redet so) den Heiligen Geist mit dem Zustand ihres Bewußtseins, näherhin mit dem Erlebnis einer momentanen religiösen Hochstimmung. Deshalb glaubten sie, auf objektive Kriterien des Christusglaubens und der Kirchlichkeit verzichten zu können.

Auch den Schwärmern hält Luther das *sola-scriptura*-Prinzip entgegen und damit die Wirksamkeit des Geistes *extra eos* – nicht in der Befindlichkeit ihres religiösen Bewußtseins. Als Garant der rechten Christuserinnerung und Lieferant „gewisser“ und „sicherer Aussagen“ aber begleitet und heiligt der Geist das Glaubensleben jedes einzelnen Individuums[183]; die Gnade, die diesem zuteil wird, kommt folglich allein von ihm.

4.5.3 Der Heilige Geist im Fortgang der Reformation und im Pietismus

Melanchthon und Zwingli

Obwohl sich die lutherische Pneumatologie über die *Confessio Augustana* in den Reformationskirchen weitgehend durchsetzen konnte, kam es zu Verschiebungen und neuen Akzentsetzungen. Schon bei *Philipp Melanchthon* († 1560), der für die Formulierungen des Augsburger Bekenntnisses verantwortlich zeichnet, lockert sich das enge Verhältnis zwischen Wort und Geist. Zwar bleibt auch bei ihm die Rechtfertigung an das Wort und an dessen Verheißungen gebunden, die im Glauben zu ergreifen sind. Aber dem Heiligen Geist kommt vor allem die *Heiligung* zu, ein gnadenhafter Prozeß, der der Rechtfertigung nachfolgt. Diese Heiligung

[183] Vgl. A. Adam, Lehrbuch der Dogmengeschichte II, Gütersloh ³1968, 276, mit Zitaten aus Luthers ‚De servo arbitrio'.

versteht Melanchthon im Gegensatz zu Luther als eine Wesensveränderung des Menschen, als eine ‚Wiedergeburt' im biblischen Sinn. Dazu tritt bei Melanchthon der augustinische Voluntarismus neu hervor: Im Heiligen Geist gewinnt der Mensch gegen den Druck seiner sündigen Begierlichkeit den Willen und die innere Fähigkeit, das Gesetz Christi tatsächlich zu erfüllen. Er wird dadurch in die Lage versetzt, den Geist als eigenständige Wirkkraft zu erfahren. Damit ist der Christozentrismus der Pneumatologie Luthers relativiert.

Die eigenständige Rolle des Heiligen Geistes im Leben der Gläubigen stellen auch *Huldrych Zwingli*, *Martin Bucer* und *Johannes Calvin* heraus. Allen dreien ist – im Gefolge Augustins und im Unterschied zu Luther – ein gewisser Dualismus gemein: eine Hochschätzung des Geistigen, Innerlichen und Unsichtbaren zuungunsten des Körperlichen und Sinnenfälligen. Diese Einstellung hat unmittelbare Auswirkungen auf das Geistverständnis der genannten Reformatoren: Zwar bezieht sich dessen Wirken, da er Gott und Schöpfer heißt, auf die ganze Welt, aber es zeitigt vor allem im Bereich des menschlichen Denkens und Wollens, im ‚Geistigen' also, spürbare Folgen. Was die Sakramente betrifft, so verändert dieser Dualismus die Zuordnung von äußerem Zeichen und innerer Wirkung. Gewiß hatte bereits Augustinus die beiden Bereiche deutlich voneinander unterschieden, aber er hatte sie zugleich in einen kausalen Zusammenhang gestellt. Das sichtbare Zeichen galt hinfort als *Wirkursache* der unsichtbaren Gnade. Nun ist das Sakrament nur noch ‚Zeichen': ein Hinweis darauf, daß der Heilige Geist in Verstand und Wille des Christen zwar am Werk ist, aber kraft einer Souveränität, die sich weder rituell noch charismatisch binden läßt.

Insbesondere für *H. Zwingli* († 1531) dienen die Sakramente als Indikatoren einer unverfüglichen Geistpräsenz, vor der sich die Gläubigen existentiell zu bewähren haben. Er sieht die vornehmste Geistwirkung darin, daß der Verstand des Menschen erleuchtet, seine Glaubensentscheidung bestärkt und sein Ethos erneuert wird.

Martin Bucer

Die Gegenwart des Geistes im Leben der Glaubenden hat auch der ehemalige Dominikanermönch *Martin Bucer* († 1551) herausgearbeitet. Da er, wie alle Reformatoren, von den verheerenden anthropologischen Folgen der Erbsünde überzeugt war, begriff er den Sinn der Rechtfertigung als Wiederherstellung der ursprünglichen Gottunmittelbarkeit des Menschen. Diese Erneuerung ist nach Bucer das ureigene Verdienst des Heiligen Geistes, den er im Herzen des Menschen am Werk glaubt. Im Gegensatz zu Luther jedoch, der die tatsächliche Umgestaltung der menschlichen Natur ans Ende der Zeit verlegte, versteht sie Bucer als innerweltlichen und innergeschichtlichen Gnadenprozeß. In diesem Zusammenhang gewinnen die christlichen *Werke* eine neue Bedeutung: An der Frömmigkeit und Tugend der Christen soll die ganze Welt das Werk des Geistes erkennen und die Herrlichkeit Gottes preisen lernen.

Indes tritt das Werk des Menschen zu dem des Geistes keineswegs in Konkurrenz. Denn auch die Theologie Bucers versteht sich als pneumatische Umformung des christozentrischen Grundsatzes Luthers, wonach das vom Menschen gewirkte Werk Gott um dessentwillen gefällt, der das Werk *ursächlich* wirkt[184]. Nach der Überzeugung des Wittenberger Reformators besorgt dies Christus; bei Bucer spiegeln die Werke des Christen jene des Heiligen Geistes wider. Damit steht er gewissermaßen zwischen Luther und Calvin.

Johannes Calvin

Johannes Calvin († 1564) gilt als der bedeutendste Pneumatologe unter den Reformatoren. Er versteht den Heiligen Geist als die wirksame Kraft des göttlichen Handelns und glaubt sie im Kosmos, im Menschen und in der Kirche am Werk. Dabei behält er jeweils die Beziehung des Pneuma zu Christus im Auge. Calvin betont vor allem die kreatorische Kraft des Geistes. Er nennt ihn *vivificator*, Beleber, Lebensbegründer und Lebenserhalter. Von Christus ausgehend durchwirkt er die ganze Schöpfung, ohne freilich selbst in sie einzugehen. Trotz dieses pneumatischen Universalismus', an dem Calvin aufgrund seiner Schrifttreue festhält, setzt er die Anwesenheit des Geistes im Kosmos streng von dessen Wirksamkeit im Herzen des Christen ab. Was sie betrifft, so läßt sich von einer *zweifachen* Zielrichtung sprechen.

1.) Im Geist empfängt der Christ die ‚doppelte Gnade' der Rechtfertigung und der Wiedergeburt. Er tritt durch ihn in die Lebensgemeinschaft mit Christus ein und erlangt so die Gewißheit, gerechtfertigt zu sein. Zugleich vollzieht sich eine wirkliche Heiligung an ihm – die Wiedergeburt: Beide Wirkungen können ebensowenig voneinander getrennt werden wie Christus und der Geist selbst. Wo aber Christus ist, da wirkt auch sein heiligender Geist. In diesem Zusammenhang findet Calvin zu seinen schönsten Geistaussagen. Nach Auskunft seiner Hauptschrift *Institutio christianae religionis* ist er der Geist des Bandes und der Einheit – *vinculum*, *communio cum Christo* und *unio cum Christo*[185]. In ihm sind Christus und die Christen eins.

2.) Die Wiedergeburt ist als Heiligung – wie bei Martin Bucer – ein lebenslanger Prozeß unter der Maxime: ‚Die Überwindung des Fleisches durch den Geist'. Deshalb gestaltet sich das christliche Leben als wahrer Kriegsdienst, als ständiger Kampf gegen alles, was nicht Geist und nicht heilig heißt, sondern von der Sünde bestimmt ist. Der Christ Calvins präsentiert sich als ein Mensch des Widerspruchs, so sehr vom ‚Fleisch' – der Sünde – bestimmt, daß der Heilige Geist nur allmählich in ihm Fuß fassen kann. Aber der Geist „verlegt gleichsam die den Menschen durchziehende Grenze immer weiter hinaus in den Bereich der Sarx, so daß die reliquiae carnis (der Rest des sündigen ‚Fleisches') täglich mehr und mehr beseitigt werden"[186]. Vor diesem Hintergrund versteht sich die von Calvin ausgebaute Lehre, der Grad der bereits vollzogenen Wiedergeburt

[184] Vgl. die ‚Heidelberger Disputation' (1518), prob. 27; WA 1, 364.

[185] Vgl. den Aufbau der Inst. III im ganzen: die *operatio spiritus* in der Heilsgeschichte. Die Belegstellen erschließt das Register der deutschsprachigen Ausgabe v. O. Weber, Neukirchen-Vluyn ²1963, 1134 f.

[186] W. Krusche, Das Wirken des Heiligen Geistes nach Calvin (FKDG 7), Göttingen 1957, 284.

und damit das Wissen um die ewige Erwählung lasse sich am äußeren Erfolg eines Lebens erkennen. Aber auch Calvin betont, daß die guten Werke der Christenmenschen nicht das Resultat ihrer selbst, sondern Abglanz des in ihnen wirkenden Heiligen Geistes sind. Dieser wird nie zu ‚ihrem' Geist. Auch bei Calvin bleibt die Freiheit und Souveränität des Geistes unantastbar.

Dasselbe gilt für dessen Wirken in der *Kirche*. In ihr, die Calvin als unsichtbare Gemeinschaft Gleichgesinnter versteht, bringt der Geist seine Werke hervor. Ihre Sakramente, vor allem das *Wort*, ‚bearbeiten' den Menschen sozusagen von außen, während der Geist in seinem Inneren wirkt und ihm allererst zu erkennen gibt, was Gotteswort ist. Bezeichnenderweise leugnet auch Calvin einen ursächlichen Zusammenhang zwischen Sakrament und Geistmitteilung, etwa bei der Eucharistie: Zwar setzt der Geist in der Feier Christus gegenwärtig, aber er tut es innerlich im Herzen der Gläubigen und nicht aufgrund des von ihnen empfangenen Brotes, sondern ‚im Verein' mit ihm. Das Sakrament wird so zum Zeichen dessen, was der Heilige Geist ohne sakramentale Vermittlung aus freien Stücken wirkt.

Der Pietismus

Unter das Stichwort *Pietismus* subsumiert man jene Strömungen des 17. und 18. Jahrhunderts, die den Protestantismus durch eine gesteigerte Innerlichkeit zur Vollendung führen wollten. Stärker als die großen Reformatoren betonen die Pietisten die Glaubenserfahrung im täglichen Leben, die innere Erleuchtung durch den Heiligen Geist und die Bedeutung der tätigen Nächstenliebe. Stellvertretend für die Reihe pietistischer Glaubenslehrer sei an die Geisttheologie *Ph. J. Speners* († 1705) erinnert. Sein Kirchenbild orientiert sich am Ideal der Urkirche, die er nach dem Zeugnis der Apostelgeschichte unmittelbar vom Heiligen Geist geführt und erleuchtet glaubt. Eine wichtige Funktion kommt in Speners Kirchenbild der paulinischen Charismenlehre zu: Jeder Christ und jede Christin, nicht nur der Gemeindevorsteher, ist mit dem Heiligen Geist begabt, um in eigener Verantwortung durch Schriftmeditation, Gebet und tätige Nächstenliebe die Kirche der Apostel in ihrer Zeit zu verwirklichen. Eigens gegründete Kleingruppen, die sogenannten *collegia pietatis*, sollten diese Verwirklichung koordinieren helfen und zum Erfahrungsaustausch anregen.

Da sich die *protestantische Orthodoxie* durch die Rückbindung der Geistwirksamkeit auf den Wortlaut der Schrift zunehmend in einen starren Formalismus verstrickt hatte, verstand sich der Pietismus auch als innerprotestantische Korrekturbewegung. Die Pietisten widerstanden vor allem der im nachlutherischen Protestantismus entwickelten Lehre von der *Verbalinspiration*: der Anschauung, der Heilige Geist habe jedes einzelne Wort und jedes Satzzeichen der Heiligen Schrift diktiert und sei folglich vor allem ‚damals', nämlich bei deren Entstehung tätig gewesen. Den Pietisten war es demgegenüber um das Geisteswirken im Hier und Heute jedes einzelnen Glaubenden zu tun. Darum ging ihre Bewegung mit einer Neuentdeckung der Mystik einher. Für sie stehen u.a. die Namen *J. Böhme* und *J. G. Gichtel*.

4.6 Die Pneumatologie von der Zeit der Gegenreformation bis zum ausgehenden 19. Jahrhundert

4.6.1 Das Konzil von Trient und die katholische Schultheologie

Durch die Reformatoren waren wertvolle pneumatologische Elemente wiederentdeckt und ausgebaut, andere aber verschüttet worden. Ohne Zweifel entsprach der reformatorische Blick auf den Einzelchristen sowie auf die personale und ethische Dimension der christusgewirkten Geistbegabung wesentlichen Anliegen der Schrift. Aber die Bindung des Geistes an das Wort allein hatte die pneumatische Valenz der Tradition und des kirchlichen Amtes, die Betonung der Geistessouveränität die Heilsbedeutsamkeit der Sakramente vernachlässigt. Das Verhältnis von Kirche und Schrift, von Geist und Institution, von Amt und Charisma wie das Kirchenbild überhaupt waren zum großen Problem geworden.

Die frühen Gegner der reformatorischen Theologie konzentrieren sich vor allem auf den Nachweis, der Heilige Geist habe auch und gerade in der kirchlichen Tradition und in den zur Tradition gewordenen Entscheiden des kirchlichen Lehramtes gewirkt. Auch der Zusammenhang von Schrift und Kirche wird neu bedacht: Beide Größen seien auf den einen Geist zurückzuführen, seien zwei verschiedene Äußerungen ein und desselben Prinzips und darum untrennbar miteinander verflochten. Vor allem der Löwener Theologieprofessor *Johannes Driedo* († 1535) und seine Schüler lehrten so; andere hatten in diese Richtung gewiesen[187].

Die für die Gegenreformation entscheidenden pneumatologischen Weichenstellungen werden vom *Konzil von Trient* (1545–1563) vorgenommen. Im Geist der neu entstandenen katholischen Kontroverstheologie – einer ausdrücklich konfessionsbildenden und konfessionsverteidigenden Disziplin – erinnert das Konzil an die Geistwirksamkeit innerhalb der institutionellen Kirchengemeinschaft, an die glaubenserschließende Bedeutung der Tradition, an die Autorität des kirchlichen Lehramtes und an die Heilsbedeutsamkeit der Sakramente: Die Lehre Jesu ist „in geschriebenen Büchern und ungeschriebenen Überlieferungen ... von den Aposteln aus dem Munde Christi selbst empfangen oder von den Aposteln selbst auf Diktat des Heiligen Geistes gleichsam von Hand zu Hand weitergegeben" und darum zuverlässig in der Kirche bewahrt worden[188].

Die authentische Interpretation der Schrift, die die Reformatoren den gläubigen Lesern überlassen hatten, da sie überzeugt waren, sie lege sich durch den in ihr und in ihnen waltenden Geist selbst aus, bleibt für Trient ein Vorrecht der ganzen, von der Tradition im Geist geformten Großkirche, die allerdings dem *Lehramt* verpflichtet bleibt. Darum dürfe niemand es wagen, die Schrift nach „eigenen Ansichten gegen jenen Sinn, den die Heilige Mutter Kirche festgehalten

187 Näheres bei Y. Congar, Der Heilige Geist, 141 f.

188 Konzil von Trient, Dekret über die Annahme der heiligen Bücher und der Überlieferungen; DH 1501.

hat und festhält, zu verdrehen"[189]. Die pneumatische Heilswirksamkeit der Sakramente hat das Konzil dadurch bekräftigt, daß es den inneren Zusammenhang zwischen dem sakramentalen Zeichen und der in ihm gewirkten Gnade ausdrücklich hervorhob. Mit dem *Anathem* – dem Kirchenausschluß – wird belegt, wer behauptet, die „Sakramente des neuen Bundes enthielten nicht die Gnade, die sie bezeichnen", oder angibt, sie seien „nur äußere Zeichen der durch den Glauben empfangenen Gnade und Gerechtigkeit"[190].

Und noch einmal das Lehramt: Gemäß der beschriebenen Konzeption sind die Konzilsväter in Trient davon überzeugt, die eigenen, für die Kirche verbindlichen Aussagen unter dem Beistand des Heiligen Geistes formuliert zu haben. Darum kehrt in verschiedenen Dekreten die nicht nur stereotype Formel wieder, die heilige Versammlung habe unter der „besonderen Führung und Leitung des Heiligen Geistes" gestanden.

Natürlich waren die Aussagen des Konzils situationsbezogen und entschieden antireformatorisch pointiert. Deshalb darf man sich nicht über die Schärfe der Formulierungen aufhalten. Zudem entsprach die Argumentation dem theologischen Stand der damaligen Zeit. Dieser ist durch die ökumenischen Fortschritte unserer Tage wesentlich verändert, so daß manch hart klingende Formulierung von damals heute in einem anderen Licht erscheint[191].

Was die Pneumatologie im engen Sinn betrifft, so sind die Aussagen des Tridentinum relativ ausgewogen. Immer noch wirkt, wenngleich schon arg abgeschwächt, das von den Kirchenvätern überkommene Bewußtsein nach, daß der Geist eine Gabe an die ganze Kirche und die Seele einer Institution ist, die Amtsträger *und* Nichtamtsträger umfaßt.

In der Folgezeit nimmt dieses Bewußtsein ab. In der Theologie *nach* Trient schiebt sich das Lehramt – auch aus Angst vor den Entwicklungen im orthodoxen wie pietistischen Protestantismus – über die Maßen in den Vordergrund. Entsprechend wird der Geist zum Wahrheitsgaranten der amtlichen kirchlichen Verlautbarung, und, da diese naturgemäß lehrhaft vonstatten geht, zur Grundlage kognitiver Satzwahrheiten. Dem gläubigen Kirchenvolk bleibt nur noch die Aufgabe, auf das Lehramt zu hören und ihm zu folgen. Die *theologische* Begründung des Lehramtes gewinnt indes einen primär christologischen, nicht pneumatologischen Charakter: Das Lehramt besitzt Autorität, weil es von Christus eingesetzt wurde; dem Heiligen Geist aber kommt es zu, der solchermaßen etablierten Autorität beizustehen und ihre Äußerungen zu bestätigen. In diesem Sinn wird sich Papst Pius IX. bei der Dogmatisierung der Unbefleckten Empfängnis Mariens im Jahr 1854 ausdrücklich auf den Heiligen Geist berufen, doch kraft seines von Christus gestifteten Amtes sprechen.

Generell hat sich dieses Denken im 19. Jahrhundert so eingebürgert, daß die Kirche wie selbstverständlich als Institution erscheint, deren hierarchische Struk-

---

[189] Dekret über die Vulgata-Ausgabe der Bibel und die Auslegungsweise der Heiligen Schrift; DH 1507.

[190] Dekret über die Sakramente, can. 6; DH 1606.

[191] Vgl. z.B. H. Schütte, Glaube im ökumenischen Verständnis. Grundlage christlicher Einheit, Paderborn – Frankfurt a.M. 1993, 118-165.

turen mit dem fortlebenden Christus gleichgesetzt werden. Das Lehramt tritt folglich als dritte Glaubensquelle neben Schrift und Tradition[192]. Dieser Entwicklung ist es wohl zuzuschreiben, daß noch bis weit ins 20. Jahrhundert hinein die Bemerkung anzutreffen ist, die Kirche sei sich selber ‚Quelle der Wahrheit'. Hier gerät der Geist tatsächlich in Vergessenheit; er wird, wie Y. Congar meint, durch das Lehramt geradezu ersetzt[193].

4.6.2 Der Beitrag der katholischen Universitätstheologie

Immerhin blieb die beschriebene Entwicklung nicht ganz ohne Gegengewichte. Da die Tübinger Schule in Deutschland sowie die Oxfordbewegung der anglikanischen Kirche Englands auf patristische Quellen zurückgriffen, wurde die pneumatische Dimension der Kirche allenthalben wiederentdeckt. Auch die Gnadenlehre empfing durch patristische Einflüsse neue Impulse. In diesem Zusammenhang sind vor allem die Namen *J. A. Möhler, J. H. Newman* und *M. J. Scheeben* zu nennen.

Eine wichtige Rolle spielt *Johann Adam Möhler* († 1838), obwohl er durch sein Spätwerk die christomonistische Ekklesiologie untermauert hat. Sein *frühes* Kirchenbild gründet auf einem pneumatologischen Fundament. Mit der romantischen Bewegung des frühen 19. Jahrhunderts war eine neue Begeisterung für Gemüt und Innerlichkeit, aber auch eine Sehnsucht nach ‚Volk' und Gemeinschaft entstanden. Beides hat Möhler beeinflußt. Für ihn war der *Geist Gottes* Garant von Gemeinschaft und Innerlichkeit.

Die ‚Einheit in der Kirche', so schreibt er in seinem gleichnamigen Werk des Jahres 1825, „besteht durch ein unmittelbar und immerfort durch den göttlichen Geist bewegtes, sich durch liebende Wechselwirkung der Gläubigen erhaltendes und fortpflanzendes Leben"; im Hintergrund steht Röm 5,5[194]. Anders gewendet: Die „vom Geist geschaffene innere Einheit (der Glaubenden) findet ihren Ausdruck in der sichtbaren Einheit der Kirche, es dominiert damit das Organismus-Denken der Romantik in der Dialektik von Innen und Außen, von Geist und Körper"[195]. Dieser Ansatz hätte sich eventuell dafür geeignet, auch mit der reformatorischen Ekklesiologie ins Gespräch zu kommen. Aber die christomonistische Kirchenauffassung des späten Möhler wie die der Neuscholastik machte diese Möglichkeit wieder zunichte.

---

[192] Vgl. J. Bautz, Grundzüge der katholischen Dogmatik I, Mainz ²1899, 15: „Weil wir aber nach Christi Willen uns den Inhalt dieser Quellen (nämlich von Schrift und Tradition) nicht durch subjektive Forschung aneignen wollen, der Natur der Sache nach auch nicht können, so ergibt sich noch eine dritte Glaubensquelle, das von Christus eingesetzte unfehlbare Lehramt, sofern dieses beauftragt ist, uns den Inhalt der Schrift und der Tradition vorzustellen oder zu proponiren(!), während wir die Pflicht haben, aus der Hand dieses Lehrkörpers diesen Inhalt gläubig aufzunehmen".

[193] Der Heilige Geist, 143, mit reichen Quellenangaben.

[194] J. A. Möhler, Die Einheit in der Kirche, 1. Abteilg., 1. Kap. § 4.

[195] H. Döring, Grundriß der Ekklesiologie. Zentrale Aspekte des katholischen Selbstverständnisses und ihre ökumenische Relevanz (Grundriße 6), Darmstadt 1986, 63.

Für *John Henry Newman* († 1890), der, aus der Oxfordbewegung kommend, zum Katholizismus konvertiert war, trägt der Heilige Geist Sorge für die *prophetische Tradition* der Gesamtkirche und garantiert ihr Bleiben und Fortschreiten in der Wahrheit. Da freilich jeder einzelne seinen Teil zur einen Wahrheit beizutragen hat, wächst diese im Lauf der Zeit und im lebendigen Kontakt mit allen geistig-religiösen Einsichten der Menschheit ihrer katholischen Fülle entgegen. Von solchen Voraussetzungen her vermag Newman einen wirklichen Fortschritt in der Dogmenentwicklung zuzugeben und mithin der Zerteilung der Kirche in einen lehrenden und einen lernenden Teil entgegenzuwirken.

Die Hauptimpulse seiner Pneumatologie bezog Newman aus einem intensiven Studium der Väter. Durch sie hatte er gelernt, das Wirken des Geistes weder intellektualistisch noch spiritualistisch einzuschränken. Newman bezog das Walten des Geistes wieder auf den ganzen Menschen, auf sein Leib und Seele umfassendes Geschick, seine lebendige Gottes- und Christusbeziehung, seine religiöse Erkenntnisfähigkeit und auf sein ethisches Handeln[196].

Das Besondere der Pneumatologie *M. J. Scheebens* († 1888) liegt in der Frage nach der Art und Weise der Geisteinwohnung im Menschen. Bislang hatte die Tradition die Einwohnung Gottes im Menschen dem Heiligen Geist *appropriiert*, also zugeschrieben. Sie hatte jedoch immer daran festgehalten, daß das Wirken Gottes nach außen unzertrennlich sei und darum der Vater, der Sohn und der Geist gemeinsam im Herzen des Christen Wohnung nähmen. Scheeben dagegen betrachtet die Einwohnung Gottes im Menschen als unverwechselbare Eigentümlichkeit des Geistes. Man versteht diesen damals wie heute nicht unumstrittenen Gedanken besser, wenn man eine Parallele zur Menschwerdung des Sohnes zieht: „Wie jede einzelne Person die göttliche Natur auf eine besondere Weise besitzt, so kann sie auch eine geschaffene auf eine ihr eigentümliche Weise und insofern allein besitzen. Wir sehen das beim Sohne in der Inkarnation. Wenn hier der Sohn allein eine geschaffene Natur zum physischen Besitze in sich aufnimmt, sollte dann nicht der Heilige Geist auf eine seiner Person eigentümliche Weise durch einen minder vollkommenen und bloß moralischen Besitz ... ein geschaffenes Wesen in Besitz nehmen können, so daß die übrigen göttlichen Personen jenes Wesen in dieser bestimmten Beziehung nicht unmittelbar, sondern nur in ihm besitzen, wie das beim Sohne und seiner Menschheit der Fall ist?"[197].

Das Zitat zeigt, daß der Ansatz Scheebens trotz seiner patristischen Fundierung hoch spekulativ blieb. Aufs Ganze gesehen aber vermochten weder er noch die anderen Pneumatologen des neunzehnten Jahrhunderts der relativen Geistvergessenheit in der katholischen Kirche gegenzusteuern. Dieser Zustand hielt – von wenigen Äußerungen in päpstlichen Rundschreiben abgesehen[198] – bis zum Vorabend des Zweiten Vatikanischen Konzils an.

---

[196] Vgl. J. H. Newman, Die Einwohnung des Heiligen Geistes. Predigten; tzt D7, Nr 37.

[197] M. J. Scheeben, Die Mysterien des Christentums. Wesen, Bedeutung und Zusammenhang derselben nach der in ihrem übernatürlichen Charakter gegebenen Perspektive dargestellt (erschienen 1865), § 30. Hg. v. J. Höfer, M. J. Scheeben. Gesammelte Schriften II, Freiburg/Br. [3]1958, 141 f.

[198] Zu erinnern ist an Enzykliken Leos XIII. und Pius' XII.; vgl. tzt D7, Nr. 20-21.

Die Aussagen des kirchlichen Lehramtes zur Pneumatologie

Instanz	Jahr	DH	Inhalt
Konzil v. Nizäa	325	125	Erwähnung des Pneuma im 3. Artikel d. Symbolon
1. Konzil v. Konstantinopel	381	150	Entfaltung der pneumatologischen Aussage v. Nizäa
		151	Verdammung der Pneumatomachen
2. Konzil von Orange	529	371–397	Der Hl. Geist befähigt durch infusio und inspiratio zum Guten
Konzil v. Florenz	1442	1330	Amtliche Formulierung versch. Ausformungen der westl. Trinitätslehre („Filioque")
Konzil v. Trient	1546	1501	Der Hl. Geist wirkt in Schrift, Tradition und Sukzession
	1547	1525, 1529, 1553	Der Hl. Geist ist die Wirkursache d. Rechtfertigungsgeschehens
			Mitwirkung des Hl. Geistes bei den Sakramenten:
	1546/47	1514, 1524, 1615	* Taufe
	1551	1670, 1678, 1684	* Buße
		1696, 1699	* Krankensalbung
	1563	1768, 1774	* Ordo

Aussagen im 19./20. Jahrhundert

Leo XIII.	Enz. „Divinum illud munus"	1897	Christozentrische Sicht des Pneuma
Benedikt XV.	Enz. „Spiritus Paraclitus"	1920	Christologische Pneumatologie
Pius XII.	Enz. „Mystici Corporis"	1943	Geist als Seele der Kirche wirkt in der Hierarchie
Vaticanum II	Konst. „Lumen gentium"	1964	Aufnahme der pneumatolog. Besinnung
Synode der Bistümer der Bundesrepublik Deutschland	„Unsere Hoffnung"	1975	Hl. Geist als Prinzip der kirchlichen Erneuerung
Paul VI.	Enz. „Evangelii nuntiandi"	1975	Die Kraft des Hl. Geistes für die Evangelisierung unerläßlich
Johannes Paul II.	Enz. „Dominum et vivificantem"	1986	Meditationen über den Hl. Geist

Erstellt von Wolfgang Beinert

4.6.3 Pneumatologische Denkansätze in der protestantischen Systematik

Eine ausgesprochene Geistspekulation war zu Beginn des neunzehnten Jahrhunderts im Deutschen Idealismus entstanden, am profiliertesten im System des Philosophen *G. W. F. Hegel* († 1831). Aufgrund idealistischer Vorentscheide war bei Hegel der ‚Geist' gleichbedeutend mit der Wirklichkeit schlechthin und zu einem Begriff für das Absolute geworden. Doch obwohl Hegels Ansatz von den Vorgaben des Christentums lebt, kommt es ihm gegenüber zu bezeichnenden Verschiebungen. Deren markanteste liegt darin, daß sich mit Hegels Geistbegriff die Ebenen des Göttlichen und des Geschöpflichen insofern vermischen, als die Welt und ihre Geschichte als Geschichte *Gottes* erscheint: Gott denkt als Geist sich selbst, tritt aber bei diesem Denken aus sich heraus und setzt sich selbst als Gegenüber die Welt des Materiellen, das scheinbar Nicht-Göttliche. Doch dieses Geschöpfliche ist als Gedanke Gottes selbst Geist, nur in der Form der Entäußerung; es ist ‚spröder' Geist, eine Art Spiegelung des ursprünglichen Gottesgeistes, der mittels eines die irdische Geschichte durchlaufenden Prozesses wieder zu reinem Geist, Hegel sagt: zum *absoluten Geist* werden muß.

Hinter diesen Gedanken steht unter anderem die trinitarische Geschichtsphilosophie des Joachim von Fiore: Da ist das ‚Reich des Vaters', die Schöpfung als eine Manifestation des Gottesgeistes und dessen Willens, für anderes dazusein und auf anderes hin zu leben. Dem folgt das ‚Reich des Sohnes': Durch die Inkarnation geht der Geist selbst in die Begrenzung des Nicht-Göttlichen und Endlichen ein und überwindet, was ihn entzweit hat. Er kommt durch die Schöpfung und die Geschichte zu sich selbst, durchgeistigt aber auch beide Bestimmungen und hebt sie so ‚auf', bewahrt sie, indem er sie auf eine neue ontische Stufe stellt. Und endlich das ‚Reich des Geistes': Hegel sieht es in der christlichen Gemeinde verwirklicht, durch die die Vereinzelung des Geistes in Jesus von Nazaret zum Kollektiv eines universalen Geistes geweitet wird, das nun ein allgemeines Selbstbewußtsein darstellt. So entsteht der Geist gleichsam durch den Dreischritt Denken, Entäußerung und ‚absolutes Bewußtsein'. Er wird im Resultat der Geschichte universal und umfaßt im Prozeß alle Wirklichkeit.

Gewiß kann Hegels System nicht einfach mit dem christlichen Dogma verrechnet werden. Aber es verschärft zumindest die Frage, ob „die Wirklichkeit insgesamt so des Geistes voll – oder wenigstens nicht ganz entleert" sein könnte, „daß dies erlaubt, an den Heiligen Geist zu denken"[199].

Zu einer *dogmatischen* Erneuerung der Pneumatologie kam es im protestantischen Raum erst im 20. Jahrhundert, zunächst durch *Karl Barth* († 1968). Die Theologie Barths ist durch ein strenges Gegenüber, durch die Dialektik von Gott und Welt, von Gott und Mensch bestimmt. Barth hält den Menschen grundsätzlich nicht dazu befähigt, von sich aus, etwa durch Vernunft oder Erfahrung, etwas über Gott wissen zu können, es sei denn, dieser Gott offenbart sich, um aus freien Stücken über sich Auskunft zu geben. Insofern gewinnt die Kategorie der *Offenbarung* eine ausgesprochene Brückenfunktion: Der Mensch kommt zu Gott,

---

[199] W. Kern, Philosophische Pneumatologie. Zur theologischen Aktualität Hegels: W. Kasper (Hg.), Gegenwart des Geistes, 54.

wenn er gläubig dessen Wort akzeptiert und wenn er gehorsam annimmt, was dieses Wort über Gott zu wissen gibt. Im Glauben an das Wort sind Gott und Mensch vereint.

Im dialektischen Kontext steht bei Barth auch die Funktion des Heiligen Geistes. Dieser ist für ihn die *objektive* und *subjektive* Seite der Offenbarung in einem. Das heißt: Im Geist begegnet dem Menschen alles, was Gott von sich zu sagen weiß und was er in der Geschichte – deren Zeugin die Schrift ist – getan hat. Aber trotz dieser instruktiv-objektiven und vermittelnden Funktion des Geistes bleibt die Offenbarung dem Menschen immer noch äußerlich. Sie muß, um Heil schenken zu können, wirklich bei ihm ankommen und ihm die Möglichkeit geben, ein anderer zu werden. Sie muß, gut reformatorisch gesprochen, den Menschen rechtfertigen. Darin aber begegnet die *subjektive* Seite der Offenbarung im Heiligen Geist. Dieser ist ‚Gott im Menschen', näherhin jene Kraft, die es dem Menschen von innen her ermöglicht, die Offenbarung anzunehmen und durch sie Heil zu erfahren. „Die Ausgießung des Heiligen Geistes" so schreibt Barth in seiner monumentalen ‚Kirchlichen Dogmatik', „ist Gottes Offenbarung. In der Wirklichkeit dieses Ereignisses besteht unsere Freiheit, Gottes Kinder zu sein und ihn in seiner Offenbarung zu erkennen, zu lieben und zu loben"[200].

Freilich enthüllt sich in der Offenbarung auch, wer der Geist selbst und was er von seinem Wesen her ist. Hier greift Barth auf augustinische Traditionen zurück, indem er den Geist als ‚Gemeinschaft von Vater und Sohn seit Ewigkeit' und ‚in Person' bestimmt. Insofern wird das Pneuma zum Fundament seines ganzen theologischen Systems. Denn kraft dieser Eigenart vermag Barth aufzuweisen, daß die Zuwendung Gottes zum Menschen primär als *personales* Geschehen zu betrachten ist. Außerdem wird deutlich, daß Gnade nichts Dingliches sein kann, sondern einen gott-menschlichen Dialog in Gang hält, der Personen betrifft und Personen verbindet. Darum eröffnet die Pneumatologie Barths vor allem die Dimensionen der *Versöhnung* und der *kirchlichen Gemeinschaft*. Diese Themen sind ihrerseits von der eschatologischen Grundkomponente umfangen, auf der Barths System errichtet ist. Im Geist verendgültigt sich, was durch Christus seinen Anfang nahm.

‚Gott ist Geist' (Joh 4,24) – dieses Wort bildet das Fundament der Pneumatologie *Paul Tillichs* († 1965). Es antwortet auf die grundmenschliche Suche nach ‚unzweideutigem Leben', das heißt nach einer ‚Tiefe des Seins', dessen transzendente Grunddimension verläßlich und sinnstiftend offenliegt und keine Verfälschung durch menschliche Vorentscheide moralischer, kultureller oder religiöser Art erleidet. Gleichwohl ist für Tillich der *menschliche* Geist das Medium, in dem der *göttliche* Geist zum Aufschein kommt und in dem dieser die Sehnsucht nach Unzweideutigkeit allererst erweckt. Entsprechend ist es der Theologie Tillichs um die *Korrelation*, dem Zueinanderwirken von menschlichem und göttlichem Geist zu tun.

Zunächst offenbart dieses Zueinander eine Krise, denn der menschliche Geist, der angesichts der Weltwirklichkeit auf sich selbst stößt und sich als lebendig erfahrt, ahnt zwar die Grunddimension des eigentlichen Lebens – den Geist –, aber er findet nur *zweideutige*, durch die Sünde verfälschte Antworten. Doch der Geist

---

[200] I,2, Zürich [5]1960, 222.

Gottes kommt ihm kraft seiner ‚ekstatischen Gegenwart' entgegen. Er schenkt dem menschlichen Geist, was dieser aus sich selber niemals könnte, zerstört ihn aber nicht: Im Gebet gibt sich die Tiefendimension des Seins als letzte und verläßliche Seinswirklichkeit und als unzwingbares Gottesgeschenk zu erkennen: „Wo der göttliche Geist den menschlichen Geist ergreift, schafft er unzweideutiges Leben"[201]. In dem Maß er das tut, überwindet der Geist jede menschliche Vorläufigkeit, ja selbst die Religion. Sein Wirken erweist sich im Spiegel des von ihm erhellten menschlichen Geistes als universales Wirken im ganzen Kosmos, um den Menschen in eine universale Geistgemeinschaft hineinzurufen. Diese verwirklicht sich jenseits aller Kirchen, Konfessionen und Religionen, ordnet sie aber alle auf die Unzweideutigkeit des göttlichen Lebens hin. So werden sie in ihrer konkreten Ausgestaltung nicht einfachhin belanglos, wohl aber relativiert. In diesem Sinn zeitigt die Theologie Tillichs im Namen des Geistes entschiedene ökumenische Konsequenzen.

Die Grundaussage des traditionellen Trinitätsdogmas hat Tillich bestätigt. Dennoch ist er bestrebt, sie als *Symbol* für die absolute Seinsfülle des Geist-Gottes verständlich zu machen, der im Geist-Menschen als Ahnung aufscheint: „Die Fragen, die aus der Endlichkeit des Menschen entspringen, werden durch die Lehre von Gott und die in ihr gebrauchten Symbole beantwortet. Die Fragen, die aus der Entfremdung des Menschen entspringen, werden durch die Lehre von Christus und die in ihr gebrauchten Symbole beantwortet. Die Fragen, die aus der Zweideutigkeit des Lebens entspringen, werden durch die Lehre vom Geist und ihre Symbole beantwortet. Jede dieser Antworten ist Ausdruck unserer Beziehung zum Unbedingten"[202]. Als ‚Symbol' ist das trinitarische Dogma indes nicht bloß ein beliebig austauschbares ‚Zeichen' der göttlichen Wirklichkeit, sondern deren *Manifestation*. Es hat teil an ihr und bringt es zur Erscheinung. Nur das Sein selbst bleibt unzugänglich; dessen bleibendes Geheimnis „gehört zur Gottheit des Göttlichen"[203].

4.7 Zum Grundcharakter der ostkirchlichen Pneumatologie

Die relative Geistvergessenheit des Westens kann der Ostkirche – ich verstehe darunter etwas vereinfachend jene Glaubensgemeinschaften, die seit 1054 eigene Wege gingen – kaum zum Vorwurf gemacht werden. Im Gegenteil: Das Heilige Pneuma nimmt in Frömmigkeit und Denken der Orthodoxie einen breiten Raum ein. Fragt man nach den Gemeinsamkeiten und den Unterschieden zwischen Ost und West, so ist zu antworten: Eine grundsätzliche Übereinstimmung herrscht in jenen dogmatischen Sachfragen, die das Wesen der Trinität, die heilsgeschichtli-

[201] Systematische Theologie III, Stuttgart 1966, 135.
[202] Ebd. 327.
[203] Ebd. 325.

che Bedeutung der Inkarnation und die Gottheit des Heiligen Geistes betreffen. Das dogmatische Erbe des ersten Jahrtausends wird von beiden Seiten geteilt. Dies zeigt insbesondere der sogenannte *consensus quinquesaecularis*, die Einigkeit über die konziliaren Entscheidungen der ungeteilten Kirche bis einschließlich Chalkedon.

Zwar hatten sich in Ost und West, lange bevor die Kircheneinheit dramatisch zerbrach, unterschiedliche Denkgewohnheiten herausgebildet, verschiedene theologische Mentalitäten, aber sie rührten nie an die gemeinsame Glaubenssubstanz. Erst die Zuspitzung der Filioquefrage und anderer theologischer wie disziplinärer Meinungsverschiedenheiten führte zur Polemisierung der jeweiligen Argumentationsweisen und damit zur wechselseitigen Isolation.

Die theologische Methode

Beginnen wir bei der Erörterung der Unterschiede mit Fragen der theologischen Methode: Während Augustinus und die Kappadokier der Vernunft eine bedeutsame, wenngleich begrenzte Rolle für die Glaubenserkenntnis zugestanden hatten, trat in der lateinischen Frühscholastik die Rolle der *ratio* eindeutig in den Vordergrund. Im byzantinischen Mittelalter dagegen gewann mehr als im Westen die sogenannte *apophatische* oder *negative* Theologie die Oberhand. Gottes Wesen, so hatten bereits *Gregor von Nyssa* und *Ps.-Dionysius Areopagita* gelehrt, sei dem menschlichen Verstand unzugänglich, weshalb man Gott nicht verstehen, höchstens betend oder auf mystische Weise erfahren könne. Deshalb sei der Mensch gezwungen, Gott vor allem in seiner absoluten Transzendenz und Unbegreiflichkeit anzuerkennen.

Wie kein anderer hat *Grigorios Palamas* († 1358), der spätere Erzbischof von Thessaloniki, diese beiden Grundsätze – den Geheimnischarakter Gottes und die spirituelle Erfahrung als Königsweg seiner Erkenntnis – systematisiert und der ostkirchlichen Theologie vermittelt. Palamas unterschied zwischen dem unerkennbaren Wesen Gottes (der *ousia*) und seinen erfahrbaren Energien (den *energeiai*); man müsse sie ähnlich voneinander unterscheiden wie die Sonne von ihren Strahlen. Aus diesem Grund, so folgerte er, werde der Mensch zwar von Gott berührt, ja vergöttlicht, könne sich aber Gottes niemals bemächtigen. Die Gnade verstand Palamas als eine Energie Gottes, nicht als die restlose Mitteilung seines Wesens. Darum steht die Erfahrung seines heilsgeschichtlichen Wirkens über der Erkenntnis seines ewigen Seins.

Obwohl auch die Orthodoxie im Lauf des Mittelalters und der Neuzeit eine spekulativ und rational orientierte Scholastik hervorbrachte, hat sich die apophatische, erfahrungsorientierte Glaubenshaltung, die bei Palamas zu ihren letzten Konsequenzen findet, tief in die ostkirchliche Mentalität eingegraben.

Mit der Betonung der Erfahrung verbindet sich das orthodoxe *Schriftprinzip*. Damit meldet sich die Pneumatologie im engen Sinn zu Wort: Die ostkirchliche Geistlehre lebt von der doxologischen Nacherzählung der Heiligen Schrift in Liturgie und persönlichem Gebet. Der Lobpreis tritt an die Stelle des Dogmas und der Spekulation. Darum hält sich die Pneumatologie des Ostens eng an die narrative Theologie der Heiligen Schrift. Sie wiederholt deren Aussagen und sucht sie erinnernd gegenwärtig und lebendig zu halten. Aus diesem Grund ist die Erfahrung des Geistes in der Ostkirche besonders lebendig geblieben. Denn durch ihre liturgische, von der Schrift durchtränkte Frömmigkeit war die Möglichkeit gegeben, dessen Wirken in seiner *Eigenständigkeit* zu betrachten. Damit blieb die Gefahr gebannt, die Pneumatologie wie im Westen zu einer Funktion der Christologie zu machen.

An diesem Punkt gehen Methode und Inhalt ineinander über: Die Ostkirche hat ein großes Interesse am spezifischen, unverwechselbaren Wirken des Heiligen Geistes. Dieser setzt ihrer Überzeugung nach nicht einfachhin das Wirken Christi fort, sondern handelt im Anschluß an jenes auf seine eigene Weise. „Die Sendung des Heiligen Geistes zu Pfingsten schafft ein ‚Mehr', etwas Neues gegenüber dem Wirken Christi"[204]. Infolgedessen gilt in der ostkirchlichen Pneumatologie nach Maßgabe der Glaubensbekenntnisse die Kirche primär als Werk des Geistes, weniger als Stiftung Christi oder gar als dessen fortdauernde Inkarnation. Deshalb werden das Amt in der Kirche und die Funktion der Sakramente pneumatologisch, nicht so sehr christologisch begründet.

Die Liturgie und das asketische Leben

Durch die Betonung der Glaubens*erfahrung* im ostkirchlichen Theologieverständnis gewinnen die kirchlichen Lebensvollzüge generell eine gesteigerte Bedeutung. Hier ist an erster Stelle die Liturgie, vor allem die ‚Göttliche Liturgie', die Eucharistiefeier zu nennen. In ihr gibt sich der Geist zu erkennen, durch sie wirkt er, mit ihr wird er selbst geehrt und „mit dem Vater und dem Sohn zugleich angebetet und verherrlicht" (Symbolum Nicäno-Konstantinopolitanum). Durch ihre Schönheit und ihren Glanz soll der Glaubende die Herrlichkeit Gottes verkosten lernen und zu einem Leben in jenem Geist finden, der die Liturgie und jeden einzelnen Glaubenden durchwaltet. Dazu fügt sich, daß der *Epiklese*, der Bitte um den Geist, in der orthodoxen Meßfeier eine besondere Bedeutung zukommt: Die Verwandlung der Gaben und – durch sie – des liturgiefeiernden Gottesvolkes in den Leib Christi geschieht in seiner Kraft. Im Geist werden die Gläubigen allererst zum Bitten und Beten, und das heißt erneut: zum Lobpreis befähigt.

Das Wort Röm 8,26 „Denn wir wissen nicht, worum wir in rechter Weise beten sollen; der Geist selber tritt jedoch für uns ein" bildet in der Orthodoxie die Grundlage einer liturgisch durchformten Spiritualität. Der Geist übernimmt darin die Rolle eines Mystagogen und inneren Begleiters, der weniger die rechten Worte denn die rechte Haltung lehrt: die Fähigkeit, vor Gott zu stehen, ohne nach Zwecken zu fragen, in erster Linie aber die lautere Gesinnung, mit einem reinen Herzen zur himmlischen Liturgie aller Engel und Heiligen hinzuzutreten. Aus diesem Bewußtsein heraus wird nahezu jeder orthodoxe Gottesdienst mit der pfingstlichen *Stichira*, einer Anrufung des Heiligen Geistes eröffnet: „Himmlischer König, Tröster, Du Geist der Wahrheit, der Du überall bist und alles erfüllst, Hort des Guten und Lebensspender, komm und nimm Wohnung in uns und reinige uns von allem Makel und errette, Gütiger, unsere Seelen"[205].

[204] K. Ch. Felmy, Die Orthodoxe Theologie der Gegenwart. Eine Einführung, Darmstadt 1990, 108.
[205] Zit. ebd. 106.

Aber nicht nur die Liturgie gilt als Manifestation des Heiligen Geistes. Auch im Leben der *Heiligen* offenbart er sich. Die Askese, die ein heiligmäßiges Leben bedingt und zu einem solchen hinführt, wurde von den geistlichen Lehrern des Ostens als besonderes Charisma betrachtet. Zu ihm gesellen sich die Geistesgaben des Heilens und der Tränen, das heißt der Trauer über begangene Sünden. In den *Apophtegma Patrum*, einer Sammlung von Worten der Wüstenväter aus dem vierten und fünften Jahrhundert, sind die Grundlagen überliefert, die zu dieser asketisch gefärbten Pneumatologie geführt haben. Aus ihrem Geist lebten über die Jahrhunderte hinweg die geistlichen Lehrer der Orthodoxie, die *Starzen*. Sie halten noch heute das Bewußtsein lebendig, wie sehr ein heiligmäßiges Leben und die Schönheit einer geläuterten ‚Seele' die Gegenwart des Heiligen Geistes erahnen läßt.

Die Trinitätslehre

Welche trinitätstheologischen Vorentscheidungen stehen hinter der skizzierten Geistfrömmigkeit? Wie erwähnt, teilen Ost und West das konziliare Erbe der ersten fünf Jahrhunderte. Gleichwohl unterscheiden sie sich durch verschiedene Akzentuierungen. Daß die eigenständige Rolle des Heiligen Geistes in der Orthodoxie derart ausbaufähig blieb, hängt in erster Linie mit ihrer trinitarischen Systematik zusammen.

Während die westliche Theologie nach Augustin ihr Augenmerk auf die Einheit des göttlichen Wesens lenkte, spielten im Osten die einzelnen *Hypostasen* samt ihrer je eigenen heilsgeschichtlichen Wirksamkeit eine größere Rolle. Zwar ging damit immer auch die Gefahr einher, die Grenze zum Tritheismus zu streifen und das denkerische Begreifen der *Einheit* Gottes zu erschweren. Aber die ostkirchliche Sicht ist ohne Zweifel bibelnah, und was die Lehre über den Heiligen Geist betrifft, so eröffnete sie eine zweifache Möglichkeit: Sie regte erstens dazu an, die Personalität des Geistes herauszuarbeiten und heilsgeschichtlich auszugestalten. Dessen funktionale Qualifizierung als Liebesband zwischen Vater und Sohn und als Gabe seitens der Westkirche war dazu weniger geeignet. Der Blick auf die Hypostasen sicherte zweitens die innergöttliche Stellung des Pneuma. Denn er blieb auch in diesem Zusammenhang sensibel für dessen relative Eigenständigkeit. Diese wurde nicht wie im Westen von der Hypostase des Sohnes abhängig gemacht, sondern allein von der Monarchie des Vaters. Sohn und Geist sind nach östlicher Auffassung deshalb ‚Gott', weil sie vom Vater dieselbe *ousia*, dieselbe Wesenheit empfangen. Ihre Homoousie besteht allein wegen und infolge der alleinigen *arché* des Vaters. Folglich bezieht der Geist sein Gottsein nicht minder als der Sohn vom Vater. Aber es kommt ihm in anderer Weise und gewissermaßen als ‚Drittem' zu, jedoch unabhängig vom Sohn.

Da die ostkirchliche Theologie anders als der von Augustinus geprägte Westen zögerte, von der ökonomischen unmittelbar auf die immanente Trinität zu schließen, mußte ihr das *Filioque* verdächtig erscheinen. Umgekehrt hat der Osten durch seine Hypostasenlehre und die Überzeugung von der Monarchie des Vaters einen verdeckten *Subordinatianismus* in Kauf genommen. Auf die Entwicklung einer pneumatischen Spiritualität wirkte sich diese Haltung indes positiv aus.

4.8 Die Pneumatologie des Zweiten Vatikanums und der Nachkonzilszeit

4.8.1 Das Konzil und dessen theologisches Umfeld

Zwar hat sich das Zweite Vatikanische Konzil nicht systematisch zu Fragen der Pneumatologie geäußert, aber es verstand sich selbst als pneumatisches, erklärtermaßen pfingstliches Ereignis; viele seiner Lehren sind pneumatologisch fundiert. Es würde an dieser Stelle zu weit führen, wollte man die Geistlehre des Konzils erschöpfend behandeln[206]. Ihre Kontur zeigt sich aber in folgendem Grundprogramm: Die 1962 einberufene Bischofsversammlung hatte sich das Ziel gesetzt, die Kirche im Innern zu reformieren und ihr Glaubensgut für die Denkvoraussetzungen der Moderne neu zu buchstabieren. Diese Erneuerung sollte freilich aus den Quellen und der Tradition heraus geschehen, und auch die Hinwendung zur modernen Welt stellte den Versuch dar, diese aus der Perspektive eines weltzugewandten Glaubens zu betrachten und damit gerechter zu beurteilen. Die Lehre vom Heiligen Geist steht zu Diensten dieser Reformbemühung, ist ihr aber nicht untergeordnet, sondern trägt und ermöglicht sie allererst. Viele Aussagen des Konzils waren nur aufgrund einer Neuentdeckung des Geistes möglich geworden.

Die meisten konziliaren Geistaussagen berühren ekklesiologische Themen: das Verhältnis zwischen Schrift und Kirche, Probleme der Kirchenverfassung, Überlegungen zur theologischen Rolle der Tradition sowie Gedanken über den heilsgeschichtlichen Ort des kirchlichen Heilsauftrags. Besonders hervorzuheben ist das *pneumatische Kirchenbild* des Konzils. Es verbindet die Communio-Ekklesiologie der Väter mit neuen theologischen Einsichten des zwanzigsten Jahrhunderts und schärft das Bewußtsein für die *Sakramentalität* der Kirche. Die biblische Auffassung, wonach die Kirche als *ganze* in der Wahrheit gehalten und zur Wahrheit hin unterwegs ist, wird ebenso erneuert wie das Wissen um das vielfältige Wirken des Geistes in den Charismen der vielen einzelnen. Außerdem bekennt sich das Konzil im Namen des Geistes zur ökumenischen Dimension der Kirche. Das Konzil fragt nach inneren Verwandtschaften, es sucht Beziehung, nicht Abgrenzung.

Diese Einstellung prägt auch das neue Verhältnis zur ‚Welt' mit allem, was diese ausmacht. Da ist vor allem die Idee der *einen Menschheit*, mit deren Schicksal und Berufung sich die Kirche solidarisch erklärt. Hat – wovon das Konzil überzeugt ist – der Heilige Geist einen Bezug zu jedem Menschen und folglich zur ganzen Menschheit in ihrer kulturellen Vielfalt, dann kann die Welt nicht einfach geist-los sein. Sie ist als Schöpfung Gottes vielmehr vom Geist durchwaltet. Deshalb kommt ihr ein theologischer Wert zu, den die Kirche zu entdecken, zu würdigen und in ihre Lehre zu integrieren hat.

Um die angedeuteten Zusammenhänge zu veranschaulichen, ist ein sorgsames Studium der Konzilsaussagen, vor allem der Haupttexte LG 4.12, AA 3 und AG

[206] Hinweise bei A. M. Kothgasser, Wege der katholischen Pneumatologie im zwanzigsten Jahrhundert: A. Bodem, A. M. Kothgasser, Theologie und Leben (FS G. Söll), Roma 1983, 179-185.

4 unerläßlich. Das folgende Schaubild versteht sich als Wegweiser zu diesen sowie zu weiteren pneumatologischen Schlüsselstellen[207]:

Der Heilige Geist im Geheimnis des trinitarischen Gottes	LG 1-4; 40; 51; 69; UR 2; DV 13; AG 4; 15; GS 5; 15.
Das Wirken des Geistes in der Heilsgeschichte	LG 4; 19; 21; 41; 59; PO 22; GS 11; 22; 24; 26; 37; 41; 44.
Die Gegenwart und das Wirken des Geistes im Volk Gottes	LG 9; OE 2; UR 2; 4; AG 15; GS 15; 38; 45.
Der Geist in seiner Beziehung zu Christus	SC 5; LG 4; 7; 14; AG 4.
Inkarnation, Pfingsten und Kirche	LG 4; 8; AG 4.
Der Geist als Lebensprinzip des Leibes Christi – der Kirche	Lg 7; 17; 21; CD 11; AA 3; 29; AG 7; 9; PO 1.
Der Geist als Salbung des mit Christus verbundenen Gottesvolkes	SC 5; LG 7; 9; PO 1.
Das Wirken des Geistes in Tradition und Lehramt	LG 25; 43; DV 5; 8-10; 11.
Das Wirken des Geistes in den Charismen des Gottesvolkes	LG 4; 7; 12-13; 21; 25; 27; 30; 32; 37; 44; 45; UR 2; PC 8; 12; OT 10; DV 5; 8; AA 3 f; 23; 30; AG 4; 7; 23; 28; PO 5; 9, 13; 15; 18; GS 22; 38.
Die Bedeutung der Orts-Kirchen und ihre Einheit im Geist	LG 12; 13; 23; 25; 26; 49; OE 2; UR 2; 6; 14; CD 11; DV 10; AA 3; AG 4; 19.
Die Kirche als Sakrament des Geistes	SC 26; LG 1; 9; 48; AG 5; GS 5.
Der Geist der kirchlichen Reform	LG 8 f; 48; PO 22; GS 21; 33.
Der Geist und die Mission	AG 3 f; 24.
Der Geist und die Einheit der christlichen Kirchen	LG 15; UR 1-3; 4.
Der Geist und die Liturgie	SC 6; 26; LG 50; 58 f; AA 3; PO 2; 5.
Der Geist als Vollender der Heilsgeschichte	LG 6; 48; 49; 50.

Man darf mit Recht behaupten, daß die Pneumatologie mit dem Konzil eine Renaissance erfuhr. Ermöglicht wurde sie durch eine Verbindung aus theologischer Reflexion und geistlicher Erfahrung, insbesondere durch ein neuerwachtes kirchliches Wir-Gefühl, das bedeutende Theologen pneumatologisch unterfangen hatten. Zu nennen sind die Franzosen *Y. Congar* und *L. Bouyer* sowie die deutschsprachigen Theologen *H. U. von Balthasar*, *K. Rahner* und *H. Mühlen*.

[207] Quelle: A. M. Kothgasser, Wege der katholischen Pneumatologie, 185 f.

Für *H. Mühlen,* Dogmatiker in Paderborn, spielt die Wir-Erfahrung im Heiligen Geist eine ganz besondere Rolle. Ausgehend von der charismatischen Geisterfahrung in Gebet und Liturgie, aber auch von den Ansätzen der Väter, vor allem Augustins, bestimmt Mühlen den Heiligen Geist innertrinitarisch als das ‚Wir' der Gottheit, als innige Verbindung von Vater und Sohn ‚in Person', als ‚Wir in Person'[208]. Analog zu dieser innertrinitarischen Bestimmung des Geistes deutet Mühlen dessen heilsgeschichtliche Funktion: Er ist das ‚Außersichsein' Gottes, sozusagen Gott selbst, „insofern er aus sich heraustritt", der „Heilige Geist als die göttliche Selbstweggabe"[209]. Ist aber Gott im Heiligen Geist außer sich, das heißt bei den Menschen, dann wird deren Gemeinschaftserfahrung – Mühlen spricht von einer Sozialisation – zum Sinnbild der göttlichen Communio: zum Zeichen der Einheit und zugleich der Unterschiedenheit vieler. Die Kirche aber dient – als die Erbin der Geisterfülltheit *Jesu* – als pneumatisches Sakrament dieser Einheit. „Sie ist das Geheimnis des einen Geistes in den vielen Geistträgern, der *einen Person in den vielen Personen* und so einer rein innerweltlich nicht abzuleitenden Sozialisation und Wir-Erfahrung"[210].

Nachdem bereits durch Mühlen deutlich geworden war, daß die Pneumatologie nicht länger ein Schattendasein führen dürfe, sondern integrierender Bestandteil der ganzen Theologie ist, rückte der Geist vor allem in der neueren *Gnadenlehre* in den Vordergrund. Damit wurde die alte Versuchung überwunden, Gnade zu verdinglichen, und es gelang, die soziale, das heißt gemeinschaftsstiftende Dimension des Geistes in Schöpfung, Kirche und Liturgie hervorzuheben. Mit der von *K. Rahner* formulierten Idee der göttlichen ‚Selbstmitteilung' fanden zudem reformatorische Anliegen Eingang in die katholische Theologie. Der Geist war mit neuer Entschiedenheit als das personale Antlitz der Gnade, und das Heilsgeschehen insgesamt als dialogische Beziehung zwischen Gott und Mensch zu werten. Nachdem durch die theologiehistorischen Arbeiten von *H. de Lubac* das Verhältnis von Natur und Gnade in einem ganzheitlichen, nicht-dualistischen Sinn interpretiert worden war, klärte sich auch die Bedeutung des Geistes für die Probleme der *theologischen Anthropologie.* In ihrem Licht erkannte man den Beitrag des Pneuma für ein integrales Menschsein sowie für die transzendente Dimensionen der gesamten Kreatur[211].

4.8.2 Die Entdeckung des Geistes in nachkonziliaren theologischen Strömungen

Nur kurze Zeit nach dem Abschluß des Zweitens Vatikanums breitete sich im katholischen Raum Amerikas die *Charismatische Bewegung* aus. Sie erhielt ihre An-

---

[208] Vgl. sein Hauptwerk: Una persona mystica. Die Kirche als das Mysterium der heilsgeschichtlichen Identität des Heiligen Geistes in Christus und den Christen: Eine Person in vielen Personen, München – Paderborn – Wien ³1968.

[209] H. Mühlen, Soziale Geisterfahrung als Antwort auf eine einseitige Gotteslehre: C. Heitmann, H. Mühlen (Hg.), Erfahrung und Theologie des Heiligen Geistes, 254.

[210] Ebd. 255; Hervorhebung im Original.

[211] Näheres bei K. Lehmann, Heiliger Geist, Befreiung zum Menschsein - Teilhabe am göttlichen Leben. Tendenzen gegenwärtiger Gnadenlehre: W. Kasper (Hg.), Gegenwart des Geistes, 181-204.

stöße von den Pfingstbewegungen methodistisch-evangelikaler Herkunft, die ihren Anhängern eine sogenannte *Geisttaufe* angedeihen ließen: ein persönliches Pfingsten gewissermaßen, das die Gnade der Wassertaufe erneuern und aktualisieren sollte. Während die Pfingstbewegung das protestantische Bekenntnis in weitere Denominationen spaltete, verblieben die katholischen Charismatiker im institutionellen Rahmen der Kirche; allerdings schufen sie sich darin Freiräume höchst eigener Art.

Ein herausragendes Merkmal der Charismatiker bildet nach wie vor die *Geisttaufe*. Der amerikanische Bischof *J. McKinney*, von früher Stunde an überzeugter Anhänger der Bewegung, charakterisiert diesen in der Regel durch Handauflegung vollzogenen Ritus wie folgt: „Taufe im Geist, wie ich es sehe, ist Gebet in hoffendem (erwartungsvollem) Glauben an eine Erneuerung der Sakramente der Taufe und der Firmung. Es ist ein Gebet, damit der Geist, der uns in diesen Sakramenten gegeben ist, aktiver werde und frei, um in unserem Leben zu wirken"[212]. Generell ist die Spiritualität der Charismatiker durch ein intensives Gebetsleben doxologischer Art, durch die Pflege der Glossolalie einschließlich der prophetischen Rede und nicht zuletzt durch das *Heilungsgebet* geprägt. Darin zeigt sich die urkirchliche Orientierung der seit den siebziger Jahren auch in Europa aktiven und betont missionarisch eingestellten Bewegung. Sie ist allerdings vor überzogenen und damit fragwürdigen Entwicklungen nicht immer gefeit.

Um die Wiederentdeckung der geschichtlichen und geschichtswirkenden Dimension des Heiligen Geistes geht es der *Theologie der Befreiung*, die im politischen und sozialen Kontext Lateinamerikas beheimatet ist. Sie deutet – gleichsam die Erfahrungen geknechteter Völker spiegelnd – den Gottesgeist als reale Kraft der politischen Veränderung mittels der neugewonnenen Subjektivität verantwortlicher und freier Individuen.

Dabei spielen die Begriffe *Entfremdung* und *Befreiung* eine besondere Rolle. Ersterer kennzeichnet die Situation der Verobjektivierung: Personengruppen, ja ganze Völker seien von außen bestimmt und daran gehindert worden, eigene Entscheidungen zu treffen. Sie seien sich selber fremd und unaufgeklärt geblieben. Diese Situation ändere sich mit der Erfahrung des *Geistes der Freiheit*. „Früher hatten die Leute noch nicht das Bewußtsein, Menschen mit Verantwortung zu sein, die aus sich und für sich leben konnten ... In der Veränderung von der einen zur anderen Befindlichkeit erfahren sie die Kraft des Geistes"[213]. Mit dem Überwinden der Entfremdung wächst nach dieser Auffassung auch die Fähigkeit, zu urteilen, Situationen zu durchschauen und vor allem zu verändern. Darum gilt weiter: „Die Gegenwart des Geistes ist Gegenstand der Wahrnehmung innerhalb einer Gesamtwahrnehmung eines konkreten Handelns", ist Anstoß zu politischem und sozialem Engagement[214].

Obwohl von seiten Roms und der Bischöfe bestimmte Aspekte der Befreiungstheologie kritisiert und abgelehnt wurden, blieb die von ihr skizzierte Pneu-

[212] J. McKinney, Die charismatische Erneuerung in der römisch-katholischen Kirche: Erfahrung und Theologie des Heiligen Geistes, 40.
[213] J. Comblin, Der Heilige Geist. Gott, der sein Volk befreit (BThB), Düsseldorf 1988, 45.
[214] Ebd. 39.

matologie im Grundsatz gebilligt. Das gilt vor allem für die Einsicht, daß die Wirksamkeit des Geistes jeder menschlichen Missionsinitiative – die sich in der Geschichte Lateinamerikas mitunter zu offener Unterdrückung verkehrte – grundsätzlich vorausliegt. So heißt es in einem Arbeitsdokument der Lateinamerikanischen Bischofskonferenz in Puebla aus dem Jahr 1979: „Der Geist, der den Erdkreis erfüllte, schloß auch all das ein, was an Gutem in den präkolumbianischen Kulturen vorhanden war. Er selbst half ihnen, das Evangelium zu empfangen, und erweckt noch heute in den Völkern die Sehnsucht nach befreiender Erlösung. Daher ist es notwendig, seine echte Präsenz in der Geschichte des Kontinents zu entdecken“[215].

Von einer Renaissance des Geistes läßt sich ohne Zweifel im Blick auf die *Feministische Theologie* reden. Da sie sich darum bemüht, Einseitigkeiten im traditionellen Gottesverständnis aufzudecken und zu überwinden, sieht sie sich in besonderer Weise auf die Wirklichkeit des Heiligen Geistes verwiesen. In der Tat bringen bislang wenig beachtete Texte aus Schrift und Tradition den Geist mit weiblichen Symbolismen und Denkmustern in Verbindung, was eine generelle Neubewertung des christlichen Gottesbildes zur Folge hat. Mehr als der Befreiungstheologie geht es dem Feminismus also darum, über die Praxis hinaus der spekulativen Theologie neue Impulse zu geben[216].

Wie weit die pneumatologischen Anstöße der genannten zeitgenössischen Bewegungen die Theologie bereichern und gegebenenfalls prägen, hängt davon ab, ob es ihnen gelingt, das echte Erbe der Tradition zu wahren und die eigenen Motivationen zu integrieren. Das setzt voraus, daß man diesen Neuaufbrüchen die Gelegenheit und die Zeit zur Reifung gibt.

---

[215] Schlußdokument der III. Vollversammlung, Kap. 1.8; SWK 8, 49.

[216] Näheres dazu in diesem Traktat 4.1.3.

5. Fragen der systematischen Pneumatologie

Obwohl die Schrift und die Theologiegeschichte eine Fülle pneumatologischer Daten liefern und so das Mysterium des Geistes erschließen helfen, muß sich jede Zeit der Frage nach dem Heiligen Geist von neuem stellen. Das liegt zunächst an der Schwierigkeit der *Gottesfrage*, die naturgemäß kein Ende kennt. Das liegt noch mehr an der Eigentümlichkeit des Geistes selbst, des „Unbekannten jenseits des Wortes"[217], vor dessen Wirklichkeit das menschliche Sprachvermögen unzureichend bleibt. In dieser Ausdrucksnot liegt aber auch eine Chance: Ist der Geist, wie Schrift und Tradition bezeugen, tatsächlich Gott selbst im Modus der *Gabe,* und zwar einer Gabe, die dem Menschen innerlicher ist als er selbst es je sein kann, dann trägt nicht nur das Wort, sondern die menschliche Existenz schlechthin zur Exegese des Geistes bei. Infolgedessen ist jede Zeit und jede Kultur gehalten, an seiner Entbergung mitzuwirken.

Da die Erfahrung Gottes als Gabe zum Kern der theologischen *Gnadenlehre* gehört, hat K. Lehmann die Forderung erhoben, das Wissen um den Geist „wie ein bleibendes Wasserzeichen oder ein wirksames Strukturgitter" der systematischen Reflexion über die Gnade vorzuschalten. Deren pneumatologische Dimension müsse die „Spannung zwischen Heilsbegründung und Heilsvollendung" lebendig erhalten, damit der „Zusammenhang von Pneuma-Gnade, Zeugnis und Sendung der Christen" wiederzugewinnen sei[218].

Diese Forderung geht die ganze Theologie an. Denn jeder theologischen Disziplin eignet eine pneumatische Dimension, zumindest in dem Sinn, daß die ‚Seele' der von ihr behandelten ‚Glaubensdinge' unschwer als Gottes Geist identifiziert werden kann. Zum Beispiel ist die heute besonders dringlich gewordene Reflexion über die Schöpfung und den Menschen ohne Rückbesinnung auf die Dimension ‚Geist' in allen ihren Schichtungen nicht zu leisten. Nur eine pneumabewußte *Schöpfungslehre* kann zeigen, welche Verbindung Gott mit der Natur insofern eingegangen ist, als er seinen Geist zum Quell des Lebens und zugleich jeglicher Ästhetik gemacht hat, mit deren Hilfe der Mensch die Natur als Schöpfung zu erkennen und Leben zu bewahren vermag. In ähnlicher Weise offenbart das pneumatologische Fundament der *theologischen Anthropologie*, wie wenig der Mensch ohne das Beziehungsgefüge zu denken ist, das ihn mit dem Mitgeschöpf und *darin* mit Gott verbindet. Augustins Rede vom Geist als dem *vinculum amoris*[219] würde in diesem Sinn geradezu revolutionierend wirken.

---

[217] H. U. von Balthasar, Der Unbekannte jenseits des Wortes: ders., Spiritus Creator. Skizzen zur Theologie III, Einsiedeln 1967, 95-105.

[218] Heiliger Geist. Befreiung zum Menschsein - Teilhabe am göttlichen Leben: W. Kasper (Hg.), Gegenwart des Geistes, 202 f.

[219] Zum Textbefund vgl. BAug 15, 587 f.

Aus Platzgründen kann im folgenden nur ein Ausschnitt pneumatologischer Probleme systematisch behandelt werden. Das soll aber so geschehen, daß von den gewählten Teilaspekten aus zumindest erahnbar wird, was die Diskussion gegenwärtig bestimmt oder bestimmen müßte. Als Leitidee der Darstellung dienen die bereits erwähnten Theologumena: Läßt sich der Geist als *Gabe*, näher betrachtet als *beziehungsstiftende Gabe* (als *vinculum amoris*) verstehen, dann steht das pneumatologische ‚Wasserzeichen' und ‚Strukturgitter' des vorliegenden Abschnitts fest. Er soll zeigen, wie mit diesen beiden Daten der Tradition die Lehre vom Heiligen Geist auch für heutiges Empfinden verständlich werden kann.

5.1 Der Heilige Geist im Mysterium Gottes

5.1.1 Pneuma und Trinität

Ein anthropologischer Zugang

Augustinus zufolge besagt die Auffassung, der Geist sei Gabe, etwas Zweifaches: erstens, daß er, wie die Schrift es bezeugt, von Gott tatsächlich gegeben wurde, zweitens, daß er von Ewigkeit her gebbar war, also auch seiner ewigen Existenz nach Gabe heißt[220]. Das wirft ein Licht auf das Sein Gottes als *communio.*

Eine Gemeinschaft kann es nur dann geben, wenn ‚Personen' nicht ineinander aufgehen, aber auch nicht so in ihren Selbstbesitz eingeschlossen sind, daß sie für sich allein, das heißt beziehungslos existierten. Dieser Sachverhalt läßt sich aus der philosophischen Betrachtung der menschlichen Natur, näherhin des menschlichen Selbstbewußtseins erheben: Der Mensch ist – ohne daß die beiden Momente in irgendeiner Weise voneinander zu trennen wären – zugleich *Subjekt* und *Person.* In seiner *Subjektivität* erfährt er sich als unvertretbares und unverfügliches Individuum, das unmittelbar um sich selber weiß und kraft einer ursprünglichen Ichvertrautheit zu sich kommt. Aber zugleich ist der Mensch *Person*, das heißt ein Individuum unter vielen Individuen und deshalb darauf angewiesen, zu anderen ein Verhältnis zu gewinnen. Dergestalt erfährt er sich als dialogisches Wesen und von Beziehungen und sozialen Systemen bestimmt. Er weiß durch die Vermittlung anderer um sich, und die Erfahrung seiner selbst kommt ihm gewissermaßen von außen her zu[221].

In seiner Eigenschaft als Subjekt-Person bleibt der Mensch *er selbst* und doch auf *Beziehung* angewiesen. Er besitzt die Fähigkeit, sich durch Beziehung zu überschreiten. Und doch bleibt er sich treu. Er wird durch Beziehung kein anderer,

---

220 Augustinus, trin. V,11,12; 12,13. XV,17,29; 18,32; 27,50.

221 Zum philosophischen Hintergrund vgl. D. Henrich, Die Trinität Gottes und der Begriff der Person: O. Marquard, K. Stierle (Hg.), Identität (Poetik und Hermeneutik 8), München 1979, 612-620; vgl. dazu K. Müller. Wenn ich ‚ich' sage. Studien zur fundamentaltheologischen Relevanz selbstbewußter Subjektivität (RTS 46), Frankfurt a. M. u.a. 1994, 539-550. 588-590.

sondern er *interpretiert* sich durch sie, erfährt in seiner Subjektivität einen Identitätsgewinn und eine Beheimatung: Der Mensch ist als *Individuum* ein Wesen der Gemeinschaft, also *Person.*

Das subjektiv-personale Einssein Gottes

In Gott, so sagt die klassische Trinitätslehre, herrscht vollkommenes Einssein und zugleich die bleibende Unterscheidung der göttlichen Selbstverwirklichung als Vater, Sohn und Geist. Nun ist es gewiß nicht unproblematisch, vom geschöpflichen Sein aus auf das ewige, im Wesen ganz andere Sein Gottes zu schließen. Aber das Prinzip der *Analogie*, das bei aller Unähnlichkeit zwischen Gott und Geschöpf auch von einer Übereinstimmung weiß, ermutigt dazu, die Kategorien der Subjektivität und der Personalität auch für die denkerische Beschreibung der trinitarischen Existenz Gottes fruchtbar zu machen[222].

Die ‚Personen' in Gott – wie sie sich in der Heilsgeschichte zu erkennen geben – sind in diesem Sinn und im Blick auf die besondere Funktion des Heiligen Geistes als *Subjekt-Personen* zu denken. So läßt sich erklären, daß sich der Selbstbesitz Gottes sowohl in einer je eigenen, dreifach unterschiedenen als auch gemeinsamen, ununterschiedenen Weise verwirklicht. Dabei ist dem Fehlschluß zu wehren, es gebe in Gott drei voneinander abgeschlossene Ichzentren – er würde zum Tritheismus führen; dennoch bleibt festzuhalten, daß in Gott eine Beziehung unvertretbarer und unaustauschbarer Seinsausprägungen statthat.

Die drei in der Heilsgeschichte aufscheinenden Handlungsträger Vater, Sohn und Geist lassen sich also zunächst als *Subjekte* begreifen, als spezifische Seinsausprägungen der einen Wirklichkeit ‚Gott', die zu der Aussage berechtigen: In Jahwe, in Jesus von Nazaret, im Heiligen Geist ist *Gott* begegnet, und zwar Gott ganz und wahrhaftig er selbst. Aber zugleich, noch im selben Gedankenzug, ist die *Personalität* der ‚drei' in Anschlag zu bringen. Sie bezeichnet jene Dimension, in der die Seinshabe der einen Wirklichkeit ‚Gott' nicht in ihrer Unterschiedenheit, sondern in ihrer Einheit, besser noch: in ihrer ‚Einsheit' zum Aufschein kommt. Denn als ‚Personen' sind Vater, Sohn und Geist gänzlich Beziehung, sind folglich nicht durch das definiert, was sie unterscheidet, sondern durch das, was sie eint.

Die beiden Momente *Subjektivität* und *Personalität* dürfen, obwohl sie nicht aufeinander zu reduzieren sind, auf keinen Fall voneinander getrennt werden: Indem sich Subjektivität immer auch, das heißt im *selben* Verwirklichungsakt, personal äußert, das Personale aber nicht die abstrichlose Seinsfülle der als *Gott* handelnden, also unterschiedenen Subjekte mindert, gibt es weder zuerst drei ‚Götter' und nachträglich Einheit noch zuerst eine abstrakte ‚Gottheit', der im nachhinein Subjekte zugeordnet würden.

Das heißt: Gott ist als dreifaltiger Gott deswegen eins und dennoch *communio*, weil sich die Subjektivität des Vaters, des Sohnes und des Geistes nicht verliert und nicht verlieren kann, weil sich die drei aber als *Personen* gänzlich auf den je anderen hin ausstrecken, ihm das eigene göttliche Sein zutragen und es

[222] Zum Prinzip der Analogie vgl. in diesem Werk Bd. I: Gotteslehre 3.4.1

umgekehrt voneinander empfangen. Die Personalität von Vater, Sohn und Geist ist so gewissermaßen eine verschenkbare und tatsächlich verschenkte Seinsausprägung. Sie stellt die nach außen gewandte Seite der *nicht* verschenkbaren Subjektivität von Vater, Sohn und Geist dar, ist eine Seinsstruktur, kraft der die drei in Beziehung stehen und so füreinander entgrenzt sind, daß sie zusammen die Person des einen Gottes bilden. Folglich wäre nicht von einem Gott in drei Personen zu sprechen, sondern von drei subjektiven Seinsverwirklichungen in einer Person: der Wirklichkeit Gott.

Wem dieses Modell zu gewagt klingt, möge sich daran erinnern, daß die Schrift die Bezeichnung ‚Geist' nicht allein auf den Heiligen Geist, sondern auch auf den einen Gott und den erhöhten Christus anwendet (vgl. Joh 4,24; 2 Kor 3,17a). Von dieser Einsicht gedrängt, hat Augustinus daran erinnert, der Heilige Geist werde von manchen mit der göttlichen Wesenheit selbst gleichgesetzt, die Vater und Sohn in der Liebe eine[223]; als Ausdruck der Einheit bezeichne der Begriff ‚Geist' gewissermaßen Gott selbst. Der christologischen Diskussion des Ostens entstammt das im Mittelalter trinitarisch gewendete Fachwort *Perichorese*, das die gegenseitige Durchdringung von Vater, Sohn und Geist zum Ausdruck bringt; es war nicht zuletzt dafür gedacht, die personale Einheit Gottes in allen Handlungen nach außen festzuschreiben. In unseren Tagen hat *K. Rahner* vorgeschlagen, statt von drei göttlichen Personen von drei „distinkten Subsistenzweisen" zu reden. Er suchte zu verhindern, daß „zusammengezählt" wird, „was gerade nicht zusammengezählt werden kann, weil das allein wirklich Gemeinsame von Vater, Sohn, Geist gerade die einzige Gottheit ist"[224].

Der Heilige Geist als das ‚Wir' Gottes in Person

Läßt sich die These aufrechterhalten, daß sich die subjekthafte Seinsverwirklichung Gottes als Vater, Sohn und Geist im Modus der Personalität zur Einheit fügt – und das, wie gesagt, nicht nachträglich und gewissermaßen bedingt, sondern im selben, ewigen Seinsakt – dann ist auch die Rolle des Geistes näher zu bestimmen. Als *Gabe* geht er vom Vater aus, indem dieser dem Sohn alles übergibt, was er selber ‚besitzt': sich selbst in seiner Liebe. „Nun ist aber der Reichtum Gottes eben der Heilige Geist"[225]; er geht aus der vollkommenen Hingabebewegung des subjektiv-personalen Vaters hervor, welcher nichts für sich behält und doch als ‚Vater' dem Sohn schenkt und ‚Vater' bleibt. Das schließt ein, daß sich auch der Sohn, dem vom Vater alles übergeben ist, restlos an diesen zurückverschenkt, und zwar mit dem, was er verschenken kann: mit seiner Personalität. Als Subjekt bleibt er jedoch als ‚Sohn' an den Vater verschenkt. Vater und Sohn sind also als Subjekt-Personen aufeinander bezogen: in personaler Hinsicht restlos vergeben, in subjekthafter Hinsicht vergeben als *sie selbst*.

Damit erhellt sich das Mysterium des Geistes: Er ist *Gabe* als Subjekt *und* Person – nicht wie Vater und Sohn füreinander Geber und Gabe zugleich, sondern

[223] Fid. et symb. 9,19; CSEL 41, 23. Indes bleibt Augustinus äußerst kritisch.

[224] Der dreifaltige Gott als transzendenter Urgrund der Heilsgeschichte: MySal 2 (1967) 385-393. Zitate 385. 391.

[225] F. X. Durrwell, Der Geist des Herrn. Tiefe Gottes - Schöpferische Weite, Salzburg 1986, 199.

reine Gabe. Die Subjekthaftigkeit und die Personalität des Geistes verwirklichen sich gleichermaßen im ewigen Akt des Gegebenwerdens. Der Geist ist Gabe, indem er ganz im Vater und ganz im Sohn wohnt, deren Beziehung gelingen läßt und beide entgrenzt; und er ist Gabe, indem er auf unvertretbare und unaustauschbare Weise Gottes Gottsein als *reine Gabe* vollzieht und damit Gott in sich selbst wie zugleich nach außen hin gebbar macht. Da sich der Vater als Person ganz an den Sohn verschenkt und der Sohn dasselbe im bezug auf den Vater tut, da sich beide aber nicht aneinander verlieren, weil sie als Subjekte füreinander Geber bleiben, kann die *reine Gabe* keine bloße Reproduktion ihrer selbst sein. Sie stellt vielmehr ihnen gegenüber etwas anderes, etwas ‚Drittes' dar. Die Gabe ist als Subjekt eine eigene Weise der göttlichen Seinsverwirklichung. Sie ist der Heilige-Geist-*Gott*, der als Person Vater und Sohn in sich eint, aber als Subjekt diese Hingabe zugleich *ist* und sich insofern von Vater und Sohn unterscheidet.

Aber bleibt, wenn man in der beschriebenen Weise Vater, Sohn und Geist als Subjekt-Personen denkt, die Monarchie des Vaters und damit das biblische Zeugnis gewahrt? Die Antwort lautet: Ja. Denn das Subjektive – um es noch einmal zu sagen – ist jene Bestimmung in Gott, die nicht verschenkt werden kann. Der Vater wird nie zum Sohn und der Sohn nie zum Vater. Ebensowenig tritt der Geist in der Weise des Sohnes in ein Geber-Gabe-Verhältnis zum Vater ein. Desgleichen bringt der Vater durch die Hingabe seiner selbst einen Sohn, nicht einen zweiten Vater hervor. Und auch der Sohn spiegelt nicht sich selbst im Vater, sondern behält ihn als bleibendes Gegenüber. Endlich setzt sich der Geist nicht aus dem Vater und dem Sohn zusammen – er wäre so gesehen nicht Geist, sondern eine Art ‚Vater-Sohn' –, sondern geht als Gabe *hervor*; das heißt: Er verwirklicht Gott in der Weise des reinen Geschenktseins. Der Vater aber bleibt, wie Augustinus formuliert hat, *principium non de principio* – Urgrund ohne Urgrund[226]. Andernfalls wäre seine Subjektivität als ‚Vater' auf ein abstraktes Prinzip reduziert, das sich nach Belieben mit den Namen *Sohn* oder *Geist* oder mit sonst einer Metapher belegen ließe. Damit aber wäre das Trinitätsdogma im Kern getroffen.

Im beschriebenen Sinn kann mit *H. Mühlen* der Heilige Geist als die ‚göttliche Selbstweggabe', die ‚göttliche Selbstüberschreitung' begriffen werden, als das ‚Wir in Person', das gleichwohl nicht die Subjektivität der göttlichen Seinsverwirklichungen als Vater und Sohn gleichschaltet, sondern in ihrer personalen Dimension gelingen läßt: indem es die reine Beziehung zu einem dritten Subjekt in Gott erhebt. Dergestalt verwirklicht der Geist „Gott selbst, insofern er aus sich heraustritt, außer sich ist ... Er ist innertrinitarisch das Außersichsein des Vaters sowie das Außersichsein des Sohnes, da er aus beiden hervorgeht und somit konstitutiv *eine Person in zwei Personen*, das göttliche ‚Wir', die göttliche Selbstüberschreitung, in Person" – und göttliches Subjekt, wie nun zu ergänzen ist[227].

Damit zeigen sich wieder die Daten der Heilsgeschichte. Im Geist ist Gott selbst an Welt und Mensch verschenkt, so lauten sie. Und obwohl der Geist die

---

[226] C. Maxim. II,17,4; PL 42, 784.

[227] H. Mühlen, Soziale Geisterfahrung als Antwort auf eine einseitige Gotteslehre: Erfahrung und Theologie des Heiligen Geistes, 254 f (Hervorhebung im Original).

se Gabe darstellt und auf unvertretbare Weise verwirklicht, obwohl in ihm Gott nach außen hin geöffnet bleibt und tatsächlich ‚gehabt' wird, stiftet er Beziehung. Denn er führt über sich hinweg zum Sohn und zum Vater. Auch das Wir der Gott-Mensch-Gemeinschaft ist er in Person und als Subjekt: Gott und Menschen sind ihn ihm entgrenzt; doch Gott und Mensch sind einander geschenkt in dem, der *reine Gabe* ist und als solcher diese *communio* allererst ermöglicht.

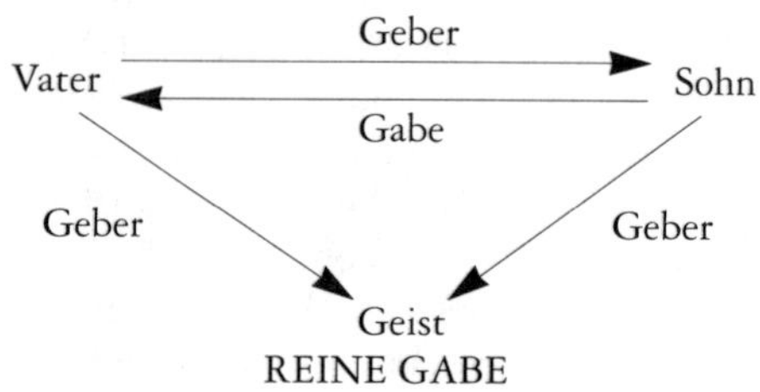

5.1.2 Der Geist als ‚Person'

Die trinitarische Reflexion führt notwendig zur Frage nach der ‚Personalität' des Geistes im besonderen: Wie ist sie näherhin zu denken?

Im Blick auf Schrift und Tradition fällt folgende Spannung auf: Der Geist wird – aufgrund seines Wirkens – mit *nicht-personalen* wie *personalen* Metaphern in Verbindung gebracht. Er heißt, um nur einige Beispiele zu nennen, ‚Windhauch' und ‚Feuer', aber auch ‚Herr' und ‚Beistand'. Obwohl die Schrift auch apersonale *Gottesbilder* kennt, ist dieser Sachverhalt für die Frage nach dem Heiligen Geist von besonderer Bedeutung.

Der Geist als ‚Es' und ‚Du'

Im Licht einer nichtpersonalen Metaphorik erscheint der Geist als eine Gabe, die sich gebrauchen, oder, wie die Tradition sich ausdrückt, genießen läßt. Aus dieser Perspektive tritt die Dimension des Personalen zugunsten von Funktionen in den Hintergrund. Als Gabe *bewirkt* der Geist etwas, ohne gleichsam sein ureigenes Gesicht zu offenbaren. Sein Wesen ist demgemäß zuerst reine, selbstvergessene Proexistenz: Der Geist *dient* – als Band der Liebe, als Kraftquelle, als Tiefe des Seins (P. Tillich). Er läßt sich gewissermaßen verzwecken und als Sache, als ‚Es' für vorgeordnete Ziele in Dienst nehmen: Die Liebe, die er schenkt, dient zur Erbauung von Gemeinschaft, die Kraft, die er wirkt, soll zum Guten befähigen, als Tiefe des Seins erweckt er die *Transzendentalität* des Menschen: dessen Verwiesenheit auf das Absolute, das jeglichem Nach-Denken über das Dasein vorausliegt und es allererst anstößt.

Die orthodoxen Theologen V. Lossky und P. Evdokimov haben in diesem Sinn von der *Kenosis*, von der *Selbsterniedrigung* des Geistes gesprochen: Der Geist verzichte auf eine personale Äußerung, um als Verwirklichungsgrund des Reiches Gottes zum sachlichen ‚Mittel' zu werden, mit dessen Hilfe es zustande kommt[228]. Näher betrachtet steht diese Kenosis im Dienst der vorbehaltlosen Weltgegenwart Gottes. Im Geist hat er die Möglichkeit, sozusagen im ‚Zwischen' tätig zu sein und es für seinen Heilsplan zuzurüsten. Diesem ‚Zwischen' gehören zum Beispiel jene Bereiche des Daseins an, die zwar auf den Menschen einwirken, aber nicht selbst personalen Charakter haben: Stimmungen, Verständnishorizonte, Strukturverhältnisse oder gesellschaftliche wie kulturelle Gegebenheiten, die sich – je nachdem – zum Guten oder zum Schlechten auswirken können. Der entpersonalisierte Geist vermag sich in diese Kräftezentren hineinzuverfügen, um sie zugunsten des Menschen und des Gottesreiches zu wenden. Das versetzt ihn zugleich in die Lage, zwischen verschiedenen, voneinander getrennten, ja divergierenden Verhältnissen emotionaler oder ideeller Art zu vermitteln.

Der nicht-personalen Physiognomie des Pneuma steht das deutliche, wenngleich mit unterschiedlicher Intensität ausgesprochene Bekenntnis von Schrift und Tradition gegenüber, der Geist sei ‚Person'. Dabei wiegt es gleichviel, ob die Schrift mit personalen Metaphern dem Geist subjekthafte Fähigkeiten zuspricht – daß er *redet*, *mahnt*, *begleitet*, *tröstet* –, oder ob die Tradition den aus der christologischen Diskussion gewonnenen Personbegriff auf ihn anwendet: Es ist nicht zu bestreiten, daß der Geist mit alledem in Analogie zur menschlichen Selbsterfahrung als ein sich selbst bewußtes und beziehungsfähiges Wesen beschrieben werden soll, zu dem der Mensch ‚Du' sagen kann und für das umgekehrt der Mensch ein ‚Du' vorstellt. Damit kommen wir auf die oben entfaltete Begrifflichkeit zurück: Der Geist ist als personales Wesen Subjekt und Person. Er ist es freilich in der Personalität des einen Beziehungswesens ‚Gott'.

Der Geist als Subjekt und Person

„Der heilige Geist wird nicht Dingen zuteil, sondern dem Menschen" – warum? Der „heilige Geist (ist) auf den Menschen aus, weil der Mensch Geist hat". Mit diesen Worten macht G. Ebeling auf die Korrespondenz zwischen der menschlichen und der ‚pneumatischen' Personalität aufmerksam[229]. Anschließend weitet er die Fragestellung aus: Warum ist der Mensch des „Geistes bedürftig, wenn er Geist hat? Einfältig formuliert: Mit seinem Geist muß etwas nicht stimmen, etwas nicht in Ordnung sein, wenn er auf einen anderen Geist angewiesen ist"[230].

Obwohl Ebeling selbst die angesprochene Bedürftigkeit mit dem Hinweis auf die Unheiligkeit des Menschen klärt, aufgrund derer er zum Adressaten des heiligmachenden Geistes werde, führt seine Fragestellung zum Fundament einer *transzendentalen* Pneumatologie. In ihrem Zusammenhang ist nicht an die Folgen der Sünde zu erinnern, sondern auf die im menschlichen Geist gegebene Subjektivität und Personalität des Menschen, die auf das verweist, was ihm sowohl *Selbstbesitz* wie *Abhängigkeit* bescheinigt.

Subjektivität ist dadurch gekennzeichnet, so wurde gesagt, daß sich der Mensch ohne Vermittlung durch andere und anderes seiner selbst bewußt wird. Noch be

[228] Näheres bei Y. Congar, Der Heilige Geist, 328.
[229] Dogmatik des christlichen Glaubens III, Tübingen ²1982, 111.
[230] Ebd.

vor ihn die Erfahrung von ‚Welt' dazu anregt, über sich nachzudenken, verwirklicht und erkennt er durch seinen Geist jenes Dasein, das ihm unweigerlich zugehört und seinen unverwechselbaren Selbstausdruck wie Selbstbesitz darstellt. Als Person aber bleibt der Mensch ein einzelner unter vielen einzelnen; er vermag sich nicht ohne die anderen und kraft seines unmittelbaren Selbstbesitzes zu verwirklichen. Daraus folgt: Im menschlichen Selbstbewußtsein offenbaren sich zwei nicht aufeinander reduzierbare Ichbestimmungen, die gerade wegen ihrer nicht möglichen Einheit auf einen *unverfüglichen Urgrund* des menschlichen Geistes verweisen. Dieser Urgrund bleibt dem Menschen grundsätzlich entzogen; er muß als Geheimnis und dauernde Herausforderung *gedeutet* werden.

Vor diesem Hintergrund läßt sich die Frage Ebelings pneumatisch wenden: Obwohl der Mensch Geist hat, bedarf er des Geistes als des tragenden Grundes seiner Subjektivität. Im Heiligen Geist, der Gabe heißt und die Gebbarkeit Gottes subjekthaft wie personal verwirklicht, gewinnt der Mensch Anteil am Dasein und wird zugleich sich selbst übereignet. Damit stellt die Wirklichkeit ‚Geist' den Schnittpunkt zwischen Gott und Mensch dar. Denn die subjektive Selbstverwirklichung Gottes als Vater, Sohn und Geist ist im Pneuma – der *reinen Gabe* – auf den endlichen Geist hin entgrenzt. Im Heiligen Geist ist das Fundament des göttlichen Existenzvollzuges auf den endlichen Geist appliziert: die Fähigkeit, Individualität zu verwirklichen und um sich selbst zu wissen. Umgekehrt ragt der Mensch aufgrund seiner Subjektivität, die in seinem Geist zum Aufschein kommt, in die Sphäre Gottes hinein. Er wird zu dessen Partner, weil er die Fähigkeit besitzt, als *Individuum* zu verwirklichen, was in Gott dreigestaltig verwirklicht wird. Durch diese Befähigung bleibt er imstande, die Wirklichkeit ‚Gott' überhaupt denken und erfahren zu können.

Als theologisches Kennwort dieser Gott-Mensch-Korrelation bietet sich – man könnte auch die biblische Rede von der menschlichen Gottebenbildlichkeit anführen – das Theologumenon von der *Selbstmitteilung Gottes* an. Sie hat im Vergebensein des Geistes ihren göttlich-subjektiven Grund und in der transzendentalen Sensibilität des Menschen für Gott ihren kreatorisch-subjektiven Adressaten. Entsprechend offenbart die Korrelation von göttlichem und menschlichem Geist die Subjekthaftigkeit des Heiligen Geistes: Wäre er nicht selbst Subjekt, könnte er nicht leisten, was den Menschen zum Menschen und zum Adressaten der Gnade macht.

Analog gewinnt die *personale* Dimension des Geistes ihren Sinn: Der ‚Geist ist auf den Menschen aus, weil der Mensch Geist hat'. Als subjektiv-personales Geistwesen wohnt der Mensch bei sich selbst und zugleich beim ‚anderen'. Er ist gewissermaßen der autarke Mittelpunkt der Welt und doch nur einer unter vielen. Als *Person* steht er mit diesen vielen in Beziehung, setzt sich mit ihnen auseinander, verschenkt sich an sie und gewinnt sich in ihnen. Auch hier waltet die Selbstmitteilung Gottes im Heiligen Geist: Sie richtet sich, da sie als *beziehungsstiftende Gabe* verschenkt ist, auf das Personsein des Menschen.

Das heißt: Als *vinculum amoris* schafft der Geist zwar subjektive Individualität, aber er läßt sie nicht mit sich allein. Weil er vermittelnd wirkt, bedeutet seine Einwohnung immer auch eine Entgrenzung. Diese meint im kreatürlichen Sinn der Selbstmitteilung Gottes zunächst die Personalität, also die Beziehungsfähigkeit des Menschen überhaupt, bezeichnet aber in ihrem gnadenhaften Sinn dessen Fähigkeit zur *versöhnten* Beziehung: Sie soll so gelingen, daß Liebe entsteht und die Offenheit des Subjekts nicht zum Selbstverlust führt. Darum bleibt der Geist sowohl auf die Subjektivität wie die Personalität des Menschen bezogen. Denn das von ihm gewirkte Liebesband verbindet Personen, die sich als *selbstgewisse Individuen* verschenken sollen. Zu diesem Zweck muß ihre Personalität vom Egoismus befreit und für ihre eigentliche Bestimmung – der Berufung zur Gemeinschaft – zugerüstet werden; es geschieht in der Kraft des auf den ganzen Menschen bezogenen Gottesgeistes. Entsprechend ist mit G. Ebeling zu folgern: „Wenn der heilige Geist in dieser Weise auf die Personalität des Menschen ausgerichtet ist, dann kann er selbst nicht als eine unpersönliche Kraft, als etwas dinghaftes aufgefaßt werden“[231]. Er ist vielmehr – was sich im Menschen kraft der Selbstmitteilung Gottes spiegelt – Subjekt und Person in Vollendung. Aber seine Kenosis als *Gabe* unterwirft ihn der Proexistenz eines selbstvergessenen Dienstes.

5.1.3 Der Geist als die weibliche Dimension Gottes?

Die feministische Theologie hat mit Nachdruck auf diese Fragestellung in der Gegenwart hingewiesen, doch es geschah nicht ohne Anhalt in der Tradition. Aufgrund der Tatsache, daß die alttestamentliche *ruach* in den meisten Fällen feminines Geschlecht besitzt, finden sich sowohl im Alten Testament selbst als auch im Frühjudentum, bei den Kirchenvätern wie in der Mystik des Mittelalters Hinweise auf die weibliche Dimension des Geistes und auf die mütterliche Seite Gottes. Rufen wir uns aus der Fülle der Textzeugnisse[232] zumindest einige markante Aussagen ins Gedächtnis:

Ein nicht zu übersehender Traditionsstrang

Um die fürsorgliche Nähe Jahwes zu seinem Volk zu betonen, gebrauchen Hosea, Deutero- und Tritojesaja mütterlicher Metaphern. Sie sprechen von der Zärtlichkeit Gottes und führen zu diesem Zweck den hebräischen Ausdruck *rahamim* (Eingeweide) an, den Plural von *rahem*: Mutterschoß. In ihm ist Israel mehr geborgen als ein Kind im Mutterleib: „Kann denn eine Frau ihr Kindlein vergessen, eine Mutter ihren leiblichen Sohn“ (Jes 49,14)? Natürlich fordert die rhetorische Frage des Propheten ein entschiedenes Nein heraus. Darum gilt: „Wie eine Mutter ihren Sohn tröstet, so tröste ich euch“ (Jes 66,13).

Im Kontext der israelitischen Weisheitstheologie trägt die *sophia* weibliche Züge. Sie thront als erste der Geschöpfe an der Seite Gottes und gilt als „Hauch der Kraft Gottes und reiner Ausfluß der Herrlichkeit des Allherrschers“ wie als „Widerschein des ewigen Lichts“ und „Bild von Gottes Vollkommenheit“ (vgl. Weish 7,25 f). Bezeichnenderweise bleibt sie nicht weltenthoben auf dem göttli-

[231] Ebd. 116.

[232] Eine biblische, historische wie systematische Zusammenschau bietet J. Galot, L'Esprit Saint et la féminité: Greg 76 (1995) 5-29.

chen Thron, sondern geht als Gottesgeschenk dem Menschen entgegen, bewegt sich auf ihn zu, geht als ‚Lebensspenderin' (vgl. Spr 4,13) gewissermaßen in ihn ein. Sie macht weise, wer sich ihr eröffnet, und sie liebt, wer sich an ihr „sättigt" (vgl. Sir 24,19). Die unmittelbare Gottesnähe der weiblich personifizierten Weisheit wird nicht zuletzt dadurch unterstrichen, daß sie mit der *ruach Jahwe* in eins fällt. Damit kommt noch einmal die weltfreudige, menschenfreundliche Dimension Gottes zum Ausdruck, und die Wirklichkeit des Weiblichen und Mütterlichen avanciert zur gültigen Metapher für eine *theologische* Aussage.

Aus den patristischen Zeugnissen ragt besonders die *syrische* Tradition heraus. Dort wird der Heilige Geist offen als *Mutter* bezeichnet. Das geschieht auch hier in der Überzeugung, daß sich Gott im Heiligen Geist am nachhaltigsten verschenkt hat und darum seine zärtliche Fürsorge unmittelbar erlebt wird. Offensichtlich galt im jüdisch-syrischen Kulturraum die Emphatie als herausragende Eigenschaft der Frau[233].

Auf die lebensspendende Qualität des weiblich verstandenen Geistes heben die patristischen Versuche ab, das Gegenüber von Adam und Eva typologisch auf Christus und die Kirche hin zu lesen und den Heiligen Geist als Seele der Eva-Kirche zu verstehen, die ihre Kinder hervorbringt und beständig nährt. Im 19. Jahrhundert hat der bedeutende Dogmatiker M. J. Scheeben diesen Traditionsstrang aufgegriffen und systematisiert. Ihm und seinen patristischen Gewährsleuten zufolge entspricht die Beziehung zwischen Adam und Eva der „zwischen Christus und der Kirche, d.h. dem Heiligen Geist als der substantiellen Einheit der Gläubigen"[234]. Übrigens scheint auch die in 3.1.3 zitierte Taufmystagogie des Petrus Chrysologus von dieser Tradition beeinflußt zu sein.

Auch in der Kunst hat das Wissen um die weibliche Dimension des Geistes gelegentlich seinen Ausdruck gefunden: Dem ausgehenden 14. Jahrhundert entstammt ein Wandgemälde der Kirche von Urschalling im Chiemgau, das den Heiligen Geist zwischen Vater und Sohn in der Gestalt einer jungen Frau zeigt[235].

Zur systematischen Auswertung

Wie ist mit diesem Traditionsstrom umzugehen? Zunächst sind folgende Grundentscheide zu bedenken:

Erstens: Gott selbst – auch als Vater, Sohn und Geist – ist nicht als geschlechtliches Wesen zu betrachten oder in plumper Weise mit geschöpflichen Seinsausprägungen zu vergleichen. Er bleibt als transzendenter Gott sowohl der ganz andere wie zugleich jener, der das Beste der Kreatur in unvergleichlich vollendetem Maß in sich birgt. Andererseits aber: Gott hat sich als Vater, Sohn und Heiliger Geist *offenbart*; er hat geschöpfliche Bedingtheiten zur Grammatik seiner Selbstaussage erhoben, so daß es zumindest geschichtswidrig wäre, die Namen Gottes beliebig zu verändern. Schließlich ist Gott ist keine Idee, die sich je-

---

233 Vgl. R. Murray, Symbols of Church and Kingdom. A Study in Early Syrian Tradition, Cambridge 1975, 312-320

234 Y. Congar, Der Heilige Geist, 430.

235 Vgl. J. Sudbrack, Der göttliche Abgrund. Bilder vom dreifaltigen Leben Gottes (Reihe Glaubensbilder), Würzburg 1991, 22-24.

weils neu und anders inkarnieren müßte. Sofern zur Selbstoffenbarung Gottes ein kenotisches Element gehört – das Wissen um seine Selbstbeschränkung in Zeit und Welt – bleibt er mit den geschlechtsspezifischen Namen der Heilsgeschichte verbunden.

Zweitens: Ein partnerschaftlicher Umgang zwischen den Geschlechtern widerstreitet dem Versuch, willkürliche Zuweisungen vorzunehmen und namentlich die Frau und mit ihr das ‚Weibliche' in festgelegte Rollen zu zwingen, um ein einseitig männlich geprägtes Gottesbild festzuschreiben. Andererseits aber: Nimmt man den Menschen als leib-seelisches Wesen ernst, so ist auch seine Geschlechtszugehörigkeit als gottgewollte Ausprägung seiner unverwechselbaren Personalität zu werten. Das Mann- oder Frausein eines Menschen bleibt dann nicht einfach bedeutungslos. Ihm kommt theologische Qualität zu, zumindest in dem Sinn, daß sowohl der Mann wie die Frau als ganze, jeweils leib-seelisch verfaßte Wesen, Abbild Gottes sind.

Zur Gegenprobe: Bliebe die Geschlechtsausprägung eines Menschen ohne Belang, so verlöre der erwähnte Gedanke von der Gottebenbildlichkeit des Mannes wie der Frau seinen Sinn. Dann wären beide kraft einer abstrakten Bestimmung – etwa aufgrund ihrer Menschheit – Abbild des einen Gottes und bräuchten nicht voneinander unterschieden zu werden. Doch diese Auffassung vernachlässigt die leib-seelische Komponente des Menschseins und belebt im Grunde den neuplatonischen Dualismus der christlichen Antike: Ihm zufolge war der Mensch kraft seiner *Geistesverfassung* Gottes Abbild. Für eine ganzheitliche Anthropologie hingegen trägt die Geschlechterdifferenz zur kreatürlichen Gottesrepräsentation bei. Obwohl man die Frage nach dem spezifisch ‚Männlichen' und ‚Weiblichen' nicht leicht ideologiefrei beantworten kann, ist zugegeben, daß sich beide Dimensionen nicht ineinander verrechnen lassen. Gilt indes Partnerschaft als der Maßstab zwischen Mann und Frau, dann läßt sich von einer Polarität der Geschlechter reden: Sie setzt Unterschiedenheit und zugleich gleichrangige Beziehung, eine *herrschaftsfreie* Beziehung voraus[236].

Damit erscheint die gestellte Ausgangsfrage in einem neuen Licht: Repräsentiert der Geist die weibliche Dimension Gottes? Die Theologin E. A. Johnson hat darauf aufmerksam gemacht, daß sich vor allem ein relational konzipiertes Trinitätsmodell für eine geschlechtsspezifisch ausgewogene Gottesbeschreibung eignen kann[237]. In der Tat: Betrachtet man das göttliche Leben im linearen und damit notwendig subordinierenden Sinn als eine Rangfolge von Vater, Sohn und Geist, dann legen sich auch im menschlichen Analogon Unterordnungen nahe. Außerdem drängt sich der Gedanke einer strikten Repräsentation des *Vaters* in den Vordergrund: Er scheint sowohl im Sohn wie im Heiligen Geist auf.

Anders verhält es sich beim relationalen Ansatz: Weil er auf Einheit in der Unterschiedenheit baut und gewissermaßen ein dramatisches Gegenüber der Personen wir nannten sie Subjekt-Personen – voraussetzt, kann sich auch auf geschöpflicher Ebene die tatsächliche Unterschiedenheit und gleichzeitige Ebenbürtigkeit der göttlichen Subjekt-Personen spiegeln. Gleichheit und Unterschiedenheit aber sind auf

236 Vgl. in diesem Werk Bd. I: Theologische Anthropologie, Schaubild: 'Die Geschlechterproblematik in der Theologiegeschichte' 3.4.2.

237 Ich bin die ich bin. Wenn Frauen Gott sagen, Düsseldorf 1994, bes. 261-302.

geschöpflicher Ebene mit der Geschlechterdifferenz gegeben. Diese darf im Licht des trinitarischen Lebens Gottes nicht zur Vorherrschaft eines Geschlechtes über das andere mißbraucht werden. Mann und Frau bleiben gleichberechtigte, aber aufeinander bezogene Symbolträger der einen Wirklichkeit Gott. In diesem Sinn schreibt A. Carr: „Das letztendliche Symbol von Gott als Trinität gibt Frauen somit ein Bild und eine Vorstellung von Gott, die Eigenschaften enthält, die nachzuahmen sich lohnt und die geeignet sind, Menschen in die radikale Nachfolge Jesu zu berufen"[238].

Daß ausgerechnet der Geist mit der weiblichen Dimension Gottes in Verbindung gebracht wird, liegt zunächst am Anstoß der oben beschriebenen Tradition, die in ihrer Positivität durchaus Gewicht hat. Dieses Urteil erklärt sich aber auch insofern, als das Proprium des Geistes gegenüber Vater und Sohn zugleich die größtmögliche Differenz in Gott konstituiert. Nur der Geist stellt ein wirkliches Pendant zur im wesentlichen gleichgeschalteten Metaphorik der Vater-Sohn-Beziehung dar, wie die Frau auf geschöpflicher Ebene das wirkliche Pendant des Mannes ist. Das Pneuma mag endlich auch aus dem Grund als die weibliche Dimension in Gott gelten, weil ihm auf geschöpflicher Ebene entspricht, was ihm auch in Gott zukommt: die Fähigkeit, der Liebe Gesicht und Heimat zu geben, ja sie selbst zu verwirklichen, und zwar als eine Liebe, die sich sowohl aktiv wie rezeptiv verhält, die Leben spendet und Leben bewahrt, die Initiative ergreift und Gegensätze überwindet.

Dieser vom Heiligen Geist verwirklichten Liebe kommt in Gott als gänzlich *verschenkter* Liebe eine subjekthafte Unvertretbarkeit zu und ist aus dem Grund nicht mit der Subjekthaftigkeit des Vaters zu verwechseln, die auf geschöpflicher Ebene vom Mann repräsentiert wird. Darum wäre es sinnwidrig, den Subjektnamen Vater durch Mutter zu ersetzen oder aus dem menschgewordenen Sohn eine Tochter zu machen. Wenig hilfreich, weil offenbarungs- und schriftfremd, wäre auch der Versuch, den trinitarischen Gottesgedanken durch frei gewählte Abstrakta zu ersetzen, um geschlechtsspezifische Gottesvorstellungen überhaupt zu vermeiden. Aber es wäre nicht minder sinnwidrig, die durch das Pneuma gewährte weibliche Dimension vom christlichen Gottesbild fernzuhalten. Daraus ergäbe sich in der Tat ein ungemäß männlich und herrschaftlich geprägtes Gottesbild, und das dramatische Gefüge der Polarität bliebe sowohl auf göttlicher wie auf geschöpflicher Ebene gestört. Die weibliche Metaphorik des trinitarischen Geistverständnisses bewahrt den christlichen Gottesglauben vor einer Patro- und Christozentrik, die im Grunde eine Verarmung ist.

5.2. Der Heilige Geist in der Welt

5.2.1 Der Geist und der Kosmos

Die Bestimmung des Menschen und der Kosmos

J. Moltmann beklagt zu Recht, daß im Lauf der Theologiegeschichte die Rolle des Heiligen Geistes zunehmend auf die Themen Gott, Kirche, christliches Leben und

---

[238] Zitiert ebd. 302.

Gebet beschränkt und damit weitgehend spiritualisiert wurde: Die Bedeutung des Geistes für Natur und Leiblichkeit sei demgegenüber in den Hintergrund getreten. Um diesem Mißstand gegenzusteuern, schlägt Moltmann eine Besinnung auf den alttestamentlichen Ruach-Gedanken sowie auf die christliche Auferstehungsbotschaft vor. Beidemale komme die schöpferische, kosmische Qualität der Pneumatologie zum Tragen[239].

Moltmann erinnert an eine vergessene Tradition. Denn das Wissen um die schöpferische, neuschöpferische und damit kosmische Dimension des Geistes war besonders in der Alten Kirche lebendig. *Irenäus von Lyon* zum Beispiel wies darauf hin, daß der Geist – der neutestamentlichen Botschaft zufolge (vgl. Röm 8,11; 1 Kor 15,44) – zugleich heilige und Neues schaffe, da er den ganzen Menschen mit Leib, Seele und Verstand berühre und das vollende, was er selbst ins Dasein gerufen habe. Die Anthropologie dient bei Irenäus als Schaustück für die wirklichkeitsmächtige Qualität des Gottesgeistes: „Wenn also jetzt die fleischlichen Herzen den Geist fassen können, was ist es dann Wunderbares, daß sie in der Auferstehung das Leben aufnehmen, das vom Geist gegeben wird?“[240].

In besonderer Weise kann die Idee der *recapitulatio* (gr.: *anakephalaiosis*), die in der irenäischen Theologie eine wichtige Rolle spielt, auch für heutiges Verständnis gute Dienste leisten. Mit diesem vielschichtigen Stichwort, das sich in etwa mit den Begriffen *Wiederherstellung* und *Zusammenfassung* umschreiben läßt, verbindet der Kirchenvater die heilsgeschichtliche Gegenwart mit der Integrität der ganzen Schöpfung. Durch die Erlösung wird erneuert und überhöht, was im Lauf der Unheilsgeschichte in die Brüche ging. Im Geist der Erlösung aber, der die Auferstehung des Christus bewirkt hat, findet sich diese ursprüngliche Einheit wieder: eine neue Harmonie zwischen Mensch und Gott, zwischen Natur und Mensch, zwischen Mensch und Mensch und schließlich zwischen Geist und Leib[241].

Da Irenäus eindeutiger als seine Vorläufer den Geist Gottes mit dessen Weisheit gleichsetzt und folglich von einer im Geist geordneten Schöpfung reden kann, gewinnt der Mensch für die Identifizierung und Erhaltung der Schöpfung eine Schlüsselstellung: Daß der Kosmos vom Geist gehalten und damit ein Gleichnis Gottes ist, kommt im *menschlichen Geist* zum Aufschein. Denn er vermag nicht nur die Schöpfung als Schöpfung Gottes zu erkennen, sondern zugleich deren Sprache zu verstehen, so daß Schöpfung zur *Anrede* und zum *Anruf* wird. „Nicht nur in der äußerlichen Gestaltung des Kosmos, sondern auch bis ins Innere hinein zeigt sich ... das Walten des Geistes. Er umfaßt und durchwirkt das All und macht es zum Zeichen seiner Gegenwart“, so lautet – knapp zusammengefaßt – die Botschaft des Irenäus[242].

Damit meldet sich die heutige Diskussion über die Bewahrung der Schöpfung und die diesbezügliche Verantwortung des Menschen zu Wort. Denn als geistbegabtes Wesen wird der Mensch zum berufenen Interpreten des Geistwerkes, das

[239] Der Geist des Lebens, 21.

[240] Haer. V,13,4; BKV Iren. II, 185.

[241] Texte und Interpretationen finden sich bei H.-J. Jaschke, Der Heilige Geist im Bekenntnis der Kirche, 249-265.

[242] Ebd. 264 f.

er selber im Kontext der Schöpfung darstellt: „Die Universalität des Geistes wird gerade darin wirksam, daß sie dazu einlädt, die Schöpfung nicht nur ausschnittweise, sondern auch im ganzen wahrzunehmen“[243]. Sie hilft nicht zuletzt die wechselseitigen Verflechtungen zu sehen, die den Menschen mit seinen Mitgeschöpfen verbindet. Dieser Aspekt ist in den vergangenen Jahrzehnten neu bedacht und anthropologisch gewertet worden. Theologen wie *K. Rahner* und *W. Pannenberg*, aber auch viele andere haben versucht, im Licht des biblischen Geistverständnisses Fragen der Evolution, des Verhältnisses zwischen Gottes Transzendenz und Immanenz und schließlich der Hominisation zu behandeln. Es geht bei dem letztgenannten Themenkreis unter anderem um das Problem, welchen Anteil der Gottesgeist an der Entwicklung des menschlichen Geistes und damit für dessen Selbst-, Welt- und Gottesbewußtsein hat, dem in Jesus Christus eine gottmenschliche Dimension zukommt.

Es ist nicht möglich, an dieser Stelle auf die Komplexität der genannten Fragen einzugehen[244]. Was das Verhältnis von Pneuma und Kosmos betrifft, so läßt sich – im Anschluß an Irenäus – zumindest folgendes sagen: Stellt der Geist jene Kraft der Erlösung dar, die aufgrund ihrer kosmischen Qualität jeglicher Entfremdung widerstreitet, dann ist er als *Gabe* tatsächlich am Werk. Sein Wirken darf als dynamischer Prozeß betrachtet werden, der die Schöpfung als ganze durchwaltet und der Vollendung ihrer inneren Möglichkeiten zuführt. Insofern repräsentiert der Geist jene immanente Zuwendung Gottes, durch die er ganz auf der Seite der Schöpfung steht, um sie von innen her im Sein zu halten. Im Geist wirkt Gott demnach nicht einfach jenseits der ‚Dinge‘, die als Weltwirklichkeit der empirischen Forschung zugänglich sind, sondern *in ihnen* und zugleich *über ihnen*. „Wenn Gott wirklich ‚innen‘ ist“, so formuliert der anglikanische Theologe J. V. Taylor, „dann finden wir ihn in den Prozessen, nicht in den Lücken der Welt“[245]. Das heißt: Der Wirklichkeit des Geistes als der ‚Wirklichkeit Gottes in der Welt‘ muß nicht in einem Sonderraum *außerhalb* der Welt nachgespürt werden, weil deren empirische Erforschung den Gottesgedanken höchstens als Alibi noch ungelöster Rätsel duldete. Vielmehr ist ‚Wirklichkeit Geist', und den Geist entdeckt, wem es gegeben ist, die Wirklichkeit durch empirisches und ästhetisches Erfassen zum Sprechen zu bringen.

Über Fragen der empirisch-naturwissenschaftlichen Welterfassung wurde in der Schöpfungslehre dieses Werkes gehandelt[246]. Im folgenden geht es um den Zusammenhang zwischen *Pneuma* und *Ästhetik*.

Der Geist und die Schönheit

Bereits die Zuordnung von *Pneuma* und *Kosmos* erhellt den gesuchten Zusammenhang: Der Geist läßt sich in dem Maß erahnen, in dem die Welt in ihrer Schönheit wahrgenommen wird. Er bekundet sich, wenn sich der Mensch für diese

---

[243] Ch. Schütz, Hüter der Hoffnung, 37.

[244] Das tut z.B. E. Dirscherl, Der Heilige Geist und das menschliche Bewußtsein. Eine theologiegeschichtlich-systematische Untersuchung (BDS 4), Würzburg 1989, 39-49.

[245] Der Heilige Geist und sein Wirken in der Welt, Düsseldorf 1977, 37.

[246] Vgl. Bd. I: Schöpfungslehre 4.6.

Schönheit begeistert und aufgrund von ihr künstlerisch empfindsam wird – wodurch er sozusagen den Abglanz der göttlichen Schönheit durch kreative Schönheit beantwortet.

Dieser Sachverhalt läßt sich mit Hilfe des griechischen Wortes *kosmos* erhellen. Es bedeutet zunächst ‚Ordnung': Der Kosmos, das Weltganze, ist das, was Ordnung hat und im geistbegabten Menschen die Sehnsucht wachruft, ebenfalls Ordnung zu stiften. Dadurch erfährt er den Sinn der Welt und die Anregung, diesen Sinn zur Sprache zu bringen. Zugleich geht ihm auf, daß der Ordnung *Schönheit* eignet: Sie hat in der Ordnung ihren Maßstab. Infolgedessen kann das Wort *kosmos* im Griechischen auch *Schönheit* heißen: Der Kosmos ist die in ihrer *Geordnetheit* schöne, das heißt *geschmückte* Welt. Von daher erklärt es sich, daß die hellenistisch geprägte Weisheitslehre des Frühjudentums sowohl die Geordnetheit der Schöpfung wie ihre staunenerregende Schönheit mit dem *Pneuma* in Verbindung brachte und überzeugt blieb, daß der Weise deshalb Vertrauter des Weisheits-Geistes sei, weil er durch ihn die Ordnung der Schöpfung *wahrnähme*. Noch für *Augustinus* führt die Wahrnehmung der Ordnung zum Gewahrwerden der Schönheit; er nennt sie den *splendor ordinis*, den Glanz der Ordnung[247].

Nun ist freilich der Geist und mit ihm Gott selbst nicht im sachlichen Sinn Ordnungs- und Strukturträger des Wirklichen, sondern ein personales Wesen der Freiheit. In der Schönheit des Kosmos bringt sich ein unergründliches Wesen zum Ausdruck, eines, das Geist ist und Geist hat, und sich auf den richtet, der analog Geist ist und Geist hat. Darum eignet der Schönheit des Kosmos Transzendenz- und Kommunikationsfunktion. Sie hat eine nur intuitiv erfaßbare Tiefendimension, kraft der sie zum Träger der göttlichen Selbstmitteilung wird: zum *Ausdruck* der Liebe und der dialogischen Begegnung zwischen Gott und Mensch.

Daß diese Begegnung indes der Gestalt bedarf, zeigt sich in Jesus von Nazaret. Er verkörpert sie auf eine unüberbietbare Weise und gibt ihr eine *personale* Komponente. Gerade aus diesem Grund aber ist Gestalt nicht nur eine sinnenhafte, sondern vor allem eine geistige, ja geistliche Größe. Sie wird getragen und erfüllt vom *Heiligen Geist*. Insofern läßt sich sagen: Gestalt dient im Geist als Medium der göttlichen Offenbarung und zugleich als Medium der gläubigen Selbstübergabe des Menschen an Gott. Durch die *Gestalt* verwirklicht der Geist das *vinculum amoris*.

Der Theologie *H. U. von Balthasars* zufolge bedeutet die Wahrnehmung der Schöpfung und der heilsgeschichtlichen Ereignisse – die allesamt Gestalt sind, ja selbst, wie die Geschichte Jesu zeigt, ein gestaltetes Drama darstellen – die Wahrnehmung der *Herrlichkeit*, der *doxa* Gottes. In ihr begegnet die Ur-Schönheit, die gleichwohl für den Menschen allein in der Brechung geschöpflicher Schönheiten und Gestaltungen ansichtig wird, selbst wenn sie durch das Kreuz entstellt sind. Da jedoch in Gestalt, Drama und Schönheit der Geist eines Gottes zum Aufschein kommt, der mit der geistbegabten Kreatur ins Gespräch kommen will, da weiter der Geist selbst als Mittler und Inspirator dieses Gespräches gelten darf, ist das Erleben von Schönheit und Kunst ein Geisterlebnis. Selbst wenn sich dieses Geist-

[247] Ver. rel. 4,77; CChr. SL 32, 237 f. Vgl. auch Thomas von Aquin, S.th. I, q. 5, a. 4 ad 1.

erlebnis nicht mit der gnadenhaften Selbstmitteilung des Pneuma durch Wort und Sakrament messen läßt, so setzt es doch auf ihre Spur. Es ist sozusagen ihre verhaltene Prophetie.

Das Pneuma entbirgt sich also sowohl im Erfassen wie im Gestalten des Schönen und kündigt sich darin an: in den Werken der bildenden Kunst, in der Musik, in der Poesie, im Tanz. Es manifestiert sich, wenn der Mensch intuitiv ein Kunstwerk als solches erkennt und sich von ihm begeistern läßt, und es scheint auf, wenn er Schönes hervorbringt, um sich in Freiheit und Sehnsucht darin abzubilden. Kunst ist Ausdruck des Geistigsten am Geist. Sie existiert als Folge einer spielerischen, kreativen Freiheit, die die Möglichkeit hat, Ordnung zu schaffen und dennoch Ordnung zu übersteigen. Es handelt sich um eine Freiheit, die Gott seinem Wesen gemäß als Schöpfer besitzt, an der aber der ästhetische und kreative Mensch aufgrund seiner Gottebenbildlichkeit teilhat; sie macht ihn zum Mit-Schöpfer.

Der Heilige Geist und die Geistlosigkeit des sündigen Menschen

Aber ist jeder künstlerische Ausdruck des Menschen und jeder kreative Umgang mit der Natur ein vom Geist getragenes Unterfangen? Dies zu behaupten, hieße die Sündhaftigkeit des Menschen leugnen. Das kreative Tun des Menschen kann nur in dem Maß als pneumatischer Akt gelten, als es in der *Entsprechung zu Gott* steht.

Im Blick auf die Schöpfung läßt sich das Wesen der Sünde mit den Begriffen *Entfremdung* und *Zerstörung* kennzeichnen. Verkehrt der Mensch seine kreativen und ästhetischen Fähigkeiten zugunsten egoistischer Interessen, dann erlischt seine pneumatische Sensibilität; er vermag die Schöpfung nicht mehr als Anrede Gottes zu begreifen. Das hat zur Folge, daß die Schöpfung zum bloßen Material wird und man sie unweigerlich ausbeutet. Die Umweltzerstörung unserer Zeit offenbart in erschreckendem Maß die Geistlosigkeit, ja den *Ungeist* der Sünde. Dessen Auswirkungen betreffen alle Bereiche des menschlichen Daseins. Die Mißachtung der pneumatischen Schöpfungsdimension degradiert auch den Menschen zum bloßen Material, weil sie ihn einerseits aus seinem natürlichen Lebenszusammenhang, andererseits aus seinem mitmenschlichen Bezugsfeld herausreißt. Das erste verstellt seine Wahrheit als vernunftbegabtes, also verantwortliches Geschöpf unter nichtvernünftigen, aber nicht einfach geistlosen Mit-Geschöpfen, das zweite macht ihn zum Frevler an seiner eigenen Natur: Sobald sich der einzelne in egoistischer Weise zum Maß aller Dinge macht, beeinträchtigt er das Wirken des Gottesgeistes, der die Schöpfung als eine will und als ganze durchwaltet. Die hemmungslose Ausbeutung der Natur aber und die fortgesetzte Vergiftung der Umwelt nimmt der Schöpfung ihre Würde als Gleichnis Gottes; wie sollen zum Beispiel der Wind und die Luft die lebensspendende *ruach* Gottes abbilden, wenn sie verpestet sind?

Der Mensch widerstreitet dem Geist so lange, wie er in der Entfremdung und Isolation verbleibt, das heißt solange er den Anspruch der Schöpfung zurückweist und den mit ihr verbundenen Appell an sein sittliches Gewissen *verweigert*.

Was *J. V. Taylor* im Blick auf eine pneumatisch gedeutete Evolutionstheorie formuliert hat, trifft auch auf die kosmische Verantwortung des Menschen zu:

„Der Schöpfergeist wirkt im Innern des Weltprozesses, nicht nur indem er seine Geschöpfe zum Wahrnehmen und Erkennen veranlaßt und sie zu immer höheren Stufen des Bewußtseins und der Personalität verlockt, er wirkt auch dadurch, daß er in einer Situation nach der anderen die Notwendigkeit schafft, zwischen mehreren Möglichkeiten auszuwählen: Die Wahlmöglichkeit entsteht immer aus dem Kontrast zwischen dem Tatsächlichen und dem Möglichen, zwischen Dingen, wie sie sind, und Dingen, wie sie sein könnten. Es ist, als ob der Geist zu jedem einzelnen Teil seiner Schöpfung sagen würde: Wähle! Ich habe dir vorgelegt Leben und Tod, Segen und Fluch. Deshalb wähle das Leben. Bleibe wie du bist, und du wirst aussterben. Wandle dich, wie schmerzlich es auch sein mag, und du wirst leben (vgl. Dtn 30,15)“[248].

Die Menschheit wählt den Tod, so sie die lebendige und lebengewährende Dimension der Schöpfung leugnet und zerstört. Gottes Geist wirkt da jedenfalls nicht, wo man ihn verkennt oder unterdrückt und Umkehr verweigert. An der Fähigkeit, die Schöpfung zu bewahren, damit sie Gleichnis Gottes bleibe, entscheidet sich die evolutive Zukunft des Menschen von heute.

5.2.2 Der Heilige Geist und die vielen Religionen

Der Anstoß des Konzils

Während die Kirche schon früh zumindest an die Möglichkeit dachte, daß Gott jene retten werde, die ihrem Gewissen gemäß und in guter Absicht ein religiöses Leben führen, hat erst das Zweite Vatikanische Konzil die Religionen als Institutionen positiv gewürdigt. Dieser Schritt ist nicht zuletzt einer pneumatisch orientierten Schöpfungstheologie und Anthropologie zu verdanken. Denn aus dem Bewußtsein heraus, „daß der eine und selbe *Geist Gottes* ‚den Erdkreis erfüllt‘ und in der Kirche wirksam wird“, können ihn die Glaubenden „auch ‚in den Ereignissen, Bedürfnissen und Wünschen', die das ‚Gottesvolk‘ mit ‚den übrigen Menschen unserer Zeit teilt', wahrnehmen und ihm folgen (GS 11/1)“[249].

Das Konzil hat der biblischen Botschaft gemäß daran festgehalten, daß der Geist *durch Christus* in die Welt gekommen ist und in der *Kirche Christi* weiterwirkt[250]. Es ging also nicht von einer heilsgeschichtlich unbestimmten Geistgegenwart aus, sondern von deren historischer Konkretion. Aber von der Reichweite dieser im Christusereignis offenbar gewordenen Konkretion überzeugt, gewannen die Konzilsväter neue Erkenntnisse über die Universalität des Geistes sowie über die nicht minder konkreten Äußerungen seiner Wirksamkeit *außerhalb* der Kirche.

Weil das Konzil die Berufung der Menschheit im Licht des universalen Heilswillens Gottes interpretierte, lag es nahe, insbesondere ihr *religiöses* Leben mit dem

---

[248] Der Heilige Geist und sein Wirken in der Welt, 43.

[249] A. Ganoczy, Schöpfungslehre (LeTh 10), Düsseldorf 1983, 127 (Hervorhebung im Original). Vgl. zum Grundproblem auch B. Stubenrauch, Dialogisches Dogma. Der christliche Auftrag zur interreligiösen Begegnung (QD 158), Freiburg - Basel - Wien 1995, bes. V.I.1-5.

[250] Vgl. das Schaubild in diesem Traktat 3.8.1.

Heiligen Geist in Verbindung zu bringen. Aus dieser Perspektive ließ sich von der Wirklichkeit des Geistes sozusagen auf die Unruhe des menschlichen Herzens schließen, das heißt auf die menschliche Gottessehnsucht, die sich in den verschiedenen Religionen manifestiert. So heißt es GS 38 ausdrücklich, Christus wirke durch die „Kraft seines Geistes in den Herzen der Menschen dadurch, daß er nicht nur das Verlangen nach der zukünftigen Welt in ihnen weckt, sondern eben dadurch auch jene selbstlosen Bestrebungen belebt, reinigt und stärkt, durch die die Menschheitsfamilie sich bemüht, ihr eigenes Leben humaner zu gestalten und die ganze Erde diesem Ziel dienstbar zu machen".

Im unmittelbaren Anschluß an diese Aussage wird die paulinische Charismenlehre nicht innerkirchlich, sondern im Kontext der *einen* Menschheit entfaltet: „Verschieden sind jedoch die Gaben des Geistes: die einen beruft er dazu, daß sie das Verlangen nach der Heimat bei Gott deutlich bezeugen und es in der Menschheitsfamilie lebendig erhalten; andere beruft er, damit sie im irdischen Bereich den Menschen hingebungsvoll dienen und so durch ihren Beruf die Voraussetzungen für das Himmelreich schaffen. *Alle* aber befreit er ..." (GS 38). Obwohl an dieser Stelle nicht direkt von den Religionen gesprochen wird, ist auf sie abgezielt. Denn das besagte Streben findet in ihrem Rahmen und mit den Mitteln ihrer institutionellen Möglichkeiten statt, so daß die Gaben des Geistes vermittels der verschiedenen Religionen an die jeweiligen Menschen gelangen.

Nr. 41 der Pastoralkonstitution bringt den Heiligen Geist unmittelbar mit dem ‚Phänomen Religion' in Verbindung und stellt fest, daß ihm gegenüber der Mensch – vom Heiligen Geist angestoßen – niemals gleichgültig bleiben könne. Denn immer werde „der Mensch wenigstens ahnungsweise Verlangen in sich tragen, zu wissen, was die Bedeutung seines Lebens, seines Schaffens und seines Todes ist". Woher aber sollte ihm eine Antwort zukommen, wenn nicht von der konkreten Religion, die ihm auf den Leib geschrieben ist?

Gleichsam als Resümee der angedeuteten Einsichten hat das Konzil den berühmt gewordenen Satz formuliert: „Die katholische Kirche lehnt nichts von alledem ab, was in diesen Religionen wahr und heilig ist. Mit aufrichtigem Ernst betrachtet sie jene Handlungs- und Lebensweisen, jene Vorschriften und Lehren, die zwar in manchem von dem abweichen, was sie selber für wahr hält und lehrt, doch nicht selten einen Strahl jener Wahrheit erkennen lassen, die alle Menschen erleuchtet"[251].

Zur systematischen Vertiefung

Man darf den Heiligen Geist mit Recht als die Tiefendimension der Wirklichkeit bezeichnen: als weltimmanente Seite des transzendenten Gottes. Er ist zugleich die Kraft, die die Tiefendimension der Wirklichkeit vernehmbar macht und sie als Anrede und Anspruch verständlich zur Sprache bringt. Versteht man zudem mit dem Konzil und einem breiten Strom der patristischen Überlieferung den Geist als eine Gabe an die ganze und ungeteilte Menschheit, also auch als Gabe an jeden einzelnen, gottebenbildlichen Menschen, so ist er unmöglich aus dem

[251] Erklärung über das Verhältnis der Kirche zu den nichtchristlichen Religionen, NA 2.

Gefüge der konkreten Religionen wegzudenken. Nichtchristliche Religionen können deshalb nicht einfach, wie ein exklusiver Katholizismus oder die dialektische Theologie es taten, als gottwidrige Selbsterlösungsversuche gebrandmarkt werden. Obwohl sich dieses Urteil im Blick auf die konkrete Verwirklichung jeder Religion, also auch der christlichen, nicht grundsätzlich ausschließen läßt, ja angesichts der erbsündlichen Gebrochenheit der Menschheit nahelegt, betrifft es nicht das Phänomen Religion als solches. Denn was der Geist wirkt – die Erhellung der Wirklichkeit und ihre Übersetzung in den Wahrnehmungsbereich des Menschen hinein, da er an die Menschheit als ganze wie an jeden einzelnen verschenkt ist – hat *inkarnatorischen* Charakter; es geht mit den konkreten Lebensbedingungen der Menschen eine enge Verbindung ein.

Läßt sich also die Sendung des Geistes mit der Sendung Jesu Christi vergleichen? Unbestreitbar ist jedenfalls, daß auch der Geist um der Menschen willen gegeben wurde, also wie der Christus auf das ‚Fleisch' bezogen ist. Und wie sich, nach Auskunft des Konzils, die zweite göttliche Person durch die Inkarnation „gewissermaßen mit jedem Menschen verbunden hat"[252], so findet diese Union im Heiligen Geist nicht bloß eine Bestätigung und Fortführung, sondern auch eine Universalisierung und zugleich eine Verinnerlichung. Insofern ist der Geist tatsächlich über „*alles* Fleisch" ausgegossen (vgl. Joël 3,1). Doch sein Wirken bleibt niemandem äußerlich, sondern vollzieht sich im Kern des subjektiv und personal verfaßten Menschen. Das heißt aber, daß sowohl die persönlichen wie gesellschaftlichen Äußerungen eines Menschen nicht ohne die Mitwirkung des Geistes statthaben. Das heißt insbesondere, daß sowohl die persönliche wie gesellschaftlich verfaßte *Gottsuche* eines Menschen, näherhin jenes religiöse Sinngebäude, von dem er sich in seiner Gottsuche verpflichten läßt, vom Geist durchwaltet und – wie er es weiß – heilshaft ist.

Um diese Theorie zu veranschaulichen, sei auf die *Doxologie* verwiesen. Der Geist, so schreibt Y. Congar, „verbindet alles, was in der Welt für Gott ist, zu einer Doxologie"[253]. Ohne Zweifel wohnt jeder legitimen, das heißt um das Heil der Menschen besorgten Religion der Eifer inne, dem Absoluten – christlich gesprochen: Gott – die Ehre zu geben, es anzubeten und zu lobpreisen. Keine Religion verzichtet dabei auf das Medium ‚Welt': Gleich, ob sich dieser Lobpreis kultisch-rituell oder ethisch-existentiell vollzieht, immer wird die Welt als Anspruch Gottes verstanden und mithin als *Schöpfung* erkannt. In der Doxologie gibt sie der gläubige Mensch gleichsam an Gott zurück. Aber es ist der Heilige Geist, der ihm die Schöpfung aufschließt und sie in Theologie, Kult und Ethik zur Deckung kommen läßt. Theologie, Kult und Ethik wiederum sind die ureigenen Domänen der konkreten Religionen. Durch sie werden die entsprechenden Inhalte im Leben der Menschheit verankert.

Die christliche Verpflichtung auf das Bekenntnis zu Jesus von Nazaret steht einer solchen Auffassung nicht entgegen. Gerade die Pneumatologie erlaubt eine *entgrenzte* Christologie und gibt den Mut, die Inkarnation Gottes als Ausdruck seiner unbedingten Entäußerung und Menschennähe zu werten. Diese Entäußerung

[252] GS 22.
[253] Der Heilige Geist, 314.

setzt sich im Heiligen Geist fort. Sie besteht bei ihm darin, daß er auf sein personales Antlitz verzichtet und sich als *Gabe* zum Unterpfand jeder personal und gesellschaftlich verfaßten Gottsuche macht. So umfängt er die vielfältigen kulturellen Formen der menschlichen Gottsuche, um das Wahre, das ihnen dem Konzil zufolge innewohnt, in gelebte Existenz zu versetzen.

Daß durch das Wirken des Heiligen Geistes nicht Uniformität, sondern Vielfalt herrscht, dürfen die Christen als frohe Botschaft dem Pfingstereignis entnehmen. Zur Neuschöpfung der Menschheit „sind alle Völker gerufen. Pfingsten versinnbildet die Berufung der Nationen. Keine von ihnen verliert ihre Identität. Alle sprechen ihre eigene Sprache. Obschon in Christus geeint, büßt die neue Menschheit ihre Vielfältigkeit nicht ein. Der Geist zwingt die Völker nicht in einen Einheitsanzug“[254].

5.3 Der Heilige Geist in der Kirche

5.3.1 Die Geistdimension im kirchlichen Weltauftrag

Die Kirche als Sakrament

Die Wahrnehmung des Gottesgeistes in der Welt und in den Religionen darf nicht die biblische Auffassung in den Schatten stellen, daß der Heilige Geist in der *Kirche* wirkt und sie zum Ort seiner Gegenwart und Weltwirksamkeit erwählt hat. Während dieser Aspekt von den verschiedenen theologischen Traditionen hinreichend bedacht worden ist, aber mitunter die Versuchung heraufbeschwor, die Kirche als einen exklusiven Geistort inmitten einer geist-losen Welt zu verstehen, gewinnt heute, nach den Anstößen der Zweiten Vatikanischen Konzils, das Wissen um die *Relativität* der kirchlichen Geistbegabung Raum.

Relativität meint in diesem Zusammenhang nicht, die Geistgegenwart in der von Christus erwählten und durch Taufe und Eucharistie konstituierten Kirche sei unvollkommen oder nur unter Vorbehalten wahr. Das christliche Glaubensbewußtsein war immer vom Gegenteil überzeugt: Der Geist als Gabe und Liebesband ist als kommunikative Form der Selbstmitteilung Gottes in seiner Fülle an die Kirche vergeben, um keimhaft zu verwirklichen, was am Ende der Zeit offenbar werden soll. Aber gerade diese Auskunft verweist auf die Relativität der kirchlichen Geistbegabung. Schließlich bleibt der Geist nicht in der Kirche verschlossen und von der Welt abgeschnitten, sondern *durch* die Kirche an die Welt vergeben. Die relative Geistbegabung macht die Kirche zu einem *Instrument*. Sie erinnert daran, daß die Kirche ihren Sinngrund nicht aus sich selbst, sondern von jenseits ihrer selbst, nämlich aus Gott bezieht, und daß sie sich wiederum jenseits ihrer selbst verwirklichen muß: indem sie den Geist an die ganze Menschheit freigibt.

---

[254] J. Comblin, Der Heilige Geist, 70.

Relativ vom Geist begabt ist also die Kirche, weil sie erstens vorbehaltlos und wirksam mit Gott in Verbindung steht. Relativ vom Geist begabt ist die Kirche zweitens, weil sie als Teil von ‚Welt' und Teil von ‚Menschheit' substantiell mit beiden verbunden bleibt, selbst wenn sie ihr nicht unmittelbar angehören. Kurz: Die Kirche ist Sakrament, „Zeichen und Werkzeug für die innigste Vereinigung mit Gott wie für die Einheit der ganzen Menschheit[255].

Die Kirche als Sakrament des Geistes

Um das Mysterium Kirche nicht mit demjenigen Christi gleichzusetzen, hat das Konzil von einer *Analogie* gesprochen: Die Kirche ist dem Mysterium des fleischgewordenen Wortes *ähnlich*, keineswegs also die unmittelbare Verlängerung oder Fortsetzung der Fleischwerdung des Wortes[256]. Denn durch den Tod und die Auferstehung Jesu, vor allem aber durch die Sendung des Heiligen Geistes an Pfingsten hat sich eine neue Situation ergeben. Der Christus wurde im Geist entgrenzt, um auf jeden Menschen hin transparent zu sein. Darum stellt die Kirche, die den Geist des entgrenzten Christus empfangen hat, ein „Mysterium eigener Struktur" dar, das „in einer ganz besonderen Weise zu tun hat mit der heilsgeschichtlichen Wirksamkeit des Heiligen Geistes"[257]. Diese ist *ausdrücklich* auf die ganze Welt, ja die ganze Schöpfung bezogen und darum sozusagen pankulturell bestimmt. Entsprechend hat die Kirche die Aufgabe, keine Äußerung des menschlichen Lebens unberührt lassen. Sie bleibt gehalten, im Heiligen Geist auf die Reichweite der Erlösung aufmerksam zu machen.

In diesem Sinn darf die Kirche als *Sakrament des Geistes* gelten. Sie ist einerseits vom Geist in Dienst genommen, um das Evangelium Gottes mit Vollmacht und kraft ihrer eigenen Geistbegabung zu verkünden. Dabei wirkt der Geist als ihr transzendentes Lebensprinzip; er trägt, beseelt und beauftragt die Kirche. Sie ist andererseits als eine komplexe Wirklichkeit, in der göttliche und menschliche Elemente zusammenwachsen[258], Trägerin und Anwältin des Geistes: Dieser kommt *durch sie* in die Welt, um sie auf Gott hin zu öffnen.

Das heißt konkret: Das Reich Gottes ist nicht mit der Kirche identisch; aber die Kirche dient als reales *Zeichen*, daß dieses Reich seinen Anfang genommen hat. Mit W. Kasper läßt sich dieser Grundbescheid in drei Punkten ausfalten[259]:

1.) Die Kirche ist *nur* Sakrament, also ein Werkzeug, das einem außerhalb ihrer selbst liegenden Ziel dient: der Verkündung des Gottesreiches und dessen missionarischer Proklamation. Aber die Kirche ist Werkzeug des Geistes als *Institution*. Deren Strukturen und Vollmachten haben den Sinn, durch die Anerkennung des Rechtes jeder einzelnen geistbegabten Persönlichkeit Freiheit und Liebe zu ermöglichen. Die Institution behindert also – sofern man sie nicht mißbraucht – weder den Geist noch das Charisma, sondern setzt beide gegenwärtig und schafft

---

255 Vatikanum II, LG 1.

256 LG 8; zum ganzen vgl. in diesem Werk Bd. II: Ekklesiologie 2.2.

257 Th. Schneider, Gott ist Gabe. Meditationen über den Heiligen Geist, Freiburg – Basel – Wien 1979, 76.

258 LG 8.

259 W. Kasper, Die Kirche als Sakrament des Geistes: ders., G. Sauter, Kirche – Ort des Geistes, Freiburg – Basel – Wien 1976, 13-55, bes. 44-55.

den Raum, in dem sich das Pneuma ereignen kann. Allerdings wird die Institution zugleich vom Geist überstiegen.

2.) Das Pneuma *ereignet* sich von der Institution her auch im Raum anderer Strukturen, zum Beispiel in der Ökumene aller christlichen Kirchen oder dort, wo Struktur und Organisation zurücktreten: im Bereich des Charismatischen, der spontanen Begeisterung und des eigenverantwortlichen Engagements. Dennoch kann sich die Kirche des Geistes nicht von ihrem heilsgeschichtlichen, d.h. christologischen Ursprung losketten. Das Bekenntnis zu Jesus von Nazaret bleibt der Maßstab ihrer Identität und das Kriterium zur Unterscheidung der Geister. Jede Auflösung des historischen Ursprungs hätte die Vernichtung der kirchlichen Sakramentalität zur Folge. Damit wäre der heilsgeschichtliche Ort verlassen, an dem sich Welt und Mensch berührt haben.

3.) Zur Kirche gehört „von ihrem Ursprung und ihrem Wesen her der Mut, sich auf das Unabsehbare, das Neue, nicht Planbare und Machbare einzulassen“[260]. Der Geist handelt immer nach vorn, auf eine Zukunft hin, die von der Kirche nicht vorgedacht und geplant werden kann, für die sie aber offen sein muß. Darin zeigt sich die ‚Herold'-Funktion der Geistkirche: Was einmal in universaler Weise statthaben soll – die Einheit zwischen Gott und Mensch wie der Menschen untereinander -, nimmt durch die Kirche Gestalt an. Das geschieht nicht nur im Modus der Verheißung, sondern in dem der Verwirklichung; das Sakrament Kirche *bewirkt*, was es anzeigt

Die pneumatische Sakramentalität der Kirche steht mithin im Kontext der klassischen ekklesiologischen Wesenseigenschaften: Allein im Geist vermag die Kirche ihre *Einheit*, ihre *Heiligkeit*, ihre *Apostolizität* und ihre *Katholizität* zu bewahren. Denn alle vier Bestimmungen bilden die Voraussetzung dafür, daß die Botschaft von der Menschenfreundlichkeit Gottes für die Welt verständlich wird. Eine Kirche, der die *Einheit* fehlt, steht dem Glauben an den einen Gott ebenso im Weg wie ihrer eigenen Glaubwürdigkeit. Mit Nachdruck überliefern deshalb die johanneischen Abschiedsreden die Mahnung Jesu an die Jüngerschaft, eins zu sein, „damit die Welt glaube“ (vgl. Joh 17,21). Ohne *Heiligkeit* handelte die Kirche nicht im Auftrag und der Vollmacht dessen, der sie berufen hat. Als bloß menschliche Institution könnte sie die Völker gerade nicht mit ‚Gott und untereinander‘ verbinden. Mit ihrer Heiligkeit aber berührt sich ihre *Apostolizität*. Diese ist der beständige Nachweis, daß ihr Auftrag weder angemaßt noch historisch ortlos ist, sondern mit dem Konkretum des Christusereignisses in Verbindung steht. Würde die Kirche aber ihrer *Katholizität* widerstreiten, dann verlöre sie den eigentlichen Adressaten ihres Daseins und ihre Zeichenfunktion aus den Augen. Auf sich selbst zurückgeworfen, verkäme sie zur Sekte.

5.3.2 Die Geistdimension in der kirchlichen Glaubenserkenntnis

Die Überzeugung, daß die *ganze* Kirche vom Heiligen Geist begabt ist, hat im Lauf der Theologiegeschichte verschiedene Wertungen erfahren und dadurch zu

[260] Ebd. 50.

heilsamen Spannungen geführt: Die Polarität von Charisma und Amt, von Ereignis und Institution, von Kollektiv und Individuum brachte die Vielfalt des Geistes zum Aufschein. Jeder Versuch, einen der genannten Aspekte auf Kosten des je anderen zu betonen, hatte Verengungen zur Folge und forderte Gegenreaktionen heraus. Darum war es angemessen, daß sich die Kirche mit dem Zweiten Vatikanischen Konzil auf ihre *communio*-Struktur besann und deutlich machte, daß im Heiligen Geist sowohl Einheit als auch Verschiedenheit begründet sind.

Kirche als Interaktion der Bezeugungsinstanzen[261]

Wie die Kirche als ganze vom Geist durchwaltet wird, so kommt es ihr als ganze zu, den Glauben an den Christus Gottes zu bezeugen, zu überliefern und zu entfalten. In welcher Weise?

Während in der Ekklesiologie des 19. Jahrhunderts gewöhnlich die Verantwortung für den Glauben allein dem *Lehramt* zugesprochen wurde, das sich primär als Wächter über Schrift und Tradition verstand, hob das Zweite Vatikanum darüber hinaus auf den *übernatürlichen Glaubenssinn* der Gesamtkirche ab. Dieser tut sich kund, wenn die Kirche „von den ‚Bischöfen bis zu den letzten gläubigen Laien' ihre allgemeine Übereinstimmung in Sachen des Glaubens und der Sitten äußert"[262]. Der Glaube erschließt sich also dann, wenn sich die verschiedenen Bezeugungsinstanzen – das Konzil nennt etwas vereinfachend die Bischöfe und ‚Laien' – gemeinsam bemühen, die Wahrheit des Glaubens zu erkennen. So gesehen schwindet die Grenze zwischen hörender und lehrender Kirche, oder besser gesagt: Sie verlagert sich von Mal zu Mal, denn die genannten Instanzen verhalten sich zueinander sowohl spontan wie rezeptiv. Beide Seiten sind gehalten, einander ernst zu nehmen und gegebenenfalls offene Spannungen auszuhalten. Soll die Erkenntnis des Konzils, daß der Glaubenssinn der Kirche vom „Geist der Wahrheit geweckt und genährt wird"[263] keine Floskel bleiben, ist auch ein mühevoller Austausch als ein geistliches, zutiefst pneumatisches Geschehen zu betrachten.

Indes darf der Glaubenssinn der Kirche nicht mit der jeweiligen religiösen Stimmung des kirchlichen Kollektivs oder gar mit der Vorherrschaft bestimmter Gruppen verwechselt werden, die ihre Interessen lautstark durchzusetzen wissen. *Alle* Glieder der Kirche bleiben in jedem Fall auf die Vorgaben der gemeinsamen Glaubensgrundlagen verwiesen, so daß sich zu den genannten Bezeugungsinstanzen *Lehramt* und *Glaubensinn* die Größen *Schrift* und *Überlieferung* sowie die *wissenschaftliche Theologie* hinzugesellen. Sie sorgen für die Anbindung des Glaubens an das historische Faktum und die rationale Durchdringung seiner Inhalte und bieten zugleich die Gewähr, daß der Glaube an die Gegenwart vermittelt wird[264].

Die Kirche entspricht ihrer Verheißung, durch den Beistand des *Heiligen Geistes* „im Glauben nicht irren zu können"[265] nur dann, wenn die Interaktion der ge-

---

[261] Vgl. dazu in diesem Werk Bd. I: Theologische Erkenntnislehre 4.5.4 und 4.6.
[262] LG 12; tzt D 7, Nr. 22. Der Text in Anführung ist ein Augustinuszitat.
[263] Ebd.
[264] Vgl. W. Beinert, Theologische Erkenntnislehre: LkDog (³1991) 505.
[265] LG 12, tzt D7, Nr. 22.

nannten Bezeugungsinstanzen gelingt. Daß dies, noch einmal, im Einzelfall zu Konflikten führen kann, steht außer Frage. Ebenso ist damit zu rechnen, daß kirchliche Entscheidungsprozesse mitunter sehr viel Geduld und Zeit erfordern. In jedem Fall verlangt die kommunionale Verfassung der kirchlichen Glaubenserkenntnis den Kirchengliedern ein hohes Maß an Hör- und Lernbereitschaft ab. Aber sind nicht beide Zeichen des Geistes?

Die Bezeugungsinstanzen als Institutionen des Geistes

Um die Einheit wie Unterschiedenheit der kirchlichen Bezeugungsinstanzen deutlich zu machen, ist ein weiteres Mal an die Charismenlehre des Apostels Paulus zu erinnern: „Das alles bewirkt ein und derselbe Geist; einem jeden teilt er seine besondere Gabe zu, wie er will" (1 Kor 12,11). Wie die Charismen, so sind auch die Bezeugungsinstanzen von verschiedener Art. Die Schrift besitzt eine andere pneumatische Qualität als die wissenschaftliche Theologie, und das Lehramt läßt sich nicht gegen den Glaubenssinn ausspielen, obwohl beide insofern zusammenhängen, als auch die Träger des Lehramtes und die Theologen mit Glaubenssinn begabt und in diesem Sinn ‚Laien' sind: Glieder des geistbegabten Gottesvolkes, das an der lebendigen Tradition der einen Kirche teilhat.

Für die pneumatologische Bestimmung der kirchlichen Glaubenserkenntnis bietet sich der johanneische Paraklet-Gedanke an: In der johanneischen Pneumatologie kommt dem Geist eine vermittelnde Funktion zwischen dem historischen Faktum und der fortlaufenden *Deutung* dieses Faktums in der Kirche zu. Der Heilige Geist stellt gewissermaßen das Gedächtnis der Kirche dar. Durch ihn ist sie in die Lage versetzt, das Christusereignis nicht nur zu bewahren, sondern auch zu vermitteln, das heißt auszulegen auf die jeweilige Gegenwart hin. Diese Vergegenwärtigung geschieht indes nicht nur im Modus der Erinnerung, sondern in der Form der Aktualisierung. Das Christusgeschehen wird im Geist von neuem zum Ereignis; der Gott, an den es heranführt, ist kein Gott der Vergangenheit, sondern der Ewigkeit: der steten Gegenwart.

Welche Rolle spielen die Bezeugungsinstanzen der Kirche in diesem pneumatischen Vergegenwärtigungsprozeß? Da ist zunächst die *Heilige Schrift.* Nach der Lehre von der Schriftinspiration muß der Heilige Geist als ihr Urheber betrachtet werden. Dabei ist weniger an eine Verbal- denn an eine Realinspiration zu denken. Da im Zentrum der christlichen Offenbarung eine Person steht, die sich in Wort und Tat der menschlichen Geschichte einverleibt hat, und da die Schrift sowohl das Wort des Christus wie die glaubende Ant-Wort der Christen zur Sprache bringt, darf der Geist als Garant der christlichen Offenbarung gelten: Er hat authentisch ins Wort gebracht, was sich als *Ereignis* kundtat.

Damit verbindet sich die Rolle der *Tradition*, der „Selbstüberlieferung Gottes in Jesus Christus durch den Heiligen Geist"[266]. Tradition heißt das dynamische Geschehen der kirchlichen Glaubensannahme und Glaubensweitergabe in formaler wie inhaltlicher Hinsicht. Im Heiligen Geist bilden der Glaubensinhalt und

[266] W. Kasper, Tradition als theologisches Erkenntnisprinzip: W. Löser u.a. (Hg.), Dogmengeschichte und katholische Theologie, Würzburg 1985, 395 f.

die Glaubensweitergabe eine untrennbare Einheit: Der Paraklet *erinnert* (vgl. Joh 14,26) und umgrenzt so den Glaubensinhalt. Er *bewahrt* ihn, so daß er auch in Zukunft mit sich identisch bleibt. Aber zugleich *legt* er ihn *aus* und führt auf diese Weise in die „ganze Wahrheit" ein (Joh 16,13). Darum bringt der Akt der Überlieferung eine aktuale Neugestaltung des Glaubensgutes mit sich; er verbindet lebendige Individuen mit dem Gott, der sich im Heiligen Geist an sie ausliefert. Insofern hat die Tradition einen inneren, weil pneumatischen Bezug zum Glaubenssinn der Gläubigen. Denn sie setzt diese allererst instand, kompetent vom Glauben zu reden. Umgekehrt wird die Tradition von den Glaubenden geprägt, gereinigt und kritisiert: Da das Evangelium zwar der Heiligen Schrift, aber, wie im Umkreis des Konzils von Trient gesagt wurde, nicht minder „den Herzen der Gläubigen" anvertraut ist[267], sind sie als einzelne wie zusammen Träger der Tradition und vom Geist als solche ermächtigt. In ihm haben sie die Aufgabe, die Schriftgemäßheit der Tradition festzustellen und sie ständig an das Christusereignis zurückzubinden.

Mit dem gelingenden Prozeß der Glaubensweitergabe in der Tradition sind schließlich das *Lehramt* und die *wissenschaftliche Theologie* befaßt. Die pneumatische Dimension beider Instanzen zeigt sich zunächst in der Aufgabe, zu lehren. Damit treten sie der kirchlichen Gemeinschaft gegenüber und halten die Differenz zwischen Christus – dem eigentlichen Lehrer – und der Kirche aufrecht. Der Geist berechtigt zur Christusrepräsentation, indem er gleichsam Menschen an seiner eigenen ministralen Funktion teilhaben läßt. „Denn er wird nicht aus sich selbst heraus reden", so erklärt der johanneische Christus über den Parakleten, „sondern er wird sagen, was er hört; er wird mich verherrlichen" (Joh 16,13 f). Während in der Alten Kiche das Lehramt und die Theologie großenteils in eins fielen und noch die Scholastik zwischen dem *magisterium cathedrae magistralis* und dem *magisterium cathedrae pastoralis* unterschied[268], haben sich beide Kompetenzen im Lauf der Jahrhunderte voneinander entfernt. Die Christusrepräsentation blieb schließlich dem Lehramt vorbehalten, während sich die Theologie auf die Autorität der *ratio* berief.

Wie immer man diese Entwicklung bewerten mag, die pneumatische Bedeutung beider Aufgabenbereiche bleibt unbestritten. Eine autoritative Entscheidung und damit das Beharren auf das ‚Gegenüber' wird dann unabdingbar, wenn es in der Kirche aufgrund von Glaubensfragen zur Spaltung kommt. Es muß im Namen Christi und in der Vollmacht des Geistes zur Einheit gerufen werden. Insofern verkörpert das Lehramt den Einheitswillen des Heiligen Geistes.

Aber auch die Rolle der *ratio* bleibt entscheidend. Denn niemals lassen sich Sachfragen *nur* aufgrund von Autorität entscheiden. Da der Glaube seinem Wesen nach vernunftgemäß strukturiert ist (was nicht heißt: rationalistisch), bedarf er der argumentativen Durchdringung und der fortgesetzten Diskussion. Dieser Aufgabe obliegt die wissenschaftliche Theologie. Ihre Geistdimension liegt in der

---

[267] Rede des Kardinallegaten M. Cervini; erläutert von J. Ratzinger, Zur Auslegung des Trienter Traditionsdekrets: K. Rahner, ders.: Offenbarung und Überlieferung (QD 25), Freiburg - Basel Wien 1965, 51-53.

[268] Vgl. in diesem Werk Bd. I: Theologische Erkenntnislehre 4.3.3 (mit Schaubild).

Verpflichtung auf die Wirklichkeit: Katholischer Glaube hat es mit dem Ganzen der Wirklichkeit zu tun, der ‚Geist der Wissenschaft' aber drängt zur Wirklichkeit und läßt sie in ihrem Anspruch zu Wort kommen. Die Theologie betreibt darum im Namen des Geistes Hermeneutik; sie sorgt dafür, daß der Glaube *verstanden* und so dem denkenden Menschen zugänglich wird.

5.4 Der Heilige Geist im Leben der Glaubenden

Obwohl sich das Wirken des Geistes auf die ganze Schöpfung, auf die eine Menschheit, auf die vielen Religionen und die Kirche Jesu Christi bezieht, bleibt das durch die Taufe begnadete Individuum der erstberufene Adressat seiner Zuwendung. Denn der Heilige Geist ist als der personale Ausdruck der unzwingbaren *Gnade* zu werten: In ihm hat sich Gott aus freien Stücken und aus reiner Liebe ein für allemal mit dem Menschen verbunden, um ihn auf den Weg der Vollkommenheit zu führen. Entsprechend bildet der Heilige Geist die lebendige Grundlage der christlichen *Spiritualität*.

Was dieser Begriff genauerhin bedeutet, läßt sich nicht mit Bestimmtheit sagen. Immerhin legt sich der Bezug auf den Heiligen Geist, den *spiritus sanctus*, bereits durch die Etymologie des Wortes nahe, so daß es gerechtfertigt ist, unter *Spiritualität* das christliche ‚Leben aus dem Geist Gottes' und die ‚Verwirklichung des Glaubens unter konkreten Lebensbedingungen' zu verstehen[269]. So betrachtet berührt der Spiritualitätsbegriff den der *Frömmigkeit.* Obwohl er ihm gegenüber „umfassender" und auch „bestimmter" ist[270], kommen beide Begriffe darin überein, ein Verweis auf die Hingabe des Menschen an Gott zu sein. Sofern man aber unter Frömmigkeit kein individualistisches und spiritualistisch verinnerlichtes Gefühl versteht, sondern die Ganzheit der gelebten Gotteshingabe, lassen sich beide Begriffe parallel verwenden.

Damit sei noch einmal an die oben genannten Größen Schöpfung, Menschheit, Religionen und Kirche zurückverwiesen: Da die Frömmigkeit des Christen nicht allein in die „Innerlichkeit der Person" gehört, sondern auf die „Wirklichkeit Gottes und seine Offenbarung im Schöpfungs- und Christusmysterium" zielt[271], bleibt der Glaubensweg des einzelnen mit diesen Größen vernetzt. Deshalb ist auch eine bewußt *pneumatisch* orientierte Spiritualität – der Ausdruck stellt zwar eine Tautologie dar, bleibt aber angesichts der Vieldeutigkeit des Spiritualitätsbegriffes unabdingbar – ohne den Kontext von Welt und Mitmensch unmöglich zu denken. Wenn sie aber, etwa durch mystische Erfahrungen, über diesen Kontext hinausführt, dann geschieht es, um dessen Sinnstruktur freizulegen, nicht, um ihn zu entwerten.

---

[269] Vgl. Ch. Schütz, Spiritualität: PLSp, 1171, mit Bezugnahme auf Definitionen von K. Rahner und P. Zulehner.

[270] Ebd.

[271] A. Auer, Frömmigkeit: LThK 4 (^{2}1960) 403.

Im folgenden geht es um die Frage, in welcher Weise eine pneumatisch orientierte Spiritualität die Wesensmerkmale der christlichen Frömmigkeit bestätigt und überhöht. Dabei wird sowohl vom *Logos* als auch vom *Ethos* die Rede sein: Sofern der Heilige Geist die Getauften mit Gott vereinigt, offenbart er ihnen den Sinn der Welt und den Sinn der menschlichen Existenz. Sofern er die Getauften zugleich untereinander verbindet und auf alle Menschen hin entgrenzt, bildet er die Richtschnur und die Quelle der Moral. In diesem zweifachen Sinn dient der Heilige Geist als Wegbegleiter: Was die Christen im Glauben erkennen, soll in ihrer Haltung und in ihrem Handeln zum Ausdruck kommen. So wirkt der Geist den Glauben, der in der Liebe wirksam ist (vgl. Gal 5,6).

5.4.1 Wesensmerkmale einer pneuma-bewußten Spiritualität

Nach A. Auer trägt die christliche Frömmigkeit eine vieldimensionale Prägung: Sie ist theozentrisch, christozentrisch, kirchlich, sakramental, personal, gemeinschaftlich und schließlich eschatologisch strukturiert[272]. Sämtliche Dimensionen bedürfen zu ihrer Verwirklichung der Initiative des Heiligen Geistes. Aber fruchtbar sind sie nur dann, wenn sie fortwährend bejaht, erbetet und in der Praxis geübt werden.

1.) Die *theozentrische* Komponente der christlichen Spiritualität ergibt sich aus dem kommunikativen Charakter des Heiligen Geistes und aus seiner Funktion als Offenbarungsträger. Da er als Gnadengabe den Getauften gegeben ist, ermöglicht er den Zugang zu Gott und schenkt nicht weniger als Gott selbst. Darum bleibt das christliche Glaubensleben grundsätzlich auf das Absolute schlechthin verwiesen. Würde es sich mit weniger als mit Gott begnügen, so verfehlte es seinen Sinn. Im Heiligen Geist aber liegt Gott gleichsam offen wie ein aufgeschlagenes Buch. *Basilius von Caesarea* hat diese pneumatische Theozentrik im Anschluß an die Pneumatologie der paulinischen Briefe folgendermaßen beschrieben: „Wenn wir die Gaben in Empfang nehmen (gemeint sind die Geistesgaben nach 1 Kor 12,4-6 – Anm. des Verf.), dann begegnen wir zunächst dem, der sie verteilt; sodann denken wir an jenen, der sie gesandt hat; schließlich konzentrieren wir uns auf die Quelle und Ursache der Güter“[273]. Daß der Heilige Geist durch den von ihm gewährten Theozentrismus dem Glaubenden zugleich die Kraft schenkt, sich Gott – und nur ihm allein – vorbehaltlos hinzugeben, versteht sich für Basilius von selbst.

2.) Das Wort des Kirchenvaters erinnert mithin an die *Christusgebundenheit* derer, die aus dem Geist leben. Von der Bedeutung der Christologie für die *Lehre* vom Heiligen Geist war im Verlauf dieses Traktates wiederholt die Rede. In spiritueller Hinsicht meint *Christozentrik* die fortwährende Angleichung der Getauften an die Gestalt Jesu und ihre Eingliederung in dessen mystischen Leib durch die Einwohnung des Heiligen Geistes. Bei diesem Prozeß ist eine ontische und eine existentiell-kognitive Ebene zu unterscheiden: Während sich der ontische,

---

[272] Vgl. ebd.

[273] Spir. 16, 38, vgl. FC 12, 185.

seinshafte Vorgang der Christusangleichung jeder Beschreibung entzieht und das Kernstück der christlichen *Mystik* bildet, läßt sich die existentielle und kognitive Seite dieser lebenslangen Suchbewegung unmittelbar erschließen. Sie besteht vor allem darin, von Christus zu *wissen* und ihn durch Schriftlesung, durch Studium und Meditation immer mehr kennenzulernen.

Der dänische Philosoph *S. Kierkegaard* († 1855) hat, um die Christozentrik des christlichen Glaubens hervorzuheben, vom Zustand der *Gleichzeitigkeit* gesprochen[274]. Er umschrieb mit diesem Begriff das beständige Wagnis, sich der Herausforderung eines *menschgewordenen* Gottes auszusetzen und sich als geistiger Zeitgenosse des Nazareners täglich neu und ohne dogmatische Rückversicherungen für Christus zu entscheiden. Obgleich Kierkegaard mit dieser Forderung die Bedeutung des Dogmas und der kirchlichen Glaubensgemeinschaft verkannt hat, mag sein Ideal als pneumatisches Programm dienen: Nur im *Heiligen Geist* weiß der Glaubende um Christus (vgl. 1 Kor 12,3: „Keiner kann sagen: Jesus ist der Herr!, wenn er nicht aus dem Heiligen Geist redet"), und nur der Geist kann verhindern, daß dieses Wissen zum bloßen Gedächtnis absinkt und seine existentielle Brisanz verliert. Der Geist treibt dazu an, sich im täglichen *Leben* für Christus zu entscheiden.

3.) Weil das begnadete Individuum zwar höchst individuell mit Christus verbunden ist, ihm aber im Rahmen eines für viele Menschen geltenden Bundes zugehört, vollzieht sich christliche Frömmigkeit im Raum der Kirche. Infolgedessen bleibt auch eine pneumatische Spiritualität *ekklesial* bestimmt.

Wie der Blick auf die paulinische Charismenlehre gezeigt hat, lassen sich die Geistesgaben ohne den Lebensraum ‚Kirche' nicht angemessen verwirklichen[275]. Im Horizont dieser Theologie gedacht, besteht das Merkmal einer pneumatischen Spiritualität insbesondere darin, als Christ für die wesentlichen Belange der Kirche sensibel zu bleiben. Deren geistliche Tradition hat diese Gesinnung des intuitiven Mitgefühls, das *sentire cum ecclesia* (Ignatius von Loyola) durchaus konkret gemeint: Wenn ein geistliches Programm im Gegensatz zum Selbstverständnis der Kirche steht, dann kann es nicht vom Heiligen Geist getragen sein. Dieses Urteil gilt vor allem dann, wenn durch vermeintlich spirituelle Interessen die Einheit der Kirche in Gefahr gerät oder Teilaspekte ihrer Frömmigkeit – zum Beispiel die Verehrung der Engel – derart in den Vordergrund rücken, daß der Blick auf Gott und sein Heilswerk in Jesus Christus getrübt wird.

Aus diesem Grund setzt eine pneumatisch orientierte Spiritualität ein gerüttelt Maß an *Nüchternheit* voraus. Diese ist im übrigen auch dann gefordert, wenn die Sündhaftigkeit der Kirche zutage tritt. In diesem Fall – man erlebt ihn täglich – schenkt der Geist die Gewähr, daß die Kirche dennoch Kirche Jesu Christi bleibt. Schließlich gilt dessen Zusage beständiger Gegenwart bei den Seinen (vgl. Mt 28,20) nicht einer Utopie, sondern konkreten Menschen. Sie sind berufen, nicht weil sie würdig sind, sondern weil Gott sie gewollt hat.

---

[274] Vgl. S. Kierkegaard, Einübung im Christentum. Hg. v. E. Hirsch, H. Gerdes, Gütersloh 1980 (GTB 621), bes. 69-74.

[275] Vgl. oben 3.4.3.

4.) Damit bekundet sich die *sakramentale* Dimension des gläubigen Lebens im Geist. Für die Kirchenväter, zum Beispiel für *Leo dem Großen* († 461), vermitteln die Sakramente das Mysterium des Lebens Jesu an die kirchliche Gegenwart[276]. Nun geht aber Christus kraft des *Heiligen Geistes* durch die Zeiten. Durch die Sakramente besteht eine dauernde Verbindung zwischen ihm, dem Sündenlosen, und der von Natur aus sündigen, aber zur Heiligkeit berufenen Kirche. Die Sakramente sind näherhin „Weisen, in denen der Kyrios in seiner Kirche den Vater verherrlicht und die Menschen zum Heil führt"[277]. Da die Erhöhung Jesu im Geist erfolgte (vgl. 2 Kor 3,17: „Der Herr aber ist der Geist") und auch die Kirche durch den Geist an ihren Herrn verwiesen bleibt, wirken die Sakramente in seiner Kraft. Der Geist bedient sich ihrer, um die Gläubigen sowohl an den Christus der Geschichte als auch an den Christus des Glaubens heranzuführen und sie so zuzurüsten, daß ihr Leben Gott zur Ehre gereicht[278].

Vor allem aber begegnet der Geist *selbst* in den Sakramenten. Namentlich durch *Taufe* und *Firmung* wird er den Glaubenden ins Herz gesenkt. Die Spannung, in der diese beiden Sakramente zueinander stehen, bestätigt seine Beziehung zum Christus der Geschichte wie zu dem des Glaubens. Denn die Taufe, durch die der Geist zum Menschen kommt, „gleicht uns dem Tod und der Auferstehung Jesu an (Röm 6,3-11)", die Firmung aber, durch die die Taufe vollendet und besiegelt wird, schenkt „Leben aus der Osterfrucht, der Geistsendung durch den Herrn"[279]. *Alle* Sakramente prägen indes die pneumatische Spiritualität des Christen. Denn sie sind lebendige Zeichen für die *inkarnatorische* Gegenwart des Geistes und verhindern, daß sich der Glaube spiritualisiert und aus dem Bereich des Leiblichen und Sinnenfälligen zurückzieht. Aus diesem Grund führt eine pneumatisch-sakramentale Spiritualität zu einer *ganzheitlichen* Spiritualität. Ihr kommt heute eine besondere Bedeutung zu.

5.) Daß die Gaben des Geistes sowohl in *personaler* wie *gemeinschaftlicher* Hinsicht belangvoll sind, muß nach dem bisher Gesagten nicht mehr eigens hervorgehoben werden. Welche Folgen haben diese beiden Dimensionen für die gelebte Frömmigkeit?

Zunächst bleibt festzuhalten, daß der personale Charakter der Gnade eine *eigengeprägte* Frömmigkeit erlaubt. Niemand vermag zu sagen, was zwischen einem Menschen und seinem Gott vorgeht, und was die christliche Lebensgestaltung betrifft, so bleibt jeder einzelne gehalten, zu seiner *persönlichen* Form der Christusnachfolge und der Gottesverehrung zu finden.

Demgemäß verhilft das Pneuma zu einer unvertretbaren *Selbständigkeit* und *Eigenverantwortung*. Im Geist tritt jede und jeder einzelne vor Gott und wird zu einem christusgemäßen Leben angespornt. Um es angemessen zu beschreiben, ist vor allem auf die pneumatische Dimension der christlichen *Ethik* zu verweisen, die zwar nicht allein von der Leistung des Menschen abhängt, sich aber auch nicht ohne sie denken läßt. „Wie nämlich die Kunst dem Vermögen nach im Künstler

[276] Vgl. serm. 63,3.6; 64,1; CChr. SL 138A, 383 f, 386 f, 389.
[277] A. Auer, Frömmigkeit, 403.
[278] Vgl. dazu auch in diesem Band: Sakramentenlehre 2.3.6.
[279] Y. Congar, Der Heilige Geist, 456 f.

wohnt", so sagt *Basilius von Caesarea*, „so ist auch der Geist zwar immer in denen, die seiner würdig sind, gegenwärtig, wirkt aber nur nach Bedarf"[280]; er wirkt dann, so könnte man ergänzen, wenn sich der Mensch im Bewußtsein seiner unvertretbaren Verantwortung darum bemüht, das Gesetz Christi zu verwirklichen. Tut er es nicht, dann können sich die Gaben den Geistes nicht entfalten. Basilius drückt sich relativ drastisch aus: „Er bleibt nämlich nicht bei denen, die die Gnade, die sie empfangen haben, aufgrund ihrer unsteten Sinnesart zurückweisen"[281].

Auf die Ethik verweist auch die *gemeinschaftliche* Seite der pneumatischen Frömmigkeit. Die Früchte des Geistes, die Paulus Gal 5,22-23 anführt, zielen großenteils darauf ab, Gemeinschaft zu bilden: Langmut, Freundlichkeit, Güte, Treue, Sanftmut und Selbstbeherrschung – alles das sind Formen der Liebe und Weisen der zwischenmenschlichen Begegnung. Sie wirken, weil der Heilige Geist sie hervorruft, kommen aber nur zur Geltung, wenn die Glaubenden dem Geist gemäß leben. Darum wird Paulus nicht müde, in dessen Namen an die Galater ethische Appelle zu richten: „Darum sage ich euch: Laßt euch vom Geist leiten, dann werdet ihr das Begehren des Fleisches nicht erfüllen" (Gal 5,16); „Wenn wir aus dem Geist leben, dann wollen wir dem Geist auch folgen" (Gal 5,25); „Laßt uns nicht müde werden, das Gute zu tun, denn wenn wir darin nicht nachlassen, werden wir ernten, sobald die Zeit gekommen ist" (Gal 6,9).

Mit dem letzten Zitat eröffnet sich die *eschatologische* Komponente der pneumatischen Spiritualität. Da sie geeignet scheint, noch einmal und mit besonderer Intensität den Heiligen Geist selbst in den Mittelpunkt des Interesses zu rücken, sei ihr ein eigener, beschließender Unterabschnitt gewidmet.

5.4.2 Wesensmerkmale einer pneuma-zentrierten Spiritualität

Wie steht es mit einer Frömmigkeit, die sich nicht nur *im Geist* vollzieht, sondern sich *an den Geist* richtet, also pneuma-zentrisch ist? Eine solche Spiritualität trägt in erster Linie eine unstillbare *eschatologische* Sehnsucht in sich. Insofern bewegt sie sich nahe am Zeugnis der Schrift: Zwar stellt der Geist eine Gabe dar, die tatsächlich verschenkt und nachhaltig am Werk ist, doch ihre Vollendung steht noch aus. Gerade so aber schenkt sie Hoffnung: „Obwohl wir als Erstlingsgabe den Heiligen Geist haben, seufzen wir in unserem Herzen und warten darauf, daß wir mit der Erlösung unseres Leibes als Söhne offenbar werden" (Röm 8,23). Große geistliche Lehrer des Ostens wie des Westens haben aufgrund dieser Hoffnung den vollen, unbeschränkten Empfang des Heiligen Geistes in den Mittelpunkt ihrer Gottessehnsucht gestellt. Zum Beispiel erwartete *Nikolaus von Flüe* den Heiligen Geist als „letzten Lohn", und der russische Einsiedler *Serafim von Sarow* († 1833) begründete sein streng asketisches Leben mit dem Hinweis, daß das wahre Ziel des christlichen Weges „im Erringen des Heiligen Geistes" bestehe[282].

---

[280] Spir. 26,61; vgl. FC 12, 263.

[281] Ebd.

[282] Beide zitiert nach Y. Congar, Der Heilige Geist, 216.

Gemäß dieser spirituellen Orientierung erweist sich das christliche Leben als ein beständiges Fortschreiten *im* Heiligen Geist *auf* den Heiligen Geist *zu*. Eine solche Frömmigkeit der pneumatischen Erwartung kann nichts von Enge und Angst in sich tragen. Sie gibt vielmehr Gelassenheit und Horizont, und zweifelsohne wird die Weite des Heiligen Geistes auch zur Großherzigkeit und Toleranz derer führen, die ernsthaft um ihn ringen. Eine Spiritualität, die nach dem Pneuma Ausschau hält, ist im Grunde eine Spiritualität des entgrenzten Gottes. Sie erahnt, daß sich Gott um des Menschen willen beständig entäußert. Darum muß die Religion der Liebe notwendig eine Religion sein, die den Heiligen Geist kennt und anbetet.

Literaturverzeichnis

Zur biblischen und frühjüdischen Pneumatologie

Baumgärtel, F.: Geist im AT: ThWNT 6 (1959) 357-366.

Berger, K.: Geist/Heiliger Geist/Geistesgaben III: Neues Testament: TRE 12 (1984) 178-196.

Betz, O.: Der Paraklet (AGSU 2), Leiden 1963.

Blank, J.: Geist, Hl., Pneumatologie. A. Bibeltheologisch: NHThG 2 (NA 1991) 153-162.

Chevallier, M.-A.: Souffle de Dieu. Le Saint-Esprit dans le Nouveau Testament (le point théologique 26), Paris 1976.

Chevallier, M.-A.: Biblische Pneumatologie: P. Eicher (Hg.), Neue Summe Theologie 1, Freiburg - Basel - Wien 1966, 341-378.

Concilium: Die Charismen: Conc(D) 13 (11/1977) 551-614.

Giesen, H.: Der Heilige Geist als Ursprung und Kraft christlichen Lebens: BiKi 37 (1982) 126-132.

Greeven, H.: Die Geistesgaben bei Paulus: WuD NF 6 (1959) 111-120.

Hahn, F.: Die biblische Grundlage unseres Glaubens an den Heiligen Geist, den Herrn und Lebensspender: H. Bürkle, G. Becker (Hg.), Communicatio fidei (FS E. Biser), Regensburg 1983, 125-137.

Kertelge, K.: Heiliger Geist und Geisterfahrung im Urchristentum: LebZeug 26 (1971) 24-36.

Knoch, O.: Der Geist Gottes und der neue Mensch. Der Heilige Geist als Grundkraft und Norm des christlichen Lebens in Kirche und Welt nach dem Zeugnis des Apostels Paulus, Stuttgart 1975.

Kraus, H.-J.: Heiliger Geist. Gottes befreiende Gegenwart, München 1986.

Kremer, J.: Pfingstbericht und Pfingstgeschehen. Eine exegetische Untersuchung zu Apg 2,1-13 (SBS 63/64), Stuttgart 1973.

Kuen, A.: Der Heilige Geist. Biblische Lehre und menschliche Erfahrung, Wuppertal 1980.

Limbeck, M.: Vom Geist reden sie alle: BiKi 37 (1982) 118-126.

Niederwimmer, J.: Das Gebet des Geistes Röm 8,26 f: ThLZ 20 (1964) 252-265.

Porsch, F.: Anwalt der Glaubenden. Das Wirken des Geistes nach dem Zeugnis des Johannesevangeliums, Stuttgart 1978.

Porsch, F.: Gottes Kraft – genannt Geist: BiKi 37 (1982) 114-118.

Porsch, F.: Pneuma und Wort. Ein exegetischer Beitrag zur Pneumatologie des Johannesevangeliums (FTS 16), Frankfurt a.M. 1974.

Potterie de la, I.: L'onction du Christ: NRTh 80 (1958) 225-252.

Ramsey, M.: Holy Spirit. A Biblical Study, London 1977.

Schäfer, P.: Die Termini ‚hl. Geist' und ‚Geist der Prophetie' in den Targumim und das Verhältnis der Targumim zueinander: VT 20 (1970) 304-314.

Schäfer, P.: Die Vorstellung vom Heiligen Geist in der rabbinischen Literatur (StANT 28), München 1972.

Schäfer, P.: Geist/Heiliger Geist/Geistesgaben II: Judentum: TRE 12 (1984) 173-178.

Scharbert, J.: Fleisch, Geist und Seele im Pentateuch (SBS 19), Stuttgart ²1967.

Schlier, H.: Der Heilige Geist als Interpret nach dem Johannesevangelium: IKaZ 2 (1973) 97-108.
Schlier, H.: Herkunft, Ankunft und Wirkungen des Heiligen Geistes im Neuen Testament: C. Heitmann, H. Mühlen (Hg.), Erfahrung und Theologie des Heiligen Geistes, München – Hamburg 1974, 118-130.
Schmidt, W. H.: Anthropologische Begriffe im Alten Testament: EvTh 24 (1964) 374-388.
Schmidt, W. H.: Geist/Heiliger Geist/Geistesgaben I. Altes Testament: TRE 12 (1984) 170-173.
Schüngel-Straumann, H.: Rûaḥ bewegt die Welt. Gottes schöpferische Lebenskraft in der Krisenzeit des Exils (SBS 151), Stuttgart 1992.
Schweizer, E.: Heiliger Geist (ThTh), Stuttgart 1978.
Schweizer, E.: pneuma, pneumatikós: ThWNT 6 (1959) 387-453.
Schweizer, E.: Was ist der Heilige Geist? Eine bibeltheologische Hinführung: Conc(D) 15 (1979) 494-498.
Volz, P.: Der Geist Gottes und die verwandten Erscheinungen im Alten Testament und im anschließenden Judentum, Tübingen 1910.
Weiser, A.: Pfingsten ohne Sturm und Feuer: LebZeug 26 (1971) 11-23.
Westermann, C.: Geist im Alten Testament: EvTh 41 (1981) 223-230.
Winter, M.: Pneumatiker und Psychiker in Korinth (MThS 12), München 1975.
Wolff, H. W.: Anthropologie des Alten Testaments, München [3]1977, 57-67.

Zur Pneumatologie in der Dogmen- und Theologiegeschichte

Bauch, H.: Die Lehre vom Wirken des Heiligen Geistes im Frühpietismus, Hamburg 1974.
Benz, E.: Creator Spiritus. Die Geistlehre des Joachim von Fiore: ErJB 15 (1956) 285-355.
Cramer, W.: Der Geist Gottes und des Menschen in frühsyrischer Theologie (MBT 46), Münster 1979.
Crouzel, H.: Geist (hl.): RAC 9 (1979) 490-545.
Dirscherl, E.: Der Heilige Geist und das menschliche Bewußtsein. Eine theologiegeschichtlich-systematische Untersuchung (BDS 4),Würzburg 1989.
Dörries, H.: De Spiritu Sancto. Der Beitrag des Basilius zum Abschluß des trinitarischen Dogmas, Göttingen 1956.
Ebeling, G.: Luthers Ortsbestimmung der Lehre vom heiligen Geist: ders., Wort und Glaube III, Tübingen 1975, 316-348.
Felici, S. (Hg.): Spirito Santo e catechesi patristica (Biblioteca di Scienze Religiose 54), Roma 1983.
Granado, C.: El Espiritu santo en la teologia patristica (Ychtys 4), Salamanca 1987.
Haufe, G.: Taufe und hl. Geist im Urchristentum: ThLZ 101 (1976) 561-566.
Hauschild, W.-D.: Gottes Geist und der Mensch. Studien zur frühchristlichen Pneumatologie, München 1972.
Hauschild, W.-D.: Die Pneumatomachen. Eine Untersuchung zur Dogmengeschichte des vierten Jahrhunderts, Hamburg 1967.
Hauschild, W.-D.: Geist/Heiliger Geist/Geistesgaben IV: Dogmengeschichtlich: TRE 12 (1984) 196-217.
Herms, E.: Luthers Auslegung des Dritten Artikels, Tübingen 1987.

Jaschke, H.-J.: Der Heilige Geist im Bekenntnis der Kirche. Eine Studie zur Pneumatologie des Irenäus von Lyon im Ausgang vom altchristlichen Glaubensbekenntnis (MBTh 40), Münster 1976.
Kinder, E.: Zur Lehre vom Heiligen Geist nach den lutherischen Bekenntnisschriften: FuH 15 (1964) 7-38.
Krusche, W.: Das Wirken des Heiligen Geistes nach Calvin (FKDG 7), Göttingen 1957.
Lehmann, K., Pannenberg W. (Hg.), Glaubensbekenntnis und Kirchengemeinschaft. Das Modell des Konzils von Konstantinopel (381), Freiburg – Göttingen 1982.
Lerner, R. E.: Joachim von Fiore: TRE 17 (1988) 84-88.
Locher, G. W.: Testimonium internum. Calvins Lehre vom Heiligen Geist und das hermeneutische Problem (ThSt 81), Zürich 1964.
Luislampe, L.: Spiritus vivificans. Grundzüge einer Theologie des Heiligen Geistes nach Basilius von Caesarea (MBTh 48), Münster 1981.
Margerie, B. de: La doctrine de saint Augustin sur l'Esprit Saint comme communion et source de communion: Aug. 12 (1972) 107-119.
Marx, H. J.: Filioque und Verbot eines anderen Glaubens auf dem Florentinum (VMStA 26), St. Augustin-Steyl 1977.
Murray, R.: Symbol of Church and Kingdom. A Study in Early Syrian Tradition, Cambridge 1975.
Opitz, H.: Ursprünge frühkatholischer Pneumatologie. Ein Beitrag zur Entstehung der Lehre vom Heiligen Geist in der römischen Gemeinde unter Zugrundelegung des I. Clemens-Biefes und des ‚Hirten' des Hermas (ThA 15), Berlin 1960.
Ratzinger, J.: Das I. Konzil von Konstantinopel 381. Seine Voraussetzungen und seine bleibende Bedeutung: IKaZ 10 (1981) 555-563.
Ratzinger, J.: Der Heilige Geist als communio. Zum Verhältnis von Pneumatologie und Spiritualität bei Augustinus: C. Heitmann, H. Mühlen (Hg.), Erfahrung und Theologie des Heiligen Geistes, Hamburg – München 1974, 223-238.
Ritschl, D.: Geschichte der Kontroverse um das Filioque: Conc(D) 15 (1979) 499-504.
Ritter, A. M.: Das Konzil von Konstantinopel und sein Symbol, Göttingen 1965.
Ruesch, Th.: Die Entstehung der Lehre vom Heiligen Geist bei Ignatius von Antiocheia, Theophilus von Antiocheia und Irenäus von Lyon (Studien zur dogmatischen und systematischen Theologie), Zürich 1952.
Saake, H.: Pneumatologica. Untersuchungen zum Geistverständnis im Johannesevangelium, bei Origenes und Athanasius von Alexandreia, Frankfurt a.M. 1973.
Verhees, J. J.: Die Bedeutung des Geistes Gottes im Leben des Menschen nach Augustinus' frühester Pneumatologie: ZKG 88 (1977) 161-189.
Vischer, L. (Hg.): Geist Gottes – Geist Christi. Ökumenische Überlegungen zur Filioque-Kontroverse, Frankfurt a.M. 1981.
Wendebourg, D.: Geist oder Energie. Zur Frage der innergöttlichen Verankerung des christlichen Lebens in der byzantinischen Theologie (MMHST 4), München 1980.

Gesamtdarstellungen und Sammelwerke

Berkhof, H.: Theologie des Heiligen Geistes, Neukirchen-Fluyn [2]1988.
Breuning, W.: Pneumatologie: H. Vorgrimler, R. van der Gucht (Hg.), Bilanz der Theologie im 20. Jahrhundert III, Freiburg - Basel - Wien 1970, 120-126.
Comblin, J.: Der Heilige Geist. Gott, der sein Volk befreit (BThB), Düsseldorf 1988.
Congar, Y.: Der Heilige Geist, Freiburg - Basel - Wien [2]1986.

Dilschneider, O. A. (Hg.): Theologie des Geistes, Gütersloh 1980.
Dilschneider, O. A.: Geist als Vollender des Glaubens (GTB 270), Gütersloh 1978.
Dilschneider, O. A.: Theologie des Heiligen Geistes, Neukirchen-Fluyn 1968.
Durrwell, F. X.: Der Geist des Herrn. Tiefe Gottes – Schöpferische Weite, Salzburg 1986.
Emilianios, Metropolit von Kalabrien: Der Heilige Geist und das Mysterium in der orthodoxen Theologie: LR 26 (1977) 208-213.
Evdokimov, P.: Présence de l'Esprit Saint dans la tradition orthodoxe, Paris [7]1977.
Galot, J.: Der Geist der Liebe, Mainz 1960.
Heitmann, C., Mühlen, H. (Hg.): Erfahrung und Theologie des Heiligen Geistes, Hamburg – München 1974.
Hilberath, B. J.: Heiliger Geist – heilender Geist, Mainz 1988.
Hilberath, B. J.: Pneumatologie (LeTh 23), Düsseldorf 1994.
Kägi, H.: Der Heilige Geist in charismatischer Erfahrung und theologischer Reflexion, Zürich 1989.
Kasper, W. (Hg.), Gegenwart des Geistes. Aspekte der Pneumatologie (QD 85), Freiburg – Basel – Wien 1979.
Kothgasser, A. M.: Gegenwart des Geistes. Aspekte der Pneumatologie. Ein Tagungsbericht: Sal. 41 (1979) 489-499.
Lienhard, M., Meyer, H. (Hg.): Wiederentdeckung des Heiligen Geistes (ÖkPer 6), Frankfurt a.M. 1974.
Lossky, V.: Die mystische Theologie der morgenländischen Kirche, Graz 1961.
Moltmann, J.: Der Geist des Lebens. Eine ganzheitliche Pneumatologie, München 1991.
Mühlen, H: Die Erneuerung des christlichen Glaubens. Charisma – Geist - Befreiung, München 1974.
Rahner, K.: Erfahrung des Geistes: ders., Schriften XIII, 226-251.
Schneider, Th.: Gott ist Gabe. Meditationen über den Heiligen Geist, Freiburg – Basel – Wien 1979.
Schütz, Ch.: Einführung in die Pneumatologie (Die Theologie), Darmstadt 1985.
Schütz, Ch.: Hüter der Hoffnung. Vom Wirken des Heiligen Geistes, Düsseldorf 1987.
Taylor, J. V.: Der Heilige Geist und sein Wirken in der Welt, Düsseldorf 1977.
Walter, E.: Und du erneuerst das Antlitz der Erde. Die Botschaft vom Heiligen Geist reflektiert-meditiert-verkündigt, Stuttgart 1981.
Welker, M.: Gottes Geist. Theologie des Heiligen Geistes, Neukirchen-Vluyn 1992.

Einzelfragen

Banawiratma, J. B.: Der Heilige Geist in der Theologie von Heribert Mühlen. Versuch einer Darstellung und Würdigung (EHS.T 23), Frankfurt a.M. 1981.
Bassarak, G.: Das Wirken des Heiligen Geistes in Kiche und Welt: FZPhTh 30 (1983) 27-41.
Biemer, G.: Die Firmung als Sakrament der Eingliederung in die Kirche, Würzburg 1976.
Bouchet, J. R.: Die Unterscheidung der Geister: Conc(D) 15 (1979) 550-552.
Dantine, W.: Heutige Tendenzen in der Lehre vom Heiligen Geist: Der evangelische Erzieher 29 (1977) 74-86.
Freyer, Th.: Pneumatologie als Strukturprinzip der Dogmatik. Überlegungen im Anschluß an die Lehre von der ‚Geisttaufe' bei Karl Barth (PaThSt 12), Paderborn u.a. 1982.
Galot, J.: L'Esprit Saint et la féminité: Greg 76. (1995) 5-29.
Ganoczy, A.: Der Heilige Geist als Kraft und Person: H. Bürkle, G. Becker (Hg.), Communicatio fidei (FS E. Biser), Regensburg 1983, 111-123

Häring, H.: Der Geist als Legitimationsinstanz des Amtes: Conc(D) 15 (1979) 534-538.
Hollenweger, W. J.: Geist und Materie (Interkulturelle Theologie 3), München 1988.
Kern, W.: Zur philosophischen Aktualität Hegels: W. Kasper (Hg.), Gegenwart des Geistes. Aspekte der Pneumatologie (QD 85), Freiburg – Basel – Wien 1979, 54-90.
Lehmann, K.: Heiliger Geist, Befreiung zum Menschsein – Teilhabe am göttlichen Leben. Tendenzen gegenwärtiger Gnadenlehre: W. Kasper (Hg.), Gegenwart des Geistes, 181-204.
Link, H. G.: Ein Gott – ein Herr – ein Geist. Zur Auslegung des apostolischen Glaubens heute (Ör.B 56), Frankfurt a.M. 1987.
Moltmann-Wendel, E. (Hg.): Die Weiblichkeit des Heiligen Geistes. Studien zur feministischen Theologie, Gütersloh 1995.
Mühlen, H., Kopp, O.: Ist Gott unter uns oder nicht? Dialog über die charismatische Erneuerung in Kirche und Gesellschaft, Paderborn 1977.
Mühlen, H.: Das Christusereignis als Tat des Heiligen Geistes: MySal 3/2 (1969) 513-545.
Mühlen, H.: Die katholisch-charismatische Gemeindeerneuerung: StZ 193 (1975) 801-812.
Mühlen, H.: Geistesgaben heute, Mainz 1982.
Mühlen, H.: Una persona mystica. Die Kirche als das Mysterium der heilsgeschichtlichen Identität des Heiligen Geistes in Christus und den Christen: Eine Person in vielen Personen, München – Paderborn – Wien [3]1968.
O. Semmelroth, Institution und Charisma: GuL 36 (1963) 443-454.
Ott, H.: Heiliger Geist und säkulare Wirklichkeit: TZ 33 (1977) 336-345.
Pantschowski, I.: Geist und Geistesgaben: Orthodoxe Stellungnahme: Conc(D) 15 (1979) 552-556.
Rahner, K.: Erfahrung des Geistes. Meditation auf Pfingsten, Freiburg - Basel - Wien 1977.
Sandfuchs, W. (Hg.), Die Gaben des Heiligen Geistes. Acht Betrachtungen, Würzburg 1977.
Schilson, A.: Auf dem Weg zu einer neuen Geistesgegenwart. Zu Yves Congars neuer Pneumatologie: HerKorr 36 (1986) 609-613.
Schmieder, L.: Geisttaufe. Ein Beitrag zur neueren Glaubensgeschichte (PaThSt 13), Paderborn u.a. 1982.
Schönborn, Ch. u.a.: Die charismatische Erneuerung und die Kirchen, Regensburg 1977.
Sobrino, J.: Geist, der befreit. Anstöße zu einer neuen Spiritualität, Freiburg – Basel – Wien 1989.
Sudbrack, J. (Hg.): Entzünde in uns das Feuer deiner Liebe. Gebete zum Heiligen Geist, München – Zürich – Wien 1990.
Suenens, L. J.: Gemeinschaft im Geist. Charismatische Erneuerung und Ökumenische Bewegung, Salzburg 1979.
Sullivan, F. A.: Die charismatische Erneuerung. Wirken und Ziele, Graz [2]1986.

Georg Kraus

Gnadenlehre – Das Heil als Gnade

1. Einleitung in die Gnadenlehre

Die Wirklichkeit der Gnade Gottes spielt – unter verschiedenen Begriffen – schon im Alten und besonders im Neuen Testament eine wichtige Rolle. Seit *Augustinus* ist die Gnade ein Zentralbegriff in der Theologie, aber erst in der nachtridentinischen Theologie hat sich ein eigenständiger Traktat über die Gnade herausgebildet.

Wie hat sich die Gnadenlehre theologiegeschichtlich im dogmatischen System und in der Glaubenswelt entwickelt? Wie ist die Gnadenlehre im Horizont heutiger Welt – und Lebenserfahrung situiert? Dies sind die zwei Hauptfragen, die nun der Einleitungsabschnitt skizzieren wird.

1.1 Die Gnadenlehre im dogmatischen System und in der Glaubenswelt

Die systematische Zuordnung der Themen, die zur Gnadenlehre gehören, wechselt im Lauf der Theologiegeschichte, bis im 17. Jahrhundert ein gesonderter Traktat der Gnadenlehre entsteht. Im konkreten Glaubensleben wird der Begriff der Gnade in der Sakramentenpraxis besonders wirksam.

1.1.1 Die Gnadenlehre im dogmatischen System

Prinzipiell steht alles, was wesentlich mit dem Begriff der Gnade zusammenhängt, im Schnittpunkt des biblischen Gottes- und Menschenverständnisses. Gnade ist der synthetische Begriff für die gesamte Gott-Mensch-Beziehung. Inhaltlich bedeutet die Gnade in biblischer Grundsicht die wohlwollende Zuwendung Gottes zu den Menschen. So gilt: Gnade ist die Kurzformel für die Liebe Gottes zu den Menschen. Diese Liebe Gottes zu den Menschen zeigt sich konkret in der Geschichte mit völlig freien Geschenken zum Heil der Menschen. Neutestamentlich ist in der Gnade der dreieinige Gott der Liebe am Werk, der als Vater, Sohn und Heiliger Geist die Menschen in den großen Heilstaten von Schöpfung, Erlösung und Vollendung beschenkt.

Die dogmatische Einordnung dieses Gnadenhandelns Gottes geschieht im Lauf der christlichen Theologiegeschichte unter verschiedenen Koordinaten. In der *ostkirchlichen Patristik* bildet die Gnade einen Teil innerhalb der großen Heilslehre, die unter dem Begriff der *Oikonomia* läuft. Im Westen wird die Gnade seit Augu stinus zu einer isolierten Größe im Inneren des Menschen. Die mittelalterliche Scholastik erörtert die Themen der Gnadenlehre getrennt in verschiedenen Traktaten. Beispielsweise verteilt *Petrus Lombardus* die Gesichtspunkte der Gnadenlehre: auf die Gotteslehre unter dem Aspekt der Prädestination, auf die Schöpfungslehre unter dem Aspekt der Gottabbildlichkeit des Menschen, auf die Sündenlehre unter dem Aspekt der gnadenhaften Erhebung im Urstand, auf die Ethik unter dem Aspekt der theologischen Tugenden, auf die Pneumatologie unter dem Aspekt der Gaben des Heiligen Geistes. *Thomas von Aquin* betrachtet die Gnade als Hilfe zum guten Handeln im Rahmen der Ethik. *Bonaventura* reiht die Gnade unter dem Oberbegriff der *caritas* in die Gotteslehre ein. Die *Reformatoren* ordnen die Gnade, die sie als Rechtfertigung des Sünders verstehen, im wesentlichen der Christologie zu.

Die Auseinandersetzungen um die Gnadenvorstellung des Jansenismus führen im 17. Jahrhundert dazu, daß erstmals Suarez einen geschlossenen Traktat „De gratia“ veröffentlicht. In seinem Gefolge behandelt dann die *Barock-* und *Neuscholastik* im Gnadentraktat folgende Hauptgebiete: das Wesen der Gnade (Begriff und Einteilung der Gnade); die aktuelle Gnade (Notwendigkeit, Ungeschuldetheit und Universalität der Gnade; Verhältnis der Gnade zur göttlichen Vorherbestimmung und zur menschlichen Freiheit); die habituelle Gnade (Rechtfertigung, Stand der heiligmachenden Gnade, Verdienst).

In der *gegenwärtigen* katholischen Theologie herrscht die Tendenz, die Gnadenlehre in die Theologische Anthropologie zu integrieren; dabei wird die Gnade als universales Heilshandeln Gottes am Menschen gesehen, das sich in Schöpfung, Erlösung und Vollendung des Menschen zeigt. Prinzipiell wird betont, daß die Gnade als Liebeshandeln Gottes zum Heil der Menschen eine durchgehende Perspektive in allen theologischen Traktaten bildet.

1.1.2 Gnade in der Glaubenswelt

Im christlichen Lebensvollzug kommt der Gnadenbegriff allgemein in der *Liturgie* und besonders bei der Deutung der Wirkung der *Sakramente* zur Geltung. Schon in den Paulusbriefen treten liturgisch geprägte Formeln auf, mit denen die Gnade Gottes zur Begrüßung oder zum Abschied gewünscht wird. Solcher Zuspruch der Gnade Gottes erfolgt nach dem gegenwärtigen Ritus im Einleitungsteil der Eucharistiefeier sowie am Schluß in Segensgebeten. Auch in den aus der Tradition übernommenen Tagesgebeten der Eucharistiefeier wird oft ausdrücklich die Gnade Gottes erbeten.

Von jeher stehen die Sakramente in engem Bezug zum Begriff der Gnade[1]. In der *scholastischen* Definition gehört zu jedem Sakrament wesentlich die Wirkung einer inneren Gnade. Bei der systematischen Entfaltung der Sakramentenlehre werden dann jedem der sieben Sakramente je spezifische innere Gnadenwirkungen zugeschrieben. So gilt in scholastischer und neuscholastischer Terminologie:

[1] Vgl. in diesem Werk: Sakramentenlehre 2.3.4.

Die Taufe verleiht die Rechtfertigungsgnade (Nachlassung der Sünden; Heiligung und Erneuerung des inneren Menschen); die Firmung bewirkt die Vollendung der Taufgnade; die Eucharistie schenkt die innigste Vereinigung mit Christus und stärkt das geistliche Leben; das Bußsakrament schenkt die Vergebung der Sünden, die Wiederversöhnung mit Gott und den Seelenfrieden; die „Letzte Ölung" wirkt die Heilung der Seele (Vergebung der Sünden und seelische Stärkung); das Weihesakrament wirkt die Vermehrung der heiligmachenden Gnade und verleiht eine dauernde geistliche Vollmacht; das Sakrament der Ehe schenkt die Gnade einer unteilbaren Lebensgemeinschaft und stärkt bei der Erfüllung der Standespflichten.

1.2 Gnadenlehre im Horizont heutiger Welt- und Lebenserfahrung

Viele dieser traditionellen Zuordnungen und Anwendungen des Gnadenbegriffs sind heutigem Denken und Sprechen fremd geworden. Das Wort „Gnade" wirkt nach heutigem Empfinden leer und antiquiert. Wie sieht heutiges Weltverständnis aus und wie läßt sich in dieser Situation von Gnade reden?

1.2.1 Heutige Welt- und Lebenserfahrung

(1) Unsere westliche Gesellschaft ist stark geprägt vom Säkularismus, d.h. die Welt wird als autonome Wirklichkeit betrachtet, die sich völlig frei vom Glauben an Gott entfaltet. Die Wurzeln dieses Weltverständnisses liegen in der *Aufklärung*, wo sich die Kultur im Namen der Vernunft von der Bestimmung durch den christlichen Glauben abgelöst hat sowie in der Religionskritik von *Feuerbach* und *Nietzsche*, wo eine Abwendung vom Gottesglauben überhaupt erfolgt ist. In der jetzigen Wohlstandsgesellschaft herrscht ein praktischer Atheismus, aufgrund dessen Gott im Bewußtsein vieler Menschen einfach nicht mehr da ist. In diesem säkularisierten Umfeld führt der Begriff der Gnade nur noch ein Randdasein, beispielsweise in der Redeweise von einem begnadeten Künstler oder von der Begnadigung strafrechtlich verurteilter Personen.

(2) Konkret sind alle Lebensbereiche bestimmt vom naturwissenschaftlich-technischen Weltbild. Dort geht es vom Naturwissenschaftlichen her allein um das empirisch Erfahrbare und Nachprüfbare; dort geht es von der Technik her allein um das Machbare und den Fortschritt; dort zählt der Mensch nur als Leistungswesen, das nach den Maßstäben der Zweckmäßigkeit und Wirtschaftlichkeit bewertet wird. In dieser Atmosphäre ist Gnade ein völliges Fremdwort.

(3) Andererseits herrscht gegenwärtig weithin eine pessimistische Grundstimmung, die bis zur Weltuntergangsstimmung reicht. Der naturwissenschaftlich-

technische Fortschrittsoptimismus ist erschüttert durch die Umweltkrise. Die Verpestung von Luft, Wasser und Boden durch chemische Schadstoffe oder die Verstrahlung durch Radioaktivität der Atomenergie sowie durch die steigenden Ozonwerte gefährden das menschliche und alles andere Leben auf der Erde. So greift Überlebensangst um sich. In den naturhaften Gesetzmäßigkeiten wird unerbitterliche Konsequenz, aber keine Gnade erlebt.

1.2.2 Ansatzpunkte für das Reden von Gnade in heutiger Lebenswelt

Wie kann in einem solchen Welt- und Lebenshorizont noch von Gnade gesprochen werden? Bei näherem Zusehen zeigen bestimmte Konsequenzen der autonomen Weltauffassung, des naturwissenschaftlich-technischen Weltbildes und der Umweltkrise Anknüpfungspunkte für ein Grundverständnis von Gnade, das dann mit Hilfe der ursprünglich biblischen Gnadenvorstellung ausgebaut werden kann.

(1) Das autonome Weltverständnis hat von der Schöpfungstheologie her seine volle positive Berechtigung. Wenn aber dabei die Autonomie des Menschen zur absoluten Freiheit hochgesteigert wird, wie dies beispielsweise im Existentialismus *Sartres* geschieht, dann tritt eine Überforderung des Menschen ein. Wenn sich der Mensch dauernd neu entscheiden muß, steht er ständig in der Höchstspannung der Entscheidung und damit unter einem überfordernden Entscheidungsdruck. Bei allen, die in einem dauernden Entscheidungsstress stehen, tritt von selbst das urmenschliche *Bedürfnis nach Entlastung* auf.

Am Urbedürfnis nach Entlastung kann die Rede von Gnade anknüpfen. Wenn sich ein Mensch im Glauben auf die Gnade als Liebeshandeln Gottes zum Heil der Menschen einläßt, wird er vom totalen Entscheidungsdruck entlastet. Denn indem der glaubende Mensch auf die Führung seines Schicksals durch die höhere Macht der Liebe Gottes vertraut, braucht er sich nicht darin verkrampfen, daß alles einzig und allein von seiner Entscheidung abhängt. Damit ist der an der Gnade Gottes orientierte Mensch befreit vom Druck einer dauernden Selbstrechtfertigung.

(2) Die moderne Naturwissenschaft und Technik bringen sehr viel Segen für die Menschheit. Allerdings hat die Technik mit ihrer Industrialisierung die Tendenz, den Menschen inhuman auf ein reines Leistungswesen einzuengen. Konkret ist es ein großes Problem der westlichen Zivilisation, daß der Wert eines Menschen nur noch an seinen wirtschaftlichen Leistungen gemessen wird und daß dadurch ein ungeheurer Leistungsdruck entsteht. Aber gerade bei unaufhörlichem Leistungsdruck meldet sich spontan das menschliche Urbedürfnis, angenommen zu sein als Person, unabhängig von der Leistung.

Am Urbedürfnis nach personalem Angenommensein kann die Rede von Gnade anknüpfen. Wenn sich ein Mensch im Glauben auf die Gnade als Liebe Gottes zu den Menschen einläßt, fühlt er sich mit seiner ganzen Existenz in der Liebe Gottes geborgen. Denn der glaubende Mensch vertraut darauf, daß er als Abbild und Kind Gottes immer einen Wert vor Gott hat, daß er gerade auch bei Mißerfolgen und Versagen vom liebenden Gott akzeptiert und gehalten wird. Damit ist der an der Gnade Gottes orientierte Mensch befreit vom Druck einer dauernden Rechtfertigung vor anderen Mitmenschen.

(3) Die gegenwärtige schwere Bedrohung des ökologischen Systems löst zu Recht die tiefe Sorge aus, ob das Leben auf der Erde weiterbestehen kann. Diese Sorge wirkt sich derzeit nach zwei Richtungen aus: entweder als Anlaß, sich tatkräftig für die Rettung der Erde zu engagieren oder als Anlaß, in Resignation und Pessimismus zu verfallen. In beiden Verhaltensweisen zeigt sich das menschliche *Urbedürfnis nach Leben und Überleben.*

Am Urbedürfnis nach bleibendem Leben kann die Rede von Gnade anknüpfen. Wenn sich ein Mensch im Glauben auf die Gnade als Liebe Gottes zur Welt einläßt, weiß er sich in seiner Sorge um das Leben von der Liebe Gottes getragen. Denn der glaubende Mensch vertraut darauf, daß Gott als Schöpfer allen Lebens den Einsatz zur Bewahrung des Lebens will und unterstützt, daß Gott als universale Lenkungsmacht das Schicksal der Erde zum Positiven wenden kann. Damit ist der an der Gnade Gottes orientierte Mensch befreit von lähmender Überlebensangst und zutiefst bestärkt im Engagement für die Erhaltung des unendlich vielfältigen Lebens auf der Erde.

2. Biblische Grundlegung der Gnadenlehre

In der Bibel findet sich nirgends eine systematische Abhandlung über Gnade. Wenn wir Gnade im weitesten Sinn definieren als unbedingt freies Liebeshandeln Gottes zum Heil der Menschen, dann zeigt sich: Für die Gesamtwirklichkeit dessen, was mit Gnade Gottes in diesem Sinn gemeint ist, verwendet die Bibel in ihren zahlreichen, in einem langen Werdeprozeß entstandenen Schriften viele verschiedene Begriffe. Inhaltlich kreist das Gnadengeschehen im Alten Testament um das Volk Israel und im Neuen Testament um Jesus Christus. So ist nun die je spezifische Auffassung von Gnade darzustellen, wie sie im Alten und Neuen Testament in der jeweiligen Begrifflichkeit und heilsgeschichtlichen Situation zum Ausdruck kommt.

2.1 Die Auffassung von Gnade im Alten Testament

Das Alte Testament umschreibt die Wirklichkeit der Gnade Gottes mit einer Reihe von Begriffen. Es sind vor allem vier hebräische Wortfelder, in denen das Gnadengeschehen zwischen Gott und Mensch artikuliert wird.

Da ist erstens der Bereich um das Substantiv *hen*, das in der Septuaginta mit *cháris* übersetzt wird. Es bedeutet Gnade als Gunst, Wohlwollen, Zuneigung, Zuwendung. Dazu gehört das Verbum *hanan* (LXX: *eleein*), gnädig sein und das Adjektiv *hannun* (LXX: *hileos*), gnädig.

Der zweite Hauptbegriff ist das Substantiv *hesed* (LXX: *éleos*). Hier geht es gewöhnlich um Gnade im Rahmen einer festen Gemeinschaft. Diese Gnade äußert sich als Huld, Freundlichkeit, Güte.

Als dritter Hauptbegriff kommt das Substantiv *rahamim* (LXX: *oiktirmós*) ins Spiel. Es bezeichnet eine Barmherzigkeit, die sich zeigt in Zärtlichkeit, Großherzigkeit, Nachsicht, Mitleid. Häufig treten das Verbum *riham*, barmherzig sein, und das Adjektiv *rahum*, barmherzig, auf.

Schließlich gehört das Substantiv *ahaba* (LXX: *agápe*) hierher. Es bedeutet allegemein Liebe als frei gewählte Beziehung zwischen Personen. Oft wird das Verbum *ahab*, lieben, verwendet.

Die Aussagen dieser hebräischen Wortfelder zum Gnadengeschehen zwischen Gott und Mensch sollen nun genauer erörtert werden. Dies geschieht formal in Zuordnung zu den literarischen Gruppen: Erzählwerk, Psalmen, Propheten, Weisheitsliteratur.

Die Alttestamentliche Gnadenterminologie

Grundbegriff	Gnade als Liebe Gottes zu den Menschen: – unbedingt freies Liebeshandeln Gottes – in geschichtlichen Taten und Gaben – zum Heil der Menschen
Hauptbegriffe im Alten Testament	hen: – Gottes freie, liebevolle Zuwendung zu den Menschen – Gottes konkrete Heilstaten und Heilsgaben hesed: – Gottes beständige und zuverlässige Güte und Freundlichkeit gegenüber den Menschen – Gottes treue Bundesliebe gegenüber dem Volk Israel rahamim: – Gottes vergebende und helfende Barmherzigkeit gegenüber den Menschen – Gottes mütterliche und väterliche Zärtlichkeit gegenüber den Menschen ahaba: – Gottes unbedingte Liebe zum Volk Israel – Gottes freie Liebesgemeinschaft mit einzelnen Menschen

2.1.1 Das Gnadenverständnis im Wortfeld um hen

Die Begriffe *hen*, Gnade sowie *hanan*, gnädig sein und *hannun*, gnädig kommen aus der höfischen Sprache und meinen allgemein ein wohlwollendes Verhalten eines Höhergestellten gegenüber einem Untergeordneten. Im theologischen Gebrauch geht es bei *hen* und *hannun* um die Grundeinstellung Gottes zu den Menschen, die mit den Begriffen Gunst, Wohlwollen, Freundlichkeit, Zuneigung und Zuwendung umschrieben werden kann. Die Aktivform *hanan* bezieht sich auf einzelne Gnadenerweise, auf freie Geschenke Gottes an die Menschen. Wie sieht die konkrete Anwendung dieser Begriffe aus: in der erzählenden Literatur, in den Psalmen und in der prophetischen Verkündigung?

2.1.1.1 hen in der erzählenden Literatur

Grundsätzlich bedeutet *hen* die unbedingt freie, personale Zuwendung Gottes zu einzelnen Menschen oder zum Volk Israel, um Heilsgaben zu schenken. Dies wird in der geläufigen Formel ausgedrückt: „Gnade finden vor den Augen Gottes". So erfährt Noach die Gnade Gottes als Bewahrung vor dem allgemeinen Untergang in der Sintflut (Gen 6,7f). Der vor Abschalom fliehende König David hat die Hoffnung, daß ihm die Gnade Gottes die Rückkehr nach Jerusalem schenken wird (2 Sam 15,25). Bei der Wüstenwanderung beschwört Mose in einem Gebet die Gnade Gottes für sich und das Volk Israel und er bekommt die Zusicherung, daß Gott den Weg ins Gelobte Land zeigen wird (Ex 33,12-17). Als Mose auch noch die Bitte ausspricht, Gott unmittelbar sehen zu dürfen, wird er auf die unbedingte Freiheit, auf die völlige Unverfügbarkeit der Gnadenerweise Gottes hingewiesen: „Ich gewähre Gnade, wem ich will und ich schenke Erbarmen, wem ich will" (Ex 33,19).

Das Verbum *hanan*, gnädig sein steht oft in Verbindung mit Bittrufen, Gott möge konkrete Gaben für das Leben der einzelnen oder des Volkes Israel schenken. Solche Bitten um gnädiges Eingreifen sind im Tempelweihegebet des Salomo gesammelt, wo er Gott für das Volk Israel anruft: um stets neue Vergebung der Sünden, um Sieg im Kampf gegen Feinde, um Regen in Trockenzeiten, um Hilfe bei Hungersnot, Seuchen und Naturkatastrophen (1 Kön 8,30-53). In Segensformeln wird Gott gebeten, daß er den gesegneten Personen immer gnädig sei, d.h. daß er ihnen Heil als ganzheitliches Wohlergehen schenke. Knapp wünscht Josef seinem Bruder Benjamin: „Gott sei dir gnädig!" (Gen 43,29). Die aaronitische Segensformel, die von den Priestern in der Liturgie über die Israeliten gesprochen wird, lautet: „Der Herr segne und behüte dich. Der Herr lasse sein Angesicht über dich leuchten und sei dir gnädig. Der Herr wende sein Angesicht dir zu und schenke dir Heil" (Num 6,24-26).

Das Adjektiv *hannun*, gnädig, wird als ständiges Attribut Gottes verwendet. Damit kommt zum Ausdruck: Das Gnädigsein ist eine Grundeigenschaft Gottes; die Zuwendung zu den Menschen, das aktive Wohlwollen gegenüber den Menschen gehört unverbrüchlich zum Wesen Gottes. Ziemlich stereotyp ist in Gottesaussagen *hannun*, gnädig, unmittelbar mit *rahum*, barmherzig verbunden. Das klassische Beispiel bildet die Offenbarungsformel, mit der sich Gott dem Mose bei einer Theophanie vorstellt: „Jahwe ist ein barmherziger und gnädiger (*rahum we-hannun*) Gott, langmütig, reich an Huld und Treue" (Ex 34,6). Das Gnädigsein Gottes bedeutet eine ständige Vergebungsbereitschaft Gottes. So läßt der König Hiskija die Israeliten durch Boten zur Umkehr aufrufen mit dem Hinweis: „Denn der Herr, euer Gott, ist gnädig und barmherzig (*hannun we-rahum*)" (2 Chr 30,9). Vor allem gibt das Gnädigsein als dauernder Wesenszug Gottes die Gewißheit, daß Gott dem Volk Israel trotz aller Verfehlungen immer wohlwollend gesinnt und nahe bleibt. Dementsprechend können die Leviten bei einer Feier nach dem Exil, wo sie die ganze Geschichte Israels und den sich wiederholenden Glaubensabfall der Väter schildern, von Gott sagen: „Du hast sie nicht verlassen, denn du bist ein gnädiger und barmherziger Gott" (Neh 9,31). Die Leviten verkünden also einen „Gott, der den Bund hält und uns seine Gnade bewahrt" (Neh 9,32).

2.1.1.2 hen in den Psalmen

Die Psalmen verwenden das Wortfeld von *hen*, um die Gnade Gottes als eine wohlwollende Haltung gegenüber den Menschen oder als konkretes Heilshandeln an den Menschen zu beschreiben.

Das Substantiv *hen* wird in den Psalmen nur einmal theologisch gebraucht, und zwar im Sinn von Gnadengaben, die Gott dem Rechtschaffenen schenkt (Ps 86,12). Dagegen wird das Verbum *hanan* sehr häufig eingesetzt. Mit dem Imperativ *honneni*, sei mir gnädig, verbindet sich stets die Bitte um wohlwollende und tatkräftige Hilfe Gottes in persönlichen Nöten. Nach diesen Gebetsrufen soll Gott in Gnade: von Angst befreien (Ps 4,2), von Krankheit heilen (Ps 6,3; 41,5), vor den Verfolgungen der Feinde erretten (Ps 9,14), von zerfressendem Kummer befreien (Ps 31,10), aus niedergedrückter Stimmung aufrichten (Ps 41,11), Sünden vergeben (Ps 51,3), in Gefahren beschützen (Ps 56,2), neue seelische Kraft geben (Ps 86,16). Auch das Volk Israel fleht in einem liturgischen Gebet um Errettung aus großer Bedrängnis: „Sei uns gnädig, Herr, sei uns gnädig!" (Ps 123,3).

Das Adjektiv *hannun* wird auch in den Psalmen fest mit *rahum* verbunden. Die klassische Formel „Der Herr ist gnädig und barmherzig" (Ps 86,15; 103,8; 111,4; 145,8) steht jeweils in verschiedenem Kontext. Als Gebet in Bedrängnis bestimmt Ps 86 das Gnädigsein Gottes mit Vergebungsbereitschaft gegenüber dem schuldig gewordenen Menschen und mit Hilfsbereitschaft in Lebensnöten. Im Lobpreis von Ps 103 wird das Gnädigsein Gottes mit den Wohltaten von Schuldvergebung, Heilung und Sättigung besungen. Als Lobpreis der Gemeinde sieht der Ps 111 das Gnädigsein Gottes verwirklicht in den wunderbaren Werken seiner Schöpfung und in den geschichtlichen Heilstaten, wie Befreiung und Bund, für das Volk Israel. Im Psalm 145, der ein Gemeindepreislied auf das Königtum Gottes ist, zeigt sich das Gnädigsein Gottes sowohl in seinen herrlichen Schöpfungs- und Heilswerken als auch in seiner zuverlässigen Güte und Gerechtigkeit.

2.1.1.3 hen bei den Propheten

Die Begriffe um *hen* werden in der prophetischen Verkündigung sehr selten gebraucht. *Hen* selbst tritt nur einmal auf. Jeremia hebt im Rückblick auf die Geschichte Israels hervor, daß Gott das Volk Israel beim Wüstenzug hilfreich und rettend geführt hat: „Gnade fand in der Wüste das Volk" (Jer 31,2).

Das Verbum *hanan* wird zweimal eingesetzt. In seiner Gerichtspredigt ruft der Prophet Amos das sündige Volk Israel zur Umkehr auf und sieht eine Rettungsmöglichkeit darin, daß Gott dem umkehrenden „Rest gnädig ist" (Am 5,15). Starke Zuversicht auf Rettung und bleibendes Heil weckt der Prophet Jesaja, indem er das sündige Volk Israel zur Umkehr bewegen will mit der Zusage: „Der Herr wartet darauf, euch seine Gnade zu zeigen ... Der Herr ist dir gnädig, wenn du um Hilfe schreist" (Jes 30,18f).

Das Adjektiv *hannun* findet sich bei den Propheten lediglich zweimal, und wiederum in der typischen Verbindung mit *rahum*. Joel spricht anthropomorph davon, daß Gott über das angedrohte Unheil Reue empfinden kann. Dieses Nichtdurchführen der Strafdrohung begründet Joel mit Gottes Eigenschaften der Gnädigkeit und Barmherzigkeit: „Kehrt um zum Herrn, eurem Gott! Denn er ist gütig und barmherzig ... und es reut ihn, daß er das Unheil verhängt hat" (Joel 2,13). Bei Jona wird die Bekehrung Ninives und die Vergebung Gottes als ein verwirklichtes Beispiel dafür gezeigt, daß Gott eine Unheilsandrohung aus Reue nicht durchführt. Der tiefste Grund für diese konkrete Verhaltensweise Gottes liegt eben darin, daß er seinem Wesen nach „ein gnädiger und barmherziger Gott" ist (Jona 4,2).

2.1.2 Das Gnadenverständnis unter dem Begriff hesed

Der komplexe Begriff *hesed* ist allgemein zu übersetzen mit Gnade, Güte, Huld, Freundlichkeit, Wohlwollen. Dabei geht es um eine Grundhaltung und daraus entspringende Handlungen innerhalb eines bestehenden Gemeinschaftsverhältnisses. Im theologischen Gebrauch bezieht sich *hesed* in der Regel auf den universalen Willen Gottes zur heilbringenden Gemeinschaft mit den Menschen; manchmal bezieht sich *hesed* auf den speziellen Bund Gottes mit dem Volk Israel. Immer handelt es sich um Gottes Grundgesinnung der Menschenfreundlichkeit, die sich konkret in spontan freien Güteerweisen manifestiert.

2.1.2.1 hesed in der erzählenden Literatur

Bei einigen Gestalten der Vätergeschichte begegnet *hesed* als die besondere Huld Gottes, die rettet, die hilft, die beschenkt. Lot dankt Gott bei der Rettung vor dem Untergang Sodoms: „Du hast mir große Huld erwiesen und mich am Leben gelassen" (Gen 19,19). Der Knecht Abrahams, der für dessen Sohn Isaak eine geeignete Frau suchen soll, betet voll Vertrauen: „Gott meines Herrn Abraham, laß mich heute Glück haben, und zeige meinem Herrn Abraham deine Huld!" (Gen 24,12). In Dankbarkeit bekennt Jakob Gott gegenüber: „Ich bin nicht wert all der Hulderweise und Treue, die du deinem Knecht erwiesen hast" (Gen 32,11).

Beim Bund Gottes mit dem Volk Israel ist die Huld Gottes verknüpft mit einem entsprechenden Gemeinschaftsverhalten des Volkes Israel. Bei der Mitteilung der zehn Gebote sagt Gott dem Volk Israel seine Bundeshuld zu und erwartet vom Bundespartner zugleich Liebe und Einhaltung der Gebote (Ex 20,6; Dtn 5,10). So darf das Volk Israel auf die dauernde Huld Gottes vertrauen: „Jahwe ist der treue Gott; noch nach tausend Generationen achtet er auf den Bund und erweist denen seine Huld, die ihn lieben und auf seine Gebote achten" (Dtn 7,9).

Die Huld ist bei Gott eine dauernde Grundhaltung, eine unverrückbar bleibende Eigenschaft. Das kommt in der formelhaften Verbindung von *hesed we-emet*, von Huld und Treue Gottes zum Ausdruck. Alle, die sich auf die Gemeinschaft mit Gott einlassen, dürfen auf die unbedingte Zuverlässigkeit und Beständigkeit seiner Huld vertrauen. So dankt der Knecht Abrahams, als er Rebekka für Isaak gefunden hat: „Gepriesen sei der Herr, der Gott meines Herrn Abraham, der es meinem Herrn nicht an Huld und Treue fehlen ließ" (Gen 24,27). Auch zur Offenbarung Gottes an Mose vor dem Bundesschluß gehört die Formel: „Jahwe ist ... reich an Huld und Treue" (Ex 34,6). In der Tempelliturgie des chronistischen Geschichtswerks wird die immerwährende Dauer der Huld Gottes mit dem Kehrvers gepriesen: „Seine Huld währt ewig" (1 Chr 16,34.41; 2 Chr 5,13;7,3.6).

2.1.2.2 hesed in den Psalmen

Mit seinem 127-maligen Vorkommen (bei 237 Stellen im gesamten Alten Testament) ist *hesed* in den Psalmen nicht nur quanititativ, sondern auch qualitativ ein sehr wichtiger Begriff. Das Fundament des Gebets in den Psalmen bildet die Überzeugung und das Vertrauen, daß die Huld felsenfest zum Wesen Gottes gehört. So findet sich sehr häufig die Verknüpfung von Huld und Treue Gottes in der Formel: „Beim Herrn sind Huld und Treue" (z.B. Ps 25,10; 40,12; 57,4; 61,8). Ebenso wird in Dankgebeten sehr oft der Kehrvers eingeflochten: „Die Huld des Herrn währt ewig" (z.B. Ps 100,5; 106,1; 107,1; 118,1-4; 136,1-26).

Dieser Huld als dauernder Grundhaltung Gottes entspringen dann die vielfältigsten Hulderweise, die verschiedensten Wohltaten für die einzelnen Menschen. So erwarten die Betenden der Psalmen von der Huld Gottes: Vergebung von Sünden (Ps 25,7), Beistand im Elend (Ps 31,8), Hilfe in Not und Bedrängnis (Ps 44,27), Überwindung der Gegner (Ps 59,11), gerechte Vergeltung (Ps 62,13), Errettung vor dem Tod (Ps 86,13), Freude für alle Tage (Ps 90,14), Stützung im Kampf gegen Unrecht (Ps 94,18), Errettung aus Verfolgung (Ps 109,26), neue Kraft zum Leben (Ps 119,88), Erlösung von Sünden (Ps 130,7).

Sehr bezeichnend für die Psalmen sind die *Hymnen auf hesed* als Huld oder Güte Gottes. Es wird die allerfüllende, in Schöpfung, Erhaltung und Lenkung der Welt wirksame Güte Gottes gepriesen: „Die Erde ist erfüllt von der Güte des Herrn" (Ps 33,5; vgl. 119,64). Es wird die unbegreifliche Fülle der Wohltaten der Güte Gottes gepriesen: „Wer begreift die reiche Huld des Herrn?" (Ps 107,43). Es wird die Unermeßlichkeit der Güte Gottes gepriesen: „Herr, deine Güte reicht, soweit der Himmel ist, deine Treue, so weit die Wolken ziehn" (Ps 36,6; vgl. 57,11). Es wird die unendliche Erhabenheit der Huld Gottes gepriesen: „Denn so hoch der Himmel über der Erde ist, so hoch ist seine Huld" (Ps 103,11).

2.1.2.3 hesed bei den Propheten

Selten wird *hesed* bei den Propheten Hosea, Jeremia und Deuterojesaja im Zusammenhang mit Bundesaussagen verwendet. Für Hosea, der den Bund Gottes mit dem Volk Israel unter dem Bild der Ehe darstellt, bedeutet *hesed* sowohl die Liebe Gottes als auch die Gegenliebe des Volkes Israel. Indem Gott völlig frei von sich aus den Liebesbund mit Israel aufnimmt, erwartet er von Israel Liebe als „Brautpreis": „Ich traue dich mir an auf ewig; ich traue dich mir an um den Brautpreis von Gerechtigkeit und Recht, von Liebe und Erbarmen" (Hos 2,21). Durch den Mund des Propheten Hosea beklagt Gott, daß beim Volk Israel die Liebe verlorengegangen (Hos 4,1) oder sehr unbeständig (Hos 6,4) ist.

Jeremia und Deuterojesaja deuten die Notsituationen des Volkes Israel, wie etwa das Exil, damit, daß Gott dem Volk Israel wegen dessen Sünden für kurze Zeit Liebeserweise entzogen hat (Jer 16,5; Jes 54,8). Aber sie betonen zugleich die im Grunde immer bleibende Liebe Gottes zu seinem Bundesvolk. „Mit ewiger Liebe habe ich dich geliebt, darum habe ich dir solange die Treue bewahrt" (Jer 31,3), heißt es bei Jeremia und bei Deuterojesaja: „Mit ewiger Huld habe ich Erbarmen mit dir ... Auch wenn die Berge von ihrem Platz weichen und die Hügel zu wanken beginnen – meine Huld wird nie von dir weichen und der Bund meines Friedens nicht wanken" (Jes 54,8.10).

2.1.3 Das Gnadenverständnis im Wortfeld um rahamim

Die Begriffe *rahamim*, Barmherzigkeit, *riham*, sich erbarmen und *rahum*, barmherzig, stehen etymologisch im Zusammenhang mit *rehem*, Mutterschoß. Ursprünglich geht es also bei diesen Begriffen um das Verhalten, das eine Mutter den Sprößlingen ihres Mutterschosses entgegenbringt. Allgemein ist damit ein Verbundenheitsgefühl gemeint, das eine übergeordnete Person in voller Freiheit gegenüber einer abhängigen Person hegt und pflegt. In der Anwendung auf Gott kommt daher vom begrifflichen Ursprung her ein mütterlicher Wesenszug Gottes zum Ausdruck. Näherhin handelt es sich um eine Grundgesinnung Gottes, die sich umschreiben läßt als Herzlichkeit und Zärtlichkeit, als Großherzigkeit und Nachsicht, als Mitleid und Hilfsbereitschaft Gottes gegenüber den Menschen. Aus dieser Grundhaltung Gottes erwachsen dann konkret Wohltaten gegenüber den Menschen, wie etwa Vergebung von Schuld, Hilfe in Not, Wendung eines schlimmen Schicksals zum Guten.

2.1.3.1 rahamim in der erzählenden Literatur

Das alttestamentliche Erzählwerk gebraucht lediglich das Substantiv *rahamim*, und das auch nur sehr selten. Im Dtn wird das von Gott abgefallene Volk Israel zur Umkehr aufgerufen, indem ihm die vergebende und neues Wohlergehen schenkende Barmherzigkeit Gottes zugesagt wird. So muß Israel sich vom kanaanitischen Götzendienst abwenden, „damit der Herr ... dir wieder sein Erbarmen schenkt, sich deiner annimmt und dich wieder zahlreich macht" (Dtn 13,18). Das im Exil leidende Volk Israel muß zum Glauben an den Bundesgott zurückkehren, „dann wird der Herr, dein Gott, dein Schicksal wenden, er wird sich deiner erbarmen, sich dir zukehren und dich aus allen Völkern zusammenführen" (Dtn 30,3).

Mit der Formel vom großen Erbarmen Gottes wird die erhabene Großherzigkeit hervorgehoben, die Gott gegenüber Einzelpersonen wie auch gegenüber dem Volk Israel an den Tag legt. Der schuldig gewordene David handelt nach der Überzeugung: „Ich will lieber dem Herrn in die Hände fallen, denn seine Barmherzigkeit ist groß. Den Menschen aber möchte ich nicht in die Hände fallen" (1 Chr 21,13; vgl. 2 Sam 24,14). Im Buch Nehemia wird bei einem Rückblick auf die Geschichte des Volkes Israel betont: In seiner großmütigen Barmherzigkeit bleibt Gott dem Volk Israel trotz dessen Untreue immer hilfreich nahe. Das gilt bei der Verehrung des goldenen Kalbes beim Wüstenzug: „Du aber hast sie in deinem großen Erbarmen nicht in der Wüste verlassen" (Neh 9,19). Das trifft auch zu für die Zeit im Land Kanaan, wo das Volk Israel immer wieder vom Bundesgott abfällt und nur in Notsituationen an ihn denkt: „Wenn sie dann bedrängt wurden, schrien sie zu dir, und du erhörtest sie. In deinem großen Erbarmen schicktest du ihnen Retter, die sie aus der Gewalt ihrer Feinde befreiten" (Neh 9,27).

2.1.3.2 rahamim in den Psalmen

In den Psalmen bezeichnet das Substantiv *rahamim* eine barmherzige Gesinnung Gottes, die sich äußert als Vergebung von Sünden, als Hilfe in existentieller Not oder als Geschenk neuer Lebensmöglichkeiten. Im tiefen Vertrauen auf die großzügige und nachsichtige Barmherzigkeit Gottes bitten sowohl Einzelpersonen als auch das Volk Israel um Befreiung von Schuld. Der ganze Psalm 51 dreht sich um den Erbarmensruf: „Gott, sei mir gnädig nach deiner Huld, tilge meine Frevel nach deinem reichen Erbarmen" (Ps 51,3; vgl. Ps 25,6f; 103,3f). Im liturgischen Gebet fleht das Volk Israel: „Mit deinem Erbarmen komme uns eilends entgegen. Hilf uns, du Gott unseres Heils, ... vergib uns die Sünden" (Ps 79,8f).

Häufig trägt in ärgster Bedrängnis, in Angst und Verzweiflung das Vertrauen, daß Gott in mitleidender Barmherzigkeit Errettung aus der Not bringt. Das zeigt sich eindringlich in den Hilferufen vieler Psalmen, wie etwa: „Hilf mir, mein Gott. Schon reicht mir das Wasser bis an die Kehle ... Erhöre mich, Herr, in deiner Huld und Güte, wende dich mir zu in deinem großen Erbarmen" (Ps 69,2.17). Vom barmherzigen Eingreifen Gottes wird auch ein neues Leben in Glück erwartet: „Der dein Leben vor dem Untergang rettet, und dich mit Huld und Erbarmen krönt, der dich dein Leben lang mit seinen Gaben sättigt" (Ps 103,4f; vgl. Ps 119,77).

Mit dem Verbum *riham* wird knapp konstatiert: „Unser Gott ist barmherzig" (Ps 116,5). Das Barmherzigsein Gottes wird auch verglichen mit der Herzlichkeit und Zärtlichkeit eines gütigen Vaters: „Wie ein Vater sich seiner Kinder erbarmt, so erbarmt sich der Herr über alle, die ihn fürchten" (Ps 103,13).

Mehrmals tritt in den Psalmen, wie bereits beim Begriff *hen* erörtert, die engste Verknüpfung der Adjektive *hannun*, gnädig, und *rahum*, barmherzig, auf. Damit ergibt sich als Grundaussage über Gott: Zum Gnädigsein Gottes gehört untrennbar seine Barmherzigkeit. So erklingt der Lobpreis: „Der Herr ist gnädig und barmherzig, langmütig und reich an Gnade. Der Herr ist gütig zu allen, sein Erbarmen waltet über all seinen Werken" (Ps 145,8f; vgl. Ps 86,15; 103,8; 111,4).

2.1.3.3 rahamim bei den Propheten

In der prophetischen Verkündigung geht es immer um das Volk Israel, wenn von der Barmherzigkeit Gottes – unter den Begriffen von *rahamim* und *riham* – die Rede ist. Für die schwersten Schicksalsschläge, wie etwa für den Zusammenbruch des Nordreichs und das babylonische Exil der Israeliten des Südreichs herrscht ein dreistufiges Deutungsschema: kurzer Entzug des Erbarmens Gottes wegen der Untreue des Volkes Israel, Vergebung für das umkehrwillige Volk Israel aus dem Erbarmen Gottes, positive Wende des Schicksals kraft des Erbarmens Gottes.

Nach dieser Deutung gerät das Volk Israel in das Unheil, weil ihm Gott wegen seiner Widerspenstigkeit für kurze Zeit Erbarmenserweise versagt hat: „Ich habe diesem Volk mein Heil entzogen – Spruch des Herrn – die Güte und das Erbarmen" (Jer 16,5; vgl. Jes 54,7; Hos 1,6; Sach 1,12). Wenn dann das Volk Israel umkehrt, schenkt ihm Gott aus Barmherzigkeit Verzeihung und volle Liebe. Denn bei Gott „findet der Verwaiste Erbarmen" und so gilt seine Zusage: „Ich will ihre Untreue heilen, und sie aus lauter Großmut wieder lieben" (Hos 14,4f; vgl. Jer 31,18-20). Aus der Gewißheit, daß Gott Israel sein Erbarmen wieder voll zugewendet hat, folgt dann die zuversichtliche Hoffnung auf eine Wende des schlimmen Schicksals. Konkret wird die Heimholung aus dem Exil verheißen: „So spricht der Herr: Jetzt werde ich das Geschick Jakobs wenden, ich will Erbarmen haben mit dem ganzen Volk Israel“ (Ez 39,25). Es wird die Wiederherstellung Jerusalems verheißen: „Seht ich wende das Geschick der Zelte Jakobs, seiner Wohnstätten erbarme ich mich“ (Jer 30,18).

Bei Deutero- und Tritojesaja wird die Barmherzigkeit Gottes als mütterliches oder väterliches Verhalten Gottes gegenüber dem Volk Israel dargestellt. In Jes 49 wird den Israeliten im Namen der Barmherzigkeit Gottes die Heimkehr aus dem Exil und neues Wohlergehen verheißen: „Er leitet sie voll Erbarmen und führt sie zu sprudelnden Quellen“ (Jes 49,10). Auf die zweifelnde Frage, ob Gott Israel nicht doch verlassen und vergessen habe, wird zur Antwort die Mütterlichkeit Gottes beschworen: „Kann denn eine Frau ihr Kindlein vergessen, eine Mutter ihren leiblichen Sohn? Und selbst, wenn sie ihn vergessen würde, ich vergesse dich nicht“ (Jes 49,15). Auch in Tritojesaja wird die Hoffnung auf Heimkehr gestärkt, indem erinnert wird an Gottes „große Güte, die er dem Haus Israel in seiner Barmherzigkeit erwies“ (Jes 63,7). Der Notschrei „Wo ist deine Macht, dein großes Mitleid und dein Erbarmen?“ mündet in das Vertrauen auf Gottes väterliche Verbundenheit: „Du bist doch unser Vater“ (Jes 63,15f).

2.1.4 Das Gnadenverständnis im Wortfeld um ahaba

Die weitgespannten Begriffe *ahaba*, Liebe, und *ahab*, lieben erfassen allgemein alle zwischenmenschlichen Beziehungen, die sich aus freier Zuneigung entwickeln: die geschlechtliche Anziehung zwischen Mann und Frau, die eheliche Gemeinschaft, die familiären Bindungen, die freundschaftliche Verbundenheit, die Nächstenliebe. In der Anwendung auf Gott bezeichnen *ahaba* und *ahab* die gnadenhafte Liebe Gottes zum Volk Israel und zu einzelnen Menschen. Der Gnadencharakter dieser Liebe zeigt sich darin, daß Gott völlig souverän die Initiative zur Gemeinschaft ergreift und daß er völlig frei Geschenke zum Heil der Menschen gibt. Als Gemeinschaftsbeziehung erwartet diese Liebe Gottes dann auch Gegenliebe von der menschlichen Seite, die sich in einem Leben nach Gottes Willen ausdrücken muß.

2.1.4.1 ahaba in der erzählenden Literatur

Der Deuteronomist und seine Schule entfalten eine gewisse Systematik der Liebe Gottes zu seinem Volk Israel: Aus unbedingter Liebe erwählt Gott das Volk Israel zu seinem Bundesvolk und erweist ihm eine Fülle von Segenstaten; gleichzeitig fordert Gott die Gegenliebe des Volkes Israel, die sich konkret in seiner alleinigen Verehrung und im gehorsamen Einhalten seiner Gebote kundtun soll.

Das Deuteronomium kreist um die gnadenhafte Erwählung Israels zum Eigentumsvolk oder Bundesvolk Gottes. Dabei wird betont, daß die ungeschuldete Liebe Gottes der einzige Grund der Erwählung Gottes ist: „Nicht weil ihr zahlreicher als die anderen Völker wäret, hat euch der Herr ins Herz geschlossen und ausgewählt“; sondern „weil der Herr euch liebt“ (Dtn 7,7f; vgl. 10,15; 23,6). Ebenso aus unverdienter Liebe schenkt Gott dem erwählten Volk Israel dann in der Geschichte große Heilstaten: die Befreiung aus ägyptischer Gefangenschaft, eine einzigartige Offenbarung und Führung auf dem Wüstenzug, den Besitz des verheißenen Landes (vgl. Dtn 4,32-38). Der so liebende Gott verlangt Gegenliebe vom Volk Israel: „Liebe den Herrn, deinen Gott, höre auf seine Stimme und halte dich an ihm fest; denn er ist dein Leben" (Dtn 30,20; vgl. Dtn 6,5). Wenn die Liebe zu Gott im gesamten Verhalten verwirklicht wird, gilt die Zusage: „Er wird dich lieben, dich segnen und zahlreich machen. Er wird die Frucht deines Leibes und deines Ackers segnen" (Dtn 7,13).

Einige Stellen in der erzählenden Literatur sehen die frei erwählende Liebe Gottes auch bei einzelnen Repräsentanten des Volkes Israel am Werk, wie etwa beim großen König Salomo. So wird das Königtum einerseits als Liebesgeschenk Gottes für die Person Salomos betrachtet: „Salomo wurde von seinem Gott geliebt; darum hatte ihn Gott zum König über ganz Israel gemacht" (Neh 13,26; vgl. 2 Sam 12,24). Andererseits wird das glanzvolle Königtum Salomos als Liebesgeschenk Gottes an das Volk Israel gedeutet: „Weil der Herr Israel ewig liebt, hat er dich zum König bestellt, damit du Recht und Gerechtigkeit übst" (1 Kön 10,9; vgl. 2 Chr 9,8 und 2,10).

2.1.4.2 ahaba bei den Propheten

Der Prophet Hosea interpretiert das gnadenhafte Bundesverhältnis zwischen Gott und dem Volk Israel mit verschiedenen Bildern zwischenmenschlicher Liebe. Sehr eindringlich entfaltet er den Vergleich mit der Liebe zwischen Mann und Frau. Gott verhält sich ähnlich wie ein Ehemann, der seine Frau trotz Untreue weiterliebt, denn „der Herr liebt die Söhne Israels, obwohl sie sich anderen Göttern zuwenden" (Hos 3,1). Nach der Umkehrbereitschaft Israels gilt die Zusage Gottes: „Ich will ihre Untreue heilen und sie aus lauter Großmut wieder lieben" (Hos 14,5). Ferner beschreibt Hosea die Liebe Gottes, die anziehend und umsorgend das Volk Israel erwählt, mit Bildern elterlicher (väterlicher und mütterlicher) Liebe: „Mit Ketten der Liebe zog ich sie an mich. Ich war für sie da wie die, die den Säugling an ihre Wange heben" (Hos 11,4).

Einige Propheten heben hervor, daß sich die gnadenhafte Liebe Gottes zum Volk Israel in ganz konkreten Heilstaten manifestiert (vgl. Mal 2,1). Aus Liebe zu seinem erwählten Volk wirkt Gott in der Geschichte Israels als Befreier, Retter, Begleiter, Beschützer, Helfer, Ermutiger und Tröster. So verkündet Deuterojesaja für das Volk Israel im Exil die aufrichtende Botschaft: „Du, mein Knecht Israel, den ich erwählte, Nachkomme meines Freundes Abraham .. Fürchte dich nicht, denn ich bin mit dir; hab keine Angst, denn ich bin dein Gott. Ich helfe dir" (Jes 41,8.10; vgl. 43,1-4). Tritojesaja erinnert die Israeliten im Exil daran, daß Gott schon in der früheren Geschichte „ihr Retter in aller Not" war: „In seiner Liebe und seinem Mitleid hat er sie selbst erlöst. Er hat sie emporgehoben und getragen in all den Tagen der Vorzeit" (Jes 63,8f). Zefania verheißt den Israeliten, daß ihnen die erneute Liebe Gottes die Heimkehr nach Jerusalem schenken wird: „Der Herr, dein Gott, ist in deiner Mitte, ein Held, der Rettung bringt. Er freut sich und jubelt über dich, er erneuert seine Liebe zu dir" (Zef 3,17).

2.1.4.3 ahaba in der Weisheitsliteratur

Während die erzählende Literatur und die Propheten *ahaba* immer kollektiv im Hinblick auf das Volk Israel gebrauchen, verwendet die Weisheitsliteratur *ahaba* durchwegs in Beziehung zu Individuen. Nach weisheitlichen Aussagen neigt sich die Liebe Gottes besonders den Gerechten oder Frommen zu. Diesen einzelnen Menschen, die in einer guten Gemeinschaft mit Gott stehen, schenkt die Liebe Gottes existentielle Heilsgaben: Geborgenheit in Gottes Fürsorge, Führung des Lebens durch Gottes Vorsehung, Hilfe zum richtigen Erkennen und Handeln, d.h. konkret Weisheit und Gerechtigkeit.

Vor allem das Buch der Sprichwörter verbindet die Begriffe *ahaba*, Liebe, und *ahab*, lieben, oft mit Gott, und zwar unter verschiedenen Aspekten. Es wird den Menschen, die sich um Gutsein bemühen, die Liebe Gottes zugesagt: „Wer der Gerechtigkeit nachjagt, den liebt der Herr" (Spr 15,9). Ebenso gilt die Überzeugung, daß Gott die liebt, „die lauteren Herzens sind" (Spr 22,11). Nach dem damaligen pädagogischen Verständnis wird das Leid im Leben der rechtschaffenen Menschen als Erziehungsmittel der Liebe Gottes gedeutet: „Wen der Herr liebt, den züchtigt er, wie ein Vater seinen Sohn, den er gern hat" (Spr 3,12). Der Gnadencharakter der Liebe Gottes kommt besonders in der Sündenvergebung zum Ausdruck: „Die Liebe deckt alle Vergehen zu" (Spr 10,12).

2.2 Die Auffassung von Gnade im Neuen Testament

Durch Paulus wird im Neuen Testament der Begriff der *charis*, der Gnade Gottes zur Mitte der christlichen Heilsbotschaft. Quantitativ finden sich zwei Drittel der 155 *charis*-Textstellen in den paulinischen Briefen. Inhaltlich ist Gnade bei Paulus das von Gott aus freier Liebe durch Jesus Christus geschenkte Heil.

Es fällt auf, daß bei den Synoptikern nur Lukas den Begriff der Gnade verwendet, während er bei Mt und Mk fehlt. Aber in der ursprünglichen Verkündigung Jesu, wie sie die drei Synoptiker darstellen, spielt der weite Sinn von Gnade eine zentrale Rolle: die Gnade Gottes als freies geschichtliches Wirken zum Heil der Menschen.

So soll nun zuerst das Gnadenverständnis in der Verkündigung Jesu erörtert werden und dann die Gnadenlehre des Paulus sowie die Gnadenauffassung im übrigen neutestamentlichen Schrifttum.

Gnadenverständnis im Neuen Testament

Verkündigung Jesu	Reich (basileia) Gottes als Gnade: – reines Geschenk Gottes – bedingungsloses Heilsangebot an alle Menschen

	Liebe (agape) Gottes als Gnade: – grenzenloses Wohlwollen Gottes gegenüber allen Menschen – unverdienbar freies Wohlwollen Gottes – bergend treues Wohlwollen Gottes
Gnadenlehre des Paulus	Gnade (charis): – geschichtliches Wirken Gottes zum Heil der Menschen – unverdiente und unverdienbare Heilsgeschenke Gottes Gnade als christozentrisches Heilsgeschehen: – Heil durch Tod und Auferstehung Jesu Christi – Heil nach dem universalen Heilsplan der Vorherbestimmung Gnade als existentielles Heilsgeschehen: – Rechtfertigung allein aus Gnade – Das neue Leben in der Gnade Gnade als ekklesiales Heilsgeschehen: – Berufung in die Gemeinschaft der Glaubenden – Gnadengaben (charismata) zum Aufbau der Gemeinde
Gnadenlehre im übrigen Neuen Testament	Gnade ist formal Geschenk des Heils in der Geschichte Gnade ist inhaltlich – soteriologisch: Inbegriff des Christusheils – ekklesiologisch: Wirkkraft (allgemeine oder in der besonderen Befähigung einzelner) zu Aufbau und Leben der Gemeinde – existentiell: Sündenvergebung durch Rechtfertigung, Hoffnung auf das ewige Leben

2.2.1 *Die Gnadenbotschaft Jesu bei den Synoptikern*

Nach dem Zeugnis der Synoptiker vertritt Jesus in Wort und Tat ein *eu-angelion*, eine gute oder frohe Botschaft, eine Heilsbotschaft. Diese Verkündigung Jesu beinhaltet zentral ein Gnadenwirken Gottes: *Gott schenkt die Nähe seines Reiches; Gott schenkt seine Liebe.*

2.2.1.1 Das Evangelium vom universalen Geschenk des Reiches Gottes

Beim historischen Jesus steht das „Evangelium vom Reich Gottes" (Lk 4,43) in der Mitte seines gesamten Auftretens. Er verkündet die unmittelbare Nähe des Reiches Gottes sowohl in seinen Predigten (vgl. Mk 1,15) als auch durch sein Verhalten (z.B. durch Heilung von Besessenen: Lk 11,20). Diesen Anbruch des Reiches Gottes bestimmt Jesus näher als reines Geschenk Gottes und als bedingungsloses Heilsangebot an alle Menschen.

Den Geschenkcharakter des Reiches Gottes stellt Jesus in direkten Aussagen oder in Gleichnissen heraus. Daß das Reich Gottes als völlig freie Tat Gottes geschenkt wird, kommt in verschiedenen Redewendungen zum Ausdruck, wie etwa: Das Reich Gottes wird „gegeben" (Mt 21,43; Lk 12,32) oder „vermacht" (Lk 22,29). Es ist die kindhafte Offenheit für Beschenktwerden nötig: „Wer das Reich

Gottes nicht so annimmt, wie ein Kind, der wird nicht hineinkommen" (Lk 18,17). Mit dem Gleichnis von der selbstwachsenden Saat (Mk 4,26-29) betont Jesus, daß das Reich Gottes durch die Menschen nicht machbar und verfügbar ist, sondern daß die Menschen die Früchte des Reiches Gottes als Geschenk erhalten.

Mit dem Geschenkcharkter des Reiches Gottes verbindet sich im Evangelium Jesu auch das völlig offene Angebot des Reiches Gottes an alle Menschen. Es sind von den Menschen keine Vorbedingungen zu erfüllen und keine Verdienste zu erbringen, um zum Reich Gottes Zutritt zu haben. Im Gleichnis vom königlichen Hochzeitsmahl (Mt 22,1-10) zeigt Jesus, daß alle Menschen in das Reich Gottes gerufen sind. Gerade auch für die in menschlicher Gesellschaft Verachteten und Geächteten steht das Reich Gottes ohne jegliche Vorleistung offen. Dies macht Jesus mit dem Gleichnis vom verlorenen Schaf klar (Lk 15,3-7) sowie durch sein zeichenhaftes Verhalten, indem er sich durch Mahlgemeinschaft mit den „Zöllnern und Sündern" solidarisiert (vgl. Mt 9,10-13). So ist nach Jesus das Reich Gottes bedingungslos und grenzenlos offen für alle Menschen. Anders gesagt: *Das Reich Gottes ist ein universales Heilsangebot.*

2.2.1.2 Das Evangelium von Gottes wohlwollender, freier und treuer Liebe

Indem Jesus die Nähe des Reiches Gottes verkündet, möchte er deutlich machen: Gott ist den Menschen in Liebe nahe; im Reich Gottes wirkt die Liebe Gottes wohlwollend, frei und treu zum Heil der Menschen.

Daß Gottes Wille ganz und gar auf das Wohl der Menschen, und zwar aller Menschen, ausgerichtet ist, bildet den Kern in Jesu Evangelium. Gott ist nach Jesus der gütige Vater (Mt 6,9), der alle Menschen – die guten wie die bösen – liebt, ihnen Gutes erweist und somit auf ihr Heil bedacht ist (Mt 5,45; Lk 6,35). Die Güte des göttlichen Vaters zeigt sich nach Jesus besonders darin, daß Gott dem Menschen auch schwerste Verfehlungen bedingungslos verzeiht und ihm stets neuen Zugang zum Heil gewährt (Gleichnis vom verlorenen Sohn: Lk 15,11-31).

Gottes universaler Heilswille realisiert sich nach Jesus in ungeschuldeter Liebe: Das Heil ist ein freies Geschenk Gottes, unabhängig von frommen oder ethischen Vorleistungen (Gleichnis vom Pharisäer und Zöllner: Lk 18,9-14; vgl. Jesu Kampf gegen die Selbstgerechtigkeit und Leistungsfrömmigkeit der Pharisäer); das Heil ist freies Geschenk Gottes, unabhängig von Rechtsansprüchen (Gleichnis von den Arbeitern im Weinberg: Mt 20,1-16). Gott handelt frei in der Geschichte: Er wählt neue Heilswege mit Umkehrung der geschichtlichen und gesellschaftichen Rangordnungen („So werden die Letzten Erste sein und die Ersten Letzte": Mt 20,16 par); er wählt frei bestimmte Personen zu besonderem Dienst beim Vollzug des Heilsplanes (vgl. Jesu Berufung der Jünger: z.B. Mt 4,18-22).

Gottes Liebe ist nach Jesus nicht nur frei schenkendes, sondern auch absolut verläßliches Wohlwollen: treue Liebe. Jesus schildert Gott als den Vater, der von sich aus um die Bedürfnisse der Menschen weiß (Mt 6,31f), der sich um die Menschen so sehr sorgt, daß kein Haupthaar ohne seinen Willen verlorengeht (Lk 21,18; Mt 10,30). Jesu Botschaft zielt wesentlich darauf ab, den Menschen bedingungsloses Vertrauen zu Gott ins Herz zu senken, ihnen Geborgenheit zu schenken in dem Bewußtsein: Der göttliche Vater überläßt das menschliche

Schicksal nicht dem Zufall, sondern lenkt es mit mächtiger Hand sicher zum Heil (vgl. Lk 12,22-32). So gilt das Evangelium von der tragenden, bergenden und beglückenden Liebe Gottes.

2.2.2 *Die Gnadenlehre des Paulus*

In den (nach derzeitigem exegetischen Forschungsstand) acht echten Paulusbriefen (chronologisch: 1 u. 2 Thess, 1 u. 2 Kor, Phil, Phlm, Gal, Röm) spielt der Begriff *charis*, Gnade, eine Hauptrolle. Es fällt auf, daß das Wort immer nur im Singular gebraucht wird. Paulus kann als „Theologe der Gnade" bezeichnet werden, weil er – besonders im Römerbrief – gründliche Reflexionen über die Gnade entwickelt. Inhaltlich ist Gnade für Paulus eine zentrale Kategorie, um das geschichtliche Wirken Gottes zum Heil der Menschen zu charakterisieren. Formal legt Paulus beim Gnadenbegriff den Akzent darauf, daß Gott sein Heil den Menschen unverdient und ungeschuldet schenkt. Insgesamt arbeitet Paulus mit großen Antithesen zur Gnade: *Inhaltlich* stehen der Gnade die Unheilsmächte Sünde, Gesetz und Tod gegenüber; *formal* bildet das Erstreben des Heils durch eigene Leistung, durch Werke und Verdienste den Gegensatz zur Gnade.

Systematisch kann die Gnadenauffassung des Paulus etwa dreifach gegliedert werden: Die Gnade Gottes ist prinzipiell ein christologisches Heilsgeschenk; in ihren konkreten Auswirkungen ist die Gnade Gottes ein existentielles sowie ein ekklesiales Heilsgeschehen.

2.2.2.1 Die Gnade Gottes als durch Jesus Christus geschenktes Heil

Paulus sieht die Gnade Gottes streng *christozentrisch*, d.h. nach ihm schenkt Gott den Menschen das Heil einzig und allein durch Jesus Christus. So spricht Paulus oft in den Gruß- und Segensformeln seiner Briefe ganz knapp von der „Gnade Jesu Christi", beispielsweise: „Die Gnade Jesu Christi, unseres Herrn, sei mit euch" (1 Thess 5,28; vgl. Röm 16,20; 1 Kor 16,23; 2 Kor 13,13; Phil 4,23; 2 Thess 3,18; Phlm 25). Näherhin bedeutet für Paulus die christozentrische Gnadenauffassung: Gott schenkt den Menschen das Heil durch den Tod und die Auferstehung Jesu Christi; diese geschenkhafte Heilsvermittlung durch Jesus Christus gründet in einem universalen, ewigen Heilsplan Gottes.

Geschenk des Heils durch Tod und Auferstehung Jesu Christi

In der Mitte der paulinischen Gnadenvorstellung steht die Überzeugung, daß Jesus Christus durch seinen Kreuzestod und seine Auferstehung die Menschen ohne ihr Verdienst von den Unheilsmächten Sünde, Gesetz und Tod befreit hat. Dies reflektiert Paulus gründlich in Röm 5-7.

Konkret kommt in der Taufe das Heilswerk Jesu Christi für die einzelnen Menschen zur Wirkung: „Wißt ihr denn nicht, daß wir alle, die wir auf Christus Jesus getauft wurden, auf seinen Tod getauft worden sind? Wir wurden mit ihm begraben durch die Taufe auf den Tod; und wie Christus durch die Herrlichkeit des Vaters von den Toten auferweckt wurde, so sollen auch wir als neue Menschen leben. Wenn wir nämlich ihm gleich geworden sind in seinem Tod, dann werden wir mit ihm auch in seiner Auferstehung vereinigt sein" (Röm 6,3-5).

So schenkt Gott durch Jesus Christus die Befreiung von Sünde, Gesetz und Tod; so schenkt er positiv Heiligung, Freiheit und ewiges Leben: „Ihr steht nicht unter dem Gesetz, sondern unter den Gnade ... Jetzt, da ihr aus der Macht der Sünde befreit und zu Sklaven Gottes geworden seid, habt ihr einen Gewinn, der zu eurer Heiligung führt und das ewige Leben bringt. Denn der Lohn der Sünde ist der Tod, die Gabe Gottes aber ist das ewige Leben in Christus Jesus, unserem Herrn" (Röm 6,14.22f; vgl. 5,12-21).

Geschenk des Heils nach dem universalen Heilsplan der Vorherbestimmung

Für Paulus vollzieht sich die christologische Heilsvermittlung aufgrund eines ewigen Heilsplanes, den er in dem – selbstgeschaffenen – Begriff der *Vorherbestimmung* zusammenfaßt. Vorherbestimmung, wie sie Paulus im klassischen Text von Röm 8,28-11,36 versteht, meint einen von Ewigkeit her gefaßten, unwiderruflichen Beschluß Gottes, in dem er ein für alle Menschen gültiges Heilsziel und eine entsprechende Heilsordnung festlegt. Das Heilsziel ist die Ermöglichung des ewigen Heils für alle Menschen; die Heilsordnung sieht vor, daß Jesus Christus durch Tod und Auferstehung das Heil für alle Menschen vermittelt, daß in Jesus Christus das Heil für alle Menschen offensteht. Mit dieser genuin paulinischen Sicht der Vorherbestimmung als einem universalen Heilsplan ist die spätere, von *Augustinus* eingeführte Deutung nicht vereinbar, wonach die Vorherbestimmung das ewige Heil oder Unheil einzelner Menschen von Ewigkeit her fixiert.

Der tiefste Grund für die Vorherbestimmung als Heilsplan liegt nach Paulus in der „Liebe Gottes, die in Christus Jesus ist" (Röm 8,39), denn Gott „hat seinen eigenen Sohn nicht geschont, sondern ihn für uns alle hingegeben" (Röm 8,32). So erhalten alle, die sich im Glauben auf Jesus Christus einlassen eine unerschütterliche Heilsgewißheit: „Christus Jesus, der gestorben ist, mehr noch, der auferweckt worden ist, sitzt zur Rechten Gottes und tritt für uns ein. Was kann uns scheiden von der Liebe Christi?" (Röm 8,34f). Darum ist Vorherbestimmung bei Paulus Evangelium der Liebe Gottes. Indem der Mensch weiß, daß Gott sich in ewiger Liebe um das Heil aller Menschen – und damit um das Heil jedes einzelnen – sorgt, ist er frei von Angst vor einem Willkürgott, ist er frei zur vertrauensvollen Hingabe an den Gott der Liebe.

Mit der Verankerung der Vorherbestimmung in der Liebe Gottes will Paulus auch die Gnadenhaftigkeit des Heils unterstreichen. Gottes Liebe hat in absoluter Freiheit und Souveränität die Entscheidung getroffen, den Menschen über eine bestimmte Heilsordnung zum ewigen Leben zu verhelfen. Damit steht fest: Das definitive Heil der Menschen ist ein völlig freies Geschenk des liebenden Gottes, ist rein aus Gnade gewährte, unverdienbare und unverfügbare Gabe Gottes. So will Paulus mit dem Begriff der Vorherbestimmung die Grundlosigkeit der göttlichen Liebe und die absolute Heilsinitiative Gottes hervorheben. Auch hier erweist sich die Vorherbestimmung als Evangelium, denn sie bezeugt die schon immer bestehende Menschenliebe Gottes, den von jeher gnädigen Gott. Dadurch entlastet sie den Menschen von der Aufgabe, sich Gott überhaupt erst gnädig stimmen zu müssen. Als unverdienbares Geschenk befreit sie die Menschen von verkrampftem Leistungszwang, und befreit sie zu einem selbstlosen Engagement der Liebe.

2.2.2.2 Die Gnade Gottes als existentielles Heilsgeschehen

Nach Paulus bietet die Gnade Gottes durch das christologische Heilswerk allen Menschen das konkrete Heil an. Für die einzelnen Menschen wird dieses Heilswerk wirksam, wenn sie sich im Glauben an Jesus Christus der Gnade Gottes öffnen. Dann löst die Gnade ein existentielles Heilsgeschehen aus. Paulus beschreibt die personale Grundwirkung des Heilsgeschehens mit dem Begriff der Rechtfertigung des Sünders und er leitet daraus als weitere existentielle Wirkung ein neues Leben in der Gnade ab.

Rechtfertigung allein aus Gnade

Paulus verwendet *Rechtfertigung* als Zentralbegriff, um den Anfang des Heilswirkens der Gnade Gottes bei den einzelnen glaubenden Menschen zu charakterisieren. Prinzipiell stellt er die Rechtfertigung allein aus Gnade in Antithese zum menschlichen Versuch, aus eigener Leistung durch Werke des Gesetzes oder durch Verdienste das Heil zu erlangen.

In der Rechtfertigung geschieht nach Paulus die gnadenhafte Vergebung der Sünden, und zwar durch den Glauben an die Sühnekraft des Todes Jesu: „Alle haben gesündigt und die Herrlichkeit Gottes verloren. Ohne es verdient zu haben, werden sie gerecht, dank seiner Gnade, durch die Erlösung in Christus Jesus. Ihn hat Gott dazu bestimmt, Sühne zu leisten mit seinem Blut, Sühne, wirksam durch den Glauben. So erweist Gott seine Gerechtigkeit durch die Vergebung der Sünden" (Röm 3,23-25).

In Abgrenzung zu jüdischer Werkgerechtigkeit und Leistungsfrömmigkeit betont Paulus immer wieder eindringlich den Gnadencharakter der Rechtfertigung: „Die Gnade führt aus vielen Übertretungen zur Gerechtsprechung" (Röm 5,16). Dabei verknüpft Paulus stets die gnadenhafte Rechtfertigung mit dem Glauben an Jesus Christus: „Wir haben erkannt, daß der Mensch nicht durch die Werke des Gesetzes gerecht wird, sondern durch den Glauben an Jesus Christus" (Gal 2,16). So stellt Paulus die Gleichung auf: „Deshalb gilt: aus Glauben, damit auch gilt: aus Gnade" (Röm 4,16). Die Rechtfertigung des Sünders geschieht also immer in der Einheit von *sola gratia* und *sola fide*, von *Allein-durch-Gnade* und *Allein-durch-Glauben*.

Das neue Leben in der Gnade

Mit der Rechtfertigung treten die Menschen nach Paulus in eine neue Existenz oder Grundbefindlichkeit ein. Die Gerechtfertigten leben im Herrschaftsbereich, d.h. in der Heilswirklichkeit der Gnade: „Durch Jesus Christus haben wir auch den Zugang zu der Gnade erhalten, in der wir stehen" (Röm 5,2). Konkret haben die Gerechtfertigten durch Jesus Christus die Versöhnung mit Gott empfangen und befinden sich so in einer neuen, friedvollen Gemeinschaft mit Gott: „Gerecht gemacht aus Glauben, haben wir Frieden mit Gott" (Röm 5,1). Aus diesem inneren Frieden heraus können die Gerechtfertigten „als neue Menschen leben" (Röm 6,4); sie können fruchtbringend „für Gott leben in Christus Jesus" (Röm 6,11).

Vor allem leben die Gerechtfertigten in einem neuen Raum der Freiheit: „Jetzt aber sind wir frei geworden von dem Gesetz, an das wir gebunden waren ... und dienen in der neuen Wirklichkeit des Geistes, nicht mehr in der alten des Buchstabens" (Röm 7,6). Durch die so geschenkte lebendige Verbindung mit dem Geist Gottes wird die ursprüngliche Gotteskindschaft erneuert: „So bezeugt der Geist selbst unserem Geist, daß wir Kinder Gottes sind" (Röm 8,16). Damit wird ein neues Leben in der „Freiheit und Herrlichkeit der Kinder Gottes" (Röm 8,21) möglich.

Weitere Geschenke, die den Gerechtfertigten nach Paulus aus der Gnade Gottes zufließen, können als *Hoffnungsgüter* bezeichnet werden. Da ist zunächst die Gabe der Hoffnung selbst, die Geduld und Bewährung in den bleibenden Bedrängnissen ermöglicht: „Die Hoffnung aber läßt uns nicht zugrunde gehen" (Röm 5,5). Mit dieser Existenz der Hoffnung verbindet sich die Aussicht auf die endgültige Herrlichkeit bei Gott: „Wir rühmen uns unserer Hoffnung auf die Herrlichkeit Gottes" (Röm 5,2). Anders gesagt, die Hoffnung erwartet das Geschenk des ewigen Lebens: „Die Gabe Gottes aber ist das ewige Leben in Christus Jesus, unserem Herrn" (Röm 6,23).

2.2.2.3 Die Gnade Gottes als ekklesiales Heilsgeschehen

Paulus sieht die Gnade Gottes nicht nur existentiell beim Individuum am Werk, sondern er betrachtet sie auch als entscheidende Wirkkraft im Sozialgebilde der christlichen Gemeinde. Nach Paulus wird die Gemeinde einerseits konstituiert durch Berufung aus Gnade und andererseits auferbaut durch die vielfältigen Gnadengaben.

Ekklesiale Berufung aus Gnade

Für Paulus entstehen die *christlichen Gemeinden* aufgrund der gnadenhaften Berufung der einzelnen Mitglieder. So weist er die Gemeinden in Galatien darauf hin, daß es Gott ist, „der euch durch die Gnade Christi berufen hat" (Gal 1,6). Der erste Korintherbrief ist adressiert „an die Gemeinde Gottes in Korinth, an die Geheiligten in Christus Jesus, berufen als Heilige" (1 Kor 1,2). Dann macht Paulus der Gemeinde bewußt, was sie alles der Gnade Gottes verdankt: „Ich danke Gott jederzeit euretwegen für die Gnade Gottes, die euch in Christus Jesus geschenkt wurde, daß ihr an allem reich geworden seid in ihm, an aller Rede und aller Erkenntnis. Denn das Zeugnis über Christus wurde bei euch gefestigt, so daß euch keine Gnadengabe fehlt" (1 Kor 1,4-7).

Auch beim Volk Gottes im Alten und Neuen Bund insgesamt ist nach Paulus die Berufung aus Gnade wirksam. In Röm 9-11 behandelt er ausführlich das Problem der Berufung des alttestamentlichen Volkes Israel und der neutestamentlichen Kirche. Er stellt für die Kirche die universale Offenheit fest: „Gott hat uns berufen, nicht allein aus den Juden, sondern auch aus den Heiden" (Röm 9,24). Schmerzlich beschäftigt ihn die Frage, warum das Volk Israel in der Mehrheit dem

Ruf Jesu Christi nicht gefolgt ist. Zur Erklärung nimmt er eine geistige Verblendung an und ein verstocktes Beharren auf der Werkgerechtigkeit des Gesetzes (vgl. Röm 10,2-4). So gibt es zwar in der gegenwärtigen Zeit nur „einen Rest, der aus Gnade erwählt ist – aus Gnade, nicht mehr aufgrund von Werken; sonst wäre die Gnade nicht mehr Gnade" (Röm 11,5f). Aber in der eschatologischen Endzeit „wird ganz Israel gerettet werden" (Röm 11,26): „Denn unwiderruflich sind Gnade und Berufung, die Gott gewährt" (Röm 11,29).

Gnadengaben zum Aufbau der Gemeinde

Die konkreten Wirksamkeiten der Gnade Gottes in den christlichen Gemeinden beschreibt Paulus mit dem – von ihm neu geschaffenen – Begriff der *charismata*, der Gnadengaben.Er verwendet für die Gemeinden das Bild vom einen Leib und den vielen Gliedern, um die Vielfalt der Fähigkeiten und Kräfte im Dienst der jeweils einen Gemeinde zu veranschaulichen. Breit wird dieser Vergleich in 1 Kor 12,12-31 durchgeführt. Knapp faßt Paulus im Römerbrief zusammen: „Wir haben unterschiedliche Gaben, je nach der uns verliehenen Gnade. Hat einer die Gabe prophetischer Rede, dann rede er in Übereinstimmung mit dem Glauben; hat einer die Gabe des Dienens, dann diene er. Wer zum Lehren berufen ist, der lehre; wer zum Trösten und Ermahnen berufen ist, der tröste und ermahne. Wer gibt, gebe ohne Hintergedanken; wer Vorsteher ist, setze sich eifrig ein; wer Barmherzigkeit übt, der tue es freudig" (Röm 12,6-8).

Seinen eigenen Aposteldienst versteht Paulus als eine außerordentliche Gnadengabe Gottes. Er weiß, daß ihn Gott „durch seine Gnade berufen hat" (Gal 1,15) und so stellt er sich vor als „Paulus, Knecht Christi Jesu, berufen zum Apostel, auserwählt, das Evangelium Gottes zu verkündigen" (Röm 1,1). Im Vergleich mit Petrus, dem Gott „die Kraft zum Aposteldienst unter den Beschnittenen gegeben hat", sieht sich Paulus durch die besondere Gnade, die ihm verliehen ist, „zum Dienst unter den Heiden" gesandt (Gal 2,8f). Seine Pionierarbeit in der Gemeinde von Korinth deutet er: „Der Gnade Gottes entsprechend, die mir geschenkt wurde, habe ich wie ein guter Baumeister den Grund gelegt" (1Kor 3,10). Mit seinem besonderen Gnadenruf begründet er auch seine Autorität, mit der er gegenüber der Gemeinde in Rom auftritt: „Ich habe euch einen teilweise sehr deutlichen Brief geschrieben. Ich tat es kraft der Gnade, die mir von Gott gegeben ist" (Röm 15,15). Obwohl Paulus deutlich herausstellt, daß er in seinem Aposteldienst schlimmste Strapazen auf sich genommen hat (vgl. 2 Kor 6,4-10), will er dies nicht als persönliches Verdienst werten, sondern als Geschenk der Gnade Gottes: „Durch die Gnade Gottes bin ich, was ich bin, und sein gnädiges Handeln an mir ist nicht ohne Wirkung geblieben. Mehr als sie alle habe ich mich abgemüht – nicht ich, sondern die Gnade Gottes zusammen mit mir" (1 Kor 15,10). Die Zusage Gottes, die Paulus in Stunden der Verzagtheit erfahren hat, gilt für alle Glaubenden: „Meine Gnade genügt dir, denn sie erweist ihre Kraft in der Schwachheit" (2 Kor 12,9).

2.2.3 Das Gnadenverständnis im übrigen neutestamentlichen Schrifttum

Während die Gnade in den Briefen des Paulus einen zentralen und systematisch durchdachten Begriff bildet, findet sich das Wort in der weiteren neutestamentlichen Literatur nur verstreut und wenig reflektiert. Bei den *Synoptikern* kommt der Ausdruck lediglich im Lukas-Evangelium vor. Allerdings verwendet Lukas in der Apostelgeschichte den Begriff häufiger und auch mit einem eigenen Akzent. Die *Deuteropaulinen* (Kolosser- und Epheserbrief) sowie die *Pastoralbriefe* (1. und 2. Timotheusbrief, Titusbrief) bauen an manchen Stellen die Gedankenlinie des Paulus aus. Ansonsten taucht der Begriff der Gnade noch im *Hebräerbrief*, in den *zwei Petrusbriefen* und im *johanneischen* Schrifttum mit einigen bemerkenswerten Eigenheiten auf.

Insgesamt lassen sich gewisse *Grundgemeinsamkeiten* im Gebrauch des Gnadenbegriffs feststellen. *Formal* hat die Gnade Liebes-, Geschichts- und Geschenkcharakter, d.h. in der Gnade schenkt Gott aus Liebe in der Geschichte völlig unverdient das Heil der Menschen. *Inhaltlich* hat die Gnade Gottes soteriologische, ekklesiologische und existentielle Bedeutung. *Soteriologisch* ist die Gnade der Inbegriff des Heils in Person und Werk Jesu Christi. *Ekklesiologisch* zeigt sich die Gnade Gottes als allgemeine Wirkkraft oder als besondere Befähigung einzelner zum Aufbau und Leben der Gemeinde. *Existentiell* schenkt die Gnade Gottes den Glaubenden Sündenvergebung und neues Leben durch die Rechtfertigung sowie die Hoffnung auf das ewige Leben. Schließlich ist die Gnade in der gesamten neutestamentlichen Briefliteratur ein so eingespielter, typisch christlicher Begriff, daß er regelmäßig in *Grußformeln* verwendet wird.

2.2.3.1 Das Gnadenverständnis im lukanischen Werk

Im Lukas-Evangelium wird der Begriff der Gnade zweimal in Beziehung zu Maria und dreimal in Beziehung zu Jesus verwendet. Wenn der Engel in der Verkündigungsszene zu Maria sagt, daß sie eine „Begnadete“ (Lk 1,28) ist und daß sie „bei Gott Gnade gefunden“ (Lk 1,30) hat, kommt zum Ausdruck: Gott wendet sich aus freier Gunst Maria in besonderer Weise zu, indem er sie zu dem einmaligen Heilsdienst auserwählt, seinen Sohn zu empfangen und zu gebären. In der Kindheitsgeschichte wird die Gnade Gottes in zweifacher Hinsicht auf den heranwachsenden Jesusknaben bezogen, nämlich als begleitende Hilfe Gottes bei der Entwicklung des Kindes: „Gottes Gnade ruhte auf ihm“ (Lk 2,40) und als Wohlgefallen Gottes am gelingenden menschlichen Reifungsvorgang des zwölfjährigen Knaben: „Jesus machte Fortschritte in Weisheit und Alter und Gnade bei Gott und Menschen“ (Lk 2,52). Als der erwachsene Jesus erstmals öffentlich in der Synagoge von Nazaret auftritt, verkündet er in rednerischer Kraft und innerer Vollmacht, daß Gott im Wirken seiner Person die eschatologische Heilszeit anbrechen läßt (vgl. Lk 4,16-21). Seine Rede enthält also eine Botschaft des Heils, so daß die Zuhörenden „staunten über die Worte der Gnade, die aus seinem Mund kamen“ (Lk 4,22).

In der Apostelgeschichte setzt Lukas den Begriff der Gnade soteriologisch und ekklesiologisch ein. Wie Petrus (nach Lukas) beim Jerusalemer Konzil zusammenfaßt, ist Gnade der Inbegriff für das universale – von jüdischer Gesetzesbefolgung unabhängige – Geschenk der *Erlösung* durch das Heilswerk Jesu Christi: „Wir glauben, daß wir durch die Gnade Jesu, des Herrn, gerettet werden“ (Apg 15,11). Paulus erklärt (nach Lukas) die Gnade zur Grundbestimmung der christlichen Heilsbotschaft; er weiß sich in seinem Verkündigungsdienst von Jesus gesandt, um den Geschenkcharakter des Heils, um „das Evangelium von der Gnade Gottes zu bezeugen" (Apg 20,24).

Ekklesiologisch sieht Lukas die Gnade zunächst als Befähigung zum missionarischen Wirken. Beispielsweise wirkt Stephanus „voll Gnade und Kraft" (Apg 6,8) in der Jerusalemer Urgemeinde. Ferner gilt die Gnade als die innere, machtvolle Triebkraft zum Aufbau der Gemeinde. So verabschiedet sich Paulus von den Gemeindeleitern aus Ephesus mit dem Wunsch: „Ich vertraue Euch Gott und dem Wort seiner Gnade an, das die Kraft hat, aufzubauen" (Apg 20,32). Schließlich wird die Gnade Gottes als eine Wirkkraft betrachtet, die dauernd zum Heil der Gemeindemitglieder wirksam ist. Einerseits kann aufgrund des aktiven, solidarischen Gemeindelebens in Jerusalem festgestellt werden: „Reiche Gnade ruhte auf ihnen allen" (Apg 4,33). Andererseits sind die Gemeindemitglieder immer wieder zu ermahnen, an der Heilsbotschaft trotz Bedrängnis festzuhalten, „der Gnade Gottes treu zu bleiben" (Apg 13,43; vgl. 11,23; 14,22).

2.2.3.2 Das Gnadenverständnis in den Deuteropaulinen

Während im Kolosserbrief von der Gnade mehr formelhaft die Rede ist (vgl. Kol 1,6; 3,16 und 4,18), spielt im Epheserbrief der Begriff der Gnade eine wichtige Rolle, und zwar im soteriologischen und ekklesiologischen Sinn.

Nach der dichten Passage von Eph 1,3-14 kann als Umschreibung der Gnade formuliert werden: Die Gnade ist Gottes sich erbarmende Liebesmacht, die gemäß einem ewigen Heilsplan alle Menschen durch das Heilswerk Jesu Christi in der Gemeinschaft der Kirche retten will. *Soteriologisch* wird hier der paulinische Begriff der Prädestination, der Vorherbestimmung aufgenommen. Die Vorherbestimmung gehört dabei in den Bereich des Evangeliums, denn sie gründet in der Liebe Gottes und zielt auf das Heil aller Menschen; denn sie legt von Ewigkeit her die positive Heilsordnung fest, daß Jesus Christus durch seinen Tod und seine Auferstehung das Heil für alle Menschen vermitteln wird und daß die Kirche dazu einen hilfreichen Dienst leisten soll. So kann ein Lobpreis auf das wunderbare Geschenk der Gnade angestimmt werden: „Gott hat uns aus Liebe im voraus dazu bestimmt, seine Kinder zu werden durch Jesus Christus und nach seinem gnädigen Willen zu ihm zu gelangen, zum Lob seiner herrlichen Gnade. Er hat sie uns geschenkt in seinem geliebten Sohn; durch sein Blut haben wir die Erlösung, die Vergebung der Sünden nach dem Reichtum seiner Gnade" (Eph 1,5-7).

Der Abschnitt Eph 2,4-10 betont streng paulinisch die Christozentrik und Gnadenhaftigkeit des Heils. Hier wird das rettende Liebeshandeln Gottes in der Auferweckung Jesu Christi herausgestellt: „Gott hat uns, die wir infolge unserer Sünden tot waren, in seiner großen Liebe, mit der er uns geliebt hat, zusammen mit Christus wieder lebendig gemacht" (Eph 2,4f). Sehr deutlich wird auch der Geschenkcharakter des Heils formuliert. „Aus Gnade seid ihr durch den Glauben gerettet, nicht aus eigener Kraft – Gott hat es geschenkt –, nicht aufgrund eurer Werke, damit keiner sich rühmen kann" (Eph 2,8f).

Ekklesiologisch sieht der Verfasser des Briefes die Gnade Gottes am Werk, indem Gott die einzelnen Menschen in die Kirche als Gemeinschaft des Glaubens, der Liebe und der Hoffnung beruft (vgl. Eph 4,2-5). Innerhalb dieser Gemeinschaft erhalten die einzelnen besondere Fähigkeiten, die sie im Dienst der Gemeinde einsetzen sollen: „Jeder von uns empfing die Gnade in dem Maß, wie Christus sie ihm geschenkt hat" (Eph 4,7). Unter den ausdrücklich genannten fünf großen kirchlichen Diensten – Apostel, Propheten, Evangelisten, Lehrer, Hirten – wird das Wirken des Apostels Paulus besonders hervorgehoben. Gemäß „dem Heilsplan der Gnade Gottes" (Eph 3,2) ist dem Paulus der besondere Dienst übertragen, als Missionar das Heilsgeheimnis Jesu Christi den Heiden kundzutun: „Mir, dem Geringsten unter allen Heiligen, wurde diese Gnade geschenkt: Ich soll den Heiden als Evangelium den unergründlichen Reichtum Christi verkündigen" (Eph 3,8).

2.2.3.3 Das Gnadenverständnis in den Pastoralbriefen

In Fortführung paulinischer Grundgedanken setzen die Pastoralbriefe einige kleine Akzente in der Gnadenauffassung. Typisch paulinisch ist der *soteriologische* Grundansatz im 2. Timotheusbrief. Prinzipiell wird die Gnade Gottes als Rettungswerk verstanden, das Gott nach einem ewigen Plan in Jesus Christus durchgeführt hat; die Berufung der einzelnen zum Heil geschieht nicht aufgrund von Leistung, sondern als Geschenk: „Gott hat uns gerettet; mit einem heiligen Ruf hat er uns gerufen, nicht aufgrund unserer Werke, sondern aus eigenem Entschluß und aus Gnade, die uns schon vor ewigen Zeiten in Christus Jesus geschenkt wurde" (2 Tim 1,9).

Speziell zeigen sich kleine Nuancen in der *ekklesiologischen* Anwendung. Bei der Berufung des Apostels Paulus werden als existentielle Gaben Glaube und Liebe genannt: „So übergroß war die Gnade unseres Herrn, der mir in Christus Jesus den Glauben und die Liebe schenkte" (1 Tim 1,14). Ferner ist nicht mehr die Rede von den vielen Gnadengaben in der Gemeinde, sondern nur noch von der Amtsgnade, die Timotheus durch Handauflegung verliehen ist: „Vernachlässige die Gnade nicht, die in dir ist und die dir verliehen wurde, als dir die Ältesten aufgrund prophetischer Worte gemeinsam die Hände auflegten" (1 Tim 4,14; vgl. 2 Tim 1,6).

Im Titusbrief wird die Universalität der Gnade betont, die sich konkret im grenzenlos offenen Heilswerk Jesu Christi geoffenbart hat: „Die Gnade Gottes ist erschienen, um alle Menschen zu retten" (Tit 2,11). Diese rettende Gnade Jesu Christi wirkt im Leben der Glaubenden als eine erzieherische Kraft: „Sie erzieht uns dazu, ... besonnen, gerecht und fromm in dieser Welt zu leben" (Tit 2,12). Ein dicht zusammengefaßtes, kleines Evangelium enthält Tit 3,4-7: Die Gnade Gottes, die in der Person des Retters Jesus Christus sichtbar geworden ist, wird charakterisiert als „die Güte und Menschenfreundlichkeit Gottes" oder als das „Erbarmen" Gottes. Den einzelnen Menschen wird die Gnade Gottes ekklesiologisch durch die Taufe mitgeteilt, die als bleibende Wirkungen schenkt: Wiedergeburt und Erneuerung im Heiligen Geist, Rechtfertigung durch das Heilswerk Jesu Christi und Hoffnung auf das ewige Leben.

2.2.3.4 Das Gnadenverständnis im Hebräerbrief

Der Hebräerbrief sieht die Gnade Gottes im Licht seiner eigentümlichen christologischen und ekklesiologischen Grundperspektive. Danach ist der erhöhte *Jesus*

Christus der Hohepriester, der bei Gott Fürsprache einlegt für das wandernde, in Bedrängnissen lebende Volk Gottes. Grundlegend wird das universale Heilswerk Jesu Christi als Geschenk der Gnade Gottes herausgestellt: „Es war nämlich Gottes gnädiger Wille, daß sein Sohn für alle den Tod erlitt" (Hebr 2,9). Im Hinblick auf Jesus Christus als dem mitleidfähigen Hohenpriester wird das Vertrauen gestärkt, daß er die Gnade Gottes als Vergebung der Sünden und Hilfe in Not vermittelt: „Laßt uns also voll Zuversicht hingehen zum Thron der Gnade, damit wir Erbarmen und Gnade finden und so Hilfe erlangen zur rechten Zeit" (Hebr 4,16).

Ekklesiologisch weist der Hebräerbrief mehrmals auf die Gefahr hin, daß Mitglieder der Gemeinde die Gnade als das in Jesus Christus geschenkte Heil verlieren können. Ein strafendes Gericht Gottes wird denen angedroht, die vom Glauben an den Sohn Gottes abfallen und die „den Geist der Gnade" schmähen (Hebr 10,29). Die Gemeinde wird aufgerufen, verantwortungsbewußt auf die Gemeindemitglieder einzuwirken, die durch ein sündhaftes Leben die Wirksamkeit des Heils für sich und andere gefährden: „Seht zu, daß niemand die Gnade Gottes verscherzt" (Hebr 12,15). Eine weitere Mahnung richtet sich gegen die falsche (wohl von judenchristlicher Seite vertretene) Lehre, wonach das Heil von der gesetzhaften, äußerlichen Einhaltung von Speisevorschriften abhängt; dagegen wird die geschenkhafte, von innen heraus wirksame Kraft der Gnade betont: „Es ist gut, das Herz durch Gnade zu stärken und nicht dadurch, daß man nach Speisevorschriften lebt, die noch keinem genützt haben" (Hebr 13,9).

2.2.3.5 Das Gnadenverständnis in den Petrusbriefen

Der 1. Petrusbrief gebraucht den Begriff der Gnade im Rahmen seiner apokalyptischen Denkart und seines Hauptanliegens, christlichen Gemeinden in Verfolgungssituationen Ermutigung und Hoffnung zuzusprechen. Prinzipiell wird den Mitgliedern der Gemeinden das einzigartige Geschenk bewußt gemacht, daß ihnen durch Glaube und Taufe das Heilswerk Jesu Christi zugutekommt und daß sie damit in das eschatologische Heil aufgenommen sind, das schon die alttestamentlichen Propheten verheißen haben: „Nach diesem Heil haben die Propheten gesucht und geforscht, und sie haben über die Gnade geweissagt, die für euch bestimmt ist" (1 Petr 1,10). So dürfen die Glaubenden zuversichtlich hoffen, daß ihnen bei der Wiederkunft Jesu Christi das ewige Heil zuteil wird: „Setzt eure Hoffnung ganz auf die Gnade, die euch bei der Offenbarung Jesu Christi geschenkt wird" (1 Petr 1,13).

In der Hoffnung auf das ewige Heil sollen dann – so ein spezifischer Gedanke des 1. Petrusbriefes – die Leiden und Prüfungen des Christseins als Gnade verstanden werden. Gnade bedeutet hier in einer Hinsicht das Geschenk der Kraft, die Gott gibt, um im Handeln nach dem Gewissen auch Leid in Kauf zu nehmen: „Es ist eine Gnade, wenn jemand deswegen Kränkungen erträgt und zu Unrecht leidet, weil er sich in seinem Gewissen nach Gott richtet" (1 Petr 2,19). In anderer Hinsicht meint Gnade hier das Wohlgefallen Gottes an der Tapferkeit im Leiden, das von Unschuldigen in der Nachfolge Jesu Christi getragen wird: „Wenn ihr recht handelt und trotzdem Leiden erduldet, das ist eine Gnade in den Augen Gottes. Dazu seid ihr berufen worden; denn auch Christus hat für euch gelitten und euch ein Beispiel gegeben, damit ihr seinen Spuren folgt" (1 Petr 2,20f).

Ekklesiologisch konkretisiert der 1. Petrusbrief den Begriff der Gnade unter zwei Aspekten. Im paulinischen Sinn sieht er die Gnade Gottes in den Gemeinden durch zahlreiche, individuelle Gnadengaben am Werk. So ergeht die Mahnung: „Dient einander als gute Verwalter der vielfältigen Gnade Gottes, jeder mit der Gabe, die er empfangen hat" (1 Petr 4,10). Eine spezifische soziologische Anwendung bringt der 1. Petrusbrief, indem er die Gnade zur Bestimmung des Verhältnisses von Mann und Frau einsetzt. In einer Haustafel wird herausgestellt, daß die Frauen durch die gleiche Teilhabe an der Gnade Gottes die gleiche Grundwürde haben wie die Männer: „Ebenso sollt ihr Männer im Umgang mit euren Frauen rücksichtsvoll sein ...; ehrt sie, denn auch sie sind Erben der Gnade Gottes" (1 Petr 3,7).

Am Schluß des Briefes wird Gott knapp als „Gott der Gnade" charakterisiert. In seiner Güte schenkt Gott die Berufung zur ewigen Herrlichkeit und Durchhaltekraft in der Zeit des Leidens: „Der Gott der Gnade aber, der euch in Christus zu seiner ewigen Herrlichkeit berufen hat, wird euch, die ihr kurze Zeit leiden müßt, wiederaufrichten, stärken, kräftigen und auf festen Grund stellen" (1 Petr 5,10). Die Glaubenden werden ermahnt, „die wahre Gnade Gottes" anzunehmen und „in ihr zu stehen" (1 Petr 5,12). Während hier vom statischen Bleiben in der Gnade Gottes die Rede ist, spricht der Schlußsatz des 2. Petrusbriefes vom dynamischen Wachsen in der Gnade, d.h. im christozentrischen Heil: „Wachset in der Gnade und Erkenntnis unseres Herrn und Retters Jesus Christus" (2 Petr 3,18).

2.2.3.6 Das Gnadenverständnis in den johanneischen Schriften

Das Wort „Gnade" tritt im johanneischen Schrifttum nur selten auf: dreimal im Prolog des Evangeliums und dreimal innerhalb einer Grußformel im 2. Johannesbrief und in der Geheimen Offenbarung. Doch die Grundbedeutung von Gnade als *Liebeswirken Gottes zum Heil der Menschen* kommt in Sachaussagen mit anderer Begrifflichkeit sehr deutlich zum Ausdruck. Der 1. Johannesbrief findet zur treffenden neutestamentlichen Wesensbestimmung Gottes: „Gott ist die Liebe" (1 Joh 4,8.16). Diese Liebe wirkt mit zwei unermeßlich großen Gaben zum Heil der Menschen, nämlich in der Sendung seines Sohnes und in der Sendung seines Geistes. Aus Liebe gibt Gott seinen Sohn hin, um den Menschen die Heilsgabe des ewigen Lebens zu schenken: „Gott hat die Welt so sehr geliebt, daß er seinen einzigen Sohn hingab, damit jeder, der an ihn glaubt, nicht zugrunde geht, sondern das ewige Leben hat" (Joh 3,15; vgl. 1 Joh 4,9).

Aus Liebe schenkt Gott den Menschen Anteil an seinem Geist: „Er hat uns von seinem Geist gegeben" (1 Joh 4,13). Der Geist Gottes aber wirkt zum Heil der Menschen als bleibender Beistand und Wegweiser für die Wahrheit: „Der Vater wird euch einen anderen Beistand geben, der für immer bei euch bleiben soll. Es ist der Geist der Wahrheit" (Joh 14,16f).

Die explizite Verwendung des Begriffs der Gnade, wie sie im Prolog des Johannesevangeliums vorkommt, ist christozentrisch. Die Fülle der Gnade und Wahrheit Gottes leuchtet in der Menschwerdung des Sohnes Gottes auf: „Und das Wort ist Fleisch geworden und hat unter uns gewohnt, und wir haben seine Herrlichkeit gesehen, die Herrlichkeit des einzigen Sohnes vom Vater, voll Gnade und

Wahrheit" (Joh 1,14). Alle, die an den menschgewordenen Sohn Gottes glauben, erhalten Anteil an der Unerschöpflichkeit seines Heilswerkes: „Aus seiner Fülle haben wir alle empfangen, Gnade über Gnade" (Joh 1,16). Den an Jesus Christus Glaubenden ist als Heilsgeschenk die Fülle des Lebens zugesagt: „Ich bin gekommen, damit sie das Leben haben und es in Fülle haben" (Joh 10,10). Für die Kirche bringt Jesus Christus die Ablösung des alttestamentlichen Gesetzes durch die neutestamentliche Lebensordnung der Liebe: „Das Gesetz wurde durch Mose gegeben, die Gnade und Wahrheit kamen durch Jesus Christus" (Joh 1,17).

Beim Gebrauch in der Grußformel von 2 Joh 3 wird Gnade als Oberbegriff verstanden für die Heilsgaben des göttlichen Erbarmens und Friedens: „Gnade wird mit uns sein, Erbarmen und Friede von Gott, dem Vater und Jesus Christus, dem Sohn des Vaters". In Offb 1,4 umfaßt der Begriff der Gnade die Heilszuwendung Gottes in Gegenwart, Vergangenheit und Zukunft: „Gnade sei mit euch und Friede von ihm, der ist und der war und der kommt". Der letzte Satz der Bibel ist ein universaler Gnadenwunsch, d.h. er spricht allen Menschen das in Jesus Christus geschenkte Heil zu: „Die Gnade des Herrn Jesus sei mit allen" (Offb 22,21).

3. Die glaubensgeschichtliche Entfaltung der Gnadenlehre

Die systematische Reflexion des Gnadenbegriffs vollzieht sich im Laufe der Kirchengeschichte in einem gewissen Auf und Ab zwischen der besonderen Betonung und der nur nebensächlichen Beachtung der Wirklichkeit der Gnade. Diese Entwicklung soll in den drei großen Epochen der Patristik, Scholastik und Neuzeit aufgezeigt werden, indem die Positionen repräsentativer Theologen und die einschlägigen lehramtlichen Äußerungen dargestellt werden.

3.1 Gnadenlehre in der Patristik

In der Geschichte der patristischen Theologie ist hinsichtlich der Gnade eine Steigerung zu beobachten, sowohl in der Verwendung als auch in der Reflexion des Begriffs. Während die ersten theologischen Schriftsteller das Wort Gnade nur beiläufig gebrauchen, tritt es bei den frühen Systematikern um 200 häufiger auf, aber ohne ausdrückliche Reflexion. Erst ab dem 4. Jahrhundert beschäftigen sich die Theologen ausführlich und reflektiert mit dem Begriff der Gnade. Die griechische Theologie entwickelt dabei einen spezifischen Grundansatz in der Gnadenauffassung, der dann für immer das ostkirchliche Denken prägt. In der lateinischen Theologie macht Augustinus die Gnade zu einem Zentralbegriff und zum Thema umfangreicher Reflexionen. An seiner Gnadenlehre entzünden sich Streitigkeiten, in deren Verlauf auch das westkirchliche Lehramt Stellung bezieht.

3.1.1 Gnadenverständnis in den Anfängen christlicher Theologie

In der Frühzeit der christlichen Theologie führt der Begriff der Gnade ein Schattendasein. Da die *Apostolischen Väter* und die *Apologeten* voll damit beschäftigt sind, christliche Grundwahrheiten entweder gegen innere Irrlehren oder gegen äußere Angriffe zu verteidigen, wird *Gnade* nur gelegentlich erwähnt. Auch bei den ersten theologischen Systematikern liegt der Schwerpunkt auf zentralen christlichen Themen, so daß die Frage der Gnade nur am Rand auftaucht.

3.1.1.1 Gnadenvorstellung bei Apostolischen Vätern und Apologeten: Klemens, Ignatius, Justin

Unter den Apostolischen Vätern und Apologeten gewinnt die Gnade nur bei Klemens, Ignatius und Justin ein deutliches Profil. Sie verwenden den Begriff der

Gnade zwar nur verstreut, aber sie geben ihm doch inhaltliche Akzente, jeweils verschieden im trinitarischen, christologischen, ekklesiologischen, existentiellen oder intellektuellen Sinn.

Gnadenvorstellung im 1. Klemensbrief (um 96)

Formal verwendet der Brief (nach neutestamentlichem Muster) den Begriff der Gnade in den Rahmenformeln. Eingangs wird der Gemeinde von Korinth „Gnade ... vom allmächtigen Gott durch Jesus Christus in Fülle“[2] zugesprochen. Der Schluß wünscht allen „die Gnade unseres Herrn Jesus Christus“[3] als Lebensbegleitung.

Inhaltlich bezieht sich die Gnade auf das heilsgeschichtliche Wirken des trinitarischen Gottes. So gehört es zum Wesen des göttlichen Vaters, den glaubenden Menschen aus Barmherzigkeit und Wohlwollen guten Gaben zu schenken: „Der allbarmherzige und wohltätige Vater hat ein Herz für die, die ihn fürchten, und spendet freundlich und wohlwollend seine Gnaden“[4]. Ganz dicht werden als „Geschenk Gottes“ aufgezählt: „Leben in Unsterblichkeit, Fröhlichkeit in Gerechtigkeit, Wahrheit in Freimut, Glaube in Zuversicht, Enthaltsamkeit in Heiligung“[5].

Die Lebenshingabe Jesu Christi am Kreuz vermittelt allen Menschen als Heilsangebot die Umkehr: „Um unseres Heiles willen vergossen, brachte das Blut Christi der ganzen Welt die Gnade der Umkehr“[6]. In der praktischen Nachfolge Jesu sollen sich die Getauften, die unter das sanfte „Joch seiner Gnade“[7] gekommen sind, an der Demut Jesu orientieren.

Der Heilige Geist hat schon über die alttestamentlichen Propheten im Sinn der Barmherzigkeit Gottes gewirkt: „Die Diener der Gnade Gottes haben durch den Heiligen Geist über die Umkehr geredet“[8]. In den neutestamentlichen Gemeinden, die im einen Gott und einen Christus zur Einheit gerufen sind, soll aller Streit und Zwist durch den „einen Geist der Gnade“[9] überwunden werden.

Außer dieser heilsgeschichtlichen Wirksamkeit des trinitarischen Gottes meint der Begriff der Gnade im 1. Klemensbrief auch ein besonderes Geschenk, das Gott einzelnen Menschen gewährt. Grundsätzlich „gibt Gott den Demütigen Gnade“[10]. Die Gnade Gottes wirkt dann als innere Kraft. „Durch die Gnade Gottes gestärkt“[11] können beispielsweise die alttestamentlichen Frauen Ester und Judit große Taten für ihr Volk vollbringen. Ferner wirkt die Gnade Gottes in der Liebe der Menschen und führt diejenigen zum endgültigen Heil, „die entsprechend der Gnade Gottes in der Liebe vollendet sind“[12].

---

[2] 1 Clem. Praescr.
[3] Ebd. 65,2.
[4] Ebd. 23,1.
[5] Ebd. 35,1-2.
[6] Ebd. 7,6.
[7] Ebd. 16,17.
[8] Ebd. 8,1
[9] Ebd. 46,6.
[10] Ebd. 30,2.
[11] Ebd. 55,3.
[12] Ebd. 50,3.

Gnadenvorstellung in den Ignatiusbriefen (um 110)

Ignatius von Antiochien gebraucht in seinen Briefen den Begriff der Gnade öfters im üblichen Stil als Gruß- und Abschiedsformeln. Aber inhaltlich setzt er einige besondere Akzente im christologischen, ekklesiologischen und existentiell-ethischen Sinn.

Christologisch begegnet bei Ignatius als feste Redewendung: „Die Gnade Jesu Christi". Grundlegend meint Ignatius damit das gesamte Heilswerk Jesu Christi, vor allem – in Abwehr der doketischen Scheinleiblehre – die Heilsbedeutung des vollen Menschenseins und des wirklichen Todes Jesu Christi[13]. Bei den Glaubenden soll das Vertrauen herrschen, daß die Gnade Jesu Christi von allen inneren Fesseln des Bösen befreit und daß sie Verzeihung der Sünden schenkt[14].

Speziell ausgeprägt ist bei Ignatius die *ekklesiologische* Sicht der Gnade. Die Kirche bildet den Ort der Gnade, im Unterschied zum Judentum als dem Ort des Gesetzes[15]. In der Kirche sollen die Glaubenden „die gegenwärtige Gnade lieben"[16], um so in Jesus Christus zum wahren Leben zu gelangen. Als einheitsstiftende Macht bewirkt die Gnade in der Gemeinde, „daß ihr ... alle im einzelnen in Gnade zusammenkommt in einem Glauben"[17]. Für das Leben in der Gemeinde schenkt die Gnade Gottes die Fülle der Charismen: als jeweils personale Gabe für die einzelnen Gemeindemitglieder[18] oder – das betont Ignatius sehr – als Amtsgnade für den Bischof[19].

Ferner akzentuiert Ignatius, daß die Gnade Gottes Auswirkungen auf den existentiellen Bereich und das ethische Verhalten hat. Die Gnade schenkt Glaube und Liebe als existentielle Grundkräfte, die sich in guten sittlichen Taten äußern[20]. „Der Christ" – Ignatius verwendet explizit diese erstmals in Antiochien aufgekommende Bezeichnung! – soll sich selbst Gott hingeben. Die Durchführung dieser Hingabe vollzieht sich in einem Zusammenwirken zwischen Gott und Mensch, wobei die Gnade Gottes die menschliche Bereitschaft auslöst: „Dieses ist Gottes und euer Werk, wenn ihr es aufführt. Ich vertraue nämlich auf die Gnade, daß ihr bereit seid zu einer guten, gottgefälligen Tat"[21]. Für den Christen, der als „ein Musterbild des Dienstes Gottes" lebt, gilt: „Vergelten wird es ihm die Gnade in jeder Hinsicht"[22].

Gnadenvorstellung bei Justin († um 165)

Justin, der Philosoph und Märtyrer, verteidigt als Apologet das Christentum als die wahre Philosophie, als die Lehre der vollen Wahrheit. So sieht er auch die Gnade vorwiegend unter der *erkenntnismäßigen* Perspektive.

---

13 Vgl. Ignatius, Smyrn. 1-4.
14 Vgl. Ignatius, Philad. 8,1; 11,1.
15 Vgl. Ignatius, Magn. 8,1.
16 Ign., Eph. 11,1.
17 Ign., Eph. 20,2.
18 Vgl. Ignatius, Smyrn. praescr.
19 Vgl. Ignatius, Polyc. 1,2; 2,2.
20 Vgl. Eph. 14,1 und 2.
21 Ignatius, Polyc. 7,3.
22 Ignatius Smyrn. 12,1.

In diesem kognitiven Sinn vertritt Justin grundlegend einen *sehr weiten Begriff* von Gnade. Er geht davon aus, daß Gott die ewige Vernunft, der ewige Logos ist und daß dieser ewige Logos in Jesus Christus Mensch geworden ist. Da nun von Gott „dem gesamten Menschengeschlecht ein Keim des Logos eingepflanzt ist“[23] und da Christus „der Logos ist, der jedem innewohnt“[24], läßt sich sagen: „Die Menschen, die der Vernunft gemäß gelebt haben, sind Christen“[25], wie etwa die griechischen Philosophen Heraklit und Sokrates. So wird ihnen auch durch Christus das eschatologische Heil geschenkt: „Wer das, was allgemein, von Natur und ewig gut ist, tat, ist Gott wohlgefällig und wird deshalb durch unseren Christus wie die früheren Gerechten, wie Noach, Henoch und Jakob gerettet“[26].

Aber Justin entfaltet auch, vor allem in „Dialog mit dem Juden Tryphon“, einen *speziell christlichen Begriff* von Gnade. Mit der Menschwerdung des ewigen Logos ist eine neue Wirklichkeit der Gnade, nämlich die „Gnade Christi“[27] in die Welt gekommen. Der Zugang zu dieser Gnade Christi wird den einzelnen Menschen durch die Taufe gewährt[28]. So unterscheiden sich die Christen wesentlich von den Juden: Auf die Christen ist „die von Gott kommende Gnade übertragen worden“[29]; die Christen sind „durch die Gnade Christi weise geworden“[30]; dadurch haben sie die „große Gnade von Gott erhalten, ... die Worte und Taten der Propheten zu verstehen“[31]; damit können sie „aus der Schrift durch Christi Gnade wissen“, was geoffenbart ist[32]. In der Praxis erhalten die Christen von Christus „die Gnade, das zu sein, was sie sind: fromm, gerecht, menschenfreundlich“[33].

Im *ekklesiologischen Sinn* versteht Justin unter Gnade grundlegend die Gabe Gottes an die Christen, daß sie gegenüber den Juden „wahre Kinder Gottes“[34] und so der „Anfang eines zweiten Geschlechts“[35] sind. Der Glaube der Christen gründet im Zeugnis von „Männern, die voll des göttlichen Geistes waren und von Kraft und Gnade strotzten“[36]. Näher gemeint sind damit „die zwölf Apostel, ... durch deren Worte sich die ganze Erde anfüllte mit der Herrlichkeit und Gnade Gottes und seines Christus“[37]. Den einzelnen Glaubenden schenkt Christus persönliche Gaben des Geistes Gottes: „Bei uns kann man Frauen und Männer sehen, die vom Geiste Gottes Charismen empfangen haben“[38].

---

[23] Justin, 2 apol. II, 8,1.
[24] Justin, 2 apol. II, 10,8.
[25] Justin, 1 apol. I, 46.
[26] Justin, dial. 45.
[27] Ebd. 32,5.
[28] Vgl. ebd. 14,1; 116,1.
[29] Ebd. 78,11.
[30] Ebd. 32,5.
[31] Ebd. 92,1.
[32] Ebd. 100,2.
[33] Ebd. 136,3.
[34] Ebd. 123,9.
[35] Ebd. 138,2.
[36] Ebd. 9,1.
[37] Ebd. 42,1.
[38] Ebd. 88,1.

3.1.1.2 Gnadenauffassung bei frühen systematischen Theologen: Irenäus, Origenes, Tertullian

In den Anfängen der systematischen Theologie, die sich am Ende des zweiten und im Laufe des dritten Jahrhunderts herausbildet, spielt die Gnade keine zentrale Rolle. Aber der Begriff der Gnade erhält bereits ausgeprägte Konturen, besonders bei den großen Repräsentanten: bei Irenäus und Origenes im griechischen, bei Tertullian im lateinischen Sprachbereich. Im Hintergrund der Reflexionen wirkt sehr bestimmend die Auseinandersetzung mit weitverbreiteten gnostischen Lehren; es sollen dualistische und spiritualistische Vorstellungen, wie sie sich bei Basilides (†130), Valentinos (†140) und Markion (†160) finden, überwunden werden.

Die heilsgeschichtliche Gnadenauffassung des Irenäus (†um 202)

Bei Irenäus, dem ersten großen systematischen Theologen, ist das Gnadenverständnis eingebettet in sein geschichtstheologisches Konzept der *oikonomia*, der geschichtlichen Heilsordnung. Diesen Entwurf entfaltet er in seinem Hauptwerk „Gegen die Häresien", wo er vor allem gegen den Dualismus und Spiritualismus gnostischer Lehren angeht. Die Gnade Gottes tritt nach Irenäus in den heilsgeschichtlichen Werken des trinitarischen Gottes zutage und sie zeigt sich in den heilsgeschichtlichen Phasen der Menschheit.

(1) In der *geschichtlichen Heilsordnung* wirkt der trinitarische Gott als Vater, Sohn und Geist in je eigener Weise. Der Vater ruft als Schöpfer aus Gnade die gesamte Welt ins Dasein[39]. In seiner immer wirksamen Güte schenkt der Schöpfer den Menschen stets neu Gutes: „Gott spendet Wohltaten, der Mensch empfängt sie ... Gott hört niemals auf, wohlzutun und den Menschen zu bereichern, und der Mensch hört nicht auf, Wohltaten von Gott zu empfangen und sich von ihm bereichern zu lassen"[40].

Der Sohn Gottes „verteilt die Gnaden des Vaters"[41] in der Heilsgeschichte. Durch seine Menschwerdung bringt der Sohn den Menschen die Erlösung als Geschenk: „Nicht aus uns, sondern aus Gott ist das Gut unseres Heils"[42]. Die Erlösung wird also bewirkt durch „die Gnade unseres Herrn Jesus Christus"[43]. Gegenüber der Gnade, die Gott bereits im Alten Testament geschenkt hat, kommt durch den Erlöser Jesus Christus ein Zuwachs der Gnade: Der Herr „erteilt durch seine Ankunft den späteren eine größere Vermehrung der Gnade als im Alten Testament", d.h. „seine Ankunft brachte reichere Gnade und größere Gaben denen, die ihn aufnahmen"[44]. Letztlich geht es bei der Menschwerdung des Sohnes Gottes in der Fülle der Zeit um eine gnadenhafte Erfüllung und Wiederherstellung, um eine Rekapitulation der oikonomia: „Der

39 Vgl. Irenäus, haer. II, 34,3.
40 Ebd. IV, 11,2.
41 Ebd. IV, 20,7.
42 Ebd. III, 20,3.
43 Ebd. III, 20,3.
44 Ebd. IV, 11,3 und 4; vgl. IV, 36,4.

Herr kam zu seinem verlorenen Schaf und rekapitulierte eine so große Heilsordnung"[45].

Auch der Geist Gottes wirkt in der gesamten Heilsgeschichte. Bereits im Volk Israel ist der Heilige Geist als siebenfältiges Gnadengeschenk wirksam[46]. Denselben Geist sendet der erhöhte Jesus Christus seiner Kirche als bleibende Gabe: „Wo die Kirche ist, da ist auch der Geist Gottes; und wo der Geist Gottes ist, dort ist die Kirche und alle Gnade"[47]. In den einzelnen Glaubenden nimmt der Geist Gottes bei der Taufe Wohnung und schenkt ihnen eine anfanghafte Liebesgemeinschaft mit Gott; nach der Auferstehung wird „die gesamte Gnade des Geistes" die Vollendung herbeiführen: „Sie wird uns ähnlich mit Gott machen und vollenden nach dem Willen des Vaters"[48].

(2) In seiner heilsgeschichtlichen Anthropologie setzt Irenäus *verschiedene Phasen der Wirksamkeit der Gnade* Gottes an. Grundsätzlich gilt: „Die gesamte Heilsordnung hinsichtlich des Menschen vollzog sich nach dem Wohlgefallen des Vaters"[49]. Die Geschichte der Menschheit beginnt mit dem großen Gnadengeschenk der Gottabbildlichkeit: Der ganze Mensch als innere Einheit von Leib, Seele und Geist „wurde nach dem Bild (*eikon*) und nach der Ähnlichkeit (*homoiosis*) Gottes geschaffen"[50]. Im Sündenfall verliert der Mensch die Ähnlichkeit (*homoiosis*) Gottes und das ewige Leben; er gerät in die Gefangenschaft der Sünde. Schon dem gefallenen Adam, der Reue zeigt, „schenkt Gott seine Gnade", indem er sich weiterhin fürsorglich um ihn kümmert[51].

In der Fülle der Zeit bringt die Menschwerdung des Sohnes Gottes ein großangelegtes Heilswerk. Um die Menschen zu erlösen, erschien in der Person Jesu Christi „Gott, der dem Menschen zu Hilfe kam und ihn in seine Freiheit wieder einsetzte"[52] Der menschgewordene Sohn Gottes stellt die ursprüngliche, volle Gottabbildlichkeit des Menschen wieder her: „Als das Wort Gottes Fleisch geworden war, befestigte es beides: Es zeigte das wahre Bild, indem es das wurde, was sein Bild war; und es stellte die Ähnlichkeit sicher, indem es den Menschen dem unsichtbaren Vater durch das sichtbare Wort ähnlich machte"[53]. Hier legt Irenäus den Grund für das ostkirchliche Gnadenaxiom der *theiosis*, der Vergöttlichung, genauer der Gottverähnlichung des Menschen: Gott ist Mensch geworden, damit der Mensch Gott ähnlich werde[54]. Schließlich kommt die Gnade Gottes im Geschenk des ewigen Lebens zum Ausdruck: Da „Gottes Ruhm der lebendige Mensch ist"[55], „schenkt der Vater aller in Ewigkeit Fortdauer denen, die gerettet werden"[56].

---

[45] Ebd. III, 23,1.
[46] Ebd. vgl. III, 17,3.
[47] Ebd. III, 24,1.
[48] Ebd. V, 8,1.
[49] Ebd. III, 23,1.
[50] Ebd. V, 6,1. Vgl. auch in diesem Werk Bd. I: Theologische Anthropologie 3.11.1.
[51] Ebd. III, 23,5.
[52] Ebd. III, 23,2.
[53] Ebd. V, 16,2.
[54] Ebd. vgl. II, 19,1.
[55] Ebd. IV, 20,7.
[56] Ebd. II, 34,3.

Gnadenauffassung bei Origenes (†254)

Origenes, der mit seinem Hauptwerk „Vier Bücher von den Prinzipien" die älteste christliche Dogmatik erstellt hat, entwickelt im Hinblick auf die Gnade zwei Hauptperspektiven. Grundlegend ist Gnade für ihn das wohltätige Wirken des trinitarischen Gottes, wobei der Heilige Geist in einem engeren Sinn Heilswirksamkeit ausübt. Konkret reflektiert Origenes erstmals in der Theologiegeschichte sehr ausdrücklich das Verhältnis von göttlicher Gnade und menschlicher Freiheit im Heilsgeschehen.

(1) In seinem *trinitarischen Grundansatz* ist Gnade bei Origenes die Teilhabe der Menschen am wohltätigen Wirken des Vaters, des Sohnes und des Heiligen Geistes. Dabei trifft Origenes die Unterscheidung zwischen einer universalen Schöpfungsgnade von Vater und Sohn sowie einer speziellen Heilsgnade des Heiligen Geistes: „Es erstreckt sich das Wirken der Macht Gott Vaters und des Sohnes ohne Unterschied auf die ganze Schöpfung; am Heiligen Geist aber haben nur die Heiligen teil"[57]. Als jeweils besondere Gabe schenkt der Vater das Sein, der Sohn als Logos das Vernünftig-Sein und der Heilige Geist das Heilig-Sein: „Es gibt zunächst eine besondere Wirksamkeit Gott Vaters, durch die er allem das natürliche Sein verleiht. Es gibt dann auch eine besondere Dienstleistung des Herrn Jesus für die, denen er die natürliche Vernunft verleiht. Dann gibt es noch die Gnade des Heiligen Geistes, die den Würdigen verliehen wird"[58].

Damit vertritt Origenes eine Gnade im weiten Sinn, insofern sich „das wohltätige Wirken des Vaters und des Sohnes auf Gute und Böse, auf Gerechte und Ungerechte erstreckt"[59] und eine Gnade im engen Sinn, insofern der Heilige Geist „allein in denen wirkt, die sich bereits zum Besseren bekehrt haben"[60].

Nach Origenes erhalten „die neue Gnade des Heiligen Geistes" nur diejenigen, denen „nach der erneuernden Gnade der Taufe der Heilige Geist verliehen wurde"[61]. Näherhin wirkt die Gnade des Heiligen Geistes als innere Kraft im ethischen und als inneres Licht im intellektuellen Bereich der Christen. Ethisch schenkt der Heilige Geist die Fähigkeit zu einem guten Leben, und zwar als „eine heiligende Kraft, an der alle Anteil haben, die es verdient haben, durch seine Gnade geheiligt zu werden"[62]. Intellektuell hilft der Heilige Geist, wie Origenes häufig in seinen Kommentaren zu neutestamentlichen Schriften betont, als Erleuchtung bei der Auslegung der biblischen Offenbarungstexte. So schenkt der Heilige Geist einzelnen in der Kirche die Charismen, die Gnadengaben der Weisheit und der Erkenntnis zur Schriftauslegung; d.h. es gibt Mitglieder, „die hervorragender Geistesgaben gewürdigt sind und vor allem die Gabe der Rede, der Weisheit und der Erkenntnis durch den heiligen Geist selbst empfangen haben"[63].

---

57 Origenes, princ I, 3,7.
58 Ebd. I, 3,7.
59 Ebd. I, 3,7.
60 Ebd. I, 3,5.
61 Ebd. I, 3,7.
62 Ebd. I, 1,3.
63 Ebd. I Praef 3.

(2) Sehr ausführlich behandelt Origenes in seinem Werk ‚De principiis' das Problem der *Beziehung zwischen Gnade und Freiheit*. Er geht davon aus, daß die Menschen einen freien Willen besitzen, der ihnen die Macht gibt, das Gute oder das Böse zu tun. Für die Beziehung zwischen menschlicher Freiheit und göttlicher Gnade im Heilsprozeß bedeutet dies, daß die Gnade als begleitende Hilfe beim freien Handeln des Menschen mitwirkt.

Für Origenes stehen Tatsache und Leistung des freien Willens (*exusion*) eindeutig fest. Er verteidigt das Faktum der Entscheidungsfreiheit der Menschen gegenüber dem Determinismus gnostischer und astrologischer Art. Die Willensfreiheit der Menschen ist „eine Frage von höchster Wichtigkeit"[64], weil nur unter der Voraussetzung des freien Willens die biblische Botschaft von Geboten, Sünde und Gericht sinnvoll ist. Die grundsätzliche Leistung des freien Willens besteht darin, daß es „in unserer Macht liegt, die Gebote zu halten und gerettet zu werden oder sie zu übertreten und verlorenzugehen"[65]. Darum müssen wir uns bewähren als „Menschen freien Willens, die selbst Ursache ihres Untergangs und ihrer Rettung sind"[66].

Wie verhält sich nun das Wirken der Gnade Gottes zum menschlichen Handeln? Gegenüber der Position, „daß es nicht unser Werk ist, wenn wir tugendgemäß leben, sondern ganz und gar Gottes Gnade"[67], antwortet Origenes in zwei Grundschritten. Als Ausgangspunkt vertritt er dezidiert, daß der Vollzug des guten Handelns *von den Menschen* selbst ausgeht. Es gilt, „daß es unsere eigene Leistung ist, gut zu leben, und daß Gott dies von uns fordert als etwas, das nicht von ihm ist, ... sondern als unser eigenes Werk"[68]. Im konsequenten zweiten Schritt bestimmt Origenes die Funktion der Gnade beim Heilsprozeß. Erstens *gibt Gott* gnadenhaft die Grundkräfte für das Handeln der Menschen: „Wir haben das Allgemeine, die Bewegung von Gott erhalten, und wir selbst gebrauchen diese Bewegung zum Schlechten oder zum Guten. Ebenso haben wir von Gott das Vollenden erhalten und auch das Wollen vom Schöpfer bekommen, aber wir selbst gebrauchen das Wollen entweder zum Besten oder zum Gegenteil, und ebenso das Vollenden"[69]. Zweitens wirkt die Gnade als notwendige Hilfe bei der *Vollendung des Guten* mit. Der menschliche Wille „reicht allein für sich nicht aus, um das Gute zu vollbringen, denn zu jeglicher Vollendung wird er durch göttliche Hilfe geführt"[70]. So wird das Vollbringen „nicht von uns zu Ende geführt, sondern Gott wirkt das meiste dabei", d.h. „der Beitrag Gottes ist unendlich viel größer als der, der von uns kommt"[71]. Zusammenfassend gilt demnach für Origenes: Bei den konkreten guten Handlungen ist die Gnade nicht die vorausgehende Anstoßkraft, sondern sie wirkt nachfolgend mit als begleitende und vollendende Hilfe.

---

[64] Ebd. III, 1,1.
[65] Ebd. III, 1,7.
[66] Ebd. III, 1,6.
[67] Ebd. III, 1,15.
[68] Ebd. III, 1,6.
[69] Ebd. III, 1,20.
[70] Ebd. III, 2,2.
[71] Ebd. III, 1,19.

Gnadenauffassung bei Tertullian (†220)

Unter den lateinischen Theologen des dritten Jahrhunderts ist Tertullian der erste strenge und sehr geschichtswirksame Systematiker. In seinen zahlreichen Schriften kommt der Begriff der Gnade nur verstreut vor und wird in einem vielfältigen Sinn gebraucht. Hauptsächlich bewegt sich die Bedeutung von Gnade im heilsgeschichtlichen, sakramentalen und soteriologischen Bereich.

(1) Die Gnade Gottes zeigt sich nach Tertullian grundlegend im *heilsgeschichtlichen Wirken* von Vater, Sohn und Geist. Der Vater hat schon dem gefallenen Adam durch Verzeihung die Gnade der Barmherzigkeit gewährt[72]. Er hat dann das Volk Israel „aus Gnade zu den dem Samen Abrahams gegebenen Verheißungen berufen" und es „mit vielen Spenden seiner Güte begünstigt"[73]. Durch das Kommen Jesu Christi „wurde die Gnade Gottes den Menschen reichlicher zuteil"[74], denn „Christus gesellte dem Gesetz die Gnade hinzu"[75]. Konkret hat Jesus „die Gnade des Evangeliums"[76] gebracht und damit das zweite Volk Gottes, die Kirche, in das Land der Verheißung geführt, d.h. in den Besitz des ewigen Lebens[77]. An Pfingsten wurde den Jüngern „die Gnade des Heiligen Geistes mitgeteilt"[78]. Der Heilige Geist schenkt den Glaubenden „die Kraft der geistlichen Gnade, die zur Erkenntnis Christi führt"[79]. Der Christ hat die Aufgabe, „ein Frohbotschafter der Güter, d.h. der Gnade Gottes zu sein"[80].

(2) Sehr ausgeprägt ist bei Tertullian die *Verbindung der Gnade mit den Sakramenten* der Taufe und der Buße. Als „Bad der Wiedergeburt" bringt die Taufe „vom Herrn die Schätze der Gnade und die Erteilung der Geistesgaben"[81]. Grundlegend „wird der Mensch wiederhergestellt für Gott nach der Ähnlichkeit dessen, der ursprünglich nach dem Ebenbild Gottes gewesen war"[82]. Konkret schenkt Christus, der „das Sakrament des menschlichen Heils ist"[83], als Gnadenwirkungen der Taufe: Vergebung der Schuld, geistige Heilung, Befreiung für das ewige Leben[84].

Tertullian sieht einen inneren Zusammenhang zwischen der Bedeutung der Taufe und dem Gebrauch des Wassers als Zeichen bei der Taufe. Das Element des Wassers ist für den religiösen Gebrauch besonders geeignet, weil es schon in der Natur „Privilegien der Gnade" hat[85]. Eine nähere Beobachtung zeigt ja, „was das Wasser für eine große Wirksamkeit und Gnade hat, zu wievielen Künsten, zu wie-

[72] Vgl. Tertullian, paenit. 2.
[73] Ebd.
[74] Tertullian, bapt. 5.
[75] Tertullian, patient. 6.
[76] Tertullian, adv. Marc. III, 16.
[77] Ebd.
[78] Tertullian, bapt. 19.
[79] Tertullian, adv. Marc III, 14.
[80] Ebd.
[81] Tertullian, bapt. 20.
[82] Ebd. 5.
[83] Tertullian, adv. Marc. II, 27.
[84] Tertullian, bapt. 1 u. 5.
[85] Ebd. 9.

vielen Diensten es gebraucht wird, welche Hilfe es der Welt leistet“[86]. So ist es innerlich konsequent, daß „Gott der Materie, die er zu allen Dingen und bei allen seinen Werken verwendete, auch im Bereich seiner heiligen Geheimnisse eine zeugende Kraft verliehen hat“[87].

Sehr ausführlich beschäftigt sich Tertullian mit der Gnade der Sündenvergebung. Entsprechend der damaligen kirchlichen Praxis, daß nach der Taufe nur noch eine einmalige sakramentale Wiederversöhnung möglich war, sind für Tertullian Taufe und Buße „die beiden rettenden Planken zum Heil der Menschen“[88]. Den Ausgangspunkt bildet die Sündenvergebung bei der – von Tertullian besonders befürworteten[89] – Erwachsenentaufe. Dabei wirkt die Gnade Gottes in verschiedenen Phasen mit dem Bemühen der Menschen zusammen. Zunächst lädt Gott ein zur Umkehr: „Die Bekehrung, wenn sie uns einmal durch die Gnade Gottes gewiesen und angezeigt ist, ruft uns zum Herrn in seine Gnade“[90]. Der Sünder muß durch Reue einen Beitrag leisten, d.h. er „muß vor Erlangung der Verzeihung seinen Zustand beweinen“[91]. Damit gilt: „Den Täuflingen ist die göttliche Wohltat, nämlich die Tilgung der Sünden in jedem Fall gesichert, aber man muß sich, um dahin zu gelangen, „Mühe geben“[92]. Nach der Vergebung der Sünden besteht für die Getauften die Aufgabe, „in der Bewahrung der göttlichen Gnade zu verharren“[93].

Falls nach der Taufe nochmals der Fall in eine schwere Schuld erfolgt, kann von der Kirche aus ein zweites Mal die Vergebung zugesprochen werden, wenn eine entsprechende Umkehr und Reue gezeigt wird. Diese zweite Vergebung ist ein besonderes Geschenk der Gnade Gottes: „Du hast verloren, was du empfangen hattest. Wenn dich die Nachsicht Gottes instand setzt, wieder zu erstatten, was du verloren hattest, so sei für diese wiederholte, noch mehr aber für diese verstärkte Wohltat dankbar“[94].

(3) Im *soteriologischen Gnadenverständnis* geht Tertullian von der Annahme aus: „Gottes höchster Wunsch ist das Heil derer, die er zu Kindern angenommen hat“[95]. Das Heil vollzieht sich nach Tertullian in einem Wechselspiel zwischen göttlicher Gnade und menschlicher Freiheit.

Die Gnade *geht allem guten Handeln des Menschen voraus*. Zunächst schenkt „die Gnade göttlicher Eingebung“[96] die Erkenntnis der rechten Verhaltensweise. Dann wirkt die Gnade als innere Kraft und Hilfe. Diese Wirkung kann und soll im Gebet erfleht werden, besonders auch in Situationen des Leids. Im Gebet „wird das Gefühl des Leidens nicht durch eine von außen kommende Gnade abgewendet,

[86] Ebd. 3.
[87] Ebd.
[88] Tertullian, paenit. 12.
[89] Vgl. bapt. 18.
[90] Tertullian, paenit. 5.
[91] Ebd. 6.
[92] Ebd.
[93] Ebd. 4.
[94] Ebd. 7.
[95] Tertullian, or 4.
[96] Tertullian, patient. 1.

wohl aber rüstet das Gebet leidende, fühlende und Schmerz empfindende Wesen mit der Kraft zu dulden aus. Es vermehrt die Gnade durch Verleihung der inneren Kraft"[97]. Auch bei der Bekehrung des Menschen geht ein göttliches Wirken voraus: „Die herablassende Gnade Gottes schickt ihre Vorzeichen und Vorbereitungen voraus"[98].

Andererseits betont Tertullian sehr die *menschliche Willensfreiheit*. Er versteht sie als ein Grundgeschenk, das der Schöpfer dem Menschen als seinem Abbild für immer gegeben hat: „Der Mensch ist von Gott mit Freiheit seiner Entscheidung und seiner Kraft geschaffen, wobei nichts deutlicher das Bild und Gleichnis Gottes in ihm darstellt"[99]. Damit „ist dem Menschen die volle Wahlfreiheit nach beiden Seiten gewährt, so daß er dauernd der Herr seiner selbst ist, indem er sowohl freiwillig das Gute tut als auch freiwillig das Böse meidet"[100]. Gott läßt diese von ihm selbst geschenkte Freiheit dem Menschen auch voll ausüben. „Wenn er nämlich dazwischenträte, würde er die Wahlfreiheit aufheben, die er selbst aus Überlegung und Güte zugelassen hat"[101].

3.1.2 Bleibende Gnadenanschauung ostkirchlicher Theologie

Die ostkirchliche Gnadenauffassung, wie sie bei Irenäus und Origenes grundgelegt ist, erhält bei Athanasius neue, prägende Schwerpunkte. Vor allem arbeitet Athanasius – im Streit mit den Arianern über das wahre Gottsein Jesu Christi – die Unterscheidung zwischen Natur und Gnade heraus. Nach Athanasius treten in der ostkirchlichen Gnadenvorstellung keine wesentlichen Änderungen mehr auf. So soll im Anschluß an die Darstellung der Position des Athanasius noch ein kurzer Überblick gegeben werden über die bleibenden Grundakzente ostkirchlicher Gnadenanschauung.

3.1.2.1 Ausprägung der Gnadenanschauung bei Athanasius

Die Menschenliebe Gottes ist nach Athanasius das Grundmotiv, das alles gnadenhafte Handeln Gottes zum Heil der Menschen antreibt. Die Gnade Gottes zeigt sich sowohl in der Schöpfung als auch in der Erlösung der Menschen. Dabei ist Gott in der Heilsgeschichte trinitarisch am Werk: Der Vater wirkt durch die universale Gnade des Sohnes und der Sohn wirkt durch die spezielle Gnade des Geistes.

Die Gnade des Sohnes

In seiner Auseinandersetzung mit den Arianern, die in Jesus Christus nur ein höchstes Geschöpf Gottes sehen, betont Athanasius die Gottgleichheit Jesu Chri-

[97] Tertullian, or. 29.
[98] Tertullian, bapt. 18.
[99] Tertullian, adv. Marc. II,5.
[100] Ebd. II,6.
[101] Ebd. II,7.

sti als Sohn Gottes. Infolge der unteilbaren Einheit des Sohnes mit dem Vater „kann die Gnade, die der Vater verleiht, nur im Sohn gespendet werden"[102]. So vermittelt der Sohn Gottes als ewiges Wort und als menschgewordenes Wort alle Gnade an die Menschen: „Als Wort teilt er die Gaben vom Vater aus"[103]. Die Hauptgeschenke, die der Sohn Gottes den Menschen mitteilt, sind: die ewige Erwählung zur Gotteskindschaft, die Gabe der Gottebenbildlichkeit bei der Schöpfung, die Wiederherstellung der Gottebenbildlichkeit im Werk der Erlösung.

Das Geschenk der ewigen Erwählung bedeutet nach Athanasius: Der seit Ewigkeit mit dem Vater gottgleich existierende Sohn hat „uns für die Gotteskindschaft vorherbestimmt, ehe Menschen geschaffen wurden"; der Sohn Gottes hat vor der Zeit „um unsretwillen die Heilsordnung übernommen"; so wurde „in Christus die uns zukommende Gnade hinterlegt"; so wurde von jeher festgelegt, daß wir „an seinem Leben und seiner Gnade teilnehmen"; so wurde „uns vor der Zeit in Christus die Hoffnung des Lebens und der Rettung bereitet"[104].

Bei der Schöpfung, die Gott durch das ewige Wort vollzogen hat, wurde den Menschen eine vielfältige Ursprungsgnade geschenkt: Gott „machte die Menschen nach seinem Bild und teilte ihnen von der Kraft seines eigenen Logos mit", womit auch „die doppelte Wahlfreiheit der Menschen" gegeben wurde; zugleich erhielten die Menschen, solange sie „die Gnade bewahrten" als zusätzliche Urstandsgaben „im Paradies ein Leben ohne Kummer, Schmerzen und Sorgen" sowie die Befreiung von „der natürlichen Verwesung im Tod"[105].

Gott hatte den Menschen am Anfang „durch die Gnade des Wortes ein gottgleiches Leben verliehen"[106]; aber die Menschen haben durch den Sündenfall nicht nur die Sondergabe des ewigen Lebens, sondern auch die Gnade der Gottebenbildlichkeit verloren. Die Menschen waren so „nach geschehener Sünde dem natürlichen Tod preisgegeben und der Gnade ihrer Gottebenbildlichkeit verlustig gegangen"[107].

Doch Gott wollte in seiner Güte die gefallenen Menschen nicht dem Verderben überlassen, sondern er ließ seinen Sohn Mensch werden, um bei den Menschen eine Wiederherstellung der Gottebenbildlichkeit herbeizuführen. „Deshalb kam das Wort persönlich zu uns, um als Bild des Vaters den ebenbildlich erschaffenen Menschen wiederherzustellen"[108]. Durch die Menschwerdung des Sohnes Gottes „ist das Menschengeschlecht vervollkommnet worden und es wurde wieder so hergestellt, wie es auch im Anfang gewesen war oder vielmehr mit noch größerer Gnade"[109].

Die noch größere Gnade ergab sich dadurch, daß der Sohn Gottes durch seine Menschwerdung das Menschsein in die Gottheit hineingenommen und damit die Menschen prinzipiell vergöttlicht hat. Indem der Sohn Gottes „selbst Mensch ge-

[102] Athanasius, Ar. 2,41.
[103] Ebd. 1,45.
[104] Ebd. 2,76.
[105] Athanasius, incarn. 3.
[106] Ebd. 5.
[107] Ebd. 7.
[108] Ebd. 13.
[109] Athanasius, Ar. 2,67.

worden ist, vergöttlichte er die Menschen"[110]. Aber diese Vergöttlichung der Menschen bedeutet auf keinen Fall eine Gottgleichheit der Menschen. Allein Jesus Christus ist der Natur nach (*kata physin*) der gottgleiche Sohn Gottes, die Menschen sind nur der Gnade nach (*kata charin*) Kinder Gottes. „Wenngleich wir irdischen Menschen Götter genannt werden", sind wir das nicht der Natur nach, „sondern nach der Gnade dessen, der uns berufen hat"; d.h. wir sind „auf dem Weg der Adoption und der Gnade Kinder Gottes"[111].

Konkret wirkte sich die Menschwerdung des Sohnes Gottes in der Gnade der Auferstehung aus. Der Sohn Gottes nahm einen sterblichen menschlichen Leib an, brachte ihn stellvertretend mit der Opferung des eigenen Lebens dem Vater dar und erhob ihn mit der Auferstehung zum ewigen Leben. So „wollte er die Menschen, die in die Verweslichkeit zurückgefallen waren, wieder zur Unverweslichkeit erheben und sie vom Tode zu neuem Leben erwecken, indem er durch die Aneignung des Leibes und die Gnade der Auferstehung den Tod in ihnen wie eine Stoppel im Feuer vernichtete"[112]. So fand „für alle das Verderben in der Gnade der Auferstehung ein Ende"[113].

Die Gnade des Geistes

Nach Athanasius sind das Heilswirken des Sohnes und des Geistes aufs engste miteinander verbunden. Darum werden die großen Gaben des Sohnes, nämlich die Gotteskindschaft und die Vergöttlichung der Menschen, durch den Geist vermittelt. Grundlegend ist der Sohn „der Spender des Geistes"[114]. Konkret wirkt dann der Geist die gnadenhafte Teilnahme aller am Sohn Gottes: „Am Sohn selbst nimmt alles Anteil gemäß der von ihm stammenden Gnade des Geistes"[115].

Der Geist Gottes sorgt für die Verwirklichung der Gotteskindschaft. Er schenkt die seinsmäßige Gnade der Gotteskindschaft: „Die Menschen werden, indem sie den Geist des Sohnes empfangen, durch ihn zu Kindern Gottes"[116]. Praktisch ermutigt der Geist die Glaubenden, Gott im Gebet als Vater anzureden: „Wir, die wir von Natur aus Knechte sind und den Geist des Sohnes empfangen haben, gewinnen den Mut, den der Gnade nach Vater zu nennen, den wir von Natur aus zu unserem Herrn haben"[117].

Prinzipiell schenkt der Geist Gottes die Einwohnung Gottes im Menschen und die lebendige Beziehung zwischen Gott und den Menschen. Indem der Geist Gottes in den Glaubenden weilt, sind sie in Gott und Gott ist in ihnen: „Wir sind also wegen der uns gewährten Gnade des Geistes in ihm und er in uns"[118]. Der Geist Gottes überwindet die Entfremdung der Menschen von Gott und bewirkt

[110] Ebd. 1,38.
[111] Ebd. 3,19.
[112] Athanasius, incarn. 8.
[113] Ebd. 9.
[114] Athanasius, Ar. 1,50.
[115] Ebd. 1,16.
[116] Ebd. 2,61.
[117] Ebd. 2,51.
[118] Ebd. 3,24.

eine vertraute Gemeinschaft: „Wir sind ohne den Geist Gott fremd und ferne. Durch die Teilnahme am Geist werden wir aber mit der Gottheit verbunden"[119].

Konkret schenkt der Geist Gottes den Glaubenden die innere Heiligung. Da die Menschen „bei der Heiligung die Gnade des Geistes nötig haben"[120], gibt der Sohn Gottes den Glaubenden Anteil am Heiligen Geist, damit sie geheiligt werden. „So besitzen wir die daraus quellende Gnade des Geistes"[121].

3.1.2.2 Bleibende Grundakzente ostkirchlicher Gnadenauffassung

Die Ansätze der Gnadenlehre bei Irenäus und Origenes erweisen sich als sehr prägend in der gesamten nachfolgenden Theologie der Ostkirche. Im 4. Jahrhundert wirken sie nicht nur bei *Athanasius* (†373) weiter, sondern auch bei den *drei großen Kappadokiern* Basilius (†379), Gregor von Nazianz (†390) und Gregor von Nyssa (†394). Die gnadentheologischen Grundpositionen werden ebenso von den bedeutenden mittelalterlichen Theologen der Ostkirche übernommen, wie etwa von *Maximus Confessor* (†662), *Johannes von Damaskus* (†749), *Symeon dem Neuen Theologen* (†1022) und *Gregorios Palamas* (†1359). Bei den einzelnen Theologen treten zwar jeweils Schwerpunkte und Sondergedanken auf, aber sie bewegen sich auf der gleichen Grundlinie. Da die Tradition und konkret die Orientierung an der Patristik in der Ostkirche eine tragende Rolle spielt, ist auch in neuzeitlicher Theologie der Kern des Gnadenverständnisses gleich geblieben.

Was sind nun die bleibenden Grundakzente in der ostkirchlichen Gnadenanschauung? Formal fällt auf: Es gibt in der gesamten ostkirchlichen Theologie *keine explizite systematische Gnadenlehre*. Allerdings findet sich eine Fülle von verstreuten Aussagen zur Gnade, die drei Hauptfeldern zugeteilt werden können: Gnade ist ein trinitarisches, personales Heilshandeln Gottes in der Geschichte. Dieses Wirken Gottes zum Heil der Menschen erfolgt durch den Heiligen Geist konkret in der Kirche, und zwar in der Gnade der Taufe und Sündenvergebung sowie in den Gnadengaben der Charismen. In der Beziehung zwischen dem Gnadenhandeln Gottes und dem Tun der Menschen herrscht ein kooperatives Miteinander.

Gnade als trinitarisches Heilshandeln Gottes

In ostkirchlicher Sicht hat die Gnade (*charis*) stets einen trinitarischen Bezug zu Vater, Sohn und Geist. Fundamental bedeutet Gnade eine Wesenshaltung oder Grundeinstellung Gottes gegenüber den Menschen, die allen drei Personen gleich zu eigen ist. Gnade meint eine immerwährende Liebe Gottes zu allen Menschen, eine bedingungslose und unverdienbare Güte Gottes gegenüber allen Menschen, eine unerschütterliche Menschenfreundlichkeit Gottes, eine verzeihende Barmherzigkeit Gottes gegenüber den schuldig gewordenen Menschen, einen universalen Heilswillen Gottes.

[119] Ebd.
[120] Ebd. 50.
[121] Ebd.

Aus dieser Grundhaltung der Menschenliebe entspringt ein Heilshandeln des trinitarischen Gottes in der Geschichte. Dabei werden dem Vater, dem Sohn und dem Heiligen Geist jeweils besondere geschichtliche Heilshandlungen zugeeignet. In der Gnade der Schöpfung erweist der Vater allen Menschen immer bleibende Grundwohltaten; in der Gnade der Erlösung schenkt der Sohn allen Menschen neue Möglichkeiten zu einem heilvollen Leben; in der Gnade der Vollendung hilft der Heilige Geist den einzelnen Menschen zur persönlichen Verwirklichung des Heils. Was heißt das im Detail?

Die ostkirchliche Theologie betont sehr, daß bereits die *Schöpfung* mit ihren besonderen Geschenken an die Menschen zum Heilshandeln Gottes gehört. Eine Grundgabe der Schöpfungsgnade ist die Gottabbildlichkeit des Menschen. Dabei wird seit *Irenäus* unterschieden zwischen Bild (*eikon*) und Ähnlichkeit (*homoiosis*): Das Bildsein Gottes bleibt beim Menschen immer bestehen; die Ähnlichkeit mit Gott wird durch den Sündenfall zerstört. Mit dem Bildsein ist dem Menschen als unverlierbare Auszeichnung der Geist mit den Grundkräften Vernunft und Freiheit geschenkt. Als geistbegabte, vernünftige und freie Wesen sind die einzelnen Menschen dazu berufen, Gott ähnlich zu werden, indem sie das Gute tun und das Böse meiden. Dazu ist allen Menschen von der Schöpfung an als innere Hilfe das Gewissen eingesenkt. Dem Volk Israel ist als besondere Gnade das Gesetz als Hilfe zum Verwirklichen des Guten, als Hilfe zur Vollkommenheit gegeben.

Vom Sündenfall her begründet die ostkirchliche Theologie die Notwendigkeit der *Erlösungsgnade*, die der Sohn Gottes durch seine Menschwerdung in Jesus Christus schenkt. Die Inkarnation des Sohnes Gottes enthält im ostkirchlichen Verständnis als wichtigste Heilsgeschenke: die Wiederherstellung; die Heilung und Erhebung des Menschen. Da beim Gottmenschen Jesus Christus die göttliche Natur mit der menschlichen Natur aufs engste verknüpft ist, wird in der Person Jesu Christi die volle Gottabbildlichkeit des Menschen erneuert. Diese Wiederherstellung des Menschen bedeutet eine fundamentale Heilung des Menschen von den Wunden des Sündenfalls. In diesem Sinn bezeichnet die ostkirchliche Theologie Jesus oft als *Arzt*. Über die Heilung hinaus erfolgt eine seinsmäßige Erhebung des Menschen, d.h. es geschieht eine zweite Schöpfung, eine Neuschöpfung des Menschen, die ihm ein höheres Sein und Leben verleiht.

Was die Gnade Jesu Christi grundsätzlich allen Menschen schenkt, wird von der *Gnade des Heiligen Geistes* existentiell den einzelnen Getauften zugewendet. Die ostkirchliche Theologie legt einen sehr starken Akzent auf die pneumatologische Dimension der Gnade. Demnach nimmt der Heilige Geist in den Herzen der Getauften Wohnung und mit dieser Einwohnung werden die Getauften ein Tempel des dreieinigen Gottes. Anders gesagt: Die innere Gegenwart des Heiligen Geistes gibt den Getauften neu Anteil an der Gotteskindschaft und bewirkt eine grundlegende Heiligung. Damit kommt es – wie es die ostkirchliche Theologie in sehr starken, gewagten Ausdrücken formuliert – zu einer Gottähnlichkeit (*homoiosis theo*) oder zu einer Vergöttlichung (*theosis*) der Menschen. Beim Begriff der Vergöttlichung wird jedoch ausdrücklich differenziert, daß damit keineswegs eine Vergottung oder eine Gleichheit mit dem unendlichen Gott gemeint ist, sondern nur eine endliche Teilhabe der Menschen am Leben Gottes. Im praktischen Leben der Getauften wirkt die Gnade des Heiligen Geistes als begleitende Kraft und Hilfe.

Gnade als ekklesiologisches Heilswirken des Heiligen Geistes

Nach ostkirchlichem Verständnis wird die Gnade Gottes konkret erfahrbar in den *Sakramenten* und *Charismen der Kirche*. Den Quellgrund aller persönlich geschenkten Gnade bildet für den einzelnen Menschen die Taufe. Die Gnade der Taufe verknüpft eine Reihe von fundamentalen Vollzügen: Sie schenkt den Getauften die Einwohnung des Heiligen Geistes; als neuschaffende Kraft bewirkt dieser bei den Getauften eine innere Wiedergeburt zu neuer Gotteskindschaft; damit beginnt bei den Getauften der Prozeß der Vergöttlichung, der von der Kraft und Hilfe des Heiligen Geistes begleitet wird. – Als Gnade des Heiligen Geistes wird die Taufgnade in ostkirchlicher Theologie auch mit dem Begriff der Erleuchtung (*phôtisma*) umschrieben: Die Getauften erhalten Anteil am Licht Gottes; als Erleuchtete (*phôtizómenoi*) sollen sie als Kinder des Lichtes leben.

Da die Taufe die Eingliederung in die Kirche als Leib Christi mit sich bringt, schenkt der Heilige Geist den einzelnen Getauften je persönliche Gaben zum Dienst in der Gemeinschaft der Kirche. Diese vielfältigen Gnadengaben des Geistes (*charísmata*) werden in der ostkirchlichen Theologie in verschiedene Gruppen eingeteilt. So werden besonders hervorgehoben: die prophetische Gnade als Charisma der Erkenntnis und Verkündigung des Willens Gottes; die Lehrgnade als Charisma der Auslegung der biblischen Botschaft; die Amtsgnade als Charisma der Leitung. Bei den Kappadokiern, für die das Mönchtum die höchste christliche Lebensform darstellt, spielt das Charisma der mönchischen Ehelosigkeit eine zentrale Rolle.

Das Zusammenwirken von göttlicher Gnade und menschlicher Freiheit

In der ostkirchlichen Theologie hat sich seit der Patristik auch eine bleibende Grundsicht des Verhältnisses von göttlicher Gnade und menschlicher Freiheit durchgehalten[122]. Es gibt zwar keine systematische Reflexion der Beziehung, aber es zeigen sich faktisch durchgehende Grundansätze.

Ausgangspunkte der ostkirchlichen Auffassung sind: die von jeher bestehende Menschenfreundlichkeit (*philanthropia*) Gottes; die Wahlfreiheit (*proairesis*) des Menschen, die ihm mit der Schöpfung als unverlierbare Gabe geschenkt ist; die Erziehung (*paideia*) der Menschen durch Gott, die sich nach einem geschichtlichen Heilsplan (*oikonomia*) vollzieht. Daraus leiten sich als ostkirchliche Überzeugungen ab: Gott schenkt aus unverdienter und ungeschuldeter Menschenfreundlichkeit seine Gnade ohne jegliche menschliche Vorleistung; der Mensch kann auf das Angebot der Gnade Gottes frei mit Annahme oder Ablehnung antworten; das Heilsgeschehen für das Individuum ereignet sich im Zusammenwirken (*synergeia*) von menschlicher Mühe und göttlichem Gnadenbeistand; im gesamten Heilsprozeß herrscht die Vorsehung (*pronoia*) Gottes, die unter Voraus-wissen (*prognosis*) der freien Handlungen der Menschen wirkt.

Sehr charakteristisch für die ostkirchliche Theologie ist die Betonung der *Wahlfreiheit des Menschen* als unverlierbare Schöpfungsgnade. Sie verteidigt nach außen hin die Wahlfreiheit des Menschen gegenüber dem Determinismus der Gnosis

[122] Vgl. F. Heiler, Die Ostkirchen, München 1971, 129-132, 150 f.

und des Manichäismus. Während nach gnostischer und manichäischer Sicht der Mensch entweder durch das Licht des Guten oder durch das Dunkel des Bösen determiniert ist, vertritt die ostkirchliche Theologie entschieden, daß der Mensch grundsätzlich immer die Freiheit hat, sich für das Gute oder für das Böse zu entscheiden. Innerchristlich unterstreicht die ostkirchliche Theologie, daß die Wahlfreiheit zwischen Gut und Böse auch nach dem Sündenfall bestehen bleibt. Es ist Gott selbst, der alle Menschen innerlich durch die Stimme des Gewissens zum Guten hinneigt und antreibt. Allerdings ist seit dem Sündenfall die Kraft der Menschen zum Durchführen des Guten geschwächt. Diese Schwäche wird heilsgeschichtlich erst durch die Gnade Christi geheilt und die Gnade des Heiligen Geistes gibt den Getauften einen neuen kraftvollen Schwung zum Guten.

Unter der Voraussetzung der immer bestehenden Wahlfreiheit der Menschen nimmt die ostkirchliche Theologie für das individuelle Heilsgeschehen ein Zusammenwirken (*synergeia*) von göttlicher Gnade und menschlicher Freiheit an. So sehr das Wollen des Guten grundsätzlich ein Geschenk der Gnade Gottes ist, so sehr kommt es beim Heil des einzelnen Menschen auf sein eigenes Mühen an. Dementsprechend muß sich der einzelne Mensch um einen würdigen Lebenswandel bemühen, damit er die Gnade der Taufe empfangen kann. Im Heilsvollzug der Getauften sieht das ostkirchliche Denken eine Proportionalität, eine gegenseitige Entsprechung am Werk: Die Erlangung des Heils liegt sowohl am Wirken Gottes als auch am Wirken des Menschen; der Mensch wirkt mit beim Antrieb der Gnade Gottes und die Gnade Gottes wirkt mit als hilfreiche Kraft bei der Anstrengung des Menschen. In diesem Sinn gilt: Je mehr der Mensch sich auf die Gnade Gottes einläßt und je mehr er sich anstrengt, desto mehr Gnade erhält er. Im Unterschied zu dieser weitverbreiteten Annahme eines Gleichgewichts von göttlicher Gnade und menschlicher Freiheit tritt manchmal die Ansicht eines göttlichen Übergewichts auf: Die menschliche Mühe wirkt viel, aber die Gnade Gottes wirkt das meiste beim Heilsvollzug.

In jedem Fall handelt es sich nicht – wie die westliche, besonders die reformatorische Sicht zuweilen negativ klassifiziert – um einen additiven Synergismus, wo göttliches und menschliches Wirken gleichwertig addiert werden. Vielmehr geht es um eine *Kooperation im Heilsgeschehen*, wo der Vorrang der Gnade Gottes und die gottgeschenkte Würde der Freiheit des Menschen gewahrt werden.

Hauptzüge der griechischen „Gnadentheologie“

Denkhorizont	Gedanke der göttlichen Führung (Paideia = Erziehung)
Biblisches Fundament	Die göttlichen Verheißungen werden geschenkt, „damit ihr … an der göttlichen Natur Anteil erhaltet“ (2 Petr 1,4)
Tun Gottes	Die Gesamtheit der göttlichen Heilswerke *(oikonomía)* hat das Ziel, den Menschen, der durch die Sünde – nicht die schöpfungsmäßige Bildhaftigkeit (eikôn), – wohl aber seine Gottähnlichkeit (homoiôsis) verloren hatte, im Christusgeschehen durch das Pneuma in der Kirche (Sakramente!) zur Vergöttlichung *(theiôsis)* zu führen

Tun des Menschen	Zusammenwirken *(synergeía)* mit der Gnade durch Ethos und Askese
Grundgedanke	Das Heil ist ein universal-kosmischer Prozeß

„Der Herr hat ... im Menschen durch den Geist GOTT niedergelegt und durch seine Menschwerdung DEN MENSCHEN in Gott hineingelegt".
(Irenäus v. Lyon, haer. V,1,1)

Erstellt von Wolfgang Beinert

3.1.3 Die Gnadenauffassung des Pelagius (†420)

Eine sehr umstrittene Gnadenlehre entwickelt Pelagius, der als Mönch (etwa 385-409 in Rom, dann kurz in Karthago und schließlich 411-418 in Jerusalem wirkend) vom asketischen Vollkommenheitsstreben geprägt ist. So betont er stark die menschliche Willenskraft und setzt Akzente in der Gnadenauffassung, gegen die im Westen *Augustinus* und im Osten *Hieronymus* vehement ankämpfen. Die differenzierten Ansätze des Pelagius werden von seinen Anhängern, besonders von *Caelestius* und *Julian von Eclanum*, auf die Spitze getrieben. Solche pelagianische Extrempositionen werden 418 auf einer Bischofssynode in Karthago als häretisch verurteilt.

Die gegenwärtige dogmengeschichtliche Forschung sieht einen wesentlichen Lehrunterschied zwischen Pelagius selbst und seinen Anhängern. Nun werden – entgegen der oft polemisch entstellenden Zitationsweise bei Augustinus – die ursprünglichen Aussagen des Pelagius aus seinen authentischen Schriften erhoben. Hierher gehören besonders: Auslegungen (expositiones) der 13 Briefe des Paulus (406-409), Brief an Demetriades (413) und das Büchlein des Glaubens (Libellus fidei, 417). Die dort vertretenen Ansichten, die auch auf ostkirchlichen Synoden (415 in Jerusalem und Diospolis) gutgeheißen worden sind, können nicht als häretisch eingestuft werden.

Was sind dann die Grundpositionen des Pelagius? Bei Pelagius finden sich zwei Gnadengruppen, nämlich universale Schöpfungsgnaden und spezielle heilsgeschichtliche Gnaden. In der Verhältnisbestimmung von Gnade und Freiheit legt Pelagius ein starkes Gewicht auf die schöpfungsmäßig geschenkten Kräfte des Menschen.

3.1.3.1 Hauptformen der Gnade

Für Pelagius beginnt die Gnade Gottes bereits bei der Schöpfung der Menschen und zeigt sich immer wieder neu in der Geschichte durch ein besonderes Eingreifen Gottes zum Heil der Menschen.

Fundamentale und aktuale Schöpfungsgnade

Als geliebte Geschöpfe Gottes haben die Menschen nach Pelagius zwei bleibende Schöpfungsgnaden erhalten. Das *erste* fundamentale Geschenk besteht darin, daß die Menschen als *Abbild* (*imago*) Gottes geschaffen sind. Da Gott als Geist wesentlich Vernunft und Freiheit ist, verleiht das Abbildsein den Menschen Vernunft und Freiheit als immerwährende Gaben. Im Widerspruch zu Augustinus, der die menschliche Natur als Gegensatz zur göttlichen Gnade sehen wird, betont Pelagius: Schon die menschliche Natur ist Gnade. Aus dieser Grundgnade heraus haben alle Menschen die Fähigkeit, das ihnen ins Herz geschriebene Gesetz Gottes zu erfüllen. Pelagius bringt das auf die – von Augustinus und Hieronymus als sehr anstößig empfundene – Formel: Die Menschen haben das natürliche Vermögen, nicht zu sündigen (*posse non peccandi*). Das heißt: Alle Menschen können von ihrer Naturanlage her sündelos leben, wenn sie sich kraft ihrer Vernunft und ihres freien Willens gegen das Böse und für das Gute entscheiden.

Allerdings nimmt Pelagius, was in der Polemik übersehen wird, eine *zweite* schöpfungsmäßige Grundgnade an: Der Schöpfer begleitet sein menschliches Geschöpf, d.h. alle Menschen mit einer jeweils *aktuellen Hilfe* (*auxilium* oder *adiutorium*). Diese universale, aktive Beistandsgnade wird allen Menschen angeboten. Sie ist zunächst eine Erleuchtungsgnade, die das Gute erkennen läßt und dann eine Stärkungsgnade für diejenigen, die sich in Freiheit für das Gute entscheiden. So ist die Realisierung der Fähigkeit, sündelos zu leben, nicht ein isoliertes menschliches, sondern ein mit Gottes Gnadenhilfe durchgeführtes Werk. Von dieser Basis her ist es für Pelagius selbstverständlich, daß auch Heiden gerecht leben und die ewige Seligkeit erlangen können. Als deutliche Beispiele nennt er alttestamentliche Gerechte wie Abel, Noach, Jjob und Abraham.

Spezielle heilsgeschichtliche Gnaden

Ergänzend zu diesen Schöpfungsgnaden gibt es nach Pelagius noch spezielle heilsgeschichtliche Gnadenerweise Gottes. Sie sind nach dem Fall Adams zum Heil der Menschen nötig geworden. Denn der Fall hat mehrfache schlimme Folgen gehabt: Die Vernunft der Menschen ist verdunkelt und ihr Wille ist geschwächt; das Naturgesetz ist in Vergessenheit geraten; die Macht der Sünde hat aufgrund von schlechtem Beispiel und Gewohnheit überhandgenommen.

So gewährt Gott im Alten und Neuen Testament *die Gnade der Offenbarung*. Gott teilt über Mose die zehn Gebote mit und über die Propheten verkündet er stets neu seinen Willen. Sowohl das Gesetz des Mose als auch die Umkehrforderung der Propheten sind Gnadenangebote Gottes. Doch nachdem auch diese im Volk Israel nicht mehr gewirkt haben, offenbart sich Gott in einem neuen heilsgeschichtlichen Schritt durch seinen Sohn Jesus Christus, was die größte Gnade Gottes darstellt.

Pelagius vertritt eine *Christusgnade* (*gratia Christi*), die das gesamte Heilswerk Jesu Christi umfaßt. Grundlegend bringt Jesus Christus die Versöhnung der Menschen mit Gott, weil er in einer menschlich unverdienten Liebe den Kreuzestod auf sich genommen hat: „Wir sind erlöst durch den Tod Christi“[123].

Im praktischen Lebenswandel wirkt Jesus Christus, wie Pelagius (in den Augen von Augustinus einseitig) oft und breit hervorhebt, vor allem als Vorbild durch seine Lehre und sein Verhalten. Christliches Leben ist für Pelagius wesentlich *Nachahmung* (*imitatio*) des Beispiels *Jesu Christi*.

---

[123] Pelagius, in Rom. 5,10.

Die gesamte Christusgnade wird nach Pelagius den einzelnen Menschen durch die Kirche *in der Taufe* zugeeignet. Fundamental schenkt die Taufe aufgrund des Erlösungswerkes Jesu Christi die Gnade der Vergebung. Das bedeutet, wie Pelagius explizit in Anlehnung an Paulus feststellt, eine Rechtfertigung allein durch den Glauben (*sola fide*) ohne Verdienste. Konkret können dann die Getauften mit der Gnade Christi die Gebote leichter erfüllen. Das ist bei Pelagius nicht, wie Augustinus meint, etwas rein Äußerliches; vielmehr wirkt die Gnade Christi innerlich in den Getauften, da sie Vernunft und Willen freimacht für das Gute. Die Getauften haben die Aufgabe, sich mehr und mehr mit Christus zu vereinigen, indem sie immer höhere Stufen der Erkenntnis und der Liebe anstreben.

3.1.3.2 Das Verhältnis von Gnade und Freiheit

Ein beherrschendes Anliegen des Pelagius ist es, die Würde der menschlichen Freiheit zu verteidigen. Dazu bewegt ihn nach außen hin die Abwehr des manichäischen Determinismus und nach innen hin der Widerspruch gegen die Abwertung der menschlichen Freiheit durch den späten Augustinus. So entwickelt Pelagius eine eigenständige Sicht der Beziehung von göttlicher Gnade und menschlicher Freiheit.

Das spezifische Sündenverständnis

Eine grundlegende Rolle spielt dabei die Auffassung von der Sünde. Gegenüber dem Manichäismus, der die Menschen der Zwangsmacht des Bösen ausgeliefert glaubt, betont Pelagius, daß die Menschen durch die immer bleibende Schöpfungsgnade der Freiheit zwischen Gut und Böse selbst wählen können. In Berufung auf Aussagen des frühen Augustinus erklärt Pelagius, daß das Böse seinen Grund in den Herzen der Menschen hat.

In energischer Absetzung vom späten Augustinus, der annimmt, daß die menschliche Natur durch die Erbsünde völlig verdorben ist und deshalb ohne jegliches positives Vermögen völlig auf die Gnade angewiesen ist, vertritt Pelagius: Es gibt keine ererbte Sünde, es gibt nur die Sünde der einzelnen Menschen; die faktische Sünde der einzelnen beruht auf der Nachahmung des schlechten Beispiels Adams; die neugeborenen Kinder sind ohne Schuld; die Menschen fallen aufgrund ihrer Freiheit in Sünde und sie können – besonders nach der Taufe – die Sünde mit Hilfe der Gnade meiden.

Das positive Zusammenwirken von Gnade und Freiheit

Dieses Sündenverständnis prägt dann bei Pelagius auch seine Bestimmung des Verhältnisses von Gnade und Freiheit. Nach Pelagius besteht einerseits *keinerlei Gegensatz zwischen Gnade und Freiheit*. Denn erstens ist die menschliche Freiheit (wie schon besprochen) selbst eine Gnade, näherhin eine bleibende Schöpfungsgnade; zweitens braucht die menschliche Freiheit zur Verwirklichung des Guten die aktuelle Hilfe der Gnade Gottes; drittens ist die menschliche Freiheit durch die Gnade Christi erneuert und unterstützt.

Andererseits besteht nach Pelagius bei konkreten Heilsvollzügen *ein positives Zusammenwirken von Gnade und Freiheit*. Das bringt ein Leitsatz des Pelagius zum Ausdruck: „Weder handelt der Mensch ohne die Gnade, noch die Gnade ohne ihn“[124]. Beispielsweise zeigt sich dies sowohl beim Anfang als auch bei der Auswirkung des Glaubens. Gottes Güte schenkt allen Menschen den Anruf zum Glauben, aber der Glaube ist doch ein ureigener Akt des einzelnen Menschen, insofern die Glaubenden den Anruf Gottes frei und ohne Zwang annehmen. Die Getauften erhalten dann aus Gnade die Kraft, in eigener Entscheidung Werke des Glaubens zu vollbringen, die ihnen als Glaubensverdienst von Gott angerechnet werden. Dabei bleibt der Vorrang der Gnade gewahrt: „Niemand wird aus eigenem Verdienst, sondern alle gleicherweise aus der Gnade Gottes gerettet“[125].

Schließlich wirkt nach Pelagius die Gnade Gottes nicht im Sinn einer Prädestination einzelner zum Heil, was die menschliche Freiheit hinfällig machen würde. Wie die ostkirchliche Theologie vertritt Pelagius nur ein Vorauswissen Gottes: Gott weiß um die freien Handlungen der Menschen im vorhinein und bezieht sie in sein Gnadenwirken mit ein.

3.1.4 Systematische Gnadenlehre bei Augustinus (†430)

Da Augustinus als erster eine methodisch durchgeführte Gnadenlehre entfaltet hat, wird er als „Lehrer der Gnade“ bezeichnet. Dazu kommt, daß er als „Lehrer des Abendlandes“ in der westlichen Theologie gerade durch seine Gnadenlehre großen Einfluß ausgeübt hat. Kein späterer Theologe kommt daran vorbei, sich an der augustinischen Gnadentheorie zu orientieren oder sich mit ihr auseinanderzusetzen. Positiv stützt sich besonders die Theologie der Reformatoren auf das Gnadenverständnis des späten Augustinus.

Es ist sehr beachtenswert, daß sich die Gnadenauffassung bei Augustinus nicht nur entwickelt, sondern widerspruchhaft geändert hat. Seine ursprünglich weite Gnadenanschauung schlägt um in eine enge Prädestinationslehre, die in der späten Zeit sein Denken beherrscht. So zeigen sich bei der Ausgestaltung seiner Gnadenlehre *zwei* einander entgegengesetzte *Phasen*. In antimanichäischer Reaktion betont der Neubekehrte und Priester ziemlich einseitig die menschliche Freiheit; das führt zur Annahme einer Prädestination auf Grund der Voraussicht zukünftiger menschlicher Verdienste. In einer einschneidenden Denkwende (396/397) kehrt der junge Bischof seine Aufmerksamkeit fast ausschließlich der göttlichen Gnade zu; das führt zur Annahme einer Prädestination einzig auf Grund des ewigen göttlichen Beschlusses. Diese zweite Phase steigert sich im antipelagianischen Kampf zum definitiven Standpunkt, nämlich zum Verfechten einer rigorosen All- und Alleinherrschaft der Gnade und Prädestination.

[124] Pelagius, in I Cor. 15,10.
[125] Pelagius, in Rom. 5,1.

3.1.4.1 Erste Phase: Menschliches Verdienst – bedingte Prädestination

Der antimanichäische Trend, der sich gegen den manichäischen Determinismus richtet, findet seinen Niederschlag in den Schriften „Der freie Wille" und „Auslegung einiger Sätze aus dem Römerbrief".

Der aktive und effektive freie Wille

Im Horizont der Theodizeefrage nach dem Ursprung des Bösen stellt Augustinus – in: „Der freie Wille" (388-395) – die Faktizität und die Aktivität des menschlichen, freien Willens sehr entschieden heraus, und zwar erweist sich der freie Wille als der Quellort und die einzig mögliche Erklärung des Bösen. Aus der evidenten Einsicht, daß Schuld ohne Selbstverantwortlichkeit, also ohne freie Willensentscheidung ein Unding ist, gehört zum menschlichen Willen wesentlich die Eigenmacht ohne Selbstverfügbarkeit, welche die Freiheit von vorgegebenem Zwang und die ausreichendste Fähigkeit zur Entscheidung für gut oder böse umfaßt. Ebenso gilt nach Augustinus mit unwandelbarer Festigkeit, daß im Willen das Verdienst liegt, das als Lohn die Seligkeit und als Strafe die Verdammnis bringt.

Diese unbefangenen, sicheren Konstatierungen lösen noch keinen Gedankenkonflikt aus, da hier nicht die Prädestination, sondern nur Vorsehung (*providentia*) und Vorauswissen (*praescientia*) zur Sprache kommen. Das im Zusammenhang mit dem Vorauswissen auftauchende Problem, wie der menschliche Wille frei sein kann, wenn alles von Gott Vorausgesehene notwendig geschieht, ist relativ leicht gelöst: Gottes Vorherwissen zwingt niemanden; es ist ebensowenig nötigend wie das Wissen eines Menschen um die Absichten eines anderen dessen Handlungsfreiheit einschränkt.

Das Miteinander von Freiheit und Gnade

Der Prädestinationsvorstellung geht Augustinus explizit erstmals bei der Auslegung einiger Sätze aus dem Römerbrief (394/395) nach. In Konfrontation mit dem paulinischen Text, der von Gnade sowie Erwählung aus Gnade handelt, wird Augustinus die Spannung zwischen freier Willensentscheidung und gnadenhafter Erwählung bewußt. Er aber verteidigt geradezu die Rechte des freien Willens, wobei er als Grundprinzipien ansetzt: Die Gnade hebt den freien Willen nicht auf. Der freie Wille ist eine unbedingte Voraussetzung für die Erwählung: ohne freien Willen kein Verdienst, ohne Verdienst keine Erwählung.

Auf dieser Basis läßt Augustinus dann freien Willen und Gnade in organischem Wechselspiel zusammenwirken. Dieses Wechselspiel von Wille und Gnade, das über ewiges Heil oder Unheil entscheidet, verläuft in bestimmter Reihenfolge: Der Anfang der faktischen Erwählung des einzelnen geschieht – ohne Rücksicht auf verdienstvolle Werke – aus reiner Gnade in der Berufung (*vocatio*). Nun kann der Wille dem Anruf in freier Entscheidung folgen, er kann das Ja des Glaubens sprechen, was – als nötiges Verdienst – die Voraussetzung schafft für einen weiteren Akt der Gnade: Der Mensch erhält (gemäß Röm 5,5) die Gabe des Heiligen Geistes, die Liebe, eingegossen, die ihm die Kraft verleiht, das Gute zu tun. Im

Guten jedoch auszuharren, liegt wiederum in der freien Entscheidung des Willens; das frei gewollte Verharren im Guten bewirkt als Verdienst das ewige Leben.

So ergibt sich für Augustinus in diesem Stadium eine von menschlicher Entscheidung und menschlichem Verdienst mitbestimmte, d.h. bedingte Prädestination: Die Prädestination erfolgt auf Grund des Vorauswissens Gottes um das verdienstvolle Glauben und Ausharren des Menschen.

3.1.4.2 Zweite Phase: göttlicher Beschluß – unbedingte Prädestination

Durch weitere Vertiefung in Paulus kommt es bei Augustinus zur großen Wende in seinem Prädestinationsdenken, die in knappem Kontrast so aussieht: Der frühe Augustinus vertritt die *bedingte Prädestination*, nämlich eine Vorherbestimmung, die bedingt ist durch die vorausgesehenen menschlichen Verdienste. Der spätere Augustinus verficht die *unbedingte Prädestination*, nämlich eine Vorherbestimmung, die durch reinen Beschluß Gottes, völlig unabhängig von menschlichem Wollen und Tun, geschieht.

Wechsel der Grundposition

Dieser Umschwung manifestiert sich im Schreiben „An Simplicianus über verschiedene Fragen“ (396/97). Besonders bei der Auslegung von Röm 9,10-29 wird der Meinungswechsel sichtbar, der auf einer starken Aufwertung göttlicher Tätigkeit und einer kräftigen Abwertung menschlicher Fähigkeit basiert.

Die Umkehrung wird sehr deutlich angesprochen: Der Beschluß Gottes gründet nicht in der Erwählung nach Verdiensten, sondern die Erwählung gründet allein in dem Beschluß Gottes (*electio ex proposito*). Da also jegliches menschliches Verdienst, auch der früher als solches gewertete Glaube, wirkungslos ist, fällt ebenso die Begründung der Erwählung durch Vorauswissen der zukünftigen menschlichen Handlungen.

Die Macht der Gnade Gottes und die Ohnmacht des Menschen

Die neugewonnene – folgenreiche – Anschauung von der Erwählung durch Beschluß erhärtet Augustinus systematisch durch zwei Grundprinzipien: durch die Vorgängigkeit und die Macht der Gnade Gottes einerseits, durch die rechtlose Ohnmacht des Menschen andererseits.

(1) „Vor allem Verdienst ist die Gnade“[126], so faßt Augustinus markant die Idee von der *Vorgängigkeit der Gnade*, d.h. daß göttliches Wirken jeglicher menschlicher Aktivität vorausgeht. Mit dem erstmals als Leitmotiv aufklingenden Satz: „Was hast du, was du nicht empfangen hast?“ (1 Kor 4,7), weist Augustinus nicht nur die Berufung zum Glauben und die Befähigung zum guten Handeln als Gaben Gottes auf, sondern auch – entgegen der früheren Ansicht – den Glauben und die Ausdauer im rechten Leben. Die Gnade ist in allem ein vorausgehendes Inspirieren (*gratia inspirans, excitans*) und Schenken (*gratia tribuens, largiens*).

---

[126] Augustinus, quaest. Simpl. I, 2,7.

Zur Präzedenz der Gnade hinzu profiliert Augustinus noch sehr die *Macht der Gnade*, die bis zur Unwiderstehlichkeit geht. Ohne Gnade richtet der menschliche Wille nichts aus. Hingegen wirkt die Gnade niemals vergeblich; die Gnade setzt sich gegenüber dem menschlichen Willen durch, ja sie schließt das menschliche Wollen bereits ein. Die Gnade bewegt so, daß niemand Gottes Willen widersteht; dies erreicht sie, indem sie den Betreffenden angepaßt anspricht.

Den aufbrechenden Konflikt, was denn der menschliche Wille noch zu leisten vermag, wenn die Gnade alles vorgängig und unwiderstehlich bewirkt, sucht Augustinus zu bewältigen durch die Unterscheidung zwischen dem faktischen Beginn des Wollens und dem erreichten Ziel des Wollens: Daß wir wollen, läßt – in der Zustimmung – unsere Mitwirkung zu; zu erlangen, was wir wollen, ist allein Gottes Werk.

(2) Ein weiterer Konflikt beschwört das zweite Grundprinzip herauf: *die Ohnmacht des Menschen* infolge der Erbsünde. Wenn die Gnade – das ist die Schwierigkeit – jeden Gerufenen unwiderstehlich bewegt, wie kann es dann nur wenige Erwählte geben? Ist Gott nicht ungerecht, wenn er trotz seiner Allmacht nur einige erwählt? Ausgehend von dem unerschütterlichen Axiom, daß es in Gott keinerlei Ungerechtigkeit gibt, kann Augustinus eine Lösung nur darin finden, daß er den Menschen völlig rechtlos macht. Das Instrument zur Entmündigung des Menschen ist ein – von ihm neu geschaffenes – *biologisches Verständnis der Erbsünde* und eine krasse Schlußfolgerung daraus: Die Menschen sind eine Masse der Sünde, die rechtens einzig und allein Verdammung verdient[127].

So ergibt sich die endgültige, ständig wiederholte Formel: Aus Gerechtigkeit sind alle verdammt, aus Barmherzigkeit sind einige erwählt; den Erwählten kommt Gott durch die Gnade zu Hilfe, die Nicht-Erwählten beläßt er in ihrem Zustand.

Natürlich schießt sofort die neue Frage quer: Warum rettet Gott nicht die ganze Masse, warum nur einige? Waltet da nicht ungerechte Willkür? Hier weiß Augustinus – im Rückgriff auf Röm 11,33 – keinen anderen Ausweg als die Flucht in das Mysterium, d.h. in die unerforschlichen Entscheidungen Gottes.

Mit dem Abschluß seines Schreibens an Simplicianus hat Augustinus eine neue Position im Prädestinationsdenken gewonnen, die er zeitlebens für richtig hält und sogar kämpferisch verficht: Prädestination ist die rein gnadenhafte (= geschenkhafte, unverdiente, ungeschuldete) und unwiderstehliche Erwählung, die aus der verlorenen Sündermasse wenige Menschen zum ewigen Leben aussondert. Die Grundtendenz dieses Ergebnisses charakterisiert Augustinus selbst später sehr bezeichnend: „Es siegte die Gnade Gottes"[128].

Der Verlauf des Gnadenstreites im 5./6. Jahrhundert

Akt	Zeit	Ereignis
I 1	vor 396	Augustinus, Phase I: Ursprung der Sünde ist der freie Wille des Menschen (antimanichäisch), daher bedingte Prädestination Gottes

[127] Vgl. auch in diesem Werk Bd. I: Theologische Anthropologie.

[128] Augustinus, praed. sanct. 4,8.

2	396/7	Augustinus, Phase II: Der Wille des Sünders hat nur noch in abstracto die Fähigkeit zum Guten. Auch das gute Wollen muß von der Gnade getragen sein, daher unbedingte Prädestination allein aufgrund göttlichen Beschlusses
II	411/15	Augustinus baut aufgrund der ersten (indirekten) Konfrontation mit Pelagius und Caelestius seine Position aus (Verteidigung der Erbsündenlehre, Vertiefung der concupiscentia-Lehre, Willensfreiheit = Bewegbarkeit des Willens durch die Gnade)
III	ab 415	Augustinus verschärft nach der direkten Konfrontation mit Pelagius die Erbsünden- und concupiscentia-Auffassung
IV	418	Augustinus setzt auf der Synode v. Karthago die Verurteilung des Caaelestius durch (DH 222–230; Bestätigung durch Papst Zosimus DH 231)
V	425/29	Opposition der „Semipelagianer" gegen Augustinus, gegen den sie behaupten: Der Glaubensbeginn (initium fidei) ist Willenssache (der Kranke muß den Arzt selber rufen); der Mensch kann die Gnade treu bewahren, die er empfangen hat. – Dagegen spitzt Augustinus seine These auf die Alleinwirksamkeit Gottes zu mit der Folge: Gott prädestiniert positiv zum Heil und negativ zum Unheil nach unerforschlichem Ratschluß. Die positive Prädestination ist gratuit, infallibel und partikulär; die negative Vorherbestimmung ist Folge seiner absoluten Gerechtigkeit.
VI	430/529	Nach dem Tod Augustins Fortsetzung des semipelagianischen Streits in 3 Schüben:
1	430/40	Prosper v. Aquitanien systematisiert im „Indiculus" (DH 239–249) den Augustinismus (Gnade schafft initium fidei, Sünde löscht Freiheit zum Guten aus; Prädestination zum Heil, Vorauswissen Gottes vom Unheil – daher allgemeiner Heilswille Gottes)
2	470/71	Synode von Arles (proaugustinisch)
3	529	Cäsarius v. Arles rettet mit röm. Unterstützung in Orange („Arausicanum II": DH 370–397; Bestätigung durch Papst Bonifaz II.: DH 398–400) eine gemäßigte Form des Augustinismus: * Primat der Gnade * Verlust der Freiheit in der Sünde * Inititum fidei nur durch die Gnade * *nicht rezipiert werden von Augustinus:* ** Prädestinationslehre ** der enge Konnex Sünde – concupiscentia

3.1.4.3 Steigerung: Rigorose All- und Alleinherrschaft der Prädestination

Den Sieg der Gnade Gottes gegenüber menschlicher Freiheit und Kraft erkämpft Augustinus ab 411 in der kirchlichen Öffentlichkeit gegen die *Pelagianer* und gegen die – seit dem 17. Jahrhundert so bezeichneten – *Semipelagianer*, die er „Feinde der Gnade Gottes" nennt. Seine schon (im Büchlein an Simplicianus) konsolidierte Prädestinationslehre präzisiert, erweitert und verschärft sich nun in einer Reihe von Schriften, die in den – 428/29 verfaßten – Werken „Die Vorherbestimmung der Heiligen" (*De praedestinatione sanctorum*) und „Die Gabe der Beharrlichkeit" (*De dono perseverantiae*) gipfeln.

In der zwei Jahrzehnte andauernden Polemik gegen die pelagianische Richtung, die – ähnlich wie der frühe Augustinus – wider den manichäischen Determinismus Spontaneität und Effektivität des menschlichen Handelns sehr betont, kommt es bei Augustinus zu einer exzessiven Polarisierung zwischen Gott und Mensch, bei der er (vermeintlich zusammen mit Paulus) einzig darauf abzielt, „daß der Mensch erniedrigt und Gott allein erhöht werde"[129].

Diese Zielsetzung sucht Augustinus systematisch durch die strikte Durchführung des Gedankens der *absoluten Prädestination* zu verwirklichen. Unter der Perspektive der völlig unabhängigen, ganz frei und allmächtig wirkenden Vorherbestimmung rücken die schon fixierten Grundprinzipien in eine extreme Sicht: Aus der vielfachen Vorgängigkeit der Gnade wird die absolute Gratuität der Gnade; aus der weitgehenden Macht der Gnade wird die absolute Irresistibilität der Gnade; aus der tiefen Ohnmacht des Menschen wird die völlige Verderbtheit.

So erhält die augustinische Prädestinationslehre ihre detaillierte und definitive Gestalt, die geprägt ist durch die Hauptmerkmale: absolute Gratuität, Infallibilität, Partikularität und Mysterium. Diese einzelnen Wesenskennzeichen sollen im folgenden näher betrachtet werden.

Absolute Gratuität der Prädestination

(1) Um sicherzustellen, daß die Vorherbestimmung zum ewigen Leben durch und durch reines Geschenk (*donum gratuitum* oder *gratis datum*) ist, beseitigt Augustinus in dieser Periode die letzten Reste positiven menschlichen Vermögens zugunsten absolut frei gewährter, alles umfassender göttlicher Wirkungen. Rigoros bemüht er sich um den Aufweis, daß Anfang, Durchführung und Vollendung aller menschlichen Handlungen Gnadengabe Gottes (gratia *praevenit*, *cooperat*, *perficit*) sind; das konstatiert er besonders ausführlich für den Willen, für den Glauben und für die Ausdauer bis zum Ende.

Der freie Wille wird zwar formal immer gewährt, aber inhaltlich wird er entleert, da er neben der Handlungskraft auch jegliche Initiative verliert. Augustinus führt nämlich die Idee der „Vorbereitung des Willens" (*praeparatio voluntatis*) durch Gott ein, was bedeutet, daß auch der Anfangsimpuls (*motus*), auch die erste Hineignung (*inclinatio*) zu jeder beliebigen – guten oder bösen – Aktivität von Gott bewirkt wird.

Diese Vorbereitung des Willens gilt vor allem – so unterstreicht Augustinus gegen die semipelagianischen Insinuationen – für den Akt des Glaubens. Die Initiative zum Glauben (*initium fidei*) stammt ebenso von Gott wie das Wachsen und die Treue im Glauben. Auch die letzte Bastion zur Verteidigung menschlicher Leistungsfähigkeit zerstört Augustinus. Gegenüber der Behauptung, daß wenigstens die Ausdauer im Guten bis zum Ende (*perseverantia in finem*) menschliches Werk und Verdienst sei, erklärt er, daß auch diese Beharrlichkeit freies Werk und unverdientes Geschenk Gottes ist, daß sie als exklusive Gabe den Prädestinierten zukommt.

[129] Ebd. 5,9.

(2) Nun sind alle heilswirksamen Fähigkeiten und Verdienste des Menschen ausgeschaltet, nun ist *alles allein Gottes Werk*; damit ist sowohl die absolute Unabhängigkeit als auch die absolute Initiative Gottes gewährleistet, damit ist die absolute Gratuität der Prädestination gesichert. Prädestination besagt nach Augustinus unter diesem Aspekt: Alle zur Erlangung des ewigen Lebens notwendigen Gaben werden ohne Verdienst des Menschen gegeben; diese Gaben oder Gnadenakte hat Gott den Prädestinierten im ewigen Vorauswissen bereitgestellt. So gerät bei Augustinus schließlich auch die Gnade – bei der Klärung des gegenseitigen Verhältnisses – in die ursächliche Abhängigkeit der Vorherbestimmung: Die Prädestination ist die „Vorbereitung der Gnade" (*praeparatio gratiae*), die Gnade aber ist die „Wirkung der Prädestination" (*effectus praedestinationis*) oder „das Schenken selbst" (*ipsa donatio*).

Einen sicheren Beweis für die Gratuität der Prädestination sieht Augustinus in den unmittelbar nach der Taufe sterbenden Kindern; diesen wird ja, wie er meint, das ewige Leben zuteil, ohne daß sie – bei fehlender Zeit, bei fehlender Funktion von Verstand und Willen – die geringste Verdienstmöglichkeit hatten. Der sicherste Gratuitätsbeweis ist Jesus Christus: „Aber es gibt kein leuchtenderes Beispiel der Prädestination als Jesus selbst"[130]; er ist das klarste Licht der Prädestination, da bei ihm der Mensch mit der göttlichen Natur beschenkt wurde, ohne daß er sich das durch vorausgehende Leistungen verdienen konnte.

Infallibilität der Prädestination

(1) Die göttliche Prädestination bewirkt nicht nur allumfassend und allein jede menschliche Aktivität, sondern sie wirkt auch allmächtig oder, anders gesagt, unfehlbar, unwiderstehbar. Die Vorherbestimmten erlangen unfehlbar das ewige Heil; sie können nicht verlorengehen. Aufgrund der Prädestination steht die Erwählung von Ewigkeit her mit unerschütterlicher Sicherheit fest. Als Garantie für die sicherste Zielverwirklichung bürgen nach Augustinus das unfehlbare, ewige Vorauswissen Gottes und der allmächtige Wille Gottes: Durch sein irrtumsfreies, unveränderliches Vorherwissen disponiert Gott alles, das heißt, seine eigenen zukünftigen Taten, von Ewigkeit her; durch seinen allmächtigen Willen erreicht er alles Vorherbestimmte unüberwindlichst.

(2) Indem Augustinus bei dem Bemühen, die Infallibilität der Prädestination zu stützen, die Allmacht Gottes rigoros ausdehnt, tritt eine völlige Determinierung des Menschen auf den Plan. Das zeigt sich in zwei Erscheinungen, nämlich im willkürlichen Schalten mit dem Menschen und in der Nötigung, sogar zum Sündigen.

Der Mensch hat keinerlei Einfluß auf sein Geschick; nicht einmal Widerstand kann er leisten. Denn der allmächtige Wille Gottes lenkt den menschlichen Willen jederzeit in jede beliebige Richtung, zum Guten wie zum Bösen; er handelt in den Herzen der Menschen, was er will, damit die Vorherbestimmung oder Nicht-Vorherbestimmung in Erfüllung geht.

Obwohl Augustinus – in der Theodizeefrage – immer wieder erklärt, das Böse und seine Folgen seien vom Menschen verschuldet, verleitet ihn die konsequente

[130] Augustinus, persev. 24,67.

Prädestinationslehre – zum Teil implizit, zum Teil explizit – dazu, nicht nur den Zwang der Prädestinierten zum Guten anzusetzen, sondern auch die von Gott gewollte Notwendigkeit des Sündigens (*necessitas peccandi*) für die Nicht-Prädestinierten in Kauf zu nehmen. Damit der Vorsatz Gottes erfüllt wird, bewirkt der göttliche Wille bei den verlorenen Menschen nicht nur die Hinneigung zum Bösen, sondern auch die Durchführung der Sünde.

Partikularität der Prädestination

Die absolute Gratuität der Prädestination tritt nach Augustinus dadurch zutage, daß nur ein Teil der Menschen, nur eine begrenzte Anzahl (*numerus certus*) aus der Verdammtenmasse gerettet wird. Die Infallibilität der Prädestination offenbart sich dadurch, daß diese feste Anzahl weder verringert noch vergrößert werden kann, dafür aber mit größter Sicherheit ans Ziel gelangt. Indem die Gratuität eine bestimmte Auswahl und Infallibilität die Stabilisierung der festen Zahl zu Folge hat, gehört die Partikularität wesentlich zur Prädestination. Das besagt nach Augustinus nicht nur, daß lediglich ein Teil der Menschen zum ewigen Leben bestimmt ist, sondern das heißt auch, daß Gott – da ja die Heilserlangung total von ihm abhängt – prinzipiell nur einen *begrenzten Heilswillen* hat.

(1) Diese Lehre von Augustinus ist nur zu verstehen auf dem Hintergrund seiner Erbsündentheorie, mit der er eine Reihe von Theologumena verbindet. Die Sünde des Stammvaters Adam, die biologisch an die ganze Menschheit weitervererbt wird, hat eine katastrophale, unbeschreibliche Verderbnis des Menschen bewirkt, hat eine Ruine aus dem Menschen gemacht. Während Adam vor dem Fall – so stellt es Augustinus in Schwarzweißmalerei dar – den vollen, auch zum Guten fähigen freien Willen hatte und durch das eigene Verdienst der Ausdauer die Fülle des Glückes erhalten hätte, bleibt dem Menschen nach dem Fall gar nichts Gutes mehr, keinerlei Kraft und keinerlei Verdienst.

So zeichnet Augustinus zwei völlig anders strukturierte Menschentypen und endet im anthropologischen Pessimismus: Die Menschheit ist im Gefolge der Erbsünde ein gänzlich dem Bösen verfallener, völlig ohnmächtiger Haufe: eine Masse der Sünde (*massa peccati*), eine Masse des Verderbens (*massa perditionis*), eine Masse der Verdammnis (*massa damnationis*).

(2) Aus dieser gerechten Verdammnis aller gibt es nur eine einzige Rettung: die Gnade Gottes, vermittelt durch den Erlöser Jesus Christus. In ihm erschließt sich dem gefallenen Menschen eine stärkere Hilfe als sie Adam benötigte. Die Gnade Adams – so unterscheidet Augustinus einen doppelten Gegenstand – war die vorausgesetzte Hilfe (Bedingung) für das freie und kraftvolle Handeln (*adiutorium sine quo non*); die zweite, von Christus gebrachte Gnade ist die Hilfe (Kraft), wodurch die sichere, durch Hindernisse unbeirrbare Verwirklichung des Handelns (*auxilium quo*) geschenkt wird.

Diese Gnade Christi wird jedoch nur der begrenzten Zahl der Prädestinierten zuteil. Von Ewigkeit her ist Christus als das Haupt der vielen Prädestinierten vorherbestimmt, die als seine Glieder gedacht sind und für die er als Quelle der Gnade wirkt. Diese Glieder bilden den Leib Jesu Christi und als diese Einheit die Kiche, die somit – in ihrem wahren Kern – als die Zahl der Vorherbestimmten (*numerus praedestinatorum*) erscheint.

(3) Mit Hilfe seiner Erbsündenauffassung tut sich Augustinus relativ leicht, das Schicksal der Nicht-Prädestinierten zu erklären: Alle übrigen, die nicht durch gnadenhafte Vorherbestimmung aus der Masse des Verderbens ausgesondert sind, werden einfach nach gerechtem Urteil in dieser Masse belassen (*relinquere, deserere*).

Augustinus stellt auch Spekulationen an über die *Quantität* der Prädestinierten und Nicht-Prädestinierten. Es sind – nach einer manichäistischen Lückentheorie – so viele Menschen zur Seligkeit vorherbestimmt wie Engel von Gott abgefallen sind. Wird der Mensch hier zum bloßen Lückenbüßer degradiert, so rangiert er in der folgenden Überlegung als Teil einer völlig nichtswürdigen Masse. Augustinus vertritt entschieden, daß die Zahl der gnadenhaft Geretteten – in sich groß – im Vergleich zu den Verlorenen klein ist. Die Verdammnis des größeren Teils der Menschheit sieht er in mitleidloser Gerechtigkeit: „Auch wenn nicht einer gerettet würde, könnte niemand das gerechte Urteil Gottes zu Recht tadeln“[131]. Gott wird ein schauerlich grausamer Richter: Durch die große Menge der Verwerfungen soll gezeigt werden, daß „jede noch so große Zahl von gerechtest Verdammten keinerlei Bedeutung bei Gott hat“[132].

Mysterium der Prädestination

Letzten Endes entzieht sich – so schärft Augustinus stets von neuem ein – die Prädestination dem Zugriff menschlichen Denkens und Verstehens; sie hat den Charakter eines undurchdringlichen Geheimnisses.

(1) Die Darstellung der Prädestination kreist bei Augustinus um die zwei Pole: *Barmherzigkeit* Gottes und *Gerechtigkeit* Gottes. Beide Eigenschaften sind unabdingbar nötig für die absolute Souveränität Gottes: Aus souveräner Gnade rettet er, aus souveräner Gerechtigkeit läßt er im Stich; aufgrund seiner absoluten Prädestination verhilft Gott den einen aus Gnade zum unverdienten, ewigen Heil, den anderen versagt er aus Gerechtigkeit die Hilfe zur Rettung aus der verdienten, ewigen Verdammnis.

Geheimnisvoll ist die Barmherzigkeit schon dadurch, daß Gott – unbegründet durch menschliches Verdienst, sondern nach seinem „Wohlgefallen“ – einen Teil der Menschen aus der Masse aller gleicherweise Verworfenen auswählt. Mag hier noch der Sinn aufleuchten, daß Gott grundlose Barmherzigkeit zum Lob und Ruhm seiner Gnade erweist, so ist es völlig rätselhaft, „warum Gott diesen lieber als jenen rettet“[133].

Noch geheimnisvoller als die Barmherzigkeit ist im System des Augustinus die Gerechtigkeit Gottes; ihr prädestinatorischer Spruch will ja von vorneherein das ewige Unheil der Mehrheit der Menschen. Auf die häufige Frage, warum ein Teil der Menschen bei völlig gleichen Voraussetzungen seinem Verdammungsschick-

[131] Augustinus, corr. et gr. 10,28.
[132] Augustinus, litt. 190,12.
[133] Praed. sanct. 8,16.

sal überlassen wird, antwortet Augustinus stets: Ungerechtigkeit ist bei Gott unmöglich, also liegt ein undurchringliches Mysterium vor. Augustinus spricht von „unergründlichen Urteilen", von einem „verborgensten und den menschlichen Sinnen unzugänglichstem Recht", von einem „höheren Urteil".

(2) Stark in Bedrängnis gebracht durch den Einwurf der gallischen Semipelagianer, daß man den katholischen Glauben bisher immer ohne die von Augustinus aufgestellte – nur Verwirrung stiftende – Definition der Prädestination verteidigen konnte, verweist Augustinus auf die pastorale Nützlichkeit das Mysteriums (*utilitas secreti*). Für das praktische christliche Leben bringt das Geheimnis der Prädestination verschiedenen Nutzen: Es ist ein Mittel gegen den Hochmut (*contra superbiam*) und gegen die Verzweiflung (*contra desperationem*); positiv verhilft es zur Demut (*humilitas*) und zur Heilsgewißheit (*certitudo*); in allem aber dient es zum ausschließlichen Lob und Ruhm Gottes (*laus et gloria Dei*). Die absolute Gratuität der Prädestination bewirkt, daß niemand dem sich mit eigenen Verdiensten brüstenden Stolz verfallen kann: „Alles ist Gott zu geben, damit niemand überheblich werde"[134]. Die Infallibilität der Prädestination bewirkt, daß man seine ganze Hoffnung auf den allmächtigen und unveränderlichen Willen Gottes setzen kann: „Wir leben sicherer, wenn wir Gott alles geben"[135].

Für die *pastorale Praxis* stellt Augustinus – in Abmilderung seiner rigorosen Theorie – die Regel auf: Wir sollen aufgrund des geheimnisverhüllten Schicksals der einzelnen aus dem Antrieb der Liebe wollen, daß alle gerettet werden. Weiterhin erteilt Augustinus den pastoralen Rat, man solle über das Mysterium der Prädestination nicht predigen, wenn dadurch Verwirrung ausgelöst würde; es sei manchmal nützlich, etwas Wahres zu verschweigen.

Schließlich rät Augustinus – angelehnt an Röm 11,33 – allgemein für das Erkenntnisbemühen gegenüber dem Mysterium der Prädestination: „Versuchen wir nicht, Unergründliches zu ergründen oder Unerforschliches zu erforschen"[136]. Jeder Versuch scheitert – nach Röm 9,20 – an: „O Mensch, wer bist du ..." gegenüber Gott!

3.1.4.4 Die Grenzen der augustinischen Gnadenlehre in heutiger Sicht

Augustinus hat das bleibende Verdienst, daß er die Bedeutung der Gnade im Heilsgeschehen sehr deutlich herausgestellt hat. Im einzelnen betont er zu Recht: die Ungeschuldetheit der Gnade Gottes, die Souveränität und Initiative Gottes im Heilsgeschehen, die Angewiesenheit der Menschen auf die Gnade im Heilsvollzug.

Aber der späte Augustinus kommt in seiner Polemik gegen den Pelagianismus zu extremen, *biblisch nicht mehr gedeckten Auffassungen.* Dazu gehören besonders: die Sündenzentriertheit der Gnadenlehre; die Deutung der Ursünde als biologisch weitergegebene Erbsünde; die ganze Menschheit als massa damnata, als der Verdammnis verfallene Masse aufgrund der Erbsünde; die völlige Verderbnis des frei-

[134] Ebd. 7,12.
[135] Persev. 6,12.
[136] Ebd. 11,25.

en Willens durch die Erbsünde; die unfehlbare Wirksamkeit der Gnade, die Freiheit und Geschichte der Menschen völlig entwertet; die reine Passivität der Menschen im Heilsgeschehen; das Verhältnis von Gnade und Freiheit als Konkurrenz, bei der die Menschen pessimistisch erniedrigt werden, um die Größe und Allmacht Gottes strahlender zu machen; die Einschränkung des universalen Heilswillens Gottes durch eine ewige Vorherbestimmung einzelner zum ewigen Heil oder Unheil; Gott als Willkürgott, der aus der Verdammnismasse einige beliebig aus Barmherzigkeit für das ewige Heil auswählt.

3.1.5 Festlegung der westkirchlichen Gnadenlehre auf Synoden

In seinem Kampf gegen den Pelagianismus arbeitet Augustinus auch mit dem Instrument einer synodalen Entscheidung. So erhält er 418 auf der Synode der nordafrikanischen Bischöfe in Karthago eine Bestätigung wesentlicher Positionen seiner Gnadenlehre. Doch in der Folgezeit stellen südgallische Theologen einige rigorose Konsequenzen der augustinischen Gnadenlehre in Frage. In dem langwierigen Streit bringt dann 529 die Synode von Orange eine lehramtliche Klärung.

3.1.5.1. Die Provinzialsynode von Karthago 418

Auf dieser Synode, an der etwa 200 nordafrikanische Bischöfe teilnehmen, setzt Augustinus durch, daß die Hauptthesen des *Caelestius* verurteilt werden. In acht Kanones (Leitsätzen), die jeweils für Vertreter einer gegenteiligen Meinung ein „anatheme sit" („der sei ausgeschlossen") erlassen, werden Ausgrenzungen im Umfeld der Gnadenlehre vorgenommen (vgl. DH 222-230). Diese gnadentheologischen Festsetzungen bestätigt dann Papst *Zosimos* in einem Rundbrief („Epistula tractoria" 418; vgl. DH 231), der auch an alle Ostkirchen geht. Gegen die Beschlüsse von Karthago erheben Bischof *Julian von Eclanum* und andere italienische Bischöfe Widerspruch, indem sie die Rechtgläubigkeit der verurteilten pelagianischen Lehren verteidigen.

Was sind nun die Hauptfragen, die von der karthagischen Synode behandelt werden? Auf dem Programm stehen: die Notwendigkeit der Kindertaufe aufgrund der weitervererbten Sünde Adams, die unbedingt nötige Hilfe der Gnade zur Erfüllung der Gebote und die bleibende Sündigkeit auch der Getauften.

(1) In den Kanones 1 und 2 (DH 222-223) geht es um den dunklen Hintergrund der Gnadenlehre, nämlich um die Folgen, die Augustinus aus seiner Erbsündenhypothese ableitet. Es werden – unter Verwerfung der gegenteiligen Behauptungen des Caelestius – als verbindliche Lehren aufgestellt: Der physische Tod gehört nicht zur ursprünglichen Natur der Menschen, sondern er ist eine Strafe für die Sünde Adams. Die neugeborenen Kinder sind durch die Zeugung mit der Ursünde Adams befleckt und deshalb ist es nötig, die Kleinkinder zur wirklichen Vergebung der Sünden zu taufen.

Hier ist die augustinische Sicht der biologischen Vererbung der Ursünde Adams übernommen. Als biblische Begründung wird – wie bei Augustinus – Röm 5,12 in der falschen lateinischen Übersetzung angeführt: *„in ihm* (*in quo*)", d.h. in Adam „haben alle gesündigt". Hingegen stützt sich Pelagius in dieser Frage auf die griechische Urfassung von Röm 5,12: *„weil* (*eph' ho*) alle gesündigt haben". Im Urtext ist also von der Universalität des Sündigens die Rede, aber nicht von einer Vererbung der Sünde Adams.

(2) Die Kanones 3-5 (DH 225-227) betonen, daß auch die in der Taufe Gerechtfertigten zeitlebens die besondere Hilfe der Gnade nötig haben. In diesem Sinn wird festgelegt: Die Gnade kann nicht auf die Vergebung der vergangenen Sünden beschränkt werden, sondern die Gerechtfertigten sind auch zur Vermeidung zukünftiger Sünden auf die Gnade angewiesen. Die Gnade hat nicht nur belehrenden Charakter, indem sie das Verständnis der Gebote erschließt, sondern sie ist auch eine innere Antriebskraft zur Verwirklichung des als richtig Erkannten. Ferner ist die Gnade nicht eine bloße Erleichterung zum Tun des Guten, sondern sie ist unbedingt erforderlich, um die göttlichen Gebote zu erfüllen.

(3) In den Kanones 6-8 (DH 228-330) geht es darum, daß auch die in der Taufe Gerechtfertigten immer wieder in Sünde fallen und so die Gnade der Vergebung nötig haben. So wird beschlossen: Auch von den Getauften kann niemand sagen, daß sie ohne Sünde sind. Weil also auch die Getauften wahrhaft schuldig werden, müssen selbst die Heiligen in allem Ernst die Vaterunserbitte „Vergib uns unsere Schuld" auf sich anwenden.

3.1.5.2 Die Provinzialsynode von Orange 529

Im südgallischen Mönchtum melden sich noch zu Lebzeiten des Augustinus Gegner zu Wort, die seiner Auffassung widersprechen, daß die Gnade aufgrund der Prädestination allen menschlichen Akten im Heilsgeschehen unmittelbar vorausgeht. So entwickelt *Cassian* († 435 als Abt in Marseille) eine Position, die später, nämlich erst im 18. Jahrhundert mit dem irreführenden Begriff *„Semipelagianismus"* bezeichnet wird. Inhaltlich gilt nach Cassian: Der – durch die Sünde Adams nur geschwächte – freie Wille des Menschen hat die eigenständige Kraft, nach Gott zu suchen, den Anfang des Glaubens zu setzen und gute Taten anzustreben; allerdings braucht der Mensch zur Durchführung dieser Ansätze unbedingt die Gnade Gottes; die Gnade Gottes, die alle Menschen ohne irgendeine Ausnahme retten will, wirkt als bestärkende Hilfe mit, daß das menschliche Bemühen gelingt[137]. Ferner verwirft *Vinzenz von Lerin* († vor 450) die Prädestinationslehre des späten Augustinus als unrechtmäßige Neuerung, weil sie nicht dem Traditionsprinzip entspricht; nach diesem Prinzip ist nur gültige Lehre, „was überall, immer und von allen geglaubt"[138] worden ist. Später vertritt Bischof *Faustus von Reji* († um 500) in seiner Schrift „Die Gnade Gottes" gegen Augustinus: Der Mensch kann sich aus eigenem Willen – ohne die zuvorkommende Gnade – Gott zuwenden.

Als *Verteidiger* der augustinischen Gnadenlehre tritt Bischof *Prosper von Aquitanien* († 455) auf. Er stellt ein Verzeichnis (*„Indiculus"*) päpstlicher Entscheidungen zusammen, die auf Sätzen von Augustinus basieren. Dabei geht es um folgende

[137] Cassianus, coll. XIII, 6-18.

[138] Vinzenz von Lerin, common. 2,5.

Hauptpunkte (vgl. DH 239-249): die menschliche Ohnmacht zum Guten aufgrund der Sünde Adams; Gott als der einzig Gute; das unbedingte Abhängigsein des Menschen von der Gnade Gottes, sowohl zum Anfang des Glaubens als auch zur Beharrung im Guten; die Herkunft aller guten Werke und Verdienste aus Gott; die Allwirksamkeit der Gnade; die ständig nötige Bitte um Gnadenhilfe; die Nichtaufhebung, sondern die Befreiung des freien Willens durch die Gnade.

Im 6. Jahrhundert kämpft Bischof *Caesarius von Arles* († 542) für den strengen Augustinismus. Er schafft es, daß die Synode von Orange (529) seine augustinisch geprägten Formulierungen zur Gnadenlehre gutheißt. Diese Synodenbeschlüsse werden 531 von Papst *Bonifaz II.* in einem Brief bestätigt (vgl. DH 398-400).

Was sind nun die Hauptpositionen der Synode von Orange? Die Texte behandeln als zentrale Themen: die Folgen der Sünde Adams; das Zuvorkommen der Gnade in allen Phasen des Heilsgeschehens; das Verhältnis von Natur und Gnade. Der Form nach sind es Kanones, die zuerst eine These (die oft unmittelbar von Augustinus stammt) bringen und diese dann meist mit biblischen Zitaten begründen.

(1) *Die Folgen der Sünde Adams*: Um die Notwendigkeit der Gnade zu erweisen, gehen die ersten zwei Kanones (DH 371-372) von der Sündenverderbtheit der Menschen aus. Es werden gegen Pelagius als Folgen der Sünde Adams herausgestellt: Durch die Übertretung Adams ist der ganze Mensch mit Leib und Seele zum Schlechteren verändert worden und damit ist auch die Freiheit der Seele verdorben. Zudem hat die Übertretung Adams auch seiner Nachkommenschaft geschadet, indem sie als Strafe für das ganze menschliche Geschlecht nicht nur den Tod des Leibes, sondern auch die Sünde als Tod der Seele gebracht hat.

(2) *Die in allem zuvorkommende Gnade*: Eine Reihe von Kanones (DH 374-390) heben hervor, daß keinerlei menschliches Bemühen die Gnade Gottes herbeiführen kann, sondern daß die Gnade Gottes den Anfang bei allen heilsbedeutsamen Handlungen der Menschen wirkt.

So gelten die (wörtlich von Augustinus übernommenen) Grundprinzipien: „Man kann der Gnade durch keine Verdienste zuvorkommen" (DH 388). Konkret heißt das: „Sooft wir Gutes tun, wirkt Gott in uns und mit uns, damit wir wirken" (DH 379). Oder anders formuliert: „Der Mensch vermag nichts Gutes ohne Gott ... Der Mensch hat nichts Gutes, das Gott nicht verleiht, damit es der Mensch tue" (DH 390).

Das bedeutet in einzelnen wichtigen Punkten: Die Gnade Gottes wird nicht auf Beten hin verliehen, sondern die Gnade selbst bewirkt den Impuls zum Beten (DH 373). Gott wartet nicht auf unseren Entschluß, von Sünden gereinigt zu werden, sondern der Heilige Geist wirkt in uns den Willen nach Befreiung von Sünde (DH 374). Die Hinneigung zum Glauben ist nicht von Natur aus in uns, sondern sie ist durch die Iniative des Heiligen Geistes ein Geschenk der Gnade (DH 375). Kein Mensch kann durch die Kraft der Natur dem Evangelium zustimmen, sondern dies geschieht nur durch die Erleuchtung des Heiligen Geistes (DH 377). Auch die Getauften brauchen die Gnade Gottes, um Gutes zu vollbringen und im Guten zu verharren (DH 380).

(3) *Die Beziehung von Natur und Gnade*: Die letzten Kanones (DH 391-395) bestimmen das Verhältnis, das zwischen Natur und Gnade herrscht, und zwar in

christologischer und pneumatologischer Perspektive. Den Ausgangspunkt bildet eine sehr negative Sicht der menschlichen Natur: „Jeder Mensch hat aus dem Seinigen nur Lüge und Sünde“ (DH 392). Die menschliche Natur kann den Sünder nicht rechtfertigen, erst durch Jesus Christus wurde die verdorbene menschliche Natur wiederhergestellt (DH 391). Die Getauften können nur ein gutes Leben führen, wenn sie – im Bild gesprochen – als Rebzweige in unmittelbarer Verbindung mit dem Weinstock Jesus Christus stehen (DH 394). Wenn die Getauften Gott lieben, dann stammt das nicht aus natürlichen Kräften, denn: „Gott zu lieben, ist ganz und gar ein Geschenk Gottes“; dieses Geschenk der Liebe zu Gott stammt vom Geist Gottes, der (nach Röm 5,5) die Liebe in unsere Herzen eingegossen hat (DH 395).

Pelagianismus und Augustinismus im Vergleich

Problem	*Pelagius*	*Augustinus*
Denkhorizont	universal-kosmisch (griech. Tradition)	individualistisch-subjektivistisch
Grundausrichtung	Heilsoptimismus	Heilspessimismus
Gnade	„äußerlich“ (Vorbild – Nachahmung): Aktualismus	„innerlich“ (Liebe Gottes in unseren Herzen): Habitualismus
Wille	zum Guten frei	unfrei, aber für Gott beweglich
Beziehung Gott-Mensch	Gott gibt dem Menschen das Rüstzeug, mit dem er das Heil erlangen kann	Gott wirkt faktisch das Heil des Menschen allein; dieser ist nur rezeptiv
Heilsprozeß	konkret-geschichtliche Gnadenvermittlung	Gnade ist ein unmittelbares Geschenk Gottes

Erstellt von Wolfgang Beinert

3.2 Gnadenlehre im Mittelalter

Alle mittelalterlichen Theologen der Westkirche orientieren sich in der Gnadenlehre – mehr oder weniger differenziert – an Grundpositionen des Augustinus. Unter den Repräsentanten des frühen Mittelalters entwirft *Gregor I.* eine vermittelnde Gnadenauffassung, während *Gottschalk* mit einer extremen Prädestinationslehre einen gnadentheologischen Streit entfacht. In der Frühscholastik beginnt, besonders bei den großen Vertretern *Anselm von Canterbury* und *Petrus Lombardus*, ein Neuansatz in der theoretischen Reflexion der Gnade. Die Hochscholastik entwickelt, nicht zuletzt mit Hilfe aristotelisch-philosophischer Kategorien, eine streng systematische Gnadenlehre, die ihre klassische Form bei *Thomas von Aquin* erreicht.

3.2.1 Das Gnadenthema im frühen Mittelalter

In sachlicher Reflexion erörtert Papst Gregor I. einige Zusammenhänge des Gnadenbegriffes. Eine polemische Auseinandersetzung mit der Gnadenfrage löst im 9. Jahrhundert der Mönch Gottschalk mit seiner Prädestinationsanschauung aus.

3.2.1.1 Vermittelnde Gnadenauffassung bei Gregor I. († 604)

In seinen vier Büchern „Dialoge über Leben und Wundertaten italischer Väter" und in seinen ethischen Mahnungen „Moralia zu Jjob" wendet der aus dem Mönchtum kommende Papst Gregor I. den Gnadenbegriff auf die pastorale Praxis an. Er vertritt dabei eine entschärfte Form der augustinischen Gnadenlehre. Beispielsweise übernimmt Gregor nicht den augustinischen Gedanken der Unwiderstehlichkeit der Gnade.

Gregor unterscheidet zwischen vorausgehender und nachfolgender Gnade (*gratia praeveniens/subsequens*). Die vorausgehende Gnade wirkt den Anfang jeglichen Heilsaktes und die nachfolgende Gnade wirkt mit dem freien Willen des Menschen zusammen: „Die göttliche Gnade wirkt vorausgehend in uns etwas ohne uns und sie wirkt, indem sie unserem freien Willen nachfolgt, das Gute mit uns"[139]. Konkret bedeutet das: Vorausgehend bringt die Gnade den schuldigen Menschen die Unschuld zurück; bei der Befreiung von Schuld wird auch der menschliche Wille in neuer Weise frei; der befreite Wille strebt dann das Gute in Freiheit an; für die Durchführung des Guten braucht der Wille notwendig die Unterstützung durch die nachfolgende Gnade.

So wirkt die Gnade Gottes in zwei großen Phasen. Fundamental gilt, daß sich der Mensch nach dem Fall des Urvaters nicht aus eigener Kraft von der Schuld befreien kann. Bei den einzelnen Menschen wirkt die vorausgehende Gnade die Hinwendung zum Guten und damit den Willen zur Bekehrung. Praktisch geschieht die Schuldbefreiung der einzelnen Menschen im Sakrament der Taufe. Bei den Getauften setzt die zweite Phase der Wirksamkeit der Gnade ein, nämlich die Mitwirkung, die Kooperation der Gnade mit der menschlichen Freiheit beim Vollzug guter Werke. Gregor bringt das auf die Kurzformel: „Das Gute, das wir tun, ist ein Werk Gottes und unser Werk"[140]. Das vom freien Willen im Verein mit der Gnade vollbrachte Gute wird schließlich beim Endgericht als Verdienst angerechnet.

3.2.1.2 Streit um die Prädestinationslehre des Gottschalk († um 868)

Die Gnadenthematik wird im 9. Jahrhundert im Westfrankenreich sehr heftig diskutiert, weil der Sachse Gottschalk mit seiner Lehre einer doppelten Vorher-

[139] Gregor I., moral. 16,30.
[140] Ebd. 33,40.

bestimmung großen Anstoß erregt. Gottschalk, anfangs Mönch in Fulda (unter Abt Hrabanus Maurus) und später Mönch in Orbais (in der Diözese des Erzbischofs Hinkmar von Reims) vertritt – orientiert am späten Augustinus – kämpferisch: Es besteht eine *doppelte Prädestination*, durch die Gott von Ewigkeit her die Rettung der einen und die Verdammnis der anderen festlegt; Gott will das Heil nicht für alle Menschen, sondern nur für die Erwählten; auch Jesus Christus hat sein Erlösungswerk nicht für alle Menschen, sondern nur für die Erwählten vollbracht.

Diese Thesen einer partikulären Gnadenanschauung werden durch Synoden verurteilt: 848 in Mainz auf Betreiben von *Hrabanus Maurus*; 849 in Quierzy auf Betreiben von *Hinkmar*. Gottschalk selbst wird als Häretiker zeitlebens im Kloster Hautviller gefangengesetzt. Im Widerspruch zu diesen Verurteilungen wird Gottschalks Sicht der doppelten Vorherbestimmung sowohl durch Theologen (*Scotus Eriugena, Florus von Lyon, Prudentius von Troyes*) als auch durch den Bischof *Remigius von Lyon* unterstützt. Dagegen kämpft Hinkmar literarisch und synodal an, indem er eine Schrift „Über die Vorherbestimmung und den freien Willen" verfaßt und indem er 853 auf einer Synode in Quierzy eine prinzipielle Stellungnahme zum Thema durchsetzt (vgl. DH 621-624). In Reaktion darauf beruft Remigius von Lyon 855 eine Synode in Valence ein, wo Gegenakzente zu Quierzy gesetzt werden (vgl. DH 625-633). Erst 860 erfolgt auf einer Synode von Toul die Versöhnung der beiden Parteien und Standpunkte.

Was sind nun die Hauptaussagen der Synoden von 853 und 855? *Quierzy* (853) beschreibt grundlegend das Verhältnis von Freiheit und Gnade: Die im ersten Menschen verlorene Freiheit wird durch die Gnade Jesu Christi von der Verderbnis geheilt; so haben die Menschen den freien Willen zum Guten, dem die Gnade vorangeht und hilft; sie haben aber auch den Willen zum Bösen, der von der Gnade verlassen ist (vgl. DH 622). Speziell umreißt Quierzy die Inhalte von Vorherbestimmung und Erlösung: Es gibt nur *eine* Vorherbestimmung Gottes, nämlich die Vorherbestimmung der Erwählten zum ewigen Leben; für die übrigen bestimmt Gott nicht vorher, daß sie zugrundegehen (vgl. DH 621). Bezüglich der Erlösung wird festgestellt: Jesus Christus hat ausnahmslos für alle Menschen gelitten; nur die Ungläubigen oder die im Glauben Versagenden erhalten aus eigener Schuld keinen Anteil an der Erlösung, denn wenn der Kelch des Heiles nicht getrunken wird, heilt er nicht (vgl. DH 624).

Als Gegensynode zu Quierzy setzt *Valence* (855) eigene, zum Teil fragwürdige Akzente. Valence bekennt eine *zweifache* Vorherbestimmung, d.h. die Vorherbestimmung der Erwählten zum Leben und die Vorherbestimmung der Gottlosen zum Tode (vgl. DH 628). Aber diese Vorherbestimmung wird in breiter Erläuterung im Vorauswissen Gottes begründet (vgl. DH 626). Dabei betont die Synode, daß das Vorherwissen Gottes keinem Bösen Notwendigkeit auferlegt (vgl. DH 627) und sie weist aufs schärfste die Meinung zurück, daß irgendwelche Menschen durch göttliche Macht zum Bösen vorherbestimmt sind (vgl. DH 629). Ferner vertritt Valence eine Einschränkung des Erlösungswerkes: Jesus Christus habe sein Blut nicht für die Gottlosen vergossen, sondern nur für jene, die an ihn glauben (vgl. DH 630).

3.2.2 Gnadenlehre in der Frühscholastik

Wie in allen theologischen Bereichen bemüht sich die Frühscholastik auch in der Gnadenlehre um gründliche *systematische Erörterung* von Grundfragen. Besonders *Anselm von Canterbury*, der „Vater der Scholastik", und *Petrus Lombardus*, der mit seinem Werk „Sentenzen" ein sehr einflußreiches Lehrbuch geschaffen hat, befassen sich ausführlich mit dem Gnadenverständnis und verarbeiten die augustinische Tradition in neuer, wegweisender Art. Formal wird die Gnade als Grundquelle der Tugend gesehen und deshalb im Rahmen der *Tugendlehre* behandelt. Das führt auch zu einer Psychologisierung der Gnadenlehre, insofern die seelischen Vorgänge beim Gnadengeschehen im Mittelpunkt der Betrachtung stehen.

3.2.2.1 Probleme der Gnadenlehre bei Anselm von Canterbury († 1109)

Anselm erörtert nach seinem Grundmotto „*fides quaerens intellectum*" (Glaube, der die Einsicht sucht) sehr gründlich prinzipielle Fragen des Gnadenverständnisses. Zwei Hauptthemen sind: das Verhältnis von göttlicher Gnade und menschlicher Freiheit sowie die Beziehung von göttlicher Vorherbestimmung und menschlicher Willensfreiheit. Diese Probleme werden ausführlich behandelt in den Schriften „Über die Willensfreiheit" (*De libertate arbitrii*) und „Über die Vereinbarkeit (*De concordia*) des Vorherwissens, der Vorherbestimmung und der Gnade Gottes mit dem freien Willen".

Das Miteinander von Gnade und Freiheit im Heilsgeschehen

(1) Für Anselm kommt die Frage des Verhältnisses von göttlicher Gnade und menschlicher Freiheit vom Schriftbefund her auf, „weil manchen Aussagen der Heiligen Schrift zufolge der freie Wille im Hinblick auf das Heil nichts zu nützen scheint, vielmehr allein die Gnade, weil anderen Stellen nach unser ganzes Heil auf unserem freien Willen zu beruhen scheint"[141]. Gegen die einseitigen Positionen, die im Heilsgeschehen entweder allein den freien Willen oder allein die Gnade am Werk sehen, will Anselm zeigen, „daß der freie Wille mit der Gnade zugleich besteht und mit dieser in vielem zusammenwirkt"[142].

Anselm geht alle die klassischen Schriftstellen durch, die für eine einseitige Interpretation verwendet werden und kommt zum grundsätzlichen Ergebnis, „daß die Heilige Schrift, wenn sie etwas zugunsten der Gnade sagt, keineswegs den freien Willen ausschaltet, und wenn sie zugunsten des freien Willens redet, sie nicht die Gnade ausschließt"[143]. Als ein Beispiel unter vielen führt Anselm an: „Wenn der Herr also sagt: ‚Ohne mich könnt ihr nichts tun', sagt er nicht: Euer freier Wille nützt euch nichts, sondern: Er nützt nichts ohne meine Gnade"[144]. Damit steht für Anselm vom Schriftbefund her fest: „Gnade und freier Wille sind nicht

---

[141] Anselm, de concordia III,1.
[142] Ebd.
[143] Ebd. III,5.
[144] Ebd.

unvereinbar, sondern wirken zusammen bei der Rechtfertigung und Rettung des Menschen"[145].

(2) Dieses Zusammenwirken von Gnade und Freiheit bestimmt Anselm dann näher. Grundlegend definiert er die Willensfreiheit als „das Vermögen, die Rechtheit des Willens um ihrer selbst willen zu bewahren"[146]. Dabei geht Anselm davon aus, daß der Urfall Adams die natürliche Willensfreiheit nicht zerstört hat: Der Mensch ist seinem Vernunftwesen nach immer frei; auch die Knechtschaft der Sünde, in die der Mensch durch den Urfall geraten ist, hebt die Freiheit der Willensentscheidung nicht auf; aber der Wille ist unfähig geworden, sich dieser Freiheit recht zu bedienen.

Beim Problem des rechten Gebrauchs des Willens setzt nach Anselm die Notwendigkeit der Gnade an. Es gibt die Rechtheit des Willens nur durch die Gnade. Als Hilfe zur Rechtheit des Willens wirkt die Gnade in zwei Phasen. Zunächst schenkt die Gnade Gottes – ohne jegliches vorausgehendes Verdienst – die Rechtheit des Willens. Diese *zuvorkommende Gnade* wirkt konkret in der Taufe, wo die Vergebung der ursprünglichen Ungerechtigkeit erfolgt. Damit dann der freie Wille die empfangene Rechtheit auch bewahren kann, benötigt er die Gnade als *nachfolgende Hilfe*. So gilt: „Wie also niemand die Rechtheit ohne das Zuvorkommen der Gnade empfängt, so bewahrt sie auch keiner außer durch das Nachfolgen dieser Gnade ... Denn der freie Wille besitzt und bewahrt sie nur durch zuvorkommende und nachfolgende Gnade"[147].

Die Vereinbarkeit von göttlicher Vorherbestimmung und menschlicher Freiheit

Anselm verknüpft die Vorherbestimmung aufs engste mit dem Vorherwissen Gottes. Darum behandelt er als Basisfrage, ob sich Vorauswissen Gottes und freier Wille gegenseitig ausschließen. Auf den ersten Blick scheint ja ein voller Gegensatz zu herrschen: „Was Gott vorausweiß, muß notwendig eintreten. Was aber durch freie Willensentscheidung geschieht, geht aus keiner Notwendigkeit hervor"[148]. Doch bei genauerer Betrachtung „steht dem Zusammenbestehen von Vorherwissen Gottes und Freiheit des Willens kein innerer Widerspruch entgegen"[149]. Es ergibt sich nämlich kein Zwang für das Handeln des Willens, wenn Gott etwas vorausweiß, weil er jedes Geschehen nach dessen wesensgemäßer Art vorausweiß. So weiß er die Handlungen des freien Willens gerade als freie Handlungen voraus, d.h. „Gott weiß etwas als zukünftig voraus, das ohne jede Notwendigkeit eintritt"[150].

Von diesem Grundansatz her ist auch die Lösung des Problems anzugehen, ob die Vorherbestimmung Gottes das freie Handeln des Willens ausschaltet. Wenn Vorherbestimmung eine vorgängige Anordnung oder Festsetzung ist, und wenn Gott alles vorherbestimmt, dann legt sich der Anschein nahe, daß Gott alles für

[145] Ebd.
[146] Anselm, de libert. XIII.
[147] De concordia III,4.
[148] Ebd. I,1.
[149] Ebd. I,2.
[150] Ebd. I,1.

die Zukunft mit Notwendigkeit festgelegt hat und daß der freie Wille nichts ist. Doch nach Anselm erweist auch hier eine gründliche Betrachtung, „daß weder die Vorherbestimmung den freien Willen ausschließt, noch dieser in Widerspruch mit der Vorherbestimmung tritt“[151]. Anselm geht dabei von einem spezifischen Begriff aus: Vorherbestimmung bedeutet für ihn nicht, wie bei Augustinus, die Festlegung des Heils einzelner, sondern den Einfluß auf den Vollzug der guten Werke (als Voraussetzung für das definitive Heil). In dieser Sicht kommt er zur Feststellung: In seiner Vorherbestimmung wirkt Gott „nicht, indem er den Willen zwingt oder ihm widersteht, sondern indem er ihn an sein eigenes Vermögen freigibt. So sehr jedoch der Wille sich seines Vermögens bedient, er tut nichts, was Gott nicht wirkte“[152].

3.2.2.2 Systematische Ansätze der Gnadenlehre bei Petrus Lombardus († 1160)

In seinem vierbändigen Hauptwerk „Sentenzen“, das wegen seiner prägnanten Zusammenfassung der gesamten christlichen Lehre bis in das 16. Jahrhundert als Lehrbuch an den Universitäten gedient hat, entwickelt Petrus Lombardus auch eine systematische Ordnung der Gnadenaspekte, besonders in den Distinktionen 17 sowie 26 – 28 des ersten Buches. Grundlegend verbindet er die Gnade mit dem Heiligen Geist; er verankert die Gnade also in der *Pneumatologie*. Formal bringt er traditionelle Unterscheidungen der Gnade in ein *Ordnungsschema*.

Die Verankerung der Gnadenlehre in der Pneumatologie

Einen spezifischen Grundansatz im Gnadenverständnis liefert Petrus Lombardus, indem er die Gnade Gottes voll auf das Wirken des Heiligen Geistes konzentriert. Er geht davon aus, daß der Heilige Geist als Gabe (*donum*) in die Herzen aller Getauften eingesenkt ist. Dann fragt er nach dem Wesen und der Wirkweise dieser Gabe.

Bei der Wesensbestimmung nimmt er eine Gleichsetzung vor, die schon unmittelbar zu seiner Zeit umstritten ist, d.h. er identifiziert den Heiligen Geist als Liebe Gottes mit der Gottes- und Nächstenliebe der Menschen. Seine Grundthese lautet: „Der Heilige Geist ist die Liebe des Vaters und des Sohnes, mit der sie sich gegenseitig und uns lieben ... Genau derselbe Heilige Geist ist die Liebe, mit der wir Gott und den Nächsten lieben“[153]. Gegen den Einwand, daß hier eine unstatthafte Identifizierung von göttlicher und menschlicher Liebe geschieht, beruft sich Petrus Lombardus auf die Aussage von Röm 5,5. Wenn es dort heißt, daß die Liebe Gottes durch den Heiligen Geist ausgegossen ist in unsere Herzen, dann gilt: „Mit diesen Worten wird die Liebe, mit der Gott uns liebt, nicht abgetrennt von der Liebe, mit der wir lieben; es ist vielmehr ein und dieselbe Liebe“[154].

Dies erläutert Petrus Lombardus näher mit der Weise, wie die Gabe des Heiligen Geistes in den Herzen wirkt. Der Heilige Geist, der zugleich Gott und Gabe

[151] Ebd. I,3.
[152] Ebd.
[153] Petrus Lombardus, Sent I,17,2.
[154] Ebd. I,17,12.

Gottes ist, bringt in die Herzen „die Liebe, durch die bei uns die ganze Trinität wohnt“[155]. So wirkt Gott selbst die Gottesliebe des Menschen: „Der Mensch hat keine andere Quelle der Gottesliebe außer Gott selbst“[156]. Der als Liebe einwohnende Heilige Geist erweist sich als mächtige innere Kraft, die zur Verwirklichung der Gottes- und Nächstenliebe antreibt. Die verwirklichte Liebe schenkt wiederum, daß wir in Gott bleiben, der die Liebe ist, und daß Gott in uns bleibt. Über diese verwirklichte Liebe führt uns der Heilige Geist schließlich zum ewigen Leben.

Zusammenordnung wichtiger Gnadenaspekte

Als Systematiker schafft Petrus Lombardus klare Begriffs- und Beziehungsstrukturen in der Gnadenlehre. So bringt er die traditionellen Unterscheidungen von wirkender und mitwirkender, von zuvorkommender und nachfolgender Gnade in eine präzise gegenseitige Zuordnung. Die *wirkende Gnade* betätigt sich als zuvorkommende Gnade, indem sie „den Willen des Menschen befreit und vorbereitet, daß er gut ist“; die *mitwirkende Gnade* betätigt sich als nachfolgende Gnade, indem sie den Willen des Menschen „unterstützt, daß er nicht vergeblich will“, d.h. daß er „das Gute erfolgreich will“[157].

Die *vorausgehend wirkende Gnade* beschreibt Petrus näher. Sie wirkt vorausgehend, insofern sie durch keinerlei menschliches Verdienst bedingt ist. Sie wirkt befreiend, indem sie den menschlichen Willen aus der Knechtschaft der Sünde herausholt. Sie wirkt heilend, indem sie die Kraft des geschwächten menschlichen Willens wiederherstellt. Konkret ist die vorausgehend wirkende Gnade der von Gott unverdient geschenkte „Glaube, der durch die Liebe wirkt“[158]. Diese Gnade des Glaubens (*gratia fidei*) schenkt kraft der Gnade Christi (*gratia Christi*) die Rechtfertigung des Sünders.

Auch das *Verhältnis von Gnade und Freiheit* bringt Petrus Lombardus in ein klares System. Die Gnade Gottes hat als *vorausgehende* und *nachfolgende* Wirkkraft eine zweistufige Beziehung zum freien Willen des Menschen. Beim nicht gerechtfertigten Menschen kann der freie Wille des Menschen nichts Heilsbedeutsames vollbringen: „Ohne vorausgehende und helfende Gnade reicht der freie Wille nicht aus, um das Heil und die Gerechtigkeit zu erlangen; und die Gnade Gottes kann nicht durch vorausgehende Verdienste herbeigerufen werden“[159]. Erst durch die zuvorkommende „Gnade, die den Willen des Menschen heilt und befreit“[160], wird der menschliche Wille zum Tun des Guten befähigt. Beim gerechtfertigten Menschen wirkt dann die nachfolgende Gnade mit dem geheilten und befreiten Willen zusammen, um gute Werke hervorzubringen. So kommt es unter der Vorherrschaft der Gnade zu heilsrelevanten Verdiensten: Bei den guten Verdiensten „ist der freie Wille nicht ausgeschlossen, weil jegliches Verdienst im Menschen

[155] Ebd. I,17,6.
[156] Ebd.
[157] Ebd. I,26,1.
[158] Ebd. I,26,7.
[159] Ebd. I,28,1.
[160] Ebd. I,27,3.

nur durch den freien Willen existiert. Aber bei der Verursachung der guten Verdienste liegt der Hauptgrund in der Gnade“[161].

3.2.3 Die klassische systematische Gnadenlehre des Thomas von Aquin

Die erste große Systematisierung der Gnadenlehre leistet *Alexander von Hales* († 1245), der Begründer der älteren Franziskanerschule, in seiner *Summa theologiae* III, 61-67. Dort trifft er bei der Wesensbestimmung der Gnade – die fortan gängige scholastische – Grundunterscheidung zwischen ungeschaffener und geschaffener Gnade (*gratia increata et creata*), d.h. zwischen der immer bestehenden Liebe Gottes zu den Menschen und den in den Menschen durch göttliche Liebesakte geschaffenen Wirkungen.

Die Vermittlung zwischen ungeschaffener und geschaffener Gnade schafft nach Alexander der Heilige Geist, der als die personale Liebe Gottes den menschlichen Verstand erleuchtet und den Willen bestimmt. Diesen pneumatologischen und personalistischen Akzent verstärkt dann *Bonaventura* († 1274), besonders im Sentenzenbuch II,126.

Im Unterschied zur Franziskanerschule legt die Dominikanerschule den Schwerpunkt auf die ontologische Betrachtungsweise der Gnade. Diese wird voll ausgearbeitet durch den Dominikaner Thomas von Aquin. Er faßt gerade auch in der Gnadenlehre streng systematisch zusammen, was seit Beginn des 13. Jahrhunderts als Synthese aus Augustinismus und Aristotelismus gewachsen ist. Mit der Neuentdeckung der Philosophie des Aristoteles und mit der Anwendung seiner ontologischen Kategorien auf die Theologie setzt in der Gnadenlehre eine *Ontologisierung* ein, d.h. die Gnade wird mit aristotelischen Seinsbestimmungen beschrieben. Nach dem Materie-Form-Schema ist die Gnade die übernatürliche Form, die die Materie der menschlichen Natur prägt. Näherhin schenkt die Gnade einen dauernden Zustand (*habitus*), der für die menschliche Seele eine neue Beschaffenheit (*qualitas*) bringt, die eine von außen hinzugefügte Eigenschaft (*accidens*) darstellt.

Die Konzeption des Thomas wird ab dem 16. Jahrhundert und dann wieder – sehr dezidiert gefördert vom Lehramt – in der Neuscholastik des 19. Jahrhunderts für die katholische Theologie beherrschend. Wie sieht nun die Gnadenlehre des Aquinaten konkret aus?

Im Bann der großartig geschlossenen Systematik des Thomas kann (und hat) man übersehen, daß Thomas in seinen systematischen Schriften bei wesentlichen Punkten einen Entwicklungsprozeß durchgemacht hat, der deutliche formale wie materiale Divergenzen zwischen dem Frühwerk und dem Spätwerk zutage treten läßt. Besonders klar zeigt sich beim Problemkreis der Gnadenlehre eine Evolution und Diskrepanz zwischen dem frühen und dem späten Thomas. Der Wechsel seiner Anschauungen vollzieht sich *in drei Schritten*: Das thomanische Frühstadium – im Sentenzenkommentar (1254-1256) – ist charakterisiert durch die Her-

[161] Ebd. I,27,4.

vorkehrung menschlicher Leistungsfähigkeit, was eine bedingte Prädestination auf den Plan ruft; das Übergangsstadium – in den „Untersuchungen zur Wahrheit" (1256-1259) und in der „Summe wider die Heiden" (1258-1260) – verlagert das Schwergewicht des Denkens auf die Allwirksamkeit Gottes und kommt so zu einer unbedingten Prädestination; das Endstadium – in der „Theologischen Summe" (1267-1273) – zeigt ein geschlossenes Lehrsystem, wo die Gnade in ihrem Wesen, ihren Arten und Wirkungen abgegrenzt wird.

3.2.3.1 Frühstadium: Menschliche Leistungsfähigkeit – bedingte Prädestination

In seinem ersten systematischen Werk, im „Sentenzenkommentar" (*Scriptum super libros Sententiarum Magistri Petri Lombardi*) nimmt Thomas bei Problemen der Gnadenlehre eine Position ein, die er später – nach seiner Art faktisch, nicht explizit retraktatorisch – revidiert. Er plädiert entschieden und ausführlich für eine positive natürliche Vorbereitung des Menschen auf die Rechtfertigungsgnade sowie – bei der Klärung des Verhältnisses von allgemeinem Heilswillen Gottes und Erwählung bzw. Verwerfung einzelner – für eine bedingte Prädestination.

Des Menschen natürliche positive Vorbereitung auf die Rechtfertigungsgnade

Im Sentenzenkommentar sieht Thomas die menschliche Vorbereitung (*praeparatio, dispositio*) als nötige Voraussetzung für die Gnade. Indem die Rechtfertigung als Zeugung (*generatio*) und die Gnade als eingegossene, habituelle Form betrachtet wird, gilt nach dem aristotelischen Form-Materie-Schema, daß die Form nur gegeben werden kann, wenn die Materie, d.h. hier, wenn der Mensch bzw. der menschliche Wille dazu disponiert. Der menschliche Wille bereitet sich in voller Autonomie auf die Gnade vor, und wenn alle erforderlichen Bekehrungsakte geleistet sind, folgt die Gnade in einer gewissen Notwendigkeit: „Dem, der tut, was in seinen Kräften steht, folgt von Gott die Gnade"[162].

Zwar ist, so meint Thomas in dieser Frühperiode, für die Vorbereitung auf die Rechtfertigungsgnade eine Hilfe (*auxilium*) Gottes nötig, aber dabei handelt es sich nur um das Zuspielen einer äußeren Gelegenheit (*occasio*) oder um die gewöhnliche mittelbare Bewegung des Willens, die Gott als Erstursache wirkt. Da der Mensch auch nach dem Sündenfall das sittliche Gute aus eigenem Vermögen, also ohne Gnade, vollbringen kann und da die guten Werke die Disposition zur Gnade bedeuten, ist es nicht notwendig, daß die Vorbereitungsakte auf die Gnade die menschliche Natur überschreiten.

Exemplarisch zeigt sich die ganze Anschauung am Beispiel des *Glaubens*: Sobald der Mensch die Inhalte des Glaubens, und zwar über Gottes Hilfe, durch äußere Belehrung oder innere (wunderbare) Erleuchtung genügend kennt, liegt es in der Gewalt des freien Willens, daß er zum Akt des Glaubens übergeht.

Demnach steht für diese Denkphase des Thomas in der Dispositionsfrage fest: Es gibt eine natürliche positive Vorbereitung auf die Gnade. Gott wirkt nur im allgemeinen Sinn (als causa prima), nicht im speziellen Sinn, d.h. Gott übt bei den

[162] Thomas von Aquin, In Sent. II, d.28 q.1 a.4: „Facienti quod in se est, Deus non denegat gratiam."

Vorbereitungsakten keine besondere Initiative aus, und es besteht grundsätzlich nicht die Notwendigkeit einer besonderen Hilfe. Gottes Wirken ist nur mittelbar und beeinflußt den Willen nur äußerlich. Da also hier der Mensch den ersten Schritt zur Gnadengewinnung in autonomer Entscheidung und mit rein natürlichen Akten tut, läßt sich ein Anklang an den Semipelagianismus nicht leugnen.

Gottes nachfolgender Wille im Vorauswissen menschlicher Leistungen

Durch die Ausklammerung der natürlichen Vorbereitung aus der unmittelbaren göttlichen Kausalität, durch den Materiecharakter der menschlichen Disposition gegenüber der habituellen Form der Gnade ergibt sich im Denken des jungen Thomas letztlich eine *bedingte Prädestination*. Dieser Sachverhalt zeigt sich deutlich bei dem Versuch, den allgemeinen Heilswillen Gottes in Einklang zu bringen mit der Prädestination bzw. Reprobation einzelner.

Thomas stellt sich im Sentenzenkommentar voll hinter das neuplatonische Prinzip des Dionysios: „Gott verhält sich, soweit es an ihm liegt, gleich gegenüber allen“[163]. Dazu bringt er öfters den Vergleich, daß Gott seine Gnade allen anbietet, so wie die Sonne allen Menschen leuchtet. Folglich steht der allgemeine Heilswille Gottes als unumstößlicher Ausgangspunkt fest.

Wie aber kommt es dann zur Vorherbestimmung oder zur Verwerfung einzelner? Kurz: Die positive und negative Wahl Gottes ist bedingt durch das verschiedene Verhalten des Menschen gegenüber Gott. Die Verschiedenheit der Aufnehmenden bestimmt die Zuteilung bzw. Verweigerung der Gaben Gnade und Herrlichkeit.

Zur Erklärung, wie nun der allgemeine Heilswille Gottes zum besonderen wird, greift Thomas eine von *Johannes von Damaskus* stammende Distinktion des göttlichen Willens auf, nämlich die Zweiteilung in einen „vorausgehenden Willen“ (*voluntas antecedens*) und einen „nachfolgenden Willen“ (*voluntas consequens*). Der vorausgehende Wille, der sich auf den Menschen an sich bezieht, ist universal; der nachfolgende Wille, der sich auf die Umstände der Einzelperson bezieht, d.h. konkret auf die Zustimmung und Vorbereitung zum Heil bzw. auf die Ablehnung des Heils und heilswidriges Handeln, ist – aufgrund jener Bedingungen (*conditiones*) beim göttlichen Willensobjekt – partikulär. Die Prädestination schließt den nachfolgenden Willen ein, und damit bekommen die menschlichen Leistungen einen Einfluß auf deren Effekte Gnade und Glorie; denn die an sich völlig freie Verleihung der Gnade tritt nur ein, wenn die Disposition gegeben ist (*causa dispositiva*), und die Gewährung der Glorie tritt nur ein, wenn die guten – durch die Gnade in den Rang von Verdiensten erhobenen – Werke gegeben sind (*causa meritoria*).

So wird deutlich: Thomas wahrt in seinem Frühwerk nur verbal die göttliche Allkausalität bei der Prädestination; faktisch macht er die Prädestination von menschlichen Leistungen und von deren Vorauswissen abhängig: der nachfolgende Wille setzt das Vorherwissen menschlicher Taten voraus; zum Beispiel führt das Vorauswissen der positiven Disposition eines Menschen zum Beschluß der Gnadeneingießung. In reiner Form ist die Reprobation an das Vorauswissen geknüpft, nämlich an das Vorauswissen menschlicher Schuld.

---

[163] Ebd. I d.40 q.2 ad 6.

3.2.3.2 Zweites Stadium: Göttliche Allwirksamkeit – unbedingte Prädestination

Die frühe Position des Thomas erfährt eine allmähliche Änderung in den „Untersuchungen zur Wahrheit" (1256-1259) und – sehr auffallend – in der „Summe gegen die Heiden" (1258-1260). Sowohl die Lehre über die Vorbereitung auf die Rechtfertigungsgnade wie auch die grundsätzliche Anschauung über die Prädestination werden umgearbeitet. Die Tendenz der Entwicklung geht dahin, die Allwirksamkeit Gottes – unter Einschränkung der menschlichen Wirkfähigkeit – zur Geltung zu bringen.

Wegfall der natürlichen Vorbereitung auf die Gnade

In den „Untersuchungen zur Wahrheit" (*Quaestiones disputatae de veritate*) ist in der Dispositionsfrage ein erster deutlicher Gedankenfortschritt zu bemerken. Thomas erachtet nun zur Vorbereitung – neben der allgemeinen Bewegung als Erstursache – eine besondere Wirksamkeit Gottes für nötig, nämlich eine besondere, allerdings natürliche Leistung und Ausrichtung durch die Vorsehung Gottes. Sonst bleibt hier bei der Vorbereitung noch alles weitgehend den natürlichen Kräften und dem freien Willen des Menschen überlassen, und diese natürliche Vorbereitung hat noch – trotz Unverdienbarkeit der Gnade – einen positiven Ursachencharakter (*causa dispositiva*).

In der „Summe gegen die Heiden" (*Summa contra gentiles*) tritt, vor allem vom dritten Buch an, eine grundlegende und bleibende Änderung ein. Die Leistungsfähigkeit der natürlichen menschlichen Kräfte wird wesentlich beschnitten, und zwar in expliziter Frontstellung zum „Irrtum der Pelagianer", womit auch die Semipelagianer gemeint sind. In den straffen Kapiteln 147-163 des dritten Buches formuliert Thomas knapp und präzis: Der Mensch kann sich durch den freien Willen die Glorie nicht verdienen; ebensowenig kann er sich die Gnade verdienen und auch der Anfang der Rechtfertigung oder der Anfang des Glaubens ist nicht aus uns. Der freie menschliche Wille allein genügt nicht: um im Guten bis ans Ende durchzuhalten, um sich selbst wieder von der Sünde zu befreien, um im Zustand der Sünde weiter Sünden zu meiden.

Der freie Wille des Menschen hat in der jetzigen Sicht des Thomas nur mehr einen kleinen Spielraum der Autonomie: Ihm bleibt lediglich die Kraft, „die Annahme der göttlichen Gnade zu verhindern"[164]. Selbst dieses Zugeständnis erfährt wenige Zeilen weiter eine entscheidende Einschränkung: die Fähigkeit des Nichthinderns, aufgefaßt als Sündenfreiheit, stand nur Menschen mit „Unversehrtheit des natürlichen Vermögens" zu; alle anderen mit „vorausgehender Ungeordnetheit" – gemeint sind die Menschen nach dem Urfall! – haben es „nicht im geringsten in ihrer Gewalt", der Gnade kein Hindernis, d.h. keine Sünde, in den Weg zu legen[165].

Folgerichtig scheidet Thomas hier erstmals jede positive natürliche Vorbereitung auf die Gnade aus. Für die Vorbereitung tritt nun eine besondere Hilfe Gottes (*auxilium divinum; auxilium divinae gratiae*) auf den Plan, die folgende Eigen-

[164] CG III, c159.
[165] CG III, c160.

schaften hat: Sie ist – vom letzten Ziel her – unbedingt notwendig; sie ist – dem Ziel angepaßt – übernatürlich; sie ist – der freien Initiative Gottes entspringend – vorausgehend; sie ist jede Zwischeninstanz meidend – unmittelbar; sie ist – den Willen in den Akt überführend – willensinnerlich, wobei der menschliche Wille trotzdem ohne Zwang als Herr seiner Akte handelt.

Unbedingte Prädestination

Thomas schaltet in der Übergangsphase die positive natürliche Gnadenvorbereitung des Menschen deshalb aus, weil ihm nun die Allwirksamkeit Gottes ein vorrangiges Anliegen ist. Diese Konzentration auf die Allwirksamkeit Gottes führt auch in der Prädestinationsauffassung zu einem Umschwung. Indem der blanke, freie und allmächtige Wille Gottes zum neuen Schlüsselbegriff wird, ergibt sich eine völlige Unabhängigkeit und Unfehlbarkeit bei der Prädestination, ergibt sich eine unbedingte Prädestination. Bereits in den „Untersuchungen zur Wahrheit" (quaestio 6) zeichnet sich dieser Stand- und Endpunkt ab, der in der „Summe gegen die Heiden" (c. 161-163) knapp bestätigt und später nur noch ausführlicher erörtert wird.

(1) Die völlige Unabhängigkeit Gottes bei der Auswahl beschreibt Thomas jetzt mit sehr eindeutigen Formulierungen. Die Sonderung in Prädestinierte und Reprobierte erfolgt nicht wegen irgendeiner bei den Gesonderten vorgefundenen Verschiedenheit; sie ist vielmehr „von Ewigkeit her durch Gott angeordnet"[166]. Als Grund für die unterschiedliche Behandlung der Menschen gilt nun – unter völliger Ausschaltung eines ursächlichen Charakters des Vorauswissens menschlicher Leistungen – allein der Wille Gottes: „Das hängt von seinem blanken Willen (*ex simplici voluntate*) ab"[167]. Die Ursache für die Auswahl liegt einzig und allein innerhalb Gott: Für die Prädestination ist Gottes Güte (*bonitas Dei*) die einzige Ursache; die Verleihung der Effekte Gnade und Glorie erfolgt aus reiner Freigebigkeit, um die Barmherzigkeit Gottes aufscheinen zu lassen.

Neben der absoluten Unabhängigkeit Gottes bei der Auswahl betont Thomas in dieser Reifungsperiode auch sehr entschieden die Unfehlbarkeit Gottes bei der Prädestination bzw. Reprobation. Gott lenkt die Prädestination unfehlbar zum letzten Ziel, zum ewigen Heil. Diese Unfehlbarkeit, diese Sicherheit des Vollzuges der Prädestination begründet Thomas jetzt nicht mehr allein im Vorauswissen Gottes, sondern erstrangig in der willensmäßigen Anordnung Gottes (*certitudo ordinis*). Die Anordnung der Prädestination enthält an sich eine unfehlbare Sicherheit (*infallibilis certitudo*) – nicht nur bezüglich der Zahl, sondern auch bezüglich der Individuen –, weil dem göttlichen Willen nichts widersteht, weil Gott hier in absoluter Macht (*potentia absoluta*) handelt, weil Gott prinzipiell unveränderlich ist.

(2) Daß eine so verstandene Unfehlbarkeit der Prädestination in Konflikt gerät mit der menschlichen Willensfreiheit, sieht Thomas klar. Er behauptet jedoch den gleichzeitigen unversehrten Bestand von absoluter Sicherheit und freiem Willen

---

166 CG III, c163.

167 CG III, c161.

des Menschen. Zur Lösung des dilemmaartigen Problems – *entweder* Beseitigung der menschlichen Freiheit *oder* Beseitigung der göttlichen Unfehlbarkeit – setzt Thomas *folgende Prinzipien* ein: Gott bewegt alles nach seiner Art (*secundum modum suum*), also den menschlichen Willen nach Art der Kontingenz, d.h. nach Art der Freiheit und nicht nach Art der Notwendigkeit und des Zwanges; weil diese Art von Gott selbst gewollt ist, bleibt sowohl die Unwiderstehlichkeit des göttlichen Willens als auch die Freiheit des menschlichen Willens gewahrt.

Das zweite Prinzip, das von der Distinktion „Ursache einer Ursache – Ursache einer Wirkung" ausgeht, bringt eine genauere Klärung des Verhältnisses von göttlicher und menschlicher Wirksamkeit bei der Prädestination. Aus dem Grundsatz, daß ein Erstursache ihre Wirkung vermittels Zweitursachen hervorbringt und daß demnach die Zweitursache irgendwie auch Ursache der Wirkung ist, leitet sich ab: Ursache der ewigen Prädestination ist allein Gott; aber auf die zeitlichen Effekte der Prädestination (Gnade und Glorie; Heil) übt auch der menschliche Wille kausalen Einfluß aus.

3.2.3.3 Die endgültige Systematisierung des Gnadenbegriffs

In der Summa theologica, quaestio 109-114, faßt Thomas alle Aussagen über die Gnade in einem strengen System zusammen. Unter den vielen Detailerörterungen ist hier herauszugreifen, wie Thomas das Wesen, die Arten und die Wirkungen der Gnade bestimmt.

Das Wesen der Gnade

Thomas versteht die Gnade Gottes grundlegend als ein ungeschuldetes Geschenk (*donum gratis datum*) der Liebe Gottes. Dabei sieht er die Liebe Gottes in einem weiten und engen Sinn: Die allgemeine Liebe Gottes, mit der Gott alles Geschaffene liebt, verleiht den Geschöpfen und so auch den Menschen das natürliche Sein; die besondere Liebe Gottes, mit der sich Gott den Menschen zuwendet, erhebt die Menschen „über die Lage der Natur hinaus zur Teilhabe am göttlichen Gut"[168]. Die besondere Gnade bedeutet demnach „etwa Übernatürliches (*super-naturale*) im Menschen, das von Gott herkommt" (ebd.). Dieses Übernatürliche, diese Teilhabe an der göttlichen Natur ist etwas im Menschen, genauer gesagt, etwas in der Seele des Menschen. Die Gnade hat die Seele als ihr tragendes Subjekt, d.h. die Gnade „hat ihren Sitz in der Wesenheit der Seele"[169].

Wie ist die in der Seele befindliche Gnade genauer zu beschreiben? Thomas sieht die Gnade als eine „Wirkung (*effectus*) des ungeschuldeten Willens Gottes"[170], die in zweifacher Weise als Unterstützung (*adiuvamentum*) der Seele tätig ist. In einer Hinsicht ist die Gnade eine Bewegung (*motus*) der Seele, „insofern die Seele des Menschen von Gott bewegt wird, um etwas zu erkennen, zu wollen und zu tun"[171]. In anderer Hinsicht ist die Gnade eine Beschaffenheit (*qualitas*) der See-

[168] S.th. I-II, q.110, a.1.
[169] S.th. I-II, q.110, a.4.
[170] S.th. I-II, q.110, a.2.
[171] Ebd.

le, „insofern der Seele von Gott ein zustandshaftes Geschenk eingegossen wird“[172]. Die Gnade als Beschaffenheit ist näherhin eine „akzidentelle Form der Seele“[173], d.h. eine zusätzliche Prägung der Seele, die als Zustand (*habitus*) eine dauernde Hilfe bildet, um durch richtiges Handeln das ewige Leben zu erlangen.

Die Arten der Gnade

Thomas schafft eine systematische Grundeinteilung der vielen verschiedenen Gnadenaspekte. So unterscheidet er *vier jeweils komplementäre Zweiergruppen* von Gnade: aktuelle und habituelle Gnade, heiligmachende und freigewählte Gnade, wirkende und mitwirkende Gnade, vorausgehende und nachfolgende Gnade.

(1) Insofern die Gnade ihrem Wesen nach eine innere Hilfe für die Seele ist, unterscheidet Thomas zwei Grundarten: *die aktuelle und die habituelle Gnade*. Bei der *aktuellen* Gnade handelt es sich um einzelne innere Hilfsakte Gottes, mit denen er die Seelenvermögen Verstand und Wille zum richtigen Vollzug bewegt. Der menschliche Verstand braucht für die Inhalte des Glaubens, die die natürliche Erkenntnis überschreiten, das „Licht der Gnade“, d.h. „eine neue Erleuchtung, die der natürlichen Erleuchtung hinzugefügt wird“[174]. Und der menschliche Wille braucht, um übernatürlich Gutes zu wirken, „eine hinzugefügte Kraft“, d.h. „eine göttliche Hilfe, damit er von ihr zum guten Handeln bewegt wird“[175].

Die zweite innere Hilfe Gottes für die Seele des Menschen ist die *habituelle* Gnade. Bei ihr handelt es sich um „ein zustandhaftes Geschenk (*habituale donum*), das von Gott in die Seele eingegossen wird“[176] und das dauernd in der Seele als Ursprungsgrund gottgefälligen Handelns gegenwärtig ist. Konkret ist diese bleibende Gnade „eine Art Teilhabe (*participatio*) an der göttlichen Natur“[177].

(2) Nach den Bezugspersonen des Gnadenwirkens unterscheidet Thomas *die heiligmachende Gnade (gratia gratum faciens) und die freigewährte Gnade (gratia gratis datum)*. Die *heiligmachende* Gnade ist eine Gnade, „durch die der Mensch selbst mit Gott verbunden wird“[178]. Diese Gnade macht heilig, weil sie den Menschen rechtfertigt und so Gott angenehm macht. Hingegen ist die *freigewährte* Gnade ein unverdientes Geschenk, das Gott einem Menschen dazugibt, „damit er zur Rechtfertigung eines anderen Menschen mitwirkt“[179]. Konkret sind damit die Charismen gemeint, die einzelnen in der Kirche zur Weitervermittlung des Glaubens an andere geschenkt sind. Demnach läßt sich der Unterschied kurz so formulieren: „Die heiligmachende Gnade ist nur auf das Wohl des Einzelmenschen hingeordnet, die freigewährte Gnade jedoch auf das Gemeinwohl der ganzen Kirche“[180].

---

172 Ebd.
173 S.th. I-II, q.110, a.2 ad 2.
174 S.th. I-II, q.109, a.1.
175 S.th. I-II, q.109, a.2.
176 S.th. I-II, q.110, a.2.
177 S.th. I-II, q.112, a.1.
178 S.th. I-II, q.111, a.1.
179 Ebd.
180 S.th. I-II, q.111, a.5.

(3) Nach der Beziehung zwischen Gott und Mensch im Heilgsgeschehen teilt Thomas die Gnade in *wirkende und mitwirkende Gnade* ein. Bei der *wirkenden Gnade (gratia operans)* kommt eine Tätigkeit nur durch die ungeschuldete Bewegung durch Gott zustande; bei der *mitwirkenden Gnade (gratia cooperans)* unterstützt Gott eine eigenständige menschliche Aktion. Am Beispiel der aktuellen Gnade zeigt sich dies so: Durch die wirkende Gnade, die sich auf den inneren Willensakt bezieht, bewegt Gott allein den menschlichen Geist zum Akt; durch die mitwirkende Gnade, die sich auf den äußeren Akt bezieht, „unterstützt uns Gott zu diesem Akt, indem er sowohl innerlich den Willen bestärkt, damit er zum Akt gelange, als auch äußerlich die Fähigkeit des Wirkens gewährt“[181]. Für die habituelle Gnade bedeutet diese Unterscheidung: Sie wird wirkende Gnade genannt, „insofern sie die Seele heilt oder rechtfertigt“; sie wird mitwirkende Gnade genannt, „insofern sie der Ausgangsgrund des verdienstlichen Werkes ist, das auch aus dem freien Willen hervorgeht“[182].

(4) Im Hinblick auf zeitliche Reihenfolge unterscheidet Thomas zwischen *vorausgehender und nachfolgender Gnade (gratia praeveniens et subsequens)*. Die Gnade entspringt zwar der ewigen Liebe Gottes, die immer zuvorkommend ist; aber insofern die Gnade eine zeitliche Wirkung ist, kann ihr etwas vorausgehen und nachfolgen. Es gibt bei den zeitlichen Wirkungen fünf Grundarten, wo jeweils eine Wirkung vorausgeht und die andere nachfolgt: „Die erste Wirkung besteht darin, daß die Seele geheilt wird; die zweite, daß sie das Gute will; die dritte, daß sie das Gute, das sie will, wirksam tut; die vierte, daß sie im Guten verharrt; die fünfte, daß sie zur Herrlichkeit gelangt“. Also wird hier „die Gnade, insofern sie in uns die erste Wirkung verursacht, zuvorkommend genannt im Hinblick auf die zweite Wirkung, und insofern sie in uns die zweite Wirkung verursacht, wird sie nachfolgend genannt im Hinblick auf die erste Wirkung“[183].

Die Wirkungen der Gnade

Wie eben festgestellt, nimmt Thomas *fünf Grundarten* von zeitlichen Gnadenwirkungen an. Die Gnade bewirkt demnach: Heilung der Seele, Bewegung zum Guten, Durchführung des Guten, Bewahrung im Guten und Erlangung der Herrlichkeit. Diesen Hauptwirkungen der Gnade schreibt er eine Reihe von entsprechenden Wirkungen zu.

(1) *Die heilende Wirkung* der Gnade zeigt sich wesentlich in der Rechtfertigung des Sünders. Die Funktion der Rechtfertigung besteht in der Heilung, d.h. in der Wiederherstellung der menschlichen Natur, indem sie aus der durch Adams Sünde verdorbenen Natur (*natura corrupta*) wieder eine unversehrte Natur (*natura integra*) macht. Konkret geschieht bei der Rechtfertigung durch Nachlassung der Sünden „eine Umwandlung aus dem Stand der Ungerechtigkeit in den Stand der Gerechtigkeit“[184]. Oder anders gesagt: „Die Rechtfertigung ist eine Bewegung,

181 S.th. I-II, q.111, a.2.
182 Ebd.
183 S.th. I-II, q.111, a.3.
184 S.th. I-II, q.113, a.1.

wodurch die Seele von Gott aus dem Stande der Schuld in den der Gerechtigkeit geführt wird"[185].

(2) Die *zum Guten bewegende Wirkung* der Gnade bezieht sich allgemein auf alle Vollzüge des menschlichen Verstandes und Willens. Als innere Bewegung führt die Gnade den Verstand zu Erkenntnis des Wahren und den Willen zur Hinneigung zum Guten. Auch die Vorbereitung eines Menschen auf die Gnade, indem er sich Gott zuwendet, wird durch die innere Bewegkraft der Gnade verursacht. Die Bekehrung eines Menschen zu Gott „kann nur dadurch geschehen, daß Gott ihn bekehrt"[186]. Zum Axiom „Wenn der Mensch das tut, was an ihm liegt, verweigert ihm Gott die Gnade nicht" bemerkt Thomas: „Der Mensch kann nichts tun, wenn er nicht von Gott bewegt wird ... Wenn man darum sagt, der Mensch tue, was an ihm liegt, so betrifft diese Aussage die Macht des Menschen, insofern er von Gott bewegt wird"[187].

(3) Die zur Durchführung des Guten *stärkende Wirkung* der Gnade wird besonders deutlich bei den Fragen, ob der Mensch ohne Gnade alle Gebote Gottes erfüllen und ob er ohne Gnade von der Sünde aufstehen kann. Die Einhaltung der Vorschriften des Gesetzes können die Menschen im Stand der verdorbenen Natur nicht aus natürlicher Kraft leisten, sondern sie „bedürfen der Hilfe Gottes, der sie zur Erfüllung der Gebote bewegt"[188]. Auch das eigenmächtige Aufstehen von der Sünde, das eine sich selbst rechtfertigende Rückkehr des Menschen vom Stand der Schuld zum Stand der Gerechtigkeit wäre, ist ausgeschlossen: „Der Mensch kann auf keinerlei Weise aus eigener Kraft ohne Hilfe der Gnade von der Sünde wieder aufstehen"[189].

(4) Die zur Bewahrung im Guten *helfende Wirkung* der Gnade zeigt sich darin, daß der Mensch die Sünde ohne die Unterstützung durch die Gnade nicht meiden kan. Selbst für die Gerechtfertigten gilt: „Das Geschenk der heiligmachenden Gnade wird uns nicht dazu verliehen, daß wir in seiner Kraft nicht weiterhin der göttlichen Hilfe bedürfen, sondern ein jedes Geschöpf bedarf dessen, daß es von Gott im Guten, das es von ihm empfangen hat, erhalten werde"[190]. Grundsätzlich kann der gerechtfertigte Mensch die Beharrlichkeit (perseverantia) als „eine Fortführung des Guten bis zum Ende des Lebens" nicht aus eigener Kraft leisten, sondern er braucht „die göttliche Hilfe, die ihn leitet und schützt gegen die Anfechtungen der Versuchungen"[191].

(5) Die zur Erlangung der Herrlichkeit *erhebende Wirkung* der Gnade wird sichtbar in der Frage, ob sich der Mensch aus eigener Kraft das ewige Leben verdienen kann. Das ist prinzipiell nicht möglich, weil das ewige Leben die Grenzen der menschlichen Natur übersteigt: „Darum kann der Mensch verdienstvolle Werke, die zum ewigen Leben im richtigen Verhältnis stehen, kraft seiner Naturanlage nicht hervorbringen; sondern dazu ist eine höhere Kraft erforderlich, welche die

---

[185] S.th. I-II, q.113, a.6.
[186] S.th. I-II, q.109, a.6.
[187] S.th. I-II, q.109, a. 6 ad 2.
[188] S.th. I-II, q.109, a.4.
[189] S.th. I-II, q.109, a.7.
[190] S.th. I-II, q.109, a.9 ad 1.
[191] S.th. I-II, q.109, a.10.

Kraft der Gnade ist“[192]. Allerdings erhalten die guten Werke, die nach der Rechtfertigung vollbracht werden, Verdienstcharakter. Es wird nämlich die in der Rechtfertigung geheilte menschliche Natur durch die heiligmachende Gnade „dazu erhoben, verdienstliche Werke, die das Maßverhältnis der Natur übersteigen, für das ewige Leben zu vollbringen“[193].

Der Rechtfertigungsvorgang nach der „Summa theologica“ des Thomas v. Aquin (STh I, II, 109–114)

Ausgangspunkt: Die völlige Abkehr des Menschen von Gott durch die Sünde

↓

Die gratia operans hilft dem Willen des Menschen und bewegt ihn

↓

Motivation zum Guten durch die gratia cooperans

↓

Rechtfertigung

(gratia gratum faciens = qualitas = habitus)

↓

Verharren im Guten

↓

Himmlische Herrlichkeit

Thomas wendet aristotelische Kategorien an. Grundlegend ist das Materie-Form-Schema. *Materia* meint in der Gnadenlehre die leib-seelische Beschaffenheit des Menschen, sofern er auf die Gnade vorzubereiten ist. *Forma* ist die ihn prägende heiligmachende Gnade, die den Menschen zur Gottesvereinigung in Glaube, Hoffnung und Liebe disponiert.

Qualitas meint die von Gott dem Menschen geschenkte bleibende Fähigkeit, seine Einwirkung nicht als fremd, sondern als vertraut (konnatural) zu empfinden.

Habitus bedeutet die von Gott geschenkte, aber im Sein des Empfängers fest verankerte Beschaffenheit die sich in Glaube, Hoffnung und Liebe oder kurz: als „Stehen in der Gnade“ auswirkt.

Hinter diesen sehr technisch anmutenden Begriffen steht die biblisch verankerte Erkenntnis: Gott orientiert aus Gnade den Menschen auf das Leben in seiner Gnade hin und macht so den in Verkehrtheit (perversio) stehenden Sünder wieder „richtig“ oder „gerecht“.

(Wolfgang Beinert)

---

192 S.th. I-II, q.109, a.5.

193 S.th. I-II, q.109, a.9.

3.3 Gnadenlehre der Neuzeit

Gegenüber dem scholastischen System der Gnadenlehre, das in der Spätform des *Skotismus* (begründet von *Johannes Duns Scotus*, † 1308) und des *Nominalismus* (Hauptvertreter: *Wilhelm von Ockham*, † 1348, und *Gabriel Biel*, † 1495) weiter ausdifferenziert worden ist, bringt *Luther* mit seinem reformatorischen Grundansatz einen völligen Umbruch und Neuaufbruch in der Gnadenlehre. Die reformatorische Gnadenanschauung wird von *Calvin* († 1564) streng systematisiert, und zwar im Rahmen der Lehre einer doppelten Prädestination. In Reaktion auf die reformatorischen Positionen faßt das *Konzil von Trient* die katholische Gnadenauffassung im Dekret über die Rechtfertigung (1547) zusammen.

Ab den sechziger Jahren des 16. Jahrhunderts gibt es Gnadenstreitigkeiten innerhalb der katholischen Kirche: *Bajus* und *Jansen* verfechten die schroffe Gnadenlehre des späten Augustinus, was zu Korrekturen durch das Lehramt führt; zwischen *Bañez* und *Molina* bzw. zwischen der Schule der Dominikaner und Jesuiten wird ein Streit über das Verhältnis von göttlicher Gnade und menschlicher Freiheit ausgetragen, bei dem das *Lehramt* für ein freies Nebeneinander der beiden Lehrmeinungen plädiert.

Nachdem die *Neuscholastik* seit der Mitte des 19. Jahrhunderts die thomanische Gnadenlehre wieder aufgenommen und vertreten hat, kommt es ab den dreißiger Jahren des *20. Jahrhunderts* in der katholischen Theologie zu Neuansätzen in der Gnadenauffassung. Dabei ergibt sich auch ein echter Dialog mit der reformatorischen Gnadenlehre und es werden in prinzipiellen Fragen des Gnadenverständnisses ökumenische Konvergenzen erarbeitet.

3.3.1 Die Gnadenlehre Martin Luthers (†1546)

In der Gnadenlehre Luthers gibt es eine Entwicklung, die sich in zwei gegensätzliche Phasen teilt. Der *vorreformatorische* Luther vertritt Positionen spätscholastischer Gnadenauffassung, die als semipelagianisch charakterisiert werden können.

Einen großen Umschwung bringt – in seiner Römerbriefvorlesung von 1515/1516 – die *reformatorische Erkenntnis*, daß die Rechtfertigung allein aus der Gnade, allein durch den Glauben, und allein wegen Christus geschieht. Von da an entwirft Luther eine radikale Gnadenlehre, die er aufs engste mit dem Gedanken einer absoluten Prädestination verbindet.

In seiner reformatorischen Gnadenlehre wird Luther von zwei Hauptintentionen bewegt. Zum einen kämpft er an gegen die „Werkerei", d.h. gegen damalige kirchliche Frömmigkeitsformen und vor allem gegen die Praktiken des Ablaßwesens, wonach das Heil allein aus menschlicher Leistung durch gute Werke erwirkt werden soll. Zweitens tritt er ein für die absolute Souveränität Gottes und damit für die absolute Unverfügbarkeit der Gnade im Heilsgeschehen. Mit dieser Begründung des Heils ganz allein in Gott will Luther zugleich die Gewißheit des Heils sichern.

3.3.1.1 Die vorreformatorische Gnadenauffassung Luthers

Wenn man schlaglichtartig die Positionen des jungen Luther beleuchten will, die er später im Zusammenhang mit der Prädestinationslehre total verworfen hat, so sind folgende Gebiete zu nennen: wirkfähiges natürliches Vermögen des Menschen, kooperative Willensfreiheit, verdienstliche Disposition zur Gnade. Entsprechende anthropologische und soteriologische Vorstellungen ockhamistischer-bielscher Prägung herrschen in den Randbemerkungen zu Petrus Lombardus (1509/1510), in den frühesten Predigten (1510 oder 1512) und noch in der ersten Psalmenvorlesung (Dictata super Psalterium: 1513-1515).

Positive natürliche Kräfte

So vertritt Luther in den *Glossen zum Lombarden* einen anthropologischen Optimismus: Er übernimmt für die Erbsünde die traditionelle scholastische Formel „Fehlen der Urgerechtigkeit" (*carentia iustitiae originalis*) und bestimmt sie als Privation oder Nichts. Die Konkupiszenz ist als Straffolge der Erbsünde nicht identisch mit ihr; dies zeigt sich bei der Taufe, wo die Erbsünde ganz ausgelöscht wird (*totum aboletur*), die Konkupiszenz hingegen – geschwächt – bestehen bleibt. Darum ist die Konkupiszenz auch nicht an sich böse (*non per se mala*), sondern nur per Akzidens als Neigung zum Bösen. Ebenso ist die menschliche Natur nicht von Grund auf verderbt, sondern der Mensch ist von seinem Sein her gut, insofern zwischen dem Sein und dem Guten Identität besteht, während das Böse – als Nichts – nur in einem Gut existieren kann. Demzufolge liegt es im natürlichen Vermögen von Verstand und Willen, das Wahre und Gute zu erstreben und zu verwirklichen.

Kooperativer freier Wille

Auf dieser Basis versteht es sich von selbst, daß der junge Luther der menschlichen Willensfreiheit volles Lebensrecht gewährt. Geradezu einen Hymnus auf den Menschen als Mikrokosmos und auf die Willensfreiheit (*liberum arbitrium*) als eine edelste Gabe (*donum nobilissimum*) singt ein Passus aus einer seiner frühesten Predigten. Diese Gabe würde sogar allein zur Heilserlangung ausreichen[194].

Obgleich der Mensch, auch der Christ – so erörtern die Bemerkungen zum Lombarden –, leicht das Böse und schwer das Gute wählt, zwingt nicht einmal die Seligen oder die Verdammten irgendeine Notwendigkeit zum Guten bzw. zum Bösen; es bleibt vielmehr die Freiheit nach beiden Seiten (*manet utrisque libertas*). Deshalb ist auch eine entscheidende Mitwirkung des freien Willens bei der Realisierung der Seligkeit (*beatitudo*) möglich: Gott bietet immer die Gnade an. Der Grund für ewiges Glück oder Unglück liegt wesentlich im Verhalten des freien Willens. Dadurch daß der freie Wille die angebotene Gnade annimmt, sie bewahrt und ihr als Führerin folgt, wird die Seligkeit erwirkt; das rebellische Ausschlagen der Gnade oder das Abweichen von ihr unterwegs verursacht dagegen die Verdammnis.

---

194 Vgl. WA 4,599.

Noch in der ersten *Psalmenvorlesung* kommt der menschlichen Entscheidung in der Heilsfrage eine ausschlaggebende Bedeutung zu: Der Mensch hat seine Seele in der Gewalt und kann sie in der Freiheit seines Willens entweder verderben oder retten, je nachdem er das Gesetz Gottes verwirft oder erwählt; er ist frei zu beidem (*liber ad utrumque*). Besonders die Verworfenen bedingen ihr Strafschicksal durch ihren eigenen Willen: sie widersetzen sich dem Heilswillen Gottes, und Gott rettet sie nicht wider ihren Willen. Der göttliche Strafbeschluß ist jedoch nicht endgültig und absolut (*non est definite et absolute*), sondern er wird aufgehoben, wenn die Menschen ihren Willen zum Guten hin ändern.

Verdienstliche Disposition

Solcher Anschauung von autonomer Kooperation bei der Heilserreichung fügt sich leicht ein, daß der junge Luther eine Disposition des Menschen für die Gnade und ein Verdienst aus Billigkeit (*meritum de congruo*) vertritt. Er läßt noch in den *Dictata* das Axiom vom Handeln nach besten Kräften (*facere quod in se est*) gelten und wertet dies als verdienstliche Disposition. Trotz aller Betonung der Gratuität stellt der junge Exeget folgende Analogie auf: Ähnlich wie für die Ankunft Christi im Fleisch eine gründliche Vorbereitung (*praeparatio et dispositio*) nötig war, müsse man für die geistliche Ankunft Christi – jetzt in der Gnade, einst in der Glorie – annehmen: „Dem Menschen, der tut, was in seinen Kräften steht, gibt Gott unfehlbar die Gnade“[195], zwar nicht als Rechtsanspruch, aber sicher aus Billigkeit (*tamen bene de congruo*). „Unser Handeln nach bestem Vermögen disponiert uns zur Gnade“[196]. Diese ganze Theorie ist gestützt durch die Imperative der Schrift, wie etwa zu bitten, zu suchen, anzuklopfen, zu wachen, bereit zu sein.

3.3.1.2 Die reformatorische Gnadenlehre Luthers

Der radikale Neuansatz in Luthers Denken manifestiert sich vollständig – reflektiert und mit den grundlegenden theologischen Konsequenzen – in der *Römerbriefvorlesung*. Wie ist es zur Kehre gekommen? Schwere existentielle Nöte haben Luther den Impuls zur reformatorischen Erkenntnis gegeben: Die quälende Grundfrage „Wie kriege ich einen gnädigen Gott?“ und die schlimmste Angst, nämlich der Prädestinationszweifel „Gehöre ich zu den Erwählten?“ drängen den jungen Mönch nach einer erlösenden Antwort. Vor allem durch das intensive Studium des Paulus, das flankiert wird durch die Lektüre antipelagianischer Schriften Augustins und durch die nähere Bekanntschaft mit der deutschen Mystik leuchtet Luther bei der Lektüre von Röm 3 die befreiende Einsicht auf: Gott schenkt die Rechtfertigung völlig umsonst. Was heißt das für Luther genauer?

Rechtfertigung allein aus Gnade

Nach seiner reformatorischen Wende betrachtet Luther die Rechtfertigung als die Mitte der christlichen Botschaft: „Der Artikel von der Rechtfertigung ist Meister

---

[195] WA 4,261.
[196] WA 4,262.

und Fürst, Herrscher, Lenker und Richter über alle Arten von Lehre; er erhält und regiert jegliche kirchliche Lehre und richtet unser Gewissen vor Gott auf"[197]. Ekklesiologisch gilt: „Wenn dieser Artikel steht, steht die Kirche; wenn er fällt, fällt die Kirche"[198].

Formal bestimmt Luther die Rechtfertigung als einen Heilsakt, der sich in einem *dreifachen Allein* vollzieht: Rechtfertigung geschieht allein aus Gnade (*sola gratia*), allein durch den Glauben (*sola fide*) und allein wegen Christus (*solo Christo*). Prinzipiell verankert Luther die Rechtfertigung in der *Unterscheidung von Gesetz und Evangelium*. Vor allem sichert er die *Alleinwirksamkeit der Gnade* mit einer strengen Prädestinationslehre ab.

(1) *Rechtfertigung allein aus Gnade* bedeutet für Luther grundsätzlich: Die Gnade – die nur als Gunst Gottes (*favor Dei*) und nicht als Beschaffenheit in der menschlichen Seele zu verstehen ist – schenkt den Sündern die Rechtfertigung ohne jegliche Vorbedingung oder Vorleistung. Die Rechtfertigung wird nicht herbeigeführt durch menschliche Leistungen, sondern sie wird von Gott geschenkt, völlig unabhängig von guten Werken oder Verdiensten der Menschen.

Konkret geschieht die Rechtfertigung durch einen gnädigen Urteilsspruch Gottes, mit dem er den sündigen Menschen für gerecht erklärt. Rechtfertigung ist also etwas Richterliches, etwas *Forensisches*, d.h. ein dem Gericht (forum) verfallener Sünder wird aus Gnade von seiner Schuld freigesprochen. Diese Gerechtsprechung bedeutet inhaltlich die Vergebung der Sünden.

(2) Mit *Rechtfertigung allein durch den Glauben* meint Luther in Absetzung zur Werkgerechtigkeit: Die Rechtfertigung des Sünders erfolgt nicht aufgrund guter Werke des Menschen, sondern nur durch den Glauben als Annahme des gnädigen Urteilsspruches Gottes. Der Glaube ist dabei keine aktive Kraft, sondern ein passives Empfangsorgan.

Positiv gesehen wirkt der Glaube als Vertrauen (*fiducia*), nämlich als Vertrauen auf die Barmherzigkeit Gottes und auf das Erlösungswerk Christi. Indem der Sünder im Glauben darauf vertraut, daß die Barmherzigkeit Gottes und das Erlösungswerk Christi für ihn persönlich zutreffen, ereignet sich die Rechtfertigung. Die Funktion des Glaubens bei der Rechtfertigung des Sünders besteht demnach darin, daß er das „für mich" (*pro me*) auf die eigene Person anwendet. Dieser ergreifende oder aneignende Glaube (*fides apprehensiva*) ist ein ganzheitlicher, affektiver Akt.

So sehr Luther betont, daß keinerlei Werke die Rechtfertigung durch den Glauben bedingen, so sehr unterstreicht er, daß der Glaube der Gerechtfertigten mit innerer Notwendigkeit gute Werke zur Folge hat. Nach dem Wort Jesu, daß ein guter Baum gute Früchte hervorbringt, gilt für Luther: „Es ist unmöglich, daß der Glaube ohne eifrige, zahlreiche und große Werke ist"[199]. Entscheidend ist hier die unumkehrbare Reihenfolge: Der Glaube geht den Werken voraus; die Werke folgen dem Glauben nach. Aber diese guten Werke haben, so grenzt sich Luther

---

[197] WA 39, I,205.
[198] WA 40, III,352.
[199] WA 7,231.

scharf gegen die scholastische Verdienstlehre ab, keinerlei Verdienstcharakter für das ewige Leben.

(3) Die *Rechtfertigung allein durch Christus* besagt nach Luther: Nur durch die Anrechnung der Gerechtigkeit Christi erfolgt die Rechtfertigung des Sünders. In der Rechtfertigung sieht Gott auf das stellvertretende Genugtuungswerk Christi und vergibt dem Sünder die Schuld um Christi willen (*propter Christum*). Es handelt sich um ein Anrechnen (*imputare*) in doppelter Ausrichtung: Gott rechnet dem Sünder das eigene Ungerechtsein nicht an und verschafft ihm positive Rechtfertigung, indem er ihm die Gerechtigkeit Christi zuerkennt.

So kommt die Rechtfertigung des Sünders nicht aus seinen eigenen Kräften und Bemühungen, sondern von außen als fremde Gerechtigkeit (*iustitia aliena*), eben als Gerechtigkeit Christi. Damit möchte Luther ein Zweifaches zum Ausdruck bringen. 1.) Christus ist die Quelle aller Rechtfertigung: „Um Christi willen werden wir als Gerechte anerkannt“[200]. 2.) Der Mensch kann die Rechtfertigung nur als Geschenk in Empfang nehmen: „Die christliche Gerechtigkeit ist eine passive, die wir nur empfangen, wo wir nichts wirken, sondern nur erdulden, daß ein anderer, nämlich Gott, in uns wirkt“[201].

Die Rechtfertigung wegen Christus kommt zwar von außen (*ab extra*), aber sie bewirkt im Inneren der Gerechtfertigten eine effektive Gerechtmachung. Diese seinshafte Gerechtigkeit ist nach Luther freilich keine Beschaffenheit der Seele im scholastischen Sinn, sondern eine christologische Wirklichkeit. Indem der Glaube die Gerechtigkeit Christi annimmt, wird Christus in den Herzen der Gerechtfertigten gegenwärtig: „Dann lebt der Gerechte nicht selbst, sondern Christus in ihm, weil durch den Glauben Christus innewohnt“[202]. Damit bewirkt Christus in den Gerechtfertigten eine Wiedergeburt oder, genauer gesagt, den Anfang einer neuen Schöpfung (*initium creaturae novae*). Diese innere Erneuerung äußert sich in der Gegenwart als freudiger Gehorsam gegenüber dem Willen Gottes, als Kampf gegen das Böse und in Taten der Nächstenliebe. Zugleich weist dieser Anfang in die Zukunft; er enthält die Verheißung einer eschatologischen vollkommenen Gerechtigkeit: „Unsere Rechtfertigung ist noch nicht vollendet; sie ist im Wirken und Werden ... Sie wird vollendet werden bei der Auferstehung der Toten“[203].

(4) Prinzipiell liegt bei Luther die Grundstruktur seiner Rechtfertigungslehre in der *Verhältnisbestimmung von Gesetz und Evangelium*. Das *Gesetz* ist nach Luther der Inbegriff des heiligen Willens Gottes, konkret formuliert in den Zehn Geboten und im Doppelgebot, Gott und den Nächsten zu lieben. Luther unterscheidet einen *doppelten Gebrauch des Gesetzes*: Der bürgerliche oder politische Gebrauch des Gesetzes bezieht sich darauf, daß die Gebote das Zusammenleben der Menschen ermöglichen. Beim theologischen oder überführenden Gebrauch des Gesetzes geht es darum, daß es vollkommenen Gehorsam Gott gegenüber fordert, den der von Gott getrennte Mensch nicht erfüllen kann.

---

[200] WA 39, I,83.
[201] WA 40, I,41.
[202] WA 2,502.
[203] WA 39, I,252.

Bei der Erfahrung dieser Grenze setzt *das Evangelium* als Inbegriff der gnadenhaften Sündenvergebung an. Das Evangelium verkündet: Alles was das Gesetz fordert, ist in Christus schon getan; Christus hat stellvertretend die Vergebung der Sünden bewirkt und so rechtfertigt er den Sünder vor dem Gesetz.

Zwischen Gesetz und Evangelium besteht ein Gegensatz und eine Einheit. Der *Gegensatz* zeigt sich darin, daß das Gesetz den Sünder anklagt, während das Evangelium den Sünder freispricht. Zugleich sind Gesetz und Evangelium untrennbar *miteinander verbunden*: Durch das Gesetz erkennt der Mensch die Sünde und zugleich die Ohnmacht, sie zu überwinden; so weckt das Gesetz den Wunsch nach einem Erlöser und führt hin zum Evangelium, das die Vergebung der Sünden durch den Erlöser Christus verkündet.

Bezüglich der Rechtfertigung bedeutet dies: Das Gesetz mit seinen Werken ist kein Mittel der Rechtfertigung. Nur dadurch, daß der Glaube das Evangelium von der rein gnadenhaften Sündenvergebung annimmt, verwirklicht sich die Rechtfertigung.

(5) Um die Rechtfertigung allein aus Gnade fundamental abzusichern, entwickelt Luther eine strenge *Vorherbestimmungslehre*. Wenn sich die Rechtfertigung völlig unabhängig von Werken und Verdiensten des Menschen vollzieht, dann muß ein bedingungsloser Beschluß Gottes über Heil oder Unheil des einzelnen Menschen vorausgehen, d.h. die bedingungslose Rechtfertigung erfordert als Voraussetzung eine absolute Prädestination.

Die Unbedingtheit der Prädestination ergibt sich für Luther – ähnlich wie bei Augustin – aus einem Doppelprinzip: einerseits aus der gänzlichen Heilsunwirksamkeit menschlichen Tuns oder aus der *totalen Verderbtheit* des Menschen; andererseits aus der *Alleinwirksamkeit Gottes* oder aus der Gottheit Gottes.

Totale erbsündliche Verderbtheit – unfreier Wille

Als Erstes wird daher – im diametralen Gegensatz zu den angeführten früheren Aussagen – alle effektive Fähigkeit des Menschen im Heilsvollzug ausgelöscht. Der Mensch unterliegt nun nach Luther durch die Erbsünde einer totalen Sündhaftigkeit, der alles verkehrenden Konkupiszenz; ihr folgt eine totale Unfreiheit des menschlichen Willens in Heilsdingen.

Der Römerbriefexeget zählt die früher selbst verwendete Definition der Erbsünde als „Mangel der Urstandsgerechtigkeit" zu den „Spitzfindigkeiten der scholastischen Theologen" und konstatiert im vermeintlichen Anschluß an Paulus: Die Erbsünde ist „der Mangel aller Rechtschaffenheit und Wirkfähigkeit aller Kräfte sowohl des Körpers wie der Seele und des ganzen inneren und äußeren Menschen. Überdies ist sie geradezu die Neigung zum Bösen (*pronitas ipsa ad malum*), der Ekel vor dem Guten"[204].

Das bleibende Wesen der Erbsünde ist die Konkupiszenz, die Luther auffaßt als eine Verkehrtheit: als eine Eigengerechtigkeit und Selbstgefälligkeit, d.h. als ein Verkrümmtsein des Menschen in sich selbst (*homo incurvatus in se*) oder als eine Selbstliebe, die im Gegensatz steht zur wahren Gottes- und Nächstenliebe. „Die-

---

[204] WA 56,312.

se Konkupiszenz ist immer in uns"[205]. Denn in der Taufe gibt es zwar eine wirkliche Vergebung (*remissio*), aber keine Beseitigung (*ablatio*) der Sünde, es sei denn in der Hoffnung; es gibt also nur ein Nichtanrechnen (*non imputatio*), nur ein Zudecken. So sind die Christen „Sünder in Wirklichkeit, Gerechte in Hoffnung"[206]; Sünder in sich und Gerechte durch den Glauben; oder anders gesagt: Der Christ ist „zugleich Sünder und Gerechter" (*simul peccator et iustus*)[207].

Unter diesen Voraussetzungen – „wir sind der Natur nach, aus uns selbst böse"![208] – kann für Luther nur törichten „Sautheologen" die Behauptung einfallen, daß der unbegnadete Mensch aus eigenen Kräften Gott über alles zu lieben und das Gesetz zu erfüllen vermag. Vielmehr gilt, daß wir ohne Gnade auch dann sündigen, wenn wir Gutes tun; denn infolge der völligen Verderbtheit durch die Erbsünde sind „sogar die guten Werke selbst ungerecht und Sünde"[209].

Die totale Sündhaftigkeit des Menschen bewirkt auch die Ohnmacht, ja die grenzenlos tiefe Verderbtheit des menschlichen Willens, d.h. letztlich seine Unfreiheit: „Alle sind Knechte der Sünde"[210]. Darum steckt der freie Wille notwendigerweise in Sünden, und so muß man ihn – mit Augustin – „eher einen geknechteten als einen freien Willen"[211] nennen. Der Wille ist zwar im natürlichen Sinn (*naturaliter*) immer frei gegenüber allem, was unter ihm steht (*quae se inferiora*); im eigentlichen Sinn (*proprie*) aber ist er gegenüber dem, was über ihm ist (*quae supra se*), unfrei. Diese Unfreiheit bedeutet die Unfähigkeit, das Gute zu erwählen und in bezug auf das Heil etwas auszurichten. Später baut Luther die Unterscheidung der zwei Freiheiten in seine *Lehre von den zwei Reichen* ein. Im Reich der Menschen ist der Mensch durch seine Entscheidung und Planung (*suo arbitrio et consilio*) der Herr über die unter ihm liegenden Dinge; im Reich Gottes ist er unter Ausschaltung seiner Entscheidung (*absque suo arbitrio*) allein von Gott beherrscht.

In der, gegen Erasmus gerichteten polemischen Schrift „Über den unfreien Willen" (D*e servo arbitrio*, 1525) verschärft Luther seine negative Grundposition. Da die Erbsünde den freien Willen völlig der Knechtschaft der Sünde ausgeliefert hat, so daß er nichts anderes mehr kann als sündigen, ist nun nach Luther die Rede von einem „freien Willen" nur ein „leeres Wort" (*inane vocabulum*), nur eine „bloße Einbildung" (*merum figmentum*), nur eine „reine Titelangelegenheit" (*res de solo titulo*).

In einer Art kosmologischer Argumentation stellt Luther den Willen des Menschen als ohnmächtiges, beliebig lenkbares Wesen zwischen Gott und Satan. Der menschliche Wille ist ein Reittier (*iumentum*), das entweder von Gott oder vom Satan geritten (wörtlich: „besessen") wird. Als rein passives Kampfobjekt hat der menschliche Wille nicht die geringste Wahl und Handlungsmöglichkeit.

---

[205] WA 56,275.
[206] WA 56,269.
[207] WA 56,272.
[208] WA 56,236.
[209] WA 56,289.
[210] WA 56,367.
[211] WA 56,385.

Alleinwirksamkeit Gottes – Notwendigkeit

Bei der Radikalisierung seiner Unfreiheitslehre helfen Luther jetzt vorwiegend Begründungen, die von der Alleinwirksamkeit oder der Gottheit Gottes ausgehen. In der Heilsfrage bedeutet diese gottheitliche Alleinwirksamkeit eine absolute Prädestination, die die menschliche Freiheit kontradiktorisch ausschließt.

Luther bestätigt Erasmus dankbar, daß er mit dem Aufgreifen der Freiheitsproblematik als einziger den „Angelpunkt der Dinge" (*cardo rerum*) getroffen hat, nämlich das christliche Zentralproblem: ob der freie Wille im Heilsgeschehen etwas vermag; wie sich freier Wille und Gnade zueinander verhalten; wie das Wirken und die Ehre Gottes gewahrt werden können. Gott aber bleibt nicht Gott, seine universale und alleinige Wirksamkeit wird untergraben, wenn eine menschliche Willensfreiheit behauptet wird.

Luthers *erstes* Hauptargument in dieser Richtung läßt sich etwa so zusammenfassen: Von seinem Freiheitsverständnis her, das eine absolute Autonomie im Auge hat – alles können und tun, was man will –, ist für Luther die Freiheit ein exklusives Prädikat Gottes; es stellt das größte Sakrileg dar, dem Menschen Freiheit zuzuschreiben. Denn ein freies Wirken des Menschen würde die Allwirksamkeit Gottes – „Gott wirkt alles in allem"[212] – und die Alleinwirksamkeit – „Gott wirkt alles ganz allein"[213] – zunichte machen. Ja, konsequent zu Ende gedacht, würde der freie Mensch nicht nur neben Gott, sondern sogar über Gott stehen: Er wäre des Werkes Christi nicht bedürftig; er könnte damit mehr als Gott und würde so „der Gott der Götter und der Herr der Herren" (*Deus Deorum et Dominus Dominantium*).

Gottes nach ewigem Plan ablaufendes Handeln, also Gottes Prädestination, wird durch die Behauptung einer menschlichen Willensfreiheit ausgehöhlt: Das ist Luthers *zweites* und häufig angeführtes Hauptargument gegen den freien Willen. Wenn man sich der unausweichlichen christlichen Wahrheit bewußt ist, „daß Gott alles durch seinen unveränderlichen, ewigen, unfehlbaren Willen voraussieht, vorausplant und bewirkt"[214], dann wird der freie Wille des Menschen wie durch einen Blitz am Boden zerstört.

Gottes Vorauswissen und sein allmächtiges Wirken gemäß seinem irrtumslosen, endgültig fixierten Plan steht in diametralem Gegensatz (*pugnat ex diametro*) zu menschlicher Willensfreiheit, da es Notwendigkeit auferlegt. Daraus folgt zwingend: Alles was wir tun, alles was geschieht, geschieht notwendig und unveränderlich, weil Gottes Wille unwiderstehlich und sein Wissen untrüglich ist; Veränderlichkeit und Kontingenz (Zufall) sind nur Schein für den Menschen. So muß man das Paradox hinnehmen: „Was durch uns geschieht, geschieht nicht durch freien Willen, sondern aus reiner Notwendigkeit"[215]. Sogar im Sünder und im Satan handelt Gott notwendig. Freilich ist diese Notwendigkeit – nach einer wichtigen Unterscheidung – als Unveränderlichkeit (necessitas *immutabilitatis*)

---

212 WA 18,614.
213 WA 18,717.
214 WA 18,615.
215 WA 18,634.

und nicht als Zwang (necessitas *coactionis*) zu verstehen. In diesem Sinn gilt: Die Auserwählten werden notwendig selig, und Gott macht uns durch seinen Willen notwendig verdammenswert.

Absolutheit des Heils

Warum urgiert Luther diese mit der Prädestination gegebene Notwendigkeit und Unfreiheit so sehr? Sein Hauptanliegen ist es, die Absolutheit des Heils zu sichern. Jede Heilswirklichkeit stammt allein aus Gott, ist geschenkt durch Gnade: Das soll unumstößlich garantiert werden.

Ausschließlich von Gottes Wirken hängt unser Heil ab: So hämmert Luther energisch ein, sowohl in der Schrift über die Willensfreiheit wie auch schon in der Römerbriefvorlesung. Wir erhalten die erste Gnade, also die Rechtfertigung genauso wie die ewige Herrlichkeit nur „passiv wie eine Frau bei der Empfängnis“[216]. Gegenüber dem Plan und den Werken Gottes sind wir, sei es bei inneren, sei es bei äußeren Akten, rein passiv (*pure passivi*). Eine aktive Kooperation des Menschen mit Gott ist darum völlig ausgeschlossen.

Unser Heil vollzieht sich ohne irgendeine menschliche Vorbedingung: Mit dem Ausfall des freien Willens, mit dem Ausfall aller natürlich guten Werke des Menschen erledigt sich auch jegliche disponierende Vorbereitung auf die Gnade. Es erledigt sich das (ursprünglich vertretene) Axiom, daß Gott dem nach besten Kräften bemühten Menschen die Gnade gibt. Es erledigt sich jedes Verdienst, auch das (früher bejahte) Verdienst aus Billigkeit.

Vielmehr kommt alles Gute einzig aus der Gnade. Die Gnade jedoch kommt von außen (*gratia externa seu aliena*), von Gott, oder, anders gesagt, „die Gnade kommt aus der Prädestination“[217]. Kurz: Alles Heil ist ein absolutes Geschenk Gottes.

3.3.1.3 Geistliche Anfechtung – Heilsgewißheit in Christus

Die Verborgenheit Gottes in seiner doppelten Prädestination stürzt den Menschen in Zweifel und Ängste oder – mit dem typisch lutherischen Wort – in Anfechtungen. Der Christ ist zeitlebens den verschiedensten körperlichen und fleischlichen Anfechtungen ausgesetzt; am schlimmsten aber wirkt die „geistliche Anfechtung“ (*tentatio spiritualis*), deren höchste – sechste – Stufe aus der Prädestination (*tentatio de praedestinatione*) ersteht.

Prädestinationsanfechtung und Heilsgewißtheit: ein Zentralproblem Luthers

Diese Prädestinationsanfechtung äußert sich zweifach: allgemein als Zweifel an Gottes Güte und Gerechtigkeit und speziell als persönliche Angst, selbst verworfen zu sein. In schwerste innere Not kann man geraten, wenn man über die Tatsache nachdenkt, daß Gott nur einige erwählt und so viele verdammt; es drängt sich die entsetzliche Frage auf, ob Gott, der „nach seinem blanken Willen

---

[216] WA 56,379.

[217] WA 18,772.

Menschen verläßt, verhärtet, verdammt", Freude hat an den schrecklichen und ewigen Qualen.

Luther schildert diese Not nicht theoretisch, sondern sie ist für ihn selbst – besonders in den jungen Jahren – ein zentrales Lebensproblem; sie bedroht seine gesamte Existenz: „Ich selbst war nicht nur einmal bedrängt bis zur Tiefe und zum Abgrund der Verzweiflung, so da ich mir wünschte, nie als Mensch geschaffen zu sein"[218].

Das Grundproblem des jungen Luther heißt: *„Ist Gott mir gnädig?"*, oder: *„Wie kriege ich einen gnädigen Gott?"* Die daraus aufbrechenden Heilsängste oder Anfechtungen bilden den existentiellen Brennpunkt der lutherischen Theologie. Aus diesem Angstzentrum entspringt das voll engagierte Suchen nach Überwindung der Heilszweifel, also nach Heilsgewißheit; umgekehrt münden alle Gedankenströme Luthers in das Denkzentrum Heilsgewißheit.

So zielt auch Luthers Lehre von der absoluten Prädestination mit all ihren Implikaten für das Gottes- und Menschenbild wesentlich auf die Gewinnung der Heilsgewißheit ab. Wenn Luther etwa in der Prädestination die unbedingte Alleinwirksamkeit Gottes und die völlige Unfreiheit des menschlichen Willens verknüpft, dann dient dies vordringlich der Sicherung der Heilsgewißheit. Denn die durch die Alleinwirksamkeit Gottes unerschütterlich gemachte Heilsgewißheit stellt für Luther einen so hohen Wert dar, daß er – vor die Wahl gestellt – sogar gerne auf den freien Willen verzichten würde; beläßt doch das Vertrauen auf die eigene Willenskraft – wie Luther zu seinem Leid „so viele Jahre hindurch" genugsam erfahren hat! – stets in Heilsungewißheit. Pointiert ausgedrückt: Unfreiheit konstituiert Heilsgewißheit, weil damit alle Schwankungen des Willens augeschaltet sind. Daß die unwandelbare Prädestination alle Veränderung aufhebt, das macht sie „voller Süßigkeit für die Auserwählten"[219].

Jesus Christus als letzte Heilsgewißheit

Den sichersten, felsenfesten Halt in der Brandung der Prädestinationsanfechtung findet der Glaube im Blick auf Jesus Christus. Er ist die konkrete Gestalt des gnädigen Gottes. Darum ist es – so ermuntert Luther in einem Brief von 1531 – Gottes höchstes Gebot, daß wir stets auf seinen lieben Sohn Jesus Christus schauen: „Er soll unseres Herzens täglicher und vornehmster Spiegel sein, in dem wir sehen, wie lieb uns Gott hat und wie er so sehr als ein guter Gott für uns gesorgt hat, daß er sogar seinen lieben Sohn für uns hingegeben hast. Hier, hier, sage ich, lernt man das rechte Wissen von der Vorherbestimmung und sonst nirgends." Luther bekennt da von sich selbst: „So hat mir Gott geholfen"[220].

Unter etwas verschiedenen Akzenten bleibt Jesus Christus in der Theologie Luthers zeitlebens die entscheidende Anfechtungshilfe, seit der junge Mönch durch seinen Ordensoberen Staupitz folgenden Fingerzeig erhalten hat: „Wenn du über die Vorherbestimmung grübeln willst, fange bei den Wunden Christi an, und es

---

[218] WA 18,719.
[219] WA 56,381.
[220] WA Br 6, Nr. 1811.

wird aufhören"[221]. Diesen wirksamen Trost gibt Luther bereits im Römerbriefkommentar weiter: Niemand dürfe sich in diese Grübeleien hineinstürzen, ehe er nicht die Augen seines Herzens durch die Betrachtung der Wunden Christi gereinigt habe. „Sicherheit genug bieten uns die Wunden Christi"[222].

In den späteren Schriften Luthers verstärkt sich – im Kleid neuer Begriffe – die Orientierung an Christus als dem hilfreichen Befreier von den Prädestinationsängsten. Mit straffen Formeln mahnt Luther im Buch „Über den unfreien Willen" (1525) wiederholt sehr eindringlich, den „verborgenen Gott" unerforscht zu lassen und sich statt dessen an den „gepredigten Gott" zu halten. Der gepredigte Gott hat sein Wort gesandt, um uns zu retten. Dieses Wort aber ist der „fleischgewordene Gott" oder der „gekreuzigte Jesus"; in ihm bietet Gott „allen alles, was zum Heil nötig ist"[223].

Ausdrücklich anknüpfend an diese Formulierungen erörtert Luther dieses Thema nochmals gründlich im Spätwerk der *Genesisvorlesung* (1535-1545): „Das einzige und gegenwärtigste Heilsmittel" gegen die Verzweiflung dessen, der durch teuflische Verführung die verborgenen Pläne Gottes erforschen will, ist die Beschäftigung mit „Christus in seiner Geburt, in den Wundern und am Kreuz"[224]. In Christus wird der verborgene Gott der Prädestination zum offenbaren Gott (*Deus revelatus*) des Heils; in Christi Inkarnation, Tod und Auferstehung wird Gott augenscheinlich gegenwärtig , um jedem einzelnen zu sagen: „Siehe, du hast meinen Sohn, diesen höre und nimm an! Wenn du dies tust, hast du bereits Gewißheit über deinen Glauben und dein Heil"[225]. Wer sich mit unerschütterlichem Glauben an den in Christus offenbaren Gott klammert, ist mit größter Gewißheit (*certissime*) prädestiniert. Denn Gott offenbart sich in Christus deutlichst als Retter (*salvator*) jedes einzelnen; im erlösenden und heiligenden Blutopfer Christi zeigt Gott, „daß er dir gnädig (*tibi propicium*) ist... und so wirst du deiner Prädestination sicher sein"[226]. Für den Christen gilt letztlich: „Christus ist dazu in die Welt gekommen, um uns völlig gewiß (*certissimos*) zu machen"[227].

3.3.2 Die Gnadenlehre des Konzils von Trient

In Reaktion darauf, daß die Reformatoren die Rechtfertigung allein aus Gnade als das zentrale christliche Heilsgeschehen betonen, befaßt sich das Konzil von Trient sehr gründlich mit der Gnadenlehre. Das Ergebnis ist das 1547 publizierte *„Dekret über die Rechtfertigung"*, wo zwei Grundintentionen beherrschend sind. Eine *pastorale* Intention will die Verunsicherung über das rechte Verständnis der Rechtfertigung beheben; so werden in 16 Kapiteln die Hauptaspekte des Rechtfertigungsvorganges breit mit biblischen Belegen erläutert. Eine *juridische* Intention

[221] WA TR 2,1490.
[222] WA 56,400.
[223] WA 18,689.
[224] WA 43,459.
[225] WA 43,460.
[226] WA 43,460.
[227] WA 43,458.

will klare Ausgrenzungen schaffen; dies geschieht in 33 Kanones, die nicht direkt Personen, sondern Lehren verurteilen, mit der Rahmenformel: „Wer sagt, ..., der sei ausgeschlossen“.

Inwieweit manche der Verwerfungssätze wirkliche Lehren der Reformatoren treffen, wird von der gegenwärtigen historischen Forschung in Frage gestellt, weil die meisten Konzilsväter nur polemische oder ängstliche Schlagworte über die Reformatoren, jedoch nicht das tatsächliche Schrifttum der Reformatoren gekannt haben. Bei dieser Ausgangslage vertreten die Konzilstexte (DH 1520-1583) folgende konstruktive Grundpositionen: *Die Gnade Gottes hat im gesamten Heilsprozeß bedingungslose Vorgängigkeit und sie bewirkt seinsmäßige Veränderungen im Menschen; der Mensch hinwiederum kann in echter Freiheit und in eigenständiger Aktivität mit der Gnade Gottes mitwirken.*

3.3.2.1 Die Vorgängigkeit und die verändernde Kraft der Gnade Gottes

Das Trienter Konzil nimmt einerseits Luthers sola-gratia-Lehre positiv auf und betont die Priorität der Gnade vor allem menschlichen Handeln im Heilsgeschehen; andererseits wendet sich das Konzil gegen eine bloße Gerechterklärung bei der Rechtfertigung und hebt die ontologische Veränderungswirkung der Rechtfertigung hervor.

(1) Um die Überzeugung von der bedingungslosen *Priorität der Gnade* zu unterstreichen, verwirft Trient nochmals – wie schon die Synoden von Karthago und Orange – ausdrücklich pelagianische (DH 1551-1553) und semipelagianische (DH 1572) Vorstellungen. Die Ausgangsbasis des Konzils beschreibt der Kanon 1: „Wer sagt, der Mensch könne durch seine Werke, die durch die Kräfte der menschlichen Natur oder vermittels der Lehre des Gesetzes getan werden, ohne die göttliche Gnade durch Christus Jesus vor Gott gerechtfertigt werden, der sei ausgeschlossen“ (DH 1551). Konkret heißt dies, daß die Rechtfertigung durch den Glauben als „Grundlage und Wurzel aller Rechtfertigung“ und umsonst, also aus reiner Gnade geschieht, „weil nichts von dem, was der Rechtfertigung vorausgeht, ob Glaube oder Werke, die Gnade der Rechtfertigung selbst verdient“ (DH 1532).

Die Vorgängigkeit der Gnade wird näherhin christologisch und pneumatologisch begründet. In abstrakt-aristotelischer Formulierung wird *Jesus Christus* bzw. das universale Heilswerk Jesu Christi als Verdienstursache (*causa meritoria*) bezeichnet (DH 1528). Das bedeutet konkret für den Weg zur Rechtfertigung: „Diese Rechtfertigung bei Erwachsenen muß ihren Anfang von Gottes zuvorkommender Gnade durch Christus Jesus nehmen“; es ist der Ruf Jesu Christi zur Umkehr, der als „erweckende und helfende Gnade“ (*excitans et adiuvans gratia*) die Bekehrung bewirkt (DH 1525). Ebenso ist die Gnade Jesu Christi bei den bereits Gerechtfertigten am Werk: „Denn Jesus Christus selbst läßt ... in die Gerechtfertigten immerdar Kraft einströmen, eine Kraft, die ihren guten Werken immer vorangeht, sie begleitet und ihnen nachfolgt“ (DH 1546).

Zusammen mit Jesus Christus ist in der Sicht des Konzils der *Heilige Geist* als vorgängige Wirkmacht in allen Heilsphasen tätig. Abstrakt wird der Heilige Geist als Wirkursache (*causa efficiens*) der Rechtfertigung bezeichnet (DH 1528).

Praktisch wirkt der Heilige Geist zuvorkommend die Akte, die zur Rechtfertigung führen: Denn kein Mensch kann „ohne die zuvorkommende Einhauchung des Heiligen Geistes und seine Hilfe glauben, hoffen und lieben, oder Buße tun, wie es nötig ist, daß ihm die Gnade der Rechtfertigung verliehen wird" (DH 1553).

(2) In Abgrenzung zu einer bloßen Gerechterklärung bei der Rechtfertigung betont das Trienter Konzil eine *Gerechtmachung*, d.h. eine seinsmäßige Veränderung des Menschen durch die Rechtfertigung. Prinzipiell wird die Rechtfertigung der Ungerechten definiert als „Überführung von dem Stand, in dem der Mensch als Sohn des ersten Adam geboren wird, in den Stand der Gnade und ‚der Annahme unter die Kinder' (Röm 8,15) Gottes, durch den zweiten Adam, unseren Erlöser Jesus Christus" (DH 1524). Konkret geschieht dieser seinsmäßige Übergang vom Stand der Sünde in den Stand der Gnade durch die Taufe als Wiedergeburt, bei der die ungerechten Menschen durch das Verdienst des rechtfertigenden Leidens Jesu Christi gerecht werden (DH 1523). Diese Rechtfertigung ist aber „nicht nur Vergebung der Sünden, sondern auch Heiligung und Erneuerung des inneren Menschen" (DH 1528).

Die innere Heiligung und Erneuerung wird vom Konzil als etwas Inhärierendes, etwas fest Anhaftendes verstanden. Dies wird bewußt nicht mit den scholastischen Begriffen des habitus oder der qualitas beschrieben, sondern biblisch als „die Liebe, die in den Herzen der Gerechtfertigten durch den Heiligen Geist ausgegossen wird (vgl. Röm 5,5) und ihnen innewohnt" (DH 1561). Von dieser Basis her ist die Rechtfertigung eine Gabe im Menschen, die wachsen, erhalten bleiben oder verlorengehen kann. Der Gerechtfertigte erlangt „mit den guten Werken, die von ihm durch Gottes Gnade und das Verdienst Jesu Christi getan werden", eine Vermehrung der Gnade (DH 1582). Ein dauerndes Bleiben in der Gnade ist nur durch die „Gabe der Beharrlichkeit" (DH 1541) möglich, d.h. die Gerechtfertigten können nur durch „die besondere Hilfe Gottes in der empfangenen Gerechtigkeit verharren" (DH 1572). Diejenigen Gerechtfertigten aber, die „durch die Sünde von der empfangenen Gnade der Rechtfertigung abfielen", können wieder gerechtfertigt werden, „wenn sie sich auf Anregung Gottes darum bemüht haben, durch das Sakrament der Buße aufgrund des Verdienstes Christi die verlorene Gnade wiederzuerlangen" (DH 1542).

3.3.2.2 Das freie, aktive Mitwirken des Menschen mit der Gnade Gottes

Unter der Voraussetzung der absoluten Initiative Gottes im Heilsgeschehen tritt das Trienter Konzil sehr dezidiert für die positive Bedeutung der menschlichen Freiheit im gesamten Prozeß ein. Im Gegensatz zu Luthers Lehre vom unfreien Willen hält das Konzil fest: Auch nach dem Sündenfall bleibt die menschliche Freiheit funktionsfähig und wirkt – unter dem Impuls der Gnade Gottes – aktiv mit bei der Vorbereitung auf die Rechtfertigung; bei den Gerechtfertigten ist die befreite Freiheit des Menschen – wiederum unter dem Impuls der Gnade Gottes – aktiv beteiligt am Vollbringen guter Werke, die als Lohn das ewige Leben bringen.

(1) Grundsätzlich stellt das Konzil bezüglich der menschlichen Freiheit fest: Zwar wurden die Menschen nach dem Sündenfall Adams gemäß Röm 6,20 „Skla-

ven der Sünde"; „gleichwohl war in ihnen *der freie Wille keineswegs ausgelöscht* worden, auch wenn er in seinen Kräften geschwächt und gebeugt war" (DH 1521). So spielt die menschliche Freiheit – bei zuvorkommender Gnade Gottes – in der Vorbereitung auf die Rechtfertigung eine wichtige Rolle. Die Vorbereitung auf die Rechtfertigung geschieht konkret dadurch, daß die Menschen „durch die göttliche Gnade erweckt und unterstützt, den Glauben aufgrund des Hörens annehmen und sich Gott aus freien Stücken zuwenden" (DH 1526).

So wendet sich das Konzil gegen reformatorische Aussagen, die dem freien Willen des Menschen keinerlei heilsbedeutsames Vermögen vor und nach der Rechtfertigung zugestehen. Für das Konzil kann der einzelne Mensch dem Anruf Gottes zur Bekehrung zustimmen oder ihn ablehnen. Deshalb ist die Behauptung zu verwerfen, der freie Wille des Menschen „tue wie etwas Lebloses überhaupt nichts und verhalte sich rein passiv" (DH 1554). Ebenso ist die vom Vorherbestimmungsgedanken geprägte Ansicht zurückzuweisen, „es stehe nicht in der Macht des Menschen, seine Wege schlecht zu machen, sondern Gott wirke die schlechten Werke so wie die guten" (DH 1556).

(2) Schließlich vertritt das Konzil, daß der Mensch sowohl vor als auch nach der Rechtfertigung mit der Gnade Gottes im Heilsgeschehen *mitwirken* kann. Es gibt einerseits eine Mitwirkung (*cooperatio*) des Menschen bei der Vorbereitung zur Rechtfertigung. Dies geschieht so, daß „der von Gott bewegte und erweckte freie Wille des Menschen durch seine Zustimmung zu der Erweckung und dem Ruf Gottes" am Hinführungsvorgang zur Rechtfertigung mitwirkt (DH 1554). Konkret kommt „durch freie Zustimmung und Mitwirkung" mit der Gnade die Bekehrung zur Rechtfertigung zustande (DH 1525).

Die menschliche Mitwirkung nach der Rechtfertigung vollzieht sich in der Befolgung der Gebote und in guten Werken. Die Gerechtfertigten dürfen „für die guten Werke, die in Gott getan sind", eine ewige Belohnung durch die Barmherzigkeit Gottes erwarten und erhoffen (DH 1576). Das Konzil setzt beim biblischen Lohngedanken an, verwendet aber weiterhin den umstrittenen Begriff des *Verdienstes*. So wird konstatiert: Die Gerechtfertigten, die gute Werke tun, dürfen auf das ewige Leben hoffen, „sowohl als Gnade, die den Kindern Gottes durch Christus Jesus barmherzig verheißen wurde, als auch ‚als Lohn', der nach der Verheißung Gottes selbst, für ihre guten Werke und Verdienste treu zu erstatten ist" (DH 1545).

Die traditionellen „Unterscheidungslehren" in der Rechtfertigungsfrage:
Luther – Tridentinum

Thema	Reformatorische Position	Quelle	Katholische Position	Quelle
Die menschl. Natur	völlig verderbt; Freiheit zum Guten verloren. Gebotserfüllung nur äußerlich aus Ruhm oder Straffurcht möglich	BSELK 772, 873 f.	geschwächt; Freiheit zum Guten nicht ganz verloren. Auch äußerliche Gebotserfüllung (aus Furcht) ist nicht unsittlich	DH 1555, 1557 f.

Konku-piszenz	Sünde am Grund aller Sünden = Erbsünde	BSELK 772, 850	keine Sünde, solange sich ihr der Mensch nicht ausdrücklich überläßt in der aktuellen Sünde	DH 1515
Mensch vor Gott	völlig passiv in der Rechtfertigung	BSELK 895	wirkt, von der Gnade angerührt, mit, sofern er zustimmend das rechtfertigende Handeln Gottes annimmt	DH 1554
Rechtfertigungs-gnade	Gottes vergebende Liebe (= nur göttl. Wirklichkeit)	WA 8, 106	formal Wirklichkeit in der menschl. Seele, die den Menschen innerlich erneuert	DH 1561
Glaube und Recht-fertigung	Rechtfertigung erfolgt durch bloßes Vertrauen (sola fide) auf die göttl. Barmherzigkeit, aufgrund derer Gott die Sünde nicht anrechnet	BSELK 176	Glaube und Vertrauen rechtfertigen nur in Einheit mit Hoffnung, Liebe und aktiver Mitwirkung mit der Gnade	DH 1559, 1562
Macht des Glaubens	schafft Heilsgewißheit	BSELK 162	schafft allein keine Heilsgewißheit	DH 1563 f.
Verdienst	Werke sind kein Verdienst	WA 39 I, 176	Werke sind kraft der Gnade verdienstlich	DH 1581 f.
Wesen der Recht-fertigung	Gerechterklärung		Gerechtmachung	

Die Quellenangaben: Für die reformatorische Position: BSELK = Die Bekenntnisschriften der Evangelisch-Lutherischen Kirche, Göttingen [4]1959; für die katholische Position: DH (= Decretum de Iustificatione des Konzils von Trient).

Der „Ökumenische Arbeitskreis evangelischer und katholischer Theologen" hat 1985 eine Studie erarbeitet mit dem Titel „Lehrverurteilungen – kirchentrennend?", in dem über „Rechtfertigung, Sakramente und Amt im Zeitalter der Reformation und heute" gehandelt wird. Für die Interpretation der Rechtfertigungsproblematik werden 4 hermeneutische Grundsätze angegeben:

1.) Der Bezugspunkt der Formeln des 16. Jahrhunderts im konkreten christlichen Leben ist zu beachten.
2.) Für die Frage derVereinbarkeit der Formeln ist nicht deren Gedankenführung und Ausdrucksweise, sondern die Aussageabsicht.
3.) Die Aussageabsicht der Reformatoren war es, in der Erfahrung des Sündenelends das Vertrauen ganz auf den rettenden Gott zu setzen. Die katholische Seite suchte dagegen den Sieg Gottes über das Elend der Sünde herauszustellen. – Beide Intentionen sind christlich unerläßlich; beide bilden eine spannungsvolle Einheit.
4.) Für die Interpretation des tridentinischen Rechtfertigungsdekretes gilt: Im Zweifel wird die Auffassung vertreten, die näher bei Augustinus ist.

(K. Lehmann – W. Pannenberg (Hrsg.), Lehrverurteilungen – kirchentrennend? Bd. I, Freiburg-Göttingen 1986, 43–48. Das gemeinsame Dokument über Rechtfertigung: 35–75.

Die Materialien und die Antworten auf die seither eingegangenen kirchlichen Stellungnahmen erschienen 1989–1994 in Bd. II–IV).

Erstellt von Wolfgang Beinert

3.3.3 Gnadenstreitigkeiten und Gnadensysteme ab der Mitte des 16. Jahrhunderts

Im Zug der Gegenreformation verengt sich nach dem Konzil von Trient der Gnadenbegriff der katholischen Theologie völlig auf die sogenannte geschaffene Gnade, also auf die im Menschen eingesenkten Heilsgaben Gottes. Bei dieser Anthropozentrik erfolgt sogar eine Umkehrung des Begründungsverhältnisses zwischen ungeschaffener und geschaffener Gnade, d.h. die Einwohnung des dreieinigen Gottes im Menschen ist nicht mehr der Grund, sondern die Folge der Gnade.

Innerhalb der katholischen Kirche brechen ab der Mitte des 16. Jahrhunderts Auseinandersetzungen um das Gnadenverständnis aus, die bis ins 20. Jahrhundert nachgewirkt haben. Zum einen lösen *Bajus* und *Jansen* einen sehr breit geführten Streit aus, indem sie mit dem Rückgriff auf den späten Augustinus eine schroffe Gnadenlehre entwickeln, die um die Beziehung von Natur und Gnade kreist. Zum anderen bekämpfen sich im *Bañezianismus* und *Molinismus* zwei Schulen mit ihren Lösungen zur Frage, wie sich Gnade und Freiheit zueinander verhalten.

3.3.3.1 Augustinismus der Bajaner und Jansenisten

Bajus († 1589) will die scholastische Gnadenlehre überwinden, indem er die Positionen des späten Augustinus neu aufgreift. Dieser Augustinismus in der Gnadenlehre macht große Schule: Im 17. Jahrhundert geht von Jansen († 1638) die europaweite Bewegung des Jansenismus aus, die in Frankreich theologisch besonders engagiert von Quesnel († 1719) verfochten wird.

(1) *Michel de Bay*, latinisiert *Bajus* genannt, doziert von 1551 – 1589 Theologie an der Universität Löwen. Im Bestreben, die Gnadenlehre zu erneuern, knüpft er an die antipelagianischen Spätschriften des Augustinus an. Dabei stellt er den Gegensatz zwischen Natur und Gnade bzw. zwischen Sünde und Gnade scharf heraus. Seine gnadentheologischen Anschauungen entwickelt er in folgenden kurzen Abhandlungen: „Über den freien Willen des Menschen“ und „Über die Gerechtigkeit und Rechtfertigung“ (1563); „Über die Verdienste“ und „Über die erste Gerechtigkeit des Menschen“ (1564); „Über die Erbsünde“, „Über die Liebe“ und „Über die Ablässe“ (1566).

Im Rahmen seiner Gnadenauffassung vertritt Bajus bezüglich der menschlichen Natur einen krassen Gegensatz zwischen deren Zustand vor und nach dem Sündenfall. Vor dem (historisch aufgefaßten) Sündenfall besitzt der Mensch nach Bajus die Urstandsgerechtigkeit als höchste sittliche Vollkommenheit, bei diesem idealen Urstand gehört die Gnade notwendig zur natürlichen Ordnung; demgemäß ist die Gnade in diesem Zustand etwas dem Menschen Geschuldetes. Nach dem Sündenfall ist die menschliche Natur völlig verderbt; der menschliche Wille ist ganz von der bösen Begierde bestimmt und der Sünde verfallen; ohne die Hilfe der Gnade Gottes kann der freie Wille des Menschen nur sündigen.

Mit diesem Grundansatz und den daraus gezogenen Konsequenzen erregt Bajus zunächst bei scholastischen Kollegen in Löwen Anstoß. Dann sammeln die Universitäten in Paris, Alcalá und Salamanca verwerfliche Sätze, die schließlich nach Rom weitergeleitet werden. 1567 erläßt Papst *Pius V.* eine Bulle, die 79 Sätze des Bajus als Irrtümer über die Natur des Menschen und über die Gnade verurteilt. Einerseits wird die bajanische Behauptung zurückgewiesen, daß die Gnade dem Menschen im unversehrten Zustand als natürliche Daseinsbedingung geschuldet war (DH 1921 und 1926). Andererseits werden im Problembereich der gefallenen menschlichen Natur als häretische Aussagen qualifiziert: Ohne göttliche Gnadenhilfe taugt der freie Wille des Menschen nur zum Sündigen (DH 1927); der freie Wille hat nicht die Kraft, irgendeine Sünde zu meiden (DH 1928); „alle Werke der Ungläubigen sind Sünden, und die Tugenden der Philosophen sind Laster" (DH 1925).

(2) *Cornelius Jansen*, latinisiert *Jansenius* (ab 1618 Professor in Löwen und ab 1636 Bischof von Ypern) verstärkt die bajanische Richtung mit seinem dreibändigen Werk „Augustinus" (Löwen 1640) und setzt eine große Bewegung in Belgien, Frankreich, Holland, Italien und Deutschland in Gang. In Frankreich bildet das Kloster *Port Royal* ein Zentrum des Jansenismus, wo *Duvergier*, *Arnauld* und *Pascal* beherrschende Gestalten sind.

Mit Exzerpten aus den antipelagianischen Schriften des Augustinus entfaltet Jansen seine Gnadenlehre in einem System von drei heilsgeschichtlichen Zuständen der menschlichen Natur: Im Zustand der paradiesischen „unschuldigen Natur", wo der Mensch die Entscheidungsfreiheit hatte, wirkte die „hinreichende Gnade". Der Zustand der „gefallenen Natur", in dem sich alle Menschen aufgrund der Erbsünde unter völligem Verlust der Freiheit befinden, braucht die „wirksame Gnade", die mit Unwiderstehlichkeit tätig ist. Im Zustand der „geläuterten Natur", der durch das Erlösungswerk Jesu Christi herbeigeführt wird, herrscht die Gnade Christi, die jedoch nur für die kleine Gruppe der zum Heil vorbestimmten Menschen wirksam wird.

1653 verurteilt Papst *Innozenz X.* fünf Sätze Jansens (DH 2001-2005): 1. Einige Gebote sind auch für die Gerechten unerfüllbar. 2. Die Gnade ist unwiderstehlich. 3. Der Mensch braucht zum Heil keine innere Freiheit, sondern nur Freiheit vom äußeren Zwang. 4. Der menschliche Wille ist unfähig, der Gnade zu widerstehen oder zu gehorchen. 5. Der Tod Jesu gilt nicht für alle Menschen. – Gegen die päpstliche Entscheidung setzen die französischen Jansenisten die Unterscheidung: Diese Sätze seien in rechtlicher Hinsicht (*quaestio iuris*) häretisch, aber in faktischer Hinsicht (*quaestio facti*) seien sie nicht in Jansens „Augustinus" enthalten. Diese Unterscheidung weist 1705 *Clemens XI.* als unstatthafte Ausflucht zurück (DH 2390).

(3) Einen „zweiten Jansenismus" begründet der französische Theologe *Pasquier Quesnel*, indem er Jansens Hauptthesen extrem weiterführt. So gilt nach Quesnel: Die Verderbtheit des gefallenen Menschen macht alle sittlichen Handlungen der Heiden zu Sünden; die Gnade wirkt unwiderstehlich; Jesus Christus ist nicht für alle Menschen, sondern nur für die Vorherbestimmten gestorben.

Hier schreitet 1713 Papst *Clemens XI.* ein. Er verurteilt in einer Konstitution 101 Sätze aus dem Werk Quesnels. Gnadentheologisch werden drei Gruppen von Aussagen verworfen: 1.) Sätze, die den Menschen außerhalb der Gnade des Christentums nur Böses zuschreiben (z.B. DH 2438, 2440, 2459); 2.) Sätze, die eine Unwiderstehlichkeit der Gnade behaupten (z.B. DH 2410-2413, 2421, 1430); 3.) Sätze, die eine Partikularität der Gnade vertreten (z.B. DH 2429, 2432).

3.3.3.2 Die Gnadensysteme des Bañezianismus und Molinismus

Am Ende des 16. Jahrhunderts bricht ein Streit um die Gnadenlehre aus, der zunächst in Spanien zwischen dem Jesuiten *Molina* († 1600) und dem Dominikaner *Bañez* († 1604) ausgetragen wird. Den Auslöser bildet das 1588 veröffentlichte Werk Molinas: „Der Einklang (concordia) des freien Willens mit den Gaben der Gnade, dem göttlichen Vorauswissen, der Vorsehung, der Vorherbestimmung und der Verwerfung". Dieser Gnadenstreit wird dann von den theologischen Schulen des Jesuiten- und Dominikanerordens als Molinismus bzw. als Bañezianismus fortgeführt, mit Ausläufern bis in die Mitte des 20. Jahrhunderts. Worum geht es dabei?

(1) Der Ausgangspunkt liegt in der Frage, wie die aktuelle Gnade mit dem freien menschlichen Willen zusammenwirkt. Zur Lösung dieses Problems entwickeln Molina und Bañez jeweils ein spekulatives Gnadensystem, in dem das *Verhältnis von göttlicher Gnade und menschlicher Freiheit* durch ein vermittelndes Einheitsprinzip durchschaubar gemacht werden soll.

Nach dem *Molinismus* gilt: Der Lösungsbegriff ist die *scientia media*. Dieses mittlere Wissen unterscheidet sich vom natürlichen Wissen Gottes (scientia naturalis), durch das er die reinen Möglichkeiten erkennt, sowie von seinem freien Wissen (scientia libera), mit dem er die Wirklichkeiten erfaßt. Durch das – nur ihm eigene – mittlere Wissen erkennt Gott im voraus die bedingt zukünftigen Freiheitshandlungen des Menschen (*futuribilia*). Als Vorauswissen wahrt es sowohl die Oberhoheit Gottes als auch die Freiheit des Menschen.

Nach dem *Bañezianismus* gilt: Das Lösungswort ist Gottes *„physische Vorausbewegung" (praemotio oder praedeterminatio physica)*. In der physischen Vorausbewegung, die sich von einer nur moralischen Beeinflussung unterscheidet, verursacht Gott alle menschlichen Handlungen ihrer Natur nach; er hebt dabei die menschliche Freiheit nicht auf, sondern begründet sie. Als Freiheit ermöglichende Vorherbestimmung wahrt die physische Vorausbewegung sowohl die Allwirksamkeit Gottes als auch das freie Wirken des Menschen.

Beide Gnadensysteme setzen Akzente und werfen Probleme auf, die am übersichtlichsten durch das nachfolgende Schema vor Augen geführt werden können.

(2) Nachdem sich Molina und Bañez gegenseitig bei der spanischen Inquisition angezeigt haben, wobei Molina Pelagianismus und Bañez Calvinismus vorgeworfen wird, geht die Sache zur Entscheidung nach Rom. Papst Clemens VIII. setzt 1597 in Rom eine Kommission ein, die nach vierjähriger Tätigkeit 1601 die Verurteilung von 20 Sätzen Molinas vorschlägt. Der Papst reagiert mit der Anordnung von Disputationen. Von 1602 bis 1606 finden unter dem persönlichen Vorsitz des Papstes – zunächst Clemens VIII., nach dessen Tod ab 1605 Paul V. – 47 Disputationen zwischen den streitenden Parteien der molinistischen Jesuiten

und der bañezianischen Dominikaner statt. Daraufhin schlägt die einberufene Kongregation 42 Sätze Molinas zur Verurteilung vor.

Das Zusammenspiel zwischen Gottes Macht und der menschlichen Freiheit nach Molina und Bañez

	Molinismus	Bañezianismus
Schlüsselbegriff	scientia media (= mittleres Wissen)	praemotio physica (= physische Vorausbewegung)
Akzente	Menschliche Freiheit	Göttliche Allwirksamkeit
	Betonung der hinreichenden Gnade	Betonung der wirksamen Gnade
	Vertrauen auf den allgemeinen Heilswillen Gottes	Notwendigkeit der Prädestination des einzelnen
	Vorherbestimmung *nach* dem Vorauswissen der Verdienste des Menschen (post praevisa merita)	Vorherbestimmung *vor* dem Vorauswissen der Verdienste des Menschen (ante praevisa merita)
Probleme	Gefährdung der göttlichen Oberhoheit und Allwirksamkeit	Gefährdung der menschlichen Freiheit und Verantwortlichkeit

Papst *Paul V.* aber trifft – nach nochmaliger Beratung mit 9 Kardinälen, die verschiedene Voten (4 für Bañez, 2 für Molina, 3 unentschieden) abgeben – 1607 eine eigenständige Entscheidung: Die Lehre der Jesuiten ist vom Pelagianismus und die Lehre der Dominikaner ist vom Calvinismus verschieden; beide Schulen dürfen ihre Anschauungen vertreten; keine darf die andere verketzern oder beschimpfen (DH 1997). Dieses kluge Urteil erörtert Paul V. in einer Ansprache mit drei Gründen, die – in prinzipieller Sicht – exemplarisch sein sollten für lehramtliche Entscheidungen. Nach Paul V. darf die Diskussion um die Gnadenfrage offen bleiben: 1.) „weil die Zeit die Wahrheit der Dinge lehrt und zeigt, da sie ja eine große Richterin und Beurteilerin der Dinge ist“; 2.) „weil die eine und die andere Partei im wesentlichen mit der katholischen Wahrheit übereinstimmt“; 3.) weil das Lehramt ausgeklügelte Schulmeinungen weder verurteilen noch behaupten soll (DH 1997a).

Papst *Clemens XII.* betont dann 1740 nochmals die Lehrfreiheit der molinistischen und bañezianischen Schulen bei der Erklärung der Wirksamkeit der Gnade (DH 2509f.). Auf Anfrage des Großinquisitors von Spanien erneuert 1748 Papst *Benedikt XIV.* die Erlaubnis zu verschiedenen Auffassungen und dehnt sie auch auf die augustinische Schule aus.

(3) Auf die Gnadensysteme des Molinismus und Bañezianismus folgen Varianten und Vermittlungsversuche.

a.) Eine Spielart des Molinismus entwickeln *Suarez* († 1617) und *Bellarmin* († 1621) mit dem *Kongruismus*: Das Einheitsprinzip ist die angepaßte Gnade (*gratia congrua*). Demnach wird die Gnade dadurch wirksam, daß sie dem Verhalten des freien Willens angepaßt (congrua) ist.

b.) Eine Mitte zwischen Molinismus und Bañezianismus möchten *Mastrius* († 1673) und die sich ihm anschließende Franziskanerschule einnehmen mit dem *Kondeterminismus*: Hier bildet der begleitend bestimmende Beschluß Gottes (*decretum condeterminans*) das Einheitsprinzip, d.h. der Einfluß des Beschlusses Gottes geschieht völlig gleichzeitig, also kondeterminierend mit dem menschlichen freien Akt.

c.) Ebenfalls vermitteln möchte das *Sorbonnische Gnadensystem*, das von dem Sorbonner Theologen *Ysambert* († 1642) entworfen und u.a. von *Tournely* († 1729) und *Alfons von Ligouri* († 1787) weitergeführt wird. In diesem mehr praktisch-pastoralen System ist das *Gebet* das Einheitsprinzip. Danach läßt die hinreichende Gnade dem Menschen die Freiheit zu leichteren Heilsakten, zu denen wesentlich das Gebet gehört; durch den freien Vollzug des Gebetes hinwiederum erhält der Mensch die zu schwierigen Heilsakten notwendige wirksame Gnade. – Ein eigenständiges Gnadensystem entfaltet der *Augustinismus* der jüngeren Augustinerschule, in der *Noris* († 1704) und *Berti* († 1766) besonders prägend sind. Als Einheitsprinzip waltet die siegreiche Gnade (*gratia victrix*): Die wirksame Gnade ist die von Gott geweckte Freude am Guten, die sich unter freier Entscheidung des Menschen siegreich durchsetzt.

Die Konturen und Unterschiede der einzelnen vermittelnden Versuche stellt das nachfolgende Schema übersichtlich heraus:

Übersicht über die „Gnadensysteme"

Name	Vertreter	Einheitsprinzip
Kongruismus	F. Suárez, R. Bellarmin	*gratia congrua:* Die Gnade wird dadurch wirksam, daß sie dem Verhalten des freien Willens angepaßt (congrua) ist.
Kondeterminismus	B. Mastrius, Franziskanertheologen	*decretum condeterminans:* Der den menschlichen Willen bestimmende Beschluß Gottes geschieht gleichzeitig mit dem freien menschlichen Akt.
Sorbonnisches Gnadensystem	W. de Ysambert, N. Tournely, A. de Liguori	*Gebet:* Die hinreichende Gnade gibt die Freiheit zum Gebet; dieses vermittelt die wirksame Gnade zu schwierigen Heilsakten.
Augustinismus	E. Noris G. L. Berti	*gratia victrix:* Die wirksame Gnade ist die von Gott geweckte Freude am Guten, die sich unter freier menschlicher Entscheidung siegreich durchsetzt.

3.3.4 Grundtendenzen der Gnadenlehre im 19. und 20. Jahrhundert

Die *Neuscholastik*, die seit Mitte des 19. Jahrhunderts in der katholischen Theologie die lehramtlich unterstützte Herrschaft ausübt, übernimmt die thomanische Gnadenlehre und baut sie zu einem System von Einzelgnaden aus. Um die *Mitte des 20. Jahrhunderts* kommt es in der katholischen Theologie zu *Neuaufbrüchen* in der Gnadenlehre, die auch zu ökumenischen Annäherungen in den Kontroversfragen mit der reformatorischen Theologie führen.

3.3.4.1 Die neuscholastische Gnadenunterscheidungslehre

Ohne inhaltliche Kreativität repetiert die Neuscholastik den gnadentheologischen Grundansatz des Thomas von Aquin. Lediglich formal erweitert sie die Unterteilung der Gnade in eine verwirrende Zahl von Einzelgnaden. Diese vielen Einzelgnaden sind aber letztlich zusammengefaßt in einem strengen Ordnungsschema, wie es das nachfolgende Schaubild zeigt:

Die Gnadensystematik der neuscholastischen Theologie

- gratia
  - increata
  - creata
    - creatoris: *elevans*
    - redemptoris: *elevans et sanans*
    - externa
    - interna
      - gratis data
      - gratum faciens
        - habitualis: *sanctificans*
        - actualis: *adiuvans*
          - illuminationis / inspirationis
          - praeveniens: operans / concomitans: cooperans
          - sufficiens / efficax

Im einzelnen besagen diese Unterscheidungen: Die *ungeschaffene* Gnade (gratia increata) ist die Huld Gottes und die *geschaffene* Gnade (gratia creata) besteht in Gaben und Wirkungen der Huld Gottes im Menschen. Die *geschaffene* Gnade differenziert sich von Gottes Wirken her in die Gnade des Schöpfers (gratia creatoris), die Adam und Eva im Paradies als Urstandsgnade zukommt und in die Gnade des Erlösers (gratia redemptoris), die den gefallenen Menschen als Gnade Christi heilt; beide Wirkweisen Gottes erheben den Menschen in eine neue Seinsstufe (gratia elevans), wobei die Gnade des Erlösers zusätzlich die von der Sünde geschlagenen Wunden heilt (gratia elevans et sanans). Je nach Art der Einwirkung teilt sich die geschaffene Gnade in die äußere Gnade (gratia externa), womit z.B. Predigt und Sakrament gemeint sind, und in die innere Gnade (gratia interna), die auf das Innere der Seele seinsmäßig einwirkt; die äußere Gnade ist auf die innere Gnade als ihr Ziel hingeordnet.

Die *innere Gnade* bildet den Zentralbegriff, der sich wieder vielfach verästelt. Die Hauptunterscheidung liegt zwischen der Amtsgnade (gratia gratis data), die einzelnen Personen als Charisma zum Heilsdienst an anderen verliehen wird und der Heiligungs- oder Rechtfertigungsgnade (gratia gratum faciens), die für alle Menschen zur persönlichen Heiligung bestimmt ist. Die Heiligungsgnade verzweigt sich in die Zustandsgnade (gratia habitualis), die als heiligmachende Gnade (gratia sanctificans) eine der Seele anhaftende bleibende Bestimmtheit, d.h. einen Habitus bildet und in die Tatgnade (gratia actualis), die als helfende Gnade (gratia adiuvans) einzelne vorübergehende Einwirkungen Gottes beinhaltet.

Schließlich gliedert sich die Tatgnade oder *aktuelle Gnade* wiederum auf: in eine Erleuchtungs- und Stärkungsgnade (gratia illuminationis et inspirationis), insofern Gott auf den Verstand und den Willen des Menschen einwirkt; in eine zuvorkommende und begleitende Gnade (gratia praeveniens et concomitans), insofern Gottes Wirken einer menschlichen Willenstätigkeit vorausgeht oder ihr nachfolgt; in eine hinreichende und wirksame Gnade (gratia sufficiens et efficax), insofern Gott eine Befähigung zum Heilsakt oder die Verwirklichung des Heilsaktes schenkt. Dieses System von Gnaden hat die katholische Theologie bis zum Zweiten Vatikanischen Konzil beherrscht.

3.3.4.2 Gnadentheologische Neubesinnung im 20. Jahrhundert

Im Zuge der Bibelbewegung und der neuen Beschäftigung mit den Kirchenvätern werden ab den vierziger Jahren die Geschichtlichkeit der Offenbarung Gottes und die Heilsgeschichte als Grundkategorien christlicher Theologie wieder entdeckt. Das löst auch eine Neubesinnung in der Gnadenlehre aus. So werden als neue Akzente gesetzt: der theozentrische, personale, geschichtliche, erfahrungsmäßige und gesellschaftliche Charakter der Gnade.

(1) Gegenüber der Anthropozentrik der traditionellen Gnadenlehre wird nun die *Theozentrik* des biblischen Gnadenverständnisses neu zur Geltung gebracht. Hier wirkt Karl Rahner bahnbrechend[228]. Bei Rahner wird – in herkömmlichen Begriffen gesprochen – die ungeschaffene Gnade gegenüber der geschaffenen Gnade in den Mittelpunkt gerückt und als Zentrum für die gesamte Gnadenlehre genommen. Die Ausgangsbasis bildet, anders ausgedrückt, der Satz: *Gott selbst ist die Gnade.* Die Gnade ist die Selbstmitteilung Gottes, und zwar als Handeln Gottes in der Geschichte zum Heil der Menschen. Als Motiv wirkt die Liebe Gottes zu den Menschen, näherhin der universale Heilswille Gottes.

In diesem heilsgeschichtlichen Horizont eröffnet sich auch der Blick auf die Gnade als Heilshandeln der Trinität. In trinitarischer Sicht zeigt sich die Gnade als das spezifische Wirken, das Vater, Sohn und Geist jeweils in der Geschichte zum Heil der Menschen vollziehen. So wird dem Vater heilsgeschichtlich die Gnade der Schöpfung, dem Sohn die Gnade der Erlösung und dem Geist die Gnade der Vollendung zugeschrieben.

[228] Vgl. K. Rahner, Zur scholastischen Begrifflichkeit der ungeschaffenen Gnade: ders., Schriften zur Theologie I, Einsiedeln 1954, 347-375; Natur und Gnade: ders., Schriften IV, Einsiedeln 1960, 209-236.

(2) Zusammen mit der heilsgeschichtlichen Begründung wird auch der *personale Charakter* der Gnade wieder gesehen. Für die personale Auffassung der Gnade wirkt *Romano Guardini* als Pionier[229]. Indem die Gnade als ein Geschehen zwischen Personen betrachtet wird, gelingt es, die neuscholastische Verdinglichung und Verobjektivierung der Gnade zu überwinden. Gnade ist in diesem Sinn personale Begegnung zwischen Gott und Mensch.

So erweist sich die Gnade als Beziehungsgeschehen. Konkret ist Gnade der lebendige Austausch mit dem trinitarischen Gott, der bei der Taufe im Menschen Wohnung genommen hat. Diese Einwohnung oder Gegenwart des dreieinigen Gottes im menschlichen Innern ermöglicht einen unmittelbaren Austausch der einzelnen Getauften mit Gott. Dieser Unmittelbarkeit der Gott-Mensch-Beziehung ist dann die mittelbare Heilsvermittlung durch die Sakramente untergeordnet.

(3) Ferner wird der *geschichtliche Charakter* der Gnade wieder neu erkannt. Diese Einsicht wendet *Henri de Lubac* und die *Nouvelle théologie* auf das Problem an, daß in der Neuscholastik Natur und Gnade abstrakt auseinandergerissen werden. Dabei ergibt sich die prinzipielle Feststellung: Natur und Gnade können konkret nicht getrennt werden, weil geschichtlich keine menschliche Natur ohne Gnade existiert.

Nach Lubac heißt das näherhin: Zur menschlichen Natur gehört die natürliche Sehnsucht zur beseligenden Gemeinschaft mit Gott; der Mensch hat von jeher die Berufung und Bestimmung zum ewigen Leben in Gott. Von daher ist die neuscholastische Spekulation einer reinen Natur (*natura pura*) unhaltbar. Insofern auch die von jeher gegebene Ausrichtung des Menschen auf Gott hin ein freies Geschenk des Schöpfergottes ist, bleibt die Gratuität, die Ungeschuldetheit der Gnade Gottes gewahrt.

(4) Außerdem wird bei der gnadentheologischen Neubesinnung der *Erfahrungscharakter* der Gnade neu betont[230]. Gegenüber dem mit Augustinus beginnenden rein psychologischen Gnadenverständnis, bei dem die Gnade nur auf die Innerlichkeit des Menschen bezogen ist, werden nun die äußeren Komponenten des göttlichen Heilswirkens wieder ins Blickfeld gerückt. Es kommt also, traditionell ausgedrückt, auch die äußere Gnade gegenüber der inneren Gnade wieder zur Geltung.

Prinzipiell wird die enge Verflochtenheit von äußerer und innerer Gnade herausgestellt. Äußere Vermittlungsgestalten der Gnade sind im wesentlichen die religiöse Erziehung sowie Verkündigung und Sakramente in der kirchlichen Gemeinschaft. Damit diese äußeren Angebote beim Individuum auch verwirklicht werden, ist ein subjektives Annehmen und Verinnerlichen nötig.

(5) Schließlich liegt in der gegenwärtiger Gnadentheologie ein besonderer Akzent auf dem *gesellschaftlichen Charakter* der Gnade. Hier wird eine Korrektur vorgenommen an einer einseitig individualistischen Auffassung der Gnade. Bei der Gnade geht es nicht nur um das abgekapselte Heil der Einzelpersonen, sondern auch um soziale Auswirkungen. Gnade bedeutet nicht Weltflucht, sondern Weltgestaltung.

Diese Sicht der Gnade findet ihre breite Entfaltung in der lateinamerikanischen

[229] Vgl. R. Guardini, Freiheit, Gnade, Schicksal, München 1948.

[230] Vgl. G. Greshake, Gnade als konkrete Freiheit. Eine Untersuchung zur Gnadenlehre des Pelagius, Mainz 1972.

Befreiungstheologie[231]. Nach ihr bedeutet die Gnade wesentlich Gegenwart des Heils in der Gesellschaft. So fordert die Gnade dort, wo in der Gesellschaft Unheil herrscht, eine Veränderung der gesellschaftlichen Strukturen. Konkret wirkt die Gnade als innere Kraft zum Engagement für gesellschaftliche Veränderung, die positiv auf die Verwirklichung von Gerechtigkeit und Frieden abzielt.

3.3.4.3 Ökumenische Annäherung in der Rechtfertigungslehre

In den fünfziger Jahren setzt sowohl in der evangelischen als auch in der katholischen Theologie eine Neubesinnung auf die biblischen und glaubensgeschichtlichen Quellen der Rechtfertigungslehre ein. Dabei wächst auf beiden Seiten die Einsicht, daß nach dem neuen Forschungsstand in der zentralen Kontroversfrage der Rechtfertigung eine grundlegende Verständigung möglich ist. Auf katholischer Seite leistet *Hans Küng* einen ersten großen Schritt zur Annäherung. In seiner 1957 erschienenen Abhandlung über das Rechtfertigungsverständnis bei Karl Barth belegt er breit, daß gerade in der Rechtfertigungslehre heute eine grundsätzliche Übereinstimmung zwischen katholischer und evangelischer Theologie besteht[232].

Nach vielen Einzelstudien hat sich dann der *„Ökumenische Arbeitskreis evangelischer und katholischer Theologen"* im offiziellen Auftrag der beiden Kirchenleitungen mit dem gesamten Problemkreis sehr intensiv beschäftigt. Eine 1986 veröffentlichte Untersuchung, in der es um die Lehrverurteilungen im 16. Jahrhundert und ihre heutige Relevanz geht, kommt zum prinzipiellen Ergebnis: Die gegenseitigen Lehrverurteilungen des 16. Jahrhunderts haben aus heutiger Perspektive keinen kirchentrennenden Charakter mehr[233].

Im Detail werden zur Rechtfertigungslehre sieben Fragenkomplexe, die in der reformatorischen und gegenreformatorischen – meist polemisch überspitzten – Auseinandersetzung eine entscheidende Rolle gespielt haben, behandelt, nämlich: die Verderbnis der menschlichen Natur durch die Erbsünde, die bleibende Konkupiszenz, die Passivität des Menschen im Heilsgeschehen, die äußerliche (forensische) und innerliche (effektive) Rechtfertigung, allein der Glaube (sola fide) und die guten Werke, die Heilsgewißheit, das Verdienst. Hierzu werden im Licht der Entwicklung des ökumenisch-theologischen und zwischenkirchlichen Gesprächs sehr eingehend Gründe erörtert, warum die alten Verwerfungen heute den Partner nicht mehr treffen[234].

Im Fazit stellt die Untersuchung ein Zweifaches fest. Einerseits gilt prinzipiell: Die behandelten Verwerfungsaussagen des 16. Jahrhunderts haben in der gegenwärtigen Lehrsituation keine kirchentrennende Wirkung mehr; es besteht derzeit eine grundsätzliche Übereinstimmung in der Rechtfertigungslehre. Ande-

[231] Vgl. L. Boff, Jesus Christus, der Befreier, Freiburg 1986.

[232] H. Küng, Rechtfertigung. Die Lehre Karl Barths und eine katholische Besinnung, Einsiedeln 1957, 267-276.

[233] K. Lehmann, W. Pannenberg (Hg.), Lehrverurteilungen - kirchentrennend? I: Rechtfertigung, Sakramente und Amt im Zeitalter der Reformation und heute, Freiburg 1986, 187-196. Vgl. die Tabelle, oben S. 251 f.

[234] Ebd., 35-75.

rerseits gilt: Es gibt weiterhin Unterschiede im Verständnis der Rechtfertigung des Sünders. Diese Differenzen sind ernst zu nehmende theologische Aufgaben, die – innerhalb der fundamentalen Einheit – im legitimen theologischen Streit weiterverfolgt werden müssen[235].

Synopse der Gnadenlehre

Gott ——► Gnade ◄—— Mensch

Griechen: Vergöttlichung, ungeschaffene Gnade (Johannes – Origenes)	*Lateiner:* Rechtfertigung, geschaffene Gnade (Paulus – Augustinus – Luther)
Baius: „Alle Taten der Ungläubigen sind Sünde, alle Tugenden der Philosophen Laster".	*Scholastik:* Gnadenontologie, Betonung der Dualität Natur – Gnade
Jansenius: Was nicht aus dem Glauben kommt, ist Sünde.	*Pelagius:* Gnade ist nur Zusatzhilfe; Gebotserfüllung auch ohne sie möglich. *Semipelagianer:* Heilsgnade ist nötig, doch reicht die menschl. Freiheit zum Anfangen und Durchhalten.
Banez: Gott sieht schon immer voraus, daß der Mensch die Gnade annimmt.	*Molina:* Die allen Menschen gegebene „hinreichende" Gnade (sufficiens) wird wirksam (efficiens) unter menschl. Mitwirkung.

Gnade ist

personale Begegnung (*R. Guardini*): personale Dimension

Gott selber, auf den hin der Mensch ausgerichtet ist (*K. Rahner*): theozentrische Dimension

angeborenes Gottesverlangen und unverdiente Begegnung (*H. de Lubac*): geschichtliche Dimension

gegeben zur Weltgestaltung (*L. Boff*): gesellschaftliche Dimension

in aller Wirklichkeit erfahrbar (*G. Greshake*): Erfahrungsdimension

Gnade ist die konkrete Berührung des Menschen durch Gott. Sie ereignet sich also im Spannungsbogen der Freiheit Gottes und der Freiheit des Menschen. Von der Patristik bis etwa in die Mitte des 20. Jahrhunderts war daher das Hauptproblem der Gnadenlehre die Bestimmung der „Anteile" beider Pole im Heilsgeschehen. Fast unvermeidlich wurde dabei einmal die Souveränität Gottes, einmal die Autonomie des Menschen einseitig betont. Erst im 20. Jahrhundert wurde dieser Antagonismus überwunden, indem sich die Aufmerksamkeit der Theologen auf die Gnade selber konzentrierte. Nun kann sie als Ermächtigung zur rechten Freiheit verstanden werden.

Erstellt von Wolfgang Beinert

[235] Ebd., 74 f. - Vgl. den kritischen Widerspruch zu den Ergebnissen des Ökumenischen Arbeitskreises: D. Lange (Hg.), Überholte Verurteilungen? Die Gegensätze in der Lehre von Rechtfertigung, Abendmahl und Amt zwischen dem Konzil von Trient und der Reformation - damals und heute, Göttingen 1991.

4. Systematische Reflexion des Gnadengeschehens

In der systematischen Reflexion soll die biblische Grundauffassung von Gnade methodisch durchdacht und auf dem Hintergrund traditioneller Positionen für heutiges Verständnis ausgelegt werden.

Bei dem Versuch, einen systematischen Entwurf zu entwickeln, können zwei Hauptfelder unterschieden werden: die *allgemeine* und die *besondere* Gnadenlehre.

In der *allgemeinen* Gnadenlehre werden die Grundlagen des Gnadengeschehens erörtert: zum einen das Wesen der Gnade in ihrem trinitarischen, christozentrischen, personalen und formalen Charakter; zum anderen die Grundfrage, wie sich die Gnade zu Natur, Gesetz und Freiheit verhält.

Die *besondere* Gnadenlehre befaßt sich mit dem Heil der Individuen, und zwar unter folgenden Perspektiven: die Grundlegung des individuellen Heils im universalen Heilswillen und Heilsplan Gottes; die soziale Vermittlung des individuellen Heils in Bund und Erwählung; die Grundakte bei der Verwirklichung des individuellen Heils, nämlich Rechtfertigung und Heiligung; das neue Leben der Gerechtfertigten in der Liebesgemeinschaft mit Gott, das sich über die erneuerte Gotteskindschaft durch die Grundkräfte Glaube, Hoffnung und Liebe vollzieht.

4.1 Allgemeine Gnadenlehre: Grundlagen des Gnadengeschehens

Bei den Grundlagen des Gnadengeschehens geht es zunächst um die Bestimmung des Wesens der Gnade. Dann werden Grundprobleme im Gnadenverständnis behandelt, nämlich die Beziehung von Gesetz und Gnade, von Natur und Gnade sowie von Freiheit und Gnade.

4.1.1 Wesen der Gnade

Für eine Grundbestimmung der Wirklichkeit der Gnade gibt es viele Umschreibungen. Die vielfältigen Inhalte der biblischen Gnadenbegrifflichkeit können etwa auf diesen Kurznenner gebracht werden: *Gnade ist die freie und treue Liebe Gottes zu den Menschen, die sich in der Geschichte durch Handlungen und Gaben zum Heil der Menschen zeigt.*

Etwas aufgeschlüsselt besagt dies: Die Gnade Gottes ist vom Ursprung her Liebe; sie ist die Liebe Gottes zu den Menschen; sie ist die Menschenfreundlichkeit Gottes. Als Liebe schließt die Gnade eine positive Grundhaltung Gottes gegenüber den Menschen ein, nämlich die Grundgesinnung des Wohlwollens. Das menschenfreundliche Wohlwollen Gottes bewegt sich in der Freiheit und Treue der Liebe. Das heißt: Die Gnade Gottes ist etwas Unverfügbares und doch Zuverlässiges, sie ist etwas Ungeschuldetes und doch Dauerndes. Das Medium, in dem sich die Gnade Gottes zeigt, ist die Geschichte. Die liebevolle Zuwendung Gottes zu den Menschen wird sowohl in der universalen als auch in der individuellen Geschichte der Menschen erfahrbar, indem Gott allen Menschen seine Liebe mit umfassenden Heilswerken erweist und indem er den einzelnen Menschen bleibende Heilsgüter schenkt. Das Ziel jeglichen Gnadengeschehens ist das Heil der Menschen. *Gnade ist darum der Heilswille Gottes gegenüber allen Menschen.*

Insofern Heil das ganzheitliche Wohl der Menschen meint, kann in einer Kurzformel zusammengefaßt werden: *Gnade ist das freie und treue Wohlwollen Gottes gegenüber den Menschen, wodurch Gott in der Geschichte zum ganzheitlichen Wohl aller Menschen wirkt.* Wenn das Heilshandeln Gottes in neutestamentlicher Perspektive betrachtet wird, läßt sich knapp formulieren: Gnade ist das unbedingt freie Liebeshandeln des dreieinigen Gottes, durch das er in der Geschichte personale Gemeinschaft mit den Menschen aufnimmt, um ihnen zum Heil zu verhelfen.

In Orientierung am neutestamentlichen Gnadenverständnis können als Hauptelemente der Gnade festgestellt und entfaltet werden: Zum Wesen der Gnade gehört der trinitarische Ursprung, die christozentrische Vermittlung und der personale Charakter; formal ist die Gnade bestimmt als ungeschuldete, notwendige und universale Wirklichkeit.

4.1.1.1 Trinitarischer Ursprung der Gnade

Um die scholastische Verengung der Gnade auf eine dinghafte Wirklichkeit im Menschen (gratia creata interna) ebenso zu überwinden wie die reformatorische exklusive Verlegung der Gnade außerhalb des Menschen (iustificatio externa), muß sich die Theologie wieder neu auf den trinitarisch-heilsgeschichtlichen Ursprung der Gnade rückbesinnen. Nach dem Neuen Testament liegt, wie die ostkirchliche Patristik zu Recht betont, die lebendige Urquelle für alle Gnade im heilsgeschichtlichen Wirken der Trinität, näherhin in der trinitarischen Einwohnung Gottes im Menschen.

Der als Vater, Sohn und Geist trinitarische Gott der Liebe handelt völlig frei in der Geschichte zum Heil der Menschen: durch Schöpfung, Erlösung und Vollendung. Man kann daher im weiten Sinn eine *dreifache Form der Gnade* unterscheiden: die Schöpfungsgnade oder *kreative* Gnade, die Erlösungsgnade oder *redemptive* Gnade, die Vollendungsgnade oder *konsummative* Gnade. Bei jeder dieser drei Grundarten der Gnade wirken alle drei Personen voll mit, wenn auch die Schöpfung dem Vater, die Erlösung dem Sohn und die Vollendung dem Geist in besonderer Weise zugeeignet werden kann. Der trinitarische Gott schenkt den Menschen in den drei heilsgeschichtlichen Wirkweisen eine jeweils spezifische heilbringende Gemeinschaft: bei der Schöpfung das Abbildsein und Gotteskindsein, bei der Erlösung das Neuangenommensein, bei der Vollendung das dauernde Sein in der Liebe.

Diese schöpferische, erlösende und vollendende Gemeinschaft Gottes mit den Menschen bedeutet zugleich die Einwohnung oder, anders gesagt, *die Gegenwart des trinitarischen Gottes im Menschen.* So ist Gnade für den Menschen die Teilhabe am Wesen und Leben Gottes. In dieser trinitarisch-heilsgeschichtlichen Sicht ist Gnade eine Seinsbestimmung des Menschen, die Gott völlig ungeschuldet von außen her schenkt, die den Menschen aber innerlich wesensmäßig prägt.

4.1.1.2 Christozentrische Vermittlung der Gnade

Im engeren Sinn ist Gnade nach dem Neuen Testament das unbedingt freie Liebeshandeln Gottes zum Heil der Menschen in Person und Werk Jesu Christi. Durch die aus reiner Liebe erfolgende Menschwerdung des Sohnes Gottes in Jesus Christus erscheint die Gnade als eine konkrete geschichtliche Person. Der Gottmensch Jesus Christus, der in sich selbst die engste Beziehung zwischen Gott und Mensch verwirklicht, vollbringt ein universales, gemeinschaftsstiftendes Heilswerk: In Kreuzestod und Auferstehung vermittelt er eine für alle Menschen wirksame Sündenvergebung und Neuschöpfung, die eine neue heilvolle Gemeinschaft der Menschen mit Gott ermöglichen. *So ist Gnade zentral die Gnade Jesu Christi.*

Dieses christozentrische Verständnis der Gnade ist eng verknüpft mit einer pneumatologischen und ekklesiologischen Perspektive. Um die neubegründete Gemeinschaft zwischen Gott und Mensch lebendig zu erhalten, senden Vater und Sohn den Geist als Liebe, als personale Kommunikation in die Herzen der Menschen. Das besagt: Der Geist wirkt innerlich als treibende Kraft und bleibender Beistand, um die Gnade Jesu Christi zur Vollendung zu bringen.

Als konkrete Hilfe zur Vermittlung der Gnade Jesu Christi ruft der Geist Gottes alle an Jesus Christus glaubenden Menschen zur Kirche zusammen. Diese Gemeinschaft der Glaubenden ist als sichtbarer Leib Christi gesendet, die selbsterfahrene Gnade Jesu Christi weiterzuvermitteln: durch das heilswirksame Wort des Evangeliums und durch die heilswirksamen Zeichen der Sakramente. Für diese ekklesiologische Aufgabe schenkt der Geist Gottes die verschiedenen Gnadengaben (*charismata*), die ganz im Dienst des Liebeshandelns Jesu Christi zum Heil der Menschen stehen müssen.

4.1.1.3 Personaler Charakter der Gnade

Wenn Gnade im biblischen Sinn verstanden wird als das unbedingt freie Liebeshandeln Gottes zum Heil der Menschen, zeichnet sich ein personaler Grundcharakter der Gnade ab. Vom personalen Grundansatz her können die Hauptschwächen der scholastischen Gnadenauffassung überwunden werden. Es lassen sich für die scholastische und biblische Sicht der Gnade folgende Hauptmerkmale gegenüberstellen:

Gnade in scholastischer Sicht	Gnade in biblischer Sicht
dinghaft	personal
statisch	dynamisch
akzidentell	ontisch
abstrakt	geschichtlich
individualistisch	gemeinschaftlich
spiritualistisch	welthaft

(1) Im biblischen Verständnis leiten sich vom personalen Charakter der Gnade alle weiteren wesentlichen Merkmale ab. Der Grundansatz heißt also: Die Gnade ist *personal*. In Abgrenzung von etwas Dinghaftem ist sie eine personale Beziehung, die der dreipersönliche Gott mit den Menschen als Personen eingeht. Der lebendige Gott, der die Liebe in Person ist, schenkt den Menschen zu ihrem Heil eine personale Liebesgemeinschaft.

(2) Die Gnade ist *dynamisch*. In Abgrenzung von etwas Statischem ist sie als Liebeshandeln Gottes eine lebendige Macht, die im Menschen eine antreibende Bewegung hervorruft. Sie ist auch nicht bloß eine einmalige Gabe, sondern ein immerwährendes Geschehen.

(3) Die Gnade ist *ontisch*. In Abgrenzung von etwas Akzidentellem, d.h. von einer äußerlichen Eigenschaft, ist sie eine seinsmäßige Bestimmung des Menschen. Der trinitarische Gott der Liebe schenkt dem Menschen Teilhabe an seinem Wesen und Leben: das Abbildsein und Kindsein durch das schöpferische Liebeshandeln, das neue Angenommensein und das In-Christus-Sein durch das erlösende Liebeshandeln, das Im-Geist-Sein durch das vollendende Liebeshandeln. So wird das Sein des Menschen von der Gottesbeziehung voll durchdrungen. Mit dieser Seinsbestimmung schenkt Gott dem Menschen zugleich die auf ihn ausgerichteten inneren Grundkräfte von Glaube, Hoffnung und Liebe.

(4) Die Gnade ist *geschichtlich*. In Abgrenzung zu etwas Abstraktem ist sie eine konkrete Wirklichkeit in der Geschichte, die sich in den geschichtlichen Dimensionen von Vergangenheit, Gegenwart und Zukunft entfaltet. Die geschichtliche Wirksamkeit der Liebe Gottes zum Heil der Menschen zeigt sich für die Menschheit: prinzipiell in Schöpfung, Erlösung und Vollendung; speziell in den zwei Heilswegen von Gesetz und Evangelium, von Altem und Neuem Bund; unüberbietbar konkret in Person und Werk Jesu Christi. Für die einzelnen Menschen zeigt sich das geschichtliche Liebeshandeln Gottes in Berufung, Rechtfertigung und Heiligung.

(5) Die Gnade ist *gemeinschaftlich*. In Abgrenzung von etwas Individualistischem ist sie das heilshafte Liebeshandeln Gottes durch menschliche Gemeinschaft. Es sind die Gemeinschaften des Volkes Israel bzw. der Kirche, durch die Gott im Alten bzw. Neuen Bund seine konkrete Heilswirksamkeit entfaltet. Die Erwählung des alten bzw. neuen Volkes Gottes dient dazu, das Heil für den einzelnen über die Gemeinschaft zu vermitteln.

(6) Die Gnade ist *welthaft*. In Abgrenzung von etwas Spiritualistischem ist sie eine in sinnenfälligen Zeichen ganzheitlich erfahrbare Wirklichkeit. Es wird zeichenhaft wahrnehmbar: die Schöpfungsgnade, wenn Angenehmes und Schönes erfreut; die Erlösungsgnade, wenn die Befreiung von leiblichen, seelischen und geistigen Übeln erfahren wird oder wenn die Befreiung von menschenrechtsverletzenden gesellschaftlichen Zwängen und Unterdrückungen erlebt wird; die Vollendungsgnade, wenn beglückende und erfüllende Liebe das Leben bestimmt.

4.1.1.4 Formale Grundbestimmungen der Gnade

Von dieser personalen Grundlegung her sind auch die traditionellen formalen Grundbestimmungen der Gnade besser zu erfassen, nämlich die Ungeschuldetheit (Gratuität), Notwendigkeit und Universalität der Gnade.

(1) Die Gnade ist *ungeschuldet*, d.h. der Mensch hat keinerlei Anspruch auf das heilshafte Liebeshandeln Gottes. Gott eröffnet und lebt in unbedingter Freiheit die Liebesgemeinschaft mit den Menschen; der Mensch kann das Liebeshandeln Gottes durch keinerlei eigene Leistung erwerben, weder durch Werke noch durch Verdienste. So hat die Gnade reinen Geschenkcharakter; für den Menschen ist sie unverfügbar und unberechenbar.

(2) Die Gnade ist *notwendig*, d.h. der Mensch kann ohne das Liebeshandeln Gottes das Heil nicht erlangen. Gott hat in allem Heilsgeschehen die absolute Initiative; der Mensch ist für den Beginn, für den Vollzug und für das Durchhalten der heilshaften Gemeinschaft mit Gott auf das lebendige Liebeshandeln Gottes angewiesen. Die Gnade hat den Charakter der Allwirksamkeit; der Mensch kann nicht im voraus zur Gnade oder unabhängig von der Gnade, sondern nur innerhalb der Gnade heilswirksam tätig sein.

(3) Die Gnade ist *universal*, d.h. das heilshafte Liebeshandeln Gottes erstreckt sich auf alle Menschen. Gott hat von seinem allgemeinen Heilswillen her in der Prädestination einen universalen Heilsplan entwickelt; alle Menschen erhalten von der universalen Liebe Gottes das Angebot und die reale Möglichkeit, das Heil zu erlangen. Die Gnade hat den Charakter der Grenzenlosigkeit; für den Menschen ist sie unbegreiflich und unfaßbar.

4.1.2 Grundfragen im Gnadenverständnis

In der Theologiegeschichte haben sich bei der systematischen Reflexion des Gnadenbegriffs drei prinzipielle Beziehungspaare ergeben, nämlich Gesetz und Gnade, Natur und Gnade, Freiheit und Gnade. Dabei ging und geht es bis heute um das Grundproblem, wie diese Wirklichkeiten voneinander unterschieden und miteinander verbunden sind.

4.1.2.1 Gesetz und Gnade

Das in der katholischen Tradition mit Gesetz und Gnade benannte Beziehungspaar wird schon bei Paulus und dann in der Reformation unter den Begriffen von *Gesetz und Evangelium* behandelt. Von der biblischen Orientierung her wird im Folgenden die Formel „Gesetz und Evangelium" verwendet.

Das Problem von Gesetz und Evangelium besteht in der gegenseitigen Abgrenzung und Zuordnung. Diese Verhältnisbestimmung muß sich orientieren am heilsgeschichtlichen Gesamtduktus des Alten und Neuen Testaments. In der heilsgeschichtlichen Perspektive gehören die zwei eigenständigen geschichtlichen Wirklichkeiten zusammen: als zwei Phasen der einen Heilsgeschichte, als zwei Ausdrucksweisen der einen Liebe Gottes, als zwei geschichtlich bedingte Heilswege der einen Menschheit. Worin liegt der Unterschied und worin liegt die Einheit zwischen Gesetz und Evangelium?

Unterschied und Einheit von Gesetz und Evangelium

Der Unterschied zwischen Gesetz und Evangelium hat seinen tiefsten Grund in der geschichtlich zweifachen Wirksamkeit der Liebe Gottes: Die Liebe Gottes schenkt und fordert. Im alttestamentlichen Gesetz äußert sich vorwiegend *der fordernde Wille* Gottes, im neutestamentlichen Evangelium zeigt sich beherrschend *der schenkende Wille* Gottes. So gehören zum Gesetz, dessen Kern der Dekalog bildet, als Charakteristika: Heilsimperativ – Weisung – Anspruch – Anklage – Gerichtsandrohung – Verurteilung – Einengung (Bindung) – Bedrängnis – Verängstigung. So gehören andererseits zum Evangelium, dessen Kern die Nähe des Reiches Gottes im Heilswerk Jesu Christi bildet, als Charakteristika: Heilsindikativ – Verheißung – Zuspruch – Freispruch – Gnadenerlaß – Vergebung – Befreiung (Freiheit) – Trost – Zuversicht.

Die Einheit zwischen Gesetz und Evangelium ergibt sich in dreifacher Weise. Gesetz und Evangelium haben denselben Urheber: Es ist der eine Gott, die eine Liebe Gottes, der eine Heilswille Gottes am Werk. Ferner haben Gesetz und Evangelium denselben Adressaten: Sie richten sich an die eine Menschheit. Schließlich haben Gesetz und Evangelium dasselbe Ziel: Sie wollen das Heil der Menschen.

Diese Unterscheidung und Einheit von Gesetz und Evangelium läßt sich in einem Schema so darstellen:

Einheit und Unterschied von Gesetz und Evangelium

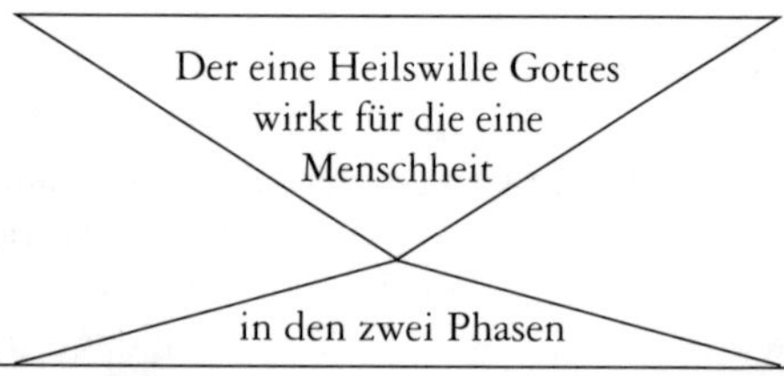

Gesetz	*Evangelium*
fordernder Wille Gottes	schenkender Wille Gottes
Heilsimperativ	Heilsindikativ
Weisung	Verheißung
Anspruch	Zuspruch
Anklage	Freispruch
Gerichtsandrohung	Begnadigung
Verurteilung	Vergebung
Beengung	Befreiung
Bedrängnis	Trost
Verängstigung	Zuversicht

Inklusive und christozentrische Einheit von Gesetz und Evangelium

Wie ist das spannungsvolle Miteinander von Gesetz und Evangelium näher zu bestimmen? Man kann von einer inklusiven und christozentrischen Einheit sprechen. In prinzipieller Hinsicht handelt es sich um eine *inklusive Einheit*, um ein Enthaltensein des Gesetzes im Evangelium. Das Evangelium umfaßt als explizite Zusage der Gnade Gottes auch das Gesetz, das nur einen impliziten Ausdruck der Gnade darstellt. Im *einen* Heilswillen Gottes ist das Gesetz mit seiner *Forderung* dem Evangelium mit seiner *Verheißung* untergeordnet. Diese Einordnung des Gesetzes in das Evangelium integriert zugleich das Fordernde des Gesetzes, denn aus der Gabe des Evangelium erwächst für die Menschen zugleich die Aufgabe, das Geschenk innerlich anzunehmen und nach außen Frucht bringen zu lassen.

In heilsgeschichtlicher Sicht handelt es sich beim Miteinander von Gesetz und Evangelium um eine *christozentrische Einheit*. Jesus Christus bringt mit seinem Evangelium das Ende des Gesetzes im Sinn der Erfüllung. Erfüllung aber bedeutet zum einen: Das Gesetz ist die geschichtliche Voraussetzung des Evangelium. Erfüllung bedeutet zum anderen: Das Evangelium ist die Aufhebung des Gesetzes. Die Aufhebung geschieht in der dreifachen Form des Begriffs: Geschichtlich verfehlte und überholte Formen der Gesetzesanwendung sind zu beseitigen; der entscheidende Kern des Gesetzes, der Dekalog, ist zu bewahren; die bleibenden Forderungen sind emporzuheben in die Höhe der Liebe, in der das Gesetz seine Erfüllung findet.

4.1.2.2 Natur und Gnade

Die in der Bibel nicht anzutreffende Gegenüberstellung von Natur und Gnade hat sich in der Theologiegeschichte entwickelt. Die Formel „Natur und Gnade" begegnet erstmals deutlich bei *Tertullian*. Für *Augustinus* ist die menschliche Natur aufgrund der Erbsünde total verderbt, so daß die Gnade exklusiv das Heil wirkt. In der *Scholastik* gilt das Axiom: Die Gnade setzt die Natur voraus und vollendet sie. Gegen *Luther*, der eine ähnliche Position wie Augustinus vertritt, stellt die *nachtridentische Scholastik* den abstrakten Heilsbegriff einer „reinen Natur" (natura pura) auf. Für die *Neuscholastik* verhalten sich Natur und Gnade (= Übernatur) wie notwendiger Unterbau und hinzugefügter, akzidenteller Oberbau. Dies wird von der *neueren katholischen Theologie* als veräußerlichte, als extrinsezistische Zusammenordnung abgelehnt.

Bei der Formel „Natur und Gnade" geht es um das angeborene Wesen des Menschen in der Beziehung zum geschenkhaften Heilswirken Gottes. Hier liegt ein Knotenpunkt für die heilsgeschichtlichen Grundhandlungen Gottes gegenüber den Menschen, d.h. für Offenbarung, Schöpfung, Erlösung und Vollendung. Um die neuscholastischen abstrakten Spekulationen über Natur und Gnade sowie die stockwerkartige Trennung von Natur und Gnade zu überwinden, nimmt die gegenwärtige katholische Dogmatik die biblische Grundsicht des Menschen als Geschöpf und Abbild Gottes zum Ausgangspunkt.

Die Natur des Menschen als gnadenhafte Gottabbildlichkeit

Indem der Mensch seinem Wesen nach als Geschöpf und Abbild Gottes gesehen wird, ergibt sich ein konkreter und innerer Zusammenhang zwischen der Natur des Menschen und dem geschenkhaften Heilswirken Gottes. Als Geschöpf, das Gott aus freier Liebe ins Leben gerufen hat, verdankt der Mensch bereits seine Grundexistenz der Gnade Gottes. Zugleich bekommt der Mensch mit der Erschaffung das einzigartige Gnadengeschenk, Abbild Gottes zu sein. Da diese wesensmäßige Gottabbildlichkeit (oder Gottebenbildlichkeit) unteilbar und unverlierbar immer erhalten bleibt, besteht eine von Gott selbst geschenkte konstitutive Gottbezogenheit des Menschen und somit eine gnadenhafte Offenheit der menschlichen Natur für Gott und sein Heilswirken. Die Gottabbildlichkeit beinhaltet gleichzeitig die innere Bezogenheit des Menschen auf Jesus Christus ein, da dieser das vollkommene, eschatologische Abbild Gottes ist, auf das der Mensch zur vollen Verwirklichung seiner Gottabbildlichkeit hingeordnet ist. In dieser christozentrisch-eschatologischen Ausrichtung ist der Mensch von seiner gottabbildlichen Natur her offen für das heilsgeschichtliche Wirken Gottes, das sich über die Phasen von Urgeschenk, Entstellung, Erneuerung und Vollendung der Gottabbildlichkeit des Menschen vollzieht.

Die Bestimmung des Menschen von der Gottabbildlichkeit her bringt auch die Überwindung des hermetischen, statischen und abstrakten Natur-Begriffs neuscholastischer Art:

1. Der in der Neuscholastik auf den Menschen angewendete philosophische Naturbegriff, wonach Natur ein hermetisch in sich geschlossenes Wesen meint, ist auszuscheiden. Theologisch ist von der Gottabbildlichkeit auszugehen, wonach der Mensch konstitutiv auf Gott bezogen ist; theologisch ist die menschliche Natur also Beziehung und Offenheit.

2. Von der Gottabbildlichkeit her ist die menschliche Natur nichts Statisches, sondern etwas Dynamisches. Die Gottabbildlichkeit hat von ihrem eschatologischen Ziel her einen Werdecharakter zum Inhalt, d.h. die ganze Natur des Menschen ist geschichtlich geprägt, der Mensch ist seinem Wesen nach geschichtlich.

3. Die menschliche Natur ist von der Gottabbildlichkeit her nichts Abstraktes, sondern etwas Konkretes. Da sich die Gottabbildlichkeit im ganzen Menschen mit Leib, Seele und Geist, d.h. in der Person verwirklicht, gilt: Die spezifisch menschliche Natur ist konkret identisch mit der Person; der Mensch ist von Natur aus Person.

Natur und Gnade in der scholastischen und in der personalistischen Konzeption

Scholastische Konzeption:

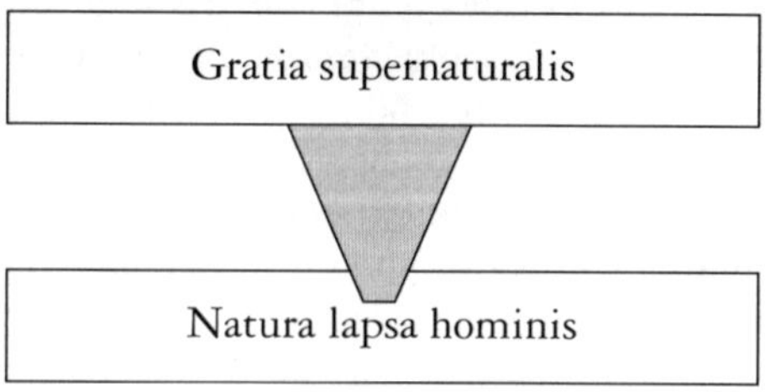

Personale Gnadentheologie:

Für die Scholastik sind Natur und Gnade zwei in sich abgeschlossene Bereiche, wobei die Gnade wie ein Stockwerk der Natur aufgesetzt erscheint.
In der personal bestimmten Theologie dagegen besteht schon seit dem Beginn des göttlichen Heilshandelns in der Schöpfung eine (durch ihn allein gegebene) Zuordnung der Welt auf Gott.

Prinzipielle und sprachliche Konsequenzen

Unter diesen Voraussetzungen sind für die Beziehung von Natur und Gnade folgende *prinzipielle Feststellungen* zu treffen:

1. Das Verhältnis von Natur und Gnade ist – entgegen einer dualistischen Auffassung – kein exklusives Gegeneinander; es ist – entgegen einer stockwerkartigen extrinsezistischen Auffassung – kein additives Nebeneinander; es ist – positiv gesagt – eine *innere Einheit.*

2. Diese innere Einheit von Natur und Gnade ist näher zu bestimmen als ein *inklusives Miteinander.* Das bedeutet: Die Gnade als personales, geschichtliches Liebeshandeln Gottes umschließt die personale, geschichtliche Natur des Menschen; der Mensch kann innerhalb der Gnade in echter Eigenständigkeit als Person eine Eigenwirksamkeit als Antwort auf das Liebeshandeln Gottes entfalten; die konkrete Vermittlung dieses inklusiven Miteinanders im Heilsgeschehen vollzieht sich in der und über die Person Jesu Christi.

Schließlich können aus all dem noch *theologische Sprachregelungen* empfohlen werden:

1. Bei der inhaltlichen Bestimmung ist der Begriff Natur beim Menschen prinzipiell durch den Begriff „Kreatur" oder „Geschöpf" und speziell durch den Begriff „Person" zu ersetzen. Um von vorneherein die traditionelle hermetische, statische und abstrakte Fehlbestimmung zu vermeiden, sollte man die Formel „*Natur* und Gnade" überhaupt austauschen gegen die Formel „*Person* und Gnade".

2. Der Begriff der reinen Natur (natura pura) ist als irreführend und überflüssig völlig beiseite zu legen. Da die konkrete menschliche Natur, d.h. die menschliche Person als schöpfungsmäßiges und christusbezogenes Abbild Gottes nie ohne Gnade ist, führt der Begriff der gnadenlosen reinen Natur in die Irre und ist deshalb zu vermeiden. Da ferner die – vermeintlich nur so zu rettende – Ungeschuldetheit der Gnade durch die Sicht der Gnade als unbedingt freier Liebe Gottes unmittelbar und konkret zum Ausdruck kommt, *ist die abstrakte Konstruktion der reinen Natur überflüssig.*

3. *Der Begriff des Übernatürlichen,* der in der Neuscholastik häufig den Begriff der Gnade ersetzt, *ist völlig aufzugeben.* Dafür sprechen einige Gründe: Die Bibel und die ganz altchristliche Literatur kennen den Ausdruck nicht; der verdinglichende, abstrakte und statische Begriff verdeckt den personalen und geschichtlichen Charakter der Gnade; schon im Wort „übernatürlich" legt sich die extrinsezistische Vorstellung von Überbau-Unterbau nahe, die sich mit der inneren Einheit von Natur und Gnade nicht verträgt.

4.1.2.3 Freiheit und Gnade

Schießlich bleibt noch das große Problem zu behandeln: Wie verhalten sich göttliche Gnade und menschliche Freiheit im Heilsgeschehen zueinander? In der Theologiegeschichte gibt es zwei fragwürdige Hauptmodelle, die durch ein genuin biblisches Modell überwunden werden müssen. Es handelt sich um die Modelle des *Synergismus* und *Monergismus*, denen als Lösungsmodell der *Energismus* gegenübersteht.

Die Modelle des Synergismus und Monergismus

Einige Repräsentanten der Scholastik entwickeln einen Synergismus, während der reformatorische Luther explizit einen Monergismus vertritt. Was wird unter den beiden Kategorien verstanden?

Der Begriff des *Synergismus* meint vom Wortsinn „synergein" her ein *Zusammenwirken*: Gott und Mensch wirken miteinander – auf gleicher Ebene und mit gleichem Gewicht – das Heil des einzelnen Menschen.

Erstes Modell (These): Synergismus
– Heil = Gnade und Freiheit
– gleichrangiges Zusammenwirken von Gott und Mensch
– additives Nebeneinander

Der Begriff *Monergismus* meint vom Wortsinn „monergein" her ein *Alleinwirken*: Gott wirkt allein, ohne jegliche menschliche Beteiligung, das Heil des einzelnen Menschen.

Zweites Modell (Antithese): Monergismus
– Heil = Gnade gegen Freiheit
– Alleinwirksamkeit Gottes
– exklusives Gegeneinander

Das Lösungsmodell des Energismus

Der Begriff des *Energismus* meint vom Wortsinn „energein" her ein *Ineinanderwirken*: Die menschliche Freiheit wirkt beim Heilsgeschehen aktiv innerhalb der göttliche Gnade.

Drittes Modell (Synthese): Energismus
- Heil = Freiheit in Gnade
- Allwirksamkeit Gottes;
  eingebundene Wirksamkeit des Menschen
- inklusives Miteinander

Dieses Modell ist biblisch begründet. In der Bibel gibt es keine Kontradiktion zwischen Gnade Gottes und Freiheit des Menschen, zwischen göttlichem und menschlichem Heilswirken. Vielmehr herrscht eine Gleichzeitigkeit von göttlichem und menschlichem Heilswirken. In der Schrift stehen Aussagereihen – zum Teil unmittelbar – nebeneinander, in denen das Heil gleichzeitig einerseits als Tat *Gottes* und andererseits als Tat *des Menschen* erscheint. Auffallend ist dabei: Es wird weder ein Widerspruch zwischen den beiden Aktivitäten gesehen, noch wird eine Erklärung für das Wie des gleichzeitigen Wirkens gegeben. So besteht nach der Bibel eine unreflektierte faktische Einheit zwischen Gnade Gottes und Freiheit des Menschen.

Daß die biblische Gleichzeitigkeit von göttlicher und menschlicher Heilsaktivität nicht Exklusivität, sondern positiven Zusammenhang bedeutet, wird an der Person Jesu Christi konkret offenbar: In Jesus Christus vereinigen sich auf geheimnisvolle Weise das göttliche und menschliche Heilshandeln zu einem echten Miteinander und Ineinander. Das Heilswerk Jesu Christi zeigt in den wesentlichen Elementen von Sendung, Sterben und Auferstehung die Zwei-Einheit von Willen Gottes und Willen Jesu[236]. So ist Jesus das unüberbietbare Modell für die biblische Anschauung: Gott schaltet in der Heilsfrage die menschliche Freiheit nicht aus, sondern bezieht sie in ihrer Eigenständigkeit mit ein; Gott wirkt das Heil der Menschen nicht am Menschen vorbei, sondern durch den Menschen vermittels seiner Freiheit; das Heil vollzieht sich geschichtlich im Miteinander von göttlicher und menschlicher Aktivität. Dogmatisch kann man hier eine Analogie der christologischen Formel von Chalkedon anwenden: *Gott und Mensch wirken unvermischt und ungetrennt zusammen.*

Dieses biblisch in Jesus Christus offenbare Miteinander und Ineinander von göttlicher und menschlicher Heilswirksamkeit wird in der heutigen Systematik genauer interpretiert. So findet sich für die biblische Grundtatsache, daß sich Gottes Gnadenwirken und menschliche Freiheit nicht ausschließen, sondern einschließen als systematische Erklärungsformel: *Gott ist der freisetzende Grund der menschlichen Freiheit.* Demgemäß bedeutet Gott nicht die Grenze, sondern die Eröffnung der menschlichen Freiheit; er bedeutet nicht die Ausschaltung, sondern die Ermächtigung der menschlichen Freiheit. Aus freier, überquellender Liebe setzt Gott den Menschen frei: Als Schöpfer schenkt Gott dem Menschen eine eigenständige und eigenwirksame Freiheit; als Erlöser befreit er diese durch den Fall Freiheit zu neuer, echter Heilswirksamkeit. Für den Menschen ist diese Frei-Gabe zugleich Gabe und Aufgabe.

---

[236] Vgl. in diesem Werk Bd. II: Christologie 2.4

Die Inklusivität des Energismus

Wie ist die so begründete Beziehung zwischen Gott und Mensch genauer zu beschreiben? Prinzipiell ist sie als ein inklusives Verhältnis zu charakterisieren: Gott ist der umfassende Souverän und Initiator, der der menschlichen Freiheit selbständigen Raum in sich gewährt; der Mensch hat in Gott eine eigenständige, aber geschenkte und abhängige Freiheit. Im Heilsgeschehen ist so ein Ineinanderwirken (energein) möglich: *Die menschliche Freiheit wirkt beim Heilsgeschehen aktiv innerhalb der göttlichen Gnade.*

Die Inklusivität artikuliert sich näherhin als ein korrelatives Verhältnis zwischen den beiden ungleichartigen Größen: Gottes Freiheit und Allmacht wachsen im gleichen – nicht im umgekehrten! – Maß, wie er menschliche Freiheit und Aktivität wirken läßt. *Gott offenbart sich umso freier und mächtiger, je mehr er dem Menschen Freiheit und Aktivität gibt; der Mensch ist umso freier und aktiver, je mehr er Gottes Freiheit und Macht in sich Platz greifen läßt.* Je mehr Gott wirkt, desto mehr gewinnt der Mensch, und je mehr der Mensch tätig wird, desto mehr wächst die Ehre Gottes.

Die Inklusivität realisiert sich schließlich entscheidend als dialogisches Verhältnis: Gott achtet den frei geschaffenen Menschen als Person, als Subjekt und erwählt ihn zum Bundespartner; der Mensch ist der echte – aus Liebe erwählte und freigesetzte – Partner Gottes. So vollzieht sich zwischen Gott und Mensch eine Geschichte der Begegnungen, in der Gottes liebendes Wort des Menschen liebende Antwort erwartet; so herrscht ein Wechselspiel, *ein Dialog der Liebe zwischen Gott und Mensch.*

Was folgt aus diesen prinzipiellen Feststellungen für das Heilsproblem? Es lassen sich wichtige praktische Schlußfolgerungen ziehen: Die beschriebene *Inklusivität* bedeutet, daß jedes Heilsgeschehen ganz Werk Gottes und ganz Werk des Menschen ist, wobei Gott spezifisch durch aktives Geben und der Mensch spezifisch durch aktives Empfangen wirkt.

Die *Korrelativität* besagt, daß zwischen Gott und Mensch im Heilsgeschehen keine Konkurrenz besteht, sondern daß – bei umfassender Überordnung und Priorität Gottes – ein echtes Miteinander, eine wirkliche Kooperation herrscht. Gott wirkt mittels der freien Aktivität der Menschen das Heil der Menschen und zugleich seine Ehre.

Die *Dialoghaftigkeit* bringt zum Ausdruck: Im Heilsgeschehen besteht zwischen Gott und Mensch – innerhalb des umgreifenden Gottes – eine Polarität, ein echtes Gegenüber zweier Personen, das nur mit personal-geschichtlichen und nicht mit kausalmechanischen Kategorien beschreibbar ist. Das Heil des einzelnen Menschen entwickelt sich in einer realen Geschichte der Liebe, wo Gott das Heil werbend anbietet und wo der Mensch mit Ja oder Nein antworten kann.

Energismus als Lösung der katholisch-reformatorischen Kontroversfrage

Was ergibt sich schließlich aus alledem für die herkömmliche katholisch-reformatorische Kontroverse in der Gnade-Freiheits-Frage? Von der interkonfessionell vertretenen Ausgangsbasis her, daß Gott der frei-setzende und frei-lassende Grund der menschlichen Freiheit ist, läßt sich für das Verhältnis von Gnade und Freiheit zusammenfassend konstatieren: Die inklusive oder energetische Interpretation der Beziehung von Gnade und Freiheit als korrelatives Miteinander und dialogisches Gegenüber kann die traditionellen Aporien und Gegensätze überwinden.

Mit dem Energismus ist ein Synergismus vermieden, insofern Gott als umfassender Souverän und Grund wirkt und ebenso scheidet ein Monergismus aus, insofern der Mensch wirklich frei ist und deshalb heilswirksame Taten setzen kann. So kann das reformatorische *sola gratia* und *soli Deo gloria* zur Geltung kommen, und zwar nur als inklusive, aktiv einschließende Allwirksamkeit, nicht aber als exklusive Alleinwirksamkeit Gottes; so kann das katholische *et* von Gottes Gnade *und* der menschlichen Freiheit zur Geltung kommen, und zwar nur als inklusive, rezeptiv eingeschlossene Wirksamkeit, nicht aber als gleichberechtigte oder gleichgewichtige Wirksamkeit des Menschen. In energetischer Sicht gelingt es, einerseits die Gottheit Gottes und das Menschsein des Menschen zu wahren und andererseits im inklusiven Ineinander ein echtes Zusammenwirken von Gott und Mensch zu gewährleisten.

4.2 Besondere Gnadenlehre: Das Heil der Individuen

Als personale Wirklichkeit bezieht sich die Gnade Gottes auf die Menschen als einzelne Personen, als Individuen. In welcher Weise wirkt die Gnade Gottes zum Heil der Individuen? Mit diesem Fragenfeld beschäftigt sich die besondere Gnadenlehre. Dabei geht es um folgende Hauptaspekte: um die Grundlegung, soziale Vermittlung und konkrete Verwirklichung des individuellen Heils sowie um das neue Leben des Individuums in der Gnade.

4.2.1 Grundlegung des individuellen Heils

Als universale Wirklichkeit bezieht sich die Gnade Gottes auf alle einzelnen Menschen. Es ist das Ziel der Gnade Gottes, allen einzelnen Menschen das Heil zu ermöglichen. Diese Ausrichtung der Gnade auf das Heil aller einzelnen Menschen wird in zwei Grundbegriffen gefaßt: im allgemeinen Heilswillen Gottes und in der Prädestination als universalem Heilsplan Gottes.

4.2.1.1 Allgemeiner Heilswille Gottes

Der allgemeine oder universale Heilswille Gottes meint *die grundsätzliche Liebesabsicht Gottes, allen Menschen das Heil zu ermöglichen*. Hier zeigt sich die Gnade Gottes als Wohlwollen Gottes, das ausnahmslos alle Menschen umfängt, das ausnahmslos auf das Heil aller Menschen gerichtet ist. Den Gegensatz zum allgemeinen Heilswillen Gottes bilden Theorien vom eingeschränkten oder partikularen Heilswillen Gottes, wonach Gott nur einen Teil (pars) der Menschen zum Heil vorherbestimmt. Eine solche partikulare Vorherbestimmung weniger zum Heil vertreten vor allem *Augustinus* und *Calvin*. Den allgemeinen Heilswillen Gottes mißachten auch die Auffassungen, die das Heilswerk Jesu Christi partikularistisch verstehen. Beispielsweise erklären *Gottschalk* und die *Jansenisten*, daß Jesus Christus nur für die zum Heil Auserwählten gestorben ist.

Ursprüngliches neutestamentliches Verständnis

In der nachösterlichen apostolischen Predigt wird Jesus als der Christus verkündigt, der nach dem Heilsplan Gottes durch seinen Tod und seine Auferstehung allen Menschen das Heil vermittelt. Sowohl die synoptischen Evangelien als auch die Briefliteratur stellen in den „Für-Formeln" heraus: Jesus Christus ist am Kreuz *für das Heil aller Menschen* gestorben.

Nach Paulus hat das ganze Heilswirken Gottes im Alten und Neuen Bund das Ziel, allen Menschen das Heil zu ermöglichen: „Gott hat alle in den Ungehorsam eingeschlossen, um sich aller zu erbarmen" (Röm 11,32). Verknüpft mit diesem heilsgeschichtlichen Universalismus vertritt Paulus auch die Universalität des Heilswerkes Jesu Christi: „Alle haben gesündigt und die Herrlichkeit Gottes verloren. Ohne es verdient zu haben, werden sie gerecht, dank seiner Gnade, durch die Erlösung in Christus Jesus" (Röm 3,23-24).

Sehr komprimiert faßt 1 Tim 2,4-6 den allgemeinen Heilswillen Gottes in seiner christozentrischen Vermittlung zusammen: „Gott will, daß alle Menschen gerettet werden und zur Erkenntnis der Wahrheit gelangen. Denn einer ist Gott, einer auch Mittler zwischen Gott und den Menschen: der Mensch Jesus Christus, der sich als Lösegeld hingegeben hat für alle".

Das Problem der Heilsverfehlung

Allerdings zeigt sich ein erstes großes Problem in der Frage: Wie ist es möglich, daß *einzelne* Menschen das Heil verfehlen können, wenn doch Gott das Heil *aller* Menschen will? Zur Lösung dieses Problems muß die Dialektik zwischen der Liebe Gottes und der Freiheit des Menschen beachtet werden: Der allgemeine Heilswille Gottes ist ein Angebot des Heils an die Freiheit der einzelnen Menschen. Der allgemeine Heilswille Gottes wirkt nicht als automatische Kausalität oder als notwendige Allursächlichkeit; Gottes personaler Liebeswille achtet die Freiheit der menschlichen Person, er wirbt um die Liebe des Menschen, er zwingt niemanden zum Heil. Es ist also zu unterscheiden zwischen dem *objektiven Heilswillen Gottes*, der für jeden einzelnen Menschen gilt und der *subjektiven Heilsannahme*, die durch den einzelnen Menschen verweigert werden kann.

Das Problem des exklusiven Heilsanspruchs der katholischen Kirche

Eine zweite große Frage lautet: Wie läßt sich das Axiom vom allgemeinen Heilswillen Gottes vereinbaren mit dem traditionellen katholischen Axiom, daß es außerhalb der katholischen Kirche kein Heil gibt (extra ecclesiam catholicam nulla salus, DH 802, 870, 1351)[237]? Konkret heißt das: Gibt es für Nichtkatholiken und besonders für Nichtchristen eine Heilsmöglichkeit?

---

[237] Vgl. auch in diesem Werk Bd. II: Ekklesiologie 2.5.3.

Den entscheidenden Ausgangspunkt und Maßstab zur Lösung dieser Frage bildet die biblische Wahrheit, daß der Heilswille Gottes und das Heilswerk Jesus Christi universal sind. Sehr beachtenswert ist außerdem das historische Faktum, daß die Christenheit eine Minderheit in der Weltbevölkerung ist: Soll nur diese Minderheit das Heil erlangen?

Die exklusive Deutung, daß alle Menschen außerhalb der Kirche der Verdammnis verfallen sind, wird vom offiziellen Lehramt zurückgewiesen mit den Aussagen: Es gibt auch außerhalb der Kirche Gnade (Trient, DH 2429); es gibt für Nichtchristen ewiges Heil bei unüberwindlicher Unkenntnis (ignorantia invincibilis) der wahren Religion (Pius IX, DH 2866; Hl. Officium, DH 3870); die positive Heilsmöglichkeit der Nichtchristen besteht durch den impliziten Wunsch nach Kichenzugehörigkeit, der sich in Glaube und Liebe ausdrücken muß (Hl. Officium, DH 3870 und 3872).

Schließlich erklärt das Zweite Vatikanische Konzil explizit, daß es Heil außerhalb der katholischen Kirche gibt. Es gibt Heil für die Angehörigen anderer Religionen: „Wer Gott aus ehrlichem Herzen sucht, seinen im Anruf des Gewissens erkannten Willen unter dem Einfluß der Gnade in der Tat zu erfüllen betrachtet, kann das ewige Heil erlangen“ (LG 16).Es gibt Heil sogar für die Nichtglaubenden: „Die göttliche Vorsehung verweigert auch denen das zum Heil Notwendige nicht, die ohne Schuld noch nicht zur ausdrücklichen Anerkennung Gottes gekommen sind, jedoch, nicht ohne die göttliche Gnade, ein rechtes Leben zu führen sich bemühen“ (LG 16).

So bleibt nur *eine inklusive Deutung* des ekklesiologischen Axioms, und zwar am besten mit der positiven, offenen Formulierung: *per ecclesiam salus – durch die Kirche Heil.* Demnach gilt im engeren Sinn: Innerhalb der Kirche besteht eine feste Heilsgewißheit. Im weiteren Sinn gilt: Die Kirche hat den universalen Auftrag, für alle Menschen einen Heilsdienst zu leisten. Auf diese Weise hat die Kirche eine einzigartige Bedeutung in der Heilsvermittlung und zugleich bleibt die Heilsmöglichkeit für alle Menschen offen.

4.2.1.2 Universaler Heilsplan Gottes in der Prädestination

Die gegenwärtige katholische Dogmatik versucht die traditionelle Prädestinationslehre zu überwinden, in der die Prädestination oder Vorherbestimmung ein von Ewigkeit her unveränderlich feststehendes Dekret Gottes ist, das sich auf einzelne Menschen bezieht. Nach der sogenannten *einfachen Prädestination* wird nur das Heil, nach der sogenannten *doppelten Prädestination* wird entweder das Heil oder das Unheil bei einzelnen fixiert. Diese ungeschichtliche Sicht läßt sich nicht halten, wenn das genuin biblische Prädestinationsverständnis zum Maßstab genommen wird. Der biblische Begriff der Vorherbestimmung ist in heilsgeschichtlicher Christozentrik von einer ekklesiologischen und universalen Grundperspektive geprägt.

Ursprüngliches neutestamentliches Verständnis

Als Grundzüge ursprünglich biblischer Prädestinationsauffassung zeigen sich: Die Schrift kennt keine absolute Vorherbestimmung einzelner Menschen, weder negativ noch positiv. Das heißt: Niemand ist *von jeher* verdammt, niemand ist *von jeher* gerettet; das definitive Urteil über ewiges Heil oder Unheil des einzelnen Menschen erfolgt *erst* im endzeitlichen Gericht. Zwar findet sich im Neuen Testament (besonders im Römer- und Epheserbrief) der Begriff *Vorherbestimmung*, aber er bezieht sich nicht unmittelbar auf den einzelnen Menschen, sondern meint einen Heilsplan Gottes für die ganze Menschheit.

In neutestamentlicher Sicht fixiert die Vorherbestimmung Gottes ein für alle Menschen offenes Heilsziel sowie eine zum Erreichen dieses Zieles führende Heilsordnung. Das bedeutet im einzelnen: Die Liebe Gottes hat von Ewigkeit her als Ziel für alle Menschen vorausbestimmt, daß sie das ewige Heil erlangen können und daß dieses Heil in der herrlichen Gotteskindschaft besteht. Zur Erlangung dieses Heilszieles hat die Liebe Gottes von jeher eine geschichtliche Heilsordnung festgelegt, nämlich Heilsmittler und Heilskriterien: Von Ewigkeit vorausbestimmt sind Jesus Christus als absoluter Heilsmittler und die Kirche als von ihm abhängige relative Heilsmittlerin; von Ewigkeit vorausbestimmt sind die den einzelnen Menschen auferlegten Heilskriterien, nämlich der Glaube und die aus ihm folgende Liebe.

So sagt Prädestination nach der Schrift nur etwas Positives: *Sie ist das Evangelium der absoluten allumfassenden Liebe Gottes und der sicheren eschatologischen Hoffnung der Menschen.*

Die Vereinbarkeit von göttlicher Prädestination und menschlicher Freiheit

In dieser genuin biblischen Sicht können auch die zwei großen Probleme der traditionellen Prädestinationslehre gelöst werden, nämlich der Konflikt mit der Freiheit des Menschen und mit dem allgemeinen Heilswillen Gottes.

Zum ersten Problem, d.h. zur *Vereinbarkeit von göttlicher Prädestination und menschlicher Freiheit*, ergibt sich vom biblischen Begriff her eine doppelte Lösungsperspektive. Einerseits stimmt der neutestamentliche Prädestinationsgedanke überein mit der Grundlinie der ganzen Bibel, daß Gott und Mensch in echter geschichtlicher, personaler Beziehung stehen. Dieser Prädestinationsgedanke schließt die menschliche Freiheit nicht aus, sondern bildet – in korrelativer, dialogischer Inklusivität – vielmehr das Fundament und die Garantie menschlicher Freiheit. Gott wirkt hier als Grund menschlicher Freiheit.

Andererseits läßt dieser Prädestinationsgedanke der menschlichen Freiheit auch in der Heilsfrage einen Wirkraum: Der einzelne Mensch kann in dem von Gott geschenkten Glauben frei entscheiden, ob er auf Gottes Heilswort eine positive Antwort geben und dann in der Liebe tätig sein will. Gott wirkt hier als Ziel menschlicher Freiheit.

Solche positive Zuordnung von göttlicher Prädestination und menschlicher Freiheit entzieht all jenen Formen des neuzeitlichen Atheismus das entscheidende Begründungsmoment, die zur Wahrung der menschlichen Freiheit die Existenz Gottes leugnen. Beispielsweise betrachten *F. Nietzsche* und *J. P. Sartre* Gott als exklusiven Konkurrenten der menschlichen Freiheit. Sie wollen den – für sie höchsten – Wert der menschlichen Freiheit dadurch retten, daß sie die Existenz Gottes ausschließen. Ein solcher Ausschluß ist aber prinzipiell nicht nötig, wenn die genuin biblische Vereinbarkeit von göttlicher Prädestination und menschlicher Freiheit gesehen wird.

Die Überwindung des Heilspartikularismus

Das zweite Hauptproblem der traditionellen Prädestinationslehre besteht in deren Heilspartikularismus. Die behauptete ewige Vorherbestimmung einiger zum Heil steht in offenem Widerspruch zum *allgemeinen Heilswillen Gottes.* Dagegen deckt sich die genuin neutestamentliche Prädestinationsanschauung voll mit dem allgemeinen Heilswillen Gottes, insofern sie einen universalen Heilsplan beinhaltet, der allen Menschen als letztes Ziel die herrliche Gotteskindschaft eröffnet. Insofern dieser Heilsplan Jesus Christus als universalen Heilsmittler vorsieht, ist auch die Universalität des Heilswerkes Jesu Christi garantiert.

Konkret zeigt sich die Überwindung des Heilspartikularismus in der universalen Heilssendung der Kirche, die zur genuin neutestamentlichen Prädestinationsanschauung gehört. In Abhängigkeit von Jesus Christus ist die Kirche zum Heilsdienst für alle Menschen gesandt. Die universale Sendung der Kirche realisiert sich – einerseits laut Missionsauftrag (vgl. Mt 28,19) – in der Verkündigung des Evangeliums Jesu Christi an alle Menschen. Die universale Sendung der Kirche realisiert sich – andererseits laut Liebesauftrag (vgl. Mk 12,31) – im Einsatz für das ganzheitliche Wohl aller Menschen. So steht die Kirche im Dienst des universalen Heilswillens Gottes.

4.2.2 Soziale Vermittlung des individuellen Heils

Die Gnade Gottes wirkt das Heil der einzelnen Menschen nie isoliert, sondern immer über eine Gemeinschaft und in einer Gemeinschaft. So sind die sozialen Größen Bund und Erwählung zwei Schlüsselbegriffe für das Liebeshandeln Gottes zum Heil der Menschen. Durch die Geschenke von Bund und Erwählung vermittelt Gott das Heil an die Individuen.

4.2.2.1 Der Bund Gottes mit den Menschen

Grundsätzlich ist der Bund zu beschreiben als die partnerschaftliche personale Gemeinschaft zwischen Gott und Mensch, die Gott aus unbedingt freier Liebe stiftet, um den Menschen damit zum Heil zu verhelfen. Wie sieht die biblische und systematische Grundbestimmung des Bundes aus?

Der Bund als biblischer Zentralbegriff

Der *Bund* (hebr.: *berit*; griech.: *diathéke*; lat.: *foedus* oder *pactum*) bildet im Alten Testament zahlenmäßig und inhaltlich einen Hauptbegriff. Im Neuen Testament ist Bund – bei seltenem Vorkommen – ein Achsenbegriff, insofern das Heilswerk Jesu Christi den Neuen Bund begründet.

Das *Alte Testament* umschreibt mit dem Begriff *berit*, den man traditionell – aber gegenwärtig umstritten – mit Bund übersetzt, die lebendige Geschichte, in der

Gott in stets neuen Ansätzen Gemeinschaft mit den Menschen aufnimmt: *Noachbund* (Gen 9,8-17); *Abrahamsbund* (Gen 15,7-21); *Bund mit dem Volk Israel am Sinai* (Ex 19-24). – Charakteristika dieser großen Bundes-Schlüsse sind: Die Initiative geht völlig einseitig von Gott aus; er bietet aus Gnade, ohne irgendein Verdienst des Menschen, den Bund an. Das Ziel des Bundes ist die Herstellung der lebendigen Gemeinschaft zwischen Gott und Mensch, die dem Menschen als höchstes Gut das Heil bringt. – Der Sinai-Bund umfaßt ein bundesgemäßes Verhalten auf beiden Seiten: Gott bindet sich völlig freiwillig an die Menschen, und sein Verhalten ist bestimmt durch Güte (Erbarmen) und Treue; vom Menschen fordert Gott Gehorsam und Treue gegenüber seinen Weisungen. Der Mensch ist zwar Bundes-Partner, aber Gott bleibt der absolute Bundes-Herr, der bei Bundes-Treue des Menschen Heil gewährt und bei Bundes-Bruch Unheil verhängt. – In der Exilszeit Israels kommt bei *Jeremia, Ezechiel* und *Deutero-Jesaja* der Gedanke eines neuen Bundes auf, der verinnerlicht und zugleich universal ist. In diesem neuen Bund bewirkt die Liebe Gottes bei seinem Volk eine innere Umwandlung, eine Erneuerung der Herzen (Jer 31,33; 32,40; Ez 36,26); er umfaßt eschatologisch alle Völker (Jes 55,3-5), wobei der leidende Gottesknecht als universaler Mittler des Heils wirkt (Jes 42,6f; 49,6). Hosea beschreibt diesen endzeitlichen Bund bildhaft als „Ehe-Bund" (Hos 2,21f.).

Das *Neue Testament* bringt als wesentliche Botschaft: Gott hat in Jesus Christus den prophetisch verheißenen Neuen Bund realisiert (Apg 3,24-26). Der Sinai-Bund wird positiv abgelöst, indem seine Heilszusagen durch das Heilswerk Jesu Christi ihre eschatologische Erfüllung und Vollendung finden (Lk 1,68-72). – Die ausdrückliche Proklamation des Neuen Bundes erfolgt in den *Abendmahlsberichten*. Bei den Kelchworten deutet Jesus seine blutige Lebenshingabe am Kreuz als „Blut des Bundes" (Mt 26,28; Mk 14,24) bzw. als „Neuen Bund in meinem Blut" (Lk 22,20; 1 Kor 11,25). – *Paulus* stellt in scharfen Antithesen den Unterschied zwischen dem entarteten Alten Bund und dem Neuen Bund heraus: Es ist der Gegensatz von Gesetz und Evangelium, von Knechtschaft und Freiheit (Gal 3-5), von tötendem Buchstaben und lebendigmachendem Geist, von Vergänglichem und Bleibendem (2 Kor 3,6-18). – Im *Hebräerbrief* findet sich unter kultischen Kategorien eine ausgearbeitete Bundes-Theologie (7,1-10,18): Als ewiger und vollkommener Priester wird Jesus Christus zum „Bürgen eines besseren Bundes" (7,22); durch sein einmaliges Opfer am Kreuz, das ewige Erlösung bewirkt hat, ist er „der Mittler eines neuen Bundes" (9,15).

Systematische Grundbestimmung des Bundes

Der Begriff des Bundes zeigt die Gnade Gottes als Gemeinschaftswillen Gottes: Gott nimmt von sich aus in liebender Selbstbestimmung die Beziehung zu den Menschen auf; er erhebt den Menschen völlig unverdient und ungeschuldet zum Partner seiner heilswirksamen Liebe. So sehr läßt sich Gott auf den Menschen ein, daß er immer wieder neu seinen Gemeinschaftswillen in der menschlichen Geschichte bekundet. Dem Menschen läßt er dabei die volle Freiheit, den Bund anzunehmen oder abzulehnen. Der Mensch aber, der Ja sagt zu Gottes Bundesangebot, kann voll Freude die Liebespartnerschaft Gottes genießen und zugleich die Kraft gewinnen, die zu seinem Heil gegebenen Bundesanweisungen zu befolgen. So charakterisiert der Bundesgedanke das Gott-Mensch-Verhältnis als personale Lebens- und Schicksalsgemeinschaft zwischen Gott und Mensch, bei der gleichzeitig die unendliche Distanz zwischen Gott und Mensch, also die Göttlichkeit Gottes und die Geschöpflichkeit des Menschen gewahrt bleiben.

Nicht nur für die Bestimmung der Gott-Mensch-Beziehung, sondern auch für die Klärung des *Verhältnisses zwischen Altem und Neuem Testament* hat der Begriff des Bundes eine wichtige Bedeutung, denn er signalisiert in allen dogmatischen Perspektiven sowohl die Kontinuität als auch den Unterschied zwischen Altem und Neuem Testament.

Für die dogmatische *Prinzipienlehre* zeigt sich so die Einheit und die Verschiedenheit der alttestamentlichen und neutestamentlichen Offenbarung Gottes: Es ist derselbe Gott, der in den alttestamentlichen Bundesbeschlüssen seinen Gemeinschaftswillen gegenüber den Menschen kundtut und der in der Menschwerdung seines Sohnes Jesus Christus die innigste Verbindung zwischen Gott und Mensch als neuen Bund offenbart. Jesus Christus ist in einem die Aufhebung und Erfüllung des Alten Testamentes, da er als Leibwerdung des Gemeinschaftswillens Gottes den alttestamentlichen Bund unüberbietbar und endgültig in die Wirklichkeit übergeführt hat. Damit zeichnet sich im Bund soteriologisch ein Heilswille Gottes ab, der kontinuierlich durch die Geschichte der Menschheit geht und der im Heilswerk Jesu Christi eine unberechenbare und unausdenkbare neue Wende in der Heilsgeschichte gebracht hat.

Ekklesiologisch wechselt der Bund vom alten Volk Gottes auf das neue Volk Gottes, also von Israel auf die Kirche. Während Israel als begrenztes Volk einen eingeschränkten Heilsauftrag ausübte, ist die Kirche von vorneherein universal in allen Völkern beheimatet und zu allen Völkern als Heilsbotin gesandt. Es gibt im Alten Testament wie im Neuen Testament sinnenfällige Symbole des Bundes, aber das alttestamentliche Bundeszeichen der Beschneidung und der alttestamentliche blutige Opferdienst werden im Neuen Bund ersetzt einerseits durch die Taufe und andererseits durch die Eucharistie, in der das einmalige Bundesopfer Jesu Christi am Kreuz immer wieder (unblutig) vergegenwärtigt wird.

Eschatologisch gesehen bildet der Alte Bund eine vergängliche Durchgangsstufe zur Ewigkeit des Neuen Bundes, der mit der Ankunft Jesu Christi anfanghaft verwirklicht ist und der bei der Wiederkunft Jesu Christi seine Vollendung erfährt. Den Weg zur vollendeten Gemeinschaft mit Gott eröffnet der Glaube, der dem einzelnen Menschen die Aufnahme in den Neuen Bund schenkt. Dort herrscht im Gegensatz zum alttestamentlichen Gesetz die Freiheit der Kinder Gottes und als bundgemäßes Verhalten sind vom Menschen Liebe und Treue gefordert. Als tragende Kraft des Neuen Bundes erweist sich die Hoffnung, indem sie durch alle Widerwärtigkeiten hindurch die Zuversicht auf die endgültige, herrliche Gemeinschaft mit Gott lebendig erhält.

4.2.2.2 Erwählung von und in Gemeinschaft zum Heilsdienst

Erwählung Gottes ist prinzipiell die ewige, aus Liebe erfolgende Wahl von universalen Heilsmittlern und speziell der zeitliche gnadenhafte Ruf an eine Gemeinschaft oder an ein-

zelne in der Gemeinschaft zum Heilsdienst. Wie ist der Erwählungsbegriff biblisch und systematisch zu charakterisieren?

Das biblische Erwählungsverständnis

Die biblischen Begriffe für Erwählung sind alttestamentlich *bahar* und neutestamentlich *eklégomai*. Das Alte Testament kennt nur eine zeitliche Erwählung, das Neue Testament spricht zudem von einer ewigen Erwählung.

Die zeitliche Erwählung ist ein innergeschichtlicher Vorzug. Sie bezieht sich im Alten Testament wie im Neuen Testament primär auf kollektive Größen, nämlich auf Israel bzw. auf die Kirche. Nur sekundär betrifft die zeitliche Erwählung einzelne Menschen. Sie ist stets Erwählung zu einem heilsgeschichtlichen Dienst.

So betont im Alten Testament vor allem Deuteronomium (z. B. Dtn 7,6-9; 10,14f; 14,1f), die kollektive Erwählung des Volkes Israel. Deutero-Jesaja (z. B. Jes 43,10; 49,6) versteht sie am klarsten als universale Heilsfunktion: Das Volk Israel ist durch einen besonderen Gottesbund dazu erwählt, Zeuge Gottes für alle anderen Völker zu sein. Im Zusammenhang mit dem Volk werden einzelne Personen als Erwählte bezeichnet: Abraham (Neh 9,7 f.), Mose (Ps 106,23), Aaron (Ps 105,26), die Leviten (Dtn 18,5; 21,5; 1 Chr 15,2), die Könige (1 Sam 10,24: Saul; 2 Sam 6,21: David; 1 Chr 28,5-10: Salomo).

Auch in den Briefen des Neuen Testaments besagt Erwählung die göttliche Berufung in eine Gemeinschaft, d.h. in die Kirche (vgl. 1 Kor 1,2; Kol 3,12.15). Diese wiederum steht im Dienst des Heils aller; sie hat einen universalen Missionsauftrag (vgl. 1 Petr 2,9). Im Sprachgebrauch der Synoptiker wird durchwegs im Plural von den Erwählten, d.h. von der erwählten Gemeinde, gesprochen (vgl. Mk 13,20.22.27; Lk 18,7); nur Jesus Christus wird als konkreter einzelner Erwählter genannt (Lk 9,35: „auserwählter Sohn Gottes“; Lk 23,35: „der erwählte Messias Gottes“). Bei Johannes hingegen ist die Erwählung einzelner besonders hervorgehoben, nämlich die Erwählung der Jünger durch Jesus Christus (z. B. Joh 6,70; 13,18; 15,16.19); sie hat den eindeutigen Sinn, die Jünger Jesu zum Apostelamt zu berufen.

Der Gedanke *der ewigen Erwählung*, der im Alten Testament fehlt, kommt im Neuen Testament nur zweimal explizit vor. Am deutlichsten formuliert Eph 1,4: „In Jesus Christus hat Gott uns erwählt vor der Erschaffung der Welt“. Ferner wendet sich 1 Petr 1,1f „an die Auserwählten ... von Gott, dem Vater, von jeher ausersehen“. Sehr entscheidend ist hier der christozentrische und ekklesiologische Aspekt: Ewige Erwählung zum Heil ist begründet in Jesus Christus; Gegenstand der Erwählung ist die Kirche als die Gemeinschaft der Erwählten.

Der soziale und universale Charakter der Erwählung

Bei der Erwählung geht es um die Vermittlung ewigen Heils, nicht um die Festlegung des ewigen Heils einzelner Menschen. Die traditionelle Theologie hat die Erwählung individualistisch und partikularistisch mißverstanden: als Auslese einzelner Personen zum ewigen Heil, wobei diese Erwählung – im Sinne einer ewigen Prädestination – von vorneherein auf wenige Menschen beschränkt ist. Das widerspricht der genuin biblischen Sicht von Erwählung, die eine soziale und universale Vermittlung des Heils behinhaltet. Dabei läßt sich zwischen ewiger und zeitlicher Erwählung unterscheiden.

Die ewige Erwählung besteht darin, daß Gott von Ewigkeit her Jesus Christus zum absoluten Heilsmittler und – in Abhängigkeit von ihm – die Kirche als relative Heilsmittlerin erwählt hat. Diese Heilsmittlerschaft Jesu Christi und der Kirche hat universalen Charakter, d.h. es soll allen Menschen das ewige Heil vermittelt werden. Die traditionelle individualistische und partikularistische Engführung der Erwählung ist aufzuheben in eine christozentrische und ekklesiologische Erwählung: Die einzelnen Menschen, und zwar *alle* Menschen sind dazu berufen, über Jesus Christus und die Kirche das ewige Heil zu erlangen; die Erwählung Jesu Christi und der Kirche ist der Erwählung der einzelnen vorgeordnet. Ewige Erwählung ist das Synonym einer universal verstandenen Prädestination; ewige Erwählung steht in innerem Zusammenhang mit dem allgemeinen Heilswillen Gottes, denn ihr Motiv ist die universale Liebe Gottes zu den Menschen.

Die zeitliche Erwählung bezieht sich grundlegend auf die Erwählung der Gemeinschaft des Volkes Israel und in Fortsetzung auf die Erwählung der Gemeinschaft der Kirche. Neutestamentlich bedeutet die Erwählung immer eine Erwählung zu etwas, also eine Aufgabe, eine Sendung, und zwar eine universale Sendung. Die Kirche soll – gemäß ihrem grenzenlosen Missionsauftrag (vgl. Mt 28,19 und Mk 16,15) – allen Menschen das gesamte Heilswerk Jesu Christi anbieten: in Wort und Tat, d.h. in der Verkündigung des Evangeliums und im Nachvollzug der Liebe Jesu Christi. Die einzelnen Menschen, die das Heilsangebot annehmen und in der Gemeinschaft der Kirche leben, sind selbst wieder erwählt zum Heilsdienst. Die Erwählung der einzelnen Christinnen und Christen ist zu verstehen als *Berufung*. Sie sollen ihre allgemeinen oder besonderen personalen Gaben im jeweiligen Lebensbereich zum ganzheitlichen und endgültigen Heil aller Menschen einsetzen. Das endgültige, das definitive Heil der einzelnen Menschen verwirklicht sich als Erfüllung der Erwählung: Es ist die ewige und voll glückliche Gemeinschaft in der allumfassenden Liebe Gottes.

4.2.3 Grundakte bei der Verwirklichung des individuellen Heils

Die Verwirklichung des individuellen Heils vollzieht sich über die gnadenhaften Grundakte der Rechtfertigung und Heiligung, die sich in einem dynamischen, eschatologischen Prozeß in guten Werken entfalten. Rechtfertigung, Heiligung und gute Werke sind seit Martin Luther zentrale Streitpunkte zwischen evangelischer und katholischer Theologie. In der zweiten Hälfte unseres Jahrhunderts ist durch den ökumenischen Dialog eine Grundübereinstimmung in diesen Fragen gewachsen.

Demnach kann als gemeinsame Grundlinie festgestellt werden: Den Weg zum ewigen Heil eröffnet die Gabe der Rechtfertigung, die aus dem Glauben kraft des Heilswerkes Jesu Christi die Vergebung der Sünden schenkt. Gleichzeitig mit der Rechtfertigung ist dem gerechtfertigten Individuum die Heiligung als eine zu entwickelnde Grundanlage eingesenkt. Der mit der Heiligung in die Herzen eingegossene Heilige Geist treibt als Liebe die einzelnen gerechtfertigten Menschen an, auf ihrem Lebensweg Taten der Liebe, d.h. gute Werke als Früchte des Glaubens zu vollbringen.

4.2.3.1 Die Eröffnung des individuellen Heils durch die Gnade der Rechtfertigung

Durch Paulus wird die *Rechtfertigung* zum neutestamentlichen Zentralbegriff, um den Anfang des Heilswirken der Gnade Gottes bei den einzelnen glaubenden Menschen zu charakterisieren. In Orientierung an Paulus erhebt Martin Luther die Rechtfertigung des Sünders allein aus Gnade (sola gratia) zum Angelpunkt, mit dem die Kirche steht und fällt (*articulus stantis et cadentis ecclesiae*). Bereits das Trienter Konzil hat eine Übereinstimmung mit der reformatorischen Grundsicht festgestellt, nämlich daß die Rechtfertigung absolut aus Gnade geschieht und daß ihr Wesen in der Sündenvergebung liegt.

Gegenwärtig besteht ein weitgehender Konsens zwischen katholischer und reformatorischer Rechtfertigungslehre. Dies betrifft den *Grundansatz*: Die Rechtfertigung geschieht aus reiner Gnade durch das Heilswerk Jesu Christi, das dem einzelnen durch seinen Glauben übereignet wird. Übereinstimmung herrscht auch *in vielen Detailfragen* wie etwa: Forensische und effektive Rechtfertigung erscheinen als zwei Seiten der gleichen Wirklichkeit, sofern die Gerechterklärung die Gerechtmachung bewirkt; die Rechtfertigung ist ein punktueller Akt, aber in ihrer eschatologischen Ausrichtung zugleich ein Prozeß, der gute Werke erfordert; sofern der Mensch auch nach der Rechtfertigung wieder der Sünde verfällt, ist er „Gerechter und Sünder zugleich" (*simul iustus et peccator*).

Grundsätzlich gilt, daß im Rechtfertigungsgeschehen die christliche Frohbotschaft vom gnadenhaften Heilshandeln Gottes an den Menschen wie in einem Knotenpunkt zusammenläuft. Das Verständnis der Rechtfertigung kann systematisch in zwei Schritten erörtert werden: *Punktuell* ist die Rechtfertigung ein personales, befreiendes und erneuerndes Geschehen; *als Lebensprozeß* ist die Rechtfertigung ein eschatologisches, ekkesiologisch vermitteltes und ethisch wirksames Geschehen.

Die Rechtfertigung als personales, befreiendes und erneuerndes Geschehen

Rechtfertigung ist das gnadenhafte personale Liebeshandeln des trinitarischen Gottes am einzelnen Menschen, das diesem durch den Glauben die Befreiung von den Sünden und innere Erneuerung schenkt. Diese Definition enthält zwei Grundaussagen:

1. Die Rechtfertigung ist ein *personales Geschehen* zwischen Gott und Mensch. – Das bedeutet von Gott her: Die Rechtfertigung ist ein personales Liebeshandeln Gottes. Gott, der als die Liebe Wohl-Wollen oder Heils-Wille gegenüber den Menschen ist, wendet sich dem einzelnen in völliger Freiheit der Liebe zu, d.h. aus Gnade, ungeschuldet und unverdient. Konkret realisiert sich das rechtfertigende Liebeshandeln Gottes am einzelnen als trinitarisches Heilswirken: als Zuspruch der grenzenlos vergebenden Barmherzigkeit des göttlichen Vaters, als Übereignung des Heilswerkes Jesu Christi, als innere Gegenwart des Heiligen Geistes. – Das bedeutet vom Menschen her: Die Rechtfertigung durch Gott ist

weder ein zwanghaftes noch ein automatisches oder magisches Geschehen. Der einzelne Mensch ist für Gott ein personales, freies Gegenüber, dem er das Liebesangebot der Rechtfertigung macht. Auf diesen Anruf Gottes antwortet der Mensch durch den Glauben. So sehr der Glaube wiederum Geschenk Gottes ist, so sehr ist er aktive Antwort: als personales Vertrauen zu Gott, als personale Annahme der Rechtfertigung.

2. Die Rechtfertigung ist *ein befreiendes und erneuerndes Geschehen*. – Die Rechtfertigung ist die Befreiung des Menschen von allem Gottwidrigem. Mit ihrer ersten Grundwirkung, nämlich mit der Vergebung der Sünden, beseitigt sie die Trennmauer, die der Mensch durch seine Schuld Gott gegenüber aufgerichtet hat. So eröffnet die Rechtfertigung wieder eine ungehinderte Beziehung zwischen Gott und Mensch. – Die Rechtfertigung ist innere Neuschöpfung des Menschen. In unmittelbarer Verbindung mit dem Freispruch des Menschen steht als zweite Grundwirkung der Rechtfertigung die innere Umwandlung, die innere Erneuerung, die Heiligung des Menschen. Durch die Rechtfertigung geschieht die Erneuerung der Gottabbildlichkeit und Gotteskindschaft des Menschen. Der Gerechtfertigte ist innerlich ein neuer Mensch.

Die Rechtfertigung als eschatologisches, ekklesiologisches und ethisches Geschehen

Die Rechtfertigung eröffnet dem einzelnen Menschen den Weg zum ewigen Heil, der über die Gemeinschaft der Kirche und über die Bewährung in guten Werken führt. Diese These läßt sich folgendermaßen erläutern:

1. Die Rechtfertigung eröffnet ein *eschatologisches Geschehen*. Als Beginn einer neuen Liebesgemeinschaft mit Gott ist die Rechtfertigung auf das eschatologische Endziel ausgerichtet, d.h. auf die innigste und immer bleibende Gemeinschaft mit Gott im ewigen Leben. So lenkt Gott den Menschen in der Rechtfertigung auf den Weg zum Endziel und schenkt ihm als innere Hilfen für das Unterwegsseins die Grundkräfte Glaube, Hoffnung und Liebe.

2. Die Rechtfertigung des einzelnen braucht *die Gemeinschaft der Kirche*. Entgegen aller privatistischen Verengung gilt, daß die Gemeinschaft der Kirche der Ort ist, wo sich die Rechtfertigung ereignet. Die Kirche vermittelt im Wort und Sakrament die Rechtfertigung an den einzelnen. In der Verkündigung des Evangeliums macht die Kirche den einzelnen auf Gottes Liebesangebot der Rechtfertigung aufmerksam. In der Spendung des Sakramentes der Taufe schenkt die Kirche dem einzelnen ein sinnenfälliges Zeichen, daß ihm persönlich die Rechtfertigung zugesprochen ist. Falls der einzelne auf dem eschatologischen Weg in die Sünde zurückfällt, schenkt ihm die Kirche im Sakrament der Vergebung die Zusage eines Neuanfangs auf dem Weg zum ewigen Heil.

3. Die Rechtfertigung verlangt vom Menschen *die Bewährung in guten Werken*. Entgegen aller spiritualistischen Verengung der Rechtfertigung gilt, daß die Gabe der inneren Erneuerung oder Heiligung für die Gerechtfertigten zugleich die Aufgabe mit sich bringt, sich in Taten der Heiligkeit oder, anders gesagt, in guten Werken zu bewähren. Es gehört als notwendige Frucht zur Rechtfertigung, daß der Glaube in Taten der Liebe wirksam wird. Durch das ethische Handeln

muß sich die Rechtfertigung auch verändernd auf Gesellschaft und Welt auswirken.

4.2.3.2 Der Vollzug des individuellen Heils in der Heiligung

In paulinischer Sicht geschieht gleichzeitig mit der Rechtfertigung die Heiligung der Gerechtfertigten. Da die Rechtfertigung das Individuum von der Macht des Bösen befreit, tritt als unmittelbare Konsequenz das innere Erfaßtwerden von der Macht des Guten, von der Heiligkeit Gottes ein. Die Gerechtfertigten erhalten als Geschenk Anteil an der Heiligkeit Gottes. So werden in der Urkirche alle Christinnen und Christen als Heilige bezeichnet.

Diese Grundlage der Heiligkeit enthält für alle Getauften die Berufung zur Heiligkeit. Der Indikativ wird zum Imperativ, d.h. die Getauften sollen die empfangene Heiligkeit durch ein gutes Leben zur Entfaltung bringen. Konkret verwirklicht sich dieses Heiligwerden im Prozeß des Lebens durch Taten der Gottes- und Nächstenliebe.

Luther nimmt zu seiner Zeit mit Recht Anstoß an einem Heiligkeitsverständnis, das die menschliche Leistung völlig in den Vordergrund rückt, und an einer Heiligenverehrung, die das Heilswerk Jesu Christi völlig in den Hintergrund drängt. Seit dem Zweiten Vatikanischen Konzil findet in der katholischer Dogmatik eine Neubesinnung statt, die in biblischer Orientierung Grundcharakteristika der Heiligkeit und Leitlinien für die Heiligenverehrung herausarbeitet[238].

Grundperspektiven der Heiligkeit und Heiligung

Die gegenwärtige katholische Dogmatik versucht die anthropozentrische, ethische und kultische Engführung im Heiligkeitsverständnis zu überwinden, die sich im gegenreformatorischen Kampf besonders stark entwickelt hat. Nun werden als Hauptperspektiven gesehen: Die Heiligkeit ist wesentlich eine theozentrische, personale, soziale, universale und eschatologische Wirklichkeit.

Die Heiligkeit ist grundlegend eine *theozentrische* (trinitarische) Wirklichkeit. Alttestamentlich ist die Heiligkeit ein zentraler Wesenszug Gottes, d.h. Gott ist in seinem Sein und Handeln der Heilige. Ontisch erscheint die Heiligkeit Gottes in seiner Erhabenheit und Herrlichkeit, ethisch in seiner Gutheit und Vollkommenheit. Neutestamentlich ist die Heiligkeit ein gemeinsames Wesensband, das den trinitarischen Gott als Vater, Sohn und Geist zur Einheit verbindet. Da die Liebe eine zweite Wesensbestimmung des trinitarischen Gottes ist, herrscht die engste Verbindung von Heiligkeit und Liebe.

Die Heiligkeit ist eine *personale* Wirklichkeit, insofern sie ursprunghaft das personale Wesen Gottes bestimmt und, davon abgeleitet, den Menschen als Person erfaßt. Es ist die personale Gemeinschaft des Bundes, in der Gott den erwählten Menschen Anteil an seiner Heiligkeit schenkt. Diese Gabe stellt zugleich personale Forderungen, nämlich die geschenkte Heiligkeit in der personalen Lebens-

---

[238] Vgl. W. Beinert (Hg.), Die Heiligen heute ehren. Eine theologisch-pastorale Handreichung, Freiburg – Basel – Wien 1983; G. L. Müller, Gemeinschaft und Verehrung der Heiligen. Geschichtlich-systematische Grundlegung der Hagiologie, Freiburg – Basel – Wien 1986.

führung zu entfalten, d.h. heilig zu werden in der Verwirklichung der Liebe zu Gott und den Nächsten.

Die Heiligkeit ist eine *soziale* Wirklichkeit, da sie dem einzelnen Menschen nie isoliert geschenkt wird, sondern immer als einem Mitglied des heiligen Bundesvolkes, das im Alten Testament Israel und im Neuen Testament die Kirche bildet. Neutestamentlich ist es die Gemeinschaft der Kirche, die durch die Taufe die Gemeinschaft mit dem dreieinigen Gott und so die Anteilhabe an der Heiligkeit Gottes vermittelt. Nur in Taten der Liebe für die Gemeinschaft mit Gott und den Mitmenschen kann sich dann die geforderte Heiligkeit vollziehen.

Die Heiligkeit ist eine *universale* Wirklichkeit. Während die Heiligkeit im Alten Testament eine Abgrenzung zum Profanen und Unreinen bedeutet, bringt Jesus Christus im Neuen Testament durch sein universales Heilswerk eine völlige Entgrenzung. Es fällt die Grenze zwischen profanen und heiligen, zwischen kultisch reinen und unreinen Dingen: Da Jesus Christus die Güte der Schöpfung wiederhergestellt hat, kann alles, was Gott geschaffen hat, in den Dienst der Heiligkeit treten. Es fällt aber auch die Nationalgrenze Israels: Durch Jesus Christus werden alle Menschen aller Völker in die Kirche und so in die heiligende Gottesgemeinschaft gerufen.

Die Heiligkeit ist eine *eschatologische* Wirklichkeit, d.h. die menschliche Heiligkeit steht in der Spannung zwischen teilweise schon gegebener und noch ausstehender voller Verwirklichung. Da die menschliche Versuchbarkeit zur Sünde und das menschliche Versagen in der Liebe auf Erden immer bleiben, ist jetzt nur eine unvollkommene Heiligkeit möglich; erst in der Vollendung erreicht die menschliche Heiligkeit ihr Ziel als grenzenlose Teilnahme an der Herrlichkeit und Vollkommenheit Gottes.

Leitlinien für die Heiligenverehrung

Das Thema der Heiligenverehrung wird in der nachkonziliaren katholischen Dogmatik grundlegend in das gesamte Heilsgeschehen eingeordnet[239]. Aus neutestamentlicher Sicht wird betont: Alle Christinnen und Christen sind ontisch heilig, insofern sie durch die Taufe gnadenhaft Anteil haben an der Heiligkeit Gottes; alle Christinnen und Christen – nicht nur die Ordensleute als früher sogenannter Stand der Vollkommenheit – sind zur Entfaltung der Gabe der Heiligung berufen, d.h. alle sollen die Heiligkeit in Taten der Gottes- und Nächstenliebe verwirklichen.

Zur Praxis der Heiligenverehrung wird prinzipiell festgestellt: Als Ausgangsbasis muß ganz klar der Unterschied gewahrt werden zwischen der Anbetung Gottes und der Verehrung der Heiligen. Die Heiligenverehrung, wie sie im offiziellen Gottesdienst geübt wird, ist legitim und wichtig, aber sie ist für die einzelnen Christinnen oder Christen weder Pflicht noch heilsnotwendig[240]. Soweit die Theo- und Christozentrik gewahrt wird, ist die Heiligenverehrung einer der Freiräume der persönlichen Frömmigkeit.

---

[239] Vgl. LG V. Als exemplarisch wird Maria herausgestellt (LG VIII): Vgl. in diesem Werk Bd. II, Mariologie 1.2.3.

[240] Vgl. die Feststellung des Konzils von Trient: Die Heiligenverehrung ist „gut und nützlich" (bonum atque utile); DH 1821.

Für die Legitimität der Anrufung der Heiligen als Fürbitter wird folgender Rahmen abgesteckt: Die Anrufung der Heiligen muß in die Einmaligkeit und Einzigartigkeit der Mittlerschaft Jesu Christi integriert sein. Die Fürbittfunktion der Heiligen kann ekklesiologisch begründet werden: In der eschatologischen Einheit der „Gemeinschaft der Heiligen" besteht eine lebendige Beziehung zwischen den noch ringenden und den bereits vollendeten Heiligen; wie die Mitglieder der Kirche auf Erden aus Liebe in Heilssolidarität füreinander eintreten, so können auch die vollendeten Glieder der Kirche für die noch auf dem Weg befindlichen fürsprechend eintreten.

4.2.3.3 Das Problem der Verdienstlichkeit guter Werke

Über die Einordnung der guten Werke im Heilsgeschehen und vor allem über deren Verdienstcharakter hat es im Verlauf der Kirchengeschichte fundamentale Streitigkeiten gegeben. Um diese Auseinandersetzungen an der Norm der Bibel richtig zu orten, soll zunächst der biblische Grundbefund erhoben werden. Während die Bibel nur vom *Lohn* guter Werke spricht, wird ab der Patristik in bestimmten theologischen Richtungen die *Verdienstlichkeit* guter Werke vertreten. In der gegenwärtigen katholischen Dogmatik herrscht eine biblisch orientierte Neubesinnung, wo die guten Werke der Gnade zugeordnet werden und wo der Verdienstbegriff gemieden wird.

Die guten Werke und deren Lohn in biblischer Sicht

Während der Begriff der guten Werke als ethischer Taten im Alten Testament kaum eine Rolle spielt, stellt er im Neuen Testament eine Hauptperspektive dar. Neutestamentlich herrscht durchgehend die Grundforderung und Hochschätzung guter Werke (z. B. Mt 5,16; Apg 9,36; Röm 13,3; Eph 2,10; Kol 1,10; Jak 2,17; 1 Petr 2,12). Dabei gelten sie als Geschenk Gottes (2 Kor 9,8; Phil 1,6) oder Jesu Christi (Kol 3,17; 2 Thess 2,17). Ihre Bedeutung geht in zwei Hauptrichtungen: Einerseits stehen sie im Dienst der Ehre Gottes als des Gebers aller guten Gaben (Mt 5,16; 2 Kor 9,8; 1 Petr 2,12); andererseits sind sie entscheidend für das definitive Gericht, das nach den Werken (Röm 2,6; 2 Kor 5,10), genauer nach den Werken der Liebe (Mt 25,31-46) erfolgt. Wenn Paulus die Rechtfertigung allein aus dem Glauben (Röm 1,17; 3,28) betont und die Rechtfertigung aus den Werken des Gesetzes scharf zurückweist (Röm 3,20; Gal 2,16), so meint er damit die Werke der Ungerechtigkeit und die Werke der Selbstgerechtigkeit. Von den negativen Werken des Gesetzes sind bei Paulus streng zu unterscheiden die guten Werke, die er ausdrücklich bejaht (Röm 13,3; Phil 1,6) und aufs engste verknüpft mit dem Glauben: Der Glaube ist in der Liebe wirksam (Gal 5,6). Die Rechtfertigung aus dem Glauben bringt als Frucht gute Werke hervor (Röm 7,4; 2 Kor 9,10). Als notwendige Folge des lebendigen Glaubens sieht auch *Jakobus* die guten Werke: Der Glaube ohne Werke der Liebe ist tot; er wird erst durch die Werke vollendet (2,14-26).

Hingegen fehlt in der Bibel das Wort „Verdienst". Der Ansatz für die spätere Verdienstlehre liegt im Begriff „Lohn", der mit der Vorstellung einer doppelten Vergeltung oder eines Gerichtes nach den Werken verknüpft ist. Mit *Lohn* meint das Alte Testament jedoch keinen Rechtsanspruch, sondern eine *Belohnung aus Gnade* (Jes 49,4; 61,8). Auch die Erwählung des Volkes Israel erfolgt nicht aufgrund einer besonderen Leistung, sondern aus der freien Liebe Gottes (Dtn 7,7f.; 9,5f.; Ez 16,1-34; Hos 11,1-4). Die Barmherzigkeit Gottes waltet völlig frei (Ex 33,19). – Im Neuen Testament bildet bei den *Synoptikern* der Lohngedanke einen wichtigen Bestandteil der Botschaft Jesu (Mt 5,12; 10,42; 19,29; Mk 9,41; 10,28-31; Lk 6,23.35; 22,28-30). Jesus greift aber heftig die rechnerische Werkgerechtigkeit der Pharisäer an: Lohn ist immer Gnadenlohn Gottes, auf den kein Anspruch besteht (Mt 20,1-16; Lk 17,7-10). Wichtigster Inhalt der Lohnverheißungen Jesu sind die eschatologischen Güter des Reiches Gottes (Mt 5,3-12), besonders das ewige Leben (Mt 19,19; 25,46). Auch bei *Paulus* spielt der Lohngedanke eine positive Rolle. So scharf er jede Verdienstmöglichkeit der Rechtfertigung ablehnt (Röm 3,24.28), so eindeutig spricht er davon, daß der Gerechtfertigte Lohn für seine guten Taten erhält (1 Kor 3,8.14; 9,25); daß jeder Mensch im Gericht nach den Werken seinen Lohn empfängt (2 Kor 5,10); daß der Lohn für das Tun des Guten im ewigen Leben besteht (Röm 2,6f; Gal 6,8f). Doch ist dies nach Paulus kein Rechtsanspruch, sondern Gnade (Röm 4,4f).

Die Verdienstlichkeit guter Werke in der Theologiegeschichte

Der Begriff „Verdienst" (*meritum*) wird in der Patristik von *Tertullian* († 220) in die christliche Theologie eingeführt und im Sinn eines juristischen Rechtsanspruchs auf den biblischen Lohngedanken angewandt. *Augustinus* kämpft entschieden gegen die Verdienstlichkeit und für die Gnadenhaftigkeit der guten Werke: sowohl gegen die Pelagianer, die in den guten Taten der Getauften eine verdienstliche menschliche Eigenleistung sehen als auch gegen die Semipelagianer, für die der Anfang des Glaubens und damit der Rechtfertigung in den guten Werken des Gebets und der Reue begründet ist.

Die *Scholastik* entwickelt die Unterscheidung zwischen Würdigkeitsverdienst (*meritum de condigno*) und Angemessenheitsverdienst (*meritum de congruo*), wobei im ersten Fall ein Rechtsanspruch (mit strenger Gleichheit zwischen Leistung und Lohn) besteht, während im zweiten Fall ein Lohn nach freiem Ermessen gewährt wird.

Für die Vorbereitung auf die Rechtfertigung, die als Disposition für die Gnade bezeichnet wird, gilt in der Scholastik der Leitsatz: „Dem, der tut, was in seinen Kräften steht, versagt Gott die Gnade nicht" (*Facienti, quod est in se, Deus non denegat gratiam*). Die *Spätscholastik* vertritt dann pointiert: Die guten Werke der Nichtgerechtfertigten bilden ein Angemessenheitsverdienst für den Eintritt der Rechtfertigung; die guten Werke der Gerechtfertigten bilden ein Würdigkeitsverdienst für das Erlangen des ewigen Lebens.

Die spätscholastische Verdiensttheorie löst den schärfsten Widerspruch *Luthers* aus. Er sieht im Verdienstgedanken den Inbegriff von Werkgerechtigkeit und Selbstgerechtigkeit des Menschen, von Zerstörung des Gottvertrauens und Entwertung des Heilswerkes Jesu Christi. Gleichwohl bejaht Luther den biblischen Lohngedanken: Lohn kommt aus der Gnadenverheißung Gottes; Lohn für gute Werke ist Gnade.

In den *lutherischen Bekenntnisschriften* zeigt sich als Grundposition: Die Rechtfertigung geschieht ohne jegliches Verdienst (CA IV); der Glaube der Gerechtfertigten bringt als Frucht gute Werke hervor, die jedoch keinen Verdienstcharakter haben (CA VI); das ewige Leben ist ein Lohn um der Verheißung willen (Apol IV).

In kritischer Auseinandersetzung mit Luthers Rechtfertigungslehre bestätigt *das Trienter Konzil* dessen Grundansatz: Die Rechtfertigung kann in keinerlei Weise verdient werden, denn sowohl die Berufung zur Rechtfertigung (DH 1525) als auch der Rechtfertigungsakt selbst (DH 1532) geschehen rein aus Gnade ohne irgendein vorausgehendes Verdienst. Aber im Gegensatz zu Luther schreibt Trient den Gerechtfertigten ein wirkliches Verdienst für die Erlangung des ewigen Lebens zu (DS 1546); allerdings wird dieses Verdienst näher bestimmt als Gnadenlohn (DH 1548).

Die Einordnung der guten Werke in gegenwärtiger Dogmatik

Im echten Dialog mit den kritischen Anfragen der reformatorischen Rechtfertigungslehre hat die gegenwärtige katholische Dogmatik eine Neubesinnung durchgeführt, in der es um eine biblisch orientierte Grundeinordnung der guten Werke in das Heilsgeschehen geht. Das Problem der guten Werke wird im Zusammenhang mit den Themen von Gnade, Rechtfertigung, Glaube, Liebe und Gericht betrachtet, was sich in nachfolgenden Grundaussagen niederschlägt.

(1) Gnade und Werke: Die guten Werke sind auf keinen Fall eine eigene Leistung des Menschen, mit denen er sich selbstmächtig und anspruchshaft sein Heil verdienen kann; sie sind vielmehr von der Gnade Gottes hervorgerufen und getragen. Näherhin gilt ein inklusives Verständnis: Die guten Werke sind eine der Allwirksamkeit Gottes entspringende Tat Gottes und sie sind zugleich innerhalb der Gnade eine eigenständige Tat des Menschen. Damit sind die guten Werke auch kein Anlaß zum Selbstruhm des Menschen, sondern sie dienen ganz dem Lobpreis des Heilswirkens Gottes.

(2) Rechtfertigung und Werke: Die guten Werke spielen bei der Rechtfertigung weder in der Vorbereitung noch im Vollzug eine verursachende Rolle; die Rechtfertigung geschieht unabhängig von guten Werken allein aus dem gottgeschenkten Glauben. Der Glaube wiederum ist eine inklusive Einheit von Tat Gottes und Tat des Menschen, d.h. der Glaube ist geweckt durch das Wort Gottes und er ist zugleich die bejahende Antwort des Menschen auf den Anruf Gottes; der Glaube ist die freie Entscheidung des Menschen zur Annahme des Heilsangebotes Gottes.

(3) Glaube und Werke: Der werkunabhängig rechtfertigende Glaube wird nach der Rechtfertigung notwendig tätig in guten Werken. Es besteht eine innere Einheit zwischen Heilsgabe und Heilsaufgabe, zwischen Indikativ und Imperativ des Heils: Das anfanghafte Geschenk der Rechtfertigung im Glauben fordert die Bewährung und Bezeugung des Glaubens in Taten. Die Bewährung des Glaubens geschieht in der Erfüllung des Willens Gottes, wie er in den Geboten ausgedrückt ist; die Glaubenden sind berufen zu einem Leben der Heiligkeit und so ist ein Glaube ohne die Früchte guter Werke tot. Die guten Werke als ein gottgewirk-

tes Handeln aus dem Glauben dienen zugleich als missionarisches Zeugnis, insofern die gute Lebensführung der Christen einen Tatbeweis bringt für die Wirksamkeit des Heilswerkes Jesu Christi.

(4) *Liebe und Werke*: Der Glaube des Gerechtfertigten ist in der Liebe wirksam; also die guten Werke des Glaubens sind letztlich Taten der Liebe. Ohne das Motiv der Liebe nützen die Werke des Glaubens nichts. Die Liebe selbst ist eine in das Herz eingesenkte Gabe des Geistes Gottes, die die Glaubenden dazu bewegt, auf die Heilstaten Gottes mit Werken der Gottes- und Nächstenliebe zu antworten.

(5) Gericht und Werke: Die guten oder bösen Werke der Menschen haben eine entscheidende Funktion, weil sie beim definitiven Gericht jedes einzelnen den Maßstab für ewiges Heil und Unheil bilden. Nur diejenigen Glaubenden, die sich als Täter des Wortes durch Werke der Gottes- und Nächstenliebe bewährt haben, können vor dem Richter Jesus Christus im Gericht nach den Werken bestehen.

Die Meidung des Verdienstbegriffs in der gegenwärtigen Dogmatik

Wenn *Verdienst* im strengen Sinn *als Rechtsanspruch* (mit einem Gleichgewicht von Leistung und Lohn) aufgefaßt wird, dann ist dieser Begriff nach gegenwärtiger Dogmatik *keine* angemessene Kategorie für das Heilsgeschehen. Ein Verdienen des Heils durch menschliche Leistung ist grundsätzlich ausgeschlossen. Konkret gibt es weder zur Vorbereitung noch nach Vollzug der Rechtfertigung ein rechtlich wirksames Verdienst.

Grundsätzlich sollte der Verdienstbegriff in der christlichen Theologie vermieden werden, sowohl aus faktischen wie aus prinzipiellen Gründen. – *Faktisch* steht fest: Der Verdienstbegriff ist nicht biblisch. Als erst im 3. Jahrhundert in die Theologie aufgenommener Begriff hat er auf eine sehr verhängnisvolle Weise eine Eigendynamik entfaltet, d.h. er hat im Sinn eines rechtlichen Anspruchs oder einer kaufmännischen Leistung zur Verrechtlichung oder krämerhaften Abrechnung in der Gott-Mensch-Beziehung geführt. – *Prinzipiell* ist der in sich ernstgenommene Verdienstbegriff ungeeignet, das Verhältnis zwischen Gott und Mensch adäquat wiederzugeben. Zum einen hat der Mensch keinerlei Rechtsanspruch gegenüber Gott: Es besteht keine Gleichberechtigung, weil der Mensch als gnadenhaftes Geschöpf völlig abhängig ist von Gott. Zum anderen ist im Heilsgeschehen ein Gleichgewicht zwischen Leistung und Lohn unmöglich: Als endliches Wesen kann der Mensch nur begrenzte Leistungen vollbringen, während das verheißene ewige Leben völlig unbegrenzten Charakter hat.

So gilt konkret zum einen, daß bei der Vorbereitung auf die Rechtfertigung von Verdienst keine Rede sein kann. Da es sich bei der Vorbereitung auf die Rechtfertigung um den Weg handelt, auf dem erwachsene Menschen zur Rechtfertigung gelangen, ist der abstrakte scholastische Begriff der *Disposition für die Gnade* ungeeignet, dieses dynamische Weggeschehen zu beschreiben. Darum sollte der Begriff der Gnadendisposition abgelöst werden durch biblische Ausdrücke, die den Anfang der lebendigen Beziehung zwischen Gott und Mensch bezeichnen. Die Vorbereitung auf die Rechtfertigung geschieht nach der Bibel als Suchen Gottes, als Bereitschaft des Herzens, als Umkehr von ganzem Herzen, als Grundentscheidung. Diese Vorbereitung auf die Rechtfertigung ist im Kontext des Verhältnisses von Gnade und Freiheit zu sehen. Wie die Gnade Gottes in allem Heilsgeschehen die absolute Initiative hat und wie sie trotzdem das eigenständige Wirken der menschlichen Freiheit wahrt, so gilt auch für die Vorbereitung auf die Rechtfertigung: Gott löst in völlig ungeschuldetem und unverdientem Liebeshandeln das Geschehen der Vorbereitung aus und trägt es; der Mensch setzt in Freiheit seine schöpfungsmäßigen Kräfte ein, um den Weg der Vorbereitung zu beschreiten. Konkret läuft in der Rechtfertigungsvorbereitung ein lebendiges Wechselspiel ab: von liebendem Anruf Gottes und liebender Antwort des Menschen, von Zuwendung Gottes zum Menschen und von Hinwendung des Menschen zu Gott, von Berufung Gottes und Entscheidung des Menschen für Gott.

So gilt konkret zum anderen, daß auch nach dem Vollzug der Rechtfertigung von Verdienst keine Rede sein kann. Hierzu läßt sich in konstruktiver Zusammenfassung ein Zweifaches sagen. 1. Um das positive Grundanliegen des Verdienstgedankens zu bewahren, kann *der biblische Lohnbegriff* eingesetzt werden. Es geht um die Grundfrage: Haben die guten Taten des Menschen vor Gott einen Wert? Darauf antworten die Verheißungsworte vom Gnadenlohn bejahend: Die guten Werke sind ein Geschenk der Gnade; in Dankbarkeit vor Gott gebracht, sind sie vor Gott wertvoll. Es erfolgt durch Gott nicht eine Entlohnung im Sinn eines Rechtsanspruches, sondern eine Belohnung im Sinn eines freien Geschenks. 2. Entscheidend ist die personale Perspektive: Zwischen Gott und Mensch besteht eine Beziehung personaler Liebe. Liebe aber rechtet nicht und rechnet nicht; Liebe schenkt völlig frei. Aus Liebe schenkt Gott sich selbst in seinem Sohn Jesus Christus; in Jesus Christus schenkt er den Glaubenden neu die Gotteskindschaft. Auf das Geschenk der Liebe Gottes antwortet der glaubende Mensch mit Liebe, mit Taten der Liebe; zugleich hat er die zuversichtliche Hoffnung, daß Gott das gute Handeln seines Kindes als wertvoll betrachtet, daß er seinem Kind das verheißene Erbe des ewigen Lebens schenkt.

4.2.4 Das neue Leben der Gerechtfertigten in der Liebesgemeinschaft mit Gott

Mit der Rechtfertigung stiftet die Liebe Gottes eine neue, lebendige Beziehung zwischen Gott und Mensch. Grundlegend erneuert Gott bei den Gerechtfertigten die personale Liebesgemeinschaft, die im komplexen Begriff der Gotteskindschaft zusammengefaßt ist. Konkret schenkt Gott den Gerechtfertigten eine Erneuerung der drei Grundkräfte der Gottesbeziehung, die mit *Glaube*, *Hoffnung* und *Liebe* bezeichnet werden. Mit Hilfe von Glaube, Hoffnung und Liebe können die Christinnen und Christen in der Liebesgemeinschaft mit Gott leben: unvollkommen auf Erden und vollendet in der Ewigkeit.

4.2.4.1 Das Leben in der erneuerten Gotteskindschaft

Grundlegend ist die Gotteskindschaft nach dem neutestamentlichen Zeugnis ein Geschenk des trinitarischen Gottes. Die Gotteskindschaft spiegelt die ökonomische (heilsgeschichtliche) Trinität in den Appropriationen (Zueignungen): Der

Vater schenkt in der Schöpfung allen Menschen den Ursprung der Gotteskindschaft; nach schwerster Störung durch die Schuld der Menschen schenkt der menschgewordene Sohn Jesus Christus in seinem Erlösungswerk die Wiederherstellung der Gotteskindschaft; nach der Heimkehr des Sohnes zum Vater schenkt der Geist im eschatologischen Vollendungsprozeß die Verwirklichung der Gotteskindschaft. Anders gesagt: Der Vater schenkt die schöpfungsmäßige Gotteskindschaft (Dtn 32,5f; Jes 64,7); der Sohn schenkt die erlöste Gotteskindschaft (Joh 1,12; Gal 4,4f); der Geist schenkt die verwirklichte oder genauer die zu verwirklichende, die zu vollendende Gotteskindschaft (Röm 8,14-16; Gal 4,6).

Gotteskindschaft im Wirken des trinitarischen Gottes: Zueignungen

Vater	Sohn	Geist
Schöpfung | Schöpfungsmäßige Gotteskindschaft | Ursprüngliche Liebesgemeinschaft	Erlösung | Erlöste Gotteskindschaft | Erneuerte Liebesgemeinschaft	Vollendung | Zu vollendende Gotteskindschaft | Voll verwirklichte Liebesgemeinschaft

So zielt alles Heilswirken Gottes darauf ab, die Menschen durch die Gotteskindschaft in eine lebendige Gemeinschaft (*koinonia*) mit dem dreieinigen Gott zu bringen (1 Kor 1,9; 2 Kor 13,13; 1 Joh 1,3). Das Grundmotiv, das den dreieinigen Gott zum Geschenk der Gotteskindschaft bewegt, ist die von Ewigkeit her bestehende Liebe zu den Menschen (Eph 1,5; 1 Joh 3,1). Diese liebevolle, rein geschenkhafte Berufung zur Gotteskindschaft hat eine Reihe konkreter Auswirkungen: existentielle, soziale, ekklesiologische und eschatologische.

Die Wirkungen der Gotteskindschaft

existentielle	*soziale*	*ekklesiologische*	*eschatologische*
– Geborgenheit – Freiheit	– Gleiche personale Würde – Geschwisterlichkeit – Universale Solidarität	– Neues Leben in der Taufe – Erneute Annahme in der Versöhnung – Mahl der Liebe in der Eucharistie	– Verheißung des Erbes Hoffnung auf die Herrlichkeit

Existentielle Auswirkungen der Gotteskindschaft

Als wichtigste existentielle Wirkungen werden den einzelnen Menschen Geborgenheit und Freiheit geschenkt.

Die Gotteskindschaft vermittelt *eine doppelte Geborgenheit*. Sie schenkt zum einen die Geborgenheit des Umsorgtseins: durch die in alttestamentlicher Sicht mütterliche (Jes 49, 15; 66,13) bzw. durch die in jesuanischer Sicht väterliche (Mt 6,32; Lk 12,7) liebende Fürsorge Gottes. Die Gotteskindschaft schenkt zum anderen die Geborgenheit des Angenommenseins: durch die Barmherzigkeit Gottes, der wie die Geschichte vom verlorenen Sohn (bzw. vom barmherzigen Vater) am eindringlichsten veranschaulicht (Lk 15,11-32), auch den schuldig gewordenen Menschen jederzeit neu als Kind annimmt.

Die zweite große existentielle Wirkung der Gotteskindschaft ist *die Freiheit der Kinder Gottes*. Diese besteht formal in der Mündigkeit erwachsener Kinder, die der menschgewordene Sohn Gottes durch sein Befreiungswerk erwirkt hat und die der Geist Gottes von innen her zuspricht (Gal 4,1-7; 5,1). Inhaltlich besteht die Freiheit der Kinder Gottes: negativ in der Freiheit von den unheilvollen Zwangmächten Gesetz, Sünde und Tod (Röm 8,1-11); positiv in der Freiheit zum Gewissensanruf, zum Guten und zum Leben. So sind die Christinnen und Christen als Kinder Gottes innerlich frei für den Willen des göttlichen Vaters, für die Orientierung am Vorbild des Bruders Jesus Christus und für den Antrieb des Geistes Gottes zur Liebe.

Soziale Auswirkungen der Gotteskindschaft

Die Gotteskindschaft enthält als personale Gnade auch eine soziale Dimension. So läßt sich eine dreifache soziale Wirkung der Gotteskindschaft herausstellen: die gleiche personale Würde, die Geschwisterlichkeit und die universale Solidarität.

Zur Gotteskindschaft gehört als Grundgeschenk *die gleiche personale Würde aller Kinder Gottes*. An dieser Würde haben alle Menschen von der ursprünglichen, schöpfungsmäßgen Gotteskindschaft her Anteil (Mal 2,10); die erlöste Gotteskindschaft in Jesus Christus bringt die Aufhebung aller Wertunterschiede von Rasse, Klasse und Geschlecht (Gal 3,26.28; Kol 3,11); in der sich vollendenden Gotteskindschaft haben alle Menschen durch die einende Kraft des Geistes Gottes Zugang zum Vater (Eph 2,18f).

Als weitere soziale Wirkung ist den Kindern Gottes *die innere Verbundenheit untereinander als Geschwister, als Schwestern und Brüder* (vgl. neben der einseitigen Anrede mit Bruder, die Anreden als Schwester: Röm 16,1; 1 Kor 7,15; Phlm 2; Joh 2,15) geschenkt. So soll von der gemeinsamen Gotteskindschaft her die geschwisterliche Liebe untereinander zum Kennzeichen der Christinnen und Christen werden (1 Joh 3,10.16).

Diese geschwisterliche Liebe ist aber nicht nur auf die Glaubensgemeinschaft eingeschränkt, sondern die Gotteskindschaft schenkt *eine universale Solidarität mit allen Menschen*, die sich konkret in der Nächstenliebe auswirkt (Mt 5,44f; 25,40; 2 Petr 1,7).

Ekklesiologische Auswirkungen der Gotteskindschaft

Eine sehr konkrete Form, die soziale Dimension der Gotteskindschaft zu erfahren, ist im sozialen Gebilde der Kirche gegeben. Die Gotteskindschaft, die im Alten Testament dem Volk Israel zugesprochen war, wirkt auf neue Weise im neuen

Volk Gottes, in der Kirche. In ihr sind die Kinder Gottes zu einer engsten Lebensgemeinschaft untereinander berufen, zu einer leibhaftigen Einheit, die in der Einheit des trinitarischen Gottes gründet (Eph 4,4-6). Die Kirche kann die Gnade der Gotteskindschaft in sinnenfälligen Zeichen erfahrbar machen, besonders in den Sakramenten der Taufe, Buße und Eucharistie[241].

Durch *die Taufe* im Namen des dreieinigen Gottes (Mt 28,19) kann die Kirche die Gotteskindschaft vermitteln: Die Taufe als Bad der Wiedergeburt und der Erneuerung im Heiligen Geist (Joh 3,3-5; Tit 3,5) schenkt dem einzelnen Menschen das neue Leben der erlösten und zu vollendenden Gotteskindschaft. Im „Dienst der Versöhnung" (2 Kor 5,18) kann die Kirche die durch menschliche Schuld gestörte Gotteskindschaft neu vermitteln: Der personale Zuspruch der Verzeihung Gottes im *Sakrament der Vergebung* läßt dem einzelnen Menschen die stets neue Annahme als Kind Gottes erfahren. Im *Gedächtnismahl*, bei dem das – in Kreuz und Auferstehung erfolgte – Versöhnungshandeln Jesu Christi vergegenwärtigt wird, kann die Kirche die Gotteskindschaft aktualisieren: Das Erlebnis der Mahlgemeinschaft im Sakrament der Eucharistie bestärkt die Gemeinschaft der Kinder Gottes mit Gott und die geschwisterliche Verbundenheit untereinander.

Eschatologische Auswirkungen der Gotteskindschaft

Schließlich hat die Gotteskindschaft eschatologische Auswirkungen: Sie ist für die Kinder Gottes die Verheißung des Erbes und die Hoffnung auf die Herrlichkeit. Die Gotteskindschaft steht in der eschatologischen Spannung des Reiches Gottes, d.h. sie ist gegenwärtig eine anfängliche Wirklichkeit, die einer zukünftigen vollen Verwirklichung entgegengeht.

Der zu vollendenden Gotteskindschaft winkt – vorausbestimmt durch das Heilswirken des Sohnes und Bruders Jesus Christus (Röm 8, 29; Eph 1,11) – die Verheißung des Erbes der Güter Gottes. Auf dem geschichtlichen Weg zur Vollendung der Gotteskindschaft ist als erster Anteil des Erbes der Geist Gottes geschenkt (Eph 1,14); als Ziel lockt das Erbe des Reiches Gottes (Lk 22,29) oder, anders ausgedrückt, das ewige Leben (Tit 3,7; 1 Joh 2,25).

Von dieser Verheißung her bestimmt Hoffnung das irdische Leben der Kinder Gottes: die Hoffnung auf die Herrlichkeit der Kinder Gottes (Röm 5,2; 8,21). Die vollendete Gotteskindschaft erweist sich als Verähnlichung mit Gott und als unmittelbares Schauen Gottes (1 Joh 3,2). Letztlich heißt das: Die Herrlichkeit der Kinder Gottes ist ein grenzenlos glückliches Leben in der universalen Gemeinschaft der Liebe Gottes.

4.2.4.2 Das neue Leben als Unterwegssein in Glaube, Hoffnung und Liebe

In den Gerechtfertigten werden Glaube, Hoffnung und Liebe neu belebt und gestärkt. Diese drei Grundkräfte oder Grundvollzüge der Gottesbeziehung, die traditionell auch *theologische Tugenden* heißen, sind unmittelbare Wirkungen der Rechtfertigung im Menschen. Die Gerechtfertigten bekommen Glaube, Hoff-

[241] Vgl. auch in diesem Band, Sakramentenlehre 3.5.6.

nung und Liebe als Hilfe, um den Weg zwischen dem Anfang des Heils in der Rechtfertigung und der Vollendung des Heils im ewigen Leben gehen zu können. Wie ist das näher zu charakterisieren?

Glaube, Hoffnung und Liebe als Grundkräfte der Gottesbeziehung

Glaube, Hoffnung und Liebe sind in zweifacher Hinsicht auf Gott bezogen: Sie haben in Gott ihren Grund und zugleich ihr Ziel, d.h. sie kommen als Geschenk der Gnade aus der freien Liebe Gottes und führen hin zur Liebesgemeinschaft mit Gott.

Glaube, Hoffnung und Liebe sind als Grundkräfte grundlegend in mehrfachem Sinn: Sie bilden den tragenden Grund für die Gottesbeziehung, erstens insofern sie immer, also auf dem ganzen Lebensweg im Menschen bleiben und zweitens insofern sie die Grundquelle sind für alle Lebensäußerungen in der menschlichen Beziehung zu Gott. Ferner erfassen sie den Menschen von Grund auf, d.h. sie durchdringen den gerechtfertigten Menschen ganz, sie bestimmen die ganze Existenz, sie prägen das Christ-Sein.

Glaube, Hoffnung und Liebe sind Kräfte: Sie bilden eine lebendige Dynamik in den Christinnen und Christen. Sie wirken zum einen als Antrieb, der von Gott kommt und zum anderen als Streben, das auf Gott zielt. Sie sind Lebensvollzüge in der Beziehung zu Gott.

Glaube, Hoffnung und Liebe als Grundkräfte der Gottesbeziehung

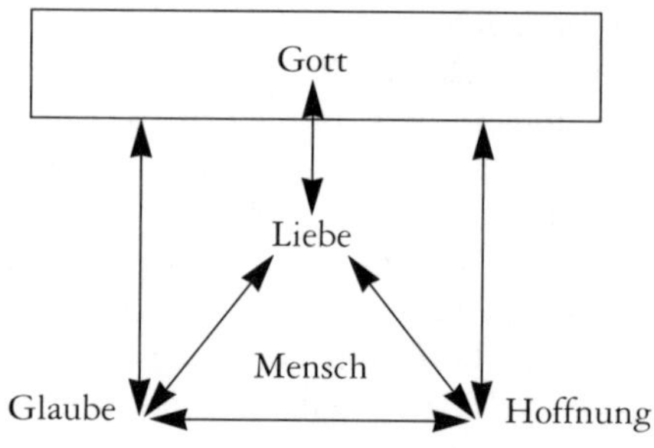

– Die Th. T. kommen von Gott und führen zu ihm.
– Sie erfassen den ganzen Menschen und wirken ineinander.
– Die Liebe als Erfüllung der Gemeinschaft mit Gott, der die Liebe ist (1 Joh. 4,8), bleibt auch in der Vollendung.

Das Ineinanderwirken von Glaube, Hoffnung und Liebe

Glaube, Hoffnung und Liebe bilden eine unzertrennliche Einheit: Sie sind *seinsmäßig* geeint durch ihre Herkunft und Ausrichtung auf Gott; sie sind *wirkmäßig* geeint als ein einziges dynamisches Heilsprinzip, das sich in drei Konkretionen entfaltet.

Glaube, Hoffnung und Liebe haben innerhalb der Einheit jeweils spezifische Funktionen: Der Glaube wirkt in der Rechtfertigung den Anfang des Heils; die

Liebe wirkt in konkreten Taten die geschichtlich mögliche Realisierung des Heils; die Hoffnung wirkt im Vertrauen auf Gottes Verheißung die Ausdauer auf dem Weg zur Vollendung des Heils.

Glaube, Hoffnung und Liebe wirken in gegenseitiger Bedingung und Ergänzung ineinander: Der Glaube bringt die Taten der Liebe hervor und gibt dem Vertrauen der Hoffnung festen Halt; die Liebe ist der lebendige Ausdruck des Glaubens und die konkrete Bestärkung der Hoffnung; die Hoffnung gibt dem Glauben das letzte Ziel und der Liebe die Ausdauer.

Christsein als Unterwegssein in Glaube, Hoffnung und Liebe

So läßt sich in existentieller Sicht zusammenfassen: *Christsein ist das Unterwegssein in Glaube, Hoffnung und Liebe.* Durch sie leben die Getauften gleichzeitig in den drei Zeitdimensionen von Vergangenheit, Gegenwart und Zukunft. Durch den Glauben gerechtfertigt, bewältigen die Getauften die schuldhafte *Vergangenheit*: Alle zurückliegende Schuld ist im Versöhnungshandeln Jesu Christi aufgehoben. Durch die Liebe getrieben, gehen die Getauften die fordernde *Gegenwart* an: Sie setzen sich ganz für die Mitmenschen ein, wie Jesus Christus es bis zur Hingabe am Kreuz vorgelebt hat. Durch die Hoffnung getragen, steuern die Getauften eine große *Zukunft* an: Sie streben hin auf ein herrliches unvergängliches Leben, wie es in der Auferstehung Jesu Christi angekündigt ist.

So gilt von den Christinnen und Christen: Als Glaubende sind sie stets neu schuldbefreite, innerlich gelöste und frohe Menschen; als Liebende sind sie hingebungsvolle, tätige und einsatzbereite Menschen; als Hoffende sind sie offene, zuversichtliche und ausdauernde Menschen.

Am Ende des Unterwegsseins, also in der Vollendung des ewigen Lebens hören Glaube und Hoffnung auf, die Liebe jedoch bleibt für immer bestehen. Da in der Vollendung Gott für den Menschen unmittelbar sichtbar und erlebbar ist, haben Glaube und Hoffnung ihre Aufgabe erfüllt, auf die Gemeinschaft mit dem verborgenen und entzogenen Gott hinzuführen. Die Liebe aber kommt im ewigen Leben zur Fülle ihrer Verwirklichung: da sie die angestrebte Gemeinschaft mit Gott, der die Liebe ist, ohne zeitliche und räumliche Begrenzung erleben darf, da sie für immer – zusammen mit allen Vollendeten – das ungetrübte Glück der Liebesgemeinschaft mit Gott genießt.

Literaturverzeichnis

1. Einleitung in die Gnadenlehre

Standardwerke zur Gnadenlehre

Auer, Johann: Das Evangelium der Gnade. Die neue Heilsordnung durch die Gnade Christi in seiner Kirche (KKD 5), Regensburg 1970.

Barth, Karl: Gottes Gnadenwahl: ders., Kirchliche Dogmatik II/2, Zürich 1942, 1-563.

Boff, Leonardo: Erfahrung von Gnade. Entwurf einer Gnadenlehre, Düsseldorf 1978.

Fransen, Piet: Dogmengeschichtliche Entfaltung der Gnadenlehre: MySal 4/2, 631-772.

Ganoczy, Alexandre: Aus seiner Fülle haben wir alle empfangen. Grundriß der Gnadenlehre, Düsseldorf 1989.

Greshake, Gisbert: Geschenkte Freiheit. Einführung in die Gnadenlehre, Freiburg 1977; Neuausgabe, Freiburg 1992.

Hilberath, Bernd Jochen: Gnadenlehre: Th. Schneider (Hg.), Handbuch der Dogmatik, Bd. 2, Düsseldorf 1992, 3-46.

Löhrer, Magnus: Gottes Gnadenhandeln als Erwählung des Menschen: MySal 4/2, 773-830.

Mühlen, Heribert: Gnadenlehre: H. Vorgrimler, R. van der Gucht (Hg.): Bilanz der Theologie im 20. Jahrhundert III, Freiburg 1970, 148-192.

Pesch, Otto Hermann: Frei sein aus Gnade. Theologische Anthropologie, Freiburg 1983.

Pesch, Otto Hermann, Peters Albrecht: Einführung in die Lehre von Gnade und Rechtfertigung, Darmstadt 1981.

Peters, Albrecht: Rechtfertigung (HSTh 12), Gütersloh 1984.

Rahner, Karl: Grundkurs des Glaubens. Einführung in den Begriff des Christentums, Freiburg – Basel – Wien 1976, 35-53, 97-113, 122-139.

2. Gnade im AT und NT

Bornkamm, Günther: Der Lohngedanke im Neuen Testament: ders., Studien zu Antike und Urchristentum, München ²1963, 69-92.

Brunner, Robert (Hg.): Gesetz und Gnade im Alten Testament und im jüdischen Denken, Zürich 1969.

Bultmann, Rudolf: éleos: ThWNT 2, 473-483.

Conzelmann, Hans: cháris: ThWNT 9, 363-366, 377-393.

Conzelmann, Hans: ThWNT 9, 393-397.

Gross, Heinrich: Gnade im Alten Testament: MySal 4/2, 599-609.

Jenni, Ernst: ahab: THAT I, 60-73.

Jepsen, Alfred: Gnade und Barmherzigkeit im Alten Testament: KuD 7 (1961) 261-271.

Käsemann, Ernst: Gottesgerechtigkeit bei Paulus: ZThK 58 (1961) 367-378.

Kertelge, Karl (Hg.): Das Gesetz im Neuen Testament, Freiburg 1986.
Kertelge, Karl: Rechtfertigung bei Paulus, Münster 1967.
Klinghardt, Matthias: Gesetz und Volk Gottes. Das lukanische Verständnis des Gesetzes nach Herkunft, Funktion und seinem Ort in der Geschichte des Urchristentums, Tübingen 1988.
Koch, Klaus: sedaqa: THAT 2, 507-530.
Levin, Christoph: Die Verheißung des neuen Bundes. In ihrem theologiegeschichtlichen Zusammenhang ausgelegt, Göttingen 1985.
Liebers, Reinhold: Das Gesetz als Evangelium. Untersuchungen zur Gesetzeskritik des Paulus, Zürich 1989 (AThANT 75).
Liedke, Gerhard: schapat: THAT 2, 999-1009.
McCarthy, Dennis J.: Der Gottesbund im Alten Testament. Ein Bericht über die Forschung der letzten Jahre, Stuttgart 1966.
Merklein, Helmut: Jesu Botschaft von der Gottesherrschaft, Stuttgart 1983.
Mussner, Franz: Die neutestamentliche Gnadentheologie in Grundzügen: MySal 4/2, 611-628.
Perlitt, Lothar: Bundestheologie im Alten Testament, Neukirchen 1969.
Procksch, Otto: hágios: ThWNT 1, 109-116.
Quell, Gottfried: agapáo: ThWNT 1, 20-34.
Rad, Gerhard von: Theologie des Alten Testaments, Bd. I, München 1969.
Rendtorff, Rolf: Die Erwählung Israels als Thema der deuteronomischen Theologie: J. Jeremias, L. Perlitt (Hg.), Die Botschaft und die Boten (FS H. W. Wolff), Neukirchen 1981, 75-86.
Reventlow, Henning: Rechtfertigung im Horizont des Alten Testaments, München 1971.
Ruckstuhl, Eugen: Gnade III. Neues Testament: TRE 13, 467-476.
Schnackenburg, Rudolf: Gottes Herrschaft und Reich, Freiburg [4]1965.
Stoebe, Hans Joachim: Die Bedeutung des Wortes häsäd im AT: VT 2 (1952) 244-254.
Stoebe, Hans Joachim: hanan: THAT 1, 587-597.
Stoebe, Hans Joachim: hesed: THAT 1, 600-621.
Stoebe, Hans Joachim: riham: THAT 2, 761-768.
Stuhlmacher, Peter: Gerechtigkeit Gottes bei Paulus, Göttingen [2]1969.
Theobald, Michael: Die überströmende Gnade. Studien zu einem paulinischen Motivfeld, Würzburg 1982.
Wolter, Michael: Rechtfertigung und zukünftiges Heil. Untersuchungen zu Röm 5, 1-11, Berlin 1978.
Zeller, Dieter: Charis bei Philon und Paulus (SBS 142), Stuttgart 1990.
Zenger, Erich (Hg.): Der Neue Bund im Alten. Studien zur Bundestheologie der beiden Testamente, Freiburg 1993.
Zimmerli, Walther: cháris (Altes Testament): ThWNT 9, 366-377

3. Die glaubensgeschichtliche Entfaltung der Gnadenlehre

Althaus, Paul: Die Theologie Martin Luthers, Gütersloh [5]1980.
Auer, Johann: Gnade. Dogmengeschichtlich, systematisch: HThG I, München 1962, 553-562.

Auer, Johann: Zur Geschichte der Gnadenlehre: LThK 4, Freiburg [2]1960, 984-991.
Barth, Karl: Gottes Gnadenwahl: Kirchliche Dogmatik II/2, Zürich 1942, 1-563.
Baur, Jörg: Salus christiana: Die Rechtfertigungslehre in der Geschichte des christlichen Heilsverständnisses, Gütersloh 1968.
Becker, Karl Josef: Die Rechtfertigungslehre nach Domingo de Soto, Rom 1967.
Beißer, Friedrich: Das Verständnis der Rechtfertigung bei Luther und im Konzil von Trient: ThBeitr 17 (1986) 63-77.
Boff, Leonardo: Jesus Christus, der Befreier, Freiburg – Basel – Wien 1986.
Bogdahn, Martin: Die Rechtfertigungslehre Luthers im Urteil der neueren katholischen Theologie. Möglichkeiten und Tendenzen der katholischen Lutherdeutung in evangelischer Sicht, Göttingen 1971.
Bohlin, Torgny: Die Theologie des Pelagius und ihre Genesis, Uppsala 1957.
Brecht, Martin: Der rechtfertigende Glaube an das Evangelium von Jesus Christus als Mitte von Luthers Theologie: ZKG 89 (1978) 45-77.
Brinktrine, Johannes: Die Lehre von der Gnade, Paderborn 1957.
Brunner, Peter: Die Rechtfertigungslehre des Konzils von Trient: E. Schlink, H. Volk (Hg.), Pro veritate. Ein theologischer Dialog, Münster – Kassel 1963, 59-96.
Deman, Thomas-Albert: Der Neue Bund und die Gnade. Kommentar zu Thomas von Aquin: Summa Theologiae I-II 106-114, DThA Bd. 14, Heidelberg – Graz 1955.
Dettloff, Werner: Die Entwicklung der Akzeptations- und Verdienstlehre von Duns Scotus bis Luther mit besonderer Berücksichtigung der Franziskanertheologen, Münster 1963.
Ender, Erwin: Heilsökonomie und Rechtfertigung. Eine Untersuchung über die Heilsfrage bei John Henry Newman, Essen 1972.
Gaßmann, Günther: Die Rechtfertigungslehre in der Perspektive der Confessio Augustana und des lutherisch-katholischen Gesprächs heute: Luther 50 (1979) 49-60.
Greshake, Gisbert: Gnade als konkrete Freiheit. Eine Untersuchung zur Gnadenlehre des Pelagius, Mainz 1972.
Guardini, Romano: Freiheit, Gnade, Schicksal, München 1948.
Hamm, Berndt: Promissio, Pactum, Ordinatio. Freiheit und Selbstbindung Gottes in der scholastischen Gnadenlehre, Tübingen 1977.
Hauschild, Wolf-Dieter: Gnade. IV. Dogmengeschichtlich: TRE 13, 476-495.
Hempel, Christa: Rechtfertigung als Wirklichkeit. Ein katholisches Gespräch: Karl Barth – Hans Küng – Rudolf Bultmann und seine Schule, Frankfurt 1976.
Hübner, Hans: Rechtfertigung und Heiligung in Luthers Römerbriefvorlesung. Ein systematischer Entwurf, Witten 1965.
Iserloh, Erwin: Gratia und donum. Rechtfertigung und Heiligung nach Luthers Schrift „Wider den Löwener Theologen Latomus" 1521: Cath(M) 24 (1970) 67-83.
Joest, Wilfried: Die tridentinische Rechtfertigungslehre: KuD 9 (1963) 41-69.
Joest, Wilfried: Gesetz und Freiheit. Das Problem des Tertius usus legis bei Luther und die neutestamentliche Parainese, Göttingen [4]1968.
Kaltenbrunner, Gerd-Klaus (Hg.): Im Bannkreis des Heiligen. Die Erfahrung des Göttlichen, Freiburg 1986.
Knoch, Otto: Gnade. B. IV. Apostolische Väter und 2. Jahrhundert: RAC XI, 359-382.
Kraus, Georg: Vorherbestimmung. Traditionelle Prädestinationslehre im Licht gegenwärtiger Theologie, Freiburg 1977.
Kühn, Ulrich: Natur und Gnade in der deutschen katholischen Theologie seit 1918, Berlin 1961.
Kühn, Ulrich: Via caritatis. Theologie des Gesetzes bei Thomas von Aquin, Göttingen 1965.
Kühn, Ulrich, Pesch, Otto Hermann: Rechtfertigung im Gespräch zwischen Thomas und Luther, Berlin 1967.

Küng, Hans: Katholische Besinnung auf Luthers Rechtfertigungslehre heute: Theologie im Wandel, München 1967, 449-468.
Küng, Hans: Rechtfertigung. Die Lehre Karl Barths und eine katholische Besinnung, Einsiedeln 1957.
Laak, Werner van: Allversöhnung? Die Lehre von der Apokatastasis bei Origenes und ihre Bewertung bei Karl Barth u. Hans U. v. Balthasar, Sinzig 1991.
Lange, Dietz (Hg.): Überholte Verurteilungen. Die Gegensätze in der Lehre von Rechtfertigung, Abendmahl und Amt zwischen dem Konzil von Trient und der Reformation – damals und heute, Göttingen 1991.
Lehmann, Karl, Pannenberg, Wolfhart (Hg.): Lehrverurteilungen – kirchentrennend? I: Rechtfertigung, Sakramente und Amt im Zeitalter der Reformation und heute, Freiburg 1986.
Lilienfeld, Fairy von, Mühlenberg, Ekkehard (Hg.): Gnadenwahl und Entscheidungsfreiheit in der Theologie der Alten Kirche (Oikonomia 9), Erlangen 1980.
Lubac, Henri de: Die Freiheit der Gnade, Bd. 1 und 2, Einsiedeln 1971.
Martin-Palma, José: Gnadenlehre: Von der Reformation bis zur Gegenwart (HDG III 5b), Freiburg – Basel – Wien 1980.
McSorley, Harry S.: Luthers Lehre vom unfreien Willen nach seiner Hauptschrift De servo arbitrio im Lichte der biblischen und kirchlichen Tradition, München 1967.
Modalsli, Ole: Das Gericht nach den Werken. Ein Beitrag zu Luthers Lehre vom Gesetz, Göttingen 1963.
Moltmann, Jürgen: Prädestination und Perseveranz. Geschichte und Bedeutung der reformierten Lehre „de perseverantia sanctorum", Neukirchen 1961.
Mühlenberg, Ekkehard: Synergism in Gregory of Nyssa: ZNW 68 (1977) 93 122.
Müller, Gerhard, Pfnür, Vinzenz: Rechtfertigung – Glaube – Werke: H. Meyer, H. Schütte (Hg.), Confessio Augustana – Bekenntnis des einen Glaubens, Paderborn – Frankfurt 1980, 105-138.
Nilsson, Kjell Ove: Simul. Das Miteinander von Göttlichem und Menschlichem in Luthers Theologie, Göttingen 1966.
Pesch, Otto Hermann: Freiheitsbegriff und Freiheitslehre bei Thomas von Aquin und Luther: Cath(M) 17 (1963) 197-244.
Pesch, Otto Hermann: Gerechtfertigt aus Glauben. Luthers Frage an die Kirche, Freiburg 1982.
Pesch, Otto Hermann: Theologie der Rechtfertigung bei Martin Luther und Thomas von Aquin. Versuch eines systematisch-theologischen Dialogs, Mainz 1967.
Peters, Albrecht: Glaube und Werk. Luthers Rechtfertigungslehre im Lichte der Heiligen Schrift, Berlin – Hamburg ²1967.
Peters, Albrecht: Lutherische Rechtfertigungslehre in der Interpretation der modernen katholischen Theologie: NZSTh 12 (1970) 267-293.
Pfnür, Vinzenz: Einig in der Rechtfertigungslehre? Die Rechtfertigungslehre der Confessio Augustana (1539) und die Stellungnahme der katholischen Kontroverstheologie zwischen 1530 und 1535, Wiesbaden 1970.
Pfürtner, Stephan: Luther und Thomas im Gespräch. Unser Heil zwischen Gewißheit und Gefährdung, Heidelberg 1961.
Rahner, Karl: Zur scholastischen Begrifflichkeit der ungeschaffenen Gnade: ders., Schriften zur Theologie I, Einsiedeln 1954, 347-375.
Rahner, Karl: Natur und Gnade: ders., Schriften IV, Einsiedeln 1960, 209-236.
Rickauer, Hans-Christian: Rechtfertigung und Heil. Die Vermittlung von Glaube und Heilshandeln in der Auseinandersetzung mit der reformatorischen Lehre bei Konrad Klinge (1483/84-1556), Leipzig 1986.

Sauter, Gerhard (Hg.): Rechtfertigung als Grundbegriff evangelischer Theologie, Eine Textsammlung, München 1989.
Scheeben, Matthias Joseph: Natur und Gnade. Versuch einer systematischen, wissenschaftlichen Darstellung der natürlichen und übernatürlichen Lebensordnung im Menschen, Freiburg [4]1949.
Scheeben, Matthias Joseph: Die Herrlichkeiten der göttlichen Gnade, Freiburg [17]1949.
Schillebeeckx, Eduard: Christus und die Christen. Die Geschichte einer neuen Lebenspraxis, Freiburg 1977.
Schindler, Alfred: Gnade. B. II. Patristische Literatur seit Irenäus: RAC XI, 386-441.
Schindler, Alfred: Gnade und Freiheit. Zum Vergleich zwischen den lateinischen und griechischen Kirchenvätern: ZThK 62 (1965) 178-195.
Schnübbe, Otto: Paul Tillich und seine Bedeutung für den Protestantismus heute. Das Prinzip der Rechtfertigung im theologischen, philosophischen und politischen Denken Paul Tillichs, Hannover 1985.
Stadtland, Tjarko: Rechtfertigung und Heiligung bei Calvin, Neukirchen 1972.
Seils, Martin: Der Gedanke vom Zusammenwirken Gottes und des Menschen in Luthers Theologie, Gütersloh 1962.
Subilia, Vittorio: Die Rechtfertigung aus Glauben. Gestalt und Wirkung vom Neuen Testament bis heute. Übertragen aus dem Italienischen von Max Krumbach, Göttingen 1981.
Theodorou, Andreas: Die Lehre von der Vergottung des Menschen bei den griechischen Kirchenvätern. Ein Überblick: KuD 7 (1961) 283-310.
Ullrich, Lothar: Heilsgewißheit – ein Grundthema lutherischer Theologie: Theologisches Jahrbuch 1985, Leipzig 1985, 381-401.
Volk, Hermann: Die Lehre von der Rechtfertigung nach den Bekenntnisschriften der evangelisch-lutherischen Kirche: E. Schlink, H. Volk (Hg.), Pro veritate, Münster – Kassel 1963, 96-131.
Vorster, Hans: Das Freiheitsverständnis bei Thomas von Aquin und Martin Luther, Göttingen 1965.
Wermelinger, Otto: Rom und Pelagius. Die theologische Position der römischen Bischöfe im pelagianischen Streit in den Jahren 411 bis 432, Stuttgart 1975.
Zumkeller, Adolar: Erbsünde, Gnade, Rechtfertigung und Verdienst nach der Lehre der Erfurter Augustinertheologen des Spätmittelalters, Würzburg 1984.

4. Systematische Reflexion des Gnadengeschehens

Alfaro, Juan: Fides, spes, caritas. Adnotationes in Tractatum De Virtutibus Theologicis, Rom 1968.
Alfaro, Juan: Natur und Gnade: LThK VII ([2]1962) 830-835.
Bars, Henry: Die göttlichen Tugenden. Glaube – Hoffnung – Liebe, Aschaffenburg 1963.
Baur, Jörg: Einig in Sachen Rechtfertigung? Zur Prüfung des Rechtfertigungskapitels der Studie des Ökumenischen Arbeitskreises evangelischer und katholischer Theologen: „Lehrverurteilungen-kirchentrennend?“, Tübingen 1989.
Bayer, Oswald: Aus Glauben leben. Über Rechtfertigung und Heiligung, Stuttgart [2]1990.
Beinert, Wolfgang (Hg.): Die Heiligen heute ehren. Eine theologisch-pastorale Handreichung, Freiburg 1983.

Berthouzoz, Roger: Gnade und Freiheit: Neue Summe Theologie II, Freiburg – Basel – Wien 1989, 205-236.

Betz, Otto: Rechtfertigung und Heiligung: G. Müller (Hg.), Rechtfertigung – Realismus – Universalismus, Darmstadt 1978, 30-44.

Birmelé, André, Ruster, Thomas: Sind wir unseres Heiles Schmied?, Würzburg 1987.

Brunner, August: Gnade, Einsiedeln 1983.

Brunner, Peter: „Rechtfertigung" heute. Versuch einer dogmatischen Paraklese: LM 1 (1962) 106-116.

Courth, Franz: Gerechtfertigt von Gott – frei für das Leben. Aspekte der neueren systematischen Theologie zur Rechtfertigungslehre: TThZ 83 (1974) 81-97.

Dantine, Wilhelm: Die Gerechtmachung des Gottlosen. Eine dogmatische Untersuchung, München 1959.

Dantine, Wilhelm: Rechtfertigung und Gottesgerechtigkeit: VF 11 (1966) 68-100.

Dautzenberg, Gerhard (Hg.): Rechtfertigung. Ringvorlesung des Fachbereichs Religionswissenschaft im Lutherjahr 1983, Gießen 1984.

Dietrich, Albert: Gnadenlehre und Sakramentenlehre bei Leonardo Boff. Eine textimmanente Untersuchung, Rheinfelden 1987.

Döring, Heinrich: Rechtfertigung heute: Cath(M) 37 (1983) 36-70.

Eicher, Peter: Von der Gnadenlehre zur Theologie der Befreiung: Neue Summe Theologie II, Freiburg 1989, 237-271.

Figura, Michael: Der Anruf der Gnade. Über die Beziehung des Menschen zu Gott nach Henri de Lubac, Einsiedeln 1979.

Fleischmann-Bisten, Walter (Hg.): Rechtfertigung und Gerechtigkeit, Göttingen 1990.

Flick, Maurizio, Alszeghy, Zoltan: Il Vangelo della grazia. Un trattato dogmatico, Florenz 1964.

Fransen, Piet: Das neue Sein des Menschen in Christus: MySal 4/2, 921-984.

Glaser, Karl: Lebensraum Gnade. Die Bedeutung des Rechtfertigungsgeschehens für Leben und Sendung der Kirche heute, Stuttgart 1970.

Hamm, Berndt: Was ist reformatorische Rechtfertigungslehre?: ZThK 83 (1986) 1-38.

Härle, Wilfried, Herms, Eilert: Rechtfertigung. Das Wirklichkeitsverständnis des christlichen Glaubens. Ein Arbeitsbuch, Göttingen 1980.

Jüngel, Eberhard: Die Welt als Möglichkeit und Wirklichkeit. Zum ontologischen Ansatz der Rechtfertigungslehre: ders., Unterwegs zur Sache, München 1972, 206-233.

Kerstiens, Ferdinand: Die Hoffnungsstruktur des Glaubens, Mainz 1969.

Kimme, August: Rechtfertigung und Heiligung in christologischer Sicht. Eine dogmatische Untersuchung, Erlangen 1989.

Kinder, Ernst, Haendler, Klaus (Hg.): Gesetz und Evangelium. Beiträge zur gegenwärtigen theologischen Diskussion, Darmstadt 1986.

Klaiber, Walter: Wo Leben wieder Leben ist. Bekehrung, Wiedergeburt, Rechtfertigung, Heiligung. Dimensionen eines Lebens mit Gott, Stuttgart 1984.

Köberle, Adolf: Rechtfertigung, Glaube und neues Leben, Gütersloh 1965.

Köberle, Adolf: Rechtfertigung und Heiligung. Eine biblische, theologiegeschichtliche und systematische Untersuchung, Gießen [4]1987.

Kraus, Georg: Allgemeiner Heilswille Gottes. LKDog, Freiburg [3]1991, 8-11.

Kraus, Georg: Bund: LKDog, 46-49.

Kraus, Georg: Disposition für die Gnade: LKDog, 86-88.

Kraus, Georg: Erwählung: LKDog, 134-136.

Kraus, Georg: Gesetz und Evangelium: LKDog, 186-191.

Kraus, Georg: Gnade: LKDog, 201-209.

Kraus, Georg: Gnadenlehre: LKDog, 209-211.

Kraus, Georg: Gnadensysteme: LKDog, 212-214.
Kraus, Georg: Gnadentheologische Irrlehren: LKDog, 214-216.
Kraus, Georg: Gotteskindschaft: LKDog, 226-229.
Kraus, Georg: Heilige/Heiligkeit/Heiligung: LKDog, 239-241.
Kraus, Georg: Heilsgewißheit: LKDog, 250-252.
Kraus, Georg: Natur und Gnade: LKDog, 392-394.
Kraus, Georg: Prädestination: LKDog, 418-420.
Kraus, Georg: Rechtfertigung: LKDog, 434-436.
Kraus, Georg: Theologische Tugenden: LKDog, 506-509.
Kraus, Georg: Verdienst: LKDog, 533-535.
Kraus, Georg: Werke: LKDog, 553-555.
Kraus, Georg: Neue Perspektiven in der Prädestinationslehre. Versuch zur Lösung eines ökumenischen Problems: Cath(M) 36 (1982) 115-129.
Kraus, Georg: Vorherbestimmung. Traditionelle Prädestinationslehre im Licht gegenwärtiger Theologie, Freiburg 1977.
Kühn, Ulrich, Pesch, Otto Hermann: Rechtfertigung im Disput, Tübingen 1991.
Lange, Dietz (Hg.): Überholte Verurteilungen? Die Gegensätze in der Lehre von Rechtfertigung, Abendmahl und Amt zwischen dem Konzil von Trient und der Reformation – damals und heute, Göttingen 1991.
Lehmann, Karl: Heiliger Geist, Befreiung zum Menschsein – Teilhabe am göttlichen Leben. Tendenzen gegenwärtiger Gnadenlehre: Kasper Walter (Hg.), Gegenwart des Geistes (QD 85), Freiburg – Basel – Wien 1979, 181-204.
Lehmann, Karl (Hg.): Lehrverurteilungen – kirchentrennend? II: Materialien zu den Lehrverurteilungen und zur Theologie der Rechtfertigung, Freiburg – Göttingen 1989.
Lehmann, Karl, Pannenberg, Wolfhart (Hg.): Lehrverurteilungen – kirchentrennend? I: Rechtfertigung, Sakramente und Amt im Zeitalter der Reformation und heute, Freiburg – Göttingen 1986.
Link, Christian: Vita passiva. Rechtfertigung als Lebensvorgang: EvTh 44 (1984) 315-351.
Lohff, Wenzel, Walther, Christian: Rechtfertigung im neuzeitlichen Lebenszusammenhang. Studien zur Neuinterpretation der Rechtfertigungslehre, Gütersloh 1974.
Loosen, Josef: Ekklesiologische, christologische und trinitätstheologische Elemente im Gnadenbegriff: J. Auer, H. Volk (Hg.), Theologie in Geschichte und Gegenwart, München 1957, 89-102.
Lubac, Henri de: Die Freiheit der Gnade, Bd. 1 und 2, Einsiedeln 1971.
Mannermaa, Tuomo: Der im Glauben gegenwärtige Christus. Rechtfertigung und Vergottung. Zum ökumenischen Dialog, Hannover 1989.
Martens, Gottfried: Die Rechtfertigung des Sünders – Rettungshandeln Gottes oder historisches Interpretament? Grundentscheidungen lutherischer Theologie und Kirche bei der Behandlung des Themas „Rechtfertigung" im ökumenischen Kontext, Göttingen 1991.
Mayer, Cornelius: Rechtfertigung durch Werke? Praxisbezug und politische Dimension des Glaubens als Bedingung des Heils: ThQ 154 (1974) 118-136.
Meyer, Harding, Gassmann, Günter (Hg.): Rechtfertigung im ökumenischen Dialog. Dokumente und Einführung, Frankfurt 1987.
Müller, Gerhard: Die Rechtfertigungslehre. Geschichte und Probleme, Gütersloh 1977.
Müller, Gerhard Ludwig: Gemeinschaft und Verehrung der Heiligen. Geschichtlich-systematische Grundlegung der Hagiologie, Freiburg 1986.
Muschalek, Georg: Schöpfung und Bund als Natur-Gnade-Problem: MySal 2, 546-558.
Pemsel-Maier, Sabine: Rechtfertigung durch Kirche. Das Verhältnis von Kirche und Rechtfertigung in Entwürfen der neueren katholischen und evangelischen Theologie, Würzburg 1991.

Pesch, Otto Hermann: Die Lehre vom „Verdienst“ als Problem für Theologie und Verkündigung: ders., Dogmatik im Fragment. Gesammelte Studien, Mainz 1987, 377-416.
Pesch, Otto Hermann: Gnade: NHThG 2, München 1984, 109-122.
Pesch, Otto Hermann: Gottes Gnadenhandeln als Rechtfertigung und Heiligung des Menschen: MySal 4/2, 831-920.
Peters, Albrecht: Gesetz und Evangelium, Gütersloh 1981.
Peters, Albrecht: Reformatorische Rechtfertigungsbotschaft zwischen tridentinischer Rechtfertigungslehre und gegenwärtigem evangelischen Verständnis der Rechtfertigung: LuJ 31 (1964) 77-128.
Pöhlmann, Horst Georg: Rechtfertigung. Die gegenwärtige kontroverstheologische Problematik zwischen der evangelisch-lutherischen und der römisch-katholischen Kirche, Gütersloh 1971.
Rahner, Karl: Gnade als Freiheit. Kleine theologische Beiträge, Freiburg 1968.
Rahner, Karl: Zur scholastischen Begrifflichkeit der ungeschaffenen Gnade: ders., Schriften zur Theologie I, Einsiedeln 1954, 347-375.
Rahner, Karl: Natur und Gnade: ders., Schriften zur Theologie IV, Einsiedeln 1960, 209-326.
Ratzinger, Joseph: Auf Christus schauen. Einübung in Glaube, Hoffnung und Liebe. Geistliche Betrachtungen, Freiburg – Basel – Wien 1989.
Ratzinger, Joseph: Gratia praesupponit naturam. Erwägungen über Sinn und Grenze eines scholastischen Axioms: J. Ratzinger, H. Fries (Hg.), Einsicht und Glaube, Freiburg 1962, 135-149.
Roßmann, Heribert, Ratzinger, Joseph (Hg.): Mysterium der Gnade, Regensburg 1975.
Sauter, Gerhard (Hg.): Rechtfertigung als Grundbegriff evangelischer Theologie. Eine Textsammlung, München 1989.
Slenczka, Reinhard: Gerecht vor Gott durch den Glauben an Jesus Christus: NZSTh 29 (1987) 294-316.
Scherzberg, Lucia: Sünde und Gnade in der Feministischen Theologie, Mainz 1991.
Schoonenberg, Piet: Bund und Schöpfung, Einsiedeln 1970.
Schütte, Heinz (Hg.): Einig in der Lehre von der Rechtfertigung, Paderborn 1990.
Schütz, Christian: Anmerkungen zur Neuorientierung der Gnadenlehre: MySal Erg.-Bd., Einsiedeln 1981, 355-363.
Schweizerischer Evangelischer Kirchenbund: Bundestheologie und Bundestradition, Bern 1987.
Stoeckle, Bernhard: Gratia supponit naturam. Geschichte und Analyse eines theologischen Axioms, Rom 1962.
Volk, Hermann: Freiheit als Frucht der Erlösung: ders., Gott alles in allem. Gesammelte Aufsätze, Mainz 1961, 130-144.
Volk, Hermann: Gnade und Person: ders., a.a.O., 113-129.
Weimer, Ludwig: Die Lust an Gott und seiner Sache. Oder: Lassen sich Gnade und Freiheit, Glaube und Vernunft, Erlösung und Befreiung vereinbaren?, Freiburg – Basel – Wien ²1982.
Werbick, Jürgen: Zur Freiheit befreit. Fundamentaltheologische und kontroverstheologische Überlegungen zur Rechtfertigungslehre: Cath(M) 33 (1979) 212-241.
Willig, Irene: Geschaffene und ungeschaffene Gnade. Bibeltheologische Fundierung und systematische Erörterung, Münster 1964.

Günter Koch

Das Heil aus den Sakramenten
Sakramentenlehre

1. Situierung und Eingliederung der Sakramentenlehre

1.1 Erster Zugang zu den Sakramenten

„Wer seines Lebens viele Widersinne
versöhnt und dankbar in ein Sinnbild faßt,
der drängt
die Lärmenden aus dem Palast,
wird anders festlich, und du bist der Gast,
den er an sanften Abenden empfängt."[1]

Rilke spricht in dieser Gedichtstrophe seines Stunden-Buches nicht unmittelbar von den Sakramenten. Sie vermag aber dennoch Wichtiges auch über Art und Wirken der Sakramente zu sagen. Sakramente sind *Sinnbilder* oder – was Ähnliches bedeutet – *Symbole, Zeichenhandlungen*. In ihnen wird das Leben anschaulich zusammengefaßt und auf einen tieferen Sinn, eine höhere Wirklichkeit hin durchscheinend. Im vordergründigen Geschehen, das sich meist aus einem dinglichen und einem Wort-Element zusammensetzt, wird Hintergründiges offenbar. Der Sinn des Lebens leuchtet in den letztlich auf Gott zurückgehenden sakramentalen Sinnbildern gerade in den zentralen Situationen, an den „Knotenpunkten" des Lebens auf.

Rilke beschreibt Wirkung und Wohltat eines solchen Geschehens in existentieller Eindringlichkeit: Wer das Auseinanderstrebende, das Zerstückelte und Ungereimte, die vielen Widersinne des Lebens, in Sinnbilder faßt, der wird dankbar diese Widersinne als versöhnt erfahren. Er findet aus den lärmenden Entfremdungen seines Lebens zu neuer Eigentlichkeit und Ganzheit: Er „wird anders festlich". Er wird dies nicht für sich allein. Er wird es, indem er Gott, an den sich diese Gedichtstrophe wendet, als Gast bei sich empfängt. Und er wird es – was *Rilke* hier allerdings nicht anspricht –, indem er mit seinen Mitmenschen, ja der gesamten Wirklichkeit auf neue Weise verbunden wird.

1.2 Die Sakramente im Leben der Kirche

Bei der Entfaltung der Lehre von den Sakramenten empfiehlt es sich, von der Erlebniswelt der Gläubigen und zugleich von einem ersten Allgemeinbegriff der Sa-

---

[1] Rainer Maria Rilke, Das Stunden-Buch. Erstes Buch, Das Buch vom mönchischen Leben (1899). R. M. Rilke, Werke. Ausgewählt und hg. vom Insel Verlag, Frankfurt a.M. [4]1986, Bd. I,1 Gedicht-Zyklen,19.

kramente auszugehen. Es empfiehlt sich weiterhin zu zeigen, in welchen wesentlichen Beziehungen die Sakramente stehen, nämlich im Kontext der Liturgie, objektiv betrachtet, und in einem Prozeß der Glaubenserkenntnis, nach der subjektiven Seite gesehen.

1.2.1 Die Einzelsakramente in der Erfahrung der Gläubigen

Es ist keine Frage: Im allgemeinen Bewußtsein der Gläubigen ist der Allgemeinbegriff des Sakramentes nur wenig verankert. Zwar wurde der älteren Generation im sog. Einheitskatechismus eingeprägt: „Zu jedem Sakrament gehören drei Stücke: 1. das äußere Zeichen, 2. die innere Gnade, 3. die Einsetzung durch Jesus Christus."[2]

Aber es ist zu bezweifeln, daß diese und ähnliche Formulierungen das Bewußtsein und vor allem die Erfahrung der katholischen Christen tiefgehend bestimmt haben. Was man erlebt und wahrnimmt, – und was für die je eigene Existenz eine mehr oder weniger intensive Bedeutung hat – das sind die einzelnen Sakramente, wobei auch hier eine Stufung festzustellen ist.

1. So erlebt man die *Taufe* trotz eines zunehmenden Rückgangs der Taufhäufigkeit auch heute noch vielfach als Ereignis von hohem gesellschaftlichem und religiösem Rang. Eine ganz andere Frage ist: Was bedeutet die Taufe den Menschen? Oft wird sie einfach religiös-kirchlicher Anlaß für eine Familienfeier sein, zu der sich Verwandtschaft und Freundschaft trifft, um sich über den Familiennachwuchs mit den Eltern zu freuen, Glück zu wünschen, soziale Bande zu pflegen, die nun auch das neugeborene Kind mit einschließen.

Manchmal wird eher der private, manchmal eher der soziale Charakter der Taufe im Vordergrund stehen, manchmal wird man diesen Ritus deswegen nicht missen wollen, weil er dem rätselhaft und geheimnisvoll bleibenden Eintritt eines Menschen in dieses Leben eine schöne Weihe und Feierlichkeit gibt. Wie man dabei auch immer dem Glaubenssinn der Taufe gerecht wird – ob nur zu einem kleinen Teil, oder aufgrund entsprechender Überlieferung bzw. aufgrund der Taufkatechese für die Eltern in vollerem Maß –, die Taufe wird sicherlich nicht in erster Linie als eines der sieben Sakramente erfahren und gesehen werden, sondern eben als die Taufe.

2. Was hier für die Taufe etwas ausführlicher ausgeführt wurde, gilt sicher auch für die *anderen Sakramente.* Man erlebt sie je als besondere Riten von ganz unterschiedlicher kirchlicher, sozialer und privater Bedeutung. Ein nicht unwesentlicher Unterschied besteht, was die Erfahrung angeht, dabei zweifellos zwischen den Sakramenten, die man *nur einmal im Leben* empfangen kann (neben der Taufe: Firmung und Weihesakrament und, wenn nicht die Verbindung durch den Tod eines Partners gelöst wird, auch die Ehe),und jenen Sakramenten, die man immer wieder empfangen kann und soll: dem Bußsakrament und der Eucharistie, in sehr viel eingeschränkterer Weise auch der Krankensalbung.– Aber auch die nur einmal im Leben zu empfangenden Sakramente haben für Gläubige wie Beobachter

[2] Katholischer Katechismus für das Erzbistum Paderborn, Paderborn 1925, 7.

einen durchaus unterschiedlichen Erlebniswert. *Die Firmung* besitzt bei den meisten keinen besonders hohen: Ihr fehlt die klare Zuordnung zu einer grundlegenden Lebenssituation, häufig auch die Möglichkeit zu familiärer oder gar gemeindlicher Feier. Lediglich als Begegnung mit dem Bischof mag sie eine gewisse Verwurzelung im Bewußtsein der Gläubigen haben. – Anders sieht es beim *Weihesakrament* aus: Die Weihe eines Priesters beispielsweise wird – jedenfalls in einem bestimmten Rahmen – auch heute noch vielfach als ein Ereignis von großer sozialer Bedeutung gesehen und gefeiert. Zeugnis dafür sind die feierlichen Primizen, die die ganze Ursprungsgemeinde des Neupriesters „auf die Beine bringen" und bewegen können.– Bei der *Ehe* hingegen dürfte die soziale Bedeutung der kirchlichen Eheschließung, die früher durchaus ein bestimmendes Moment war, zurückgetreten sein. Die kirchliche Trauung wird wohl vielfach nur oder vorwiegend als feierliche Weihe oder auch Überhöhung eines einschneidenden Lebensereignisses erfahren, von Bedeutung für die beiden Betroffenen und die ihnen unmittelbar Nahestehenden.

3. Anders werden wiederum die Sakramente erlebt, die *wiederholt zu empfangen* sind. Hier begegnet übrigens im allgemeinen Sprachgebrauch auch am ehesten der Plural „Sakramente": Wenn man sagt, einer kann nicht mehr oder wieder „die Sakramente" empfangen, dann spricht man vom Bußsakrament und der Eucharistie. Und wenn früher von den Sterbesakramenten die Rede war, dann meinte man Bußsakrament, Krankensalbung und Kommunion.– Andererseits haben auch diese Sakramente im allgemeinen Empfinden einen durchaus unterschiedlichen Charakter. Die *Eucharistie* wird nicht abstrakt als Sakrament erlebt, sondern als Wesensbestandteil des regelmäßigen Gottesdienstes der Kirche, zu dem sich die Gläubigen am Sonntag (und manchmal auch am Werktag) versammeln. In der Tat, die eigentliche Eucharistiefeier, die ihrerseits aus einer Vielfalt von inneren Elementen und begleitenden Riten besteht, ist in der Gesamtgestalt der Meßfeier unlöslich zusammengewachsen mit dem Wortgottesdienst, der seinerseits kein Sakrament im eigentlichen Sinne ist: Beide bilden zusammen dennoch den zentralen Gottesdienst der katholischen Kirche, dessen individuelle und soziale Bedeutung in der Ordnung des Heiles auch heute noch (oder neu) für viele einleuchtend ist. – Ganz anders wiederum steht es beim *Bußsakrament*, dessen Praxis sich zweifellos in einer länger andauernden Krise befindet.[3] Es wird sicher nicht als Form des Gottesdienstes empfunden; es erscheint in der Form der Ohrenbeichte unmittelbar dem Bereich individueller Sittlichkeit zugeordnet, seine soziale Bedeutung wartet – ungeachtet mancher neuer Ansätze – noch auf Wiederentdeckung. – Was schließlich die *Krankensalbung* angeht, so führt sie noch immer bei vielen ein Schattendasein, wird als „Sakrament des letzten Stündleins" ganz ins Private abgedrängt, wobei auch hier gute Ansätze einer Neubelebung festzustellen sind.

Die Sakramente werden also durchaus unterschiedlich erfahren, so wie sie ja auch in der Tat im Leben des Glaubens und der Kirche unterschiedlichen Stellenwert, eine unterschiedliche Funktion haben.

[3] Vgl. dazu die ausführlich dokumentierten Befragungsergebnisse in: K. Baumgartner, Erfahrungen mit dem Bußsakrament, Bd.1, München 1978.

Einen Vorrang im Bewußtsein der Gläubigen nehmen – ganz ihrem Rang entsprechend – Taufe und Eucharistie ein. Man hat in der theologischen Tradition diese beiden Sakramente als *„sacramenta maiora"*, also als größere oder *Hauptsakramente* bezeichnet und sie den übrigen *„sacramenta minora"*, den kleineren Sakramenten, die man auch *Situationssakramente* nennen könnte, gegenübergestellt.[4]

1.2.2 Der Allgemeinbegriff der Sakramente

Bis man in der theologischen Reflexion die gemeinsamen Merkmale der sieben Sakramente, die sie zugleich von anderen ähnlichen Riten unterscheiden, entdeckt hat, ist eine lange Zeit vergangen: mehr als ein Jahrtausend. Hier mag es zunächst genügen, das Ergebnis dieser langen Erkenntnisgeschichte in zwei gebräuchlichen Begriffsbestimmungen, „Definitionen", der Sakramente in den Blick zu bekommen. Die kürzeste dieser Definitionen lautet: *Sakramente sind gnadenwirksame Zeichen*, (*signa gratiae efficacia*[5]). Eine um ein wichtiges Element erweiterte Begriffsbestimmung lautet: *Sakramente sind von Christus eingesetzte Zeichen, die innere Gnade bezeichnen und kraft ihres Vollzuges mitteilen (signa a Christo instituta quae gratiam internam significant et ex opere operato conferunt*[6]*).* Da gerade diese zweite, längere Begriffsbestimmung aus Elementen gebildet ist, die vom Konzil von Trient (1547) mit lehramtlicher Verbindlichkeit vorgelegt worden sind (DH 1601-1613)[7], kann sie als authentischer Ausdruck des überlieferten katholischen Sakramentenverständnisses gesehen werden.

Heben wir in einem ersten Blick die einzelnen Elemente dieser Begriffsbestimmung heraus und erläutern sie jeweils kurz. Diese Elemente sind:

– Das Zeichen
– Die Einsetzung durch Christus
– Innere Gnade als Wirkung
– Der Nexus (Verbindung) zwischen Zeichen und
Wirkung: die Wirkweise, Bezeichnung und Mitteilung
von Gnade „kraft des Vollzugs".

1. Beim sakramentalen Zeichen handelt es sich nicht um ein statisches Zeichen, sondern um eine *Zeichenhandlung*, die sich als Geschehen zwischen Spender und Empfänger bzw. innerhalb einer Gemeinschaft vollzieht.

Es ist schon hier anzumerken, daß dieser dialogische Geschehenscharakter der Sakramente zumindest in ihrer Definition zu kurz kam. Ähnliches gilt aber wohl auch für die theologische Reflexion: Das dialogische sakramentale Ereignis als Interaktion, also als Geschehen zwischen Gott, der vom Spender repräsentiert wird, und dem empfangenden Menschen, wie auch die soziale Dimension dieses Geschehens, waren allzu sehr an den Rand des Bewußtseins gedrängt.

---

[4] Vgl. Y. Congar, Die Idee der sacramenta maiora: Conc(D) 4 (1968) 9-15.

[5] Vgl. L. Lercher, Institutiones Theologiae Dogmaticae, IV/2, Innsbruck 1948,11: „Sacramentum est signum gratiae efficax".

[6] Vgl. L. Lercher, a.a.O.

[7] Vgl. tzt D 9/I, Nr. 15-27.

Die Zeichenhandlung ist bei den meisten Sakramenten (außer der Buße) zusammengesetzt aus einem *Wortelement*, der Spendeformel, und einem *dinglichen Vollzugselement*, z.B. dem Übergießen von Wasser bei der Taufe.

2. Das Glaubensbewußtsein der Kirche hält an der *Einsetzung* der Sakramente durch Jesus Christus fest, also an der Tatsache, daß die Sakramente unmittelbar von Christus und damit von Gott herkommen. Auch das neue Kirchenrecht von 1983 sagt: „Die Sakramente des Neuen Bundes sind von Christus dem Herrn eingesetzt und der Kirche anvertraut.“[8] Die Kirche drückt so ihr Bewußtsein aus, daß solche „hochkarätigen“ Heilszeichen nicht rein menschliche Erfindungen sein können und dürfen.

Wie die Sakramente angesichts enormer historischer Probleme, die eine direkte Einsetzung aller Sakramente durch den historischen Jesus in Frage stellen, doch unmittelbar von ihm herkommen können, das wird noch zu erörtern sein: Vgl. 2.5.1.

3. *Innere Gnade* oder auch die Heiligung des Menschen wird *als gemeinsame Wirkung* aller Sakramente bezeichnet. Die Sakramente wirken also nicht nur, indem sie z.B. an den Menschen appellieren, der christlichen Botschaft gemäß zu leben (das wäre eine sog. äußere Gnade). Sie tragen vielmehr dazu bei, den Menschen seiner inneren Wirklichkeit nach zu erneuern.

Das Problem bei dieser Bestimmung der Sakramentenwirkung ist sicher, daß so der heilvolle Bezug der Sakramente auf die konkrete Lebenswirklichkeit der Menschen, die sie empfangen, aus dem Blick kommen kann.

4. *Die Wirkweise* der Sakramente wird in doppelter Richtung bestimmt: Sie bezeichnen, d.h. sie machen eine Heilswirklichkeit sichtbar und anschaulich. Sie sind aber nicht nur „informierende Zeichen“, sondern zugleich „realisierende Zeichen“[9], sie teilen die Heilswirklichkeit, auf die sie hinweisen, auch mit, kraft des Vollzugs (*ex opere operato*), wie der Fachausdruck lautet.

Was dies bedeuten kann und welche Probleme damit verbunden sind,ist noch näher zu untersuchen (vgl. 2.5.2.4). Zunächst ist festzuhalten, daß Sakramente nicht nur Wegweiser sind, die auf ein fernes Ziel hinweisen, sondern daß in ihnen dieses Ziel, die heilvolle Begegnung mit dem lebendigen Gott, schon nahekommt, daß sie geschieht und sich auswirkt bei allen, die sich auf dieses Ereignis im Glauben einlassen.

Wenn damit der Allgemeinbegriff des Sakramentes in ersten Umrissen herausgearbeitet ist, so bleibt doch ein wichtiges Grundprinzip der Sakramentenpastoral festzuhalten: Wer neue Zugänge zu den Sakramenten erschließen möchte, wird nicht nur über die Sakramente im allgemeinen sprechen dürfen. Er muß vielmehr versuchen, die Eigenbedeutung der einzelnen Sakramente im Gesamt kirchlichen Heilswirkens neu aufzuschließen. Warum? Heutige Menschen fragen im allgemeinen sehr konkret nach dem, was ihr Leben und Zusammenleben glücken läßt, was ihnen in entscheidenden Lebenssituationen hilft, was ihnen Sinn und Hoffnung gibt. Als Antwort auf solche Fragen können vor allem die Einzelsakramen-

8 CIC can. 84O.

9 Vgl. dazu: Th. Schneider, Zeichen der Nähe Gottes. Grundriß der Sakramententheologie, Mainz 1979, 24 ff.

te erschlossen werden, denn sie verheißen konkretes Heil, wenn auch ein Heil der großen Perspektiven, das egoistisch verkümmerte Heilserwartungen der Menschen korrigiert.

Eine Bestätigung für die Richtigkeit eines solchen Vorgehens kann das Zweite Vatikanische Konzil bieten. Wo es an zentraler Stelle in der Kirchenkonstitution über die Sakramente spricht, bietet es keine Lehre über die Sakramente im allgemeinen; es zeigt vielmehr auf, was die einzelnen Sakramente dem Menschen geben, was sie von ihm fordern, und wie sich durch sie das Gottesvolk der Kirche aufbaut und wirksam wird (vgl. LG 11).

1.2.3 Die Sakramente im Kontext der Liturgie

Wer die Sakramente verstehen will, wird das nur können,wenn er sie in den elementaren Zusammenhängen sieht, in denen sie vorkommen. Der entscheidende objektive Lebenskontext der Sakramente ist die Liturgie. Sie sind die tragenden Elemente des Gottesdienstes der Kirche.[10] Sie sind also nicht als isolierte Gnadenzeichen, sondern immer auch in ihrer Einbettung in die gesamte Liturgie mit ihren vielfältigen Riten zu würdigen.

Der liturgische Kontext der Sakramente ist lange Zeit in der Dogmatik zu kurz gekommen. Man reduzierte die Sakramente auf ihren wirklichen oder vermeintlichen Wesensbestand. Man ließ sich von der Frage leiten: Was ist bei der sakramentalen Zeichenhandlung, was ist bei Spender und Empfänger unbedingt erforderlich, damit ein Sakrament gültig gespendet werden und sich auswirken kann? Alles andere, die umgebenden Riten und Texte einer reich entfalteten Sakramentsliturgie erschienen demgegenüber leicht als unwesentliches Rahmenwerk, als lediglich akzidentell der Substanz der Sakramente gegenüber.

Sakramententheologie wird immer auch die konkrete Gestalt der Sakramentenfeier im Auge haben müssen. Sie muß vom Gesamtphänomen der Sakramente, wozu eben auch ihre liturgische Feiergestalt wesentlich gehört, ausgehen. In diesem Sinne ist die Feststellung berechtigt: „Erst aufgrund der Sprache *der* Sakramente ist Sakramententheologie, Rede *über* Sakramente, möglich.“[11]

1. Wer die Zugehörigkeit der Sakramente zur Liturgie der Kirche ernst nimmt, wird aus der Erkenntnis des Wesens der Liturgie wie aus ihren vielfältigen Ausdrucksgestalten, ihren Worten und Gesten, tiefe Aufschlüsse über das gewinnen können, was die Sakramente im allgemeinen und was sie je im einzelnen sind.

„Liturgie ist die von der kirchlichen Gemeinschaft durch Christus, den Mittler zwischen Gott und den Menschen, im Heiligen Geist unter wirksamen Zeichen und in rechtmäßiger Ordnung vollzogene Aktualisierung des Neuen Bundes.“[12] Diese Grundbestimmung, in der die amtliche katholische Tradition zum Ausdruck kommt, stellt gleichsam ein umfassendes Vorzeichen für das Verständnis der Sakramente dar.

---

[10] Vgl. H. Vorgrimler, Sakramententheologie, Düsseldorf 1987, 33-37.

[11] A. Gerhards, Stationen der Gottesbegegnung. Zur theologischen Bestimmung der Sakramentenfeiern: M. Klöckener,W. Gade (Hg.), Die Feier der Sakramente in der Gemeinde (FS H. Rennings), Kevelaer 1986, 28.

[12] E. J. Lengeling, Art. Liturgie/Liturgiewissenschaft: NHthG 3, 26-53, hier 29.

2. Wenn man in der Liturgie einen *absteigenden* oder *katabatischen* Aspekt, das heilshafte Kommen Gottes im Heiligen Geist, und einen *aufsteigenden* oder *anabatischen* Aspekt, die Verherrlichung Gottes des Vaters, die Hingabe der Menschen an Gott in Jesus Christus, unterscheidet, so gilt dies natürlich in besonderer Weise für die Sakramente. Sie sind ein Begegnungsgeschehen zwischen Gott und den Menschen, ein heilbringender Dialog zwischen dem göttlichen Vater, der in Jesus Christus die Menschen anspricht, und den Menschen, die unter den Zeichen der Liturgie mit Christus Gott dankend, lobend und bittend antworten dürfen: zu ihrem Heile.

Nachdem dieser dialogische Charakter im Sakramentenverständnis und bis zu einem gewissen Grad auch in der Sakramentenliturgie der westlichen Kirche für lange Zeit verdunkelt war, hat die Liturgiereform im Anschluß an das Zweite Vatikanische Konzil – im Rückgriff auf altkirchliche, auch vom jüdischen Beten inspirierte Strukturgesetze – diesen dialogischen Begegnungscharakter der Liturgie neu verdeutlicht. Die Grundstruktur der Begegnung läßt sich in einer phänomenologischen Analyse der Liturgie auf verschiedene Weise sichtbar machen.

L. Lies erkennt in der Liturgie aller Sakramente vier Grundelemente, die zugleich ein Begegnungsgeschehen signalisieren und dazu aufrufen: In der *Anamnese*, der erinnernden Verkündigung der Heilstaten Gottes, werden die Feiernden zur *Epiklese*, zum dankbaren Gebet um die Herabkunft des Heiligen Geistes, ermächtigt. Gottes Antwort ist die Gabe des Geistes, der die Gläubigen zu neuer oder vertiefter *Koinonia*, zur Gemeinschaft mit Gott und den Mitfeiernden, zusammenschließt, aus der sie wiederum zur *Prosphora*, zur Hingabe mit Christus an Gott und die Menschen, befähigt und aufgerufen werden.[13]

Der Liturgiewissenschaftler *A. Gerhards* findet die Mitte (fast) aller Sakramentenfeiern in einem zentralen Sprechakt, den er als ein dialogisches Geschehen des Segens (berakah, Eulogia) identifiziert. „Sakramente als Begegnungsereignisse finden im Sprechakt des ‚Segens' ihre adäquate Artikulation. Erst wenn der gott-menschliche Dialog zustande kommt, ist das Sakrament Ereignis und nicht bloß ‚gültig gespendet'."[14] „Die Sakramentenfeiern sind also die Situationen im menschlichen Leben, in denen sich Heil ereignet durch die Kommunikation oder Begegnung von Gott und Mensch: Die Heilszusage Gottes in Wort und Zeichen, der ‚Segen' (Eu-logia) und die Lobzusage (Doxo-logia) des Menschen in Wort und Taten haben hier ihren privilegierten Ort. Der Schlüsselbegriff dieses Geschehens, das wie das Ein- und Ausatmen als eins zu betrachten ist, ist ‚Segen'."[15]

3. Unter den verschiedenen Aspekten, die sich aus Texten und Gesten der Liturgie für ein angemessenes Sakramentenverständnis ergeben, seien noch die zwei folgenden genannt, die in der Vergangenheit nicht immer genügend gewürdigt wurden:

– Liturgie und damit auch die Sakramente sind Aufgabe, Werk des ganzen Gottesvolkes, konkret der feiernden Gemeinde. Es geht in den Sakramenten also nicht ausschließlich um das Verhältnis des einzelnen zu seinem Gott, um seine Heiligung und seine Gottesverehrung. Subjekt der Liturgie ist Jesus Christus und mit ihm das ganze Gottesvolk,[16] die vorherrschende Form liturgischer Gebete ist die Wir-Form.

---

13 L. Lies, Sakramententheologie. Eine personale Sicht, Graz – Wien – Köln 1990, 283 – 366.

14 A. Gerhards, a.a.O., 27

15 A.a.O., 28.

16 Vgl. Pius XII., Enzyklika „Mediator Dei" (1947); DH 3851-3853.

Demgegenüber wäre es auch eine Blickverengung, wenn man sich beim sakramentalen Geschehen allzu sehr auf den Sakramentenspender und seine Christus repräsentierende Funktion konzentrieren wollte, wie es in der Vergangenheit zeitweilig geschehen ist.

Wenn man so die Liturgie als Werk des ganzen Gottesvolkes bzw. der ganzen feiernden Gemeinde versteht, so ist zugleich zu bedenken, daß jede Sakramentenfeier die Gemeinschaft des Gottesvolkes (mit Christus und untereinander) erneuert und vertieft. Diese Gemeinschaft ist also Voraussetzung und zugleich Frucht sakramentalen Feierns.

– Wie die Liturgie überhaupt so sind auch die Sakramente in die gesamte Heilsgeschichte Gottes mit den Menschen eingeordnet, in ihnen gewinnen Vergangenheit und Zukunft Gegenwart. Man braucht nur an das „Vierte Hochgebet" der eucharistischen Liturgie zu denken, wo die Heilstaten Gottes von der Erschaffung der Welt bis zum Wiederkommen Christi in Herrlichkeit in Erinnerung gerufen und damit vergegenwärtigt werden.

Die Sakramente haben „eine rückwärtsblickende (anamnetische) und eine vorausblickende (prophetisch-epikletische) Dimension. Die Kirche ist der Ort der Erinnerung an Gottes Heilstaten, die in der Verkündigung der heiligen Schriften gegenwärtig werden. Zugleich wird in der betenden Versammlung der Raum für Gottes heilendes Eingreifen eröffnet."[17]

Gundmerkmale der Sakramente,
die in der Liturgie zum Ausdruck kommen

Bundescharakter:	Aktualisierung des Neuen Bundes unter wirksamen Zeichen
Begegnungscharakter (Segenscharakter):	Gott und Mensch in heilvollem Dialog durch Christus im Hl. Geist
Gemeinschaftscharakter:	Christus zusammen mit seinem Volk als Subjekt der Liturgie
Heilsgeschichtlicher Charakter:	Vergegenwärtigung der geschichtlichen Heilstaten Gottes und der künftigen Vollendung

1.2.4 Die Sakramente im Erkenntnisprozeß des Glaubens

Im Zusammenhang des Weges subjektiver Glaubenserkenntnis betrachtet, stehen Sakramente und Sakramentenlehre nicht am Anfang eines solchen Erkenntnisweges.

1. Um die Sakramente als wirksame Zeichen des Heiles Gottes für die Menschen recht würdigen und einordnen zu können, muß man eigentlich schon positive Antworten auf die Frage nach Gott, nach Christus, nach der Kirche existentiell und in theologischer Reflexion gewonnen haben. Sakramententheologie ist –

[17] A. Gerhards, a.a.O., 19.

recht verstanden – *Theologie für Insider*. Wem Gott, wem Christus, wem die Kirche nichts bedeuten im Blick auf das Glücken seines Lebens und das Heil seiner Mitmenschen, dem wird sich im allgemeinen die Bedeutung der Sakramente, in denen es um die Vermittlung von Heil geht, nicht erschließen; er wird die Bedeutung der Sakramente nicht anderen erschließen können.

2. Man wird eine solche Aussage freilich auch wieder etwas relativieren müssen. Vielleicht mag der Weg heute gelegentlich einmal umgekehrt verlaufen. „Glaube, Hoffnung und Liebe können schon gegeben sein, bevor sie ausdrücklich auf Gott bezogen werden. Der einzelne kann sie erfahren als Bewegung, die in ihm wirkt, ohne daß er Ziel und Grund dieser Bewegung benennen könnte, und sie erst später erkennen und bejahen als Bewegung auf Gott hin. In diesem Fall kann für ihn die sakramentale Feier ein Weg zur ‚Entdeckung' Gottes werden."[18] Wenn es richtig ist, daß in diesem Sinne für nicht wenige Menschen „heute der Weg des Glaubens über Erfahrungen im Zwischenmenschlichen läuft"[19], daß man also von der Annahme durch andere Menschen, wie sie in der sakramentalen Feier erfahren werden kann, zum Glauben an die liebende Annahme durch Gott durchzustoßen vermag, so ist doch zu beachten: Dieser Durchstoß wird wohl nur gelingen, wenn den Mitfeiernden die tieferen Zusammenhänge sakramentalen Handelns lebendig sind, wenn sie davon durchdrungen sind, daß in den sakramentalen Zeichen Heil Gottes, wenn auch durch Menschen, vermittelt wird. Es bleibt also dabei: Sakramentenverständnis, Sakramententheologie setzt den Glauben an Gott, an Gottes Heil durch Jesus Christus, an die Heilsgemeinschaft der Kirche voraus, wie anfangshaft und tastend dieser Glaube immer sein mag. Damit setzt Sakramentenempfang grundlegend auch eine katechetische Hinführung zu den Sakramenten voraus.

1.3 Die Sakramentenlehre im Zusammenhang der Theologie

Insofern sich systematisches theologisches Nachdenken mit den Sakramenten beschäftigt, heißt es *Sakramentenlehre* oder auch *Sakramententheologie*. Der Begriff Sakramentenlehre bzw. Sakramententheologie bezeichnet dabei nicht nur die Lehre von den Sakramenten im allgemeinen und von den einzelnen Sakramenten, sondern auch die wissenschaftstheoretische Frage nach dem Verhältnis einer dogmatischen Reflexion der Sakramente zu ihrer Behandlung in anderen theologischen Disziplinen; sie bezeichnet weiterhin die Frage nach der Plazierung dieses Bereichs innerhalb der gesamten Dogmatik, anders gesagt: das Verhältnis der Sakramentenlehre zu den anderen dogmatischen Traktaten; sie bezeichnet schließlich die Frage nach der inneren Strukturierung einer dogmatischen Reflexion der Sakramente.

---

18 F.-J. Nocke, Sakramente als Gesten: KatBl 6 (1983) 412–425, hier 414.
19 F.-J. Nocke, a.a.O., 422.

1.3.1 Sakramentenlehre in der Dogmatik und in anderen theologischen Disziplinen

Was haben die verschiedenen theologischen Disziplinen und was hat die Dogmatik im besonderen zum Verständnis der Sakramente beizutragen? Wie ist der Zusammenhang dieser Beiträge?

In besonders engem Zusammenhang steht die dogmatische Sakramentenlehre zunächst einmal mit der *Fundamentaltheologie*. Diese reflektiert über die schöpfungstheologischen, speziell die anthropologischen Bedingungen der Möglichkeit einer sakramentalen Heilsvermittlung. Dazu gehören die Fragen: Wieso können Wirklichkeiten dieser Welt überhaupt auf Gottes Heil hinweisen und in den Dienst seiner Vermittlung treten? Oder: Welche Bedeutung haben Symbolhandlungen in der zwischenmenschlichen Kommunikation und wie wirken sie? Da es als vorrangige Aufgabe der dogmatischen Sakramentenlehre zu betrachten ist, daß sie die Sakramente aufgrund der Quellen christlichen Glaubens als situationsbezogene Verwirklichungsweisen des Universalsakramentes Kirche darstellt, kann man sagen, die Fundamentaltheologie kläre und sichere die Grundlagen einer dogmatischen Sakramentenlehre; sie tue dies in erster Linie mit Vernunftgründen, setze also ihrerseits nicht schon die gläubige Annahme der Glaubensquellen voraus.– Diese Abgrenzung bedarf allerdings einer Relativierung: Die dogmatische Sakramentenlehre übernimmt nicht nur Ergebnisse der Fundamentaltheologie, so wie sie selbstverständlich die Ergebnisse der *biblischen Exegese* zu übernehmen hat; fundamentaltheologische Überlegungen gehören vielmehr zu ihrem ureigensten Geschäft. Sonst könnte sie das aus den Glaubensquellen Erhobene nicht gedanklich durchdringen, verknüpfen und in das Denken ihrer Zeit vermitteln.

2. Gehören Fundamentaltheologie und biblische Exegese eher zu den Voraussetzungen der dogmatischen Sakramentenlehre, so wird diese ihrerseits zur inneren Voraussetzung anderer theologischer Disziplinen, die sich mit den Sakramenten beschäftigen, nämlich der *Pastoraltheologie, der Moraltheologie, des Kirchenrechts und der Liturgiewissenschaft*. Ihnen gegenüber hat die dogmatische Sakramentenlehre eine kritische Funktion, steht aber auch in einem Wechselverhältnis zu ihnen. So hat die *Pastoraltheologie* zu bedenken, wie durch die Sakramente Glauben und Glaubensgemeinschaft unter den Bedingungen unserer Zeit am besten verwirklicht werden können. Die *Moraltheologie* untersucht, wie der Mensch bzw. die Gemeinschaft der Christen den Sakramenten zu begegnen haben und welche Normen und Impulse sich aus ihnen für das sittliche Leben ergeben. Die theologische Disziplin *Kirchenrecht* stellt nicht nur das geltende Sakramentenrecht dar, das im CIC von 1983 nicht mehr wie früher dem Sachenrecht zugeordnet ist, sondern dem Heiligungsdienst der Kirche; es fragt auch, ob die dogmatische Sakramentenlehre neue rechtliche Konsequenzen fordern könnte. Schließlich ist es Aufgabe der *Liturgiewissenschaft*, die Sakramente als wesentliche Teile des Gottesdienstes in ihrer liturgischen Einbettung zu verstehen und ihre Struktur- und Formgesetze zu untersuchen.

Das folgende Schaubild unterscheidet theologische Disziplinen, die in ihrer Betrachtung der Sakramente für die dogmatische Sakramentenlehre Voraussetzung sind, von solchen, die die dogmatische Sakramentenlehre eher als Voraussetzung haben, wobei auch hier natürlich eine Wechselwirkung bestehen muß.

Beiträge theologischer Disziplinen zur Sakramentenlehre

Fundamentaltheologie	Sie reflektiert über die anthropologischen Bedingungen der Möglichkeit einer sakramentalen Heilsvermittlung.
Biblische Exegese	Sie untersucht, wo und wie die Sakramente in der Bibel grundgelegt sind, in welchem Bezug sie zu anderen Grundwahrheiten bibl. Glaubensbezeugung stehen und welche Kriterien sich daraus für das kirchl. Sakramentenverständnis ergeben.
Dogmatische Sakramentenlehre	Sie stellt die Sakramente aufgrund der Quellen christl. Glaubens und ihrer eigenen Geschichte als konkrete, situationsbezogene Verwirklichungsweisen des Universalsakraments Kirche dar und rückt sie in den Horizont der Gegenwart.
Pastoraltheologie	Sie bedenkt, wie durch die Sakramente Glauben und Glaubensgemeinschaft unter den Bedingungen unserer Zeit am besten verwirklicht werden können.
Moraltheologie	Sie bedenkt, wie der Mensch und die Gemeinschaft der Christen den Sakramenten zu begegnen haben und welche Normen und Impulse sich aus ihnen für das sittliche Leben ergeben.
Kirchenrecht	Es stellt das geltende Sakramentenrecht dar, das im CIC von 1983 nicht mehr wie früher dem Sachenrecht zugeordnet ist, sondern dem Heiligungsdienst der Kirche. Es fragt, ob die dogm. S. neue rechtl. Konsequenzen fordert.
Liturgiewissenschaft	Sie sieht die Sakramente als wesentliche Teile des Gottesdienstes der Kirche in ihrer liturgischen Einbettung, fragt nach deren Struktur- und Formgesetzen und untersucht, ob sie der dogmatischen S. und ob diese den Erkenntnissen der Liturgiewissenschaft gerecht werden.

1.3.2 Die Stellung der Sakramentenlehre in der Dogmatik

Heute wird die Sakramentenlehre meist eng der *Ekklesiologie* zugeordnet. *Karl Rahner* sieht die allgemeine Sakramentenlehre sogar als ein inneres Moment der Ekklesiologie. Die Einzelsakramente möchte er verschiedenen Stellen einer „Anthropologie des Lebens des erlösten und in der Kirche lebenden Menschen“[20] zuweisen. Die „Rahmenordnung für die Priesterbildung“[21] ordnet die Sakramenten-

[20] K. Rahner, Art. Sakramententheologie. LThK² 9, 240-243, hier 241.
[21] Erlassen 1978, gültig für den Bereich der Deutschen Bischofskonferenz.

lehre zwischen Ekklesiologie und Gnadenlehre ein.– Zu bedenken ist dabei in jedem Fall die enge innere Verbindung der Sakramentenlehre mit *im Grunde allen anderen* dogmatischen Traktaten: Da Gott sein Heil durch Jesus Christus unter Einbezug der Kirche wirkt, steht die Sakramentenlehre in enger Verbindung mit Christologie und Ekklesiologie. Da es bei den Sakramenten um Gottes gnadenhaftes Heil geht, das Gott selber durch Christus im Heiligen Geist schenkt und einmal vollenden wird, ist die Sakramentenlehre auch eng mit der Gottes-(Trinitäts-)Lehre bzw. mit der Pneumatologie und Gnadenlehre wie auch mit der Eschatologie verbunden. Da es sich schließlich bei den Sakramenten um das Heil des Menschen handelt (und nicht etwa um eine freischwebende Gnade), muß die Sakramentenlehre unmittelbar in der Theologischen Anthropologie verwurzelt sein. Da dieses Heil durch Symbole, also durch Wirklichkeiten der Schöpfung, vermittelt wird, hat die Sakramentenlehre endlich auch mit der Schöpfungslehre zu tun.

Dieses Beziehungsgeflecht zeigt die hohe Bedeutung der Sakramentenlehre innerhalb der Dogmatik. Es relativiert sie aber auch, insofern die Dienstfunktion der Sakramente sichtbar wird. In der herkömmlichen Schuldogmatik hatte die Sakramentenlehre meist einen unverhältnismäßig breiten Raum eingenommen (bis zu einem Drittel der gesamten Dogmatik). Auch auf diesem Hintergrund wurden die Sakramente als das entscheidende Charakteristikum der katholischen Kirche gewertet: Sie sei im Gegensatz zu den Kirchen der Reformation, der „Kirche des Wortes", die „Kirche der Sakramente". So bedarf es einer recht verstandenen Relativierung der Sakramentenlehre, die ihre wahre Bedeutung nicht einebnet, sondern sie gerade theologisch und anthropologisch erschließt.

In „Mysterium Salutis" wird die Sakramentenlehre einerseits ekklesiologisch[22](allgemeine Sakramentenlehre, Eucharistie, Ehe, Weihesakrament), andererseits unter dem Titel „Zwischenzeit und Vollendung der Heilsgeschichte" eschatologisch[23] integriert (Taufe, Firmung, Bußsakrament, Krankensalbung). Bei der Plazierung der Sakramentenlehre ist in Rechnung zu stellen, daß sich verschiedene Kriterien der Einordnung (heilsgeschichtliche, strukturell-essentielle, didaktische) kaum voll überzeugend verbinden lassen.

1.3.3 Das Verhältnis von allgemeiner und spezieller Sakramentenlehre

Bei der inneren Strukturierung eines eigenen sakramententheologischen Traktates stellt sich die Frage, ob mit Recht die *allgemeine* Sakramentenlehre der *speziellen* Sakramentenlehre vorausgeht. Bis zum Mittelalter wurden nur einzelne Sakramente oder Gruppen wie beispielsweise die Initiationssakramente theologisch reflektiert; erst nach Herausarbeitung des Sakramentsbegriffs wurden auch die Sakramente im allgemeinen (*sacramenta in genere*) Gegenstand theologischen Nachdenkens. Die allgemeine Sakramentenlehre wurde sogar der speziellen Sakramentenlehre vorangestellt. Die Einzelsakramente (*sacramenta in specie*) wurden in der Folge allzu sehr vom Allgemeinbegriff her gedeutet und so nivelliert. Diese Gefahr ist unbedingt zu vermeiden.

[22] Vgl. Bd. 4/2, Einsiedeln – Zürich – Köln 1973.
[23] Vgl. Bd. 5, Einsiedeln – Zürich – Köln 1976.

Wenn hier trotzdem zuerst von den Sakramenten im allgemeinen und dann erst von den einzelnen Sakramenten die Rede ist, so hat dies nicht nur Gründe historischer Pietät. Gerade im Blick auf das heutige Zeitbewußtsein tritt unter einem neuen Gesichtspunkt auch das Gemeinsame der Sakramente ins Licht: In einer Zeit, die mit Zeichen und Symbolen überhaupt ihre Schwierigkeiten hat, gilt es vordringlich, das sakramentale Handeln der Kirche für die Menschen und die Menschen für das sakramentale Handeln der Kirche aufzuschließen.

2. Allgemeine Sakramentenlehre

2.1 Schwierigkeiten des Zugangs zu den Sakramenten

Weil trotz aller Verschiedenheit der sieben Sakramente, die die katholische Kirche kennt, diese Grundvollzüge der Kirche doch auch tiefgreifende Gemeinsamkeiten aufweisen – sie alle sind von Gott bzw. von Jesus Christus herkommende, auf das Heil der Menschen zielende Symbolhandlungen –, bleibt es sinnvoll, zunächst von den Sakramenten im allgemeinen zu sprechen. Der Weg des Nachdenkens, der über die geschichtliche Entwicklung des Sakramentsbegriffs bzw. der Sakramente zur Darstellung typischer theologischer Neuauslegungsversuche und wichtiger Spezialfragen der Sakramentenlehre führen soll, wird mit den Schwierigkeiten beginnen, die heutige Menschen mit den Sakramenten haben.

Die im Folgenden aufgezeigten fünf Problembereiche möchten nicht als erschöpfend, sondern als exemplarisch verstanden werden. Sie sind gegebenenfalls zu ergänzen oder abzuwandeln.

2.1.1 Die Kluft zwischen dem sakramentalen Bereich und dem konkreten Leben

Man spürt heute vielfach eine zunehmende Entfremdung zwischen den Sakramenten und der Wirklichkeit des Lebens und Zusammenlebens in dieser Welt. Dieses Problem wird in vielfacher Weise empfunden und reflektiert.

1. Gemeinsam ist solchen Erfahrungen der Fremdheit wohl dies: Das Leben, das Menschen in dieser Welt aktiv zu gestalten oder das sie zu erleiden haben, findet in den Ausdrucksformen des Gottesdienstes, der Liturgie, zu der ja auch die Sakramente gehören, keine Resonanz. Der Mensch kann sich in der Liturgie der Sakramente nicht wiedererkennen mit seinen Hoffnungen, Sehnsüchten, Beunruhigungen und Ängsten. Er findet hier weder seine entscheidenden Fragen eingefangen und befreiend zum Ausdruck gebracht, noch erhält er Antworten, die seine Existenz wirklich treffen. Liturgie erscheint als Sonderbereich neben oder über diesem Leben, der für dieses Leben mit seinen konkreten Anforderungen nichts erbringt.

Der Vorwurf der Lebensfremdheit, dem man häufig begegnen kann, trifft speziell die Sprache der Liturgie, im weitesten Sinne verstanden. Darin käme das eigene Leben, und darin käme der lebendige Gott eigentlich nicht mehr vor. Eindrucksvoll kommt dieser Vorwurf bei *Martin Walser* zum Ausdruck: „Mit Lissa in der Kirche. Konnte nicht beten. Der Zwang, an Anselm zu denken, ist stärker. Da darf ich in meinen eigenen Worten denken. Die feierliche Amtssprache in der Kirche klang fremd. Kunstgewerbe-Vokabular, Luft aus einem Fön... Mein Leben ist in der Gebetssprache nicht mehr unterzubringen. Ich kann mich nicht mehr so verrenken. Ich habe Gott mit diesen Formeln geerbt, aber jetzt verliere ich ihn durch diese Formeln."[24]

2. Dafür sind verschiedene Gründe denkbar. Entsprechend müßte man auf eine unterschiedliche Abhilfe und Therapie bedacht sein:

– Die Sakramente könnten in der Tat für das konkrete Leben nichts zu bedeuten haben und möglicherweise überhaupt nichts bedeuten wollen. Innere heiligmachende Gnade und zweckfreie Verehrung Gottes, die nach der Überlieferung den Sakramenten zuzusprechen sind, hat das etwas mit dem Leben in dieser Welt und Geschichte zu tun? Weist es nicht auf ein wesentlich jenseitiges Heil? In diesem Fall wäre der eindeutige Widerspruchscharakter der Sakramente gegen den Zeitgeist nur zu unterstreichen.

– Es könnte aber auch das, was die Sakramente „bringen" und wie sie es bringen – auch für das konkrete Leben –, nur unaufgeschlossen sein, unentfaltet, verborgen in befremdlichen, schwer verständlichen, nichtssagenden Formulierungen. Dann gilt es deutlich zu machen, was die Sakramente – jedes auf seine Weise – schon diesem Leben geben können, wo sie Erwartungen des heutigen Menschen zu entsprechen vermögen, wo sie ihnen widersprechen müssen.– Und es gilt zu zeigen, daß und wie die Sakramente auf eine Gottes und des Menschen würdige Weise wirken, in Entsprechung zu Erfahrungen, die der Mensch auch in seinem eigenen Erfahrungsbereich machen kann. Es gilt also, Wirkung und Wirkweise symbolischer Handlungen von entsprechenden Alltagserfahrungen her aufzuschließen.

– Schließlich könnte es (auch) so sein, daß dem Menschen heute „Empfangsorgane" für die Sakramente und das, was sie vermitteln, verloren gegangen oder verkümmert sein könnten, eine Sensibilität, die eigentlich zum Menschsein gehört. Dann stellte sich die theologische und pastorale Aufgabe, solche vergessene Dimensionen aufzuweisen, sie plausibel zu machen. Es gälte zu zeigen, wie gerade die Sakramente der vollen Wirklichkeit des Menschseins entsprechen, wie Grunderfahrungen des Menschen, für die zu sensibilisieren ist, in ihnen gelichtet werden und eine Antwort finden.

Es wird noch weiter zu erweisen sein, daß der erste Weg – eine schroffe, einseitige Betonung der absoluten „Andersartigkeit" der Sakramente – dem Heilssinn der Sakramente widerspricht, daß demgegenüber vielmehr die Sakramente für die Menschen und die Menschen für die Sakramente aufzuschließen sind. So nur wird die Kluft zwischen dem sakramentalen Bereich und dem konkreten menschlichen Leben zu überbrücken sein.

2.1.2 Schwierigkeiten mit der Zeichensprache der Sakramente

Bei einem zweiten Problemkreis, von dem jetzt zu sprechen ist, handelt es sich um einen – allerdings wesentlichen – Teilaspekt der Entfremdung zwischen Sakrament und Leben: Man versteht die Zeichensprache der Sakramente schlecht oder nicht mehr.

[24] Martin Walser, Halbzeit, KnaurTB 34, 247.

1. Zunächst ist eine Begriffsklärung erforderlich: Die Begriffe *Zeichen* und *Symbol* werden heute meist unterschiedslos verwendet. Man muß innerhalb beider aber unterscheiden:

(1) Informierendes Zeichen oder Vertretungssymbol: Das Zeichen existiert unabhängig von der Sache, auf die es hinweist (Verkehrszeichen „Achtung Bodenwelle“);

(2) Realisierendes Zeichen oder Realsymbol: Im Vollzug des Zeichens wird die bezeichnete Sache verwirklicht

– juridisch: Rechtsfakten werden gesetzt (Vertragsunterschrift)

– personal-transzendent (Handschlag als Besiegelung von Versöhnung).

Gelegentlich spricht man gerade hier im Sinne einer alten Tradition von Symbolen, doch muß man sich darüber im Klaren sein, daß der Symbolbegriff von den modernen Natur- und Kommunikationswissenschaften auch in ganz anderer Weise, der des präzise informierenden Kürzels oder Signals nämlich, verwendet wird.

2. Auf dem Hintergrund dieser begrifflichen Unterscheidungen läßt sich sagen und begründen:

– Unsere Zeit ist überaus reich an informierenden Zeichen, und viele Menschen beherrschen diese Zeichen. Sie sind auch relativ leicht erlernbar: Man denke an Verkehrszeichen und Piktogramme auf Bahnhöfen und Flughäfen.

– Viel ärmer ist unsere Zeit an realisierenden Zeichen, vor allem an denen der personal-transzendenten Art. Das Verständnis dafür ist mit der stürmischen Entwicklung des naturwissenschaftlich-technischen Denkens und seiner technologisch-industriellen Anwendung bei vielen Zeitgenossen verschwunden oder verschüttet.

Informierende Symbole

Name	Definition	Beispiel
Signet	Symbol, das nur *eine* Bedeutung hat	Warenzeichen
Attribut	identitätsstiftendes Merkmal	Mann + Schlüssel = „Petrus“
Piktogramm	Graphik mit international festgelegter Bedeutung	Totenkopf = „Gift“
Emblem	sinnverwandtes Zeichen	Kranich = „Lufthansa“ (Fliegen)
Allegorie	aufgrund einer Konvention wird eine Sache mit einer anderen identifiziert	Fisch = Zeichen f. orthodoxen Christusglauben
Mythos	Erzählung, die eine allgemeingültige Wahrheit ausspricht	Platons kugelförmiger Urmensch = Verwiesenheit d. Geschlechter aufeinander
Klischee	Symbol, das seine Bedeutung verloren hat	„Schaf“ in einer nicht-agrarischen Kultur

Erstellt von Wolfgang Beinert

– Andererseits läßt sich oft gerade bei jungen Leuten ein neues Verständnis auch für realisierende Zeichen feststellen: Man kann an die mancherorts gefeierte „Liturgische Nacht" oder „Frühschicht" denken, aber auch im profanen Bereich an Freundschaftsringe, Embleme von Fanclubs oder Partnerlook.

– Das neue Verständnis für realisierende Zeichen bedeutet sicher nicht, daß nun die sakramentalen Zeichenhandlungen gleichsam von selbst weniger fremd und zugänglicher würden. Das liegt sicher einerseits an einer übertriebenen Formalisierung, an einer Verkultung dieser Zeichen. Sie waren und sind zum Teil auch noch nach der Liturgiereform des Zweiten Vatikanischen Konzils für das Bewußtsein vieler lebensfremde Abläufe, deren ursprüngliche Aussagekraft man nicht erfährt, in denen man sich nicht wiederfindet. Dazu kommt, daß manche dieser Zeichen, z.B. Salbung und Handauflegung, aber sogar die Waschung, das Essen und das Trinken in der heutigen Industrie- und Konsumgesellschaft viel von ihrer früheren Symbolkraft eingebüßt haben.

– Sakramentale Symbolik muß also immer wieder lebendig gemacht und dem verstehenden Mitfeiern erschlossen werden. Das läßt sich in dem heute verbindlichen liturgischen Rahmen mit etwas Phantasie durchaus verwirklichen. Andererseits gilt es, in den Menschen den Sinn für die großen uralten sakramentalen Symbole neu zu wecken.

Wahrscheinlich sind diese Symbole ohnehin dem Unbewußten des Menschen tief eingeschrieben, sie gehören nach C. G. Jung (1875-1961) zum Bereich der archetypischen Bilder, die schon aus frühen Entwicklungsstufen des Menschengeschlechtes stammen und durch einige Jahrzehnte Industriezeitalter nicht ausgelöscht, nur verschüttet werden konnten. Sensibilisierung für Symbole wäre demnach ein lange vernachlässigtes, aber keineswegs hoffnungsloses oder gar überflüssiges Kapitel der religiösen Erziehung: „Das Symbol ist die spezifische Ausdrucksgestalt religiöser Erfahrung und Kommunikation, ohne deren Verständnis die Religionen in ihrer eigentlichen Mitte nicht erschlossen werden können. Außerdem verliert die Wirklichkeit ihre Hintergründigkeit, wenn eine Bildung des Symbolverständnisses unterbleibt. Die Fähigkeit zum Sinnerleben und Sinnverstehen schrumpft...die menschlichen Erfahrungsfähigkeiten verkümmern und erfassen nur noch ein Spektrum banaler Alltäglichkeit."[25]

2.1.3 *Das dinglich-magische Mißverständnis der Sakramente*

Manche Menschen können keinen Zugang zu den Sakramenten finden, weil sie meinen, bei den Sakramenten handle es sich nach katholischem Verständnis bzw. nach katholischer Praxis um dingliche, magisch wirkende „Gnadenmittel". Diese Kritik, die zumindest in der Vergangenheit aufgrund defizitärer Verkündigungs- und Frömmigkeitsformen nicht unbegründet war, trat und tritt in doppelter Weise auf: im Gefolge einer idealistischen Religionskritik und im Anschluß an ein vom Persongedanken her geprägtes Menschenbild.

---

[25] H. Halbfas, Die geistigen Defizite. Kritischer Rückblick auf 10 Jahre religionspädagogischer Arbeit: KatBl 4 (1981) 257 f.

1. Die erste Erscheinungsform der Kritik, die heute an Bedeutung verloren hat, läßt sich in folgender Weise charakterisieren: „Die religionsgeschichtliche Erklärungsweise...behauptet einen unversöhnlichen Gegensatz zwischen dem Idealismus der Geistreligion Jesu und dem vorgeblichen Materialismus des Sakramentsbegriffs. Sie bezeichnet die Einführung der Sakramente als grundsätzliche Repaganisation (eine Wiederverheidnischung) des Christentums durch die römische Kirche, die dadurch dem geistigen Milieu der Menschheit zu Weltherrschaftszwecken entgegengekommen sei.“[26]

2. Heute wird man kaum mehr das Christentum als reine Geistreligion einer auch die materielle Wirklichkeit einbeziehenden Religion gegenüberstellen oder gar überordnen. Trotzdem sind heutige Einwände mit dem genannten Problem verwandt: Man sagt, katholisches Sakramentenverständnis und katholische Sakramentenpraxis seien der Ebene personaler Gottbegegnung nicht angemessen. Gott könne man nur – so vor allem der Einwand von protestantischer Seite – begegnen, indem man auf sein gnädiges Wort die Antwort des Glaubens gebe. Sakramente seien einem magischen Mißverständnis fast unausweichlich ausgesetzt: der Meinung nämlich, man könne Gott mit Hilfe irgendwelcher Praktiken gleichsam zum Wohltun zwingen.

3. Hier wird es darum gehen zu zeigen, daß personale Begegnung, auch Gottbegegnung, durchaus materielle Zeichen und Gesten einschließt, daß sie sich darin verleiblichen kann, ja sogar muß: Gott läßt sich in seiner Bundestreue gerade in solchen Zeichenhandlungen finden. Freilich müssen sie im Dienste einer personalen Begegnung stehen; hier ist die Kritik durchaus ernst zu nehmen.

2.1.4 Die individualistische Verkürzung der Sakramente

Eine weitere Kritik richtet sich gegen ein verengtes Sakramentsverständnis, das es freilich wirklich gegeben hat und noch gibt: Man meint, in den Sakramenten gehe es nur um das Heil des einzelnen (ausgenommen vielleicht bei Ehe und Priesterweihe); die soziale Dimension, die für Jesu Frohbotschaft vom Gottesreich so entscheidend sei, fehle hier weitgehend oder ganz.

1. In der Tat hat man in Pastoral und Frömmigkeit lange Zeit die Sakramente vor allem als individuelle Heilsmittel betrachtet. Und diese Auffassung konnte sich durchaus auch auf lehramtliche Akzentsetzungen berufen. So führt das Armenierdekret des *Konzils von Florenz* (1439) aus: „Die ersten fünf dieser Sakramente sind zur eigenen geistigen Vervollkommnung eines jeden Menschen bestimmt, die letzten zwei zur Leitung und Mehrung der Gesamtkirche“ (NR 502; DH 1311). Für alle Sakramente außer den sog. Standessakramenten (Weihe und Ehe) wird also hier die *„spiritualis uniuscuiusque hominis in seipso perfectio“* recht exklusiv als eigentliche Bestimmung erklärt.

2. Ein solches heilsindividualistisches Verständnis könnte in der Tat zum berechtigten Einwand gegen die Sakramente werden; es erscheint vielen Menschen

[26] Das Zitat stammt aus einem unveröffentlichten Vorlesungsmanuskript des 1928 als Domdekan in Regensburg gestorbenen Würzburger Dogmatikers Franz Xaver Kiefl (geb. 1869).

heute zu Recht als unannehmbar, wenn man im Sinne des Mottos „Rette deine Seele“ nur an das eigene Heil denkt. Freilich wird es einer erneuerten Sakramententheologie leicht fallen zu zeigen, daß es in der Feier der Sakramente um mehr geht als ein isoliertes Seelenheil: Es geht um den einzelnen *und* die Gemeinschaft; es geht um das Diesseits dieser ganzen Welt *mit Einschluß* der außermenschlichen Schöpfung und um das Jenseits zugleich.

2.1.5 Die Herleitung der Sakramente aus der Religionsgeschichte

Eine letzte Zugangsschwierigkeit bzw. Kritik an den Sakramenten liegt in dem schon in anderem Zusammenhang angedeuteten Einwand, die Sakramente kämen gar nicht von Jesus Christus her; sie seien erst nachträglich unter dem Einfluß antiker Mysterienkulte in der frühen Kirche entwickelt worden.

1. Diese Kritik der Sakramente, die sich auf religionsgeschichtliche Forschungen beruft, hatte einen besonders einflußreichen Vertreter in dem protestantischen Kirchenhistoriker Adolf von Harnack (1851-1930). Er bescheinigt der frühen Kirche „eine beispiellose Konsumptionskraft, mit der sie eine Fülle von Ideen, Mysterien, Riten usw. in sich hineinzieht, eine ebenso beispiellose Assimilationskraft, mit der sie sie sich angleicht und dienstbar macht...“[27]

Probleme beim Zugang zur Welt der Sakramente

Stichworte	Kennzeichnung
Die Kluft zwischen Sakrament und Leben	Man spürt eine zunehmende Entfremdung zwischen dem sakramentalen Bereich und der Wirklichkeit des Lebens und Zusammenlebens in dieser Welt.
Schwierigkeiten mit der sakramentalen Zeichensprache	Man versteht die Zeichensprache der Sakramente, ihre Worte und Gesten, schlecht oder gar nicht mehr.
Das dinglich-magische Mißverständnis der Sakramente	Man meint, bei den Sakramenten handele es sich nach katholischem Verständnis um unpersönliche Gottes und der Menschen unwürdige „Gnadenmittel“.
Die individualistische Verkürzung der Sakramente	Man denkt, in den Sakramenten gehe es nur um das Seelenheil des einzelnen; es fehle die vielen heutigen Menschen wichtige soziale und kosmische Dimension.
Die Herleitung der Sakramente aus der Religionsgeschichte	Man mutmaßt, nicht Jesus Christus sei der Stifter der Sakramente, sie hätten sich vielmehr erst unter dem Einfluß antiker Mysterienkulte in der frühen Kirche entwickelt.

[27] A. von Harnack, Die Entstehung der christlichen Theologie und des kirchlichen Dogmas, Stuttgart – Darmstadt 1967 (Nachdruck der Ausgabe von Gotha 1927), 18 f.

2. In dieser Kritik liegt ein besonders ernst zu nehmender Einwand gegen die christlichen Sakramente, der von manchen Erkenntnissen moderner Exegese wie auch durch die historische Erforschung der Entwicklung der Sakramentenlehre gestützt zu werden scheint.

Allen diesen Einwänden bzw. Zugangsschwierigkeiten wird sich die Sakramententheologie stellen müssen.

2.2 Biblische Grundlagen der Sakramentenlehre

Im Neuen Testament begegnen zwar alle jene Zeichenhandlungen, die später unter dem Begriff *Sakramente* zusammengefaßt werden, mit größerer oder geringerer (z.B. die Firmung) Deutlichkeit, jedoch gibt es keinen Allgemeinbegriff für diese Heilszeichen. Da aber *sacramentum* die lateinische Übersetzung des in der Bibel nicht seltenen griechischen Begriffs *Mysterion* (latinisiert *Mysterium*) darstellt, ist zu vermuten, daß man Aufschlüsse über die Bedeutung von *Sakrament* bekommt, wenn man sich mit dem biblischen Begriff Mysterion beschäftigt.

Näherhin wird *Mysterion* seit dem 2. bzw. 3. Jahrhundert in der afrikanischen und den als Itala bezeichneten altlateinischen Versionen der Bibel mit *sacramentum* übersetzt. Die Vulgata verwendet dafür im allgemeinen das lateinische Lehnwort *mysterium*.

Der Begriff Mysterion, dessen Bedeutungsgehalte in den späteren Sakramentsbegriff mit einfließen, spielt nicht nur in der Bibel eine recht wichtige Rolle. Er hat auch eine herausragende Bedeutung im antiken Religionswesen und im philosophischen Bereich. So stellt sich die Frage, ob der biblische Begriff etwa vom antiken Mysterienwesen bzw. von der Philosophie her beeinflußt ist oder gar ganz davon abhängt. Welchen Zusammenhang gibt es, welche Unterschiede lassen sich feststellen?

2.2.1 *Hintergründe und Parallelen: religionsgeschichtliche und philosophische Wurzeln des Mysterionbegriffs*

Was wurde in der vorchristlichen und außerchristlichen Antike mit dem Begriff Mysterion (Plural:Mysteria=Mysterien) zum Ausdruck gebracht? Hier ist 1. die kultische Mysterienpraxis, 2. das philosophische Mysteriendenken zu unterscheiden.

1. Zur *kultischen Mysterienpraxis* gehören eine ganze Reihe von Geheimkulten, die sich seit dem 7. Jahrhundert vor Christus bei den Griechen (am berühmtesten die Mysterien von Eleusis), bei den hellenisierten Ägyptern (die Mysterien von Isis und Osiris) und bei den Persern (die Mithras-Mysterien) entwickelt hatten

und die teilweise im ganzen römischen Reich – meist am Rande der allgemein befolgten Religion – Einfluß gewannen.

Gerade der Mithras-Kult breitete sich weithin aus, er wurde noch um 300 nach Christus unter Kaiser Diokletian im römischen Reich besonders gepflegt. Dafür zeugen auch im römisch besetzten Germanien die Funde einer Reihe von Mithrasheiligtümern.

Diesen Mysterienkulten, die in der Regel in Fruchtbarkeitskulten wurzeln und deren Gottheiten „Personifizierungen des Naturlebens"[28] darstellen, ist Folgendes gemeinsam: „Sie vollzogen sich als Feiern, in denen die Geschicke einer Gottheit oder eines göttlichen Paares durch rituelle Begehungen im Kreis bereits Eingeweihter vergegenwärtigt werden sollten. Diese Feiern vermittelten das Miterleben eines göttlichen Dramas, um eine Teilhabe daran zu ermöglichen."[29] Diese Teilhabe wiederum sollte dem Eingeweihten, dem Mysten, Heil (Soteria) bringen: Entsühnung, neue Lebenskraft, evtl. auch – so im Mithras-Kult – die Befähigung zu einem Leben in sittlicher Reinheit.

Das Ritual der Mysterien „wandte sich durch Licht- und Toneffekte und andere äußere Mittel stark an Gefühl und Phantasie; es machte den Mysten durch Akte, Symbole und Worte, deren Wirkung oft noch durch Suggestion und Ekstase verstärkt wurde, zum Teilhaber am Geschick des Gottes und gab ihm das Bewußtsein einer bleibenden Verbundenheit mit diesem; so erhoffte der Myste für das irdische Leben den Schutz des Gottes, besonders aber, mit dessen Hilfe und in dessen Nachfolge in ein seliges Jenseits einzugehen"[30].– Es handelt sich bei den Mysterienkulten also zumindest auch um ein symbolisches, ein zeichenhaftes Geschehen mit Vergegenwärtigungscharakter, von dem man sich die Teilhabe am Heil erwartete.

Wenn Paulus in seiner Tauftheologie das Taufgeschehen als ein Mitsterben, Mitbegrabenwerden und Mitauferstehen mit Christus erklärt (vgl. Röm 6,4), so ist eine nicht nur sprachliche, sondern auch inhaltliche Nähe zu den antiken Mysterienvorstellungen wohl kaum zu leugnen, wenn man auch nicht an eine direkte Abhängigkeit zu denken braucht.

2. Wichtiger gedanklicher Hintergrund für den christlichen Mysterien- bzw. Sakramentsbegriff ist sodann das *philosophische Mysteriendenken* der Antike. Es geht vor allem auf Plato zurück. Der Aufstieg des Menschen bzw. der menschlichen Seele zur wahren Wirklichkeit der Ideenwelt geschieht durch die Erkenntnis (Gnosis). Der „Aufstieg von den sichtbar-wandelbaren Dingen zur unsichtbar-unveränderlichen Wirklichkeit ... gleicht einer Mysterieninitiation, einer ‚Mystagogie'. Das Ziel liegt freilich nun jenseits des Kultischen ... Plato und den Platonikern geht es um jene Weisheit, die an den sichtbaren Dingen in Raum und Zeit Schattenrisse des unsichtbaren Einen, Wahren, Guten und Schönen abzulesen weiß und die sich solcher symbolischen Hinweisfunktion der Welt- und Naturdinge bewußt ist. In der platonischen Welt-Anschauung wird alles Faßbare zum Symbol der einzig wahrhaft realen, himmlisch-göttlichen Wirklichkeit. Die Sprache dieses Symbols können aber nur diejenigen hören und die darin verborgene

[28] K. Prümm, Art. Mysterien: LThK² 7, 717-720, hier 717.
[29] A. Ganoczy, Einführung in die katholische Sakramentenlehre, Darmstadt ²1984, 5 f.
[30] K. Prümm, a.a.O., 719 f.

Wahrheit nur diejenigen begreifen, die von der Masse der Profanen abgesondert in die philosophischen Geheimnisse eingeweiht wurden."[31]

Sokrates sagt zu seinem Dialogpartner Theaitetos: „Sieh dich aber wohl um und habe acht, daß uns nicht einer von den Uneingeweihten zuhöre! Dies sind aber die, welche – von nichts anderem glaubend, daß es sei, als von dem, was sie recht herzhaft mit beiden Händen greifen können, – das Handeln und das Werden und alles Unsichtbare gar nicht mit unter dem, was ist, wollen gelten lassen."[32]

Es ist wichtig zu sehen: In diesem philosophischen Mysteriendenken wird bereits der Begriff *Mysterion* eng mit dem Begriff *Symbol* verbunden. Die Dinge dieser Welt sind nach Plato als Symbole, als Zeichen der eigentlichen unsichtbaren Wirklichkeit zu lesen und zu verstehen. Wer sie so versteht, wird Schritt für Schritt in das Mysterium der Wahrheit eingeweiht, er gewinnt an dieser Wahrheit Anteil, wird zum Mysten und gewinnt so in der Erkenntnis das Heil.–

So groß der Unterschied dieses Mysteriendenkens zum biblischen Denken und zum christlichen Sakramentsverständnis ist,[33] so bedeutsam ist doch für die christliche Sakramentenlehre die Verbindung der Begriffe Mysterium und Symbol. Nicht zuletzt der von platonischem Denken beeinflußte Augustinus wird diesen Zusammenhang aufgreifen und ausgestalten: Sakramente sind Zeichen, Symbole einer inneren bzw. weltjenseitigen unsichtbaren gnadenhaften Wirklichkeit, an der sie zugleich Anteil geben.

2.2.2 Im Alten Testament: Mysterium/sacramentum als Gottes verborgener Heilsratschluß

Wenn man auf dem Hintergrund des kultischen Mysterienwesens und des philosophischen Mysteriendenkens der Antike den biblischen Mysterionbegriff in den Blick nimmt, dann wird schon in den spätalttestamentlichen Schriften der hellenistischen Zeit (Weish, Tob, Jdt, Sir, 2 Makk), wo der Begriff zuerst auftaucht, ein Unterschied augenfällig: Es läßt sich eine gewisse Vergeschichtlichung der Begriffsbedeutung feststellen.

Dazu nur zwei besonders sprechende Beispiele: Wenn es Weish 2,22 heißt, „Sie (die Frevler) verstehen von Gottes Geheimnissen (Mysterien) nichts", so ist mit diesen Mysterien nicht einfach eine ewig gültige Wahrheit gemeint, noch weniger die kultische Teilnahme an der Vergegenwärtigung eines immer gültigen Lebensgesetzes, gemeint sind vielmehr die Schöpfungs- und Heilspläne Gottes, der seinen heilbringenden Willen in seinem Wirken und Sprechen geschichtlich offenbart.– Im Danielbuch kommt noch einmal ein neues Motiv hinzu: das eschatologische Mysterion: „Es besteht in dem, ‚was am Ende der Tage geschehen wird'(2,28ff.) und von Gott selbst aufgedeckt werden soll ... Was endgültige

[31] A. Ganoczy, Einführung in die katholische Sakramentenlehre, 7.

[32] Plato, Theait. 156A. Übers. v. Friedrich Schleiermacher: Platon, Sämtliche Werke 2.Bd., Heidelberg o.J., 582.

[33] Sakramente wirken nicht nur auf dem Wege des Erkennens, schon gar nicht einer rein übergeschichtlichen Wahrheit, sie sind nicht nur wenigen Auserwählten vorbehalten, sie führen nicht einfach aus der Wirklichkeit dieser Welt heraus: vgl. 2.2.2.5.

Zukunft der Welt bringen soll, ist Gegenstand einer ‚verhüllten Ankündigung' ..., einer Enthüllung und Deutung, deren Gott allein oder ein von seinem Geist getriebener Prophet fähig ist."[34] Im Mysterium geht es also hier (in der sog. apokalyptischen Literatur) um die absolute Zukunft von Welt und Geschichte.

2.2.3 Im Neuen Testament: Vergeschichtlichung und Universalisierung von Mysterion/sacramentum

1. Im Neuen Testament begegnet Mysterion zunächst einmal im Bedeutungsanschluß an das eschatologisch-apokalyptische Denken des späten Alten Testamentes.[35] Mk 4,11 sagt Jesus zu seinen „Begleitern und den Zwölfen": „Euch ist das Geheimnis (Mysterion) des Reiches Gottes anvertraut."

Das läßt sich wohl so umschreiben: Euch ist (durch mich) die von Gott kommende, plötzlich hereinbrechende Gottesherrschaft, in die man nur glaubend Einlaß findet, enthüllt, in mir wird sie schon zugänglich.[36] Zumindest der geschichtliche Charakter des Heilsgeschehens wird hier nachdrücklich deutlich: Rettung und Heil, die mit dem Reich Gottes gegeben sind, gründen nicht im Naturgesetz von Werden und Vergehen, sondern im Wirken Gottes in der Geschichte, das in Jesus seinen Höhepunkt hat.

2. Im Neuen Testament hat aber vor allem *Paulus* dem Begriff Mysterion das Gepräge gegeben, wobei seine Theologie im Kolosser- und Epheserbrief weitergeführt wird. In den paulinischen und deuteropaulinischen Briefen geht *Mysterion* eine feste Verbindung mit der Christusbotschaft ein. Mysterion bezeichnet wesentlich das Christusereignis, die Offenbarung Gottes in Jesus Christus, vor allem im Kreuz Christi, die allen Menschen gilt, also nicht nur den Eingeweihten vorbehalten ist. Nur der Glaube an die Verkündigung ist Vorbedingung für die Teilhabe am Heil, das in Christus den Menschen angeboten wird.

„Christus als den Gekreuzigten verkündigen" (1 Kor 1,23) bedeutet im Blick auf die Gemeinde „das Mysterion Gottes verkündigen" (1 Kor 2,1) oder auch „das Mysterion der verborgenen Weisheit Gottes verkündigen" (1 Kor 2,7). Christus ist das Mysterion Gottes Kol 2,2.[37]

3. Das Mysterion Gottes, das in Christus offenbar geworden ist, hat näherhin eine *dreifache Dimension*:

(1) Theologische Dimension: Es ist eine Wirklichkeit in Gott, nämlich sein ewiger verborgener Heilsplan.

(2) Christologische Dimension: Es verwirklicht sich geschichtlich als Heil für alle in Jesus Christus.

(3) Ekklesiologische Dimension: Es kommt zur Auswirkung in der Kirche als Leib und Braut Christi (vgl. Eph 5,32).

---

[34] A. Ganoczy, Einführung in die katholische Sakramentenlehre, 9.

[35] Insgesamt kommt Mysterion im NT 27mal, davon 20mal bei Paulus bzw. in den Deuteropaulinen, vor.

[36] Vgl. G. Bornkamm, Art. Mysterion: ThWNT 4, 824 f.

[37] Vgl. G. Bornkamm, a.a.O., 825.

4. Wenn auch keines der sieben Heilszeichen, die später Sakramente genannt werden, im Neuen Testament eigens als Mysterion bezeichnet wird, so kommt es doch besonders in Eph 5, 21-32 zu einer großen inneren Annäherung dieses Begriffs und der später als Sakrament identifizierten christlichen Ehe: In der Ehe wird man in das Mysterion der Beziehung von Christus und Kirche hineingenommen.– Einbezogen in das Mysterion Christi wird man schließlich noch grundlegender durch Taufe und Eucharistie. Es wurde schon darauf aufmerksam gemacht, daß gerade die Tauftheologie des Paulus (vgl. Röm 6,3-11) in einer nicht nur sprachlichen sondern auch inhaltlichen Nähe zu kultischen Mysterienvorstellungen der vorchristlichen Antike steht, wobei man aber auch hier wesentliche Unterschiede nicht übersehen darf.

5. Der Einfluß des antiken Mysterienwesens bzw. -denkens auf die biblische Vorstellung von Mysterion (wie auch auf die neutestamentliche Tauf- und Eucharistie-Theologie bzw. die spätere Sakramentenlehre überhaupt) ist verschieden beurteilt worden. Die Spannbreite der Einschätzungen reicht von der Annahme einer totalen Abhängigkeit bis zur Behauptung einer weitgehenden Unabhängigkeit. Für die neutestamentliche Zeit zumindesten wird sich eine direkte Abhängigkeit oder gar Abkünftigkeit des christlichen Mysterionbegriffs vom antiken Mysterienwesen bzw. -denken bei aller sprachlichen und inhaltlichen Nähe leicht ausschließen lassen. Dazu sind die Unterschiede zu groß. Sie liegen vor allem in folgendem: Während die Götter der antiken Mysterienkulte letztlich selber dem ehernen kosmischen Gesetz von Werden und Vergehen unterworfen sind und so die Teilhabe an ihrem Geschick nur ein gleichsam naturhaftes Heil verspricht, beruht das Heilswerk Jesu Christi auf seiner freien Hingabe für die Menschen, es beruht letztlich auf dem freien Heilsratschluß eines überweltlichen personalen Gottes, der an seinem das Naturhafte umfassenden und zugleich darüber hinausgehenden Heil Anteil gibt. Es geht also auch nicht um den erkenntnishaften Aufstieg zur apersonalen Welt der Ideen.– Während bei den antiken Mysterienkulten bzw. beim philosophischen Mysteriendenken das Heil nur für die Eingeweihten, die Mysten, bestimmt war, hat sich Christus für die vielen, d.h. für alle Menschen hingegeben, die heilbringende Teilhabe an seinem Geschick, wie sie grundlegend durch die Taufe vermittelt wird, ist für alle Glaubenden bestimmt.

Wenn sich auch in nachneutestamentlicher Zeit der direkte Einfluß des antiken Mysterienwesens bzw. -denkens auf die Vorstellung christlicher Mysterien verstärkt, so können doch auch dafür die grundlegenden Bemerkungen von *H.-J.Klauck* über das Herrenmahl im Kontext hellenistischer Religionsgeschichte gelten: „Analogien unterschiedlicher Dichte zwischen dem christlichen Herrenmahl und außerchristlichen Phänomenen können ernsthaft gar nicht bestritten werden, was eine Sichtung und Bewertung...unabdingbar macht; ein solcher Vergleich braucht aber nicht zwanghaft in die Konstruktion von genetischen Abhängigkeitsverhältnissen zu münden, sondern kann ebenso gut das Besondere und das Eigenprofil der jeweiligen Gegebenheiten erst plastisch hervortreten lassen; die Aufnahme und Verarbeitung von Fremdeinflüssen kann auch positiv als Zeichen für die Integrationskraft christlichen Glaubens gewertet werden...eine ausschließliche Fixierung auf die Ursprungsfrage...verstellt den Blick für Vorgänge der Rezeption und der Inkulturation, in denen Aneignung und Ausgestaltung des Überkommenen geschieht."[38]

---

[38] H. J. Klauck, Präsenz im Herrenmahl. 1 Kor 11,23-26 im Kontext hellenistischer Religionsgeschichte: ders., Gemeinde, Amt, Sakrament. Neutestamentliche Perspektiven, Würzburg 1989, 314.

Antikes Mysterienwesen und biblischer Mysterionbegriff
bzw. paulinisches Taufverständnis im Vergleich

Bereich	Gemeinsame Gesichtspunkte	Unterschiedliche Gesichtspunkte
Antike Mysterienkulte: Die Feier eines göttlichen Geschehens, in dem kosmisch-naturhafte Seinsgesetze zum Ausdruck kommen, vergegenwärtigt diese göttliche Wirklichkeit und gewährt den Eingeweihten Teilhabe daran.	– Teilhabe – Kultische Feier – Vergegenwärtigung	– Heil nur für Eingeweihte – Heil aus kosmisch-naturhaften Seinsgesetzen
Philosophisches Mysteriendenken: Die philosophisch Eingeweihten erkennen in der sichtbaren Welt Symbole, Zeichen der ewigen Ideen. Von ihnen geführt steigen sie zur heilbringenden Erkenntnis, zur Teilhabe an der Wahrheit auf.	– Teilhabe – Zeichen, Symbole	– Heil nur für Eingeweihte – Heil durch Erkenntnis (Gnosis) – Heil in der Teilhabe an ewigen Ideen
Biblischer Mysterienbegriff bzw. paulinisches Taufverständnis: Im biblischen Mysterionbegriff geht es um ein Heil, das in Gottes Heilsplan gründet, in Jesus und seinem freien Gehorsam voll in die Geschichte eingeht und sich in der Kirche vergegenwärtigt. – Nach Paulus wird in der sakramental-zeichenhaften Feier des Christusgeschehens dieses zur Teilhabe für alle Glaubenden gegenwärtig.	– Teilhabe –Feier des Christusgeschehens – Vergegenwärtigung – Zeichen	– Heil für alle Glaubenden – Heil aus Gottes freiem Geschichtshandeln

2.3 Die Entwicklung der Sakramentenlehre bis zum 19. Jahrhundert

Von den biblischen Ursprüngen bis zu einer allgemeinen Sakramentenlehre, die sich vom 11. Jahrhundert an voll entfaltet, ist es ein weiter Weg.

2.3.1 Erste Entfaltungen in Ost und West. Die Mysterien als Heilsgegenwart in Bild und Symbol

Die *Vorgeschichte* der allgemeinen Sakramentenlehre läßt sich auch für die ersten nachbiblischen Jahrhunderte am besten studieren, wenn man von der Bedeu tungsentwicklung des Begriffs *Mysterion* und seines lateinischen Äquivalents *Sacramentum* ausgeht. Wann und in welchem Sinn werden diese Begriffe auf Taufe und Eucharistie, sowie zunehmend auch auf alle anderen der sieben Sakramente angewandt? Dies geschieht seit der Mitte des 2. bzw. seit dem frühen 3. Jahrhundert. Dabei ist zu beachten, daß beide Begriffe in der Ostkirche bzw. auch in der westlichen Kirche zumindest bis zum Mittelalter keineswegs exklusiv für die späteren sieben Sakramente verwendet werden: Auch Ereignisse der Heilsgeschichte sowie Lehren, Dienste und Riten fallen unter diese Bezeichnung, z. B. die Mönchsweihe, der Beerdigungsritus oder die Fußwaschung. Die Zahlen schwanken von 5 über 12 bis zu 30 Sakramenten.

1. Wie sich der Begriff Mysterion/Sacramentum entwickelt hat, sei zunächst mit einigen Beispielen aus der nachbiblischen Frühzeit exemplifiziert:

– Mysterion „ist in der griechischen Ostkirche, wenigstens seit dem 3. Jahrhundert (Klemens von Alexandrien, Origenes) der Terminus für heilige Lehren und Dienste, heilige Sachen und Riten in der Kirche und damit auch der Sakramente...geworden."[39] Dabei griff man in der alexandrinischen Tradition, vor allem bei Klemens von Alexandrien († um 215), beim Versuch der theologischen Durchdringung und Rechtfertigung des Mysterienbegriffs eher auf das philosophische Mysteriendenken der Antike zurück: Christus ist der große Mystagoge, „der stufenweise in die ‚kleinen' und ‚großen' Mysterien der ewigen Wahrheit einführt bzw. einweiht...Die Weitergabe der höchsten Geheimnisse, mit der die christlichen Lehrer beauftragt sind, kann nur in verhüllter, rätselhafter, gleichnishafter Weise erfolgen, damit diese Erkenntnisschätze vor Profanation geschützt bleiben.[40]

In dieser Form der Arkandisziplin liegt, so bemerkt *A. Ganoczy*, ein nicht ungefährlicher „Wiedereinzug des alten Absonderungsgeistes und Schweigegebotes in das Christentum, das in seiner neutestamentlichen Phase doch nur ‚öffentliche' Mysterien Gottes kannte!"[41]

– Eher an das kultische Mysterienverständnis knüpft beispielsweise Justin der Martyrer († um 165) an, wenn er damit beginnt,[42] „die Taufe und das Herrenmahl in kritischer Anlehnung an die Mysterienkulte Mysteria zu nennen."[43] Hier spielt offenbar das Anliegen eine Rolle, mit dem geschichtlichen Christusereignis und zugleich mit dem erhöhten Christus und seiner alles vollendenden Wiederkunft in lebendige und heilbringende Beziehung treten zu können. Eine solche lebendige Verbindung erlebte und erfuhr man in Taufe und Eucharistie; und der Vergegenwärtigungsgedanke der antiken Mysterienkulte wie der Teilhabegedanke der platonischen Tradition boten offenbar die Möglichkeit, das Erfahrene dem Denken und Empfinden der Menschen nahe zu bringen.

2. Was so im 2. und 3. Jahrhundert in der westlichen und der östlichen Kirche angebahnt wurde, wird bis zum 4. Jahrhundert Allgemeingut. Das soll an drei Theologen des 4. bzw. beginnenden 5. Jahrhunderts verdeutlicht werden, nämlich

---

[39] J. Auer, KKD 6,25.

[40] A. Ganoczy, Einführung in die katholische Sakramentenlehre, 12.

[41] A. Ganoczy, a.a.O.

[42] Vgl. 1 apol. 66; PG 6, 427 f.

[43] A. Ganoczy, Einführung in die katholische Sakramentenlehre, 12.

an Kyrill von Jerusalem (um 313-387), Ambrosius von Mailand (wahrsch. 339-397) und Theodor von Mopsuestia (um 350-428). Sie wenden den Begriff Mysterion/Sacramentum auf Taufe und Eucharistie an und leisten damit zugleich wichtige Beiträge zu einer Lehre von den Sakramenten. Von dem schon früheren grundlegenden Beitrag Tertullians wird im nächsten Abschnitt noch eigens die Rede sein.

– In seinen mystagogischen Katechesen wendet sich *Kyrill von Jerusalem* an die „Neu-Erleuchteten", d.h. an die durch Taufe, Salbung und ersten Eucharistieempfang (die Initiationssakramente) ins Christsein Eingeführten. Die Katechesen sind Zeugnisse eines Sakramentsverständnisses, wie es sich im Osten der Kirche entwickelt hat: Aus platonischer Tradition und antikem Mysterienwesen wurden wichtige Elemente übernommen, beispielsweise der Abbild- und der Teilhabegedanke, und mit biblischem Denken verbunden.[44]

– *Ambrosius von Mailand*, der die Initiationsriten Taufe, Firmung und Eucharistie Sakramente nennt, dafür aber auch den Begriff Mysterien verwendet, hält sich in seinem Sakramentenverständnis an Gedanken der Tradition, läßt aber auch neue, auf Augustinus zuführende Ansätze erkennen. Die Struktur der Sakramente aus einem äußeren, sichtbaren und einem inneren, unsichtbaren Element (dem göttlichen Wirken) ist der menschlichen Natur angemessen. Die Rolle des Heiligen Geistes bei den Sakramenten wird besonders betont.[45]

– *Theodor von Mopsuestia*, bedeutender Theologe der antiochenischen Schule, entwickelt besonders in seinen katechetischen Homilien eine theologisch durchdachte Sakramentenlehre, in der Begriffe der östlichen Tradition wie *Mysterium*, *Typus*, *Symbol* und *Zeichen* besonders nachdrücklich heilsgeschichtlichen Zusammenhängen dienstbar gemacht werden: Die Sakramente zeigen das vergangene Heilswirken Gottes und zugleich dessen zukünftige Vollendung an und lassen kraft des Heiligen Geistes Vergangenheit und Zukunft in der Gegenwart sich auswirken.[46]

3. *Zusammenfassend* läßt sich die Entwicklung der Sakramententheologie im 4. Jahrhundert in folgender Weise kennzeichnen:

– „Das Hauptinteresse gilt nun der Vergegenwärtigung der Heilstaten Christi durch die kultische Feier: darin soll die Teilhabe an den Heilsgütern ermöglicht werden <Vergöttlichung, Unsterblichkeit, Unwandelbarkeit vor allem>. Man zögert nicht, den geschichtlich unwiederholbaren Ereignissen der Kreuzigung und Auferweckung Jesu eine ‚Wiederholung im Mysterium' zuzusprechen."

– „Das platonische Doppelschema von Urbild-Abbild...(bzw. von Typos und Antitypos) wird zur Verdeutlichung der Mysteriengegenwart der Heilstaten Christi eingeführt..."

– „In all diesen Aussagen kommen vom 4. Jahrhundert an zunehmend die Termini der Mysterienkulte zur Anwendung, die Gedanken wie Einweihung, Vervollkommnung, Initiation, Übergabe, Schweigepflicht, Nachahmung und Wiedergeburt beinhalten."[47]

---

[44] Vgl. PG 33, 1081A; BKV 41, 370. Weitere einschlägige Texte: tzt D 9/I, Nr. 53-61.

[45] Vgl. in Luc. 2,79; tzt D 9/I, Nr. 62; myst. 19-20; tzt D 9/I, Nr. 63 f.

[46] Vgl. hom. cat. 12§ 2: R. Tonneau (avec R. Devreesse), Les Homélies Catéchétiques de Théodore de Mopsueste (StT 145), Città del Vaticano 1949, 325; tzt D 9/I, Nr. 65.

[47] A. Ganoczy, Einführung in die katholische Sakramentenlehre, 14 f.

2.3.2 Der Beitrag des Tertullian: Sakrament als Fahneneid

Ein besonders wichtiger und origineller Beitrag zur Frühgeschichte der Sakramentenlehre bleibt noch nachzutragen. Der afrikanische Kirchenschriftsteller Tertullian (um 160-nach 220) hat den Begriff Sacramentum wohl erstmals auf die Taufe (und die Eucharistie) angewandt, eine Art von Tauftheologie entwickelt und damit einen Beitrag zur Sakramententheologie überhaupt geleistet.

Herkunft und Entwicklung des Begriffs Mysterion/Sacramentum
und der Sakramentenlehre bis Augustinus

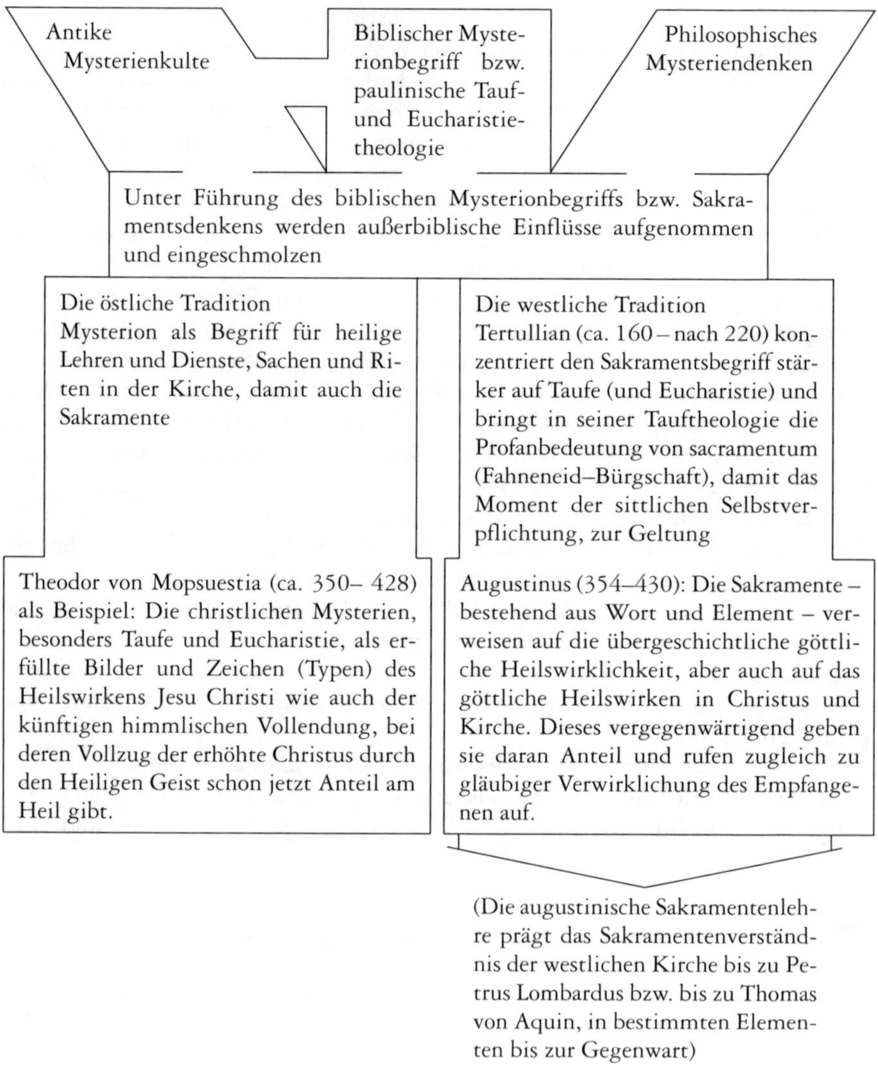

1. Tertullian greift dabei außer auf die biblischen Bedeutungsgehalte von Mysterium auch auf die profane Wortbedeutung von sacramentum zurück. „Bei den Römern besaß damals der Begriff ‚sacramentum' einen doppelten Sinngehalt: Eidleistung und finanzielle Bürgschaft. In beidem schwingt der typisch römische Gedanke an die für die Sittlichkeit entscheidende Selbstverpflichtung mit."[48]

2. „Im Sinne des Fahneneides hat Tertullian sacramentum vor allem auf die Taufe..angewendet...und damit die Grundlage für den theologischen Terminus Sakrament im heutigen Sinne gelegt,"[49] speziell hat er dabei den Gedanken der auf Gottes Heilstaten antwortenden sittlichen Selbstverpflichtung zur Geltung gebracht. Dieses Moment lebte im Gedanken des Taufgelöbnisses weiter, bei anderen Sakramenten ist es weniger zur Geltung gekommen.

Es ist dies sicher ein wichtiger Beitrag zum Verständnis des dialogisch-responsorischen Charakters der Taufe wie der anderen Sakramente: Auf Gottes heilvolles Wirken soll der Mensch seine gläubige Antwort geben: *„Vocati sumus ad militiam Dei vivi iam tunc, cum in sacramenti verba respondimus"* („Wir sind zum Kriegsdienste des lebendigen Gottes berufen schon dann, wenn wir die Worte des Fahneneides nachsprechen").[50] Dieser Gedanke ist zu manchen Zeiten in der Sakramentenlehre sicher zu kurz gekommen.

2.3.3 Die Grundlegung des Augustinus: Sakramente als heilschenkende Zeichen

Einen ganz entscheidenden und geschichtswirksamen Beitrag zur weiteren Entfaltung einer Lehre von den Sakramenten leistete Augustinus (354-430); er bietet so etwas wie eine erste systematische Ausgestaltung, freilich nach wie vor bezogen auf Taufe und Eucharistie.

1. Diese Ausgestaltung leistet *Augustinus* im Rahmen einer neuplatonischen Erkenntnis- und Seinslehre, die er sich im Verlauf seiner geistigen Entwicklung zu eigen gemacht hatte, er leistet sie zugleich in Treue zum Zeugnis der Heiligen Schrift. Hintergrund seiner Sakramentslehre ist seine Zeichentheorie, wie er sie vor allem in der Schrift ‚De magistro' entfaltet. Alle Dinge und Geschehnisse der materiellen, sinnenhaft zugänglichen Welt (mundus sensibilis) sind danach Abbilder und Zeichen einer höheren geistigen Wirklichkeit (mundus intelligibilis), die letztlich in der Wirklichkeit Gottes, im Geiste Gottes gründet. Alle materiellen Dinge haben daher Verweisfunktion, einen Zeichencharakter. Das gilt besonders für das Wort, da es nur in geringem Maß mit Materialität behaftet ist. – Die eigentliche Verkehrtheit des Menschen in der Sünde besteht nun darin, daß er sich nicht mehr von den Dingen dieser Welt auf die geistige Welt Gottes verweisen läßt – darin bestünde letztlich ihr richtiger „Gebrauch" –, sondern daß er der Faszination dieser materiellen Welt erliegt und sie „genießt". Man darf nur in Gott und um Gottes willen an den Menschen, die Gott liebt, beseligende Erfüllung finden.

„Wie, Brüder, wenn ein Bräutigam seiner Braut einen Ring fertigen würde und diese nun den Ring, den sie erhielt, mehr lieben wollte als den Bräutigam, der ihn ihr gemacht hat;

[48] A. Ganoczy, Einführung in die katholische Sakramentenlehre, 12 f.
[49] J. Auer, KKD 6, 25.
[50] Mart. 3; PL 1, 697 A; BKV 7, 218, tzt D 9/I, Nr. 58.

würde sie da nicht gerade am Geschenk des Bräutigams die Untreue ihres Herzens offenbaren, obgleich sie doch das liebte, was der Bräutigam ihr geschenkt hat?...In Wahrheit gibt der Bräutigam das Pfand doch wohl nur, um im Symbol dann selbst geliebt zu werden!“[51]

2. Den Verweischarakter der materiellen Welt nicht verstehen und ihm nicht entsprechen, das ist Sünde und Beitrag zur Sündengeschichte der Menschheit. Diese aber wird von Gott in der Heilsgeschichte wieder umgekehrt. Gott setzt in seinem Handeln und Sprechen – gipfelnd in Jesus Christus – neue und deutlichere Zeichen des Heiles, die Augustinus nun als Sakramente bezeichnet. „Die meisten Texte, die das Wort ‚sacramentum‘ aufweisen, beziehen sich auf biblisch bezeugte Geschehnisse, die es..auf den unveränderlichen Heilsplan und das ewige Liebesgebot Gottes hin auszulegen gilt. Worauf aber diese Ereignisse abzielen, das tragen bereits Taufe und Eucharistie (noch Augustinus kennt faktisch nur diese beiden Kultsakramente) ins Leben der Glaubenden hinein. Taufe und Eucharistie sind sakrale Zeichen für die göttliche ‚Sache‘ der Gnade, besitzen aber in ihrem Zeichensinn selber eine Doppelstruktur: sie bestehen aus einem materiellen Element und einem es verdeutlichenden Wort.“[52]– Auch das materielle Element hat bereits Zeichencharakter; es zeigt eine Wirklichkeit im Bereich des Heiles an aufgrund einer natürlichen Analogie, die zwischen ihm und dieser angezeigten Wirklichkeit besteht: so zwischen dem Taufwasser und der durch das Taufwasser bezeichneten inneren Reinigung oder zwischen den vielen Körnern im eucharistischen Brot und dem von diesem Brote bezeichneten Leib Christi, der einen Kirche aus vielen Gliedern. Aber erst das Wort gibt dem materiellen Element seine volle Klarheit, Eindeutigkeit und Wirksamkeit: *„Accedit verbum ad elementum, et fit sacramentum, etiam ipsum tanquam visibile verbum“* (Es tritt das Wort, d.h. die Taufformel, zum Element, d.h. dem Wasser, und es wird das Sakrament, auch dieses gleichsam ein sichtbares Wort).[53]

3. Nun könnte man denken, daß für Augustinus die Gnade als Wirkung des Sakramentes (*res sacramenti*) nur dann geschenkt wird, wenn der Empfänger dessen Zeichensinn voll versteht und darauf eingeht, daß also die Wirksamkeit des Sakramentes in erster Linie von den Erkenntnis- und Willensakten des Menschen abhinge. Augustinus zieht diese Konsequenz, die von der zugrundeliegenden neuplatonischen Metaphysik her naheläge, jedoch nicht. Getreu dem biblischen Zeugnis verbindet er mit einem Verständnis, das man mit *A. Ganoczy* als „sakramentalen Symbolismus“ kennzeichnen könnte, eine Sichtweise, die den Namen „sakramentaler Realismus“ verdient: Augustinus stellt sich die Gnadenwirkung von Taufe und Eucharistie nicht nur als Produkt eines Erkenntnisprozesses, sondern als gleichsam objektiven Vorgang der Gnadenmitteilung vor. Christus selber ist der eigentliche Spender des Sakramentes, und er wirkt in ihm seine Gnade für den Menschen. Das Sakrament bedeutet Teilhabe (Partizipation) und bewirkt Teilhabe an der Heilswirklichkeit, auf die es verweist und die es gläubig wahrzunehmen gilt.

---

[51] Aurelius Augustinus, Gott ist die Liebe. Predigten des hl. Augustinus über den ersten Johannesbrief. Übers. und eing. v. F. Hofmann, Freiburg [3]1951, 32 ff.

[52] A. Ganoczy, Einführung in die katholische Sakramentenlehre, 17.

[53] In Ioan. 80,3; PL 35, 1840; BKV 19 (VI), 119 f; tzt 9/I, Nr. 67; vgl. Nr. 66-70.

4. Die Schwäche dieser an sich großartigen Konzeption der Sakramente liegt in folgendem: Das Heil, auf das die Sakramente verweisen und das sie vermitteln, wird im platonischen Sinne in erster Linie als rein geistige Wirklichkeit verstanden. Die materielle und überhaupt die geschichtliche Wirklichkeit kommen zu kurz.– Im übrigen wird Augustinus dem Aufruf- und Ausdruckscharakter der Sakramente, der auf die freie Antwort der Menschen wartet, und dem „Realisierungscharakter" der Sakramente, der den Menschen das Heil als Geschenk vorgibt, in gleicher Weise gerecht. Die heutige Theologie sucht nach zeitweiligen Verengungen diesen Doppelcharakter zurückzugewinnen.

5. Schließlich sind noch zwei weitere wichtige Aspekte augustinischer Sakramentenlehre eigens zu bedenken:

– Auch in der Entfaltung der Lehre vom *Sakramentenspender* hat Augustinus einen wichtigen Beitrag geleistet. In der Auseinandersetzung mit dem vor allem im 4. und 5. Jahrhundert in Nordafrika verbreiteten Donatismus, der die Gültigkeit der Sakramentenspendung von der Heiligkeit der Amtsträger bzw. der Spender abhängig machte, arbeitete er heraus, daß Christus selber durch den kirchlich entsprechend qualifizierten, wenn auch „sündigen" Sakramentenspender sein Heil wirkt.[54] Damit wurde zugleich die Lehre vom *sakramentalen Charakter* grundgelegt.

– Schließlich gibt Augustinus einen Hinweis zum Ursprung der Sakramente, der auch für die heutige Diskussion bedeutsam sein könnte. Selbstverständlich war er davon überzeugt, daß Christus die Sakramente – vor allem Taufe und Eucharistie faßte er unter diesen Namen – persönlich und unmittelbar gestiftet habe. Wichtiger noch als der historische Stiftungsakt scheint ihm aber der „mystische Ursprung" der Sakramente in Christus, dem Gekreuzigten, gewesen zu sein. Er sieht diesen Ursprung der Sakramente in unauflöslichem Zusammenhang mit dem Ursprung der Kirche.[55]

2.3.4 Das System der Scholastik: Die sieben Sakramente als Zeichen und Ursachen der Gnade

Von der Sakramentenlehre des Augustinus sind die folgenden Jahrhunderte geprägt, wobei dessen spannungsreiche Synthese freilich nicht immer durchgehalten werden kann. Man vereinfacht einmal mehr nach der Seite eines sakramentalen Symbolismus, einmal mehr nach der Seite eines sakramentalen Realismus hin. Auch die Spannung zwischen dem Individualcharakter der Sakramente, ihrer Bedeutung für das Heil des einzelnen, und ihrem kommunitären (ekklesialen) Charakter, also ihrer Bedeutung für den Aufbau menschlicher Gemeinschaft, speziell der Kirche, wird in der Folge nicht immer aufrechterhalten.

1. Beiträge zur Sakramentenlehre von grundlegender Bedeutung bringt erst wieder das 12. Jahrhundert, in dem kirchenrechtliches Denken in der Theologie Einfluß gewinnt und die Rezeption der Philosophie des Aristoteles fortschreitet.

---

[54] Vgl. die Texte tzt D 9/I, Nr. 71-74.

[55] Vgl. in ps. 40,10; PL 36, 460 f; tzt D 9/I, Nr. 75; vgl. 76 f.

Man will jetzt genauer bestimmen, wann man überhaupt von einem Sakrament sprechen kann; und man kommt in der Folge zur Festlegung der Siebenzahl der Sakramente.–

Eine besondere Bedeutung hat in diesem Zusammenhang der Pariser Lehrer *Petrus Lombardus* (um 1095-1160). In Anknüpfung an *Hugo von St.-Victor* (Ende 11.Jahrhundert -1141) vermittelt er die Sakramentenlehre des frühen Mittelalters ins Hochmittelalter. Er formalisiert die Lehre von den Sakramenten, betont neben ihrem Zeichencharakter auch ihren Verursachungscharakter, wobei er den Kausalitätsbegriff anwendet; er ist einer der ersten Zeugen der Siebenzahl der Sakramente, deren Wesenselemente (res et verba) er jeweils benennt.

In seinem vierten Sentenzenbuch gibt Petrus Lombardus folgende Begriffsbestimmung der Sakramente: „Als Sakrament im eigentlichen Sinne nämlich wird bezeichnet, was in der Weise Zeichen der Gnade Gottes und Darstellungsform der unsichtbaren Gnade ist, daß es sie abbildet und zu ihrer Ursache wird. Nicht also allein um des Bezeichnens willen sind die Sakramente eingesetzt, sondern auch um der Heiligung willen."[56]– Diese Begriffsbestimmung findet man bei jenen sieben Zeichen, und nur bei ihnen, verwirklicht, die man auch heute Sakramente nennt.
Mitbeigetragen zur Festlegung der Siebenzahl der Sakramente hat auch die Überzeugung, daß gerade diese sieben Sakramente von Christus eingesetzt seien, das sog. Einsetzungskriterium, wie es z.B. schon bei Hugo von St.-Victor eine Rolle spielt.-In den Ostkirchen taucht die Siebenzahl der Sakramente übrigens schon im 9. Jahrhundert auf (Photius, um 869). Auch nach der Trennung betrachtete man sie als wesentliches Moment der eigenen Tradition. Darin hat man in der katholischen Theologie einen Beweis dafür gesehen, daß die Siebenzahl in der apostolischen Überlieferung gründe. Allerdings wird sich die Siebenzahl wohl kaum als solche „beweisen" lassen. Man kann nur bei den einzelnen Sakramenten aufweisen, daß sie im authentischen Sinne Sakramente sind.

2. Einer wichtigen und folgenreichen Weiterentwicklung der Sakramentenlehre begegnet man bei *Thomas von Aquin* (1225-1274).[57] Bei ihm erreicht der Versuch, die aristotelische Philosophie in die Theologie einzubringen, seinen Höhepunkt.

Aristoteles hatte anders als Plato die Welt des Geistigen, die Welt der Ideen, nicht einfach *über* dieser konkreten Welt angesiedelt, sondern sie gleichsam *in sie* hineinverlegt als formende Kraft: Die Wirklichkeit dieser Welt ist zusammengesetzt aus Materie und Form. Von daher gewinnen die Empirie und die Sinneserfahrung eine hohe Bedeutung: Alle geistige Erkenntnis geht von ihnen aus. Damit ist verbunden die Frage nach Ursache und Wirkung.

– Thomas von Aquin überträgt diese Verstehensweise auf die Sakramente. Sie sind aus Materie und Form zusammengesetzt. „Die sakramentale ‚Materie' ist entweder das sichtbare Element, so das Wasser in der Taufe, das Brot und der Wein in der Eucharistie, oder die sinnenfällige, zeichenhafte Handlung, z.B. das reuevolle Schuldbekenntnis in der Buße. Die sakramentale ‚Form' besteht in den Worten, die der Spender zur Verdeutlichung des Elements bzw. der Handlung (mit

[56] Sent. IV d.1 6.4,2; tzt D 9/I, Nr. 78; vgl. 79. „Sacramentum enim proprie dicitur, quod ita signum est gratiae Dei et invisibilis gratiae forma, ut ipsius imaginem gerat et causa exsistat. Non igitur significandi tantum gratia sacramenta instituta sunt, sed et sanctificandi."

[57] Vgl. die Texte tzt D 9/I, Nr. 80-92.

entsprechender Intention) ausspricht, z.B. in den Absolutions- oder Konsekrationsworten des Priesters."[58] Dabei interessiert Thomas vor allem Wirkweise und Wirkung der Sakramente: „Wo..die Sakramente im Sinne ihrer Einsetzung durch Christus und nach dem Willen der Kirche gespendet sind, wo also die ‚rechte Materie' mit der ‚rechten Form' verbunden wird, bewirkt das Sakrament gleichsam unfehlbar die Gnade. Es bewirkt sie ‚ex opere operato'..., d.h. kraft des vollzogenen Aktes selbst...Es genügt zur Wirksamkeit des Sakramentes, daß der Spender die Absicht hat, zu tun, was die Kirche tun will, und daß der Empfänger dem Gnadenangebot Gottes nicht ablehnend oder gleichgültig gegenübersteht. Denn das Sakrament ‚wird nicht durch das Gerechtsein des Menschen, der es gibt oder empfängt, vollendet', sondern ‚durch die Macht Gottes (S.Th.III 68,8, resp; vgl. ebd. 64,8-10)."[59] Die Sakramente sind in der Sicht des Thomas gleichsam (physische) Instrumente, durch die Gott allein, durch Christus, im Menschen seine Gnade wirkt.

– Freilich kommt auch der Symbolismus der Sakramente nicht ganz zu kurz. Die Siebenzahl beispielsweise wird von Thomas durch ihre auch im Symbol ausgedrückte Beziehung zu den entscheidenden Grundsituationen des menschlichen Lebens erhärtet;[60] sie stehen also in einem symbolischen Verhältnis zum ganzen menschlichen Leben.- In grundlegender Reflexion über den Zeichencharakter stellt Thomas überdies fest, daß sie dreierlei bezeichnen: „die Ursache unsrer Heiligung selbst, nämlich das Leiden Christi; das Wesen unserer Heiligung, das in der Gnade besteht und in den Tugenden; und das letzte Ziel unserer Heiligung: das ewige Leben."[61] Die Sakramente sind also „erinnernde" (*signa rememorativa*), „hinweisende" (*signa demonstrativa*) und „vorausdeutende Zeichen" (*signa prognostica*).[62]

– Diese Sakramentenlehre, die reich an Aspekten ist,[63] hat ihre großen Vorzüge: a. Sie arbeitet nachdrücklich die alleinige Heilsursächlichkeit Gottes heraus; der Mensch empfängt in den Sakramenten Gottes Heil. b. Es geschieht eine gewisse Ablösung vom Platonismus Augustins; Gottes Heil erfaßt den Menschen in allen Dimensionen seines Lebens.

Sie hat aber auch ihre Nachteile: a. Der Zeichen- und Aufrufcharakter der Sakramente tritt doch eher in den Hintergrund. b. Damit tritt auch die Bedeutung der Glaubensantwort des Menschen, der ein Sakrament empfängt, zurück. Der dialogische Charakter der Sakramente wird verdunkelt.

3. Wenn es auch neben Thomas andere, mehr augustinisch gefärbte Konzeptionen gab (z.B. bei Duns Scotus,†1308) und man dort vor allem seiner Lehre widersprach, die Gnade sei im Sakrament enthalten wie eine Wirkung in ihrer Ursache, so hat doch Thomas den stärksten Einfluß ausgeübt: Seine Sakramentenlehre ist zu einem guten Teil in Dokumente des kirchlichen Lehramtes übernommen worden.

58 A. Ganoczy, Einführung in die katholische Sakramentenlehre, 20.

59 A. Ganoczy, a.a.O.

60 Vgl. S.th. III q. 65, a. 1c; tzt D 9/I, Nr. 87-92.

61 S.th. III q. 60, a. 3c; tzt D 9/I, Nr. 81.

62 Vgl. a.a.O.

63 Zu erwähnen wäre etwa noch die Ausarbeitung der Lehre vom unauslöschlichen sakramentalen Charakter bei Taufe, Firmung und Weihesakrament.

Zu nennen ist in diesem Zusammenhang zunächst einmal der Lehrentscheid für die Armenier, auf dem Konzil von Florenz 1439 entstanden. Er hat amtlichen, aber keinen unfehlbaren Charakter.

Hier heißt es u.a. (DH 1310-1313; NR 501-504)[64]: „Es gibt sieben Sakramente des Neuen Bundes...Sie unterscheiden sich weit von den Sakramenten des Alten Bundes. Denn diese wirkten nicht die Gnade, sie wiesen nur darauf hin, daß die Gnade durch Christi Leiden einmal gegeben werde. Diese unsere Sakramente aber enthalten die Gnade und teilen sie denen mit, die sie würdig empfangen (haec vero nostra et continent gratiam, et ipsam digne suscipientibus conferunt).– Die ersten fünf dieser Sakramente sind zur eigenen geistigen Vervollkommnung eines jeden Menschen bestimmt, die letzten zwei zur Leitung und Mehrung der Gesamtkirche...Alle diese Sakramente werden in drei Stücken vollzogen (tribus perficiuntur): durch den dinglichen Vollzug als Materie, durch die Worte als Form, durch die Person des Spenders, der das Sakrament erteilt in der Absicht, zu tun, was die Kirche tut. Wenn eines von diesen drei Stücken fehlt, so wird das Sakrament nicht vollzogen." Es ist dann noch davon die Rede, daß drei Sakramente dem Menschen ein unauslöschliches Siegel einprägen, weshalb sie nicht wiederholt werden können.

Leicht ist in diesem Dokument der Einfluß, ja sogar die Diktion des Thomas von Aquin erkennbar. Es hat sich folgenreich auf die weitere Lehrentwicklung ausgewirkt.

2.3.5 Der Anstoß der Reformation und die lehramtliche Reaktion: Sakramente als Bezeugung und Aufruf des Glaubens?

1. Gegenüber der scholastischen Sakramentenlehre haben im 16. Jahrhundert *die Reformatoren* ein Sakramentenverständnis entwickelt, das wieder stärker an die augustinische Tradition anschließt, sie freilich auch vereinseitigt. Im christlichen Heilsgeschehen wird von allen Reformatoren dem Offenbarungswort und seiner Verkündigung bzw. der von Gott gewirkten Glaubensantwort des Menschen der Vorrang eingeräumt. Auch die Sakramente werden in gewissem Sinne als Formen des Verkündigungswortes verstanden, dem der Mensch im Glauben zu antworten hat. So erklärte *Luther*: „Nicht das Sakrament, sondern der Glaube des Sakramentes rechtfertigt."[65] Hier zeigt sich eine neue Form des Personalismus: Gott und Mensch sollen sozusagen unmittelbar miteinander – gleichsam in Rede und Antwort – in Verbindung gebracht werden. Gleichwohl erkennen Luther, Zwingli und Calvin *Taufe und Abendmahl*, Luther darüberhinaus, zumindest in seiner Frühzeit, *die Buße* als Sakramente an. Die übrigen erscheinen ihnen als unbiblisch, da von einer Einsetzung durch Jesus Christus nichts zu finden sei.

Für *Luther* besitzen die Sakramente neben ihrem Zeichencharakter als gleichsam sichtbares Verheißungswort auch einen echten Wirkcharakter: „Gottes wirkendes Wort nimmt das Element in seinen Dienst und bringt so den Menschen das real zu, was das für das Sakrament konstitutive Verheißungswort aussagt."[66]– Für *Zwingli* hingegen haben Taufe und

---

[64] Vgl. tzt D 9/I, Nr. 10-13.

[65] Vorlesung über den Hebräerbrief von 1517/18, WA 57,23; tzt D 9/I, Nr. 95.

[66] E. Kinder, Art. Sakramente: RGG 5, 1324; vgl. tzt D 9/I, Nr. 93 f (Luthertexte).

Abendmahl einen rein symbolischen Charakter: Sie sind Erinnerungs-, Bekenntnis- und Erkennungszeichen für die Gläubigen; schon vorhandener Glaube drückt sich in ihnen nur aus.– *Calvin* nimmt in gewissem Sinn eine Mittelstellung ein: Gott „besiegelt" sein allein heilbringendes Wort, indem er bei den Sakramenten durch den Heiligen Geist die Verbindung zwischen dem himmlischen Christus und den Gläubigen vermittelt werden läßt.[67]

2. Der reformatorischen Lehre gegenüber und um Mißstände im eigenen Bereich abzustellen, beschäftigte man sich beim *Konzil von Trient* (1545-1563) ausführlich mit der allgemeinen und der speziellen Sakramentenlehre. Über die allgemeine Sakramentenlehre handelt das „Dekret über die Sakramente" vom 3. März 1547 (DH 1600-1613). In der Einleitung zu den entsprechenden Lehrsätzen oder Canones, die in ihrer den Glauben selbst betreffenden Substanz als unfehlbar zu gelten haben, steht die gewichtige Aussage, daß durch die Sakramente „jede wahre Gerechtigkeit beginnt, wächst oder nach dem Verlust wiederhergestellt wird"[68].

Wichtig in unsrem Zusammenhang sind vor allem die Canones 1, 6 und 8.[69] Lehrsatz 1 lautet: „Wer sagt, die Sakramente des Neuen Bundes seien nicht alle von Christus Jesus, unserem Herrn, eingesetzt, oder es seien mehr oder weniger als sieben, nämlich: Taufe, Firmung, Eucharistie, Buße, Letzte Ölung, Weihe und Ehe, oder eines von diesen sieben sei nicht eigentlich und wirklich Sakrament, der sei ausgeschlossen."– Canon 6 lautet: „Wer sagt, die Sakramente des Neuen Bundes enthielten nicht die Gnade, die sie bezeichnen, oder sie teilten nicht die Gnade selbst denen mit, die kein Hindernis entgegensetzen (*sacramenta...non continere gratiam quam significant, aut gratiam ipsam non ponentibus obicem non conferre*), als ob sie nur äußere Zeichen der durch den Glauben erlangten Gnade seien und gewisse Kennzeichen des christlichen Bekenntnisses, nach denen sich vor den Menschen Gläubige und Ungläubige unterscheiden, der sei ausgeschlossen."– Schließlich lautet Canon 8: „Wer sagt, durch die Sakramente des Neuen Bundes werde die Gnade nicht kraft des vollzogenen Ritus mitgeteilt (*per...sacramenta ex opere operato non conferri gratiam*), sondern zur Erlangung der Gnade reiche der bloße Glaube an die göttliche Verheißung hin, der sei ausgeschlossen."– Es liegt auf der Hand, daß hier im Anschluß an den sakramentalen Realismus des hl. Thomas eine Sakramentenlehre entwickelt wird, die den sakramentalem Symbolismus der augustinischen Tradition weitgehend zurücktreten läßt. In der Verteidigung der Sakramente hat man die Aufmerksamkeit ganz auf die Gnadenwirkung der Sakramente und die instrumentale Weise ihrer Verursachung gelenkt. Personale und kommunitäre Aspekte kommen zu kurz.

2.3.6 *Neuansätze im 19. Jahrhundert: Sakramente als Mysterien des Geistes für den empfänglichen Glauben*

Während die folgenden Jahrhunderte im katholischen Bereich die vom Konzil von Trient bestätigte Sakramentenlehre der scholastischen Tradition nur weiter ausgebaut und in der Kontroverse verfeinert haben, bringt das 19. Jahrhundert einige bemerkenswerte Neuansätze. Man beginnt in vorsichtiger Weise eine konstruktive Auseinandersetzung mit den Anliegen der Reformation (so *Johann Adam*

[67] Vgl. tzt D 9/I, Nr. 96-99 (Calvintexte).
[68] Sess. VII, Prooemium; DH 1600 = NR 505; tzt D 9/I, Nr.14.
[69] Sess. VII, can. 1; 6; 8; DH 1601; 1606; 1608; NR 506; 511; 513; vgl. tzt D 9/I, Nr. 15-27.

Möhler im Rahmen der Tübinger Schule), man greift auf ältere Traditionen zurück (so beispielsweise *Matthias Joseph Scheeben*), man stellt sich den neu aufkommenden Problemen von Geschichte und Geschichtlichkeit bzw. man versucht, an das Denken der Zeit anzuknüpfen (Theologen, die von ihren Gegnern als *Modernisten* gebrandmarkt und vom kirchlichen Lehramt verurteilt werden).

1. Dem in Tübingen und München lehrenden Kirchenhistoriker *J. A. Möhler* (1796-1838) gelingt es, bei der Interpretation der traditionellen katholischen Sakramentenlehre in produktiver Auseinandersetzung mit reformatorischen Positionen neue Akzente bzw. alte Akzente neu zu setzen. Bemerkenswert ist besonders, wie er die Wirkung der Sakramente an das Heilswerk Christi zurückbindet und wie er die Bedeutung gläubiger Empfänglichkeit beim Empfänger der Sakramente einschätzt. Die Empfängervergessenheit einer jahrhundertelangen Tradition wird so überwunden.[70]

„Die Sakramente überbringen eine vom Heiland uns verdiente göttliche Kraft, die durch keine menschliche Stimmung, durch keine geistige Verfassung verursacht werden kann, sondern von Gott um Christi willen schlechthin im Sakramente gegeben wird. Allerdings muß sie der Mensch empfangen und deshalb empfänglich sein.“[71]

2. Innerhalb der scholastischen Tradition, die die Kausalität der Sakramente besonders betont, bringt der Kölner Dogmatiker M.J. Scheeben (1835-1888) auch wieder ältere Überlieferungselemente nachdrücklich zur Geltung: In den Sakramenten wirkt der Heilige Geist auf geheimnisvolle Weise die Teilhabe am göttlichen Leben; eben darum sind sie Mysterien. Durch die besondere Betonung des Geistwirkens berührt sich Scheeben mit der ostkirchlichen Tradition, aber auch beispielsweise mit dem Sakramentenverständnis Calvins.[72]

„Unter den Sakramenten der Kirche im engeren Sinne versteht man diejenigen äußern Zeichen, durch welche die Gnade Christi uns übermittelt und angedeutet wird. Damit ist im Grunde auch schon ausgesprochen, daß sie ein großes Mysterium in sich enthalten und folglich eben in ihrer Eigenschaft als Sakramente große Mysterien sind.“[73]

3. Noch Anfang des 2O. Jahrhunderts verwirft das kirchliche Lehramt Aussagen von Theologen des 19. Jahrhunderts bzw. von zeitgenössischen Theologen, die – vielleicht manchmal im Übermaß und in Einseitigkeit – eine Versöhnung kirchlicher Lehren mit wissenschaftlichen Erkenntnissen und Methoden ihrer Zeit anstrebten.– Abgelehnt werden auch Auffassungen dieser sog. Modernisten über Ursprung und Wirkweise der Sakramente. Folgende ihnen zugeschriebene Sätze u.a. werden im Dekret „*Lamentabili*“ von 1907 verurteilt: „Die Sakramente hatten darin ihren Ursprung, daß die Apostel und ihre Nachfolger einen Gedanken und eine Absicht Christi, angeregt und gedrängt durch äußere Umstände und Ereignisse, verdeutlichten“(DH 3440; NR 521 = tzt D 9/I,30).– „Das ist der Sinn der Sakramente, daß sie im Herzen des Menschen das Bewußtsein der stets Gutes wirkenden Gegenwart des Schöpfers wecken“(DH 3441; NR 522 = tzt D 9/I,31).

---

[70] Vgl. tzt D 9/I, Nr. 100.

[71] J. A. Möhler, Symbolik § 28; tzt D 9/I, a.a.O.

[72] Vgl. tzt D 9/I, Nr. 101-106.

[73] M. J. Scheeben, Die Mysterien des Christentums § 82; tzt D 9/I, Nr. 101.

Noch widersetzt sich das Lehramt einer Wiederentdeckung des Symbolcharakters der Sakramente, der durchaus mit der Tradition zu verbinden wäre. So schreibt Pius X. in seiner Enzyklika „*Pascendi*“ (1907): „Die Sakramente sind..für die Modernisten reine Symbole oder Zeichen, wenn sie auch nicht jeder Kraft entbehren...Klarer würden sie sicher sprechen, wenn sie sagten, die Sakramente seien nur dazu da, um den Glauben zu nähren. Das aber hat die Kirchenversammlung von Trient verurteilt“ (DH 3488f.; NR 523 = tzt D 9/I,32).

Wichtige Wegmarken des Sakramentenverständnisses in der westlichen Kirche bis zum Ende des 19. Jahrhunderts

Augustinus 354–430 (Neuplatonischer Denkrahmen)	Die Sakramente als heilige Zeichen der Kirche, die als „sichtbares Wort“ Gottes Heil schenken und zum Glauben aufrufen – Christus als eigentlicher Sakramentenspender
Petrus Lombardus um 1095–1160 (Aristoteles-Rezeption)	Die *sieben* Sakramente als Zeichen und *Ursachen* der Gnade
Thomas von Aquin 1225–1274 (Weiterführung der Aristoteles-Rezeption)	Die Sakramente: von Gott in Jesus Christus gestiftete gnadenursächliche Zeichen
Martin Luther 1483–1546 Johannes Calvin 1509–1564 (Rückgriff auf Augustinus)	„Nicht das Sakrament, sondern der Glaube des Sakramentes rechtfertigt“ Das Sakrament: sichtbare Bezeugung göttlicher Gnade und menschlicher Frömmigkeit
Joh. Adam Möhler 1796–1838 Matthias Scheeben 1835–1888	Die Sakramente als Gottes Heilsgabe aus Christi Heilswerk für den empfänglichen Glauben Sakramente als Mysterien des Geistwirkens

2.4 Der Aufbruch der Sakramentenlehre im 20. Jahrhundert

Für das 20. Jahrhundert kann man von einem Neuaufbruch oder doch einer Erneuerung der Sakramentenlehre sprechen. Wurzeln dieser Erneuerung sind in der Liturgischen Bewegung sowie in der Bibelbewegung zu sehen, ihre programmatische Grundlegung findet sie in der Liturgiekonstitution und in anderen Texten des Zweiten Vatikanischen Konzils. In unterschiedlichen theologischen Entwürfen und

Denkansätzen kommt die Grundlegung des Konzils zur Entfaltung und Weiterführung, so wie ihr natürlich auch schon theologisch vorgearbeitet wurde. Solche theologische Vorarbeit haben verschiedene Theologen (wie z.B. *Karl Rahner* und *Edward Schillebeeckx*) geleistet, zu nennen und eigens zu beschreiben ist aber vor allem der Beitrag des Maria Laacher Benediktiners *Odo Casel* mit seiner sog. Mysterientheologie, die im Zusammenhang mit der Liturgischen Bewegung zu sehen ist.

2.4.1 Der Anstoß Odo Casels: Vergegenwärtigung des Heilswerkes Christi im Kultmysterium

In der Liturgischen Bewegung ging es nicht um eine abstrakte Sakramentenlehre, sondern um eine erneuerte gottesdienstliche Praxis der Kirche, eine Praxis, in der der einzelne wie die christliche Gemeinschaft ihren Glauben sollten zum Ausdruck bringen und als heilvoll erfahren können. Dabei entwickelte sich im praktischen Vollzug auch ein neues Verständnis für den Symbolcharakter der Sakramente als „Zeichen des Glaubens".– Im Anschluß daran hat *Odo Casel* (1886-1948) seine „Mysterientheologie" entwickelt, deren erste Grundlegung er in seinem 1923 erschienenen Werk „Die Liturgie als Mysterienfeier", deren entscheidende Ausgestaltung und Zusammenfassung er 1932 in dem Werk „Das christliche Kultmysterium" bietet. Worum geht es in dieser Mysterientheologie?

1. Casel hatte umfangreiche Studien über die antiken Kultmysterien betrieben und sich von daher entscheidende Anregungen geholt: „Wie in den hellenistischen Mysterienreligionen das zentrale Kultmysterium die unvordenkliche Heilstat des Kultgottes nachbildet und damit re-präsentiert als ver-gegenwärtigt, so vollzieht sich auch in den beiden christlichen Grundsakramenten von Taufe und Eucharistie in einer zeichenhaften Handlung eine real-symbolische Vergegenwärtigung der geschichtlich vergangenen Heilstat Jesu Christi."[74] Im gläubig verstehenden Mitvollzug dieses im Symbol vergegenwärtigten Grundgeschehens unserer Erlösung kommt der Glaubende in eine Schicksalsgemeinschaft mit Jesus Christus, wirkt sich Christi „Heilsweg" heilvoll an ihm aus. Wer das Heilsdrama Jesu Christi mitvollzieht, es gleichsam mitspielt, der erhält auch an seiner Auswirkung Anteil: am göttlichen Auferstehungsleben Jesu Christi nämlich.– Die sakramentalen Zeichen symbolisieren also bei Odo Casel vor allem das heilbringende Sterben und Auferstehen Christi, holen es gleichsam aus der Vergangenheit in die Gegenwart und beziehen die Gläubigen in seine Wirkung ein. Dies geschieht aber gerade durch den Mitvollzug, das „Mitspielen" der liturgischen, sakramentalen Symbole, nicht an diesen Symbolen vorbei.[75]

2. Man hat an den Vorstellungen Odo Casels oft Kritik geübt. Man hat ihm vorgeworfen, er bezöge sich allzu kritiklos auf die Bibel und die Kirchenväter, vernachlässige die philosophische Anthropologie, habe eine ungeklärte Pneumatologie und mache sich überhaupt die Grundvorstellungen antiker Mysterienkulte unkritisch zu eigen.

---

[74] A. Schilson, Das Sakrament als Symbol: CGMG 28, Freiburg 1982, 126.

[75] Vgl. O. Casel, Glaube, Gnosis, Mysterium: JLW 15 (1941) 268; tzt D 9/I, Nr. 108, vgl. 107 ff.

Daran mag Wahres sein, obwohl man bedenken muß, daß Casel seinen Grundansatz – die Deutung der Liturgie auf dem Hintergrund antiker Mysterienkulte als Vergegenwärtigung göttlichen Heilswirkens – zunehmend unter Zuhilfenahme biblischer Begriffe christologisch und pneumatologisch weitergeführt hat, wodurch eine Personalisierung und Vergeschichtlichung erreicht wurde.

Daß der Gedanke der Vergegenwärtigung neu ins Spiel gebracht wurde, ist sicher Casels bleibendes Verdienst. Es gilt nur, noch deutlicher zu sagen, wodurch diese Vergegenwärtigung zustande kommt. Hier wäre beispielsweise noch nachdrücklicher als bei Casel selbst auf die vergegenwärtigende Kraft des Heiligen Geistes hinzuweisen bzw. der aus der alttestamentlichen Tradition stammende Gedanke der erinnernden (anamnetischen) Vergegenwärtigung einzubeziehen.– Wenn jedenfalls das Zweite Vatikanische Konzil den Begriff des Pascha-Mysteriums in der Liturgiekonstitution zu einem Schlüsselbegriff gemacht hat, so hat Odo Casel diesem Begriff seine zentrale Bedeutung gegeben oder doch wiedergegeben.

2.4.2 Das Programm des Zweiten Vatikanischen Konzils: Sakramente des Glaubens – wirksam aus dem Pascha-Mysterium

Im Zweiten Vatikanischen Konzil (1963-1965) werden Dimensionen der Sakramentenlehre neu zur Geltung gebracht, die in einer scholastisch bestimmten Tradition zu kurz gekommen waren.

1. So wird insbesondere der *Zeichen- oder Verkündigungscharakter* der Sakramente hervorgehoben, ohne daß der realistisch verstandene Wirkcharakter der Sakramente zu kurz kommt. Eine neue, auch ökumenisch fruchtbare Synthese wird angebahnt.

Das geschieht weniger in der Kirchenkonstitution, die vor allem die Wirkung der einzelnen Sakramente für die Realisierung der Kirche darstellt (LG 11), als vielmehr in der Liturgiekonstitution „Sacrosanctum concilium" von 1964 (SC 59;61). Hier heißt es in einem Text, den man als Magna Charta einer erneuerten Sakramentenlehre bezeichnen könnte:[76] „Die Sakramente sind hingeordnet auf die Heiligung der Menschen, den Aufbau des Leibes Christi und schließlich auf die Gott geschuldete Verehrung; als Zeichen haben sie auch die Aufgabe der Unterweisung. Den Glauben setzen sie nicht nur voraus, sondern durch Wort und Ding (verbis et rebus) nähren sie ihn auch, stärken ihn und zeigen ihn an; deshalb heißen sie Sakramente des Glaubens. Sie verleihen Gnade (gratiam quidem conferunt), aber ihre Feier befähigt (disponit) auch die Gläubigen in hohem Maße, diese Gnade mit Frucht zu empfangen, Gott recht zu verehren und die Liebe zu üben. Es ist darum sehr wichtig, daß die Gläubigen die sakramentalen Zeichen leicht verstehen und immer wieder zu jenen Sakramenten voll Hingabe hinzutreten, die eingesetzt sind, um das christliche Leben zu nähren."– Dann spricht das Konzil von den Sakramentalien (SC 60), um in SC 61 fortzufahren: „Die Wirkung der Liturgie der Sakramente und Sakramentalien ist also diese: Wenn die Gläubigen recht bereitet sind, wird ihnen nahezu jedes Ereignis ihres Lebens geheiligt durch die göttliche Gnade, die ausströmt vom Pascha- Mysterium des Leidens, des Todes und der

[76] Vgl. tzt D 9/I, Nr. 33-35; auch Nr. 36-38.

Auferstehung Christi, aus dem alle Sakramente und Sakramentalien ihre Kraft ableiten. Auch bewirken sie, daß es kaum einen rechten Gebrauch der materiellen Dinge gibt, der nicht auf das Ziel ausgerichtet werden kann, den Menschen zu heiligen und Gott zu loben."

2. Neben der neuen Betonung des Zeichencharakters der Sakramente werden in der Liturgiekonstitution auch noch andere wichtige Akzente neu oder wieder gesetzt:

– So wird der *liturgische Charakter* der Sakramente betont. Sie sind in die Liturgie eingebettet, ja sie sind selber Liturgie (SC 61).

– Die Sakramente sind *Werk Christi und* – abhängig von ihm – zugleich Werk *der ganzen Kirche* (SC 7).

– Die Sakramente haben einen *dialogischen Charakter*. Dem heiligenden Wirken Gottes antwortet die Verehrung Gottes durch die Gläubigen in Dank, Lob und Bitte (SC 59).

– *Individuelle und ekklesiale Bedeutung* der Sakramente werden damit *gleichermaßen* gesehen: Sie heiligen den Menschen und bauen den Leib Christi auf.

– Die *Wirkung* der Sakramente kommt nicht aus ihnen selber, sondern *aus dem Heilswerk Christi*, dem Pascha-Mysterium; ihre eigene Ursächlichkeit ist durchaus sekundärer Art (SC 61).

– *Symbolische und instrumentale Wirkweise* der Sakramente erscheinen als ineinander verschränkt (SC 59).

– Die *Gnadenwirkung* der Sakramente betrifft nicht nur eine innere oder jenseitige Wirklichkeit, sondern eindeutig auch die Situationen dieses Lebens, dieser Geschichte. Die platonische Verjenseitigung des Heiles, eine Gefahr, der christliches Heilsverständnis immer wieder erlag, wird so überwunden (SC 61).

2.4.3 Entfaltungen der Sakramentenlehre im Geist des Zweiten Vatikanischen Konzils und ihr Grundanliegen

Die nachkonziliare Theologie hat in dem Rahmen, den das Zweite Vatikanische Konzil zukunftsträchtig abgesteckt hat, die tradierte Sakramentenlehre für heute und morgen aufzuschließen. Dabei hat sie sich an Bibel und Tradition zu orientieren; sie muß die Spielräume, die die Geschichte aufzeigt, nutzen, und sie muß heutiges Bewußtsein dabei wahr- und ernstnehmen.– Tatsächlich ist man beim Versuch, die überlieferte Sakramentenlehre für die Menschen unsrer Zeit zu übersetzen, sehr unterschiedliche Wege gegangen. Das kann in den folgenden Abschnitten nur in typologischer Darstellung vor Augen gebracht werden. Aber es läßt sich wohl auch ein gemeinsames Interesse der verschiedenen Erschließungsversuche ausmachen, wovon zunächst die Rede sein soll.

1. Gemeinsam ist allen oder doch den meisten Versuchen einer Neuinterpretation, daß man beim *Zeichen- oder Symbolcharakter* der Sakramente ansetzt, um so auch ihren Instrumental- oder Wirkcharakter besser erschließen zu können. Es geht also nicht nur um ein neues Verständnis für die Zeichen- bzw. symbolische Aussagekraft der Sakramente in sich betrachtet, vielmehr soll auf neue Weise zugleich der innere Zusammenhang deutlich gemacht werden, der zwischen dem Zeichencharakter der Sakramente und ihrer Wirkweise bzw. Wirkung besteht.

Schon seit *Augustinus* unterscheidet man zwischen der Zeichenhandlung (*sacramentum tantum*) und der Wirkung des Sakramentes (*res sacramenti*). Der Zusammenhang zwischen diesen beiden Größen wurde mit der scholastischen Tradition auf die Formel gebracht: *Continent* (seu conferunt) *sacramenta ex opere operato quod significant*, d.h. die Sakramente wirken kraft ihres Vollzugs, was sie bezeichnen. Man brachte diese Wirkung aber nicht eigentlich mit dem Zeichen- oder Symbolcharakter der Sakramente in ursächlichen Zusammenhang.

Heute sucht man den Zusammenhang zwischen der sakramentalen Zeichenhandlung und der Gnadenwirkung der Sakramente neu zu sehen: Gott bedient sich der natürlichen Wirkung der Sakramente als Symbole oder Zeichen, um so sich selber und sein Heil zu schenken.– Was gemeint ist, kann man auf die Formel bringen: *Continent* (seu conferunt) *sacramenta significando quod significant*, d.h. es enthalten (oder bewirken) die Sakramente das, was sie bezeichnen, indem sie es bezeichnen. Gott wirkt also *in* den sakramentalen Symbolen sein Heil. Er wirkt es nicht an diesen Symbolen vorbei, sondern gerade in ihnen und durch sie. Ihre gleichsam schon natürliche, dem Menschen zugängliche oder doch zugänglich zu machende Wirkung wird von Gott in sein Wirken mit einbezogen.

Wenn also eine symbolische Handlung wie *Mahl halten miteinander* schon im allgemein menschlichen Erfahrungsbereich die Kraft hat, Menschen in Friede und Freude zu verbinden, so wirkt Gott im eucharistischen Mahl ebenfalls Einheit und Frieden, die nun freilich rein menschliche Möglichkeiten weit übersteigen.

2. Wenn man so bei der Neuinterpretation der Sakramentenlehre allgemein vom Symbolcharakter der Sakramente ausgeht,[77] so steht dahinter wohl eine weitere Gemeinsamkeit: die gemeinsame Überzeugung von der hohen *anthropologischen Bedeutung von Symbolen* überhaupt, mithin auch der Sakramente. Ohne Symbole kommt menschliches Leben und Zusammenleben nicht aus, oder es droht doch ins Inhumane abzugleiten.

Bei allem unbezweifelbaren Schwund der Symbolfähigkeit des heutigen Menschen, dem schon angesprochenen Analphabetentum in Sachen „realisierende Zeichen", gibt es doch auch Anzeichen einer neu erwachenden Sensibilität für jene Zeichen und Gesten, die u.U. mehr sagen und bewirken können im zwischenmenschlichen Bereich als bloße Worte. Man denke nur an den Händedruck der Versöhnung oder an das Mut gebende Zulächeln, das einen ganzen Tag erhellen kann.
Daß symbolischer Ausdruck und Austausch zutiefst zum Menschsein gehören, läßt sich wissenschaftlich untermauern. „Verschiedenste Bereiche der Wissenschaften haben..im 20. Jahrhundert die entscheidende Bedeutung von Symbolen im menschlichen Leben neu entdeckt. Allen voran hat die Tiefenpsychologie aufgezeigt, daß sich das psychisch Unbewußte nur auf symbolische Weise, etwa in Ersatzhandlungen, Träumen u.ä., äußert und darin zugänglich wird (S. Freud, C.G. Jung). Die Sprachphilosophie hat im Symbol eine charakteristische Weise des menschlichen Erkennens, Denkens und Sprechens gefunden, ohne welche bestimmte Inhalte überhaupt nicht denk-bar bzw. sag-bar wären (E. Cassirer, P. Ricoeur). Darüber hinaus haben Ethnologie und Kulturanthropologie die Unverzichtbarkeit von Ritualen für das gesellschaftliche Zusammenleben untersucht und bekräftigt (M.

[77] Vgl. noch W. Beinert (Hg.), Symbole als Glaubenshilfe. Von der Anschaulichkeit des Heiles, Regensburg 1987; H. Dumont, Theologische Bedeutung der Symbole. Zum Stellenwert des Symbols im christlichen Glauben: ThG 32 (1989) 255-265.

Douglas). Endlich aber hat die Sozialpsychologie wie die Soziologie die symbolische Struktur des menschlichen Handelns genauer in den Blick gefaßt und die konstitutive Rolle der ‚symbolischen Interaktion' für die Ausbildung individueller und gesellschaftlicher Identität herausgestellt (...P.L. Berger/Th. Luckmann...). Angesichts dieser verschiedenartigen und doch gleichsinnigen Bewegungen läßt sich von einer Art ‚Renaissance der Symbole' sprechen."[78]

2.4.4 Erste Entfaltung: Sakramente als Gottbegegnung durch Christus in der Kirche

Die sakramentalen Symbole lassen sich unter unterschiedlichen Gesichtspunkten sehen und verstehen, je nachdem, welche Seite ihres hinweisenden Wirkens, welchen Aspekt ihrer Ausdruckskraft man in den Vordergrund stellt. In der Mysterientheologie *Odo Casels* symbolisieren die Sakramente, wie gezeigt wurde, in erster Linie das Heilswerk Christi: Im Bilde vergegenwärtigt, kann sich das Pascha-Mysterium des Leidens, Sterbens und der Auferweckung Jesu an den Mitfeiernden auswirken. In theologischen Entwürfen, die schon in die Zeit vor dem Zweiten Vatikanischen Konzil zurückgehen, sich aber darin und darüber hinaus folgenreich ausgewirkt haben, wird das Leitmotiv *Vergegenwärtigung* stärker personalisiert und durch das Leitmotiv *Begegnung* ergänzt. Außerdem wird die christologische und ekklesiologische Rückbindung der Sakramente im Sinne des neutestamentlichen Mysterionbegriffs intensiviert: Sakramente sind Gottbegegnung durch Christus, das Ursakrament, in der Kirche, dem Universalsakrament. Diese Vorstellung haben vor allem *Otto Semmelroth* und *Edward Schillebeeckx* herausgearbeitet.[79]

1. O. Semmelroth (1912-1979) bringt, wie für das christliche Heilsgeschehen überhaupt, so speziell auch für die Sakramente die personale Kategorie der *Begegnung* ins Spiel. Die Sakramente werden dabei als Antwort in einem Heilsdialog verstanden: Mit dem durch den Priester bzw. den Sakramentenspender repräsentierten Hohenpriester Christus dürfen die Feiernden im Glauben auf das Offenbarungswort Gottes antworten, das in Verkündigung und Leitung an sie ergeht.[80] Gerade so aber ereignet sich Heil.

2. E. Schillebeeckx (* 1914) sieht Christus als das „Sakrament Gottes" bzw. der personalen „Begegnung mit Gott", die Kirche als „Sakrament des himmlischen Christus". In diesem Zusammenhang werden die Sakramente als „kirchliche Mysterienfeier der Lebensmysterien Christi" verstanden, in welche die Gläubigen im Symbolgeschehen einbezogen sind. Der Symbol- wie der personale Begegnungscharakter und die ekklesial-kommunitäre Bedeutung der Sakramente kommen dabei gleichermaßen zur Geltung. Die Sakramente stellen sich als Dialog

---

[78] A. Schilson, Das Sakrament als Symbol: CGMG 28, Freiburg 1982, 123; vgl. auch: F.-J. Nocke, Wort und Geste. Zum Verständnis der Sakramente, München 1985.

[79] Vgl. O. Semmelroth, Gott und Mensch in Begegnung, Frankfurt ²1958; E. Schillebeeckx, Christus Sakrament der Gottbegegnung, Mainz 1960; der Ansatz wird weitergeführt etwa bei L. Lies, Sakramententheologie. Eine personale Sicht, Graz – Wien – Köln 1990.

[80] Vgl. tzt D 9/I, Nr. 110.

zwischen Gott und Mensch bzw. der Kirche dar, ihre Wirkung wird als innere Einladung an die menschliche Freiheit verstanden.[81]

3. In dieser Sichtweise, zu der auch *Karl Rahner* einen wesentlichen Beitrag geleistet hat,[82] versteht man die sieben Sakramente nicht mehr als für sich bestehende „Heilsmittel“ oder „Heilsinstrumente“, sondern sieht sie in engstem Zusammenhang mit der Kirche, ja mit Christus selber. Man entdeckt damit zugleich neu den personalen Begegnungscharakter der Sakramente. Das „Sakrament der Gottbegegnung“, das Ursakrament ist letztlich Christus selber. Das Menschsein Christi, sein Leben als Mensch, das durch Leiden, Tod und Auferstehung in die Herrlichkeit Gottes eingegangen ist, ist Zeichen und Ausdruck, und es ist zugleich wirkende Ursache einer neuen heilvollen Verbindung mit dem Gott des Heils, an der die Menschen als Brüder und Schwestern Jesu Christi Anteil erhalten sollen. Den Zeiten vergegenwärtigt wird diese heilbringende Gottbegegnung durch Christus in der Kirche, die man darum, wie es auch das Konzil tut, *Universalsakrament des Heiles* (LG 48) genannt hat. Die Kirche ist in ihrer Sichtbarkeit bleibender Ausdruck, Zeichen und Symbol des Heiles, das in der Verbindung der Menschen mit Gott und untereinander liegt: „Die Kirche ist ja in Christus gleichsam das Sakrament, das heißt Zeichen und Werkzeug für die innigste Vereinigung mit Gott wie für die Einheit der ganzen Menschheit (LG 1).[83]

4. Freilich, „die Kirche ist eine bleibende Institution, eine zuständliche Wirklichkeit. Dadurch unterscheidet sie sich von den sieben Einzelsakramenten. Und doch darf man die Kirche selbst als Sakrament bezeichnen, nicht zwar als achtes Sakrament neben den sieben. Sie steht vielmehr als zusammenfassendes ‚Ursakrament‘ vor den sieben sakramentalen Einzelhandlungen wie etwa eine lebendige Potenz vor ihren einzelnen Handlungen steht“[84]. Die Einzelsakramente wachsen gleichsam aus dem Wurzelsakrament Kirche hervor; in ihnen aktuiert sich, was Kirche aufgrund des Heilswerks Christi ist und vermag. Gerade so aber sind die Sakramente nicht unpersönliche Heilsmittel, sondern wirksame Zeichen der freien, heilvollen Gottbegegnung des Menschen, wie sie sich grundlegend in Christus vollzogen hat. Und zwar sind sie Zeichen einer Gottbegegnung in Gemeinschaft. So formuliert Schillebeeckx: „Ein und dieselbe objektive, in verhüllten sakramentalen Symbolhandlungen erscheinende Gestalt: das heiligende Kultmysterium Christi in seiner Kirche und durch seine Kirche, wird zum Ausdruck sowohl der sich herabneigenden Agape oder gütigen Liebe Gottes in Christus Jesus als auch der Brautliebe der Kirche als auch des aus sich heraustretenden und über sich selbst hinausgehenden gläubigen Menschen.“[85] So stehen die Sakramente gerade durch ihren Symbolcharakter in einem christologischen und ekklesiologischen Beziehungsgefüge und erweisen darin zugleich ihren personalen, dialogischen Charakter.

[81] Vgl. tzt D 9/I, Nr. 116-119.

[82] Vgl. K. Rahner, Kirche und Sakramente, Freiburg – Basel – Wien 1960.

[83] Vgl. auch in diesem Werk Bd. II: Ekklesiologie 3.5.1.

[84] O. Semmelroth, Gott und Mensch in Begegnung, Frankfurt 1955, 248; vgl. ders., Die Kirche als Ursakrament, Frankfurt 1955.

[85] E. Schillebeeckx, Christus Sakrament der Gottbegegnung, 225.

2.4.5 Zweite Entfaltung: Sakramente als symbolische Realisierungen

In der Philosophie und der Theologie hat man nicht nur bestimmte Aspekte der Wirksamkeit von Symbolen untersucht, sondern noch grundlegender nach ihrer Bedeutung für die Verwirklichung menschlicher Existenz in Erkennen und Sein gefragt. Dabei trat zunächst einmal die Bedeutung der Symbole im Bereich der Erkenntnis vor den Blick: In Symbolen, nicht zuletzt auch religiösen Symbolen, ordnet sich die chaotische Vielfalt der Welt zu einer sinnvollen Ganzheit. Wer diese erkenntnistheoretische Funktion ganz ernst nimmt, kann dann zur weiteren Einsicht geführt werden, daß Symbole nicht nur einen Beitrag zum Erkennen der Wirklichkeit und einem entsprechenden Handeln zu leisten vermögen, daß sie vielmehr zur Konstitution menschlicher Wirklichkeit, zum Sein des Menschen selber beitragen.

Das Sein des Menschen in dieser Welt erschöpft sich nicht in bloßem Vorhandensein, es meint vielmehr auch *Sinn und Bedeutung*. Wenn man Sein so versteht, nämlich als sinnvoll gelichtetes Sein, als Bedeutungszusammenhang, dann haben Symbole, in denen der Sinn menschlichen Daseins in dieser Welt ausgedrückt und so gelichtet wird, nicht nur eine erkenntnistheoretische, sie haben auch eine ontologische Bedeutung.

1. Die erkenntnistheoretische Bedeutung der Symbole ist in der neuzeitlichen Philosophie eindringlich bedacht worden. Zu nennen ist hier vor allem der neukantianische Philosoph *Ernst Cassirer* (1874-1945) mit seinem Hauptwerk „Philosophie der symbolischen Formen“. Im Anschluß an ihn und an den amerikanischen Philosophen *Alfred North Whitehead* (1861-1947) hat beispielsweise die amerikanische Philosophin und Musikerin *Susanne K. Langer* umfassend die Bedeutung des Symbols „im Denken, im Ritus und in der Kunst“[86] untersucht.Danach begreift der Mensch sich und seine Welt nicht nur in diskursivem Denken, sondern auch in „symbolischer Transformation“, wie es sich nicht zuletzt an der Religionsgeschichte ablesen läßt. „Ob zum Guten oder zum Bösen, der Mensch besitzt diese Kraft der Veranschaulichung, die ihm eine Last auferlegt, welche Geschöpfe, die nichts weiter als lebensmunter und realistisch sind, nicht tragen – die Last des Verstehens.“[87] Ohne symbolische Transformation, ohne Umformung in Symbole, verliert das Leben seinen Gehalt: „Das verhängnisvollste Hindernis (für das freie Funktionieren des Geistes) ist aber die Richtungslosigkeit, das Versagen oder die Zerstörung von Lebenssymbolen...Ein Leben, welches gar nichts an Ritual, an Geste und innerer Haltung in sich schließt, hat keine geistige Verankerung. Es ist prosaisch bis zu dem Punkte totaler Gleichgültigkeit.“[88] So braucht auch unsere Zeit „Lebenssymbole: die Wurzeln des Sakramentes“[89].

2. Für die Verwirklichungskraft der Symbole und damit speziell der Sakramente sei der große philosophisch-theologische Anreger auch der Sakramentenlehre *Karl Rahner* (1904-1984) als Zeuge angeführt. Nach ihm kommt Seiendes nur im sym-

---

[86] S. K. Langer, Philosophie auf neuem Wege. Das Symbol im Denken, im Ritus und in der Kunst, amerik. 1942, deutsch Frankfurt 1965 (Fischer Tb.), Frankfurt ^{2}1987.

[87] S. K. Langer, a.a.O., 282.

[88] A.a.O, 285.

[89] So eine Kapitelüberschrift bei S. K. Langer, a.a.O.,146.

bolischen Ausdruck zu sich selbst und so zur vollen Wirklichkeit.[90] So verwirklicht sich auch der Mensch nicht als reiner Geist, sondern nur im „Ursymbol" seines Leibes. Diese anthropologische Grundeinsicht läßt sich auf Christus, die Kirche, die Sakramente übertragen: Die Gnade Gottes als Gemeinschaft mit Gott und Gemeinschaft der Menschen verwirklicht sich nur als Heil der Menschen, wenn sie sich darstellt, greifbaren, leibhaftigen Ausdruck findet: in Christus, in der Kirche, in den Sakramenten. Damit wird auch das Wirken der Sakramente neu gedeutet: „Die Gnade ereignet sich, indem sie sich verlautbart: gratia se significando se efficit."[91]

3. Anregungen für ein neues Verständnis sakramentalen Wirkens können auch Überlegungen geben, wie sie beispielsweise der Literaturwissenschaftler *George Steiner* und im Nachwort zu seinem Buch der Dichter und Schriftsteller *Botho Strauß* vorlegen.[92] Danach vermag sich Sinn in diskursiver Rede nicht angemessen zu erschließen, aber im Kunstwerk gewinnt er reale Gegenwart. „Überall, wo in den schönen Künsten die Erfahrung von Sinn gemacht wird, handelt es sich zuletzt um einen zweifellosen und rational nicht erschließbaren Sinn, der von realer Gegenwart, von der Gegenwart des Logos-Gottes zeugt."[93] Diese Einsicht läßt sich auf das Wirken der Sakramente übertragen: In der sakramentalen Bild- oder Symbolgestalt gewinnt die transzendente Wirklichkeit göttlicher Selbstmitteilung unmittelbare Gegenwart.

> „Die Kunstlehre von der realen Gegenwart, oder: die um die Kunst erweiterte Sakramentenlehre ist davon überzeugt, daß das Bildnis des Mädchens nicht ein Mädchen zeigt, sondern daß es das Mädchen ist unter der Gestalt von Farbe und Leinwand."[94]

Das Verständnis der Sakramente könnte durch eine solche „Ästhetik der Anwesenheit", die sich im übrigen mit der ostkirchlichen Überzeugung von der vergegenwärtigenden Kraft der Ikone[95] eng berührt, nur bereichert werden.[96]

2.4.6 Dritte Entfaltung: Sakramente als Heil in den Grundsituationen menschlichen Lebens

Wer die Ausdruckskraft sakramentaler Symbole in den Blick nimmt, wird leicht erkennen, daß sie auf entscheidende Situationen des menschlichen Lebens bezogen sind, die man auch *Grundsituationen* oder *Knotenpunkte* des Lebens genannt

---

90 Vgl. tzt D 9/I, Nr. 111: Rahnertext.

91 K. Rahner, LThK² 9, 228.

92 George Steiner, Real Presences, Chicago 1989. Deutsch: „Von realer Gegenwart. Hat unser Sprechen Inhalt? (Mit einem Nachwort von B. Strauß), München – Wien 1990.

93 B. Strauß, a.a.O., 307.

94 B. Strauß, a.a.O., 309.

95 Vgl. dazu: P. Florenskij, Die Ikonostase. Urbild und Grenzerlebnis im revolutionären Rußland, Stuttgart 1988.

96 Vgl. dazu auch: G. Koch, Von den Bedingungen sakramentaler Vergegenwärtigung. Das Kunstwerk als Analogie des Wirkens der Sakramente, A. Franz (Hg.), Glauben, Wissen, Handeln (FS Ph. Kaiser), Würzburg 1994, 87-97.

hat.[97] Die sakramentalen Symbole greifen menschliches Leben auf, bringen es zum Ausdruck und zugleich aufgrund der wirksamen Verheißung Jesu Christi ins Heil.

1. Dieses Verständnis der Sakramente möchte in besonderer Weise an menschlichen Erfahrungen anknüpfen, wie sie grundsätzlich jeder macht oder wie sie sich doch bei jedem wachrufen lassen. Im Grunde haben Menschen immer erfahren, daß die ursprünglich biologischen Grundgegebenheiten ihres Lebens: Geburt und Tod, Erwachsenwerden und Krankheit, Stärkung im Mahl und Geschlechtlichkeit, nicht nur biologische, gleichsam eindimensionale Fakten sind, Daten bloßer Körperlichkeit, sondern daß darin etwas geschieht, was zutiefst das Glücken menschlichen Lebens betrifft. Diese Situationen sind schon natürlicherweise Symbole für die unendliche Verheißung und zugleich für die Fragwürdigkeit menschlichen Lebens.

Zu denken wäre etwa an das Mahl, das Lebensfreude und mitmenschliche Gemeinschaft signalisiert, bei dem man aber doch zu bald auf die Grenze der Sättigung und auf die Erfahrung der Vergänglichkeit stößt.

2. In allen Kulturen hat man diese Grundsituationen des Menschen, die gleichsam Primärsymbole darstellen, in *Sekundärsymbolen* zu deuten versucht; so soll ihr innerer Sinn deutlich, es soll Angst gebannt und Hoffnung gestärkt werden. In dieser Linie stehen auch die christlichen Sakramente: Sie machen dem Menschen ganz konkret deutlich, daß aufgrund des Heilswerkes und -wortes Christi sein ganzes Leben in allen seinen Dimensionen ins Heil gebracht ist, daß Gott ihn bejaht, bei ihm ist, daß nicht die Angst letztlich Recht behält, sondern die Hoffnung.[98]

Einen etwas anderen Akzent setzt *Leonardo Boff*: Er zeigt, wie alle Dinge des Lebens (sogar ein Zigarettenstummel) Zeichen, Sakramente der Gnade Gottes werden können, die schon immer in dieser Welt ist und wirkt. In den sieben Sakramenten – „sie symbolisieren die Gesamtheit des menschlichen Lebens, insofern es auf sieben fundamentalen Achsen ruht"[99]– erkennt der Mensch in der Begegnung mit Gott, daß ihn Gott schon immer trägt und hält und zur Tat ruft.

2.4.7 *Vierte Entfaltung: Sakramente als Kommunikationsgeschehen*

Man kann bei der symbolischen Wirksamkeit der Sakramente aber auch besonders ihren interpersonalen Austauschcharakter, ihre *Kommunikation stiftende Kraft* hervorheben: ein gerade heute besonders wichtiger Aspekt der Sakramente. Neuere theologische Deutungen der Sakramente legen denn auch ein „kommunikativ

---

[97] So besonders W. Kasper, Wort und Sakrament; ders., Glaube und Geschichte, Mainz 1970, 299-302; tzt D 9/I, Nr. 128 ff; vgl. auch J. Ratzinger, Die sakramentale Begründung christlicher Existenz, Meitingen 1966; L. Boff, Kleine Sakramentenlehre, Düsseldorf 1976; tzt D 9/I, Nr. 149-156; bes. 153.

[98] Vgl. W. Kasper, a.a.O., 302.

[99] L. Boff, a.a.O.,116.

bzw. soziologisch geprägtes Verstehenmodell zugrunde"; sie deuten die Sakramente als „kommunikative Handlungen" der Kirche.[100]

1. Zugrunde liegt die Beobachtung, daß Symbole und symbolische Handlungen für das Zustandekommen, den Zusammenhalt und die Lebendigkeit einer jeden Gruppe oder Gemeinschaft konstitutive Bedeutung haben.

Vereine haben ihren Aufnahmeritus (wenigstens in einem Handschlag); für Verträge und Abmachungen im privaten, öffentlichen und internationalen Bereich wird eine feierliche Unterschrift geleistet. Unter dem Symbol der olympischen Ringe finden sich selbst sonst verfeindete Nationen zu sportlichem Wettstreit zusammen. Die Indianer rauchten zum Friedensschluß die Friedenspfeife. Parteien und Bewegungen haben ihre Farben.

Diese Symbole wirken, indem sie Verbindung schaffen,den Eigencharakter einer Gemeinschaft, ihre Identität bewußt machen und den einzelnen in das Ganze der Gemeinschaft einbeziehen, gleichsam hineinverwandeln.

2. Wenn christliches Heil (die Gnade) wesentlich etwas mit der Gemeinschaft der Menschen mit Gott und untereinander zu tun hat, dann kann man zur Erklärung der sakramentalen Symbolhandlungen und ihrer Wirkung in der Tat gerade auch auf dieses Verstehensmodell zurückgreifen.

– Diesen Weg ging u.a. *Alexandre Ganoczy*, der die Sakramente und ihr Wirken mit dem Instrumentarium moderner Kommunikationstheorie als Geschehen innerhalb des Dreiecksschemas Sender – Empfänger – Medium zu deuten versuchte. Er bestimmt die Sakramente als „Systeme verbaler und nonverbaler Kommunikation, durch welche zum Christusglauben berufene Menschen in die Austauschbewegung der je konkreten Gemeinde eintreten, daran teilnehmen und auf diese Weise, getragen von der Selbstmitteilung Gottes in Christus und seinem Geiste, auf dem Weg zu ihrer Selbstwerdung vorankommen"[101].

– In ähnlicher Weise sieht *Peter Hünermann*[102] die Sakramente als „Figuren gemeinsamen Lebens", ohne die christliche Gemeinde keinen Bestand haben könne. In solchen Lebensfiguren erfahren die Menschen ihre wechselseitige Zusammengehörigkeit, stellen sich nach außen dar, wird Tradition bewußt gemacht und der Weg in die Zukunft je neu entworfen. Dadurch werden die einzelnen „in individueller und sozialer Hinsicht umgestaltet und neu bestimmt."[103] In den Sakramenten „begründet und vollzieht sich ein neues Miteinander von Menschen, das von Gott selbst getragen und durch Jesus Christus konkret begründet ist."[104]

– Schon vorher hatte *Franz Schupp* auf zugespitzte Weise im Rahmen einer umfassenden Kultur- und Symboltheorie die soziale Dimension der Sakramente betont: Nach seiner Grundthese muß alles christliche Symbolhandeln dem ethisch-gesellschaftlichen Handeln zu- und untergeordnet sein.[105]

[100] A. Schilson, Das Sakrament als Symbol: CGMG 28, Freiburg 1982, 135 f.

[101] A. Ganoczy, Einführung in die katholische Sakramentenlehre, 116; vgl. tzt D 9/I, Nr. 166-171.

[102] P. Hünermann, Sakrament – Figur des Lebens (1977); vgl. tzt D 9/I, Nr. 162-165.

[103] A. Schilson, Das Sakrament als Symbol, 136.

[104] A. Schilson, a.a.O.

[105] F. Schupp, Glaube – Kultur – Symbol, Düsseldorf 1974; vgl. tzt D 9/I, Nr. 146 ff.

2.4.8 Fünfte Entfaltung: Sakramente als Heilsgeschehen in Fest und Feier

Schon die Überlegungen Hünermanns führen in die Nähe eines weiteren Zugangswegs zum Verständnis der Sakramente. Die Sakramente und ihr Wirken lassen sich verdeutlichen als besonders dichte, intensive *Vollzugsweisen von Fest und Feier*. Dieser Zugangsweg kann sich aus mehrfachem Grund nahelegen:

– Fest und Feier spielen – wenn auch manchmal in Verfallsformen – im Leben des heutigen Menschen eine große Rolle.

– Der Feier- und Festcharakter der Sakramente wird durch ihre Einbettung in die Liturgie der Kirche verbürgt.

Daß es sich bei den Sakramenten um ein Geschehen handelt, das im Feiern zu vollziehen ist und dessen inneren Gehaltes man gerade im Feiern teilhaftig wird, dieses Verständnis ist in der Ostkirche lebendiger geblieben als in der Westkirche. „Im Verständnis der Ostkirchen ist die Liturgie selbst Epiphanie Gottes...Gemäß dieser Grundkonzeption von Liturgie ist jede liturgische Feier Teilhabe an der ‚himmlischen Liturgie', die im gottesdienstlichen Vollzug Gegenwart wird."[106] Dieses Zeugnis der ostkirchlichen Liturgien kann das „Feierpotential" jeder Liturgie, auch der westlichen nur unterstreichen.

– Gerade durch diese Sicht kann man dem Individual- und dem Sozialcharakter der Sakramente wohl am besten gerecht werden.

1. Fest und Feier sind wesentlich gekennzeichnet durch ihren spielerischen, zweckfreien Charakter. Gerade dadurch aber „wirken" Fest und Feier, sie bleiben nicht ohne Einfluß auf die Beteiligten. Was wirken sie? Im Beisammensein der festlichen Freude oder der besinnlichen Feier (beim Mahl, beim Tanz, ja sogar in der „Trauerfeier" – auch davon spricht man zurecht) wird in verbalen und nonverbalen Zeichen und Gesten mitmenschliche Gemeinschaft ausgedrückt, begründet oder genährt, der einzelne erfährt gehobenes Leben, neues Ganz-sein-Können; er wird getröstet. Gerade indem sie gar nichts wollen, vermitteln Fest und Feier ein neues Lebensgefühl, sie können das Verhältnis des Menschen zu seinen Mitmenschen, zur Welt, zu seiner eignen Leiblichkeit verwandeln. Wenn solches Feiern nun im Namen Jesu geschieht, wenn es von seinem Wort und Werk ermöglicht und ermächtigt ist, wenn dadurch Gott in dieses Feiern in erster Linie und ausdrücklich miteinbezogen ist, dann ereignet sich in ihm Heil.– Genau damit aber sind die Sakramente der Kirche beschrieben, ist auch schon etwas von dem erhellt, was sie wirken und wie sie es wirken, ohne daß damit freilich ihr göttliches Geheimnis voll eingeholt werden könnte.

2. Fest und Feier als anthropologischer Schlüssel zum Verständnis des sakramentalen Symbolgeschehens: Der Gedanke begegnet bei verschiedenen Theologen und eigentlich immer in Verbindung mit anderen Elementen eines erneuerten Sakramentsverständnisses.

Ehe Beispiele gebracht werden, soll auf die Notwendigkeit einer solchen Verbindung verschiedener Zugangswege eigens hingewiesen sein: Keine der beschriebenen Verstehensmöglichkeiten kann für sich allein genommen die Wirklichkeitsfülle der Sakramente angemessen erschließen. Näher kommt man diesem Ziel, wenn man die verschiedenen Erschließungsversuche sinnvoll miteinander zu verbinden sucht.

[106] A. Gerhards, a.a.O.,18.

– So spielt in der Sakramententheologie *Joseph Ratzingers*[107] der Festgedanke zusammen mit anderen Elementen des Sakramentenverständnisses eine Rolle. Ratzinger zeigt, wie im symbolischen Geschehen der Sakramente, die zugleich den Charakter des Festes haben, die Schöpfung und die Dimensionen der Geschichte versammelt, auf Christus hin gedeutet und von Christus her ins Heil gebracht werden.

„Das Fest ist als ein Geschehen besonderer Art der Raum, der das Symbol trägt und lebendig werden läßt; beides zusammen bildet den menschlichen Horizont, in dem das Sakrament zu verstehen ist."[108]

– Dem südamerikanischen Theologen *Francisco Taborda*[109] ist vor allem der Zusammenhang zwischen Fest und Praxis wichtig, wie er gerade für die Sakramente charakteristisch ist oder doch sein sollte: Das Handeln Gottes wird in der sakramentalen Feier von der Gemeinschaft empfangend entgegengenommen; gerade so treibt es die Christen zum Handeln in der Welt.

„Das Fest wirkt in die Praxis hinein, nicht weil da dieser oder jener etwas zu feiern hätte, sondern weil das Geheimnis Christi, sein gefährliches und subversives Gedächtnis (opus operatum), gefeiert und so diesem konkreten Mitglied der Gemeinschaft (opus operantis) wie auch in ihm und durch es dieser konkreten Gemeinde als Möglichkeit zu leben angeboten wird."[110]

Entwicklungen der Sakramentenlehre im 20. Jahrhundert

Der Anstoß Odo Casels:
Vergegenwärtigung des Heilswerkes Christi im Kultmysterium

↓

Das Programm des 2. Vatikanischen Konzils: Sakramente des Glaubens – wirksam aus dem Pascha-Mysterium

Die Sakramente wirken:
- als Zeichen
- als Liturgie
- als Werk Christi und Werk der ganzen Kirche
- im Dialog zwischen Gott und den Menschen
- am einzelnen und der ganzen Gemeinde bzw. Kirche
- aus dem Paschamysterium
- als Aufruf und Ausdruck des Glaubens und als Gnadenmitteilung
- Heil auch schon für diese Welt und Geschichte

[107] J. Ratzinger, Die sakramentale Begründung christlicher Existenz, Meitingen 1966.
[108] J. Ratzinger, Zum Begriff des Sakramentes (EichHR 15), München 1979, 3; tzt D 9/I, Nr. 125.
[109] F. Taborda, Sakramente: Praxis und Fest, Düsseldorf 1988.
[110] A.a.O.,170; tzt D 9/I, Nr. 182.

Entfaltungen im Geist des 2. Vatikanischen Konzils

Die Gemeinsamkeit: Ansatz beim Zeichen-oder Symbolcharakter der Sakramente aus der Überzeugung von der hohen anthropologischen Bedeutung von Symbolen

Erste Entfaltung:	Zweite Entfaltung:	Dritte Entfaltung:	Vierte Entfaltung:	Fünfte Entfaltung:
Sakramente als Gottbegegnung durch Christus das Ursakrament in der Kirche dem Universalsakrament	Sakramente als symbolische Realisierungen	Sakramente als Heil in den Grundsituationen menschlichen Lebens	Sakramente als Kommunikationsgeschehen	Sakramente als Heilsgeschehen in Fest und Feier

2.5 Problemfelder der Sakramentenlehre heute

Im 20. Jahrhundert geht es nicht nur um eine Erneuerung des Verständnisses vom Wirken der Sakramente überhaupt, bestimmte Aspekte der Sakramentenlehre sind darüber hinaus in besonderer Weise in die Diskussion gekommen, weil in Frage gestellt.

2.5.1 Die Frage nach der Einsetzung der Sakramente durch Jesus Christus und die Vollmacht der Kirche

Als eine der großen Schwierigkeiten gegenüber der katholischen Sakramentenlehre wurde bereits die Frage aufgewiesen, ob denn die Sakramente wirklich von Jesus Christus herkommen können, ob sie nicht vielmehr unter dem Einfluß antiker Mysterienkulte entstanden seien. Im historischen Überblick wurde deutlich: Von den antiken Mysterienkulten lassen sich die Sakramente nicht ursächlich ableiten, wenn auch bei der Ausgestaltung der Sakramententheologie Gedanken und Vorstellungen aus diesem Bereich wirksam wurden. Mit dieser Feststellung ist jedoch noch nicht die unmittelbare Herkunft der Sakramente vom sog. irdischen oder historischen Jesus gesichert, also das, was man die Einsetzung oder Stiftung der Sakramente durch Jesus Christus genannt hat. Gegen eine solche unmittelbare Einsetzung sprechen nämlich ernsthafte historische und exegetische Schwierigkeiten.

1. Die folgenden Gegebenheiten bzw. Überlegungen scheinen *gegen* eine unmittelbare Herkunft der Sakramente vom irdischen Jesus zu sprechen:

– Mehr als ein Jahrtausend hindurch läßt sich eine *Festlegung* der Kirche auf die Siebenzahl der Sakramente *nicht nachweisen*. Man zählt bald weniger, bald sehr viel mehr Sakramente, und erst Mitte des 12. Jahrhunderts hatte sich die Siebenzahl der Sakramente, zusammen mit einer bestimmten Umschreibung des Sakramentsbegriffs, endgültig durchgesetzt. Diese Tatsache macht es schwer zu denken, Jesus Christus könne in ausdrücklicher Willensbekundung alle diese sieben heiligen Riten als besondere und von anderen unterschiedene Weisen seines fortdauernden Heilswirkens in der Kirche festgelegt haben.

– Bei manchen Sakramenten zeigt sich im Lauf der Geschichte eine recht *weitgehende Wandlung des sakramentalen Zeichens*. Das ist so bei der Firmung, die ursprünglich so sehr mit der Taufe verbunden war, daß ihr eigenständiger Charakter erst langsam hervortrat. Das ist so beim Bußsakrament, das in der Geschichte derart tiefgreifende Wandlungen durchgemacht hat, daß an eine genauere Festlegung des Ritus bei diesem Sakrament durch Jesus Christus selbst gar nicht zu denken ist. Ähnliches läßt sich auch vom Weihesakrament, ja sogar von der Taufe feststellen.

Angesichts solcher Veränderungen bei den sakramentalen Zeichen hat man in der theologischen Tradition Unterscheidungen getroffen:

Gegenüber der Behauptung, Jesus müsse Materie und Form aller Sakramente im einzelnen (*in individuo*) festgelegt haben, sagte man, es genüge anzunehmen, „Christus habe Materie und Form des Sakramentes wenigstens im allgemeinen (*in genere*) bestimmt, so daß sie der Substanz nach für alle Zeit unveränderlich seien."[111] Andererseits forderte man und fordert auch heute noch eine Rückführung jedes Sakramentes auf einen Willensakt Christi (eine Einsetzung *in specie*), wobei die nähere Ausgestaltung der Intentionen Jesu durchaus der Kirche überlassen gewesen sein könnte. Auf dem Hintergrund der erstgenannten Schwierigkeit hat freilich auch diese Annahme ihre Probleme, es sei denn, man spricht von einem besonderen Willensakt Christi in einem sehr weiten, einschlußweisen Sinn.

– Gegenüber der Vorstellung, daß Jesus die sieben Sakramente je in einem eigenen Willensakt eingesetzt oder gestiftet habe, erheben sich neben den historischen aber auch *exegetische Bedenken*. Zwar begegnen in der Tat alle sieben Sakramente mehr oder minder deutlich in Texten des Neuen Testaments, von einer Einsetzung ist ausdrücklich jedoch nur bei Eucharistie, Taufe und Bußsakrament (als Übertragung einer Sündenvergebungsvollmacht) die Rede. Und auch hier ist zu beachten, daß es sich bei der Taufe und zum Teil auch beim „Bußsakrament" (Mt 29,19; Joh 20,23) um Worte des Auferstandenen, also gerade *nicht des irdischen Jesus*, handelt. Von einer unmittelbaren, wenn auch eher einschlußweisen Einsetzung kann man am ehesten bei der Eucharistie sprechen.[112] Will man nicht aus der allgemeinen Übung der Taufe von Anfang an auf ihre direkte Stiftung durch Jesus schließen, dann ist auch bei ihr wie bei allen anderen Sakramenten nach exegetischen Erkenntnissen eine unmittelbare, direkte Einsetzung zumindest unwahrscheinlich.

2. Trotzdem kann und muß man sagen:[113] Die Sakramente als erfüllte, wirksame Zeichen der eschatologischen Heilswirklichkeit *gehen auf Jesu Leben und Wir-*

[111] J. Auer, KKD 6, 86.

[112] Der Wiederholungsbefehl ist sicherlich nachösterlich; aber Jesu Stiftungswille wird den Jüngern offenbar evident; vgl. auch Mk 14,25.

[113] Vgl. dazu: H.-J. Klauck, Die Sakramente und der historische Jesus: ders., Gemeinde, Amt, Sakrament, Würzburg 1989, 273-285, M. Trautmann, Zeichenhafte Handlungen Jesu. Ein Beitrag zur Frage nach dem geschichtlichen Jesus, Würzburg 1980.

ken, damit auf seine Richtungsweisung *zurück*; Jesus hat sie in diesem Sinne „eingesetzt“:

– Jesus sieht sein Wirken und seine Verkündigung, speziell auch sein Wunderwirken, als wirksam erfülltes Zeichen der in ihm ankommenden Gottesherrschaft (vgl. Mt 11,4-6). Alles, was in Jesu Auftreten zu hören und zu sehen ist, ist nicht nur Zeichen einer neuen Wirklichkeit, diese Wirklichkeit endzeitlich-endgültigen Heiles beginnt darin schon selber. Dadurch übersteigt Jesus auch mit seinen besonderen Zeichenhandlungen, die in der Tradition prophetischer Zeichenhandlungen stehen, alles Vorausgegangene. Man kann *Jesu Symbolhandlungen* (oder auch Sprach- und Handlungssymbolen) ohne weiteres *sakramentalen Charakter* zusprechen.

– Jesu Zeichenhandeln ist nicht nur allgemeiner Hintergrund für die Sakramente, es lassen sich für bestimmte Sakramente auch *spezielle Ansatzpunkte* in Jesu Symbolhandlungen ausmachen. Daß sich Jesus der Johannestaufe unterzog, wäre die Wegweisung, die die Urkirche im Lichte des Heiligen Geistes die *Taufe* als Sakrament verbindlich einführen ließ. Außer dem *Letzten Abendmahl* Jesu konnten auch die vielen Mähler, die Jesus zuvor mit seinen Freunden und mit Sündern hielt, auf seinen Willen verweisen, auf diese Weise mit den Seinen heilvoll in Verbindung zu bleiben. Das *Bußsakrament* hat außer in den ausdrücklichen Vergebungsworten des Herrn (vgl. Mk 2,5) gerade auch in den genannten Sündermählern Jesu einen Ansatzpunkt: Jesus vergibt Menschen, indem er sie in seine Gemeinschaft zieht. Für die *Firmung* wäre auf Äußerungen Jesu zu verweisen, die sein besonderes Verhältnis zum Gottesgeist und seine Absicht, den Geist zu verleihen, zum Ausdruck bringen.[114] Die *Krankensalbung* hat ihre Wurzeln in Jesu Heilen, das manchmal von symbolischen Gesten begleitet ist, und der Aussendung der Jünger zum Heilungsdienst, wobei diese eine Ölsalbung anwenden(vgl. Mk 6,13). An historischen Ansatzpunkten festmachen lassen sich schließlich das *Weihe-* und das *Ehesakrament*: Jesus ruft z.B. die Zwölf aus den anderen heraus, bevollmächtigt und sendet sie (vgl. Mk 6,6b-13); er bekundet sein tiefgehendes Interesse für die eheliche Verbindung, er stellt sie in den Horizont der andrängenden Gottesherrschaft (vgl. Mt 19,3-12).

3. Für die gesamte Theologiegeschichte ist es klar, daß die Sakramente *von Jesus Christus herkommen müssen*. Wirksame Zeichen der Gnade können nicht von Menschen geschaffen werden, Gott allein kann souverän über die Gnade, und das heißt: über seine Selbstmitteilung, verfügen. Die Deutung dieser Herkunft ist aber unterschiedlich. *Augustinus* beispielsweise vertrat eine eher mystische Deutung: Aus der geöffneten Seite des Herrn entsprangen zugleich mit der Kirche die Sakramente.[115] *Thomas von Aquin* dagegen möchte die Sakramente unmittelbar und ausdrücklich von Jesus eingesetzt sehen. Er beruft sich dabei für manche Sakramente auf eine ungeschriebene apostolische Tradition. Andere mittelalterliche Theologen, z. B. *Bonaventura*, geben sich bei einigen Sakramenten mit einer mittelbaren Einsetzung auf Geheiß Jesu durch die Apostel zufrieden. Die thomani-

[114] Bei der Taufe Jesu wird im Neuen Testament die Herabkunft des Geistes auf Jesus wiederum zeichenhaft vorgestellt.

[115] tzt D 9/I, Nr. 75 ff.

sche Auffassung indes setzte sich durch. Auch die *Reformatoren* machten sie sich zu eigen und ließen deswegen im allgemeinen nur Taufe und Abendmahl als schriftgemäß gelten.[116]– Auf derselben historisierenden Ebene stellt das *Konzil von Trient* fest: „Wer sagt, die Sakramente des Neuen Bundes seien nicht alle von Christus Jesus, unserm Herrn, eingesetzt, oder es seien mehr oder weniger als sieben..., der sei ausgeschlossen" (NR 506; DS 1601)[117]. Mit dieser relativ vorsichtigen Formulierung ist jedenfalls eine „direkte und unmittelbare" Einsetzung der Sakramente durch den irdischen Jesus, auf die man sich später längere Zeit festlegte,[118] nicht als verbindliche Glaubenslehre zu betrachten.

Die exegetische Einsicht, daß für alle Sakramente eine rein historische Rückführung auf Einsetzungsakte Jesu fragwürdig ist, könnte auch in den Kirchen der Reformation neu die Frage aufwerfen, ob nicht auch spätere neutestamentliche, ja nachneutestamentliche Entwicklungen dem Geiste Jesu zu entsprechen und damit maßgeblich zu sein vermögen.

4. Daß Sakramente als wirksame Zeichen der Gnade von Jesus Christus herkommen müssen, ist *auch heute theologisch selbstverständlich. Karl Rahner* hat versucht, die exegetischen und andere historische Schwierigkeiten durch eine eigene Theorie zu lösen: Jesus hat die sieben Sakramente eingesetzt, indem er das Universal- oder Wurzelsakrament Kirche stiftete.[119] Die Einzelsakramente sind qualifizierte Selbstvollzüge der Kirche, die Rahner Ursakrament nennt. Mit der Kirche hat Jesus die Sakramente gestiftet. Diese Theorie fand großen Widerhall, aber auch Kritik, etwa in der Frage: Ist es denn leichter, die unmittelbare Gründung der Kirche durch den irdischen Jesus nachzuweisen? So bleibt die (exegetisch zu lösende) Aufgabe, die Sakramente wie auch die Kirche im Leben und Wirken Jesu Christi festzumachen, unverzichtbar. Der exegetische Befund kann in der Tat zeigen: Die Sakramente gründen in Jesus.

Rahners Theorie kann den innigen Zusammenhang zwischen Sakramenten und Kirche wie zwischen Kirche und Jesus Christus, dem irdischen und auferstandenen, gut verdeutlichen. Weil Kirche nicht nur auf den irdischen Jesus zurückgeht, sondern zugleich das Sakrament des erhöhten Herrn ist, konnte sie die Intentionen Jesu bezüglich einer sakramentalen Heilsvermittlung verbindlich realisieren und sie in die Lebenssituationen der Menschen hinein ausgestalten.

5. Aus dem Bewußtsein heraus, in der Ausgestaltung ihres sakramentalen Wirkens an die Intentionen Jesu gebunden zu sein, weiß sich die Kirche auch *unumkehrbar an die sieben Sakramente gebunden*, die sich in ihr unter dem Beistand des Heiligen Geistes im Laufe der Geschichte herausgebildet haben: Sie ist nicht Herrin über die Sakramente. Aus dem Bewußtsein ihrer engen Verbindung mit Christus heraus nimmt die Kirche andererseits für sich in Anspruch, die ihr anvertrauten Sakramente liturgisch und rechtlich zu gestalten. Dazu gehört es, „zu beurteilen oder festzulegen, was zu ihrer Gültigkeit erforderlich ist"[120] bzw. „zu ent-

---

[116] tzt D 9/I, Nr. 93 ff.: Luthertexte; 96-99: Calvintexte.
[117] tzt D 9/I, Nr. 15.
[118] Vgl. das Dekret „Lamentabili", DH 3439 f; tzt D 9/I, Nr. 29 f.
[119] K. Rahner, Kirche und Sakramente, Freiburg – Basel – Wien 1960; vgl. tzt D 9/I, Nr. 115.
[120] CIC can. 841.

scheiden, was für die Erlaubtheit zur Feier, zur Spendung und zum Empfang der Sakramente und was zu der bei ihrer Feier einzuhaltenden Ordnung gehört."[121]

Wenn die Sakramente wirklich besondere Weisen der Gottbegegnung durch Jesus Christus sind – kirchliche Symbolhandlungen mit einer besonderen Heilsverheißung –, dann muß es in der Kirche auch Instanzen geben, die verbindlich sagen: Hier kann man Gott in Jesus Christus zu seinem Heil begegnen; und zwar in sinnenfälliger Weise. Hier wird das Leben unter die heilende, belebende, Frieden und Einheit schaffende Auswirkung des Heilswerkes Christi gestellt. Hier begegnet man gleichsam Jesus selbst, wie er die Hände auflegt, die Segensworte über Brot und Wein spricht, oder wie er vollmächtig sagt: „Deine Sünden sind dir vergeben." Solches Tun Christi und der Kirche darf nicht gleichsam ins Überall und Nirgendwo verfließen. Es braucht festgelegte Kompetenz, damit es sich wirklich um realisierende (nicht lediglich unverbindliche) Zeichen handeln kann. Das ist durchaus auch von anthropologischen Überlegungen her verständlich zu machen: Nicht jeder kann in einer Gemeinschaft einen wirksamen Sprechakt oder Symbolakt setzen (einen speech act), sondern nur, wer dazu die Kompetenz besitzt.

2.5.2 Die Frage nach dem Wirken der Sakramente als symbolischer Interaktion zwischen Spender und Empfänger

Die auf Christus zurückgehenden Symbolhandlungen der Sakramente *müssen sich immer wieder neu ereignen*, um sich auswirken zu können. Das geschieht in der Interaktion, dem gemeinsamen und zugleich aufeinander bezogenen Handeln, von Sakramentenspender und -empfänger durch das Medium der sakramentalen Symbolhandlung. Von diesem Beziehungsgeflecht, das wesentlich eingebettet ist in das Miteinandersein und Miteinanderhandeln der gottesdienstlichen Gemeinschaft der Kirche, muß noch einläßlicher die Rede sein.

1. Eine erste Aussagereihe betrifft den *Sakramentenspender*.

– Wenn mit ihm begonnen wird, so ist diese *Reihenfolge*, die in früheren dogmatischen Darstellungen allgemein üblich war, sogleich in Frage zu stellen bzw. zu relativieren. Da Sakramente ein dialogisches oder interaktives Geschehen bezeichnen, muß mit dem Spender zugleich der Empfänger im Blickfeld stehen. Es ist bezeichnend, daß dieser früher offenbar gar keine so große, jedenfalls keine aktive Rolle spielte: Er läßt das Sakrament an sich wirken, setzt seinem Wirken kein Hindernis (obex) entgegen.

Wenn das Armenierdekret des Konzils von Florenz sagt, die Sakramente würden in „drei Stücken vollzogen": „durch den dinglichen Vollzug als Materie, durch die Worte als Form, durch die Person des Spenders, der das Sakrament erteilt in der Absicht, zu tun, was die Kirche tut" (NR 503; DH 1312), so kann man sich über diese „Empfängervergessenheit" nur wundern.

Hinter dieser einseitigen Vorbetonung des Sakramentenspenders stehen wohl folgende Gründe: a. Instrumentales Sakramentenverständnis: Man sieht die Sakramente in überwiegend werkzeuglichem Sinn: Das Werkzeug muß, um die angezielte Wirkung hervorzubringen, lediglich richtig bedient werden.– b. Feudalistisches Denken: Danach kommen

[121] A.a.O.

alle Güter und Wohltaten von einem menschlichen „Oben“, dem Lehensherrn, der sie nach Gutdünken austeilt.– c. Primat der christologischen Sicht: Schon im Neuen Testament sehen sich die Inhaber der Ämter und Dienste in der Kirche als „Diener Christi“ und „Verwalter von Geheimnissen Gottes“ (vgl. 1 Kor 4,1), bzw. als „Gesandte an Christi Statt“ (vgl. 2 Kor 5,20). Die menschlichen (sekundären) Spender der Sakramente treten gleichsam zurück hinter einem primären Spender: Jesus Christus; sie werden auf ihn hin transparent. Das wäre ein legitimer theologischer Grund für die Vorbetonung des Spenders. Damit verbindet sich allerdings die Forderung, diese Sicht des menschlichen Sakramentenspenders auch im Glauben zu realisieren.

– Auf keinen Fall darf man, wenn man zuerst vom Sakramentenspender spricht, außer acht lassen, daß sakramentales Handeln in einem *Feld von Beziehungen* realisiert wird: Es ist ein Geschehen zwischen dem Spender, in dem letztlich Gott durch Jesus Christus zusammen mit seiner Kirche handelt, und dem Empfänger, der wiederum nicht schlechthin als Individuum, sondern immer auch als Glied der Gemeinschaft dem Wirken Gottes, ja dem wirkenden Gott selber begegnet und antwortet. Auf diesem Hintergrund läßt sich die folgende Grundaussage über den Sakramentenspender machen, in die die kirchliche Lehr- und Glaubenstradition eingebracht ist: Weil der Sakramentenspender den eigentlichen Spender Christus repräsentiert, hängt das Glücken der sakramentalen Gottbegegnung nicht vom Glauben und der sittlichen Qualität des menschlichen Spenders ab, wenngleich dessen gläubige Mitwirkung vom Sinn der sakramentalen Zeichenhandlungen her gefordert wird.

– Der menschliche Sakramentenspender *repräsentiert den eigentlichen Spender Jesus Christus*. Daß Jesus Christus, der auferstandene und erhöhte Herr, im menschlichen Spender wirkt, durch ihn wirkt, ist eine alte, niemals bestrittene Überzeugung der Kirche, die sich auf das Neue Testament stützen kann.

Augustinus hat diese Auffassung bezüglich der Taufe klar herausgearbeitet: „Mag Petrus taufen, dieser (d.h. Christus) ist es, der tauft; mag Paulus taufen, dieser ist es, der tauft; mag Judas taufen, dieser ist es, der tauft.“[122] Dieselbe Auffassung findet sich im Zweiten Vatikanischen Konzil wieder, wenn in der Liturgiekonstitution von der vielfachen Gegenwart Christi im Gottesdienst der Kirche die Rede ist: „Um dieses große Werk <der Erlösung> voll zu verwirklichen, ist Christus seiner Kirche immerdar gegenwärtig, besonders in den liturgischen Handlungen. Gegenwärtig ist er im Opfer der Messe sowohl in der Person dessen, der den priesterlichen Dienst vollzieht...wie vor allem unter den eucharistischen Gestalten. Gegenwärtig ist er mit seiner Kraft in den Sakramenten, so daß wenn immer einer tauft, Christus selber tauft“ (SC 7). So läßt sich feststellen: „Obwohl diese Lehre <von dem lebendigen Christus als eigentlichem Sakramentenspender, der durch einen menschlichen Beauftragten handelt> lehramtlich nie mit letzter Verbindlichkeit formuliert wurde, blieb sie eine Konstante der katholischen (und evangelischen) Überlieferung.“[123] So kann kein Zweifel sein. Diese Sicht gehört zum verbindlichen Bestand christlicher Glaubenstradition, wofern man nur das Verhältnis zwischen dem primären und dem sekundären Sakramentenspender richtig versteht. Der menschliche Sakramentenspender ist nicht einfach willenlose Marionette, ein unbeteiligtes Werkzeug, vielmehr nimmt ihn Gott in seinem menschlichen Handeln in Dienst. Davon muß gleich noch weiter die Rede sein.

[122] In Ioan. tr. 6,7; tzt D 9/I, Nr. 71.
[123] A. Ganoczy, Einführung in die katholische Sakramentenlehre, 44.

Zunächst aber ist noch von den Bedingungen zu sprechen, die beim menschlichen Spender erfüllt sein müssen, damit es überhaupt zu einem gültigen und fruchtbaren sakramentalen Handeln kommen kann.

– Das Glücken der sakramentalen Gottbegegnung hängt letztlich nicht vom Glauben und der sittlichen Qualität des menschlichen Spenders ab, wohl aber von seiner entsprechenden *kirchlichen Vollmacht*. Das stellt nur eine Konsequenz aus dem dar, was über den primären Sakramentenspender gesagt wurde.

Diese Konsequenz (vor allem ihre negative Seite: was nämlich beim Spender nicht erforderlich ist) wurde ausdrücklich schon in den frühen Jahrhunderten der Kirche gezogen, beim sog. *Ketzertaufstreit* und bei der Auseinandersetzung zwischen Augustinus und den Donatisten.

Beim Ketzertaufstreit im 3. Jahrhundert ging es um die Gültigkeit der von häretischen christlichen Gruppen gespendeten Taufe.

„Während <Papst> Stephan I. unter Berufung auf die alte römische Praxis verlangte, daß den sich aus irgendeiner Häresie Bekehrenden nur die Hände zur Übernahme der Buße aufzulegen sind, bestritt Cyprian die Gültigkeit der von Häretikern und Schismatikern gespendeten Taufe."[124] Schließlich setzte sich nach längerem Hin und Her der römische (und alexandrinische) Standpunkt durch, daß die Gültigkeit der Taufe nicht von der Rechtgläubigkeit des Taufspenders abhänge.

Eine zusätzliche Erkenntnis brachte die vor allem von Augustinus geführte Auseinandersetzung mit Donatus und den Donatisten im 4. Jahrhundert. Diese banden die Gültigkeit der Taufe und überhaupt der Sakramente an die sittlichen Qualitäten des Spenders: Nur wer selber heilig ist, kann im Sakrament Gottes Heil und Heiligkeit vermitteln. Demgegenüber entwickelte Augustinus die Lehre von Christus als dem primären Sakramentenspender.

Auf diesem Hintergrund formuliert später das Konzil von Trient in seiner 7. Sitzung: „Wer sagt, der Spender, der sich im Stand der Todsünde befinde, bringe kein Sakrament zustande oder teile keines mit, obwohl er alles Wesentliche beobachtet, was zum Zustandebringen und Mitteilen des Sakramentes gehört, der sei ausgeschlossen" (NR 517; DH 1612). Speziell über die Taufe wird festgestellt: „Wer sagt, die Taufe, obschon im Namen des Vaters und des Sohnes und des Heiligen Geistes, mit der Absicht, zu tun, was die Kirche tut, aber von Irrgläubigen gespendet, sei keine wahre Taufe, der sei ausgeschlossen" (NR 535; DH 1617).

Beim Spender ist also im Extremfall weder der Gnadenstand noch Rechtgläubigkeit gefordert. Gott läßt sich aufgrund seiner Bundestreue im Sakrament finden, sofern der Spender nur den äußeren Ritus richtig vollzieht und dabei die wenigstens einschlußweise Absicht hat, das zu tun, was die Kirche mit diesem Ritus will (*intentio faciendi quod facit ecclesia*). Allerdings sollte der Extremfall nicht zum Normalfall, zur Norm gemacht werden. Davon muß gleich noch die Rede sein.

Sind also beim Spender die subjektiven Bedingungen einer gültigen Sakramentenspendung nur minimal, so sind die gleichsam *objektiven Bedingungen* nach der kirchlichen Tradition höher: Wenn der Spender zugleich Christus und die Kirche repräsentieren soll (die Sakramente sind ja „Handlungen Christi und der Kirche", „actiones Christi et ecclesiae"[125]), so muß er dazu beauftragt bzw. bevollmächtigt sein.

---

[124] J. Finkenzeller, Art. Ketzertaufe: LThK^2 6, 131 f.
[125] Vgl. CIC can. 840.

„Abgesehen von der Ehe <die sich nach überwiegender Auffassung die getauften Partner gegenseitig spenden> und bestimmten Fällen der Nottaufe <die von jedem Menschen, auch dem Ungetauften gespendet werden kann> wird diese Beauftragung mit der bischöflichen, priesterlichen und z.T. diakonalen Ordination gleichgesetzt."[126] Dazu sagt das Konzil von Trient: „Wer sagt, alle Christen hätten Vollmacht über das Wort und zur Ausspendung aller Sakramente, der sei ausgeschlossen" (NR 515; DH 1610). Allerdings wird hier nicht gesagt, für welche Sakramente die bischöfliche bzw. priesterliche Weihe unbedingt erforderlich ist.

– Damit ist umschrieben, was beim Sakramentenspender gegeben sein muß, noch nicht, *was gegeben sein soll*. Dazu noch einmal eine generelle Aussage: Der Zeichencharakter der Sakramente, auf dem ihre Wirksamkeit aufruht, fordert das gläubige Engagement des Spenders, ja der ganzen Gemeinde. Wenn Sakramente wirklich Zeichenhandlungen von kommunikativem und interaktivem Charakter sind, dann kann es nicht gleichgültig sein, wie der Spender seine „Rolle" spielt: Er muß sie innerlich und äußerlich glaubwürdig und möglichst überzeugend spielen. Eine Ethik und zugleich eine Ästhetik der Sakramentenspendung sind vom Sinn der Sakramente als interaktiver Symbolhandlungen her gefordert. Von diesem Charakter her gefordert ist auch eine möglichst lebendige Mitwirkung der Gemeinde: ihre tätige Teilhabe (*actuosa participatio*), wie sie das Zweite Vatikanische Konzil verlangt. Man wird dies, ohne traditionelle Festlegungen zu verletzen, durchaus auch als Teilhabe aller an der Sakramentenspendung verstehen können, eine Teilhabe, der eine Verantwortung der ganzen Gemeinde entspricht. Die Sakramente sind ja nicht nur Handlungen Christi, sondern auch Handlungen der Kirche, und das heißt des ganzen Gottesvolkes.[127]

„Wenn Sakramententheologie in der Sakramentenfeier anzusetzen hat, dann muß die Feier auch eine wirkliche Feier sein. Die Wirklichkeit der Teilnehmer bekommt hier theologische Relevanz. Gestaltung ist nicht mehr bloß Zierrat, sondern Verwirklichung. ‚Gestalt' und ‚Gehalt' sind die Kehrseiten einer Medaille, entsprechend der doppelten Dimension von ‚Segen'."[128]

Spender und Empfänger der Sakramente
(Nach der Tradition bzw. gegenwärtig gültiger Regelung)

Sakrament	Spender	Empfänger
Taufe	Ordentliche Spender der (feierlichen) T.: Bischof, Priester und Diakon. Im Notfall kann taufen, wer sich die Intention der Kirche zu eigen macht.	Jeder Mensch, der noch nicht getauft ist. Voraussetzung beim Erwachsenen ist der Glaube, der auch Reue über die begangenen Sünden einschließt.

[126] A. Ganoczy, Einführung in die katholische Sakramentenlehre, 45.

[127] Unter ästhetischem Gesichtspunkt untersucht die Bedeutung einer auch künstlerisch gestalteten Mitwirkung von Sakramentenspender und Gemeinde: W. Hahne, De arte celebrandi oder Von der Kunst, Gottesdienst zu feiern. Entwurf einer Fundamentalliturgik, Freiburg – Basel – Wien 1990; vgl. auch: A. Gerhards, Stationen der Gottesbegegnung. Zur theologischen Bestimmung der Sakramentenfeiern: M. Klöckener, W. Glade (Hg.), Die Feier der Sakramente in der Gemeinde, Kevelaer 1986, 17-30.

[128] A. Gerhards, a.a.O.,28.

Firmung	Ursprünglicher (originärer) Spender ist der Bischof. Außerordentlicher Spender ist der Priester, dem diese Vollmacht übertragen wurde.	Der Getaufte, der noch nicht gefirmt ist, kann und soll die F. empfangen. Voraussetzung für den fruchtbaren Empfang ist der Gnadenstand.
Eucharistie	Die Konsekrationsvollmacht haben Bischof und Priester. Die Austeilung der konsekrierten Gestalten von Brot und Wein kann durch kirchlich damit beauftragte Männer und Frauen erfolgen.	Die Getauften im Stande der Gnade. Die Mitfeier der Eucharistie ist Sache der mündigen Christen. Den Empfang der Komunion hat die Kirche auch den zu erstem Vernunftgebrauch gelangten Kindern zugestanden (in orientalischen Kirchen auch schon neugetauften Säuglingen in Weingestalt).
Bußsakrament	Der Bischof und der Priester, der außer der Weihe auch die Rechtsprechungsgewalt besitzt. Erstere ist mit der Priesterweihe gegeben, die Jurisdiktion muß nach entsprechenden Rechtsnormen übertragen sein.	Der getaufte Sünder, der zum Vernunftgebrauch gekommen sein muß und dessen grundlegende Lebensverhältnisse dem nicht widersprechen. Von den Büßerakten Reue, Bekenntnis, Genugtuung, soweit sie setzbar sind, hängen Fruchtbarkeit und Gültigkeit des Sakraments ab.
Krankensalbung	Bischof und Priester	Der Getaufte, der in (entferntere) Lebensgefahr kommt wegen Krankheit oder Altersschwäche. Bei Bewußtlosigkeit genügt die Vermutung, daß der Christ dieses Sakrament gläubig empfangen wollte, wenn er könnte.
Weihesakrament	Der Bischof; bei der Bischofsweihe im allgemeinen mit zwei mitweihenden Bischöfen.	Der getaufte Mann. Die Weihestufen müssen in der Reihenfolge Diakonat, Presbyterat, Episkopat empfangen werden.
Ehesakrament	Jeder der beiden Ehepartner jeweils für den anderen, so jedenfalls die überwiegende Auffassung der Westkirche.	Jeder der beiden Ehepartner empfängt zugleich von dem jeweils anderen das Sakrament.

2. Nach der Beschreibung der Rolle des Sakramentenspenders ist mit zumindest gleichem Nachdruck jene des *Sakramentenempfängers* zu erläutern. Nach dem Ausgeführten könnte sich die Frage stellen: Wenn man in den Sakramenten unter festgelegten Bedingungen Gott zu seinem Heile begegnen kann, ist dann vom Empfänger her gar nichts mehr zu tun? Kann er ganz passiv bleiben? Dazu noch einmal eine generelle Aussage: Insofern die Sakramente Handlungen Christi und der Kirche sind, kann ihre Wirkung nicht allein und in erster Linie vom Glauben

des Empfängers abhängen. Als „Zeichen des Glaubens“ sind sie gleichwohl auf gläubiges Empfangen angewiesen, sollen sie sich voll auswirken. Die Sakramente haben, wie schon mehrfach betont wurde, einen dialogischen Charakter.

– Man hat in früheren Zeiten manchmal bis ins Extrem die *Voraussetzungen* eines wirksamen Sakramentenempfangs beim Empfänger „heruntergespielt“, einerseits um so dem Primat des Handelns Gottes Rechnung zu tragen, zum andern aber auch wohl, weil man die Sakramente als eher unpersönliche Heilsinstrumente (*Gnadenmittel*) betrachtete. Hier ist zweifellos eine Neubesinnung vonnöten.

– Von Bedeutung ist in diesem Zusammenhang die Unterscheidung eines bloß *gültigen* und eines *würdigen* bzw. *fruchtbaren* Sakramentenempfangs geworden. Diese Unterscheidung geht der Sache nach bis ins 3. und 4. Jahrhundert zurück, als man sich fragte, ob die in häretischen Kreisen gespendete Taufe wiederholt werden müsse. Es setzte sich die Meinung durch, dies sei nicht der Fall, auch wenn die Gnadenwirkung des Sakramentes beim irrigen Glauben der Empfänger oder ihrer sittlichen Fehlhaltung nicht zustande komme. Was das Sakrament trotzdem wirkt, nannte man das unauslöschliche Siegel, den *Character indelebilis*.

Nach späterer Auffassung wird ein solcher sakramentaler Charakter bei drei Sakramenten (Taufe, Firmung und Weihe) eingeprägt, wodurch der Mensch in eine unwiderrufliche Beziehung zu Christus und der Kirche gesetzt wird.

Wenn die Behinderung einer Auswirkung der Sakramente wegfällt, dann kann aus diesem unauslöschlichen Siegel wieder die Gnade voll erwachsen. Man spricht von einem *Wiederaufleben* der Gnade.

Was den bloß gültigen Empfang angeht, „so nennt die scholastische Tradition neben dem nicht Erforderlichen aber doch auch das wirklich Verlangbare, nämlich die Absicht des Empfängers, das ihm angebotene Sakrament tatsächlich anzunehmen...Die Frage, welche Art von Intention zum gültigen Sakramentsempfang erforderlich sei, beantwortet die Schultheologie.. im Hinblick auf Grenzfälle (und doch allgemeine Normen setzend!): Es ‚genügt nach der subjektiven Seite in der Regel die habituelle Intention. Im Notfall (Bewußtlosigkeit, Geistesgestörtheit) darf das Sakrament gespendet werden, wenn man begründeterweise annehmen darf, daß der Empfänger vor dem Eintritt der Notlage wenigstens implicite den Wunsch hatte, das Sakrament zu empfangen...Nach der objektiven Seite genügt die Intention, zu empfangen, was die Kirche gibt‘.“[129]

– Für den würdigen und fruchtbaren Sakramentsempfang, der allein „erlaubter“ Sakramentsempfang ist, ist selbstverständlich auch nach der Tradition *mehr erforderlich als das Minimum.*

In dem „Grundriß der katholischen Dogmatik“ von *Ludwig Ott* heißt es: „Zum würdigen und fruchtbringenden Empfang der Sakramente ist beim erwachsenen Empfänger eine sittliche Disposition erforderlich.“[130] „Diese besteht bei der Erwachsenentaufe und der Buße im Glauben und in der Reue; Glaubenslosigkeit und Unbußfertigkeit würden jenem ‚Gnadenhindernis‘, jenem ‚obex‘ gleichkommen, von dem das Tridentinum mit Nachdruck sprach (NR 511; DH 1606). Bei den anderen Sakramenten wird (neben dem Getauftsein) der sog. ‚Gnaden-

[129] A. Ganoczy, Einführung in die katholische Sakramentenlehre, 49, mit Berufung auf L. Ott, Grundriß der katholischen Dogmatik, Freiburg ^{3}1957, 414.
[130] L. Ott, Grundriß der katholischen Dogmatik, 414.

stand', d.h. das Nichtbelastetsein durch schwere Sündentat und Schuld, erfordert."[131] Diese Lehre der theologischen Tradition hat sicher ihre Gültigkeit, man muß sie aber wohl noch mehr in einem personalen Sinn interpretieren. Sakramentenempfang ist eben ein dialogisches Geschehen, in dem der Glaubenszuspruch und -anspruch Gottes die personale Glaubensantwort des Empfängers ermöglicht und fordert. Nur so realisiert sich im vollen Sinne Heil, das gerade in einer vertieften Beziehung zu Gott und zu den Mitglaubenden besteht. Diese Dimensionen wollen übrigens in der Liturgie der Sakramente voll zum Ausdruck kommen: Die Sakramente sind „subjektzentriertes Ereignis", so aber zugleich „ekklesiales Gruppenereignis".[132] Darum soll bei jedem Sakramentenempfang „das Personale derart zum Ausdruck kommen, daß greifbar wird, wie dieses Geschehen nicht nur die Tat Gottes und die Tat der Kirche, sondern auch die innere Tat des Glaubens des Sakramentsempfängers ist"[133].

3. Medium der sakramentalen Interaktion sind die *sakramentalen Symbolhandlungen*. In diesem Zusammenhang soll nur vom Aufbau der sakramentalen Zeichen die Rede sein. Die sakramentale Zeichenhandlung baut sich in mehreren Stufen auf:

– Da ist zunächst einmal bei den meisten Sakramenten ein *materielles Element*: Wasser, Öl, Brot und Wein beispielsweise. Diese Elemente haben schon eine natürliche Symbolkraft. So kann man hinweisen auf: das Klare, Durchscheinende, Lebendige, Lebenspendende, Durstlöschende, Gewaltige des Wassers.

– Diese natürlichen Elemente werden nun in einen *Handlungszusammenhang* eingebaut: in die Waschung bzw. Besprengung mit Wasser, die Salbung mit Öl oder Chrisam, das Essen von Brot und das Trinken von Wein bzw. das Mahl in der Gemeinschaft. Dabei steigert sich die Zeichenwirkung. Es wird beispielsweise Reinigung symbolisiert oder Kräftigung im Essen und Trinken.

– Dazu kommt auf dieser Stufe *die Bedeutung*, die ein entsprechender Handlungszusammenhang im Bewußtsein (und Unterbewußtsein) der Menschen hat: Salbung mit Öl etwa als Bevollmächtigung des Königs oder auch als Bereitung zum sportlichen Wettkampf; das Mahl als Ausdruck festlicher Freude in Gemeinschaft oder auch des religiösen Opfers. Diese Ausdrucksdimension, die zu einem guten Teil auf menschlicher Konvention beruht, ist sicher am meisten geschichtlichem Wandel unterworfen. Wo gibt es heute noch eine bedeutungsvolle Ölung oder Salbung?

– Im sakramentalen Zeichen wird nun dieser Handlungszusammenhang noch einmal durch *das Wort* bestimmt, die in der Vollmacht Jesu Christi gesprochene *Spendeformel*: „Ich taufe dich im Namen..." „Das ist mein Leib...". Jetzt erhält der sakramentale Handlungszusammenhang seine Transparenz auf Jesus Christus hin und auf sein Heilswerk, auf Christus, der schon gekommen ist, der da ist, der zur Vollendung kommen wird.

Wenn man diesen Aufbau der sakramentalen Zeichen bedenkt, dann leuchtet es unmittelbar ein, daß diese Symbolhandlungen in personaler Weise vollzogen und mitvollzogen werden wollen: vom Spender, vom Empfänger, von der ganzen Gemeinde. Es handelt sich ja nicht um ein gleichsam totes Werkzeug, sondern um ein personales Ausdrucksgeschehen, das ausdrucksstark gestaltet und mit al-

[131] A. Ganoczy, Einführung in die katholische Sakramentenlehre, 49 f.
[132] Vgl. A. Ganoczy, Einführung in die katholische Sakramentenlehre, 51.
[133] A. Ganoczy, a.a.O.

len Sinnen wahrgenommen werden will. Gerade so nimmt es Gott in den Dienst seines Heilshandelns, das freilich noch einmal über alle menschlichen Bemühungen und Möglichkeiten hinausreicht.

Die sakramentalen Symbolhandlungen nach römisch-katholischem Ritus

Sakrament	Materiales Handlungselement	Wortelement (Spendeformel)
Taufe	Übergießen mit Wasser oder Eintauchen in Wasser. Evtl. Besprengung mit Wasser (muß fließen)	„N., ich taufe dich im Namen des Vaters und des Sohnes und des Heiligen Geistes.“
Firmung	Auflegung der Hand, Salbung der Stirn mit Chrisam	„N., sei besiegelt durch die Gabe Gottes, den Heiligen Geist.“
Eucharistie	Konsekration (Wandlung) von Brot und Wein – Essen des gewandelten Brotes und Trinken des gewandelten Weines	„Das ist mein Leib, der für euch hingegeben wird. – Nehmet und trinket alle daraus: Das ist der Kelch des neuen und ewigen Bundes, mein Blut, das für euch und für alle vergossen wird zur Vergebung der Sünden. Tut dies zu meinem Gedächtnis.“
Bußsakrament	Ausdruck der Reue und Genugtuungsbereitschaft des Poenitenten im Sündenbekenntnis – Ausstrecken der Hände des „Beichtvaters“ (wenigstens der Rechten) über das Haupt des Gläubigen, Kreuzzeichen	„Gott, der barmherzige Vater, hat durch den Tod und die Auferstehung seines Sohnes die Welt mit sich versöhnt und den Heiligen Geist gesandt zur Vergebung der Sünden. Durch den Dienst der Kirche schenke er dir Verzeihung und Frieden. So spreche ich dich los von deinen Sünden im Namen des Vaters und des Sohnes und des Heiligen Geistes.“ (Der Gläubige antwortet mit: „Amen“.)
Krankensalbung	Salbung von Stirn und Händen mit geweihtem Öl	„Durch diese heilige Salbung helfe dir der Herr in seinem reichen Erbarmen, er stehe dir bei mit der Kraft des Heiligen Geistes“ (Salbung der Stirn). – „Der Herr, der dich von Sünden befreit, rette dich, in seiner Gnade richte er dich auf“ (Salbung der Hände). – Beide Male antwortet der Empfänger mit: „Amen“.

Weihesakrament	Handauflegung	Ein längeres Gebet, das auf biblischem Hintergrund die Aufgaben der jeweiligen Weihestufe zum Inhalt hat („die entsprechenden Worte der zugehörigen Weihepräfation")
Ehesakrament	Erklärung des Ehewillens. Anstecken des Ringes an die Hand des Partners	„N., ich nehme dich an als meine Frau/meinen Mann und verspreche dir die Treue in guten und in bösen Tagen, in Gesundheit und in Krankheit. Ich will dich lieben, achten und ehren, solange ich lebe." (Sog. „Großer Vermählungsspruch")

4. Im Lichte der Überlegungen dieses Abschnitts wird man auch einen Begriff neu sehen und interpretieren müssen, der in der Diskussion um die Wirkweise der Sakramente traditionell eine große Rolle gespielt hat: Die Sakramente wirken *„kraft ihres Vollzugs" (ex opere operato)*.

– Die Formel bezeichnet die *objektive Wirkweise* der Sakramente: Sie wirken die Gnade im Empfänger „kraft der recht vollzogenen sakramentalen Handlung" aus Gottes Kraft und Ermächtigung. Der Begriff begegnet selbstverständlich in der Bibel nicht. Man kann dort aber Ansätze dafür erkennen: So wird der Taufe eine Wirkmächtigkeit zugeschrieben, die aus Gott und nicht aus dem Glauben der Empfänger stammt (vgl. Tit 3,5; Joh 3,5). Auch vom Wort Gottes, das bei den Sakramenten eine entscheidende Rolle spielt, wird eine solche Wirkmächtigkeit ausgesagt (vgl. 1 Petr 1,23; Joh 15,3; Hebr 4,12).

– Während die Väterzeit nur die biblischen Gedanken aufnimmt und beispielsweise vom Mutterschoß der Taufe spricht, wurde seit Ende des 12. Jahrhunderts der Begriff *Ex opere operato* im Kontrast zum Begriff *Ex opere operantis* („kraft des wirkenden" Spenders bzw. Empfängers) angewendet, zuerst bei Petrus von Poitiers († 1205). Damit soll die sakramentale Handlung als alleinige Instrumentalursache der Gnade gekennzeichnet werden; und zwar gerade auch gegenüber häretischen bzw. schismatischen Bewegungen, die einseitig die Wirksamkeit der Sakramente vom Glauben oder auch der Heiligkeit des Spenders bzw. des Empfängers abhängig machen. Das Konzil von Trient hat dann gegenüber der reformatorischen Betonung des Glaubens, der auch im Sakrament als Vertrauen auf Gottes Verheißung allein rechtfertigt, den Begriff *Ex opere operato* in eine definitorische Entscheidung aufgenommen: „Wer sagt, durch die Sakramente des Neuen Bundes werde die Gnade nicht kraft des vollzogenen Ritus (ex opere operato) mitgeteilt..., der sei ausgeschlossen" (NR 513; DH 1608). Diese Definition wurde für reformatorisches Glaubensverständnis zu einem Stein des Anstoßes. Eine Gesprächschance heute könnte dann gegeben sein, wenn man als eigentliches Anliegen des Begriffes Gottes alleinige Heilsursächlichkeit herausstellt.

– Wenn man den dialogischen, den interaktiven Charakter des sakramentalen Geschehens bedenkt, dann könnte der Begriff *Ex opere operato* in der Tat daran erinnern, daß die *Initiative* zu dem sakramentalen Heilsdialog *bei Gott liegt* und auch die menschliche Glaubensantwort von Gottes Gnade ermöglicht wird, daß also letztlich Gott allein „Ursache" bzw. Verursacher menschlichen Heiles ist.

Die auf Gottes Heilsangebot antwortende Glaubensantwort des Sakramentenempfängers soll und darf durch diesen Begriff nicht ausgeschlossen werden, sie steht aber tatsächlich weniger im Vordergrund. Das Zweite Vatikanische Konzil, das die Sakramente als dialogisches Geschehen versteht, hat wohl darum den Begriff Ex opere operato ganz in den Hintergrund treten lassen.

2.5.3 *Die Wirkung der Sakramente – Antwort auf menschliches Heilsverlangen?*

Nachdem die Herkunft der Sakramente von Jesus Christus und das Wirken der Sakramente als symbolischer Interaktion zwischen Spender und Empfänger in den Blick genommen worden sind, wäre jetzt die Frage aufzugreifen: Was wirken die Sakramente? Bedarf die traditionelle Auskunft auf diese Frage möglicherweise einer neuen Beleuchtung?

1. In der traditionellen katholischen Dogmatik wurde die Wirkung der Sakramente etwa in folgender Weise umschrieben: Sie verleihen heiligmachende Gnade und ein Anrecht auf helfende Gnaden, die dem „Zweck" des jeweiligen Sakramentes entsprechen. Außerdem prägen drei Sakramente, nämlich Taufe, Firmung und Weihesakrament dem Menschen ein unauslöschliches Siegel („character indelebilis") ein.

Zum Beleg und zur Erläuterung dieser Aussagen sei wieder auf den „Grundriß der katholischen Dogmatik" von Ludwig Ott zurückgegriffen.[134]

– Dort findet sich folgender Lehrsatz: „Die Sakramente des Neuen Bundes enthalten die Gnade, die sie bezeichnen, und verleihen sie denen, die kein Hindernis entgegensetzen."[135] Diese an Formulierungen des Konzils von Trient anschließende Aussage wird als „De fide" qualifiziert. Das ist in der traditionellen Klassifizierung der höchste Gewißheitsgrad.[136] Zweierlei wird damit als glaubensverbindlich bezeichnet: a. Alle Sakramente verleihen die von ihnen bezeichnete Gnade.– b. Nicht der Glaube des Empfängers ist Wirkursache der Gnade, sondern das Sakrament.– Später heißt es dann: „Alle Sakramente des Neuen Bundes verleihen dem Empfänger die heiligmachende Gnade."[137] Auch dieser Satz gilt als „De fide". Die heiligmachende oder habituelle Gnade definiert Ott als „eine dauernde übernatürliche Beschaffenheit der Seele, die den Menschen innerlich heilig, gerecht und Gott wohlgefällig macht...Die aktuelle Gnade...oder helfende Gnade (dagegen) ist eine vorübergehende übernatürliche Einwirkung Gottes auf die Seelenkräfte zur Verrichtung eines Heilsaktes, der entweder die Erlangung der heiligmachenden Gnade oder deren Erhaltung und Vermehrung bezweckt"[138].

---

[134] L. Ott, Grundriß der katholischen Dogmatik, Freiburg [3]1957.
[135] A.a.O., 394.
[136] Vgl. in diesem Werk Bd. I: Theologische Erkenntnislehre 4.3.5.2 (Schaubild).
[137] A.a.O., 399.
[138] A.a.O., 268.

– Weiterhin führt Ott aus: „Jedes einzelne Sakrament verleiht eine spezifische Sakramentsgnade.“[139] Dieser Satz ist nach Ott nicht „De fide“, sondern nur „Sententia communis“, allgemeine theologische Lehrmeinung, die praktisch keine Kontrahenten hat, freilich in diesem Fall verschieden ausgelegt wird. Meistens wird der Satz so verstanden, „daß mit der sakramentalen Gnade das Anrecht auf die zur Erreichung des Sakramentszweckes nach Zeit und Umständen erforderlichen aktuellen Gnaden verbunden ist“[140]. Manche Theologen denken aber auch bei der Sakramentsgnade an einen dauernden göttlichen Beistand, „durch den die heiligmachende Gnade eine innere Vervollkommnung in der Richtung auf den besonderen Zweck des Sakramentes hin erfährt“[141].

– Zum unauslöschlichen Siegel heißt es bei Ott: „Drei Sakramente, die Taufe, die Firmung und der Ordo, prägen der Seele einen Charakter, d.h. ein unauslöschliches geistiges Merkmal ein und können deswegen nicht wiederholt werden.“[142] Mit Berufung auf das Konzil von Trient wird diese Aussage als glaubensverbindlich erklärt. Zum sakramentalen Charakter finden sich dann noch folgende Aussagen: „Der sakramentale Charakter ist ein der Seele eingeprägtes geistiges Merkmal. De fide. Auf Grund der Erklärung des Konzils von Trient...ist der Charakter als ein reales, an der Seele haftendes akzidentelles Sein zu bestimmen, näherhin als eine der Seele physisch inhärierende übernatürliche Beschaffenheit...Der sakramentale Charakter bevollmächtigt zu christlichen Kulthandlungen. Sententia communis.“[143]

2. Was hier über die Wirkung der Sakramente gesagt wird, hat einen sehr scholastisch-abstrakten Charakter. Es bedarf einer Übersetzung in das Denken der Gegenwart. Versuchen wir sie zunächst für die Lehre vom unauslöschlichen Siegel, dann für die Lehre von der Gnadenwirkung der Sakramente.

3. Wir gehen von einem Vorbegriff dessen aus, was mit dem unauslöschlichen Siegel gemeint ist. Der Character indelebilis (unauslöschlicher Charakter, Siegel oder Prägemal) ist eine Art von Zwischenwirkung bei Taufe, Firmung und Weihesakrament, die – obwohl selbst gnadenhaft – von der eigentlichen Wirkung, der Gnade, zu unterscheiden ist.

– Schriftansätze für diese Lehre lassen sich nur im Lichte der definierten kirchlichen Lehre ausmachen. Hier kam vor allem der Gedanke der Besiegelung des Menschen zum Tragen, die dem Heiligen Geist zugeschrieben wird (vgl. 2 Kor 1,21f.; Eph 1,13; 4,30). Entwickelt hat sich die Lehre aus der seit dem 3. bzw. 4. Jahrhundert (Ketzertaufstreit, Auseinandersetzung mit den Donatisten) immer deutlicher sich durchsetzenden Einsicht in die Unwiederholbarkeit der Taufe (und damit der Firmung) und des Weihesakramentes. Theologen des 4. Jahrhunderts, vor allem *Augustinus*, schaffen zur Begründung dieser Glaubenseinsicht die noch eher bildhaft argumentierenden Anfänge einer Theologie des Character indelebilis (z.B. Markierung der Schafe mit dem Zeichen des Besitzers, Tätowierung der Soldaten mit dem Zeichen ihres Herrn). Im Mittelalter verlebendigt sich die theologische Diskussion. Die Lehre erhält bei *Thomas von Aquin* ihre klassische Gestalt: Der Character indelebilis ist eine reale Potenz im Menschen, auf der eine je spezifische Beziehung zu Christus und zur Kirche gründet. So gibt er durch die Ver-

[139] A.a.O., 399.
[140] A.a.O., 400.
[141] A.a.O.
[142] A.a.O.
[143] A.a.O., 401 f.

ähnlichung mit Christus vor allem Befähigung und Aufgabe, mit Christus (bei der Weihe in spezifischer Funktion) als Christ zu leben, Gott zu dienen, den Glauben zu bezeugen. Wer eines dieser Sakramente ohne die nötige Offenheit für Gottes Gnadenmitteilung (nur „gültig“) empfängt, in dem bleibt der Character indelebilis gleichsam Wurzel des Auflebens bzw. Wiederauflebens der Gnade bei entsprechender Öffnung des Menschen. Diese Lehre steht im Hintergrund lehramtlicher Festlegungen auf dem Konzil von Florenz (vgl. DH 1313) bzw. auf dem Konzil von Trient (DH 1609).-

Die Lehre vom Character indelebilis wurde von der Reformation entschieden als nicht schriftgemäß abgelehnt. Neue Gesprächsmöglichkeiten könnten sich ergeben, wenn man in ihm nicht so sehr ein im Menschen begründetes, eher sachhaftes Seiendes, sondern Gottes wirksam bleibenden Anruf an den Menschen erkennt.

– Gegen eine Minimalisierung der Lehre vom Character indelebilis, wozu es in heutiger Theologie Tendenzen gibt, könnte und sollte ihr Sinn dialogisch ausgelegt werden: Gott ruft sakramental den Menschen ganz persönlich und zugleich als Glied der Gemeinde Jesu an, und zwar in schöpferischer Weise, damit der Mensch im Glauben darauf antwortet. Gibt der Mensch seine Antwort nicht in der geschuldeten Glaubenshingabe, so zieht Gott seinen wirksamen Anruf doch nicht zurück, die neue Chance und Aufgabe bestimmt den Menschen bleibend als unauslöschliches sakramentales Siegel. Erwähnt sei noch, daß manche Theologen beim Ehesakrament von einem Quasi-Charakter indelebilis sprechen.

4. Wenn nun versucht wird, zu konkretisieren, was mit der Lehre von der Gnadenwirkung der Sakramente gemeint sein könnte, so soll dies einerseits am Leitfaden heutiger Heilserwartungen, andererseits am Leitfaden der symbolischen Ausdruckskraft der Sakramente geschehen.

Letztlich suchen wohl alle Menschen so etwas wie Heil, d.h. sie sind mit aller Kraft daran interessiert, daß ihr Leben glückt, daß es nicht im Dunkel der Sinnlosigkeit verdämmert. Sie suchen Wege zu einem Leben, das dieses Namens würdig ist, auch wenn solches Streben oft durch vordergründige Wünsche und Wunscherfüllungen niedergehalten wird. Wenn Jesus Christus gekommen ist, damit die Menschen „das Leben haben und es in Fülle haben“(Joh 10,10), und wenn man in den Sakramenten Jesus selbst und seinem heilbringenden Wirken begegnet, dann sind die Sakramente die gesuchten Wege zum Leben. Sie entsprechen in einem tieferen Sinn den vielfach aufgefächerten Wünschen des Menschen nach wahrem, geglücktem Leben.– Das bedeutet nicht, daß die Sakramente immer dem menschlichen Verlangen nach Wunscherfüllung und Selbstbestätigung entsprächen. Sie können durchaus zum Gericht über ein oberflächliches, an das „Man“ verfallene „Heilsstreben“ des Menschen werden und ihn gerade dadurch aus seiner „Uneigentlichkeit“ und heillosen Ichverkrampfung befreien.[144]

– Die folgenden Heilserwartungen lassen sich im heutigen Bewußtsein ausmachen:[145]

[144] Zu den Begriffen „Man“ und „Uneigentlichkeit“ vgl. M. Heidegger, Sein und Zeit, Tübingen 71953, 167-179.

[145] Vgl. G. Koch, Die christliche Heilsbotschaft heute. Probleme und Kriterien der Vermittlung: ThG 25 (1982) 66-75.

Zuerst gibt es eine *Sehnsucht nach Frieden* im umfassenden Sinn *und nach Einheit*. Man möchte mit sich selbst in Frieden sein bei soviel Zerrissenheit heute. Man möchte mit den Menschen in Frieden sein, den nahen und den fernen. Man fühlt sich, wie wohl noch nie, durch Unfrieden, Kriege und Kriegsgefahr geängstigt und in Frage gestellt. Man sucht einen Frieden, der auch die Unversehrtheit der Schöpfung mit einschließt.

Dann gibt es ohne Zweifel die *Sehnsucht nach personalem Angenommensein*, nach Liebe und Bejahung. Der Mensch sehnt sich danach, daß jemand „Ja" zu ihm sagt, und zwar auch ohne daß er seinen Wert immer wieder durch Leistung ausweisen muß; daß er im Alltag und in Extremsituationen Hilfe, Beistand, eine unverbrüchliche Solidarität erfahren könne. Er möchte nicht gebraucht, ausgebeutet werden, sondern ungeheucheltes Wohlwollen erfahren.

Es gibt weiterhin die *Sehnsucht nach Sinn*. Wir möchten wissen und fühlen, wozu das alles gut ist, was wir tun und treiben und was uns treibt; ob es ein Ziel hat, um dessentwillen es sich zu leben lohnt.

Und schließlich gibt es eine *Sehnsucht nach Hoffnung und Trost noch über den Tod hinaus*; daß uns nämlich gesagt wird und wir uns darauf verlassen können: Es wird alles gut, in nächster Zukunft und einmal endgültig. Und was wir selbst hören möchten, möchten wir auch anderen sagen dürfen und können.

Natürlich begegnen solche Heilserwartungen in vielfältiger Verbindung miteinander, sie durchdringen sich vielfach innig.

– Die Frage ist nun, ob das, was heutige Menschen an Heil erwarten, ihnen nach der Botschaft der Bibel auch tatsächlich verbürgt und verheißen ist. Das ist zu bejahen: Christliches Heil, das immer in der Begegnung mit Gott selber wurzelt, läßt sich nach den Maßstäben der Bibel und der Glaubenstradition im Blick auf die Erwartungen heutiger Menschen (Frieden – Liebe – Sinn – Trost und Hoffnung) u.a. in folgender vierfacher Weise konkretisieren:

a. Es läßt sich beschreiben als Ermöglichung und Verwirklichung von Einheit ohne Gleichmacherei,als Gemeinschaft, Geschwisterlichkeit, Frieden in Gerechtigkeit, wobei dieser Frieden auch die Schöpfung, die Natur als Lebensraum des Menschen umfaßt.

Wenn Gott in Jesus Christus auf die Menschen zugegangen ist und zugeht, sie gleichsam umfaßt in Jesus Christus, dann gibt er ihrer Gemeinschaft eine neue Basis. Sie dürfen in der Gemeinschaft sie selbst sein; ungerechter Herrschaft, tödlicher Konkurrenz ist so der Boden entzogen; auch der ungerechten Herrschaft über diese Schöpfung, der Ausbeutung der Natur, die sie für die Menschen zerstört. Frieden ist ein anderes Wort für Gnade und Heil.

b. Heil läßt sich aber auch beschreiben als Bejahung, Annahme und Liebe, die einer vom anderen erfährt und dem anderen gewährt, weil er selbst sie von Gott erfahren hat.

Wenn Gott in seinem Sohn alle Menschen und jeden Menschen angenommen hat, wenn er Ja zu ihnen sagt, so will sich dieses Ja Gottes darin konkretisieren, daß sich Menschen wechselseitig bejahen, daß sie sich ertragen und annehmen. Liebe könnte ein anderes Wort für Heil sein.

c. Heil läßt sich aber auch beschreiben als Erfahrung von Sinn menschlichen In-der-Welt-Seins und menschlicher Geschichte.

Wenn Gott in seinem Sohn die Menschen, ihre Geschicke und ihre Geschichte angenommen hat und bejaht, dann darf man um einen letzten unverbrüchlichen Sinn der eigenen Lebensgeschichte und der Weltgeschichte wissen. Sinn ist ein anderes Wort für Heil.

d. Heil läßt sich schließlich auch beschreiben als Heilung innerer und äußerer Mängel, als Vergebung, als Hoffnung auf ewiges Leben; es läßt sich erfahren als Trost.

Wenn Gott in Jesus den Menschen gedient hat, wenn er sie geliebt hat mit todesüberwindender Liebe, dann will er kein kümmerlich-verkümmertes Dasein. Er ist der Gott, der hilft, befreit und heilt, Jahwe, der für sein Volk da ist, der es, gerade auch durch Menschen, die er ruft, ausrüstet und befähigt, in einer neuen Gerechtigkeit, einer neuen Freiheit wechselseitigen Dienens zu leben. Er erweist sich in Christus zugleich als der Gott, der das Heil der Menschen, welches in dieser Geschichte unvollendet und unvollendbar ist, einmal vollenden wird in einem neuen Himmel und einer neuen Erde, zu denen alle berufen sind: nicht nur die Starken, sondern auch die Schwachen, die Opfer dieser Geschichte. So werden Trost und Hoffnung zu anderen Bezeichnungen für das Heil.

– Wenn nun Sakramente Wirkzeichen der Gnade und des Heiles (*signa efficacia gratiae*) sind, dann sind sie Wirkzeichen des Friedens, der Liebe, des Sinns, der Hoffnung und des Trostes, wie sie in der Begegnung mit Gott dem Menschen geschenkt werden, und zwar aus der Vergegenwärtigung des Heilswerkes Christi heraus und im Hinweis auf die Vollendung dieses Heilswerkes in seiner Wiederkunft.

– Was symbolisieren und bewirken nun die sakramentalen Zeichenhandlungen, die ihrerseits vielschichtig sind und demgemäß den ganzen Menschen ansprechen in allen seinen Schichten und auch so vernommen werden wollen?

a. Sie bezeichnen und bewirken zunächst einmal allesamt die *Begegnung mit Jesus Christus und seinem Heilswirken* damals, heute und bei der Vollendung. Damit bezeichnen und bewirken sie eine neue oder vertiefte Einheit mit Gott, dem Vater Jesu Christi, und seinem Heil. Zugleich bezeichnen und bewirken sie eine neue Einheit der Menschen miteinander, den Frieden, der auch für die ganze Schöpfung gilt. In die sakramentalen Zeichenhandlungen gehen Elemente und „Früchte" der Schöpfung ein und bezeugen so Gottes Heilswillen auch für sie wie Gottes Forderung und Ermächtigung, sie sorgend zu bewahren.– Weiterhin bezeichnen und schenken die Sakramente Liebe und Annahme (auch als vergebende Liebe), Sinn, Trost und Hoffnung auch noch über den Tod hinaus. Das läßt sich mehr oder weniger deutlich an allen Sakramenten, manchmal unmittelbar an ihrer sakramentalen Zeichenhandlung, aufzeigen.

b. Es läßt sich aber auch aufzeigen, daß einzelne Sakramente *besonderen Aspekten des Heiles* speziell zugeordnet werden können, ohne daß dies freilich zu pressen ist.

Das eigentliche Sakrament der Einheit und des Friedens ist die Eucharistie. Die Taufe und speziell das Ehesakrament sind besonders der Heilswirklichkeit der Liebe zugeordnet. Für die Ehe ist das deutlich. Die Taufe reinigt, schafft neu; Gott sagt unverbrüchlich „Ja" zum Getauften. Der Getaufte wird damit eingegründet in den Dreifaltigen Gott, der die Liebe ist, und zugleich in die geschwisterliche Gemeinschaft der Kirche. Möglicherweise darf man dem Heilsgut Sinn besonders die Firmung zuordnen. Sie nimmt den Menschen in der Kraft des Heiligen Geistes in Dienst für ein Ziel, um dessentwillen zu leben es sich lohnt: den Dienst für andere in der Liebe Christi. Ähnliches läßt sich vom Weihesakrament sagen.– Trost und Hoffnung symbolisieren und bewirken das Bußsakrament und die Krankensalbung: In Situationen des Scheiterns und der Schwäche ermöglichen sie den neuen Anfang zugleich mit der Hoffnung, daß Gott es am Ende end-gültig gut machen wird.

2.5.4 Das Wirken der Sakramente in seinem Verhältnis zum Wirken des Wortes und der Sakramentalien

Was Sakramente sind und wie sie wirken, läßt sich noch weiter verdeutlichen, wenn man sie in Beziehung setzt zu anderen Wirkweisen der Kirche, mit denen sie verwandt sind, von denen sie sich aber doch auch unterscheiden: der Verkündigung des biblischen Gotteswortes und den sog. Sakramentalien.

1. Zuerst ist das in den vergangenen Jahrzehnten vieldiskutierte *Verhältnis von Wort und Sakrament* in den Blick zu nehmen.

– Ausdrücklicher noch als bei den Sakramenten wird in der Bibel dem Wort Gottes und seiner Verkündigung heilschaffende Kraft zugeschrieben. Es belehrt über Gnade und Heil, fordert ein dem Willen Gottes entsprechendes Leben und gibt den Glaubenden Anteil am Heil. Es ist wirkendes Wort. Dieser Wirkcharakter tritt schon im Alten Testament hervor: „Ist nicht mein Wort wie Feuer – Spruch des Herrn – und wie ein Hammer, der Felsen zerschmettert?"(Jer 23,29; vgl. z.B. Jes 55,10f.). Gott selber hat nach dem priesterschriftlichen Schöpfungsbericht die Welt durch sein Wort erschaffen (Gen 1,1-2,4a). Im Neuen Testament ist Jesus Christus das eine, umfassende Wort Gottes (vgl. Joh 1,14). Die Frohbotschaft, die er ist und die er gebracht hat und mit deren Verkündigung er seine Jünger beauftragt, weckt Glauben und schenkt Gnade und Heil: Das Evangelium „ist eine Kraft (*dynamis*) Gottes, die jeden rettet, der glaubt" (Röm 1,16; vgl. Hebr 4,12f.). Viele Texte des Neuen Testamentes bestätigen diesen „dynamischen" Charakter des Wortes, der sicher nicht vom Inhalt dieses Wortes absieht, aber doch über eine bloß inhaltliche Belehrung hinausgeht: „Ihr seid schon rein durch das Wort, das ich zu euch gesagt habe" (Joh 15,3; vgl. 1 Petr 1,23).

– In der Geschichte der Theologie ist eher beiläufig vom Verhältnis von Wort und Sakrament die Rede, etwa wenn *Augustinus* das Sakrament *verbum visibile* (sichtbares Wort) nennt. Lange Zeit bleibt dagegen der biblische Gedanke einer Heilswirksamkeit des Wortes Gottes lebendig, zumal Elemente des biblischen Gotteswortes (prophetische Verheißungen, das Vaterunser) zeitweilig mit dem Begriff „sacramentum" gekennzeichnet wurden. Mehr und mehr aber sah man – besonders in Reaktion auf die reformatorische Überbetonung der Bedeutung des Wortes – im Offenbarungswort nur noch die Übermittlung objektiver Wahrheiten, die von Gott den Menschen zu glauben vorgelegt werden. Erst im Zusammenhang mit dem Zweiten Vatikanischen Konzil entwickelte man auf katholischer Seite eine Theologie des Wortes und begann über das Verhältnis von Wort und Sakrament zu reflektieren. Dabei neigte man dazu, entweder das Wort und seine Verkündigung vom Sakrament her zu verstehen als Quasi-Sakrament (*Otto*

Semmelroth) oder aber das Sakrament als die Höchstform des wirksamen (exhibitiven) Wortes zu sehen (*Karl Rahner*). Das Spezifische von Wort oder Sakrament erscheint dann leicht als Mangel. Andere Theologen (z.B. *Walter Kasper*) wollen durch eine vermittelnde Position Einseitigkeiten vermeiden, indem sie Wort und Sakrament einander zuordnen von ihrem Bezug zur Situation und den Situationen des Menschseins her. Die Wirksamkeit des Wortes Gottes wird oft auch mittels der „Sprechakt-Theorie" (*W. L. Austin*) gedeutet: Neben *informativen* gibt es *performative* Sätze, d.h. solche, die das Gesagt bewirken (z.B. das Ende einer Versammlung durch entsprechende Worte des Vorsitzenden).– Ausdrückliche Aussagen des Lehramts zum Verhältnis von Wort und Sakrament gibt es nicht. Das *Konzil von Trient* scheint zwar alle Heilswirksamkeit den Sakramenten zuzuschreiben, „durch die jede wahre Gerechtigkeit beginnt, wächst oder nach dem Verlust wiederhergestellt wird" (NR 505; DH 1600). Es sagt aber vom Glauben, der vom Hören des Gotteswortes (vgl. Röm 10,17) kommt, er sei „Beginn des Heils für den Menschen, Grundlage und Wurzel jeder Rechtfertigung" (NR 803; DH 1532). Das Zweite Vatikanische Konzil hebt die Wirksamkeit des Gotteswortes mehrfach hervor: „Solche Gewalt und Kraft west im Worte Gottes, daß es für die Kirche Halt und Leben, für die Kinder der Kirche Glaubensstärke, Seelenspeise und reiner, unversieglicher Quell des geistlichen Lebens ist"(DV 21). Hervorgehoben wird auch der dialogisch-personale Charakter des Gotteswortes (vgl. DV 8).– Für die reformatorische Theologie stammt alles Heil aus dem Wort Gottes, seiner Verkündigung und dem Glauben (*solo verbo – sola fide*). Die Sakramente sind besondere Weisen (nicht Höchstform!) des heilbringenden Wortgeschehens. Die katholische Neuentdeckung der „Heilsmacht des Wortes" kann hier eine Annäherung bringen. Ihr freilich müßte auf evangelischer Seite eine neue Würdigung des Eigenwertes symbolischen Geschehens als wirksamer Offenbarungs- und damit Heilsvermittlung entsprechen, wofür es Anzeichen gibt.

– Wort und Sakrament sind Urdaten kirchlicher Heilsvermittlung. Sie können bei aller Verwandtschaft (beide sind Zeichen) *nicht aufeinander zurückgeführt* werden. Bei der Bestimmung ihres Verhältnisses könnte man von beider Situationsbezogenheit ausgehen: Die *Wortverkündigung* spricht dem Menschen Heil so zu, daß er es in seiner jeweiligen Situation in Freiheit verwirklichen kann. Die *Sakramente* bringen für den, der sie gläubig empfängt und mitvollzieht, die guten und die schlimmen Situationen des Lebens, das Bewußte und das Unbewußte, das Verfügbare und das Unverfügbare, wirksam mit Gottes neuschaffendem Wort in Verbindung. Sie schaffen in ihrem kommunikativen Symbolcharakter zugleich Heilsgemeinschaft aus und mit Christus. Im Sakrament sind überdies Wort und Zeichen aufs engste verbunden. – Die Eigenbedeutung der Sakramente als Symbolgeschehen ist anthropologisch weiter zu erhellen, ebenso die Wirksamkeit des Wortes, das auch als menschliches Wort nicht nur informiert und Bedeutung vermittelt, sondern auch vergegenwärtigt und zwischenmenschliche (unter Umständen schöpferische) Begegnung schafft.[146]

[146] Vgl. W. Kasper, Wort und Sakrament: ders., Glaube und Geschichte, Mainz 1970, 285-310; G. Koch, Wort und Sakrament als Wirkweisen der Kirche: ders. u.a., Gegenwärtig in Wort und Sakrament, Freiburg 1976, 48-83; vgl. tzt D 9/1, Nr. 157-159.

2. Die *Sakramentalien* haben zwar auch nach katholischem Glaubensverständnis nicht denselben Rang wie die Sakramente und die Verkündigung des Wortes Gottes, ihnen kommt aber doch gerade im Rahmen der Liturgie hohe Bedeutung zu. Sakramentalien sind *zeichenhafte Handlungen, die, von der Kirche eingeführt, kraft der Fürbitte und des Glaubens der Kirche wie auch kraft des Glaubens des Empfängers und möglicherweise des Spenders Gottes heilvolles Wirken sinnfällig bezeugen und zugleich zuwenden.* Traditionell werden sie eingeteilt in Weihungen (Konsekrationen), Segnungen und Exorzismen.

– Wenn früher gesagt wurde, die Sakramente seien von Jesus Christus gestiftet, die Sakramentalien in einer gewissen Nachahmung der Sakramente von der Kirche geschaffen, so stößt diese Unterscheidung, wie wir sahen (vgl. 2.51), heute auf exegetische Schwierigkeiten. Die Einsetzung der Sakramente kann in einzelnen Fällen nur in einer indirekten Rückführung auf den historischen Jesus gesehen werden, während Jesus andererseits durchaus segnet und exorzisiert. Darin und in anderen zeichenhaften Handlungen, wie sie das Neue Testament bezeugt, kann ein allgemeiner neutestamentlicher Hintergrund für Sakramente und Sakramentalien gesehen werden, wobei sich freilich die Sakramente meist schon zumindest ansatzweise als unmittelbare Heilsgeschenke Gottes an seine Kirche ausweisen lassen.-

Einen Großteil der Sakramentalien genannten Riten hat die Kirche schon im 1. Jahrtausend entwickelt, oft im Zusammenhang mit der Liturgie von Taufe und Eucharistie. Eine nähere theologische Klärung brachte die Zeit ab dem 12. Jahrhundert, als die Siebenzahl und der besondere Charakter der Sakramente festlag. Während die Sakramente „ex opere operato“ wirken, zeitigen die Sakramentalien ihre Wirkung „ex opere operantis“(ecclesiae), also kraft des Wirkens der Kirche bzw. auch des Empfängers und des Spenders, der nach heute geltendem Recht im allgemeinen Kleriker sein muß, bei einigen Sakramentalien aber auch Laie sein kann.[147] Vor allem gegenüber den Reformatoren, die in den Sakramentalien den Versuch menschlicher Selbsterlösung sahen, nahm das kirchliche Lehramt zu den liturgischen Sakramentalien Stellung; so das Konzil von Trient (DH 1613; 1746; 1757; 1775): Solche Zeichen entsprechen der Menschennatur und sollen das Herz zu den göttlichen Wirklichkeiten hinrufen. Das Zweite Vatikanische Konzil macht über die Sakramentalien folgende Aussagen (SC 60f.): Sie sind von der Kirche eingesetzt und wirken kraft ihrer Fürbitte; sie bereiten die Menschen, die Wirkung der Sakramente aufzunehmen; ihre Wirkung geht wie die der Sakramente vom Pascha-Mysterium aus; das konkrete menschliche Leben wird durch sie geheiligt, gerade auch in seiner Materialität; sie helfen, daß bei den Glaubenden alles zum Heile dient und Gott zum Lobe gereicht.

– Daß das Konzil die Sakramentalien in mancher Hinsicht näher an die Sakramente herangerückt hat, kommt dem Verständnis der Ostkirchen entgegen. Daß die Herkunft der Wirkung der Sakramentalien vom Osterereignis, zugleich von der gläubigen Offenheit der Empfänger abhängig gesehen wird, könnte Anknüpfungspunkt für das Gespräch mit den Kirchen der Reformation sein. Für Luther

---

[147] Vgl. CIC can. 1168 f.

selbst ist übrigens die Selbstbekreuzigung (Sakramentale in einem weiteren Sinn) noch eine Selbstverständlichkeit; der Segen spielt auch in den Kirchen der Reformation eine große Rolle.

– Während für alle Formen von Sakramentalien die Grundforderung bleibt, ein magisches Verständnis abzuwehren und zugleich ihre anthropologische Bedeutung zu erhellen, stellen sich für die einzelnen Kategorien noch besondere Forderungen. Wenn *Weihungen* eine besondere Übereignung an Gott darstellen, dann darf dies nicht eine sakrale Ausgrenzung aus dem „Profanen" bedeuten: Geweihte Menschen und Bauten sollen gerade die Universalität der Erlösung durch Christus bezeugen und ihr dienen. Ähnlich verhält es sich bei *Segnungen* oder beim *Gebrauch gesegneter Gegenstände*: Sie sollen Hilfen sein, daß die erlösende Kraft christlichen Glaubens in allen Lebenssituationen ergriffen und wahrgenommen werden kann. Größere Schwierigkeiten bereiten heute die *Exorzismen*, die sich gegen böse Mächte bzw. den Teufel richten. Zugangsmöglichkeiten bieten Erfahrungen, die Menschen gerade auch heute machen können: Der Mensch fühlt sich verstrickt ins Böse, womöglich fasziniert vom Bösen, stößt auf Mauern des Hasses und der Menschenverachtung. Steckt dahinter nicht doch eine Macht des Bösen, vor der sich der einzelne wie ohnmächtig fühlt? In bestimmten Fällen kann sich die Kirche auch in Exorzismen wirksam und sinnfällig zur größeren Macht Gottes bekennen und ihr so Raum schaffen.[148]

2.5.5 Ökumenischer Konsens über die Sakramente?

Gerade auf dem Gebiet der Sakramentenlehre lassen sich echte Fortschritte auf dem Weg zur Einheit der Kirchen ausmachen.

1. Zeugnis dafür sind zahlreiche Konsensdokumente bzw. Ergebnisberichte ökumenischer Gespräche auf verschiedenen Ebenen und mit unterschiedlichen Dialogpartnern. Freilich geht es bei diesen interkonfessionellen Gesprächen nicht so sehr um die allgemeine Sakramentenlehre als vielmehr um die einzelnen Sakramente, vor allem um Taufe und Eucharistie, bzw. Sakramentengruppen (so z.B. die Initiationssakramente im Dialog mit den Ostkirchen). Bei der Darstellung der einzelnen Sakramente wird also jeweils auch vom Stand des ökumenischen Gesprächs die Rede sein müssen.

2. Trotzdem finden sich in einigen dieser Berichte auch Aussagen, die alle Sakramente betreffen.[149] Auf dieser Grundlage läßt sich zusammenfassend und zugleich vorwegnehmend Folgendes sagen: Über Sakramente und Sakramentenverständnis herrscht noch keine volle Einigkeit mit den Kirchen der Reformation. Aber es können doch Annäherungen sichtbar werden. Die katholische Kirche hebt seit dem Zweiten Vatikanischen Konzil neben dem Wirk- auch den Verkündigungscharakter der Sakramente hervor. Für die protestantische Seite ergibt sich die Frage, ob man einseitig nur dem Wort die Aufgabe der zu Glaube und Recht-

[148] Zu den Sakramentalien vgl. M. Löhrer, Art. Sakramentalien: LThK² 9, 233-236; J. Baumgartner, Gläubiger Umgang mit der Welt, Einsiedeln u.a. 1975/76.

[149] Vgl. tzt D 9/I, Nr. 183-200.

fertigung führenden Verkündigung zubilligen darf oder ob dies nicht vielmehr auch für Zeichen und Symbole gelten muß, die eine ganz eigene Sprache sprechen. Hier wäre wohl noch stärker heutigen anthropologischen Einsichten über das Wirken der Symbole Rechnung zu tragen, die Tiefenschichten des Menschen erfassen und zugleich Kommunikation schaffen. Sollte es das biblische Zeugnis verwehren, sie im Dienste der Verkündigung zu sehen?

Obwohl dies sicher nicht die einzig mögliche Verstehensweise ist, gibt es katholische Theologen, die gerade in den Sakramenten die Höchstform des Vergebung und Heil schaffenden Wortes sehen (*Karl Rahner*). Auch hier liegt der Ansatzpunkt für ein fruchtbares Gespräch. Weiterführen kann schließlich die Neubelebung einer schon seit dem Mittelalter gültigen theologischen Unterscheidung, nämlich der von *sacramenta maiora* (Hauptsakramente) und *sacramenta minora* (Situations- oder Nebensakramente). Ein wachsendes Einverständnis über die Hauptsakramente kann mehr Gelassenheit geben, auch über eine mögliche Glaubens- und Heilsfunktion der Situationssakramente im Leben des einzelnen (z.B. Firmung als wirksame Tauferneuerung) bzw. der kirchlichen Gemeinschaft (z. B. das Weihesakrament als Amtsübertragung mit wirksamer göttlicher Beistandsverheißung) nachzudenken.- Mit den Ostkirchen gibt es im Sakramentenverständnis weitgehende Übereinstimmung, die durch den Einfluß der Mysterientheologie noch vertieft worden ist. Unterschiede bei einzelnen Sakramenten (z.B. bei Bußsakrament und Krankensalbung) fallen demgegenüber weniger ins Gewicht. Das Gespräch mit ostkirchlicher Sakramententheologie kann auch dem Westen große Anregungen bringen.[150]

[150] Zur ostkirchlichen Sakramententheologie vgl. R. Hotz, Sakramente – im Wechselspiel zwischen Ost und West, Zürich 1979.

3. Die Taufe

3.1 Vom Sitz der Taufe im Leben

In einem eher phänomenologischen Einstieg soll eine doppelte Frage gestellt werden: 1. Welchen Stellenwert hat die Taufe im Erfahrungsbereich der Gläubigen, wie wird sie eingeschätzt, was wird als fragwürdig empfunden? 2. In welchem liturgischen Sinnzusammenhang begegnet die Taufe, mit welchen anderen Sakramenten gehört sie besonders eng zusammen? Hier stellt sich die Frage nach den sogenannten Initiationssakramenten.

3.1.1 Vom Stellenwert der Taufe in der Einschätzung der Gläubigen

1. Wer die Taufe eines Erwachsenen oder eines Heranwachsenden – oder gar seine eigene Taufe – bewußt erlebt hat, dem wird klar geworden sein: Hier geht es in Wort und Zeichen um einen echten Dialog des Täuflings mit der Kirche, mit Jesus Christus, mit Gott, dem himmlischen Vater. Der Täufling bringt die Antwort des Glaubens ein, auf die er sich entsprechend vorbereitet hat (Katechumenat), und nun wird ihm in der eigentlichen Taufspendung (wie in anderen Symbolhandlungen) wirksam gezeigt, wovon der Glaube befreit, was er schenkt und was er fordert.

Einem wichtigen Element der Erwachsenentaufe begegnet man bei der Feier der Osternacht, wenn von der Gemeinde als ganzer und jedem einzelnen das sog. Taufversprechen erneuert wird. Die Christen widersagen in dreimaliger Form dem Bösen und bekennen in ebenso dreimaliger Weise die Grundwahrheiten christlichen Glaubens. Diese feierliche Erneuerung der Taufentscheidung in der Osternacht kann auf zweierlei hinweisen: Taufe und Osterfeier gehören aufs engste zusammen (in der Osternacht wird auch das Taufwasser geweiht); und Taufe ist eben wesentlich ein dialogisches Geschehen; Gott wendet sich dem glaubensbereiten Menschen zu, ruft ihn bei seinem Namen („mein bist du"), beginnt mit ihm eine neue Geschichte, und der Mensch antwortet darauf im Glauben. Gerade das kann aber auch zu der Frage führen: Wie kann ich ein Taufversprechen erneuern, das ich (bei der Säuglingstaufe) nicht selber, sondern das Eltern und Paten für mich gegeben haben?

2. Meist wird man der Taufe jedoch unmittelbar in ihrer Form als Kindertaufe, genauer als Säuglingstaufe begegnet sein. Diese Feier prägt das Bild der Taufe im allgemeinen Bewußtsein.

– Mitwirkende bei dieser Feier mit eigener Rolle sind: der Täufling als Empfänger des Sakramentes, ein Priester oder Diakon als ordentlicher Sakramentenspender (die sog. Nottaufe kann jeder Gläubige, bei entsprechender Absicht sogar ein Ungläubiger spenden), die Eltern, die Paten, erfreulicherweise mehr und mehr neben Verwandten und Freunden auch Vertreter der christlichen Gemeinde.

– Die eigentliche Zeichenhandlung der Taufe besteht aus dem Übergießen mit Wasser und der Taufformel. Der Taufspender nennt den Täufling mit Namen und sagt dann: „Ich taufe dich im Namen des Vaters und des Sohnes und des Heiligen Geistes." Dieser Kern des Taufgeschehens -ohne die Namensnennung- genügt bei der Nottaufe zur Gültigkeit und Wirksamkeit des Sakramentes.

– Weitere Zeichen bzw. Zeichenhandlungen vor und nach der Taufspendung deuten das Geschehen aus. Meist werden sie durch begleitende Worte in ihrem Sinn erhellt.

„Die Salbung stellt eine Besiegelung dar. Sie erinnert daran, daß Taufe und Firmung zusammengehören... Durch diese ‚kleine Firmung' nach der Taufe wird unterstrichen, daß jeder Getaufte auch den Geist Gottes empfangen hat und diesem Geist gemäß leben soll. Die Worte, mit denen der Täufer die Salbung begleitet, weisen auf die Würde hin, die jeder aus der Taufe empfängt: ‚Du wirst nun mit dem heiligen Chrisam gesalbt; denn du bist Glied des Volkes Gottes und gehörst für immer Christus an, der gesalbt ist zum Priester, König und Propheten in Ewigkeit.'
Die Handauflegung ist eine Gebärde des Schutzes, aber auch der Beauftragung und Ermutigung, das Leben aus der geschenkten Hoffnung heraus zu führen...

Das Taufkleid bezeichnet eine neue Lebensform: ‚Dieses weiße Kleid soll dir ein Zeichen dafür sein, daß du in der Taufe neu geschaffen worden bist und – wie die Schrift sagt – Christus angezogen hast. Bewahre diese Würde für das ewige Leben.'

Das Licht der Taufkerze ist ein Sinnbild des Lebens; es ist lebendiges Feuer und ebenso doppelsinnig für Leben und Tod wie Wasser und Kreuz. Der Täufer sagt nach dem Entzünden der Taufkerze zu den Eltern und Paten: ‚Ihnen wird dieses Licht anvertraut. Christus, das Licht der Welt, hat Ihr Kind erleuchtet. Es soll als Kind des Lichtes leben, sich im Glauben bewähren und dem Herrn und allen Heiligen entgegengehen, wenn er kommt in Herrlichkeit.'

Das Kreuzzeichen, das der Täufer, die Eltern und Paten dem Täufling auf die Stirn machen, ist das spezifisch christliche Symbol für Tod und Auferstehung.Der Christ macht ein Leben lang das Kreuzzeichen: wenn er in eine Kirche tritt und Gottesdienst feiert, wenn er betet, wenn er segnet, wenn er einem Mitmenschen seine Gemeinschaft im Glauben bezeichnen will. Es ist das letzte Zeichen, das über seinem Grab gemacht wird."[151]

3. Verständnis für das, was in der Taufe und durch die Taufe geschieht und was daraus folgt, gewinnen Christen heute zunehmend durch verschiedene Formen der Taufkatechese, d.h. durch eine Einführung in den christlichen Glauben im Blick auf die Taufe, die zugleich eine Einübung in das Leben christlicher Gemeinde darstellt.[152]

– Daß in der alten Kirche der Taufkatechese entscheidende Bedeutung zukam, zeigt die Einrichtung des *Katechumenats*: Während der Fastenzeit wurden die Taufbewerber durch Predigt, Unterricht und liturgische Vollzüge in das Christsein eingeführt. Dieses Katechumenat hat nach einem Auftrag des Zweiten Vatikani-

---

[151] W. Zauner, Alle wollen leben. Die Taufe als Anfang eines neuen Lebens: W. Zauner, J. Singer, Zeichen der Hoffnung. Sakramente und Sakramentalien, Wien 1982, 47-58, hier 56 f.

[152] Einen sehr informativen Überblick auch über die Taufkatechese bietet: W. Nastainczyk, Katechese: Grundfragen und Grundformen, Paderborn 1983 (UTB 1245), 92-102.

schen Konzils in unterschiedlicher Weise Erneuerung gefunden. Taufkatechese darf aber heute nicht nur den Täuflingen selber gelten: „Gegenwärtige Entwicklungen machen es erforderlich, Eltern, Paten und Gemeinden auf die Taufe von Säuglingen vorzubereiten“[153], beispielsweise in den vielerorts eingeführten, ja sogar allgemein verpflichtend gemachten Taufgesprächen zwischen Priester (oder einem anderen Katecheten) und Eltern bzw. Paten. Hier kann man in der Tat auf neue Weise der Taufe in ihrem Zusammenhang mit dem konkreten Leben begegnen.

– Denn in der Taufkatechese geht es nicht nur um die Mitteilung abstrakter Glaubenswahrheiten, sondern um Antworten auf die Frage beispielsweise der Eltern, was die Taufe für das Leben ihres Kindes „bringt“.

3.1.2 Die Taufe als Initiationssakrament

Wer den „Sitz im Leben“ der Taufe zu beschreiben versucht, wird sie notwendigerweise als eines der Initiationssakramente sehen müssen. Zwar begegnet man den Initiationssakramenten *Taufe, Firmung und Eucharistie* nur bei der Erwachsenentaufe in einem gottesdienstlichen Zusammenhang – jedenfalls in der römisch-katholischen Kirche –, doch gehören diese Sakramente von ihrem inneren Sinn her eng zusammen. Nach der Überzeugung des Zweiten Vatikanischen Konzils, das hier eine alte kirchliche Tradition erneuert, sind Taufe, Firmung und Eucharistie diejenigen Sakramente, die zusammen den Menschen in die Kirche und ihr Leben eingliedern und damit in die Fülle des Christseins führen.– Verfolgen wir die Verbindung dieser Sakramente der Initiation auf ihrem Weg durch die Geschichte und machen uns zugleich ihr inneres Wesen und ihre Konsequenzen deutlich!

1. Es ist zu unterscheiden zwischen dem *Begriff der Initiation* (Eingliederung oder Einführung), der ebensowenig wie der Begriff Sakrament im Neuen Testament vorkommt, und der damit angesprochenen *Sache*. Das Begriffsfeld *Initiation* spielt im Neuen Testament wohl deswegen kaum eine Rolle, weil es wesentlich mit heidnisch-religiösen Bedeutungsgehalten besetzt war: Aufnahmeriten in die religiös-gesellschaftliche Erwachsenenwelt bzw. in Geheimbünde und Mysterienkulte. Der Sache nach ist die Taufe im Neuen Testament sehr wohl Sakrament der Eingliederung in Christus und Kirche. Damit ist es auch die Firmung, die sich in neutestamentlicher Zeit noch nicht aus der Taufe ausgegliedert hatte. Ebenso kommt der Eucharistie der Charakter der Initiation (als deren Vollendung) zu. Als in der Alten Kirche die Auseinandersetzung mit den Mysterienkulten erfolgte, fanden auch seit dem 4. Jahrhundert Elemente des Begriffsfeldes der Initiation in neuer Prägung Aufnahme. Wichtiger ist die Tatsache, daß der innere Zusammenhang von Taufe, (der sich erst nach langer Entwicklung aus ihr verselbständigenden) Firmung und der Eucharistie gesehen, praktiziert und auch theologisch reflektiert wurde.[154] Die-

[153] W. Nastainczyk, a.a.O., 92.
[154] Vgl. die Mystagogischen Katechesen des Kyrill von Jerusalem von 348, tzt D 9/I, Nr. 53-61

se Sakramente wurden zusammen gespendet, bei Erwachsenen wie bei Kindern. In den Ostkirchen werden sie noch heute auch bei Säuglingen zusammen gespendet (die Kommunion mit etwas konsekriertem Wein), während im Westen ihre Einheit seit dem Mittelalter zerfiel und erst in den letzten Jahrzehnten neu entdeckt wurde.[155] Das Zweite Vatikanische Konzil hat den Begriff aufgenommen.

Das geschieht z.B. in der Liturgiekonstitution, wo die Überarbeitung des Firmritus so vorgesehen wird, „daß der innere Zusammenhang dieses Sakramentes mit der gesamten christlichen Initiation besser aufleuchte"(SC 71); oder in dem Missionsdekret, wo eigens die „Sakramente der christlichen Initiation" genannt werden (AG 14). Der Auftrag des 2. Vatikanischen Konzils gelangt im neuen „Rituale Romanum" zur Ausführung, wo die Zusammengehörigkeit der drei Sakramente unter der Überschrift „Die Feier der Eingliederung Erwachsener in die Kirche" zum Ausdruck kommt. Schließlich bringt CIC can. 842 § 2 die programmatische Aussage: „Die Sakramente der Taufe, der Firmung und der heiligsten Eucharistie sind so eng miteinander verbunden, daß sie zur vollen christlichen Initiation erforderlich sind."

Übrigens gibt die Erkenntnis der inneren Einheit der Initiationssakramente neue Gesprächsmöglichkeiten mit den Kirchen des christlichen Ostens, wo diese Einheit niemals zerbrochen war.[156]– Mit den Kirchen der Reformation wird man eher darüber gemeinsam nachdenken können, wie die Initiationssakramente in einen Prozeß der Einführung in den Glauben, der Entscheidung zum Glauben, des Lebens aus dem Glauben gehören, zumal im Falle der Säuglingstaufe die innere Einheit der Initiationssakramente nicht eine zusammengefaßte Spendung wie in den Ostkirchen bedeuten müßte.

2. Theologisch geht es darum, die Einsicht in die innere Zusammengehörigkeit der Initiationsakramente zu vertiefen, wobei besonders auch die enge Bezogenheit von Taufe und Firmung zu betonen ist. Wenn, wie vorgesehen, bei der Erwachsenentaufe die drei Initiationssakramente zusammen gespendet werden, so ist doch auch hier zu sehen, daß zu dieser Feier schon ein Weg in den Glauben hinführen muß, der zur Initiation gehört, so wie auch von der Feier der Initiationssakramente ein Glaubensweg ausgehen muß, in dem sich die Initiation immer wieder vergegenwärtigt und vertieft. Auch im Falle der Säuglingstaufe sind die Initiationssakramente als aufeinander bezogene Heilsereignisse eines Glaubensweges zu sehen.

So sprechen die Vorbemerkungen zum erneuerten Ritus der Kindertaufe im Anschluß an die kirchenamtliche „Allgemeine Einführung" zum revidierten römisch-katholischen „Ritus der Erwachsenentaufe" zuerst von den Sakramenten der Eingliederung gemeinsam.[157]

[155] Vgl. R. Beraudy, Die christliche Initiation: HLW(M) 2, 45-101.

[156] Vgl. Gemischte internationale Kommission für den theologischen Dialog zwischen der römisch-katholischen Kirche und der orthodoxen Kirche, Glaube, Sakramente und Einheit der Kirche (1987). Darin: „II. Die Sakramente der christlichen Initiation: ihre Beziehung zur Einheit der Kirche"; tzt D 9/I, 196-200.

[157] Vgl. Die Feier der Kindertaufe in den katholischen Bistümern des deutschen Sprachgebietes. Hg. i. A. der Bischofskonferenzen Deutschlands, Österreichs und der Schweiz und des Bischofs von Luxemburg, Einsiedeln, Freiburg u.a. 1971, 9.

3.2 Die Begründung der Taufe im Neuen Testament

Wer verstehen will, was es mit der Taufe auf sich hat, was sie schenkt und fordert, wird zuerst einmal beim Neuen Testament anfragen müssen. Das geschieht hier zunächst unter dem Gesichtspunkt: Wie hat man im Glauben der neutestamentlichen Gemeinden die Taufe gedeutet und welche Glaubenserfahrungen stecken möglicherweise dahinter? Was ist dem Zeugnis des Neuen Testaments dabei gemeinsam, und welche verschiedenen Entfaltungen findet es? Erst in zweiter Linie wird dann die Frage gestellt, in welchem Sinne die Taufe historisch-kritisch nachweisbar auf Jesus zurückgeht.[158]

Grundlegend ist zu bedenken: Es gibt im Neuen Testament kaum zusammenhängende Ausführungen zur Taufe. Eine Ausnahme bildet lediglich Röm 6,1-11, eine allerdings im „Vorübergehen" entwickelte Tauftheologie des hl. Paulus. Aber es gibt recht viele Einzelzeugnisse mit unterschiedlicher Aussagerichtung, die mindestens einschlußweise ein gemeinsames Zeugnis ablegen.

3.2.1 Das gemeinsame Zeugnis: Taufe als Verbindung mit Christus und Kirche

Die Grundüberzeugung neutestamentlichen Taufverständnisses besteht darin, daß man durch Glaube und Taufe in die heilvolle Verbindung mit Jesus Christus kommt, unter seine befreiende Herrschaft, durch die die knechtende Herrschaft des Bösen und der Sünde abgelöst wird. Taufe bedeutet damit die große Lebenswende.

1. In den *nachösterlichen Christengemeinden* wurde die Taufe von Anfang an allgemein geübt. In der Apostelgeschichte, in der sich die ganz frühe nachösterliche Missionspredigt zumindest widerspiegelt, ist mit dem Ruf zur Bekehrung und zum Glauben zugleich die Aufforderung verbunden, die Taufe zu empfangen. So fragen die von der Pfingstpredigt Betroffenen den Petrus und die übrigen Apostel:"`Was sollen wir tun, Brüder?' Petrus antwortete ihnen: ‚Kehrt um, und jeder von euch lasse sich auf den Namen Jesu Christi taufen zur Vergebung seiner Sünden; dann werdet ihr die Gabe des Heiligen Geistes empfangen'"(Apg 2,38;vgl.2,41; 8,12).

Die Taufspendung geschah übrigens wohl durch Eintauchen oder Untertauchen in fließendem Wasser. Darauf verweist schon das griechische Wort für Taufen (*baptizein* = eintauchen, untertauchen). Diese Form begegnet uns auch in der Erzählung von der Taufe des Äthiopiers durch Philippus Apg 8,36-39. Wie sich in dieser Erzählung zudem zeigt, war die christliche Taufe ähnlich der Johannes-Taufe kein Selbstvollzug, wie das bei rituellen Waschungen des Judentums der Fall war, sondern sie wurde von einem Täufer vollzogen.

---

[158] Vgl. zu diesem Abschnitt G. Koch, Sakramente, die zum Christsein befähigen: Taufe, Firmung, Eucharistie (BThF GK LB20) Würzburg ²1989, 25-32; R. Schnackenburg, Das Heilsgeschehen bei der Taufe nach dem Apostel Paulus, München 1950; H. Frankemölle, Das Taufverständnis des Paulus. Taufe, Tod und Auferstehung nach Röm 6, Stuttgart 1970.

Vom Ursprung der Taufe

Kulturkreis	Ritus	Bezug zur christl. Taufe
Religionsgeschichte (allgemein) Judentum	Initiation = ritueller Eintritt in entscheidendes Lebensstadium Beschneidung	
	Wasserriten	
Antike (allg.)	Waschungen bei Kultunfähigkeit vor allem im Zusammenhang mit Sexualität, Geburt, Tod	Im Gegensatz zur Taufe wiederholbar
Judentum	Gen 35,2; Lev 15, 26–29; Num 19, 11–13	
Diasporajudentum	Proselytentauchbad	Im Gegensatz zur Taufe Selbstreinigungsritus
Judentum z. Zt. Jesu	Taufe Jesu durch Johannes im Jordan	Jesus tauft nicht selbst (vgl. dazu aber S. 391) und beauftragt nicht zur Taufe: Mt 28, 19 und Mk 16,16 sind nachösterlich
	Johannestaufe	Wasserritus: Apg 8, 38 Täufer: Apg 10, 48 Umkehr/Vergebung: Apg 2,38 Einmaligkeit: Apg 2,41 Eschatolog. Tönung: Parusieerwartung
Christentum		Taufe auf den Namen Jesu (Christi) Hinweis auf den Hl. Geist Übereignung an das Heil, nicht an das Gericht

Initiationsriten finden sich in allen Religionen. Eine besondere Bedeutung haben Riten, die mit dem reinigenden und belebenden Wasser zusammenhängen. Auch in der Zeit und im Kulturkreis, in denen Jesus lebte, gab es verschiedene solcher heilshaften Handlungen. Die christliche Taufe leitet sich aber kaum von ihnen her, sondern von der Johannestaufe. Deren Merkmale finden sich in modifizierter Form auch in den Taufberichten und der Tauftheologie der neutestamentlichen Autoren wieder.

Erstellt von Wolfgang Beinert

2. Die christliche Taufe war wohl allgemein und von Anfang an eine *Taufe im Namen Jesu oder auf den Namen Jesu* (vgl. Apg 2,38). Diese Anrufungs- oder Spendeformel erhielt bald eine trinitarische, also Gottes Dreifaltigkeit bezeichnende Form, wie sie im sog. Taufbefehl des Auferstandenen am Ende des Matthäus-

evangeliums bezeugt wird: „Da trat Jesus auf sie zu und sagte zu ihnen: ‚Mir ist alle Macht gegeben im Himmel und auf der Erde. Darum geht zu allen Völkern, und macht alle Menschen zu meinen Jüngern; tauft sie auf den Namen des Vaters und des Sohnes und des Heiligen Geistes'"(Mt 28,18f.). In biblischem Verständnis bedeutet das eine neue, einzigartig intensive Beziehung zu Jesus Christus als dem Herrn, dem Kyrios, dem alle Gewalt gegeben ist (vgl. Mt 28,18); es bedeutet eine Übereignung an ihn.[159]

3. Im Grunde hat *Paulus* in seinem wichtigen Beitrag zur Tauftheologie (Röm 6,1-11) diese Glaubenserfahrung des Herrschaftswechsels, der Lebenswende, nur noch ausdrücklicher herausgearbeitet. Er hat zugleich verdeutlicht – und das ist sein eigener Beitrag –, woher die Taufe eine solche Kraft hat: nämlich aus dem Leiden, dem Kreuzestod und der Auferstehung des Herrn. Die Taufe verbindet mit diesem „Pascha-Mysterium", indem sie darauf wirksam hinweist, ja indem sie es in der sakramentalen Symbolhandlung (dem Untertauchen) gegenwärtig werden läßt.[160]

Paulus entfaltet seine Tauftheologie als Antwort auf einen Einwand. Er hatte ausgeführt, daß dort, wo die Sünde mächtig wurde, die Gnade übergroß geworden ist (vgl. Röm 5,20). Er selbst macht sich nun den Einwand: „Heißt das nun, daß wir an der Sünde festhalten sollen, damit die Gnade mächtiger werde?"(6,1) Er entgegnet, indem er auf den wirksamen Herrschaftswechsel durch die Taufe verweist: „Keineswegs! Wie können wir, die wir für die Sünde tot sind, noch in ihr leben? Wißt ihr denn nicht, daß wir alle, die wir auf Christus Jesus getauft wurden, auf seinen Tod getauft worden sind? Wir wurden mit ihm begraben durch die Taufe auf den Tod; und wie Christus durch die Herrlichkeit des Vaters von den Toten auferweckt wurde, so sollen auch wir als neue Menschen leben. Wenn wir nämlich ihm gleich geworden sind in seinem Tod, dann werden wir mit ihm auch in seiner Auferstehung vereinigt sein. Wir wissen doch: Unser alter Mensch wurde mitgekreuzigt, damit...wir nicht Sklaven der Sünde bleiben"(6,2-6).

4. Noch eines ist wohl mindestens hintergründig allen neutestamentlichen Aussagen über die Taufe gemeinsam: *Taufe und Umkehr, Taufe und Glaube gehören zusammen*. „Kehrt um, und jeder von euch lasse sich auf den Namen Jesu Christi taufen..."(Apg 2,38), ruft Petrus im Anschluß an seine Pfingstpredigt den betroffenen Zuhörern zu. Wenn im später angefügten Schluß des Markusevangeliums die Taufe als heilsnotwendig erklärt wird, dann ist sie dies ebenso wie der Glaube: „Wer glaubt und sich taufen läßt, wird gerettet; wer aber nicht glaubt, wird verdammt werden"(Mk 16,16). Schon in frühester Zeit wurde offenbar vom Täufling ein Taufbekenntnis verlangt (vgl. Röm 10,9), und der Taufe ging die Taufkatechese als Einführung in den Glauben voraus (vgl. Apg 8,35; Hebr 6,1). Die Taufe ersetzt also nicht die persönlich zu vollziehende Lebenswende, die Umkehr; sie ersetzt nicht die den ganzen Menschen umfassende Antwort an Gott durch Jesus Christus. Sie ist vielmehr von Seiten des Menschen der erste Höhepunkt dieses dialogischen Geschehens, das in jeder Phase von der Gnade Gottes getragen ist. Der schöpferische Anruf Gottes an den Menschen und die Glaubensantwort des Menschen begegnen sich gerade in der Taufe, indem sie in sakramentaler An-

---

159 Die Bekenntnisformel von Röm 10,9, „Jesus ist der Herr", wurde wohl auch bei der Taufe gesprochen.

160 Diese Sichtweise ist wohl von der Vorstellungswelt zeitgenössischer Mysterienkulte beeinflußt.

schaulichkeit in der Gemeinde Jesu, der Kirche, zum Ausdruck kommen und auch hier ihre Wirkung zeitigen.

5. Denn auch dies steht zweifellos im Hintergrund aller neutestamentlichen Taufaussagen: Wer getauft wird, *gehört zu Jesus Christus und zugleich zur Gemeinde Jesu Christi*. Das zeigt sich schon im Anschluß an die Pfingstpredigt: „Die nun, die sein Wort annahmen, ließen sich taufen. An diesem Tag wurden (ihrer Gemeinschaft) etwa dreitausend Menschen hinzugefügt. Sie hielten an der Lehre der Apostel fest und an der Gemeinschaft, am Brechen des Brotes und an den Gebeten"(Apg 2,41f.). Durch die Taufe entsteht Kirche, die Gemeinschaft der mit Christus Verbundenen und von Christus Geheiligten: Christus hat „die Kirche geliebt und sich für sie hingegeben..., um sie im Wasser <das ist durch die Taufe> und durch das Wort rein und heilig zu machen" (Eph 5,25f.).

Grundzüge neutestamentlichen Taufverständnisses

Die Taufe ist	Wichtige Belegtexte
christliche Praxis von Anfang an	Apg 2, 38; 2, 41; 8, 12
die große Lebenswende durch Übereignung an Christus	Mt 28, 18f.; Apg 2, 38; Röm 10, 9
wirksam aus der Verbindung mit Christus und seinem Geschick	Röm 6, 2–6
auf Glauben angewiesen	Apg 2,38; Mk 16, 16; Röm 10, 9
kirchenbegründend	Apg 2, 41f.; Eph 5, 25f.

3.2.2 Neutestamentliche Entfaltungen der Tauftheologie

Die Taufe und ihre Wirkung werden im Neuen Testament unter verschiedenen Aspekten, die teilweise schon zur Sprache kamen, weiter ausgefaltet.

1. Die Taufe wirkt für den Menschen einen neuen Anfang, sie ist *Neugeburt, Wiedergeburt*. So sagt Jesus im Johannesevangelium im Gespräch mit Nikodemus: „Amen, amen, ich sage dir: Wenn jemand nicht aus Wasser und Geist geboren wird, kann er nicht in das Reich Gottes kommen"(Joh 3,5). Auf dem Hintergrund jüdischer Vorstellungen ist eine innere Neuschöpfung des Menschen angesprochen, „eine von Gott kommende Reinigung und vollkommene Umwandlung des Menschen"[161] als Voraussetzung für den Eintritt ins Reich Gottes. Diese Neuschöpfung geschieht in der Kraft des Heiligen Geistes bei der Taufe: „aus Wasser". Eine ähnliche Vorstellung begegnet im Titusbrief: „Als aber die Güte und Menschenliebe Gottes, unseres Retters, erschien, hat er uns gerettet...durch das Bad der Wiedergeburt und der Erneuerung im Heiligen Geist" (Tit 3,5).

[161] R. Schnackenburg, Das Johannesevangelium I (HThK 4,1), Freiburg – Basel – Wien 1965, 384 (zu Joh 3,5).

Wenn man bedenkt, daß hier nicht nur eine Belehrung, sondern auch – wie immer in den neutestamentlichen Schriften – eine Glaubenserfahrung der frühen Christen zum Ausdruck gebracht wird, dann wird die anthropologische Bedeutung einer solchen Aussage sinnfällig: Gibt es nicht immer wieder Situationen – im Leben des einzelnen und der Völker –, in denen man sich eine wirkliche Erneuerung, „die Gnade des neuen Anfangs" – sehnlichst, aber erfolglos – wünscht? Die Taufe wurde als Gnade des neuen Anfangs erfahren, und zwar in einer Kraft, die man als größer als das eigene brüchige Ich erlebte, der Kraft des Heiligen Geistes.

2. Die Taufe macht *zum Glied einer neuen Gemeinschaft*, sie schafft Einheit und Gleichheit der Menschen. Indem sie aufgrund des Wirkens und der Gabe des Heiligen Geistes[162] mit Christus verbindet, verbindet sie die Menschen auch untereinander und gibt ihnen eine gemeinsame und doch je spezifische Aufgabe in dieser neuen Gemeinschaft: „Durch den einen Geist wurden wir in der Taufe alle in einen einzigen Leib aufgenommen: Juden und Griechen, Sklaven und Freie; und alle wurden wir mit dem einen Geist getränkt. Auch der Leib besteht nicht nur aus einem Glied, sondern aus vielen Gliedern" (1 Kor 12,13f.; vgl. Gal 3,26ff.). Und so gilt die Mahnung des Epheserbriefs: „Bemüht euch, die Einheit des Geistes zu wahren durch den Frieden, der euch zusammenhält. Ein Leib und ein Geist, wie euch durch eure Berufung auch eine gemeinsame Hoffnung gegeben ist; ein Herr, ein Glaube, eine Taufe, ein Gott und Vater aller"(Eph 4,5).

3. Die Taufe *befreit aus dem Herrschaftsbereich der Sünde*, sie schenkt endeloses Leben aus der Kraft des Heiligen Geistes mit Christus. Daß die Taufe Vergebung der Sünden schenkt, ist neutestamentliche Sicht von Anfang an: „Jeder von euch lasse sich taufen...zur Vergebung seiner Sünden, dann werdet ihr die Gabe des Heiligen Geistes empfangen" (Apg 2,38). Sündenvergebung ist hier wie auch in anderen Texten über die Taufe verbunden mit einer neuen Nähe, einem neuen Wirken, einem Empfangen des Geistes Gottes. Dieser ist die Wirkmacht eines neuen Heilsbereiches, in den die Taufe versetzt. Er ist ein neues Leben in der Teilhabe an der Auferstehung Christi: „Mit Christus wurdet ihr in der Taufe begraben, mit ihm auch auferweckt" (Kol 2,12; vgl. Gal 3,27). Paulus sieht den Unheilsbereich, aus dem die Taufe befreit, nicht nur durch die verheerende Wirkung persönlich zu verantwortender Sünden bestimmt, sondern er sieht ihn auch unter der Herrschaft einer Sünden- und Todesmacht (vgl. Röm 5,12ff.), die in der Taufe von der Herrschaft des Heiligen Geistes abgelöst wird.

Der Mensch kann in der Tat erfahren, daß er durch die Macht und Verführungskraft des Bösen bis an die Wurzeln seiner Freiheit bedrängt und bestimmt werden kann; er darf aber auch erfahren, daß ihm als Getauften neue Kräfte und Möglichkeiten zukommen, aus Heiligem Geist das Gute zu tun. Hier hat die spätere Lehre von der Erbsünde und ihrer Überwindung in der Taufe ihre Wurzeln.

4. Die Taufe gibt neue Orientierung: Sie ist *Erleuchtung*, die ein neues Handeln ermöglicht und erfordert. In der Ostkirche werden daher die Sakramente der Initiation „Erleuchtung" genannt. Das geht auf das Neue Testament zurück, wo man in Eph 5,14 einen Hymnus aus der urchristlichen Taufliturgie vermuten darf: „Al-

[162] Vgl. H.-J. Klauck, Die Sakramente und der historische Jesus: ders., Gemeinde, Amt, Sakrament, Würzburg 1989, 275.

les Erleuchtete aber ist Licht. Deshalb heißt es: Wach auf, du Schläfer, und steh auf von den Toten, und Christus wird dein Licht sein."

5. Die Taufe ist der von Gott gewollte Weg zum Heil: Sie ist *heilsnotwendig*. Weil durch die Taufe christliche Existenz sozusagen in allen ihren Dimensionen grundgelegt und der Verwirklichung anheim gegeben wird, hält neutestamentlicher Glaube sie für unabdingbar und notwendig. Das kommt im schon zitierten Markusschluß (Mk 16,16), und es kommt Joh 3,5 unmißverständlich zum Ausdruck: „Wenn jemand nicht aus Wasser und Geist geboren wird, kann er nicht in das Reich Gottes kommen."

Wer mit der frühen Kirche weiß, daß zu der Verbindung mit Christus, dem einzigen Heilsmittler, wesentlich auch die Verbindung zu seiner Gemeinde gehört, und daß diese doppelte Verbindung in der Taufe wirksam hergestellt wird, der wird die Lehre von der Heilsnotwendigkeit der Taufe „folgerichtig" finden. Er wird aber zugleich davon überzeugt sein dürfen, daß bei denen, die diesen Zusammenhang nicht kennen, Gott, der das Heil aller will (vgl. 1 Tim 2,4), das „normalerweise" in der Taufe Verwirklichte (die Verbindung mit Christus und der Kirche) auch auf andere Weise zustande bringen kann.[163]

Neutestamentliche Entfaltungen der Tauftheologie

(Eine oft auch ausdrückliche Voraussetzung aller Entfaltungen stellt die Überzeugung dar, daß in der Taufe der Heilige Geist wirkt und geschenkt wird)

Die Taufe wird gesehen als	Wichtige Belegtexte
Wiedergeburt	Joh 3, 5; Tit 3, 5
Begründung christlicher Einheit	1 Kor 12, 13f.; Gal 3, 26 ff.; Eph 4, 5
Befreiung von der Sünde und Sündenmacht	Apg 2,38; vgl. Röm 5,12 ff.
Erleuchtung	Eph 5, 14
gottgewollter Heilsweg	Joh 3, 5; Mk 16, 16

3.2.3 Die Herkunft der Taufe von Jesus Christus

Daß die Taufe nur von Jesus Christus her Kraft und Bedeutung hat, war für die Kirche des Neuen Testaments fraglos. Wie aber hängt die Taufe mit Jesu irdischem Wirken zusammen; hat er sie direkt und unmittelbar, in einem nachweisbaren Willensakt eingesetzt?

1. Lange wurde dies selbstverständlich bejaht. Auch heute gibt es Theologen, die diese Auffassung begründen zu können meinen.[164] Sie verweisen dabei vor allem auf die Taufaussage Jesu im Nachtgespräch mit Nikodemus (Joh 3,5) und auf den sog. Taufbefehl (Mt 28,19).

[163] Vgl. in diesem Werk Bd. II: Ekklesiologie 2.5.3.
[164] Vgl. B. Neunheuser, Taufe und Firmung: HDG IV,2, Freiburg – Basel –Wien 1983, 11 f.

2. Nun hat aber die exegetische Forschung gezeigt, daß Johannes Jesu Wort und Werk entfaltet und gedeutet hat. So kann man die Worte des johanneischen Christus häufig nicht einfach als historische Jesusworte nehmen. In eingeschränkterer Weise gilt dies auch für die anderen Evangelien. Beim Taufbefehl ist zudem zu bedenken, daß es sich hier um Worte des Auferstandenen handelt. In diese Worte könnte eine Einsicht gefaßt sein, die der Urkirche als Gottes Offenbarung erst aufgegangen ist. Man könnte freilich sagen, die allgemeine Taufpraxis der frühen Kirche fordere die Annahme einer direkten Willenskundgabe Jesu. Sonst ließe sie sich auch historisch nicht erklären. „Wir müßten andernfalls den ersten Christen...ein geradezu übermenschliches Maß an Originalität und Erfindungsgabe zutrauen."[165] Diese Überlegung mag manches für sich haben.

3. Wahrscheinlicher und besser begründet ist aber die folgende Annahme: Die Jünger haben tatsächlich in der neuen Situation nach Ostern die christliche Taufe „eingeführt". Doch dafür hatten sie das große Vorbild Jesu, der sich von Johannes hatte taufen lassen (vgl. Mk 1,9-11 par.), ja möglicherweise selbst in der Frühzeit seines öffentlichen Wirkens in Anlehnung an die Johannestaufe getauft hat.[166]– Dieser Zusammenhang dürfte genügen, um der Vorstellung der Tradition von einer Einsetzung der Taufe durch Jesus Christus gerecht zu werden. Diese Tradition hat selbst zeitweilig in der Taufe Jesu im Jordan ein entscheidendes Moment der Taufeinsetzung durch den Herrn bzw. diese Taufeinsetzung selbst gesehen.

3.3 Die geschichtliche Entwicklung der Lehre von der Taufe

Im christlichen Altertum entfaltet sich die Lehre von der Taufe in engem Zusammenhang mit der Taufpraxis bzw. der Taufliturgie. Mit wichtigen theologischen und lehramtlichen Klärungen gehen allerdings in dieser Phase bestimmte Vereinseitigungen des Taufverständnisses einher:

– Die Aufmerksamkeit verlagert sich auf den *Taufspender*.

– Augustinus stellt eine Wirkung der Taufe besonders heraus: Sie *befreit von der Erbsünde*.

Das Mittelalter bringt weitere Klärungen im Verständnis der Taufe, es kommt aber ebenso zu spezifischen Vereinseitigungen und Verengungen, die sich bis in die Neuzeit hin auswirken. So sieht man die Taufe (wie alle Sakramente) eher als Werkzeug in der Hand Gottes, das beim einzelnen Gnade wirkt, denn als Begegnungsgeschehen, das in die Gemeinschaft der Kirche eingebunden ist und einbindet. Die liturgische Einbettung der Taufe und ihr Symbolcharakter treten in

[165] J. Feiner, L. Vischer, Neues Glaubensbuch. Der gemeinsame christliche Glaube (1974), Freiburg [16]1981, 383.

[166] So H.-J. Klauck, Die Sakramente und der historische Jesus, 274 ff, mit Berufung auf Joh 3,22 f; 3,26; 4,1-3.

den Hintergrund. Auch steht sie nun eher als punktuelles sakramentales Geschehen im Blickfeld, ihr Charakter als Beginn eines Glaubensweges verblaßt.

Erst das Zweite Vatikanische Konzil entdeckt vergessene Dimensionen der biblisch-patristischen Tradition neu. Es setzt zugleich neue Akzente. Es unterstreicht:

– neben der Heilswirkung beim einzelnen die durch die Taufe bewirkte *Eingliederung in die Kirche* und ihre Aufgabe;

– neben der „objektiven" Wirkung ihren *dialogischen Charakter* als Christusbegegnung und damit Gottbegegnung im Glauben, die in zugleich wirkender und belehrender Symbolhandlung geschieht;

– neben dem, was bei der Spendung grundgelegt wird, die Taufe als *Beginn eines Glaubensweges*, den zu gehen sie befähigt und verpflichtet.–

3.3.1 Die Entwicklung des Taufverständnisses in der Väterzeit

In der Väterzeit entwickelt sich die Tauftheologie in engem Zusammenhang mit der Taufpraxis, die ihrerseits ganz von der Bibel her inspiriert ist. In der Auseinandersetzung mit häretischen Einseitigkeiten kommt es dann allerdings zu Blickverengungen.

1. Wie schon gezeigt wurde, behielt die Taufe in nachneutestamentlicher Zeit ihre grundlegende Bedeutung in der christlichen Initiation. Die Liturgie der Erwachsenentaufe entfaltete sich reich; im Zusammenhang damit entstanden die großen Glaubensbekenntnisse, vor allem das sog. Apostolische Glaubensbekenntnis, ein altes Taufbekenntnis der römischen Kirche. Die Hinführung zur Taufe, das Katechumenat, das zeitweilig sogar auf drei Jahre festgesetzt war, wurde als fastenzeitliche Vorbereitung auf die österliche Taufspendung allgemein eingerichtet. Jahrhundertelang bleibt die Taufe, für deren Spendung eigene Baptisterien (Taufkirchen) entstehen, im gläubigen Bewußtsein die große Lebenswende, Grundlegung einer neuen Beziehung zu Christus und damit zu Gott, zur christlichen Gemeinde, zur Kirche, Eröffnung eines neuen Lebensweges.

2. Theologische Deutungen der Taufe, die schon vom 2. Jahrhundert an mit zunehmender Häufigkeit begegnen, stellen die Taufe in apologetischer Absicht für Außenstehende dar, verteidigen sie gegen Angriffe, greifen situationsbedingte Nachfragen auf, vor allem aber deuten sie in katechetischen Predigten für die Katechumenen das Taufgeschehen.

Dazu einige Beispiele:

– *Justin* († um 165) gibt in seiner Apologie, der für den römischen Kaiser bestimmten Rechtfertigung des christlichen Glaubens, auch eine Darstellung der Tauffeier. Die Taufe setzt die Entscheidung für den Glauben voraus, sie geschieht durch ein Tauchbad unter Anrufung des Dreifaltigen Gottes, sie führt aus Notwendigkeit und Unwissenheit zu Freiheit und Einsicht.[167]

– Wenig später bietet *Irenäus von Lyon* († um 202) eine erste theologische Begründung der Säuglingstaufe, die sich seit dem 2./3. Jahrhundert nachweisbar einbürgert, aber auch in der Kirche selbst noch lange nicht unumstritten ist. Irenäus setzt sich in seinem Werk „Adversus haereses" mit dem Gnostizismus auseinander, der u.a. durch eine Überbewer-

[167] 1 apol. 61; PG 6, 420B-421B; vgl. tzt D 9/I, Nr. 257 f.

Kreuzförmige Piscina (ursprünglich Fischteich, Schwimmbecken) in der Taufkirche der nördlichen Basilika zu Sbaita (Subeita) im Negeb (südlich von Beersheba) im heutigen Israel.

Taufe. Grabstein eines ungenannten Kindes, um 400

Der Täufer hält den Täufling, ein Heiliger steht dabei. Das Wasser strömt von oben aus dem Mund der Taube des Geistes: auch das Taufwasser strömte von oben aus einem Löwen- oder Hirschmaul in das Becken, und der Bischof hielt Haupt und Schultern des Täuflings darunter, während dieser ganz nackt in dem lebendigen (d. i. strömenden) Wasser der Piscina (des Taufbrunnens) stand, ohne Ring oder Armband und mit gelösten Haaren. Zuvor war über dem Taufwasser der Geist herabgerufen worden; dieses galt als der durch den Geist befruchtete Mutterschoß der Kirche.

Taufkirche von Albenga/Ligurien (Oberitalien), 6. Jh.

Nischenrotunde mit Resten der achteckigen Piscina in der Taufkirche von Albenga, 6. Jh. In den Nischen wurden vielleicht die Kleider abgelegt.

tung des Geistig-Erkenntnishaften und die Verachtung des Materiellen und der Geschichte gekennzeichnet ist. Indem Christus alle menschlichen Lebensalter durchlebt hat, sagt Irenäus demgegenüber, hat er sie auch ins Heil gebracht. Daraus, so darf man folgern, läßt sich die Berechtigung der Taufe, die das Heil Jesu Christi zuwendet, für alle Lebensalter ableiten.[168]

– *Tertullian* (um 160-nach 220), der in seinem grundlegenden Beitrag zur Tauftheologie und zur Sakramentenlehre überhaupt die Taufe vor allem als freie Selbstverpflichtung nach Art des Fahneneides (*sacramentum*) versteht, setzt sich demgegenüber für einen Taufaufschub bei denen ein, die sich der Tragweite dieses Geschehens nicht bewußt sind oder – wie die Kinder – gar nicht bewußt sein können. Hinter seiner Begründung wird allerdings ein einseitiger Rigorismus sichtbar: Die Taufe wird als schwere Bürde gesehen, als strenge Verpflichtung,nicht mehr zu sündigen.[169]

– *Kyrill von Jerusalem* (um 313-387) macht in der 2. seiner mystagogischen Katechesen den „Neu-Erleuchteten" deutlich, daß das Heilsgeschenk der Taufe – Sündenvergebung, Verleihung der Sohnschaft, die Gabe des Heiligen Geistes – den Getauften aufgrund der „Nachahmung" des Leidens Christi im Taufgeschehen zuteil wird.[170]

– Einem allzu buchstäblichen Verständnis von der Heilsnotwendigkeit der Taufe widerspricht *Ambrosius von Mailand* (wahrsch. 339-397). Ihm verdankt die Kirche die Einsicht in die rechtfertigende Kraft des Taufverlangens. Obwohl er von der Heilsnotwendigkeit der Taufe überzeugt ist, spricht er doch dem das Heil nicht ab, der nach der Taufe bzw. dem Taufkatechumenat verlangte, aber dieses Begehren nicht mehr realisieren konnte. Er setzt eine solche Begierdetaufe mit der Bluttaufe in Parallele, dem Martyrium eines Ungetauften um Christi willen.[171]

3. Zu den erwähnten Vereinseitigungen führen vor allem zwei Entwicklungen:

– Die Aufmerksamkeit verlagert sich vom Empfänger der Taufe weg auf den Taufspender. Beim *Ketzertaufstreit* ging es um die Gültigkeit der von häretischen christlichen Gruppen gespendeten Taufe. Schließlich setzte sich der römische Standpunkt durch, daß die Gültigkeit der Taufe nicht von der Rechtgläubigkeit des Taufspenders abhänge.[172] In einer Auseinandersetzung des 4. Jahrhunderts konnte *Augustinus* (354-430) klären: Auch von der Heiligkeit des Taufspenders hängt die Wirkung der Taufe nicht ab; denn Christus selber ist der primäre Taufspender.[173]

– Augustinus war es auch, der *eine* Wirkung der Taufe schier überdeutlich herausarbeitete: Sie befreit von der Erbsünde, und gerade deshalb ist sie absolut heilsnotwendig.

Seine Gegner in dieser Frage, Pelagius und die Pelagianer, hatten die eigenen Möglichkeiten des Menschen, Gottes Heil zu erlangen, wohl allzu hoch eingeschätzt.[174] Augustinus betont demgegenüber: Alles menschliche Tun und Wollen ist so sehr von der Erbsünde angefressen, daß der Mensch auch nicht zu dem geringsten Schritt auf dem Weg zum Heil aus eigener Kraft fähig ist. Gott muß

---

[168] PG 7, 783C-784B; tzt D 9/I, Nr. 259.
[169] Bapt. 1.18; CSEL 20,201.215 f; vgl. tzt D 9/I, Nr. 260 ff.
[170] PG 33, 1081A-1083B; vgl. tzt D 9/I, Nr. 267.
[171] Rede anläßlich der Beerdigung Kaiser Valentinians II. (392); CSEL 73, 355; vgl. tzt D 9/I, Nr. 270.
[172] Brief Papst Stephan I. an Cyprian von Karthago, DH 110; tzt D 9/I, Nr. 220; vgl. Nr. 221
[173] Vgl. tzt D 9/I, Nr. 71 74.
[174] Vgl. in diesem Band: Gnadenlehre 3.1.3.

schon den ersten entscheidenden Schritt selber tun, indem er in der Taufe von der Erbsünde befreit. Diese Erkenntnis förderte mächtig die Praxis der Säuglingstaufe: Auch unmündige Kinder sind nach Auffassung des Augustinus ohne Taufe auf ewig verloren.[175] Der allgemeine Heilswillen Gottes und die Hinordnung der Taufe auf die freie Glaubensantwort des Menschen traten in der Folge in den Hintergrund.

3.3.2 Die Ausgestaltung der Tauftheologie vom Mittelalter bis zur Neuzeit

Neben einigen neuen Impulsen bringt das Mittelalter vor allem eine Systematisierung des überkommenen Taufverständnisses. In dieser auch Verengungen einschließenden scholastischen Gestalt wird die Tauftheologie vom kirchlichen Lehramt aufgenommen und bis in die Neuzeit maßgeblich.

1. – Daß man im frühen Mittelalter (damit zugleich in neuen Kulturbereichen) durchaus zu einer situationsgerechten Weiterentwicklung des Taufverständnisses in der Lage war, können Überlegungen des *Hrabanus Maurus* (780-856) in seiner Schrift „Über die Ausbildung der Kleriker“[176] verdeutlichen. Er nimmt einen biblischen Gedanken auf, der im germanischen Denken, für das die Gefolgschaftstreue bedeutsam war, mit Resonanz rechnen durfte: Die Taufe ist Übergang in einen neuen Herrschaftsbereich.

– Einen grundlegenden Beitrag zur Systematisierung des überlieferten Taufverständnisses leistet *Petrus Lombardus* (um 1095-1160), der in seinen Sentenzenbüchern das patristische Überlieferungsgut in eine systematische Ordnung bringt[177]. In diesem Sinne fragt er zuerst, was die Taufe ist, welches ihre Form sei, wann und wozu sie eingesetzt wurde. Diese und andere von ihm gestellten Fragen werden für die mittelalterliche Tauftheologie maßgeblich. Zu kurz kommt die Frage nach der kommunitären bzw. ekklesialen Dimension der Taufe; auch das Interesse an der Taufliturgie tritt zurück.

In vielen Fagen der Tauflehre schließt sich *Thomas von Aquin* den Positionen des Petrus Lombardus an. In der Frage der Einsetzung der Taufe entscheidet er sich unter verschiedenen, zu seiner Zeit diskutierten Lehrmeinungen klar für die Einsetzung der Taufe bei der Taufe Jesu durch Johannes den Täufer[178].

2. Ein einflußreiches Dokument der lehramtlichen Tradition, in dem die scholastische Tauftheologie aufgegriffen wird, ist das sog. *Armenierdekret* des Konzils von Florenz (1438-1445, DH 1614-1627)[179]. Es beschreibt im Anschluß an Thomas von Aquin die grundlegende Funktion der Taufe (sie ist „Pforte des geistlichen Lebens“), sowie Materie und Form, Wirkursache und Spender, schließlich die Wirkung des Sakramentes.

---

[175] Vgl. das Konzil von Karthago 418, DH 223; tzt D 9/I, Nr. 222; für Augustinus vgl. enchir. 51-53. Lat. und Dt., Düsseldorf 1960 (Test. 1) 98-107; tzt D 9/I, Nr. 271 f. Siehe auch in diesem Band: Gnadenlehre 3.1.4.

[176] De institut. clericorum I, 25-28; PL 107, 309-313; tzt D 9/I, Nr. 275.

[177] Vgl. vor allem l.IV d. III c.1; c.2; c.9; d.IV c.5; tzt D 9/I, Nr. 276-279.

[178] Vgl. S.th. III q. 66, a. 2c; tzt D 9/I, Nr. 280.

[179] tzt D 9/I, Nr. 228-231.

In Auseinandersetzung mit reformatorischen Lehrpositionen, aber auch mit den Wiedertäufern, faßt die 7. Sitzung des *Trienter Konzils* (1547) die katholische Tauflehre zusammen (DH 1614-1627; NR 532-545).[180] Dabei betont es vor allem die Heilswirkung beim einzelnen (Befreiung von der Erbsünde, Gnade, Gotteskindschaft), und zwar in einem eher werkzeuglichen Sinn.

Da die Angriffe der Reformatoren nicht so sehr auf die katholische Lehre von der Taufe als solcher, sondern eher auf deren Konsequenzen zielten,[181] wird für die Taufe keine positive lehrhafte Darstellung vorgelegt. Man beschränkt sich darauf, eine Reihe von Irrtümern zu verurteilen und dabei (beispielsweise gegenüber den Wiedertäufern) wichtige Glaubensüberzeugungen der älteren Tradition mit höchster Lehrautorität hervorzuheben. Das geschieht 1. im Blick auf den irrgläubigen Taufspender: „Wer sagt, die Taufe, obschon im Namen des Vaters und des Sohnes und des Heiligen Geistes, mit der Absicht, zu tun, was die Kirche tut, aber von Irrgläubigen gespendet, sei keine wahre Taufe, der sei ausgeschlossen"(DH 1617; NR 535).

Und es geschieht 2. hinsichtlich der Heilsnotwendigkeit der Taufe: „Wer sagt, die Taufe stehe frei, d.h. sei nicht notwendig zum Heil, der sei ausgeschlossen"(DH 1618; NR 536).

Damit ist der Rahmen der katholischen Tauftheologie festgelegt. Bis ins 20. Jahrhundert hinein kommt es nur noch zu Ausgestaltungen im Detail.

3.3.3 Das Zweite Vatikanische Konzil als Programm einer erneuerten Tauftheologie

Vorbereitet durch die *Liturgische Bewegung* und durch Theologen wie *Odo Casel* und *Karl Rahner*[182] setzt das Konzil für das Verständnis der Taufe neue Vorzeichen, wobei auch vergessene Wahrheiten der ganz frühen Tradition wieder zur Geltung gebracht werden.

1. Das Zweite Vatikanische Konzil spricht über die Taufe vor allem in der Liturgiekonstitution (vgl. SC 6; 65-70), sodann in der Kirchenkonstitution (LG 7; 10; 11; 40), schließlich im Ökumenismusdekret (UR 3; 22; 40).[183]

– Als Grund des Heilswirkens der Taufe nennt die *Liturgiekonstitution* den Einbezug in das Paschamysterium Christi, d.h. in Christi Tod und Auferstehung, und die Verleihung des Geistes der Kindschaft (1.Kap.). In der Folge werden die Getauften auch zu Mitträgern der Liturgie, zu „wahren Anbetern, wie der Vater sie sucht". Daß die Taufe nicht „automatisch" wirkt, zeigt die Liturgiekonstitution u.a. durch die Wiederherstellung des Katechumenats als Zeit der Einführung und Einübung in den Glauben (3.Kap.; vgl. das Missionsdekret Ad Gentes, 14f.).

– Gegenüber einer individualistischen und „punktualistischen" Verkürzung des Taufverständnisses, wie es sie in früheren Jahrhunderten gegeben hatte, bringt die *Kirchenkonstitution* wieder den kommunialen und den prozessualen Charakter der

[180] tzt D 9/I, Nr. 232-241.

[181] Zu Luthers Kritik vgl. tzt D 9/I, Nr. 281 f.

[182] Vgl. den zusammenfassenden Text in seinem späteren „Grundkurs des Glaubens". tzt D 9/I, Nr. 288 f.

[183] Die Texte finden sich zum größeren Teil in tzt 9/I, Nr. 248-255.

Taufe zur Geltung: Sie fügt in die Gemeinschaft der Kirche ein und läßt an ihrer Aufgabe teilhaben. Sie ist damit entscheidende Station auf einem Weg zum Glauben und im Glauben, zur Heiligkeit und in der Heiligkeit, wozu alle berufen sind.

– Das *Ökumenismusdekret* würdigt die ökumenische Bedeutung der Taufe: Zusammen mit dem Glauben wirkt sie die Rechtfertigung vor Gott und gliedert in den Leib Christi ein. So sind alle Christen je auf ihre Weise auch mit der katholischen Kirche verbunden (Art. 3). Diese in Christus begründete Einheit bleibt freilich auf volle Verwirklichung hingeordnet (Art. 22).

2. Diese Anregungen haben sich in der nachkonziliaren Zeit vielfältig ausgewirkt. Ein Beispiel für die teilkirchliche Rezeption konziliarer Impulse bietet die *Gemeinsame Synode der Bistümer in der Bundesrepublik Deutschland* (1971-1975). In ihrem Beschluß „Schwerpunkte heutiger Sakramentenpastoral" (Nr. 2 und 3)[184] betont sie den unauflöslichen Zusammenhang zwischen Taufe und Glauben. Die Taufe ist beim Erwachsenen entscheidende Marke eines Weges zum Glauben und im Glauben. Beim unmündigen Kind bedeutet sie den Beginn dieses Weges, der vom Glauben der Eltern und Paten, ja der ganzen Gemeinde zu begleiten ist.

3. Das Konzil stellt der Theologie eine Reihe von Aufgaben, die teilweise schon aufgearbeitet sind,[185] aber auch noch weiter aufgearbeitet werden müssen.

– Die ökumenische Aufgabe ist eher praktischer Art: Zwischen den christlichen Kirchen gibt es keinen grundlegenden Dissens über die Taufe. Um so mehr gilt es, die Forderung zu sehen, die in ihr begründete Einheit aller Getauften auch im individuellen und ekklesialen Leben geduldig zum Durchbruch zu bringen.[186]

– Wichtig bleibt es, die *Symbolhandlung* der Taufe immer wieder neu aufzuschließen, nicht nur die eigentliche sakramentale Handlung, sondern auch ihre liturgische Einbettung.

Wie baut sich die eigentliche Symbolhandlung der Taufe näherhin auf?
Da ist zunächst einmal das Wasser mit der ihm eigenen Zeichenhaftigkeit. Es hat den Charakter des Klaren, des Durchschimmernden, des Lebendigen und Lebenspendenden, möglicherweise auch den des Gewaltigen und Zerstörerischen. Es verweist auf Erfrischung und Erneuerung, aber auch auf Untergang.

Dieses natürliche Element – ein Grundelement der gesamten Schöpfung – wird nun in einen Handlungszusammenhang eingebaut: in die Waschung bzw. Besprengung mit Wasser – früher und manchmal heute wieder ist es das Eintauchen im Wasser, das Bad. Dabei steigert sich die Zeichenwirkung: Es wird Reinigung symbolisiert. Dazu kommt auf dieser Stufe die Bedeutung, die ein entsprechender Handlungszusammenhang im Bewußtsein (und Unterbewußtsein) der Menschen hat.

Möglicherweise schwingen da bei der Taufe doch die Untertöne von Untergang und Neugeburt und Eingliederung mit, zumindest aber die Vorstellung beispielsweise einer Schiffstaufe: Indienststellung, Eingliederung in die Flotte.

---

[184] Die Texte finden sich teilweise in tzt D 9/I, Nr. 256.
[185] Vgl. z.B. die Beiträge von W. Kasper; tzt D 9/I, Nr. 290-292; H. Vorgrimler; tzt D 9/I, Nr. 293.
[186] Vgl. entsprechende ökumenische Dialogdokumente; tzt D 9/I, Nr. 295-307.

Im sakramentalen Zeichen wird nun dieser Handlungszusammenhang noch einmal durch das Wort bestimmt, die in der Vollmacht Jesu Christi gesprochene Spendeformel: „N., ich taufe dich im Namen..." Jetzt erhält der sakramentale Handlungszusammenhang seine Transparenz auf Jesus Christus hin und auf sein Heilswerk, auf Christus, der schon gekommen ist, der da ist, der zur Vollendung kommen wird; er weist hin auf Jesu himmlischen Vater und auf den Geist und auf die Gemeinde Jesu, die Kirche.

Taufe: Aufbau und Bedeutung der sakramentalen Zeichenhandlung

	Elemente der Zeichenhandlug	Bedeutung der Zeichenelemente
Materielles Element	Wasser	Klarheit – Lebendigkeit – Erfrischende, erneuernde, aber auch zerstörerische Kraft
Handlungselement	Waschung durch Übergießen, Eintauchen, evtl. Besprengung (muß fließen)	Reinigung – Untergang und Neugeburt – Indienststellung, Eingliederung
Wortelement, Spendeformel	„N., ich taufe dich im Namen des Vaters und des Sohnes und des Heiligen Geistes."	Transparenz auf Gott und sein Heilswirken in Jesus Christus und im Heiligen Geist

– Zu sehen ist auf jeden Fall auch der kommunikative Charakter der Taufe. Sie ist ein Geschehen zwischen dem Spender, der Christus und seine Kirche verkörpert, und dem Empfänger bzw. den für ihn Verantwortlichen als Repräsentanten der Gemeinde.

– Nicht nur das *Wie* des Heilswirkens der Taufe, ihr Symbolcharakter, ist immer wieder neu für heutiges Verstehen aufzuschließen, sondern auch das *Was*: Was wirkt die Taufe im Menschen? Auch dabei ist der dialogische Charakter der Taufe zu bedenken. Gott ruft in Christus den Täufling bei seinem Namen; er ruft ihn in seine Gemeinschaft und zugleich in die Gemeinschaft der Kirche. Der Mensch darf und soll einmal und immer wieder im Glauben darauf antworten. So wird ihm die Taufgnade zuteil, die durch das (seinerseits gnadenhafte) unauslöschliche Taufsiegel verbürgt wird. Das Taufsiegel ist dabei die Wirkung der bleibenden Bereitschaft Gottes, sich gerade von diesem Menschen finden zu lassen und sich dem Glaubenden zu seinem Heil in Gnaden zu schenken. Denn nur bei der rechten Antwort des Menschen wird das Sakrament fruchtbar.

– In diesem Zusammenhang stellt sich um so dringlicher die Frage nach der Berechtigung der Säuglingstaufe: Wie kann ein Mensch getauft werden, der Gott nicht im Glauben zu antworten vermag (3.41)?

– Ein ähnlich zentrales Problem ist die Frage nach der Heilsnotwendigkeit der Taufe. Wie ist das ntl. Taufgebot mit der Einsicht zu vereinbaren, daß Menschen auch auf anderen Wegen zum Heil kommen können (3.42)?

3.4 Problemfelder heutiger Tauftheologie

3.4.1 Die Frage nach der Berechtigung der Säuglingstaufe

1. Im Neuen Testament ist die Säuglingstaufe nicht ausdrücklich bezeugt. Einschlußweise spricht für sie vielleicht die Erwähnung der Taufe ganzer Familien (1 Kor 1,16) und Häuser (Apg 16,15). Ein Ansatzpunkt läßt sich in der Kindersegnung Jesu finden (vgl. Mk 10,13-16 parr): Jesus spricht den (wohl auch unmündigen) Kindern die Teilhabe an der Gottesherrschaft in einer Art von sakramentalem Gestus zu („Und er nahm die Kinder in seine Arme; dann legte er ihnen die Hände auf und segnete sie", Mk 10,16).[187] Zu bedenken ist auch folgendes: Wenn die Taufe in gewissem Sinne an die Stelle der Beschneidung trat, so legte es sich im judenchristlichen Bereich selbstverständlich nahe, daß auch die Taufe wie diese an Säuglingen vollzogen wurde.

2. Die Säuglingstaufe ist eine uralte, wenn auch nicht lückenlose Tradition der Kirche, die im kirchlichen Altertum nur selten bestritten wurde[188] und erst in neuerer Zeit nachdrücklich in Frage gestellt wird. *Origenes* führte bereits die Taufe kleiner Kinder auf eine apostolische Überlieferung zurück: Die Kirche hat „von den Aposteln die Tradition empfangen, auch die Kinder zu taufen"[189]. Freilich gibt es bis zum 5. Jahrhundert auch noch einiges Schwanken: Die sündentilgende Taufe wird hinausgeschoben, bis die Jugendlichen bzw. Erwachsenen „aus dem Ärgsten heraus" sind. – Seit dem 5. Jahrhundert bekräftigte das kirchliche Lehramt mehrfach ausdrücklich Berechtigung und Bedeutung der Kindertaufe.[190] Es wird allerdings nicht deren strenge Notwendigkeit definiert, sie wird nur als berechtigt erklärt. In der Reformationszeit gab es darüber zwischen Katholiken und Protestanten keinen Dissens. Beide wandten sich gegen die Wiedertäufer, deren Haltung praktisch eine Abwertung der Kindertaufe bedeutet.

3. Die neuere Diskussion um die Kindertaufe wurde vor allem auf protestantischer Seite ausgelöst (*Karl und Markus Barth*)[191]: Braucht nicht die Taufe notwendig die freie Glaubensentscheidung, wie sie bei der Kindertaufe nun einmal nicht gegeben sein kann? Diese Frage griffen auch katholische Theologen auf.

In der heutigen Diskussion werden folgende drei Haltungen eingenommen und begründet: 1. Die Kindertaufe ist nicht sinnvoll und daher abzulehnen. 2. Die Kindertaufe ist unter gewissen Bedingungen geboten. 3. Die Kindertaufe ist christlichen Eltern freizustellen.

---

[187] Der Text hatte seinen Sitz im Leben möglicherweise bei der urkirchlichen Tauffeier für unmündige Kinder.

[188] Eine dieser Bestreitungen stammt von Tertullian, vgl. 3.3.1.2.

[189] In Rom. 5,9; PG 14, 1047 A/C; tzt D 9/I, Nr. 265 f; vgl. auch 3.3.1.2.

[190] So beim Konzil von Karthago 418 (DH 223; tzt 9/I, Nr. 222), beim 4. Laterankonzil 1215 (DH 802; tzt D 9/I, Nr. 227) und beim Konzil von Trient (DH 1514 und 1625-1627; tzt D 9/I Nr. 243 ff)

[191] Vgl. tzt D 9/I, Nr. 286 f.

Argumente in der Diskussion um die Säuglingstaufe

Argumente dagegen	Argumente dafür	Argumente für eine Freistellung der S.
Die Freiheit des Menschen darf jetzt nicht präjudiziert werden.	Die S. beruht auf einer alten, lehramtlich bestätigten Tradition.	Die Argumente für und gegen die S. sind gleichgewichtig.
Der Sinn der Taufe fordert eine personale Glaubensantwort.	Entscheidende Prägungen und Werte sind dem Menschen vorgegeben.	Die S. ist zusammen mit der christlichen Erziehung so etwas wie eine Einladung zum Glauben.
Viele als Säuglinge Getaufte bleiben Taufscheinchristen.	Die Taufe ist Beginn eines Weges, der den Täufling und die Gemeinde einfordert.	Die S. ist kein unabdingbares Element dieser Einladung.
Die S. ist im NT nicht bezeugt.	Das NT bezeugt die S. einschlußweise.	
Menschen können auch ohne Taufe zum Heil kommen.	Bei der S. kommt der Gnadencharakter des Heils und der Gemeinschaftscharakter des Glaubens besonders zum Ausdruck.	

Die Praxis der Kindertaufe in nichtkatholischen Kirchen

Kirche	KT	KS	NT	TA	Begründung
EKD/ VELKD	Pflicht	–	Praxis	nein	Heilsnotwendigkeit d. Taufe im NT
EKU	Regel	diskutiert	nicht urgiert	geduldet	Da keine ntl. Norm, wird Gewissen d. einzelnen respektiert
Reformierte (D)	im allgemeinen Pflicht				wie EKU
Reformierte (F)	Regel	eigene liturg.	möglich	legitim	KT = Aufnahme in den Gnadenstand (Calvin)
Anglikaner	Regel	möglich	Praxis	Praxis	KT = Aufnahme ins Volk Gottes
Baptisten	ungültig	üblich		ab 9, (D: 14) Jahren	Wesentlich ist die Abfolge Glaube – Taufe

Abkürzungen: KT= Kindertaufe; KS = Kindersegnung; NT = Nottaufe; TA = Taufaufschub

Erstellt von Wolfgang Beinert

4. Mit dem kirchlichen Lehramt ist davon auszugehen, daß die Kindertaufe zwar nicht immer angebracht, unter bestimmten Bedingungen aber notwendig ist: Wenn eine christliche Erziehung des Kindes in keiner Weise gewährleistet ist, dann kann eine Taufabweisung oder ein Taufaufschub notwendig werden.[192] Wenn eine christliche Erziehung wenigstens in Ansätzen zu erwarten steht, bzw. wo christliche Eltern diese eigens im Sinn haben, dort ist die Taufe der Kinder geboten. Für Möglichkeit und Notwendigkeit der Kindertaufe unter den genannten Bedingungen spricht die Bedeutung der biblischen Ansatzpunkte und vor allem die einer großen, lehramtlich bestätigten Tradition. Im übrigen kann auch die Kindertaufe ein Sakrament antwortenden Glaubens sein: Sie ist der schöpferische Anruf Gottes, der auf die im Leben des Kindes zu gebende Antwort wartet, sie aber auch gnadenhaft zu tragen vermag; und sie ist stellvertretende Antwort der Eltern, der Paten, der ganzen Gemeinde. Dies ist möglich, weil Gott sich dem Menschen auch durch andere Menschen schenkt. Darüber hinaus konkretisiert sich die Gnade Gottes auch in der christlichen Gemeinde, der Kirche. Wie man einem Kind die elterliche Liebe nicht verweigern darf, so auch nicht die Gemeinschaft der Kirche. Ist die Erwachsenentaufe „Normalfall" der Kirche, insofern sie missionarisch ist, so ist die Kindertaufe Normalfall in der auf Dauer gegründeten christlichen Gemeinde.[193]

3.4.2 Die Frage nach der Heilsnotwendigkeit der Taufe

Heil ereignet sich, wenn der Mensch auf Gottes gnädige Zuwendung im Glauben antwortet. Dieses Geschehen ist nach christlicher Tradition wesentlich an die Taufe gebunden. Aber kann der heilbringende Dialog mit Gott, der den Menschen dem Herrschaftsbereich der Sünde (der sog. Erbsünde und der persönlichen Sünde) entreißt und in den Herrschaftsbereich des Geistes Gottes versetzt, nicht auch anders als gerade durch die Taufe beginnen?

1. Lange Zeit ließ man nur wenige Ausnahmen gelten: die sog. Bluttaufe, d.h. der mit Christus unmittelbar verbindende Märtyrertod eines Ungetauften „um seines Namens willen", und die sog. Begierdetaufe (vgl. DH 1524), d.h. der ausdrückliche Wunsch eines Menschen, die Wassertaufe zu empfangen, zu dessen Erfüllung er aber schuldlos nicht mehr kommt.[194] Nachdem man im Zeitalter der Entdeckungen sich bewußt wurde, wieviele Menschen schuldlos vom Evangelium Jesu noch nichts gehört haben konnten, erkannte man auch eine „einschlußweise" Begierdetaufe an: Jeder, der bereit ist, dem Willen Gottes zu folgen – also auch die Taufe zu empfangen, wenn ihm dies als Wille Gottes deutlich wird –, kann die entscheidende Wirkung der Taufe: die Rettung, das Heil erhalten.

---

[192] Die Betroffenen müssen dann freilich die besondere Aufmerksamkeit der Seelsorger erfahren.

[193] Vgl. G. Koch, Communio Sanctorum als Grund und Ziel der Kindertaufe: Communio sanctorum. Einheit der Christen – Einheit der Kirche (FS Bischof Scheele). Hg. v. J. Schreiner, K. Wittstadt, Würzburg 1988, 398-411; vgl. tzt D 9/I, Nr. 294.

[194] Vgl. G. Koch, Art. Begierdetaufe: LKDog (^{3}1991) 41 f; vgl. auch den Text des Ambrosius, auf den in 3.3.1.2 verwiesen wird; tzt D 9/I, Nr. 271 f.

Nach dem Zweiten Vatikanischen Konzil muß man wohl hier gar nicht mehr von einer Begierdetaufe sprechen: Die Bereitschaft des Menschen, dem Willen Gottes – und sei es nur in der Stimme seines Gewissens – zu folgen, verbindet ihn auf geheimnisvolle Weise mit Christus und seiner Kirche, dem Universalsakrament, und eröffnet ihm so den Weg zum Heil (vgl. LG 15f.).

2. Doch braucht es dann überhaupt die Taufe? Wer so denkt, vergißt, daß nach dem Neuen Testament der Empfang der Taufe tatsächlich ein verbindliches Gebot ist, das jeden verpflichtet, der seinen Anspruch vernommen hat. Er übersieht zugleich den inneren Sinn dieses Gebotes. *Wie* man zum Heile kommt, ist nämlich nicht gleichgültig. Ja, man kann sagen, die in der Taufe geschehende Eingliederung in die Kirche ist ein Stück, eine Dimension des christlichen Heiles selber: Gottes „Ja" zum Menschen soll ganz konkret auch durch die Mitglaubenden, die Gemeinde weitergegeben werden; ihre Liebe soll und darf die Liebe Gottes vermitteln. So wird schon auf Erden etwas vom endgültigen Heil vorweg verwirklicht, zu dem wesentlich die „Gemeinschaft der Heiligen" gehört. Die entscheidende Form der Gnade (und der Überwindung der Sünde) ist die in der Taufe geschehende Hereinnahme in die sichtbare Gemeinschaft der von Gott Angenommenen, die sich mit Christus gegenseitig annehmen. Auf dieser Grundlage ruht dann auch die Sendung der Kirche nach außen, an der der Getaufte Anteil gewinnt.

4. Die Firmung

Die Firmung ist nach katholischem Verständnis eines der sieben Sakramente der Kirche, das trotz seiner Zugehörigkeit zu den Initiationssakramenten eigenständig ist und eine spezifische Funktion hat. Mit dieser Feststellung ist eine Reihe von Schwierigkeiten verbunden, denen man sich zunächst stellen muß. Es ist dann zu fragen, welche Anhaltspunkte die traditionelle Lehre von der Firmung in der Hl. Schrift hat bzw. wie diese Lehre möglicherweise von der Schrift her in Frage gestellt wird. Nach einem Überblick über die geschichtliche Entwicklung des Firmsakramentes bzw. der Firmtheologie ist weiter zu fragen, wie die Theologie im Lichte des biblischen Zeugnisses und heutiger Anfragen Sinn und Funktion dieses Sakramentes zu erhellen versucht und welche pastoralen Konsequenzen sich daraus ergeben.

4.1 Das Erscheinungsbild der Firmung und die heutige Kritik

4.1.1 Erfahrungen mit der Firmung

Wahrscheinlich sind die Erfahrungen, die Christen der älteren oder jüngeren Generation mit ihrer eigenen oder bei der Firmung anderer gemacht haben, sehr unterschiedlich.

Vielleicht ist die Erinnerung eher blaß oder beschattet und diffus: ein „Massenauftrieb" von Firmlingen und Angehörigen an einem beliebigen Vormittag oder Nachmittag; Ordnungsprobleme; langes Warten, bis man endlich dran ist; ein wenig Spannung, wie das ist mit dem vielbesprochenen Backenstreich (jedenfalls früher); das alles möglicherweise in einer fremden Kirche, zu der man festlich gekleidet in gar nicht festlichen Verkehrsmitteln anreisen mußte (ein wenig peinlich); die Ratlosigkeit, wie man den weiteren Tag verbringen soll.– Aber vielleicht sind die Eindrücke auch groß und bleibend: ein festlicher Gottesdienst; eine wirkliche Feierlichkeit der Liturgie – heute oft mit der Eucharistiefeier verbunden – , bei der doch das konkrete Leben nicht draußen geblieben ist; die Begegnung mit dem Firmspender, meist einem Bischof; das alles offen für die Erfahrung der Gemeinschaft, und darin eines Größeren, das erfüllt, in Dienst nimmt und Richtung gibt; die Feier in der Familie oder der Gruppe, mit der man sich schon vorher gemeinsam auf die Firmung vorbereitet hat.– Zwischen solchen Eindrücken und Erinnerungen mag es manche Abstufungen und Zwischenwerte geben.

4.1.2 Die Zeichenhandlung der Firmung

Die Firmung ist in einen reich entfalteten gottesdienstlichen Zusammenhang eingebettet; häufig ist sie mit der Feier der Eucharistie verbunden. Aus diesem Zusammenhang kann sich das Wesentliche der Firmhandlung herausheben und in seiner Bedeutung erschließen.

„‚Sei besiegelt durch die Gabe Gottes, den Heiligen Geist.‘ Dies ist das Wort, mit dem das Sakrament <heute> gespendet wird. Die Firmung hat es also in besonderer Weise mit dem Heiligen Geist zu tun, der ‚besiegelt‘, d.h. gleichsam in Schutz und Verwahr, in sein zu besorgendes Eigentum übernimmt>...Das Ausbreiten der Hände und die Handauflegung sind ein Segensgestus. Die Handauflegung bedeutet darüber hinaus Geistspendung, Sendung und Verleihung eines Amtes. Der Bischof erbittet für die Firmlinge den Heiligen Geist... Durch Salbung geschieht nach biblischem Vorbild die Übertragung eines Amtes. Das Chrisam erinnert an Christus, an den mit dem Heiligen Geist Gesalbten. Es besteht aus Olivenöl und Balsam. Olivenöl hat eine reiche Bedeutung für den Menschen, weil es nährt, kräftigt, reinigt, heilt und leuchtet. In der Firmung ist die Bedeutung überhöht und wird Zeichen des Heiligen Geistes. Balsam ist schmerzlindernd, reinigend und heilend. Die wohlriechende Substanz bedeutet Überwindung der Verwesung und den...Lebenswandel in den Gaben des Geistes: in Liebe, Freundlichkeit und Güte. Das Kreuz auf der Stirne ist das Zeichen des Glaubens an den Gekreuzigten und Auferstandenen, an den Kommenden in Herrlichkeit. Der Bischof ruft jeden Firmling mit Namen. Er, dieser eine, empfängt als Siegel die Gabe, die der Heilige Geist ist... Der Gefirmte antwortet: ‚Amen‘. Er will ein vom Geist Gottes Gezeichneter sein, um ein Mensch nach der Art des Christus zu werden. Der Bischof wünscht ihm Frieden. Im biblischen Denken ist er der Inbegriff aller Güter.“[195]

4.1.3 Anfragen an die Firmung

1. Ist die Firmung zu Recht zum eigenständigen Sakrament geworden? Die Geschichte scheint zu zeigen, daß die Firmung sich erst im Laufe von Jahrhunderten aus der Taufe heraus entwickelt und sich von ihr abgelöst hat. In der Ostkirche, wo man die Sakramentalität der Firmung[196] anerkennt, ist bis heute die Einheit der Spendung von Taufe, Firmung und Eucharistie sogar bei unmündigen Kindern erhalten geblieben. Nach dem Zweiten Vatikanischen Konzil ist, wie gezeigt, auch in der römisch-katholischen Kirche die Einheit der Initiationssakramente, vorab von Taufe und Firmung, neu bewußt geworden. Zentral bei der Firmfeier ist wieder die Erneuerung des Taufversprechens. Evangelische Christen erkennen die Firmung nicht als Sakrament an; in ihrer Konfirmation sehen sie Prüfung, Bekenntnis, Gemeindeaufnahme und „Einsegnung“ junger Christen. Sie machen dabei darauf aufmerksam – auch von katholischen Exegeten unterstützt –, daß das Schriftzeugnis für eine eigenständige Firmung auf schwachen Füßen steht.

2. Was soll auch dieses Sakrament bringen? Der Taufe wird im Neuen Testament das Geschenk des Geistes Gottes zugeschrieben. Was bleibt dann für die Firmung – etwa ein größeres Quantum an Heiligem Geist, ein noch ausstehender Rest? So zu denken, sträubt man sich zu Recht.

---

[195] J. Singer, Begeistert für das Evangelium. Die Firmung als Entscheidung für ein Leben aus dem Geist: W. Zauner, J. Singer, Zeichen der Hoffnung. Sakramente und Sakramentalien, Wien 1982 (ORF-Studienprogramm), 61-79, hier 74 f.

[196] Myronsalbung ist der griechische Name.

3. Welcher Grundsituation menschlichen Lebens ist dieses Sakrament zuzuordnen? Ist es die Berufsentscheidung, oder die Eingliederung in die Gesellschaft, oder ist es die Lebensentscheidung, das bewußte Einschlagen eines bestimmten Lebensweges, eine grundlegende Sinnorientierung? Aber solche Situationen sind altersmäßig nur sehr schwer zu fixieren; sie sind schon gar nicht einzuengen auf das heute vielfach übliche Firmalter zwischen 4. und 6. Schulklasse.

4.2 Biblische Anhaltspunkte für die Firmung[197]

4.2.1 Die Frage nach einer direkten biblischen Bezeugung der Firmung

1. Man verwies früher vor allem auf drei Texte der Apostelgeschichte:

– *Apg 8,14-17*. Offenbar viele Menschen hatten in Samarien auf die Verkündigung des Philippus hin den Glauben angenommen und die Taufe empfangen. Aber der Heilige Geist „war noch auf keinen von ihnen herabgekommen". Das geschieht erst durch die aus Jerusalem herbeigeeilten Apostel Petrus und Johannes: „Dann legten sie ihnen die Hände auf, und sie empfingen den Heiligen Geist."

– *Apg 10, 44-48*. Hier geht der Geistempfang als gleichsam eigenständiges Geschehen der Taufe voraus. Auf die Predigt des Petrus hin werden Heiden, Kornelius und die Seinen, gläubig und der Heilige Geist kommt auf sie herab. Darauf Petrus: „Kann jemand denen das Wasser zur Taufe verweigern, die ebenso wie wir den Heiligen Geist empfangen haben?"

– *Apg 19,1-7*. Paulus findet in Ephesus Jünger, die zwar getauft sind, freilich „mit der Taufe des Johannes", aber vom Heiligen Geist nicht einmal gehört haben. Nach bzw. bei der Taufe auf den Namen Jesu legt ihnen Paulus „die Hände auf, und der Heilige Geist kam auf sie herab".

2. Im Lichte heutiger Bibelauslegung kann man in der Aussageabsicht dieser Texte nicht die Bezeugung eines eigenständigen Firmsakramentes neben der Taufe erkennen. Der erste Text will zeigen, daß die eher private Missions- und Tauftätigkeit des Philippus erst durch die Apostel, also in der Einheit der Kirche, voll fruchtbar wird. Der zweite Text will die Taufe von Heiden unmittelbar auf Gottes Wirken und Willen zurückführen. Auch der dritte Text will wie der erste aussagen: „Zur einen, apostolischen Kirche als dem Wirkbereich des Heiligen Geistes gehört man erst dann richtig, wenn man unter der Leitung der von Jerusalem aus wirkenden Apostel steht."[198] Die Mitteilung des Heiligen Geistes ist nach dem Gesamtzeugnis des Neuen Testaments normalerweise jedoch an die Taufe gebunden.

3. Trotzdem kann man auch in den genannten Texten Ansätze für das Sakrament der Firmung erkennen. Sie zeigen einmal einen besonderen Ritus, die Handauflegung, als Zeichen der Herabkunft des Heiligen Geistes. Zum anderen wei-

[197] Zu diesem Abschnitt vgl. G. Koch, Sakramente, die zum Christsein befähigen, 48 ff.

[198] S. Regli, Firmsakrament und christliche Entfaltung: MySal 5, Zürich 1976, 297-347, hier 303.

sen sie darauf hin, daß der Heilige Geist nur in der durch das apostolische Amt repräsentierten Einheit der Kirche zur vollen Fruchtbarkeit kommt.

4.2.2 Der biblische Hintergrund der Firmung

Eher noch wichtiger als diese Ansätze ist der allgemeine biblische Hintergrund: das Zeugnis vom Wirken des Heiligen Geistes im Leben des einzelnen Glaubenden, in der Glaubensgemeinschaft, in der ganzen Heilsgeschichte. Die Schriftbegründung der Firmung kann wohl überhaupt „nur im Rahmen einer umfassenden neutestamentlichen Theologie des Geistes und der Taufe"[199] versucht werden. Ein Hinweis kann hier genügen: Im Alten und im Neuen Testament empfangen Menschen im Zusammenhang mit ihrer Berufung, bei der Einsetzung in ihr Amt, bei Beginn ihres öffentlichen Wirkens den Heiligen Geist, der sie antreibt, ihnen Kraft gibt und zugleich ihrem Wirken „Durchschlagskraft" verleiht: Propheten, Könige, vor allem Jesus selber. Er empfing bei seiner Taufe den Heiligen Geist, obwohl dieser vom Anfang seiner Existenz an in ihm wohnte (Lk 1,35). Heiliger Geist befähigte ihn nun zu Beginn seiner öffentlichen Wirksamkeit seine messianische Berufung zu leben und sich davon endgültig in Dienst nehmen zu lassen: „Und als er aus dem Wasser stieg, sah er, daß der Himmel sich öffnete und der Geist wie eine Taube auf ihn herabkam. Und eine Stimme aus dem Himmel sprach. ‚Du bist mein geliebter Sohn, an dir habe ich Gefallen gefunden.'" (Mk 1,9-11). Der Träger des messianischen Amtes war nach dem Alten Testament wie kein anderer, ja geradezu für die anderen, mit dem Heiligen Geist und dessen Gnadengaben ausgestattet: „Der Geist des Herrn läßt sich nieder auf ihm: der Geist der Weisheit und der Einsicht, der Geist des Rates und der Stärke, der Geist der Erkenntnis und der Gottesfurcht" (Jes 11,2).[200]

Sollte es auf diesem Hintergrund nicht legitim sein und auf Jesu Intention zurückgehen, wenn die Kirche ein eigenes Sakrament entwickelt hat, bei dem im Zusammenhang mit der Erwachsenentaufe oder auch Jahre nach der Säuglingstaufe ein Mensch zu seinem Getauftsein „Ja" sagt und sich zugleich vom Geiste Gottes für seine eigenste christliche und menschliche Berufung in Dienst nehmen läßt?

4.3 Die geschichtliche Entwicklung der Lehre von der Firmung

4.3.1 Die Herausbildung eines eigenständigen Firmsakramentes in der westlichen Kirche

Es wurde schon darauf hingewiesen: In der frühen Kirche entwickelte sich nur allmählich das Bewußtsein, daß die mit der Taufe verbundenen Riten der Handauf-

---

[199] K. Lehmann, Zum Schriftzeugnis für die Firmung: IKaZ 11 (1982) 434-440, hier 436.

[200] Zur Auslegung dieses Textes und überhaupt zu einer atl. Theologie des Heiligen Geistes vgl. J. Schreiner, Das Wirken des Geistes in alttestamentlicher Sicht: ThGl 81 (1991) 3-51.

legung oder der Salbung mit Chrisam ein eigenständiges Sakrament darstellen könnten, dessen Spendung gegebenenfalls lange nach der Taufe möglich ist. In der westlichen Kirche, wo die genannten Riten dem Bischof vorbehalten waren, wurde es erst bis ins 12. Jahrhundert allgemein üblich, der im Säuglingsalter gespendeten Taufe diese bischöfliche „Vollendung der Taufe" nun als Sakrament der Firmung „in den Jahren der Unterscheidung" (zwischen 7. und 12. Lebensjahr) folgen zu lassen. In der Ostkirche blieb, wie schon aufgezeigt, die Einheit der Initiationssakramente erhalten, obwohl sich auch hier im Laufe der Zeit das Bewußtsein von der relativen Eigenständigkeit des Firmsakramentes ausbildete.

Zur Illustration dieser Entwicklung seien noch einige Hinweise auf theologische bzw. lehramtliche Zeugnisse vorgelegt.

– *Tertullian* (um 160-nach 220) kennt wie die anderen Theologen der beiden ersten Jahrhunderte keine von der Taufe abgehobene Firmung. Wohl aber unterscheidet er im Taufgeschehen verschiedene Phasen, denen auch unterschiedliche Wirkungen zugeschrieben werden.[201]

– Auch in der „Apostolischen Überlieferung" des *Hippolyt von Rom* (vor 170-235) ist der Ritus der Herabrufung des Heiligen Geistes eine Phase des Taufgeschehens selber, es wird aber bereits der Grund für die mögliche zeitliche Trennung von Taufe und Firmung sichtbar: Während die dreimalige Tauchtaufe durch einen Diakon vollzogen und mit einer ersten postbaptismalen Salbung durch einen Presbyter weitergeführt wird, ist die folgende Herabrufung der Gnade Gottes über den Getauften, die unter Handauflegung und Salbung als „Versiegelung" geschieht, dem Bischof vorbehalten.[202]

– Auf diesem Hintergrund bietet die *Synode von Elvira* (um 300) ein erstes lehramtliches Zeugnis für die in einer Notsituation mögliche und notwendige zeitliche Trennung von Taufe und bischöflicher „Vollendung" der Taufe.[203]

– Bei *Hieronymus* (um 347-419/20) weist die Erwähnung von Firmreisen des Bischofs bereits deutlich auf die fortschreitende Trennung von Taufe und Firmung im Westen der Kirche hin: „Nicht leugne ich diesen Brauch der Kirchen, daß zu denen, die weit entfernt von größeren Städten durch Priester und Diakone getauft worden sind, der Bischof hinauseilt, um ihnen zur Anrufung des Heiligen Geistes die Hand aufzulegen."[204]

4.3.2 Entwicklung und lehramtliche Fixierung der scholastischen Firmlehre

Aus Elementen der Vätertheologie, die nun systematisiert werden, entwickelt sich im 12. Jahrhundert eine eigenständige Theologie der Firmung, die bald in lehramtliche Dokumente eingeht, dann aber in der Reformation grundlegend bestritten wird.

[201] Tertullian, bapt. 6-8; BKV 7, 282 f; CSEL 20, 206 f; vgl. tzt D 9/I, Nr. 330 ff.

[202] Vgl. den Text in tzt D 9/I, Nr. 333.

[203] Can. 38 (DH 120) vgl. Can. 77 (DH 121); tzt D 9/I, Nr. 311 f.

[204] Dialog gegen die Luciferianer 9; PL 23, 164B; tzt D 9/I, Nr. 337.

1. Eine wichtige Rolle bei der Vermittlung westlicher Vätertheologie ins Mittelalter spielt der Augustinerchorherr *Hugo von St.-Victor* (Ende 11.Jh.– 1141). Die Firmung erscheint nun ganz als eigenständiges Sakrament, obwohl auch ihr enger innerer Zusammenhang mit der Taufe betont wird.

„Die Handauflegung wird im allgemeinen Sprachgebrauch Firmung (confirmatio) genannt. In ihr wird der Christ durch eine Chrisamsalbung mit Handauflegung auf der Stirn gezeichnet. Allein den Bischöfen als Stellvertretern der Apostel kommt es zu, den Christen zu besiegeln und den Heiligen Geist zu übergeben. So hatten ja auch, wie zu lesen ist, in der frühen Kirche allein die Apostel die Vollmacht, durch Handauflegung den Heiligen Geist zu geben... Wie in der Taufe die Vergebung der Sünden empfangen wird, so wird durch die Handauflegung der Heilige Geist gegeben; dort wird die Gnade mitgeteilt zur Vergebung der Sünden, hier wird die Gnade gegeben zur Stärkung. Denn was nützt es, wenn du vom Fall aufgerichtet wirst, wenn du nicht zum Stehen gestärkt wirst."[205]

Thomas von Aquin (wahrsch. 1225-1274) baut diese Elemente zu einer Thelogie der Firmung aus, die auch für die Folge maßgeblich wird. Die Eigenständigkeit der Firmung untermauert er mit anthropologischen Erwägungen („In der Firmung aber empfängt der Mensch gleichsam das Vollalter des geistigen Lebens."). Entsprechend deutet er auch das sakramentale Zeichen, speziell die Materie der Firmung (Chrisam als Zeichen der Fülle des Heiligen Geistes „zum geistigen Starksein" und der Kommunikation mit anderen) und den durch die Firmung eingeprägten unauslöschlichen Firmcharakter.[206]

2. Wesentliche Elemente der scholastischen Firmtheologie gehen in Dokumente des kirchlichen Lehramts ein.

– In einem Brief an den Katholikos der Armenier, in dem es um die Vorbedingungen einer Wiedervereinigung geht, reklamiert *Papst Clemens VI.* (1342-1352) die Weihe des Chrisams (oder Chrismas, eine Mischung von Olivenöl und Balsam) sowie die Spendung des Firmsakraments als Vorrecht des Bischofs. Nur der Papst darf Ausnahmen von dieser normalen Ordnung machen, indem er einem einfachen Priester die Firmvollmacht überträgt (DH 1068-1071).[207]

– Das *Konzil von Florenz* (1438-1445) legt in seinem Lehrentscheid für die Armenier die scholastisch ausgefaltete Lehre dar (DH 1317ff.; NR 552-554; vgl. auch DH 1310-1313; NR 501-504).[208]

Seine wichtigsten Aussagen zur Firmung sind:
Die Firmung ist eines der sieben Sakramente des Neuen Bundes; diese „enthalten die Gnade und teilen sie denen mit, die sie würdig empfangen" (DH 1310; NR 501).

Wie Taufe und Weihesakrament prägt auch die Firmung „der Seele ein Merkmal" ein, „das heißt ein unzerstörbares geistiges Zeichen" (DH 1313; NR 504).

[205] Über die Sakramente des christlichen Glaubens l.II p.7; PL 176, 459 f; tzt D 9/I, Nr. 339 f.
[206] S.th. III q. 72, a. 1c; a. 2c; a. 5c; tzt D 9/I, Nr. 342 ff.
[207] Vgl. tzt D 9/I, Nr. 313-316.
[208] Vgl. tzt D 9/I, Nr. 317 ff.

„Durch die Firmung wird unsere Gnade gemehrt und unser Glaube gestärkt" (DH 1311; NR 502). Speziell besteht die Wirkung dieses Sakramentes darin, „daß in ihm der Heilige Geist zur Stärkung gegeben wird"..., „damit der Christ mit Mut Christi Namen bekenne" (DH 1319; NR 554).

„Der ordentliche Spender ist der Bischof" (1318; NR 553).

Die sakramentale Zeichenhandlung setzt sich zusammen aus der Salbung mit Chrisam und den Worten: „Ich zeichne dich mit dem Zeichen des Kreuzes und stärke dich mit dem Salböl des Heils im Namen des Vaters und des Sohnes und des Heiligen Geistes" (DH 1317; NR 552).

Die Aussagen des Konzils über Materie und Form, über den Spender und die Wirkung des Sakramentes sind wichtige lehrgeschichtliche Zeugnisse, haben aber keinen unfehlbaren Charakter, wie spätere Änderungen (beim Zeichen und bei der Bestimmung des Spenders) beweisen.

– Das *Konzil von Trient* (1545-1563) beschränkt sich in seiner Auseinandersetzung mit reformatorischen Positionen darauf, die Sakramentalität der Firmung zu unterstreichen und die Lehre vom Bischof als dem ordentlichen Firmspender – allerdings weniger exklusiv als das Konzil von Florenz – zu wiederholen (DH 1628ff.; NR 555-557).[209]

3. Die Reformatoren hatten übereinstimmend die Sakramentalität der Firmung geleugnet und sie höchstens als sinnvollen Brauch gelten lassen.

Luther (1483-1546) beispielsweise vermißt in seiner Kampfschrift „Von der babylonischen Gefangenschaft der Kirche" bei der Firmung die göttliche Einsetzung und damit die einem Sakrament eigene Heilsverheißung.[210]

4.3.3 Die neuen Akzentsetzungen des Zweiten Vatikanischen Konzils

Bis ins 20. Jahrhundert hinein blieb die katholische Firmtheologie in den durch das Armenierdekret und die Definitionen des Tridentinums bestimmten Denkbahnen. Neue Impulse brachte erst die Zeit vor dem Zweiten Vatikanischen Konzil und vor allem das Konzil selber.

1. Einen der wichtigsten Beiträge in der Vorbereitung leistete Karl Rahner (1904-1984). Rahner konkretisiert seinen sakramententheologischen Grundansatz – die Sakramente als qualifizierte Selbstvollzüge, als Verwirklichungen des Ursakramentes Kirche in bestimmte Situationen hinein – auch für die Firmung: Er sieht sie als Teilhabe am Auftrag der Kirche „zur verklärenden Heimholung der Welt in das Reich Gottes".[211]

„Die Firmbeauftragung des Christen...ist nicht so sehr die Gnade einer individuellen Besorgung seines eigenen Seelenheiles, sondern die charismatische (= für andere segensreiche) Gabe, an der Sendung der Kirche mitzuarbeiten durch alle Gaben, die dem Heil aller dienen können."[212]

---

[209] Vgl. tzt D 9/I, Nr. 320 ff.
[210] Vgl. tzt D 9/I, Nr. 345.
[211] Vgl. tzt D 9/I, Nr. 346.
[212] K. Rahner, Kirche und Sakramente, Freiburg – Basel – Wien 1960, 82.

2. Das Zweite Vatikanische Konzil macht nicht sehr viele, aber wichtige und grundlegende Aussagen zur Firmung.[213]

– In der *Kirchenkonstitution* heißt es: „Durch das Sakrament der Firmung werden sie (die Gläubigen) vollkommener der Kirche verbunden und mit einer besonderen Kraft des Heiligen Geistes ausgestattet. So sind sie in strengerer Weise verpflichtet, den Glauben als wahre Zeugen Christi in Wort und Tat zugleich zu verbreiten und zu verteidigen" (LG 11).

– In der Kirchenkonstitution wird auch festgestellt, die Bischöfe seien die *originären*, (erstberufenen) Firmspender (LG 26). In früheren lehramtlichen Aussagen war der Bischof als „ordentlicher" (ordinarius) Firmspender bezeichnet worden. Die neue Formulierung läßt mehr Raum für die Beauftragung weiterer priesterlicher Firmspender durch den Bischof. Sie zeigt außerdem Respekt vor der Praxis der Ostkirche, wo jeder Pfarrer firmen darf und dem Bischof nur die Weihe des Salböls vorbehalten ist.

Übrigens kann im Falle einer Erwachsenentaufe oder einer Konversion der beteiligte Priester von Rechts wegen die Firmung spenden (vgl. CIC can.883).

– Die *Liturgiekonstitution* fordert eine (inzwischen längst vollzogene) Überarbeitung des Firmritus mit dem Ziel, „daß der innere Zusammenhang dieses Sakramentes mit der gesamten christlichen Initiation besser aufleuchte" (SC 71), weshalb dem Empfang des Sakramentes eine Erneuerung des Taufversprechens vorausgehen soll.

– Schließlich stellt das *Dekret über das Laienapostolat* fest, daß durch die Firmung wie durch die Taufe die Laien eine eigene, von Christus verliehene Sendung haben. Diese beruht also nicht auf einem Auftrag des kirchlichen Amtes: „Pflicht und Recht zum Apostolat haben die Laien kraft ihrer Vereinigung mit Christus, dem Haupt. Denn durch die Taufe dem mystischen Leib Christi eingegliedert und durch die Firmung mit der Kraft des Heiligen Geistes gestärkt, werden sie vom Herrn selbst mit dem Apostolat betraut. Sie werden zu einer königlichen Priesterschaft und zu einem heiligen Volk...geweiht, damit sie durch alle ihre Werke geistliche Opfergaben darbringen und überall auf Erden Zeugnis für Christus ablegen" (AA 3).

Kernaussagen des Zweiten Vatikanischen Konzils zur Firmung

LG 11; SC 71	Taufe und F. gehören eng zusammen.
AA 3	Sie verbinden mit Christus, dem Haupt.
LG 11; AA 3	Die F. verbindet vollkommener mit der Kirche.
LG 11; AA 3	Die F. schenkt eine besondere Kraft des Heiligen Geistes.
LG 11; AA3	Sie befähigt und verpflichtet so nachdrücklicher zum Apostolat, zur Verwirklichung der christlichen Berufung.
LG 26	Die Bischöfe sind originäre, erstberufene, Firmspender.

[213] Vgl. tzt D 9/I, Nr. 324-328. Dazu J. Zerndl, Die Theologie der Firmung in der Vorbereitung und in den Akten des Zweiten Vatikanischen Konzils, Paderborn 1986.

3. Um dem Auftrag des Konzils nachzukommen, verfügte Papst *Paul VI.* 1971 eine Neuordnung des Firmritus: Das Sakrament soll besser verstanden werden können, es soll deutlicher bezeichnen, was es bewirkt; sein Zusammenhang mit der gesamten christlichen Initiation soll besser zum Ausdruck kommen.[214]

„Darum verfügen und bestimmen wir kraft unserer Höchsten Apostolischen Autorität, daß in der Lateinischen Kirche das Folgende beachtet werde, damit der Ritus der Firmung, so wie er in Erscheinung tritt, sich in entsprechender Weise auf den Wesenssinn eben dieses sakramentalen Ritus beziehen lasse: ‚Das Sakrament der Firmung wird gespendet durch die Salbung mit Chrisam auf der Stirne, die unter Auflegung der Hand geschieht, und durch die Worte: Empfange die Besiegelung mit der Gabe des Heiligen Geistes“[215] (Sacramentum Confirmationis confertur per unctionem chrismatis in fronte, quae fit manus impositione, atque per verba: Accipe signaculum doni Spiritus Sancti).

4.4 Firmtheologie im Geiste des Zweiten Vatikanischen Konzils

4.4.1 Akzentsetzungen nachkonziliarer Theologie

Was das Konzil grundlegte, wird von der nachkonziliaren Theologie vor allem in dreifacher Akzentsetzung ausgearbeitet: Man betont bei der Firmung besonders die Verbindung mit Christus und seiner Sendung, also das christologische Moment; man betont vorrangig die festere Eingliederung in die Kirche, also das ekklesiologische Moment; man betont schließlich vor allem die vom einzelnen Menschen geforderte Entscheidung zur eigenen Taufe und zu bewußtem Christsein in Kirche und Welt, also das individual-anthropologische Moment. Daneben gibt es Stimmen, die in jedem Fall für eine Art Rücknahme der Firmung in die Taufe plädieren.

1. *Der christologische Ansatz* hebt heraus, daß mit der Gabe des Geistes dem Gefirmten eine noch engere gnadenhafte Verbindung mit Jesus Christus als dem wahren Lehrer, Hirten und Priester geschenkt werde und er gerade so an der Heilsaufgabe Jesu Christi auf neue Weise teilnehme. Man sieht „die Firmung als Ritus der prophetisch-charismatischen Teilhabe an dem Aufbau und an der Ausgestaltung des Gottesreiches“[216]. Taufe und Firmung werden dabei in Entsprechung zum Verhältnis von Ostern und Pfingsten gesehen.

2. *Der ekklesiologische Ansatz* findet entscheidend, daß man durch die Firmung in engerer Weise der Kirche verbunden, in die Kirche als Wirkbereich des Heili-

[214] Apostolische Konstitution „Divinae consortium naturae“: AAS 63 (1971) 657-664; vgl. tzt D 9/I, Nr. 329.

[215] Die Deutsche Bischofskonferenz hat folgende deutsche Übersetzung akzeptiert: „N. N., sei besiegelt durch die Gabe Gottes, den Heiligen Geist.“

[216] A. Thome, Firmung: Vollendung der Taufe: H. Auf der Maur, B. Kleinheyer (Hg.), Zeichen des Glaubens – Studien zu Taufe und Firmung, Freiburg 1972, 303.

gen Geistes verpflichtend einbezogen wird und so an ihrer Sendung und Aufgabe Anteil erhält. Verbindung und „Verähnlichung" mit Christus geschieht „in Form einer tieferen Eingliederung in die Kirche als der Sichtbarkeit Christi in Welt und Geschichte"[217].

3. *Der individual-anthropologische Ansatz* sieht in der Firmung vor allem Chance und Forderung einer persönlichen Entscheidung zum bewußten Christsein (also für Gott, für Christus, aber auch für die Konsequenzen der eigenen Kirchengliedschaft). Gottes Anruf in der Taufe, von Eltern und Paten stellvertretend beantwortet, soll in der Firmung in freier Verantwortlichkeit bejaht werden. „Die Firmung...<ist> sozusagen die persönliche Übernahme der Taufe."[218] Sie ist „Sakrament der Mündigkeit"[219].

4. J. *Brosseder* möchte aus der Schwierigkeit, für die Firmung einen überzeugenden eigenen theologischen und existentiellen Ort zu finden, die Konsequenz ziehen, dieses Sakrament im Sinne der alten, wie auch der ostkirchlichen und reformatorischen Tradition, wieder ganz mit der Taufe zu verbinden. So könne die Zusammenhanglosigkeit der Firmung, die aus ihrer Herauslösung aus der ursprünglichen Reihe der Initiationssakramente resultiere, behoben werden.[220]

„Vergleicht man die drei großen Traditionsströme, den östlichen und die beiden westlichen (den katholischen und den reformatorischen), dann wird man nicht umhinkönnen festzustellen, daß die größte innere Konsistenz in der christlichen Initiation in der Orthodoxie aufbewahrt worden ist. Denn wer die Kindertaufe praktiziert und sie für sinnvoll hält, der kann mit denselben Gründen auch die Säuglingskommunion verteidigen. Die theologischen Schwierigkeiten sind hier nicht größer als bei der Taufe auch. Dennoch kann man, auch wenn die Kindertaufe praktiziert wird, mit guten Gründen Taufe/Firmung einerseits und Zulassung zur Eucharistie andererseits zeitlich strecken, wie es der Westen tut. Die bei der Erwachsenentaufe mögliche gründliche Glaubensunterweisung kann auf diese Weise nachgeholt und dem Eucharistieempfang (einschließlich einer Tauferneuerung) vorausgeschickt werden."[221]

4.4.2 Versuch einer Synthese

Wenn man an der Firmung als eigenständigem Sakrament festhalten will, dann wird man die drei genannten Aspekte oder Deutungen in einer Synthese zusammennehmen müssen.[222]

1. Wichtig ist dabei gerade heute der Aspekt der *persönlichen Entscheidung zum Christsein* als persönlicher Berufung.[223] In unserer Zeit, die ein christliches Milieu, in das man einfach hineinwächst, kaum mehr kennt, muß dem jungen Menschen

---

[217] H. B. Meyer, Aus dem Wasser und dem Hl. Geist, Aschaffenburg 1969, 157.

[218] H. J. Spital, Taufe und Firmung aus der Sicht der pastoralen Praxis: LJ 21 (1971) 84.

[219] So der Titel eines von Otto Betz herausgegebenen Buches (München 1968).

[220] J. Brosseder, Art. Taufe/Firmung: NHThG 4 (1985) 177 f.

[221] J. Brosseder, ebd.

[222] Vgl. G. Koch, Sakramente, die zum Christsein befähigen, 52 ff; vgl. tzt D 9/1, Nr. 348-351.

[223] Vgl. W. Nastainczyk, Firmvorbereitung im Lernprozeß des Glaubens und im Leben der Gemeinde: H. Roßmann, J. Ratzinger (Hg.), Mysterium der Gnade (FS J. Auer), Regensburg 1975, 214.

die Chance geboten werden, sich das zu eigen zu machen, was ihm in Taufe und christlicher Erziehung schon vorgegeben oder angeboten wurde. Diese Chance zur Entscheidung wird in der Firmung aber nicht als rein menschliche Veranstaltung inszeniert. Sie ist ein sakramentales, ein gnadenhaftes Geschehen: Gott wendet sich in Jesus Christus und seinem Heiligen Geist aufs neue dem Menschen zu und gibt ihm so diese Chance.

2. So muß man auch die Firmung als *dialogisches Geschehen* verstehen, als neuen gnadenhaften Anruf Gottes, dem der Mensch, getragen vom Geist Gottes, antworten darf und soll. Gibt der Mensch seine Antwort nicht in voller Glaubenshingabe, so zieht Gott seinen Anruf doch nicht zurück, die neue Chance bestimmt den Menschen bleibend als „Firmcharakter“ oder „Firmsiegel“. Wenn jemand die Firmung ohne die rechte innere Antwort und damit ohne Frucht empfangen hat, so kann er doch immer wieder in seinem Leben auf das Angebot Gottes, das gerade ihm gilt, zurückkommen.

3. Das Angebot Gottes in der Firmung ist die Indienstnahme des Menschen für das Reich Gottes, die ihm zugleich den ureigenen Sinn seines Lebens zuweisen und ihn diesen erkennen lassen kann: „Dafür lohnt es sich zu leben, das ist eine sinnvolle Aufgabe, hier kann ich mich einbringen, hier kann ich in der Hingabe nicht nur an eine größere Sache, sondern an den mir begegnenden Größeren, den Herrn, mich selber finden und erkennen, wozu ich berufen bin.“ In diesem Dialog findet mithin der einzelne Orientierung und die große Sinnperspektive für sein Leben, indem er durch den Heiligen Geist enger mit Christus verbunden und intensiver der Kirche eingegliedert wird, also seinen Ort in der Gemeinschaft einnimmt.[224]

Indienstnahme für das Reich Gottes bedeutet freilich nicht, daß das Leben nun in einer unablässigen Folge kirchlicher, frommer Aktivitäten und begeisterter Initiativen oder gar schweißbedeckter religiöser Pflichterfüllungen bestehen müsse. Das Reich Gottes verwirklicht sich durchaus auch im zweckfreien Miteinander der Menschen im Geiste Jesu, in Fest und Feier, in Freude und Spiel (vgl. 1 Kor 10,31). Indienstnahme für das Reich Gottes bedeutet damit eine neue Freiheit, sich in Hingabe selbst zu finden.

4. Wenn in diesem Sinne die Firmung eine sakramentale Vollendung der Taufe darstellt, dann mag sich noch einmal die Frage stellen: Wird nicht nach neutestamentlichem Zeugnis der Heilige Geist in der Taufe verliehen? Was kann dann die Firmung darüber hinaus noch bringen, etwa ein „Mehr“ an Heiligem Geist?

– Man wird sich hier von einem quantitativen Denken frei machen müssen. Wenn Gott sich in seinem Heiligen Geist schenkt, schenkt er sich immer ganz, nicht einen Teil. Dennoch ist ein Wachstum an Innigkeit und Intensität möglich, das dem Menschen zugleich neue Kraft, Lebensenergie, Begeisterung zuschickt, wenn er sich davon ergreifen läßt, das ihm zugleich Kraft gibt für seine Sendung.

– Dies nämlich ist wichtig: Wo es sich um personale Wirklichkeit handelt, die Begegnung zwischen Gott und Mensch, da kommt diese Wirklichkeit erst voll zustande, wo der Gabe die Annahme entspricht, der Gabe des Geistes die gläubige Annahme dieses Geistes durch den Menschen.

[224] Hier entsteht zugleich eine Aufgabe für die christliche Gemeinde: Sie muß dem Gefirmten „Raum“ geben.

4.4.3 Ökumenische Aspekte

Es wurde schon darauf hingewiesen: In den Ostkirchen blieb die Firmung stets unmittelbar mit der Taufe verbunden, die Reformatoren lehnten sie als eigenes Sakrament ab. Eine katholische Firmtheologie, die die Einheit der Initiationssakramente betont und den Charakter der Firmung als von Gott her wirksames Sakrament der Indienstnahme unterstreicht, könnte neue Gesprächsmöglichkeiten eröffnen.

Im *Dialog mit den Ostkirchen* hebt ein Dokument der „Gemischten internationalen Kommission für den theologischen Dialog zwischen der römisch-katholischen Kirche und der orthodoxen Kirche" unter dem Titel „Glaube, Sakramente und Einheit der Kirche" von 1987 die Einheit und Ganzheit der christlichen Initiationssakramente hervor, „bestreitet aber nicht ihre jeweilige Besonderheit". Der Vollzug der Initiationssakramente „in einer einzigen zusammengesetzten liturgischen Feier" wird als „Ideal für beide Kirchen" erklärt.[225] Im *Dialog mit den Kirchen der Reformation* bekennt sich der Ergebnisbericht des Ökumenischen Arbeitskreises evangelischer und katholischer Theologen übereinstimmend zur Unwiederholbarkeit nicht nur der Taufe, sondern auch der Firmung bzw. der Konfirmation. Auch die Konfirmation bedeutet danach eine das ganze Leben prägende Verheißung und Verpflichtung. Eine recht verstandene Sakramentalität erscheint auch für evangelische Theologen nicht mehr undenkbar.[226] – Schon zuvor hatte das Lima-Dokument Übereinstimmung in der Überzeugung bekundet, daß die Taufe „ihrer vollen Bedeutung nach" sowohl Sündenvergebung als auch den Empfang des Heiligen Geistes „bezeichnet und bewirkt". Es erkennt aber auch die Möglichkeit eines besonderen Zeichens („Salbung mit Chrisma und/oder die Handauflegung") für den Empfang des Heiligen Geistes an.[227]

4.4.4 Pastorale Konsequenzen

1. Eine wichtige Rolle spielt die Frage nach dem richtigen Firmalter.

– Wer sich vor allem an der alten Reihenfolge der Initiationssakramente orientiert, wird die Firmung vor der Erstkommunion ansetzen, etwa um das 7. Lebensjahr, oder sie mit der Säuglingstaufe verbinden. Aber eine persönliche Entscheidung ist hier noch kaum möglich bzw. offenkundig ganz unmöglich.

– Wer den personalen Entscheidungscharakter der Firmung verficht, wird entsprechend für die Firmung im Schulentlassungsalter (16.-18. Lebensjahr), zugleich die Zeit der Berufsentscheidung, plädieren. Diese an sich konsequente Lösung hat doch ihre Schwächen: Das Moment der von der christlichen Gemeinschaft mitgetragenen Eingliederung (religiöse Sozialisation) wird zu gering veranschlagt. Wertvolle Jahre gehen dafür verloren. Viele finden den Weg dazu nicht mehr, eine Zwei-Klassen-Gemeinde aus Gefirmten und Ungefirmten wäre leicht die Folge.

---

[225] Vgl. tzt D 9/I, Nr. 196-200.

[226] Lehrverurteilungen – kirchentrennend? I. Hg. v. K. Lehmann, W. Pannenberg, 85.

[227] Kommission für Glauben und Kirchenverfassung des Ökumenischen Rates der Kirchen, Taufe, Eucharistie und Amt. Konvergenzerklärungen 1982, DWU 554 f; tzt D 9/I, Nr. 352.

– Eine „mittlere" Lösung stellt die häufig praktizierte Firmung zwischen dem 11. und 14. Lebensjahr dar, ein Alter, in dem schon erste wichtige Grundentscheidungen des Lebens fallen können. Daß dies nur begrenzt möglich ist, ist allerdings zuzugeben. Auf alle Fälle sollte es als zusätzliche Möglichkeit die Chance zu einem Empfang des Sakramentes geben, der erst später erfolgt, wenn ein Mensch sich wirklich entschieden hat.

2. Entscheidend wichtig ist bei diesem Verständnis die Firmkatechese.[228] Sie muß dem Jugendlichen dieses Sakrament als Chance zu einem sinnvollen Leben erschließen. Mehr und mehr geschieht sie in kleinen Gruppen, die zugleich die Erfahrung christlicher Gemeinschaft und die Eingliederung in die Gemeinde fördern.[229] Ältere Jugendliche, Männer und Frauen aus der Gemeinde leiten diese Gruppen und erfüllen auch dadurch die Aufgabe, die sie in ihrer eigenen Firmung übernommen haben, beispielgebend für die Firmlinge. Die guten Erfahrungen, die vielerorts bei der Firmkatechese gemacht werden, darf man wohl als ein besonderes Zeichen des Wirkens eben jenes Geistes verstehen, der sich in der Firmung den Menschen schenkt. Darin läge dann auch ein besonderes Zeugnis für die Bedeutung des Sakramentes der Firmung gerade für unsere Zeit.

---

[228] Vgl. W. Nastainczyk, Katechese: Grundfragen und Grundformen, Paderborn 1983, 127-140.

[229] Die Gemeinde sollte sich ihrerseits gefordert fühlen, den Gefirmten auch den notwendigen Entfaltungsraum für ihren Dienst zu geben.

5. Die Eucharistie

5.1 Die Eucharistie im Leben der Kirche und im theologischen Disput

Die Eucharistie ist eines der sieben Sakramente der Kirche. Zugleich zeigt sie in Gestalt und Vollzug Besonderheiten, die auf ihre einzigartige Stellung und zentrale Bedeutung unter den Sakramenten wie im Leben der Kirche deutlich hinweisen, aber auch Fragen und Probleme aufgeben.

5.1.1 Erscheinungsformen der Eucharistie im Kirchenjahr

Die konkrete Form, in der Christen der Eucharistie begegnen können, zeigt große Unterschiede. Sie reicht vom feierlichen Sonntagsgottesdienst oder gar vom Pontifikalamt bis zum „stillen" Werktagsgottesdienst oder auch zur Feier der Eucharistie im häuslich familiären Rahmen. Immer ist die Feier des Sakramentes jedoch mit einem „eigenwertigen" Wortgottesdienst verbunden: Wortgottesdienst und Sakrament bilden eine einzige zusammengesetzte Feier, deren Liturgie nicht nur aus gleichbleibenden Teilen besteht, sondern auch nach Anlaß bzw. Kirchenjahr wechselnde Teile einschließt. Schon die Tatsache, daß die Eucharistie in dieser Weise das Jahr der Gemeinde begleitet, kann auf ihre einzigartige Stellung und zentrale Bedeutung wie auch auf ihre innere Fülle aufmerksam machen.

5.1.2 Die innere Fülle der Eucharistie im Spiegel ihrer Namen

Auf den inneren Reichtum dieses Sakramentes verweisen aber auch die verschiedenen Namen und Bezeichnungen, die man ihm im Lauf der Zeit gegeben hat.

1. Die früheste und verbreitetste Bezeichnung *Eucharistie* bedeutet Danksagung. „Eucharistie ist die schon für das erste Jahrhundert nachweisbare..., seitdem vorherrschende Bezeichnung für das von Jesus vor seinem Leiden eingesetzte Opfer– und Speisesakrament des Abendmahls."[230] Sie hat ihren Ansatz im Neuen Testament selbst: Jesus spricht beim letzten Mahl über das Brot das Dankgebet (vgl. 1 Kor 11,24par.) bzw. auch über den Wein (vgl. Mk 14,23par.) und in diesem Zusammenhang begegnet das griechische Wort „eucharistein" = danksagen. In diesem Begriff verbergen sich zwei Bedeutungsmomente:

---

[230] J. Betz, Art. Eucharistie I.: LThK² 3, 1142.

– Gottes Gnadengabe, die in diesem Sakrament Christus selber und die Frucht seines Heilswirkens ist;

– die dankbare Annahme dieser Gnadengabe durch den mit Christus verbundenen Menschen.

Insofern verweist die Bezeichnung *Eucharistie* auf den dialogischen, den Begegnungscharakter dieses Sakramentes.[231]

2. Eine wichtige, seit dem 6. Jahrhundert gebräuchliche Benennung der Eucharistie ist die Bezeichnung *Messe*. Von ihrem Bedeutungsursprung her besagt sie nicht sehr viel. „Missa" bezeichnete den Schluß oder Schlußakt eines Gottesdienstes, die Entlassung mit einem Segensgebet.[232] Im Lauf der Zeit jedoch füllte sich der Begriff, so daß er heute gut geeignet ist, die vielen Aspekte des eucharistischen Gottesdienstes vor Augen zu bringen, vor allem die unauflösliche Verbindung von Wortgottesdienst und Sakramentsfeier, die sich in frühester Zeit anbahnte.

3. In eine etwas spätere Zeit reicht eine Bezeichnung zurück, die sich bis heute gehalten hat: *das Hl. Opfer* oder *Meßopfer*. Eindeutig wird damit der Opfercharakter der Messe betont, ein Aspekt, der als charakteristisch katholisch gilt und evangelischen Christen auch heute noch häufig suspekt ist. In die gleiche Richtung kann zweifellos auch die Bezeichnung *Altarsakrament* verweisen: Der Altar ist ja nicht nur der Ort der Gegenwart Jesu Christi, sondern ganz allgemein der Ort, wo Opfer dargebracht werden.

4. Wieder neu in Gebrauch kommt heute eine der ältesten Bezeichnungen der Eucharistie: *Das Herrenmahl*. Noch in apostolischer Zeit nannte man die Eucharistie einerseits „Brotbrechen" (davon wird noch die Rede sein), andererseits aber Herrenmahl. So ruft Paulus im Blick auf Mißbräuche in der korinthischen Gemeinde zur Besinnung: „Was ihr bei euren Zusammenkünften tut, ist keine Feier des Herrenmahls mehr" (1 Kor 11,20). Diese Bezeichnung gibt einerseits einen Hinweis auf die anfänglich übliche Verbindung der Eucharistiefeier mit einem Sättigungs- bzw. Liebesmahl; sie verweist andererseits deutlich auf den Mahlcharakter der Eucharistie selber.

Mit dieser Bezeichnung, die auch vom Zweiten Vatikanischen Konzil gebraucht wird (vgl. SC 11), wird eine Brücke geschlagen zu der Benennung, die evangelische Christen diesem Sakrament geben, nämlich Abendmahl.

5. Gelegentlich nennt man die Eucharistie *Sakrament des Herrenleibes* (*Fronleichnam*). Es ist keine Frage, daß damit ein Aspekt angesprochen wird, der wiederum gerade für katholisches Glaubensverständnis kennzeichnend ist: die Überzeugung von der wirklichen, bleibenden Gegenwart Jesu Christi in den gewandelten Gaben von Brot und Wein.

6. Schließlich spricht man auch einfach von „Dienst" oder „Amt" (lat. *officium*).Diese Bezeichnung begegnet uns vor allem in der Verbindung „Hochamt" und meint dann eine besonders feierliche, „offizielle" Form des eucharistischen Gottesdienstes. So kommt zum Ausdruck, daß die Eucharistie und der mit ihr zu-

---

[231] Vgl. J. Betz, ebd.

[232] Vgl. J. A. Jungmann, Art. Messe I.: LThK² 7, 321.

sammengewachsene Wortgottesdienst eine entscheidende oder sogar die entscheidende Verwirklichung des Gottesdienstes der Kirche überhaupt darstellen.

Eucharistie ist also *zentrale Verwirklichung des „amtlichen" Gottes-Dienstes der Kirche, in dem die christliche Gemeinde in danksagendem und lobpreisendem Empfangen den „Dienst" Gottes am Heil der Menschen entgegennimmt.*

5.1.3 Die zentrale Bedeutung der Eucharistie im Zeugnis des Zweiten Vatikanischen Konzils

So verweisen schon die vielen Namen der Eucharistie nicht nur auf die verschiedenen Aspekte dieses Sakramentes, sie sprechen zugleich seine zentrale Bedeutung im Leben der Kirche an. Von der Eucharistie gilt ganz besonders, was die Kirche über die Bedeutung ihres Gottesdienstes sagt: Sie ist „der Höhepunkt, dem das Tun der Kirche zustrebt, und zugleich die Quelle, aus der all ihre Kraft strömt" (SC 10). Von der Eucharistie unmittelbar spricht das Konzil als „der Quelle und dem Höhepunkt des ganzen christlichen Lebens" (LG 11). Es nennt sie zugleich „Quelle und Höhepunkt aller Evangelisation" (PO 5). „Mit der Eucharistie stehen die übrigen Sakramente im Zusammenhang; auf die Eucharistie sind sie hingeordnet; das gilt auch für die anderen kirchlichen Dienste und für die Apostolatswerke. Die Heiligste Eucharistie enthält ja das Heilsgut der Kirche in seiner ganzen Fülle, Christus selbst, unser Osterlamm und das lebendige Brot" (aaO.).

Das Glaubensbewußtsein von der zentralen Bedeutung der Eucharistie hat sich seit langem auch in einer Lebensnorm niedergeschlagen, mit der jeder katholische Christ von Jugend an konfrontiert wird: dem sog. Sonntagsgebot, d.h. der Verpflichtung, wenn keine stichhaltige Verhinderung vorliegt, an der sonntäglichen Eucharistiefeier teilzunehmen. Man hat dieses Sonntagsgebot möglicherweise zu oft als äußerlich buchstabenhaft verbindliche Zwangsregel gesehen und eingeschärft. Sein Sinn ist jedoch biblisch begründbar und innerlich einsichtig zu machen: Wer als Christ leben will, kann dies am ehesten aus der Eucharistie, die ihn – seit frühester Zeit vor allem am „Herrentag" als dem Auferstehungstag gefeiert – zugleich mit Christus und den Mitglaubenden verbindet.

5.1.4 Eucharistiekatechese

Die Bedeutung der Eucharistie läßt sich an den katechetischen Bemühungen um eine entsprechende Hinführung zu diesem Sakrament ablesen.[233] Schon früher nahm der Unterricht, der auf die erste hl. Kommunion vorbereiten sollte, eine herausgehobene Stellung innerhalb der religiösen Erziehung ein. Auch heute gilt: „Die betroffenen Kinder, Familien und Katecheten werten Vorbereitung und Feier der Erstkommunion nicht selten als Höhepunkt im Lebenslauf. Erfahrungsgemäß eröffnet diese Form eucharistischer Erziehung auch pastorale Chancen. Nicht wenige Kinder und Erwachsene bleiben ohne diese Angebote kirchenfern. Die Erstkommunion...ist aber auch ein gesellschaftliches Ereignis für breite Krei-

---

[233] W. Nastainczyk, Katechese, 115-126.

se."[234] Dabei hat sich allerdings gegenüber früher auch Wesentliches geändert: Die Erstkommunionvorbereitung ist weitgehend aus dem Bereich des schulischen Religionsunterrichts in den Bereich gemeindlicher Katechese übergegangen; die Kinder werden in kleinen Gruppen von sog. Tischmüttern in das Geheimnis der Eucharistie und ihres eigenen Lebens eingeführt. Es handelt sich dabei um „Kurse mit etwa zwölf Zusammenkünften von Kleingruppen ca. sieben- bis neunjähriger Kinder, die ein Erwachsener leitet"[235]. Kinder können aber auch auf die Eucharistie individuell vorbereitet werden. „Wenn Eltern(teile) überzeugt christlich leben, wachsen Kinder durch Erfahrungen, Bindungen und einzelne Belehrungen bereits im Vorschulalter in den christlichen Glauben hinein."[236] Wenn ein Kind dann den entsprechenden Wunsch hat, darf ihm der Zugang zur Kommunion nicht verwehrt werden. Natürlich sollte Eucharistiekatechese mit dem Erstkommuniontag (den man nicht künstlich zum schönsten Tag des Lebens hinaufsteigern darf) nicht zu Ende sein. Immer wieder gilt es, Jugendlichen und Erwachsenen das Geheimnis der Eucharistie neu und tiefer aufzuschließen, eine Aufgabe, die beim Pfarrer, bei der ganzen Gemeinde (Erwachsenenbildung), aber auch bei jedem einzelnen liegt. Ihre Leitidee sollte jede Eucharistiekatechese darin haben, „daß sie den Teilnehmern hilft, Eucharistie als Fest des Glaubens verstehen, vollziehen und im Leben bewahrheiten zu können"[237].

5.1.5 Die Eucharistie in der theologischen Diskussion

Man kann indessen der Eucharistie nicht nur im Zentrum des Lebens der Kirche begegnen, sondern sie ist auch in besonderem Maße Gegenstand theologischer Bemühungen, oft auch Auseinandersetzungen. Hier sei nur kurz auf einige der wichtigeren Fragen vorausverwiesen, die meist auch zwischen den christlichen Kirchen lebhaft erörtert werden.

1. Die alte Frage der Reformationszeit nach dem *Opfercharakter* der Eucharistie wird auch heute noch zwischen den Kirchen (und innerhalb der Kirchen) kontrovers erörtert, wenn auch deutliche Annäherungen festzustellen sind: In welchem Sinne wird in der Messe das einmal und für immer gültige Opfer Jesu Christi gegenwärtig und wirksam? In welchem Sinne bringt darin auch die Kirche Gott ein Opfer dar?

2. Wie ist die katholische Glaubensüberzeugung von der wirklichen und wesenhaften *Gegenwart des Leibes und Blutes Christi*, d.h. seiner selbst, nach der Wandlung von Brot und Wein zu verstehen? In welchem Sinne kann dafür die Lehre von der Wesensverwandlung (Transsubstantiation) noch hilfreich sein? Muß sie abgewandelt oder doch ergänzt werden? Welche Berechtigung und Bedeutung hat die eucharistische Anbetungsfrömmigkeit?

3. Ist das Entscheidende bei der Eucharistie nicht ihr *Mahlcharakter*? Müßte sie also nicht viel deutlicher als schlichte Weiterführung des letzten Abendmahles

---

[234] A.a.O., 118 f.
[235] A.a.O., 124.
[236] A.a.O., 123 f.
[237] A.a.O., 122.

Jesu mit seinen Jüngers gefeiert werden, als gläubige Mahlgemeinschaft mit dem Herrn als dem eigentlichen Gastgeber? Würde das nicht bedeuten, daß manche sakralisierenden Verkrustungen und Verfeierlichungen wegfallen müßten und der Glaube gegenüber dem Ritus eine ungleich größere Rolle spielte?

4. Was hält eigentlich *die verschiedenen Aspekte* der Eucharistie innerlich zusammen? Ist es der Opfercharakter der Messe oder ihr Mahlcharakter oder die wirkliche Gegenwart Jesu Christi oder etwas, was diese drei Momente umfaßt?

5. Unter welchen Bedingungen ist die *Interkommunion* unter den christlichen Kirchen möglich, ja geboten? Werden hier nicht neben falscher Ungeduld auch unnötige Hindernisse aufgestellt und falsche Warnzeichen errichtet?

5.2 Die Eucharistie im Zeugnis des Neuen Testamentes

Das auch für heute maßgebliche Glaubensverständnis des Herrenmahls kommt in den Abendmahlsberichten oder Einsetzungsberichten, wie sie sich in den synoptischen Evangelien und bei Paulus finden, sowie in anderen paulinischen Texten und Texten des Johannesevangeliums zum Ausdruck. Hinter diesen Texten, die alle schon eine gläubige und zugleich situationsbezogene Deutung des Vermächtnisses Jesu darstellen, kann das letzte Mahl sichtbar werden, so wie es Jesus am Abend vor seinem Leiden und Sterben mit seinen Jüngern gefeiert hat.

5.2.1 Die Eucharistie als Mitte urkirchlichen Lebens

Auch wenn die Apostelgeschichte wohl erst gegen Ende des ersten Jahrhunderts geschrieben worden ist, so sind in ihr doch stichhaltige Überlieferungen über das Leben der Kirche in ihren Jerusalemer Anfängen eingeschlossen. Dort erfahren wir (Apg 2, 42-47), welche Bedeutung die Eucharistie – hier Brotbrechen oder Brechen des Brotes genannt – für Leben und Zusammenleben der Urgemeinde hatte. „Sie hielten an der Lehre der Apostel fest und an der Gemeinschaft, am Brechen des Brotes und an den Gebeten...Und alle, die gläubig geworden waren, bildeten eine Gemeinschaft und hatten alles gemeinsam. Sie verkauften Hab und Gut und gaben davon allen, jedem so viel, wie er nötig hatte. Tag für Tag verharrten sie einmütig im Tempel, brachen in ihren Häusern das Brot und hielten miteinander Mahl in Freude und Einfalt des Herzens. Sie lobten Gott und waren beim ganzen Volk beliebt." Auf zweierlei mag hier besonders aufmerksam gemacht sein: -Die Urgemeinde nimmt wohl noch am Tempelgottesdienst teil, zugleich aber feiert sie täglich Eucharistie in den eigenen Häusern; nur diese Tatsache wird in dem Text, einer lebendigen Beschreibung urkirchlichen Lebens, doppelt erwähnt. -Offenbar ist die Eucharistiefeier mit einem Sättigungsmahl verbunden, das man miteinander „in Freude und Einfalt des Herzens" hält.

Das Herrenmahl in der frühen Kirche

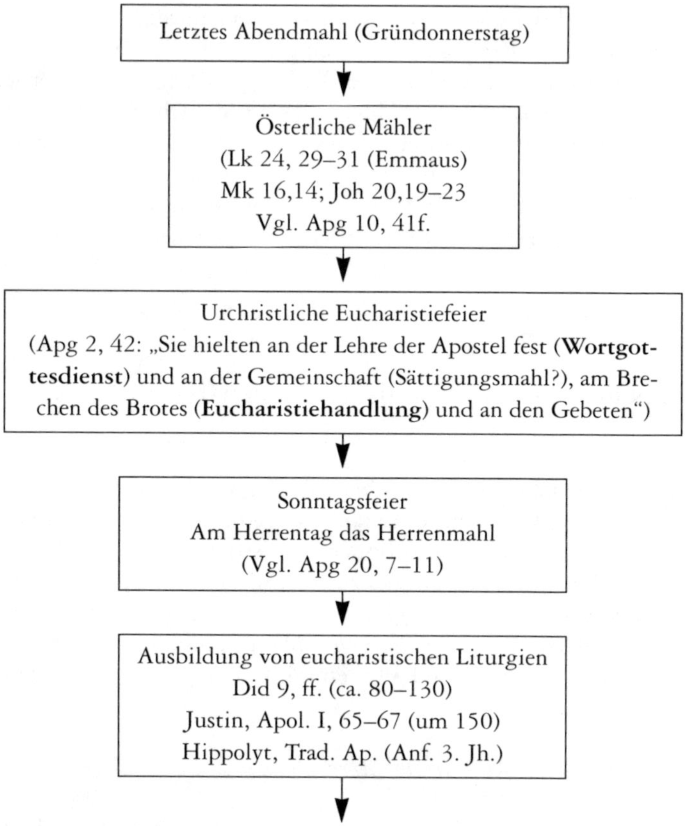

Erstellt von Wolfgang Beinert

Auch an anderer Stelle der Apostelgeschichte wird das Brechen des Brotes mit einer merkbaren Selbstverständlichkeit erwähnt, wobei allerdings hier von der besonders hervorgehobenen Eucharistie am ersten Wochentag, am Herrentag, die Rede ist. Von Paulus und seinen Begleitern, die sich in der griechischen Stadt Troas aufhalten, heißt es: „Als wir am ersten Wochentag versammelt waren, um das Brot zu brechen, redete Paulus zu ihnen, denn er wollte am folgenden Tag abreisen; und er dehnte seine Rede bis Mitternacht aus" (Apg 20,7; vgl. auch 20,11 und 27,35). In diesem Text ist zugleich ein interessanter Hinweis enthalten, daß – jedenfalls in dieser besonderen Situation – mit dem Brechen des Brotes die Verkündigung des Evangeliums durch Paulus verbunden war.

In den Texten der Apostelgeschichte wird deutlich, daß die eucharistische Feier zu den zentralen Vollzügen der Urkirche gehörte. „Jedenfalls gilt – auch der heutigen theologischen Forschung – als unbestrittener Ausgangspunkt einer Betrachtung von Entstehung und Sinn des Abendmahls: Die Kirche hat von Anfang an Eucharistie gefeiert! Die Abendmahlsfeier war immer Mitte ihres Lebens!"[238]

[238] R. Pesch, Wie Jesus das Abendmahl hielt. Der Grund der Eucharistie, Freiburg 1977, 11.

5.2.2 Neutestamentliche Sinndeutungen der Eucharistie

Wie die Kirche des Anfangs das Herrenmahl feierte und theologisch deutete, darüber geben vor allem die *Einsetzungsberichte* Auskunft, die sich in vierfacher Gestaltung im Neuen Testament finden. Dazu kommen wichtige Aussagen des Paulus (insbesondere 1 Kor 10,16ff.) und Teile der großen „Brotrede" Jesu Christi (Joh 6).

1. Drei der neutestamentlichen Einsetzungsberichte stammen aus dem Zusammenhang der Passionsberichte der synoptischen Evangelien. Sie stellen also Teile eines größeren „Erzählzusammenhangs" dar (Mt 26,26-29; Mk 14,22-25; Lk 22,19-20). Der paulinische Einsetzungsbericht (1 Kor 11,24-26) hingegen begründet eine Mahnung des Apostels, die Mißbräuchen in der Gemeinde bei der Feier des Herrenmahls entgegenwirken soll.[239]

Wer die vier Texte genau miteinander vergleicht, wird leicht bemerken, daß die Berichte des Markus und Matthäus einerseits und die Berichte des Paulus und Lukas andererseits eine große Verwandtschaft miteinander aufweisen, wobei Lukas allerdings gelegentlich auch den Markustext zugrundelegt.

Man hat daraus und aus zusätzlichen Beobachtungen und Überlegungen die Folgerung gezogen, daß Matthäus der Überlieferung des Markus folgt und nur gewisse redaktionelle Änderungen an dessen Text vorgenommen hat; daß Lukas hingegen zumeist der Überlieferung folgt, die Paulus zur Verfügung hatte, daß er aber auch gelegentlich den ihm vorliegenden Markustext heranzieht.[240]

Unter Exegeten wird die Meinung vertreten, daß das Becherwort 1 Kor 11 die älteste und wohl ursprüngliche Fassung bewahrt hat, während das Brotwort Mk 14 dem ursprünglichen Wortlaut am nächsten kommt.

Welche zentralen Aussagen sind nun diesen Texten gemeinsam? Vorab die folgenden:

– Christus nimmt und bricht das Brot, dankt (preist) und spricht: *„Dies ist mein Leib."* Nach semitischem Denken bedeutet *Leib* „die leibhaftige Person, das somatisch verfaßte Ich"[241]. So sagt Jesus zu den Seinen: Ich selber schenke mich euch, gebe mich hin in der Gestalt des Brotes.[242]

– Christus nimmt den Becher und spricht: *„Dies ist mein ‚Blut des Bundes'"* (Mk,Mt), bzw. *„Dieser Becher ist der neue ‚Bund in meinem Blut'"* (1 Kor, Lk). Wiederum gibt sich Jesus selbst den Seinen hin und zwar als der, der sich opfert. Hier „präzisiert das in...<dem Begriff Blut> liegende Begriffsmoment ‚vergossen' die Person als eine auf blutige Weise sterbende"[243].

Diese blutige Hingabe Jesu wird als die Bekräftigung des Bundes Gottes mit Israel im Sinne der alttestamentlichen Bundesbesiegelung von Ex 24,8 bzw. sogar als die Begründung eines neuen Bundes im Lichte von Jer 31, 31-34 gedeutet.

---

239 Vgl. die Synopse der Abendmahlsberichte u.a. in tzt D 9/II, Nr. 354.

240 Vgl. R. Pesch, a.a.O., 25-58.

241 J. Betz, Art. Eucharistie II.: LThK^2 3, 1143.

242 Zur Frage der sog. somatischen Realpräsenz Christi in der Eucharistie vgl. auch: H.-J. Klauck, Präsenz im Herrenmahl. 1 Kor 11,23-26 im Kontext hellenistischer Religionsgeschichte: ders., Gemeinde, Amt, Sakrament. Neutestamentliche Perspektiven, Würzburg 1989, 327-330.

243 J. Betz, a.a.O.

Die Genealogie der Abendmahlsberichte

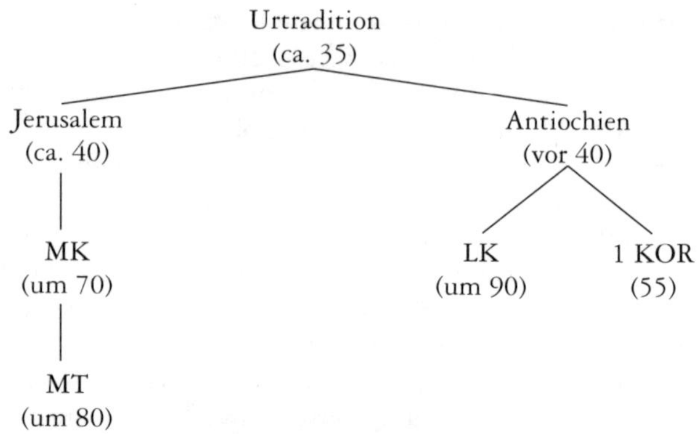

Die vier Abendmahlsberichte lassen sich auf zwei Traditionen aufteilen, die von einer gemeinsamen Überlieferung herrühren. Die jüngere entstand in Jerusalem, die ältere in Antiochien. Innerhab der jerusalemer Überlieferung ist Mt abhängig von Mk (wie auch sonst), in der antiochenischen ist Lk zwar jünger, dürfte aber die Urtradition besser bewahrt haben.

Erstellt von Wolfgang Beinert

Daneben stehen wichtige Aussagen, die nur in einem Überlieferungsstrang oder nur in einem der Texte begegnen:
– Da ist zunächst die erläuternde Aussage, daß der Leib des Herrn *„für euch"* gegeben ist (1 Kor, Lk) und das Blut Jesu *„für viele"* bzw.*"für euch"* vergossen ist (Mk, Mt, Lk) zum Nachlaß von Sünden (Mt). Hier kommt die alttestamentliche Vorstellung vom leidenden Gottesknecht ins Spiel, der für die vielen gelitten hat (vgl. Jes 53, 4-12).

„Für viele" bedeutet nach biblischem Sprachgebrauch eindeutig „für alle" (vgl. Röm 5); niemand wird ausgeschlossen von der Auswirkung der Hingabe Jesu in dem Opfer seines Lebens.

– Vor allem aber findet sich in diesem Zusammenhang nur bei Mk und Mt die verhüllte Todesansage Jesu: *„Ich sage euch aber, nicht trinken werde ich von jetzt an von diesem Gewächs des Weinstocks bis zu jenem Tage, da ich es trinke mit euch neu in der Königsherrschaft meines Vaters"*. Das ist ein Blick auf die mit Jesu Sühnetod nahe erwartete eschatologische Vollendung (vgl. jedoch auch Lk 22,18).

– Auf die Zukunft Gottes, die eschatologische Vollendung, verweist auch auf andere Weise der sog. Wiederholungsbefehl, der sich nur bei Paulus findet: *„Dies tut, sooft ihr trinkt, zu meinem Gedächtnis. Denn sooft ihr dieses Brot esset und den Becher trinkt, vermeldet ihr den Tod des Herrn, bis er kommt."*

Die Eucharistie im Glaubensverständnis der Urkirche verweist also klar auf die Selbstgabe Jesu, speziell als des blutig Geopferten für die Vergebung der Sünden, und auf eine neue Gemeinschaft der Glaubenden mit Gott und untereinander, die als neuer Bund schon jetzt fest gegründet ist, sich aber mit der Wiederkunft des Herrn vollenden wird. In jeder Eucharistiefeier werden diese

Heilswirklichkeiten erinnernd, hinweisend und vorausweisend gegenwärtig und wirksam.

2. Paulus hat noch in einem anderen Zusammenhang Wesentliches über die Eucharistie und ihre Wirkung gesagt. Auf ein Problem in der korinthischen Gemeinde eingehend – die Frage nach der Teilnahme an Götzenopfermählern –, zieht er eine Parallele zum eucharistischen Mahl und begründet so die Unverträglichkeit einer Teilnahme an beiden Mählern: „Ist der Kelch des Segens, über den wir den Segen sprechen, nicht Teilhabe am Blut Christi? Ist das Brot, das wir brechen, nicht Teilhabe am Leib Christi? Ein Brot ist es. Darum sind wir viele ein Leib; denn wir alle haben teil an dem einen Brot...Ihr könnt nicht den Kelch des Herrn trinken und den Kelch der Dämonen. Ihr könnt nicht Gäste sein am Tisch des Herrn und am Tisch der Dämonen“ (1 Kor 10,16-21). Paulus betont hier vor allem die Lebensgemeinschaft, die die Teilnahme am Leib und Blut Christi mit dem Herrn selber schafft und die dabei zugleich die Seinen zum Leib der Kirche zusammenschließt.[244]

„Die beiden Bedeutungskomponenten <Gemeinschaft untereinander und Teilhabe an den Elementen des Herrenmahls> stehen nicht beziehungslos nebeneinander, sondern werden in eine kausale Relation gebracht: Teilhabe am Sakrament stellt Gemeinschaft her.“[245]

3. In der großen Brotrede im 6. Kapitel des Johannesevangeliums spricht Jesus zunächst vom Himmelsbrot, das er selber ist und das – im Glauben genossen – den Menschen mit ewigem Leben beschenkt. Jesus sagt dann aber auch eindeutig, daß das Essen seines Fleisches und das Trinken seines Blutes eine besondere Weise, ihn aufzunehmen, ist: „Ich bin das lebendige Brot, das vom Himmel herabgekommen ist. Wer von diesem Brot ißt, wird in Ewigkeit leben...Wer mein Fleisch ißt und mein Blut trinkt, hat das ewige Leben, und ich werde ihn auferwecken am Letzten Tag...Wer mein Fleisch ißt und mein Blut trinkt, der bleibt in mir, und ich bleibe in ihm...“(Joh 6,51-56). Wiederum ist hier die eucharistische Gemeinschaft zwischen Christus selber und den Teilnehmern des eucharistischen Mahles betont: ein wechselseitiges Innesein. Neu wird betont die Gabe des ewigen, endelosen Lebens Gottes, das dem Kommunizierenden durch die Selbstgabe Jesu Christi zuteil wird.

5.2.3 Jesu Feier des Abendmahls

Hinter der urchristlichen Feier des Herrenmahls steht jenes Mahl, das Jesus unmittelbar vor seinem Leiden und Sterben mit seinen Jüngern gefeiert hat.

1. Man hat öfter daran gezweifelt, daß sich das letzte Mahl Jesu wirklich aus den Abendmahlsberichten rekonstruieren läßt und jenen „sakramentalen“ und auf Wiederholung angelegten Charakter hatte, den ihm die Kirche von früh an beilegte. Heute sind viele Exegeten wieder sehr viel zuversichtlicher. Man glaubt mit

244 Vgl. dazu: H.-J. Klauck, Eucharistie und Kirchengemeinschaft bei Paulus: ders., Gemeinde, Amt, Sakrament, 332-347; bes. 332-337.

245 H.-J. Klauck, a.a.O., 332.

guten Argumenten, daß vor allem der markinische Einsetzungsbericht – eine aus der Jerusalemer Urgemeinde stammende Überlieferung – den Hergang des Abendmahles und Jesu „ureigenste" Worte und Absichten recht zuverlässig wiedergibt.[246]

Aber auch die paulinische Abendmahlsüberlieferung hat nach heutiger Annahme speziell in dem Becherwort Jesu den „historischen" Hergang des letzten Abendmahles bewahrt.

Jesus selber hat offenbar angesichts seines Todes und in der Hoffnung auf dessen Überwindung in seiner Auferweckung und gleichsam in deren Vorwegnahme sich selber in Brot und Wein den Seinen hingegeben, um eine unauflösliche Gemeinschaft mit ihnen zu stiften, wobei er sein Geschick im Lichte der alttestamentlichen Theologie vom leidenden Gottesknecht und vom Bund verstand.

„Man muß Jesus doch wohl zubilligen, daß er in einer Situation, wie sie zuvor in seinem Leben noch niemals gegeben war, Neues sagt. Als er vor der Notwendigkeit steht, seinen nahen Tod von Gott her zu deuten, greift er zu für ihn neuen Deutekategorien, die allerdings in der Heiligen Schrift bereitstehen: zum Bundesgedanken und zu der Vorstellung stellvertretender Sühne."[247]

2. Nach den synoptischen Berichten ist das letzte Mahl Jesu *ein Paschamahl*. In diesen Rahmen hat der Herr das Neue seiner Stiftung, seine Selbstgabe, gleichsam eingezeichnet. Das jüdische Paschamahl hatte mehrere Teile, vor allem die Vorspeise, dann nach der Paschaliturgie, die dankend an die Befreiung Israels aus Ägypten erinnerte, die von dem Segensgebet des Hausvaters eingeleitete Hauptmahlzeit. Zu deren Beginn wird Jesus den Brotritus vorgenommen haben. Nach der Hauptmahlzeit folgte ein Segensbecher, mit dem Jesus wohl seinen Weinritus verband. Es folgten weitere Preisungen und Dankgebete wie auch Weinbecher der Freude. Das Paschamahl war in erster Linie ein Mahl des vergegenwärtigenden Gedenkens, der Erinnerung an Gottes Befreiungstat der Herausführung aus Ägypten, bei der auch der Opfergedanke eine Rolle spielte: Gott hat bei der Tötung der Erstgeburt Ägyptens diejenigen verschont, deren Türpfosten mit Opferblut bestrichen waren (vgl. Ex 12,21-24). So steht auch beim Abendmahl des Herrn dankbare Freude über Gottes Heilswirken, das sich nun in Jesu Tod vollenden wird, wie auch der Opfergedanke im Hintergrund.

Der Verlauf des jüdischen Passahmahles und das Abendmahlshandeln Jesu

Ritus	Gebete
1. Becher: Eingießen von Wein u. Wasser Auftragen der Vorspeise	2 Segensgebete (Hausvater od. vornehmster Gast)
Jesu Brot-Handlung	

[246] Vgl. R. Pesch, a.a.O., bes. 63-81.

[247] G. Lohfink, Wie hat Jesus Gemeinde gewollt?, Freiburg – Basel – Wien 1982, 35.

2. Becher: Auftragen des Hauptgerichtes (Passahlamm, ungesäuertes Brot, grüne Bitterkräuter)	Dankgebet (Hausvater), Händewaschung Verkosten und Austeilen der Speisen Frage eines Kindes (Gastes): „Warum ist diese Nacht verschieden von allen Nächten?" – Verlesung der Passah-Haggada (Auszug aus Ägypten) – Rezitation des großen Hallel I (Pss 113; 114, 1–8)
Leerung des 2. Bechers Essen der Hauptmahlzeit	Händewaschung, Lobgebet
Jesu Wein-Handlung	
3. Becher: Mischung des Bechers, der nun herumgereicht wird	Dankgebet (daher: Kelch des Segens)
4. Becher: Mischen und Trinken	Rezitation des goßen Hallel II (Pss 115–118)

Erstellt von Wolfgang Beinert

In neuerer Zeit hat man darauf hingewiesen, daß die jüdischen Festmähler religiöser Art insgesamt den Charakter des Opfermahls und zwar des Dank- und Lobopfermahles hatten.[248] Zur Zeit Jesu gab es sogar nach Auffassung mancher Forscher eine besondere Art von Dankopfermählern, die sog. *Toda-Mähler*, in denen man in der Freundesgemeinschaft Gott im dankbaren Genuß von Speise und Trank ein auch in Gebetsworte gekleidetes Lobopfer darbrachte. Ob man die Eucharistie aus einem solchen Mahl Jesu direkt herleiten kann,[249] ist zweifelhaft. Sicher ist aber der Dankopfercharakter des letzten Mahles Jesu mit in Rechnung zu stellen: Auch darin wurzelt der Opfercharakter der Eucharistie.

3. Aber wollte Jesus sein letztes Mahl nicht als einmaliges Geschehnis? Da der Wiederholungsauftrag wohl erst im Rahmen der urkirchlichen Liturgie formuliert ist, könnte man so denken. Indessen muß sich den Aposteln der Eindruck geradezu aufgezwungen haben, daß Jesus diese tiefste Form der Gemeinschaft auch als Auferstandener mit ihnen weiterführen will in Zeichen und Wirklichkeit, also sakramental. Diese Absicht konnte auch im Rückblick auf die vielen Mähler, die Jesus mit seinen Freunden und mit Entrechteten und Sündern gehalten hatte, ihre Bestätigung finden: Diese Mähler stellen einen wesentlichen, geradezu zeichenhaften Zug des Heilswirkens Jesu dar. Seine Absicht wurde schließlich auch dadurch bestätigt, daß der Auferstandene mit seinen Jüngern Mahl hielt, wie er vor seinem Tode schon (und nicht nur einmal) die himmlische Heilsvollendung als Mahl dargestellt hatte (vgl. Mk 14,25 par.). So ist der Wiederholungsauftrag zweifellos im Geiste Jesu formuliert.

248 Vgl. H. Gese, Die Herkunft des Herrenmahles: ders., Zur biblischen Theologie, München 1977, 107-127.

249 So H. Gese, a.a.O.

Wenn man nach der Herkunft der Eucharistie von Jesus und nach der Verwurzelung des Wiederholungsauftrags in seiner Absicht fragt, dann ist es nach H.-J. Klauck „wichtig, sich von der Fixierung auf das isolierte Abendmahl zu lösen und zwei eng verbundene Motivkomplexe zu beachten, die in seltener Dichte die Logien und Erzählstücke der Jesusüberlieferung durchziehen. Das sind zum einen die Mahlhandlungen Jesu, die ihm den historisch gesicherten Vorwurf ‚Fresser und Säufer' (Mt 11,19) eingetragen haben. Das ist zum anderen sein Umgang mit der eschatologischen Mahlmetaphorik. In Bildworten, Gleichnissen und Gleichnishandlungen...läßt er die vollendete künftige Gottesherrschaft in der Gestalt eines hochzeitlichen Mahles aufleuchten...Diese Linien überschneiden sich im sogenannten ‚eschatologischen Ausblick' Mk 14,25, historisch gesehen Dreh- und Angelpunkt der ganzen Abendmahlsüberlieferung, gesprochen beim Segensbecher nach dem Mahl: ‚Ich trinke nicht mehr vom Gewächs des Weinstocks, bis ich ihn (den Becher) neu trinke in der Basileia Gottes'. Ein Wort, das Todesgewißheit und Zuversicht in sich vereint und den Heilszuspruch auch angesichts der Katastrophe durchhält...Indem er sich selbst und seinen Tod in das Mahlgeschehen hineingibt, eröffnet er die Möglichkeit bleibender Kommunikation auf einer neuen Ebene, die zurückbezogen bleibt auf die Praxis des Irdischen und nach vorne blickt auf die endgültige Vereinigung mit ihm in der vollendeten Gottesherrschaft."[250]

5.3 Die geschichtliche Entwicklung des Eucharistieverständnisses

5.3.1 Die Eucharistie in der Kirche der Väterzeit

Schon in ihrer urkirchlichen Form war die Eucharistie keine einfache Wiederholung des letzten Abendmahles Jesu. Sie wird nach Ostern erst recht zum eucharistischen Freudenmahl, zum Dankopfermahl, in das freilich die wesentlichen Elemente des letzten Mahles Jesu eingegangen sind. In diesem Sinne entfaltet sich in Entsprechung zur neuen nachösterlichen Situation bald eine reiche eucharistische Liturgie.[251] Bald entwickelt sich auch eine vor allem pastoral ausgerichtete Theologie der Eucharistie, die die verschiedenen Aspekte dieses Sakramentes bedenkt und doch auch deren Einheit im Blick hat.

1. Bei der Entwicklung des eucharistischen Gottesdienstes kann man – zurückgehend bis in neutestamentliche Zeit – drei Stufen unterscheiden: „1.die Eucharistie beim letzten Abendmahl Jesu; 2.die Eucharistie in Verbindung mit dem apostolischen Gemeindemahl; 3.die vom Gemeindemahl getrennte nachapostolische Eucharistiefeier."[252] Während beim ursprünglichen Abendmahl Brot- und

[250] H.-J. Klauck, Die Sakramente und der historische Jesus, in: ders., Gemeinde, Amt, Sakrament, 281 f.

[251] Vgl. dazu: J. Ratzinger, Gestalt und Gehalt der eucharistischen Feier: ders., Das Fest des Glaubens, Einsiedeln ²1981, 31-54.

[252] J. Ratzinger, a.a.O., 36 f, nach Heinz Schürmann, Die Gestalt der urchristlichen Eucharistiefeier: ders., Traditionsgeschichtliche Untersuchungen zu den synoptischen Evangelien. Beiträge 2: Ursprung und Gestalt, Düsseldorf 1970, 77-99.

Becherritus Jesu durch die Hauptmahlzeit getrennt waren, werden sie in der zweiten Stufe zusammengefügt. An das urchristliche Gemeindemahl wird ein abendliches Sättigungsmahl angeschlossen. Nun „lag eine zusammengelegte Anfügung wohl näher als eine Umrahmung des gewohnten Mahles."[253] Für die dritte Phase, die verselbständigte Eucharistiefeier, finden wir die erste ausführliche Darstellung bei Justin. „Der Sonntagmorgen bestätigt sich <nun> als die Gottesdienstzeit der Christen und unterstreicht die Zuordnung dieses Gottesdienstes zum Auferstehungsereignis."[254]

2. Väterzeugnisse einer theologischen Reflexion des Eucharistiegeheimnisses reichen in ersten Ansätzen bis in die Zeit unmittelbar nach dem Neuen Testament, ja bis in die neutestamentliche Zeit selbst zurück. Sie werden in der Folge immer zahlreicher, so daß hier nur auf einige typische Äußerungen hingewiesen werden kann.

– In der zwischen 80 und 100 bzw. in der ersten Hälfte des 2. Jahrhunderts entstandenen *Didache* oder *Apostellehre* finden sich Gebete zu einem eucharistischen Gemeindemahl, das mit einer Sättigungsmahlzeit verbunden war. Außerdem werden Anweisungen für die rechte Mitfeier der Eucharistie gegeben, wobei der Text die Eucharistie ausdrücklich als Opfer bezeichnet.[255]

– *Ignatius von Antiochien* (gest. um 110) hat in seinen Briefen mehrfach zur Eucharistie Stellung genommen. Es wird deutlich, daß die verschiedenen Elemente neutestamentlichen Eucharistieverständnisses bei ihm unverkürzt aufgenommen sind: Die Eucharistie ist Gegenwart Christi mit soteriologischer und zugleich ekklesiologischer Bedeutung: Sie ist „Unsterblichkeitsarznei" und Urgrund kirchlicher Einheit.[256]

– Wie schon erwähnt, beschreibt *Justin* u.a. auch die eucharistische Opferfeier der Neugetauften und den sonntäglichen Gottesdienst. Er bezeugt dabei die reale Gegenwart Jesu Christi in seinem Fleisch und Blut wie deren Heilsbedeutung. Bezeugt wird ferner die enge Verbindung von „Wortgottesdienst" und Eucharistiefeier.[257]

– Für *Origenes* (um 184-um 254)) wie vor ihm für *Klemens von Alexandrien* (gest. vor 215) und nach ihm beispielsweise *Kyrill von Alexandrien* (gest. 444) ist die Eucharistie vor allem Kommen des göttlichen Logos und die Kommunion mit dem Logos unter den Gestalten von Brot und Wein. Anders als bei den antiochenischen Theologen und in der westlichen Tradition tritt in dieser alexandrinischen Theologie das Gedächtnis des Leidens und Sterbens Jesu ganz hinter dem Inkarnationsgedanken zurück.[258]

– *Kyrill von Jerusalem* (um 313-387) interpretiert in seinen mystagogischen Katechesen mit Hilfe biblischer und platonischer Deutemuster die Eucharistie als Geschehen der Teilgabe und Teilnahme: Christus bietet unter den Gestalten von Brot und Wein sein Fleisch und Blut dar, die Empfangenden werden eines Leibes und eines Blutes mit ihm und erhalten so an der göttlichen Natur Anteil.[259]

---

253 H. Schürmann, a.a.O., 85.

254 J. Ratzinger, a.a.O., 43. Vgl. auch die Übersicht unter 5.2.1.

255 Didache u.a. Eingel., hg., übertr. u. erläutert von K. Wengst, Darmstadt 1984 (SUC 2) 79; 81; 87; vgl. tzt D 9/II, Nr. 422-424.

256 Die sieben Ignatius-Briefe: Die Apostolischen Väter. Eingel., hg., übertr. u. erläutert von J. A. Fischer, Darmstadt 1970 (SUC 1) 159; 161; 197; 209; 211; vgl. tzt D 9/II, Nr. 425-428.

257 1 apol. 65 ff; vgl. tzt D 9/II, Nr. 429-431.

258 Origenes, in Mt. 11,14 u. in Mt. comm. ser. 86; vgl. tzt D 9/II, Nr. 432 f.

259 BKV 41, 378f; vgl. tzt D 9/II, Nr. 434.

Das letzte Abendmahl. Mosaik in S. Apollinare Nuovo, Ravenna, vor 529

Das Tischtuch zeigt die gebräuchliche Altarverzierung der Zeit an. Auf dem Tisch sieben Brote und zwei Fische.

Der Born des Lebens. Relief von den Cancelli (Altarschranken) in S. Apollinare Nuovo, Ravenna, 6. Jh.

Am Altar bilden die Motive der Weinranken aus dem Cantharus (Kelch) mit dem Monogramm Christi und den Pfauen der Unsterblichkeit eine Allegorie des Altarsakramentes. Dieses nannten die Griechen in Erinnerung an Joh. 6 „Pharmakon athanasias" = Heilmittel für die Unsterblichkeit.

Fisch mit Brot und Wein. Krypta der Lucina, Calixtuskatakombe, kurz nach 200

Die Lebensspeise unter den Zeichen der Eucharistie und der Speisung der 5000 (Joh 6). Der Fisch (griech. Ichtys) ist zugleich eine Anspielung auf eine Abkürzungsformel, die in der frühen Kirche für Christus und sein Werk gebraucht wurde: Iesous Christos Theou Yios Soter = Jesus Christus Gottes Sohn Heiland.

Brot und Wein als Symbole der eucharistischen Gaben. Holztafel aus der Tür von S. Sabina, Rom, 422–430

Die – hier sieben! – Krüge von Kana, die sieben Körbe der Speisung versinnbilden den neuen Wein und das neue Manna. Christi Stab erinnert an das „Zeichen".

– In der Traditionslinie der westlichen Kirche, bei der die Realpräsenz Christi in der Eucharistie seit *Tertullian* im Vordergrund des Interesses stand, legt *Ambrosius von Mailand* (wahrsch. 339-397) eine Art von eucharistischer „Wandlungstheologie" vor: Die innere Wandlung von Brot und Wein geschieht kraft des Wortes Christi.[260]

– Bei *Johannes Chrysostomus* (344/54-407) wird die antiochenische Tradition besonders deutlich greifbar. Selbst in der Eucharistielehre vorwiegend an moralischen Fragen interessiert, stellt sich Johannes Chrysostomus doch auch den eher dogmatischen Fragen: so der Frage nach der Identität des einen Kreuzesopfers Christi und der vielen eucharistischen Opferfeiern der Kirche, die er bejaht (in der Eucharistie wird der Tod Christi in der Erinnerung gegenwärtig).[261]

– In eigengeprägter spekulativer Durchdringung antiochenischer Tradition bringt *Theodor von Mopsuestia* (um 350-428) den mehrfachen Verweischarakter der eucharistischen Liturgie überzeugend zum Ausdruck: Sie verweist auf die Passion Christi damals und die eschatologische Vollendung in der Zukunft. Sie verweist zugleich auf die Gegenwart des Leibes und Blutes Christi: Brot und Wein als Symbole oder Typen dieser Gegenwart werden durch die Epiklese des Heiligen Geistes mit heilbringender Wirklichkeit erfüllt.[262]

– Einen westlichen Höhepunkt in der theologischen Reflexion der Eucharistie bildet *Augustinus* (354-430). Bei ihm ist das platonisch-neuplatonische Urbild-Abbild-Denken und der Teilhabe-Gedanke in die westliche Theologie folgenreich eingebracht. Er sieht in der Eucharistie nicht nur ein Realsymbol des Leibes und Blutes Christi (und so Christi selber), sondern auch seines mystischen Leibes, der Kirche: Die Christen empfangen mit dem Leib des Herrn sich selber, um so immer mehr zu werden, was sie sein sollen, Leib Christi; die Eucharistie ist Fest des ganzen Leibes Christi, d.h. von Haupt und Gliedern.[263]

5.3.2 Die Eucharistielehre des Mittelalters

Die Entwicklung im Mittelalter bringt neben echten Entfaltungen auch Vereinseitigungen im Eucharistieverständnis und der eucharistischen Praxis. Die Frage nach der realen Gegenwart Jesu Christi tritt in den Vordergrund. Im 9. Jahrhundert wie im 11. Jahrhundert hatten namhafte Theologen ein eher nur symbolisches Verständnis von der Gegenwart Christi in den gewandelten Gaben vertreten: Für den Glauben *bedeuten* sie Leib und Blut Jesu Christi. Demgegenüber betonen andere Theologen und Bischofssynoden die wirkliche Wandlung von Brot und Wein in Leib und Blut des Herrn: Schon *vorgängig* zum menschlichen Glauben wird Christus gegenwärtig, um sich dem Glaubenden zu schenken. „Damit wurde die Realpräsenz <die wirkliche Gegenwart Christi> Hauptthema der mittelalterlichen Abendmahlsdogmatik. Parallel damit wandte die Frömmigkeit immer mehr dem im Sakrament gegenwärtig geglaubten...Christus ihre Anbetung zu."[264]

1. Zunächst sei *die lehramtliche Entwicklung* der Eucharistielehre im Mittelalter in ihren wichtigsten Zeugnissen dargestellt.

---

[260] Myst. 9,52-55; BKV 32,299-301; vgl. tzt D 9/II, Nr. 436 f.

[261] Hom. in Hebr. 17,10; vgl. tzt D 9/II, Nr. 438.

[262] Vgl. die Texte aus verschiedenen Werken in tzt D 9/II, Nr. 439-445.

[263] Serm. 272 u. civ. 23,25; vgl. tzt D 9/II, Nr. 446.

[264] J. Betz, Art. Eucharistie III.: LThK² 3, 1149.

– Das Lehramt beschäftigte sich direkt erst dann mit der Eucharistie, als ein wichtiger Aspekt dieser Glaubenslehre gefährdet erscheint: Als der Domherr *Berengar von Tours* († 1088) die wirkliche Gegenwart des Leibes Christi in der Eucharistie leugnete, verlangte eine Synode im Lateran 1059 das Bekenntnis, Brot und Wein seien nach der Konsekration nicht ein bloßes sacramentum (hier: Zeichen), sondern wahrhaft Leib und Blut Jesu Christi (DH 690). Berengar unterschrieb, widerrief aber später. 1079 mußte er vor einer römischen Synode erneut eine Bekenntnisformel akzeptieren, die nun in einer differenzierteren Begrifflichkeit die eucharistische Realpräsenz Christi herausstellte (DH 700; NR 559).[265]

– Gegenüber Irrlehren der *Waldenser*, die die Gültigkeit der Sakramentenspendung von der sittlichen Disposition des Spenders abhängig machten, verlangt ein von Papst Innozenz III. 1208 vorgeschriebenes Glaubensbekenntnis die Zustimmung zu dem Satz, daß nur der geweihte Priester die eucharistische Wesensverwandlung wie das Opfer des Altars vollziehen kann und darf. Die Gültigkeit der Feier ist unabhängig von der moralischen Qualität des Priesters. Gefordert sind die Konsekrationsworte und die richtige Intention des Priesters (DH 794; NR 560).[266]

– Wenig später formulierte das 4. Laterankonzil (1215) in Auseinandersetzung mit Irrlehren der Zeit ein Glaubensbekenntnis, in dem auch die Eucharistie thematisiert und gleichsam in die Mitte der Kirche gerückt wird. Der Begriff *Transsubstantiation* begegnet hier in der Verbalform (DH 802; NR 920).[267]

– Gegenüber der Forderung von *Anhängern des Wyclif und Hus* nach der Kommunion unter beiderlei Gestalten bekräftigte das Konzil von Konstanz (1414-1418) die sog. *Konkomitanzlehre*. Nach ihr wird auf der Ebene des geistigen Wesens kraft der Konsekrationsworte das Brot nur in den Leib, der Wein nur in das Blut Christi verwandelt. Aufgrund des inneren Wirklichkeitszusammenhangs ist aber in beiden Gestalten der ganze Christus enthalten. Gegen Wyclif wird auch noch einmal die Realpräsenz bekräftigt (DH 1198; NR 561ff.).[268]

– Der Lehrentscheid für die Armenier schließlich, der beim Konzil von Florenz (1438-1445) formuliert wurde, entfaltet im Anschluß an Thomas von Aquin auch die Eucharistielehre in den Begriffen der mittelalterlichen Scholastik. Dabei begegnet in einem lehramtlichen Text erstmals die Formulierung, der Priester handle bei der Konsekration „*in der Person Christi*“ (DH 1320ff.; NR 564ff.).[269]

2. Für die theologische Entwicklung im Mittelalter, die in Interdependenz zu der schon aufgezeigten lehramtlichen Entwicklung steht, sei exemplarisch auf zwei entscheidende Beiträge hingewiesen.

– Bei *Petrus Lombardus* wird eine Entwicklung greifbar, die von der vieldimensionalen Eucharistielehre der griechischen Väter und des Augustinus zu einer gewissen Vereinseitigung und „Versachlichung“ des Eucharistieverständnisses führte: Das bei Berengar von Tours übertriebene sakramentale Symboldenken tritt

[265] tzt D 9/II, Nr. 359.
[266] tzt D 9/II, Nr. 360 f.
[267] tzt D 9/II, Nr. 362.
[268] tzt D 9/II, Nr. 363 f.
[269] tzt D 9/II, Nr. 366 ff.

zurück hinter dem Interesse an der realen Gegenwart und Greifbarkeit Christi in der Eucharistie, die nun mehr und mehr in aristotelischen Aussageformen (Kategorien) ausgelegt wird.[270]

– *Thomas von Aquin* bringt auch in der Eucharistielehre die scholastische Betrachtungsweise zur Vollendung. Neben der Tendenz zu einer fortschreitenden „Verdinglichung" des Eucharistieverständnisses werden bei ihm auch zukunftsträchtige Verstehenselemente der Tradition weitergegeben und entfaltet bzw. neu eingebracht.[271]

5.3.3 *Die Auseinandersetzungen um das rechte Eucharistieverständnis in der Reformationszeit*

Vereinseitigungen, wie eine gewisse Aufspaltung der Eucharistie in ihre entscheidenden Einzelaspekte, setzten sich dann auch in der Reformationszeit fort.

1. Die Reformatoren des 16. Jahrhunderts hatten den symbolischen Charakter der Gegenwart Christi in der Eucharistie betont, wobei allerdings *Martin Luther* entschieden am realen Charakter dieser Gegenwart Christi „mit und unter" den Gaben von Brot und Wein festhält (*Konsubstantiation*).[272] Demgegenüber wurde die „Realpräsenz" Christi vom *Konzil von Trient* bekräftigt: „Wer leugnet, daß im Sakrament der heiligsten Eucharistie wahrhaft, wirklich und wesentlich der Leib und das Blut zugleich mit der Seele und mit der Gottheit unseres Herrn Jesus Christus und folglich der ganze Christus enthalten ist, und behauptet, er sei in ihm nur wie in Zeichen, in Bild oder in der Wirksamkeit, der sei ausgeschlossen" (NR 577; DS 1651).[273] Es handle sich dabei um eine „Wesensverwandlung" (*Transsubstantiation*).[274]

2. Auf der anderen Seite hatten die Reformatoren vor allem den Mahlcharakter der Eucharistie betont und ihren Opfercharakter geleugnet. Dahinter stand die Befürchtung, das einmalige und für immer gültige Opfer Jesu Christi könne in seiner Geltung durch das „Meßopfer" der Kirche als durch ein gleichsam eigenständiges kirchliches Opferhandeln geschmälert werden. Viele Mißbräuche leisteten dieser Meinung Vorschub. Demgegenüber betonte das Konzil von Trient in seiner 22. Sitzung den Opfercharakter der Messe: „Unser Gott und Herr hat zwar einmal auf dem Altar des Kreuzes sich selbst im Tod Gott Vater als Opfer darbringen wollen, um...die ewige Erlösung zu wirken. Weil aber durch den Tod sein Priestertum nicht ausgelöscht werden sollte, so wollte er beim letzten Mahl... der Kirche ein sichtbares Opfer hinterlassen, wie es die Menschennatur erfordert, in dem jenes blutige Opfer, das einmal am Kreuze dargebracht werden sollte, dar-

[270] Die vier Bücher der Sentenzen, aus Buch IV; vgl. tzt D 9/II, Nr. 447-453.

[271] Beispielsweise: Eucharistie als Gedächtnis und Vergegenwärtigung des Kreuzesopfers Christi, die Lehre von der mittleren sakramentalen Wirkung, res et sacramentum.

[272] Zum Abendmahlsverständnis Luthers vgl. tzt D 9/II, Nr. 457-461; zum Abendmahlsverständnis Calvins vgl. tzt D 9/II, Nr. 462 f.

[273] tzt D 9/II, Nr. 373.

[274] Vgl. Konzil von Trient, 13. Sitzung, Lehrsatz 2, NR 578- DH 1652; tzt D 9/II, Nr. 374.

gestellt <vergegenwärtigt>, sein Andenken bis zum Ende der Zeiten bewahrt und seine heilbringende Kraft zur Vergebung der Sünden, die wir täglich begehen, zugewandt werden sollte"(NR 597; DH 1740).[275]

Das Trienter Konzil entfaltet und unterstreicht also vor allem zwei Aspekte der katholischen Lehre, die gefährdet erscheinen: die wirkliche Gegenwart Christi im Sakrament der Eucharistie und den Opfercharakter der Messe. Dazu wird u.a. die Berechtigung der Kommunion nur in der Brotsgestalt verteidigt. Die innere Einheit der verschiedenen Aspekte der Eucharistie muß bei dieser Art der Behandlung, die in drei verschiedenen Sitzungen (der 13. Sitzung, 1551, der 21. und 22. Sitzung, 1562) erfolgte,[276] fast notwendig zu kurz kommen. Zu kurz kommen mußte auch der Mahlcharakter der Eucharistie. Jetzt gilt erst recht: Die „getrennte Behandlung der Wesensseiten der Eucharistie, in Trient nur zeit- und situationsbedingt, ließ in der Folgezeit das Interesse an einer dogmatischen Synthese erlahmen. Die Frömmigkeit richtete sich vorzugsweise auf die Anbetung des leibhaftig gegenwärtigen Christus, auch außerhalb der Messe."[277]

5.3.4 Die Erneuerung der Eucharistielehre im 20. Jahrhundert

Erst die liturgische Bewegung in den zwanziger und dreißiger Jahren unseres Jahrhunderts brachte eine Neubesinnung. Nun tritt die liturgische Gesamtgestalt der Eucharistie, ihr facettenreiches und doch einem großen dramatischen inneren Gesetz folgendes Ganzes wieder ins Bewußtsein. Man entdeckt neu die Mahlgestalt der Eucharistie, aber man entdeckt auch neu, wie nicht nur Christus selber, sondern auch sein heilbringendes Werk gerade in der Eucharistie gegenwärtig wird und die Gläubigen in seine Wirkung einbezieht. Man entdeckt neu, wie sich diese Wirkung – vor allem die Gemeinschaft mit Christus und der Menschen untereinander –, genährt von einer kraftvollen Verkündigung des Evangeliums im Wortgottesdienst der Messe, von Bitte, Lob und Dank, im Alltag des Lebens erweisen soll. Was so im gefeierten und gelebten Glauben neu bzw. wieder entdeckt wurde, das hat man in der Theologie reflektiert und weitergeführt; es ging aber auch schon vor dem Zweiten Vatikanischen Konzil in Äußerungen des kirchlichen Lehramts ein.

1. Von der lehramtlichen Entwicklung soll zuerst die Rede sein.

– Die wichtigste Wegmarke in der *kirchlichen Eucharistielehre* vor dem Konzil bildet die Enzyklika „Mediator Dei" Papst Pius XII. von 1947 (vgl. DH 3840).

Sie faßt wichtige Ergebnisse der Liturgischen Bewegung zusammen und nimmt zur Frage nach der „Mysteriengegenwart" Christi bzw. seines Heilswerkes in der Liturgie Stellung: Christus ist der eigentliche Liturge und Opferpriester in der Liturgie, deren Mitte wiederum die Eucharistie bildet. Er wird allein durch den Amtspriester vollgültig vertreten, auch die Gläubigen nehmen jedoch an seinem Priestertum teil.[278] Erstmals ist hier deutlich von der vielfachen Gegenwart des erhöhten Herrn in der Liturgie die Rede.

---

[275] tzt D 9/II, Nr. 389.
[276] tzt D 9/II, Nr. 369-401.
[277] J. Betz, a.a.O. III., 1150.
[278] Vgl. tzt D 9/II, Nr. 402-406; zur Mysterientheologie Odo Casels vgl. 2.4.1.

– Die Aussagen des Zweiten Vatikanischen Konzils lassen sich unter zwei Überschriften zusammenfassen: *„Die Eucharistie als Gedächtnis und Vergegenwärtigung des Erlösungswerkes Christi“* und *„Die Eucharistie als Werk Christi im Mitwirken der Kirche: Sakrament der Einheit“*.

Das Konzil ordnet die Eucharistie in die Liturgie der Kirche ein, und zwar als deren Mitte und Höhepunkt. In ihr wird das Heilswerk Jesu Christi auf besondere Weise gegenwärtig, und zwar im Gedächtnis (memoria): Sie ist die „Gedächtnisfeier seines Todes und seiner Auferstehung“ (SC 47); sie ist zugleich Gegenwart Christi in der Person des zelebrierenden Priesters und „vor allem unter den eucharistischen Gestalten“, aber auch in seinem Wort und in der Gemeinschaft der Gläubigen (SC 7). So vermag sie auch „Quelle und Höhepunkt des ganzen christlichen Lebens“ zu sein (LG 11), wie Ursprung der Einheit der Kirche (LG 3).

Das Wirken Christi in der Eucharistie ist darauf gerichtet, die Feiernden mit sich und untereinander (LG 7), sowie mit der himmlischen Kirche zu verbinden (LG 50). Die Eucharistie bezeichnet und bewirkt so die Einheit der Kirche (UR 2). An der Eucharistiefeier wirken in unaustauschbarer Funktion mit: der zelebrierende Amtspriester, der „in der Person Christi“ die Eucharistie vollzieht, die Gläubigen, die an ihrer Darbringung in tätiger Teilhabe mitwirken (LG 10; CD 30), letztlich auch der Bischof, unter dessen innerer Leitung jede rechtmäßige Eucharistiefeier steht (LG 26).

– Noch in der Schlußphase des Zweiten Vatikanischen Konzils verteidigte *Paul VI.* in der Enzyklika „Mysterium fidei“ die bleibende Gültigkeit der traditionellen Eucharistielehre auch in ihrer wesentlichen Begrifflichkeit: Vor allem der Begriff „Transsubstantiation“, vom Papst auch als „Transelementation“ umschrieben, ist unverzichtbar, seine Beibehaltung schließt aber eine neue erklärende Begrifflichkeit nicht aus.[279]

– Schließlich bekräftigt 1983 ein Schreiben der Kongregation für die Glaubenslehre die Überlieferung, daß nur Bischöfe und Priester zur Zelebration der Eucharistie befähigt und befugt sind.[280]

Der Frage nach dem Schicksal priesterloser Gemeinden sucht der Text mit dem Hinweis zu begegnen, daß sie aufgrund des Verlangens nach dem Sakrament dessen Früchte empfangen können.

2. Vorbereitend, begleitend und nachfolgend zu diesen lehramtlichen Aussagen hat die Theologie in einer – hier nur anzudeutenden – Fülle von Beiträgen die Eucharistielehre befruchtet.

– *Eugen Walter* hat schon zu Beginn der fünfziger Jahre Ergebnisse eines neuen theologischen Gesprächs über die Eucharistie, das u.a. aus der Liturgischen Bewegung erwuchs, aufgenommen und in die Öffentlichkeit getragen: Auf biblischem und patristischem Hintergrund bringt er neu die personale und die interpersonal-ekklesiale Dimension des Sakramentes vor Augen.[281]

[279] Vgl. tzt D 9/II, Nr. 416 f.
[280] Vgl. tzt D 9/II, Nr. 418-421.
[281] Vgl. tzt D 9/II, Nr. 467.

– Ähnlich wendet sich *Karl Rahner* gegen individualistische Verengungen des Eucharistieverständnisses: Eucharistie und Kirche gehören zuinnerst zusammen.[282]
– Schließlich seien erwähnt die wichtigen Beiträge von *Johannes Betz*. Er sieht im Opfergedanken das Zentrum des Eucharistieverständnisses: Auch die eucharistische Realpräsenz steht im Dienst der Aktualpräsenz Christi in seinem Opfer, das im Opfermahl zum Abschluß kommt.[283]

5.4 Aufgabenfelder einer Eucharistielehre im Geist des Zweiten Vatikanischen Konzils[284]

Wo liegen heute die Brennpunkte der theologischen Diskussion? In einer ersten Phase ging es um das rechte Verständnis der *Realpräsenz* des Herrn. Es wurde dann weiter die auch ökumenisch entscheidende Frage nach dem *Opfercharakter* der Messe theologisch bedacht. Ferner wurde der sakramentale *Mahlcharakter* herausgearbeitet. Weiterhin wird die Frage gestellt, ob einer dieser Aspekte so vorherrschend ist, daß er gleichsam das einende Prinzip darstellen kann, oder ob es in etwas anderem zu suchen ist. Gerade unter ökumenischer Fragestellung wurde erörtert, wer eigentlich der bevollmächtigte *Spender* der Eucharistie ist, ob dies nur und in jedem Fall der geweihte Priester sein kann. Immer wieder steht auch die Frage nach der *Lebensbedeutung* der Eucharistie zur Debatte. Schließlich geht es um weitere ökumenische Aspekte des Eucharistieverständnisses.

5.4.1 Die Frage nach der Gegenwart Christi

Lange Zeit stand die Frage nach der *wirklichen Gegenwart* Jesu Christi in der Eucharistie im Vordergrund des Interesses. Nicht daß sie unwichtig geworden wäre! Die Heilsbedeutung dieses Sakramentes hängt auch davon ab, ob es sich hier nur um rein menschliche Erinnerungen und Willensmotivationen handelt oder ob vor allem menschlichen Tun Christus selbst in diesem Sakrament gegenwärtig handelt. Aber die Frage nach der Realpräsenz ist doch in größere Zusammenhänge hineinzustellen und auch vom Konzil hineingestellt worden. Es spricht von einer mehrfachen Gegenwartsweise des Herrn: „Um dieses große Werk <der Erlösung> voll zu verwirklichen, ist Christus seiner Kirche immerdar gegenwärtig. Gegenwärtig ist er im Opfer der Messe sowohl in der Person dessen, der den priesterlichen Dienst vollzieht – denn, ‚derselbe bringt das Opfer jetzt dar durch den Dienst der Priester, der sich einst am Kreuz selbst dargebracht hat' –,

[282] K. Rahner, Kirche und Sakramente (1960); vgl. tzt D 9/II, Nr. 468 ff.
[283] Vgl. tzt D 9/II, Nr. 471 ff.
[284] Vgl. G. Koch, Sakramente, die zum Christsein befähigen, a.a.O., 72-81.

wie vor allem unter den eucharistischen Gestalten...Gegenwärtig ist er in seinem Wort, da er selbst spricht, wenn die heiligen Schriften in der Kirche gelesen werden. Gegenwärtig ist er schließlich, wenn die Kirche betet und singt"(SC 7). Man hat hier auch von einer verschiedenartigen *„Aktualpräsenz" Christi* gesprochen, d.h. einer wirkenden Gegenwart des Herrn in einem Tun, einem Handeln: im Handeln des Priesters und überhaupt jeden Sakramentenspenders, in der Verkündigung des Gotteswortes, im Beten und Singen der Gemeinde – selbstverständlich auch im glaubenden Menschen selbst und in der Gemeinschaft glaubender Menschen, unter denen der Herr seiner Verheißung entsprechend gegenwärtig ist. Man kann sogar sagen, alle anderen Gegenwartsweisen Jesu, so groß und anbetungswürdig sie sind, stehen im Dienste eines Zieles: daß nämlich Christus im Menschen und in der Gemeinschaft der Menschen Gestalt gewinnt, daß mit Christus Gott in den Menschen „Wohnung nehmen" kann.

Was nun die Realpräsenz angeht, so hat man sich in der Zeit nach dem Konzil bemüht, dieses Geheimnis heutigem Denken neu aufzuschließen. Das Konzil von Trient hatte für diese Wirklichkeit[285] den Begriff *Transsubstantiation* (Wesensverwandlung) gewählt. Dem lag ein philosophisches Denken zugrunde, wonach jedes Ding dieser Welt ein inneres unsichtbares Wesen in sich trüge, eine Idee, eine eigentliche Substanz, durch die es ist, was es ist. Dieses Wesen nannte man Substanz. Gestalt und Aussehen, Form, Geruch, Farbe und derlei Eigenschaften kämen als äußerer Ausdruck des Wesens nur zur Substanz hinzu. Man bezeichnete sie als Akzidentien (Sg.: Akzidens von accedere hinzutreten). Bei der eucharistischen Konsekration wandle sich nun dieses innere Wesen total, nur die äußeren Erscheinungsformen blieben erhalten. Diese Vorstellung bedeutete nicht unbedingt eine „Verdinglichung" der Gegenwart Jesu Christi, wie man behauptet hat, sie kann vielmehr unter den Denkvoraussetzungen der damaligen Zeit diese Gegenwart Christi eher davor bewahren.

Heute ist das anders: Abgesehen davon, daß der Begriff Substanz im heutigen naturwissenschaftlich geprägten Sprachgebrauch etwas ganz anderes bedeutet, nämlich das, was man sehen, wiegen und messen kann, ist im heutigen Denken die Vorstellung einer inneren Wesensidee in allen Dingen zumindest fragwürdig geworden. Man sieht zugleich deutlicher, daß für das, was die Dinge sind und bedeuten, zumindest mitentscheidend ist, welche *Sinngebung* ihnen die Menschen verleihen. So kann ein Laib Brot nur als eine Materiezusammenballung, er kann als Möglichkeit, den Hunger zu stillen, er kann aber auch als alle Sinne ansprechender Inbegriff menschlichen Mahlhaltens, menschlicher Nahrung, angesehen werden.

Man hat dieser Einsicht dadurch Rechnung zu tragen versucht, daß man im Zusammenhang mit dem Erscheinen des „Holländischen Erwachsenenkatechismus" von 1968[286] die überlieferte Lehre von der Transsubstantiation neu als *„Transsignifikation"* d.h. Bedeutungswandel und als *„Transfinalisation"* d.h. Bestimmungswandel „übersetzte".[287] „Die Autoren der ‚Glaubensverkündigung für Erwachsene' verdeutlichen im Verlauf der Diskussion ihre Auffassung so: ‚Das tiefste Wesen von Brot und Wein ist es, irdische Nahrung für

[285] Zum biblischen Befund vgl. H.-J. Klauck, Präsenz im Herrenmahl, 327-330.

[286] Glaubensverkündigung für Erwachsene. Deutsche Ausgabe des Holländischen Katechismus, Freiburg [12]1983.

[287] Vgl. E. Schillebeeckx, Die eucharistische Gegenwart. Zur Diskussion über die Realpräsenz, Düsseldorf 1967, 65. 71 f. 92 f; vgl. tzt D 9/II, Nr. 474 ff. Vgl. W. Beinert, Die Enzyklyka ‚Mysterium fidei' und neuere Auffassungen über die Eucharistie: ThQ 147 (1967) 159-176.

den Menschen zu sein. Beim Brot wird in der heiligen Messe dieses Wesen total anders, nämlich Jesu Fleisch wird Nahrung für das ewige Leben. Das Brot kann eine neue Bedeutung und eine neue Bestimmung empfangen, durch die es in seinem tiefsten Wesen verändert ist. Die neue Bedeutung und die neue Bestimmung sind keine Hinzufügung, keine beigefügten Aspekte. Durch ihr Bestehen ist das Brot jetzt wahrhaft der Leib Christi.'"[288] Papst Paul VI. hat in seiner Enzyklika „Mysterium fidei" die beiden neuen Begriffe eigens akzeptiert, hat aber betont, das mit ihnen Gemeinte sei eine Folge der eucharistischen Wesensverwandlung.[289] Dadurch wird als unaufgebbar eingeschärft: Nicht menschliche Meinung, menschliches „Dafürhalten" macht aus Brot und Wein „Nahrung für das ewige Leben", vielmehr wirkt dies Gottes schöpferisches Wort: die Einsetzungsworte, vom Priester im Namen Jesu Christi vollmächtig ausgesprochen. So wird ein Neues aus Brot und Wein. Menschlicher Glaube macht nicht, er empfängt Jesus Christus, der sich selber gibt.

Die scholastische Transsubstantiationslehre

Nach der aristotelischen Naturphilosophie sind bei jedem Gegenstand zu unterscheiden
* Substanz: Die unsichtbare Wesenheit des Gegenstandes
* Accidens: Die wahrnehmbare Eigenschaft des Gegenstandes (Geruch, Farbe, Form etc.).

Übertragen auf die Eucharistielehre besagt die Theorie: In der Konsektration der Meßfeier *bleiben* die Akzidentien von Brot/Wein unverändert, während ihre Substanz *verwandelt* wird in die Substanz von Leib/Blut Jesu Christi: Es wird mithin eine *Substanz* „hinüber" (*trans*) geführt in eine andere Substanz. Am Beispiel des Brotes ergibt sich folgendes Schema:

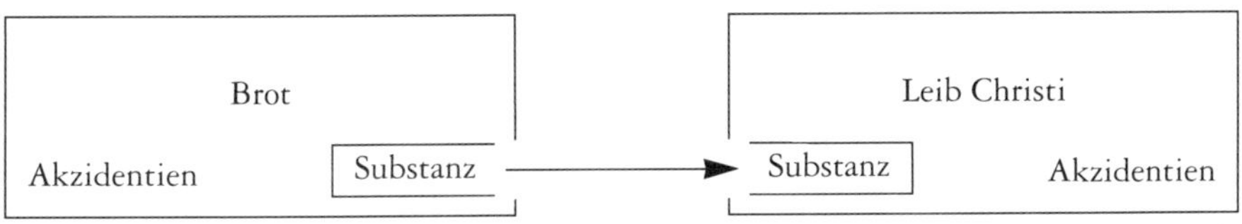

Erstellt von Wolfgang Beinert

5.4.2 Die Eucharistie als Opfer

Es wurde schon gesagt: Seit der Reformation fürchten evangelische Christen, die Betrachtung der Messe als Opfer müsse sie in Gegensatz bringen zu der Tatsache, daß Jesus nach dem Zeugnis der Schrift durch seinen Opfertod am Kreuz und seine Auferstehung ein für allemal die Erlösung erwirkt habe. Kann man dieses Opfer wiederholen, und braucht die Kirche gleichsam noch ein eigenes Opfer „für Lebende und Verstorbene"? Ist eine solche Annahme nicht Blasphemie? Gegenüber Mißverständlichkeiten, die die katholische Lehre und Praxis zeitweilig aufwies, hatte schon das Konzil von Trient deutlich gemacht, daß es sich bei der Messe nicht um eine Wiederholung des Kreuzesopfers Jesu handle, sondern um des-

[288] Zitiert bei R. Pesch, Wie Jesus das Abendmahl hielt, 105.
[289] Vgl. tzt D 9/II, Nr. 416 f.

sen Vergegenwärtigung. Sie ist zu verstehen als Darstellung, die uns seine Erlösungsfrucht wirksam zuwendet und sie in die jeweilige Zeit und Situation hineinstellt (vgl. 5.33.2). Diese Vergegenwärtigung aber geschieht wesentlich durch die wirksame Erinnerung (lat. *memoria*; griech. *anamnesis*, daraus *Anamnese*) an das Kreuzesopfer Jesu.

Opfer der Kirche und der Gläubigen ist die Messe in dem Sinne, daß die Kirche mit ihrer Feier gleichsam das Gefäß bereitstellt, in dem das einmalige, vor Gott immer gegenwärtige Kreuzesopfer Jesu – zusammen mit seiner Auferstehung – auch für uns gegenwärtig werden und sich auswirken kann; und sie ist es zugleich in dem Sinn, daß die Gläubigen sich und ihre Welt in der lebendigen Begegnung mit dem Gott des Heils in dieses Opfer mit einbringen können, um in Christus die lebendigmachende Antwort des himmlischen Vaters zu erfahren (LG 11).

5.4.3 Die Eucharistie als sakramentales Mahl

Seit der liturgischen Bewegung und aus ökumenischer Rücksicht hat man bei der Eucharistie in den letzten Jahrzehnten den Mahlcharakter besonders herausgestellt. Sie ist in erster Linie sakramentales Mahl, dessen Gastgeber Jesus Christus selber ist und das die Tischgenossen mit dem Herrn und untereinander verbindet und so Heil schafft.[290]

1. Nun ist es keine Frage, daß die eigentlichen sakramentalen Zeichen die des Mahles sind, einer Mahlhandlung. Brot und Wein in ihrer schon natürlichen Symbolik kommen zum Sprechen: das Brot als Grundnahrungsmittel, das – teilt man es beim Mahl miteinander – zugleich Gemeinschaft besagt; der Wein, der als Trank der Freude geeignet ist, Gemeinschaft wie Fülle und Überfluß des Lebens zu symbolisieren. Der Herr lädt in der Tat im Brotwort zum Essen und im Kelchwort zum Trinken ein.

2. Darüber darf man jedoch nicht vergessen, daß die Eucharistie schon seit Jesu letztem Abendmahl ein Mahl besonderer Art ist, eben ein Mahl des Dankes, des Segens, des Opfers, des Gedächtnisses an Kreuz und Auferstehung. Das spricht sich seit früher Zeit in Gebeten, in Lob- und Danktexten aus: beim Wortgottesdienst und bei der Gabenbereitung, beim eucharistischen Hochgebet mit der Wandlung der Gaben und bei der Kommunionfeier. Dieser besondere Mahlcharakter entspricht dem Zeugnis des Neuen Testaments, und es wäre falsch, etwa mit Berufung auf das so schlichte Abendmahl Jesu die vermeintliche „Verfeierlichung“ diese Mahles „abbauen“ zu wollen. Das Herrenmahl ist ein Mahl von einmaligem Charakter: lebendiges Gedächtnis an Leiden, Sterben und Auferstehung des Herrn, Ausblick auf die kommende Vollendung, das Gastmahl des ewigen Lebens, Vergangenheit und Zukunft zugleich real und wirksam gegenwärtig in und mit der wirklichen Gegenwart des Herrn selber.

---

[290] Vgl. dazu: H.-J. Klauck, Präsenz im Herrenmahl, 325 f. „Der erhöhte Kyrios ist beim Mahl personal zugegen, in seiner pneumatischen Seinsweise, und zwar als princeps, das heißt als Tischherr und Gastgeber, der die Seinen zum Mahl ruft.“ Vgl. auch E. Schlink, Das Herrenmahl: tzt D 9/II, Nr. 486.

5.4.4 *Die innere Einheit der Eucharistie*

Dieser *besondere* Mahlcharakter verleiht der Eucharistie ihre innere Einheit: Sie ist Segensmahl, Dankopfermahl, möglicherweise in der Nachfolge der jüdischen Toda-Mähler. Es ist nicht sozusagen die einfache Mahlgestalt, wie man teilweise im Anschluß an wichtige Neuentdeckungen der liturgischen Bewegung folgerte: Wenn die Eucharistie Wiederholung des letzten Abendmahles ist, so „schien mit einer völlig unwiderleglichen Eindeutigkeit zu folgen, daß die Grundgestalt der Eucharistie das Mahl ist“[291]. Aber dies kann man, wie gezeigt, nicht sagen. So gilt: „Die Mahlsymbolik ist...unter- und eingeordnet in ein Umfassenderes.“[292] Und dieses Umfassendere, das den verschiedenen Aspekten der Eucharistie ihre Einheit gibt, ist die Grundgestalt des Segensmahles, des Dankopfermahles, in dem der Herr selber segnet, dankt, opfert und sich zur Speise und zum Trank ewigen Lebens für alle gibt.

Das kommt liturgisch in der Präfation der Messe zum Ausdruck. „Die *praefatio* wurde bekanntlich lange Zeit als Vorrede mißdeutet. Nach heutiger Erkenntnis ist sie als das Wesenselement der Eucharistiefeier schlechthin anzusehen: In ihr findet die eucharistische Grundstruktur der gesamten Meßfeier ihre höchste Verdichtung. Lobpreis Gottes (berakah, eulogia) und Danksagung (eucharistia) für sein Heil, das sich in der sakramentalen Begegnung für den einzelnen konkretisiert (Kommunion), werden darin zum Ausdruck gebracht.“[293]

5.4.5 *Der Spender der Eucharistie*

Nach ältester katholischer Tradition kann nur der geweihte Priester der Eucharistie vorstehen und die sakramentale Kernhandlung (Wandlung) gültig vollziehen.

Mit der Ausspendung dagegen kann jeder betraut werden.[294] Gegenüber Überlegungen, ob es nicht so etwas wie eine „Noteucharistie“ ohne priesterlichen Vorsteher geben könne, hat die römische Kongregation für die Glaubenslehre 1983 herausgestellt: „Allein den Bischöfen und den Priestern, denen die Bischöfe selbst Anteil an ihrem Amt gegeben haben, ist...die Vollmacht vorbehalten, im eucharistischen Geheimnis neu zu vollziehen, was Christus beim Letzten Abendmahl getan hat.“[295]

Der innere Sinn dieser Festlegung liegt in folgendem: Menschen verfügen nicht aus eigener Kraft über das innerste Geheimnis der Erlösung. Sie müssen dafür eigens bevollmächtigt, in besonderer Weise zu Repräsentanten Jesu Christi gemacht werden, wie dies in der Priesterweihe geschieht.

Das braucht indessen nicht zu bedeuten, daß man beispielsweise der evangelischen Abendmahlsfeier keine Heilskraft und -wirksamkeit zubilligen dürfe.

---

[291] J. Ratzinger, Das Fest des Glaubens, 32; vgl. tzt D 9/II, Nr. 481-483

[292] J. Ratzinger, 35.

[293] A. Gerhards, 24.

[294] Auch das hebt die Eucharistie aus dem Kreis der anderen Sakramente heraus, daß hier allein der Vollzug des Sakramentes und seine Ausspendung zeitlich auseinandertreten.

[295] Schreiben der Kongregation für die Glaubenslehre an die Bischöfe der katholischen Kirche über einige Fragen bezüglich des Dieners der Eucharistie, August 1983 (VAS 49, 9); tzt D 9/II, Nr. 418-421.

5.4.6 Von der Lebensbedeutung der Eucharistie

Man kann die Lebensbedeutung der Eucharistie mehr unter individuellem, existentiellem Gesichtspunkt, und man kann sie mehr in ihrem Bezug auf die Kirche, auf die Gemeinschaft der Christen, ja aller Menschen, und die ganze Welt sehen.

1. Wenn sich christliches Leben als Leben mit und in Christus bestimmen läßt, so zeigt und realisiert sich dies gerade in der Eucharistie: Ihr innerer „Rhythmus" ist Christi liebende Hingabe an den Vater und die Menschen, der die liebende Antwort des Vaters in der Auferweckung des Sohnes entspricht. Dieses Geschehen wird in der Messe so für uns gegenwärtig, daß wir immer neu daran und so am Leben des Dreifaltigen Gottes Anteil haben dürfen. Das bedeutet zugleich mitmenschliche Gemeinschaft.

Man könnte fragen, warum das, was einmal und grundlegend in der Taufe geschehen ist, immer wieder neu geschehen muß. Geht es bloß um ein Wachstum in der Gnade? Geht es um neue Kraft für die Führung eines christlichen Lebens? Das wohl auch! Aber vor allem ist zu bedenken, daß sich personales Leben, personale Begegnung im Dialog (des Glaubens, der Hoffnung und der Liebe) erneuern und vollziehen will. Sonst stirbt es ab oder wird schal und leer. Was wäre das für eine zwischenmenschliche Liebe, bei der der eine zum anderen sagte: „Ich habe Dir einmal von meiner Liebe gesprochen und sie gezeigt – und damit basta!". Immer neue Begegnung ist das Grundgesetz jeder Gemeinschaft. Und so darf der Mensch in der Eucharistie immer neu sein ganzes Leben, seine Freuden und Ängste, seine Beziehungen, seine ganze Welt mit Christus dem Vater im Himmel übergeben, um es sozusagen gewandelt aus Gottes Hand neu zu empfangen und dafür mit Christus Dank zu sagen. Nach alter Tradition ist damit auch die Vergebung der Sünden und Unterlassungen verbunden, deren sich der Mensch in seinem Alltag schuldig macht.

2. Wer mit Jesus Christus verbunden ist, ist dadurch auch mit den Seinen verbunden. Er wird in die Heilssorge Jesu für alle Menschen, ja die ganze Schöpfung einbezogen.

– Schon früh verstand man die eucharistischen Gestalten von Brot und Wein als symbolischen und zugleich wirksamen Hinweis auf die Einheit der Kirche, des „einen Leibes" (vgl. 1 Kor 10,17).

Die sog. Zwölfapostellehre (Didache) vom Beginn des 2. Jahrhunderts hat diese Wahrheiten bereits ausdrücklich ins Gebet hineingenommen: „Wie dieses gebrochene Brot auf den Bergen zerstreut war und zusammengebracht eins wurde, so möge deine Gemeinde von den Enden der Erde zusammengebracht werden in dein Reich."[296]

Einheit und Ermöglichung von Gemeinschaft wird dann aber auch zur Aufgabe für die Christen: Die ihnen in der Eucharistie geschenkte neue Gemeinschaftsfähigkeit will und soll sich im Leben durchhalten.

– Die eucharistischen Gestalten von Brot und Wein, die die Liturgie „Frucht der Erde und der menschlichen Arbeit" nennt, können und sollten aber auch auf die Verbundenheit der Christen mit allen Menschen und mit der außermenschlichen Schöpfung Gottes hinweisen. Wer mit Christus, durch den alles erschaffen

[296] Did. 9,4.

ist (vgl. Kol 1,16) in die eucharistische Kommunion tritt, der kommt auch in eine grundlegende Kommunion mit den Menschen und dem Kosmos, wird neu in Verantwortung für seine Mitmenschen und den Kosmos genommen. Zugleich kommen ihm neue Möglichkeiten zu, dieser Verantwortung gerecht zu werden: als einzelner und als Glied der Gemeinde der Christen.

5.4.7 *Eucharistie und die Einheit der Christen*

Die Eucharistie als *Sakrament der Einheit* ist auch heute noch in mancher Hinsicht unter den christlichen Kirchen umstritten. Neben weitgehenden Annäherungen bleiben Dissense in wichtigen Punkten. Dies zeigt sich nicht zuletzt an der Frage der *Interkommunion*.

1. Reformatorisches Eucharistie- bzw. Abendmahlsverständnis stellte vor allem den Mahlcharakter der Eucharistie heraus. Die Dissenspunkte zu den Reformatoren lagen in der Ablehnung des Opfercharakters der Messe, in einem unterschiedlichen Verständnis der Realpräsenz, die Luther zumindest nicht als Transsubstantiation annehmbar erschien, und in der Ablehnung der Auffassung, nur der Priester könne die Eucharistie feiern.[297] In allen diesen Fragen sind – wenigstens mit manchen Kirchen der Reformation – im ökumenischen Gespräch Annäherungen erzielt worden. Die katholische Kirche hat den Mahlcharakter der Eucharistie wiederentdeckt; ein geläutertes Verständnis des Opfercharakters der Eucharistie läßt die Unterschiede nicht unüberbrückbar erscheinen; in der Frage der Realpräsenz wird katholischerseits die sachontologische durch eine personalontologische Terminologie zumindest ergänzt. Die größte Schwierigkeit macht bislang die katholische Festlegung, daß nur der Priester gültig Eucharistie feiern könne. Immerhin wird im Ökumenismusdekret der evangelischen Abendmahlsfeier zumindest einschlußweise die Heilsbedeutung nicht abgesprochen (UR 22). Die Kommission für „Glauben und Kirchenverfassung" des Ökumenischen Rates der Kirchen hat 1982 in Lima in ihrer Konvergenzerklärung über die Eucharistie wenigstens die Richtung gezeigt, die weiter eingeschlagen werden muß, um eucharistische Einheit schließlich voll zu verwirklichen.[298]

2. Der Begriff Interkommunion[299] ist seit den Anfängen der Ökumenischen Bewegung 1867 in die Diskussion gebracht worden und seither zu einem Kristallisationspunkt in der Frage nach der Einheit geworden, wobei in der theologischen

[297] Vgl. tzt D 9/II, Nr. 457-466 (Luther- und Calvin-Texte).

[298] tzt D 9/II, Nr. 492-501; weitere ökumenische Dialogtexte zur Eucharistie: tzt D 9/II, Nr. 487-491 und Nr. 502-504.

[299] Vgl. dazu G. Koch, Art. Interkommunion: LKDog (^{3}1991) 291 ff: „I. ist ein etwas vager und unbestimmter Begriff, der in der öffentlichen Diskussion die Frage der vollen oder begrenzten eucharistischen Gottesdienstgemeinschaft bzw. der Zulassung zur Kommunion unter den getrennten Kirchen und kirchlichen Gemeinschaften bezeichnet. Er kann so unterschiedliche Tatbestände umfassen wie die begrenzte oder die allgemeine Zulassung zur Kommunion (offene Kommunion) seitens einer Kirche, die vereinbarte gegenseitige Zulassung zweier oder mehrerer Kirchen, schließlich die Inter-Zelebration, die gemeinsame oder austauschweise Eucharistiefeier durch Geistliche verschiedener Kirchen."

Diskussion mehr und mehr differenzierende Äquivalente gebraucht werden. Mit Recht wird immer wieder auf den Zusammenhang des Maßes „an eucharistischer Gemeinschaft" (so die Konvergenzerklärungen von Lima) mit dem Kirchenverständnis überhaupt aufmerksam gemacht. Lehramtlich angeregt, ist die theologische Diskussion im vollen Gange. Es ist dabei zu sehen, daß die Argumente, vor allem in den amtlichen kirchlichen Äußerungen, nicht immer dogmatischen Charakter haben, sondern oft pastoraler bzw. disziplinärer Art sind.

– Amtlich hat die katholische Kirche grundlegend im Zweiten Vatikanischen Konzil Stellung bezogen. Ein relativ hohes Maß an eucharistischer Gemeinschaft wird dabei gegenüber den Ostkirchen festgestellt (OE 27). Für die Kirchen der Reformation gilt dies nicht; sie haben „vor allem wegen des Fehlens des Weihesakramentes die ursprüngliche und vollständige Wirklichkeit des eucharistischen Mysteriums nicht bewahrt", obwohl anderseits das evangelische Abendmahl doch als eine heilvolle Wirklichkeit des Glaubens dargestellt wird (UR 22). Das Ökumenische Direktorium von 1967 hat diese Grundhaltung weiter konkretisiert, der CIC daraus kirchenrechtliche Folgerungen gezogen (can. 844). Unter bestimmten Bedingungen besteht demnach mit den Ostkirchen von katholischer Seite her Interkommunion, was allerdings nicht von allen Ostkirchen akzeptiert wird. Andere Christen können nur in Notlagen die Eucharistie empfangen, wenn sie einen entsprechenden Glauben bekunden. Katholische Christen dürfen das evangelische Abendmahl nicht empfangen.

Daß die Frage der Interkommunion für die Einheit der Kirchen von höchster Bedeutung ist, bedarf keiner Begründung. Theologisch und praktisch sind aber noch weitere Klärungen (z.B. in der Amtsfrage) und Entwicklungen nötig, um dieses Ziel zu erreichen. Die Vereinigte Evangelisch-Lutherische Kirche Deutschlands (VELKD) hat dennoch 1975 römisch-katholischen Christen die Teilnahme am Abendmahl zugestanden und auch umgekehrt eine Öffnung vollzogen.

Interkommunion

Begriffliche Unterscheidungen (Komm. für Glaube und Kirchenverfassung, 1969) und katholische Regelung

Bezeichnung	Umfang	Regelung in der röm.-kath. Kirche
Kirchengemeinschaft (communio)	Volle Abendmahlsgemeinschaft ohne jede Differenzierung	Mit keiner anderen Kirche aufgenommen.
Interzelebration	Gegenseitige Zulassung von Amtsträgern einer anderen Konfession zur Leitung des eucharistischen Gottesdienstes.	Nicht möglich.
Gemeinsame Zelebration	Amtsträger verschiedener Konfessionen feiern gemeinsam (in Konzelebration) Gottesdienst.	Möglich bei Wortgottesdiensten, nicht aber bei Eucharistiefeiern.

Zulassung zum Abendmahl:

a. begrenzt (offene Kommunion)	Aus pastoralen Gründen werden ausnahmsweise Gläubige einer anderen Konfession zum Eucharistieempfang zugelassen und wird den Gläubigen der Eucharistieempfang bei der anderen Konfession gestattet.	Unter bestimmten Bedingungen können a) Nichtkatholiken in der röm.-kath. Kirche zur Eucharistie zugelassen werden, b) Katholiken die Eucharistie in den Kirchen empfangen, in denen sie nach röm.-kath. Auffassung gültig gespendet wird (= orientalische Kirchen): vgl. CIC can. 844 §§ 2–4).
b. allgemein	Alle getauften und abendmahlsberechtigten Glieder anderer Kirchen werden zum Eucharistieempfang zugelassen.	Nicht gegeben.
c. gegenseitig (Interkommunion im engeren Sinn)	Vereinbarung zweier Kirchen, alle Glieder der einen auch in der anderen zum Eucharistieempfang zuzulassen.	Existiert nicht.

– Theologisch wird vor allem die Frage diskutiert, ob die Eucharistie nur Zeichen *vorhandener* Einheit und nicht auch Werkzeug *herzustellender* Einheit sein müsse, so wie die Kirche selbst „Zeichen und Werkzeug" der Einheit mit Gott und den Menschen ist. Da beides gilt und immer wieder neu ins Gleichgewicht zu bringen ist, wird die eucharistische Gemeinschaft (Gastfreundschaft) der sich entwickelnden theologischen und lebensmäßigen Einheit wohl auch einmal ein kleines Stück vorausgehen dürfen. Dies bedürfte dann aber jeweils der kirchendisziplinären Bestätigung, die ihrerseits flexibel bleiben müßte. Die Konvergenzerklärungen von Lima formulieren vorsichtig: „Das wesentlich größer gewordene gegenseitige Verständnis, das in der vorliegenden Erklärung zum Ausdruck kommt, könnte es einigen Kirchen erlauben, ein größeres Maß von eucharistischer Gemeinschaft untereinander zu erreichen und so den Tag näherzubringen, an dem das gespaltene Volk Christi um den Tisch des Herrn sichtbar wiedervereint sein wird."[300]

[300] Eucharistie, Nr. 33.

6. Das Bußsakrament und der Ablaß

Das *Bußsakrament*, von der Kirche in unsrer Zeit *Feier der Versöhnung* genannt, von vielen auch heute noch nach seinem als besonders charakteristisch empfundenen Bestandteil des Sündenbekenntnisses her als *Beichte* bezeichnet, befindet sich in einer besonders langandauernden Krise. Worin sie besteht, bzw. wie das Bußsakrament heute erlebt wird, davon muß zuerst die Rede sein. Dann erst ist zu untersuchen, was es nach dem Zeugnis der Bibel und der Glaubensgeschichte für die Kirche bedeutet und neuerlich bedeuten könnte. Schließlich soll im Zusammenhang damit auch das Thema *Ablaß* behandelt werden.

6.1 Probleme mit dem Bußsakrament

Das Bußsakrament ist wie kein anderes mit einer bestimmten Haltung verbunden, die eine Gesinnung und die Bereitschaft zu einer entsprechenden Praxis umfaßt, nämlich der Haltung der Buße. In der theologischen Tradition sprach man von der Tugend (*virtus*) der Buße. Bußgesinnung setzt ihrerseits als Bereitschaft zur Abkehr von der Sünde Sündenbewußtsein voraus. Wenn dieses Sündenbewußtsein schwindet oder sich verändert, dann wird notwendig auch das Sakrament der Buße in Mitleidenschaft gezogen werden. Es ist zu vermuten, daß der unbestreitbare und dramatische Rückgang der Beichthäufigkeit mit einem Schwinden bzw. einer Veränderung des Sündenbewußtseins zusammenhängt.

6.1.1 Das Verblassen des Bewußtseins von Schuld und Sünde

Die Religionskritik der Neuzeit hat in der kirchlichen Moral- und Sündenpredigt vielfach nur den Versuch gesehen, den Menschen durch Einflößung von Angst zu unterdrücken und unfrei zu halten.[301] „Versucht die ‚Mutter Kirche' ihre Kinder von sich abhängig zu halten, indem sie ihnen alle Emanzipationsversuche mit peinigenden Schuldgefühlen heimzahlt?"[302] Eine solche Fragestellung ist sicher in das Bewußtsein oder Unterbewußtsein vieler heutiger Menschen eingegangen und hat ihnen Zweifel an der Notwendigkeit bzw. Berechtigung von Schuldgefühl und Sündenangst eingepflanzt.

---

[301] Vgl. zu diesem Abschnitt: J. Werbick, Schulderfahrung und Bußsakrament, Mainz 1985, 7-14.
[302] A.a.O., 8.

Die von *Sigmund Freud* (1856-1939) begründete Psychoanalyse sieht die Erfahrungen von Schuld und Sünde als eine den Menschen destruierende Krankheit, die es wegzutherapieren gilt. „Freud macht ernst mit Nietzsches Satz: ‚Die Sünde..., diese Selbstschändungsform des Menschen par excellence, ist erfunden, um Wissenschaft, um Kultur, um jede Erhöhung und Vornehmheit des Menschen unmöglich zu machen; der Priester herrscht durch die Erfindung der Sünde'."[303]

6.1.2 Veränderungen in der Sündenerfahrung

Werden durch solche Vorstellungen, die in popularisierter Form weit verbreitet sind und sich mit hedonistischen Trends in unsrer Gesellschaft verbinden, Schulderfahrung und das Bewußtsein von der Realität von Sünde und Schuld weithin geschwächt, so gelingt es doch sicher nicht, sie gänzlich zu eliminieren.[304] Das Bewußtsein, versagen zu können und dafür verantwortlich zu sein, gehört offenbar zum Menschen. Allerdings ist augenscheinlich die Weise, wie Schuld und Sünde erfahren werden, veränderlich, und sie hat sich in unsrer Zeit tatsächlich verändert. Wenn sich früher Schuld- und Sündenbewußtsein vorwiegend auf einzelne, in ihrem Gewicht klar zurechenbare Sündentatbestände bezogen, so läßt sich heutige Sündenerfahrung vielfach nicht einfach an bestimmten genau qualifizierbaren und quantifizierenden Tatbeständen festmachen. Auch ist es dem heutigen Menschen schwer einsichtig zu machen, daß er mit seiner Schuld gegenüber anderen oder sich selbst auch vor Gott schuldig, also zum Sünder, wird. Zugleich erfährt er sein Versagen als kaum entwirrbares Geflecht von Getriebensein, Verstrickung in die Schuld anderer und selbst zu verantwortender Verfehlung.

6.1.3 Das Bußsakrament als Last

Auf diesem Hintergrund wird man sagen dürfen: Viele gehen nicht mehr zur Beichte, weil sie das Bußsakrament für überflüssig halten. Sie haben kein Sündenbewußtsein oder sind der Meinung, daß sie das, was sie schlecht gemacht haben, auch selbst wieder in Ordnung bringen müßten und könnten. Aber viele gehen auch deshalb nicht zur Beichte, weil ihnen dieses Sakrament unüberwindliche Schwierigkeiten macht, weil sie sich dadurch belastet statt befreit fühlen, und weil sie bei dem „Beichtvater" kein Verständnis für ihre Situation erwarten.

– Man hat gelernt, daß alle schweren Sünden nach Art, Zahl und artverändernden Umständen zu bekennen sind. Aber läßt sich die Erfahrung des Sündiggewordenseins auf diese Weise fassen und vor Gott tragen? Kommt man so

[303] A.a.O., 13 (Nietzsche, Werke in drei Bänden, Bd. 2, S. 1214 f).

[304] Vgl. J. Werbick, a.a.O., 15-64. Zum folgenden auch in diesem Werk Bd I: Theologische Anthropologie 4.2.2.

an die personalen Wurzeln der Schuld heran, für die man Hilfe und Heilung ersehnt?

– Was hat die Kirche, was hat ihr priesterlicher Repräsentant mit meiner Sünde zu tun? Ist das nicht das Allerpersönlichste in dieser Welt, nur mit Gott auszumachen bzw. mit denen, an denen man schuldig geworden ist?

– Wie läßt sich der Gedanke eines Bußgerichts mit der vergebungsbereiten Barmherzigkeit Gottes vereinbaren, wie sie sich in Jesu bedingungsloser Hinwendung zu den Sündern gezeigt hat?

Solche und ähnliche Fragen und Empfindungen machen es vielen Menschen, die die Überwindung ihrer Schuld und Schuldversehrtheit von Gott und nicht von sich selbst erwarten, schwer, Zugang zum Sakrament der Buße zu finden.

6.1.4 Chancen für das Bußsakrament heute

Solchen negativen Erfahrungen stehen auch heute positive Erfahrungen gegenüber, die aber im allgemeinen wohl mit einem neuen Verständnis des Sakramentes, seiner Bedeutung im Leben der Kirche und des Charakters der Sünde, die es zu überwinden gilt, verbunden sind.

– So wird heute wie schon immer die Erfahrung befreiend wirken, daß man im Bußsakrament nicht sich selbst und seiner bequemen Nachsicht mit sich selbst begegnet, sondern Jesus, dem der Sakramentenspender seine Stimme leiht.

– Wenn man einmal erkannt hat, daß Sünde nicht nur den Sünder selber trifft und zerstört, sondern auch die Gemeinschaft, die Kirche, deren Glied man ist, dann wird man das in der Vollmacht Jesu gesprochene Vergebungswort des Repräsentanten der Kirche als wahrhaft befreiend empfinden.

– Wenn man schließlich weiß, daß Buße eine wesentliche Dimension christlichen Lebens ist, Forderung und Chance der frohen Botschaft Jesu vom wahren, geglückten Leben, dann wird man das Bußsakrament als eine Hilfe zur Realisierung dieses Bußcharakters christlichen Lebens sehen: ein konkretes Angebot neben anderen Angeboten im Normalfall und nur bei schwerer Sünde „die einzige ordentliche Weise, in der Kirche Versöhnung mit Gott zu finden“[305].

Verbunden sein werden solche positiv-hoffnungsvollen Erfahrungen aber auch mit einer Verwaltung des Bußsakraments, die den analogen Charakter des Gerichtsgedankens realisiert: Im Bußsakrament richtet Gottes Barmherzigkeit durch das „brüderliche Gericht“[306] der Kirche den umkehrwilligen Sünder wieder auf das volle Leben aus, das durch die Sünde verkümmert und eingeengt war.

---

[305] Gemeinsame Synode der Bistümer in der Bundesrepublik Deutschland, Beschluß: Sakramentenpastoral 4.3.

[306] J. Werbick, a.a.O., 154.

6.2 Biblische Grundlagen

6.2.1 Buße und Bußpraxis im Zeugnis des Alten Testaments[307]

1. Das Alte Testament kennt Buße als tätige Abwendung von der Sünde und Hinwendung zu Gott zunächst einmal als äußere kultisch-rituelle Bußpraxis, die nicht nur den einzelnen, sondern das ganze Volk angeht.

„Legt Trauer an, und klagt, ihr Priester! Jammert, ihr Diener des Altars! Kommt, verbringt die Nacht im Trauergewand, ihr Diener meines Gottes! Denn Speiseopfer und Trankopfer bleiben dem Haus eures Gottes versagt. Ordnet ein heiliges Fasten an, ruft einen Gottesdienst aus! Versammelt die Ältesten und alle Bewohner des Landes beim Haus des Herrn, eures Gottes, und schreit zum Herrn" (Joel 1,13f.).

2. Gegenüber der Gefahr der Veräußerlichung kultisch-ritueller Buße betonen die Propheten die Notwendigkeit innerer Umkehr, die sich in Taten der Nächstenliebe äußern soll.

„Auch jetzt noch – Spruch des Herrn: Kehrt um zu mir von ganzem Herzen mit Fasten, Weinen und Klagen. Zerreißt eure Herzen, nicht eure Kleider, und kehrt um zum Herrn, eurem Gott! Denn er ist gnädig und barmherzig, langmütig und reich an Güte, und es reut ihn, daß er das Unheil verhängt hat" (Joel 2,12; vgl. Sach 1,1-4; Ps 51,17-19).

„Nein, das ist ein Fasten, wie ich es liebe: die Fesseln des Unrechts zu lösen, die Stricke des Jochs zu entfernen, die Versklavten freizulassen, jedes Joch zu zerbrechen, an die Hungrigen dein Brot auszuteilen, die obdachlosen Armen ins Haus aufzunehmen, wenn du einen Nackten siehst, ihn zu bekleiden und dich deinen Verwandten nicht zu entziehen. Dann wird dein Licht hervorbrechen wie die Morgenröte, und deine Wunden werden schnell vernarben. Deine Gerechtigkeit geht dir voran, die Herrlichkeit des Herrn folgt dir nach" (Jes 58,6-8).

3. Das Alte Testament kann zum einen die Überwindung der Sünde ganz auf Gottes Initiative und Handeln zurückführen.

„Denk daran Jakob, und du, Israel, daß du mein Knecht bist. Ich habe dich geschaffen, du bist mein Knecht; Israel, ich vergesse dich nicht. Ich fege deine Vergehen hinweg wie eine Wolke und deine Sünden wie Nebel. Kehr um zu mir; denn ich erlöse dich" (Jes 44,21f.).

Andererseits hat nach alttestamentlicher Sicht selbst die vergebene Sünde ihre Straffolgen (vgl. Gen 3,14-19; Num 20,10-12; 2 Sam 12,7-14). Entsprechend ist auch der Sünder aufgerufen, durch gnadengetragene Werke (z.B. durch Fasten, Werke der Nächstenliebe) aktiv an der Überwindung von Sünde und Sündenfolgen mitzuwirken (vgl. Tob 4,7-11). Möglicherweise kann ihm dabei die Fürbitte eines Gerechten zu Hilfe kommen (vgl. Ijob 42, 7-9).

In solchen Texten läßt sich ein alttestamentlicher Ansatz für die kirchliche Lehre von der Genugtuung, einen der drei Büßerakte im Bußsakrament, und möglicherweise auch für die Ablaßlehre erkennen.

---

[307] Vgl. tzt D 9/II, Nr. 505-515.

6.2.2 Buße und Sündenvergebung im Zeugnis des Neuen Testaments[308]

1. Wenn auch eine eigentliche Bußpredigt Jesu historisch-kritisch nicht nachweisbar ist, so entspricht doch das markinische Summarium Mk 1,14f. („Er verkündete das Evangelium Gottes und sprach: Die Zeit ist erfüllt, das Reich Gottes ist nahe. Kehrt um, und glaubt an das Evangelium!") dem inneren Sinn der Botschaft Jesu.

2. In Korrespondenz zu diesem Bußruf sprechen die Evangelien von einer für die Zeitgenossen anstößigen Sündenvergebungsvollmacht, die Jesus für sich in Anspruch nahm.

„Als Jesus ihren Glauben sah, sagte er zu dem Gelähmten: Mein Sohn, deine Sünden sind dir vergeben! Einige Schriftgelehrte aber, die dort saßen, dachten im stillen: Wie kann dieser Mensch so reden? Er lästert Gott. Wer kann Sünden vergeben außer dem einen Gott? Jesus erkannte sofort, was sie dachten, und sagte zu ihnen: Was für Gedanken habt ihr im Herzen? Ist es leichter, zu dem Gelähmten zu sagen: Deine Sünden sind dir vergeben!, oder zu sagen: Steh auf, nimm deine Tragbahre, und geh umher? Ihr sollt aber erkennen, daß der Menschensohn die Vollmacht hat, hier auf der Erde Sünden zu vergeben. Und er sagte zu dem Gelähmten: Ich sage dir: Steh auf, nimm deine Tragbahre, und geh nach Hause! Der Mann stand sofort auf, nahm seine Tragbahre und ging vor aller Augen weg. Da gerieten alle außer sich; sie priesen Gott und sagten: So etwas haben wir noch nie gesehen"(Mk 2, 5-12 parr).

Nach *H.-J. Klauck* handelt es sich bei Mk 2,5c („Mein Sohn, deine Sünden sind dir vergeben!") um ein ursprüngliches Jesuswort.[309] Schon in der neutestamentlichen Traditionsgeschichte wird dieses „verhaltene Jesuswort" entfaltet zu deutlichen Aussagen über Jesu göttliche Sündenvergebungsvollmacht, so schon in V.10 von Mk 2,1-12.

3. Nach neutestamentlicher Sicht ist Jesu Sündenvergebungsvollmacht auf die Gemeinde Jesu, die Kirche, übergegangen, die Gemeinde Jesu hat daran Anteil.

Schon in der Matthäusparallele zu Mk 2,12 wird eine entsprechende traditionsgeschichtliche Entwicklung sichtbar: „Als die Scharen das sahen, gerieten sie in Furcht und priesen Gott, der den Menschen solche Vollmacht gegeben hat" (Mt 9,8). „Nicht mehr auf die Wunderhandlung, sondern auf die Vollmacht zur Sündenvergebung beziehen sich Erschauern und Lobpreis der Menge. Ein ekklesiologisches Anliegen führt dem Mt die Feder. Menschen setzen Jesu sündenvergebendes Wirken fort, und das ist das eigentlich Wunderbare. Wie von selbst richtet sich der Blick auf das Wort von der Binde- und Lösegewalt, die in Mt 16,19 dem Petrus und in 18,18 der Gemeinde anvertraut wird, obwohl in diesem Zusammenhang von Sünde direkt nur in bezug auf den zwischenmenschlichen Bereich gesprochen wird. Ganz eindeutig ist erst in Joh 20,22f auch die eschatologische Vergebung Menschen anvertraut."[310]

Diese Teilhabe der Kirche an Jesu Sündenvergebungsvollmacht konkretisiert sich im Matthäusevangelium (Mt 18,15-18) und bei Paulus (1 Kor 5,1-13; vgl. 2 Kor

---

308 Vgl. tzt D 9/II, Nr. 516-532.

309 Vgl. H.-J. Klauck, Die Frage der Sündenvergebung in der Perikope von der Heilung des Gelähmten (Mk 2,1-12 parr): ders., Gemeinde, Amt, Sakrament, 305.

310 H.-J. Klauck, die Sakramente und der historische Jesus: ders., Gemeinde, Amt, Sakrament, 280.

2,5-11) in regelrechten Bußverfahren, die in den Gemeinden oder für sie entwickelt worden sind.

Das Bußverfahren bei Matthäus, das Stufen der Zurechtweisung kennt, endet schlimmstenfalls mit dem Ausschluß des Sünders aus der Gemeinde, der bindende Wirkung vor Gott hat, kennt aber auch die Wiederaufnahme (das Lösen), die ebenfalls vor Gott gilt. Ein entsprechendes Bußverfahren wird auch für die paulinischen Gemeinden bezeugt. Paulus mahnt die Gemeinde im Blick auf einen Unzuchtssünder: „Schafft den Übeltäter weg aus eurer Mitte!“ (vgl. 1 Kor 5,9-13). Unter der gleichsam inneren Leitung des Paulus soll die Gemeinde dieses Urteil des Ausschlusses fällen, „diesen Menschen dem Satan <zu> übergeben zum Verderben seines Fleisches, damit sein Geist am Tag des Herrn gerettet wird“ (vgl. 1 Kor 5,3-5). Auch hier hat der Ausschluß also einen zugleich medizinalen Charakter (vgl. 2 Kor 2,5-11): Der Sünder soll gerettet, versöhnt werden, wenn diese Hoffnung auch nicht immer deutlich wird. Ein zumindest ebenso wichtiges Motiv ist die Wahrung der Heiligkeit der Gemeinde, die durch den Sünder verletzt wird.

4. Daß Sündenvergebung, die letztlich von Gott kommt, beim Menschen Umkehr und Reue (vgl. Lk 15,11-24; Apg 2,37ff.; 2 Kor 7,9f.), möglicherweise aber auch das Sündenbekenntnis (vgl. 1 Joh 1,8-10; Jak 5,15f.) und die aktive Mitverantwortung für die Überwindung der Sündenfolgen (vgl. Mt 6,2-6; 6,16-18; 1 Tim 1,18ff.) einfordert, läßt das Neue Testament deutlich erkennen.

So kann man den neutestamentlichen Befund etwa in folgender Weise zusammenfassen: Die Sündenvergebungsvollmacht Jesu, die in seinem Sich-eins-Wissen mit seinem himmlischen Vater begründet ist, geht dergestalt auf die Kirche über, daß diese als ganze bzw. in ihren Ämtern und Diensten daran teilhat. Sie konkretisiert sich in unterschiedlichen Bußverfahren. Am Sünder kann sie sich auswirken, wenn dieser zur Sinnesänderung bereit ist und den Weg einer aktiven Umkehr geht. Dazu kann auch das Sündenbekenntnis gehören.

6.3 Die Lehre vom Bußsakrament im Wandel der Geschichte

Die Geschichte des Bußsakramentes ist von tiefgehenden Wandlungen geprägt, wohl mehr als die Geschichte aller anderen Sakramente. Sie kann hier nur in starker Vereinfachung skizziert und exemplifiziert werden.– Zu unterscheiden ist vor allem die *„Kanonische Kirchenbuße“* des kirchlichen Altertums von der sich seit dem 6. Jahrhundert durchsetzenden *„Tarifbuße“* und *Privatbeichte*. Zu beachten ist schließlich, daß das Bußsakrament *in den Ostkirchen* sich nicht unwesentlich anders entwickelt hat als im Westen.

6.3.1 Die kanonische Kirchenbuße in der Väterzeit

1. Schon aus verschiedenen Hinweisen des Klemensbriefs (zwischen 93 und 97) läßt sich „die Andeutung eines einfachen kirchlichen Bußverfahrens erken-

nen"[311], zu dem ein Schuldbekenntnis gehört.[312] Ähnliches läßt sich von der spätestens in der ersten Hälfte des 2. Jahrhunderts entstandenen *Didache* feststellen. Hier werden Sündenbekenntnis und Vergebung als Voraussetzungen der Eucharistiefeier genannt. Aufgrund verschiedener Textstellen[313] läßt sich sagen: „Die Betroffenheit der Gemeinde durch Sünden, die kirchliche Mitwirkung zur Umkehr, bei Bekenntnis und Vergebung sind ohne weiteres deutlich."[314]

Zu nennen ist schließlich für diese Frühzeit noch der *Hirt des Hermas* (Mitte des 2. Jahrh.). Nach dem Vorbild jüdischer Apokalypsen gestaltet, hat die Schrift den zentralen Inhalt: „Alle nach der Taufe begangenen Sünden können *einmalig* vergeben werden".[315] Erkennbar tritt dabei die ekklesiale Dimension von Sünde und Vergebung in Erscheinung.[316]

2. Seit *Tertullian* am Ende des 2. Jahrhunderts haben wir deutliche Zeugnisse für die kanonische Kirchenbuße[317], bei der die Gemeinde beteiligt bleibt, wenn auch die entscheidenden Funktionen an die kirchlichen Amtsträger übergehen. Diese Kirchenbuße war nur für überaus schwere Sünden (Glaubensabfall, Mord, Ehebruch) vorgesehen, und sie wurde nur einmal im Leben gewährt. Dem Bekenntnis der Sünde vor dem Bischof und in allgemeiner Form auch vor der Gemeinde folgte eine oft sehr lange Bußzeit mit harten Bußauflagen, die den Pönitenten u.U. lebenslang belasteten. Nach Ablauf der Bußfrist erfolgte die Wiederaufnahme (Rekonziliation) durch die Handauflegung des Bischofs bzw. der Vorsteher. Auch hier war die Gemeinde durch Fürsprache beteiligt. Man war überzeugt: Aussöhnung mit der Gemeinde bedeutete Aussöhnung mit Gott, Gottes Vergebung (pax cum ecclesia= pax cum Deo).

3. *Klemens von Alexandrien* (140/150-216/217) ist der erste Zeuge der Bußtradition des *christlichen Ostens*. Er kennt neben der ersten Buße (Taufe) eine zweite Buße, die eine einmalige und unwiederholbare Chance darstellt, aber zugleich einen prozeßhaften Charakter hat.[318] Seit Klemens spielt auch ein Seelenführer und Helfer des Büßers, ein Charismatiker, der nicht Priester zu sein braucht, in der Tradition der Ostkirchen eine wichtige Rolle.

Origenes (um 185– um 254) kennt eine Vielfalt von Möglichkeiten der Sündenvergebung. Die öffentliche Buße, die hier übrigens mit einer Ölsalbung verbunden erscheint, ist also keineswegs die einzige.[319]

Vom Ende des 4. Jahrhunderts an setzte sich so im Osten neben der Kirchenbuße die individuelle Beichte bei einem Seelenführer (meist Mönchen, die nicht Priester waren) durch.

Diese Entwicklung spiegelt sich in einer Rede des *Johannes von Antiochien* (von 1089-1100 Pariarch, dann wieder einfacher Mönch): In der Zeit des Bilderstreits bzw. des bilder-

---

[311] H. Vorgrimler, HDG IV,3, 37.
[312] Vgl. tzt D 9/II, Nr. 606 f.
[313] Vgl. tzt D 9/II, Nr. 608 f.
[314] H. Vorgrimler, HDG IV,3, 38f.
[315] H. Vorgrimler, HDG IV,3, 33.
[316] Vgl. tzt D 9/II, Nr. 610 ff.
[317] Vgl. tzt D 9/II, Nr. 616-625.
[318] Strom. 2,13; vgl. tzt D 9/II, Nr. 613 ff.
[319] Vgl. tzt D 9/II, Nr. 621.

feindlichen byzantinischen Kaisers Leo III. (717-741), genannt der Isaurier, sei die apostolische Binde- und Lösegewalt allgemein auf die Mönche übergegangen.[320]

4. *Im Westen* führte die harte Praxis der Kirchenbuße im Laufe der Zeit dazu, daß man dieses Sakrament erst möglichst kurz vor dem Sterben empfing. Die sog. Tarifbuße, die sich vom irisch-angelsächsischen Kirchenbereich her trotz Widerständen bald im ganzen Westen der Kirche durchsetzte, kennt die wiederholte Absolution. In *Bußbüchern* waren genaue Wiedergutmachungsleistungen (Tarife) festgelegt, die dem Pönitenten auferlegt wurden. Bei der Erfüllung dieser Leistungen rissen viele Mißstände ein. Indessen entwickelte sich daraus die uns bekannte Art der Privatbeichte, wobei die harten Bußauflagen durch einfachere, eher verborgene ersetzt wurden. Das Bekenntnis der Sünde wurde nun zum entscheidenden Akt des Bußsakraments.

6.3.2 Die Lehre vom Bußsakrament von der Scholastik bis zum Konzil von Trient

1. Nach dem Verfall der öffentlichen Buße (Exkommunikationsbuße) hatte sich im Westen vom irisch-angelsächsischen Bereich her die wiederholbare individuelle Beichte trotz mancher Widerstände allgemein durchgesetzt. Bußauflage und Absolution durch den Priester folgten nun unmittelbar auf das Sündenbekenntnis. *Petrus Lombardus* ist einer der ersten, die diese neue Bußpraxis und ihren Sakramentscharakter theologisch reflektierten.[321]

Wichtig ist dabei einerseits das Sündenbekenntnis, andererseits die den Priestern anvertraute Schlüsselgewalt: „Das Urteil des Priesters muß mit Eifer gesucht werden, weil Gott den Priestern die Vollmacht des Bindens und des Lösens zuerkannte. Wem daher diese vergeben, dem vergibt Gott. Wenn allerdings kein Priester da ist, dann muß das Bekenntnis vor dem Nächsten oder einem Gefährten abgelegt werden."[322]

2. Die theologische Diskussion der Hochscholastik drehte sich wesentlich um die Frage, ob die Absolution des Priesters Grund für die Tilgung der Schuld bei Gott sei. *Thomas von Aquin* bejahte diese Frage, er nahm aber auch die frühere Einsicht von der sündentilgenden Kraft der Reue auf: Die wahre Reue ist mit dem Verlangen nach dem Sakrament verbunden und tilgt als solche die Sünde.[323]

3. Die Theologie des Thomas von Aquin ging in die Lehre der Kirche ein. Das *Konzil von Florenz* (Lehrentscheid für die Armenier 1439) sieht in den Akten der Büßenden (Reue, Bekenntnis, Genugtuung) „gleichsam die Materie dieses Sakramentes", „die Form...sind die Worte der Lossprechung, die der Priester spricht... Die Wirkung ist die Lossprechung von den Sünden" (NR 630; DH 1323).[324]

Zuvor waren beim *Konzil zu Konstanz* (1414-1418) schon einige Infragestellungen des Bußsakraments zurückgewiesen worden, die auf Wyclif und Hus zurückgingen: Weil es nur

[320] Vgl. tzt D 9/II, Nr. 626.
[321] Vgl. tzt D 9/II, Nr. 627 ff.
[322] Petrus Lombardus, Sentenzen IV d.17 c. 4,2.
[323] S.th. q. 84, a. 1c und 5c; vgl. tzt D 9/II, Nr. 630 f
[324] tzt D 9/II, Nr. 542.

auf die rechte Reue ankomme, seien eine besondere Sündenvergebungsvollmacht, der Ablaß, aber auch das Sündenbekenntnis überflüssig bzw. nicht notwendig (DH 1157; 1260f.; 1265ff.).[325]

4. Die scholastische Lehre vom Bußsakrament wird dann vor allem in der Reformation des 16. Jahrhunderts tiefgreifend in Frage gestellt.

In seiner frühen Zeit erkennt *Luther* (1483-1546) der Buße noch den Sakramentscharakter zu, rückt davon aber später ab. Er hält die Buße bzw. die Beichte für einen wichtigen, der Kirche anvertrauten brüderlichen Dienst zur Weckung des Vertrauens auf Gottes Vergebung. Er leugnet jedoch den Gerichtscharakter des Bußsakraments und den Verpflichtungscharakter der Ohrenbeichte vor dem Priester.[326]

Calvin (1509-1564) lehnt eine eigenständige kirchliche Buße überhaupt ab. Sündenüberwindung geschieht für ihn durch die Erinnerung an die Taufe.[327]

5. Gegen die Positionen Luthers hatte sich schon Papst *Leo X.* in seiner Bulle „Exsurge Domine" von 1520 gewandt (DH 1455-1464; 1467-1472).[328] Vor allem aber war es das *Konzil von Trient* (1445-1563), das in Frontstellung gegen reformatorische Auffassungen die Lehre von Buße und Bußsakrament nun auch positiv entfaltete (DH 1542f.; 1667-1715 und 1835).[329]

Nachdem das Konzil bereits in seiner 6. Sitzung im Zusammenhang mit der Rechtfertigungslehre von der Buße als zweiter Rechtfertigung gehandelt hatte, beschäftigte es sich in seiner 14. Sitzung ausführlich mit dem Bußsakrament, später in der 25. Sitzung mit dem Ablaß.

Die wichtigsten Aussagen des Konzils von Trient über das Bußsakrament lassen sich in folgender Weise zusammenfassen:

– Das Bußsakrament ist ein von Christus eingesetztes Sakrament und wiederholbar (DH 1701).

– Es gibt eine eigentliche kirchliche Vollmacht, Sünden nachzulassen und zu behalten (DH 1703).

– Auch eine sog. unvollkommene Reue bereitet auf den Empfang der sakramentalen Gnade vor (DH 1705).

– Das sakramentale Bekenntnis vor dem Priester allein entspricht dem Auftrag Christi und ist „nach göttlichem Recht eingesetzt" (can.6; DH 1706).

– Es ist „nach göttlichem Recht" notwendig, im Bußsakrament alle Todsünden einzeln zu bekennen (can.7; DH 1707).

– Einmal im Jahr sind die Christen verpflichtet, ihre (Tod-)Sünden zu beichten (DH 1708).

– Die sakramentale Lossprechung des Priesters ist ein wirksamer richterlicher Akt, keine reine Dienstleistung einer Vergebungsansage (DH 1709).

– Nur Priester – selbst im Stand der Todsünde – haben die Vollmacht, zu binden und zu lösen (DH 1710).

[325] tzt D 9/II, Nr. 536-541.
[326] tzt D 9/II, Nr. 632-637.
[327] tzt D 9/II, Nr. 638 f.
[328] tzt D 9/II, Nr. 543-558.
[329] tzt D 9/II, Nr. 559-591.

– Mit der Schuld wird nicht immer die ganze Strafe von Gott erlassen (DH 1712).

In dieser Lehre war die ekklesiale (soziale) Dimension von Sünde und Buße weitgehend verlorengegangen.

6. Die vom Konzil von Trient entwickelte Lehre vom Bußsakrament blieb bis zur Gegenwart maßgeblich. Erst seit dem Zweiten Vatikanischen Konzil werden wieder neue Akzente gesetzt.

Zu den Fragen, die in der Zwischenzeit diskutiert wurden, gehört die nach der Bedeutung der vollkommenen bzw. der unvollkommenen Reue. Beispielsweise nimmt bei *Robert Bellarmin* (1542-1621) die Frage einen breiten Raum ein, ob zur Rechtfertigung des Sünders immer die vollkommene Reue (*contritio*) erforderlich sei und ob diese den Menschen auch unabhängig von der Wirkkraft des Bußsakramentes heilige (so *Johannes Duns Scotus*, um 1265-1308) bzw. ob dafür auch die sog. unvollkommene Reue (*attritio*, d.h. die Furcht vor der Strafe) von Bedeutung sei – zumindest im Bußsakrament.[330]

6.3.3 Das Bußsakrament im 20. Jahrhundert: Krise und Neubesinnung

Auf die Krise des Bußsakraments in seiner traditionellen Gestalt wurde schon hingewiesen. Zugleich zeigen sich neue Aufbrüche im theologischen Verständnis und in der pastoralliturgischen Praxis, die Hoffnung für die Zukunft geben können.

1. Nachdem durch viele Jahrhunderte die ekklesiale Dimension von Sünde und Bußsakrament und dessen Einbettung in den Bußcharakter christlichen Lebens allzusehr in den Hintergrund getreten waren, wurden diese Aspekte seit der Mitte unseres Jahrhunderts neu entdeckt. Einen wichtigen Anstoß dazu gab *Paul Anciaux* mit seinem 1961 in deutscher Sprache erschienenen Buch „Das Sakrament der Buße".[331] Er trug auch zu einem Neuverständnis des Ablasses im Zusammenhang mit dem Bußsakrament bei.

Auch *Karl Rahner* (1904-1984) arbeitete etwa zur gleichen Zeit diese Aspekte heraus. Er zeigte zugleich, daß und inwiefern die Kirche im Bußsakrament wirksam wird, ja inwiefern das Bußsakrament einen Selbstvollzug der Kirche darstellt.[332]

2. Im Zweiten Vatikanischen Konzil kommt die vergessene ekklesiale Dimension des Bußsakraments wieder zum Durchbruch.

„Die aber zum Sakrament der Buße hinzutreten, erhalten für ihre Gott zugefügten Beleidigungen von seiner Barmherzigkeit Verzeihung und werden zugleich mit der Kirche versöhnt, die sie durch die Sünde verwundet haben und die zu ihrer Bekehrung durch Liebe, Beispiel und Gebet mitwirkt" (LG 11).[333]

3. Wichtige neue Akzente werden auch von der Kongregation für den Gottesdienst in der pastoralen Einführung zum neuen „Ordo Paenitentiae" (1973) ge-

---

[330] tzt D 9/II, Nr. 640-644.
[331] Vgl. tzt D 9/II, Nr. 645 f.
[332] Vgl. tzt D 9/II, Nr. 647.
[333] tzt D 9/II, Nr. 594.

setzt.[334] Das Bußsakrament, das in drei Formen vollzogen werden kann,[335], ist ein Werk der ganzen Kirche, und es hat den Charakter der Feier. Vom Bußsakrament zu unterscheiden ist der *Bußgottesdienst*.

Die Wiedergewinnung des Gemeinschaftsaspekts von Sünde und Vergebung spiegelt die neue Lossprechungsformel, wenn es nach dem Hinweis auf die Heilstat Gottes heißt: „Durch den Dienst der Kirche schenke er dir Verzeihung und Frieden. So spreche ich dich los...“

Besonders bedeutungsvoll für ein Neuverständnis und eine neue Praxis des Bußsakramentes ist die Betonung seines Feiercharakters: Es ist nicht zuerst ein belastendes und erschreckendes Gerichtsverfahren, als das es sich für viele darstellte, sondern eine den ganzen Menschen erfassende liturgische Feier, in der man die Versöhnung mit Gott, mit den anderen und sich selbst in einem zeichenhaften Geschehen zu erfahren vermag. Am besten gelingt das wahrscheinlich in der noch allzu wenig praktizierten zweiten Form des Sakramentsvollzugs, der „Gemeinschaftlichen Feier der Versöhnung mit Bekenntnis und Lossprechung der einzelnen“.

4. In diesen weiten Horizont stellt *Johannes Paul II.* das Bußsakrament. In seinem Apostolischen Schreiben „Reconciliatio et paenitentia“ (1984) entwickelt er im Anschluß an die römische Bischofssynode eine umfassende Theologie der Versöhnung, die sich den Impulsen des Zweiten Vatikanischen Konzils verpflichtet weiß. Das Bußsakrament wird der Grundaufgabe der Kirche zugeordnet, „Sakrament, das heißt Zeichen und Werkzeug der Versöhnung“ zu sein (Nr. 11).[336]

5. Die offenkundige heutige Krise der Einzelbeichte, das Wissen um die tiefgehenden Wandlungen des Bußinstituts in der Geschichte, aber auch die Äußerungen des heutigen kirchlichen Lehramts stellen der Theologie folgende Aufgaben:

– Das Einordnen des Bußsakraments in den recht verstandenen Bußcharakter christlichen Lebens und den Versöhnungsauftrag der Kirche.

– Die Suche nach einer Synthese zwischen dem privaten und dem ekklesialen Charakter von Versöhnung und Buße.

– Das Aufzeigen von weiteren Entwicklungsmöglichkeiten aufgrund der Spannweite seiner geschichtlichen Entfaltungsgestalten.

– Eine Neuinterpretation des Gerichtscharakters.

– Das Verständnis des Bußsakraments als liturgisches Geschehen, als Feier.

Nicht nur im Bußsakrament geschieht Sündenvergebung, Versöhnung. Was in jedem Christenleben einmal in der Taufe grundlegend geschehen ist als von Gottes Gnade getragene Hinkehr, Umkehr des Menschen zu Gott, das soll zu einer Grundbestimmung des Chri-

---

[334] Die Feier der Buße nach dem neuen Rituale Romanum, Studienausgabe. Hg. von den Liturgischen Instituten Salzburg, Trier, Zürich, Einsiedeln u.ö. 1974, 15 ff. 23 f. 26; vgl. tzt D 9/II, Nr. 598-602.

[335] „Die Feier der Versöhnung für einen einzelnen“ – „Gemeinschaftliche Feier der Versöhnung mit Bekenntnis und Lossprechung der einzelnen“ – Gemeinschaftliche Feier der Versöhnung mit allgemeinem Bekenntnis und Generalabsolution“; hier ist das Einzelbekenntnis bei sich bietender Gelegenheit nachzuholen.

[336] Vgl. tzt D 9/II, Nr. 603.

stenlebens werden. Dieser existentielle Nachvollzug der Taufe als dankbare Annahme von Gottes Vergebung und der Versöhnung mit den Mitmenschen hat viele Formen. *Eine* sehr hilfreiche, *bei schwerer Sünde notwendige*, ist das Bußsakrament.

Gewiß geschieht Vergebung Gottes so unmittelbar, daß sie Gottes Antwort auf jede „vollkommene" Reue ist, aber der soziale Aspekt jeder Sünde fordert die wiederum auch in vielen Formen mögliche Beteiligung der Kirche, im Falle der schweren Sünde die des Bußsakraments. Viele Theologen sehen hier im Frieden mit der Kirche das wirksame Zeichen (*sacramentum et res*) des Friedens mit Gott.

Zwar scheinen die Definitionen des Konzils von Trient neben der Einzelbeichte kaum mehr große Entwicklungen zuzulassen. Doch wird eine entsprechende Hermeneutik die apologetischen Absichten dieses Konzils zu berücksichtigen haben. Nach Meinung nicht weniger Theologen könnte auch ein möglichst konkretes, aber doch gemeinsames Bekenntnis den Forderungen des Konzils genügen und so eine wirklich gemeinschaftliche Feier des Bußsakramentes erlauben; unter bestimmten Bedingungen könnte der Bußgottesdienst eine neue Verwirklichungsweise sakramentaler Buße sein.[337] Dabei werden freilich pastorale Abwägungen mitentscheidend sein müssen.

Wenn auch nach der Lehre des Konzils von Trient die sakramentale Lossprechung durch den Priester ein wirksamer richterlicher Akt und keine reine Dienstleistung einer Vergebungsansage ist (DH 1709), bleibt doch weiter zu bedenken: Gericht ist das Bußsakrament im analogen Sinn; es ist Gnadengericht, freie Aufdeckung der Sünde, der der Zuspruch göttlicher Vergebung entsprechen muß, wenn dem keine schwerwiegenden Gründe widersprechen. Das Apostolische Schreiben „Reconciliatio et paenitentia" Papst Johannes Paul II. „relativiert den Gerichtscharakter des Bußsakraments...Neben der richterlichen sei dem Bußsakrament auch eine heilende Funktion zuzuschreiben"[338]. In diesem Sinne ist es sicher gerechtfertigt und fruchtbar, das Bußsakrament als „brüderliches Gericht" zu verstehen, das im „lösenden Gespräch" vollzogen wird (*J. Werbick*)[339].

Auch die Betrachtung des Bußsakraments als „Feier der Versöhnung" schließt den Gedanken an ein Gerichtsverfahren im engeren Sinne aus. In der liturgischen Feier geht es viel eher um Bitte, Zuspruch und Segen, Lob und Dank in der Gemeinschaft der Kirche. Auch die Sündenvergebungsvollmacht der Kirche realisiert sich letztlich in einem epikletischen Geschehen. Sie hat einen deprekativen Charakter, d.h. der Priester kann nur aufgrund der erhörungsgewissen Bitte der Kirche um das Wirken des Geistes vollmächtig Vergebung zusprechen.

6. Das ökumenische Gespräch über das Bußsakrament steht noch eher in seinem Anfang. Es zeigt sich aber doch ein zunehmendes gegenseitiges Verständnis.

So bezeugt ein vom Reformierten Weltbund und dem Einheitssekretariat verabschiedeter Bericht (1977) dem Amt in der Kirche eine vom Herrn übertragene und lebendig gehaltene Schlüsselgewalt, die sich speziell in der Vergebung der Sünden und im Ruf zur Buße konkretisiert.[340]

Ein Dialogtext der Gemeinsamen Römisch-katholischen/Evangelisch-lutherischen Kommission von 1980 sieht ein vertieftes Sünden- und Bußverständnis als gemeinsame pastoral bedeutsame Aufgabe.[341]

---

[337] Vgl. tzt D 9/II, Nr. 648.
[338] J. Werbick, Schulderfahrung und Bußsakrament, Mainz 1985, 154.
[339] A.a.O.; vgl. tzt D 9/II, Nr. 655 f.
[340] DÜW 311 f., tzt D 9/II, Nr. 657 f.
[341] DÜW 312; tzt D 9/II, Nr. 659.

E. Schlink zeigt in seiner „Ökumenischen Dogmatik", daß kirchliche Bußordnungen, die auch die Privatbeichte einschließen können, in der Tradition der reformatorischen Kirchen immer ihren Platz hatten und so auch weiter haben müssen.[342]

Schließlich läßt sich nach dem Ökumenischen Arbeitskreis evangelischer und katholischer Theologen[343] feststellen, daß die Bedeutung der Beichte auch von lutherischer Seite erkannt worden ist. Obwohl das Gespräch über Buße und Beichte immer noch in den Anfängen steht, kann doch wachsendes Verständnis für die beiderseitigen (geläuterten) Positionen festgestellt werden. Der evangelisch-lutherischen Seite ist eine sakramentale Sicht der Buße und eine entsprechende Praxis weder in der Geschichte noch heute fremd.

Ein Gesichtspunkt, den auch die westliche Tradition kennt, könnte und sollte im Dialog mit den Ostkirchen weiter bedacht werden: der Zusammenhang des Bußsakraments mit der Eucharistie. Nach dem Ostkirchenkundler *R. Hotz* ist ostkirchlichem wie westkirchlichem Bußverständnis bei aller Verschiedenheit eines gemeinsam: Das Bußsakrament steht im Dienst der eucharistischen Gemeinschaft der Kirche.[344]

Übersicht über die Geschichte der Buß-Theologie

Erstellt von Wolfgang Beinert

Neues Testament
Umkehrpredigt Jesu (Mk 1,15) – Soziale Dimension von Schuld und Vergebung (Mt 25, 39. 45) – Nachösterliche Gemeinden haben Dienst der Versöhnung (Mt 18, 15–18; Joh 20, 22f.) als von Sünde Betroffene und zur Vergebung Bevollmächtigte.

↓

Kanonische Buße
Nichtkapitale Sünden: Vergebung durch gute Werke, apostol. Arbeit, allgemeines Schuldbekenntnis, Eucharistie. *Kapitale Sünden:* Kanonisches Verfahren in 3 Stufen (Exhomologesis = Einreihung in Büßerstand – Actio paenitentiae = Bußwerk – Reconciliatio = Vergebung vor der Gemeinde), aber nur einmal im Leben. *Sonderformen:* Kranken und Sterbenden wird Viaticum sofort gereicht, Kleriker werden dem kanonischen Verfahren nicht unterworfen, Bußprivileg der Martyrer = Vergebungsvollmacht wegen ihrer Verdienste.

↓

Ostkirchliche Bußformen
Leitendes Verständnis: Seelen-Therapie – Daher Entwicklung der Beichte vor Mönchen – seit 13. Jh. Vergebung durch Amtsträger – öffentliche Kirchenbuße bis 1453.

↓

[342] E. Schlink, Ökumenische Dogmatik, Göttingen 1983, 469; vgl. tzt D 9/II, Nr. 651.
[343] Lehrverurteilungen – kirchentrennend? I . Hg. v. K. Lehmann, W. Pannenberg, 79 f.
[344] Vgl. tzt D 9/II, Nr. 649 f.

Tarifbuße (Frühes Mittelalter)

Beliebige Wiederholbarkeit – Geheimes Bußverfahren – keine lebenslangen Bußauflagen mehr – normierte Sühne (Bußbücher) – Abschluß des Verfahrens durch priesterliche Absolution.
Sonderformen: Laienbeichte – Kinderbeichte – Generalabsolution

↓

Scholastische Bußtheologie

Buße wird unter die sieben Sakramente gerechnet – Sie hat richterlichen Charakter (Lehre von der Schlüsselgewalt) – Beichtpflicht der schweren Sünden – Verlust der ekklesialen Dimension
Theologische Diskussion:
a) Ist die Absolution
 * deklarativ (Manifestation der schon durch das Bußwerk bewirkten Vergebung) oder
 * kausativ (Eintreten der Kirche in den Vergebungsvorgang)?
b) Wenn statt der Liebesreue (contritio) auch die Furchtreue (attritio) + Sakrament zur Sündenvergebung genügt, gibt es dann
 * einen Bußweg (Gottes Disposition zur Buße – attritio – heiligmachende Gnade – contritio – Sakrament mit kausativer Absolution) : Thomas oder
 * zwei Bußwege:
  ** sakramental
  ** außersakramental (contritio – Sakrament nur aufgrund göttl. Anordnung) : Scotus ?

↓

Reformatoren und Trient

Angriff der Reformatoren: Leugnung der Sakramentalität der Buße – Diskussion über Notwendigkeit der Ohrenbeichte – Worin bestehen Materie und Form? – Leugnung der attritio
Trient: Schutz der bisherigen Theologie und Praxis – Ekklesiale Dimension bleibt verschüttet.

↓

20. Jahrhundert

Wiederentdeckung der ekklesialen Dimension – Feiercharakter wird betont – Bußsakrament als Grundvollzug der Kirche – Beichtkrise

↓

6.4 Kontext und wesentliche Bestandteile des Bußsakraments

Nach dem Lehrentscheid für die Armenier gehören zur Quasi-Materie des Bußsakraments drei Stücke: *die Reue, das Bekenntnis und die Genugtuung*, also die Büßerakte. Die Form des Sakramentes sind *die Worte* der Absolution oder Lossprechung, die der dazu (von Amts wegen oder durch Beichtjurisdiktionsübertragung) bevollmächtigte Priester spricht (vgl. DH 1323). Zu diesen Wesensbestandteilen des Bußsakraments sind noch einige vertiefende Anmerkungen zu machen. Vorausgehend ist auch noch einmal von der Buße zu sprechen, in deren Kontext das Sakrament steht.

6.4.1 Die Buße

Buße, als Lebensweise und Haltung (Tugend) verstanden, ist die von Gottes gnadenvoller Zuwendung getragene ganzmenschliche Abwendung von der Sünde und Hinkehr zu Gott und seinem Willen. Ihr Herzstück ist die Reue. Ereignis wird Buße außersakramental und sakramental, letzteres nicht nur im Bußsakrament, in der Taufe und in der Krankensalbung, sondern auch in der Eucharistie.

1. Die Buße spielt in der Geschichte christlicher Verkündigung und Theologie eine große Rolle. Das lateinische Wort paenitentia (poenitentia), das mit Strafe (poena) zusammenhängt, bringt den Sühne- und Wiedergutmachungscharakter nicht selten über Gebühr zum Tragen: Die durch die Sünde gestörte Ordnung Gottes muß durch Buß*werke* wiederhergestellt werden. Im übrigen wird darüber diskutiert, ob die Buße eine eigene Tugend oder nur ein Sammelname für eine entscheidende Seite aller Tugenden sei. Thomas von Aquin beispielsweise sieht in ihr eine eigene Tugend.

2. Auch für die Kirchen der Reformation ist es selbstverständlich, daß der Glaube an Gottes Verheißungswort, in dem Rechtfertigung und Sündenvergebung geschieht, den Menschen in Gegensatz zur Sünde bringt. Nur ist der Glaube hier reines Empfangen, so daß es schwer wird, die Buße als eine aktive Absage an die Sünde zu begreifen. Immerhin wird durch die Gnade des rechtfertigenden Glaubens der Mensch auch nach Luther auf die Bahn eines neuen Handelns gebracht. So ist die Differenz zum katholischen Verständnis der Buße gar nicht so groß, wenn nur dieses auch das menschliche „Tun" der Buße als rein gnadenverdankt erkennt.

3. Darauf kommt es in der Tat an: Die Buße ist als gnadengetragene Antwort auf die gnädige Zuwendung *Gottes* durch Jesus Christus im Heiligen Geist, nicht etwa als *vom Menschen* zu erfüllende Bedingung für Gottes Vergebung zu sehen. Sie ist dem neutestamentlichen Zeugnis entsprechend einmaliges Geschehen der gläubigen Umkehr zu Gott, das es aber im Leben, gerade auch in seinen Gemeinschaftsbezügen, durchzuhalten und zu vertiefen gilt. Wichtiger als die Betonung der Auseinandersetzung, des Kampfes mit der Sünde ist dabei die Unterstreichung der immer neu zu vollziehenden Hinkehr zu Gott, die sich in der Hinkehr zum Nächsten zu konkretisieren vermag.

Buße kann sich dabei auf vielfältige Weise vollziehen: in der gläubigen Annahme des Wortes Gottes, durch Wiedergutmachung, durch „Werke" der Nächstenliebe, im Gebet, durch Annahme auferlegten Leidens, im Hören auf mitchristlichen Zuspruch, in der Selbstüberwindung, schließlich und bisweilen unabdingbar im Sakrament der Buße.

6.4.2 *Die Reue*[345]

Die Reue, Kernstück der Buße und der Akte des Pönitenten, ist die von Erkenntnis und Wollen (wünschenswerterweise auch vom Fühlen) getragene Abkehr von der eigenen Sünde und Hinkehr zu dem von Gott Gewollten, ja zu Gott selber. Als vollkommene Reue (*contritio*) wird sie vor allem vom Motiv der Gottesliebe bewegt. Als unvollkommene Reue (*attritio*) hat sie ihr Motiv vor allem in der (sittlich wertvollen) Gottesfurcht sowie in der Einsicht in das Schädliche und Strafwürdige der Sünde und der Furcht davor. Jede Reue im christlichen Sinn ist von der vergebungsbereiten Zuwendung Gottes, von der Gnade getragen.

1. Die theologische Reflexion über die Reue setzt im Mittelalter ein. Seit dem 12. Jahrhundert werden *contritio* und *attritio* unterschieden, allerdings zunächst recht unterschiedlich bestimmt. Erst *Durandus de S. Porciano* († 1334) unterscheidet beide Begriffe vom Motiv her. Das hat die weitere Entwicklung bestimmt: Einerseits die gnadengeschenkte Gottesliebe, andererseits mehr die Gottesfurcht, verbunden mit rechter Selbstliebe, sind die unterscheidenden Motive. Später entstand eine heftige Kontroverse zwischen den sog. *Kontritionisten,* die eine zumindest anfangshafte Gottesliebe als Motiv der Reue auch für das Bußsakrament forderten, und den sog. *Attritionisten*, die darauf verzichten zu können glaubten.[346] Sie wurde 1667 vom Lehramt beendet.

2. Das Konzil von Trient beschreibt die Reue als „Schmerz der Seele und...Abscheu über die begangene Sünde mit dem Vorsatz, fortan nicht mehr zu sündigen“ (NR 650; DH 1676). Es betont damit überstark die emotionale Seite der Reue. Gegen die reformatorische Position wird herausgestellt, „daß die Reue nicht nur das Aufgeben der Sünde und den Vorsatz und Beginn eines neuen Lebens, sondern auch den Abscheu vor dem vergangenen Leben einschließt“ (ebd.). Das Konzil macht sich die Unterscheidung zwischen vollkommener Reue (*contritio caritate perfecta*) und unvollkommener Reue zu eigen. Erstere versöhnt den Menschen mit Gott schon vor dem tatsächlichen Sakramentenempfang, der aber wenigstens einschlußweise angestrebt sein muß; letztere rechtfertigt nur im Bußsakrament (vgl. DH 1677f.; DH 1705); sie ist dennoch „ein Geschenk Gottes und ein Antrieb des Hl. Geistes“, die auf die Gnade vorbereiten (vgl. ebd.).

3. Die theologische Reflexion der Reue wird vor allem die folgenden Momente weiter zu bedenken haben:

– Reue ist ein dialogisches Geschehen, bei dem Gott das erste Wort spricht, das Wort seiner Vergebungsbereitschaft; ihm darf, muß und kann der Mensch antworten, indem er sich zu Gott hinkehrt und mit Erkenntnis, Wollen und womöglich auch im Fühlen von seiner Sünde abkehrt.

– Bei der von Gott ermöglichten Antwort der Reue steht die Hinkehr zu Gott strukturell (nicht unbedingt zeitlich oder psychologisch) im Vordergrund. Im Licht der verzeihenden Liebe Gottes zeigt sich erst voll die „Abwegigkeit“ der Sünde sowie der Wille Gottes als Weg aus der Selbstzerstörung in die wahre Selbstverwirklichung.

[345] Vgl. G. Koch, Art. Reue: LKDog (³1991) 441 f.

[346] Vgl. dazu beispielsweise die Position Robert Bellarmins (1542-1621). [illegible] 9/II, 642-644.

– Auch die Reue als Akt hat immer einen prozeßhaft-komplexen Charakter, der von Anfang an von Gottes Gnade unterfangen ist und so, wenn Reue religiös motiviert und nicht rein menschlicher Ärger über das eigene Versagen und seine Folgen ist, von Gott geschenkte Gottesliebe einschließt. Man kann im Grunde nicht feststellen, ob Reue vollkommen oder unvollkommen ist, aber man darf darauf vertrauen, daß Gott sie mit seiner Liebe beseelt und so vollkommen macht.

Der Reue und dem Bekenntnis geht die Gewissenserforschung voraus. Darunter verstehen wir die sittliche Selbstprüfung des Menschen; man kann sie als „Eingangstor" zum Bußsakrament betrachten.- Das Konzil von Trient deutet sie an, wenn von der Notwendigkeit des Bekenntnisses aller Todsünden die Rede ist, „deren man sich nach schuldiger und sorgfältiger Erwägung (praemeditatione) erinnert" (NR 652; DH 1707).

Heutige Theologie wird den dialogischen Charakter auch der Gewissenserforschung deutlich machen müssen. Sie ist nicht einfach Überprüfung vor objektiven sittlichen Normen und Feststellung entsprechender Defizite. In der Gewissenserforschung tritt der Mensch innerlich in Gebet und dankbarem Abhängigkeits– und Erlösungsbewußtsein vor das lebendige Du Gottes, um sich von ihm den Weg zu seinem wahren Selbst, über sich hinaus und zu seinen Mitmenschen zeigen zu lassen und dabei auch die Abweichung von diesem Weg reuig zu erkennen, um so, im Bußsakrament neu von Gottes verzeihender Liebe angenommen, diesen Weg gehen zu können.

6.4.3 Die Beichte[347]

Die Beichte im engeren Sinn ist einer der drei essentiellen Akte des Pönitenten im Bußsakrament: das Bekenntnis der Sünden vor Gott durch Vermittlung der Kirche, die durch einen mit Jurisdiktionsgewalt ausgestatteten Priester repräsentiert wird.

1. Als die kanonische Kirchenbuße des kirchlichen Altertums durch die Tarifbuße bzw. durch die Einzelbeichte abgelöst wurde, wurde das Bekenntnis der Sünden zum entscheidenden Akt des Bußsakramentes, das deswegen auch als Beichte bezeichnet werden konnte. Bei sog. Todsünden oder schweren Sünden wurde das vollständige Bekenntnis theologisch als notwendig herausgearbeitet. Daneben wurde seit dem hohen Mittelalter die sog. Devotions- oder Andachtsbeichte auch von großen Theologen empfohlen und begründet, obwohl sie nicht heilsnotwendig ist und kein vollständiges Bekenntnis erfordert.

2. Das 4. Laterankonzil (1215) hat es den Gläubigen zur Pflicht gemacht, wenigstens einmal im Jahr im Bußsakrament die (schweren) Sünden zu bekennen (DH 812; vgl. DH 1708). Mit der Notwendigkeit und dem Umfang der Beichte hat sich dann vor allem das Konzil von Trient beschäftigt: Das sakramentale Bekenntnis vor dem Priester entspricht dem Auftrag Christi und ist „nach göttlichem Recht eingesetzt" (DH 1706). Es ist „nach göttlichem Recht" notwendig, alle Todsünden, deren man sich nach sorgfältiger Selbsterforschung bewußt ist, einzeln zu bekennen (DH 1707).– Läßliche Sünden beichten kann man „mit Nutzen", man braucht es jedoch nicht zu tun (DH 1680; vgl. DH 1707). Mehrfach

[347] Vgl. G. Koch, Art. Beichte: LKDog (^{3}1991) 42 f.

empfiehlt das Lehramt die *Andachtsbeichte*;[348] empfohlen wird auch die Generalbeichte, das Bekenntnis sakramental schon vergebener Sünden (vgl. DH 880).– Nach verschiedenen lehramtlichen Äußerungen muß die Beichte sein: aufrichtig und demütig, formell vollständig, geheim (unter Beichtsiegel).

3. Heutige theologische Reflexion der Beichte wird auf Folgendes zu achten haben:

– Es ist davon auszugehen, daß die Notwendigkeit eines persönlich engagierten Bekenntnisses schwerer Sünde vor der Kirche zur Substanz kirchlicher Glaubensüberlieferung gehört. Das rechte Verständnis des tridentinischen „göttlichen Rechtes" dürfte allerdings einen Spielraum der Konkretisierung lassen.

– Wenn heute die Beichte häufig als Belastung und nicht als Befreiung empfunden wird, so müßte die ekklesiale Dimension von Sünde und Sündenbekenntnis noch mehr verdeutlicht werden; es wäre vertieft zu zeigen, was schwere Sünde überhaupt ist, wie sie den Menschen selbst und zugleich die Gemeinschaft der Kirche trifft.

– In diesem Zusammenhang wäre von einer rein quantitativen Vollständigkeit des Bekenntnisses zu einer eher „qualitativen" Vollständigkeit hinzuleiten, in der sich der sündige Mensch selbst vor Gott und der Kirche vorbringen darf. Das gilt ebenso für die Andachtsbeichte.

– Das Bekenntnis sollte verstanden werden als eine Geste des Empfangens: Der Mensch spricht sich in seiner konkreten Sündhaftigkeit (die aus Freiheit und Verstricktsein zugleich entspringt) und Bedürftigkeit auf Gott hin aus, um aus seiner Gnade durch die Vermittlung seiner Kirche vernehmbare Antwort zu erhalten, nämlich Vergebung als neues Leben aus Gott in der „entstörten" Gemeinschaft der Menschen.

6.4.4 *Die Genugtuung*[349]

Genugtuung, auch in einem speziellen Sinne Buße (=Besserung) genannt, ist der letzte der drei Büßerakte im Bußsakrament. Sie ist der von Gottes Gnade getragene Einsatz zur Wiedergutmachung der Sünde bzw. der Sündenfolgen gegenüber Gott, dem durch seine Sünden verletzten Sünder selbst und gegenüber den Mitmenschen.

1. Der Stellenwert der Genugtuung hat sich in der Geschichte des Bußsakraments und in der theologischen Reflexion tiefgehend geändert: von der kanonischen Kirchenbuße, in der die Bußleistung gerade auch in ihrem Strafcharakter höchste Bedeutung hatte, bis zum heutigen theologischen Verständnis, das die Genugtuung stärker in den Gesamtzusammenhang von Buße und Bußsakrament einordnet (z.B. als tätige Reue) und ihren medizinalen Charakter betont.

2. Das *Konzil von Florenz* rechnet die Genugtuung neben Reue und Bekenntnis zur Materie des Bußsakramentes (DH 1323; NR 630). Das *Konzil von Trient* verteidigt in einem eigenen Kapitel „Notwendigkeit und Frucht der Genugtuung".

---

[348] Vgl. z.B. Zweites Vatikanisches Konzil, LG 11.

[349] Vgl. G. Koch, Art. Genugtuung: LKDog ([3]1991) 175.

Genugtuung entspricht der göttlichen Gerechtigkeit und Güte, sie hilft den Menschen heilen, macht mit Christus gleichförmig, von dessen Genugtuung sie auch ganz und gar abhängt, sie ist vom Priester aufzuerlegen als Schutz und Hilfe für die Zukunft und Strafe für die Vergangenheit, vgl. DH 1689-1692; NR 656-658).

Das Konzil definiert, durch die auferlegten Werke der Genugtuung werde, wenn sie recht geschehen, weder die Gnade Gottes noch die Wohltat des Todes Christi verdunkelt (DH 1713f.; NR 672f.).

3. Gegenüber Mißverständlichkeiten in der Vergangenheit ist heute mit Nachdruck herauszuarbeiten, daß erstlich und letztlich *Gott* im Menschen die Werke der Genugtuung vollbringt, daß er aber allein aus Gnade den Menschen zu seinem freien Mitarbeiter macht. Der Mensch darf zu seiner eigenen Heilung und zur Heilung der durch die Sünde gestörten mitmenschlichen Beziehungen an Christi allein genugtuendem und heilendem Werk teilhaben.

6.4.5 Die Absolution[350]

Absolution bezeichnet in der Lehre vom Bußsakrament die Lossprechung des bußwilligen Sünders von seinen Sünden. Sie geschieht durch den Priester, der die Beichtjurisdiktion besitzt, und bezieht ihre Wirksamkeit aus der Sündenvergebungsgewalt der Kirche.

1. Diese Sündenvergebungsgewalt wird im Neuen Testament der Gemeinde als ganzer und zugleich ihren von Christus gesendeten amtlichen Repräsentanten zugesprochen (Mt 18,18; Joh 20,23). Die priesterliche Absolution stellt eine verbindliche Konkretisierung der genannten Sündenvergebungsgewalt dar.

2. In der Zeit der Kanonischen Kirchenbuße ist die Absolution weitgehend mit der Wiederversöhnung des Büßers mit der Kirche (*reconciliatio cum ecclesia*) durch den Bischof identisch,der man zugleich die volle Versöhnung mit Gott zuschreibt. Im Mittelalter wird lange darüber diskutiert, ob die Vergebung schwerer Sünde durch die Reue des Büßers zustande kommt, und wenn ja, welche Bedeutung dann noch die Absolution hat (beispielsweise eine nur deklaratorische). Andererseits betonte z.B. *Hugo von St. Victor*, daß allein die Absolution durch den Priester Vergebung schenke. Bei *Thomas von Aquin* findet sich eine Synthese: Die vollkommene Reue rechtfertigt den getauften Sünder, aber nicht ohne dessen (wenigstens einschlußweise) Absicht, das Bußsakrament und damit die Absolution zu empfangen. Im Bußsakrament selbst verhalten sich die Büßerakte und die Absolution zueinander wie Materie und Form, so daß hier auch die subjektive Mitwirkung des Empfängers gut zur Geltung kommt bei der gnadenhaft-sakramentalen Erwirkung der göttlichen Vergebung. Diese Synthese wird im wesentlichen bis zur Gegenwart durchgehalten.

3. Das Konzil von Trient sagt in einem Lehrtext, „daß die Form des Bußsakramentes, in der seine Kraft vorwiegend beruht, in jenen Worten des Spenders liegt: Ich spreche dich los usw." (DH 1673). Es verurteilt die Behauptung, „die sakra-

[350] Vgl. G. Koch, Art. Absolution: LKDog (^{3}1991) 3 f.

mentale Lossprechung des Priesters sei kein richterlicher Akt, sondern eine reine Dienstleistung der Verkündigung und Erklärung, dem Bekennenden seien die Sünden erlassen..." (DH 1709). Wenn in Trient die Absolutionsformel in einer indikativischen Form, d.h. in der Aussageform, festgeschrieben wurde (gegenüber der deprekatorischen Form, d.h. der Gebetsform, auch in der alten römischen Kirche), so bedeutet das nicht, daß die deprekatorische Form der Ostkirchen ungültig wäre. Der neue *Ordo Paenitentiae* von 1973 faßt verschiedene Aussageformen in einer Formel zusammen: *„Gott, der barmherzige Vater, hat durch den Tod und die Auferstehung seines Sohnes die Welt mit sich versöhnt und den Hl. Geist gesandt zur Vergebung der Sünden. Durch den Dienst der Kirche schenke er dir Verzeihung und Frieden. So spreche ich dich los von deinen Sünden im Namen..."*

4. Die Kirchen der Reformation kennen wohl einen vollmächtigen Zuspruch der Versöhnung mit Gott in Jesus Christus, bestreiten aber die richterliche Absolution durch den Priester. Das Gespräch mit ihnen müßte im Sinne der neuen Absolutionsformel den Dienstcharakter der Absolution betonen, wobei Dienst durchaus ein vollmächtiger und (im analogen Sinn) richterlicher Dienst sein kann.

Die wichtigsten lehramtlichen Aussagen zum Sakrament der Buße

Lehramt	Datum	Beleg	Inhalt
Lateranense IV	1215	DH 812	Festlegung der Beichtpflicht
Florentinum	1439	DH 1323	Zusammenfassung der mittelalt. Bußlehre nach Thomas v. Aquin
Tridentinum	1547	DH 1542	Festhalten an der Sakramentalität der Buße
	1551	DH 1667 –1693, 1701/15	Präzise Zusammenfassung der traditionellen Lehre zum Schutz gegen die reformator. Bestreitungen ohne Kenntnis der geschichtl. Zusammenhänge, innerkatholische Kompromisse
Vaticanum II	1963/65	SC 72, 109f. LG 11, 26 CD 30 PO 5, 13, 18; OE 27	Gestalt des Sakramentes soll verdeutlicht werden, Betonung der ekklesialen Dimension, Anerkennung der ostkirchl. Theologie und Praxis des Bußsakramentes
S. Paenitentiaria	1944		Generalabsolution
Congr. de Doctr. fid.	1972		Generalabsolution
CIC	1983	cann. 959–991	Rechtliche Regelungen

Erstellt von Wolfgang Beinert

5. Damit ist die wichtigste theologische Denkbahn für heute genannt: Absolution ist eine Konkretisierung des Dienstamtes der Kirche. Sie hat (wie das Bußsa-

krament überhaupt) den Zuspruch der Vergebung Gottes für den reuigen Sünder zum Ziel, nicht dessen Verurteilung. Die Verweigerung der Absolution kommt nur dann in Frage, wenn der Pönitent nicht die geforderten Voraussetzungen für das Bußsakrament einbringt (vgl. CIC can. 980). Wie sich Absolution und Sündenvergebung aufgrund der Reue des Sünders zueinander verhalten, wird auf der Grundlage der Tradition noch weiter theologisch zu reflektieren sein.

6.5 Der Ablaß[351]

Der Ablaß, den nur die westliche katholische Tradition kennt und den auch katholische Christen zumindesten als nicht mehr zeitgemäß einschätzen, wird herkömmlicherweise im Zusammenhang mit dem Bußsakrament behandelt. Warum? Beim Ablaß geht es zwar nicht um die Vergebung von Sünde, wohl aber um die *Überwindung von Straffolgen* von Sünden. Ablaß ist nach dem Kirchlichen Gesetzbuch „der Nachlaß zeitlicher Strafe vor Gott für Sünden, deren Schuld schon getilgt ist; ihn erlangt der entsprechend disponierte Gläubige unter bestimmten festgelegten Voraussetzungen durch die Hilfe der Kirche, die im Dienst an der Erlösung den Schatz der Sühneleistungen Christi und der Heiligen autoritativ verwaltet und zuwendet" (CIC can.992). Zu unterscheiden ist der *Teil-Ablaß* und der *vollkommene Ablaß*. Man kann den Ablaß *für sich* selbst gewinnen oder fürbittweise *Verstorbenen* zuwenden.

6.5.1 Die Lehre vom Ablaß in Bibel und Tradition

1. Die Lehre vom Ablaß hat in der Bibel keine direkten Anhaltspunkte. Nachdem sie sich jedoch entwickelt hat, lassen sich biblische Glaubensüberzeugungen herausstellen, auf die sie zurückgeführt werden kann:

– die Auffassung, daß mit der göttlichen Vergebung einer Schuld nicht notwendig auch deren (Straf-)Folgen beseitigt sind (vgl. z.B. 2 Sam 12, 10-14; 1 Kor 5,5; 1 Tim 1,20), daß eine strenge Bußleistung gefordert sein kann;

– die Überzeugung, daß die Kirche eine solidarische Gemeinschaft ist, in der es in Schuld und Gnade eine Wechselwirkung gibt (vgl. z.B. 1 Kor 12,25f.).

2. Praxis und Lehre vom Ablaß sind erst im 11. Jahrhundert entstanden. Sie haben aber ihre Wurzeln in der Geschichte des Bußsakramentes im 1. Jahrtausend. Hier ist es vor allem wieder die Überzeugung, daß die Tilgung einer Schuld vor Gott nicht deren Straffolgen verschwinden läßt, diese vielmehr durch Bußwerke mühsam aufgearbeitet werden müssen, daß dabei aber die Kirche dem Büßenden hilfreich zur Seite stehen könne. Der Praxis des Ablasses, die, zunächst noch im

---

[351] Vgl. G. Koch, Art. Ablaß: LKDog ([3]1991)2 f.

Zusammenhang mit dem Bußsakrament, von Frankreich ausgeht, folgt die theologische Reflexion, zuerst kritisch bis ablehnend, dann immer mehr zustimmend. Nach *Thomas von Aquin* greift die Kirche beim Ablaß autoritativ auf den von ihr verwalteten „Kirchenschatz", ein oft mißverstandenes Bildwort für die „im Himmel verwahrten" Verdienste Christi und der Heiligen, zurück. Seit dem 13. Jahrhundert wird der Ablaß vom Bußsakrament getrennt, seine Gewährung den Päpsten vorbehalten. Er kann nun auch den Verstorbenen fürbittweise zugewendet werden. Im Spätmittelalter wird das Ablaßwesen zu einer häufig schwer mißbrauchten Geldquelle degradiert.

3. Gegen Wyclif, Hus und vor allem Luther, die den Ablaß ablehnen, wird die kirchenamtliche Lehre vom Ablaß formuliert, ohne daß sehr viel über sein theologisches Wesen gesagt wird (DH 1266f.; DH 1647-1652; vgl. DH 1447-1449).[352] Schon zuvor hatte allerdings *Clemens VI.* (1342-1352) in seiner Jubiläumsbulle „Unigenitus Dei filius" die wesentlichen Elemente der traditionellen Theologie des Ablasses dargelegt (DH 1025ff.).[353] Das *Konzil von Trient* lehrt, der „segensvolle" Gebrauch von Ablässen sei beizubehalten, die Kirche habe das Recht, sie zu verleihen, jedoch müßten Mißbräuche abgestellt werden (DH 1835).[354]– 1967 reformierte *Paul VI.* das Ablaßwesen: Jesus Christus selber ist der Kirchenschatz; sein Erlösungswerk, dem die Werke der Heiligen verbunden sind, hat vor Gott immer Bestand und Geltung. Die Kirche kann sich beim Ablaß in autoritativ-wirksamer Fürbitte darauf beziehen. Der Ablaß läßt nicht nur zeitliche Strafen nach, sondern soll auch zu einem in Christus erneuerten Leben anspornen. Es gehört zur Freiheit der Kinder Gottes, Ablässe zu gewinnen oder nicht. Zeitangaben bei Teilablässen werden abgeschafft (NR 690-692).[355]

4. Die *Kirchen des Ostens* kennen den Ablaß nicht, die *Kirchen der Reformation* lehnen ihn ab. Die katholische Reform könnte zusammen mit anthropologischen und biblischen Überlegungen wenigstens Ansätze für ein Gespräch schaffen, zumal auch Luther zwischen Rechtfertigung und Heiligung des Menschen unterscheidet.

6.5.2 Versuche einer Neuerschließung

Heutige theologische Verständnisbemühungen[356] gehen in folgende Richtungen:

– Sie wollen die Verbindung zwischen Bußsakrament und Ablaß neu intensivieren; der Ablaß ist nicht der leichtere Weg zur vollen Überwindung der Sünde.

– Die zeitlichen Sündenstrafen werden nicht mehr einfach als von Gott positiv verhängte Strafmaßnahmen verstanden, sondern als „leidschaffende Sündenfolgen", Zerstörungen im Sünder selbst und in dessen Mitweltbeziehungen, die

---

352 Vgl. tzt D 9/II, Nr. 540 f. 553-558.

353 Vgl. tzt D 9/II, Nr. 533 ff.

354 Vgl. tzt D 9/II, Nr. 590 f.

355 Vgl. tzt D 9/II, Nr. 595 ff.

356 Vgl. K. Rahner, Ablaß: LThK² 1, 46-53; oder auch P. Anciaux, Das Sakrament der Buße, Mainz 1961, 185 ff; tzt D 9/II, Nr. 646; sowie G. L. Müller u.a., Art. Ablaß: LThK³ 1, 51-56.

durch die göttliche Vergebung nicht einfach beseitigt sind (wie die Abkehr von der Trunksucht nicht einfach deren Folgen beseitigt), sondern getragen von der Gnade Gottes (durch Buße) aufgearbeitet werden müssen.

– Der jurisdiktionelle Charakter des Ablasses wird als vollmächtiges, der Erhörung gewisses Gebet der Gesamtkirche mit ihrem Haupt Christus verstanden, die dem Sünder hilft, die Sündenfolgen durch innere Umkehr zu überwinden.

– Der Ablaß ist eine wichtige unter anderen Chancen im „Freiraum christlicher Lebensgestaltung" (W. Beinert), ein Stück katholischer Fülle.[357]

[357] Vgl. W. Beinert, Vom Sinn des Ablasses: PrKat 122 (1983) 740-743; tzt D 9/II, Nr. 652 ff.

7. Die Krankensalbung

7.1 Ein Sakrament im Blickwandel

7.1.1 Das Sterbesakrament

Das Sakrament der Krankensalbung wurde vom 12. bis ins 20. Jahrhundert auch *Letzte Ölung (extrema unctio)* genannt. In dieser Bezeichnung kam seine Einschätzung präzise zum Ausdruck: Es galt zusammen mit dem Bußsakrament und der Kommunion als *Sterbesakrament*, als eine Art Todesweihe, als „Sakrament des letzten Stündleins".

Entsprechend schob man seinen Empfang möglichst weit hinaus, oft bis in die unmittelbare Todesnähe und die damit möglicherweise verbundene Bewußtlosigkeit. Man wollte den Lebenswillen des Schwerkranken nicht lähmen bzw. den Sterbenden nicht erschrecken. Die *Letzte Ölung* war im Bewußtsein der Gläubigen Zeichen des nahen und unabwendbaren Todes, gut und heilsam in erster Linie für das Leben nach dem Tode. Entsprechend hieß es im kirchlichen Gesetzbuch von 1918: „Die Letzte Ölung darf nur dem Gläubigen gewährt werden, der sich nach Erlangung des Vernunftgebrauchs aufgrund von Krankheit oder Alter in Todesgefahr befindet."[358]

7.1.2 Das Sakrament der Aufrichtung

Im Einführungswort zur „Feier der Krankensakramente", das die Bischöfe des deutschen Sprachgebietes 1974 herausgaben, kommt ein ganz anderes Verständnis zum Ausdruck: „Die Krankensalbung muß in den gläubigen Gemeinden wieder das eigentliche Sakrament der Kranken werden. Ihr Ansatzpunkt im Leben ist nicht das herannahende Ende; sie darf nicht als Vorbote des Todes erscheinen. Vielmehr will der Herr in diesem Sakrament dem kranken Menschen als Heiland im tiefsten Sinn des Wortes so begegnen, wie er es in seinem irdischen Leben mit Vorliebe getan hat. Der Heiland ist es, der in der Person des Priesters lindernd und stärkend dem Kranken die Hände auflegt und ihm die Aufrichtung schenken will, die der Kranke in dieser bedrückenden Lebenssituation braucht ... In der leibseelischen Krise, die jede schwere Erkrankung mit sich bringt, auch wenn sie noch lange nicht tödlich zu sein braucht, muß der Kranke dankbar sein für die Stärkung, die Christus ihm anbietet."[359]

---

[358] CIC 1918 can.940 §1.

[359] Zitiert bei W. Beinert, Gottes Gegenwart. Eine Einführung in die Welt der Sakramente, Nettetal 1991, 57.

7.2 Die Krankensalbung im Zeugnis des Neuen Testaments

Der klassische neutestamentliche Text zur Begründung von Existenz, Spenderitus und Heilswirkung der Krankensalbung ist Jak 5,14f. Im Hintergrund der Krankensalbung aber steht die Tatsache, daß Jesus seine Jünger nicht nur zum Verkündigen, sondern auch zur Krankenheilung gesandt hat, die offenbar im Zeichen einer Ölsalbung geschah (vgl. Mk 6,13).

7.2.1 Das klassische Zeugnis für die Krankensalbung

Jak 5,13-18 werden Anweisungen für bestimmte Lebenslagen gegeben, so für Not und Freude (5,13) und für die Krankheit (5,14f.), wobei nicht von einer zum Tode führenden Krankheit die Rede ist. Dabei wird auf die heilbringende und sündenüberwindende Kraft des Gebetes verwiesen. Der einschlägige Text lautet: „Ist einer von euch krank? Dann rufe er die Ältesten der Gemeinde zu sich; sie sollen Gebete über ihn sprechen und ihn im Namen des Herrn mit Öl salben. Das gläubige Gebet wird den Kranken retten, und der Herr wird ihn aufrichten; wenn er Sünden begangen hat, werden sie ihm vergeben“(5,14f.).

1. Die Ältesten sind keine Charismatiker, sondern Amtspersonen, deren Amt in dieser Spätzeit des Neuen Testaments bereits institutionalisiert ist.[360] Exegetisch läßt sich diskutieren, ob die verheißene Auswirkung der Salbung und des Gebets die Gegenwart betrifft oder ob die eschatologische Zukunft gemeint ist. Überwiegend wird heute für eine Wirkung in der Gegenwart bzw. für die nahe Zukunft plädiert. Der Herr wird den Kranken durch Gebet und Salbung retten und aufrichten.

2. Welcher Art ist das Heil, das damit angesprochen wird? Das Mittelalter hat eindeutig die geistig-seelische Wirkung in den Vordergrund gestellt. Das ist nach heute fast allgemeiner Auffassung unzutreffend. Daß es sich um ein den ganzen Menschen betreffendes Heil handelt, zeigt der unmittelbare Kontext. Jak 5,13 sieht den Menschen als Ganzheit, der alle leiblichen und seelischen Bedrängnisse mit Bitte und Lobpreis vor Gott trägt. Speziell *„retten“* meint auf dem Hintergrund spätjüdischer Anschauungen eine heilbringende Wirkung für den Leib des Kranken; *„aufrichten“* meint darüber hinaus die seelische „Aufrichtung“ des Kranken durch den Herrn. Der Herr hilft ihm bei der inneren Bewältigung seiner Bedrängnis.

3. Als weitere Wirkung der mit Gebet verbundenen Salbung im Namen, d.h. in der Kraft und im Auftrag des Herrn wird die Vergebung der Sünden genannt, allerdings nur konditional. Sie steht also nicht im Vordergrund. Ihre Wirkung betrifft positiv das Heil des kranken Menschen, und zwar in jeder Dimension, wozu auch die Überwindung der das Leben radikal beeinträchtigenden Sünde gehört.

---

[360] Die Interpretation des Textes stützt sich auf: F. Mußner, Der Jakobusbrief (HThK 13/1), Freiburg – Basel – Wien 1964, bes. 216-227.

Von einem kausalen Zusammenhang zwischen Sünde und Krankheit ist jedoch nicht die Rede.

7.2.2 *Der jesuanische Hintergrund der Krankensalbung (Mk 6,13)*

Die Selbstverständlichkeit, mit der Jak 5,14f. die „sakramentale" Praxis der Krankensalbung bezeugt, verweist darauf, daß sie in den neutestamentlichen Gemeinden bekannt war. Das muß damit zusammenhängen, daß sie letztlich ihren Ursprung und damit ihre Grundlage in einer Praxis hat, zu der Jesus seine Jünger ausgesandt hat: Er rief die Zwölf zu sich und gab ihnen „die Vollmacht, die unreinen Geister auszutreiben" (Mk 6,7). „Die Zwölf machten sich auf den Weg, und riefen die Menschen zur Umkehr auf. Sie trieben viele Dämonen aus und salbten viele Kranke mit Öl und heilten sie" (Mk 6,12f.).

1. „In einer Art Sammelbericht wird die Tätigkeit der Zwölf geschildert. Sie proklamieren die Umkehr wie Jesus (Mk 1,15) und treiben Dämonen aus wie er. Die Umkehrforderung steht im Zusammenhang mit der Reich-Gottes-Predigt... Nur hier hören wir in den Evangelien von Salbungen, die an den Kranken vorgenommen werden und zu ihrer Heilung führen. Öl galt im Judentum und Hellenismus als beliebtes Heil- und Wundmittel. Hier muß seine Erwähnung jedoch weiterreichenden Sinn haben. Weil die Jünger sich des Öls bedienen sollen, ist ein Gemeindebrauch zu vermuten. Das Öl ist Zeichen der von Gott gewährten Hilfe, die dem kranken Leib zukommt. Von Sündenvergebung – wie in Jak 5,14f – wird noch nicht gesprochen. Die von Gott gewährte Hilfe in Krankenheilungen und Exorzismen demonstriert die anbrechende Gottesherrschaft."[361]

2. Hinter der von Markus gestalteten Aussendungsszene, in der sich wohl der Gemeindebrauch der Ölsalbung spiegelt, steht nach dem Urteil vieler Exegeten die Aussendung der Jünger (nicht der Zwölf) durch den historischen Jesus. „Die Forderung, ohne jede Ausrüstung auszuziehen, paßt gut zum radikalen jesuanischen Nachfolgegedanken. Aber auch der Auftrag, wie zu künden und zu heilen ist, sind als echt anzusehen."[362]

3. Von einem systematisch entwickelten Sakramentsbegriff her wird man in Mk 6,13 nicht von einem „sakramentalen Brauch" bzw. von „sakramentaler Bedeutung" sprechen können, wie es einzelne Exegeten tun.[363] Nach J. Gnilka bewegen wir uns „im entfernten Vorfeld des Heilsmittels, das als Sakrament der Krankensalbung in die katholische Kirche Eingang fand"[364]. Wer jedoch den Sakramentsbegriff im Sinne der vorscholastischen Tradition weiter ansetzt – als im Zeichen geschehende göttliche Heilsgabe –, der wird im Brauch der markinischen Gemeinde und im Auftrag Jesu eine deutliche jesuanische Begründung für das sich bald weiter entfaltende Sakrament der Krankensalbung erkennen können.

---

[361] J. Gnilka, Das Evangelium nach Markus (EKK II/1), Zürich 1978, 240 f.
[362] J. Gnilka, a.a.O., 241.
[363] Vgl. J. Gnilka, a.a.O., Anm. 21.
[364] A.a.O.

7.3 Die nachbiblische Geschichte des Sakramentes der Krankensalbung

7.3.1 Die Entwicklung der Krankensalbung in der Kirche der Väterzeit

Über die Entwicklung der Krankensalbung in den ersten frühchristlichen Jahrhunderten weiß man wenig. Überliefert sind hauptsächlich Weihegebete für das Krankenöl, einzelne lehramtliche und theologische Texte kommen hinzu. Die Ölweihe wurde mehr und mehr den Bischöfen vorbehalten. In ihr sah man zeitweilig und vor allem im Westen die eigentliche sakramentale Handlung.

1. Die ältesten nachneutestamentlichen Texte sind Gebete zur Segnung des Öls, mit dem Kranke sich selbst salbten bzw. gesalbt wurden.

Das erste uns erhaltene Ölsegnungsgebet findet sich in der „Traditio apostolica" des *Hippolyt von Rom* (vor 170-235).[365]– Wohl aus dem 5. Jahrhundert stammt ein Ölsegnungsgebet des kirchlichen Ostens, das in dem mit dem Namen des unterägyptischen Bischofs *Serapion von Thmuis* († nach 362) verbundenen Euchologion enthalten ist.[366]

Diese Gebetstexte ergeben das folgende Bild: Empfänger der Krankensalbung sind alle Kranken, die an leichteren und schwereren, auch psychischen, Krankheiten und Behinderungen leiden. Man erwartet unmittelbare Hilfe und Linderung. Spender sind neben Bischöfen und Priestern auch Laien, ja die Kranken selbst. Vom Nachlaß der Sünden ist selten die Rede.

2. Der Jakobustext wird ausdrücklich erstmals bei *Origenes* (um 185-254) herangezogen, um einen sakramentalen Ritus biblisch zu begründen.[367] Hier geht es allerdings nicht um die Überwindung körperlicher Krankheit, sondern um die Überwindung der geistigen Krankheit der Sünde in der Buße. Offenbar wurde bei der kirchlichen Buße in diesem Bereich die Sündenvergebung auch durch eine Ölsalbung angezeigt, die der Priester nach Entgegennahme des Sündenbekenntnisses vornahm.

Dieser Ritus wird im Osten der Kirche auch später bezeugt, er hat das ostkirchliche Verständnis des Sakraments der Krankensalbung bis heute mitgeprägt: Es wird einerseits als „ein Heilsmittel für die Genesung des Kranken (und zwar an Seele und Leib)"[368], andererseits aber auch als Vollendung der Buße verstanden und daher nicht nur beim kranken, vielmehr auch beim körperlich gesunden Menschen angewandt.

3. Schon zu Beginn des 5. Jahrhunderts nimmt ein römischer Bischof zum Sakrament der Krankensalbung Stellung: Papst *Innozenz I.* (402-417) in seinem Brief an Bischof Decentius von Gubbio (DH 216).[369]

---

[365] Vgl. tzt D 9/II, Nr. 681.

[366] Vgl. tzt D 9/II, Nr. 682.

[367] 2 hom. in Lev.; tzt D 9/II, Nr. 683.

[368] R. Hotz, Sakramente – im Wechselspiel zwischen Ost und West, Zürich – Köln – Gütersloh 1979, 255; vgl. tzt D 9/II, Nr. 699.

[369] Vgl. tzt D 9/II, Nr. 662 f.

Dieser Brief ist das früheste lehramtliche Zeugnis für die Krankensalbung. Das vom Bischof geweihte Öl konnte danach zwar auch von den Gläubigen zu anderen heilvollen Zwecken (z.B. einer Selbstsalbung in Krankheitsnot) verwendet werden, in besonderer Weise aber scheint es Sache der Bischöfe und Priester zu sein, die Kranken in einem sakramentalen Ritus zu segnen und zu salben.

4. Einem wichtigen theologischen Zeugnis für die Krankensalbung begegnen wir im Frühmittelalter bei *Beda Venerabilis* (672/73-735). In seinem Markuskommentar[370] und in seinem Kommentar zum Jakobusbrief[371] führt er die offenbar weit verbreitete Praxis der Krankensalbung auf ihren neutestamentlichen Ursprung zurück. Seine Äußerungen zur Krankensalbung, die nach seiner Auffassung vor allem eine leiblich heilende Wirkung hat und durch ein Bußverfahren zu vollenden ist, gewinnen für die Folgezeit nicht unerhebliche Bedeutung.

7.3.2 Die Umprägung des Sakramentes in der Zeit der Scholastik

Im frühen Hochmittelalter kommt es zu der bedeutsamen Verschiebung im Verständnis der Krankensalbung: Sie wird Sterbesakrament. Die Spendung durch Laien kommt seit Beginn des Mittelalters außer Übung; sie wird im 9. Jahrhundert verboten.

Das steht damit im Zusammenhang, daß man nun nicht mehr in der bischöflichen Krankenölweihe den Vollzug des Sakramentes oder doch eine wichtige Phase dieses Vollzuges erblickt.

Näherhin verbinden die liturgischen Ordnungen seit dem frühen Mittelalter fast ausnahmslos die Krankensalbung mit der Beichte des Todkranken und mit der Wegzehrung, einer letzten Stärkung für den „Hinübergang" durch die eucharistische Kommunion. Zugleich wird die Krankensalbung verfeierlicht (z.B. Salbung an sieben verschiedenen Stellen des Körpers); sie wird teuer, und vor allem, sie wird mit harten Auflagen verbunden, die den Gesalbten dem normalen Leben teilweise entziehen: Er darf z.B. kein Fleisch mehr essen, keinen ehelichen Verkehr mehr haben, nicht mehr tanzen. Das alles bringt eine Umschichtung des Bewußtseins: Die Krankensalbung, deren heilende Wirkung im leiblichen Bereich nur noch eine untergeordnete Rolle spielt, wird ganz auf die Sterbestunde abgedrängt, spiritualisiert und zugleich individualisiert.

1. Die mittelalterliche Theologie hat diese Praxis theologisch reflektiert und begründet.

Schon bei *Petrus Lombardus* ist aus der Krankensalbung die Letzte Ölung geworden, die „in äußerster Lebensgefahr mit vom Bischof geweihtem Öl vollzogen wird"[372] und zuerst dem „Nachlaß der Sünden", dann erst „zur Erleichterung körperlicher Krankheit"[373] dient. Auch *Thomas von Aquin* nennt sie zwar Sakrament

370 PL 92, 188B; tzt D 9/II, Nr. 684.
371 PL 93, 39C; tzt D 9/II, Nr. 685.
372 Die vier Bücher der Sentenzen, IV d. XXIII c.1; vgl. tzt D 9/II, Nr. 686.
373 A.a.O. c. 3; vgl. tzt D 9/II, Nr. 687 ff.

der Heilung, er denkt dabei aber vornehmlich an eine geistliche Heilung, d.h. an die Überwindung der Sünden und ihrer Folgen, auch wenn er eine leibliche Wirkung nicht völlig ausschließt. Sie ist für ihn vor allem Vorbereitung für den Eintritt in die himmlische Vollendung.[374]

2. Das *Konzil von Florenz* bestätigt 1439 (in nicht unfehlbarer Lehrentscheidung) die im Mittelalter herrschende Theorie und Praxis: „Dieses Sakrament darf nur Kranken gespendet werden, um deren Leben man fürchten muß." „Der Spender dieses Sakramentes ist der Priester." „Seine Materie ist vom Bischof gesegnetes Olivenöl", mit dem die fünf Sinne zu salben sind. Die Form ist die bis 1972 gültige Spendeformel: „Durch die heilige Salbung und durch sein gütiges Erbarmen verzeihe dir der Herr, was du gesündigt hast durch das Gesicht usw." „Die Wirkung ist die Heilung der Seele und, soweit es gut ist, auch des Leibes" (vgl. NR 695; DH 1324f.).[375]

7.3.3 Die Kontroverse der Reformationszeit

1. *Martin Luther*[376] erklärt mit ähnlichen Argumenten wie *Calvin*[377] den Sakramentscharakter der Krankensalbung als Erfindung der Theologen. Sie ist ein „selbsterdachtes Sakrament" (*Calvin*). Der reformatorischen Kritik ist dabei nicht entgangen, daß die scholastische Theologie der Letzten Ölung dem neutestamentlichen Zeugnis nur unvollkommen gerecht wird.

„Diese ‚letzte', d.h. erdichtete Ölung ist also kein Sakrament, sondern ein Rat des Jakobus – dem folgen kann, wer da will – genommen und übriggeblieben aus dem Evangelium Mark. 6, wie ich gesagt habe."[378]

2. Demgegenüber bekräftigte das *Konzil von Trient* in seiner 14. Sitzung im Anschluß an die Lehre vom Bußsakrament im wesentlichen die schon vom Armenierdekret des Konzils von Florenz vorgelegte scholastische Lehre von der Krankensalbung (NR 696-703; DH 1694-1700 und 1716-1719).[379]

Empfänger ist allerdings nicht der Sterbende, sondern der gefährlich Erkrankte. Weiter wird eigens unterstrichen, die „Letzte Ölung" sei ein wirkliches und eigentliches von Christus eingesetztes und von Jakobus verkündetes Sakrament, sie teile Gnade mit, tilge Sünden und richte die Kranken auf. Von der Wirkung spricht das Konzil recht differenziert: Sie ist Abschluß der Buße und des ganzen Christenlebens; die Salbung ist eine „passende Darstellung der Gnade des Hl. Geistes, mit der die Seele des Kranken unsichtbar gesalbt wird" (NR 697). „Der Gehalt ist nämlich diese Gnade des Hl. Geistes, dessen Salbung die Vergehen, falls noch solche zu tilgen sind, und die Überbleibsel der Sünde wegnimmt und

[374] S.th. suppl. q. 29-33; vgl. tzt D 9/II, Nr. 690 ff.
[375] tzt D 9/II, Nr. 664.
[376] Vgl. tzt D 9/II, Nr. 693 f.
[377] Vgl. „Institutio christianae religionis" IV, 18-21.
[378] M. Luther, Von der babylonischen Gefangenschaft der Kirche. Luther deutsch. Hg. v. K. Aland, Bd. 2, Stuttgart – Göttingen 1962, 234; tzt D 9/II, Nr. 693.
[379] tzt D 9/II, Nr. 655-672.

die Seele des Kranken aufrichtet und stärkt, indem sie ein großes Vertrauen auf die göttliche Barmherzigkeit in ihm weckt, das den Kranken hebt, so daß er die Lasten und Schmerzen der Krankheit leichter trägt...und manchmal, wenn es das Heil der Seele fördert, auch die körperliche Genesung erlangt" (NR 698). Schließlich wird ausgesagt, „der eigentliche Spender der Letzten Ölung" sei „nur der Priester" (NR 703).

7.3.4 Die Neubesinnung im 20. Jahrhundert auf die Ursprünge

Die Neubesinnung auf das ursprüngliche Wesen der Krankensalbung, die im Zweiten Vatikanischen Konzil ihren grundlegenden Ausdruck gefunden hat, wurde vor allem durch liturgiewissenschaftliche Forschungen und die liturgische Erneuerung in Gang gebracht. Impulse erhielt und erhält sie aber auch aus der systematischen Theologie, die dem Denken und den Glaubenserfahrungen unserer Zeit gerecht zu werden versucht.

1. So hält sich beispielsweise *Karl Rahner* vor dem Konzil mit seiner Theologie der Krankensalbung zwar im Rahmen der scholastisch geprägten Tradition: Sie ist Sakrament der Sterbenden. Er setzt dabei aber doch auch neue Akzente: Vor allem ist bei ihm die Krankensalbung nicht nur individuelles Heilsgeschehen, sondern in ihr verwirklicht sich die Sendung der Kirche.Sie ist gemeinschaftliches Bekenntnis der Kirche zur Hoffnung auf Ewigkeit.[380] Damit ist zumindest die ekklesiologische Dimension wieder in den Blick gebracht.

2. Das Zweite Vatikanische Konzil setzt dann auch kirchenamtlich neue Schwerpunkte: Die Krankensalbung ist nicht mehr „Sakrament des letzten Stündleins", sondern soll dem gefährlich Erkrankten bzw. Geschwächten helfen, die Krise seiner Existenz in einer intensivierten Verbindung mit Christus und der Kirche auf ein umfassendes Heil hin zu überwinden.[381]

„Durch die heilige Krankensalbung und das Gebet der Priester empfiehlt die ganze Kirche die Kranken dem leidenden und verherrlichten Herrn, daß er sie aufrichte und rette..., ja sie ermahnt sie, sich bewußt dem Leiden und dem Tode Christi zu vereinigen...und so zum Wohle des Gottesvolkes beizutragen" (LG 11). Die Spendung soll bei jeder Lebensgefahr „wegen Krankheit oder Altersschwäche" erfolgen (SC 73) und der Ritus an die Verhältnisse des Kranken angepaßt werden (SC 75).– Diese Grundsätze wurden in einem neuen Ritus konkretisiert, dessen Veröffentlichung 1972 eine Apostolische Konstitution Pauls VI.[382] bzw. eine „Pastorale Einführung" begleitete. Die Salbung erfolgt danach nur noch auf der Stirn und auf den Händen mit (im Notfall vom Priester selbst) geweihtem Pflanzenöl. Es wird eine neue Spendeformel eingeführt: „Durch diese heilige Salbung helfe dir der Herr in seinem reichen Erbarmen, er stehe dir bei mit der Kraft des Heiligen Geistes: Amen. Der Herr, der dich von Sünden befreit, rette dich, in seiner Gnade richte er dich auf. Amen." Im übrigen kann die Krankensalbung auch im Rahmen einer gemeinsamen Feier (z.B. verbunden mit einer Eucharistiefeier) einer größeren Zahl von Kranken gespendet werden.

---

[380] K. Rahner, Kirche und Sakramente (QD 10), Freiburg – Basel – Wien 1960, 100-103; vgl. tzt D 9/II, Nr. 695 f.

[381] Vgl. tzt D 9/II, Nr. 673-676.

[382] Vgl. tzt D 9/II, Nr. 677 680.

Die wichtigsten lehramtlichen Stellungnahmen zur Krankensalbung

Lehramtliches Zeugnis	Spender	Empfänger	Wirkung
Brief Innozenz' I. von 416	Weihe des Öls durch den Bischof, Spendung durch Priester und Laien, auch Selbstsalbung	Der Kranke (kein Büßender)	Überwindung der Krankheitsnot
Konzil von Florenz 1439	Weihe des Öls durch Bischof, Spendung nur durch Priester	Der Sterbenskranke	Heilung der Seele, ggf. auch des Leibes
Konzil von Trient 1551	Weihe des Öls durch Bischof, Spendung nur durch Priester	Der gefährlich Erkrankte	Gnade des Hl. Geistes zur Wegnahme der Sünden und Sündenüberbleibsel, zur seelischen Aufrichtung im Vertrauen auf Gott und ggf. zur körperlichen Genesung
Zweites Vatikanisches Konzil und Apostolische Konstitution Pauls VI. von 1972	Weihe des Öls durch Bischof, im Notfall durch Priester, Spendung durch Priester	Der gefährlich Erkrankte und Geschwächte (auch mehrere Empfänger)	Gläubige Vereinigung mit Christus und seiner Kirche zur ganzmenschlichen Aufrichtung und Rettung u. zum Wohl der Kirche, in der Kraft des Hl. Geistes und kirchlicher Fürbitte- ggf. Sündenvergebung

3. *Theodor Schneider* (geb. 1930) faßt die theologischen Grundsätze zusammen: „Die drei Leitmotive der Neuordnung sind folgende: (1) Der Gemeinschafts- und Feiercharakter wird betont... (2) Das zeichenhafte Handeln bei der Krankensalbung hat sich an dem biblischen Grundriß regeneriert... (3) Es geht um das ‚Bestehen' der Krankheit, um Hilfe und Beistand in der Unheilssituation dessen, der in seinen Lebensmöglichkeiten und in seinem Selbstvollzug entscheidend behindert und beeinträchtigt ist und weiß, was um ihn vorgeht, damit er sich selber auch entsprechend einbringen kann."[383]

4. Schließlich arbeitete *Herbert Vorgrimler* (geb. 1929) Aspekte der Krankensalbung, die in der seitherigen Diskussion um die Erneuerung des Sakramentes zurückgetreten waren, nachdrücklich heraus: so die innere Verbindung von

[383] Th. Schneider, Zeichen der Nähe Gottes, Mainz 1979, 232; vgl. tzt D 9/II, 698.

Krankheit und Todesverfallenheit des Menschen – es geht um beider Ernstnahme und Entmächtigung zugleich – und die heilende Kraft menschlicher Nähe.[384]

7.4 Die Impulse des Zweiten Vatikanischen Konzils als theologische Aufgabe und ökumenische Chance

7.4.1 Die theologische Aufgabe

Wenn es zum Geschäft der dogmatischen Theologie gehört, die maßgeblichen Glaubenstraditionen der Vergangenheit immer wieder neu mit dem Denken und dem Lebensgefühl der jeweiligen Zeit ins Gespräch zu bringen, dann stellt sich diese Aufgabe auch für das Sakrament der Krankensalbung. Von den Ansätzen des Konzils her sind die anthropologische, christologische und ekklesiologische Dimension der Krankensalbung weiter dogmatisch und pastoraltheologisch zu verdeutlichen.

1. *Anthropologisch* ist zu sehen, daß die Menschen, vor allem die Kranken, kein isoliertes Seelenheil, sondern ein den ganzen Menschen betreffendes Heil erwarten, das wenigstens den Sinn der Krankheit erschließt. Dies alles kann die Krankensalbung in ihrem sakramentalen Zeichen wirksam zusprechen: die Ölung als Zeichen, daß der Heilige Geist die besondere Situation des Kranken neu belebend umgreift, daß er neu mit Christus, dem leidenden und auferstandenen, daß er zugleich mit der Gemeinde Christi verbindet; die Spendeformel, „das Gebet des Glaubens", als wirksames Zeichen der gläubigen Gottbegegnung in Jesus Christus und seiner Kirche. So wird der Kranke in existentiellem Glauben erfassen, daß seine Situation in den Dienst seines Heiles und des Heiles anderer genommen ist (auch und gerade die dadurch keineswegs ausgeschlossenen ärztlich-medizinischen Bemühungen um seine Heilung) und daß er darin dem Gott seines Heiles begegnen darf. Die Krankensalbung wird so für den Erkrankten zur wirksamen Verheißung der Wandlung seiner Situation zum Guten.

2. Damit ist zugleich die *christologische* und *ekklesiologische* Erschließungsdimension angesprochen: In der Krankensalbung wird der Kranke erneut unter die heilbringende Herrschaft Christi als des einzigen Herrn gestellt. Die Götzen, die sich ihm in der Krankheitssituation aufbauen können, werden entmachtet, er wird mit Christus auf neue Weise verbunden. Damit wird er zugleich mit der Kirche verbunden, er erfährt den Dienst der Mitchristen, die bei der Feier der Krankensalbung nicht nur in Gestalt des Priesters vertreten sein sollen und die auch weiter für ihn zum Dienst gerufen sind; er kann erfahren, daß seine besondere Situation, im Glauben angenommen, geeignet ist, „zum Wohl des Gottesvolkes beizutragen".

[384] H. Vorgrimler, Sakramententheologie, Düsseldorf 1987, 259 f; vgl. tzt D 9/II, Nr. 700.

7.4.2 Die ökumenische Chance

1. *Luther* hat, wie gezeigt, mit den anderen Reformatoren die Sakramentalität der Krankensalbung abgelehnt, ließ sie aber als einen sinnvollen Brauch für die im Glauben Schwachen gelten. Das heutige ökumenische Gespräch über die Krankensalbung steckt noch eher in den Anfängen, obwohl in einzelnen Kirchen der Reformation die Krankensalbung wieder in Übung kommt.[385] Es müßte ansetzen bei den Erkenntnissen auch protestantischer Exegese, die einen Ritus der Krankensalbung mit ganzmenschlicher und zugleich den Glauben einfordernder Wirkung als verbreitete urkirchliche Praxis wieder ernst nimmt. Es müßte zugleich die anthropologische Einsicht würdigen, daß es Heil nur für den ganzen Menschen geben kann, christliche Soteriologie also auch die leibliche Dimension des Menschen berücksichtigen muß,[386] woraufhin gerade protestantisches Menschenverständnis heute ansprechbar ist. Einzubeziehen sind in dieses Gespräch möglicherweise auch charismatische und pietistische Heilungserfahrungen. Voraussetzung eines fruchtbaren Gespräches ist auf alle Fälle ein im Sinne des Konzils erneuertes katholisches Verständnis der Krankensalbung.

2. Daß ein solches Gespräch gute Chancen hat, zeigen beispielsweise die gemeinsamen Überlegungen des Ökumenischen Arbeitskreises evangelischer und katholischer Theologen.[387]

Hier heißt es: „Wie der Sinn der unter Gebet geschehenden Salbung nach römisch-katholischer Praxis in der Hilfe für den Kranken durch die Gnade des Hl. Geistes besteht, als deren Wirkungen die Rettung und Aufrichtung des Kranken sowie gegebenenfalls die Vergebung der Sünden genannt werden, so sind auch die evangelischen Kirchen der festen Überzeugung, daß – außer dem Krankenabendmahl – auch der unter Gebet vollzogene pastorale Zuspruch, der mit sichtbaren Segenszeichen verbunden werden kann und tatsächlich vielfach verbunden wird (Handauflegung/Kreuzeszeichen), dem Kranken die vertrauensvolle Gewißheit des Glaubens wirksam zu vermitteln vermag, daß Gott, der Herr über Krankheit und Tod, in Jesus Christus uns einen Arzt gegeben hat, der selbst das Leben ist... und dessen lebendigmachender Geist uns an Leib und Seele gesund machen kann. Auch wenn nach evangelischer Auffassung grundsätzlich jeder Christ die Vollmacht zu dieser Zusage hat, kommt gleichwohl der Präsenz des ordinierten Amtsträgers am Krankenbett die Bedeutung zu, daß durch ihn als den Repräsentanten kirchlicher Öffentlichkeit Beistand und Teilnahme der Kirche zur Geltung kommen. Umgekehrt ist der römisch-katholischen Kirche bewußt, daß das erste Jahrtausend bis ins 9. Jahrhundert hinein auch die Spendung der Krankensalbung durch Laien mit dem vom Bischof oder Priester geweihten Öl kannte und empfahl. Die vielfach gewünschte Ausweitung der Spendevollmacht (z.B. an Diakone) ist demnach für die römisch-katholische Theologie der Gegenwart durchaus diskutabel, wie denn auch das Tridentinum nicht ausschließt, daß neben dem Priester als „eigentlichem Spender" (`proprius minister') andere zur Spendung der Krankensalbung berufen werden."[388]

---

[385] So sieht die VELKD-Agende (1993) einen entsprechenden Ritus vor.

[386] Auf diese Zusammenhänge wird die Theologie nicht zuletzt durch die heutige psychosomatische Medizin aufmerksam gemacht. Vgl. dazu: W. Beinert, Heilender Glaube, Mainz 1990.

[387] Lehrverurteilungen – kirchentrennend?, 136-140; vgl. tzt D 9/II, Nr. 701.

[388] A.a.O., 138 f.

In der gemeinsamen „Rückbesinnung auf die biblische und frühchristliche Sicht der Krankensalbung“[389] und im gemeinsamen Blick auf anthropologische Gegebenheiten und pastorale Notwendigkeiten unsrer Zeit kommt es also zu einer Übereinstimmung in der Bewertung der Krankensalbung, die die Frage, ob sie als Sakrament zu bezeichnen sei, eher als zweitrangig erscheinen läßt.[390]

[389] A.a.O., 136.
[390] Vgl. a.a.O., 140.

8. Das Weihesakrament

8.1 Infragestellungen

Das Weihesakrament (*sacramentum ordinis*) ist dasjenige unter den sieben Sakramenten der Kirche, durch das auf sakramentale Weise Amtsträger der Kirche (Bischöfe, Priester und Diakone) zu ihrem bevollmächtigten Dienst bestellt werden.[391] Dieses Sakrament und die durch es verliehenen Ämter wurden nicht nur in der Geschichte immer wieder einmal zur Diskussion gestellt, sie erfahren auch und gerade heute mannigfache Infragestellungen sowohl von Außenstehenden wie auch innerhalb der Kirche. Im Blick auf die sakramentale Amtsübertragung fragt man, ob ein solches Sakrament biblisch begründet sei, was es dem Geweihten an neuen Befähigungen und Hilfen bringe, ob kirchliche Einschränkungen des Empfängerkreises der Weihen (auf Männer, auf zölibatär Lebende) grundsätzlich und speziell heute noch berechtigt seien. Im Blick auf die sakramental vermittelten Ämter fragt man beispielsweise, ob sie in ihrer traditionellen Gestalt wirklich der Kirche und der menschlichen Gesellschaft zugute kommen, ob nicht vieles daran geschichtlicher Ballast sei, den es abzuwerfen gelte, in welcher Form sie gegebenenfalls unter den Bedingungen unserer Zeit wirksam auszuüben seien.

Eigentlich wäre hier, wo es um das Weihesakrament geht, nur von der ersten Gruppe von Fragen und Infragestellungen wie auch von möglichen Antworten darauf zu sprechen; dies um so mehr, als kirchliche Amtsvollmacht oder Leitungsgewalt (*Jurisdiktion*) auch noch auf andere als die sakramentale Weise übertragen wird. Andererseits betraut die katholische Kirche damit nur Geweihte.[392] Aufgrund dieser tatsächlichen und möglicherweise inneren Affinität von kirchlichem Amt überhaupt und sakramentaler Weihestufe muß eben doch auch vom kirchlichem Amt als solchem und seiner biblischen Begründung und Bedeutung die Rede sein, wenn das Weihesakrament zur Behandlung steht; selbst wenn die eigentliche Thematisierung des Amtes Sache der Ekklesiologie ist.[393]

8.1.1 Fragen im Blick auf die sakramentale Amtsübertragung

Meist wird mit der sakramentalen Weise der Amtsübertragung zugleich das kirchliche Amt selber oder doch eine bestimmte Auffassung von diesem Amt in Frage gestellt. Trotzdem kann man Einwände gegen die Sakramentalität der Amtsübertragung sinnvoll von einer Infragestellung des kirchlichen Amtes selbst unterscheiden.

---

[391] Vgl. CIC can. 1008 und 1009.

[392] CIC can. 129 §1.

[393] Vgl. in diesem Werk Bd. II: Ekklesiologie 4.2 – 4.6.

1. *Die Sakramentalität der Amtsübertragung*, damit zugleich die Dreigestuftheit des Amtes in Bischofsamt, Priesteramt und Diakonenamt, wurde mit Berufung auf die Bibel nach einigem Vorgeplänkel im Mittelalter erstmals grundlegend von den Reformatoren des 16. Jahrhunderts bestritten. Die heutige historisch-kritische Exegese scheint diesen Einwänden weithin recht zu geben. Hatte man bislang in der katholischen Kirche die drei Weihestufen des Bischofs, des Priesters und des Diakons und ihre Übertragung durch eine sakramentale Weihe direkt auf Jesus Christus selber zurückgeführt, so ist die exegetische Forschung auf einen Befund gestoßen, „der differenzierter und dynamischer ist, als es bisher zur Kenntnis genommen wurde"[394]. Zumindest wird man von einer direkten und unmittelbaren Einsetzung des Weihesakramentes durch Jesus Christus nicht mehr sprechen können.

2. Dieser exegetische Befund trägt zu tiefgehenden theologischen und existentiellen Unsicherheiten bei Amtsinhabern und Amtsbewerbern wesentlich bei.

Bohrende Fragen stellen sich vor allem auch unter dem Eindruck der in den westlichen Industrienationen kontinuierlich zurückgehenden Priesterzahlen. Viele Gemeinden sind ohne Pfarrer.Der seelsorgliche Notstand ist in allernächste Nähe gerückt. Läßt sich in dieser Situation, so fragen viele, die Einschränkung des Weihesakraments auf Männer, bei der Priesterweihe speziell auf zölibatär lebende Männer, aufrechterhalten?

8.1.2 Fragen im Blick auf das kirchliche Amt und Amtsverständnis

Die kirchengeschichtliche Forschung hat deutlich werden lassen, wie sehr die konkrete Ausgestaltung kirchlicher Amtsstrukturen von den sozio-kulturellen Bedingungen abhängt. Ist die hierarchische Amtsauffassung der katholischen Kirche nicht ein Relikt aus früherer Zeit, das es abzuwerfen gilt, wenn man unter den Bedingungen des heutigen demokratischen Bewußtseins amtliche Funktionen legitimieren und effizient machen will?

1. Wesentlich „von außen" beeinflußt wurde das kirchliche Amtsverständnis schon seit der Konstantinischen Wende (313): Strukturen und Maximen der römisch-byzantinischen Reichsverwaltung, in der die Autorität der Amtsträger von der kaiserlichen Autorität her legitimiert war, wirkten sich auch auf kirchliche Amtsstrukturen und auf kirchliches Amtsverständnis aus. Im Mittelalter erhielten diese Vorstellungen dann noch einen metaphysischen Hintergrund: Nach mittelalterlichem Ordnungs- und Wesensdenken stellt die gesamte Wirklichkeit ein hierarchisch geordnetes und gottgewolltes Ganzes dar. In dieses Koordinatensystem von oben und unten ist selbstverständlich auch das kirchliche Amt eingetragen. Der Papst steht einsam an der Spitze, an seiner Amtsfülle partizipieren in unterschiedlichem Grad Bischöfe, Priester und Diakone, die Laien stehen ganz unten als „Untergebene" der Amtsträger.[395]

---

[394] P.-W. Scheele, Amt und Ämter in katholischer Sicht: J. Baur (Hg.), Das Amt im ökumenischen Kontext. Eine Studienarbeit des Ökumenischen Ausschusses der VELKD, Stuttgart 1980, 33-49, hier 34.

[395] Vgl. in diesem Werk Bd. II: Ekklesiologie 4.1 sowie W. Beinert (Hg.), Kirchenbilder – Kirchenvisionen, Regensburg 1995.

2. Ein solches Denken ist in einer modernen Gesellschaft längst überholt. „Das Denken der Zeitgenossen neigt nicht mehr einem metaphysisch geprägten Wesensdenken, sondern einem dynamisch-geschichtlichen Funktionsdenken zu; damit verbunden ist die Ablösung der seit der Antike selbstverständlichen vertikalen Gesellschaftsstruktur durch ein demokratisches Modell, bei dem der Schwerpunkt nicht mehr an der Spitze, sondern an der Basis liegt."[396] Wenn auch kein Einsichtiger eine undifferenzierte Anpassung kirchlichen Amtes und Amtsverständnisses an die jeweilige Gegenwart, sozusagen an den Zeitgeschmack, fordern wird, so fragen doch viele mit Recht: Inwieweit kann und muß Amtsverständnis (und Amtsausübung) in der Kirche – auch von seiner biblischen Ursprungsgestalt her – dem freiheitlich-demokratischen Bewußtsein unserer Gesellschaft entgegenkommen, wenn das Amt seinen gottgegebenen Auftrag erfüllen will? Kommt das bei vielen schlechte Image des kirchlichen Amtes und seine offenbar manchmal geminderte Effizienz nicht auch daher, daß dieses „Aggiornamento" zu wenig geleistet wird?

8.1.3 Erwartungen an das Weihe-Amt

Hinter manchen Anfragen stehen echte Erwartungen und Hoffnungen der Gemeinden und der Amtsträger.

1. Wer der Gefahr entgehen möchte, in seiner eigenen Subjektivität zu ersticken, der wird die Begegnung mit Gott durch Jesus Christus gerade auch in einem menschlichen Gegenüber suchen, das in besonderer Weise von Christus her legitimiert (biblisch gesprochen: *gesandt*) ist; in dem man dem aufrichtenden, zurechtrichtenden, Weisung und Trost gebenden Herrn selber begegnen kann. Eine solche Begegnung vermag an sich durch jeden Mitglaubenden zu geschehen. Im Amt aber ist sie gleichsam institutionalisiert, sie wird aufgrund der Bundestreue Gottes zu einem verläßlichen Angebot.

„Im Amt bindet der Herr sein Heilswirken eben nicht an das subjektive Können bestimmter Personen, sondern an eine dauerhafte, eindeutig bestimmte,`institutionelle', d.h. überindividuelle Größe, die gerade als solche über sich hinausweist auf den, der sich hierin verleiblicht, auf Jesus Christus selbst... er gibt sich und sein Heil weiter, indem er sich durch Weihe und Sendung ein übersubjektives Zeichen seiner Gegenwart schafft: die Institution des Amtes."[397]

Die durch die Weihe verbürgte Begegnungsmöglichkeit mit dem lebendigen Christus suchen auch heute viele Menschen. Anzeichen dafür ist der Aufschrei ganzer Gemeinden, wenn die Kirchenleitung ihnen den Pfarrer wegnehmen muß oder keinen neuen geben kann.

Die Sehnsucht nach der institutionalisierten Begegnungsmöglichkeit mit Christus wird allerdings wohl nur dort auszumachen sein, wo der Geweihte sich selbst mit allen seinen

---

[396] W. Beinert, Autorität um der Liebe willen. Zur Theologie des kirchlichen Amtes: K. Hillenbrand (Hg.), Priester heute. Anfragen, Aufgaben, Anregungen, Würzburg ²1991, 32-66, hier 33.

[397] G. Greshake, „Das ist ein weites Feld..." Impressionen zu Eugen Drewermanns „Kleriker": K. Hillenbrand (Hg.), a.a.O., 10-32, hier 22 f.

Möglichkeiten und Grenzen demütig und wandlungsbereit in seine Sendung mit einbringt, wo er es nicht verdrängt oder durch ein sakral oder „ranschmeißerisch" aufgeplustertes Über-Ich ersetzt. Andernfalls gibt es diese Sehnsucht nach dem Amt, auch wenn es an Amtsträgern nicht fehlt, höchstens im Modus der Entbehrung.

2. Aber auch bei denen, die im kirchlichen Dienst stehen oder die sich auf einen solchen Dienst vorbereiten, braucht das Vertrauen auf das Weihesakrament bzw. die Sehnsucht nach dem Weihesakrament keineswegs eine Flucht aus der Brüchigkeit der eigenen Existenz in die falsche Sicherheit angemaßter Autorität zu sein. Angesichts der Größe der Aufgabe, Christus und sein Wirken in dieser Welt zu vergegenwärtigen, kann es für den Geweihten eine echte Befreiung und Entlastung sein, daß ihn Christus im Weihesakrament mit allen seinen Gaben und Unzulänglichkeiten in Dienst nimmt: Gerade indem er *er selbst* ist, darf er Christus für die anderen vergegenwärtigen, den Dienst Christi an den Menschen leisten. Die Sehnsucht nach einer solchen Legitimation ist auch und vielleicht gerade in unserer Zeit der existentiellen Unsicherheit und der Legitimationskrisen auszumachen, nicht nur bei manchen evangelischen Pfarrern, die in den letzten Jahrzehnten aus dem Verlangen nach einer durch die Weihe verbürgten Teilhabe am apostolischen Amt zur katholischen Kirche konvertiert sind.[398]

8.2 Kirchliches Amt und Amtsübertragung im Zeugnis der Bibel

Wenn man auch nicht von einer eigentlichen Stiftung des Weihesakraments durch Jesus Christus sprechen kann, so geht doch das kirchliche Amt auf den irdischen Jesus zurück. Nachösterlich findet dieses in der Sendung Jesu Christi, des irdischen und des auferstandenen, wurzelnde Amt eine vielgestaltige Ausformung, die sich kaum auf einen Nenner bringen läßt.[399] Erst in der Spätzeit des Neuen Testaments werden Riten der Amtsübertragung sichtbar, die an das spätere Weihesakrament denken lassen.

8.2.1 Jesu Jüngersendung als Vorstufe kirchlichen Amtes

Jesus berief Menschen in eine besondere Form der Nachfolge, die nicht von allen gefordert war, er gab ihnen – vor allem den Zwölfen – Anteil an seiner eigenen Sendung. „Die Berufung von Jüngern und die Konstituierung des Zwölferkreises dokumentieren im Realsymbol den umfassenden Willen Jesu, das erneuerte Israel in der Vollgestalt seiner zwölf Stämme als neues Gottesvolk um sich zu sam-

[398] Vgl. für die Zeit nach dem 2. Weltkrieg den Band „Bekenntnis zur katholischen Kirche", Würzburg 1955.

[399] Eine Zusammenfassung der Amtsentwicklung im NT wie auch reichhaltige Literaturangaben dazu finden sich bei W. Beinert, Autorität um der Liebe willen, 35-39 bzw. 63 (Anm. 9)

meln."[400] Daß die Jünger und speziell der Zwölferkreis in Jesu eigene Sendung einbezogen werden, zeigen die in ihrem Kern auf Jesus zurückgehenden Aussendungsreden der synoptischen Evangelien[401].

Die Jünger, die Jesus sendet, haben auch an seiner Vollmacht teil. Das zeigt beispielsweise Lk 10,16: „Wer euch hört, der hört mich, und wer euch ablehnt, der lehnt mich ab; wer aber mich ablehnt, der lehnt den ab, der mich gesandt hat." Dieses wohl ursprüngliche Jesuswort besagt in Anlehnung an einen verbreiteten jüdischen Rechtssatz: „Die Jünger vertreten Jesus als seine Gesandten; ihre Sendung setzt letztlich die Sendung Jesu fort."[402]

In dieser besonderen Sendung der Zwölf und eines größeren Kreises von Jüngern bzw. Missionaren gründet das kirchliche Amt. Von der Sendung Jesu und von Jesu Dienst und Dienstgesinnung (vgl. z.B. Mk 10,45) her erhält es seinen bestimmenden Charakter. Zwar ist nicht von Zeichenhandlungen die Rede, unter denen Jesus seine Jünger gesandt hätte, aber grundsätzlich sind Jesus solche Zeichenhandlungen keineswegs fremd; ja, die Jüngerberufung selber und die Konstituierung des Zwölferkreises können als Realsymbol für den umfassenden Willen Jesu aufgefaßt werden, „das erneuerte Israel...als neues Gottesvolk um sich zu sammeln"[403].

8.2.2 Die Rückführung des apostolischen Amtes auf den Auferstandenen

Nach Jesu Tod und Auferstehung wissen sich die Zwölf (bzw. die Elf) auf neue Weise berufen, zusammen mit anderen Zeugen der österlichen Erscheinungen den Auferstandenen und die in seinem Geschick geschehene Erlösung zu verkündigen. Ihnen gesellt sich Paulus zu, der sich ebenfalls als Erscheinungszeugen und berufenen Apostel sieht.

1. Das Bewußtsein der Jünger, vom auferstandenen Herrn gesandt und bevollmächtigt zu sein, kommt vor allem in der Apostelgeschichte (1,15-26) und im Matthäusevangelium (28, 16-20) zum Ausdruck.

– In der Szene von der *Zuwahl des Matthias* zu dem um den Verräter Judas verminderten Zwölferkreis artikuliert sich das Bewußtsein, daß die enge Jüngergemeinschaft mit dem irdischen Jesus und das Zeugnis für seine Auferstehung zusammengehören: „Einer von den Männern, die die ganze Zeit mit uns zusammen waren, als Jesus, der Herr, bei uns ein und aus ging, angefangen von der Taufe durch Johannes bis zu dem Tag, an dem er von uns ging und (in den Himmel) aufgenommen wurde, – einer von diesen muß nun zusammen mit uns Zeuge seiner Auferstehung sein" (Apg 1, 21f.).

---

[400] H.-J. Klauck, Die Sakramente und der historische Jesus, in: ders., Gemeinde, Amt, Sakrament, 283.

[401] Mt 10,1-15: Wahl und Aussendung der Zwölf; Mk 3,13-19: Die Wahl der Zwölf; Mk 6,6b-13: Aussendung der zwölf Jünger; Lk 9,1-6: Aussendung der Zwölf; Lk 10,1-16: Aussendung der zweiundsiebzig Jünger.

[402] J. Kremer, Lukasevangelium (NEB 3), Würzburg 1988, 117.

[403] H.-J. Klauck, a.a.O.

Zugleich ist bei Lukas mit der Berufung zur Zeugenschaft für das Ostergeschehen die Verheißung des Heiligen Geistes verbunden: „Ihr seid Zeugen dafür. Und ich werde die Gabe, die mein Vater verheißen hat, zu euch herabsenden" (Lk 24, 48f.).

– Bei *Matthäus* ist mit dem universalen Missionsauftrag, den die elf Jünger empfangen, die Verheißung der Nähe des Auferstandenen verknüpft: „Seid gewiß: Ich bin bei euch alle Tage bis zum Ende der Welt" (Mt 28,20). Mit der Sendung durch den auferstandenen Herrn verbindet sich also die Gabe des Heiligen Geistes bzw. das Geschenk der hilfreichen Gegenwart Jesu. Zwei wichtige Merkmale kirchlichen Amtes sind damit markiert: Es ist Sendung, und es steht unter einer besonderen Beistandsverheißung.

2. „Für Paulus ist der Zwölferkreis als Institution und Leitungsgremium schon nicht mehr von aktueller Bedeutung. Sein Apostelkonzept entwickelt er ausschließlich von Ostern her. Als Apostel wird man legitimiert durch eine Erscheinung des auferstandenen Herrn, der den Adressaten für den Verkündigungsdienst bestimmt."[404] In diesem Sinne sieht sich Paulus als Erscheinungszeuge wie die Zwölf und die über Fünfhundert (vgl. 1 Kor 15,8) und als von Christus bzw. von Gott berufener Apostel (vgl. Röm 1,1).

Besonders eindrucksvoll kommt sein Apostolatsbewußtsein 2 Kor 5,20 zum Ausdruck: „Wir sind also Gesandte an Christi Statt, und Gott ist es, der durch uns mahnt. Wir bitten an Christi Statt: Laßt euch mit Gott versöhnen!" Hier wie auch sonst im Neuen Testament begegnet niemals hiereus (Priester) zur Bezeichnung des christlichen Amtes. Nur in der Form des Verbums kann Paulus den vollmächtigen Dienst der Verkündigung als Verwaltung eines priesterlichen Dienstes bezeichnen (vgl. Röm 15, 16). Offenbar verstand er das Amt nicht kultisch-sazerdotal und sah es weder in unmittelbarer Analogie zum jüdischen noch zu einem heidnischen Priestertum; es sollte von Jesus Christus und seinem eschatologischen Wirken her verstanden werden.

8.2.3 Die neutestamentliche Vielfalt der Ämter

Die weitere Entwicklung des neutestamentlichen Dienstamtes[405] hat sich in der apostolischen und nachapostolischen Generation in unterschiedlicher Weise vollzogen, wobei man auch Anleihen bei profanen Amtsstrukturen der jeweils umgebenden Welt machte.

Beispiele für diese Ämtervielfalt sind: das Siebenergremium von Apg 6, 1-7, die Presbyter von Apg 11, 30 u.ö., die vielfältigen Dienste und Charismen in den paulinischen Gemeinden, die sich unter der Leitung des Apostels selber wußten, z.B. 1 Kor 12, 28-31a, nachpaulinisch Eph 4, 10-13.

---

[404] H.-J. Klauck, Die Sakramente und der irdische Jesus, a.a.O., 283.

[405] W. Beinert, a.a.O., 35, hält den Begriff Dienstamt für abwegig, weil etymologisch gesehen das deutsche Wort Amt nichts anderes als Dienststellung bedeute. Allerdings bestimmt diese Herkunft nicht unbedingt den Bedeutungsgehalt von Amt im allgemeinen Bewußtsein. Hier verbindet sich mit Amt doch leicht die Vorstellung von Herrschaftsausübung, Anonymität und Bürokratie. Darum dürfte der sprachlogisch vielleicht falsch zusammengesetzte Begriff doch nicht so überflüssig sein, um den Dienstcharakter kirchlichen Amtes und die vom Amtsinhaber neutestamentlich geforderte Dienstgesinnung deutlich zum Ausdruck zu bringen.

Die Entwicklung ist in ihren Einzelheiten kaum rekonstruierbar. Greifbar ist, daß in den Pastoralbriefen Episkopen, Diakone und Presbyter (Älteste) (1 Tim 3, 1-13; 5,17) nebeneinander genannt werden.

8.2.4 *Amtsübertragung unter Zeichen und Gebet*

Wichtig für die Frage nach dem Weihesakrament ist die Frage der Amtsübertragung. Ob sie in jedem Fall in dieser ersten Phase durch einen besonderen Ritus geschah, läßt sich nicht ausmachen. Relativ früh jedoch begegnen wir in der Apostelgeschichte dem *Ritus der Handauflegung, verbunden mit Gebet*.

Dafür gibt es einen alttestamentlichen Hintergrund (vgl. Num 8,10; 27, 18-20; Dtn 34,9): Im Frühjudentum wiesen die Gesetzeslehrer ihre Schüler durch Handauflegung in ihr Amt ein. Apg 6,6 wird von der Einsetzung der Sieben berichtet: „Sie ließen sie vor die Apostel hintreten, und diese beteten und legten ihnen die Hände auf" (vgl. Apg 13,2f.; Apg 14,23). Damit ist noch nicht unbedingt zum Ausdruck gebracht, daß die Handauflegung als sakramentales Zeichen nach späterem theologischem Verständnis betrachtet wurde. Dem stehen jedoch die Pastoralbriefe näher: „Vernachlässige die Gnade nicht, die in dir ist und die dir verliehen wurde, als dir die Ältesten aufgrund prophetischer Worte gemeinsam die Hände auflegten" (1 Tim 4,14; vgl. 2 Tim 1,6; 1 Tim 5,22). Im Ritus der Handauflegung wird also eine innere Gnadengabe zeichenhaft verliehen, die dem übertragenen Amt entspricht.

Ämter und Amtseinweisung nach dem Neuen Testament

Entwicklungsstufen	Einweisungsformen
Die Jünger, besonders die Zwölf, nehmen an Jesu Sendung teil, die anbrechende Gottesherrschaft zu verkünden	Jesu Nachfolgeruf und Sendung
Die Zeugen der Erscheinungen des Auferstandenen, besonders die Zwölf und Paulus, begründen als Apostel die amtliche Struktur der Kirche	Die Erscheinungen des Auferstandenen – Gottes bzw. Christi unmittelbare Berufung zum Apostelamt
Es entstehen vielfältige Ämter bzw. Dienste in der Gemeinden, aus denen sich zunehmend die Ämter der Presbyter, Episkopen und Diakone herausheben.	Bestellung durch Apostel bzw. Gemeinden – zunehmend Übertragung durch Handauflegung

8.3 Das Weihesakrament in seiner geschichtlichen Entwicklung

Auch bei dem folgenden geschichtlichen Durchgang ist das Weihesakrament unmittelbarer Gegenstand des Interesses; vom kirchlichen Amt als solchem wird nur die Rede sein, soweit dies für das Verständnis der Geschichte des Weihesakramentes von Bedeutung ist.[406]

8.3.1 Amt und Amtsübertragung in der Alten Kirche

Für die Entwicklung des Weihesakramentes in der frühen Kirche und das damit verbundene Amtsverständnis seien einige exemplarische Zeugnisse ausgewählt, an denen sich wichtige Entwicklungslinien aufzeigen lassen.

1. Die außer- bzw. nachbiblischen Zeugnisse des 1. und 2. Jahrhunderts zeigen allgemein eine Ausgestaltung und allmähliche Vereinheitlichung der kirchlichen Ämter. Die Reflexion auf die Amtsübertragung bzw. ein Weihegeschehen fehlt noch weitgehend. Der *Klemensbrief* (entstanden wohl zwischen 93 und 97) führt die Ämter, deren Struktur noch recht offen erscheint, auf den Willen Gottes zurück, er stellt eine Analogie zum alttestamentlichen Amt her und läßt u.a. erkennen, daß zumindest in der Adressatengemeinde Korinth wichtige Aufgaben in der Gemeindeleitung und der Liturgie dem kirchlichen Amt zukamen.[407]

2. Bei *Ignatius von Antiochien* (gest. um 110) bahnt sich eine Ämterstruktur an, die sich bald in der Kirche durchsetzen wird: Die Dreiheit von Bischof, Presbyter und Diakon tritt in den Vordergrund und wird zugleich theologisch legitimiert. Als Inbegriff kirchlicher Amtsvollmacht gilt das Bischofsamt.[408] Die Presbyter treten als Presbyterium, d.h. als Gemeinschaft um und mit dem Bischof in Erscheinung.

Offen ist freilich die Datierung der Ignatius-Briefe; „manche setzen sie erst nach 160 an. Wie auch immer sich das verhält, fest steht jedenfalls, daß diese Amtsfigur <Episkopat, Presbyterat und Diakonat> sich erst ab der zweiten Hälfte des 2. Jahrhunderts durchsetzt. Die Ämtertrias Bischof – Priester – Diakon gibt es seitdem in der ganzen Kirche, im Osten wie im Westen; bis ins 16. Jahrhundert bleibt sie praktisch unbestritten“[409].

3. Unter den vielfältigen häretischen Bedrohungen des 2. Jahrhunderts richtet sich die Aufmerksamkeit zunehmend auf die geschichtliche Kontinuität der Kirche, besonders ihrer Verkündigung. *Irenäus von Lyon* († um 202) sieht sie vor allem durch die apostolische Amtsnachfolge gewährleistet.[410]

4. Auch für den Osten der Kirche beginnt sich die Vorstellung einer Hierarchie aus Bischöfen, Ältesten und Diakonen noch im 2. Jahrhundert herauszugestalten. *Klemens von Alexandrien* (140/150– 216/217) verankert diese Dreiheit in der himmlischen Ordnung,[411] eine Vorstellung, die später in der Kirche große Bedeutung gewinnt: Die kirchliche Hierarchie ist Abbild der himmlischen Hierarchie.

---

[406] Einen informativen Überblick über die Entwicklung des kirchlichen Amtes bietet W. Beinert, a.a.O., 39-51; vgl. auch in diesem Werk Bd. II: Ekklesiologie 4.

[407] Vgl. tzt D 9/II, Nr. 77-81.

[408] Vgl. tzt D 9/II, Nr. 759-763.

[409] W. Beinert, a.a.O., 38.

[410] Vgl. tzt D 9/II, Nr. 764.

[411] Strom. 6,13; vgl. tzt D 9/II, Nr. 765.

5. Bei *Tertullian* (um 160– nach 220) begegnet erstmals der Begriff der Ordination für die Amtseinweisung bzw. die Weihe, die im eigentlichen Sinne die Eingliederung in einen Stand (*ordo*) bedeutet.[412] Wenig später spricht *Cyprian* (200/210– 258) vom *clericus*, dem Kleriker, als von dem, der aufgrund seines Standes an Gott in besonderer Weise Anteil hat.

6. Die „Apostolische Überlieferung" des *Hippolyt von Rom* (vor 170– 235), die sowohl im Westen wie im Osten der Kirche einen großen Einfluß ausübte, bietet ein theologisch reflektiertes Zeugnis für die Ordination der Bischöfe, Presbyter und Diakone: Sie geschieht durch Handauflegung und Gebet, wobei das Gebet Hinweise auf die jeweiligen Amtsobliegenheiten gibt.[413] Auch hier kommt – wie schon in neutestamentlicher Zeit – der kommuniale Charakter des kirchlichen Amtes überzeugend zum Ausdruck.

Bei der Bischofsweihe beispielsweise sollen mehrere Bischöfe dem vom Volk gewählten Kandidaten die Hände auflegen. Das hat in Anwesenheit des Volkes und des Presbyteriums unter deren Zustimmung und Gebet zu geschehen. Erfleht wird die Herabkunft des Heiligen Geistes und eine dem Amt entsprechende Leitungs- und Heiligungsvollmacht.

7. Bei *Gregor von Nyssa* (um 335– 394) wird der Beginn einer Entwicklung sichtbar, die später noch an Bedeutung gewinnen wird und die nicht unbedenklich ist: Man sieht die Priesterweihe als Ursache einer inneren Verwandlung des Geweihten zu einem besseren Seinszustand und zu höheren Fähigkeiten, was entsprechende Ehrerbietung dem Priester gegenüber fordert.[414]– Diese Entwicklung bleibt freilich nicht unwidersprochen: *Theodor von Mopsuestia* (um 350– 428) beispielsweise versteht – wohl in Abwehr andersgerichteter Tendenzen – die Beauftragung mit einem kirchlichen Amt nicht als Erhebung zu größerer Würde, sondern als Übernahme eines Dienstes.[415]

Die kirchliche Lehre über das Sacramentum Ordinis

Dokument	Jahr	Quelle	Inhalt
Gregor d. Gr., Brief	601	DH 478	Gültigkeit der Häretiker-Weihen
Bonifaz IX. , Bulle	1400	DH 1145	Weihevollmacht für Priester
Konzil v. Florenz	1439	DH 1326	Bestimmung der Sakramentalität nach Thomas v. Aquin
Konzil v. Trient	1563	DH 1763/ 1778	Antireformatorische Fest-Stellung der traditionellen katholischen Lehre: Besonderes Priestertum, hierarchische Kirchenstruktur durch Ordo, Übertragung des Priestertums durch Ordo-Sakrament

412 Vgl. tzt D 9/II, Nr. 766.
413 Vgl. tzt D 9/II, Nr. 768-771.
414 Vgl. tzt D 9/II, Nr. 772; vgl. auch Theodoret von Kyros; tzt D 9/II, Nr. 775 f.
415 Vgl. tzt D 9/II, Nr. 773.

Pius XII. , Konstitution	1947	3857/ 3861	Festlegung von „Materie und Form“ bei den drei Stufen des Ordo-Sakramentes: Diakon: Handauflegung + bestimmte Worte der Weihe-Präfation Priester: Handauflegung + bestimmte Worte der Weihe-Präfation Bischof: Handauflegung des Hauptkonsekrators + bestimmte Worte der Weihe-Präfation Handauflegung: „moralischer Kontakt“ reicht aus
2. Vatikan. Konzil	1963/5	LG 10, 18, 21	Allgemeines und besonderes Priestertum; Amt ist Dienstamt; Bischofsweihe ist Sakrament
Johannes Paul II., Apostol. Schreiben	1994		Ablehnung der Ordination von Frauen zu Priesterinnen

Erstellt von Wolfgang Beinert

8 Einen wichtigen Beitrag zu einer Theologie des Weihesakraments leistet schließlich *Augustinus* (354-430): In einem Vergleich von Taufe und Ordination, die nach seiner Auffassung und der Praxis der Kirche beide nicht wiederholt werden können, legt er in seiner Schrift gegen den donatistischen Bischof Parmenian die Lehre vom unauslöschlichen Weihesiegel grund.[416]

„Beides nämlich <Taufe und Ordination> ist Sakrament, und in einer Art von Weihe wird beides dem Menschen zuteil: das eine, wenn er getauft wird, das andere, wenn er ordiniert wird. Daher dürfen in der katholischen Kirche beide nicht wiederholt werden (ideoque in catholica utrumque non licet iterari).“[417]

9. Entsprechende Konsequenzen zieht eine lehramtliche Äußerung Papst *Gregors des Großen* (590-604): Auch die Weihen der Häretiker sind gültig.

In dem Brief des Papstes an die Bischöfe Georgiens (DH 478) geht es u.a. um die Gültigkeit der bei Häretikern gespendeten Taufen bzw. Weihen (Ordinationen). Der Papst legt seinem Briefpartner nahe, bei einer Rückkehr der Getrennten in die kirchliche Gemeinschaft ihre Weihe als gültig anzuerkennen.[418]

8.3.2 Das Weihesakrament im Mittelalter

Zwei Entwicklungen kennzeichnen in besonderer Weise den Übergang vom Amtsverständnis der Alten Kirche zum Amtsverständnis des Mittelalters: Nicht mehr das Bischofsamt, sondern *das Priestertum* steht im Zentrum; und die Frage

[416] Vgl. tzt D 9/II, Nr. 774.
[417] C. ep. Parmeniani 2,28; PL 43, 70.
[418] Vgl. tzt D 9/II, Nr. 725.

nach der *Sakramentalität* der verschieden gezählten Weihestufen tritt in den Vordergrund.

1. Bei *Petrus Lombardus* (um 1095– 1160) werden diese Entwicklungen greifbar.[419] Er zählt, anders als die Kanonisten seiner Zeit, sieben Weihestufen, die allesamt Ausfaltungen des einen Weihesakramentes sind.

„Im Sakrament des siebenfältigen Geistes also gibt es sieben kirchliche Grade, nämlich die Ostiarier, die Lektoren, die Exorzisten, die Akolythen, die Subdiakone, die Diakone, die Priester. Gleichwohl heißen alle Kleriker, d.h. solche, die einen Anteil erhalten haben."[420] „Diese Ordnungen aber heißen Sakramente, weil bei ihrem Empfang eine heilige Sache, das ist die Gnade, geschenkt wird."[421]

Der Episkopat hingegen wird nicht als eigene Weihestufe, sondern als Aufgipfelung des Priestertums gesehen. Damit wird zugleich eine Akzentverlagerung beim Verständnis des kirchlichen Amtes sichtbar, deren Anfänge freilich schon in die Alte Kirche zurückreichen: Nicht mehr seine Lehr- und Hirtenaufgabe, sondern sein kultischer Charakter, sein Charakter als Weihevollmacht steht im Vordergrund.

„Darum aber werden die Presbyter Priester (sacerdotes) genannt, weil sie das Heilige (sacrum) geben. Diejenigen, die (einfache) Priester sind, haben gleichwohl nicht den Gipfel des Pontifikates erreicht, so wie die Bischöfe, weil sie nämlich nicht die Stirn mit Chrisam salben und nicht den Tröstergeist verleihen: daß dies allein den Bischöfen zukommt, zeigt der Text der Apostelgeschichte (Apg 8, 14– 17)."[422]

Bei *Thomas von Aquin* wird diese Akzentsetzung noch einmal verstärkt: Er bestimmt die sieben Weihestufen, die auch er insgesamt für sakramental hält, aus ihrer inneren Nähe zum Zentralsakrament der Eucharistie.[423]

2. Die spärlichen *lehramtlichen Äußerungen* dieser Zeit betreffen zunächst einmal eine Spezialfrage, dann aber unmittelbar das Weihesakrament als eines der sieben Sakramente.

– In seiner Bulle „Sacrae Religionis" gewährt Papst *Bonifaz IX.* (1389-1404) dem Abt des Klosters St. Osyth bei London, einem einfachen Priester, das Privileg, die höheren Weihen (einschließlich der Priesterweihe) zu spenden (DH 1145; NR 704).[424] Zwar wird dieses Privileg nach drei Jahren wieder zurückgezogen, aber die Frage nach der Weihevollmacht des Priesters bleibt aufgeworfen, zumal ein solches Privileg auch später im Einzelfall gewährt wird.

– Das Armenierdekret des *Konzils von Florenz* (1438-1445) schließt sich auch beim Weihesakrament der Theologie des Thomas von Aquin an (vgl. DH 1326).[425] Es werden Materie (Übergabe der die Weihestufen charakterisierenden Geräte), Form (eine Übertragungsformel von Amtsgewalt), Spender (der Bischof

[419] Vgl. tzt D 9/II, Nr. 777- 784.
[420] Die vier Bücher der Sentenzen IV d. XXIV c.3.
[421] A.a.O. c.13.
[422] A.a.O. c.11.
[423] S.th. suppl. q. 37, a. 2c; vgl. auch tzt D 9/II, Nr. 785-789.
[424] tzt D 9/II, Nr. 726.
[425] tzt D 9/II, Nr. 727.

als „ordentlicher Spender“) und Gnadenwirkung („die Wirkung ist die Mehrung der Gnade, so daß einer ein geeigneter Diener <am Altare> sei“) festgestellt.

Nach der Kirchenordnung des Hippolyt von Rom wurden die kirchlichen Weihestufen durch Handauflegung und Gebet übertragen. Später fand in Rom ein Weiheritus Eingang, bei dem zu Handauflegung und Gebet die Salbung der Hände und bald auch die Übergabe von Weihegeräten (beim Priester die Patene mit Brot und der Kelch mit Wein) hinzutreten und sogar vorrangige Bedeutung erlangen. Erst in der nachtridentinischen Theologie, seit Robert Bellarmin († 1621), tritt die Handauflegung mit Gebet wieder als entscheidender Weiheritus in den Vordergrund, so daß man beim Weihesakrament von einer auffälligen Wandlung der sakramentalen Zeichenhandlung sprechen muß. Das (nicht unfehlbare) Armenierdekret jedenfalls ist Zeuge einer Entfernung von den Ursprüngen: „Seine <des Weihesakramentes> Materie sind die Dinge, durch deren Übertragung die Weihe gespendet wird“ (NR 705).

8.3.3 Das Weihesakrament im Widerstreit der Reformationszeit

1. *Martin Luther* (1483-1546) leugnet ausdrücklich die Sakramentalität der Weihe. Das Priesteramt, das vor allem als Predigeramt zu sehen ist, stellt ein Dienstamt dar, zu dem grundsätzlich jeder befähigt ist, das aber nur mit Zustimmung der Gemeinde ausgeübt werden darf.[426] Anders *Calvin* (1509-1564): Er lehnt zwar die scholastische Lehre von den sieben Weihestufen des kirchlichen Amtes und die Vorstellung von einem Priestertum, das eigenständige Sühnopfer darbringen könnte, entschieden ab. Er läßt aber den Ritus der Einsetzung in das Presbyteramt als „Merkzeichen der geistlichen Gnade“, also in seinem Sinne als Sakrament, gelten.[427]

2. Die Lehre des *Konzils von Trient* (1563) (DH 1763-1778)[428] richtet sich gegen die reformatorische Bestreitung des Weihesakraments. Hier findet sich mit Nachdruck die lateinische Wortgruppe *sacerdotium, sacerdos*, deren griechische Äquivalente dem Neuen Testament weitgehend fremd sind. Das deutet auf das Vorherrschen einer kultisch-sazerdotalen Sicht der kirchlichen Weiheämter, als deren Inbegriff hier das Priestertum erscheint. Es ist ausgezeichnet durch die „Vollmacht, den wahren Leib und das Blut des Herrn zu verwandeln und darzubringen, Sünden zu vergeben und zu behalten“; es stellt nicht nur „den bloßen Dienst an der Verkündigung des Evangeliums“ dar (DH 1771; NR 713). Im übrigen ist die Weihe ein wahres, von Christus eingesetztes Sakrament, das den Heiligen Geist mitteilt und ein unauslöschliches Merkmal einprägt. Die kirchliche Hierarchie besteht nach göttlicher Anordnung aus Bischöfen, Priestern und Dienern (Diakonen). Die Bischöfe sind den Priestern vorgesetzt und durch Firm– und Weihevollmacht ausgezeichnet (vgl. DH 1776f.;NR 718f.). Im Vordergrund stehen bei dieser Aussage zwar Fragen der Leitungsvollmacht, aber sicher auf dem Hintergrund eines sakramentalen Verständnisses der drei Weihestufen.

---

[426] Vgl. tzt D 9/II, Nr. 790f.
[427] Vgl. tzt D 9/II, Nr. 792.
[428] tzt D 9/II, Nr. 728-741.

3. In der nachtridentinischen Theologie reflektiert man, in weiterer Auseinandersetzung mit der reformatorischen Bestreitung des Weihesakramentes, ausdrücklich die Sakramentalität der Weihe, man bedenkt ihr äußeres Zeichen, ihre innere Gnade und ihre Einsetzung durch Jesus Christus, die man beim Abendmahl gegeben sieht. Noch in dieser Zeit gilt übrigens der Subdiakonat als Sakrament, auch die vier sog. niederen Weihestufen werden im Anschluß an die Scholastik weiter so bezeichnet.

Im Gegensatz zu den meisten scholastischen Theologen hält *Robert Bellarmin* (1542-1621) auch die Bischofsweihe – wie übrigens auch die Übertragung der anderen Weihestufen – für ein Sakrament. Er beruft sich dafür eigens auf die Kirchenväter.[429]

8.3.4 Die Lehre des Zweiten Vatikanischen Konzils vom Weihesakrament

1. Exemplarisch für die theologische Vorbereitung des Zweiten Vatikanischen Konzils können *Yves Congar* und *Karl Rahner* genannt werden.

– In einer Reflexion auf das Verhältnis von Weihevollmacht und Jurisdiktion beim kirchlichen Amt arbeitet *Congar* (geb. 1904) schon 1933 das Proprium des kirchlichen Amtes heraus: Anders als die staatliche Ordnungsmacht findet es das zu leitende Volk nicht einfach vor, sondern ist für seine Herausgestaltung als Volk Gottes in Dienst genommen. Ziel und Befähigung christlichen Amtspriestertums ist dabei die Mitteilung göttlichen Lebens.[430]

– *Karl Rahner* (1904-1984) arbeitet heraus, daß und warum es sich auch bei der Weihe um eine Grundweise des Selbstvollzugs der Kirche handelt, also ein Sakrament; er zeigt, daß die objektive Amtsvollmacht doch die subjektive Heiligung des Amtsinhabers nicht überflüssig macht, sondern sogar fordert.[431]

2. Auch lehramtlich gehen dem Konzil wichtige Impulse bzw. Festlegungen im Pontifikat *Pius XII.* (1939-1958) voraus.

– Die Enzyklika „Mediator Dei" von 1947 will wichtige Anliegen der „Liturgischen Bewegung" zum Gemeingut der Kirche machen, sie will aber auch mögliche Gefahren abwehren. In diesem Sinne wird das Allgemeine Priestertum der Laien in der Kirche zwar auch im Blick auf die Eucharistiefeier anerkannt, es wird aber zugleich sehr nachdrücklich die besondere Stellung des geweihten Priesters herausgestellt: Der Priester allein vertritt im eigentlichen Sinn die Person Christi.[432]

– Ebenfalls 1947 entscheidet Pius XII. in einer Apostolischen Konstitution über die Diakons- Priester- und Bischofsweihen: „Materie der Diakonats-, der Priester- und der Bischofsweihe ist allein die Handauflegung, ihre Form sind die entsprechenden Worte der zugehörigen Weihepräfation" (DH 3859f.).[433] Damit ist in dieser Frage die altkirchliche Tradition wiederaufgenommen.

---

[429] Vgl. tzt D 9/II, Nr. 793 ff.
[430] Vgl. tzt D 9/II, Nr. 796 f.
[431] Vgl. tzt D 9/II, Nr. 798 ff.
[432] Vgl. tzt D 9/II, Nr. 742.
[433] Vgl. tzt D 9/II, Nr. 743.

3. Das Zweite Vatikanische Konzil macht wichtige Aussagen zum Weihesakrament.[434] Andere Akzente als das Tridentinum setzt die allgemeine Feststellung: „Wer sodann unter den Gläubigen die hl. Weihe empfängt, wird im Namen Christi dazu bestellt, die Kirche durch das Wort und die Gnade Gottes zu weiden"(LG 11). „Lumen Gentium" befaßt sich mit der hierarchischen Verfassung der Kirche, insbesondere dem Bischofsamt. Bezüglich der Weihestufen heißt es, „daß durch die Bischofsweihe die Fülle des Weihesakraments übertragen wird" (LG 21). An dieser bischöflichen Fülle haben kraft des Weihesakramentes die Priester Anteil, die „in der Ausübung ihrer Gewalt von den Bischöfen" abhängen (LG 28). „In der Hierarchie eine Stufe tiefer stehen die Diakone, welche die Handauflegung ‚nicht zum Priestertum, sondern zur Dienstleistung empfangen'" (LG 29). Damit ist der *sakramentale Charakter der Bischofsweihe* geklärt, der Diakonat ist als ständige Einrichtung (nicht bloße Durchgangsstufe zum Priestertum) wiederhergestellt. Alle Ämter stellen eine Teilhabe am dreifachen Dienstamt Jesu Christi dar. Auch die Laien haben daran Anteil, doch unterscheiden sich das „gemeinsame Priestertum der Gläubigen" und „das Priestertum des Dienstes" „dem Wesen und nicht bloß dem Grade nach" (vgl. LG 10).[435]

Beim Verständnis des Bischofsamtes und des Priestertums steht nun nicht mehr das kultisch-sazerdotale Moment einseitig im Vordergrund, die Verkündigungsaufgabe ist zumindesten gleichrangig: „In den Bischöfen, denen die Priester zur Seite stehen, ist also inmitten der Gläubigen der Herr Jesus Christus, der Hohepriester, anwesend. Zur Rechten des Vaters sitzend, ist er nicht fern von der Versammlung seiner Bischöfe, sondern vorzüglich durch ihren erhabenen Dienst verkündet er allen Völkern Gottes Wort und spendet den Glaubenden immerfort die Sakramente des Glaubens" (LG 21). Betont wird auch im neutestamentlichen und altkirchlichen Sinne der Gemeinschaftscharakter: Das bischöfliche Amt der Lehre und Leitung kann „nur in der hierarchischen Gemeinschaft mit Haupt und Gliedern des Kollegiums ausgeübt werden" (LG 21); die Priester bilden „in Einheit mit ihrem Bischof ein einziges Presbyterium" (LG 28).

8.4 Die Theologie des Weihesakraments nach dem Zweiten Vatikanischen Konzil: Konkretisierungen, Entwicklungen, offene Fragen

8.4.1 Lehramtliche Konkretisierungen

1. Die *Deutschen Bischöfe* entfalten in einem Schreiben über das priesterliche Amt (1969) die konziliaren Intentionen. Als besondere Frucht des konziliaren Neuansatzes wird herausgestellt, „daß die im Vollsinne verstandene Verkündigungsaufgabe des Priesters an die erste Stelle seines Dienstes tritt (vgl. LG 28; PO 4)"[436].

[434] Vgl. tzt D 9/II, Nr. 744-748.

[435] Vgl. dazu in diesem Werk Bd. II: Ekklesiologie 4.3.2.3.

[436] Schreiben der deutschen Bischöfe über das priesterliche Amt. Eine biblisch-dogmatische Handreichung. Hg. v. Sekretariat der Deutschen Bischofskonferenz 1969, 57.

2. Die *römische Bischofssynode von 1971* gibt in ihrem Bericht auf der Grundlage einer Situationsanalyse eine vor allem christologisch orientierte theologische Standortbestimmung des Priesters und seiner Aufgabe, um dann in einem 2. Teil „Richtlinien für Leben und Wirken des Priesters" vorzulegen.[437] Im sakramentalen Charakter der Priesterweihe wird die Grundlage von Autorität und Dienst des Priesters gesehen.

„Durch die Handauflegung wird die unverlierbare Gabe des Heiligen Geistes mitgeteilt (2 Tim 1,6). Kraft dieser Gnadenwirklichkeit wird der Ordinierte Christus angestaltet und ihm geweiht (PO 2). Sie macht ihn der Sendung Christi unter zweifachem Aspekt teilhaftig: dem der Autorität und dem des Dienstes... Daß diese prägende Wirklichkeit lebenslänglich bleibt, ist Glaubenswahrheit und wird von der kirchlichen Überlieferung als der priesterliche ‚Charakter' bezeichnet."[438]

3. Mehrfach hat Papst *Johannes Paul II.* zum Gründonnerstag an die Priester geschrieben und dabei neben existentiell-spirituellen und pastoralen Fragen des priesterlichen Dienstes auch die dogmatischen Grundlagen angesprochen. In seinem Schreiben von 1979 arbeitet er heraus, daß das „amtliche Priestertum" zwar nicht in der Gemeinschaft der Gläubigen seinen Ursprung hat, aber doch als Teilhabe an Amt und Sendung Jesu Christi ganz dem Dienst am Volke Gottes zugeordnet ist.[439]

8.4.2 Theologische Konvergenzen und Divergenzen

Fast allgemeinen Konsens in der heutigen theologischen Diskussion findet die Einsicht, daß das neutestamentliche Priestertum keine überbietende Weiterführung alttestamentlich-jüdischen oder heidnischen Priestertums darstellt.

– Es bedeutet Teilnahme an den Ämtern *Jesu Christi*. Das Fehlen von *hiereus* (Priester) im Neuen Testament legt nahe, daß das kultisch-sazerdotale Element bei der Wirkung des Weihesakraments nicht als Hauptsache angesprochen werden darf, wenn es auch als Teilnahme am eschatologischen Hohepriestertum Jesu Christi (vgl. Hebr) nicht vernachlässigt werden sollte.

– Die innere Einheit des priesterlichen Dienstes muß in der *besonderen Sendung* durch Christus gesehen werden: Der Priester (analog der Diakon, a fortiori der Bischof) ist „Stellvertreter" des Sendenden und – in anderer Weise – auch derer, zu denen er gesandt ist.[440] Das Amt ist also von der Gesamtgestalt der „amtlichen" Sendung Christi her zu bestimmen.[441]

– Dabei bedeutet Priestertum die *amtliche Bevollmächtigung*, Christus als den Herrn der Kirche in Wort, Sakrament und Diakonie sichtbar und hörbar zu ma-

---

[437] Bischofssynode 1971, Das Priesteramt. Eing. von Joseph Kardinal Höffner, übers. und kommentiert von H. U. von Balthasar, Einsiedeln 1972.

[438] A.a.O., 46 f; vgl. tzt D 9/II, Nr. 749 f.

[439] Vgl. tzt D 9/II, Nr. 751-755.

[440] Vgl. bes. J. Ratzinger, Zur Frage nach dem Sinn des priesterlichen Dienstes: GuL 41 (1968) bes. 352 f. 358; vgl. tzt D 9/II, Nr. 801 f.

[441] Vgl. auch G. Greshake, Priestersein, Freiburg – Basel – Wien 1982.

chen. Dazu ist der Geweihte bevollmächtigt durch die unumkehrbare Berufung der Weihe (Weihesiegel, unauslöschliches Merkmal der Weihe), die zugleich Gottes gnädigen Beistand für seinen priesterlichen Dienst verbürgt.

2. Verschiedene Akzente werden in der Frage nach dem *leitenden Element* des Amtsverständnisses gesetzt. Was steht gleichsam als Vorzeichen vor einem genuin christlichen Amtsverständnis: der Dienst am Wort, der Hirtendienst oder das kultisch-sazerdotale Tun?

Während beispielsweise die Deutschen Bischöfe in ihrem Schreiben von 1969 (vgl. 8.41.1) einem umfassend verstandenen Verkündigungsdienst den Vorrang eingeräumt haben, entscheidet sich *Walter Kasper* für das Hirtenamt: Der Priester (und entsprechend auch der Bischof) steht im bevollmächtigten Dienst an der Einheit der Gemeinde.[442]

3. Die ebenfalls vieldiskutierte Frage, *woraus das Amt abzuleiten sei*, aus einer unmittelbaren Sendung durch Christus oder aus besonderer Teilhabe an der Sendung der ganzen Kirche, ist wohl im Sinne einer Synthese zu beantworten, wie sie beispielsweise *Gisbert Greshake* vorlegt (Trinitarische Synthese).[443]

„Zum Verständnis des Amtes kann man also weder ausgehen von Christus allein her (Tendenz der westlichen Theologie), noch allein von der charismatischen Gemeinde als Werk des Geistes her (Gefahr der reformierten Amtstheologie), sondern vom Vater, der Christus und Geist in untrennbarer Einheit sendet, um sein Volk zu schaffen."[444]

Man könnte auch sagen, der Geweihte ist unmittelbar von Christus gesandt, indem er in spezifischer, amtlicher Weise an der Sendung der Kirche Anteil erhält. So wäre deutlich gemacht, daß auch der Geweihte sein „geistliches Grundprofil" aus der Kirchengliedschaft bezieht, die er mit den anderen Getauften und Gefirmten gemeinsam hat, für die er aber zugleich amtlich den Herrn der Kirche repräsentiert. Insofern ist die priesterliche Sendung bzw. die Sendung des Diakons ein „Spezialfall" der Sendung aller Getauften.

4. Wenn auch deutlich ist, daß Autorität und Dienst beim kirchlichen Amt zusammengehören, so läßt sich doch fragen, welche dieser beiden Größen im Vordergrund steht. Es ist sicher *der Dienst* an der Gottbegegnung der Menschen in Glaube, Hoffnung und Liebe, der Dienst an der Gemeinschaft der Gläubigen, die ihrerseits Dienstgemeinschaft ist, in der Welt und für die Welt. Der amtliche Dienst der Kirche, der eine spezifische Teilhabe am Dienst Jesu Christi ist, läßt sich jedoch ohne *Autorität* nicht leisten, die wiederum Teilhabe an der Autorität Jesu Christi ist und sein muß. Dieser Autorität (neutestamentlich *exousia*, Vollmacht) ist es eigentümlich, im Dienste der Freiheit der Menschen zu stehen, der Befreiung von Lüge und Irrtum (Lehramt), der Befreiung von falschen Göttern und wechselseitiger Unterdrückung und Ausbeutung (Hirtenamt), der Befreiung von menschlicher Kraftlosigkeit und Lieblosigkeit durch die Vermittlung der wandelnden Nähe des Herrn (Priesteramt). Für diesen Dienst braucht es in der

---

[442] Vgl. W. Kasper, Die Funktion des Priesters in der Kirche: ders., Glaube und Geschichte, Mainz 1970, 371-387; vgl. tzt D 9/II, Nr. 803 f.

[443] A.a.O. bes. 92 f; vgl. tzt D 9/II, Nr. 805 ff.

[444] A.a.O., 92 f.

Tat Autorität, eine „Autorität um der Liebe willen“[445], also nicht eine Autorität des Zwanges und der Herrschaft „von oben herab“.

Die der Kirche eigene Exousia „muß darauf gerichtet sein, machtvoll alle selbstbezogene Menschenmacht zu denunzieren, gegen alle Unterdrückung und Vergewaltigung der Menschenwürde zu protestieren, sei es gelegen oder nicht. Sie muß aus ihrer Autorität heraus Mut zum Glauben machen.“[446]

5. Wenn es so Eigentümlichkeit des sakramental verliehenen Amtes ist, die dienende Autorität und den autoritativen Dienst Jesu Christi mit Öffentlichkeitsanspruch sichtbar und wirksam gegenwärtig zu machen, wenn die Weihe Beauftragung und Ermächtigung dazu darstellt, so wird auch das „geistliche Profil“ des Geweihten, seine Existenz davon bestimmt sein dürfen und müssen. Er ist durch die sakramentale Weihe in spezifischer Weise in die Sendung Jesu Christi hineingenommen, von ihm in Dienst genommen für die anderen, dafür gestärkt durch die Zusage der hilfreichen Nähe des Herrn (die Sakramentsgnade). Daraus läßt sich leben, dieses muß der Geweihte aber auch immer neu personal vollziehen.[447]

Sakramentale Weihe bedeutet keine geheime „ontologische“, also seinsmäßige Verwandlung des Geweihten; die „Divinisierung“ des Priesters in manchen Zeiten der Vergangenheit ist ein Irrweg. Der Geweihte ist so, wie er ist, in Dienst genommen, nicht damit er einfach so bleibt, sondern damit er im Vertrauen auf den Beistand des Herrn, der ihm im Sakrament zugesagt ist, vorankommt und immer mehr er selber wird. Das kann er nur in gelebter Solidarität mit denen, für die er in Dienst genommen ist, nicht „getrennt, ausgesondert vom Volk (segregatus a populo)“, wie man es früher als Ideal formulierte.

6. Was das Sakrament der Weihe in seinen drei Stufen besagt und gewährt und wie es seine Wirkung schenkt, findet in der liturgischen Feier des Sakramentes sprechenden Ausdruck. Die Weiheliturgie, die in die Feier der Messe eingebettet ist, erreicht ihren Höhepunkt und verdichtet sich gleichsam in der Handauflegung und dem Weihegebet, dem eigentlichen Vollzug des Sakramentes, der hier besonders deutlich einen anamnetisch-epikletischen und zugleich doxologischen Charakter aufweist.

Die Kirche macht sich in vergegenwärtigendem Gedächtnis das frühere Heilshandeln Gottes bewußt und betet in diesem Bewußtsein vollmächtig und erhörungsgewiß um das Geschenk des Heiligen Geistes, aus dem der Geweihte seine spezifischen Dienste ausüben und ein entsprechendes Leben führen kann, und dies zur Verherrlichung Gottes. Weihe bedeutet also keineswegs eine unpersönliche, einfach in Besitz zu nehmende Gewalt: Wie die Weihevollmacht einmal und für immer von Gott erbeten wurde, so ist sie immer neu in der Begegnung mit dem lebendigen Gott zu empfangen, sie bleibt zugleich Teilhabe an der Jesus Christus verliehenen Vollmacht und hat an ihm und seinem Dienst für die Menschen ihren Maßstab, sie ist also nicht nach rein menschlichem Machtkalkül auszuüben.

Das kommt in dem Weihegebet der Bischofsweihe in folgender Weise zum Ausdruck: „Sende herab auf diesen Auserwählten die Kraft, die von dir ausgeht, den Geist der

---

[445] So der Titel des zitierten Beitrages von W. Beinert, Autorität um der Liebe willen, 32.
[446] W. Beinert, a.a.O., 54.
[447] Vgl. dazu: G. Greshake, „Das ist ein weites Feld...“, 11-31.

Führung, welchen du deinem geliebten Sohn Jesus Christus gegeben hast. Er hat den Heiligen Geist den Aposteln verliehen, und sie haben dein Heiligtum, die Kirche, überall auf Erden gegründet, deinem Namen zum Lobpreis und Ruhm ohne Ende.

Du, Vater, kennst die Herzen. Du hast deinen Diener zum Bischofsamt erwählt, dein Volk zu leiten und dir bei Tag und Nacht als Hoherpriester ohne Tadel zu dienen.

Unermüdlich bete er für uns um Gnade und Erbarmen und weihe dir die Gaben deiner Kirche. Gib ihm in der Kraft des Heiligen Geistes die hohepriesterliche Vollmacht, Sünden zu vergeben in deinem Namen, die Ämter zu verteilen nach deinem Willen und zu lösen, was gebunden ist, wie du es den Aposteln verliehen hast.

Die Güte und Reinheit seines Herzens sei dir ein angenehmes Opfer durch deinen Sohn Jesus Christus. Durch ihn ist dir Herrlichkeit und Macht und Ehre mit dem Heiligen Geist in der heiligen Kirche jetzt und in Ewigkeit."[448]

8.4.3 Ökumenische Entwicklungen

Nachdem *Martin Luther* und – weniger schroff – *Johannes Calvin* ein eigenes Weihesakrament als unbiblisch verworfen hatten, steht bis heute mit dem unterschiedlichen Amtsverständnis auch ein unterschiedliches Verständnis der Amtsübertragung zwischen der katholischen Kirche und den Kirchen der Reformation. Bei diesen spielt der Gedanke einer apostolischen Amtsnachfolge (*successio apostolica*), die für katholisches wie auch für ostkirchliches Amts- und Kirchenverständnis essentiell ist, keine Rolle. Das kirchliche Amt wird in erster Linie als Verkündigungsamt gesehen, bei den Reformierten auch als Leitungsamt.

Eine Annäherung, die auch schon in Konsensdokumenten Niederschlag gefunden hat,[449] ergibt sich von katholischer Seite durch die neue Betonung des Verkündigungselements im Amt (vgl. LG 11), von evangelischer Seite durch ein neues Verständnis für den aus der Gemeinde unableitbaren Sendungscharakter des Amtes, der zugleich die wirksame – möglicherweise mit dem Ritus der Ordination zu verbindende – Verheißung göttlichen Beistands einschließt. Bezüglich der Weihestufen ist zu bedenken, daß es auch in Kirchen der Reformation neben den ordinierten Pfarrern ein Bischofsamt sowie das Amt des Diakons gibt. Die Wiederherstellung des Diakonates verbindet mit der Praxis der Ostkirchen.

8.4.4 Offene Fragen

1. Daß die römisch-katholische Kirche ihr Priestertum an die *zölibatäre Lebensform* gebunden hat, hat keine dogmatischen Gründe. Die Frage, ob der heutige Priestermangel hier eine gewisse Öffnung erforderlich macht, muß wohl trotz kirchenamtlicher Ablehnung weiter offenbleiben.

---

448 Liber de ordinatione diaconi, presbyteri et episcopi secundum Pontificale Romanum, Einsiedeln – Köln u.ö. 1971, 71.

449 Vgl. tzt D 9/II, Nr. 808-824.

Das biblische Zeugnis läßt klar erkennen, daß Amtsträger verheiratet sein können (so z.B. die Episkopen nach 1 Tim 3,2; vgl. 3,12; Tit 1,6). Die ostkirchliche Tradition hat den Pflichtzölibat der westlichen Kirche nie übernommen; und auch in den mit Rom unierten Ostkirchen können verheiratete Männer zu Priestern geweiht werden. Es gibt also keine dogmatischen Gründe für den Pflichtzölibat. Er wurde erstmals auf der lokalen Synode von Elvira (um 306) befohlen, konnte sich aber in der Lateinischen Kirche erst im Zusammenhang mit dem Kampf Gregors VII. um die Unabhängigkeit der Kirche von der Staatsmacht im 11. Jahrhundert durchsetzen. Pastorale Gründe für diese traditionsreiche Lebensform sind sicher weiterhin sehr ernst zu nehmem, besonders der Gedanke einer besonderen Freiheit des Zölibatären für seinen amtlichen Dienst.

Es ist aber doch zu fragen, ob die heutige „Unterversorgung" der Gemeinden mit Priestern nicht zumindest Modifikationen des Pflichtzölibats (z.B. die Weihe von „viri probati", bewährten Männern) erforderlich macht. Je höher man die Bedeutung des Weihepriestertums für die Gemeinden veranschlagt, desto unausweichlicher wird dieser Gedanke. Die Gemeinden brauchen Priester (was sich durchaus dogmatisch begründen läßt), sie haben möglicherweise ein Recht auf Priester; der Bedarf der Gemeinden läßt sich aber nicht aus dem Kreis derer decken, die sich zu einer zölibatären Lebensform berufen wissen, also, so könnte man folgern, ist auch aus dogmatischen Gründen auf Männer zurückzugreifen, die zur Übernahme des priesterlichen Amtes bereit und fähig sind, ohne sich zugleich zum Zölibat berufen zu wissen.

Der Verweis auf den Priesterüberfluß in manchen Teilen der Welt ist sicher nur in Grenzen tragfähig: Man kann nur im Ausnahmefall Priester von Volk zu Volk und von Kultur zu Kultur „transportieren". Die Forderung nach „einheimischen" Priestern sollte nicht nur für die Missionsländer gelten.

2. Gegen die Weihe von Frauen zu Priestern spricht eine einhellige zumindest nachneutestamentliche Tradition. Die Frage, ob diese Ablehnung im Glauben verankert oder nur soziologisch bedingt ist, wird auch nach dem Apostolischen Schreiben „Ordinatio Sacerdotalis" „Über die nur Männern vorbehaltene Priesterweihe" vom 22. Mai 1994 noch vertiefender Überlegungen und Begründungen bedürfen.

Daß Frauen in den neutestamentlichen Gemeinden auch amtliche Dienste (wohl einschließlich der Gemeindeleitung) innehatten, ist nicht zu bestreiten (vgl. z.B. Röm 16,1f.).[450] Man kann fragen: Wäre diesen Frauen die Priesterweihe vorenthalten worden, wenn es das Weihesakrament in dieser Zeit schon in der späteren Form gegeben hätte? Für die spätere neutestamentliche und die nachneutestamentliche Zeit gilt dann wohl die Feststellung der Kongregation für die Glaubenslehre von 1976:[451] „Niemals ist die katholische Kirche der Auffassung gewesen, daß die Frauen gültig die Priester– oder Bischofsweihe empfangen könnten."[452]

[450] Vgl. dazu H.-J. Klauck, Vom Reden und Schweigen der Frauen in der Urkirche: ders., Gemeinde, Amt, Sakrament, 232-245. „Die Blockierung des Zugangs von Frauen zum kirchlichen Amt wird neuerdings fast nur noch mit dem Traditionsargument begründet ... Das kann man in dieser Schärfe schwerlich aufrecht erhalten, wenn man die früheste Phase urchristlicher Gemeindebildung als normative Wegstrecke ernstnimmt" (245).

[451] Erklärung zur Frage der Zulassung der Frauen zum Priesteramt. Hg. v. Sekratariat der Deutschen Bischofskonferenz, Bonn 1976.

[452] A.a.O., 5.

Als dogmatische Begründung dafür wird vor allem angegeben, daß der Priester Christus zu repräsentieren habe, der ein Mann war.[453] Diese Begründung läßt sich nicht leichthin beiseite schieben. Es ist aber immerhin zu bedenken, daß bei der Taufspendung durch eine Frau im Falle der Nottaufe eben eine Frau den primären Spender Christus repräsentiert und daß sich – nach im Westen verbreiteter Auffassung – Mann und Frau gegenseitig das Sakrament der Ehe spenden, also füreinander Christus repräsentieren. Die Frage nach der Zulassung von Frauen zum Priesteramt (a fortiori zum Diakonat) dürfte also wohl kaum endgültig entschieden sein[454]. Auch eine in nachneutestamentlicher Zeit einhellige Tradition kann durch den in der *ganzen* Kirche wirkenden Heiligen Geist aus kultur- bzw. sozialgeschichtlichen Engführungen befreit und auf neue Zeiten hin neu ausgelegt werden. Beispiele aus der Geschichte dafür gibt es genug.

3. Auch im Verständnis der Weihestufen sind noch einige Fragen weiter zu bedenken:

– Ist der Priester nur Repräsentant des Bischofs und Teilhaber an seiner Amtsfülle, oder auch eigenständiger Vertreter Christi des Hirten und Hauptes (vgl. LG 28)?

– Wie ist das Presbyterium als Kollegium prinzipiell und praktisch an der Leitung einer Diözese beteiligt?

– Welche Leitungsvollmacht hat der Bischof kraft seiner Weihe, und welche kraft besonderer Jurisdiktionsverleihung?

– Welches ist das Proprium des Diakons gegenüber dem Priester, aber auch gegenüber den Laiendiensten in der Kirche?

---

[453] Vgl. a.a.O., 15 ff.

[454] Vgl. W. Beinert, a.a.O., 60. Vgl. auch die Themenbeiträge in ThQ (4/1993); weiter W. Beinert, Priestertum der Frau. Der Vorhang zu, die Frage offen?: StZ 212 (1994) 723-737; vgl. auch in diesem Werk Bd. II: Ekklesiologie 4.3.2.4.

9. Das Ehesakrament

9.1 Das Ehesakrament vor den Anfragen unserer Zeit

Die Unauflöslichkeit, ein besonderes Merkmal der christlichen, speziell der katholischen Eheauffassung, für viele sogar der Inbegriff eines sakramentalen Eheverständnisses, wird heute von einem erheblichen Teil der Bevölkerung abgelehnt oder doch in Frage gestellt. Diese Frage richtet sich auch an die Theologie. Warum? Wer nicht versucht, die überlieferten Lehren des Glaubens zur Antwort auf die Fragen, Probleme und Erwartungen unserer Zeit werden zu lassen oder auch zu einer echten Herausforderung für die Menschen, der wird mit seinen theologischen Überlegungen von vorneherein ins Leere gehen.

9.1.1 Die Durchdringung von Glauben und Leben in der Ehe

Für die Ehe stellt sich diese Forderung, die christliche Glaubensüberlieferung mit dem konkreten Leben, wie es heute gelebt und erfahren wird, in Verbindung zu bringen, auf besonders zugespitzte Weise.

Jeder, der versucht, seinen Zeitgenossen nahezubringen, daß die Ehe der Christen etwas mit dem Glauben und der Kirche zu tun hat, weiß, daß er hier gewöhnlich bei seinen Zuhörern und Gesprächspartnern auf eine besondere innere Erregtheit treffen kann. Denn hier geht es um ihr konkretes Leben mit seinen Hoffnungen und Enttäuschungen, mit seinem Glücken und Mißlingen.

Die christliche Ehe ist der Ort, wo sich in besonderer Weise der Glaube in allen seinen Dimensionen und das Leben in allen seinen Dimensionen durchdringen wollen und durchdringen, wo der Glaube leibhaftiges Leben werden kann und will. „Es gibt wohl keinen anderen Bereich des menschlichen Lebens, von dem für die meisten heutigen Menschen das persönliche Glück und die Erfüllung ihres Lebens so abhängt wie die Liebe zwischen Mann und Frau, die in Ehe und Familie ihre dauerhafte Gestalt annimmt. Es gibt auch keinen Bereich, in dem sich Glaube und Leben so unmittelbar berühren wie in der Ehe. Die Ehe gehört ja sowohl der Ordnung der Schöpfung wie der Ordnung der Erlösung an."[455] „Nirgends ist eine menschliche Wirklichkeit so tief durchdrungen von der Gnade wie im Ehesakrament. Es ist von Hause aus das am meisten irdische Sakrament."[456]

---

[455] W. Kasper, Zur Theologie der christlichen Ehe, Mainz 1977, 9.
[456] K. Lehmann, Die christliche Ehe als Sakrament: IKaZ 8 (1979) 391.

9.1.2 Krisenerscheinungen

Wenn so bei der Ehe von einem einmalig engen Zusammenhang von Lebens- und Glaubenswirklichkeit gesprochen werden muß, dann sind auch aus diesem Grund innerhalb der Gesamtwirklichkeit Ehe gerade die „natürlichen" Voraussetzungen, es sind die Bedingungen, unter denen die Ehe in der Geschichte zu leben ist, in besonderer Weise ernst zu nehmen: Wie werten die Menschen unserer Zeit und unseres Kulturkreises Ehe und Familie? Welcher Stellenwert wird Ehe und Familie in unserer Gesellschaft beigemessen? Welche Funktions- und Einschätzungswandlungen haben sie in unserer Zeit durchgemacht?

In diesem Zusammenhang sind die Krisenzeichen wahr- und ernstzunehmen, die einen Niedergang des Bewußtseins von der gesellschaftlichen und personalen Bedeutung der Ehe signalisieren: Auch wenn immer noch eine Mehrheit der Bevölkerung die Ehe als menschlich und rechtlich abgesicherte Form des Zusammenlebens von Mann und Frau bejaht, so zerbricht doch ein erheblicher Prozentsatz der geschlossenen Ehen wieder nach kürzerem oder längerem Zusammenleben der Partner.[457] Davon sind „rein katholische" Ehen nicht ausgenommen, wenn auch hier die Scheidungsquote anderen Kategorien von Ehen gegenüber möglicherweise noch um einiges zurückbleibt. Dem entspricht die durch Meinungsumfragen erhärtete Tatsache, daß ein zunehmender Anteil selbst sogenannter praktizierender Katholiken die Lehre der Kirche von der Unauflöslichkeit der Ehe nicht mehr teilt oder doch in Frage stellt.

Man wird dabei nicht einfach sagen können, das sei früher eben alles besser gewesen. „Wer etwa erfährt, daß die erwartbare Ehedauer in Deutschland allein schon aufgrund der höheren Lebenserwartung und der geringeren Müttersterblichkeit von rund 13 Jahren 1871 auf derzeit rund 50 Jahre angestiegen ist, wird die vergleichsweise sehr hohen Scheidungszahlen heute eben doch nicht nur moralischer Dekadenz zuschreiben können."[458]

Freilich gibt es noch andere Krisenzeichen: Daß viele Ehepaare sich weigern, ihre Ehe zur Familie auszuweiten, oder daß sie sich bewußt für die Ein-Kind-Familie entscheiden, auch dies muß sicherlich zu den Krisenzeichen gerechnet werden. Besonders beunruhigen muß schließlich die Beobachtung, daß vor allem bei jungen Leuten die Zahl derer, die ohne institutionelle kirchliche oder staatliche Absicherung einfach auf Zeit oder auf Dauer als Mann und Frau zusammenleben, erheblich angewachsen ist.

---

[457] Nach einer Mitteilung der damaligen bayerischen Sozialstaatssekretärin Barbara Stamm (Fränkisches Volksblatt vom 10.10.1991, 18) ender „fast jede dritte Ehe in Bayern .. vor dem Scheidungsrichter". Nach einer Umfrage des Tübinger Wickert-Instituts Mitte der achtziger Jahre entschieden sich nur noch 58 Prozent der Befragten für die Beibehaltung der traditionellen Trauformel ‚Bis daß der Tod euch scheidet', immerhin 38 Prozent gaben der Formel ‚Solange es gut geht' den Vorzug; vier Prozent äußerten sich unentschieden.

[458] K. Hilpert, Partnerschaftliche Beziehungen. Liebe, Ehe, Familie in theologischer Literatur 1980-85: Bilanz und Perspektiven: KatBl 110 (1985) 807. Vgl. auch: M. Kaiser, Die Grundlagen der Eheschließung im Wandel der Zeiten: W. Beinert (Hg.), Braucht Liebe (noch) die Ehe? Regensburg 1988, 41-65, sowie W. Beinert, Braucht Liebe (noch) die Ehe? Systematische Zusammenfassung: a.a.O., 115-148.

Was steckt hinter diesen Krisenerscheinungen? Ist es nur ein fortschreitender Sittenverfall, wie man nicht selten hören kann? Ist es Libertinage? Ist es bloße Bequemlichkeit oder die Unfähigkeit, Belastungen zu durchstehen? Wird die Ehe als solche – und noch einmal mehr die christliche Auffassung von der Ehe – zunehmend abgelehnt? Oder könnten da neben all diesem auch Erfahrungen, Probleme und Fragen stehen, die für eine neue christliche Antwort zumindest offen sind?

9.1.3 Anfragen an das christliche Eheverständnis und ihre soziokulturellen Hintergründe

1. Wenn man die Publikationen christlicher Theologen und Sozialwissenschaftler verfolgt, so werden darin Wandlungen der leitenden Fragestellungen erkennbar, in denen sich Wandlungen des Denkens und Fühlens gerade bei jungen Menschen unserer Zeit spiegeln. Sie zeigen sich vor allem in der ersten Hälfte der achtziger Jahre, wirken aber bis in die Gegenwart fort.

So heißt es in einem 1985 geschriebenen Literaturbericht: „Nach dem II. Vatikanum und Humanae Vitae standen vor allem folgende Themen im Mittelpunkt der...Diskussion um Liebe, Ehe, Familie: voreheliche Geschlechtlichkeit, Mischehe, Empfängnisverhütung und Unauflöslichkeit der Ehe. In den letzten Jahren rücken sichtlich andere Probleme in den Vordergrund.“[459] Es ist erstens die Frage, „wie eheliche Gemeinschaft unter den Anforderungen, Belastungen, Abnutzungserscheinungen und Konflikten des gewöhnlichen Alltags gelingen kann“[460]. Zweitens wird in den jüngeren Veröffentlichungen nicht mehr wie vorher einfach nach einer angemessenen inhaltlichen Füllung der vorgegebenen Lebensformen Ehe bzw. Familie gefragt, sondern viel radikaler „nach dem Sinn, nach der Notwendigkeit und den möglichen Alternativen dieser Institutionen“[461]. „Eine dritte Schwerpunktverlagerung betrifft schließlich die Regelung, Zuordnung und Pflege der gegenseitigen Beziehungen... Sexualität und Mutter- bzw. Vaterschaft sind demgegenüber nur (freilich nach wie vor: sehr entscheidende) Ausschnitte“[462].

2. Auf diesem Hintergrund kann man im Blick auf die traditionelle katholische Lehre auch bei Christen immer wieder skeptischen Fragen begegnen:

– Was unterscheidet die christliche von einer bloßen Naturehe? Ist das nur die größere Festigkeit? Oder mehr Gnade?

– Wird das Christliche an der Ehe nicht häufig auf die Last einer speziellen Unauflöslichkeit reduziert, für die dann die sakramentale Gnade kaum entschädigen kann?

– Ist die möglicherweise recht unpersönlich verstandene Gnade nicht lediglich Verweis in eine Überwelt, in der eine konkrete Ehe nicht gelebt wird?

– Was „gibt“ eigentlich das Sakrament den Eheleuten? Was läßt sich daran als hilfreich – für diese ihre ganzheitlichen Beziehungen – erfahren?

– Was hat die Kirche überhaupt, und was hat sie als Institution mit der personalen Verbindung der Eheleute, dieser „allerpersönlichsten Sache“, zu tun, was soll insbesondere die Verrechtlichung des Ehesakramentes?

---

[459] K. Hilpert, a.a.O., 807.

[460] K. Hilpert, a.a.O.

[461] K. Hilpert, a.a.O., 808.

[462] K. Hilpert, a.a.O.

3. Die Infragestellung des traditionellen christlichen Eheverständnisses, aber auch ein möglicherweise wiedererwachendes Interesse an einem erneuerten christlichen Eheverständnis sind zunächst einmal durch den Wandel gesellschaftlicher Gegebenheiten und Verhältnisses mitbedingt. Fachleute diagnostizieren einen Funktionsverlust bzw. einen Funktionswandel von Ehe und Familie. Im einzelnen heißt das:

– Das gesellschaftliche Interesse an Ehe und Familie ist weitgehend erloschen, weil sie beispielsweise ihre Funktion als Produktionsgemeinschaft verloren haben. Das bedeutet einerseits mehr Freiheit von äußerer Bevormundung, andererseits aber auch, daß ihre Lasten nur noch in geringem Maß abwälzbar sind.

– Dabei ist auch die Gemeinsamkeit des Lebens, der Interessen, der Arbeit unter den heutigen Verhältnissen gemeinhin für die Ehegatten stark eingeschränkt. In vielen Ehen gehen beide Gatten einer beruflichen Beschäftigung nach, für das gemeinsame Leben bleibt lediglich die Freizeit.

– Die Gefahr, daß man sich auseinanderlebt, hat sich verstärkt. Wenn das tatsächlich geschieht, dann können sich die Wege leichter als früher trennen: Beide Ehepartner sind durch Beruf oder auch Ausbildung wirtschaftlich selbständig, was positiv zu einem höheren Selbstbewußtsein auch der Frau beitragen kann.

– Ehe und Familie erhalten aber auch neu die Bedeutung „des privaten Raumes personaler Begegnung und Gemeinschaft als Gegenpol gegen anonyme Arbeitsorganisation und den Perfektionismus moderner Gesellschaftsstrukturen“[463]. Man nimmt neu wahr: Die Familie, die die eheliche Verbindung von Mann und Frau zum unaufgebbaren Zentrum hat, „ist auch in Zukunft unentbehrlich zur Entwicklung der sozio-kulturellen Persönlichkeit des Menschen“[464].

4. Mit den gesellschaftlichen Veränderungen gehen eine Reihe von Bewußtseinswandlungen einher, die auch für ein christliches Eheverständnis positive oder negative Auswirkungen haben – meist muß man sie wohl als ambivalent einschätzen. Anzuführen ist:

– *die Entwicklung des modernen Personbewußtseins*. Personsein wird als Selbständigkeit, als Autonomie, erfahren. Damit sind Ansprüche, z.B. auf Glück, Erfüllung und auf Selbstverwirklichung verbunden. Zugleich weiß die moderne Anthropologie, daß zum Personsein die Beziehung zum anderen, zum Du, gehört, aber auch die Einbettung in die Gesellschaft.

– *die Entwicklung des Bewußtseins von der Bedingtheit und Prozeßhaftigkeit des Individuums*. Mensch *ist* man nicht einfach schon; Mensch *wird* man. Dieser Prozeß ist durch viele Faktoren, z.B. biologische und soziale, mitbestimmt. Aus diesem Bewußtsein folgt bei vielen Menschen eine Scheu vor endgültigen Bindungen. Es könnte daraus aber auch die Einsicht folgen, daß man auch in der Ehe gemeinsam unterwegs bleiben muß.

– *die Entwicklung des Bewußtseins von der Gleichberechtigung und Ergänzungsbedürftigkeit der Geschlechter*. Die Frau ist nicht ein defizienter, ein unvollkommen geglückter Mann. Mann und Frau sind aufeinander angewiesen, um ihr Menschsein

[463] Th. Schneider, Zeichen der Nähe Gottes. Grundriß der Sakramententheologie, Mainz 1979, 275.

[464] G. Hartfiel, Die Welt, in der wir leben – Kritische Gegenwartsanalyse, LB 1 des Pastoralen Basiskurses von Theologie im Fernkurs, Würzburg 1975, 19.

verwirklichen zu können. Eheprobleme können also nicht mehr, wie früher häufig, durch „Unterwerfung“ der Frau gelöst werden. Eine neue Partnerschaft ist gefordert.

– *die Neueinschätzung der Sexualität als Verwirklichung menschlicher Kommunikation*, freilich auch ihre exzessive Überbewertung und Depersonalisation im heutigen Bewußtsein. Dabei läßt sich eine „zunehmende Dissoziierung von Sexualität, Ehe und Familie sowohl im Erleben wie in der Distanz literarischer Reflexion“[465] feststellen. Früher waren Theologie und kirchliche Lehre von einer weitgehenden Zusammengehörigkeit dieser drei Bereiche ausgegangen.

– *die Entdeckung und Anerkennung humaner Werte außerhalb der Kirche.* Menschliches Miteinander, Hingabe an den anderen und die anderen, überzeugende Menschlichkeit gibt es offenbar auch bei Nichtchristen. Was also können Glaube und Kirche dann noch bringen? Was bedeutet die Sakramentalität der Ehe?

– *die Erkenntnis,“daß auch die Ehe eine ‚geschichtliche‘ Größe ist*, daß auch die konkrete Weise der Gemeinschaft zwischen Mann und Frau erheblichen Wandlungen unterworfen war und ist und daß die uns geläufige Form der Einehe keineswegs immer selbstverständlich war“[466]. Das wirft für viele die Frage auf: Ist mit dem christlichen Eheverständnis nicht eine doch sehr bedingte Verwirklichungsweise der Ehe gleichsam kanonisiert worden? Welche Wandlungen sind hier möglich, wünschenswert oder sogar geboten?

5. Alle diese Veränderungen der Verhältnisse und des Bewußtseins (es wären sicher noch weitere zu nennen) stehen hinter den vielfältigen Infragestellungen der Ehe heute, besonders in ihrem christlichen Verständnis; sie stehen speziell auch hinter den Anfragen, die an die Lehre von der Sakramentalität der Ehe gerichtet werden.

9.2 Die biblischen Ursprünge des Ehesakraments

9.2.1 Alttestamentliche Grundlagen

Die Ehe, in der sich welthafte und gnadenhafte Wirklichkeit wie sonst nirgends durchdringen, findet schon im Alten Testament Rückhalt und Deutung. Dabei kommt es im Alten Testament zu einer Entwicklung in Richtung auf die Einehe und auf ein dauerndes personales Verhältnis von Mann und Frau, wobei beides als im Schöpferwillen Gottes verwurzelt gesehen wird (vgl. Gen 2,18; 2,23; 2,24).

Im älteren jahwistischen Schöpfungsbericht (Gen 2,18-25) ist bereits bildhaft angezeigt, daß die Einehe als dauerndes personales Verhältnis von Mann und Frau unter ein besonderes Interesse Gottes gestellt ist. Nach dem priesterschriftlichen Schöpfungsbericht (Gen 1,26-31) sind Mann und Frau zusammen Abbild Gottes, seine Platzhalter auf Erden, denen gemeinsam seine Schöpfung in Obhut gegeben ist.

---

[465] K. Hilpert, a.a.O., 811.
[466] Th. Schneider, a.a.O., 270.

Zugleich gelten im Alten Testament Mann und Frau in ihrer ehelichen Verbindung als Bild und Zeichen des Bundes Gottes mit seinem Volk (z.B. Hos 1; 3;Jer 2; 3; 31;Ez 16; 23). Bei aller Hochschätzung werden freilich Ehe und eheliche Fruchtbarkeit niemals gleichsam vergöttlicht; sie bleiben geschöpfliche Wirklichkeit.

9.2.2 Das Zeugnis der Evangelien

Die synoptischen Evangelien bezeugen das Interesse Jesu für die unauflösliche eheliche Verbindung von Mann und Frau.[467]

1. Ursprünglich jesuanisch ist ein Logion, das in unterschiedlicher Form, aber mit wesentlich gleichem Inhalt in größerem Textzusammenhang (Mk 10,11) oder eher als Einzellogion (Lk 16,18; Mt 5,32) überliefert ist.

„Sehr umstritten..ist, ob Mk 10,11 bzw. Lk 16,18 oder Mt 5,32 die ältere Form des Logions bewahrt hat. Mattäus nimmt – auch bei Wegfall der sog. Unzuchtsklausel – mehr auf die Privilegien des Mannes Rücksicht und wirkt jüdischer. Wahrscheinlich aber liegt hier nicht die ursprüngliche Fassung, sondern Rejudaisierung vor (vgl. Mt 5,37). Dem Ursprungssinn sind wir in Lk 16,18 am nächsten."[468]

Jesu Wort verpflichtet die Ehegatten auf alle Fälle zu unbedingter, unauflöslicher Einheit, wobei seine im Sinne der Bergpredigt (vgl. Mt 5,28) radikalisierte sittliche Weisung gerade auch dem Schutz der Frau dient.

2. Die in die Jesusworte Mt 5,32 (vgl. Mt 19,9) wohl sekundär eingefügte *Unzuchtsklausel* zeigt, wie man sich in der matthäischen Gemeinde bemühte, das „Zielgebot" Jesu nicht einfach zu einer einklagbaren Forderung zu verrechtlichen.

So gestattete man nach der Meinung vieler Exegeten in den Gemeinden des Matthäusevangeliums bei Unzucht – wohl andauerndem ehebrecherischem Verhalten eines Ehegatten – dem Unschuldigen die Wiederverheiratung, eine „Konzession", die sich nur in der Tradition der Ostkirchen gehalten hat. In möglichster Treue zu Jesu Weisung versuchte man so, den konkreten Verhältnissen menschlicher Schicksale und Entscheidungen gerecht zu werden, aus denen heraus Ehen scheitern können.

3. Markus (Mk 10,2-12; vgl. Mt 19,3-9) fügt die wohl ursprünglichen Jesusworte in ein Streitgespräch ein, in dem die Ehe auf Gottes Schöpferwillen zurückgeführt wird, der jetzt – im Kommen der Gottesherrschaft – wieder verwirklicht werden soll und kann (vgl. Mt 19,11). Danach verbietet Jesus nicht nur die Ehescheidung, sondern stellt die Ehe neu unter Gottes Heilswillen. In diesem Sinne läßt sich das weitergefaßte Logion Mt 18,19f. sicher auch auf die christliche Ehe anwenden[469]: „Weiter sage ich euch: Alles, was zwei von euch auf Erden gemeinsam erbitten, werden sie von meinem himmlischen

[467] Eine Synopse der entsprechenden Texte findet sich in: tzt D 9/II, Nr. 827 ff.
[468] J. Gnilka, Das Evangelium nach Markus (EKK II/2), Zürich u. a. ³1989, 75.
[469] So schon Tertullian, uxor. 2,8,9; CChr. SL 1, 394; vgl. tzt D 9/II, Nr. 877

Vater erhalten. Denn wo zwei oder drei in meinem Namen versammelt sind, da bin ich mitten unter ihnen."

9.2.3 *Der Beitrag des Paulus*

Bei Paulus scheint gelegentlich die Ehe als ein Zugeständnis an menschliche Schwachheit charakterisiert zu sein (vor allem in 1 Kor 7,1-16).

Manches daran ist sicherlich durch den hellenistischen Zeitgeist, die eschatologische Naherwartung und durch die persönliche Eigenart des Apostels zu erklären. Bedeutsam bleiben solche Äußerungen, weil durch sie vor einer enthusiastischen Überschätzung der Ehe gewarnt werden kann; so, als könne der Mensch nur in der Ehe Erfüllung finden.[470]

Andererseits weiß Paulus überzeugend von der „heiligenden" Kraft der Ehe von Christen zu sprechen: „Denn der ungläubige Mann ist durch die Frau geheiligt, und die ungläubige Frau ist durch ihren gläubigen Mann geheiligt" (1 Kor 7,14). Gott selber wirkt also in den Ehegatten und durch den (christlichen) Ehegatten sein Heil.

Einen ähnlichen Zusammenhang spricht Paulus 1 Thess 4,3-8 an, wo das Thema Heiligung mit dem personalen, die Würde des anderen anerkennenden Verhältnis von Mann und Frau verknüpft ist: „Das ist es, was Gott will: eure Heiligung. Das bedeutet, daß ihr die Unzucht meidet, daß jeder von euch lernt, mit seiner Frau in heiliger und achtungsvoller Weise zu verkehren... Wer das verwirft, der verwirft... nicht Menschen, sondern Gott, der euch seinen Heiligen Geist schenkt." In einem solchen Text kann man die Sakramentalität christlicher Ehe zumindestens grundgelegt sehen. Christliche Ehe ist Ehe „im Herrn" (vgl. 1 Kor 7,39).

Nach Paulus ist nur die Ehe unter Christen absolut unauflöslich (vgl. 1 Kor 7,10f.) Er gestattet dem christlich gewordenen Ehegatten wieder zu heiraten, wenn sein heidnisch gebliebener Partner sich von ihm trennen wollte (1 Kor 7,15f.); dieses *„Paulinische Privileg"* ist in der katholischen Tradition noch weiter ausgebaut worden.

9.2.4 *Die Deutung des Epheserbriefs*

Am deutlichsten wird ein sakramentales Grundverständnis der christlichen Ehe Eph 5, 22-33 zum Ausdruck gebracht. In dieser Ehe-Paraklese (einem ermahnenden Zuspruch) wird das Verhältnis der Ehegatten zueinander mit dem Verhältnis von Christus und Kirche verknüpft. „Es geht dabei nicht nur um die

[470] Noch weiter zu überprüfen bleibt der Versuch von N. Baumert („Frau und Mann bei Paulus. Überwindung eines Mißverständnisses", Würzburg 1991), die Aussagen des Paulus über Ehe, Ehelosigkeit und Sexualität neu zu interpretieren bzw. auch neu zu übersetzen. Nach Baumerts Auffassung ist die Stellung des Paulus zu Ehe und Sexualität wie auch zur Wertung der Frau in der Kirche keineswegs so negativ, wie ihm das vielfach zum Vorwurf gemacht wurde.

Nachahmung des Verhältnisses von Christus und Kirche, sondern auch um Hineinnahme in die Lebens- und Liebesgemeinschaft, die zwischen Christus und Kirche besteht (V. 30: wir sind Glieder seines Leibes).“[471]

Eine besondere Bedeutung wurde im Blick auf die Ehe innerhalb dieses Textes immer V.32 beigemessen. Nachdem Gen 2,24 zitiert ist (V. 31), heißt es: „Dies ist ein tiefes Geheimnis; ich beziehe es auf Christus und die Kirche.“ Dazu sagt *Rudolf Schnackenburg*: „Das ‚große Mysterium‘ von V. 32 bezieht sich nicht auf die christliche Ehe, sondern auf das Verhältnis Christus-Kirche, auf das der Verfasser das Schriftzitat von V. 31 deutet. Doch partizipiert die christliche Ehe an diesem Mysterium und wird damit indirekt als eine über das Naturhafte erhobene Gemeinschaft erkennbar. Sie wird darum in der späteren kirchlichen Auslegung mit Recht als ‚Sakrament‘ verstanden.“[472]

9.3 Die geschichtliche Entwicklung der Lehre vom Ehesakrament

9.3.1 Die Ehetheologie der Kirchenväterzeit

Während in der frühen Väterzeit vor allem biblische Gedanken über die Ehe aufgenommen und weiterentwickelt werden, leistet Augustinus (354-430) einen eigenständigen und für die westliche Kirche folgenreichen Beitrag zur Ehetheologie.

1. – Im Brief des *Ignatius von Antiochien* (gest. um 110) an Polykarp wird als Zielvorstellung der christlichen Ehe herausgestellt, daß sie „dem Herrn entspreche, und nicht der Begierde“. Dies soll dadurch garantiert werden, daß die Heiratswilligen ihre „Vereinigung mit Zustimmung des Bischofs“ eingehen.[473]

– *Tertullian* (um 160-nach 220) entwirft im 2. Buch seiner Schrift an die eigene Gattin das Idealbild einer gläubig gelebten Ehe: Kirchlich geschlossen, steht sie unter dem besonderen Segen Gottes; sie verwirklicht sich vor allem auch in der Gemeinsamkeit des Gottesdienstes und religiös-karitativer Betätigung.[474] Die Verheißung von Mt 18,19f. wird ausdrücklich auf die christliche Ehe bezogen: „Wo zwei sind, dort ist auch er selbst: Und wo er selbst ist, dort ist auch der Böse nicht.“

– *Origenes* (um 184– um 254) sieht in der ehelichen Verbindung von Mann und Frau, die dem Worte Gottes entspricht, eine Gnadengabe, die den Ehegatten geschenkt und zur Verwirklichung aufgegeben ist.

[471] R. Schnackenburg, Thesenvorlage „Aspekte einer christlichen Ehe nach dem Neuen Testament“ von 1978. Zitiert bei: G. Koch, Die Ehe des Christen. Lebensform und Sakrament, Würzburg 1981, 40 f.

[472] A.a.O., 41.

[473] Vgl. tzt D 9/II, Nr. 876.

[474] Vgl. tzt D 9/II, Nr. 877.

„Gott aber ist es, der die beiden in Eins zusammengefügt hat, daß nicht mehr zwei sind, wo doch ‚von Gott dem Manne die Gattin beigefügt wird' (vgl. Spr 19,14). Da nun die eheliche Verbindung von Gott stammt, ist eine Gnadengabe (Charisma, gratia) in den von Gott Verbundenen."[475]

2. *Augustinus*, dem ehefeindliche oder doch eheabwertende Tendenzen und eine Mindereinschätzung der Frau nicht fremd waren, versucht gleichwohl, die Ehe als einen Segen zu erweisen. Seine Lehre vom dreifachen Ehegut[476] hatte großen Einfluß auf die Ehetheologie der westlichen Kirche. Die drei Ehegüter sind: das Gut der Nachkommenschaft, das Gut von Treu und Glauben (fides) und das Gut des Sakramentes. Letzeres wird mit der Unauflöslichkeit der Ehe gleichgesetzt, die ihrerseits in einem den Ehegatten verliehenen bzw. eingestifteten Eheband begründet ist.[477]

9.3.2 Die Theologie des Ehesakramentes im Mittelalter

Erst im Mittelalter bildet sich eine systematische Theologie des Ehesakramentes aus. Sie findet Eingang in lehramtliche Dokumente.

1. *Petrus Lombardus* (um 1095-1160) wendet seinen von aristotelischem Denken mitgeprägten Sakramentsbegriff auch auf die Ehe an. Wesentliche Elemente der augustinischen Ehelehre sowie kanonistische Festlegungen der vorausgehenden Jahrhunderte werden von ihm übernommen.[478] Ehetheologie und Eherecht werden bis zur Gegenwart wesentlich von ihm mitbestimmt.

Wichtige Elemente seiner Ehelehre sind die folgenden:

– Die Ehe hat eine doppelte Einsetzung. „Die eine geschah vor der Sünde im Paradies als Dienstamt (officium),...die andere geschah nach der Sünde als Heilmittel (remedium) außerhalb des Paradieses."[479]

– Als Sakrament ist die Ehe „Zeichen einer heiligen Sache, nämlich der Verbindung Christi und der Kirche". „Der Konsens der Gatten..bezeichnet die geistliche Verbindung Christi und der Kirche, die durch die Liebe geschieht; die Geschlechtsgemeinschaft aber bezeichnet jene Verbindung, die durch die Gleichförmigkeit der Natur zustande kommt."[480]

– Der Konsens der Gatten wirkt die Ehe. „Wirkursache der Ehe..ist der Konsens, nicht jeder beliebige, sondern der durch Worte ausgedrückte, nicht der über eine zukünftige, sondern über eine gegenwärtige Wirklichkeit."[481]

– „Hauptzweck des Eheabschlusses ist die Erzeugung von Nachkommenschaft...Sekundärer Zweck ist – nach der Sünde Adams – die Vermeidung von Unzucht."[482]

2. Auf dem Hintergrund dieser Tradition formuliert Papst *Innozenz III.* (1198-1216) im Glaubensbekenntnis gegen die Waldenser so etwas wie eine kirchliche Grundoption zugunsten der Ehe: Die Ehe ist nicht vom Bösen.

---

[475] tzt D 9/II, Nr. 878.
[476] Vgl. tzt D 9/II, Nr. 879 ff.
[477] De bono conjug. 24,32; tzt D 9/II, Nr. 879.
[478] Vgl. tzt D 9/II, Nr. 882-887 (Die vier Bücher der Sentenzen; aus Buch IV: dist. 26; 27; 30; 31).
[479] tzt D 9/II, Nr. 883.
[480] tzt D 9/II, Nr. 884.
[481] tzt D 9/II, Nr. 885.
[482] tzt D 9/II, Nr. 886.

In diesem Glaubensbekenntnis wird gegenüber dualistischen Irrlehren, wonach die Ehe dem bösen materiellen Weltprinzip entstamme, die christliche Werthaftigkeit der Ehe betont: Sie ist zumindesten kein Heilshindernis.[483]

„Wir erkennen..an, daß wirkliche Ehen geschlossen werden dürfen. Streng verbieten Wir, daß richtig geschlossene Ehen geschieden werden. Wir glauben und bekennen, daß der Mann, auch wenn er eine Ehegattin hat, gerettet werden kann, und Wir verurteilen auch nicht eine zweite oder noch weitere Ehen" (NR 729; DH 794).

3. *Thomas von Aquin* (wahrsch. 1225-1274) baut die scholastische Ehelehre weiter aus. Dabei werden auch neue Akzente gesetzt, vor allem, was die Gnadenwirkung des Ehesakramentes angeht.[484]

„Das Sakrament bringt dem Menschen ein Mittel der Heiligung gegen die Sünde, das durch sinnenhafte Zeichen verwirklicht wird. Da nun dieser Sachverhalt bei der Ehe aufzufinden ist, wird sie unter die Sakramente gerechnet."[485]

„Die Ehe, insofern sie im Glauben Christi eingegangen wird, hat es an sich, daß sie helfende Gnade zum Tun dessen verleiht, was in der Ehe gefordert ist. Dies ist am wahrscheinlichsten, da ja, wo immer von Gott her eine Befähigung (facultas) gegeben wird, auch jene Hilfen verliehen werden, durch die der Mensch in entsprechender Weise von jener Befähigung Gebrauch machen kann."[486]

4. Das Armenierdekret des *Konzils von Florenz* (1438-1445) spricht im Anschluß an Thomas die sakramentale Zeichenhaftigkeit der Ehe erstmals lehramtlich aus. Auch die auf Augustinus zurückgehende Ehegüterlehre wird aufgenommen.[487] Das Gut des Sakramentes wird dabei auch verbal mit der Unauflöslichkeit gleichgesetzt.

9.3.3 Der Streit um das Ehesakrament in der Reformationszeit

1. Da *Luther* (1483-1546) bei der Ehe die Merkmale eines Sakraments, nämlich den Zeichen- und Verheißungscharakter wie auch die Einsetzung durch Christus, vermißt, lehnt er es ab, sie als Sakrament zu bezeichnen. Als Schöpfungswirklichkeit mag sie zwar heilig sein, die Kirche hat aber im Blick auf die Ehe keine besondere Vollmacht.[488]

2. Gegenüber Lehre und Praxis der reformatorischen Kirchen reklamiert das *Konzil von Trient* (in seiner 24. Sitzung 1563) die Ehe als Wirklichkeit der übernatürlichen Ordnung und behauptet und konkretisiert die Zuständigkeit der Kirche in der Verwaltung des Sakramentes. Kanon 7 über die Unauflöslichkeit der Ehe auch bei Ehebruch ist mit Rücksicht auf die Tradition der Ostkirchen zurückhaltend formuliert.[489]

---

[483] Vgl. tzt D 9/II, Nr. 833.
[484] Vgl. tzt D 9/II, Nr. 888 f; S.th. suppl. q. 42.
[485] tzt D 9/II, Nr. 888.
[486] tzt D 9/II, Nr. 889.
[487] Vgl. tzt D 9/II, Nr. 834; vgl. DH 1327-NR 730.
[488] Vgl. tzt D 9/II, Nr. 890.
[489] Vgl. tzt D 9/II, Nr. 835-850; DH 1797-1812 NR 731-746.

Im übrigen bestätigt das Konzil die grundsätzliche Unauflöslichkeit der Ehe (außer bei der nichtvollzogenen Ehe) und die Vollmacht der Kirche, Ehehindernisse aufzustellen bzw. zu deklarieren.

Zwar nicht in den Lehrsätzen, aber im Lehrtext ist auch positiv von der Gnade des Sakramentes die Rede: „Die Gnade aber, die jene natürliche Liebe vollenden, die unlösliche Einheit festigen, die Ehegatten heiligen soll, hat uns Christus, der Stifter und Vollender der ehrwürdigen Sakramente, durch sein Leiden verdient" (NR 733).

9.3.4 Die Ehelehre des Zweiten Vatikanischen Konzils und ihre Vorgeschichte

1. Die traditionelle Lehre der Kirche, auch in ihrer scholastischen Gestalt, hatte die sakramentale Ehe durchaus nicht nur als ein „rechtlich Ding" gesehen. Es ist aber nicht zu leugnen, daß im Laufe der Entwicklung die personal-mystischen Gesichtspunkte kirchlichen Eheverständnisses – in den personalen Beziehungen der Ehegatten verwirklicht sich aus der Kraft Christi etwas vom innersten Wesen der Kirche – von kirchenrechtlichen Überlegungen überlagert wurden. Das Wesen der Ehe wird allzu einseitig in einem Konsensaustausch, dem Ehevertrag, verwirklicht gesehen. Inhalt dieses Vertrages ist das Recht auf Zeugungsgemeinschaft. Ehe und Ehesakrament als personale Lebensgemeinschaft kommen zu kurz.

So hat Papst *Leo XIII.* (1878-1903) in einem Rundschreiben über die christliche Ehe von 1880 (vgl. DH 3142-3146; NR 747-750)[490] bei der Abwehr des Versuchs, die natürliche und die übernatürliche Wirklichkeit der Ehe auseinanderzureißen und die Zuständigkeit für die erstere allein dem Staat zu überlassen, weitestgehend Ehevertrag und Ehesakrament identifiziert. Im übrigen enthielt das kirchliche Gesetzbuch von 1918 die Lehre von den Ehezwecken, wobei „Erzeugung und Erziehung von Nachkommenschaft" als erster Ehezweck galt, dem die „wechselseitige Hilfe" der Ehegatten nachgeordnet war (can. 1013 §1).

2. Es gibt aber auch andere Stimmen, von denen nur wenige exemplarisch genannt seien.

– Im Rahmen der katholischen Tradition, aber doch auch neue Akzente setzend, arbeitet *Matthias J. Scheeben* (1835-1888) nachdrücklich den „übernatürlichen, mystischen, sakramentalen" Charakter der christlichen Ehe heraus. Er erkennt dem „Ehebund" „eine besondere hohe Stellung im mystischen Leibe Christi" zu.[491]

– Über die tradierte Ehelehre hinaus entfaltet Papst *Pius XI.* (1922-1939) in seiner Enzyklika „Casti Conubii" (1930) ausführlich die positiven Gehalte des Ehesakraments: Es vermag die natürliche Liebe der Ehegatten zu tragen und zu vollenden (vgl. DH 3700-3714; NR 751-760).[492]

– Unmittelbar vor dem Konzil unterstreicht *Karl Rahner* (1904-1984) in besonderer Weise die ekklesiale Bedeutung des Ehesakraments: Christlich gelebte Ehe ist eine der Grundweisen, wie sich Kirche als Wurzelsakrament verwirklicht.[493] Die Ehe der Christen ist die „kleinste, aber wahre Einzelkirche".

---

[490] „Arcanum divinae sapientiae"; vgl. tzt D 9/II, Nr. 851-854.

[491] Vgl. tzt D 9/II, Nr. 891 ff; (die Zitate stammen aus: „Die Mysterien des Christentums" von 1865).

[492] Vgl. tzt D 9/II, Nr. 855-864.

[493] Vgl. tzt D 9/II, Nr. 896.

3. Diese Ansätze greift das Zweite Vatikanische Konzil auf. Es vertieft sie und legt damit die Grundlage für eine zeitentsprechende Ehelehre. Zunächst ordnet die Kirchenkonstitution das Ehesakrament in den Kosmos der Sakramente ein, sieht es als Einbezug in die Liebe zwischen Christus und Kirche, stellt gleichwertig neben das Gut der Nachkommenschaft die wechselseitige Förderung und Heiligung der Eheleute und nennt die auf der Ehe gründende Familie eine „Art Hauskirche" (LG 11).[494] Ausführlich beschäftigt sich die Pastoralkonstitution mit Ehe und Ehesakrament (vgl. GS 48-52).[495] Leitender Gesichtspunkt ist die Betrachtung der Ehe als Bund, und nicht mehr in erster Linie als Vertrag.

„Die innige Gemeinschaft des Lebens und der Liebe in der Ehe, vom Schöpfer begründet und mit eigenen Gesetzen geschützt, wird durch den Ehebund, d.h. durch ein unwiderrufliches personales Einverständnis, gestiftet. So entsteht durch den personal freien Akt, in dem sich die Eheleute gegenseitig schenken und annehmen, eine nach göttlicher Ordnung feste Institution, und zwar auch gegenüber der Gesellschaft" (GS 48).[496]

Leitmotive eines erneuerten Eheverständnisses nach GS

Entdinglichung des Eheverständnisses:	Personalere Schau der sakramentalen Ehe
Dynamisierung des Eheverständnisses:	Betrachtung der Ehe als gemeinsamer Weg der Ehegatten mit Christus
Enthierarchisierung der Ehezwecke:	Bekenntnis zur Mehrdimensionalität der Ehezwecke bzw. des Ehesinns
Entrechtlichung des Eheverständnisses:	Betrachtung der Ehe als Bund, nicht nur als Vertrag, der Unauflöslichkeit als Geschenk, nicht nur als Forderung
Vergeschichtlichung des Eheverständnisses:	Die geschichtsüberhobenen Werte der Ehe verwirklichen sich in der Geschichte auf unterschiedliche Weise

9.4 Um eine Theologie des Ehesakramentes im Geiste des Zweiten Vatikanischen Konzils: Entwicklungen, Aufgaben, Fragen

9.4.1 Die lehramtliche und ökumenische Entwicklung

Wesentliche Impulse des Konzils wurden lehramtlich aufgegriffen und weiterentwickelt. Im ökumenischen Dialog kam man sich auf dieser Basis auch im Eheverständnis näher.

[494] Vgl. tzt D 9/I, Nr. 40.
[495] Vgl. tzt D 9/II, Nr. 865 ff.
[496] tzt D 9/II, Nr. 865.

1. – So stellt die *Gemeinsame Synode der Bistümer in der Bundesrepublik Deutschland* (1971-1975) den partnerschaftlichen Charakter der Ehe besonders heraus. Das Ehesakrament versteht sie als Teilhabe am Bund Gottes mit den Menschen, welche die Ehegatten in ihrer gemeinsamen Aufgabe und wechselseitigen Liebe stärkt und trägt.[497]

– Das Apostolische Schreiben „Familiaris Consortio" *Johannes Paul II.* (1981) führt im Anschluß an eine römische Bischofssynode Gedanken des Konzils weiter,[498] wobei auch die menschlicher Gestaltungsmöglichkeit entzogenen Konstanten der Lehre vom Ehesakrament besonders unterstrichen werden. Es sucht diese Lehre in die pastorale Situation der Gegenwart hinein zu vermitteln. Dabei werden auch Fragen der Pastoral an den „Wiederverheirateten Geschiedenen" eigens aufgegriffen.

Es gilt, ihnen „in fürsorgender Liebe beizustehen, damit sie sich nicht als von der Kirche getrennt betrachten" (FC 84). In einer gewissen Spannung zu dieser Aussage wird die „auf die Heilige Schrift gestützte Praxis" bekräftigt, „wiederverheiratete Geschiedene nicht zum eucharistischen Mahl zuzulassen"[499].

– Das kirchliche Gesetzbuch von 1983 sieht das Ehesakrament nicht mehr unter dem Leitbegriff des Ehevertrags (wie der CIC 1918), sondern unter der Leitvorstellung des Ehebundes (can. 1055). Auch die Theorie von hierarchisch geordneter „Ehezwecken" (erstrangiger Ehezweck sei die Erzeugung und Erziehung von Nachkommenschaft) ist aufgegeben.

2. In den Kirchen der Reformation wird die Ehe nicht zu den Sakramenten gezählt; oft wird Luthers Wort zitiert, sie sei ein rein „weltlich Ding". Bei genauerem Zusehen besagt dies aber keineswegs, daß die Schöpfungswirklichkeit Ehe nach protestantischer Auffassung für den Christen nichts mit Gott und seiner Heilszusage zu tun hätte. So sind echte sachliche Berührungspunkte zwischen katholischer und reformatorischer Eheauffassung auszumachen, die heute sowohl in den Aussagen evangelischer Theologen wie auch in ökumenischen Dialogtexten zum Ausdruck kommen. Eine noch weiterreichende Gemeinsamkeit besteht mit der Eheauffassung der Ostkirche.

Differenzen gibt es freilich in einem wichtigen Teilmoment: Protestantische wie auch ostkirchliche Lehre kennen nicht die absolute Unauflöslichkeit der unter Christen geschlossenen und vollzogenen Ehe.

– Als Beispiele für eine sachliche Nähe evangelischer Autoren zum katholischen Eheverständnis können *Karl Barth* und *Heinz-Dietrich Wendland* genannt werden.

Wenn *Barth* (1886-1968) die Ehe der Christen auch nicht als Sakrament bezeichnet, so deutet er ihren Sinn doch pointiert christologisch: Erst von der „Ehe" Christi mit seiner Gemeinde her wird Ehe als personale Liebesgemeinschaft sinnvoll und lebbar.[500]

---

[497] Vgl. tzt D 9/II, Nr. 868-871.

[498] Vgl. tzt D 9/II, Nr. 872-875.

[499] tzt D 9/II, Nr. 875.

[500] Vgl. tzt D 9/II, Nr. 894 f.

Wendland (geb. 1900) lehnt zwar entschieden die Anwendung des Sakramentsbegriffs auf die Ehe ab. Er sieht sie aber gleichwohl als personale Lebensgemeinschaft von der Liebe Christi ergriffen und durchformt.[501]

– Als repräsentatives Beispiel einer Annäherung der katholischen und der Eheauffassung der Kirchen der Reformation sei der Schlußbericht der Römisch-katholischen/lutherischen/reformierten Studienkommission „Die Theologie der Ehe und das Problem der Mischehe" von 1976 angeführt.[502]

Hier heißt es: „Wir meinen alle, daß der biblische Begriff des ‚Bundes' das Mysterium der Ehe am besten kennzeichnet. Diesen Bund nennt die Katholische Kirche ein Sakrament. Die reformatorischen Kirchen ziehen es vor, diesen Begriff nicht zu gebrauchen, zunächst wegen ihrer Definition des Sakraments und auch wegen der besonderen Stellung der Ehe im Verhältnis zum Sakrament der Taufe und der Eucharistie und schließlich wegen der Auseinandersetzungen und Mißverständnisse der Vergangenheit. Wir glauben, daß wir selbst von einer unterschiedlichen Mentalität und von verschiedenen historischen Situationen her eine im tiefsten gemeinsame Sicht der Ehe haben können."[503]

– Wie *Robert Hotz* zeigt,[504] ist Ost- und Westkirche die sakramentale Sicht der Ehe gemeinsam. Nach ostkirchlichem Verständnis spenden sich die Brautleute allerdings nicht gegenseitig das Ehesakrament, wie es im Westen im allgemeinen vertreten wird.[505] Vielmehr läßt der Priester die Ehe in der Herabrufung des Heiligen Geistes von Gott her entstehen. Diese Auffassung findet heute auch bei römisch-katholischen Theologen Aufmerksamkeit[506].

Die Auffassung, daß sich die Brautleute gegenseitig das Sakrament der Ehe spenden, mag zwar von der Einschätzung der Ehe als Vertrag mitbedingt sein, hat aber auch einen theologischen Sinn: Was spricht eigentlich dagegen, daß Mann und Frau füreinander Christus und die Kirche repräsentieren können, daß sie sich also in ekklesialer Vollmacht Gottes Heilsgeschenk, den die Ehe „stiftenden" Heiligen Geist, wirksam zusprechen bzw. herabrufen dürfen? Kann nicht auch so der wichtige ostkirchliche Gedanke sichergestellt werden, „daß es Gott selbst ist, der durch die Kirche und ihre Diener den Eheleuten seine Gnade verleiht"[507]? Oder kann etwa eine Frau diese Aufgabe nicht wahrnehmen?

Selbst wenn es richtig ist, „daß im Zentrum der liturgischen Feier der Sakramente keine das Sakrament allein bewirkenden Formeln stehen, sondern das anamnetisch-epikletische Beten der Gemeinde durch den Vorsteher"[508], so ist doch damit keineswegs ausgeschlossen, daß bei der immer mitzuberücksichtigenden Eigenart der Sakramente, also hier des Ehesakraments,

---

[501] Vgl. tzt D 9/II, Nr. 899 f.

[502] DWÜ 366 ff; tzt D 9/II, Nr. 911-915.

[503] tzt D 9/II, Nr. 913.

[504] R. Hotz, Sakramente im Wechselspiel zwischen Ost und West, Zürich – Köln – Gütersloh 1979, 249 f; vgl. tzt D 9/II, Nr. 907.

[505] Vgl. dazu auch A. Kallis, „Kröne sie mit Herrlichkeit und Ehre". Zur Ekklesiologie der orthodoxen Trauung: K. Richter (Hg.), Eheschließung – mehr als ein rechtlich Ding? (QD 120), Freiburg – Basel – Wien 1989, 133-140; vgl. tzt D 9/II, Nr. 908 f.

[506] Vgl. H. Vorgrimler, zur dogmatischen Einschätzung und Neueinschätzung der kirchlichen Trauung: K. Richter (Hg.), a.a.O., 42-61.

[507] A. Kallis, a.a.O., 135.

[508] K. Richter, Trauungsliturgie im Wandel theologischer und rechtlicher Anschauungen. Eine Einführung: ders. (Hg.), Eheschließung – mehr als ein rechtlich Ding?, 16

die beiden Hauptbeteiligten auch eine einzigartige ekklesiale und liturgische Rolle spielen. Man darf die sieben Sakramente der Kirche weder dogmatisch noch liturgisch einebnen.

9.4.2 Aufgaben und Fragen

1. Eine Theologie des Ehesakraments im Sinne des Konzils hat sich in den letzten Jahrzehnten hoffnungsvoll entwickelt.[509] Welche Aufgaben sind noch weiter anzugehen?

– Heutige Ehetheologie wird allem voran die Verbindung zu den *Erfahrungen konkret gelebter Ehe* suchen müssen. Sie hat zu zeigen, inwiefern das Sakrament für den Alltag von Bedeutung ist, wie die Ehepartner unter Gottes Gnade in der Hingabe aneinander sich selber und Gott finden können und wie sie dabei zugleich Platz und Aufgabe in der Gemeinde finden.

An welche Erfahrungen angeknüpft werden könnte bzw. auf welche Fragen von Mann und Frau hin die kirchliche Ehelehre erschlossen werden müßte, kann das folgende Schaubild stichwortartig andeuten.[510]

Spannungsvolle Erfahrungen in der ehelichen Zweierbeziehung, auf die die christliche Ehelehre antworten könnte

Erfahrungen	Antworten
Wunsch nach vollem Angenommensein – Unfähigkeit dazu	Begegnung im unbegrenzten Gott
Freie Bejahung des Partners – genetisches und soziales Bestimmtsein	Mut zum anderen, weil dieser und man selbst in Gott gründet
Wille zu durchhaltender Bindung – mangelnde Fähigkeit der Selbstverfügung	Vertrauen, daß der Herr unsrer Gechichte unserer Schwachheit aufhilft
Wissen um Entwicklung bei einem selbst und dem anderen – Furcht vor Auseinanderentwicklung	Vertrauen auf die Erneuerung endlicher menschlicher Liebe aus Gottes unendlicher Liebe
Hoffnung auf restloses Vertrautsein – Erfahrung des Fremdseins	Die Gewißheit, daß Gott die beiden Ehegatten kennt, daß er sie mit Namen gerufen hat
Hoffnung auf das große Glück der Liebe – Erfahrung der Alltäglichkeit	Die Hoffnung auf Erneuerung des Glücks, weil Gott alles neu zu machen vermag
Exklusivität der Zweierbeziehung – Furcht vor Isolation	Die Befreiung in die größere Gemeinschaft durch „Verortung“der Ehe in die Gemeinde der Christen

[509] Zu nennen sind z.B. die Beiträge von J. Ratzinger (vgl. tzt D 9/II, Nr. 897 f) und W. Kasper (vgl. tzt D 9/II, Nr. 904 ff); vgl. auch G. Koch, W. Breuning, Die Ehe des Christen. Lebensform und Sakrament, Freiburg – Basel – Wien 1981; G. Koch, Sakramentalität der Ehe – was ist das?: US 50 (1995) 107-114

[510] Vgl. G. Koch, Die Ehe des Christen, 61-73.

– Dabei wird der *Prozeß- oder Wegcharakter der Ehe* herausgearbeitet werden müssen mit seinen Höhen und Tiefen, auch mit den unvermeidlichen Krisen, die menschlich verantwortlich und aus der Kraft des Sakramentes zu meistern sind.

Beim Wegcharakter der Ehe ist auch die Vorbereitungszeit auf das Ehesakrament mitzubedenken, die nicht nur Zeit der Prüfung ist, sondern schon am kommenden Sakrament auf ihre Weise teilzuhaben vermag. Daß sich das Sakrament nicht im Eheabschluß erschöpft, ist klar; eben daraus erwächst die sakramentale Ehe als Prozeß und Weg.

Daß ein solcher Weg scheitern kann, ist unbestreitbar. Aber auch noch und gerade der verlassene Ehegatte vermag Zeugnis abzulegen für die Liebe Gottes, die auch bei der Untreue der Bundespartner treu bleibt.

Die Diskussion, ob man die Ehe als „Lebenssakrament" bezeichnen darf oder ob der Begriff Sakrament auf die kirchliche „Einsegnung" der Ehe zu begrenzen ist (es ist irreführend und traditionswidrig „zu sagen, das ganze Eheleben sei das sakramentale Zeichen"[511]), dürfte nicht unbedingt fruchtbar sein. Die Entscheidung hängt vom Sakramentsbegriff ab. Wer von einem scholastisch oder auch liturgisch eingegrenzten Sakramentsbegriff absieht, der nur auf eine bestimmte Handlung oder einen bestimmten liturgischen Handlungszusammenhang abzielt und Sakrament im Sinne der alten Kirche in einem umfassenderen Sinne versteht, wird auch das ganze Eheleben der Getauften als „Ehesakrament" bezeichnen können, d.h. als wirksames Zeichen der Teilhabe am Mysterium der Verbindung von Christus und Kirche. Sonst könnte man ja wohl auch die Kirche nicht als Sakrament bezeichnen, ein Sprachgebrauch, der auch in der Tradition des Ostens Anhaltspunkte hat.[512]

– Was das Ehesakrament ist und bedeutet, läßt sich sowohl vom *Abbild- und Teilhabegedanken* im Blick auf das Verhältnis von Christus und Kirche erhellen wie auch vom *Bundesgedanken* her: Gott ist in Christus mit den Ehegatten auf dem Weg, er ist als Jahwe für sie da, wenn sie sich für ihn öffnen. Auf jeden Fall ist die Bedeutung des Ehesakramentes in personalen Kategorien zu erläutern. Dabei gilt es, die Dimension ehelicher Gemeinschaft, ehelicher „Freundschaft" (GS) als erstrangige Sinndimension des Ehesakramentes und auch die Bedeutung der Sexualität dafür mit dem Gedanken der wesenhaften Notwendigkeit, für die Zeugung von Kindern offen zu sein, zu versöhnen.

– Zu versöhnen sind gerade auch für heutiges Bewußtsein der *private und der gemeinschaftsbedeutsame (ekklesiale) Charakter der Ehe*, der sie in besonderer Weise der Heilssorge der Kirche anvertraut, und dies nicht nur bei der kirchlichen Trauung. Eine Konsequenz ist unter anderem: Wie die Ehen für die Gemeinden Verantwortung tragen, so die Gemeinden für die Ehen.

2. Nicht zu bezweifeln ist die in der Botschaft Jesu begründete kirchliche Lehre von der *Unauflöslichkeit der Ehe*. Aber ihr rechtes Verständnis und die Pastoral wiederverheirateter Geschiedener geben doch Fragen auf.

– Die Unauflöslichkeit der vollzogenen Ehe unter Getauften ist in der katholischen Kirche seit der Kirchenväterzeit eine fast ausnahmslose theologische Über-

[511] H. Vorgrimler, a.a.O., 61.

[512] Vgl. G. Koch, Die Heilsverwirklichung bei Theodor von Mopsuestia, München 1965, 158-183.

zeugung, wenn in der Praxis, vor allem der germanischen Länder, auch nicht selten Ausnahmen gemacht wurden. Sie wurde in der Westkirche von den Päpsten seit dem Altertum verteidigt.

Auf eine Ausnahme zumindesten ist allerdings hinzuweisen. „Ziemlich eindeutig liegt die Auflösung einer vollzogenen sakramentalen Ehe wegen Glaubensabfalls des einen Teils bei einer Dekretale Coelestins III. vor (zwischen 1191 und 1198 nicht näher datierbar entstanden). Der Papst sagt nämlich ganz allgemein, daß die ‚contumelia creatoris', der Glaubensabfall, das eheliche Recht auflöse. Coelestin wendet also die Begründung für die Auflöslichkeit einer Naturehe kraft des sog. Privilegium Paulinum auf vollchristliche Ehen an."[513]

Das Konzil von Trient stellt die Unauflöslichkeit der Ehe als von Christus geforderte Glaubenslehre heraus, allerdings in einer (der ostkirchlichen Praxis wegen) vorsichtigen Formulierung (DH 1805 bzw. 1807).[514] Die Möglichkeit einer sog. „Trennung von Tisch und Bett" wird anerkannt (DH 1808),[515] aber eine Wiederverheiratung ausgeschlossen. Bei scheiternden Ehen gibt es die Möglichkeit zur Prüfung ihrer Gültigkeit: Die Kirche kann verbindlich feststellen, daß ein „Eheband" wegen mangelnden Ehewillens bzw. anderer nicht erfüllter Gültigkeitsbedingungen von Anfang an nicht zustande kam. Die Auflösung des Ehebandes dagegen ist bei Getauften nur bei der nichtvollzogenen Ehe möglich, also vor dem ersten ehelichen Verkehr;[516] sonst nur bei Ungetauften, wenn ein Ehegatte die Taufe empfängt.[517] – In den Ostkirchen wird in bestimmten Fällen die Ehescheidung zugelassen (speziell bei irreparablem Ehebruch) und eine neue Eheschließung zumindest toleriert.

– Die Unauflöslichkeit als essentielle Eigenschaft sakramentaler Ehe muß mehr in ihrem Geschenk- und Angebotscharakter (die Eheleute können und dürfen zusammenbleiben) als in ihrem Gesetzescharakter erschlossen werden; doch ist gewiß auch an ihrem Forderungscharakter, als in Jesu Willen begründet, festzuhalten.

Praktisch stellen sich aber doch Fragen, die theologische Aufgaben darstellen:

a) Die Kirche nimmt für sich das Recht in Anspruch, nichtvollzogene Ehen unter Getauften dem Bande nach zu scheiden. Aus welchem Grund kann man der bloßen Faktizität der Geschlechtsgemeinschaft die Kraft zuschreiben, aus einer bedingt unauflöslichen eine absolut unauflösliche Ehe zu machen?

b) Eine absolut unauflösliche Ehe ist als Geschenk und Forderung nur im Glauben zu verwirklichen. Kann man Unauflöslichkeit in derselben Weise auch bei Getauften fordern, die zwar einen wirklichen Ehewillen haben, denen aber – wie heute oft – der Glaube fremd ist? Ist ihre Ehe sakramentale Ehe im Vollsinn?

---

[513] R. Weigand, Zur Problematik des Naturrechts: Inhalt, Erkennbarkeit, Veränderlichkeit, Dispensierbarkeit: Persona y Derecho 25 (1990) 239 – 263, hier 257.

[514] Vgl. tzt D 9/II, Nr. 843. 845.

[515] Vgl. tzt D 9/II, Nr. 846.

[516] CIC can. 1142.

[517] CIC can. 1143 – 1150.

c) Beim Scheitern einer sakramentalen Ehe kann man nicht so tun, als ob nichts gewesen wäre (es bleibt das unlösliche Eheband oder zumindest ein nicht-seinsollender Zustand). In welchem Sinne ließe sich damit kirchliche Duldung oder sogar Anerkennung eines neuen ehelichen Verhältnisses verbinden, das zu verlassen für die Beteiligten neue Schuld bedeuten kann (Kinder), auch wenn es kein Sakrament ist?[518]

Unumstritten ist jedenfalls, daß auch wiederverheirateten Geschiedenen (wie anderen in eheähnlicher Verbindung lebenden Paaren) in besonderer Weise die Hirtensorge der Kirche zu gelten hat, daß sie nicht aus der Gemeinschaft der Kirche ausgeklinkt werden dürfen. Diskutiert wird auch nach dem Schreiben der Glaubenskongregation „Über den Kommunionempfang von wiederverheirateten Geschiedenen" vom 14. September 1994, ob der hier urgierte Ausschluß der wiederverheirateten Geschiedenen vom Kommunionempfang wirklich stichhaltige biblisch-dogmatische Gründe habe. Für die Bibel stellt dies beispielsweise J. Kremer in Frage: „Der biblische Befund ist nicht so einhellig, wie das Schreiben der Glaubenskongregation vorgibt"[519].

Was die dogmatische Argumentation für den Kommunionausschluß wiederverheirateter Geschiedener angeht, so wird man P. Zulehner zustimmen müssen: „Befragungswürdig erweist sich das zentrale Argument für die Nichtzulassung Wiederverheirateter, daß ihre Lebenslage einen objektiven Widerspruch darstelle: Ihre objektiv vorhandene Untreue, die in der zweiten Verbindung ständig gegenwärtig ist, widerspreche jener Treue, die Christus zu seiner Kirche hat und die sowohl im Sakrament der Eucharistie wie im Sakrament der Ehe zum Ausdruck kommt. Hier erheben sich mehrere Fragen: Reicht dieses unbestreitbare symbolästhetische Argument dafür aus, daß Betroffene nicht zur Kommunion hintreten dürfen, wo doch die Eucharistie zweifelsfrei mehrere ‚Funktionen' hat, also heilt, Sünden vergibt, die Gemeinschaft zum Ausdruck bringt, die zwischen einem Menschen und Gott besteht? Hat Jesus nicht gerade mit den damals ‚Exkommunizierten' ohne Vorbediungungen kommuniziert, während er mit den Frommen sich sehr schwer getan hat?"[520]

Neuerdings wird von Kirchenrechtlern die Frage diskutiert, ob von der durch die Kirche zum Schutz der Ehe eingeführten rechtlichen Unscheidbarkeit der Ehe von der Kirche dispensiert werden könne, wenn es an einer konkreten Ehe nichts mehr zu schützen gibt. „Bei

---

[518] Zur Pastoral und dem kirchlichen Status wiederverheirateter Geschiedener vgl. u.a. K. Lehmann (tzt D 9/II, Nr. 901 ff) und W. Kasper (tzt D 9/II, Nr. 906); vgl. auch W. Breuning, Unauflöslichkeit der Ehe und Geschiedenenpastoral: G. Koch, W. Breuning, Die Ehe des Christen, 117-134. Vgl. auch das Hirtenwort der Bischöfe der Oberrheinischen Kirchenprovinz „Zur seelsorglichen Begleitung von Menschen aus zerbrochenen Ehen, Geschiedenen und Wiederverheirateten Geschiedenen", August 1993. Nach dem Schreiben der Glaubenskongregation „Über den Kommunionempfang von wiederverheirateten Geschiedenen" vom 14.09.1994, die den entsprechenden Personenkreis kategorisch vom Kommunionempfang ausschließt, geht die Diskussion über diesen Fragenkreis mit Nachdruck weiter: vgl. u. a. P. M. Zulehner, Wiederverheiratet: StZ 120 (1995) 75-88; J.Kremer, Jesu Wort zur Ehescheidung. Bibeltheologische Überlegungen zum Schreiben der Glaubenskongregation: StZ 120 (1995) 89-103.

[519] J. Kremer, a.a.O., (vgl. Fußnote 518) 101.

[520] P. M. Zulehner, a.a.O. (vgl. Fußnote 518).

der bisherigen rechtlichen Unscheidbarkeit der Ehe nach kirchlichem Recht ‚handelt es sich um ein von der Kirche auf Grund der sittlichen (= göttlich-naturrechtlichen) Forderung der Unauflöslichkeit und der sakramentalen (= göttlich-positiv-rechtlichen) Signifikation der Ehe aufgestelltes Gesetz'", von dem die Kirche dispensieren kann. „Diese kann und darf jedoch nicht einfachhin so etwas tun, ‚sondern nur dann, wenn von den Partnern selbst' das ‚uneinholbar nicht mehr existiert, was der Grund für die sozialen Rechtsfolgen war'. Daher wäre eine solche ‚Ehescheidung' nur denkbar als zugleich deklarativer und konstitutiver Akt...: Sie würde nach gründlicher Prüfung des Einzelfalles feststellen, daß die Ehe personal endgültig gescheitert ist, und zugleich die bisher bestehenden Rechtsfolgen (evtl. unter gewissen Auflagen) aufheben und eine neue Eheschließung gestatten"[521].

[521] R. Weigand, a.a.O., 262, unter Berufung auf: J. G. Gerhards, Unauflöslichkeit der Ehe und kirchliche Ehescheidung in heutiger Problematik: Die Ehe – Band oder Bund?, Aschaffenburg 1970, 142 – 177, bes. 175 f (dort die Zitate).

Literaturverzeichnis

1. Allgemeine Sakramentenlehre und Einzelsakramente

Auer, J.: Allgemeine Sakramentenlehre und das Mysterium der Eucharistie (KKD 6), Regensburg ^{3}1980.

Beinert, W.: Gottesgegenwart. Eine Einführung in die Welt der Sakramente, Nettetal 1991.

Ganoczy, A.: Einführung in die katholische Sakramentenlehre, Darmstadt ^{2}1984.

Hotz, R.: Sakramente – im Wechselspiel zwischen Ost und West, Zürich 1979.

Klauck, H.-J.: Die Sakramente und der historische Jesus: ders., Gemeinde, Amt, Sakrament. Neutestamentliche Perspektiven, Würzburg 1989, 273-285.

Koch, G. (Bearbeiter): Sakramentenlehre I und II, Texte zur Theologie, Dogmatik 9,1 u. 2, Graz – Wien – Köln 1991.

Kühn, U.: Sakramente (Handbuch Systematischer Theologie 11), Gütersloh ^{2}1990.

Lies, L.: Sakramententheologie. Eine personale Sicht, Graz – Wien – Köln 1990.

Lüthe, H.: Christusbegegnung in den Sakramenten, Kevelaer ^{3}1994.

Nocke, F.-J.: Sakramentenlehre: Th. Schneider (Hg.), Handbuch der Dogmatik Bd.2, Düsseldorf 1992, 188-376.

Schneider, Th.: Zeichen der Nähe Gottes, Grundriß der Sakramententheologie, Mainz ^{5}1987.

Taborda, F.: Sakramente: Praxis und Fest (BThB), Düsseldorf 1988.

Tillard, J.-M. R.: Das sakramentale Handeln der Kirche: P. Eicher (Hg.), Neue Summe Theologie 3. Bd., Freiburg – Basel – Wien 1989, 239-304.

Vorgrimler, H.: Sakramententheologie, (LeTh 17), Düsseldorf ^{3}1992.

Wenz, G.: Einführung in die evangelische Sakramentenlehre, Darmstadt 1988.

2. Allgemeine Sakramentenlehre

Beinert, W.: Die Heilkraft der Sakramente: ders. (Hg.), Hilft Glaube heilen?, Düsseldorf 1985, 64-85.

Beinert, W. (Hg.): Symbole als Glaubenshilfe. Von der Anschaulichkeit des Heiles, Regensburg 1987.

Beinert, W: Die Sakramentalität der Kirche im theologischen Gespräch: ThBer 9, Einsiedeln – Zürich – Köln 1980, 13-66.

Boff, L.: Kleine Sakramentenlehre, Düsseldorf ^{5}1982.

Dumont, H.: Theologische Bedeutung der Symbole. Zum Stellenwert des Symbols im christlichen Glauben: ThG(B) 32 (89) 255-265.

Finkenzeller, J.: Die Lehre von den Sakramenten im allgemeinen. Von der Schrift bis zur Scholastik (HDG IV/1a), Freiburg – Basel – Wien 1980.

Finkenzeller, J.: Die Lehre von den Sakramenten im allgemeinen. Von der Reformation bis zur Gegenwart (HDG IV/1b), Freiburg – Basel – Wien 1982.

Gerhards, A.: Stationen der Gottesbegegnung. Zur theologischen Bestimmung der Sakramentenfeiern: M. Klöckener, W. Glade (Hg.), Die Feier der Sakramente in der Gemeinde, Kevelaer 1986, 17-30.

Jüngel, E., Rahner, K.: Was ist ein Sakrament?, Freiburg 1971.
Kasper, W.: Wort und Sakrament: ders., Glaube und Geschichte, Mainz 1970, 285-310.
Klauck, H.-J.: Kultische Symbolsprache bei Paulus: ders., Gemeinde, Amt, Sakrament. Neutestamentliche Perspektiven, Würzburg 1989, 348-358.
Koch, G. u.a.: Gegenwärtig in Wort und Sakrament. Eine Hinführung zur Sakramentenlehre, Freiburg 1976.
Koch, G., Von den Bedingungen sakramentaler Vergegenwärtigung. Das Kunstwerk als Analogie des Wirkens der Sakramente: A. Franz (Hg.), Glauben, Wissen, Handeln (FS Ph. Kaiser), Würzburg 1994, 87-97.
Meuffels, H. O.: Kommunikative Sakramententheologie, Freiburg – Basel – Wien 1995.
Rahner, K.: Theologie des Symbols: ders., Schriften IV, 1960, 275-311.
Rahner, K.: Kirche und Sakramente, Freiburg i.Br. 1960.
Sattler, D., Schneider, Th.: Hermeneutische Erwägungen zur „Allgemeinen Sakramentenlehre“: W. Pannenberg (Hg.): Lehrverurteilungen – kirchentrennend? III.: Materialien zur Lehre von den Sakramenten und vom kirchlichen Amt, Freiburg – Göttingen 1990, 15-32.
Schilson, A.: Sakrament als Symbol (CGMG 28), Freiburg – Basel – Wien 1982,122-150.
Scholl, N.: Sakramente. Anspruch und Gestalt, Regensburg 1995.

3. Taufe

Betz, J.: Taufe: HthG 2, 614-630.
Frankemölle, H.: Das Taufverständnis des Paulus. Taufe, Tod und Auferstehung nach Röm 6, Stuttgart 1970.
Hubert, H.: Der Streit um die Kindertaufe. Eine Darstellung der von Karl Barth 1943 ausgelösten Diskussion um die Kindertaufe und ihre Bedeutung für die heutige Tauffrage, Frankfurt 1972.
Kasper, W. (Hg.), Christsein ohne Entscheidung oder Soll die Kirche Kinder taufen?, Mainz 1970.
Kleinheyer, B.: Sakramentliche Feiern I: Die Feiern der Eingliederung in die Kirche (GDK 7/1) Regensburg 1989.
Koch, G.: Communio sanctorum als Grund und Ziel der Kindertaufe: J. Schreiner, K. Wittstadt (Hg.), Communio sanctorum. Einheit der Christen – Einheit der Kirche (FS P. W. Scheele), Würzburg 1988, 398-411.
Lehmann, K.: Das Verhältnis von Glaube und Sakrament in der katholischen Tauftheologie: ders., Gegenwart des Glaubens, Mainz 1974, 201-228.
Molinski, W. (Hg.): Diskussion um die Taufe, München 1971.
Neunheuser, B.: Taufe und Firmung (HDG IV/2), Freiburg – Basel – Wien ²1982.
Rahner, K.: Taufe und Tauferneuerung: ders., Schriften zur Theologie XVI, 1984, 406-417.
Ratschow, C. H.: Die eine christliche Taufe, Gütersloh 1972.
Schnackenburg, R.: Das Heilsgeschehen bei der Taufe nach dem Apostel Paulus, München 1950.
Strukturen christlicher Initiation: Conc(D) 15 (2/1979).

4. Firmung

Amougou-Atangana, J.: Ein Sakrament des Geistempfangs? Zum Verhältnis von Taufe und Firmung, Freiburg 1974.

Auf der Maur, H., Kleinheyer, B. (Hg.): Zeichen des Glaubens. Studien zu Taufe und Firmung (FS B. Fischer), Zürich u.a. 1972.
Biemer, G.: Firmung. Theologie und Praxis, Würzburg 1973.
Kleinheyer, B.: Sakramentliche Feiern 1: Die Feiern der Eingliederung in die Kirche (GDK 7/1), Regensburg 1989, 191-236.
Koch, G., Art. Firmung: LKDog ([3]1991) 156-159.
Nordhues, P., Petri, H. (Hg.), Die Gabe Gottes. Beiträge zur Theologie und Pastoral des Firmsakraments, Paderborn 1974.
Regli, S., Das Sakrament der Firmung, Freiburg/Schweiz 1975.
Zerndl, J.: Die Theologie der Firmung in der Vorbereitung und in den Akten des Zweiten Vatikanischen Konzils, Paderborn 1986.

5. Eucharistie

Beinert, W.: Eucharistie als Sakrament der Einheit: Cath(M) 36 (1982) 234-256.
Betz, J.: Eucharistie als zentrales Mysterium: MySal 4/2, Einsiedeln – Zürich – Köln 1973, 185-313.
Betz, J.: Eucharistie. In der Schrift und Patristik (HDG IV/4 a), Freiburg – Basel – Wien 1979.
Gemeinsame röm.-kath./ev.-luth. Kommission: Das Herrenmahl, Paderborn – Frankfurt 1978.
Gerken, A.: Theologie der Eucharistie, München 1973.
Klauck, H.-J.: Herrenmahl und hellenistischer Kult, Münster 1982.
Koch, G., Art. Eucharistie: LKDog ([3]1991) 146-149.
Lehmann, K., Pannenberg, W. (Hg.): Lehrverurteilungen – kirchentrennend? I. Rechtfertigung, Sakramente und Amt im Zeitalter der Reformation und heute, Freiburg – Göttingen 1986, 89-124.
Lies, L.: Ökumenische Erwägungen zu Abendmahl, Priesterweihe und Meßopfer: ZKTh 104 (1982) 385-410.
Meyer, H. B.: Eucharistie. Geschichte, Theologie, Pastoral. Mit einem Beitrag von I. Pahl (GDK 4), Regensburg 1989.
Neunheuser, B.: Eucharistie in Mittelalter und Neuzeit (HDG IV/4 b), Freiburg – Basel – Wien 1963.
Pesch, R.: Wie Jesus Abendmahl hielt, Freiburg 1977.
Rahner, K., Häußling, A.: Die vielen Messen und das eine Opfer, Freiburg 1966.
Ratzinger, J.: Das Fest des Glaubens, Einsiedeln [2]1981, bes. 31-54.
Schillebeeckx, E.: Die eucharistische Gegenwart, Düsseldorf 1967.
Schneider, Th.: Deinen Tod verkünden wir. Gesammelte Studien zum erneuerten Eucharistieverständnis, Düsseldorf 1980.
Wiederkehr, D.: Das Sakrament der Eucharistie, Freiburg/Schweiz 1976.

6. Bußsakrament und Ablaß

Anciaux, P.: Das Sakrament der Buße, Mainz 1961.
Beinert, W.: Vom Sinn des Ablasses: PrKat 122 (1983) 740-743.
Feifel, E. (Hg.): Buße – Bußsakrament – Bußpraxis, München 1975.
Klauck, H.-J.: Die Frage der Sündenvergebung in der Perikope von der Heilung des Gelähmten (Mk 2,1-12 parr); ders., Gemeinde, Amt, Sakrament, Würzburg 1989, 286-312.
Koch, G.: Art. Bußsakrament: LKDog ([3]1991) 50-53.

Lendi, R.: Die Wandelbarkeit der Buße, Frankfurt – Bern 1983.
Müller, G. L.: Art. Ablaß: LThK ([3]1993) 51-55.
Rahner, K.: Das Sakrament der Buße als Wiederversöhnung mit der Kirche: ders., Schriften zur Theologie VIII, Einsiedeln 1967, 447-471.
Vorgrimler, H.: Buße und Krankensalbung (HDG IV/3), Freiburg – Basel – Wien 1978.
Werbick, J.: Schulderfahrung und Bußsakrament, Mainz 1985.

7. Krankensalbung

Arx, W. von: Das Sakrament der Krankensalbung, Freiburg/Schweiz [3]1986.
Kaczynski, R.: Die Feier der Krankensalbung: IKaZ 12 (1983) 423-436.
Koch, G.: Art. Krankensalbung: LKDog ([3]1991) 329-334.
Lehmann, K., Pannenberg, W. (Hg.): Lehrverurteilungen – kirchentrennend? I.: Rechtfertigung, Sakramente und Amt im Zeitalter der Reformation und heute, Freiburg – Göttingen 1986, 133-140.
Power, D. N.: Das Sakrament der Krankensalbung. Offene Fragen: Conc(D) 27 (1991) 154-163.
Probst, M., Richter, K. (Hg.), Heilssorge für die Kranken. Hilfen zur Erneuerung eines mißverstandenen Sakramentes, Freiburg – Einsiedeln [2]1980.
Vorgrimler, H.: Buße und Krankensalbung (HDG IV/3), Freiburg – Basel – Wien 1978, 215-234.

8. Weihesakrament

Congar, Y.: Weihe und Jurisdiktion in der Kirche: ders., Heilige Kirche, Stuttgart 1966, 208-246.
Fries, H.: Die katholische Lehre vom kirchlichen Amt: W. Pannenberg (Hg.), Lehrverurteilungen – kirchentrennend? III.: Materialien zur Lehre von den Sakramenten und vom kirchlichen Amt, Freiburg – Göttingen 1990, 187-215.
Gemeinsame röm.-kath./ev.-luth. Kommission: Das geistliche Amt, Paderborn – Frankfurt 1981.
Greshake, G.: Priestersein. Zur Theologie und Spiritualität des priesterlichen Amtes, Freiburg – Basel – Wien 1982 u.ö.
Hillenbrand, K. (Hg.): Priester heute. Anfragen, Aufgaben, Anregungen, Würzburg [2]1991.
Klauck, H.-J.: Gemeinde, Amt, Sakrament, Würzburg 1989, 131-272.
Kleinheyer, B.: Ordinationen und Beauftragungen: B. Kleinheyer, E. von Severus, R. Kaczynski, Sakramentliche Feiern II (GDG 8), Regensburg 1984, 7-65.
Koch, G., Art. Weihesakrament: LKDog ([3]1991) 545-549.
Lehmann, K., Pannenberg, W. (Hg.): Lehrverurteilungen – kirchentrennend? I.: Rechtfertigung, Sakramente und Amt im Zeitalter der Reformation und heute, Freiburg – Göttingen 1986, 157-169.
Ott, L.: Das Weihesakrament (HDG IV/5), Freiburg – Basel – Wien 1969.
Zemp, P.: Das Sakrament der Weihe, Freiburg/Schweiz 1977.

9. Ehesakrament

Baltensweiler, H.: Die Ehe im Neuen Testament, Zürich 1967.
Baumann, U.: Utopie Parnterschaft. Alte Leitbilder – neue Lebensformen, Düsseldorf 1994.

Beinert, W. (Hg.): Braucht Liebe (noch) die Ehe?, Regensburg 1988.
Boff, L.: Das Sakrament der Ehe: Conc(D) 9 (1973) 459-465.
Gruber, H.-G.: Christliche Ehe in moderner Gesellschaft. Entwicklungen – Chancen – Perspektiven, Freiburg – Basel – Wien 1994.
Kasper, W.: Zur Theologie der christlichen Ehe, Mainz 1977.
Kleinheyer, B.: Riten um Ehe und Familie: B. Kleinheyer, E. von Severus, R. Kaczynski, Sakramentliche Feiern II (GDG 8), Regensburg 1984, 67-156.
Koch, G., Breuning, W.: Die Ehe des Christen. Lebensform und Sakrament, Freiburg 1981.
Krems, G., Mumm, R. (Hg.): Theologie der Ehe, Regensburg – Göttingen [2]1972.
Lehmann, K., Pannenberg, W. (Hg.), Lehrverurteilungen – kirchentrennend? I.: Rechtfertigung, Sakramente und Amt im Zeitalter der Reformation und heute, Freiburg – Göttingen 1986, 141-156.
Molinski, W.: Theologie der Ehe in der Geschichte, Aschaffenburg 1976.
Pesch, O. H.: Ehe im Blick des Glaubens: CGG 7, Freiburg 1981, 8-43.
Pesch, R.: Freie Treue. Die Christen und die Ehescheidung, Freiburg 1971.
Richter, K. (Hg.): Eheschließung – mehr als ein rechtlich Ding?, Freiburg – Basel – Wien 1989.

Josef Finkenzeller

Eschatologie

1. Die grundsätzliche Sicht der Eschatologie

1.1 Wortbedeutung und Einteilung der Eschatologie

Unter *Eschatologie* (gr. *eschatos* = der Letzte), der Lehre von den „Letzten Dingen", versteht die Theologie *die Glaubensaussagen über das Endschicksal des einzelnen Menschen und die von Gott gewirkte endzeitliche Gestaltung der Menschheit und des gesamten Kosmos*. So sehr die Hl. Schrift und die kirchliche Tradition vielfältige eschatologische Aussagen bieten, so begegnet das Wort Eschatologie erst bei dem lutherischen Theologen *A. Calov* († 1686), der unter dem Obertitel „Eschatologia sacra" über den Tod, die Auferstehung, das Gericht und die Vollendung der Welt handelt. Durch F. Schleiermacher gewinnt der Ausdruck Eschatologie eine größere Bedeutung, so daß er in den allgemeinen theologischen Sprachgebrauch gelangt.

Die Eschatologie wird im Laufe der Theologiegeschichte unter verschiedenen Gesichtspunkten eingeteilt und gleichzeitig mit anderen Traktaten der Theologie in Verbindung gebracht. Im Blick auf die christliche Tradition hat die Unterscheidung zwischen der *allgemeinen* und der *individuellen Eschatologie* die größte Bedeutung erlangt. Die *allgemeine* (universale, kollektive) Eschatologie handelt über die Ereignisse am Ende der Geschichte, also über die Parusie (Wiederkunft) Christi, die Auferstehung der Toten, das allgemeine (Jüngste) Gericht, die Neugestaltung des Kosmos und über Himmel und Hölle als die endgültigen Existenzweisen des ewigen Heiles oder Unheiles nach der Auferstehung der Toten. Zur *individuellen* Eschatologie gehören der Tod des Menschen, das persönliche Gericht und das Fortleben des Menschen nach dem Tod, das in der Regel als Fortexistenz der leibfreien, aber auf den Auferstehungsleib bezogenen Seele verstanden wird. In der katholischen Theologie stehen dabei vor allem der Zwischenzustand, die damit verbundene jenseitige Läuterung im *Purgatorium* und Himmel und Hölle als die „Orte" des jenseitigen Lohnes und der jenseitigen Strafe vor der Auferstehung der Toten im Mittelpunkt.

Während die Theologie bis in die neueste Zeit versucht hat, die eschatologischen Orte räumlich zu bestimmen und im Weltbild zu lokalisieren, ist es heute allgemeine Ansicht, daß die eschatologischen Orte als jenseitige Existenzweisen und diese wiederum als Begegnungen mit Gott zu verstehen sind.

Bedeutsam ist in der zeitgenössischen Theologie die Unterscheidung zwischen der *präsentischen* und der *futurischen Eschatologie*, die in ihrer gegenseitigen Spannung den eigentlichen Sinn der Eschatologie zur Geltung bringen. Die Eschatologie darf weder in eine rein präsentische, noch in eine bloß futurische aufgelöst werden. Eine präsentische Eschatologie, welche die Dimension der Zukunft außer

Alle Tabellen und Schaubilder, einschließlich der erklärenden Texte, wenn nicht anders vermerkt: Wolfgang Beinert.

Acht läßt, wird dem Anspruch des Evangeliums nicht gerecht. Die futurische Eschatologie schwebt immer in der Gefahr, durch die Betonung der Zukunftsaussagen den Menschen zur Flucht aus der Gegenwart zu verleiten und damit die Zukunft als Zukunft zu zerstören. In diesem Sinne kann man mit Recht mit *H. Vorgrimler* sagen: „Christliche Eschatologie heißt die christliche Theologie, insofern sie vom Gekommenen (von den Todeserfahrungen der Menschheit und insbesondere von Christus) her über das Kommende, Neue und Endgültige nachdenkt und von diesem her die Gegenwart zu interpretieren und Impulse für gegenwärtiges Handeln zu vermitteln sucht.“[1]

Die Eschatologie ist untrennbar mit der *Gotteslehre* verbunden, weil die jenseitigen Heilsereignisse als von Gott gewirkt verstanden und als Geschenk Gottes erwartet werden. Die Eschatologie steht in besonderer Nähe zur *Christologie*, insofern das Christusereignis in Tod und Auferstehung die Garantie für das eschatologische Heil des Menschen bietet. *Ekklesiologie* und Eschatologie sind insofern miteinander verbunden, als die pilgernde Kirche mit der Parusie Christi ihr Ende erreicht und zugleich ihre Vollendung findet. In der *Moraltheologie* hat die Eschatologie im Laufe der Geschichte vor allem unter den Kategorien von Lohn und Strafe eine beträchtliche Rolle für das sittliche Handeln des Menschen gespielt.

1.2 Die christliche Eschatologie im Rahmen der innerweltlichen Zukunftsentwürfe und der großen Weltreligionen

Bis in die neueste Zeit war die Frage nach der Zukunft des Menschen allein der christlichen Eschatologie anvertraut. Heute können die anstehenden Fragen nur noch auf dem Hintergrund der vielfältigen innerweltlichen Zukunftsentwürfe und der Lösungsversuche der großen Weltreligionen erörtert werden.

1.2.1 Die Futurologie

Die Futurologie, die nach dem Zweiten Weltkrieg eine entscheidende Bedeutung erlangt hat, geht davon aus, daß der Mensch dadurch konstituiert ist, daß er seine Wirklichkeit auf die Zukunft hin entwirft. Die Zukunft ist nie eine losgelöste Zukunft; sie steht vielmehr grundsätzlich in Beziehung zur Gegenwart und Vergangenheit. „Die Gegenwart geht mit der Zukunft schwanger“ (G.W. Leibniz). Alles Reden von der Zukunft ist gegenwartsbezogen, insofern die Zukunftsaussagen die Gegenwart auf die Zukunft hin interpretieren. Zukunftsaussagen sind nur dann sinnvoll, wenn sie die Möglichkeit enthalten, sich auf die Zukunft einzustellen, zu ihr in Beziehung zu treten und sie zu verändern.

---

[1] Hoffnung auf Vollendung, Freiburg 1980, 13.

Im Gegensatz zum Naturgeschehen, das vorausgesagt werden kann, ist die Geschichte in einem hohen Maße unberechenbar, weil sie durch die Freiheitsentscheidungen des Menschen bestimmt wird. Die Zukunftsforschung nimmt nicht an, daß die Zukunft schicksalhaft festgelegt ist, sondern daß die Realität von morgen durch die freien Entscheidungen von heute bestimmt wird. Sie versucht daher, mögliche zukünftige Veränderungen im menschlichen Leben und in der Welt festzustellen, zu analysieren und zu bewerten. Sie beschäftigt sich nicht mit der *Voraussage*, sondern der *Vorausschau* der Zukunft, wobei die Regelmäßigkeiten der gegenwärtigen Trends, unvorgesehene Zufälle und vor allem die freien Entscheidungen des Menschen berücksichtigt werden. Die Zukunftsforscher sind zutiefst davon überzeugt, daß die Begriffe und Theorien die Kraft besitzen, die Menschheit über die heutigen Realitäten hinweg in eine neue und bessere Zukunft zu geleiten.

An einem bestimmten Punkt wird die Futurologie zum *Futurismus*, d.h. zu einer ideologischen Bindung an eine bestimmte Vision, wie die Zukunft aussehen sollte, so etwa die am häufigsten vertretene Vision von einer veränderten Gesellschaft, die in ökologischer Harmonie mit der Natur lebt, in der die Armen mit den Reichen ihre Güter teilen, und somit die heute die Gesellschaft bestimmenden sozialen Spannungen überwunden sind. Futuristen können zu Kämpfern werden, die sich für Wertentscheidungen einsetzen, die morgen eine humane Gesellschaft hervorbringen. So verschieden die Theorien der Futurologie im einzelnen auch sein mögen, so sind sie doch darin einig, daß die Gestaltung der Zukunft den Menschen aufgetragen ist, ohne daß dabei Gott ins Spiel gebracht wird.

Für das theologische Gespräch mit der innerweltlichen Futurologie (und dem noch zu besprechenden Marxismus) ist die von K. Rahner[2] getroffene Unterscheidung zwischen der *innerweltlichen* und der *absoluten Zukunft* bedeutsam. Die *innerweltliche* (geschichtliche) Zukunft ist das vom Menschen als Utopie Vorausgesetzte, Planbare und in der Geschichte grundsätzlich Erreichbare, aber für eine bestimmte Epoche noch Ausständige. Weil diese Zukunft vom Freiheitsverhalten des Menschen abhängt, bleibt sie dunkel und offen; sie kann nicht voll prognostiziert und geplant werden; sie ist auch von sich her nicht vollendbar, wenn man unter „Vollendung“ das bleibend und erfüllende Aufbewahrtsein in Endgültigkeit versteht, da die Welt nur ein Endliches durch ein anderes ersetzen kann. Die *absolute* Zukunft hingegen ist die totale transzendente Vollendung der Welt. Diese Zukunft ist das Nichtevolutive, das Nichtgeplante, das Unverfügbare, und zwar in seiner Unbegreiflichkeit und Unendlichkeit. Auf diese absolute Zukunft, die nur ein anderes Wort für Gott ist, gehen wir nicht zu, sondern sie kommt von Gott her auf uns zu.

Weil die innerweltliche Zukunft dunkel und offen bleibt, ist es die Aufgabe des Christentums und der Kirche, auf die unverfügbare und absolute Zukunft hinzuweisen. Die innerweltliche Zukunft darf nicht verabsolutiert, sie muß vielmehr relativiert werden. Der Glaube an Gott als die absolute Zukunft fordert immer neue innerweltliche Zukunftshoffnungen und relativiert sie zugleich.

---

2 Marxistische Utopie und christliche Hoffnung des Menschen: ders., Schriften VI, 77-88; ders., Über die theologische Problematik der „Neuen Erde“: Schriften VIII, 580-592; ders., Immanente und transzendente Vollendung der Welt: Schriften VIII, 593-609.

Weil bei der Gestaltung der Geschichte Gott und Mensch nicht in Konkurrenz stehen, sondern der Mensch unter dem Einfluß der Hilfe und Gnade Gottes tätig ist, kann man nicht sagen, daß die Vollendung der Menschheit und der Geschichte auf die alleinige Wirksamkeit Gottes zurückzuführen ist. Die Beendigung der Geschichte durch Gott schließt die Vorstellung nicht aus, daß die Menschen die „Täter des Endgültigen" sind. Man kann also sagen, daß sich die Menschheitsgeschichte möglicherweise in Selbsttranszendenz in die Zukunft Gottes hinein überschreitet.

1.2.2 New Age

New Age (Neues Zeitalter) ist keine einheitliche Bewegung, sondern ein Sammelname für bestimmte Zukunftserwartungen, die aber im Blick auf die christliche Eschatologie eine eindeutige Stellung beziehen. Aus den insgesamt sehr divergierenden Vorstellungen können nur einige Gesichtspunkte hervorgehoben werden.

Im Blick auf ein esoterisch-astrologisches Zeitverständnis geht *F. Capra*, einer der führenden Denker von New Age, davon aus, daß das Zeitalter der Fische, das zugleich das Zeitalter des Christentums ist, durch das nun beginnende Zeitalter des Wassermannes abgelöst wird. Dies bedeutet den Aufbruch zu einem neuen Welt- und Menschenverständnis, das sich in einem Paradigmenwechsel kundtut. Eine Lösung der gegenwärtigen Probleme ist nur denkbar, wenn die moderne Wissenschaft mit der Mystik und Esoterik in Verbindung gebracht wird. Dem alten mechanistischen Bild des Lebens und Denkens muß der Abschied gegeben werden. Die meisten der mächtigen gesellschaftlichen Institutionen gehen von einem überholten Weltbild aus, das zur Lösung der bisherigen Probleme unserer global vernetzten Welt ungeeignet ist.

Das ganzheitliche neue Denken kann als ökologisch bezeichnet werden, wenn dieses Wort in einem tiefen Sinn verstanden wird. Eine seichte Ökologie ist anthropozentrisch. Sie sieht den Menschen als über- oder außerhalb der Natur stehend und als den Ursprung aller Werte. Der Natur wird nur ein Nutzwert zugestanden. Im Gegensatz dazu trennt die tiefe Ökologie den Menschen nicht mehr von der natürlichen Umwelt; der Mensch wird vielmehr in die Lebewesen eingeordnet und als eine bestimmte Faser in einem reichhaltigen Gewebe der Natur gesehen. Dieses ökologische Bewußtsein wird als religiös und spirituell verstanden, weil sich der individuelle Mensch mit dem gesamten Kosmos verbunden fühlt. In dem neuen Zeitalter, in dem sich der genannte Paradigmenwechsel durchsetzt, verbinden sich die ökologische Bewegung mit der Friedensbewegung, der Frauenbewegung und mit verschiedenen spirituellen Gruppen unserer Zeit. Körper und Geist sind nicht mehr getrennt, sondern werden als komplementäre Aspekte des Lebens angesehen. Das führt u.a. zu der Einsicht, daß jede Erkrankung geistige Aspekte hat. Der mit dem alten Paradigma verbundene ethische Rahmen ist ungeeignet für die Lösung der ethischen Probleme unserer Zeit. Nur eine neue ökologische Ethik, die auf nicht-anthropologischen Wertvorstellungen gründet, d.h. auf einem Weltbild, das auch nicht-menschlichen Lebensformen ihren Wert zuerkennt, ist wirklich humanistisch und eröffnet der Welt und der Menschheit eine heile Zukunft.

Es versteht sich von selbst, daß in diesem New-Age-Bewußtsein *Gott* zur Chiffre für die innere Dynamik des vielfältigen Lebensprozesses wird. Für ein personales Gottesbild ist kein Platz mehr. Die bisherigen Religionen, vor allem das Christentum des vergangenen Zeitalters der Fische, werden als „Jenseits- und Weltfluchtreligionen" verstanden, die dem Menschen im Wege stehen, zur Selbstbestimmung und zur Versöhnung mit der Natur und dem gesamten Kosmos zu kommen.

1.2.3 Der Marxismus[3]

Die wohl entscheidendste Kritik hat die christliche Eschatologie durch den Marxismus des 19. und 20. Jahrhunderts erfahren, der sich als humanistischer Atheismus versteht. Das bekannte Wort, daß die Religion „das Opium des Volkes" (K. Marx) oder „das Opium für das Volk" (Lenin) ist, betrifft nicht nur das christliche Gottesverständnis im allgemeinen, sondern die Eschatologie der christlichen Kirchen im besonderen. Solange der Mensch darauf vertraut, daß Gott eine bessere Zukunft schaffen wird, tut er nichts, um selbst eine neue Welt und Gesellschaft zu gestalten. Für *L. Feuerbach* ist entscheidend, daß „das Geheimnis der Theologie die Anthropologie ist." Nur die Verneinung des Jenseits hat die Bejahung des Diesseits zur Folge. Feuerbach glaubt, mit der Negierung Gottes die Negation des Menschen zu negieren, um so dem Menschen zum wahren Menschsein zu verhelfen. Aus Theologen müssen Anthropologen, aus Theophilen Philanthropen, aus Kandidaten des Jenseits Studenten des Diesseits werden.

Für *K. Marx* ist der Kampf gegen die Religion mittelbar der Kampf gegen jene Welt, deren geistiges Aroma die Religion ist. Die Aufhebung der Religion als des illusorischen Glücks des Volkes ist die Forderung des wirklichen Glücks. „Die Kritik der Religion endet mit der Lehre, daß der Mensch das höchste Wesen für den Menschen sei, also mit dem kategorischen Imperativ, alle Verhältnisse umzuwerfen, in denen der Mensch ein erniedrigtes, ein geknechtetes, ein verlassenes, ein verächtliches Wesen ist." „Die Philosophie hat die Welt nur verschieden interpretiert; es kommt darauf an, sie zu verändern."

In unserem Jahrhundert hat vor allem *E. Bloch*[4], der im Gespräch mit der christlichen Theologie steht, die Idee des atheistischen Humanismus verteidigt. Seine Position ist nicht zuletzt deswegen bedeutsam, weil sie sich als Erbe der jüdisch-christlichen Hoffnungstheologie versteht. Er entscheidet sich für den Gott des Exodus, der ein versklavtes Volk aus Ägypten herausgeführt hat in das Land der Verheißung, der neuen Freiheit und der offenen Zukunft.

Der Exodus-Gott ist freilich nur eine überholte Chiffre des kollektiven Freiheitsmarsches der Menschheit, Chiffre für den schöpferischen Menschen, der je neuere Modelle der Weltgestaltung, die sogenannten Realutopien entwirft. Der

[3] Vgl. dazu im einzelnen W. Kern, Atheismus-Marxismus-Christentum, Innsbruck ²1979, 47-56.
[4] Vgl. dazu H. Vorgrimler, Hoffnung auf Vollendung, 115-117.

Mensch muß verstanden werden als „Mangel-Wesen" mit Offenheit und utopischer Funktion, dessen Antriebe ihn „Richtung nach vorn" reflektiert werden. In seinem „antizipierenden Bewußtsein" stellt sich der Mensch Utopien, d.h. „wünschbare Zukünfte" vor. Dadurch überschreitet er sich in praktischer Orientierung nach vorn. Die Utopie muß konkrete Utopie sein, d.h. sie darf nicht im Bereich der Phantasie bleiben, sie muß sich an den realen Möglichkeiten orientieren und so zu einer zukunftsorientierten Praxis führen.

1.2.4 Reinkarnation (Seelenwanderung)

Die Reinkarnation ist ein weitverbreitetes Phänomen, das sich sowohl in den Religionen des Buddhismus und Hinduismus wie auch in der Philosophie Platons findet und in der Theosophie und Anthroposophie unseres Jahrhunderts weiter wirkt. Wie bedeutsam die Reinkarnation auch in unseren Landen ist, sieht man daran, daß nach einer Umfrage aus dem Jahre 1986 23 % der Katholiken und 21 % der Protestanten der ehemaligen Bundesrepublik Deutschland an die Reinkarnation bzw. an die Seelenwanderung glauben. Im folgenden geht es nur um einige Gesichtspunkte, die eine Abgrenzung zur christlichen Eschatologie sichtbar machen.

Reinkarnation heißt dem Wortsinn nach *Wiederverkörperung, Wiedergeburt*. Dies besagt, daß das innerweltliche Leben, das wir als leiblich-geistiges erfahren, nicht das einzige ist, daß vielmehr ein oder mehrere Leben vorausgegangen sind und ein oder mehrere Leben folgen werden. In den philosophischen und religiösen Systemen, in denen die unsterbliche Seele als Kern der menschlichen Persönlichkeit betrachtet wird, ist diese Seele das bleibende, das sich durch alle Existenzformen durchhält, so daß die Reinkarnation zur *Seelenwanderung* wird.

Reinkarnation ist aber durchaus auch denkbar, wenn nicht ein ständig wiederkehrender „Personkern", ein bleibendes Selbst angenommen wird. So gibt es im Buddhismus kein inhärent existierendes Ich, das wiedergeboren wird; der Mensch scheint nur als fluktuierende Folge psychologischer Akte ohne ein bleibendes Substrat zu gelten. Da Ich und „Seele" geleugnet werden, wird die Frage nach der Kontinuität von Existenz zu Existenz oft mit dem Bild des Entzündens einer Flamme an der anderen erläutert. Es wird also keinerlei Substanz, sondern ein Energiepotential weitergegeben.

Reinkarnation ist somit ganz allgemein die gesetzmäßige Verknüpfung des jetzigen Lebens mit dem vorausgehenden und kommenden Leben, d.h. konkret eines Bewußtseinskomplexes, der in der griechischen Philosophie Seele genannt wird. So wird nach *Platon* die präexistente unsterbliche Seele in einen Leib verbannt. Es bleibt dabei gleichgültig, ob diese Einkörperung ein allgemeines Naturgesetz ist, von dem alle Seelen ausnahmslos betroffen sind, oder ob die erste Verbindung der Seele mit dem Leib die Folge einer Verfehlung der Seele in der Präexistenz ist. Entscheidend ist, daß die Seelenwanderung unter dem Gesetz der Strafe und der gerechten Vergeltung steht.

Dieser Gedanke erscheint in den Religionen des Buddhismus und Hinduismus unter der Vorstellung des Karma(n). Karma(n) ist jede Tat eines lebendigen Wesens und die Qualität dieser Tat. Jeder Mensch hat am Ende seines Lebens ein bestimmtes *Karma(n)*, das über die Art der Wiedergeburt und die Situation des kommenden Lebens entscheidet.

Von besonderer Bedeutung ist für den Vergleich mit der christlichen Eschatologie die Vorstellung, daß die Reinkarnation der Läuterung dient, und daß die vielen Wiedergeburten letzten Endes zur Erlösung und zum Heil führen, wie man dieses Heil auch immer verstehen mag. Freilich kennt Platon auch die Vorstellung, daß es für bestimmte Seelen, etwa für die der Tyrannen, die ihre Macht mißbraucht haben, nach dem Tod keine Rettung gibt. Sie werden in die äußerste Finsternis verbannt.

So hilfreich die Lehre von der Reinkarnation für die Lösung verschiedener Probleme, etwa des Theodizee-Problems, sein mag, so ist sie doch der christlichen Erlösungsvorstellung fremd, die von einem einmaligen Leben und der erlösenden Tat Gottes am Menschen ausgeht. Weder im Alten Testament noch im Neuen Testament wird die Reinkarnation gelehrt, wenn auch manche Stellen (Mt 11,14; 17,12 f; Joh 3,1 f; 9,1 f) den Eindruck erwecken, daß die Lehre bekannt war. Unter den Bildern, die die Wirkung der Taufe aus der Kraft des Hl. Geistes und des schöpferischen Wortes darstellen, erscheint der Gedanke der Wiedergeburt (Joh 3,3-6; Tit 3,5; 1 Petr 1,3.23; Jak 1,18), ohne daß die religionsgeschichtliche Idee als solche übernommen wird. In der christlichen Tradition wird die Reinkarnation vom Anfang an abgelehnt.

1.2.5 Der Islam

Die eschatologischen Lehren des Islam, der einzigen nach dem Christentum entstandenen Weltreligion, die sich mit dem Judentum und Christentum zum Monotheismus bekennt und mit diesen Religionen auch gemeinsame Quellen hat, sind für das Gespräch der Religionen von großer Bedeutung. Weltweit gibt es heute über eine Milliarde Muslime. Es besteht die begründete Erwartung, daß der Islam vielleicht nach einigen Jahrzehnten die größte Weltreligion sein wird. In Europa leben vierzig Millionen Muslime, davon allein in der ehemaligen Bundesrepublik Deutschland drei Millionen. Von ihnen wollen die meisten im Lande bleiben.

Die Jenseitsvorstellungen des Islam sind denen der christlichen Theologie mehr verwandt als gewöhnlich angenommen wird. Das gilt vor allem dann, wenn man die ganze Breite der christlichen Überlieferung einbezieht und den Vorstellungen der orthodoxen Kirchen und der Kirchen aus der Reformation mehr Gewicht einräumt.

Nach dem Glauben des Islam findet nach dem Tod, der als Scheidung der Seele vom Leib verstanden wird, ein Gericht statt, das über den Wert des Lebens entscheidet. Darauf folgt ein Zwischenzustand, der als lange Nacht, als Wartezeit bis zum Endgericht verstanden wird. Nach dem Ende der Welt, die mit apokalyptischen Farben unter dem Bild einer endzeitlichen Katastrophe geschildert wird, erfolgt die Auferstehung der Toten, die zu den zentralen Wahrheiten des Islam zählt. Auf das Jüngste Gericht, das ebenso wie in der Bibel mit vielen Bildern dargestellt wird, folgt die ewige Belohnung im Paradies bzw. die ewige Bestrafung in der Hölle.

Die ewige Hölle bereitet für die Muslime ähnliche Probleme wie für die christliche Tradition. Wenn auch die Ungläubigen für immer zur Hölle verdammt sind, so werden die Gläubigen, die in ihrem Leben böse waren, zwar zunächst zur Hölle verurteilt, später aber doch aufgrund ihres Glaubens und der Fürsprache des Propheten Mohammed in das Paradies geführt.

1.3 Die wissenschaftliche Methode der Eschatologie[5]

So sehr die Eschatologie als Traktat der gesamten Dogmatik grundsätzlich an die für dieses Fach übliche wissenschaftliche Methode gebunden ist, so ergeben sich dennoch zusätzliche Schwierigkeiten, die hier kurz besprochen werden sollen. Wenn die Hl. Schrift auch die wichtigste Quelle der christlichen Eschatalogie ist, so muß doch bei der Interpretation der einzelnen Texte gefragt werden, unter welchen Voraussetzungen der Hagiograph zu seiner Aussage gekommen ist. Dabei wird das für uns überholte *Weltbild der Antike* als Verstehenshorizont vorausgesetzt.

Eschatologische Aussagen erscheinen zudem fast ausschließlich in *Bildern*. So wird z.B. der Himmel als Hochzeitsmahl, die Hölle als Feuerhölle, das Gericht als Scheiden der Böcke von den Schafen geschildert. Die einzelnen Bilder können nicht zu einem Gesamtbild komponiert werden. Ja, ein einzelnes Bild kann sogar eine gegensätzliche Aussage verständlich machen. So ist z.B. das *Feuer* Bild für die Höllenstrafe, die Läuterung im „Fegfeuer", ein Hinweis auf das Gericht und in der Gestalt des Lichtes im Zusammenhang der Schilderung des hell erleuchteten Hochzeitssaales, in dem die Geretteten mit Christus das endgültige Heil erleben, der Gegensatz zur äußersten Finsternis (Mt 22,13), mit der das Los der Verlorenen geschildert wird.

Die einzelnen Bilder können nur hinsichtlich ihres Aussageinhaltes befragt und die aus den Bildern erhobenen Aussagen in ein System gebracht werden. Dabei muß freilich davor gewarnt werden, daß bei der weitreichenden Entwicklung eschatologischer Aussagen in der Hl. Schrift bestimmte Entwicklungsstufen aus dem Zusammenhang gerissen und verabsolutiert werden, wie das im Laufe der Geschichte des öfteren geschehen ist. Was für die Bilder im allgemeinen gilt, trifft in besonderer Weise für die *apokalyptischen Aussagen* zu, die als eine eigene Aussagekategorie zu werten sind, nämlich als „Aussageweise, durch die der Mensch die Konkretheit seiner Zukunft wirklich ernst nimmt."[6]

Die Theologie hat zwar längst die Zeitgebundenheit der eschatologischen Aussagen erkannt, die mit der dem antiken Weltbild entnommenen Kategorie *Raum*

---

[5] Vgl. dazu K. Rahner, Theologische Prinzipien der Hermeneutik eschatologischer Aussagen; ders., Grundkurs des Glaubens, Freiburg – Basel – Wien [6]1991 (Sonderausgabe), 414-417.

[6] K. Rahner, Grundkurs des Glaubens, 415-416.

arbeiten, aber nicht ohne weiteres die methodischen Konsequenzen für das Verständnis der christlichen Tradition überhaupt gezogen. Es gibt eine unbestrittene einhellige Tradition hinsichtlich der lokalen Einordnung der eschatologischen Existenzweisen in das Weltbild der Alten, die bis in die neueste Zeit reicht. Trotzdem verbieten uns die Erkenntnisse der modernen Naturwissenschaft ein Bekenntnis zu dieser einhelligen Tradition. Daß die Kategorie *Zeit*, die von uns zunächst einfach als die pysikalisch meßbare und innerweltlich erfahrbare Zeit verstanden wird, bei der Interpretation eschatologischer Aussagen, so etwa des Zwischenzustandes, erhebliche Schwierigkeiten bereitet, werden die weiteren Ausführungen zeigen.

Weil eschatologische Aussagen heute nur noch im Horizont der innerweltlichen Zukunftserwartungen gelesen werden können, so ergibt sich, daß die Eschatologie einerseits nicht mehr einfach von naturwissenschaftlichen Fragestellungen absehen kann, daß andererseits neben der Philosophie verschiedene neuzeitliche Wissenschaftszweige, wie etwa die Soziologie, die Politologie und Futurologie zur Sinnerhellung eschatologischer Texte für den heutigen Menschen hilfreich sein können.

In der Theologie hat sich zudem die Meinung durchgesetzt, daß der eigentliche Inhalt der eschatologischen Texte der Bibel nicht als eine Reportage später erfolgender jenseitiger Ereignisse, sondern als Anruf für die Gestaltung des Lebens und der Geschichte im Diesseits zu verstehen ist. Alles Reden von der Zukunft erweist sich als gegenwartsbezogen. Die Zukunftsaussagen interpretieren die Gegenwart auf die Zukunft hin.

Vor allem *K. Rahner* hat darauf hingewiesen, daß unser „Wissen um die Eschata nicht eine zusätzliche Mitteilung zu der dogmatischen Anthropologie und Christologie ist, sondern nichts anderes als eben deren Transposition in den Modus der Vollendung."[7] „Wir projizieren nicht von einer Zukunft etwas in die Gegenwart hinein, sondern wir projizieren unsere christliche Gegenwart in der Erfahrung des Menschen mit sich, mit Gott in der Gnade und in Christus auf seine Zukunft hin, weil der Mensch eben seine Gegenwart gar nicht anders verstehen kann, denn als das Entstehen, das Werden, als die Dynamik auf eine Zukunft"[8].

---

7 K. Rahner, Theologische Prinzipien der Hermeneutik eschatologischer Aussagen: ders., Schriften VI, 415.

8 K. Rahner, Grundkurs des Glaubens, 415

2. Die Grundzüge der Eschatologie nach dem Zeugnis der Hl. Schrift

2.1 Das Alte Testament

Versteht man unter Eschatologie die Lehre „von den Letzten Dingen", so ist es höchst problematisch, von einer Eschatologie des Alten Testamentes zu sprechen. Eine so verstandene Eschatologie beginnt im Grunde genommen erst in der Zeit der Apokalyptik. Von einer alttestamentlichen Eschatologie kann man aber insofern sprechen, als der Gott, sei er nun ein Volksgott oder Universalgott, in der Geschichte seines Volkes und in der Geschichte aller Völker der Erde machtvoll handelt, richtend, strafend und Heil schaffend, um schließlich die Geschichte seines Volkes und der Menschheit zum Abschluß zu bringen. Dieser Grundgedanke kommt zum Ausdruck in den Worten des Propheten Jesaja: „Ich bin der Herr, und sonst niemand. Ich erschaffe das Licht und mache das Dunkel, ich bewirke das Heil und erschaffe das Unheil. Ich bin der Herr, der alles vollbringt" (Jes 45,6-7).

Die Zukunft von Mensch und Welt ist allein das Werk Gottes, der Menschen in seinen Dienst ruft, so daß die Unterscheidung von Welt- und Heilsgeschichte im Grunde genommen nicht mehr sinnvoll ist. Israel steht grundsätzlich unter dem Gesetz von Verheißung und Erfüllung als der Grundstruktur des Glaubens. Gott selbst führt sein Volk auf die von ihm tendierte, dem menschlichen Denken jedoch entzogene eschatologische Vollendung hin.

In der Welt, in der Israel lebte, sah man das Kommende nicht als das Ergebnis eines blinden Schicksals oder als Ergebnis menschlicher Weisheit und kluger Politik an, sondern erkannte in ihm die Gabe und Tat göttlicher Macht. Von Jahwe ist alles geplant, ins Werk gesetzt, was die Zukunft bringt. Künftiges gibt es nicht ohne ihn, sondern *nur durch ihn.*

Die Eschatologie hat daher ihren ursprünglichen „Sitz im Leben" in der Erfahrung, die Israel als Volk mit seinem Gott gemacht hat. Jahwe hat seinen Namen offenbart: „Ich bin der Ich – bin – da" (Ex 3,14). Ich bin hilfreich mit Euch, was immer auch geschehen mag.

Aus der geschichtlichen Erfahrung mit seinem Gott schöpfte das Volk Israel immer neue Hoffnung. Der einzelne Israelit wird stets als Glied des Volkes verstanden. Sinngemäß hat dann die kollektive Eschatologie den Vorrang vor der individuellen Eschatologie. Dieses grundsätzliche Verständnis der Eschatologie des Alten Testamentes soll in einigen Punkten näher erläutert werden, ohne daß dabei Wert auf Vollständigkeit gelegt wird.

2.1.1 *Die Hoffnung auf das verheißene Land und eine reiche Nachkommenschaft*

Die Hoffnung Israels ist zunächst auf das verheißene Land des Segens und auf eine reiche Nachkommenschaft gerichtet. Nach dem Zeugnis der beiden Schöpfungserzählungen ist der Mensch „Adam", „Erdling", der von der Erde genommen und für die Gestaltung der Erde bestellt ist (Gen 2,7 f). Er ist als Bild Gottes geschaffen und zur Herrschaft über die Erde berufen (Gen. 1,26 f). Als Vertreter Gottes auf Erden ist er für den Zustand der Erde verantwortlich. Als Mann und Frau hat Gott den Menschen erschaffen und ihnen den Auftrag gegeben, die Erde zu erfüllen (Gen 1,28 f; 2,24)[9].

Diesem Grundverständnis des Menschen entspricht die Hoffnung auf ein Land und auf eine Nachkommenschaft, die dieses Land bewohnt. Darin gründet die wesentliche Erwartung der Patriarchen: Gott spricht zu Abraham, den Vater des auserwählten Volkes: „Zieh weg aus deinem Land, von deiner Verwandtschaft und aus deinem Vaterhaus in das Land, das ich dir zeigen werde. Ich werde dich zu einem großen Volk machen, dich segnen und deinen Namen groß machen ... Durch dich sollen die Geschlechter der Erde Segen erlangen" (Gen. 12,1-3). „Deinem Nachkommen gebe ich dieses Land" (Gen. 12,7).

Dieses verheißene Land wird diesseitig verstanden als ein fruchtbares Land, in dem es keine Not gibt, als ein schönes, weites Land, ein Land, in dem Milch und Honig fließen (Ex 3,8). Die Nachkommen Abrahams werden so zahlreich sein wie der Staub von der Erde (Gen 13,16), wie die Sterne des Himmels (Gen 15,5), wie der Sand am Meeresstrand (Gen 22,17).

Das Handeln Gottes in der Geschichte seines Volkes tritt dann noch deutlicher in der Mose-Geschichte hervor. Jahwe erscheint dem Mose im brennenden Dornbusch und beauftragt ihn, das Volk aus dem Sklavenhaus in Ägypten herauszuführen: „Ich habe das Elend meines Volkes in Ägypten gesehen, und ihre laute Klage über ihre Antreiber habe ich gehört. Ich kenne ihr Leid. Ich bin herabgestiegen, um sie der Hand der Ägypter zu entreißen und aus jenem Land herauszuführen in ein schönes, weites Land" (Ex 3,7-8).

Jahwe macht seine Verheißungen wahr; er erweist sich als mächtig. Das Volk erkennt, daß Jahwe das Künftige, das er ansagt, auch durchsetzt. Sein Handeln ist auf die Zukunft ausgerichtet. Er ist der Gott der Zukunft. Dieses Vertrauen auf Gottes Verheißungen ist dann in der Bundesformel ausgedrückt: „Ihr werdet mein Volk sein, und ich werde Euer Gott sein" (Ex 36,28).

2.1.2 *Die Heilserwartung in der Königszeit*

In der Königszeit verbindet sich mit der Dynastie Davids die Hoffnung, daß aus seinen Nachkommen der endgültige Heilsbringer hervorgehen wird. Diese Hoffnung begegnet in besonderer Weise in der Verheißung durch Natan in 2 Sam 7 und in den Königspsalmen. Gott läßt durch Natan dem David verkünden: „Ich

[9] Vgl. in diesem Werk Bd. I: Theologische Anthropologie 2.1.

habe Dich von der Weide weggeholt, damit du Fürst über mein Volk sein wirst ... ich will dir einen großen Namen machen, der dem Namen der Großen auf der Erde gleich ist ... wenn deine Tage erfüllt sind und du dich zu den Vätern legst, werde ich deinen leiblichen Sohn als deinen Nachfolger einsetzen und seinem Königtum Bestand verleihen ... Ich will für ihn Vater sein, und er wird für mich Sohn sein ... Meine Huld soll nicht von ihm weichen ... Dein Haus und dein Königtum sollen durch mich auf ewig bestehen. Dein Thron soll ewig Bestand haben" (2 Sam 7,8-16).

Als der Gesalbte des Herrn ist der König vom Geiste Gottes erfüllt, so daß Gott durch ihn handelt. Von ihm wird im Ps 2,7 f gesagt: „Mein Sohn bist du. Heute habe ich dich gezeugt ... ich gebe dir die Völker zum Erbe, die Enden der Erde zum Eigentum." Ihm kommt Gott mit Segen entgegen und krönt ihn mit einer goldenen Krone. Ihm ist Leben für viele Tage, für immer und ewig gegeben (Ps 21,4-5). Anmut ist ausgegossen über seine Lippen. Für immer hat Gott ihn gesegnet. Sein Thron steht für immer und ewig (Ps 45,3.7). Er wird sein Volk in Gerechtigkeit regieren. Er soll leben, solange Sonne und Mond bleiben. Er herrscht von Meer zu Meer, vom Strom bis an die Enden der Erde. Alle Könige müssen ihn huldigen, alle Völker ihm dienen (Ps 72,2.5.8.11). Er darf zur Rechten Gottes sitzen und ist Priester auf ewig nach der Ordnung des Melchisedek (Ps. 110,1.4).

Israel wurde von seinen Königen immer wieder enttäuscht. Je mehr das Vertrauen auf sie schwand, um so mehr erwachte die Hoffnung, daß aus seinen Nachkommen der Davidssohn schlechthin, der Messias, hervorgehen werde. So konnte das Wort Davidssohn zur Bezeichnung für den Messias werden.

2.1.3 Die Heilserwartung in der Zeit des Exils

Eine Wende in der Heilserwartung Israels tritt durch das Exil ein. In der Predigt der Propheten steht die Erwartung des „Tages Jahwes" im Mittelpunkt, der als Tag des Gerichts und des Heiles verstanden wird. Im Zuge dieser Entwicklung wird das Heil zunehmend universal und kosmisch gesehen. Die Kernbotschaft der Propheten lautet: Der Gott, der in der Geschichte bisher handelnd gegenwärtig war, ist auch der Gott, der immer seinem Volk zur Hilfe kommt. So wie er bisher in Heil und Gericht erschienen ist, so wird er es auch weiter tun. Er hat eine heile Welt verheißen, in der es keinen Krieg und kein irdisches Unheil mehr geben wird: „Sie schmieden Pflugscharen aus ihren Schwertern und Winzermesser aus ihren Lanzen. Man zieht nicht mehr das Schwert und übt nicht mehr für den Krieg" (Jes 2,4).

In Deutero-Jesaja (Jes 40-55) wird dann eine Zukunft erwartet, die intensiv und extensiv eine totale Umgestaltung der Menschen und der Welt bringen wird. In Trito-Jesaja (Jes 56-66) erreicht die Hoffnung Israels kosmische Ausmaße, wenn von der Erwartung eines neuen Himmels und einer neuen Erde die Rede ist, die Gott in seiner Allmacht erschaffen wird (Jes 65,17; 66,22). Die Völker werden nach Jerusalem als der Stätte des Segens wallfahren (60,1-12) und dabei zugleich den Reichtum und Glanz der Stadt mehren. Es bedarf nicht mehr der Sonne und des Mondes, weil Jahwe das ewige Licht und der strahlende Glanz sein wird (60,19).

Es ist bezeichnend, daß in diesen Texten immer wieder das Wort *bara'* erscheint, das in den Schöpfungserzählungen das analogielose, göttliche Schaffen zum Ausdruck bringt. Damit ist ausgesagt, daß die protologische Tätigkeit am Anfang der Schöpfung und die eschatologische Hervorbringung der endzeitlichen Vollendung miteinander verbunden sind, insofern beide auf die Macht Gottes zurückgehen. In diesem Sinne begegnen dann in der endzeitlichen Erwartung Paradiesesmotive, so etwa in der Vorstellung, daß Wolf und Lamm zusammen weiden und der Löwe Stroh fressen wird wie das Rind (Jes 65,25). Gott selbst wird im Verlaufe dieser Neuschöpfung endgültig tätig sein und die allumfassende Königsherrschaft auf dem Zion antreten (Jes 52,7).

Für uns besteht die große Gefahr, daß wir diese prophetischen Texte von unserem Fragehorizont aus falsch verstehen. Es geht nicht um eine „jenseitige", sondern um eine „diesseitige" Eschatologie. „Wo die Propheten die Möglichkeit einer Rettung aus dem göttlichen Gericht in Aussicht stellen und somit ein Leben in neuer Qualität verheißen, vollzieht sich ‚dieses Leben im Eschaton' in dieser Welt. Wo Jahwes Königsherrschaft angesagt ist, meinen die Propheten einen neuen Zustand von Menschheit und Welt, in dem Recht und Gerechtigkeit, Friede und Sicherheit verwirklicht sind. Nie ist mit diesem neuen Zustand an ein ewiges Leben in einer ganz anderen Welt außerhalb der Geschichte gedacht. An keiner Stelle bedeutet die Erwartung der künftigen Wende eine Lähmung der menschlichen Aktivität, sondern immer bedeutet der Blick auf den künftig handelnden Jahwe die Kritik der bestehenden Unrechtsverhältnisse, den Ansporn zu gerechtem und befreiendem Tun des Menschen hier und jetzt."[10]

Es muß aber gleichzeitig beachtet werden, daß das verheißene Reich letzten Endes nicht als politische Größe zu begreifen ist, sondern daß es um die Bindung des Menschen an Gott geht, für die die Sünde des Menschen das Haupthindernis ist, das ständig eine Umkehr fordert. Diese Tiefendimension der eschatologischen Erwartung des Alten Testamentes tritt vor allem in der Idee vom Gottesknecht hervor, der durch sein stellvertretendes Sühneleiden das eigentliche und endgültige Heil bringt. Der Gottesknecht ist ein Mann der Schmerzen; er hat unsere Krankheiten und Schmerzen auf sich genommen; er wurde durchbohrt wegen unserer Sünden; er ist das Lamm, das zur Schlachtbank geführt wird und seinen Mund nicht auftut (Jes 53,3-7). „Mein Knecht, der gerechte, macht die Vielen gerecht. Er lädt ihre Schuld auf sich ... Er trug die Sünden der Vielen und trat für die Schuldigen ein" (Jes 53,11-12).

2.1.4 *Die individuelle Eschatologie*

Unter dem Einfluß der Weisheitsliteratur, die auch in den Psalmen einen Niederschlag gefunden hat, tritt die Tendenz zu einer individuellen Eschatologie stärker in den Vordergrund. Man soll sich freilich davor hüten, hier von einer tiefen

[10] H. Vorgrimler, Hoffnung auf Vollendung, 24.

Zäsur oder einem Bruch mit der bisherigen Zukunftserwartung zu sprechen. Es werden lediglich die Akzente etwas anders gesetzt.

Das Volk Israel wird immer als Ganzes gesehen. Der Einzelne gilt als Glied der von Gott erwählten Gemeinschaft. Das künftige Geschick des Einzelnen wird nicht vom Schicksal des Volkes abgehoben und eigens thematisiert. Freilich ist mit den Gaben und Aufgaben, die das ganze Volk betreffen, immer der Einzelne mit angesprochen. So sehr der Dekalog das Gesetz des Bundes ist, den Jahwe mit seinem Volk geschlossen hat, so richten sich die einzelnen Forderungen doch an die Glieder des Bundesvolkes. Der Einzelne wird durchaus von Gott als Persönlichkeit gewertet und für sein Tun verantwortlich gemacht. Er wird zum Empfänger von Lohn und Strafe.

Die Weisheitsliteratur schaut nun mehr auf das Geschick des einzelnen. Sie will dem einzelnen Menschen mit ihrem Rat dazu verhelfen, daß das Leben gelingt, glücklich verläuft und lange währt. Auch Lohn und Strafe werden auf den einzelnen Menschen bezogen. Nach der großen Katastrophe, die mit dem Exil verbunden ist, kann man sich nicht mehr mit der Einbindung des einzelnen in das Heil des Volkes zufrieden geben. Man kann sich nicht mehr mit dem Gedanken abfinden, daß die kollektive Zukunft eine hinreichende Sinnstiftung für das Einzelleben innerhalb des Volkes der Zukunft gebe. Es stellt sich immer dringlicher die Frage, ob die Bundesgemeinschaft mit Jahwe für den einzelnen Menschen mit dem Tode endet und das kommende Gottesreich nur denen zuteil wird, die es erleben werden. Nun wird nach dem Schicksal des einzelnen nach dem Tode gefragt, das nun unter dem Einfluß der griechischen Seelenlehre interpretiert wird.

Der vergängliche Leib beschwert die Seele (Weish 9,15). Gott hat den Menschen zur Unsterblichkeit erschaffen, doch durch den Neid des Teufels kam der Tod in die Welt; den erfahren alle die, die ihm angehören (Weish 2,23-24). Die Toren verstehen Gottes Geheimnisse nicht; sie hoffen nicht auf den Lohn für die Frömmigkeit; sie erwarten keine Auszeichnung für die untadeligen Seelen (Weish 2,22).

Das jenseitige Los der Guten und Bösen wird dann in den Worten ausgedrückt: „Die Seelen der Gerechten sind in Gottes Hand, und keine Qual kann sie berühren. In den Augen der Toren sind sie gestorben, ihr Heimgang gilt als Unglück; ihr Scheiden von uns als Vernichtung; sie aber sind in Frieden. In den Augen der Menschen wurden sie bestraft; doch ihre Hoffnung ist voll Unsterblichkeit. Ein wenig wurden sie gezüchtigt; doch sie empfangen große Wohltat ... beim Endgericht werden sie aufleuchten wie die Funken, die durch ein Stoppelfeld sprühen" (Weish 3,1-7).

2.1.5 Die Eschatologie der Apokalyptik

In der letzten Phase der Entfaltung der Zukunftserwartung im Alten Testament kommt es zu einer transzendenten Eschatologie. Der gesamte Kosmos wird neu gestaltet und vollendet, alles Böse in der Welt wird überwunden. Eine heile Zukunft der Welt und der Geschichte wird verkündet. Diese Vorstellung begegnet besonders eindringlich in der Vision bei Dan 7: Den vier Tieren, die aus dem Meere aufsteigen, wird alle Gewalt genommen. Auf den Wolken des Himmels kommt einer wie ein Menschensohn. „Ihm wurden Herrschaft, Würde und Königtum gegeben. Alle Völker, Nationen und Sprachen werden ihm dienen. Seine Herrschaft ist eine ewige, unvergängliche Herrschaft. Sein Reich geht niemals unter" (Dan 7,14).

In der Zeit der bitteren Verfolgung gibt man die Hoffnung, Gott werde für sein Volk durch ein geschichtsimmanentes Handeln eine heile Zukunft schaffen, auf. Das endgültige Heil, das universal und kosmisch ist, wird streng transzendent verstanden. In dieser Zeit, in der die Gesetzestreuen gemartert und getötet werden, bricht bei Daniel und im zweiten Buch der Makkabaer endgültig der Glaube an die Auferstehung der Toten durch, der nun als die eigentliche Hoffnung verstanden wird. Dieser Glaube wird später eingehend erörtert werden.

Eschatologie im Alten Testament

Grundausrichtung:

Zeit ist gerichtet – Endzeit ist innergeschichtliche Wende zum Guten – Subjekt der Eschatologie ist das Volk – Das Schicksal des Volkes wird universalistisch mit dem Schicksal der Menschheit verschränkt

Eschatologische Termini:

Volk der Verheißung	Die Geschichte Israels ist seit Abraham Geschichte der Aussonderung zum Heil in der Folge Verheißung – Erfüllung – Verheißung... Zunehmende Spiritualisierung Ende der Geschichte ist endgültiges innergeschichtliches Heil.
Tag des Herrn (jôm Jahwe / Adonai)	Nur bei den Propheten! Gemeint ist der Gerichtstag über Israels Feinde Zugleich Tag der Hoffnung Liegt innerhalb der Geschichte.
Der kommende Messias	Seit Einführung des Königtums! Heilshoffnung konzentriert sich auf eine Mittlergestalt Dieser Messias ist König, Gottesknecht (ebed Jahwe), (transzendenter) Menschensohn (Dan) Beginn der Enthistorisierung der Eschatologie.
Der neue Bund	Gefordert wegen der Treulosigkeit der Menschen Diese werden erst in der Endzeit unwiderruflich treu sein (Jer 31,31-34; Jes 54) Der neue Bund ist zwar universalistisch, aber noch innergeschichtlich gedacht.
Das Reich Jahwes (malkut Jahwe)	Jahwe errichtet in der Endzeit sein schon jetzt existierendes Reich endgültig (Micha 2,12 f.) Es hat universale, je kosmische Dimensionen Liegt im Bereich der Transzendenz (Dan 7,9-14)

Der Todesstachel	Leben ist für Israel = Kommunikation mit Gott und darum Kommunikation mit den Mitmenschen; der Tod ist daher Ende der Gottesbeziehung (Ijob 14,1-14). Tote Leben schattenhaft in der Scheol (Koh 9,5 f.) Dazu kontrastieren Gedanken, die ein Weiterleben nahelegen: Schöpfung – Gottebenbildlichkeit des Menschen – umfassende Lebensmacht Jahwes – Gottes unwandelbare Treue zu seinem Werk. Daraus in der Spätzeit des AT Gedanke einer todüberwindenden Auferstehung (Weish 4,7; 2 Makk 12,43 ff.; Dan 12,2).

Vorstellungen der jüdischen Apokalyptik

Begriff	Eine mit Hilfe einer bestimmten literarischen Technik vollzogene Deutung der Gegenwartssituation durch den Blick auf die Endzeit.
Schriften	Daniel – äthiop. Henochbuch – 4 Esra – Sibyllin. Bücher – Testament der XII Patriarchen – Oden Salomos – Abrahamsapokalypse – Himmelfahrt des Jesaja u. a.
Merkmale	Autor ist ein pseudonymer „Weiser" Periodisierung des Geschichtsverlaufs, innerhalb dessen die Gegenwart Zeit des Verfalls und des Endes ist. Rückgriff auf die Vergangenheit, die gut war. Kosmologisch orientiert. Auserwählungsbewußtsein, Angst Identitätssuche, revolutionäre Attitude als psychologischer Hintergrund.
Auswirkungen auf die christlichen Endzeitvorstellungen	Ausrichtung auf das Jenseitsschicksal des Individuums Einfluß auf die Lehre vom Zwischenzustand Auferstehungsgedanke.

Eschatologie im Neuen Testament

Grundausrichtung:

Materiale Ausrichtung wie im AT, formal tritt an die Stelle der atl. futurischen eine *modifiziert präsentische* Eschatologie: „Auf Hoffnung hin sind wir gerettet" (Röm 8,24). Das bedeutet konkret: In Jesus Christus ist (Präsens) das Endheil *schon* verwirklicht, steht aber in seiner Vollgestalt *noch* aus (Modifikation). In den Dienst der vollen Realisation des Gottesreiches wird die Kirche gestellt (Mission).

Jesu eschatologisches Wirken

Basileia-Predigt	Er verkündet die Basileia (Be-Reich) Gottes unter eschatologischen Vorzeichen: sie ist nahe (Mk 1,15) – mitten unter uns (Lk 17,20 f.) – unerwartet eingetroffen (Lk 12,39 f.) – verlangt neue Handlungsmodelle (radikale Forderungen der Bergpredigt). Gleichwohl steht sie noch aus: man muß um ihr Kommen beten (Mt 6,10); sie wird in dynamischen Bildern geschildert (Mahl – Ernte).
Heilswirken als Zeichen der Basileia	Jesus ist mehr als Jona oder die Propheten (Mt 12,41 f.; Lk 16, 16).

	Er sammelt die Verlorenen und die Sünder (Lk 6,20–2; Mk 2,13 –17). Er ist in eigener Person die Basileia (Mk 4,11).
Wachstumsgleichnisse	Mk 4 / Mt 13 Sie zeigen, daß zwischen der eschatologischen Predigt und dem endlichen Kommen der Basileia Zeit vergeht, deren Dauer Gott allein bemißt.
Heilsdimension	Bei der Entscheidung für / gegen die Basileia geht es um Heil / Unheil (Mk 9,42-47). Präponderanz des Heiles vor dem Unheil (Lk 15; Mt 18,23-35).
Die Naherwartung	Problem entsteht durch Mk 9,1; 13,28-30 und Mt 10,23: Jesu Worte enthalten eine Terminangabe über den Zeitpunkt des Endes. Innerneutestamentlich unterschiedliche Lösungen: Mk kennt keinen langen Zeitraum bis zum Ende, Lk und 2 Petr lassen eine indefinit lange Bewährungszeit zu; in der Briefliteratur unterschiedliche Ansätze (1 Thess 4,15-17 – 1 Kor 7,29-31; 10,11 – Röm 13,11 – Phil 4,5 u. a.).
Ostern als eschatologisches Ereignis	Ostern bestätigt Gott die eschatologische Predigt Jesu, sofern er Jesus selber bestätigt. Das Osterbekenntnis schließt daher den Glauben ein: – das Eschaton ist angebrochen, – Jesus der Erhöhte ist die endgültige Zukunft Gottes für die Menschen. – Ostern ist also der atl. verheißene „Tag des Herrrn" (vgl. Apg 2,14-21 mit Joël 3,1-5). Christozentrische Deutung der Eschatologie durch den Parusieglauben (Apg 1,11; Apok 13,24-27).

Paulus

1 Thess 4,13-18	Ausrichtung auf die Parusie aufgrund der Frage nach dem Los der schon verstorbenen Gemeindeglieder, aber keine Belehrung, sondern Trost: Entscheidend für das endgültige Schicksal ist einzig die Christusgemeinschaft. Verlauf der Parusie: Erzengel – Posaune – Herabkunft des Herrn – Auferstehung der Toten – Entrückung mit den noch Lebenden – *Gemeinsam mit dem Herrn sein.*
1 Kor 15	Problem der schon Verstorbenen Bekenntnis zu Tod und Auferstehung Jesu Aus Jesu Auferweckung folgt die Auferstehung aller Toten.
2 Kor 5,1-10	Hoffnung auf die Totenerweckung Die Toten werden mit einem neuen Leib überkleidet Daher muß der Mensch Gott auch mit dem Leib ehren.

Johannes

Grundschrift	Futurisch-apokalyptische Eschatologie Prophet-Messias-Christologie.
Buch des Evangelisten	Präsentische Eschatologie (5,20-27; 11,24-27) Sohn-Gottes-Christologie.

Endredaktion	Futurische Eschatologie. Antidoketische Christologie 5,20-27 wird korrigiert 6,39 b; 40 c; 44 c; 54 b.

Eschatologie ist also (wie auch bei Paulus) nicht eindimensional, sondern *dialektisch* zu denken: Die Eschata sind je sowohl gegenwärtig wie zukünftig. Diese Einsicht wird in Apok angewendet.

2.2 Das Neue Testament

2.2.1 Die synoptische Tradition

Die entscheidende und alles umfassende eschatologische Aussage der synoptischen Tradition ist die *Botschaft vom Gottesreich* oder *Himmelreich* (so in der Regel bei Mt), in der die Botschaft des historischen Jesus zusammengefaßt werden kann. Jesus hat die Botschaft von der Königsherrschaft Gottes aus dem Alten Testament und Judentum übernommen, sie aber entscheidend neu gestaltet, insofern er alle politischen Elemente ausgeschaltet hat. Das Reich Gottes, die Heilsaussage der synoptischen Tradition schlechthin, ist mit dem Kommen Jesu angebrochen. In seiner vollendeten Gestalt ist es eine der gegenwärtigen Weltzeit entgegengesetzte zukünftige Ordung der Dinge, in der Gottes Wille allein herrscht[11].

Reich Gottes ist also in erster Linie ein Hoffnungsgut der Zukunft, ein Reich, das Christus bei seiner Parusie endgültig aufrichten wird. Dieses endzeitliche Reich fällt mit dem ewigen Leben zusammen. Es wird vor allem durch die Bilder vom Mahl (Mt 22,1-14; Lk 14,15-24) und der Ernte (Mt 13,30; Mk 4,29) geschildert. Auch die Seligpreisungen der Bergpredigt (Mt 5,3-12) sind entscheidend von der endzeitlichen Gestalt der Gottesherrschaft geprägt. Im Vaterunser (Mt 6,9-13) wird um das endgültige Kommen dieser Gottesherrschaft gebetet.

Das entscheidend Neue an der Predigt Jesu ist die Verkündigung, daß mit seinem Kommen die Herrschaft Gottes angebrochen ist und daß dieses Reich an seine Person gebunden ist. „Das Gottesreich ist (schon) mitten unter Euch" (Lk 17,21). Mit dem Auftreten Jesu hat die Zukunft der Gottesherrschaft inmitten einer alten, unerlösten Welt bereits begonnen. Es gibt also nicht zwei verschiedene Reiche, so daß in einer zeitlichen Abfolge ein gegenwärtiges Reich durch ein zukünftiges abgelöst wird. Es gibt vielmehr nur ein Reich, das in seiner Vollendung ein eschatologisches Hoffnungsgut ist, das aber in einer vorläufigen Gestalt überall dort Gestalt gewinnt, wo der Mensch in die Nachfolge Christi eintritt, die durch Glaube und Umkehr verwirklicht wird (Mk 1,15).

Dieses Reich Gottes ist in seinem ganzen Umfang freie Tat Gottes (Lk 12,32; 22,29) und unverdiente Gnade für den Menschen, um die er beten soll (Mt 6,10);

[11] Vgl. in diesem Werk Bd. II: Christologie 2.2.2.

ein Reich, das wir suchen und für das wir uns bereithalten sollen (Mt 24,44; 25,13). Die Wachstumsgleichnisse, das Gleichnis von der selbstwachsenden Saat (Mk 4,26-29), und vom Senfkorn (Mk 4,30-32) und das Gleichnis vom Sauerteig (Mt 13,33) beschreiben den Gegensatz zwischen der verborgenen Kleinheit des Anfangs und der Größe der endgültigen Gottesherrschaft. Ein unlösbares Problem bilden die Worte Jesu über die Naherwartung. Die gegenwärtige Generation wird den endgültigen Anbruch der Gottesherrschaft erleben (Mk 9,1; 13,28-30; Mt 10,23; 16,28; Lk 9,27). Weil das Ende plötzlich hereinbrechen wird, werden die Jünger zur Wachsamkeit und Bereitschaft ermahnt (Mk 13,33-37; Mt 25,14-30; Lk 12,35-40; 19,11-27)[12].

Die Evangelisten identifizieren das Reich Gottes nicht mit der Kirche, wie sich aus den Gleichnissen vom Unkraut unter dem Weizen (Mt 13,24-30) und vom Fischnetz (Mt 13,47-50) ergibt, so sehr Gottesreich und Kirche aufeinander bezogen sind (Mt 16,19-20; 18,18).

Mit der Botschaft Jesu von der Gottesherrschaft ist die Verkündigung des Gerichtes verbunden, wie gerade die Schilderung des Jüngsten Gerichtes (Mt 25,31-46) zeigt. So sehr Jesus im Zuge seiner neuen Ethik, die in den Antithesen der Bergpredigt dargelegt wird, das Gericht verschärft hat, so ist doch die Predigt vom Gericht in die Botschaft von der Sünderliebe und Heilandssorge eingeordnet, wie gerade Lk 15, „das Evangelium im Evangelium“, zeigt.

Im Streitgespräch mit den Sadduzäern (Mt 22,23-33) bekennt sich Jesus zur Lehre der Auferstehung der Toten, die er aber gegenüber der jüdischen Tradition neu gestaltet.

2.2.2 *Das Johannesevangelium*

Im Johannesevangelium begegnen *zwei verschiedene* eschatologische Vorstellungen, die sich nicht ohne weiteres harmonisieren lassen. Während das Wort vom Gottesreich nur im Nikodemus-Gespräch auftaucht (Joh 3,3.5), ist der Ausdruck für das allumfassende Heil Leben, ewiges, göttliches Leben (*zoe*), das dem natürlichen, irdischen Leben (*psyche*) gegenübergestellt wird. Der lebendige Gott hat von Natur aus das wahre und eigentliche Leben; seit der Menschwerdung des Gottessohnes ist dieses Leben auf Erden erschienen. Christus ist der einzige, exklusive und universale Spender des Lebens. Er ist das Brot des Lebens (6,38.48), der Weg, die Wahrheit und das Leben (14,6). Die einzige und allumfassende Voraussetzung für den Empfang des Lebens ist der Glaube (3,36; 5,24; 6,40.47; 11,25-26).

Mit dem Judentum bekennt das Johannesevangelium den Glauben an die Auferstehung der Toten am Jüngsten Tag, die alle Menschen betreffen und Lohn und Strafe bringen wird (5,28-29).

Viel bedeutender und wohl auch ursprünglicher ist aber für das Johannesevangelium die *präsentische Eschatologie* (Gegenwartseschatologie). Heil und Gericht ereignen sich *jetzt* in der Begegnung mit Christus. Die eschatologische Entschei-

---

12 Vgl. in diesem Werk Bd. II: Christologie 2.2.2.1 und Ekklesiologie 2.3.2.3.

dung beginnt bereits im irdischen Leben. Wer glaubt, hat das ewige Leben (6,47). Er kommt nicht ins Gericht, sondern er ist aus dem Tod ins Leben hinübergegangen (5,24). Wer nicht glaubt, ist schon gerichtet (3,18); auf ihm bleibt der Zorn Gottes (3,36). Die Auferstehung zum Leben geschieht jetzt, wenn der Mensch das Wort Gottes hört und aus dem geistigen Tode erwacht.

Auf das Bekenntnis der Marta am Grabe des Lazarus, das ihr Bruder am Jüngsten Tage auferstehen wird, antwortet Jesus: „Ich bin die Auferstehung und das Leben. Wer an mich glaubt, wird leben, auch wenn er stirbt, und jeder, der lebt und an mich glaubt, wird in Ewigkeit nicht sterben" (11,24-26).

2.2.3 *Die paulinischen Briefe*

Die entscheidenden Gesichtspunkte der paulinischen Eschatologie, die trotz der Bildhaftigkeit der Aussagen auf weite Strecken ein *theologisches Gepräge* haben, werden bei der Erörterung der einzelnen Themen der Eschatologie zur Sprache kommen. Hier soll nur die grundsätzliche Sicht erörtert werden.

Im Mittelpunkt der Hoffnung des Christen steht die Auferstehung der Toten, die heilsgeschichtlich aus der Auferstehung Christi begründet wird. Dabei kommt auch das für die heidnische Umwelt so unverständliche Problem des Auferstehungsleibes zur Sprache. Eingehend erörtert der Apostel die Parusie des Herrn, mit der das Gericht verbunden ist.

Die drängende Naherwartung, von der Paulus erfüllt ist, ist ein wichtiges Anliegen seiner Gemeinden. Der Herr wird plötzlich und unerwartet kommen wie ein Dieb in der Nacht (1 Thess 5,2). Daher sollen die Christen nicht schlafen, sondern wachen und nüchtern sein (1 Thess 5,6). Die Stunde ist gekommen, aufzustehen vom Schlaf. Sie müssen die Werke der Finsternis ablegen und die Waffen des Lichtes anlegen (Röm 13,12). Sie müssen am Tage Christi rein und ohne Tadel sein (Phil 1,10 b).

Mit der Parusie ist das Gericht verbunden, das Christus als Richter halten wird. Die ganze Schöpfung, die der Vergänglichkeit unterworfen ist und bis heute in Geburtswehen liegt, wird an der Heilsvollendung Anteil erhalten (Röm 8,20 f). Trotz der Naherwartung dürfte Paulus einen Zwischenzustand angenommen haben, wenn auch die einzelnen Stellen, die dafür angeführt werden, nicht einheitlich interpretiert werden.

Kirchenamtliche Dokumente zur Eschatologie

Dokument	Jahr	DH	NR	Hauptinhalt
Altkirchliche Symbola	ca. 150 - 7. Jh.			Auferstehung des ganzen Menschen
Lateranense IV	1215	801	896	Ewige Vergeltung nach den Werken
Innocenz.IV.	1254	838	897	Existenz eines Läuterungsortes
Lugdunense II	1284	856 –58	926	Totenfürbitte, ungleiche remuneratio
Benedikt XII. („Benedictus Deus")	1336	1000 –02	901 –05	Endgültigkeit des Todes; unmittelbar endgültiges Schicksal
Florentinum	1439	1304 –06		wie Lugdunense II
Lateranense V	1513	1440	331	Individuelle Unsterblichkeit
Tridentinum	1563	1820	907 –08	Existenz eines Läuterungsortes Fürbitte für die Toten, nüchterne Predigt in eschatol. Dingen
Vaticanum II	1964	4168 –71		Eschaton ist eine ekklesiologische Kategorie
Glaubenskongregation	1979	4650 –59		7 Thesen, hauptsächlich zur Frages des „Zwischenzustands"

3. Eschatologische Konzeptionen des 19. und 20. Jahrhunderts

Um unnötige Wiederholungen zu vermeiden, wird auf einen dogmengeschichtlichen Überblick über das Verständnis der Eschatologie verzichtet. Die entscheidenden Gesichtspunkte der kirchlichen Tradition werden bei der Erörterung der einzelnen Themen behandelt werden. Im folgenden sollen einige eschatologische Konzeptionen des 19. und 20. Jahrhunderts erläutert werden. Dabei geht es um eine grundsätzliche Sicht der Eschatologie, die eine Interpretation und Kritik der einzelnen eschatologischen Aussagen ermöglicht und fordert. Dieser Aufbruch im grundsätzlichen Verständnis der Eschatologie erfolgte in der evangelischen Theologie, während in der katholischen Theologie bis in die Mitte unseres Jahrhunderts die aus der Tradition übernommenen scholastischen Thesen vertreten wurden. Im Zuge der ökumenischen Bewegung kam es zu einem gegenseitigen Gespräch, das sich für beide Seiten fruchtbar ausgewirkt hat.

3.1 Die evangelische Theologie

3.1.1 Die konsequente Eschatologie

Die unter dem Einfluß der religionsgeschichtlichen Betrachtungsweise entstandene, von *J. Weiß, A. Schweitzer, M. Werner* und anderen vertretene Theorie der konsequenten Eschatologie, auch *Eschatologismus* genannt, geht vom radikal eschatologischen Charakter der Verkündigung Jesu aus. Die Geschichte des Christentums beruht auf der Parusieverzögerung, d.h. auf dem Nichteintreffen der Parusie bzw. dem Aufgeben der Naherwartung und der damit verbundenen Eschatologisierung der Botschaft Jesu. Im Anschluß an die Täuferbewegung habe Jesus den unmittelbar bevorstehenden Anbruch des Gottesreiches verkündet und gehofft, die Büßenden könnten durch ihre Aktivität das Ende herbeizwingen. Anfänglich erwartete Jesus die Parusie am Ende der vorläufigen Aussendung der Jünger (Mt 10,5 f), also noch zu seinen Lebzeiten. Jesu Erwartung, in den himmlischen Menschensohn verwandelt zu werden, erfüllte sich nicht. So sei er zu dem Entschluß gekommen, den Tod auf sich zu nehmen, um die noch ausstehenden Endereignisse zu erleiden und damit die Parusie herbeizuführen. Angesichts des Todes habe er sich der sicheren Hoffnung hingegeben, daß er nach dem Tod wiederkommen und die Neuordnung vornehmen könne. Nach *A. Schweitzer* kann

Jesu Denken nur in diesem Horizont der Erwartung des unmittelbar bevorstehenden und vollständigen Weltenendes verstanden werden. Diese Hoffnung habe Jesus an seine Jünger weitergegeben. Als das Urchristentum in der Erwartung des baldigen Kommens des Herrn enttäuscht wurde, habe man sich allmählich in Lehre, Kult und Verwaltung auf eine längere Dauer eingerichtet.

3.1.2 K. Barth und die „dialektische Theologie"

Der entscheidende Neuaufbruch in der Theologie nach dem ersten Weltkrieg wird vor allem in der dialektischen Theologie wirksam, die untrennbar mit K. Barth verbunden ist. Die Eschatologie wird zum Formalprinzip der ganzen Theologie erhoben. Scharf pointiert führt K. Barth in seinem Römerbriefkommentar aus: „Christentum, das nicht ganz und gar und restlos Eschatologie ist, hat mit Christus ganz und gar und restlos nichts zutun."[13]

Im Sinne seiner transzendentalen Eschatologie sagt er, daß die Eschatologie kein „harmloses Kapitelchen am Ende der Dogmatik ist", sondern der Ausdruck für die Situation des Menschen, der mit seinen aktuellen Entscheidungen vor dem „ganz anderen", welttranszendenten Gott steht. Die Eschatologie ist Gottes eigene Transzendenz. Das „Eschaton" ist daher kein zeitliches, sondern ein qualitatives Ereignis. Es ist die Gegenwart von Gottes Ewigkeit, die alles zeitliche in eine Krise stürzt und die Nichtigkeit der menschlichen, zeitlichen Geschichte offenbart. So sehr K. Barth die Eschatologie zur Grundkategorie der Theologie rechnet, kann nicht übersehen werden, daß in seiner umfangreichen „Kirchlichen Dogmatik" gerade die Eschatologie nicht mehr ausgearbeitet worden ist.

3.1.3 R. Bultmann

Wohl noch entscheidender für das grundsätzliche Verständnis der Eschatologie ist die Position von R. Bultmann geworden, die ganz von der Forderung nach einer Entmythologisierung und existentialen Interpretation des Neuen Testamentes beherrscht ist. Wir müssen den Weg einer statischen Essenztheologie verlassen und die Dynamik einer Existenztheologie übernehmen. Dann ist das Wort der Schrift nicht dogmatische Aussage, sondern *Kerygma*. Auf diesem Wege kann Christus wieder zum Künder in das Je und Je der Existenz des Menschen werden. Es geht nicht mehr um einen objektiven Schriftgehalt. Vielmehr stellt der Herr, der im Kerygma als Verkündeter gegenwärtig wird, den Menschen vor die Glaubensentscheidung. Auf diese Weise ermöglicht Christus die neue Existenzweise.

Sinngemäß versteht Bultmann die Eschatologie konsequent als präsentische Eschatologie. Zukunftsaussagen haben darin keinen Platz mehr. „Die christliche Hoffnung weiß, daß sie hofft; sie weiß aber nicht, was sie erhofft."[14]

[13] Der Römerbrief, München 1922, 298.

[14] Die christliche Hoffnung und das Problem der Entmythologisierung, Stuttgart 1954, 58.

Eschatologie und Christologie gehen ineinander über. Jesus Christus ist das eschatologische Ereignis nicht als ein Faktum der Vergangenheit, sondern als der jeweils hier und jetzt in der Verkündigung Anwesende. Das Christusgeschehen und das Wort der Verkündigung ist „eschatologisches Geschehen", d.h. es beendet die Verfallenheit der sündigen Existenz und ermöglicht die neue Offenheit und Freiheit auf Zukunft hin. Wer sich gläubig auf das Wort der Verkündigung einläßt, gewinnt das wahre Leben. Diese Freiheit, die der Glaube schenkt, ist selber Eschaton. Nicht mehr auf eine zeitlich ausstehende Zukunft wartet der Glaubende, sondern im Jetzt des Anrufs und Hörens wird die Zukunft Gegenwart.

Mit Recht wurde an dieser existentialen Interpretation des Neuen Testamentes kritisiert, daß die noch ausstehende Zukunft von Welt und Geschichte ausgeklammert, wenn nicht eliminiert wird.

3.1.4 O. Cullmann[15]

O. Cullmann vertritt eine radikale Gegenposition zu R. Bultmann, wenn er die Theologie insgesamt und damit auch die Eschatologie unter dem Gesichtspunkt der Heilsgeschichte betrachtet. Die Verkündigung Jesu zeichnet sich dadurch aus, daß das Reich Gottes zugleich als gegenwärtig und zukünftig verstanden wird. Die neutestamentliche Eschatologie hat ihre Wurzeln nicht in der Naherwartung als solcher, sondern in der Spanne zwischen Gegenwart und Zukunft.

Die Position von Cullmann setzt ein bestimmtes Verständnis von *Zeit* voraus. Während im griechischen Verständnis die Zeit zyklisch verstanden wird als ein geschlossener Kreis mit einer stetigen Wiederkehr und sich Heil nur im Ausbruch aus dem Zirkel der Zeit, in der Flucht in eine zeitlose Ewigkeit ereignen kann, ereignet sich nach dem linearen Zeitverständnis der Bibel das Heil in der Zeit. Zeit und Heil sind aufeinander bezogen. Die Eschatologie wird ganz in die Heilsgeschichte rückgebunden.

Während für jüdisches Verständnis nach der Schöpfung das entscheidende Ereignis die Parusie ist, mit der der neue Äon beginnt, liegt für Jesus und die Heilsbotschaft des Neuen Testamentes die Mitte der Zeit nicht mehr in der Zukunft, sondern in der Vergangenheit bzw. in der Gegenwart Jesu und der Apostel. Im Auftreten Jesu ist die Wende, die Mitte der Zeit da. Sie fällt nicht mit dem Ende der Weltgeschichte zusammen, die noch lange Zeit weiterlaufen kann.

Mit dieser zentralen Sicht der eschatologischen Botschaft des Neuen Testamentes, die ein neues Verständnis von Geschichte und Eschatologie einschließt, hat die faktische Dauer der Zwischenzeit nur noch eine zweitrangige Bedeutung. Damit verliert auch das Problem der Naherwartung alles Belastende. „Das entscheidende der Botschaft Jesu liegt nicht in der Frage einer kurzen Dauer bis zur Parusie, sondern im Herausstellen der schon geschehenen Mitte."[16] Auf den Vor-

[15] Vgl. J. Ratzinger, Eschatologie – Tod und ewiges Leben (KKD 9), Regensburg ^{6}1990, 53-56. Dort wird Bezug genommen auf O. Cullmann, Christus und die Zeit, Zürich ^{2}1948; Heil als Geschichte, Tübingen 1965.

[16] A.a.O. 55.

wurf, daß eine so verstandene Eschatologie keine tiefgreifende Bedeutung für die menschliche Existenz habe, weist Cullmann auf den existentiellen Gehalt der Heilsgeschichte hin, der darin besteht, daß wir im Glauben das heilsgeschichtliche „Schon" übernehmen und auf das „Noch-nicht" zugehen. Heilsgeschichte ist nicht bloße Vergangenheit, sondern auch Gegenwart und Zukunft, weitergehend bis zur Wiederkunft des Herrn.

3.1.5 J. Moltmann

Für J. Moltmann, der in seiner „Theologie der Hoffnung" auf das „Prinzip Hoffnung" von E. Bloch antwortet, bleibt sowohl die existentiale Interpretation des Neuen Testamentes und die daraus resultierende Eschatologie von Bultmann wie auch der heilsgeschichtliche Ansatz von O. Cullmann insgesamt unbefriedigend, weil sie am Wesen des Menschen vorbeigehen und seine Geschichtsbezogenheit übersehen. Es genügt auch nicht, allein auf das Heilsereignis in Jesus als der Mitte der Zeit zu schauen. Christsein heißt vielmehr, den Tatsachen der Gegenwart von der Zukunft her entgegenzutreten.

Weil der Gott der Bibel der „Ganz-Ändernde" ist, müssen „die Hoffnungsansätze der Verheißung in einen Widerspruch zur gegenwärtig erfahrbaren Welt treten ... sie wollen nicht die Wirklichkeit erhellen, die da ist, sondern die Wirklichkeit, die kommt ... sie wollen der Wirklichkeit nicht die Schleppe nachtragen, sondern die Fackel voran."[17] Man kann nicht von der gläubigen Existenz in radikaler Offenheit reden, wenn man die Welt für einen Mechanismus oder einen in sich geschlossenen Wirkungszusammenhang im objektiven Gegenüber zum Menschen hält. „Ohne eine kosmologische Eschatologie ist die eschatologische Existenz des Menschen nicht aussagbar."[18]

Zum christlichen Glauben gehört eine starke Hoffnung für diese Welt und ihre Geschichte. Diese Hoffnung gründet aber nicht in der naturwissenschaftlichen Sicherheit und in empirischen Tatsachen, sondern einzig und allein in der Treue Gottes, der zu seinen Verheißungen steht. Aus der Geschichte Israels kann man lernen, wie die Verheißungen die Horizonte der Geschichte erschließen.

Christlicher Glaube spricht von der durch Christus verheißenen Zukunft, die in der Auferstehung Christi gründet. „Christliche Hoffnung ist kein blinder Optimismus. Sie ist eine sehende Hoffnung, die das Leiden sieht und dennoch an die Freiheit glaubt. Hoffnung wird erst durch das Leiden und das Opfer zu einer klugen Hoffnung."[19]

Die praktische Bedeutung der Theologie der Hoffnung wird im Verhältnis von Christentum und Gesellschaft deutlich. Durch die christliche Hoffnung wird eine kritisierende und mobilisierende Kraft gegenüber den gegenwärtigen Zuständen freigesetzt.

---

[17] Theologie der Hoffnung, München 1969, 13 f.
[18] A.a.O. 60.
[19] Umkehr zur Zukunft, München 1970, 14.

3.2 Die katholische Theologie

3.2.1 P. Teilhard de Chardin

Teilhard de Chardin, der Zeit seines Lebens eine Aussöhnung zwischen Naturwissenschaft und Glaube versucht hat, übte einen bedeutenden Einfluß auf die Eschatologie aus, die freilich in mehreren Punkten von beiden Seiten in Frage gestellt und daher nicht eigentlich weitergeführt worden ist. Sein eigentliches Anliegen ist es, daß die heile Zukunft nicht von oben her auf die durch eine Katastrophe zerstörte Welt herabsteigt, sondern daß durch die Evolution, deren Triebkraft Gott ist, eine natürlich und übernatürlich vollendete Zukunft erreicht wird.

Teilhard geht von der vom „*Deus evolutor*“ geleiteten Evolution aus, deren Ausgangspunkt eine psychoide, eine seelenartige Geist-Materie ist. Sinngemäß bedeutet die Evolution eine Vergeistigung. Konkret gibt es nicht Materie und Geist, die voneinander getrennt sind, sondern nur Materie, aus der immer mehr Geist wird. Im Geist ist der höhere Zustand für den Weltstoff erreicht. *Evolution c'est spiritualisation*. Der erste Höhepunkt, „die Achse und Spitze“ der Evolution, ist der Mensch. Die vormenschliche Evolution konvergiert im Werden der menschlichen Person. Einen zweiten Höhepunkt erreicht die Evolution in der Menschwerdung des Gottessohnes. Nun wird die Anthropozentik zu Christozentrik, die Evolution zu Christifikation, der *Deus* evolutor zum *Christus* evolutor.

Aus diesem grundsätzlichen Verständnis der Evolution ergibt sie für Teilhard eine natürliche und übernatürliche Vollendung der Welt, die als Einheit gesehen und mit Omega bezeichnet wird, das nicht nur der letzte Buchstabe des griechischen Alphabetes, sondern zugleich ein Ausdruck für den Parusiechristus ist (Offb 1,8; 21,6; 22,13).

Weil die Evolution nicht nur Vergeistigung ist, sondern auch von der schöpferischen Kraft der Einigung beherrscht ist, wird eine immer größere Einheit und Vergesellschaftung der Menschheit und schließlich die Einheit des Menschengeschlechtes erreicht. Unter Berufung auf 1 Kor 15,28 und Kol 1,15-18 nimmt Teilhard an, daß im Zuge der Evolution und der damit verbundenen Christifikation die Menschheit einem übernatürlichen Ziel zugeführt wird, dem Christus der Vollendung, der sich die heimgeholte vereinigte Menschheit angliedert und seinen mystischen Leib assimiliert. Als biblische Chiffren für diesen übernatürlichen Zielpunkt der Evolution nennt Teilhard die Wiederkunft Christi, den Jüngsten Tag, das Ende der Welt, die Auferstehung der Toten und den neuen Himmel und die neue Erde.

3.2.2 H.U. von Balthasar

H.U. von Balthasar weist, ähnlich wie K. Barth, auf die Bedeutung der Eschatologie für die gesamte Theologie hin. Sie kann nicht einfach eine Lehre von den „Letzten Dingen“ sein, die sich an die Sakramentenlehre anschließt. „Die Eschatologie ist der ‚Wetterwinkel‘ in der Theologie unserer Zeit. Von ihr steigen jene

Gewitter auf, die das ganze Land der Theologie fruchtbar bedrohen: verhageln oder erfrischen. Wenn für den Liberalismus des 19. Jahrhundert das Wort von Troeltsch gelten konnte: ‚Das eschatologische Büro ist meist geschlossen', so macht dieses im Gegenteil seit der Jahrhundertwende Überstunden."[20]

Balthasar legt vor allem Wert auf eine Personalisierung der Eschatalogie, die streng theo-logisch und christologisch zu verstehen ist. Es kann nicht um die Frage gehen, wo die eschatologischen Orte im Kosmos zu suchen sind. Es gilt vielmehr: „Gott ist das ‚letzte Ding' des Geschöpfs. Er ist als Gewonnener Himmel, als Verlorener Hölle, als Prüfender Gericht, als Reinigender Fegfeuer. Er ist Der, woran das Endliche stirbt und wodurch es zu Ihm, in Ihm aufersteht. Er ist es aber so, wie er der Welt zugewendet ist, nämlich in seinem Sohn Jesus Christus, der die Offenbarheit Gottes und damit der Inbegriff der ‚Letzten Dinge' ist."[21]

In Kreuz und Auferweckung Jesu geschieht die Wende aus der Verlorenheit der alten Weltzeit zum neuen Heilsäon. So ist die Rückkehr zum Vater „das Erschaffen jener Dimension, in die hinein sich durch Gottes freie Gnade Mensch und Kosmos zu wandeln anheben: ‚Des Himmels eigenes Werden'."[22] Da aber der Messias Jesus Christus schon gekommen ist, sein Erlösungswerk bereits vollzogen hat und zur Rechten des Vater verklärt ist, in Kreuz und Auferstehung endgültig, d.h. eschatologisch gehandelt hat, ist das eschatologische Heil schon anwesend, wenn auch noch nicht in enthüllter Unmittelbarkeit. Im erhöhten Herrn ist die Eschatologie realisiert und die Vollendung des Menschen – des Einzelnen und der Menschheit – und des Kosmos antizipiert.

Daß diese personalisierte und auf das Heilsereignis in Christus reduzierte Eschatologie Folgen für das Verständnis des Gerichtes, des Fegfeuers und der Hölle haben muß, wird sich zeigen.

3.2.3 D. Wiederkehr

Auch nach D. Wiederkehr darf die Eschatologie nicht verstanden werden als ein in sich ruhender Traktat; sie muß vielmehr Auswirkungen auf die gesamte Theologie haben. „Die Dimension des Eschatologischen, der heilsgeschichtlichen Vollendung durch Gott selber, ist nicht nur ein Thema neben anderen in der Verkündigung Jesu, sondern es ist ***die*** Dimension, durch welche auch der Standort und die Person Jesu selber bestimmt werden."[23] Es gibt kein eschatologisches „Mehr" über Ostern hinaus. Die Auferweckung Jesu ist die Inauguration und Einleitung eines um sich greifenden Geschehens, das sich auf andere ausweitet. Die absolute Zukunft setzt sich von der innerweltlich machbaren Zukunft durch ihre Transzendenz ab, die alle kreatürlichen Zielsetzungen hinter sich läßt. Im Menschen finden wir eine Offenheit und Sehnsucht nach der absoluten Zukunft, die Gott selber ist. Die innerweltliche Zukunft kann aber nicht fugenlos in die absolute

[20] Eschatologie: J. Feiner u.a. (Hg.), Fragen der Eschatologie heute, Einsiedeln 1957, 403.
[21] A.a.O. 407-408.
[22] A.a.O. 409.
[23] Perspektiven der Eschatologie, Zürich 1974, 49-50.

Zukunft einmünden. In der Kirche, die auf der Pilgerschaft zur Vollendung ist, sind die eschatologischen Kräfte der Vollendung bereits präsent.

Für das Verhältnis von Geschichte und Eschatologie gilt: „Auf irgendeine Weise muß mindestens die Person der jetzigen Geschichte auch das Subjekt der Zukunft und der Vollendung sein, sonst hörte eine echte menschliche Geschichtlichkeit, irgendein Bezug zur Zukunft und Vollendung überhaupt auf ... Eschatologie wäre keine richtige Geschichte mehr, wenn nichts sich durchhielte, auch nicht minimal; sie wäre auch keine Geschichte mehr, wenn alles sich durchhielte, im maximalen Sinn."[24]

„Eine kontinuierliche Eschatologie wird das jetzige Handeln des Menschen in möglichst ungebrochener Linie in die eschatologische Vollendung einmünden lassen und es so aufwerten. Eine solche der Diskontinuität wird den überragenden und transzendierenden Charakter der Vollendung hochhalten, dafür aber riskieren, daß die jetzige Geschichte und die irdischen Realisierungen des Menschen als unwichtig und nebensächlich abgewertet werden."[25] Die Welt und die mitmenschliche Gemeinschaft dürfen nicht als vorübergehendes Übungsmaterial verstanden werden, sie gehen vielmehr in die eschatologische Selbstrealisierung des Menschen und der Kirche ein.

3.2.4 K. Rahner und L. Boros

K. Rahner hat wie kaum ein anderer Theologe auch die Eschatologie in einer tiefgreifenden Weise beeinflußt und ihr entscheidende neue Anstöße gegeben. Da seine Theologie bei der Darstellung der individuellen und kollektiven Eschatologie immer wieder zur Sprache kommt, sollen hier zur Vermeidung von Wiederholungen nur einige Aspekte herausgestellt werden: Das Verständnis des Todes, die Existenzweise der Seele nach dem Tod, die Auferstehung im Tod, das Verhältnis von Weltgeschichte und Heilsgeschichte, von innerweltlicher und absoluter Zukunft, die Möglichkeit der Selbsttranszendenz der Geschichte und das Verständnis der neuen Erde als erneuerte Erde.

Von der Theologie K. Rahner beeinflußt, hat *L. Boros* eigenständige Akzente in der Eschatologie gesetzt. Dazu gehört vor allem die umstrittene Hypothese vom Tod als Endentscheidung und das damit verbundene Verständnis des individuellen Gerichtes und des Fegfeuers.

Abschließend sei wenigstens darauf hingewiesen, daß die von *J.B. Metz* entwickelte „politische Theologie" und die von ihrem Ausgangspunkt und ihrer Zielsetzung her verschiedenen Entwürfe einer „Theologie der Befreiung" der Kirche und ihrem Auftrag in der Welt neue Impulse gegeben haben und weiterhin geben werden.

---

[24] A.a.O. 236.

[25] A.a.O. 237.

4. Der Tod des Menschen und das Fortleben nach dem Tod

4.1 Die grundsätzliche Problemlage

Wenn im folgenden versucht wird, eine Theologie über den Tod zu entfalten, so ist immer der *biologische oder absolute Tod* gemeint, also jenes Ereignis im menschlichen Leben, das der Mediziner als Gehirntod bezeichnet, der irreversible Stillstand von Kreislauf und Atmung, verbunden mit dem Aufhören der Tätigkeit des zentralen Nervensystems. Diesem Gehirntod folgt nach kurzer Zeit der völlige Ausfall aller Funktionen und das Absterben aller Zellen des Organismus.[26]

Es werden also bei unseren Überlegungen alle Erfahrungen ausgeschlossen, die nach dem „*klinischen Tod*" Reanimierte berichten. Bei diesen Erlebnissen handelt es sich um Erfahrungen der äußersten Todesnähe, nicht aber um die Erfahrung des Todes selbst. Es geht um die letzte Phase des Diesseits, nicht um die erste Phase des Jenseits. Wir unterscheiden ferner zwischen *Sterben* und *Tod*. Tod ist das Ende eines unter Umständen längeren Sterbevorgangs. „Sterben ist also der Weg, der Tod das Ziel."[27]

Der Mensch unserer Gesellschaft hat ein zwiespältiges Verhältnis zu Sterben und Tod. Sterben und Tod werden weitgehend banalisiert und zur Schau gestellt oder tabuisiert und versteckt.[28] Beide Verhaltensweisen sind zutiefst inhuman, weil sie der Würde des Menschen widersprechen.

Obwohl uns eine eigentliche Todeserfahrung fehlt, können wir aus einem doppelten Grund Aussagen über den Tod machen: Weil die menschliche Existenz ein Sein zum Tode (M. Heidegger) ist, ist der Tod in der Struktur des menschlichen Daseins gegenwärtig. Die Hl. Schrift bietet zudem eine Reihe von Aussagen über den Tod, die freilich von der innerweltlichen Todesahnung geprägt sind und im einzelnen sehr verschieden ausfallen.

4.2 Das Alte Testament

4.2.1 Das Menschenbild

Das Verständnis des Todes ist grundsätzlich von dem zugrundeliegenden Menschenbild abhängig. Wenn sich in der kirchlichen Tradition fast ausschließlich die

---

[26] Lexikon Medizin, Ethik, Recht. Hg. v. A. Eser u. a., Freiburg 1989, 1187.

[27] H. Küng, Ewiges Leben?, München 1982, 35.

[28] J. Ratzinger, Eschatologie, 66.

Vorstellung durchgesetzt hat, daß der Tod als *Trennung der Seele vom Leib und das Fortleben nach dem Tod als Weiterleben der leibfreien*, wenn auch auf den Leib bezogenen *Seele* zu verstehen ist, so steht im Hintergrund das griechische Menschenbild, das von der christlichen Überlieferung übernommen und modifiziert wurde.

Sieht man von der durch das hellenistische Denken beeinflußten Weisheitsliteratur ab, so ist dieses Menschenbild dem Alten Testament im wesentlichen fremd. Während das griechische Menschenbild *dualistisch*, d.h. vom Gegensatz zwischen Leib und Seele beherrscht ist, ist das alttestamentliche Menschenbild *monistisch* (ganzheitlich). Nach griechischem Denken *besitzt* der Mensch (die Seele) den Leib und verfügt über ihn; nach semitischem Denken *ist* der Mensch Leib.

Diese ganzheitliche Sicht ist allein aus der Tatsache zu erkennen, daß die häufig wiederkehrenden Ausdrücke *Fleisch, Seele, Geist* und *Herz* nicht eigentlich einen Teil des Menschen bezeichnen, sondern den ganzen Menschen unter einer bestimmten Rücksicht und Betrachtungsweise.

Fleisch ist der ganze Mensch hinsichtlich seiner Hinfälligkeit, Sterblichkeit, Nur-Menschlichkeit, Nicht-Göttlichkeit. Dort wo der Mensch Fleisch genannt wird, ist er zudem sozial in die Verwandtschaft, Gesellschaft und Menschheit eingeordnet.

Die Ausdrücke *Seele, Geist* und *Herz* meinen die mehr geistige Seite des Menschen, die es aber ohne die leibliche Seite nicht gibt. Das Wort *Seele* weist auf das animalische, an den Körper gebundene Leben, die geistig-leibliche Vitalität des Menschen hin. Der Mensch hat nicht eine Seele, er **ist** Seele. Wenn der Mensch *Geist* (Hauch) genannt wird, so ist ausgesagt, daß alles Leben ein von Gott geschenktes und von Gott verwaltetes Leben ist. Gott haucht das Leben ein und zieht im Tod den Lebensodem wieder zurück.

Herz ist ein Ausdruck für die personale Mitte des Menschen, von der her er auf den Mitmenschen und auf Gott hin offen ist. Herz ist vor allem ein Ausdruck für die menschlichen Entscheidungen und die Verantwortung gegenüber Gott.

Der Mensch ist immer ganz Leib und ganz Geist. Ein Leben ohne Leib gibt es weder vor noch nach dem Tod. Wie gerade die Schöpfungserzählung des Jahwisten (Gen 2,7 f) zum Ausdruck bringt, ist der Mensch von Natur aus ein sterbliches Wesen. Weil er vom Staub der Erde gebildet ist, muß er wiederum zur Erde zurückkehren.

Die sogenannte *paradiesische Unsterblichkeit*, die in der kirchlichen Tradition als Freisein von der natürlichen Notwendigkeit zu sterben interpretiert und zu den präternaturalen Urstandsgaben gerechnet wird, hängt vom grundsätzlichen Verständnis des Paradieses ab. Sie darf jedenfalls nicht so verstanden werden, daß die Stammeltern für immer im Paradies geblieben wären. Auch sie hätten die eigentliche eschatologische Existenzweise erreicht, freilich ohne den uns allein bekannten schmerzvollen Tod.[29]

---

[29] Zum ganzen auch Bd. I: Theologische Anthropologie 4.2.1.3.

4.2.2 Die Scheol (Hades, Unterwelt)

Die Scheol, die als riesige Grabeshöhle, als Massengrab der Menschheit in den Tiefen der Erde vorgestellt wird, ist ein Ausdruck für den Machtbereich des Todes. In die Scheol hinabsteigen heißt sterben; in der Scheol sein, heißt der Macht des Todes ausgeliefert sein. Das Grab oder das Totenreich ist die Grube der Verwesung, das Land des Schweigens (Ps 94,17; 115,17), das Land des Vergessens (Ps 88,13; Koh 9,5), das Land ohne Wiederkehr, ein ewiges Haus, aus dem es kein Entrinnen gibt, eine seltsame Mischung aus Sein und Nicht-sein, ein irgendwie Noch-sein und doch Nicht-mehr-leben.[30] Wer in die Scheol hinabgestiegen ist, befindet sich in einem hoffnungslosen Zustand, der mit dem Leben auf Erden nichts mehr zu tun hat (Job 7,9 f; 14,10.12.19). Der Tod bedeutet die Auflösung der irdischen Gemeinschaftsbeziehungen und vor allem den Ausschluß vom Lob Gottes (Ps 88,12).

Es ist beachtlich, daß es im Alten Testament keinen Text gibt, der Jahwe als Herrscher der Unterwelt nennt. Jahwe ist der lebendige Gott, der das Leben verleiht und wieder zurückzieht. „Wo Jahwe ist, ist Leben. Wo Tod ist, kann Jahwe nicht sein.“[31]

Der Tod ist der große Gleichmacher, der alle Menschen, ja alle Lebewesen in gleicher Weise betrifft. Der Tod bedeutet also lange Zeit in Israel nicht den Übergang in ein besseres und glücklicheres Leben, sondern den „Abstieg“ in einen minderen und geschwächten Zustand, den man eigentlich nicht mehr Leben nennen kann. Trotz dieser und ahnlicher Aussagen sind moderne Exegeten überwiegend der Ansicht, daß es in Israel keine Ganztodvorstellung gegeben hat.[32]

Lohn und Strafe erfolgen im Diesseits. Erst in einer späteren Phase der eschatologischen Entwicklung werden die Scheol und damit auch das Fortleben nach dem Tode positiver gesehen und als Vollzug von Lohn und Strafe verstanden. Eine Überwindung des Todes erfolgt durch die Auferstehung der Toten, ein Gedanke der sich erst in der letzten Phase der Heilserwartung des Alten Testamentes durchgesetzt hat.

4.2.3 Der Tod als Folge der Sünde

An verschiedenen Stellen des Alten Testamentes wird der Tod als Folge der Sünde bzw. als Sündenstrafe erklärt, ein Gedanke der dann im Neuen Testament und in der christlichen Tradition im Zusammenhang der Lehre von der *Erbsünde* eine große Bedeutung erlangt hat. Ausdrückliche Aussagen begegnen im Alten Testament in der Weisheitsliteratur: Gott hat den Menschen zur Unvergänglichkeit erschaffen und ihn zum Abbild seines eigenen Wesens gemacht. „Durch den Neid des Teufels kam der Tod in die Welt, und ihn erfahren alle, die ihm angehören“

[30] J. Ratzinger, Eschatologie, 66.

[31] W. Berg, Jenseitsvorstellungen im Alten Testament mit Hinweisen auf das frühe Judentum: A. Gerhards (Hg.), Die größere Hoffnung der Christen, Freiburg 1990, 34.

[32] A.a.O. 31.

(Weish 2,23-24; vgl. 1,13-16). „Von der Frau nahm die Sünde ihren Anfang, ihretwegen müssen alle Menschen sterben“ (Sir 25,24). Im Hintergrund stehen die in der Urgeschichte berichteten Ereignisse des Paradieses, der Versuchung, des Sündenfalls und der Vertreibung aus dem Paradies (Gen 2-3).

4.3 Das Neue Testament

4.3.1 Das Menschenbild

Das Neue Testament übernimmt grundsätzlich das ganzheitliche Menschenbild des Alten Testamentes und gestaltet es vom Christusereignis her neu. Die Frage, in welchem Umfang bereits Einflüsse aus dem hellenistischen Denken gegeben sind, wird von den Exegeten verschieden beantwortet und kann hier nicht im einzelnen erörtert werden.

Ganz im Sinn der alttestamentlichen Anthropologie bedeutet *Fleisch* auch im Neuen Testament die Hinfälligkeit, Gebrechlichkeit und Schwäche des Menschen (vgl. Mt 16,17). Selbst Paulus, für den „Fleisch“ an den meisten Stellen ein ausgesprochener Unheilsbegriff ist, der den Menschen ohne Christus und gegen Christus, als Sitz der Sündenmacht bezeichnet, bietet Stellen, die das übliche Menschenbild zum Ausdruck bringen (Röm 2,28; 1 Kor 15,50).

Geist und *Herz* meinen ohne weitere Reflexion die geistige Mitte des Menschen. Mariens Geist jubelt über Gott, den Retter (Lk 1,47). Aus dem Herzen des Menschen kommen die guten und bösen Gedanken und Werke (Mk 7,1-23). Den Heiden ist das Gesetz Gottes in das Herz geschrieben (Röm 2,15). Christus wohnt durch den Glauben in den Herzen der Menschen (Eph 3,17).

Umstritten ist das Verständnis des griechischen Wortes *psyche (Seele)*. An den meisten Stellen drückt es aber das irdische vergängliche Leben aus, wie gerade die Gegenüberstellung von *psyche* (irdisches Leben) und *zoe* (ewiges, göttliches Leben) im Johannesevangelium zeigt. Es gibt freilich auch Stellen, an denen *psyche* von einem Teil der Exegeten bereits im hellenistischen Sinn gedeutet wird, so vor allem Mt 10,28, wo Leib und Seele einander gegenübergestellt werden. Diese Frage wird bei der Erläuterung der Lehre vom Zwischenzustand im einzelnen zur Sprache kommen.

4.3.2 Das Verständnis des Todes

Dem Menschenbild entsprechend wird im Neuen Testament auch das Todesverständis des Alten Testamentes übernommen. Gott ist der lebendige Gott, der dem einzelnen Menschen das Leben verleiht und es im Tod wieder zurückzieht. Der Tod wird als eine personifizierte Macht verstanden, der die Tore der Scheol verschlossen hält. Erst am Ende der Zeiten wird er entmachtet werden. Dann müssen die Scheol und das Meer die Toten herausgeben. Der Tod selbst wird in den Feuersee geworfen werden (Offb 20,13 f). Erst nachdem sich das neue Jerusalem auf die Erde niedergesenkt hat, wird es den Tod nicht mehr geben (Offb 21,4). Bis zum Anbruch der endgültigen Heilszeit ist aber niemand von der Todesmacht ausgenommen.

Die Unheilssituation, die sich gerade in der Todesherrschaft manifestiert, ist nach dem Verständnis Jesu in der synoptischen Tradition durch die Satansherrschaft bedingt. Weil zur Vollendung des Heiles eine Welt ohne Krankheit und Tod gehört, kommt unter den Machttaten Jesu den Krankenheilungen und Totenerweckungen eine besondere Bedeutung zu. Wenn Jesus Aussätzige und Blinde heilt, so kämpft er gegen die Todesmacht in dieser Welt. Gerade Aussätzige und Blinde sind so sehr von der Gesellschaft ausgeschlossen, daß sie weitgehend den Toten gleichgestellt werden.

4.3.3 Der Tod als Folge der Sünde

Die oben erwähnte Vorstellung des Alten Testamentes, daß der Tod eine Folge der Sünde ist, wird vor allem von Paulus breit entfaltet. Der Tod ist der Lohn der Sünde (Röm 6,23). „Durch einen einzigen Menschen kam die Sünde in die Welt und durch die Sünde der Tod, und auf diese Weise ist der Tod zu allen Menschen gelangt, weil alle sündigten" (Röm 5,12). Wie dieser Zusammenhang zwischen Sünde und Tod näher zu verstehen ist, kann hier nicht im einzelnen entfaltet werden. Es muß auf die Lehre von der Erbsünde verwiesen werden.[33]

Ganz allgemein kann man sagen, daß nach dem Glauben der Kirche der Tod, wie ihn der Mensch konkret und allgemein erlebt, in der gegenwärtigen Heilsordnung in einem ursächlichen Zusammenhang mit der Sünde steht.

Wenn man den Tod als Strafe für die Sünde bezeichnet, so soll Strafe nicht als eine zusätzliche, gewissermaßen von außen verhängte Reaktion Gottes auf die Sünde verstanden werden, sondern als ein aus dem inneren Wesen der Schuld selbst erfließende Konsequenz. Wenn auch in einer Werde-Welt der Tod einfach zum Menschen gehört, so steht dieses naturhafte Geschehen im Verständnis der Theologie doch in einem existentiell personalen Geheimnis, dem Geheimnis des menschlichen Heiles und Unheiles.

4.3.4 Der Tod des Menschen im Rahmen des Christusgeheimnisses

Es geht im Folgenden nicht nur und nicht in erster Linie darum, daß Christus durch seine Taten vorübergehend die Macht des Todes gebrochen hat. Entscheidend ist vielmehr, daß der Sohn Gottes in der Menschwerdung unser Menschsein übernommen hat und unseren Menschentod gestorben ist. Der Höhepunkt des Prologes des Johannesevangeliums ist der Satz: „Das Wort ist Fleisch geworden

[33] Vgl. in diesem Werk Bd. I: Theologische Anthropologie 4.2.2 und in diesem Bd.: Gnadenlehre 4.2.

und hat unter uns gewohnt" (1,14). Gott ist also selbst in unsere dem Tod verfallene menschliche Situation eingetreten.

Dieser Grundgedanke beherrscht die ganze Inkarnationslehre des Neues Testamentes. Der Sohn „war Gott gleich, hielt aber nicht daran fest, wie Gott zu sein, sondern er entäußerte sich und wurde ein Sklave und Menschen gleich. Sein Leben war das eines Menschen" (Phil 2,6-7). Christus, der Hohepriester, kann mit unserer Schwäche mitfühlen, weil er wie wir in Versuchung geführt wurde, aber nicht gesündigt hat (Hebr 4,15). Er mußte in allem den Brüdern gleich sein, um ein barmherziger und treuer Hoherpriester zu sein (Hebr 2,17).

Weil der Gottessohn ein wahrer Mensch wurde, mußte er unseren nackten Menschentod sterben, wurde er im Sterben in die äußerste Verlassenheit hinausgestoßen (Mt 27,46; Mk 15,34) und mußte in die Scheol, in den Bereich des Todes, hinabsteigen. „Jesus starb nicht den heiteren und schönen Tod des Philosophen, noch den heiligen Tod des Martyrers. Er durchlitt die Todesangst und starb mit einem schmerzvollen Schrei."[34]

In der Auferstehung hat Christus die Todesmacht gebrochen und uns die Hoffnung auf die Überwindung des Todes eröffnet. „Der Tod hat seit dem Ereignis von Golgotha ein Doppelgesicht. Das eine ist nach rückwärts gewandt, auf den Anfang der menschlichen Geschichte, das andere ist nach vorwärts gewandt auf die verklärte Existenz in der Gemeinschaft mit dem himmlischen Vater."[35] So kann Paulus das Sterben des Christen als ein Sterben im Herrn (Röm 14,8) als ein Sterben mit Christus (Röm 6,8; vgl. Offb 14,13) bezeichnen.

4.4 Die christliche Tradition

4.4.1 Das Menschenbild

Bei der Begegnung des Christentums mit der Geisteswelt des Hellenismus wurde das griechische Menschenbild übernommen und modifiziert. Das Verständnis der Seele und damit des Menschen hat im Bereich der griechischen Philosophie eine weitgehende Entwicklung durchgemacht, die von *Homer* über die *orphischen* Kreise bis zu *Platon* führt, und bei *Aristoteles* wiederum neu gestaltet wird. Auf die Streitfrage bezüglich der Interpretation der griechischen Philosophie im einzelnen soll hier nicht eingegangen werden.

Nach *Platon* besteht der Mensch aus der geistigen und von Natur aus unsterblichen Seele und dem vergänglichen Leib, der als eine Art Gefängnis für die Seele verstanden wird. Der Leib beschwert die Seele und behindert die volle Betätigung ihrer Fähigkeiten; er ist die Ursache des Bösen und der Sitz der Leiden-

[34] K. H. Schelkle, Neutestamentliche Eschatologie: MySal 5, 773.

[35] M. Schmaus, Krankheit und Tod als personaler Auftrag. Hg. v. K. Forster, München 1959, 61.

schaften. Der Mensch hat sein Ziel, die Vollendung und Seligkeit, erreicht, wenn seine endgültig von den Fesseln des Leibes befreite Seele in die Welt der reinen Ideen, die Welt des Göttlichen zurückkehrt. Unter dieser Rücksicht ist dann der Tod, verstanden als Trennung der Seele vom Leib, der Erlöser, weil er die Seele zu dem ihr angemessenen Leben befähigt. Das jenseitige Leben der Seele ohne den Leib ist aber nicht einfach eine Fortsetzung des irdischen Lebens. Diese und die andere Welt des Menschen sind nicht nur durch den Tod geprägt, sondern auch durch das Gericht, das über das jenseitige Leben entscheidet.

Ein noch größeres Gewicht für die Anthropologie des Mittelalters hat die Seelenlehre des *Aristoteles* erlangt, der durch die Übertragung des Hylemorphismus das platonische Menschenbild in einem entscheidenden Punkt weiterentwickelt hat. Die Seele ist jenes formende innere Seins- und Gestaltungsprinzip, das den Leib zu einem lebendig-menschlichen Sein gestaltet. Weil die Seele als die Form des Leibes zu einem organischen Prinzip gemacht wird, ist sie ebenso wie der Leib vergänglich. Unsterblich ist der göttliche *Nous*, der von außen in den Menschen kommt, aber nicht individuell verstanden wird.

Weil in der Hl. Schrift die Unsterblichkeit als eine Eigenschaft Gottes verstanden wird, und somit einem Menschen nicht zukommen könne, wird in der nachbiblischen Zeit zunächst die Unsterblichkeit der Seele von angesehenen Theologen geleugnet. Nachdem sich diese Lehre aber durchgesetzt hat und mit philosophischen Argumenten begründet wird, betont man, daß die Unsterblichkeit der Seele nicht eigentlich eine Eigenschaft des Menschen, sondern primär ein von Gott geschenktes Heilsgut sei. Für *Augustinus*, den für die scholastische Theologie maßgeblichen Kirchenvater, ist die Unsterblichkeit der Seele eine unbestrittene Lehre, die er im Anschluß an die neuplatonische Philosophie eingehend begründet.

Eine gelungene Synthese zwischen dem Menschenbild der griechischen Philosophie und dem semitischen Menschenbild begegnet bei *Thomas von Aquin*. Der Mensch ist eine Einheit von Leib und Seele. Nicht nur der Mensch, sondern gerade die Seele selber ist wesentlich leibhaftig. Der Leib ist die Sichtbarkeit der Seele. Die Seele ist von Natur her die von innen tragende Lebensform des Leibes.

Wenn Thomas den Tod als Trennung der Seele vom Leib versteht, so erhält diese Vorstellung einen neuen Sinn. Weil Seele und Leib den Menschen bilden und die Seele wesenhaft leibhaftig ist, trifft der Tod den ganzen Menschen, somit auch die Seele trotz ihrer Unvergänglichkeit. Die vom Leib getrennte Seele ist nicht der Mensch, nicht Person. Die leibfreie Seele befindet sich nicht nur in einem unvollkommenen, sondern notwendigerweise geradezu naturwidrigen Zustand. Sie ist auf einen Leib, den Auferstehungsleib, hingeordnet.

In der zeitgenössischen Theologie wurde dieses Menschenbild und Todesverständnis vor allem von *K. Rahner* und *L. Boros* übernommen und neu gestaltet. Weil die Seele ihrer Natur nach auf den Leib hingeordnet ist, bedeutet nach *K. Rahner* ihre Trennung vom Leib im Tod nicht die schlechthinnige Aufhebung des Weltbezugs. Die Seele wird nicht akosmisch und weltjenseitig; sie erhält vielmehr einen allkosmischen Weltbezug. Nach *L. Boros* erlangt die Seele im Tod einen kosmischen Daseinsbezug, eine totale Weltpräsenz.

4.4.2 Die kirchlichen Lehrentscheidungen

Da kirchliche Lehrentscheidungen aufgrund ihres historischen Standortes notwendig von der Theologie der entsprechenden Zeit geprägt sind, begegnet dort, wo die Anthropologie zur Frage steht, das aus der griechischen Philosophie übernommene und von der christlichen Theologie modifizierte Menschenbild. Es versteht sich von selbst, daß die Lehre der Kirche auch mit einem anderen Menschenbild ausgesagt und verteidigt werden kann.

Auf dem *II. Konzil von Orange* (529) wird unter Bezugnahme auf Röm 5,12 der Tod als Folge der Sünde Adams erklärt (DH 371-372). Das *Konzil von Trient* (1546) hat diese Aussage bekräftigt (DH 1512). Bei der Zurückweisung der Irrtümer des *M. Baius* (1567) wird die paradiesische Unsterblichkeit ausdrücklich als Gnadengeschenk und somit nicht als natürlicher Zustand des Menschen erklärt (DH 1978).

Kirchliche Lehraussagen über den Tod des Menschen

Aussage	Texte in DH
Der Tod ist allgemein	372 mit 1512
Der Tod ist Straffolge der Sünde	371 f. mit 1511
Dieser Satz darf aber nicht biologisch mißverstanden werden	1978
Der Tod ist das Ende des Pilgerstandes (status viatoris): Die im Leben getroffene Grundentscheidung kann nicht mehr geändert werden	856 – 858; 1000
Der Tod ist von Jesus Christus besiegt worden	72
Der Mensch lebt auch nach dem Bruch, den der Tod bedeutet, weiter	30, 150 u.ö.

Das Leib-Seele-Problem kommt in mehreren kirchlichen Äußerungen des Mittelalters zur Sprache. Im Sinne des aristotelisch-thomistischen Hylemorphismus erklärt das *Konzil von Vienne* (1312), daß die vernünftige Seele die Form des Leibes ist (DH 902). Das *V. Laterankonzil* (1513) verteidigt ausdrücklich diese Lehre, wenn es die Seele die einzige Form des Leibes nennt (DH 1440). Papst *Leo XIII.* übernimmt im Jahre 1887 die gleiche Sprechweise und nennt die Seele forma substantialis des Leibes (DH 3224).

Unter der Voraussetzung, daß der Tod die Trennung der Seele vom Leib und das Ende des irdischen Pilgerstandes ist, erklärt das *II. Konzil von Lyon* (1274), daß die Seelen der Verstorbenen nach dem Tod im Fegfeuer geläutert werden und dann sofort in den Himmel kommen. Die Seelen jener Menschen, die im Stande der Todsünde oder der bloßen Erbsünde gestorben sind, steigen in die Unterwelt hinab, wo sie verschiedene Strafen erleiden (DH 856-858). Die Konstitution „Benedictus Deus" des Papstes *Benedikt XII.* vom 29.1.1336 erklärt, daß die Seelen der

Geretteten bereits vor der Auferstehung der Toten Gott schauen dürfen (DH 1000). Das Schreiben der Kongregation für die Glaubenslehre vom 17.5.1979 lehrt die Fortdauer und Subsistenz eines geistlichen Elementes nach dem Tod, das mit Bewußtsein und Willen ausgestattet ist, so daß das Ich des Menschen weiterbesteht, wenn es auch in der Zwischenzeit seiner vollen Leiblichkeit entbehrt. Um dieses Element zu bezeichnen, verwendet die Kirche den Ausdruck „Seele", der sich durch den Gebrauch in der Hl. Schrift und in der Tradition fest eingebürgert hat (DH 4650-4659).

4.5 Tod und Fortleben nach dem Tod in der Problemstellung der zeitgenössischen Theologie

Unter den vielfältigen Problemen, die in der zeitgenössischen Eschatologie erörtert werden, sollen drei entscheidende Thesen herausgegriffen werden: Die Lehre vom Ganztod, die Hypothese von der Endentscheidung und die Lehre von der Auferstehung im Tod.

4.5.1 Die Ganztodtheorie

Die von einem Teil der *evangelischen Theologen* des 20. Jahrhunderts (z.B. *P. Althaus, K. Barth, O. Cullmann, H. Ott, H. Thielicke*) vertretene These besagt, bei allen Lehrunterschieden im einzelnen, daß der Tod den ganzen Menschen, also Leib und Seele, betrifft. Es gibt nichts am Menschen, was den Tod überdauert, keinen unbetroffenen Personenkern, keine Seele, nichts. Was bleibt, ist allein die Treue Gottes zum Menschen ohne Beziehungsträger auf Seiten des Menschen. In der schärfsten Form betont diese Lehre, daß die Seele zu existieren aufhört. In einer milderen Form behauptet sie, daß die Seele nach dem Tod zwar weiterexistiere, aber keine Funktionen mehr ausübe, sie führe eine Art Schlummer – oder Traumdasein.

Einig sind sich die Theologen dieser Richtung darin, daß die katholische Lehre von der Unsterblichkeit der Seele, „das Schlupfloch des Platonismus" (O. Cullmann), eine Dogmatisierung der griechischen Philosophie darstelle und die eigentliche biblische Hoffnung nicht mehr beachte. Nimmt man nämlich ein Fortleben der vom Leib getrennten Seele an, und teilt man ihr zudem die selige Gottesschau zu, so wird die in der Bibel klar bezeugte Auferstehung von den Toten entwertet, weil die Seele schon alles Heil besitzt, das die Hl. Schrift mit der Auferstehung der Toten verbindet.

Sinngemäß wird in der Lehre vom Ganztod die Auferstehung von den Toten ebenso tiefgreifend und radikal verstanden wie der Tod selbst. Dort, wo der Tod als völliges Erlöschen der menschlichen Existenz erklärt wird, versteht man die Auferstehung als Neuschöpfung aufgrund des Gedächtnisses, das Gott vom Menschen hat. Auf jeden Fall bedarf der ganze Mensch, also auch die Seele, der Auferweckung durch Gott. Lebendigkeit aus dem Tod kommt nur dadurch zustande, daß Gott den Todeszustand, in den er den Menschen versetzt hat, beendet. Er erweckt aus dem Tod. Der Ausdruck „Auferweckung des Leibes" kann dem Mißverständnis Vorschub leisten, als ginge es bei der Auferweckung der Toten nur um den Leib und nicht um den ganzen Menschen.

Ganztodtheorie. – Die Lehre vom Zwischenzustand bringt schwere Probleme mit sich: Wenn die Seele Form des Leibes ist, welche Form hat dann der verwesende Leichnam? Wie kann die Seele ohne den ihr zugehörenden Leib wirklich selig bzw. unglücklich sein, da ihr doch etwas Wesentliches abgeht? – Die protestantische Theologie des 20.Jahrhunderts lehnt die ganze Theorie ab und ersetzt sie durch verschiedene andere Modelle (Auferstehung im Tode, Seelenschlaf); besonderen Einfluß gewinnt die Ganztodtheorie (Thnetopsychismus), nach der das Individuum ganz völlig stirbt und ganz und völlig erst am Jüngsten Tag wieder von Gott auferweckt wird.

(Grafik und erklärender Text: W. Beinert)

Etwas völlig anderes ist gemeint, wenn *katholische Theologen* darauf hinweisen, daß Sterben und Tod den ganzen Menschen, also auch seine Seele betreffen. Wenn die Seele nach scholastischer Lehre die Form des Leibes ist, so ist sie am Sterben nicht nur beteiligt, an ihr vollzieht sich in erster Linie das Sterben, das im strengen Sinne nur dem Menschen zukommt. Weil der Tod die Seele selbst innerlich ergreift, ist der Untergang ein inneres Element der Seele selbst im Tode. „Die Seele wird im Tod realontologisch der Nichtung ausgeliefert. Zugleich muß festgehalten werden, daß der Geist seinem Wesen nach nie ins Nichts zurückfallen kann. Im Moment des Todes geht eine innere Nichtung der Seele vor sich, die trotzdem die geistige Wirklichkeit der Seele nicht zu vernichten vermag."[36] Weil die Seele am Sterben beteiligt ist, deswegen ist ihre Existenzweise nach dem Tod eine andere als vorher.

4.5.2 Die Hypothese von der Endentscheidung

Diese von einer Reihe von Theologen (z.B. *P. Glorieux, H. E. Hengstenberg, J. Pieper, P. Schoonenberg*) vertretene These ist heute weitgehend mit dem Namen *L. Boros*

[36] L. Boros, Mysterium mortis, Olten [5]1966, 84.

verbunden, der in seiner Anthropologie von *K. Rahner* beeinflußt ist. K. Rahner selbst hat sich ausdrücklich von der Endentscheidungshypothese distanziert und erklärt, daß er sie nie vertreten habe.[37]

Der Ausgangspunkt dieser Hypothese ist das Verständnis des Todes, der nicht nur ein Erleiden, sondern eine Tat der menschlichen Freiheit ist. Das Ineinander von freier Tat und ohnmächtigem Leiden, von Selbst- und Fremdverfügung, erreicht im Tod den Höhepunkt. „Der Mensch muß den Tod in Freiheit sterben, er kann diesen ihm als Werk seiner Freiheit auferlegten Tod gar nicht vermeiden. Wie er ihn aber stirbt, wie er ihn versteht, das ist die Entscheidung seiner Freiheit, hier trägt er nicht das Auferlegte, sondern das Ausgewählte.“[38]

Während unser Erkennen und Wollen wegen der Bindung der Seele an den Leib vor dem Tod nur ein embryonales Erkennen und Wollen, ein Erkennen und Wollen in der Form einer Vorübung ist, erwacht die vom Leib scheidende Seele ganzheitlich zu ihrer Geistigkeit. Nun vermag sie ihren Seinsbestand voll zu verwirklichen. Ihr Erkennen und Wollen ist von den Grenzen ihrer diesseitigen Existenz befreit. So ist der Tod der höchste Akt des Menschen, in dem er in Freiheit sein Dasein total vollzieht, der eigentliche Akt der Menschwerdung des Menschen. Im Tod eröffnet sich die Möglichkeit zum ersten vollpersonalen Akt des Menschen; der Tod ist der seinsmäßig bevorzugte Ort des Bewußtseins, der Freiheit, der Gottbegegnung und der Entscheidung über das ewige Schicksal. Diese freie Entscheidung findet statt im Augenblick des Todes, im ausdehnungslosen, nicht beobachtbaren und verifizierbaren Augenblick der Trennung von Seele und Leib. Dieses so verstandene Wesen des Todes ist also nicht identisch mit dem medizinischen Phänomen des Sterbens.

An diesem metaphysischen Ort des Sterbens und des Todes, mit dem eine Gottes- und Christusbegegnung verbunden ist, trifft der Mensch seine endgültige Entscheidung über Heil und Unheil, die nicht mehr von der Vorläufigkeit und dem existentiellen Zwiespalt des irdischen Daseins geprägt ist. „Jetzt wird der Akt zum Sein, die Entscheidung zum Zustand und die Zeit zur Ewigkeit.“[39]

So ansprechend diese These auf den ersten Blick auch sein mag, so hat sie doch erheblichen Widerspruch ausgelöst.[40] Die vorgelegte Hypothese fußt allein auf dem scholastischen Menschenbild und dem damit verbundenen Todesverständnis als Trennung der Seele vom Leib. Die Hl. Schrift kennt, von Ausnahmen abgesehen, weder diese Anthropologie noch die damit verbundene Deutung des Todes. Es kann wohl kaum übersehen werden, daß Boros bei der Unterbewertung des menschlichen Erkennens und Wollens vor dem Tod einem platonischen Dualismus verhaftet bleibt. Wenn der Tod die erste und einzige vollpersonale Entscheidung des Menschen ist, so wird das Todesgeschehen überfrachtet und gleichzeitig werden die Entscheidungen des Menschen im Diesseits entwertet. Die Absi-

---

37 Schriften XII, 444, Anm. 6; MySal 5, 467-468.

38 K. Rahner, Zur Theologie des Todes, Freiburg 1959, 77.

39 L. Boros, Mysterium mortis, 89.

40 Vgl. A. Schmied, Kritik an der Endentscheidungshypothese: ThG(B) 20 (1977) 175-180; G. Greshake, G. Lohfink, Naherwartung – Auferstehung – Unsterblichkeit (QD 71), Freiburg – Basel – Wien [4]1982, 121-130.

cherungen, die Boros gegen diese Einwände vorbringt, überzeugen nicht. Die wesentlichen Gesichtspunkte der präsentischen Eschatologie des Johannesevangeliums, nach der das ganze Leben die Zeit der Entscheidung, des Heiles und des Gerichtes ist, können in der Endentscheidungshypothese nicht mehr eingebracht werden.

4.5.3 Die Theorie von der Auferstehung im Tod

Die vor allem von *G. Lohfink* und *G. Greshake*[41] entwickelte Theorie von der Auferstehung im Tod, die von einem Teil der katholischen Theologen übernommen und wohl von den meisten evangelischen Theologen vertreten wird, kann hier nur in den Grundlinien dargeboten werden. Der zum Teil heftige Widerspruch im Bereich der katholischen Theologie hat zur Verteidigung und Präzisierung der bisherigen Aussagen geführt.

Der Exeget *Lohfink* geht von der Tatsache aus, daß die christliche Eschatologie und vor allem die mit ihr verbundene Apokalyptik bis in die neueste Zeit die innerweltlich erfahrenen Kategorien von Raum und Zeit auf das Jenseits überträgt. Während sie inzwischen von den Raumvorstellungen Abschied genommen hat, und nicht mehr versucht, die jenseitigen Existenzweisen im Weltbild zu lokalisieren, hält sie inkonsequenterweise noch an der Zeitvorstellung und dem daraus resultierenden Geschichtsbild fest. Nimmt man aber auch von der Kategorie *Zeit* Abschied, so ergibt sich folgerichtig, daß beim Tod eines jeden Menschen sich der Jüngste Tag und die Auferstehung der Toten ereignen.

Personale, soziale, kosmische Vollendung durch Auferstehung und Gericht

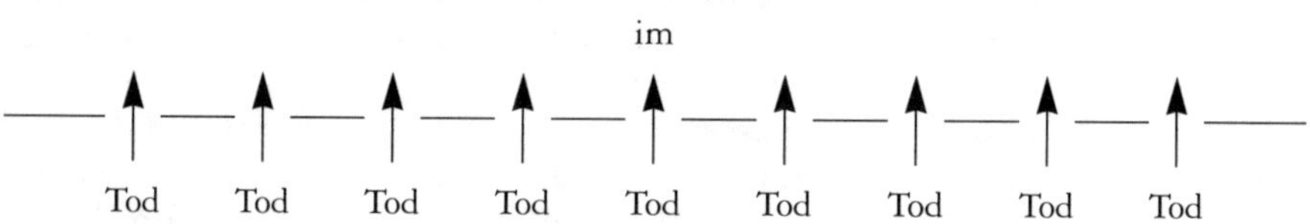

Auferstehung im Tode. – Auch die zeitgenössische katholische Theologie erhebt Bedenken gegen die Theorie von einem Zwischenzustand. Zielpunkt ihres Denkens ist die Auferstehung des Menschen, die eine überbietende Wiederherstellung der Schöpfung ist. Die Frage nach dem Zwischenzustand ist in dieser Sicht ein hermeneutisches, kein soteriologisches Problem, da sie überzeugt ist, die biblische Auferstehungshoffnung auch ohne Rückgriff auf den Hylemorphismus formulieren zu können, z.B. durch die Annahme, daß im Tod des Individuums sich für dieses Auferstehungsgericht und umfassende Vollendung ereigne.

(Grafik und erklärender Text: W. Beinert)

Es hat keinen Sinn, das Kommen Gottes an einen postulierten Endpunkt unseres Geschichtsverlaufes anzusetzen. Gott ist jedem Punkt unserer Geschichte

[41] Vgl. ebd.

gleich nah. „Parusie gibt es nur in dem Sinn, das derjenige, der durch den Tod hindurchgegangen ist, vor Gott erscheint, beziehungsweise daß Gott vor ihm erscheint.“[42] Das Kommen Gottes ist nicht nur beim letzten Menschen, sondern beim Tod aller Menschen anzusetzen, gleichgültig an welchem Zeitpunkt der Geschichte sie gelebt haben oder noch leben werden.[43]

Diese Gedanken werden dann von der mittelalterlichen Vorstellung vom *aevum* oder der *aeviternitas* unterstützt, die die Existenzweise der Engel erklärt, die einerseits nicht an die Grenzen unserer Zeit gebunden sind, aber auch andererseits nicht an der Ewigkeit Gottes (*aeternitas*) Anteil haben.[44] Auf den Menschen übertragen nennt Lohfink dieses *aevum* die *verklärte Zeit*. „Die verklärte Zeit eines Menschen ist die Gesamtsumme seiner zeitlich-irdischen Existenz. Sie ist die Ernte der Zeit, sie ist gesammelte Zeit. Die ganze Geschichte eines Menschen von der Zeugung bis zum Tod ist hineingezeitigt in das tota simul der neuen, von Gott geschenkten, verklärten Zeitlichkeit.“[45].

Die vielfältigen Einwendungen, die gegen die hier in ihren Grundzügen vorgelegte These erhoben und von den Vertretern dieser Lehre wieder beantwortet wurden, können nur in Ansätzen vorgestellt werden. Es kann zunächst kaum übersehen werden, daß die Lehre von der Auferstehung im Tod zu sehr von der Ablehnung der Unsterblichkeit der Seele durch bedeutende evangelische Theologen beeinflußt ist, eine Kontroverse, die inzwischen an Schärfe verloren hat. Was das Problem der Zeit betrifft, so wird darauf hingewiesen, daß es neben der von uns erfahrbaren physikalisch meßbaren Zeit durchaus andere Zeitvorstellungen gibt, so etwa die anthropologisch verstandene Zeit, welche die einfache Alternative zwischen physikalischer Zeit und reiner Ewigkeit zu überwinden versucht.

Entscheidend ist aber die Tatsache, daß die gesamte Hl. Schrift die Auferstehung der Toten nirgends mit dem Tod des einzelnen Menschen verbindet, sondern im Tag Jahwes, im Jüngsten Tag und in der Auferstehung der Toten immer ein noch ausstehendes Ereignis der Zukunft sieht. Die Vorstellung, daß der Mensch im Tod bereits von den Toten aufersteht, bringt zudem kaum lösbare Probleme hinsichtlich der Frage nach der Art der Identität zwischen dem irdischen Leib und dem Auferstehungsleib. Von den Vertretern der genannten These konnte nicht überzeugend dargelegt werden, wie die Geschichte der Menschen weitergehen kann, wenn sie für einen Teil der Menschen bereits vollendet ist. Die katholische Theologie hat zudem in der Regel das Dogma von der leiblichen Aufnahme Mariens in den Himmel als einmalige Vorausnahme jener Verherrlichung verstanden, die für alle übrigen Auserwählten bestimmt ist, ein Gedanke, auf den das Schreiben der Kongregation für die Glaubenslehre vom 17.5.1979 „zu einigen Fragen der Eschatologie“ hinweist (DH 4656).[46]

---

[42] A.a.O. 61.

[43] A.a.O. 61-62.

[44] A.a.O. 67-70.

[45] A.a.O. 67-68.

[46] Vgl. dazu in diesem Werk Bd. II: Mariologie 5.5.2. Heute wird eher die exemplarische Bedeutung dieser mariologischen Aussage ins Licht gerückt

Es kann freilich nicht übersehen werden, daß gerade dieses Dogma die eben genannte Schwierigkeit, wie ein Mensch verklärt sein kann, obwohl die Vollendung der Menschheit und des Kosmos noch aussteht, offenlassen muß. Trotz dieser und anderer Einwände wird die Lehre von der Auferstehung im Tod von sehr bedeutenden Theologen vertreten und verteidigt.

5. Das individuelle (persönliche) Gericht

5.1 Die Problemlage

Die kirchliche Tradition unterscheidet zwischen dem Endgericht oder Jüngsten Gericht und dem individuellen oder persönlichen Gericht im Tode. An dieser Stelle wird das persönliche Gericht behandelt. Die Gerichtsvorstellungen der Hl. Schrift und das Endgericht werden an späterer Stelle eingehend erläutert (vgl. unten 10).

Unter dem besonderen oder persönlichen Gericht versteht die Theologie im Anschluß an die kirchliche Tradition *einen Gerichtsvorgang, dem der einzelne Mensch im Zusammenhang des Todes unterworfen wird, der für immer über das jenseitige Heil oder Unheil entscheidet*. Diese allgemeine Formulierung läßt verschiedene Möglichkeiten einer spekulativen Erklärung des individuellen Gerichtes offen, auf die später eingegangen wird. Es muß aber bereits hier festgestellt werden, daß die *traditionelle Theologie*, die in der Verkündigung weitgehend vertreten wird, dieses Gericht auf die vom Leib getrennte Seele bezieht, so daß das persönliche Gericht nach dem Tod stattfindet.

Für jene Theologen, die die *Ganztodtheorie* in der radikalen Form vertreten, hat das persönliche Gericht keinen Platz mehr. Seit den kirchlichen Entscheidungen des Mittelalters über den sofortigen Eintritt der jenseitigen Läuterung bzw. des ewigen Heiles oder Unheiles nach dem Tod hat in der katholischen Theologie das persönliche Gericht teilweise ein solches Übergewicht erhalten, daß die Bedeutung des Jüngsten Gerichtes kaum mehr sinnvoll erklärt werden kann. Die theologische Position der orthodoxen Kirchen und der Kirchen aus der Reformation könnte hier eine Hilfe sein, um wiederum die rechte Mitte zu finden.

5.2 Die Hl. Schrift

Die meisten Theologen gehen zu Recht davon aus, daß die Hl. Schrift aus verschiedenen Gründen *kein ausdrückliches Zeugnis* für das persönliche Gericht bietet. Fürs erste setzt das persönliche Gericht die Vorstellung vom Zwischenzustand voraus, der zwar im Frühjudentum und wohl auch im Neuen Testament begegnet, aber kaum zu den eigentlichen Heilsaussagen gehört. Zum anderen beziehen sich die Gerichtsaussagen der Hl. Schrift, die in vielen Bildern erläutert werden, grundsätzlich auf den Tag Jahwes, den Jüngsten Tag, auf das Weltgericht.

Dort wo im Laufe der Geschichte die Vorstellung von einer Belohnung oder Bestrafung unmittelbar nach dem Tode auftaucht, muß sinnvollerweise ein persönliches Gericht angenommen werden. Die Vorstellung dieses Gerichtes kann also aus anderen theologischen Wahrheiten erschlossen werden, sie muß aber in der Hl. Schrift nicht explizit bezeugt sein, jedenfalls nicht den eigentlichen Inhalt der Gerichtsaussagen betreffen. Auf diesem Hintergrund müssen die einzelnen Schriftstellen interpretiert werden.

Nach der Botschaft Jesu ist der Mensch immer auf dem Weg zum Gerichte Gottes. Er soll sich mit seinem Gegner bereits auf dem Wege zum Gericht versöhnen, damit er einer Verurteilung entgeht (Mt 5,25-26). Er muß den schmalen Weg zum Leben gehen und das enge Tor zum Heil durchschreiten (Mt 7,13-14). Er muß gute Früchte bringen, damit er dem ewigen Feuer entgeht (Mt 7,19). In den Antithesen der Bergpredigt hat Jesus die Gerichtsvorstellung des Judentums verschärft. Nicht nur die äußere Tat, sondern auch die Gesinnung des Herzens werden der Gegenstand des Gerichtes sein (Mt 5,21-22.27-29). Wir sollen uns vor denen fürchten, die Leib und Seele in das Verderben der Hölle stürzen können (Mt 10,28). Die Beispielerzählung vom reichen Mann und armen Lazarus (Lk 16,19-31) belehrt uns über Lohn und Strafe im Jenseits und warnt vor einer falschen Haltung im Diesseits. Das Wort Jesu an den rechten Schächer (Lk 23,43) erweckt die Hoffnung, daß eine Bekehrung in der letzten Stunde den Zugang zum Paradies eröffnet.

Alle diese Worte bezeugen im Zusammenhang der Botschaft Jesu die Erwartung des Jüngsten Gerichtes; sie machen aber keine direkte Aussage über das persönliche Gericht im Tod. Dies gilt noch mehr von der präsentischen Eschatologie des *Johannesevangeliums*, von der schon früher die Rede war. Glaube und Unglaube gegenüber der Botschaft Jesu entscheiden über Heil und Gericht. Wer nicht glaubt, ist schon gerichtet (3,18), wer Jesu Worte hört und an sie glaubt, hat das ewige Leben; er kommt nicht mehr ins Gericht (5,24).

Die für das Johannesevangelium eigentümliche *Parakletsprüche* sagen aus, daß der Hl. Geist das Werk Jesu in der Kirche fortsetzen wird. Er erinnert an die Botschaft Jesu (14,26), bezeugt sie (15,26), und führt in die ganze Wahrheit ein (16,13). Er wird die Welt überführen und aufdecken, was Sünde, Gerechtigkeit und Gericht ist; „Sünde: daß sie nicht an mich glauben; Gerechtigkeit: daß ich zum Vater gehe und ihr mich nicht mehr seht, Gericht: daß der Herrscher dieser Welt gerichtet ist“ (16,8-11). Der gleiche Paraklet, der in der Kirche die Botschaft Jesu verkündet, wird also zum Richter. Er erfüllt eine kerygmatische und forensische Funktion.

Man kann also sagen, daß die vier Evangelien in ihren expliziten Aussagen sowohl das Jüngste Gericht wie auch das ständig sich vollziehende Gericht im Leben des Christen, nicht hingegen ein Gericht im Tode bezeugen.

Ähnlich vorsichtig zu interpretieren sind verschiedene Stellen aus den paulinischen Briefen. So wird in Röm 2,5 f vor Starrsinn, Selbstsucht und Ungerechtigkeit gewarnt, weil solche Verhaltensweisen den Zorn Gottes und die Offenbarung von Gottes gerechtem Gericht zur Folge haben, der jedem vergelten wird, wie es seine Taten verdienen. Auch in 2 Kor 5,10 weist der Apostel darauf hin, daß wir alle vor dem Richterstuhl Gottes offenbar werden, damit jeder seinen Lohn empfängt für das Gute oder Böse, das er im irdischen Leben getan hat. Man wird allen diesen Stellen gerecht, wenn man sie auf das kommende Gericht bezieht, das der Parusiechristus in Bälde vollziehen wird.

Wenn die Hl. Schrift auch keine direkten Aussagen über das persönliche Gericht im Tode macht, so konnte die spätere Theologie doch aus den Gerichtstexten und der klar bezeugten Lohnlehre des Neuen Testamentes schlußfolgernd zur Erkenntnis eines persönlichen Gerichtes kommen, dies umso mehr, wenn man die vielen Stellen berücksichtigt, die vom irdischen Leben als einer Zeit der Entscheidung und vom Ernst des Todes sprechen, der das einmalige Leben für immer beendet. Die Tatsache, daß der Gedanke eines persönlichen Gerichtes in der kirchlichen Tradition verhältnismäßig spät auftaucht, mag zudem ein Anlaß zu einer vorsichtigen und zurückhaltenden Interpretation des Neuen Testamentes sein.

5.3 Die kirchliche Tradition

5.3.1 Die Zeit der Väter

In der christlichen Tradition begegnen klare Zeugnisse über das persönliche Gericht nach dem Tod erst vom 4. Jahrhundert an, wenn auch in dieser Zeit noch keine einheitliche Lehre entwickelt wird. In den vorausgehenden Jahrhunderten sind die Vorstellungen über das Los der Verstorbenen noch unklar. Es tauchen aber bereits die Grundlinien auf, die zu der späteren Lehre vom persönlichen Gericht geführt haben. So sehr es in dieser Zeit auch noch ausdrückliche Leugner des Gerichtes gibt, setzt sich doch immer mehr der Gedanke durch, daß die im Tod vom Leib getrennte Seele einem Gericht unterworfen wird.

Da in dieser Zeit die platonische Philosophie ein großes Gewicht für die Theologie hat, ist der Hinweis bedeutsam, daß bereits *Platon* die Vorstellung eines individuellen Gerichtes kennt. Die Daseinsgestalt des Jenseits wird vom Gericht über das irdische Leben bestimmt. Platon schildert in drei Dialogen das Gericht über die Toten, bei dem drei Halbgötter als Richter fungieren. Die Schuldigen müssen auf der linken Straße in den Tartarus gehen, die Gerechten gelangen auf der Straße zur rechten zu den Inseln der Seligen. Beide finden sich nach dem Mythos im Hades. Die Strafen werden vor allem für moralische Vergehen verhängt. Die Sünder werden entweder auf ewig oder auf Zeit in den Tartarus geworfen, die Frommen gelangen zu den reinen Wohnungen. Daß Platon auch die Vorstellung einer Seelenwanderung kennt, wurde bereits früher erwähnt.

Eine entscheidende Triebkraft für die spekulative Entfaltung der Lehre vom besonderen Gericht ist der *Gedanke vom jenseitigen Lohn*, der nicht erst nach dem Jüngsten Tag, sondern bereits nach dem Tod verliehen wird. Eine sofortige Belohnung nach dem Tod nimmt man zunächst für die Martyrer an. So sagt *Clemens von Rom*, daß Petrus durch den Martyrertod „an den gebührenden Ort der Herrlichkeit gelangte"[47] und daß Paulus den Preis für seine Ausdauer erhielt, indem er „die Welt verließ und an den heiligen Ort gelangte."[48] Auch *Polykarp* ist davon überzeugt, daß die Martyrer und Apostel „an dem ihnen gebührenden Ort beim Herrn"[49] sind. *Tertullian* schränkt ausdrücklich die sofortige Erlangung der Paradiesesherrlichkeit auf die Martyrer ein, während *Cyprian* die Belohnung aller Gerechten annimmt. Er stellt auch bereits die Frage nach dem Verhältnis zwischen der besonderen Vergeltung unmittelbar nach dem Tod und der definitiven Vergeltung nach dem Jüngsten Gericht.

So wenig man in dieser Zeit eine klare Vorstellung über die jenseitige Belohnung und Bestrafung hatte, und ein Teil der Theologen zwischen einer vorläufigen und endgültigen Belohnung und Bestrafung, die erst nach dem Jüngsten Tag erfolgen wird, unterschieden hat, so mußte doch die Vorstellung von einem persönlichen Gericht ausgebildet werden, das über die Situation nach dem Tod entscheidet. In diesem Sinn erklärt *Augustinus* unter Hinweis auf die Erzählung vom reichen Mann und armen Lazarus, man glaube mit vollem Recht, daß die Seelen, wenn sie die Leiber verlassen haben, gerichtet werden, bevor sie zu jenem Ort gelangen, an welchem sie nach der Vereinigung mit ihren Leibern gerichtet werden müssen.

Im Osten ist vor allem *Johannes Chrysostomus* ein Zeuge für das besondere Gericht nach dem Tod. *Ephrem der Syrer* bietet sogar eine Schilderung des Gerichtsvorganges: Er läßt die Teufel als Ankläger auftreten, ihren Tribut einfordern, und die Schuldscheine der Sünder vorlegen; er beschreibt die Angst und Not der Seele, die dann aber, weil sie gerecht ist, von guten Engeln beschützt und aufgenommen wird.

Es gibt in dieser Zeit aber durchaus noch *ausdrückliche Leugner des besonderen Gerichtes*. So sagt z.B. *Laktanz*, es solle niemand die Meinung vertreten, daß die Seelen nach dem Tod gerichtet werden. Vielmehr werden wir in einer gemeinsamen Haft festgehalten, bis die Zeit kommt, da der höchste Richter die Prüfung der Verdienste vornimmt. Dann werden jene, deren Gerechtigkeit bewährt ist, den Lohn der Unsterblichkeit empfangen. Jene aber, deren Sünden und Verbrechen aufgedeckt sind, werden nicht auferstehen, sondern mit den Gottlosen in die äußerste Finsternis geworfen werden.

Wie unsicher die Lehre vom individuellen Gericht in der Zeit der Väter noch ist, sieht man an der *orthodoxen Theologie*[50], die bis heute in einer besonderen Weise der Theologie der Väter verpflichtet ist. Alles was dem Endgericht vorausgeht, ist nur vorläufig und nicht abschließend. Zwar fehlt die Vorstellung von einem besonderen Gericht unmittelbar nach dem Tode nicht, aber dieses Gericht wird nicht, wie im Abendland, als endgültige Entscheidung über das ewige Schicksal der Einzelseele vorgestellt, sondern nur als ein vorläufiges Urteil, als eine Vorwegnahme des eigentlichen und im Grunde genommen einzigen Endgerichtes. Die nach dem Tode gerichtete Seele gelangt im Hades in den Zwischenzustand,

[47] 1 Clem. 5,4; Fischer 31.
[48] 1 Clem. 5,7; Fischer 33.
[49] 2 Phil. 9,2; Fischer 259-261.
[50] Vgl. dazu F. Heiler, Urkirche und Ostkirche, München 1937, 228-229.

der bis zur allgemeinen Auferstehung der Toten dauert, mit der das Weltgericht und der ewige Lohn bzw. die ewige Strafe verbunden sind.

5.3.2 *Die Scholastik*

Für die Scholastik ist die Lehre vom besonderen Gericht eine gesicherte Lehre, wenn sie auch nicht im Mittelpunkt der Gerichtsaussagen steht. Erwartungsgemäß stellt sich nun die Frage nach dem Verhältnis von besonderem Gericht nach dem Tode und dem Endgericht am Jüngsten Tag deutlicher als bisher. *Richard von St. Viktor*, ein bedeutender Theologe der Frühscholastik, meint, das besondere Gericht nach dem Tod beziehe sich zwar auf das ganze Leben des Menschen, werde aber nicht am ganzen Menschen vollstreckt, sondern nur an der Seele. Das Urteil des letzten Gerichtes hingegen bezieht sich auf das ganze Leben des Menschen und wird am ganzen Menschen nach Seele und Leib und mit allen und vor allen Menschen vollzogen.

Thomas von Aquin sagt im Anschluß an die Darstellung des allgemeinen Gerichtes: Es gibt noch ein anderes Gericht Gottes, in welchem jedem einzelnen nach dem Tod hinsichtlich seiner Seele die verdiente Vergeltung zuteil wird. Es ist nämlich nicht anzunehmen, daß die Unterscheidung (hinsichtlich Verwerfung und Beseligung) ohne göttliches Urteil erfolge, oder daß dieses Urteil sich nicht auf die hoheitliche Gewalt Christi erstrecke.

Über das Verhältnis von besonderem Gericht und allgemeinem Gericht sagt dann Thomas: Im Einzelgericht wird der Mensch als Einzelperson gerichtet, im allgemeinen Gericht als Teil des ganzen Menschengeschlechtes. Im Endgericht werden Lohn und Strafe vervollständigt, indem sie auf den Leib ausgedehnt werden. Das Endgericht ist auch der Abschluß des Erlösungswerkes Christi, da es alle zur Anerkennung seines Amtes als Erlöser zwingt.

5.3.3 *Das kirchliche Lehramt*

Es mag verwundern, daß es bis heute keine ausdrückliche kirchliche Lehräußerung gibt, die das persönliche Gericht direkt zum Gegenstand hat. Auf dem Ersten Vatikanischen Konzil wurde ein Entwurf folgenden Inhalts zur Entscheidung vorgelegt: „Nach dem Tod, der das Ende des irdischen Lebens ist, werden wir sogleich vor das Gericht Gottes treten, damit jeder für sich das Gute und Böse verantworte, das er in seinem Leben getan hat. Nach dem irdischen Leben bleibt kein Raum mehr für die Buße zur Rechtfertigung."

Über diesen Entwurf wurde, wie über viele andere Fragen, wegen des vorzeitigen Abbruchs des Konzils nicht mehr abgestimmt. Die Vorlage enthält aber die Lehre, die sich in der kirchlichen Tradition allgemein durchgesetzt hat. Erst in unserer Zeit werden andere Erklärungsversuche angeboten.

Einschlußweise ist aber die Lehre vom besonderen Gericht in den kirchlichen Lehrentscheidungen des Mittelalters vom 13.-15. Jahrhundert enthalten, in denen ausdrücklich gesagt wird, daß die Seele nach dem Tod noch vor der Auferstehung des Fleisches sofort Lohn und Strafe empfängt bzw. im Fegfeuer geläutert wird (DH 839, 856-859, 1000-1002, 1304-1306). Diese Lehräußerungen setzen ein persönliches Gericht nach dem Tod voraus, eine Vorstellung, die in dieser Zeit allgemeine Anerkennung gefunden hat.

In der Entscheidung des *II. Konzils von Lyon* (1274; DH 859) erscheint zum ersten Mal die Unterscheidung zwischen dem persönlichen Gericht und dem Weltgericht, insofern ausdrücklich gesagt wird, daß die Seelen derer, die nach dem Tod geläutert werden oder in den Himmel bzw. in die Hölle kommen, am Tage des Gerichtes (Weltgericht) vor dem Richterstuhl Christi mit ihren Körpern erscheinen werden, um Rechenschaft über ihre Taten abzulegen. Die gleiche Lehre begegnet in der Konstitution „Benedictus Deus" des Papstes *Benedikt XII.* vom 29.1.1336 (DH 1002).

5.3.4 Die weitere Entwicklung

In den kommenden Jahrhunderten war die Lehre vom persönlichen Gericht kein Streitpunkt unter den Theologen und zwischen den christlichen Konfessionen. In der Theologie der *Reformatoren* kommt dem persönlichen Gericht aus verschiedenen Gründen eine geringe Bedeutung zu. Der Blick richtet sich primär auf die in der Hl. Schrift bezeugten Ereignisse am Ende der Zeiten, wo sich endgültig Heil und Unheil ereignen werden. Der Zwischenzustand hat den Charakter des Vorläufigen. Das Fegfeuer wird ausdrücklich geleugnet. Somit entfallen die Argumente, die zur Verteidigung des persönlichen Gerichtes geführt haben.

Luther selbst nimmt an, daß im Tod die Scheidung zwischen Guten und Bösen erfolgt, die das Gericht voraussetzt. Das Gericht am Jüngsten Tag rückt er für den Einzelnen unmittelbar an seinen Tod heran. Wenn wir gestorben sind, wird ein jeder seinen Jüngsten Tag erleben. Im Tode gehen wir unmittelbar hinein in das Gericht. Die protestantische Orthodoxie unterscheidet zwischen dem verborgenen Einzelgericht in der Todesstunde und dem offenkundigen allgemeinen Gericht am Ende der Welt.

Das Verhältnis von Einzelgericht und Weltgericht wird mit Überlegungen aus der Tradition erläutert. Wenn die Verstorbenen auch schon nach dem Tod durch das Gericht hindurchgegangen sind, so besteht der eigentliche Sinn des letzten Gerichtes in seinem öffentlichen und universalen Charakter. Gott und Jesus Christus erweisen ihre Gerechtigkeit und Barmherzigkeit öffentlich vor den Engeln und allen Menschen und am ganzen Menschen mit Leib und Seele. Zugleich finden die Frommen öffentliche Anerkennung und die Gottlosen öffentliche Verurteilung. Erst am Ende der Geschichte können die guten und schlechten Taten der Menschen endgültig abgewogen werden, weil dann ihre Wirkungsgeschichte beendet sein wird.

In der nachtridentinischen *Kontroverstheologie* wird das besondere Gericht häufig im Zusammenhang der Fegfeuerlehre behandelt. Das Einzelgericht geschieht sofort nach dem Tod, wenn die Seele vom Leibe scheidet, und wird im geheimen vollzogen. Die Seele erhält Gewißheit über ihren Stand. Das Endgericht wird in der Öffentlichkeit vollzogen. Die Gerechtigkeit und Güte Gottes und die Taten der Menschen werden so in aller Öffentlichkeit vorgestellt, daß sie alle erkennen.

5.4 Die zeitgenössische Theologie

Unter den vielen eschatologischen Problemen der zeitgenössischen Theologie sollen im Blick auf die kirchliche Tradition nur zwei Fragen herausgegriffen werden: Die Frage nach dem Verhältnis von persönlichem Gericht und Weltgericht und das Verständnis des persönlichen Gerichtes.

5.4.1 Das Verhältnis von persönlichem Gericht und Weltgericht

Während die kirchliche Tradition ganz selbstverständlich davon ausgeht, daß Einzelgericht und Endgericht zeitlich durch den Zwischenzustand voneinander getrennt sind, sieht ein Teil der Theologen der Gegenwart darin ein Scheinproblem, weil ein innerweltliches Zeitverständnis auf die Situation nach dem Tod übertragen wird. Dies sei aber eben nicht möglich, wie die umstrittene These von der Auferstehung im Tod deutlich gemacht hat.

Sinngemäß wird dann von einer Reihe von Theologen das persönliche Gericht und das Endgericht miteinander identifiziert, oder beide Gerichte werden als zwei Aspekte des gleichen Gerichtes gesehen. Es handelt sich also nicht um zwei real verschiedene Gerichte und einer Zwischenzeit zwischen ihnen, sondern um ein einziges Gericht, in das der Mensch nach seinem Tode kommt, und in dem er zugleich das Ende der Weltgeschichte erfahrt. „Dieses Gericht ist für ihn ‚besonderes Gericht', weil darin sein ganz persönliches, einmaliges Leben ans Licht kommt, seine besonderen Möglichkeiten und Bedingtheiten, sein einmaliges Verhältnis zu Gott; und es ist für ihn zugleich ‚allgemeines Gericht', ‚Gericht über die Welt', weil er zur Geschichte der Welt gehört und diese Geschichte zu ihm, weil, mit anderen Worten, die ganze Menschheit ein Beziehungsgeflecht ist, das von den vielen einzelnen lebt und ohne das auch die einzelnen nicht zu denken sind, so daß die Vollendung des einzelnen immer auch ein Stück Vollendung der Menschheitsgeschichte (und umgekehrt) bedeutet, weil ... niemand allein zu Gott kommt, sondern immer nur zusammen mit den anderen."[51]

Andere Theologen meinen, man könne das Problem dadurch lösen, daß man im Sinn der präsentischen Eschatologie des Johannesevangeliums das Gericht, das sich im irdischen Leben in der Begegnung mit Christus in Glaube und Liebe vollzogen hat, in das Jenseits transponiert. Das Gericht vollzieht sich also im Diesseits, wird aber erst im Jenseits völlig offenbar.

Es bedarf keiner weiteren Erklärung, daß diese Überlegungen einen wertvollen Beitrag zum Verständnis des Gerichtes leisten, aber die eigentlichen Probleme nicht befriedigend lösen können.

5.4.2 Das Verständnis des persönlichen Gerichtes

Ohne auf die Problematik des Verhältnisses von besonderem Gericht und Weltgericht und des Todesverständnisses im einzelnen einzugehen, wird das individu-

[51] F. J. Nocke, Eschatologie, Düsseldorf 41991, 77.

elle Gericht ganz allgemein als Gottesgericht und Selbstgericht verstanden. Das besondere Gericht „ist eine von der Aktivität Gottes gewirkte Selbstbeurteilung des Menschen."[52] *Das Gottesgericht vollzieht sich in einem Selbstgericht.*

In diesem Gericht ruft Gott den Menschen sein ganzes früheres Leben in das Gedächtnis zurück, so daß jede Einzelheit und auch das aus allen einzelnen Entscheidungen resultierende Ganze des Lebens im klarsten Licht vor seinem geistigen Auge stehen. Der Mensch sieht, wie er ist, indem er sieht, wie er geworden ist. Seine in der augenblicklichen Gegenwart aufgehobene Vergangenheit wird so vor ihm lebendig.

Der Mensch kann diesem Blick, den ein göttliches Licht, das noch von der seligen Schau verschieden ist, ermöglicht, nicht ausweichen. Der Mensch beurteilt sein Leben untrüglich und endgültig. So wird er im Tod sein eigener Richter. Weil Gott das Gericht ermöglicht und fordert, handelt es sich um ein *Gottesgericht*; weil *der Mensch* im Lichte Gottes sein Leben beurteilt, handelt es sich um ein *Selbstgericht*.

Dieses Selbstgericht ist zudem eine Krönung aller jener Selbstgerichte, die der Mensch während seines Lebens vollzogen hat. Das persönliche Gericht ist zu verstehen als „Ans-Licht-Kommen meiner eigenen Entscheidungen."[53] In der Begegnung mit dem Herrn wird mir klar, was aus mir durch meine Lebensentscheidungen geworden ist. Vor dem Blick Christi wird mir klar, wer ich bin. „Der Richter braucht nichts zu tun, nur zu sein."[54]

Nach *K. Rahner* ist das persönliche Gericht als Selbstgericht eng verbunden mit der Auffassung vom Tod als der Endgültigkeit einer Freiheitsgeschichte. „Gott macht den Tod zum Gericht, weil der Mensch im Tod und durch ihn seine Endgültigkeit selber getätigt hat."[55] Das Gericht ist also ein Geschehen im Tod, nicht nach dem Tod.

Dieser Gedanke wird vor allem von *L. Boros* weiterentwickelt und in seine Endentscheidungshypothese aufgenommen. In der Entscheidung im Tod erlebt der Mensch die höchste und klarste Christusbegegnung seines Lebens. Es ist jetzt unmöglich für ihn, an Christus vorbeizugehen. Er muß sich entscheiden. Diese Entscheidung ist das Gericht. Was im Tode entschieden wird, bleibt in Ewigkeit, da der Mensch sein ganzes Wesen in diese Entscheidung hineinlegt, ja ganz zur Entscheidung wird. Als so Entschiedener lebt er für immer. Die ganze Ewigkeit des Menschen wird nicht anders sein, als die seinshafte Entfaltung dessen, was in diesem Augenblick geschieht. „Der Tod ist der erste vollpersonale Akt des Menschen und somit der seinsmäßig bevorzugte Ort des Bewußtwerdens, der Freiheit, der Gottbegegnung und der Entscheidung über das ewige Schicksal."[56]

---

[52] M. Schmaus, Katholische Dogmatik IV,2 448.

[53] F. J. Nocke, Eschatologie, 127.

[54] H. U. von Balthasar, Gericht: IKaZ 9 (1980) 232.

[55] Zur Theologie des Todes, 29.

[56] L. Boros, Mysterium mortis, 173.

6. Der Zwischenzustand

6.1 Die grundsätzliche Problemlage

Unter Zwischenzustand versteht man *die Existenzweise des Menschen zwischen dem individuellen Tod und der Auferstehung der Toten am Jüngsten Tag mit den damit verbundenen eschatologischen Ereignissen*. Wenn der Zwischenzustand in der christlichen Tradition auch ausschließlich auf die vom Leib getrennte Seele (*anima separata*) bezogen wird, so läßt er sich grundsätzlich auch mit einem anderen anthropologischen Modell erklären.

Die Lehre vom Zwischenzustand gehört aus verschiedenen Gründen zu den umstrittenen Themen der Theologie. Fürs erste bereitet die Vorstellung der leibfreien Seele der Psychologie des heutigen Menschen große Schwierigkeiten. Da der Zwischenzustand eine bestimmte Spanne Zeit einschließt und diese Zeit in der Regel einfach als innerweltlich erfahrbare Zeit verstanden wird, tauchen alle Probleme auf, die bereits an früherer Stelle besprochen wurden.

Die orthodoxen Kirchen finden zur lateinischen Lehre vom Zwischenzustand nur schwer einen Zugang, weil in der Lehre des Westens die im Osten betonte Vorläufigkeit des Zwischenzustandes gegenüber dem endgültigen Heil und Unheil nach der Auferstehung der Toten nicht hinreichend beachtet wird. Im Gespräch mit der *evangelischen Theologie* taucht vor allem die schroffe Gegenüberstellung „Unsterblichkeit der Seele oder Auferstehung der Toten“ auf.

In der *katholischen Theologie* hat die Lehre vom Zwischenzustand ihre Bedeutung vor allem im Blick auf die Fegfeuerlehre erlangt. In unserer Zeit gibt es auch im Bereich der katholischen Theologie die Meinung, die Lehre vom Zwischenzustand sei keine verbindliche Lehre der Kirche; man könne das mit dem Zwischenzustand theologisch Gemeinte auch anderweitig aussagen.

Ausdrücklich geleugnet wird der Zwischenzustand von den Vertretern der Ganztodtheologie in der radikalen Form. Versteht man den Zwischenzustand im oben definierten Sinn, so ist er mit der These von der Auferstehung im Tod auf den ersten Blick nicht vereinbar. Die Vertreter dieser These bieten freilich einen eigenen Lösungsvorschlag an.

6.2 Das Zeugnis der Hl. Schrift

Die Frage, welche Stellen der Hl. Schrift einen Zwischenzustand bezeugen, ist in der kritischen Exegese umstritten. Die Tatsache, daß die Offenbarung insgesamt Aussagen über diese Existenzweise macht, wird aber von vielen Theologen angenommen.

6.2.1 Das Alte Testament und das Frühjudentum

Wenn wir den Überblick über die Entfaltung der Eschatologie im Alten Testament im Auge behalten, so läßt sich sagen, daß der Zwischenzustand kein eigentliches Thema in der Hoffnung Israels ist. So bedeutsam die Vorstellung von der Scheol und so groß der Wandel dieser Vorstellung ist, so macht sie doch erst eine Aussage über den Zwischenzustand, wenn sie direkt zur Auferstehung der Toten in Beziehung gesetzt wird. Ausdrückliche Zeugnisse des so verstandenen Zwischenzustandes begegnen im Frühjudentum und im rabbinischen Schrifttum.

In der Zeit zwischen den Testamenten wurde der Glaube an die Auferstehung der Toten nicht nur verbreitet und entfaltet, daneben entsteht auch eine deutliche Lehre vom Zwischenzustand. Vor allem in der *jüdischen Apokalyptik* findet der Glaube, daß bereits nach dem Tod die Belohnung der Frommen und die Bestrafung der Frevler einsetzt, ein besonderes Interesse. So wird im *Äthiopischen Henochbuch* das Geheimnis verkündet, daß alles Gute aufgeschrieben ist für die Geister derer, die in der Gerechtigkeit gestorben sind, und daß ihnen die Vergeltung für ihre guten Taten geschenkt wird. Den Sündern wird ein Wehe zugerufen; denn ihre Seelen fahren in das Totenreich hinab, ihre Trübsal ist groß, sie sind in der Finsternis, der Fesselung und der lodernden Flamme; sie haben keinen Frieden. Gelegentlich entsteht sogar der Eindruck, als sei der Zustand der verstorbenen Gerechten schon endgültig.

Das Entscheidende ist aber die Vorstellung, daß Zwischenzustand und endgültiges Schicksal aufeinander bezogen werden. Zwischenzustand und ewige Vollendung stehen nicht unvermittelt nebeneinander, sondern das eine leitet zum anderen über. Auch nach dem *4. Buch Esra*, das trotz seiner späten Entstehung (ca. 100 n. Chr.) vorchristliches apokalyptisches Traditionsgut enthält, wohnen die Seelen der Verstorbenen in verschiedenen Kammern, in denen Lohn und Strafe erteilt werden. Noch deutlicher ist die Teilung der Gerechten und Sünder im *rabbinischen Judentum* durchgeführt. Vom Gericht aus, das unmittelbar dem Tode folgt, öffnen sich zwei Wege, der eine in den Garten Eden, in das Paradies, der andere in das Tal Gehinnom, in den Ort der Verdammnis.

6.2.2 Das Neue Testament

Es darf vorweg angenommen werden, daß in der Zeit der Entstehung des Neuen Testamentes die frühjüdischen Vorstellungen über den Zwischenzustand bekannt waren. Schwierig ist aber die Antwort auf die Frage, an welchen Stellen tatsächlich eine Aussage über den Zwischenzustand gemacht wird.

6.2.2.1 Die Synoptiker

Wenn man bedenkt, daß die Mitte der Lehre Jesu die Botschaft vom Königtum Gottes ist, und daß damit die Naherwartung verbunden ist, so darf man annehmen, daß eine Lehre vom Zwischenzustand kein Thema der Verkündigung Jesu gewesen ist. Dennoch gibt es in der synoptischen Tradition Stellen, die zumindest im Sinne eines Zwischenzustandes verstanden werden können. In diesem Zusammenhang wird mit Recht auf die *Erzählung vom reichen Mann und vom armen Lazarus* (Lk 16,19-31) verwiesen. Wenn auch der eigentliche Aussageinhalt die Warnung vor den Gefahren des Reichtums ist, so steht im Hintergrund auch die Vorstellung einer Belohnung und Bestrafung im Jenseits, die noch vor der Auferstehung der Toten stattfindet. Es ist zudem die Vorstellung von den zwei Kammern der Scheol bewahrt, in der Lohn und Strafe zugeteilt werden. Im gleichen Sinn ist das Gespräch Jesu mit dem reumütigen Schächer (Lk 23,43) von der jüdischen Vorstellung her zu verstehen, daß das Paradies der Ort der jenseitigen Vergeltung ist.

Umstritten ist dagegen die Interpretation des *Gleichnisses vom reichen Kornbauern* (Lk 12,16-21). Einige Exegeten meinen, es handle sich nicht um die endzeitliche Katastrophe, sondern um das Unheil nach dem Tode für jene Menschen, die nur auf ihren irdischen Besitz vertrauen und keine Schätze für den Himmel gesammelt haben. Andere dagegen meinen, über das Leben nach dem Tod sei mit diesem Gleichnis nichts ausgesagt. Es gehe lediglich um die Torheit des Kornbauern, der meint, man könne sein irdisches Leben sichern und nach Wunsch gestalten, ohne an den plötzlichen Tod zu denken.

Noch bedeutsamer ist die Interpretation von *Mt 10,28*, wo die Gegenüberstellung von Leib und Seele begegnet. Wir sollen uns nicht vor denen fürchten, die den Leib töten, die Seele aber nicht töten können. Fürchten sollen wir uns vielmehr vor denen, die Leib und Seele in das Verderben der Hölle stürzen können. Die einen meinen, man dürfe in diese Stelle nicht im Sinne des hellinistischen Denkens die Vorstellung von einer Höherbewertung der unsterblichen Seele gegenüber dem sterblichen Leib eintragen. Der Ton liege nicht auf dem Gegensatz zwischen Leib und Seele, sondern auf dem Gegensatz zwischen Mensch und Gott. Der Sinn des Satzes ist dann: Menschen können zwar das irdische Leben vernichten, aber nicht das himmlische Leben rauben. Andere Exegeten sind der Überzeugung, daß die Stelle eine vulgarisierte hellenistische Anthropologie und die Vorstellung vom Zwischenzustand und Endgericht voraussetze.

Die Gegenüberstellung von Leib und Seele darf aber nicht darüber hinwegtäuschen, daß das semitische Gesamtkonzept vom Menschen beibehalten ist. Die Furchtlosigkeit ist nicht darin begründet, daß die Seele als der bessere Teil des Menschen das Martyrium überdauert. Sie ist nur als Träger der Kontinuität des Menschen im Zwischenzustand bis zum Jüngsten Gericht gedacht, in dem Gott den durch die Auferweckung wieder hergestellten ganzen Menschen vor sein Gericht ziehen wird. Die vulgarisierte hellenistische Anthropologie hat es ermöglicht, die Seele als jenes anthropologische Kontinuum zu denken, das die Zeit zwischen Tod und Auferstehung überbrückt. Es bleibt aber eine Unausgeglichenheit, insofern für den Semiten eine leiblose Existenz eigentlich eine Unexistenz ist. Die Intention der Aussage besteht nicht darin, eine Auskunft über den Zwischenzustand zu geben; das Gewicht liegt vielmehr auf dem Ausblick auf den göttlichen Richter.

Ein Zwischenzustand zwischen Tod und endgültigem Gericht könnte in *Offb 6,9-11* vorausgesetzt sein, wenn gesagt wird, daß die Seelen derer, die wegen des Wortes Gottes und um des Zeugnisses willen hingeschlachtet sind, unter dem himmlischen Altar sind.

6.2.2.2 Paulus

Am umstrittensten sind einige Stellen der paulinischen Briefe, die von der Situation der bereits verstorbenen Glieder der Gemeinde sprechen. Paulus ist der Hagiograph des Neuen Testamentes, der eine Theologie der Auferstehung von den Toten entwickelt hat, wie später gezeigt werden soll (vgl. 9.2). Er lebt zudem in einer drängenden Naherwartung. Eine vorschnelle Deutung von einzelnen Stellen im Sinne des Zwischenzustandes ist also nicht angebracht.

Die in den paulinischen Briefen auftauchenden Ausdrücke *„Entschlafen, die Entschlafenen, die Toten“*, dürfen nicht einfach im Sinne der späteren Theologie (etwa bei Luther) als Ausdruck für den Zwischenzustand verstanden werden. Sowohl im Hellenismus wie im Judentum ist *„Entschlafen“* ein euphemistischer Ausdruck für den Tod. Dabei kann sowohl der Gedanke der Bewußtlosigkeit, wie auch die positive Vorstellung des Friedens, den die Gerechten im Gegensatz zu den Sündern haben, gemeint sein. Paulus gebraucht den Ausdruck im Sinne der jüdisch-griechischen Vorstellung so allgemein, daß über den Zustand der Verstorbenen keine weiteren Schlußfolgerungen gezogen werden können.

In *1 Thess 4,16-17* sagt Paulus, daß bei der Parusie zuerst die in Christus Verstorbenen auferstehen werden. Dann werden wir, die Lebenden, die noch übrig sind, zugleich mit ihnen auf den Wolken in die Lüfte entrückt werden. Dann werden wir alle beim Herrn sein. Wenn auch der Gedanke eines Zwischenzustandes im Sinne der Christusgemeinschaft nach dem Tod, der an anderen Stellen der paulinischen Briefe begegnet, an dieser Stelle nicht ausgeschlossen werden kann, so dürfte doch der eigentliche Aussageinhalt, der den Thessalonichern Trost sein soll, ein anderer sein. Die Befürchtung, jene, welche am Tag der Parusie bereits gestorben sind, könnten im Nachteil sein gegenüber den noch Lebenden, ist unbegründet. Den Toten gilt die Liebe Christi in besonderer Weise. Das „zuerst die in Christus Entschlafenen, dann die noch Lebenden“ macht keine Aussage über die zeitliche Abfolge der Auferstehung, sondern über den Vorrang der bereits Verstorbenen gegenüber den noch Lebenden.

Ähnliche Schwierigkeiten bereitet die Interpretation von *1 Kor 15,37*, wo der Apostel vom „nackten Samenkorn“ spricht. Mit diesem Vergleich ist keine Aussage über die leibfreie Seele im Zwischenzustand gemacht. Nackt ist der Mensch nicht deswegen, weil eine leibfreie Seele fortlebt; nackt ist der Mensch vielmehr hinsichtlich dessen, was ihn noch erwartet, das Bekleidetwerden mit dem neuen Auferstehungsleib. Der das Bild beherrschende Gegensatz ist: Samenkorn und Pflanze. Dem entspricht in der Sache der Gegensatz zwischen dem gegenwärtigen, verwesenden Leib und dem zukünftigen Herrlichkeitsleib.

Verschieden beurteilt wird in der neueren Exegese auch *2 Kor 5,1-10*, wo vom Abbrechen des irdischen Zeltes, von einem Überkleidetwerden mit einem himmlischen Haus, vom Ausziehen aus dem Leib und dem Daheim-beim-Herrn-Sein die Rede ist. Die entscheidende Hoffnung, von der Paulus hier redet, ist die Auferstehung der Toten. Über den Zwischenzustand ist weder eine positive noch eine negative Aussage gemacht. Es ist vor allem nicht gestattet, die griechische Vorstellung vom Leib-Seele-Dualismus einzutragen und den Zwischenzustand auf eine leibfreie Seele zu beziehen. Wenn überhaupt etwas über den Zwischenzustand ausgesagt ist, dann nur insofern, als der somatische Mensch in einer für uns nicht mehr zu erklärenden Weise fortlebt.

Es bleibt noch *Phil 1,23* zu besprechen, jene Stelle, die für manche Exegeten die einzige ist, an der bei Paulus von einem Zwischenzustand die Rede ist: „Ich sehne mich danach, aufzubrechen und bei Christus zu sein."

Ganz selbstverständlich richtet sich auch in diesem Brief die Hoffnung der Christen auf die Auferstehung der Toten. „Unsere Heimat ist im Himmel. Von dorther erwarten wir auch den Retter, den Herrn Jesus Christus, der unseren armseligen Leib verwandeln wird in die Gestalt seines verherrlichten Leibes, in der Kraft, mit der er sich alles unterwerfen kann" (Phil 3,20-21). Paulus ist aber ebenso der Hoffnung, daß mit dem Tod die Christusgemeinschaft nicht unterbrochen wird. Das Leben unmittelbar nach dem Tod ist ein Mit-Christus-Sein.

An dieser Stelle ist wohl die Vorstellung von einem Zwischenzustand gegeben, aber gleichzeitig auf jede anthropologische Erklärung verzichtet. Paulus deutet auch nicht an, daß diese Christusgemeinschaft nach dem Tod ein Geringeres an Seligkeit bedeuten würde als die mit dem Weltenende zu erlangende Christusgemeinschaft.

Insgesamt läßt sich das Zeugnis des Neues Testamentes über den Zwischenzustand zusammenfassen: In der Zeit der Entstehung der Schriften des Neuen Testamentes ist die im Frühjudentum entwickelte Lehre vom Zwischenzustand bekannt. Weil aber die Heilserwartung auf die vollendete Gottesherrschaft nach der Parusie und auf die Auferstehung der Toten ausgerichtet ist, konnte die Vorstellung vom Zwischenzustand nur am Rande der Verkündigung stehen, wenn sie überhaupt ein ausdrückliches Thema der Verkündigung gewesen ist.

6.3 Die kirchliche Tradition

6.3.1 Die Zeit der Väter

In der unmittelbar nachbiblischen Zeit konnte keine eigentliche Lehre vom Zwischenzustand entwickelt werden, weil die Naherwartung noch nicht aufgegeben war und die Hoffnung der Christen ganz auf die Auferstehung der Toten ausgerichtet war. Erst im Kampf gegen die *Gnosis* entstand eine Lehre vom Zwischenzustand, die aber eine deutliche Entwicklung durchgemacht hat.

Nach der *Lehre der Gnosis* tritt beim Tod die vom Leib getrennte Seele die Himmelsreise zu Gott an. In der Auseinandersetzung mit der Gnosis übernimmt die Kirche deren Leib-Seele-Terminologie, um die Irrlehren bekämpfen zu können: Nicht Himmelsreise der Seele im Tod, sondern Auferstehung der Toten am Jüngsten Tag. Dabei dachten einige Kirchenväter durchaus an eine Zwischenzeit zwischen dem Tod und der Auferstehung der Toten. Aber in dieser Zwischenzeit wartet nach ihrer Vorstellung nicht nur der Leib, sondern der ganze Mensch auf seine Auferweckung am Jüngsten Tag.

Diese Vorstellung stößt aber im Zuge der *Martyrerverehrung* auf Schwierigkeiten. Die Christen versammeln sich an den Gräben der Martyrer und verehren diese gleichzeitig als Heilige bei Gott. Eine Lösung des Problems findet man in der Annahme, daß die Seelen der Martyrer bei Gott sind, während ihre Leiber noch auf die Auferstehung der Toten warten. Damit ist grundsätzlich die uns bekannte Vorstellung entwickelt, daß der Zwischenzustand eine Existenzweise der Seele zwischen Tod und Auferstehung ist. In der weiteren Entwicklung gesteht man das Bei-Gott-Sein nicht nur den Martyrern, sondern auch anderen Gruppen von Menschen zu: den Patriarchen, Propheten, den Gott geweihten Jungfrauen, den Aszeten und schließlich allen Menschen, die ein Gott geweihtes Leben geführt haben.

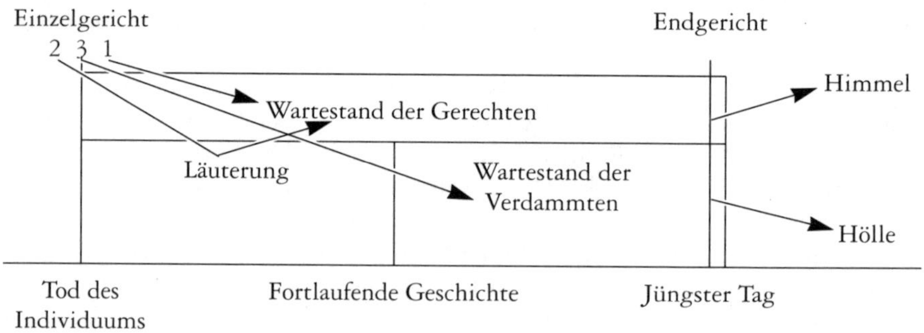

– Zwischenzustand: Patristische Theologie: – „Die Hoffnung der Christen ist die Auferstehung der *Toten*“ (Tertullian, de resur.mort.1; vgl. die Symbola). Gegen die Gnosis mußte die christliche Eschatologie (1) betonen, daß *auch das Fleisch* auferstehen werde (nicht nur der Seele, was alle Griechen ohnedies glaubten), (2) die Idee ausschalten, daß die Seele nach dem Tod zur Himmelsreise aufbreche. Das geschieht durch die Annahme eines *Zwischenzustands*. Nach dem Einzelgericht kommen die Seelen in einen Läuterungs- bzw. Wartezustand bis zum Endgericht. Nähere Differenzierungen werden noch nicht gemacht.

Im einzelnen ist die Lehre der Theologen über den Zwischenzustand verschieden, wie einige Beispiele zeigen sollen. Nach *Tertullian* wird erst nach der allgemeinen Auferstehung der Toten und dem Gericht die volle Verwirklichung der Belohnung und der Bestrafung beginnen. Dennoch entwickelt Tertullian die Theorie von einem Zwischenzustand, in dem die Toten ihren endgültigen Zustand erwarten und sogar vorwegnehmen. Im Anschluß an die Erzählung vom reichen Mann und vom armen Lazarus und der Tradition vom Abstieg Christi in die Unterwelt nimmt Tertullian an, daß die Seelen der Verstorbenen im Hades, vorgestellt als riesiger unterirdischer Raum im Inneren der Erde, „in der Verbannung“ bis zur Auferstehung leben. Er vermutet aber, daß die Seelen im Hades Bestrafung und Trost erfahren, während sie auf die Entscheidung des Gerichtes warten.

Eine ähnliche Meinung vertritt *Hippolyt*. Nach dem Tod werden die Seelen durch Engel, die als Wächter des Hades fungieren, in ein dunkles unterirdisches Gefängnis eingesperrt, wo sie bis zum Tag der Auferstehung bleiben. Einige von ihnen – wohl die Sünder –, die die Verdammung verdient haben, erleiden für ihre Lebensweise vorübergehende Strafen. Die Gerechten hingegen werden an einen hellen und angenehmen Teil der Unterwelt geführt, der „Schoß Abrahams" genannt wird. Dort genießen sie die Gesellschaft der Engel und Patriarchen und erfreuen sich der Schau der kommenden Belohnung. Nach der Auferstehung wird Christus als Richter erscheinen und die Sünder in das ewige Feuer schicken; die Gerechten werden in das Himmelreich eingehen.

Ephrem der Syrer stellt sich den Zwischenzustand als Schlaf vor. Die Seele ist ohne Leib gefesselt und gelähmt. Sie ist wie ein Embryo in der Gebärmutter, oder wie ein Blinder und Tauber. In der Scheol gibt es eine absolute Gleichheit und Unterschiedslosigkeit, so daß kein Schatten von einem anderen zu unterscheiden ist. An einigen Stellen scheint jedoch auch Ephrem zwei unterschiedene Orte vor Augen zu haben, wo die Seelen der Verstorbenen auf die Auferstehung und das Gericht warten: die Sünder warten zusammen mit den verwesenden Leichen aller Toten in der Scheol, während die Gerechten in den „begehrlichen Wohnungen im Bereich des Himmels" weilen.

Nach *Ambrosius* bleiben die Seelen bis zur Auferstehung in „Vorratskammern (*animarum promptuaria*)."[57] Dort nehmen sie in ihrer Erkenntnis das vorweg, was ihnen bevorsteht, das Leid oder die Herrlichkeit.

Die entscheidenden Gesichtspunkte der Lehre über den Zwischenzustand sind folgende: Die Seelen der Verstorbenen befinden sich im Zwischenzustand, wo ihnen ein vorläufiger Lohn oder eine vorläufige Strafe zuteil wird, ein Gedanke, der in der *orthodoxen Theologie*[58] bis heute erhalten geblieben ist. Mit dem Tod geht die sittliche Entfaltung des Menschen zu Ende und die jenseitige Vergeltung nimmt ihren Anfang. Die Seelen der Guten fühlen im Zwischenzustand im voraus etwas von der zukünftigen Fülle der Belohnung, die nach der Auferstehung der Toten geschenkt wird. Die Seelen der Bösen erleiden im voraus die Qual, die an ihnen nach dem Jüngsten Gericht vollstreckt wird. Beide genießen also im Zwischenzustand eine relative Seligkeit oder eine relative Betrübnis, die dann nach dem Jüngsten Gericht zur Vollendung gelangen. Sinngemäß gibt es bereits im Zwischenzustand verschiedene Stufen der Seligkeit und des Elends.

Die Entwicklung in der *abendländischen Theologie* ist in einer anderen Richtung verlaufen. Heil und Unheil werden so sehr in den Zwischenzustand verlagert, daß man Mühe hat, den Aussagen der Hl. Schrift gerecht zu werden, nach denen Himmel und Hölle Existenzweisen des ganzen Menschen nach der Auferstehung der Toten sind.

[57] Bon. mort. 10,45-48.

[58] J. N. Karmiris, Abriss der dogmatischen Lehre der orthodoxen katholischen Kirche: P. Bratsiotis (Hg.), Die orthodoxe Kirche in griechischer Sicht. 1. Teil, Stuttgart 1959, 112-113, F. Heiler, Urkirche und Ostkirche, 228.

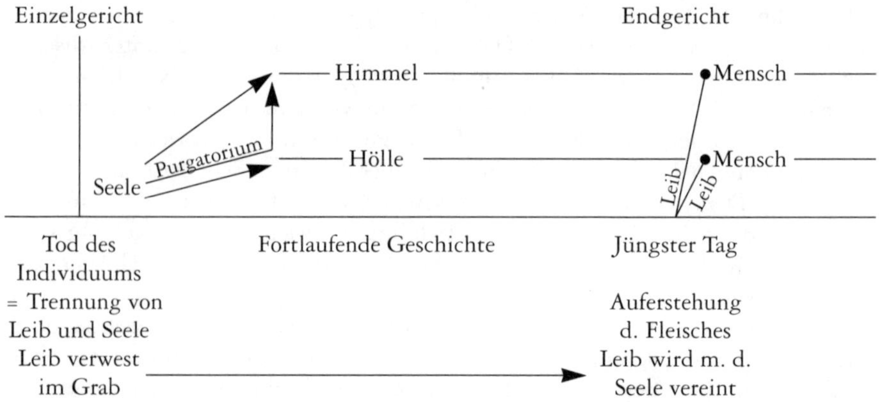

Zwischenzustand: Mittelalterliche Theologie. – Die nähere Reflexion über den Zwischenzustand muß einsetzen, sobald über das Verhältnis von Leib und Seele nachgedacht wird; das geschieht im Mittelalter nach dem Modell des aristotelischen Hylemorphismus: „Die Seele ist die Form des Leibes" (Thomas v. Aquin). Folgende Vorstellung entsteht: Nach dem Tod trennen sich Leib und Seele. Während ersterer bis zum Endgericht im Grab verbleibt, wird der Seele im Einzelgericht bereits der endgültige Ort (ggf. mit der Zwischenstation Purgatorium) zugewiesen. Am Jüngsten Tag wird sie wieder mit dem Leib vereinigt: Der ganze Mensch lebt nun in der himmlischen Seligkeit bzw. in der Hölle.

6.3.2 *Die Lehrentscheidungen des Mittelalters*

Wie sehr sich die zuletzt genannte abendländische Lehre über den Zwischenzustand durchgesetzt hat, sieht man an der sofortigen Abwehr der Lehre des Papstes *Johannes XXII.* (1316-1334), der unter Berufung auf die Hl. Schrift und die Ansichten der Väter in einer Predigt in Avignon am Allerheiligenfest des Jahres 1331 lehrte, die Seelen der Gerechten würden sich erst nach dem Gericht und nach der Auferstehung des Leibes der seligen Gottesschau erfreuen. Vorher besäßen sie nur eine unvollkommene Seligkeit. In einer weiteren Predigt am 3. Adventssonntag des gleichen Jahres verteidigte der Papst diese Lehre durch den Hinweis auf eine große Anzahl von Schrift- und Väterstellen.

In einer Predigt am 5.1.1332 dehnt er die Lehre vom Hinausschieben der Vergeltung auf den Tag des Gerichtes auch auf die Verwerfung der Schlechten aus. Das sei keine Sonderlehre von ihm, sondern die Lehre anderer, und was noch mehr ist, sie habe ein Fundament im Evangelium Christi. Er weist dabei auf Mt 25,31-41; 1 Petr 5,8; Mt 8,29; 2 Petr 2,9.11 und auf Jud 14-15 hin. Was die Bestrafung der Dämonen und der Verdammten betrifft, so hält der Papst die Meinung für besser begründet, daß diese bis zum Tag des Gerichtes nicht in der Hölle sind, als die gegenteilige Lehre. Er weist besonders auf Lk 8,28-33 und 2 Petr 2,42 hin.

Diese Meinungsäußerungen des Papstes haben größtes Aufsehen erregt, weil sie im Widerspruch zur Glaubensüberzeugung jener Zeit standen. Gegen die Lehre des Papstes sprach sich vor allem der angesehene Dominikaner *Durandus de S. Porciano*,

Bischof vom Meaux, aus, der eine Reihe von Argumenten aus der Schrift und der Tradition als Beweis für die irrige Lehre des Papstes anführte. Auf den heftigen Widerspruch hin ließ sich der Papst nach anfänglichem Widerstreben von der Irrigkeit seiner Meinung überzeugen und stellte einen Widerruf und eine feierliche Verkündigung des herkömmlichen kirchlichen Glaubens in Aussicht. Wegen des vorzeitigen Todes konnte erst sein Nachfolger *Benedikt XII.* in der Konstitution „Benedictus Deus" vom 29.1.1336 (DH 1000-1001) dieses Versprechen einlösen.

In dieser päpstlichen Lehräußerung wird das Glück der Seligen nach dem Tod mit folgenden Worten dargestellt: „Die Seelen aller Heiligen sind und werden sein im Himmel und im Paradies. Sofort nach dem Tod oder nach der Läuterung, vor der Ausstattung mit dem Leib und dem allgemeinen Gericht, schauten und schauen sie die göttliche Wesenheit in unmittelbarer Schau von Angesicht zu Angesicht ohne Vermittlung eines Geschöpfes, das dabei irgendwie Gegenstand der Schau wäre. Ohne Vermittlung zeigt sich ihnen vielmehr die göttliche Wesenheit unverhüllt, klar und offen. In dieser Schau sind sie erfüllt von dem Genuß der göttlichen Wesenheit. Durch diese Schau und durch ihren Genuß sind die Seelen der schon Verstorbenen wahrhaft glücklich und im Besitz des ewigen Lebens und der ewigen Ruhe" (DH 1000).

Gegen die Vorstellungen der orthodoxen Kirchen wenden sich die Entscheidungen der Kirche auf den Unionskonzilien von Lyon und Florenz. Papst Innozenz IV. fordert auf dem *I. Konzil von Lyon* im Jahre 1254 von den Griechen das Bekenntnis, daß die Seelen derer, die in der Gnade Gottes gestorben bzw. im Fegfeuer von allem Makel gereinigt sind, sofort zur himmlischen Seligkeit gelangen (DH 838-839).

Die gleiche Forderung stellt Papst Gregor X. auf dem *II. Konzil von Lyon* im Jahre 1274 auf mit dem Satz, daß die Seelen der Guten, die nach dem Empfang der Taufe keine Sünde begangen oder zu ihren Lebzeiten davon befreit bzw. nach dem Tod von aller Makel gereinigt sind, sofort in den Himmel kommen, während die Seelen derer, die in der Todsünde oder in der bloßen Erbsünde gestorben sind, sofort in die Unterwelt hinabsteigen, wo sie verschiedene Strafen erleiden. Das Konzil hält daran fest, daß dennoch alle Menschen am Tage des Gerichtes mit ihren Leibern vor dem Richterstuhl Christi erscheinen werden, um Rechenschaft über ihre Taten abzulegen (DH 857-859).

Auf dem *Konzil von Florenz* wiederholt Papst Eugen IV. in der Unionsbulle mit den Griechen im Jahre 1439 diese Lehre und fügt hinzu, daß die Seelen derer, die in der Gnade Gottes gestorben und von aller Makel gereinigt sind, den dreieinigen und einen Gott je nach dem Maß ihrer Verdienste schauen, wie er ist (DH 1305-1306). Damit ist die Entscheidung gegen Papst Johannes XXII. aufgenommen und gleichzeitig erneut die entgegenstehende Lehre zurückgewiesen.

Im Blick auf die verschiedene Tradition der Väter und nicht zuletzt unter Berücksichtigung der ökumenischen Anliegen von heute ist es bedauerlich, daß die Anliegen der orthodoxen Kirchen nicht mehr berücksichtigt wurden, zudem die extreme Position der katholischen Kirche in der Gefahr ist, die wesentlichen Aussagen der Hl. Schrift eher zu verdunkeln als aufzuhellen.

Man sollte freilich auch vorsichtig sein mit dem Hinweis, hier handle es sich nicht um verbindliche kirchenamtliche Lehräußerungen über den Zwischenzustand. Gewiß ist der eigentliche Aussageinhalt der Vollzug von Lohn und Strafe unmittelbar nach dem Tod und die Verteidigung der Gottesschau durch die Geretteten. Wenn auch das Wort *Zwischenzustand* in den kirchlichen Äußerungen nicht erscheint, so bleiben dennoch die Aussagen ohne die Annahme der Existenzweise der Seele zwischen Tod und Auferstehung unverständlich; dies umso mehr, als in der Entscheidung des II. Konzils von Lyon ausdrücklich auf das Jüngste Gericht nach der Auferstehung der Toten verwiesen wird und damit eigentlich der Zwischenzustand inhaltlich genannt wird.

Selbstverständlich sind mit diesem Hinweis die Schwierigkeiten nicht behoben, die dem heutigen Menschen die Vorstellung vom Zwischenzustand bereitet. Eine Lösung des Problems wird aber auf einem anderen Weg erfolgen müssen, nämlich durch den Hinweis, daß jede kirchliche Lehräußerung von der Theologie einer Zeit geprägt ist und folglich später durch eine Neuinterpretation besser ausgesagt und deutlicher in den heilsgeschichtlichen Zusammenhang eingeordnet werden kann.

6.3.3 *Die Zeit der Reformation*

Obwohl die Reformatoren einhellig die katholische Lehre vom Purgatorium zurückweisen, ist für sie der Zwischenzustand, der ja eine Voraussetzung für das Verständnis der traditionellen Fegfeuerlehre ist, kein eigentliches Problem. Noch mehr als die orthodoxen Kirchen betonen die Theologen der Reformation das Vorläufige des Zwischenzustandes und damit die Endgültigkeit von Heil und Unheil nach der Auferstehung der Toten.

6.3.3.1 Luther

Die Lehre Luthers wird selbst von den Interpreten seiner Lehre nicht einheitlich beurteilt. Einige unter ihnen meinen, Luther habe die Lehre vom Zwischenzustand abgelehnt. Für den einzelnen Menschen sei der Tod identisch mit dem Jüngsten Tag. Für den Toten erlösche das Bewußtsein, das bei der Auferstehung wieder hergestellt werde.

Wenn Luther auch betont, daß mit dem Tod unser irdisches Zeitverständnis aufhört und das Verhältnis zum Raum aufgehoben oder jedenfalls geändert wird, so hat er doch nach der Meinung anderer Interpreten die Existenz eines Zwischenzustandes vertreten, den er an mehreren Stellen als Schlaf deutet, in dem jedes Zeitgefühl fehlt. Die für unser Zeitdenken notwendig sich ergebende Zeitspanne zwischen Tod und Auferstehung wird für die Seelen, die nach Luther ohne Leib existieren, wie im Schlaf vollbracht.

Der Zwischenzustand ist ein „tiefer, traumloser Schlaf, ohne Bewußtsein und Empfinden.“[59] Tausend Jahre werden sein, als wenn du eine Stunde geschlafen hät-

[59] Vgl. P. Althaus, Die Theologie Martin Luthers, Gütersloh ^{2}1963, 347.

test. Die Seelen der Gerechten schlafen „zufrieden in der Ruhe Christi."[60] „Sie schlafen und wissen bis zum Jüngsten Tage nicht, wo sie sind."[61] Die Seelen der Verstorbenen werden im Worte Christi bewahrt; sie werden vom Worte Gottes, auf das sie sich im Sterben verlassen haben, gehalten. In ihrem Schlaf ist die Seele zugleich vor Gott lebendig und wach, „sie erfährt Gesichte und hört die Engel und Gott reden."[62] Auch die Seelen der Verdammten denkt Luther sich schlafend bis zum Jüngsten Tag. Aufgrund verschiedener biblischer Aussagen läßt Luther gewisse Ausnahmen von der Regel, daß die Seelen schlafen, zu, so etwa bei Mose und Elia, die Christus bei der Verklärung auf dem Berge erschienen sind.

Das eigentliche Anliegen des Bildes vom Schlaf der Seelen ist bei Luther, für unser an die Zeitkategorien gebundenes Denken den Tod des Einzelnen möglichst eng mit der Auferstehung der Toten zu verbinden. Wenn Luther auch den Zwischenzustand im allgemeinen als Schlaf versteht, so kennt er doch, wie bereits früher erläutert wurde, das Gericht im Tod, das die Gerechten endgültig von den Sündern scheidet. An diesen Stellen sagt er dann, daß der Tod für den Glaubenden der Beginn des ewigen Lebens, für den Ungläubigen der Beginn der ewigen Verdammnis ist.

6.3.3.2 Zwingli

Zwingli wendet sich mit Entschiedenheit gegen die Lehre vom Seelenschlaf, wie sie die Wiedertäufer vertreten. Weil die geistige Seele zur Gotteserkenntnis bestimmt ist, ist sie von Natur aus wach und lebendig. Schon in diesem Leben hört sie niemals auf, tätig zu sein, wie die Träume beweisen, die wir während des leiblichen Schlafes haben. Umso weniger kann sie, wenn sie (im Tod) den Körper abgelegt hat, weder sterben noch schlafen.

Die Argumente für das Verständnis der Existenz der Seele nach dem Tod nimmt Zwingli aus seinem Glaubensverständnis. Im Glauben ist uns schon jetzt ein Beginn und eine Erfahrung des himmlischen Lebens geschenkt. Wenn die Seele nach dem Tode schlafen würde, wäre unser irdisches Leben dem Leben nach dem Tod überlegen. Auch die Seele Christi, des Erstlings der Entschlafenen, hat zwischen Tod und Auferstehung nicht geschlafen; sein Werden, Sterben und Auferstehen ist aber ein Bild unseres Werdens, Sterbens und Auferstehens.

Den Einwand, nach dem Tod herrsche nicht mehr unser irdisches Zeitmaß, läßt Zwingli zwar gelten; aber darin erkennt er kein Argument für den Seelenschlaf; denn Schlaf ist gerade „eine Ruhe der Dinge, die in der Zeit arbeiten"; er ist also gerade an unser Leben in der Zeit gebunden. Auch Zwingli lehrt, daß ewige Freude und ewige Verdammnis sofort nach dem Tod beginnen.

6.3.3.3 Calvin

Der Ausgangspunkt für Calvins Lehre vom Zwischenzustand ist sein entschiedenes Festhalten an der Lehre von der Unsterblichkeit der Seele. Er steht dabei un-

[60] WA Br 5, 240,69.
[61] WA Br 2, 422,5 f.
[62] WA 43, 360,27-33.

ter dem Einfluß der platonischen Philosophie, wenn er den Unterschied zwischen dem Leib (dem „Kerker der Seele") und der unsterblichen Seele betont. Das eigentliche Motiv für die Annahme einer unsterblichen Seele ist bei Calvin die Gottesbeziehung des menschlichen Geistes, die die Unsterblichkeit der Seele unmittelbar einschließt. Die Quelle der Unsterblichkeit der Seele ist Gott, dem es gefällt, die Seele durch seine Kraft zu erhalten.

Es ist daher selbstverständlich, daß Calvin mit Entschiedenheit am Zwischenzustand der Seele festhält. Er wendet sich klar gegen jene, die behaupten, die Seele schlafe zwischen dem Tod und dem letzten Gericht, oder die sogar sagen, die Seele sterbe mit dem Leib und der ganze Mensch werde am Jüngsten Tag zu neuem Leben erweckt.

Gegen diese Auffassungen der Schwärmer führt Calvin einen eingehenden Schriftbeweis, durch den bezeugt wird, daß die Seele eine Substanz ist, die nach dem Untergang des Leibes wirklich lebendig und mit Empfindung und Einsicht ausgestattet ist. Für die These von der Wachheit der Seele nach dem Tod sprechen nach Calvin viele Texte der Schrift, so etwa: Mt 10,28 par; Joh 2,19; 19,30; Lk 16,22 f; 23,46; Apg 7,58; 1 Petr 3,19. Weil Christi Seele nicht sterben konnte, können auch die Seelen der Gläubigen nicht sterben. Weil Gott ein Gott der Lebendigen ist, müssen auch die Verstorbenen leben.

Die Seelen der Erwählten gehen sogleich nach dem Tod in die ewige Ruhe und Seligkeit ein, die Calvin als „Ruhe und Sicherheit des Gewissens" beschreibt, „die stets mit dem Glauben verbunden ist, die aber niemals vollendet und erfüllt ist, es sei denn nach dem Tod."[63] Die Seelen der Verworfenen dagegen erfahren sofort nach dem Tod „das Gericht Gottes, dessen Härte die unglückliche Seele nicht ertragen kann, ohne vollständig verwirrt und aufgelöst zu werden und zugrundezugehen."[64]

Dennoch will Calvin mit der Hl. Schrift daran festhalten, daß erst mit der Auferstehung am Jüngsten Tag die ewige Seligkeit bzw. die ewige Verdammnis beginnt. Beide sich anscheinend widersprechenden Aussagen vereinbart er dadurch, daß er den Zwischenzustand der Seele als Zeit der gesicherten Erwartung und des ungehinderten Fortschreitens bestimmt. Die Auserwählten sind zwar schon in der Ruhe, aber ihre Ruhe ist noch unvollkommen, sie schließt noch ein Verlangen ein. Sie sind bereits in der Seligkeit, aber deshalb, „weil sie in der Hoffnung auf die selige Auferstehung ruhen." Ähnlich erleiden die Seelen der Verworfenen bereits die Qualen, die sie verdient haben. Sie werden schon „in Ketten gebunden gehalten, bis sie zu der Strafe gezogen werden, zu der sie verurteilt sind."[65] In der absolut sicheren Erwartung der Seele wird die Seligkeit bzw. die Verdammnis schon wirksam, und dennoch bleibt alles ausgesetzt, bis Christus der Erlöser erscheint.

[63] CR 33,188.
[64] CR 33,204.
[65] Inst. III,25,6.

6.3.3.4 Die altprotestantische Orthodoxie

Für alle Theologen der altprotestantischen Orthodoxie steht fest, daß nur der Leib des Menschen im Tode stirbt, daß die Seele aber weiterbesteht, weil sie unsterblich ist. Für das Weiterleben der Seele werden eine Reihe von Schriftstellen angeführt, so etwa: Mt 10,28; Lk 16,22; 23,43; Phil 1,23. Entscheidend ist dabei Mt 22,32, wo gesagt wird, daß Gott nicht ein Gott der Toten, sondern ein Gott der Lebendigen ist.

J. Gerhard († 1637), ein maßgeblicher Theologe dieser Zeit, führt zur Begründung der Unsterblichkeit der Seele eine Reihe von Argumenten an: Die menschliche Seele ist geistig, d.h. vom veränderlichen, vergänglichen Körper unabhängig. Deshalb kann sie auch nicht mit dem Körper zugrundegehen. Das natürliche Verlangen des Menschen nach Gott wäre ohne Unsterblichkeit vergebens. Die Überzeugung von der Unsterblichkeit ist als *„vox Dei in natura"* der Natur des Menschen eingepflanzt und bei allen Völkern verbreitet. Eine Leugnung der Unsterblichkeit der Seele bedeutet das Ende der Religion und der Sittlichkeit.

Bei der Erörterung der Frage, wie die Seele nach dem Tode weiterexistiert, wird von allen Theologen der altprotestantischen Orthodoxie die Theorie vom Seelenschlaf entschieden zurückgewiesen. Als Geist kommt der Seele Bewußtsein zu. Wer behauptet, sie schlafe, spricht ihr das eigentliche Wesen und folglich auch ihre Existenz ab. Luthers Sprechen vom Seelenschlaf versucht man zu erklären und zu entschuldigen.

Einig sind sich die Theologen dieser Zeit auch darin, daß über das endgültige Schicksal des Menschen sofort nach dem Tode entschieden wird. Man bezeichnet daher den Todestag bereits als „Jüngsten Tag", weil der Mensch im Tod seinem Richter begegne, der das Urteil über Heil und Unheil endgültig sprechen wird. Keine Übereinstimmung besteht dagegen in der Frage, ob die Seelen nach dem Tod sofort in die volle und wesentliche Glückseligkeit bzw. in die volle Verdammnis gelangen, oder ob sie bis zum Jüngsten Tag im Zustand eines frohen oder qualvollen Wartens verbleiben.

6.4 Die zeitgenössische Problematik

In der Vorstellung vom Zwischenzustand sind gewissermaßen verschiedene Probleme der Theologie, vor allem der Anthropologie und der Eschatologie, gebündelt vorhanden, so daß die Eschatologie in der Tat zum Wetterwinkel der Theologie (H.U. von Balthasar) wird.

6.4.1 Das Menschenbild

Sieht man von den Kontroversen zwischen den christlichen Kirchen ab, so ist das wohl entscheidende Problem das Menschenbild. Trotz aller Neugestaltung durch die scholastische Philosophie und Theologie bleibt das griechische Menschenbild mit einem Dualismus behaftet, der für den Menschen unseres Jahrhunderts schwer verständlich ist. Der Mensch ist eine Einheit von Leib und Geist, ihn gibt es vor und nach dem Tod nur in dieser Einheit. Wenn auch dieses ganzheitliche Menschenbild in der Hl. Schrift vorherrschend ist, so wird doch bis in unser Jahrhundert der Tod als Trennung der Seele vom Leib verstanden und der Zwischenzustand auf die leibfreie Seele bezogen.

Damit entsteht sehr leicht die schroffe Gegenüberstellung von Unsterblichkeit der Seele oder Auferstehung der Toten, die eine je verschiedene Hoffnung auf die Zukunft einschließt. *O. Cullmann* hat diesen Unterschied und Gegensatz in dem Satz ausgesprochen: „Wenn wir heute einen Durchschnitts-Christen, sei er Protestant oder Katholik, Intellektueller oder nicht, fragen, was das Neue Testament über das individuelle Los des Menschen nach dem Tode lehrt, so können wir, von wenigen Ausnahmen abgesehen, die Antwort erhalten: ‚die Unsterblichkeit der Seele.' In dieser Form ist diese Meinung eines der größten Mißverständnisse des Christentums."[66]

Auch wenn man zur Kenntnis nimmt, daß ein beachtlicher Teil der Menschen unseres Kontinents nicht mehr an ein Fortleben nach dem Tod glaubt und zum Teil anderen Zukunftshoffnungen, etwa der Reinkarnationsidee zuneigt, so ist mit den Worten Cullmanns doch ein echtes Anliegen angesprochen, das gerade die katholische Theologie zur Neubesinnung aufrufen müßte. Die bisherigen Ausführungen haben zur Genüge gezeigt, daß die eigentlich christliche Hoffnung nicht die Unsterblichkeit der Seele, sondern die Auferstehung der Toten ist.

6.4.2 *Zwischenzustand und endgültiges Heil bzw. Unheil*

Der dogmengeschichtliche Überblick über die Lehre vom Zwischenzustand hat hinreichend gezeigt, daß in der katholischen Theologie das ewige Heil und Unheil, das nach dem Zeugnis der Hl. Schrift nach der Auferstehung der Toten vollzogen wird, immer mehr in den Zwischenzustand verlagert wurde. Der Höhepunkt dieser Entwicklung sind die oben angeführten kirchlichen Lehrentscheidungen des Mittelalters vom 13.-15. Jahrhundert. Es ist ein dringendes Anliegen der ökumenischen Theologie, den Vorstellungen der orthodoxen Kirchen und der Kirchen aus der Zeit der Reformation, die einhellig einen Zwischenzustand annehmen, ihn aber anders verstehen, wiederum mehr Platz zu gewähren.

Mit besonderer Schärfe hat P. Althaus[67] diese Problematik zur Sprache gebracht: Die Lehre vom Zwischenzustand verkennt die Bedeutung des Todes, der Leiblichkeit, der Auferstehung und des Gerichtes. Der Tod wird nicht ernst genug genommen, er trifft die Seele nicht unmittelbar. Die Lehre vom Zwischenzustand ist allein deswegen abzulehnen, weil sie das selbständige Fortleben einer leibfreien Seele voraussetzt. Damit ist aber der Gedanke der Auferstehung entleert. Gott

---

[66] Unsterblichkeit der Seele oder Auferstehung der Toten?, Stuttgart 1964, 19.

[67] Die Letzten Dinge, Gütersloh [9]1964, 94 f; ders., Die christliche Wahrheit, Gütersloh [6]1962, 686 f.

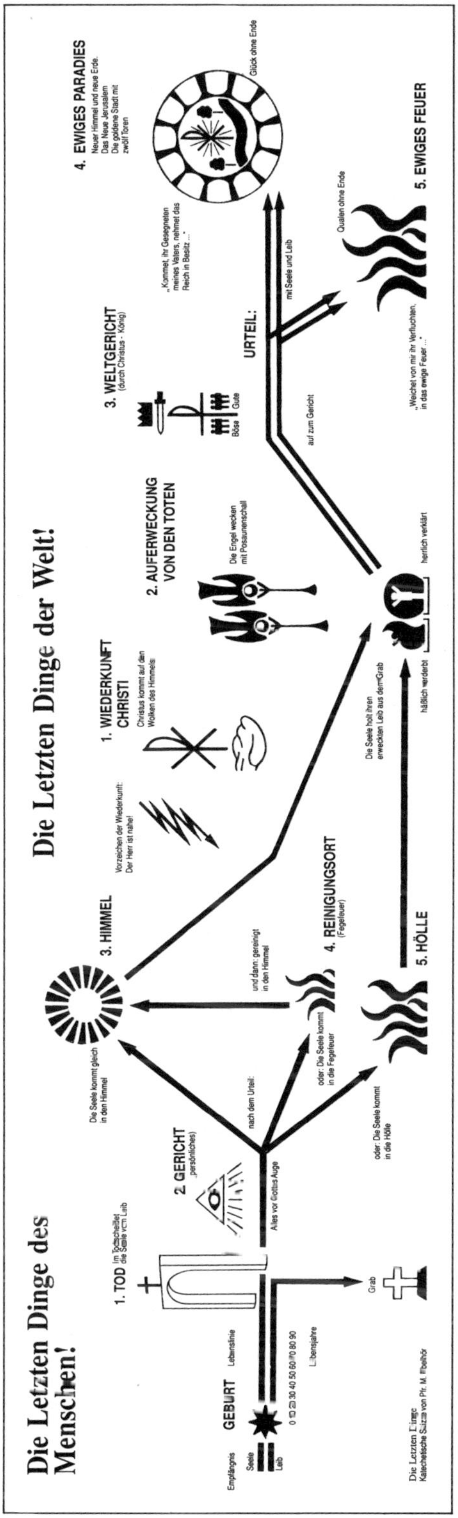
Die Letzten Dinge des Menschen!
Die Letzten Dinge der Welt!
Empfängnis
Seele
Leib
GEBURT
Lebenslinie
Lebensjahre
1. TOD
Grab
2. GERICHT
„persönliches"
Alles vor Gottes Auge
nach dem Urteil:
Die Seele kommt gleich in den Himmel
oder: Die Seele kommt in die Fegefeuer
oder: Die Seele kommt in die Hölle
3. HIMMEL
und dann: gereinigt in den Himmel
4. REINIGUNGSORT
(Fegefeuer)
5. HÖLLE
Vorzeichen der Wiederkunft: Der Herr ist nahe!
1. WIEDERKUNFT CHRISTI
Christus kommt auf den Wolken des Himmels
2. AUFERWECKUNG VON DEN TOTEN
Die Engel wecken mit Posaunenschall
Die Seele holt ihren erweckten Leib aus dem Grab
häßlich verderbt
herrlich verklärt
3. WELTGERICHT
(durch Christus · König)
Böse
Gute
auf zum Gericht
URTEIL:
mit Seele und Leib
„Kommet, ihr Gesegneten meines Vaters, nehmet das Reich in Besitz ..."
„Weichet von mir ihr Verfluchten, in das ewige Feuer ..."
4. EWIGES PARADIES
Neuer Himmel und neue Erde.
Das Neue Jerusalem
Die goldene Stadt mit zwölf Toren
Glück ohne Ende
5. EWIGES FEUER
Qualen ohne Ende
Die Letzten Dinge
Katechetische Skizze von Pfr. M. Ebelhör

muß zwar den Leib auferwecken, aber nicht die Seele, die als solche weiterlebt. Damit ist der biblische Gedanke, daß die Auferstehung ein Schöpfungsakt Gottes ist, der dem ganzen Menschen das Leben gibt, zerbrochen. Der biblische Auferstehungsgedanke nimmt die Leiblichkeit ganz ernst. Auferstehung heißt: Es gibt kein anderes als leibliches Leben für uns. Die Lehre vom Zwischenzustand sagt genau das Gegenteil. Gibt man der Leiblichkeit und damit der Auferstehung ihre volle Bedeutung, so muß die Lehre von der Lebendigkeit im Zwischenzustand preisgegeben werden. Vor allem ist es bedenklich, Heil und Unheil in den Zwischenzustand zu verlegen. Je erfüllter der Zwischenzustand des Einzelnen nach dem Tod gedacht wird, desto mehr wird die Spannung auf den Jüngsten Tag gelöst. Je mehr man dem Jüngsten Tag vorbehalten will, desto mehr muß die Lebendigkeit und Seligkeit vorher beschränkt werden.

So sehr hinter diesen Ausführungen die Ganztodtheologie steht und ein Widerspruch zur Lehre der großen Reformatoren gegeben ist, so ist doch ein dringendes Anliegen angesprochen, das sich durch die ganze Theologiegeschichte zieht.

6.4.3 *Die Auferstehung im Tod und der Zwischenzustand*

Über die These von der Auferstehung im Tod, die nach Ansicht mancher Theologen die Brücke zwischen der katholischen und evangelischen Theologie bilden könnte, wurde bereits eingehend gesprochen. Versteht man im Sinn der christlichen Tradition, die auch von den orthodoxen Kirchen und den Kirchen aus der Reformation bei allen Unterschieden im einzelnen gelehrt wird, den Zwischenzustand als Existenzweise zwischen Tod und Auferstehung der Toten, so schließt die These von der Auferstehung im Tod eigentlich einen Zwischenzustand aus.

Greshake und andere Vertreter der genannten These bestreiten dies. Sie verstehen den Zwischenzustand als „Auferstehungsstand“. So sehr die Auferstehung des Einzelnen im Tod stattfindet, so warten die Auferstandenen noch auf die Vollendung der Menschheit und der Welt. Der Mensch kann nicht vollendet sein, wenn seinetwegen von anderen noch gelitten wird, solange Menschen noch an den Folgen der Schuld leiden, die der Verstorbene auf sich geladen hat. Der Einzelne muß noch auf die Gemeinschaft der Vollendeten warten. Das himmlische Jerusalem wird sukzessiv aufgebaut, insofern mit jedem Menschen ein Stück Welt endgültig bei Gott ankommt und dort auf alle anderen Menschen wartet.

6.4.4 *Der Zwischenzustand als Denkmodell*

Zu den Theologen, die die Lehre vom Zwischenzustand nicht zu den verbindlichen Lehraussagen der Kirche rechnen, gehört vor allem *K. Rahner*: „Es ist nicht sicher, daß die Lehre vom Zwischenzustand mehr ist als ein Vorstellungsmodell.“ Unter Bezugnahme auf die These von der Auferstehung im Tod sagt dann Rahner: „Wer die Meinung vertritt, die eine und ganze Vollendung des Menschen nach

,Leib' und ,Seele' trete mit dem Tod unmittelbar ein, die ,Auferstehung des Fleisches' und das ,allgemeine Gericht' ereigne sich der zeitlichen Geschichte der Welt ,entlang', und beides fiele zusammen mit der Summe der partikularen Gerichte der Einzelmenschen, der ist nicht in der Gefahr, eine Häresie zu verteidigen."[68] Damit könne man aber die Lehre vom Zwischenzustand ohne Glaubensverlust preisgeben. „Die Konzeption vom Zwischenzustand im Mittelalter wird ... als Etappe der Theologiegeschichte – aber eben auch nicht mehr – gewertet werden müssen. Sie ist der Versuch, die kollektive und die individuelle Sicht eschatologischer Vollendung miteinander auszugleichen."[69]

Das Hauptargument gegen die traditionelle Lehre vom Zwischenzustand ist das Problem der leibfreien Seele, die einerseits ganz selbstverständlich vorausgesetzt wird, andererseits aber zu unlösbar scheinenden Aporien führt.

[68] Über den „Zwischenzustand", ders., Schriften XII, 455-456.

[69] A.a.O. 459.

7. Das Purgatorium

7.1 Die grundsätzliche Problemlage

Unter Purgatorium (Fegfeuer) versteht man in der kirchlichen Tradition *den jenseitigen Läuterungsprozeß, durch den der Mensch von jedem Makel befreit wird, so daß ihm der Eintritt in die ewige himmlische Seligkeit offensteht.* Während in anderen Sprachen unseres Kontinents und in den von ihnen beeinflußten Kulturen der in der Theologie übliche Ausdruck purgatorium übernommen wurde (purgatorio, purgatoire, purgatory), hat sich im deutschen Sprachraum das Wort „Fegfeuer“ durchgesetzt, das eine Übersetzung des im 12. Jahrhundert im Anschluß an 1 Kor 3,15 auftauchenden Wortes *ignis purgatorius* (läuterndes Feuer) ist.

Das Wort *Fegfeuer* ist in mehrfacher Hinsicht mißverständlich, weil der bildliche Ausdruck „Feuer“ nicht hinreichend erläutert und zudem der Läuterungsvorgang auch für unser heutiges Verständnis fast notwendig lokalisiert wird. Man soll aber sehr zurückhaltend sein gegenüber einer Erwartung, das Wort „Fegfeuer“ (und andere ebenso mißverständliche Ausdrücke wie etwa das Wort „Erbsünde“) könne aus dem Sprachgebrauch der Verkündigung genommen werden. Hilfreicher wird der Weg einer sachgerechten Interpretation sein.

Die gesamte kirchliche Tradition bis in unser Jahrhundert verlegt das Purgatorium in den Zwischenzustand und bezieht es auf die leibfreie Seele. Damit tauchen alle Probleme erneut auf, die im Zusammenhang der Lehre vom Zwischenzustand zur Sprache kamen.

Die Dogmengeschichte belehrt uns darüber, daß die Annahme eines Zwischenzustandes nicht notwendig eine Purgatoriumlehre zur Folge hat, wie die einhellige Ablehnung des Fegfeuers durch die Reformatoren trotz der Annahme eines Zwischenzustandes zeigt. Auf der anderen Seite läßt der Zwischenzustand verschiedene Erklärungsmöglichkeiten einer jenseitigen Läuterung offen, wie die Unterschiede in der Fegfeuerlehre des Ostens und des Westens beweisen.

Daß man die Existenz eines Purgatoriums auch bei einer Preisgabe der Lehre vom Zwischenzustand und bei der Annahme einer Auferstehung im Tod vertreten kann, wird bei den zeitgenössischen Versuchen einer Erklärung des Purgatoriums zur Sprache kommen.

Wenn schließlich in der katholischen Theologie der nachtridentinischen Zeit als Gegenstand der Läuterung die zeitlichen Strafen genannt werden, die nach der Vergebung der Sünde zurückbleiben, so ist damit eine theologische Richtung, aber keineswegs die gesamte Tradition zum Ausdruck gebracht.

7.2 Das Zeugnis der Hl. Schrift

7.2.1 Das Verständnis der Hl. Schrift im allgemeinen

Wenn man unter Exegese die mit der historisch-kritischen Methode vollzogene Auslegung der Hl. Schrift versteht, so gibt es auch aus katholischer Sicht keine Schriftstelle, die ausdrücklich die Existenz eines Purgatoriums bezeugt. Sieht man aber die Hl. Schrift und die mündliche Überlieferung als eine Einheit, und versteht man zudem die Überlieferung im wesentlichen als eine der Schrift anhaftende und sie erklärende Überlieferung (*traditio inhaesiva seu declarativa*), so wird es verständlich, daß bestimmte Schriftstellen, vor allem 1 Kor 3,15, sogar zum locus classicus für die Fegfeuerlehre werden konnten.

Die Theologiegeschichte belehrt uns zudem, daß die Triebkräfte für die Entfaltung zunächst nicht in der Auslegung von einzelnen Schriftstellen, sondern in anderen kirchlichen Vorgängen, so z.B. im Bußinstitut, liegen. Eine so aus dem Glauben der Kirche und in der Praxis der Kirche erwachsene Lehre wird dann nachträglich mit den damals üblichen Methoden der Exegese aus der Schrift begründet.

Die Theologie wird ja bis ins Mittelalter ganz selbstverständlich als *sacra scriptura, sacra pagina* verstanden. Bei diesem Theologie- und Schriftverständnis werden alle Schlußfolgerungen, die aufgrund der spekulativen Theologie gewonnen werden, noch als Aussage der Hl. Schrift gewertet.

Wenn im folgenden nach einem Schriftzeugnis für das Purgatorium gefragt wird, so wird die heute übliche exegetische Methode vorausgesetzt.

7.2.2 Das Alte Testament

Fürs erste muß darauf hingewiesen werden, daß die *Lehre von der Scheol*, die eine weitgehende Entwicklung durchgemacht hat, nicht im Sinne der späteren Fegfeuerlehre verstanden werden kann. Scheol ist zunächst ein Ausdruck für die radikale Macht des Todes, dann eine Bezeichnung für das schattenhafte Weiterleben nach dem Tod und schließlich ein Wort für den jenseitigen Lohn und die jenseitige Strafe, nicht hingegen für die jenseitige Läuterung.

Die größte Bedeutung für die Lehre vom Purgatorium hat *2 Makk 12,42-45* erlangt. An dieser Stelle wird gesagt, daß es ein heiliger und frommer Brauch ist, für die Verstorbenen zu beten und Sühnopfer zur Befreiung von den Sünden darzubringen. Dem Gebet und Opfer des Judas und seiner Leute liegt die Überzeugung zugrunde, daß die Sünden der im Kampf Gefallenen, in deren Kleidern man Amulette der heidnischen Götter gefunden hat, dadurch getilgt werden, daß die Verstorbenen bei der Auferstehung der Toten den Gerechten gleichgestellt werden. „Damit handelte er (Judas) sehr schön und edel; denn er dachte an die Auferstehung. Hätte er nicht erwartet, daß die Gefallenen auferstehen werden, wäre es nämlich überflüssig und sinnlos gewesen, für die Toten zu beten“ (V. 43 f.).

Somit bezeugt diese Stelle den Glauben an die Auferstehung der Toten, nicht hingegen die jenseitige Läuterung vor der Auferstehung der Toten.

Um die Zeitenwende findet sich allerdings in der *Schule des Schammai* die Überzeugung, daß Menschen, bei denen sich Gutes und Böses die Waage halten, in der Gehenna durch Feuer geläutert werden.

7.2.3 Das Neue Testament

Die Stellen, die im Anschluß an die Vätertheologie im Sinn des Purgatoriums interpretiert werden, erkennen die Exegeten unserer Tage nicht mehr an. Das gilt vor allem für *Mt 5,25-26* und *1 Kor 3,10-15*.

An der *ersten Stelle* werden wir aufgefordert, noch auf dem Wege zum Gericht mit dem Gegner Frieden zu schließen. Sonst könnte uns der Richter ins Gefängnis werfen, aus dem wir nicht mehr herauskommen, bis wir den letzten Heller bezahlt haben. Mit diesem Bild ist das Jüngste Gericht gemeint; das Gefängnis ist nicht auf das Purgatorium, sondern auf die Hölle zu beziehen, die niemand mehr verlassen kann, der sich nicht auf Erden mit seinen Mitmenschen versöhnt hat.

Die in der kirchlichen Tradition am meisten zitierte Stelle ist *1 Kor 3,10-15*. Der Hinweis des Apostels, daß am Gerichtstag die wahre Beschaffenheit des Menschen im Feuer enthüllt wird, sagt nichts über das Fegfeuer nach dem Tod aus; es geht vielmehr um den Jüngsten Tag. Das an dieser Stelle genannte Feuer ist nicht ein Reinigungsfeuer, sondern das Gerichtsfeuer des Jüngsten Tages oder der in Majestät erscheinende Parusiechristus, der die Richterfunktion ausüben wird.

7.3 Die kirchliche Tradition

7.3.1 Die Zeit der Väter

Die ersten Jahrhunderte bieten insgesamt nur spärliche Zeugnisse für das Purgatorium. Die Einzelaussagen sind zudem nicht immer klar und können verschieden interpretiert werden. Bedeutsamer hingegen ist der Glaube an eine jenseitige Läuterung, der sich im Gebet, in der Liturgie und in der Sakramentenpraxis niederschlägt.

7.3.1.1 Das Zeugnis der betenden Kirche

Der bekannte Satz *lex orandi – lex credendi* hat für das Entstehen des Glaubens an das Fegfeuer eine große Bedeutung. Das Gebet für die Verstorbenen ist seit dem 2. Jahrhundert bezeugt. Im 3. Jahrhundert begegnet dann die Gewohnheit, bei der Feier der Eucharistie für die Heimgegangenen zu beten. Allmählich setzte sich schließlich der Brauch durch, für die Verstorbenen das heilige Meßopfer darzubringen.

Es darf aber nicht übersehen werden, daß die Gebete für die Verstorbenen im Zusammenhang der Eucharistiefeier in der Regel sehr allgemein sind und nicht ohne weiteres zugunsten der Fegfeuerlehre interpretiert werden müssen. Das trifft selbst für die Hochgebete des heutigen Missale zu, wo beim Gedächtnis der Verstorbenen der Gedanke der Läuterung nicht auftaucht.

Daß dieser Gedanke in der Väterzeit aber nicht fehlt, zeigt die Liturgie der *Apostolischen Konstitution* und das *Euchologion des Serapion*. Im ersten Gebet wird der menschenfreundliche Gott angerufen, daß er der aufgenommenen Seele jede freiwillige oder unfreiwillige Sünde nachlasse. Im zweiten Gebet wird zu Gott gefleht, daß er der Sünden und Irrtümer nicht gedenke.

Noch bedeutsamer für die Entfaltung der Lehre ist das *Bußverfahren*[70], das bis zum 6. Jahrhundert öffentlich war und nur einmal im Leben gewährt wurde. Im Westen hat man dieses Verfahren, das unter der Leitung des Bischofs stand, weitgehend als Strafverfahren interpretiert. So versteht vor allem *Cyprian* die Sünde als Strafverhaftung. Der Bischof muß daher den Bußwilligen eine gerechte und volle Buße auferlegen. Erst nach der Ableistung dieser Buße darf er den Sünder mit der Kirche versöhnen. Dieser Friede mit der Kirche steht wiederum in einem kausalen Zusammenhang der Vergebung der Sünde durch Gott.

In der Zeit der Verfolgung glaubte Cyprian, er dürfe in der Situation der Not einen Büßer auch dann mit der Kirche versöhnen, wenn er noch nicht die ganze Buße geleistet hat, weil der Rest im Jenseits abgetragen werden kann. Aus diesem Verständnis von Sünde und Buße ergibt sich eine Vorstellung vom Purgatorium „als einzige Folterkammer, als jenseitiges Konzentrationslager."[71] Im Osten wurde das Bußverfahren mehr pneumatisch-pädagogisch oder medizinell-therapeutisch verstanden. Der Vorsteher des Bußinstitutes soll ein Pneumatiker, ein „Geistlicher" sein, der als Seelenarzt den Büßer auf dem Weg der Heilung helfen und ihn unterstützen kann. Aus diesem Bußverständnis entsteht dann eine Lehre vom Purgatorium, die mehr die Läuterung als das Abbüßen der Strafe betont.

7.3.1.2 Zeugnisse einzelner Väter

Tertullian versteht im Anschluß an Mt 5,26 die Zeit zwischen Tod und Auferstehung als Kerkerhaft, in der die Seele Gelegenheit erhält, den letzten Heller zu bezahlen, um so für die Auferstehung frei zu werden. Der Hadesaufenthalt wird zu einem Purgatorium.

Nach *Cyprian* erlangen die im Glauben Heimgegangenen, besonders die Märtyrer, sofort nach dem Tod das endgültige Heil. Im Anschluß an Mt 5,26 hält er für die Durchschnittschristen, die in der Verfolgung schwach geworden sind und Christus öffentlich verleugnet haben, aber dennoch Christen bleiben wollten, den Weg für eine jenseitige Läuterung offen, die als Fortsetzung der kirchlichen Buße verstanden wird. Es gibt aber durchaus Forscher, die meinen, Cyprian kenne noch

[70] Vgl. in diesem Band: Sakramentenlehre 6.3.1.

[71] K. Lehmann, Was bleibt vom Fegfeuer?; IKaZ 9 (1980) 236.

keine Lehre vom Purgatorium; die einschlägigen Stellen wären auf die nach einer öffentlichen kirchlichen Buße wiederaufgenommenen lapsi zu beziehen.

Die größte Bedeutung für die Scholastik des Mittelalters haben Augustinus und Gregor d. Gr.

Augustinus ist insgesamt zurückhaltend gegenüber einer Fegfeuerlehre. Er zögert sogar, 1 Kor 3,10-15, den locus classicus für den Glauben an eine jenseitige Läuterung, auf die Bestrafung der Sünder nach dem Tode zu beziehen. In den späteren Werken gesteht er aber zu, daß es zumindest legitim ist, einige Arten der Bestrafung nach dem Tod als sühnend und reinigend zu betrachten und mit dem Bild des Feuers darzustellen. Alle Verstorbenen müssen zwischen Tod und Auferstehung durch dieses Feuer gehen. Die Gerechten werden kein Verbrennen durch das Feuer spüren, während jene, deren irdisches Leben aus einer Mischung von Stroh und wertvollen Stoffen bestand, durch das Feuer gereinigt werden.

Ähnlich zurückhaltend in der Interpretation von 1 Kor 3,12-15 ist *Gregor d. Gr.* Es ist nicht sicher, ob die an dieser Stelle erwähnte Läuterung auf die in diesem Leben erfahrenen Leiden oder auf das reinigende Feuer der kommenden Welt zu beziehen ist.

Im Osten kommt vor allem den beiden großen Alexandrinern eine besondere Bedeutung zu. *Klemens von Alexandrien*, der entscheidend zur Ausgestaltung des Bußverfahrens im Sinne einer Heilung der Seele beigetragen hat, vertritt die Meinung, daß dieser Prozeß nach dem Tod fortgesetzt werden kann. Sowohl im Diesseits wie im Jenseits steht diese Reinigung unter der fürbittenden Mitsorge der Gemeinde. Die Seele muß in der Erkenntnis Gottes fortschreiten, bis sie ihre Vollkommenheit, die Anschauung Gottes, erlangt hat. Dieses vom Gebet der Gläubigen unterstützte Fortschreiten der Seelen der Verstorbenen ist ein schmerzhafter Läuterungsprozeß. Mit dieser konsequenten Interpretation aller jenseitigen Strafen als Läuterung und nicht als Vergeltung, hat Klemens die Eschatologie bis heute beeinflußt und den einzig möglichen Weg für ein sinnvolles Verständnis des Purgatoriums eröffnet.

Origenes bleibt dieser Vorstellung treu, wenn er von einem „weisen Feuer" und „Schuldgefängnis"[72] spricht, das Gott für sündige Menschen eingerichtet hat, nicht als rächende Vergeltung, sondern als Wohltat, um sie von den Sünden zu reinigen. Der Läuterungsprozeß dient dem Wachstum an Erkenntnis und Weisheit als Vorbereitung für die ewige Schau Gottes.

Gregor von Nyssa meint, zur Wiederherstellung des Ebenbildes Gottes im Menschen sei ein schwieriger und schmerzhafter Prozeß der Reinigung notwendig, den er auch mit dem Bild vom läuternden Feuer schildert. Wenn diese Läuterung nicht vor dem Tod verwirklicht wird, muß sie nach der Auferstehung erfolgen, um den wiederhergestellten Menschen für die Teilnahme am Leben Gottes vorzubereiten.

Die größte Bedeutung für den Osten kommt *Johannes Chrysostomus* zu, dessen Lehre bis heute in den orthodoxen Kirchen maßgebend ist. Wie schon früher erläutert wurde, genießen die Seelen nach orthodoxer Lehre im Zwischenzustand je nach ihrem Leben im Diesseits eine relative Seligkeit oder erleiden eine relative Betrübnis. Es gibt verschiedene Stufen der Seligkeit und des Elends.

---

[72] Or. 29,15

Weil alle Glieder der Kirche zusammen den mystischen Leib bilden und die Verbindung zwischen den Lebenden und Verstorbenen nicht abgerissen ist, können die Gläubigen auf Erden den Seelen im Zwischenzustand durch Gebete, Almosen, gottgefällige Werke und vor allem durch die Feier der Eucharistie zur Hilfe kommen und denen, die in der Trübsal sind, „Erholung und Erfrischung" erwirken. Dies wird jedoch aufgrund des Erbarmens und der Gnade Gottes gewährt, nicht aufgrund von reinigenden Strafen, die einen Satisfaktionscharakter haben. Die Annahme eines „Reinigungsfeuers" (kathartikón pyr) im Sinn einer zeitlichen Läuterungsstrafe wird von den orthodoxen Theologen bis heute als schriftwidrig abgelehnt. Die Qualen der im Hades leidenden Seelen werden als geistige Qualen aufgefaßt (Gewissensbisse, Ausschluß von der göttlichen Herrlichkeit).

7.3.2 Die Scholastik

In der Zeit der Scholastik ist die Lehre vom Purgatorium grundsätzlich nicht mehr umstritten, so sehr in Einzelfragen durchaus noch Kontroversen bestehen. Die breite Entfaltung dieser Lehre kann hier nur in Umrissen und Auszügen geboten werden. Unter Bezugnahme auf Augustinus und Gregor d. Gr., deren Lehren als klares Zeugnis für das Purgatorium verstanden werden, und unter Berufung auf bestimmte Stellen der Hl. Schrift, vor allem auf 1 Kor 3,12-15, wird bereits in der Vorscholastik eine klare Lehre vom Purgatorium entwickelt.

Für *Paschasius Radbertus* ist in dem Wort des Johannes des Täufers, „der Messias wird Euch mit Hl. Geist und Feuer taufen" (Mt 3,11), *Feuer* auf das Feuer des Purgatoriums zu beziehen. *Hrabanus Maurus* spricht von der Reinigung von gewissen leichten Sünden durch die Taufe des Reinigungsfeuers vor dem letzten Gericht und führt als Schriftargument 1 Kor 3,12-15 an.

In der Frühscholastik handelt *Hugo von St. Viktor* in dem Kapitel über die Straforte auch vom Purgatorium. Neben der Höllenstrafe gibt es nach dem Tod auch noch eine Reinigungsstrafe, durch die jene, die zum ewigen Leben bestimmt sind, von den Sünden gereinigt werden. Die Lage dieses Strafortes ist unbestimmt. Hugo hält es für wahrscheinlich, daß die Seelen die Strafe an den Orten erleiden, an denen sie gesündigt haben. Auch *Petrus Lombardus* versteht die in 1 Kor 3,15 genannte Rettung, „so wie durch Feuer", als Tilgung von läßlichen Sünden im Purgatorium.

In der Bestimmung der *Art des Feuers* sind die Theologen dieser Zeit noch unsicher. Man könne unter dem Feuer auch geistige Strafen verstehen. Nach der Auferstehung der Toten werden aber die Verdammten mit einem körperlichen Feuer bestraft werden.

In der Hochscholastik wird die Lehre vom Purgatorium spekulativ breit entfaltet. 1 Kor 3,15 wird nun allgemein auf das Purgatorium bezogen. Es werden aber auch andere Schriftstellen angeführt, so etwa 2 Makk 12,46; Mt 12,32; Offb 22,15.

Als Traditionsbeweis begegnet der Hinweis auf das Zeugnis der universalen Kirche, die für die Verstorbenen betet, damit sie „von ihren Sünden erlöst werden" (2 Makk 12,46). Gäbe es keine Reinigungsstrafe nach dem Tod, so würde die gesamte Kirche irren, die für die verstorbenen Gläubigen Suffragien verrichtet (*Bonaventura*). Die Gerechtigkeit Gottes verlangt, daß es nach dem Tod einen Reinigungsort gibt. Manche sterben zwar in der Liebe, aber mit einer läßlichen Schuld oder der geschuldeten zeitlichen Strafe behaftet. Wegen der Liebe können sie nicht verdammt werden. Da nichts Beflecktes in die Glückseligkeit eingehen kann, muß die Seele nach dem Tod gereinigt werden (*Thomas von Aquin; Petrus de Palude*).

Keine klare Antwort wird auf die Frage gegeben, ob es sich beim Läuterungsfeuer um ein materielles Feuer handelt, oder ob man das Feuer in einem geistigen Sinn deuten könne. Die meisten Theologen dieser Zeit deuten aber das Reinigungsfeuer in einem materiellen und körperlichen Sinn, das in einzigartiger Weise der leibfreien Seele anhaftet. In der Regel nehmen die Theologen im Anschluß an *Augustinus* an, daß die Strafe des Fegfeuers an Schwere jede Strafe übertrifft, die jemand in diesem Leben erlitten hat oder erleiden muß (*Albert, Thomas, Petrus de Palude*).

Wenn auch die Meinung, daß im Reinigungsort die zeitlichen Strafen erlassen werden, gelegentlich erwähnt wird, so treten doch die meisten Theologen dieser Zeit ausdrücklich für die These ein, daß die Seele im Fegfeuer von den läßlichen Sünden und den damit verbundenen zeitlichen Strafen gereinigt wird (*Albert, Thomas, Bonaventura, Skotus, Durandus*). Während im irdischen Leben die Schuld durch eine freiwillig übernommene Genugtuung getilgt wird, werden die Seelen im Purgatorium durch die geduldig ertragene Strafe von ihren Sünden befreit.

Die Annahme eines körperlichen Feuers hat zur Folge, daß das Purgatorium als *Ort* im damaligen Weltbild verstanden wird. Freilich fehlt auch die Meinung nicht, das Fegfeuer habe keinen Ort, weil es nach dem Gericht zerstört werde. Auf die Frage nach der genauen Bestimmung des Ortes wird verschieden geantwortet. Die einen sagen einfach, dieser Ort sei uns nicht bekannt, oder es lasse sich wenigstens nichts Sicheres darüber aussagen. *Albert* und *Thomas* meinen, der Ort des Fegfeuers sei der obere Teil der Hölle. Das Reinigungsfeuer ist wegen seiner Identität mit dem Höllenfeuer ewig, nach der Wirkung der Reinigung aber zeitlich.

7.3.3 Die kirchlichen Lehrentscheidungen des Mittelalters

Auf den Unionskonzilien des Mittelalters wurde eine Kompromißformel über die Lehre vom Purgatorium erarbeitet, die versucht, auch den Anliegen der orthodoxen Kirchen gerecht zu werden. Das *II. Konzil von Lyon* (1274) bietet folgende Lehre: „Wenn die wahrhaft Bußfertigen in der Liebe geschieden sind, bevor sie durch würdige Früchte der Buße über ihre Taten und Unterlassungen Genugtuung geleistet haben, werden ihre Seelen nach dem Tod durch Reinigungsstrafen (*poenis purgatoriis seu catharteriis*) geläutert. Zum Erlaß solcher Strafen nützen ihnen die Fürbitten der lebenden Gläubigen, nämlich Meßopfer, Gebete, Almosen und andere Werke der Frömmigkeit, die von den Gläubigen füreinander im Einklang mit den Einrichtungen der Kirche verrichtet werden“ (DH 856). Das Konzil von Florenz (1439) übernimmt inhaltlich diesen Text (DS 1304).

Der zwischen den Kirchen ausgleichende Charakter dieser Entscheidungen ist ohne viel Erklärung zu erkennen. Bewußt ist der Ausdruck Feg***feuer*** (ignis purgatorius) vermieden. Die Bezeichnung des Läuterungsvorgangs mit „Reinigungsstrafen" drückt das Anliegen der Lateiner deutlich aus, wenn auch der medizinelle Charakter der Läuterung zur Sprache kommt. Klar ausgesprochen ist das gemeinsame Anliegen der beiden Kirchen, daß die Feier der Eucharistie und andere Fürbitten der Kirche zur Läuterung im Fegfeuer beitragen. Völlig ausgeklammert ist der inzwischen in der lateinischen Kirche entwickelte, von den Orthodoxen aber abgelehnte *Ablaß*.[73]

Kirchliche Lehraussagen über das Purgatorium

Konzil	Aussageabsicht	Text in DH
1. Konzil von Lyon	Auseinandersetzung m. d. Ostkirchen	838
2. Konzil von Lyon	Auseinandersetzung m. d. Ostkirchen	856
Konzil von Florenz	Auseinandersetzung m. d. Ostkirchen	1304
Konzil von Trient	Auseinandersetzung m. denReformatoren. Zusammenfassung der herkömmlichen Lehre	1580, 1820
	„Constanter teneo purgatorium esse, animasque ibi detentas fidelium suffragiis iuvari"	1867

7.3.4 Die Reformatoren

Wenn auch die Fragen der Eschatologie nicht zu den entscheidenden Streitpunkten in der Zeit der Reformation zu rechnen sind, so wird doch die katholische Lehre vom Purgatorium von allen Reformatoren mit einer je verschiedenen Begründung abgelehnt.

Das Verständnis des Zwischenzustandes hat Luther dazu bewogen, die Lehre vom Purgatorium allmählich abzulehnen und immer entschiedener zu bekämpfen. Zunächst hält er an der Existenz des Fegfeuers fest, versteht aber die Qualen des Feuers nicht als von außen den Seelen zugefügte Strafen, sondern als inneren Gewissensstand, als *„prope desperatio"*[74], die durch das Erleiden des Zornes Gottes im Menschen hervorgerufen wird. Weil der Lehre vom Purgatorium aber die Grundlage in der Schrift fehlt, ist sie kein Glaubensartikel. Wer diese Lehre ablehnt, darf nicht als Ketzer verurteilt werden.

Der eigentliche Grund der Ablehnung liegt vor allem in der Rechtfertigungslehre. Der Mensch ist Zeit seines Lebens *simul iustus et peccator* (zugleich Gerechter und Sünder), *iustificatus et semper iustificandus* (gerechtfertigt und immer der Rechtfertigung bedürftig). Die Rechtfertigung ist ein lebenslanger Prozeß. Im

[73] Vgl. in diesem Band: Sakramentenlehre 6.5.
[74] WA 1, 234,7.

Tod tritt der Mensch in die Existenzweise des ewigen Heiles oder Unheiles ein. Wenn der Mensch auch durch die Rechtfertigung auf Erden die „ganze und völlige Heiligkeit" nicht erreichen kann, so wird sie ihm doch im Tod durch das Werk des Hl. Geistes geschenkt.

Nach *Zwingli* fehlt nicht nur ein Schriftzeugnis für die Fegfeuerlehre, diese ist vielmehr mit Mk 16,16 unvereinbar. Wer glaubt und getauft wird, wird selig, nicht aber wer im Sühnefeuer gebraten wird. Wer stirbt, scheidet von hinnen entweder im Glauben an Christus oder ohne diesen Glauben. Wer im Glauben scheidet, wird selig. Wer im Unglauben stirbt, wird verdammt.

Calvin lehnt das Purgatorium ebenso wie Luther und Zwingli, ab, weil es in der Schrift nicht begründet sei. Weil das Blut Christi die einzige Genugtuung und Sühne für die Sünden der Gläubigen ist, gibt es keine Genugtuung mehr, die die Verstorbenen nach dem Tode zu leisten hätten. So wird die Lehre vom Purgatorium „eine furchtbare Lästerung Christi".[75]

Auch in der *altprotestantischen Orthodoxie* besteht Einhelligkeit in der Ablehnung des Purgatoriums. Man verschließt sich zwar dem Gedanken einer Läuterung und eines Erleidens zeitlicher Strafen am Ende des Lebens nicht völlig. Wenn eine solche Läuterung notwendig ist, geschieht sie im Tod. Weil Christus allein für unsere Sünden gesühnt hat, hat diese Läuterung auf keinen Fall den Charakter einer Sühne.

7.3.5 Das Konzil von Trient

Das *Dekret* des Konzils von Trient *über das Fegfeuer* aus dem Jahre 1563 (DH 1820), das die kirchliche Tradition zusammenfaßt, hält daran fest, daß es ein Fegfeuer gibt (*esse purgatorium*), das dann folgendermaßen erklärt wird: Die Kirche kann den Seelen im Purgatorium durch das Fürbittgebet, vor allem aber durch das Hl. Meßopfer, zur Hilfe kommen. Über die Art und Weise der jenseitigen Läuterung wird keine Aussage gemacht. Ausdrücklich werden die Bischöfe aufgefordert, dafür Sorge zu tragen, daß eine gesunde Lehre vom Purgatorium verkündet wird. Gerade dem einfachen Volk gegenüber soll man die Erörterung von allzu schwierigen und subtilen Fragen, die nichts zur Erbauung beitragen, vermeiden. Es soll alles unterlassen werden, was die Neugierde, den Aberglauben und schändlichen Gewinn fördert und den Gläubigen zum Anstoß wird.

Da alle Reformatoren das Purgatorium abgelehnt haben, weil es nach ihrer Meinung in der Schrift nicht begründet ist, hat man sich in den Verhandlungen des Konzils zum endgültigen Dekret um einen Schriftbeweis bemüht. Dabei kam es aber zu einem heftigen Streit. Einige meinten, ausdrücklich sei in der Hl. Schrift vom Purgatorium nicht die Rede, es sei nur einschlußweise bezeugt.

Auseinandersetzungen gab es vor allem über die Auslegung von 1 Kor 3,11-15, dem locus classicus der kirchlichen Tradition. Da über einen Schriftbeweis keine Einigung erzielt werden konnte, weist man im endgültigen Dekret darauf hin, daß

[75] Inst. III,5,6.

die Lehre vom Fegfeuer in der Hl. Schrift, der alten Überlieferung der Väter und in den Konzilien begründet ist. Bewußt wird aber keine einzelne Schriftstelle genannt.

Das Konzil geht im *Dekret über die Rechtfertigung* aus dem Jahre 1547 von der Vorstellung aus, daß außerhalb der Taufe mit der Vergebung der Schuld nicht immer auch die zeitliche Strafe erlassen wird (DH 1543). Diese nach der Vergebung der Schuld noch verbleibende zeitliche Strafe (*reatus poenae temporalis*) kann in dieser Welt oder im Purgatorium der künftigen Welt erlassen werden (DH 1580). In der nachtridentinischen Zeit wurde dann die Läuterung weitgehend auf die zeitlichen Strafen bezogen, die noch zurückbleiben, wenn die Sünden vergeben sind.

Verbindliche Lehre des Konzils von Trient ist nur der *Glaube an die Läuterung*, die im Blick auf die Tradition und die Theologie der Zeit des Konzils als jenseitige Läuterung der vom Leib getrennten Seele zu verstehen ist. Anders als auf den Unionskonzilien wird der vindikative Charakter der Läuterung nicht mehr erwähnt. Auch das Wort *Feuer* wird nicht gebraucht. Verbindliche Lehre ist also nur der Satz: *Es gibt eine jenseitige Läuterung*. Alle weiteren theologischen Erklärungen sind an ihren Argumenten zu messen.

In der katholischen Theologie der nachtridentinischen Zeit spielt die Verteidigung des Purgatoriums, das aus der Schrift und der kirchlichen Überlieferung begründet wird, eine wichtige Rolle. Das Gebet, die Feier der Eucharistie für die Verstorbenen, der Ablaß und andere Genugtuungswerke zugunsten der Verstorbenen werden gegenüber den Angriffen der Reformatoren verteidigt.

Das Zweite Vatikanische Konzil (LG 49-50 = DH 4169-4170) erinnert an die tridentinische Lehre über das Fegfeuer und verweist auf das Bewußtsein von der Einheit der Kirche in der einen Liebe, sei es, daß sie in ihren Gliedern auf Erden noch dem Herrn entgegenpilgert oder nach dem Tod gereinigt wird oder schon verherrlicht Gott schaut, wie er ist.

7.4 Die zeitgenössische Problemlage

Um unnötige Wiederholungen zu vermeiden, sollen alle Fragen ausgeklammert werden, die bereits bei der Erklärung des Zwischenzustandes dargelegt wurden. Dies gilt vor allem für das Problem der Zeit. Wenn von einer zeitlichen Dauer des Purgatoriums gesprochen wird, kann dies nur ein Hinweis auf die Intensität der jenseitigen Läuterung sein.

7.4.1 Der Gottesbegriff und das Verständnis der zeitlichen Strafen

Die entscheidende Schwierigkeit der im Abendland entwickelten Lehre vom Purgatorium ist der zugrundeliegende Gottesbegriff. Wie ist die Vorstellung eines geradezu strafsüchtigen Gottes vereinbar mit der frohen Botschaft des Neuen Testamentes, die im Gleichnis vom verlorenen Sohn, oder besser gesagt vom barmherzigen Vater (Lk 15,11-32), dem „Evangelium im Evangelium", ihren Höhepunkt erreicht hat? Wenn die nachtridentinische Theologie zudem das Leiden im Fegfeuer auf den Erlaß der zeitlichen Strafen bezieht, die nach der Vergebung jeglicher Schuld zurückbleiben, so muß weiter gefragt werden, warum Gott, der die Sünden erlassen hat, den Menschen noch mit einer positiven Strafe belegt.

Hier ist bereits ein neues Verständnis der zeitlichen Strafen, das *K. Rahner*[76] geboten hat, hilfreich. Diese sind zu verstehen als innere, aus dem Wesen der Sünde selbst erfließende, Leid schaffende Folge der Sünde, die auch nach der inneren Herzensumkehr und Vergebung der Schuld durch Gott nicht ohne weiteres beseitigt ist. Diese Wirklichkeiten unseres eigenen geschichtlich sich formenden Daseins, die der Schuld entsprungen, diese überleben und deren gerechtes Gericht sind, sind „zeitlich", weil sie in einem zeitlichen Entwicklungsprozeß ausgelitten und überwunden werden müssen. Sie sind Strafen, weil sie, von der Sünde geboren, eine Folge der Sünde und ein Gericht über sie zugleich sind.

Dieser Gedanke kann durch Erfahrungen des menschlichen Lebens verständlich gemacht werden, etwa eines Drogenabhängigen oder Nikotinsüchtigen, in dem bei der Abkehr von dem entsprechenden Laster noch ein Habitus zurückbleiben kann, der in einem lange dauerenden Heilungsprozeß beseitigt werden muß.

7.4.2 *Das Purgatorium als Akt der läuternden Liebe*

Dort, wo nach dem Verständnis der christlichen Tradition eine Läuterung im Jenseits angenommen wird, sollte man nicht von der uns kaum mehr vorstellbaren Qual des Leidens sprechen, sondern von der Liebe, die die Seele läutert: „Die Erkenntnis der sündigen Befleckung und die Glut der göttlichen Liebe sowie das Verlangen nach Gott dringen immer tiefer in den Menschen ein. Eine Schicht seines Wesens um die andere wird von ihr erfaßt, bis das ganze menschliche Ich von Sehnsucht nach Gott glühend geworden und alle Selbstsucht aufgezehrt hat ... Der Umschaffungs- und Umwandlungsprozeß, den Gott am Menschen gnadenhaft vornimmt, ist von schmerzlicher Art. Je höher die Liebe steigt, um so größer wird der Schmerz. Je näher der Mensch Gott kommt, um so inbrünstiger wird seine Sehnsucht nach ihm, um so brennender wird die Scham über seine Sünden ... Die Läuterung ist also eine aufs höchste gesteigertes geistiges Leben der Erkenntnis und der Liebe."[77]

7.4.3 *Das Purgatorium als Gottes- und Christusbegegnung*

Alle zeitgenössischen Erläuterungen des Purgatoriums haben den Gedanken gemeinsam, daß der Mensch im Tod eine Intensität der Begegnung mit Gott und Christus erlebt, die alle irdischen Gottes- und Christusbegegnungen überschreitet.

---

[76] Kleiner theologischer Traktat über den Ablaß: ders., Schriften VIII, 474 f; ders., Zur heutigen kirchenamtlichen Ablaßlehre: Schriften VIII, 488-518.

[77] M. Schmaus, Katholische Dogmatik IV 2, 554-555.

Weil das im Deutschen verwendete Wort „Fegfeuer" für die jenseitige Läuterung belastend ist, kann es hilfreich sein, auf die symbolische Bedeutung des Feuers nach dem Verständnis der Hl. Schrift einzugehen. Die in vielen Religionen auftauchende Vorstellung von der *Feuernatur der Gottheit* begegnet auch an zahlreichen Stellen der Hl. Schrift. So erscheint Gott dem Mose im brennenden Dornbusch (Ex 3,1 f). Gott ist ein verzehrendes Feuer (Dtn 4,24; Jes 33,14; Hebr 12,29). Christus ist gekommen, um Feuer auf die Erde zu bringen (Lk 12,49); der Messias tauft mit Hl. Geist und Feuer (Lk 3,16). Die Offenbarung des Johannes spricht davon, daß der Sohn Gottes Augen hat wie Feuerflammen (Offb 1,14; 2,18). Gott sendet seinen Geist in der Gestalt von Feuerzungen (Apg 2,3 f).

Das Feuer erscheint dann als *Gerichtsfeuer*, wie die Zerstörung von Sodom und Gomorra durch Schwefel und Feuer bezeugt (Gen 19,24). Jeder Baum, der keine guten Früchte bringt, wird umgehauen und ins Feuer geworfen (Mt 3,10). Der Gerichtsmessias wird den Weizen in die Scheune bringen, die Spreu aber im Feuer verbrennen (Mt 3,12). Am Ende der Welt wird das Unkraut vom Weizen ausgesondert und im Feuer verbrannt (Mt 13,40). Die vom Weinstock getrennten unfruchtbaren Rebzweige werden im Feuer vernichtet (Joh 15,6).

Diese und ähnliche Gedanken tauchen vor allem bei *L. Boros*[78] auf, der das Purgatorium als ein Moment der Endentscheidung im Tod versteht. Diesem Verständnis können durchaus auch Theologen zustimmen, die die Endentscheidungshypothese aus den früher genannten Gründen ablehnen.

Boros versteht das Purgatorium als eine Qualität und Intensität der sich im Tod vollziehenden Endentscheidung für Gott. Im Tod kann der Mensch sein ganzes Dasein für Gott öffnen. Die gesammelte Kraft der zu ihrer Geistigkeit erwachten gerechten Seele kann sich in ein Aufflammen der Gottesliebe verwandeln. Diese ganzheitliche Entscheidung für Gott liefert den Menschen in einem solchen Maße Gott aus, daß alle noch vorhandene Schuld und Strafe erlassen werden.

Boros versucht in dieses Verständnis der Läuterung im Tod auch traditionelle Elemente der Fegfeuerlehre einzubringen. Die Grundentscheidung für Gott muß unsere vielschichtige Wirklichkeit durchströmen und alles Hindernde und Träge mit sich reißen. Einerseits ist also die sich Gott zuwendende Endentscheidung die höchste Tat unserer Gottesliebe, die deshalb auch die Vergebung der Schuldverhaftung (*reatus culpae*) zu erwirken vermag. Andererseits ist sie mit Leid verbunden und kann unter den Begriff des Genugtuungsleidens (*satispassio*) eingeordnet werden. Sie kann somit eine Möglichkeit für die Abtragung der zeitlichen Strafen (*reatus poenae*) sein.

Die im Tod sich ereignende Gottesbegegnung ist zugleich eine Christusbegegnung. Gott im Feuerblick Christi begegnen, ist die höchste Erfüllung unserer Liebesfähigkeit und zugleich das schrecklichste Leiden unseres Daseins. In dieser Perspektive ist das Purgatorium „der sich in der Endentscheidung vollziehende Durchgang durch das läuternde Feuer der göttlichen Liebe. Die Begegnung mit Christus wäre unser Fegfeuer."[79]

[78] Mysterium mortis, 138 f.
[79] A.a.O. 148.

7.4.4 Das Gebet für die Verstorbenen

Im Sinne der Tradition und der damit verbundenen kirchlichen Lehrentscheidungen wird das Gebet für die Verstorbenen als Hilfe für die Seelen im Zustand der Läuterung verstanden. Dabei ist es gleichgültig, ob man in einem zeitlichen Denken von einer Abkürzung des Leidens oder allgemein von einer Intensivierung der Läuterung spricht. Welchen Sinn haben aber diese Gebete, wenn das Purgatorium als ein Moment des Todes verstanden wird, in dem sich zugleich die Auferstehung der Toten ereignet?

Zunächst darf gesagt werden, daß dieses Problem ja auch für jene nicht gelöst ist, die von einer zeitlichen Dauer des Purgatoriums ausgehen – ein Gedanke, der früher in den „zeitlichen" Ablässen für den Verstorbenen zum Ausdruck kam –, da wir ja keine Kenntnisse über die Dauer und Intensität der jenseitigen Läuterung haben.

Insgesamt kann dieses Problem nur durch eine ekklesiologische Sicht des Purgatoriums und des damit verbundenen Gedächtnisses gelöst werden. Das Wort von der Gemeinschaft der Heiligen schließt nicht nur das Bewußtsein ein, daß die Lebenden und Verstorbenen zusammengehören und aufeinander angewiesen sind; es besagt auch, daß der Tod der Gemeinschaft der Glaubenden keine unüberwindlichen Grenzen setzen kann.

Die Feier der Eucharistie ist ein Gedächtnis unter einem verschiedenen Aspekt. Wir gedenken des Todes und der Auferstehung des Herrn; wir gedenken der Heiligen des Himmels; wir gedenken auch der Brüder und Schwestern, die im Frieden Christi heimgegangen sind. Sie gehören durch die Taufe Christus an, sind ihm im Tod gleich geworden und hoffen, daß sie mit Christus auferstehen (3. *Hochgebet der Messe*). Bei dieser Betrachtung ist es nicht mehr das primäre Anliegen der betenden Kirche, zu wissen, in welcher Weise das „Mit-Christus-Sein" (Phil 1,23) der Heimgegangenen zur Zeit unseres Gebetes verwirklicht ist. Wir dürfen darauf vertrauen, daß vor Gott auf Grund seiner Ewigkeit jedes Gebet zur rechten Zeit (des Menschen) zur Erfüllung gelangt.

8. Die Parusie des Herrn

8.1 Die Bedeutung des Wortes Parusie

Unter Parusie versteht man *das Kommen des erhöhten Herrn (des Menschensohnes) am Ende der Zeiten in Macht und Herrlichkeit*. Mit der Parusie verbunden sind die Auferstehung der Toten, das Weltgericht, die endgültigen Existenzweisen des ewigen Heiles und Unheiles für den auferweckten Menschen und die Neugestaltung der Welt. Für das Neue Testament fällt dieser Tag des Herrn zusammen mit dem Tag Jahwes, den man im Alten Testament erwartet. Im Blick auf das ganze Neue Testament muß unterschieden werden zwischen dem Wort Parusie und den mit diesem Wort gemeinten Ereignissen, die auch ohne diesen Ausdruck geschildert werden.

Das aus dem Griechischen stammende Wort *parousia* drückt im Bereich des Hellenismus den Besuch eines Herrschers oder hohen Beamten, im Kaiserkult die festliche Ankunft des Kaisers aus. Auch von einer Parusie der Götter ist in der Antike gelegentlich die Rede. Wenn im Neuen Testament der Ausdruck Parusie gebraucht wird, steht der alttestamentliche Gedanke vom Erscheinen Gottes, vom Hervortreten Gottes aus seiner Verborgenheit im Hintergrund.

Wenn das mit dem theologischen Fachausdruck Parusie Gemeinte auch in nahezu allen Schriften des Neuen Testamentes eine wichtige Rolle spielt, so begegnet der Ausdruck selbst in den synoptischen Evangelien nur Mt 24,3.27.37.39. In den johanneischen Schriften taucht er in 1 Joh 2,28 auf. Eine überragende Bedeutung hat die Parusie in den paulinischen Briefen erlangt. Auch in den Katholischen Briefen begegnet das Wort Parusie (Jak 5,7.8; 2 Petr 1,16; 3,4.12).

Das im Deutschen sowohl in der Theologie wie in der Verkündigung fast allgemein gebrauchte Wort „*Wiederkunft Christi*" ist zumindest mißverständlich, weil die Unterscheidung zwischen der ersten Ankunft Christi in Armut und Niedrigkeit (Phil 2,7; Joh 1,14) und dem Erscheinen Christi in Macht und Herrlichkeit nicht zum Ausdruck kommt, und zudem der Eindruck entsteht, es handle sich um ein Ereignis, das schon einmal stattgefunden hat. Die kirchlichen Lehrentscheidungen sprechen einfach von einem Kommen Christi oder einem Kommen Christi in Macht und Herrlichkeit, ein Ausdruck der auch in der Liturgie auftaucht.

8.2 Die synoptische Tradition

Wenn im folgenden von der synoptischen Tradition gesprochen wird, so wird von der Textgestalt der drei ersten Evangelien ausgegangen; nicht erörtert wird die

Frage, wo authentische Worte des historischen Jesus oder eine Interpretation der Evangelisten vorliegen. Bei den Synoptikern begegnen inhaltliche Aussagen über die Parusie in der sogenannten *eschatologischen Rede* Jesu, der Endzeitrede (Mt 24,1-25.46; Mk 13,1-37; Lk 21,5-36), die in der vorliegenden Gestalt zwar das Werk des Evangelisten ist, aber dennoch „Urgestein der Überlieferung von Jesus"[80] bietet. Der häufig gebrauchte Ausdruck „Parusierede" ist insofern nicht genau, als die Parusie des Menschensohnes nur ein Teil, freilich der Höhepunkt der ganzen Rede ist.

Wie sehr die Parusie des Menschensohnes mit dem Stilmitteln der jüdischen Apokalyptik geschildert wird, tritt bereits beim Ältesten unter den Synoptikern, bei Mk 13,24-27, hervor: Die Sonne wird sich verfinstern; der Mond wird nicht mehr scheinen (Jes 13,10). Die Sterne werden vom Himmel fallen und die Kräfte des Himmels werden erschüttert werden (Jes 34,4). Der Menschensohn wird auf den Wolken des Himmels kommen (Dan 7,13) mit großer Macht und Herrlichkeit. Er wird seine Engel aussenden, um die Auserwählten von den vier Winden zu sammeln (Sach 2,10), vom Ende der Erde bis zum Ende des Himmels (Dtn 30,4). Alttestamentliche Stilmittel der Theophanie sind also die Ausdrucksgestalt für das Kommen des hoheitlichen Menschensohnes, dessen Erscheinen zu kosmischen Erschütterungen führt.

Im *Matthäusevangelium* tritt die richterliche Funktion des Menschensohnes deutlicher hervor (Mt 25,31-46), während im *Lukasevangelium* die Parusie unter anderem verstanden wird als Tag der vollen Erlösung und des Anbruches der endgültigen Herrschaft Gottes (Lk 21,28). Auch für die *Apostelgeschichte*, der zweiten lukanischen Schrift des Neuen Testamentes, ist die Parusie ein zentrales Anliegen, insofern Auferstehung, Himmelfahrt (Erhöhung) und Parusie Christi als eine Einheit gesehen werden.

8.3 Die paulinischen Briefe und die Pastoralbriefe

In den *echten paulinischen Briefen* erlangt die Parusie im Zusammenhang der Kyrios-Christologie eine besondere Bedeutung. Für den Apostel ist die Parusie des Herrn nicht nur ein Kommen in Macht und Herrlichkeit, sie ist vielmehr das Heilsereignis schlechthin, insofern mit der Parusie die Auferstehung der Toten und die Ausstattung mit dem Herrlichkeitsleib verbunden ist. Paulus bietet zudem, ähnlich wie die Synoptiker, an mehreren Stellen eine apokalyptische Beschreibung der Parusie des Herrn.

Das entscheidende Christusprädikat, in dem Paulus das ganze Erlösungswerk zusammenfaßt, ist *Kyrios* (Herr). Kyrios ist der auferweckte und erhöhte Herr. In der Auferstehung Christi ist der schmachvolle Kreuzestod als Heilstod ausgewie-

[80] A. Oepke, parousia: ThWNT 5, 864.

sen. Auferstehung Christi und Parusie gehören untrennbar zusammen, sie sind zwei Seiten der einen Heilswirklichkeit. Die Herrlichkeit, die Christus bei seiner Auferstehung empfangen hat, wird bei seiner Parusie allen Menschen offenbar werden.

Wie eng der Kyrios-Titel und die Parusie zusammengehören, zeigt vor allem der 1. *Thessalonicherbrief*. An den Stellen, die von der Parusie handeln, kehrt das Wort *Kyrios* so regelmäßig wieder, daß man die beiden Ausdrücke „Parusie" und „Herr" als Wechselbegriffe bezeichnen muß.[81] So spricht Paulus von der „Parusie des Herrn" (3,13; 4,15; 5,23) von der „Hoffnung auf den Herrn" (1,3; 2,19), von der „Einholung des Herrn" (4,17) und vom „Tag des Herrn" (5,2; vgl. 2 Thess 2,2).

In apokalyptischer Sprache wird die Parusie dargestellt als eine große Triumphprozession der Geretteten, die dem kommenden Herrn entgegenziehen. „Der Herr selbst wird vom Himmel herabkommen, wenn der Befehl ergeht, der Erzengel ruft und die Posaune Gottes erschallt. Zuerst werden die in Christus Gestorbenen auferstehen. Dann werden wir, die Lebenden, die noch übrig sind, sogleich mit ihnen auf den Wolken entrückt werden, dem Herrn entgegen. Dann werden wir alle beim Herrn sein" (1 Thess 4,16-17). In *1 Kor 15,24-28* deutet Paulus die Parusie als den endgültigen Sieg Christi über alle gottfeindlichen Mächte, als Unterwerfung des Sohnes unter den Vater, damit Gott überall ist und in allem herrscht.

In den *Pastoralbriefen* begegnet das Wort Parusie nicht, es taucht vielmehr das Wort *Epiphanie* auf (1 Tim 6,14; 2 Tim 1,10, 4,1.8; Tit 2,13), das sowohl die erste Ankunft Christi bei der Menschwerdung (2 Tim 1,10) wie die eschatologische Ankunft des erhöhten Herrn bezeichnen kann. Im hellenistischen Kulturbereich bezeichnet *epiphaneia* das Sichtbarwerden der verborgenen Gottheit in der Geschichte und im Kult. Hellenistische Fürsten (*Antiochus IV. Ephiphanes*) und römische Kaiser ließen sich als ephiphane Götter feiern. Die in den Pastoralbriefen deutlich hervortretende Gemeindeordnung und die Sorge um die treue Bewahrung der gesunden Lehre läßt bereits erkennen, daß die zweite Ankunft Christi nicht mehr in zeitlicher Nähe gedacht wird (vgl. 1 Tim 6,15).

8.4 Die johanneische Tradition

Während im Johannesevangelium allgemein eine vorwiegend präsentische Eschatologie begegnet, erscheint im sogenannten Nachtragskapitel die Hoffnung auf das endzeitliche Kommen Christi in dem Worte Jesu, daß der Liebesjünger bis zu seinem Kommen bleibt (21,22). Wenn im vierten Evangelium von den Ereignissen im Zusammenhang der Parusie die Rede ist, so taucht der Ausdruck

[81] L. Cerfaux, Christus in der paulinischen Theologie, Düsseldorf 1964, 286.

„der Letzte (Jüngste) Tag" auf (6,39.40.44.54; 11,24; 12,48). In 1 Joh 2,28 werden die Christen zur Treue ermahnt, damit sie beim Kommen des Herrn nicht zu ihrer Schande gerichtet werden.

In der *Offenbarung des Johannes*, dem einzigen durchgehend apokalyptischen Buch des Neuen Testamentes, taucht zwar das Wort Parusie nicht auf; um so deutlicher sind die damit gemeinten Ereignisse auf breiter Ebene geschildert. Wie sehr das gesamte Buch von der Parusieerwartung erfüllt ist, aus der die verfolgte Kirche Hoffnung schöpfen soll, zeigt sich bereits an der Anlage des Buches, das am Anfang (1,1.3) und am Ende (22,20) vom baldigen Kommen Christi spricht. Der zur Parusie erscheinende Christus wird, ähnlich wie in der synoptischen Tradition, mit apokalyptischen Motiven und Bildern geschildert, die ihn als König der Könige, Herrn der Herren und als endzeitlichen Richter ausweisen (19,11-16).

8.5 Die Vorzeichen der Parusie und der Antichrist

8.5.1 Die Vorzeichen im allgemeinen

In den Schriften des Neuen Testamentes, die von der Parusie und dem Weltenende sprechen, werden verschiedene Vorzeichen dieser Endzeit genannt, so etwa die Verkündigung des Evangeliums auf der ganzen Welt (Mt 24,14; Mk 13,10), die Hinwendung des jüdischen Volkes zu Christus, wenn die Vollzahl der Heiden in das Reich Gottes eingetreten ist (Röm 11), die Not, Bedrängnis, Verfolgung und Verführung der Christen (Mk 13,5-13). In diesen Texten ist nicht die Rede von einer Chronologie der Endzeit, sondern von *Strukturen*, die es im Ablauf der Geschichte gegeben hat und weiterhin geben wird. Diese Vorzeichen lassen keine Berechnung der Parusie zu, wie uns Christus selbst gesagt hat: „Den Tag und die Stunde kennt niemand, auch nicht die Engel im Himmel, nicht einmal der Sohn, sondern nur der Vater" (Mt 24,36).

8.5.2 Der Antichrist

Die größte Bedeutung unter den Vorzeichen hat sowohl im Neuen Testament wie in der kirchlichen Tradition die Gestalt des Antichrist erlangt. Antichrist (Widerchristus, Gegenchristus) ist nach dem Zeugnis des Neuen Testamentes eine gegen die Ordnung Gottes und die Botschaft Christi gerichtete Einzelpersönlichkeit oder die ihr zugeordnete Institution. Das Wort *Antichrist* begegnet nur im 1. und 2. Johannesbrief, während die damit gemeinte Sache in den verschiedenen Büchern des Neuen Testamentes, vor allem in der Offenbarung des Johannes, in aller Breite geschildert wird.

Die Vorstellung vom Antichrist ist keineswegs einheitlich, so daß eine Harmonisierung der verschiedenen Aussagen zu einem einheitlichen Bild nicht möglich ist. Bei der Interpretation der einzelnen Stellen muß die traditionsgeschichtliche, zeitgeschichtliche und eschatologische Dimension beachtet werden, wobei die einzelnen Schichten nicht immer voneinander getrennt werden können. Es erhebt sich zudem die nicht einheitlich beantwortete Frage, ob der Antichrist primär kollektiv oder individuell zu verstehen ist.

Vorbereitet sind die neutestamentlichen Aussagen über den Antichrist durch die im *Alten Testament und Frühjudentum* auftauchende Erwartung einer gottfeindlichen Macht und von widergöttlichen Reichen gegen Israel (Ez 38; Dan 2,31-45; 7,7 f). Diese Mächte sieht man vielfach in einer Einzelpersönlichkeit, in einem gottlosen Herrscher, verkörpert, besonders in Antiochus IV. Epiphanes, der den Tempel entweihte (Dan 7,19-25; 8,11 f; 9,26 f; 11,31 f), und später in einem römischen Kaiser, der die Kirche verfolgte.

In der *synoptischen Endzeitrede* (Mt 24,15; Mk 13,14) begegnet der Ausdruck „Greuel der Verwüstung", ein Zitat aus Dan 9,27. Während im Buch Daniel „Greuel der Verwüstung" die Schändung des Tempels durch Antiochus IV. meint, der im Tempel einen Altar mit dem Bild des Zeus errichten ließ (1 Makk 1,54; 2 Makk 6,2), wird in der synoptischen Tradition der endzeitliche Frevel in der Regel als Antichrist verstanden, wenn auch dessen zeitgeschichtliche Deutung unklar bleibt.

Deutliche Hinweise auf das Alte Testament begegnen auch in *2 Thess 2,3-12*, wo vom Menschen der Gesetzlosigkeit, dem Sohn des Verderbens, die Rede ist, der sich über alles erhebt, was Gott und Heiligtum heißt (Dan 11,36) und sich sogar in den Tempel Gottes setzt (Ez 28,2), den aber der Parusiechristus mit dem Hauch seines Mundes töten wird (Jes 11,4). Dieser Gesetzwidrige wird in der Kraft Satans mit großer Macht auftreten und Zeichen und Wunder wirken.

Ein eigenes Gepräge hat die Antichristvorstellung der *johanneischen Briefe*, in denen das Wort Antichrist in der Einzahl und Mehrzahl begegnet und auf die Irrlehrer bezogen wird, vor allem auf jene, welche die Gottessohnschaft Christi, der im Fleische erschienen ist, leugnen (1 Joh 2,18; 4,3; vgl. 2 Joh 7).

Besonders ausführlich ist die Schilderung des Antichrist in der *Offenbarung des Johannes*, wo der Widersacher Christi und der Kirche in der Doppelgestalt des Tieres aus dem Meer und des Tieres vom Lande geschildert wird (Offb 13,1-18). Nach geläufiger Deutung versinnbildet das erste Tier die gottfeindliche Macht des römischen Imperiums auf dem Hintergrund einer Kaisergestalt, das zweite Tier den Pseudopropheten oder Propagandisten des Kaiserkultes.

8.6 Parusie – Naherwartung – Parusieverzögerung

Die Naherwartung bzw. die damit verbundene Parusieverzögerung gehört zu den Problemen der Jungen Kirche, die bis heute nicht zufriedenstellend gelost werden konnten. Es kann hier nicht der Platz sein, die exegetischen Teilprobleme im einzelnen aufzuarbeiten. Unter Naherwartung versteht man die im Neuen Testament unter verschiedenen Aspekten auftauchende *Vorstellung, daß die Parusie Christi mit den damit verbundenen Heilsereignissen und das Ende der Zeit unmittelbar bevorsteht.*

8.6.1 Die synoptische Tradition

Der größere Teil der Exegeten interpretiert die synoptischen Evangelien in dem Sinn, daß Jesus mit dem baldigen Kommen der Gottesherrschaft gerechnet habe. Die Evangelien bieten eine Reihe von Stellen, die nicht nur aussagen, daß mit Jesus die Gottesherrschaft in einer vorläufigen Gestalt gekommen ist, sondern daß die gegenwärtige Generation den Anbruch der endgültigen Gottesherrschaft erleben wird (Mk 9,1; 13,30; Lk 9,27; Mt 10,23; 16,28). Die zeitliche Verbindung zwischen den Zeichen der Gottesherrschaft und ihrem endgültigen Kommen wird durch das Gleichnis vom Feigenbaum erklärt (Mk 13,28-29).

Der endgültige Anbruch der Gottesherrschaft steht nicht nur unmittelbar bevor; er wird sich auch plötzlich ereignen (Lk 17,24.27.29; 12,39; 21,35). Dem Motiv der Plötzlichkeit der Endereignisse, vor allem des Gerichtes, entspricht die Aufforderung zur Bereitschaft und nicht nachlassender Wachsamkeit (Mt 24,43.50; 25,14-30; Mk 13,35; Lk 12,35-36.40). Jesus lehnt aber das für die Apokalyptik charakteristische Rechnen mit den Fristen der Endzeit ab (Mk 13,32; Lk 17,20). Wie die Naherwartung Jesu, die Unkenntnis über den Tag der Parusie, mit dem Wissen Christi zu vereinbaren ist, kann hier nicht erläutert werden.[82]

In unserer Zeit wird immer wieder versucht, die Spannung zwischen dem historischen Befund der Exegese und der theologischen Relevanz der Aussagen über die Naherwartung zu lösen: Die Naherwartung sei im Grunde gar nicht zeitlich gemeint, sie sei vielmehr zu verstehen im Sinne der ständigen Bereitschaft des Menschen, einer zeitlosen Unmittelbarkeit Gottes zum Menschen; es gehe bei einer existentialen Interpretation der Botschaft Jesu um das Jetzt der Entscheidung; man müsse mit der Kategorie des Raumes auch die Kategorie der Zeit ausschalten, so daß im Tode des einzelnen Menschen für diesen die eschatologischen Ereignisse wirksam werden.

Ob diese Lösung, über die an anderer Stelle bereits gesprochen wurde, annehmbar ist, sei dahingestellt. Auf jeden Fall soll man von einer apologetischen Lösung der Probleme absehen, die im Text kein hinreichendes Fundament hat.

8.6.2 Die paulinischen Briefe

Eine drängende Naherwartung ist vor allem in den echten paulinischen Briefen gegeben. Das Ende der Zeit hat bereits begonnen. Der Apostel glaubt, daß er selbst die Parusie erleben werde. Zusammen mit den auferweckten Toten wird er auf den Wolken in die Lüfte entrückt werden, um dem Herrn entgegenzugehen

[82] Vgl. in diesem Werk Bd. II: Christologie 2.2.5.

(1 Thess 4,15-17). Die mit der Endzeit verbundene messianische Bedrängnis fordert eine Distanz zu den irdischen Verhältnissen und Werten, so etwa zur Ehe (1 Kor 7,29-31). Die Not der Endzeit wird unter dem Bilde der Wehen vor der Geburt geschildert. Die ganze Schöpfung seufzt und liegt in Geburtswehen (Röm 8,22). Die Glieder der Gemeinde sollen beten: „Marana tha – unser Herr, komm!" (1 Kor 16,22).

8.6.3 Die Spätschriften des Neuen Testamentes

Wie sehr die Naherwartung immer mehr aufgegeben wird und man eine Lösung für die Parusieverzögerung sucht, zeigen die Spätschriften des Neuen Testamentes. So sehr Lukas mit den anderen Synoptikern noch vom nahen Ende überzeugt ist, so begegnen doch in der *Apostelgeschichte* deutliche Strukturen der Kirche und die damit verbundene Mission. Den versammelten Jüngern, die nach der Aufrichtung des Reiches Gottes fragen, sagt der Auferstandene, daß es ihnen nicht zusteht, die Zeiten und Fristen zu erfahren, die der Vater in seiner Macht festgesetzt hat. Sie sollen vielmehr in der Kraft des Hl. Geistes seine Zeugen sein bis an die Grenzen der Erde (Apg 1,6-8). Auf dem Hintergrund der Parusieverzögerung ist das typisch lukanische Modell von der Kirche als einer Zwischenzeit zwischen der Himmelfahrt und der Parusie des Herrn zu verstehen. Als Zwischenzeit ist die Kirche „die Zeit des wirksamen Hl. Geistes" (H. Schlier).

Der Verfasser des *Hebräerbriefes* (10,36-37) mahnt zur Ausdauer. Der Herr bleibt nicht aus, es dauert nur kurze Zeit, dann wird er kommen.

Eine deutlich veränderte Sicht der Naherwartung gegenüber den echten paulinischen Briefen begegnet auch im 2. *Thessalonicherbrief*. Es genügt nicht mehr der Hinweis auf die Wachsamkeit im Blick auf das baldige Kommen des Herrn. Es muß vielmehr die Frage beantwortet werden, weshalb der Herr nicht kommt, welchen Sinn die Parusieverzögerung hat. Eine übertriebene Naherwartung wird nun sogar als Irrlehre bezeichnet. Niemand darf sich täuschen lassen von denen, die sagen, der Tag des Herrn sei schon da (2,2). Es muß erst der große Abfall kommen und der Mensch der Gesetzlosigkeit erscheinen, den der Herr bei seiner Ankunft mit dem Hauch seines Mundes töten wird (2,3-8). Der Hinweis, daß die Parusie ein Tag der Vergeltung und des Gerichtes sein wird, soll für die Gemeinde eine Mahnung und ein Trost sein.

Der Gedanke, daß die bevorstehende Endzeit durch vielfältige Irrlehren gekennzeichnet ist, begegnet auch *in anderen Spätschriften* des Neuen Testamentes. „In späteren Zeiten werden manche vom Glauben abfallen; sie werden sich betrügerischen Geistern und den Lehren der Dämonen zuwenden, getäuscht von heuchlerischen Lügnern, deren Gewissen gebrandmarkt ist" (1 Tim 4,1-2). Diese schweren Zeiten sind erfüllt von allen möglichen Lastern, wie Selbstsucht, Habgier, Lieblosigkeit und Hochmut (2 Tim 3,1-9). Die letzte Stunde ist gekennzeichnet durch die Irrlehrer in großer Zahl, die Antichriste genannt werden (1 Joh 2,18). Die Bedrängnis und die Not der Gemeinde lassen das Ende aller Zeiten erkennen (1 Petr 4,7). Auch die Kirche steht wegen des Ungehorsams unter dem Gericht Gottes (1 Petr 4,17). Doch Gott wird seine Gemeinde nach kurzer Zeit des Leidens vollenden (1 Petr 5,10).

Eine drängende Naherwartung, die aber durchaus bereits mit einer Parusieverzögerung verbunden ist, begegnet schließlich in der *Offenbarung des Johannes*, die der verfolgten Kirche der Endzeit Trost zusprechen will. Die der Parusie vorausgehenden Bedrängnisse werden mit verschiedenen apokalyptischen Bildern geschildert, so etwa den Bildern der apokalyptischen Reiter (6,1-8), des Drachen mit den sieben Köpfen und zehn Hörnern (12,3) und der Tiere aus dem Meer und von der Erde (13,1-18). Die Knechte Gottes werden aber von Gott bezeichnet und geschützt (7,3-8). Die Frau, die mit der Sonne bekleidet ist, den Mond zu ihren Füßen und auf dem Haupt einen Kranz von zwölf Sternen hat – unter anderem ein Bild für die verfolgte Kirche der Endzeit –, wird in der Wüste eine Zufluchtsstätte finden (12,1-6). Allen, die in der Verfolgung treu bleiben, ist das Heil gewiß.

Am deutlichsten erscheint das Problem der Parusieverzögerung im *2. Petrusbrief*, wo die Wirklichkeit der Parusie gegen die Spötter verteidigt werden muß, die höhnisch sagen: „Wo bleibt denn seine verheißene Ankunft? Seit die Väter entschlafen sind, ist alles geblieben, wie es seit Anfang der Schöpfung war" (3,4). Der Verfasser des Briefes wehrt sich gegen den Vorwurf, er sei mit der Verkündigung der machtvollen Ankunft Christi irgendwelchen klug ausgedachten Geschichten gefolgt (1,16). Denen, die von einer Verzögerung sprechen, sagt er, daß der Herr kommen wird wie ein Dieb; er wird seine Verheißung erfüllen. Er ist aber geduldig und gibt die Zeit zur Bekehrung. Niemand soll übersehen, daß beim Herrn tausend Jahre sind wie ein Tag (3,8-10). Durch ein geduldiges und frommes Leben kann die Ankunft des Herrn beschleunigt werden (3,12).

Diese und ähnliche Gedanken begegnen auch in den frühen Schriften der Väterzeit. Die Parusieverzögerung wird verstanden als ein von Gott geplanter *Parusieaufschub*, der den Christen die Möglichkeit der treuen Verwaltung der ihnen geschenkten Gaben und zur Überwindung des Bösen geben soll.

8.7 Parusie und Welterneuerung

8.7.1 Die Texte des Neuen Testamentes

Das Neue Testament spricht an verschiedenen Stellen und unter Verwendung verschiedener Denkmodelle von dem, was man gewöhnlich als Weltuntergang und Welterneuerung bezeichnet. Diese Endereignisse gehören zur vollen Gestalt des Heiles, das uns in Christus verheißen ist. Die sogenannte *synoptische Apokalypse* (Mk 13 par), von der bereits in anderen Zusammenhängen die Rede war, spricht unter Verwendung von Bildern aus dem Alten Testament vom Ende der Welt und der Parusie des Menschensohnes. Der Gedanke des Vergehens von Himmel und Erde begegnet auch in der Bergpredigt (Mt 5,18).

Während in der Endzeitrede der Synoptiker der Weltuntergang im Bilde einer kosmischen Katastrophe geschildert wird, taucht in 2 Petr 3,7.10 der Gedanke auf, daß die Welt durch Feuer vernichtet wird. Verwandt mit diesen Vorstellungen sind verschiedene Aussagen aus der Offenbarung des Johannes, wo ebenfalls Bilder von einer Weltkatastrophe erscheinen (6,12 f; 20,11). Schließlich ist die Rede vom Erscheinen eines neuen Himmels und einer neuen Erde (21,1), den Gott selbst hervorbringen wird (21,5).

Während in 1 Kor 7,31 b im Zusammenhang anderer eschatologischer Aussagen der allgemeine Hinweis gemacht wird, daß die Gestalt dieser Welt vergeht, wird in Röm 8,19-23 davon gesprochen, daß die Schöpfung, die der Hinfälligkeit unterworfen ist und in Seufzen und Wehen liegt, auf die Befreiung von der Knechtschaft der Vergänglichkeit wartet. Schließlich kann Kol 1, 15-20 im Sinn einer kosmischen Versöhnung durch Christus verstanden werden.

8.7.2 Die Interpretation der Texte

8.7.2.1 Die Interpretation durch A. Vögtle[83]

A. Vögtle, der dieser Frage eine eingehende Untersuchung gewidmet hat, kommt nach einer sorgfältigen Analyse aller einschlägigen Texte zu folgendem Ergebnis: Dem Wortlaut nach spricht das Neue Testament von kosmischen Katastrophen, vom Vergehen von Himmel und Erde und vom Erscheinen eines neuen Himmels und einer neuen Erde. Für keinen dieser Texte läßt sich jedoch die Intention einer lehrhaften Aussage über das künftige Schicksal des Universums nachweisen oder auch nur wahrscheinlich machen. Die vielfältigen Bilder und apokalyptischen Beschreibungen sind ausnahmslos als Gerichts- und Heilsmetaphern zu verstehen. Unter eigentlich kosmologischem Aspekt verzichtet das Neue Testament auf eine lehrhafte Aussage. Die Frage nach der relativen oder absoluten Zukunft des Kosmos kann der Exeget mit gutem Gewissen dem Naturwissenschaftler überlassen.

So sehr man diesem letzten Satz zustimmen kann, so ist damit das eigentliche Problem noch nicht gelöst. Wenn nach der biblischen Anthropologie der Mensch ganzheitlich gesehen wird und zudem nach dem Zeugnis der beiden Schöpfungserzählungen der Erde zugeordnet ist, so bleibt die Frage, ob es eine heile Menschheit ohne heile Erde geben kann. Für die Beantwortung dieser Frage ist freilich nicht der Naturwissenschaftler zuständig; sie fällt in den Bereich der Theologie.

8.7.2.2 Die existentiale Interpretation

Die Vertreter einer existentialen Interpretation des Neuen Testamentes (*R. Bultmann, F. Gogarten, H. Braun* u.a.) verstehen die einschlägigen Stellen des Neuen Testamentes personalistisch. Es geht nicht um die Zukunft der Welt, sondern um Gottes Zukünftigkeit und damit um das neue Selbstverständnis des Menschen.

[83] Das Neue Testament und die Zukunft des Kosmos, Düsseldorf 1970.

Das biblische Kerygma will allein die Ermöglichung und Realisierung eines neuen Selbstverständnisses des Menschen verkünden: Die Haltung des Glaubens schlechthin, die uns in dieser Welt doch dieser Welt entnimmt. So kommt nach *R. Bultmann* das Ende der Welt jetzt oder nie.

8.7.2.3 Die kosmische Interpretation

Die Vertreter einer kosmischen Interpretation der Erlösung gehen von der solidarischen Verbundenheit von Mensch und Schöpfung, einschließlich des materiellen Universums, aus und beziehen sinngemäß den Kosmos in die Erlösung ein. Eine wiederhergestellte und erneuerte oder verwandelte, verklärte Gesamtschöpfung muß den Rahmen für das erlöste Dasein der Gläubigen abgeben.

So bedeutet für *J. Moltmann* die Auferweckung der Toten die Einbeziehung des Weltlichen und Zeitlichen in die jetzt noch ausstehende Vollendung. Das „Harren der Kreatur" (Röm 8,20 f) betrifft nicht nur den Menschen sondern auch die ihm zugeordnete Schöpfung. „Die Kreatur selber ist ‚unterwegs' ... Es ist nicht möglich, von der gläubigen Existenz in Hoffnung und radikaler Offenheit zu sprechen und zugleich die ‚Welt' für einen Mechanismus oder einen in sich geschlossenen Wirkungszusammenhang im objektiven Gegenüber zum Menschen zu halten ... Die Rede von der Offenheit des Menschen wird bodenlos, wenn die Welt selber gar nicht offen ist, sondern ein geschlossenes Gehäuse ist. Ohne eine kosmologische Eschatologie ist die eschatologische Existenz des Menschen nicht aussagbar."[84]

Man wird die Argumente für die je verschiedene Interpretation des Neuen Testamentes sorgfältig abwägen müssen. Beachtet man aber das biblische Menschenbild und den Auftrag des Menschen für diese Welt, so wird man den Kosmos mit in die Erlösung einbeziehen müssen. Über die eigentliche Gestalt dieser gesamten Erlösung kann auch die Theologie keine Beschreibung geben. Es geht letzten Endes um das Geheimnis der Auferstehung Christi und der Gestalt des Auferstehungsleibes, der Ausdrucksgestalt der vollen Erlösung des Menschen.

8.8 Die kirchliche Tradition

Die Aussagen der kirchlichen Tradition über die Parusie und die damit zusammenhängenden Ereignisse sind für das theologische Verständnis von heute wenig erhellend, da sie von Fragestellungen und naturwissenschaftlichen Erkenntnissen ausgehen, zu denen wir kaum mehr einen Zugang finden. Das trifft vor allem für die scholastische Theologie zu. Es geht unter anderem um drei Problemfelder: Die Vorzeichen der Parusie, das Verständnis des Weltenendes und die Antichristvorstellung.

---

[84] J. Moltmann, Theologie der Hoffnung, 60.

8.8.1 *Die Vorzeichen des Endes der Welt*

In der Interpretation der eschatologischen Reden Jesu, die mit legendären Elementen vermischt werden, begegnet seit dem 11. Jahrhundert die Aufzählung von fünfzehn Vorzeichen der Parusie und des kommenden Gerichtes, die zudem in der Regel auf fünfzehn Tage verteilt werden. Als Urheber dieser Aufzählung wird Hieronymus genannt, der sie den Annalen der Hebräer entnommen haben soll. Am fünfzehnten Tag werden ein neuer Himmel und eine neue Erde entstehen und alle Menschen werden auferstehen.

In der Hochscholastik begegnet dann die Unterscheidung zwischen den entfernten Vorzeichen, wie der Kampf der Völker und Reiche untereinander (Lk 21,10), den nahen Vorzeichen, wie die Ankunft des Antichrists und der Seinigen (Mt 24,15) und den nächsten Vorzeichen, wie etwa die Erschütterung der Kräfte des Himmels und das Erscheinen des Zeichens der Erlösung der Menschen (Mt 24,29-30). Auf die nähere Interpretation dieser Zeichen soll hier nicht eingegangen werden.

8.8.2 *Das Weltenende und die Welterneuerung*

Bei der Erörterung des Weltenendes und der Welterneuerung bereitet den scholastischen Theologen vor allem 2 Petr 3,5 f, wo von der Vernichtung der Welt durch das Feuer die Rede ist, große Schwierigkeiten. Im einzelnen wird die Frage nach dem Wesen des Feuers und der Reinigung der Welt und der Menschen durch das Feuer erörtert.

8.8.3 *Der Antichrist*

In der alten Kirche wird vor allem unter dem Eindruck der Verfolgung das römische Weltreich mit dem Antichrist gleichgesetzt. Dabei wird der Antichrist aus einen widergöttlichen Ungeheuer zu einem Menschen mit satanischer Macht oder einem satanischen Wesen in Menschengestalt. Gelegentlich wird der Antichrist auch als der wiederkehrende Nero verstanden.

Im Frühmittelalter wird die Geschichte als dauernder Kampf zwischen Christus und dem Antichrist gedeutet, so etwa in der Geschichtstheologie des *Rupert von Deutz* oder *Gerhoch von Reichersberg*. Im Hochmittelalter hat die Geschichtsphilosophie- und theologie des *Joachim von Fiore*, in der die apokalyptischen Bilder zeitgeschichtlich gedeutet werden, einen großen Einfluß ausgeübt. In der mit ihr verwandten franziskanischen Armutsbewegung wird das Papsttum, das die franziskanische Armutsforderung verwarf, mit dem Antichrist gleichgesetzt und später in der Gestalt des Papstes *Johannes XXII.* direkt mit dem Antichrist identifiziert.

Im Sinne der spekulativen Theologie stellt *Thomas von Aquin* die Frage, ob der Antichrist Haupt aller Schlechten genannt werden kann. Dies könne man nur wegen der Vollkommenheit der Bosheit sagen. Im Anschluß an die Glosse zu 2 Thess

2,4 sagt der Aquinate: Wie in Christus die ganze Fülle der Gottheit wohnt, so im Antichrist die ganze Fülle der Bosheit. Weil es aber für einen Leib nur ein Haupt geben kann, sind der Antichrist und der Teufel nicht zwei Häupter, sondern ein einziges. Der Antichrist wird Haupt genannt, insofern in ihm die Bosheit des Teufels aufs vollkommendste ausgeprägt ist.

Im Spätmittelalter tragen *Wiclif* und *Hus*, die unter dem Einfluß des Armutsideals stehen, die oben genannte Antichristpolemik weiter. *Luther* bezeichnet seit 1518, klar und scharf seit 1522, das Papsttum als den Antichrist, weil es seine Autorität über das Wort Gottes stellt und das Evangelium verfälscht. *Melanchthon* sieht in seinem Traktat „De potestate et primatu papae" (nicht dagegen in der Confessio Augustana) im Reich des Papstes und seinen Gliedern die Zeichen des Antichrists.

Die *katholische Kontroverstheologie* wiederum betrachtet Luther als Vorläufer des Antichrists. Für die *Pietisten* ist jedes tote Christentum Antichristentum. Seit der *Aufklärung*, die mit dem Teufel auch den Antichrist ablehnt, verliert die Vorstellung des Antichrist an Bedeutung. Diese Entwicklung wird gefördert durch die sich immer mehr durchsetzende Säkularisierung und das Aufkommen der atheistischen Strömungen, mit denen ein neues Geschichtsverständnis verbunden ist. Dennoch werden bis in unsere Tage bestimmte widerchristliche und antikirchliche Systeme und die sie bestimmenden Personen mit dem Antichrist gleichgesetzt.

8.8.4 Die kirchlichen Lehrentscheidungen

Die Hoffnung auf die Parusie des Herrn begegnet in der kirchlichen Tradition in der Regel nicht als selbständige Lehre, sondern im Zusammenhang mit anderen eschatologischen Aussagen, vor allem der Auferstehung der Toten, dem Jüngsten Gericht und der jenseitigen Vergeltung. Die altkirchlichen Glaubenssymbole bekennen, daß Christus kommen wird, um die Lebenden und die Toten zu richten (DH 10, 12, 13, 16, 17, 22, 27, 28, 29, 30, 76) oder daß er in Herrlichkeit zum Gericht erscheinen wird (DH 150).

Die Konzilien des Mittelalters fügen hinzu, daß mit dem Gericht, das dem Kommen Christi folgt, eine Erteilung von Lohn und Strafe verbunden ist (DH 801, 852). Nach dem Schreiben der Kongregation für die Glaubenslehre „Zu einigen Fragen der Eschatologie" vom 17.5.1979 erwartet die Kirche gemäß der Hl. Schrift die Erscheinung unseres Herrn Jesus Christus in Herrlichkeit, die nach dem Glauben der Kirche zu unterscheiden ist von der Situation des Menschen unmittelbar nach dem Tod (DH 4655).

9. Die Auferstehung der Toten

Der Glaube an die Auferstehung der Toten, die untrennbar mit der Auferstehung Christi verbunden ist, ist die christliche Hoffnung schlechthin. „Wenn es keine Auferstehung der Toten gibt, ist auch Christus nicht auferweckt worden. Ist aber Christus nicht auferweckt worden, dann ist unsere Verkündigung leer und euer Glaube sinnlos" (1 Kor 15,13-14). In der Auferweckung der Toten erweist sich Gott als Gott des Lebens und des Heiles. Gerade in der Lehre von der Auferweckung der Toten gibt es eine deutliche Entwicklung, die vor allem das Alte Testament betrifft.

9.1 Das Alte Testament

9.1.1 Die Entfaltung des Glaubens im allgemeinen

Es wird heute in der Theologie kaum mehr bestritten, daß sichere Zeugnisse über die Auferstehung der Toten erst sehr spät, in den Jahrhunderten um die Zeitenwende, auftauchen. Dennoch ist dieser Glaube an die Auferstehung letzten Endes eine Entfaltung bestimmter Elemente der Gottesvorstellung im Volk Israel. Insgesamt können vor allem zwei Triebkräfte für die Entfaltung des später ausdrücklich bezeugten Glaubens an die Auferstehung der Toten genannt werden: Der Glaube an den Gott des Lebens und der Glaube an Gottes Gerechtigkeit.

9.1.1.1 Der lebendige Gott

Der Gott Israels wird an vielen Stellen der lebendige Gott genannt(1 Sam 17,26; Ps 42,3; 84,3; Jes 37,4; Jer 10,10; 23,36). Gott hat das Leben von Natur aus. Alles Leben in der Welt ist ein von Gott verwaltetes und von ihm geschenktes Leben. Gott haucht den Lebensodem ein und zieht ihn im Tod wiederum zurück. Diese entscheidende Gabe Gottes versteht man zunächst einfach als ein langes, gesundes und glückliches Leben. So sehr der Tod zum Menschen gehört, so bleibt doch der plötzliche und ungewöhnliche Tod in jungen Jahren ein Rätsel. Die menschliche Hoffnung ist erfüllt, wenn man „alt und lebenssatt" (Gen 25,8) sterben kann und zu den Vätern versammelt wird. Der Mensch lebt in seinen Nachkommen fort, die die endgültige Heilszeit schauen dürfen. Ein guter Name bleibt in Ewigkeit.

Diese Hoffnung kann aber auf die Dauer nicht befriedigen, zudem ja das Weiterleben in der Scheol als geminderte menschliche Existenz verstanden wird

Wenn Gott der „Herr über Leben und Tod“ ist, warum soll dann diese Gemeinschaft mit ihm im Tode enden? Warum denkt Gott nicht mehr an die Toten, warum können sie ihn nicht mehr loben? So wird die Natürlichkeit des Todes immer mehr fragwürdig, weil sie im Widerspruch zum Gottesglauben und zur „Bundestreue Jahwes“ steht.

Aus dem Glauben an den lebendigen und treuen Gott erwächst die Hoffnung auf ein erfülltes Fortleben nach dem Tod, auf eine ewige Geborgenheit und Gemeinschaft mit Gott, auf ein ewiges Leben, das dem semitischen Menschenbild entsprechend ganz selbstverständlich auf den ganzen Menschen bezogen wird. Dieser Glaube an Gott als den Herrn und Spender des Lebens findet zunächst einen Ausdruck in den Berichten von den Totenerweckungen im Leben und Sterben des Elischa (2 Kön 4,35 f; 13,20 f). Weil Gott sogar den Toten Leben schenken kann, weil er über sein Volk herrscht und mit diesem Volk gnadenhaft in Gemeinschaft steht, darf das Volk hoffen, daß er die Verstorbenen lebendig machen und einmal mit dem ganzen Bundesvolk in unzerstörbarer Gemeinschaft leben wird.

9.1.1.2 Der gerechte Gott

Der Gott Israels ist ein gerechter Gott. Die Belohnung und Bestrafung durch Gott wird zunächst diesseitig verstanden. Dieser Glaube an Gottes Gerechtigkeit wird aber immer dort erschüttert, wo man erfährt, daß es den Guten auf Erden schlecht und den Bösen gut geht. Als sinnlos erscheint dieser Glaube an Gottes Gerechtigkeit vor allem, wenn die Martyrer in der Blüte ihres Leben dem grausamen Tod ausgeliefert werden.

Das in dieser Zeit sich entzündende „Theodizeeproblem“ führte zu einer echten Krise des Glaubens, die in vielen Schriften des Alten Testamentes, vor allem in den Psalmen, einen Niederschlag findet. Diese Entwicklung erreicht in der Makkabäerzeit, in der die Gesetzestreuen das Martyrium erleiden, ihren Höhepunkt.

Wenn Gott ein Gott der Geschichte seines Volkes ist, wenn man seine Hoffnung noch auf den gerechten Gott setzen kann, dann muß es ein Handeln Gottes jenseits dieser grausam erfahrenen Geschichte geben, in der die Gerechtigkeit Gottes zum Durchbruch kommt. Der lebendige und treue Gott, der mit seinem Volk den Bund geschlossen hat, muß seine Gerechtigkeit in einer neuen, von ihm hervorgebrachten Welt zur Geltung bringen. So wird es verständlich, daß gerade in der Zeit der Verfolgung der Glaube an die Auferstehung der Toten, der im Gottesbild von Anfang an enthalten ist, zur vollen Entfaltung kommt.

9.1.2 Einzelne Zeugnisse

9.1.2.1 Hosea 6,1-2

„Kommt, wir kehren zum Herrn zurück! Denn er hat (Wunden) gerissen, er wird uns auch heilen; er hat verwundet, er wird auch verbinden. Nach zwei Tagen gibt er uns das Leben zurück, am dritten Tag richtet er uns wieder auf, und wir leben vor seinem Angesicht.“

Diese Stelle, die nach Meinung vieler Exegeten den Hintergrund für die im Neuen Testament wichtigste Glaubensformel „auferweckt am dritten Tag“ (1 Kor 15,4) bildet, wird von der kritischen Exegese allgemein nicht als frühes Zeugnis für den alttestamentlichen Glauben an die Auferstehung der Toten anerkannt. Es handelt sich nicht um die Wiederbelebung und Auferweckung eines Toten, sondern um die Genesung und das Aufstehen eines Kranken. Somit legte es sich auch nicht nahe, an eine Übernahme der Vorstellung von der Auferstehung der Vegetationsgötter, die am dritten Tag nach ihrem Tod erfolgte, zu denken. Der Text will nur sagen, daß das Volk nach kurzer Zeit wieder hergestellt wird.

9.1.2.2 Ez 37,1-14

Auch die Vision über die Wiederbelebung der Totengebeine ist in ihrem ursprünglichen Sinn ein Bild für die Heimkehr des Volkes aus der Gefangenschaft. Israel betrachtet sich im Exil als der Vernichtung ausgeliefert. Wenn Gott die auf dem weiten Feld zerstreuten Totengebeine zusammenfügt, sie mit Fleisch bedeckt und schließlich durch seinen Hauch die Leiber belebt, so wird im Symbol dargestellt, wie Gott sein Volk erneuert und wiederum in sein Land zurückführt. Wenn diese Vision auch noch nicht im Sinn der Auferstehung von den Toten zu verstehen ist, so macht sie doch die sehr weitgehende Glaubensaussage, daß der lebendige Gott eine uneingeschränkte Macht über Leben und Tod hat. Seine Bundestreue reicht über Tod und Grab hinaus.

9.1.2.3 Die große Jesaja-Apokalypse (Jes 24-27)

Die große Jesaja-Apokalypse, die wahrscheinlich in spätexilischer oder frühhellenistischer Zeit entstanden ist, stellt formgeschichtlich eine Komposition aus verschiedenen in sich selbständigen literarischen Einheiten dar, die eine übergreifende eschatologische Thematik zusammenhält.

Von einem Teil der Exegeten wird diese Apokalypse als ein Zeugnis für die Auferstehung der Toten gewertet. Auf die Klagen des Volkes hin ergeht die Verheißung, daß ein Friedensfürst alle Völker auf dem Berge Juda vereinen wird: „Er (Gott) beseitigt den Tod für immer. Gott, der Herr, wischt die Tränen ab von jedem Gesicht“ (25,8). Obwohl es in Jes 26,14 heißt „die Toten werden nicht leben, die Verstorbenen stehen nie wieder auf; denn Du hast sie bestraft und vernichtet, jede Erinnerung an sie hast Du getilgt“, wird einige Verse weiter gesagt: „Deine Toten werden leben, die Leichen stehen wieder auf; wer in der Erde liegt, wird erwachen und jubeln“ (26,19). Der scheinbare Widerspruch löst sich auf, wenn die erste Stelle das Scheitern der verstockten Frevler im Endgericht schildert, während die zweite Aussage das Heil des Gottesvolkes bei seiner Vollendung betrachtet.

Andere Exegeten hingegen meinen, daß die Jesaja Apokalypse noch nicht von der Auferstehung der Toten spricht, sondern in symbolischer Sprache die Wiederherstellung des Volkes zum Ausdruck bringt.

9.1.2.4 Dan 12,2-3

„Von denen, die im Land des Staubes schlafen, werden viele erwachen, die einen zum ewigen Leben, die anderen zur Schmach, zu ewigem Abscheu. Die Verständigen werden strahlen, wie der Himmel strahlt; und die Männer, die viele zum rechten Tun geführt haben, werden für immer und ewig wie die Sterne leuchten" (Dan 12,2-3). Diese Verheißung, die zur Zeit der grausamen Verfolgung unter *Antiochus IV. Epiphanes* (175-164), wohl um das Jahr 165 niedergeschrieben ist, wird einhellig als sicheres Zeugnis für den Glauben an die Auferstehung der Toten gewertet, wenn auch hinsichtlich der Interpretation im einzelnen durchaus verschiedene Ansichten geäußert werden.

Die Auferstehung aus dem Totenreich (Land des Staubes) wird als Erwachen (aus dem Todesschlaf) geschildert. Das Ergebnis dieser Auferstehung wird sein: ewiges Leben oder Schmach, ewige Abscheu. Keine eindeutige Erklärung bietet der Text darüber, wem die Auferstehung zuteil wird. Man wird zunächst an alle Israeliten denken, wobei das Wort „viele" alle Glieder des Volkes Israel bezeichnet, oder an einen Teil von ihnen oder Teile aus Israel und den Heiden.

Beachtet man „den Sitz im Leben", also die konkrete Verfolgung, so wird man bei denen, die zum ewigen Leben auferstehen, (zuerst) an die denken, die in der Verfolgung wegen ihrer Treue zum Jahweglauben ihr Leben eingebüßt haben. Jene, die zur ewigen Schmach bestimmt sind, sind die Verfolger und ihre Mitarbeiter.

Wenn also die in diesen Versen ausgesprochene Hoffnung auch für eine weitere Deutung offenbleibt, so kann man nicht sagen, daß die allgemeine Auferstehung der Toten sicher bezeugt ist. Dies gilt vor allem, wenn man bedenkt, daß die Auferstehung der Toten als Heilsaussage verstanden wird.

Verschieden beantwortet wird auch die Frage, ob die Toten zu einem neuen Leben in dieser Welt oder zu einem Leben in einer streng jenseitigen Welt auferstehen werden. Der Ausdruck „Auferstehung zum ewigen Leben" läßt eher an ein jenseitiges Leben denken, weil man in Israel davon überzeugt ist, daß dieses irdische Leben nicht ewig dauern wird. Das Wort vom „Leuchten wie die Sterne" legt zumindest eine herrliche himmlische Existenz nahe.

9.1.2.5 2. Makk 7

Der Bericht über das Martyrium der sieben Brüder und ihrer Mutter ist ebenfalls ein unumstrittenes Zeugnis für den Glauben an die Auferstehung der Toten, die sich von den religiösen Unsterblichkeitsvorstellungen der hellenistischen Umwelt klar absetzt. Dieser Glaube an die Auferstehung ist die einzige Hoffnung für die Martyrer, die um ihrer Gesetzestreue willen hingerichtet werden.

Die Auferstehung wird zugleich als gerechte Vergeltung verstanden. „Der König der Welt wird uns zu einem neuen, ewigen Leben auferwecken, weil wir für seine Gesetze gestorben sind" (V. 9). „Vom Himmel her habe ich diese Glieder (Zunge und Hand) erhalten ... Von ihm hoffe ich sie wiederzuerlangen" (V. 11). „Gott hat uns die Hoffnung gegeben, daß er uns wieder auferweckt. Darauf warten wir gern, wenn wir von Menschenhand sterben. Für Dich (den Verfolger) aber gibt es keine Auferstehung zum Leben" (V. 14).

In diesen Versen ist auf jeden Fall die Auferstehung der Martyrer und aller Gerechten ausgesagt. Das Los des Tyrannen und damit aller Verfolger der Gerechten bleibt hingegen doppeldeutig. Es läßt sich nicht entscheiden, ob sie der völligen

Vernichtung entgegengehen, oder ob sie die ewige Qual im Hades erleiden, oder ob sie zum Gericht auferstehen werden. Sicher wird ihnen das ewige Leben nicht zuteil werden.

9.1.2.6 Die Weisheitsliteratur

Die Frage, ob die in Spätisrael erwachte Hoffnung auf die Auferstehung der Toten im Bereich der Weisheitsliteratur inhaltlich vertreten wurde, wird verschieden beantwortet. Sicher ist, daß an keiner Stelle die Auferstehung der Toten erwähnt wird, eine Tatsache die verständlich ist, wenn man den Einfluß der griechischen Seelenlehre und der damit verbundenen Jenseitshoffnung beachtet. Auf der anderen Seite widerspricht im Buch der Weisheit nichts ausdrücklich der Hoffnung auf die Auferstehung.

Der Verfasser des Buches der Weisheit kannte wohl einen solchen Glauben, den er auch persönlich vertreten hat. Um seine griechischen Leser nicht zu schockieren, hat er es aber vorgezogen, „die eigentlich geistigen Züge des glückseligen Lebens ins Licht zu rücken und das Geschick des Leibes im Schatten zu lassen.“[85] Andere Exegeten meinen, im Buch der Weisheit erscheine die Hoffnung Israels unter den griechischen Kategorien der athanasia und aphtharsia (Unsterblichkeit und Unverweslichkeit).“Doch ist es nicht sicher zu erkennen, ob diese griechischen Begriffe die Auferstehung des Leibes implizieren oder nicht.“[86]

9.2 Das Neue Testament

Im Judentum zur Zeit Jesu war der Glaube an die Auferstehung der Toten, von den Sadduzäern abgesehen (Mt 22,23 f par; Apg 23,8), allgemein angenommen (vgl. Apg 17,32; 23,6; 24,15.21). Eine eigene Theologie der Auferstehung der Toten und damit verbunden eine Erklärung des Auferstehungsleibes entwickelt nur Paulus. In den übrigen Schriften des Neuen Testamentes begegnen in bestimmten Zusammenhängen Aussagen über die Auferstehung der Toten, die zu den Grundlagen des christlichen Glaubens gerechnet wird (Hebr 6,2).

9.2.1 Die Synoptiker

In der synoptischen Tradition muß unterschieden werden zwischen den ausdrücklichen Aussagen über die Auferstehung der Toten und einer einschlußwei-

---

85 A. M. Dubarle, Die Erwartung einer Unsterblichkeit im Alten Testament und im Judentum: Conc(D) 6 (1970) 690.

86 F. Mußner, Die Auferstehung Jesu, München 1969, 41.

sen Bezeugung dieses Glaubens. *Ausdrücklich* bezeugt ist der Glaube an die Auferstehung der Toten im Streitgespräch Jesu mit den Sadduzäern (Mt 22,23-33; Mk 12,18-27; Lk 20,27-38).

Die Sadduzäer erkennen unter den Hl. Schriften nur das Gesetz Gottes an, wie es im Pentateuch niedergelegt ist. Die prophetischen Schriften hingegen haben nach ihrer Meinung einen minderen Rang, die Überlieferung der Alten wird abgelehnt. Die Sadduzäer leugnen nicht nur die Auferstehung der Toten, von der im Gesetz des Mose nichts ausgesagt wird, sondern auch die Unsterblichkeit der Seele, die Existenz der Engel und Geister, die göttliche Vorsehung und die jenseitige Vergeltung.

Der Ausgangspunkt des Streitgespräches ist das im mosaischen Gesetz enthaltene Gebot der Levirats- oder Schwagerehe (Dtn 25,5-10), nach dem ein Mann verpflichtet ist, der Witwe seines ohne männlichen Nachkommen verstorbenen Bruders in der Ehe einen Nachkommen zu erwecken. Die Sadduzäer versuchen den Glauben an die Auferstehung der Toten durch die Frage, wem die Frau, die mit sieben Brüdern in der Schwagerehe gelebt hat, nach der Auferstehung gehören soll, lächerlich zu machen. Sie unterstellen dabei die Vorstellung, daß das durch die Auferstehung eingeleitete künftige Leben eine gesteigerte Fortsetzung des irdischen Lebens sein wird. Auf jeden Fall wird die Ehe fortgeführt, der nach jüdischer Vorstellung eine geradezu phantastische Fruchtbarkeit verliehen wird.

Jesus weist in seiner Antwort darauf hin, daß die Menschen nach der Auferstehung nicht mehr heiraten, sondern wie die Engel sein werden. Damit ist ein Mehrfaches zum Ausdruck gebracht: Die Auferstandenen werden wie die Engel unsterblich und zudem in der Nähe Gottes sein. Die Ehe, die im Anschluß an Gen 1,28 als der Institution zur Erzeugung von Nachkommenschaft und der Durchbrechung der Todesmacht verstanden wird, ist somit nicht mehr notwendig. Gegenüber der Vorstellung, die Auferstehung sei als eine Rückkehr in das Diesseits zu verstehen, wie das immer auch erklärt wird, bringt Jesus zur Geltung, daß mit der Auferstehung eine völlig neue Leiblichkeit verliehen wird.

Wenn Jesus auf Ex 3,6.15 verweist und das Wort hinzufügt, daß Gott kein Gott der Toten, sondern der Lebenden ist, so argumentiert er im Blick auf seine Gegner, die nur den Pentateuch als eigentliches Wort Gottes anerkennen. Die Auferstehung der Toten ist zwar dort nicht direkt ausgesagt, sie kann aber auf der Basis der durch die Apokalyptik veränderten Eschatologie des Judentums erschlossen werden.

Unmittelbar ist in diesem Streitgespräch nur die Auferstehung der Gerechten ausgesagt, da ja nur für sie gilt, daß sie wie die Engel in der Nähe Gottes sein werden. In Lk 14,14 ist ausdrücklich von der Auferstehung der Gerechten die Rede. Dieser Gedanke ist dann auch in allen jenen Stellen eingeschlossen, an denen ein himmlischer Lohn verheißen wird.

Die Auferstehung aller Menschen kann aus den Gerichtsaussagen des Neuen Testamentes erschlossen werden, die vom Lohn und der Strafe in der jenseitigen Welt sprechen, und diese Vergeltung selbstverständlich auf den ganzen Menschen und nicht auf die leibfreie Seele beziehen.

9.2.2 *Das Johannesevangelium*

Das Johannesevangelium wird im folgenden in seiner uns vorliegenden Gestalt interpretiert. Alle textkritischen Fragen werden vorausgesetzt und ausgeklammert, so auch die Frage, welche Teile dem ursprünglichen Verfasser des Evangeliums und welche Teile dem Redaktor zugeordnet werden müssen.

Im Sinn der schon öfter genannten präsentischen Eschatologie wird auch die Auferstehung der Toten als gegenwärtiges Ereignis gesehen. Die eschatologische Entscheidung beginnt *jetzt* in der Begegnung mit der Person und der Offenbarung Jesu. Sie geschieht *ständig* im Glauben, in dem das Ende der Welt und Zeit erfahren wird. Glaube und Unglaube haben Heil und Gericht zur Folge. Auch die Auferstehung aus dem Tod *ist schon geschehen und geschieht weiter*: „Die Stunde kommt, und sie ist schon da, in der die Toten die Stimme des Gottessohnes hören werden; und alle, die sie hören, werden leben" (5,25).

Die Auferstehung zum Leben ist in diesem Verständnis nicht die endzeitliche Auferstehung am Jüngsten Tag, sondern sie geschieht jetzt im Erwachen des Menschen aus dem geistigen Tod beim Hören und der Annahme des Evangeliums. Was die frühjüdische Auffassung allein von der Zukunft erwartet, ist in Christus bereits gekommen und in ihm präsent. Wer an Jesus, die Auferstehung und das Leben in Person, glaubt, hat bereits an der Auferstehung und am Leben Anteil. Er ist grundsätzlich dem Todesbereich entnommen, er wird in Ewigkeit nicht sterben.

Während Marta angesichts des Grabes ihres Bruders Lazarus den Glauben an die künftige Auferstehung bekennt, sagt ihr Jesus: „Ich bin die Auferstehung und das Leben. Wer an mich glaubt, wird leben, auch wenn er stirbt, und jeder, der lebt und an mich glaubt, wird in Ewigkeit nicht sterben" (11,25-26).

So sehr das vierte Evangelium unter Auferstehung der Toten im wesentlichen ein für den Glaubenden gegenwärtiges Ereignis versteht, so ist doch auch die Auferstehung der Toten am Jüngsten Tag klar bezeugt: „Die Stunde kommt, in der alle, die in den Gräbern sind, seine Stimme hören und herauskommen werden: Die das Gute getan haben, werden zum Leben auferstehen, die das Böse getan haben, zum Gericht" (5,28-29). An dieser Stelle ist eindeutig die Auferstehung aller Menschen und die Verleihung von Lohn und Strafe nach dem Gericht ausgesagt.

Der gleiche Gedanke ist unter Verwendung eines anderen Bildes in der Offenbarung des Johannes zum Ausdruck gebracht: „Ich sah die Toten vor dem Thron Gottes stehen, die Großen und die Kleinen. Und die Bücher wurden aufgeschlagen ... die Toten wurden nach ihren Werken gerichtet, nach dem, was in den Büchern aufgeschrieben war. Und das Meer gab die Toten heraus, die in ihm waren; und der Tod und die Unterwelt gaben ihre Toten heraus, die in ihnen waren. Sie wurden gerichtet, jeder nach seinen Werken. Der Tod und die Unterwelt wurden in den Feuersee geworfen" (20,12-14). Weil der Tod als der Beherrscher der Unterwelt entmachtet ist, werden alle von ihm Festgehaltenen, d.h. alle Toten, aus dem Kerker der Scheol befreit; sie stehen von den Toten auf.

Weil bei Johannes der Inhalt des Heiles mit dem ewigen Leben gleichgesetzt wird und mit der Auferstehung der Toten die endgültige nicht mehr verlierbare

Verleihung dieses Lebens verbunden ist, wird die Auferstehung der Toten an einer Reihe von Stellen, ähnlich wie bei den Synoptikern, auf die Gerechten bezogen. Dieser Gedanke findet sich vor allem in der großen Brotrede bei Joh 6, welche die meisten Aussagen über die Auferstehung der Toten enthält: „Es ist aber der Wille dessen, der mich gesandt hat, daß ich keinen von denen, die er mir gegeben hat, zugrundegehen lasse, sondern daß ich sie auferwecke am Letzten Tag. Denn es ist der Wille meines Vaters, daß alle, die den Sohn sehen und an ihn glauben, das ewige Leben haben und daß ich sie auferwecke am Letzten Tag" (6,39-40). Im mittleren Teil der Brotrede wird dann die Eucharistie als die Garantie der Auferstehung der Toten verstanden: „Wer das Fleisch des Menschensohnes ißt und sein Blut trinkt, hat das ewige Leben, und ich werde ihn auferwecken am Letzten Tag" (6,54).

9.2.3 *Die paulinischen Briefe*

Wie bereits einleitend erwähnt wurde, spricht Paulus nicht nur an verschiedenen Stellen seiner Briefe von der Auferstehung der Toten, er entwickelt auch eine ausführliche Theologie der Auferstehung, die eine eingehende christologische Begründung einschließt und vor allem das Problem des Auferstehungsleibes zu lösen versucht.

9.2.3.1 Die Tatsache der Auferstehung der Toten

Die Tatsache der Auferstehung der Toten gehört für Paulus zum Fundament des christlichen Glaubens, so daß dessen Leugnung einer Preisgabe der christlichen Botschaft gleichkommt (1 Kor 15,12-14). Mit besonderer Eindringlichkeit behandelt der Apostel die Auferstehung der Toten 1 Kor 15, wo auch das älteste christliche Credo über den Tod und die Auferstehung Christi niedergelegt ist (V. 3-5).

Es kann nicht mehr mit Sicherheit gesagt werden, welche Irrlehre die Gemeinde zu Korinth im einzelnen bedrohte. Ein Teil der Exegeten vermutet, es handle sich um gebildete Griechen der platonisch-gnostischen Richtung, die zwar von der leiblosen Fortexistenz der Seele nach dem Tod überzeugt waren, aber keinen Zugang zum Glauben an die Auferstehung des Fleisches fanden. Andere meinen, die leibliche Auferstehung wäre in Korinth nicht bestritten worden; einige aber glaubten, sie gelte nur für die Lebenden zur Zeit der Parusie, nicht hingegen für die bereits Gestorbenen.[87] Paulus legt daher Wert auf die Feststellung, daß alle Christen auferstehen werden, auch jene, die bereits gestorben sind. Diese Problematik wurde bei der Darstellung der paulinischen Lehre über die Parusie bereits erläutert (vgl. oben 8.62).

9.2.3.2 Christi Auferstehung und unsere Auferstehung

Der unlösbare Zusammenhang zwischen der Auferstehung Christi und unserer künftigen Auferstehung bezieht sich sowohl auf *das Faktum* der Auferstehung, wie

[87] Vgl. B. Spörlein, Die Leugnung der Auferstehung. Eine historisch-kritische Studie zu 1 Kor 15, Regensburg 1971.

auch auf *die Gestalt des Auferstehungsleibes*. Eine deutliche Beziehung zwischen Christi Auferstehung und unserer Auferstehung ist allein dadurch gegeben, daß Christi Auferstehung grundsätzlich in den Bereich der allgemeinen Auferstehung gehört. Sie ist die erste, sowohl chronologisch wie auch in der Ordnung der Würde und der Ursächlichkeit.

Christi Auferstehung und unsere Auferstehung bilden ein geordnetes Ganzes. Der Heilsprozeß, der in der Auferstehung Christi begonnen hat, muß sich in der Auferstehung der Toten fortsetzen und vollenden. „Wenn Jesus – und das ist unser Glaube – gestorben und auferstanden ist, dann wird Gott durch Jesus auch die Verstorbenen zusammen mit ihm zur Herrlichkeit führen" (1 Thess 4,14). So wie durch den ersten Adam der Tod in die Welt kam und alle sterben, die von ihm abstammen, so werden durch Christus, den zweiten Adam, alle lebendig gemacht (1 Kor 15,21-22). Christus ist das Haupt des Leibes der Kirche, wir sind die Glieder dieses Leibes. Seit der Auferstehung Christi ist das Haupt verherrlicht; wir, die Glieder, des Leibes werden folgen.

Diese untrennbare Verbindung zwischen Christi Auferstehung und unserer Auferstehung erklärt Paulus mit zwei Bildern und Vergleichen, dem Bild von der *Erstlingsgabe* und dem *Angeld*: „Christus ist von den Toten auferweckt worden als der Erste, die Erstlingsgabe der Entschlafenen" (1 Kor 15,20). Das Bild von der Erstlingsgabe ist dem Bereich der Landwirtschaft entnommen. Wenn bei der Einbringung der Ernte die erste Garbe Gott geopfert und geweiht wird, so betrifft dieser Vorgang die ganze Ernte. Wenn das erstgeworfene Tier einer Herde Gott geopfert wird, so bezieht sich dieses Opfer auf die ganze Herde.

Wenn also Christus als Erstlingsgabe auferweckt wurde, so steht hinter dem Bild die Heilszusage, daß alle zu ihm Gehörenden einmal auferweckt werden. So ist Christus „der Erstgeborene unter vielen Brüdern" (Röm 8,29), „der Erstgeborene der Toten" (Kol 1,18).

Das Wort *Angeld* bezeichnet in der Kaufmannssprache die rechtsverbindliche Vertragsanzahlung. Wer das Angeld gibt, verpflichtet sich, die ganze Summe zu begleichen. Wenn uns Gott in Christus das Angeld des Geistes gegeben hat (2 Kor 1,22; 5,5), dann haben wir die begründete Hoffnung, daß er uns bei der Parusie des Herrn die Fülle des Geistes und Heiles schenken wird, in der die Ausstattung mit dem geistgewirkten Auferstehungsleib eingeschlossen ist: „Wenn der Geist dessen in euch wohnt, der Jesus von den Toten auferweckt hat, dann wird er, der Christus Jesus von den Toten auferweckt hat, auch euren sterblichen Leib lebendig machen, durch seinen Geist, der in euch wohnt" (Röm 8,11). „Wir wissen, daß der, welcher Jesus, den Herrn, auferweckt hat, auch uns mit Jesus auferwecken und uns zusammen mit euch (vor sein Angesicht) stellen wird." (2 Kor 4,14)

Paulus stellt nicht nur allgemein eine Verbindung zwischen Christi Auferstehung und unserer Auferstehung her; er versteht zudem die Auferstehung Christi als Ursache unserer künftigen Auferstehung. Dieser Zusammenhang wird in verschiedenen Wendungen ausgedrückt, wie etwa: „Wir werden durch sein Leben gerettet" (Röm 5,10); „wir werden mit ihm leben" (Röm 6,8); „wir werden mit ihm verherrlicht werden" (Röm 8,17).

9.2.3.3 Der Auferstehungsleib

Die entscheidene Frage der korinthischen Gegner an Paulus lautet: „Wie werden die Toten auferweckt, was für einen Leib werden sie haben?" (1 Kor 15,35). Wird nicht durch die Tatsache, daß der Leib verwest, eine Auferstehung unmöglich gemacht? Paulus geht es bei seiner Argumentation nicht so sehr um den Nachweis, daß eine Auferstehung der Toten überhaupt möglich ist, sondern um die Erklärung, wie diese leibliche Auferstehung geschehen kann, wie die Auferstehung den begrabenen und vielleicht schon verwesten Leib umgreifen kann und muß.

Der Apostel ist sich dessen bewußt, daß nur eine Beschreibung des irdischen Leibes möglich ist. Durch verschiedene Bilder und Vergleiche versucht er aber, die Verschiedenheit des irdischen Leibes und des Auferstehungsleibes und die völlige Andersartigkeit des Auferstehungsleibes zu erklären. Dabei setzt er als selbstverständlich voraus, daß die neue Leiblichkeit ihren Grund in der Schöpfermacht Gottes hat, deren Wirken für uns ein Geheimnis bleibt und damit eigentlich auch nicht mehr erklärt werden kann.

Das erste Bild ist *das Säen* des „nackten Samenkorns" *und das Ernten* der aus dem Samenkorn hervorgegangenen Pflanze: „Was Du säst, wird nicht lebendig, wenn es nicht stirbt. Und was Du säst, hat noch nicht die Gestalt, die entstehen wird; es ist nur ein nacktes Samenkorn, zum Beispiel ein Weizenkorn oder ein anderes. Gott gibt ihm die Gestalt, die er vorgesehen hat, jedem Samen eine andere" (1 Kor 15,36-38). „Was gesät wird, ist verweslich, was auferweckt wird, ist unverweslich. Was gesät wird, ist armselig, was auferweckt wird, ist herrlich. Was gesät wird, ist schwach, was auferweckt wird, ist stark. Gesät wird ein irdischer Leib, auferweckt ein überirdischer Leib. Wenn es einen irdischen Leib gibt, so gibt es auch einen überirdischen" (1 Kor 15,42-44).

So wie Gott in seiner Macht aus dem unscheinbaren Samenkorn eine herrliche Pflanze hervorbringen kann und dieser Pflanze eine bestimmte Gestalt gibt, so kann Gottes Macht auch aus dem Leib, der ins Grab gelegt wird und der Verwesung anheim fällt, einen neuen Herrlichkeitsleib hervorbringen.

Paulus versteht diesen Vorgang aber nicht als völlige Vernichtung (*annihilatio*) und totale Neuschöpfung (*creatio ex nihilo*), aber auch nicht als einfache Wiederbelebung des Leichnams, sondern als „Erlösung unseres Leibes" (Röm 8,23), nämlich als Befreiung von der „Knechtschaft der Vergänglichkeit" (Röm 8,21).

Die vom Apostel gewählte Analogie kann nicht konsequent durchgeführt werden. Den Unterschied zwischen dem „nackten Samenkorn" und dem, was durch den Reifungsprozeß hervorgeht, kennt der Mensch aus der Naturbeobachtung. Für den Unterschied zwischen dem Todesleib des Menschen und seinem Auferstehungsleib hingegen fehlt uns die Erfahrung und Anschauung.

Wenn Paulus verschiedene Gegensätze nennt (wie vergänglich und unvergänglich – Unehre und Glanz – Schwachheit und Kraft – natürlicher Leib und geistiger Leib), so kommt es ihm nicht auf eine adäquate Beschreibung des Auferstehungsleibes an, sondern auf die Betonung der völligen Andersartigkeit dieses Leibes, verglichen mit dem menschlichen Todesleib unserer Erfahrung.

Die Frage, ob sich Paulus bereits mit dem *Problem der Identität* des irdischen Leibes und des Auferstehungsleibes befaßt hat, wie das in der kirchlichen Tradition eingehend geschehen ist, wird von den Exegeten verschieden beantwortet. Sicher ist, daß sich der Apostel der in Teilen des Judentums vorliegenden Auffassung, der Auferstehungsleib sei mit dem irdischen Leib voll identisch, die Auferstehungswelt sei eine einfache Fortsetzung der irdischen Welt, entschieden entgegenstellt. Wenn er davon spricht, daß das Vergängliche mit Unvergänglichkeit, das Sterbliche mit Unsterblichkeit überkleidet wird (1 Kor 15,53-54), daß wir mit einem himmlischen Haus überkleidet werden (2 Kor 5,1 f), so wird man nicht ohne weiteres behaupten können, daß zwischen dem irdischen Leib und dem völlig anders gestalteten Auferstehungsleib keinerlei Kontinuität bestehe.

Unter Berücksichtigung der „Christozentrik" der paulinischen Lehre über die Auferstehung der Toten wird man sagen können: Mit Blick auf den verklärten Herrn, dem unser Auferstehungsleib gleichgestaltet wird, „gewann der Apostel seine Überzeugungen, die sowohl die jüdische Anschauung von der ‚Selbigkeit' des Auferstehungsleibes und des irdischen Leibes radikal transzendieren, wie auch die griechische Idee einer für immer leibfreien Unsterblichkeit der Seele, obwohl der Apostel einen ‚Zwischenzustand', das heißt ein vorläufiges Beisammensein der im Glauben Verstorbenen mit Christus kennt."[88]

9.3 Die kirchliche Tradition

9.3.1 Die Auferstehung der Toten im allgemeinen

Der Glaube an die Auferstehung der Toten wird in der gesamten kirchlichen Tradition als *die* eigentliche christliche Hoffnung dargestellt und gegen alle leibfeindlichen Tendenzen, vor allem gegen die Doketen, Gnostiker, Manichäer, Waldenser und Katharer verteidigt. Dabei spielen sowohl die anthropologischen wie die christologischen Argumente eine Rolle. Weil der Mensch auf dem Hintergrund der Schöpfungsidee des Alten Testamentes auch nach der Übernahme der griechischen Seelenlehre als Ganzheit gesehen wird, ist der ganze Mensch des Heiles fähig und bedürftig. In Christus, dem menschgewordenen Gottessohn, dem leibhaftig von den Toten Auferstandenen, ist das Heil in exemplarischer Weise vorgezeichnet und in Aussicht gestellt.

Unter den Apologeten verteidigt *Athenagoras* in seiner Monographie „Über die Auferstehung der Toten" unter verschiedenen Rücksichten die Auferstehung der Toten. Zuerst wird die Möglichkeit der Auferstehung aus der Allmacht Gottes gezeigt. Angemessen und notwendig ist sie, weil der Mensch als vernünftiges Wesen zur ewigen Dauer bestimmt ist und der Leib zur Natur des Menschen gehört und an der jenseitigen Vergeltung Anteil erhält. Schließlich ist der Mensch zur Glückseligkeit bestimmt, die auf Erden nicht gefunden werden kann.

[88] F. Mußner, Die Auferstehung Jesu, 118.

Irenäus, der entschiedene Kämpfer gegen die Gnosis, weist darauf hin, daß das Wort Gottes nie Fleisch geworden wäre, wenn das Fleisch nicht der Erlösung fähig wäre. Das Fleisch ist es, um dessen Willen der Sohn Gottes die ganze Heilsordnung ausführte. Christi Auferstehung bildet den Auftakt der allgemeinen Auferstehung und wird so zum Inbegriff des Heiles und der Erlösung.

Tertullian betont gegen alle spiritualistischen Tendenzen: *caro salutis est cardo* (das Fleisch ist der Angelpunkt des Heiles). Die Auferstehung ist das Kernstück der christlichen Hoffnung:*Fiducia christianorum resurrectio mortuorum*[89] (das Vertrauen der Christen ist die Auferstehung der Toten).

Für *Augustinus* ist die Auferstehung der Toten am Jüngsten Tag, der „kennzeichnende Glaube der Christen"[90], das alles überragende Ereignis, das den Scheidepunkt zwischen Zeit und Ewigkeit bildet und die völlige Umwandlung der materiellen Welt, das Ende der Geschichte und den Anfang des ewigen Sabbats einschließt.

In der mittelalterlichen *Scholastik* werden die Gedanken der Väter übernommen und spekulativ weiter entfaltet. Weil die Auferstehung Christi und unsere Auferstehung zusammengehören, ist die Auferstehung der Toten kein natürliches, sondern ein wunderbares Ereignis. Christi Auferstehung ist die Ursache oder wenigstens die Möglichkeitsbedingung unserer Auferstehung. Erst in der Auferstehung der Toten findet die Erlösungstat Christi ihre erfüllende Vollendung.

Für die Auferstehung der Toten wird ein umfassender Schriftbeweis geführt, der unsere heutige Exegese einschließt, aber auch darüber hinausgeht. An einzelnen Stellen werden unter anderem angeführt: Job 14,7; 19,25; Ez 37,5; Dan 12,1-2; Jes 26,19; 40,5; 2 Makk 7,9; 12,43; Mt 22,29-32; Lk 3,6; Joh 6,54; 1 Kor 15,19 f, 51; 2 Kor 4,14; 1 Thess 4,13. In der *Kontroverstheologie* der tridentinischen Zeit, in der Auseinandersetzung mit den Lehren der Reformatoren und in der nachtridentinischen Theologie ist die Lehre von der Auferstehung der Toten kein Thema, das die christlichen Schulen und Konfessionen trennt.

9.3.2 Der Auferstehungsleib im besonderen

Die Bedeutsamkeit der Auferstehung der Toten wird in der gesamten kirchlichen Tradition bis in unsere Zeit sichtbar in der Spekulation über das Verhältnis zwischen dem irdischen Leib und dem Leib der Auferstehung. Hier werden fast einhellig Ansichten vertreten, die der heutige Mensch aus verschiedenen Gründen nicht mehr nachvollziehen kann.

In der Theologie des Ostens[91] hat vor allem die Lehre des *Origenes* eine große Bedeutung erlangt. Für den Anhänger der platonischen Tradition ist es selbstverständlich, daß das Kontinuitätsprinzip zwischen dem gegenwärtigen und dem zukünftigen Leib nur die Seele sein kann, die das ganze Leben hindurch als „in-

---

[89] Resurr. 1; CSEL 47,25.

[90] Serm. 241,1

[91] Vgl. B. Daley u.a, Eschatologie in der Schrift und Patristik (HDG IV, 7a), Freiburg – Basel – Wien 1986, 122 f.

newohnendes Einheitsprinzip" fungiert. Unsere neue Form der körperlichen Existenz wird bei der Auferstehung ein „geistiger Leib", eine Verklärung des gegenwärtigen materiellen Leibes sein, der sich in der Gestalt von seinem jetzigen Leib völlig unterscheiden wird. Origenes leugnet energisch die Behauptung des *Celsus*, daß die Christen lediglich die Wiederherstellung ihres gegenwärtigen materiellen Leibes erwarten. In der Schule des Origenes entsteht dann die Lehre, der Auferstehungsleib werde ein Idealkörper sein, der die Gestalt einer Kugel haben wird.

Gregor von Nyssa[92] meint, der Auferstehungsleib werde mit dem irdischen Leib identisch und als solcher erkennbar, aber dennoch in seinem geistigen Gefüge „subtil und ätherisch" sein und eine „hellere und bezaubernde Schönheit" besitzen. *Hieronymus* betont anfangs die Lehre von der Geschlechtslosigkeit des Auferstehungsleibes. Nach seiner „Bekehrung" vom Origenismus sagt er, daß der auferstandene Leib in allen Organen und Gliedern derselbe sein wird, wie der jetzige Leib.

Auch nach *Augustinus* werden „die Heiligen bei der Auferstehung dieselben Körper besitzen, in denen sie sich auf Erden abgemüht haben."[93] Es gehört wesentlich zum christlichen Glauben, „daß dieses sichtbare Fleisch auferstehen wird."[94] In Anlehnung an 1 Kor 15 betont Augustinus jedoch mehrere Male, daß der auferstandene Leib ein „geistiger" Leib sein wird, der unverweslich ist. Augustinus versteht aber die Auferstehung im wörtlichen Sinne einer Wiederzusammensetzung aller Teile der Materie, aus denen ursprünglich jeder Mensch zusammengesetzt war.

In der *scholastischen Theologie* des Mittelalters werden diese Ansichten übernommen und zugleich in einigen Punkten modifiziert. In der Frühscholastik tritt *Hugo von St. Viktor* entschieden für die Identität des Auferstehungsleibes mit dem irdischen Leib ein, weil man nur unter dieser Voraussetzung von einer Auferstehung des Fleisches sprechen kann.

Im Anschluß an Augustinus meint *Albert d. Gr.*, daß es nach dem katholischen Glauben sicherer sei, daß eine Auferstehung in numerisch demselben Fleisch, in welchem wir jetzt leben, erfolgen wird, und daß jeder in diesem Leib belohnt oder bestraft wird. Nach *Thomas von Aquin* ist die vernünftige Seele die einzige substantielle Form des Menschen. In der Auferstehung werden daher numerisch derselbe Leib und dieselbe Seele miteinander verbunden sein, damit dasselbe Menschsein erhalten bleibt. Auferstehen wird der Leib mit all seinen Gliedern, weil der Mensch nicht vollkommen ist, wenn nicht alles, was in der Seele implizit enthalten ist, nach außen im Leib entfaltet wird. Thomas fügt aber hinzu, daß es im menschlichen Leib keine Materie gibt, die notwendig durch das ganze Leben hindurch zurückbliebe.

Von der Materie wird auferstehen, was der artgemäßen Ganzheit des Menschen entspricht. Ein jeder wird seine eigene vollkommene Statur erhalten. Weil die Identität zwischen dem irdischen Leib und dem Auferstehungsleib primär in der „formenden Geistseele" gesehen wird, ist das Ziel der Auferstehung auch dann er-

---

[92] Vgl. a.a.O. 154 f.
[93] Civ. 13,19.
[94] Fid. et symb. 10,23.

reicht, wenn die frühere leibliche Materie nicht mehr als ganze in die Auferstehung aufgenommen wird. Die Geistseele garantiert die Identität zwischen dem irdischen Leib und dem auferstandenen Leib, ein Gedanke der sich vor allem im Anschluß an Durandus de San Porciano durchsetzt.

In der tridentinischen *Kontroverstheologie*, in der Auseinandersetzung mit der *Theologie der Reformatoren* und in der *nachtridentinischen Scholastik* werden in der Frage nach der Identität des irdischen Leibes mit dem Auferstehungsleib kaum neue Gesichtspunkte eingebracht. So vertritt z.B. *Calvin* die Lehre, daß wir mit dem Leibe auferstehen, den wir jetzt tragen, weil auch Christus wieder den Leib bekam, den er zuvor hatte.

Für den Menschen von heute, der von den Erkenntnissen der Naturwissenschaft geprägt ist, ist es selbstverständlich, daß unser irdischer Leib hinsichtlich seiner Stofflichkeit einem ständigen Wechsel unterworfen ist, daß bereits die Identität des irdischen Leibes nur durch die menschliche Person gegeben ist, die diesen Leib besitzt bzw. dieser Leib ist. Auferstehung des Fleisches heißt somit, daß wir einmal bei Gott mit unserer ganzen Lebensgeschichte ankommen werden.

9.3.3 Die kirchlichen Lehrentscheidungen

Die kirchlichen Lehrentscheidungen sind ein deutlicher Spiegel der theologischen Entwicklung über die Auferstehung der Toten. In den großen Glaubensbekenntnissen kommt zunächst nur der Glaube an die Auferstehung der Toten zum Ausdruck. Im *Symbolum Apostolicum* wird der Glaube an die Auferstehung des Fleisches (*carnis resurrectio*; DH 10) bekannt, im *Symbolum Nicaeno-Constantinopolitanum* begegnet der Ausdruck Auferstehung der Toten (*resurrectio mortuorum* DH 150).

In den weiteren Glaubenssymbolen ist ausdrücklich vom Auferstehungsleib die Rede. So heißt es im *Symbolum Ps.-Athanasianum*, daß die Menschen mit ihren Körpern (cum corporibus suis) auferstehen werden (DH 76). Die *Fides Damasi* erweitert dieses Bekenntnis: „Wir glauben, daß wir am Jüngsten Tag auferweckt werden in dem Fleisch, in dem wir jetzt leben (*in carne, qua nunc vivimus*; DH 72). Nach den *Statuta ecclesiae antiqua* muß der zu weihende Bischof gefragt werden, ob er an die Auferstehung des Fleisches, in dem wir jetzt leben, keines anderen, glaube (DH 325). Das *XI. Konzil von Toledo* (675) formuliert: „Nicht in einem anderen Fleisch werden wir auferstehen, sondern in dem Fleisch, in dem wir leben, bestehen und uns bewegen" (DH 540). Papst *Leo IX.* fordert in einem Bekenntnis aus dem Jahre 1053 den Glauben an die Auferstehung desselben Fleisches, das ich jetzt trage (*resurrectio eiusdem carnis, quam nunc gesto*; DH 684). Der gleiche Ausdruck begegnet auf dem *IV. Laterankonzil* (1215) in einem Bekenntnis, das sich gegen die Katharer richtet (DH 801).

Es versteht sich von selbst, daß man bei den zuletzt genannten Lehrentscheidungen der Kirche unterscheiden muß zwischen dem Glauben an die leibhaftige Auferstehung und der konkreten Formulierung dieses Glaubens in der Sprache der Theologie einer bestimmten Zeit, ein Grundsatz, der auch für das Verständnis anderer Dogmen gilt.

10. Das Weltgericht (Allgemeines Gericht)

Unter Weltgericht versteht man *das mit der Parusie und der Auferstehung der Toten verbundene abschließende Urteil Gottes, das über das endgültige Heil oder Unheil des einzelnen Menschen und der gesamten Menschheit entscheidet*. Über die Unterscheidung zwischen dem individuellen Gericht und dem allgemeinen Gericht und das Verhältnis der beiden Gerichte zueinander wurde bereits gesprochen (vgl. oben 5.1).

10.1 Die Gerichtsvorstellung im allgemeinen

Die in der Hl. Schrift auf breiter Ebene vorhandene Gerichtsvorstellung hat verschiedene theologische Grundlagen. Sie geht aus von der *Heiligkeit Gottes*, die nicht so sehr eine Eigenschaft unter anderen ist, sondern das Wesen Gottes selbst zum Ausdruck bringt. Wie die sittlichen und rechtlichen Normen im Volke Israel im einzelnen auch immer entstanden sind, sie werden ganz selbstverständlich theonom verstanden und im heiligen Gott verankert, in dem Sittlichkeit und Recht ihre letzte Grundlage haben. Das Versagen des Menschen wird nicht als eine Übertretung in sich ruhender autonomer Normen, sondern als Ungehorsam und Übertretung des göttlichen Gebotes gedeutet, wie die Erzählung von der Versuchung und dem Sündenfall (Gen 3,1 f) in einer ätiologischen Reflexion zum Ausdruck bringt.

Dieses Verständnis der Sünde als Schuld vor Gott setzt voraus, daß der Mensch *gegenüber Gott verantwortlich* ist, ein Gedanke, der vor allem dort ausgesagt ist, wo die geistige Seite des Menschen mit dem Wort „Herz" bezeichnet wird. In seinem Herzen, in der Mitte seiner Persönlichkeit, muß der Mensch auf das Wort Gottes Antwort geben. Das Gute und das Böse kommt aus dem Herzen des Menschen (Mk 7,6.17 f). Das Gesetz Gottes ist in das Herz des Menschen geschrieben (Röm 2,15).

Weil Gott mit dem von ihm erwählten Volk den *Bund* geschlossen hat, wird der Dekalog zum Bundesgesetz, zu dessen Einhaltung das Volk aufgrund der Bundestreue verpflichtet ist. Sünde ist damit *Bundesbruch* oder, wenn das Verhältnis Gottes zu seinem Volk unter dem Bild der Ehe erscheint, Ehebruch.

Bei allen Gerichtstexten der Hl. Schrift muß zudem die anthropomorphe Aussageweise und der analoge Charakter des Wortes „Gericht" beachtet werden, insofern Gericht in der Hl. Schrift nicht nur die Verurteilung des vor Gott schuldig gewordenen Menschen, sondern vor allem auch die Gnade und Barmherzigkeit Gottes zum Ausdruck bringt.

10.2 Das Alte Testament

Die alttestamentlichen Gerichtsaussagen lassen verschiedene Aspekte des Gerichtes erkennen, sind aber durch den richtenden Gott zu einer Einheit verbunden.

10.2.1 Heilsgeschichte und Gericht

Der Gott des Alten Bundes ist ein Schöpfergott und ein Herr-Gott. Er hat die Welt und die Menschheit nicht nur durch einen Schöpfungsakt hervorgebracht, er wirkt ständig in der Welt und in der Geschichte der Menschen. Weil im gesamten orientalischen Denken Herrschen und Richten zusammengehören, durchzieht die Vorstellung vom richtenden Gott das ganze Alte Testament. Die Geschichte des Volkes Israel ist die von Gott veranstaltete Heilsgeschichte, die das Gericht in seinen verschiedenen Dimensionen einschließt. Daß Gott richtend, vergeltend und heilschaffend in die Geschichte eingreift, wird an vielen Stellen des Alten Testamentes ausgesagt. Besonders deutlich wird das in der Gerichtspredigt der Propheten sichtbar. Während bis zum Exil Jahwe weitgehend als Volksgott im Sinne des Henotheismus begegnet, bricht nach dem Exil ein strenger Monotheismus durch mit der Erkenntnis, daß der einzige Gott der Herr und Richter aller Menschen ist.

10.2.2 Das Endgericht

Neben den durch die Geschichte sich hinziehenden Gerichten erkennt Israel seit früher Zeit auch den Gedanken an ein Endgericht, das sich am „Tag Jahwes“ ereignen wird. Es ist ein Weltgericht, das am Ende dieser Weltzeit steht und ihr Ende bedeutet und bewirkt. An ihm werden die gottfeindlichen Weltmächte (Dan 7,9-12) und die Völker, die Gott nicht gedient haben, bestraft.

Alle Menschen, nicht nur die Israeliten, die Gottlosen ebenso wie die Gerechten, müssen vor den göttlichen Richterstuhl hintreten. Alle Menschen werden nach den in den himmlischen Büchern aufgezeichneten Taten mit absoluter Gerechtigkeit ohne Ansehen der Person gerichtet werden. Es wird keinen Fürsprecher geben und die Möglichkeit einer Umkehr ist vorbei. Nicht nur über die Heidenvölker, sondern auch über das erwählte Volk Israel, das untreu geworden ist, wird sich der Zorn Gottes entladen. Der Zweck des Gerichtes ist ein doppelter: Die Aufrichtung der vollendeten Gottesherrschaft und die Vernichtung aller gottfeindlichen Mächte. Zur strafenden Gerechtigkeit kommt auch die Gnade hinzu, aber nur gegenüber den Frommen. Auf das Urteil, gegen das kein Einspruch möglich ist, folgt sofort die endgültige Vergeltung.

10.2.3 Bilder für das Gericht

Die Gerichtsvorstellung des Alten Testamentes wird durch verschiedene Bilder und Gleichnisse erläutert, die in einer zum Teil modifizierten Gestalt im Neuen

Testament wieder erscheinen. Jahwe nimmt als Richter die Scheidung der Tiere vor und hilft den schwachen Schafen (Ez 34,17-22). Im Bild von der Getreide- und Olivenernte wird Gott verglichen mit dem Schnitter, der alles aberntet und mitnimmt, so daß nur noch eine kleine Nachlese übrigbleibt (Jes 17,5-6). Jahwe tritt die Zorneskelter. Sein Gesicht wird rot wie der Saft der Trauben. Die Trauben, die zerrieben werden, sind die Völker, über die das Gericht Gottes ergeht (Jes 63,1-6). Der Richter über die Feinde Gottes wird zum Retter für sein Volk. Bei Joel 4,13 werden die Bilder von der Getreideernte und dem Keltertreter miteinander verbunden.

Im Bild vom Schmelzofen (Ez 22,18-22) wird geschildert, wie in einem Ofen verschiedene metallhaltige Gesteine durch Feuer gereinigt werden, wobei das reine Metall erhalten bleibt. Das Feuer erscheint als strafendes und reinigendes Feuer, so daß Gottes Gericht als Strafe und Heil verstanden wird. Gott wirkt durch das Gericht hindurch das Heil.

Insgesamt ist für das Gerichtsverständnis des Alten Testamentes entscheidend, daß die Ankündigung des Gerichtes Gottes Bekehrung und Hoffnung wecken und die Dringlichkeit der notwendigen Entscheidung bewirken soll. Der eigentliche Höhepunkt der Gerichtsvorstellung ist die Rettung und das Heil des Volkes. Mit dem Zorne Gottes verbindet sich seine Hirten- und Heilssorge.

10.3 Das Neue Testament

Im Neuen Testament wird die Gerichtsvorstellung des Alten Testamentes übernommen und vom Christusereignis her neu gestaltet. Gemessen an die Gerichtsaussagen des Alten Testamentes, dessen Bilder zum Teil wiederkehren, wird das Gericht im Blick auf die Heilsbotschaft Jesu radikalisiert und ohne Einschränkung universal verstanden.

10.3.1 Die synoptische Tradition

In der synoptischen Tradition ist zu unterscheiden zwischen der Gerichtspredigt Johannes' des Täufers und den Gerichtsworten Jesu im Zusammenhang seiner öffentlichen Lehrtätigkeit. Eine besondere Bedeutung hat im Blick auf das Alte Testament die Schilderung des Jüngsten Gerichtes, die nur Matthäus bietet.

10.3.1.1 Die Gerichtspredigt Johannes' des Täufers

Johannes der Täufer nimmt die Gerichtspredigt der alttestamentlichen Propheten auf und führt sie auf den Höhepunkt. Er kündet nicht irgendein Strafgericht, sondern das endzeitliche und endgültige Gericht an, das Gott durch seinen Messias in Kürze vollziehen wird. Das Endgericht Gottes gewinnt somit unmittelbare Gegenwartsbedeutung. Schon ist „die Axt an die Wurzel der Bäume gelegt. Je der Baum, der keine guten Früchte hervorbringt, wird umgehauen und ins Feuer geworfen“ (Mt 3,10). Der kommende Messias ist der Gerichtsherr Gottes, der „die Schaufel schon in der Hand hält; er wird die Spreu vom Weizen trennen und den Weizen in seine Scheune bringen, die Spreu aber wird er in nie erlöschendem Feuer verbrennen“ (Mt 3,12). Niemand kann sich dem kommenden Gericht entziehen (Mt 3,7-9). Nur wer die Umkehr des Herzens vollzieht und sich durch die Taufe in die Gemeinschaft der Umkehrwilligen aufnehmen läßt, wird im kommenden Gericht bestehen können.

10.3.1.2 Die Gerichtspredigt Jesu

Wie bedeutsam die Gerichtspredigt in der Botschaft Jesu ist, sieht man allein daran, daß sie in allen Phasen seiner Verkündigung begegnet, in der Auseinandersetzung mit den Schriftgelehrten und Pharisäern, in den Himmelreichs- und Wiederkunftsgleichnissen und vor allem in der Bergpredigt, wo mit der neuen Ethik die Radikalisierung des Gerichtes verbunden ist. Dies wird besonders deutlich in den drastischen Worten vom Ausreißen des Auges, vom Abhauen der Hände und Füße. Nur wer alles meidet, was Anlaß zur Sünde sein kann, wird dem Höllenfeuer entgehen (Mt 5,29-30). Tyrus und Sidon wird es im Gericht besser ergehen als den galiläischen Städten, die trotz der geschehenen Wunder die Umkehr verweigert haben (Mt 11,20-24). Die Männer von Ninive werden im Gericht gegen die ungläubige Generation auftreten, die Zeichen fordert, aber nicht zum Glauben bereit ist (Mt 12,38-42). Die sieben Wehe gegen die Schriftgelehrten und Pharisäer (Mt 23,13-33) drohen gerade den maßgeblichen Führern des Volkes ein besonders hartes Gericht an.

Trotz der Schärfe und Unerbittlichkeit der Gerichtsworte Jesu darf nicht übersehen werden, daß die Gerichtspredigt in die Umkehrpredigt und diese wiederum in die Sünderliebe und Heilandssorge eingeordnet ist. Der Höhepunkt der Botschaft Jesu sind nicht die Gerichtsworte, sondern die frohe Botschaft, die im Gleichnis vom verlorenen Schaf, der verlorenen Drachme und vor allem im Gleichnis vom verlorenen Sohn oder besser gesagt vom barmherzigen Vater zum Ausdruck kommt (Lk 15). Alle Gerichtsworte Jesu können verstanden werden als Weckrufe, als Wachmachen für die Entscheidungssituation, die mit der Botschaft Jesu vom Gottesreich verbunden ist.

10.3.1.3 Bilder und Gleichnisse für das Gericht

Die Bilder und Gleichnisse für das Gericht zeigen die christologische Ausrichtung der Gerichtspredigt, insofern die Gerichtsvorstellung mit der hoheitlichen Menschensohnidee bzw. mit dem Parusiechristus verbunden ist. Das Gleichnis vom Unkraut unter dem Weizen (Mt 13,24-30.36-40) bringt zum Ausdruck, daß der Menschensohn am Ende der Zeiten mit Hilfe der Engel die Guten von den Bösen scheiden wird. Den gleichen Gedanken enthält das Gleichnis vom Fischnetz (Mt 13,47-50). Erst wenn das Netz an das Land gezogen ist, können die guten Fische in Körbe gesammelt, die schlechten aber weggeworfen werden. „So wird es am Ende der Welt sein. Die Engel werden kommen und die Bösen von den Gerechten trennen und in den Ofen werfen, in dem das Feuer brennt“ (V. 49-

50). Eine Gerichtsmahnung ist schließlich das Gleichnis vom Mann ohne hochzeitliches Gewand (Mt 22,11-13). Das Hochzeitskleid ist die im Leben verwirklichte Gerechtigkeit und Christusnachfolge, die eine Voraussetzung für die Teilnahme am Hochzeitsmahl darstellt.

Der Höhepunkt der Gerichtsbilder ist die Schilderung des Endgerichtes bei Mt 25,31-46. Das aus dem Alten Testament übernommene Hirtenmotiv, das im Neuen Testament verschiedene Gesichtspunkte des Heilswirkens Jesu zum Ausdruck bringt, wird als Gerichtsmotiv verwandt. Der zur Parusie erscheinende Menschensohn in Herrlichkeit setzt sich auf den Königsthron, um alle Völker und Menschen vor sich zu versammeln und zu richten. Der Maßstab für das Gericht ist die konkrete Nächstenliebe gegenüber den notleidenden Menschen, mit denen sich Christus identifiziert. Wenn von den Werken der Barmherzigkeit die Rede ist, die man den geringsten Brüdern erweisen muß, um im Gerichte bestehen zu können, so ist dabei nicht nur an die Glieder der Gemeinde, sondern an alle notleidenden Menschen zu denken.

Die Botschaft vom kommenden Gericht ist ganz selbstverständlich ein Bestandteil der urchristlichen Verkündigung. Christus ist der von Gott eingesetzte Richter der Lebenden und Toten (Apg 10,42). Gott hat einen Tag festgesetzt, an dem er durch Christus, den er von den Toten auferweckt hat, den Erdkreis richten wird (Apg 17,31).

10.3.2 Die paulinischen Briefe

Die Gerichtspredigt nimmt in der Verkündigung des Apostels Paulus unter verschiedenen Aspekten einen wichtigen Platz ein. Alle Menschen sind Nachkommen des sündigen Adam (Röm 5,12 f). Sie stehen unter dem *Zorn Gottes*, der vom Himmel her geoffenbart wird wider alle Gesetzlosigkeit der Menschen (Röm 1,18). Von Natur aus sind alle Menschen Kinder des Zornes (Eph 2,3). Wer nicht umkehrt, sammelt den Zorn Gottes gegen sich für den „Tag des Zornes", den Tag der Offenbarung von Gottes gerechtem Gericht (Röm 2,5). Alle Menschen müssen vor dem Richterstuhl Gottes offenbar werden, damit jeder seinen Lohn empfängt für das Gute oder das Böse, das er in seinem irdischen Leben getan hat (2 Kor 5,10). Gott wird einem jeden vergelten, wie es seine Taten verdienen (Röm 2,6). Jeder wird ernten, was er im Leben gesät hat (2 Kor 9,6; Gal 6,7-10). Als Richter werden sowohl Gott (Röm 2,2.3.5; 3,6; 14,10) als auch Christus (Röm 2,16; 1 Kor 4,4; 2 Kor 5,10) genannt.

Neben den Aussagen über das drohende Gericht begegnen aber bei Paulus auch Texte, die eine *optimistische Beurteilung* des Endgeschickes der Christen zum Ausdruck bringen, und für sich genommen den Eindruck erwecken, als wären die Christen dem kommenden Gericht bereits enthoben. Sie erwarten den Sohn Gottes vom Himmel her, der sie dem kommenden Gericht entreißt (1 Thess 1,10). Weil sie durch das Blut Christi gerecht gemacht sind, werden sie erst recht vor dem Gerichte Gottes gerettet werden (Röm 5,9). Sie erwarten die erhoffte Gerechtigkeit kraft des Geistes und aufgrund des Glaubens (Gal 5,5). Sie sind in der Taufe mit Christus gestorben (Röm 6,2 f) und besitzen im Hl. Geist „das Angeld des Erbes" (Eph 1,14; 2 Kor 1,22; 5,5). Für sie gibt es keine Verurteilung mehr (Röm 8,1). Sie haben als Auserwählte keinen Ankläger beim Gericht zu fürchten (Röm 8,31 f).

Man würde aber insgesamt die Intention des Apostels verfehlen, wenn man einen Ausgleich dieser verschiedenen Texte herbeiführen und die in den paulinischen Briefen vorliegende Spannung beseitigen würde.

Mit großem Ernst begegnet das Wort vom Gericht im *Hebräerbrief*: „Schrecklich ist es in die Hände des lebendigen Gottes zu fallen" (10,31), „dem wir Rechenschaft schulden" (4,13). Mit Berufung auf das Gericht warnt der Verfasser des Briefes vor einem Rückfall in das frühere Leben (10,19-31).

10.3.3 Die Katholischen Briefe

Auch in den katholischen Briefen spielt der Gerichtsgedanke eine große Rolle. In der Paränese des *Jakobusbriefes* wird jenen, die keine Barmherzigkeit gezeigt haben, ein Gericht ohne Erbarmen angedroht. Nur die Barmherzigkeit triumphiert über das Gericht (2,13). Sinngemäß wird vor allem die Reichen, die den Arbeitern den Lohn vorenthalten, ein üppiges und ausschweifendes Leben geführt und den Gerechten verurteilt haben, das Gericht treffen (5,1-6). Die Lehrer in der Kirche, denen eine besondere Verantwortung übertragen ist, werden strenger gerichtet werden als die übrigen Christen (3,1).

Ähnliche Gedanken begegnen in den *beiden Petrusbriefen*. Die Christen sollen voll Freude sein, auch wenn sie kurze Zeit mancherlei Prüfungen erdulden müssen. Dadurch soll sich der Glaube bewähren, und es wird sich zeigen, daß er wertvoller ist als Gold, das im Feuer geprüft wurde und doch vergänglich ist. Dem Glauben der Christen aber wird bei der Offenbarung Christi die Herrlichkeit und Ehre zuteil, wenn sie das Ziel ihres Glaubens erreicht haben (1 Petr 1,6 f). Die Sünder aber werden Rechenschaft ablegen müssen vor dem, der schon bereitsteht, um die Lebenden und die Toten zu richten (4,5). Der jetzige Himmel und die jetzige Erde werden aufbewahrt bis zum Tag des Gerichtes, an dem die Gottlosen zugrunde gehen (2 Petr 3,7).

10.3.4 Das Johannesevangelium und die Offenbarung des Johannes

Im *Johannesevangelium* begegnen die Gerichtsaussagen unter einem doppelten Aspekt. Der präsentischen Eschatologie entsprechend ereignet sich das Gericht in der Begegnung mit der Botschaft Jesu. Der Vater hat das Gericht dem Sohn übertragen (Joh 5,22.27). Wer Jesu Worte gläubig aufnimmt, hat das ewige Leben. Er kommt nicht in das Gericht; er ist bereits aus dem Tod in das Leben hinübergegangen (Joh 5,24; 1 Joh 3,14). Wer nicht glaubt, ist schon gerichtet (Joh 3,18). An Jesus, dem Licht der Welt, müssen sich die Menschen entscheiden. Durch Jesus wird das Gericht über die Welt vollzogen (Joh 12,31).

Neben dieser präsentischen Gerichtsvorstellung begegnet im vierten Evangelium auch der Gedanke vom Gericht, das mit der Auferstehung der Toten verbunden ist. „Die Stunde kommt, in der alle die in den Gräbern sind, seine Stimme hören und herauskommen werden: Die das Gute getan haben, werden zum Leben auferstehen, die das Böse getan haben zum Gericht" (Joh 5, 28-29).

In der *Offenbarung des Johannes* wird das Gericht durch die Bilder von der Ernte, der Zorneskelter (14,14-20) und dem Aufschlagen der beiden Bücher (20,11-15) geschildert. Wer nicht im Buch des Lebens verzeichnet ist, wird in den Feuersee geworfen.

10.4 Die kirchliche Tradition

10.4.1 Die Entwicklung im allgemeinen

In der kirchlichen Tradition wird die Lehre vom Endgericht von Anfang an gelehrt und gegen alle Einwände verteidigt. Nach dem Entstehen der Lehre vom persönlichen Gericht nach dem Tod fließen die Vorstellungen der beiden Gerichte ineinander. Insgesamt ist aber das mit der Parusie verbundene Endgericht deutlicher bezeugt. Das letzte Gericht wird ein allgemeines Gericht genannt, nicht nur weil *alle Menschen* gerichtet werden, sondern auch, weil es den *ganzen Menschen* mit Leib und Seele betrifft.

Gelegentlich werden bereits in der Väterzeit Aussagen über die Teilhabe an der Richterfunktion Christi gemacht. So hebt z.B. *Cyprian* die aktive Teilhabe der Martyrer am Gericht hervor. *Augustinus* deutet bei der Erklärung von Offb 20,12 (das Aufschlagen der Bücher) das Letzte Gericht bildlich, insofern sich alles in einem Augenblick vollzieht und jedem einzelnen Menschen durch göttliche Erleuchtung die Taten des ganzen Lebens vor Augen treten.

In der *Scholastik* werden viele spekulative Einzelfragen erörtert, so etwa die Angemessenheit des Gerichtes, das Verhältnis von Einzelgericht und Endgericht, die Gestalt Christi des Richters, die Art und Weise der richterlichen Gewalt Christi, die Beisitzer beim Gericht, die Art und Weise des Gerichtsverfahrens, der Ort und die Zeit des Endgerichtes.

Auch in der Zeit der *Reformation* wird das Verhältnis vom besonderen Gericht und Endgericht erörtert. Der Rechtfertigungslehre entsprechend wird dann das Verhältnis von Glaube, Werke und Gericht betont. So ist nach *Luther* der grundlegende Maßstab für das Gericht der Glaube, der über Heil und Unheil des Menschen entscheidet. Nur der Glaubende erhält das ewige Leben, der Ungläubige hingegen wird im Gericht verurteilt. Trotz dieser entscheidenden Bedeutung des Glaubens gibt es ein Gericht nach den Werken, weil die Werke der Liebe die innerlich notwendige Frucht des Glaubens sind. Die Werke der Liebe offenbaren die Echtheit des Glaubens. Durch die guten Werke wird zwar die ewige Seligkeit nicht verdient; dennoch haben sie Geltung vor Gott, weil nach Mt 25,40 jedes gute Werk als ihm erwiesen anerkannt wird.

10.4.2 Die kirchlichen Lehrentscheidungen

Die Lehre vom Endgericht begegnet in allen *Glaubensbekenntnissen*, die im Zusammenhang der Parusie Christi davon sprechen, daß Christus kommen wird, um die Lebenden und die Toten zu richten (DH 10, 150). Das Symbolum Ps. Athanasianum fügt hinzu, daß bei der Parusie Christi alle Menschen in ihren Körpern auferstehen werden, um Rechenschaft über ihre eigenen Taten abzulegen. Die Gutes getan haben, werden in das ewige Leben, die Böses getan haben, in das ewige Feuer eingehen (DH 76). Ähnliche Formulierungen begegnen auf dem *II. Konzil von Lyon* (1274; DH 859) und in der Konstitution „*Benedictus Deus*" des Papstes Benedikt XII. aus dem Jahre 1336 (DH 1002).

11. Die Hölle als Existenzweise der ewigen Gottesferne

11.1 Zur Problemlage

Unter Hölle versteht die Theologie im Anschluß an die kirchliche Tradition *die Existenzweise des ewigen Unheiles, das von Gott allen Menschen angedroht wird, die im Zustand der schweren Sünde sterben*. „Hölle" ist in diesem Verständnis ebenso wie „Himmel" ein theologischer Fachausdruck, der sich nicht ohne weiteres mit den entsprechenden Aussagen der Hl. Schrift, von denen im folgenden die Rede sein wird, in Einklang bringen läßt. Im heutigen Verständnis wird die Hölle sowohl auf den Zustand der Seele des Menschen nach dem Tod, wie auf den von den Toten auferstandenen Menschen bezogen. Die Hölle ist zudem der Strafort für die Menschen und die Dämonen. Die Hl. Schrift spricht hier differenzierter. Nach dem Zeugnis des Neuen Testamentes ist die Hölle zwar präexistent (Mt 25,41), sie tritt aber erst nach der Auferstehung der Toten in Erscheinung. Daß sowohl die orthodoxen Kirchen, wie auch die Kirchen aus der Zeit der Reformation zwischen vorläufigen und endgültigen Straforten unterscheiden, wurde schon mehrfach dargelegt.

11.2 Das Zeugnis der Hl. Schrift

11.2.1 Die vorläufigen Straforte

Als Ort der vorläufigen Strafe wird im Frühjudentum die *Scheol* bezeichnet. Während Scheol im Alten Testament zunächst einfach ein Ausdruck für den Tod ist, und in ihr die Verstorbenen unterschiedslos nebeneinander in einer sehr geminderten Existenz leben, wird sie später in zwei Räume gegliedert verstanden, in denen Lohn und Strafe erteilt werden (vgl. Lk 16,19-31). Daneben begegnet die Vorstellung, daß die Gerechten in das Paradies eingehen (vgl. Lk 23,43), so daß die Scheol zum Ort der vorläufigen Strafe wird, und man von der „Scheol der Verdammnis" sprechen kann (vgl. oben 4.22).

Im Anschluß an frühjüdische Vorstellungen wird im Neuen Testament der *Abyssus* (Abgrund; Offb 9,1 f; 11,7; 20,1 f) oder der Tartarus (2 Petr 2,4) als der vorläufige Strafort der Dämonen und abgefallenen Geister bezeichnet. Auch der Antichrist, dargestellt als Tier aus dem Meer, steigt aus dem Abyssus auf (Offb 11,7; 17,8). Erst nach dem Endgericht werden die bösen Geister in die Feuerhölle oder in den Feuersee geworfen.

11.2.2 Die endgültigen Straforte

11.2.2.1 Die synoptische Tradition

Bei den Synoptikern begegnet der Ausdruck *Gehenna*, den wir in der Regel mit *Feuerhölle* übersetzen. Gehenna ist eine Gräzisierung von *Gehinnom* (Tal Hinnom), das eine Talschlucht südlich von Jerusalem bezeichnet, in der unter den Königen Achaz und Manasse Kinder als Opfer verbrannt wurden (vgl. 2 Chr 28,3; 33,6). Wegen dieser Greueltaten wurden von den Propheten über dieses Tal Gerichtsdrohungen ausgesprochen (Jer 7,32; 19,6; Jes 66,24). Aus diesem Grund hat man seit dem zweiten vorchristlichen Jahrhundert angenommen, daß sich in diesem Tal die Feuerhölle öffnen wird.

Noch in der vorchristlichen Zeit wird der Ausdruck *Gehenna* auf die endzeitliche Feuerhölle übertragen. Diese Stufe der Entwicklung wird im Neuen Testament vorausgesetzt, so daß klar zwischen der Scheol und der Gehenna unterschieden wird. An keiner Stelle des Neuen Testamentes wird die Gehenna als Strafort unmittelbar nach dem Tod genannt.

Bei der Beschreibung der Gehenna spielt das *Feuer* eine wichtige Rolle, das ausdrücklich als Straffeuer verstanden wird (Mt 3,12; 5,22; 13,42.50; 18,8 f par). Dieses Feuer der Hölle ist unauslöschlich (Mt 3,12) oder ewig (Mt 18,8; 25,41). Wegen des Feuers begegnet auch der Ausdruck Feuerofen (Mt 13,42.50).

Die Qualen der Hölle werden unter anderem verglichen mit dem Heulen und Zähneknirschen (Mt 8,12; 13,42.50; 22,13; 24,51; 25,30; Lk 13,28) oder dem Wurm, der nicht stirbt (Mk 9,48). Wenn die Hölle als äußerste Finsternis beschrieben wird (Mt 8,12; 22,13; 25,30), so steht sie im Gegensatz zum hell erleuchteten Festsaal, in dem die Geretteten versammelt sind.

11.2.2.2 Die Offenbarung des Johannes

In der Offenbarung des Johannes begegnet das Bild vom *Feuer- und Schwefelsee*. Während sonst der See mit Wasser gefüllt ist, wird in diesem Bild an einen mit Feuer gefüllten See gedacht, der durch Schwefel dauernd in Brand gehalten wird. Im Hintergrund steht wahrscheinlich der alttestamentliche Bericht über die Zerstörung von Sodom und Gomorra, über die Gott zur Strafe für die Sünden Feuer und Schwefel regnen ließ (Gen 19,24).

Der Antichrist und der Pseudoprophet (19,20), der Teufel (20,10) und schließlich alle Menschen, die nicht im Buch des Lebens eingeschrieben sind (20,15) werden in den Feuersee geworfen. Selbst die Unterwelt, d.h. der Beherrscher der Unterwelt, also die Todesmacht, wird dorthin verbannt (20,14), so daß sie weiterhin keine Macht mehr ausüben kann.

11.2.2.3 Die paulinischen Briefe

Wenn Paulus auch keine bildliche Beschreibung der Hölle bietet, so spricht er doch mit aller Deutlichkeit vom ewigen Unheil nach dem Endgericht. Wenn Jesus, der Herr, sich vom Himmel her offenbart, übt er Vergeltung an denen, die Gott nicht ehren und dem Evangelium nicht gehorchen. Er wird sie mit ewigem Verderben bestrafen (2 Thess 1,7-10). Dieses Verderben wird so plötzlich kommen, wie die Wehen über die schwangere Frau (1 Thess 5,3). Der Reiche gerät in Versuchungen und sinnlose Begierden, die ihn in das Verderben und in den Untergang stürzen (1 Tim 6,9). Gott hat die Gefäße des Zornes zur Vernichtung bestimmt (Röm 9,22). Das Ende derer, die als Feinde des Kreuzes leben, ist Verderben (Phil 3,19; 1 Kor 1,18). Der Gesetzwidrige wird in der Kraft des Satans jene, die verlorengehen, betrügen und zur Ungerechtigkeit verführen. Sie werden verlorengehen, weil sie sich der Liebe und der Wahrheit verschlossen haben (2 Thess 2,9-10).

11.2.3 Abschließende Beurteilung des Zeugnisses des Neuen Testamentes

Fassen wir das Zeugnis des Neuen Testamentes über die Hölle zusammen. An verschiedenen Stellen und in verschiedenen Zusammenhängen ist von einer ewigen Hölle die Rede, die mit verschiedenen Bildern in ihrer Schrecklichkeit geschildert wird. Nimmt man die einzelnen Texte für sich, so lassen sie nicht die Interpretation zu, es handele sich nur um eine grundsätzliche Möglichkeit des ewigen Scheiterns. Einige Texte, so etwa das Wort vom weiten Tor und breiten Weg zum Verderben gegenüber dem engen Tor und dem schmalen Weg zum Leben (Mt 7,13-14) erwecken sogar den Eindruck, daß der größere Teil der Menschen tatsächlich in die Hölle kommt.

Im Blick auf die gesamte Heilsbotschaft, vor allem der Evangelien, läßt sich aber zeigen, daß die Worte über die Hölle in die *Gerichtspredigt* eingeordnet sind; diese wiederum soll zur Umkehr mahnen, die die Voraussetzung für den Anbruch der Königsherrschaft Gottes ist (Mk 1,15). Aber selbst, wenn man von diesem Zusammenhang absieht, gibt es im Neuen Testament eine beachtliche Zahl von Stellen, die einen klaren *Heilsuniversalismus* aussprechen. Gott will, daß alle Menschen gerettet werden. Christus ist für das Heil aller Menschen gestorben (vgl. 1 Tim 2,4-6). Das Neue Testament bietet keinen Ausgleich zwischen den beiden Textreihen von der ewigen Hölle und dem von Gott gewollten Heil aller Menschen, eine Last, die der kirchlichen Tradition übergeben ist, die immer wieder eine Lösung der gegensätzlichen Aussagen versucht hat.

11.3 Die kirchliche Tradition

11.3.1 Die Väter

11.3.1.1 Die Lehre von der Hölle im allgemeinen

In der Theologie der Väter wird die Lehre von der Hölle, wie sie in der Hl. Schrift berichtet wird, weiter gelehrt und mit dem Hinweis auf die göttliche Gerechtigkeit begründet, die eine jenseitige Belohnung und Bestrafung erfordert. In der Zeit, in der die griechische Seelenlehre übernommen ist, wird die jenseitige Bestrafung auf die vom Leib getrennte Seele bezogen.

Wie bei der Darstellung der Lehre über den Zwischenzustand gezeigt wurde, hält man aber durchaus noch an der Unterscheidung zwischen einer vorläufigen und einer endgültigen Bestrafung fest. Erst in der Zeit, in der diese Unterscheidung außer Acht gelassen wird, setzt sich das bis in unsere Zeit übliche Verständnis der Hölle durch, nach der die Seelen derer, die im Stande der Todsünde gestorben sind, sofort nach dem Tod in die Hölle kommen.

Bereits in der Väterzeit versucht man die Frage nach der Art des Höllenfeuers zu klären. Bedeutende Theologen wie *Basilius, Gregor von Nazianz, Chrysostomus* und *Augustinus* halten an der realistischen Auslegung fest, wenn sie auch betonen, daß es sich um eine völlige Andersartigkeit gegenüber dem irdischen Feuer handelt. *Origenes, Ambrosius, Hieronymus* und *Gregor von Nyssa* hingegen deuten das Höllenfeuer metaphorisch.

11.3.1.2 Der allgemeine Heilswille Gottes und die ewige Hölle

Die Frage, wie die ewige Hölle mit dem allgemeinen Heilswillen Gottes in Einklang zu bringen ist, gehört zu den drängendsten Fragen der Theologiegeschichte überhaupt, die bis heute nicht zufriedenstellend beantwortet worden ist.

a) Die Lehre über die Apokatastasis

Die *Apokatastasis* ist eine entscheidende Vorstellung der Väterzeit, die sich mit dem kaum lösbaren Problem der ewigen Hölle auseinandersetzt. Obwohl diese Lehre von der Kirche verurteilt wurde, lebt sie doch im Laufe der Geschichte immer wieder auf und hat bis heute ihren Anspruch nicht verloren.

Apokatastasis (Allversöhnung) ist *die endliche Wiederherstellung der ganzen Schöpfung einschließlich der Sünder, der Verdammten und Dämonen zu einem Zustand vollkommener Seligkeit.*

Im Neuen Testament begegnet das Wort Apokatastasis nur in Apg 3,21, wo Petrus in einer Predigt vor den Juden als messianische Hoffnung die Wiederherstellung all dessen bezeichnet, was Gott durch den Mund seiner Propheten verheißen hat.

Eine theologische Entfaltung der Lehre von der Apokatastasis erfolgt zuerst in der *Schule von Alexandrien*. Obwohl *Klemens von Alexandrien* zumindest an einer Stelle von der Strafe des ewigen Feuers spricht, betrachtet er im allgemeinen die Bestrafung nach dem Tod als Heilmittel und daher als vorübergehend. Es ist letzten Endes angemessen, daß die Vorsehung, die alles lenkt und richtet, die Strafe nur als Korrektiv anwendet. Eine andere Art der Bestrafung durch den guten Gott wäre nicht verständlich.

Klemens interpretiert die traditionelle Vorstellung von Tartarus und Gehenna folglich als „Korrektivqualen zur Züchtigung."[95] Deshalb kann der christliche „Gnostiker" mitleidvoll an jene denken, „die nach dem Tod gezüchtigt und durch Bestrafung gegen ihren Willen zur Reue gebracht werden."[96] Erst nachdem die

---

[95] Strom. 5,14,91; vgl. B. Daley u.a., Eschatologie in der Schrift und Patristik, 122.

[96] Strom. 7,12; 78,3.

Seele von ihren sündigen Neigungen gereinigt ist, kann sie zur ewigen Anschauung Gottes gelangen, die Klemens „Wiederherstellung" (Apokatastasis) nennt.

Mit dieser konsequenten Interpretation aller jenseitigen Strafen als Läuterung und nicht als Vergeltung gilt Klemens als Wegbereiter der Lehre vom Fegfeuer, zugleich ist er aber auch der erste Schriftsteller, der, wenn auch vorsichtig, das eschatologische Heil aller geistbegabten Lebewesen in Aussicht stellt.

Dogmengeschichtlich ist die Lehre von der Apokatastasis untrennbar mit *Origenes* verbunden. Die Frage, ob dies zurecht geschehen ist, soll hier nicht erörtert werden, da die Interpretation einzelner Texte umstritten ist, und es auch Aussagen gibt, die gegen eine Allversöhnung sprechen.

Man kann jedenfalls auf eine Reihe von Stellen verweisen, an denen die Apokatastasis vertreten wird. Origenes sieht in ihr den nach Ps 110,1 zur erwartenden Eintritt der Herrschaft Christi über die ganze Schöpfung, die nach 1 Kor 15,25-28 und Phil 2,5-11 vorausgesagte Unterwerfung aller Feinde unter Christus und durch Christus unter den Vater. Mit der Apokatastasis beginnt der neue Himmel und die neue Erde (Jes 66,22). Mit ihr erfüllt sich die Einheit aller mit Gott, um die Christus gebetet (Joh 17,21-23) und die Paulus angedeutet hat (Eph 4,13). Die Unterwerfung aller durch Christus unter den Vater bedeutet die Seligkeit aller Kreaturen. An einigen Stellen wird auch angedeutet, daß sich das erhoffte universale Heil sogar auf den Satan und die anderen bösen Geister erstrecken werde.

Dieser Überzeugung steht freilich die andere Meinung entgegen, daß die dämonischen Mächte im ewigen Feuer zerstört werden. In einem Brief an seine Freunde bestreitet Origenes entschieden, daß er jemals die Erlösung von Teufeln gelehrt habe, und wirft zugleich seinen Gegnern vor, sie hätten seine Schriften verfälscht.

In der folgenden Zeit berufen sich verschiedene Kirchenväter ausdrücklich auf Origenes, wenn sie die Lehre von der Apokatastasis verteidigen.

So teilt *Gregor von Nyssa* eindeutig die Hoffnung des Origenes auf das universale Heil. Obwohl an einigen Stellen auf den Ausschluß der Sünder aus der Stadt Gottes oder auf die ewige Strafe angespielt wird, vertritt er an vielen Stellen den Glauben, daß der Plan Gottes schließlich in jedem Geschöpf verwirklicht wird. Diese Wiederherstellung wird auch jene einschließen, die vorher zur Hölle verdammt wurden. Gregor identifiziert die Auferstehung der Toten mit der Apokatastasis, insofern die Auferstehung nichts anderes verspricht als die Wiederherstellung der Gefallenen in ihrem alten Zustand, der nichts anderes war als die Gleichheit mit der göttlichen Wirklichkeit. Die Apokatastasis ist auch die Verwirklichung der körperlichen und geistigen Eigenschaften, die der Stammvater vor seiner Sünde besaß.

Auch *Didymus der Blinde* glaubt, daß aufgrund von 1 Kor 15,28 ein universales Heil in Aussicht gestellt wird, das dann verwirklicht ist, wenn alle Feindschaft gegen Gott aufhört und alle vernünftigen Substanzen miteinander und mit Gott verbunden sind.

Im Westen scheint *Ambrosius* zumindest mit der origenistischen Lehre des universalen Heiles zu sympathisieren. So sagt er an einer Stelle, daß alle Glieder der Kirche das Privileg der Auferstehung und die Gnade ewiger Glückseligkeit erlangen werden. An anderen Stellen wird die Heilsgewißheit auf alle Menschen ausgedehnt, wie gerade an der Erlangung des Heiles durch den rechten Schächer zu erkennen ist. Ambrosius deutet allerdings nie an, daß auch der Teufel dieser letzten Versöhnung teilhaftig werden kann.

Auch bei *Hieronymus* begegnen vor allem in seinen frühen Werken deutlich origenistische Gedanken eines universalen Heiles, insofern er annimmt, daß alle vernunftbegabten Geschöpfe in den kommenden Zeiten die Herrlichkeit Gottes schauen werden. Jedes Geschöpf wird an seinen ursprünglichen Platz und in seine frühere Rolle zurückgeführt. Dies gilt selbst für die abtrünnigen Engel. In den späteren Schriften betont Hieronymus häufiger die ewigen Strafen für den Teufel und die Feinde Christi. Andererseits beteuert er sein Leben lang die Überzeugung, daß zumindest alle, die an Christus glauben, schließlich durch die Barmherzigkeit Gottes in den Himmel aufgenommen werden.

Entscheidend für die Tradition des Abendlandes war, wie auch in anderen Fragen, die Lehre *Augustins*. Der Kirchenlehrer berichtet zunächst die Meinungen seiner Zeit, die zu widerlegen seien. Einige Christen glauben, wie Origenes, an ein universales Heil, wobei alle vernunftbegabten Geschöpfe, die Teufel eingeschlossen, letzten Endes den Engeln zugesellt werden. Andere glauben, daß Gott zumindest jeden menschlichen Sünder begnadigen werde. Wieder andere nehmen an, daß sich die rettende Barmherzigkeit Gottes auf alle Getauften bzw. auf alle Katholiken, die bis zum Tod in der Kirche verharren, oder auf Katholiken, die ihren Nächsten gegenüber wohltätig und barmherzig waren, erstrecken werde.

Allen diesen Gruppen gibt Augustinus die Antwort: Die unfehlbare Hl. Schrift macht deutlich, daß alle Sünder, seien sie Engel oder Menschen, einer im wörtlichen Sinn ewigen Strafe verfallen, wenn sie die Möglichkeit der Umkehr nicht wahrgenommen haben.

Auf dem von Kaiser Justinian im Jahre 553 zu Konstantinopel einberufenen *V. Ökumenischen Konzil* haben die versammelten Bischöfe unter anderem die Lehre von der Apokatastasis verurteilt (DH 411). Die weitere Theologiegeschichte zeigt deutlich, daß damit das zugrundeliegende Problem nicht als gelöst angesehen werden konnte.

b) Die Lehre von der Misericordia

Neben der Lehre von der Allversöhnung begegnet in der Zeit der Väter die sogenannte *Misericordia-Lehre*, die erst im Mittelalter endgültig zurückgewiesen wurde. Das Gemeinsame dieser Lehre, die im einzelnen sehr differenziert und zum Teil auch unklar dargestellt wird, ist die Hoffnung, daß es aufgrund der göttlichen Barmherzigkeit *eine Milderung der Höllenstrafen* gibt, wie dieser Erweis der göttlichen Barmherzigkeit im einzelnen auch zu verstehen ist.

So ist *Hieronymus* der Überzeugung, daß aufgrund der Verheißung von Joh 11,26 zumindest alle, die an Christus glauben, durch die Barmherzigkeit Gottes in den Himmel aufgenommen werden. Nur die gottlosen oder unverbesserlichen Sünder (darunter die Häretiker, Apostaten und Ungläubigen), werden zusammen mit den Dämonen „im ewigen Feuer vernichtet werden.“

Obschon *Augustinus* die Ewigkeit der Hölle verteidigt, will er doch den Gedanken der Misericordia-Lehre nicht völlig ausschließen. Er ist zu dem Zugeständnis bereit, daß die Barmherzigkeit Gottes die Macht hat, die Verdammten eine geringere Strafe erleiden zu lassen, als sie verdienen. Er vermutet sogar, daß Gott gelegentlich „eine Linderung oder Unterbrechung der Qualen" gewähren könnte.

Durch die mittelalterlichen Lehrentscheidungen, die davon sprechen, daß die in der Todsünde Gestorbenen sofort in die Hölle kommen, ist der Lehre von der Misericordia der Boden entzogen.

In der Theologie der *orthodoxen Kirchen*[97] hingegen ist bis heute der Glaube erhalten geblieben, daß auch die in der Todsünde Gestorbenen noch auf die Barmherzigkeit Gottes hoffen dürfen, wie gerade einige Texte der Totenliturgie bezeugen. Dabei wird die schon öfter erwähnte Vorstellung einer vorläufigen Strafe nach dem Tod vorausgesetzt. Auch jene Seelen, die aus dem Leben geschieden sind, ohne für ihre Sünden Buße getan zu haben – sofern sie nicht in der Verzweiflung gestorben sind und der Sünde wider dem Hl. Geist schuldig geworden sind –, können im Zwischenzustand Erquickung und schließlich völlige Befreiung aus ihren Qualen erlangen, nicht aufgrund einer Genugtuung durch eigene Strafleiden, sondern einzig und allein durch die Barmherzigkeit Gottes. So können diese Seelen beim Endgericht vor den Qualen der Gehenna bewahrt werden. Selbst dort, wo das Gebet der Kirche nicht eine Befreiung von den Höllenstrafen bewirkt, vermag es wenigstens Trost und eine zeitweilige Linderung der Qualen bewirken.

In den liturgischen Gebeten erfleht die orthodoxe Kirche Vergebung der Sünden ohne Unterschied für „alle im Glauben Entschlafenen, auch wenn sie die größten Sünder sein mögen."[98] Einige Theologen schränken aber die Wirksamkeit der Gebete für die Verstorbenen auf jene ein, welche keine schweren Sünden begangen haben, oder jene, die ihre Sünde noch im Augenblick des Todes bereut und nach der Eucharistie verlangt haben.

11.3.2 Die Scholastik

In der Theologie der Scholastik werden die Gedanken der Hl. Schrift und der Väter übernommen und in vielfältiger Weise spekulativ entfaltet. Im folgenden sollen nur einige wenige Gesichtspunkte erläutert werden. Die Hl. Schrift läßt keinen Zweifel an der Existenz der Hölle zu, die als gerechte Strafe für die Sünden verstanden wird.

Auf die Frage, warum Gott einen Menschen, der nur zeitlich gesündigt hat, ewig bestraft, antworten *Thomas von Aquin* und andere auf eine zweifache Weise: Der Todsünder hat gegen ein ewiges Gut gesündigt, in dem er das ewige Leben, das er hatte, gering geschätzt hat. Man kann von einem „ewig Sündigen" insofern sprechen, als er weiter sündigen wollte, wenn er länger gelebt hätte. Jede Sünde

---

97 Vgl. F. Heiler, Urkirche und Ostkirche, 232 f.

98 A.a.O. 234.

ist zudem gegen Gott gerichtet, der unendlich ist. Da die Strafe nicht der Intensität nach unendlich sein kann, weil das Geschöpf einer unendlichen Qualität nicht fähig ist, muß sie wenigstens der Dauer nach unendlich sein. Weil die Schuld in Ewigkeit bleibt, muß auch die Strafe ewig währen.

Die ewige Strafe verstößt auch nicht gegen die Barmherzigkeit Gottes, weil Gott nach dem Verdienst des Menschen bestraft. Weil die Verdienste, d.h. die Mißverdienste, der Verdammten nicht mehr geändert werden können, muß die Strafandrohung Gottes erfüllt werden.

Bei der Erklärung der Art der Höllenstrafe wird unterschieden zwischen der *poena damni*, der Strafe des Ausschlusses von der himmlischen Seligkeit, und der *poena sensus*, der Strafe der Empfindung, einer von Gott verfügten Pein, für die man sich auf die Aussagen der Hl. Schrift vom Feuer, dem Gewissenswurm und vom Heulen und vom Zähneknirschen beruft.

Damit verbunden ist die schon in der Väterzeit erörterte Frage nach der *Art des Feuers* der Hölle, das eingehend erläutert wird. *Thomas* hält ausdrücklich an der Körperlichkeit des Höllenfeuers fest. Es hat die gleiche Natur wie das Feuer, das wir kennen, wenn auch mit gewissen unterschiedlichen Eigentümlichkeiten. Damit das körperliche Feuer als Werkzeug der göttlichen Gerechtigkeit auf die vom Leib getrennte Seele einwirken kann, wird ihm die Kraft hinzugefügt, den Geist festzuhalten. Ähnliche Gedanken finden sich auch bei den übrigen Theologen der Scholastik.

Mit der Vorstellung von der Körperlichkeit des Höllenfeuers verbindet sich sinngemäß die Frage nach *dem Ort* der Hölle, auf die verschiedene Antworten gegeben werden. Die meisten Theologen nehmen an, die Hölle liege im Innern der Erde, oder unterhalb der Erde, worauf das lateinische Wort infernus hinweise. Auf jeden Fall stehen die Verdammten in vollkommener Distanz zum Ort der Seligen.

11.3.3 Die weitere Entwicklung

Die weitere Entwicklung der Lehre über die Hölle bringt keine entscheidend neuen Gesichtspunkte. So betont *Luther*, daß es eine „Vorausereignung" des Gerichtes und der Hölle in der Gewissenserfahrung des Menschen gibt. Das, was das Wesen der Hölle ausmacht, ereignet sich bereits in dem sich schuldig fühlenden und unter dem Gericht stehenden Gewissen. Diese Hölle trägt jeder Mensch mit sich und in sich; sie ist nicht ein unterirdischer Ort, wie das Mittelalter meinte, sondern die Verzweiflung unter Gottes Gericht, die im Leben erfahren wird. Der Glaube verläßt sich darauf, daß Gott in Jesus Sünde, Tod, Teufel und die Hölle besiegt hat. Glauben heißt darauf vertrauen, daß durch Christus, den Retter, der für mich gestorben ist, der eigene Tod, die eigene Sünde und die Hölle besiegt ist.

In der *altprotestantischen Orthodoxie* gibt es keine entscheidend neuen Gesichtspunkte gegenüber der Theologie des Mittelalters. So wird die Ewigkeit der Hölle ausdrücklich als sichere Glaubenswahrheit festgehalten. In der Frage nach der Art der Höllenstrafen werden die Kontroversen der Tradition weitergeführt.

Auch in der *tridentinischen und nachtridentinischen Scholastik* gibt es kaum eine Lehrentwicklung. So verstehen z.B. *J. Eck* und andere Theologen dieser Zeit das Höllenfeuer als ein körperliches Feuer, während es *Ambrosius Catharinus* metaphorisch deutet.

In der *protestantischen Theologie aus der Zeit der Aufklärung* wird die Frage nach der Ewigkeit der Hölle wieder aufgegriffen. Man gibt zunächst einmal die übliche Auffassung auf, daß die Mehrzahl der Menschen verdammt werde. Dann sucht man nach Wegen für eine Erklärung der Milderung oder gar der Beseitigung der Höllenstrafen. Gott droht zwar nach dem Zeugnis der Hl. Schrift endlose Strafen an, er gibt aber damit sein Begnadigungsrecht nicht auf; er wird nicht zum Lügner, wenn er dieses Recht ausübt. Freilich macht die Hl. Schrift keine Hoffnung auf eine solche Begnadigung.

Nach einer anderen Auslegung sagt die Bibel nicht aus, daß die Verdammten in der Hölle bleiben müssen. Wenn auch keine Gewißheit besteht, daß die Verdammten einmal von ihren Qualen befreit werden, so darf man doch eine Hoffnung darauf haben. Wie die Geretteten, so haben auch die Verdammten die Möglichkeit, sich im Jenseits zu verändern; sie können sich unter dem Einfluß der über sie verhängten Strafen bessern und vom Bösen abwenden. Je nach dem Maß ihrer Besserung können ihre Strafen gemildert werden. So können auch die ursprünglich Verdammten zu einem glücklicheren Zustand gelangen und sich allmählich der Seligkeit annähern, wenn sie dieses Glück auch nie erreichen werden.

11.3.4. Die kirchlichen Lehrentscheidungen

Die kirchlichen Lehrentscheidungen als Antwort auf verschiedene Irrlehren sind hinsichtlich ihres verbindlichen Inhaltes von der jeweiligen Fragestellung her zu bewerten. Neben der Verurteilung der Lehre von der Apokatastasis (DH 411) ist die *Fides Damasi* zu nennen, die im Zusammenhang der Lehre von der Auferstehung der Toten sagt, daß den Guten für ihre Verdienste der ewige Lohn, den Bösen aber für ihre Sünden die ewige Strafe zuteil wird (DH 72). Dieses Bekenntnis begegnet auch im *Symbolum Ps. Athanasianum* in der Formulierung, daß diejenigen, die Böses getan haben, in das ewige Feuer eingehen werden (DH 76). Im gleichen Sinn sagt das *IV. Laterankonzil* (1215), daß jene, die Böses getan haben, bei der Auferstehung der Toten mit dem Teufel die ewige Strafe erleiden (DH 801). Das *II. Konzil von Lyon* (1274) spricht davon, daß jene, die in der Todsünde oder der bloßen Erbsünde sterben, sofort nach dem Tod in die Hölle hinabsteigen, wo sie verschiedene Strafen erleiden. Trotzdem werden alle am Tag des Gerichtes mit ihren Leibern vor dem Richterstuhl Christi erscheinen, um Rechenschaft über ihre Taten abzulegen (DH 858-859). Die Konstitution „*Benedictus Deus*" des Papstes Benedikt XII. (1336) bietet im wesentlichen die gleiche Lehre, nennt aber die in der bloßen Erbsünde Gestorbenen nicht (DH 1002). Nach dem Dekret des *Konzils von Florenz* für die Jakobiten (1442) kann außerhalb der katholischen Kirche niemand das Heil erlangen (DH 1351).

Kirchliche Lehranschauungen über die Verwerfung des Menschen

Dokument	Aussage	Text im DH
Fides Damasi	Hölle ist „aeternum supplicium"	72
Symbolum „Quicumque"	Himmel und Hölle sind parallele Alternativen	76
2. Konzil von Lyon	Ungleichartigkeit der Höllenstrafen Auch wer in der Erbsünde stirbt, kommt in die Hölle	858
Konzil von Florenz	Alle Nichtkatholiken verfallen der Hölle	1351
Glaubenskongregation	Heil und Unheil sind parallele Möglichkeiten	4657

Einschlußweise ist schließlich im Dekret des *Konzils von Trient* über die Rechtfertigung (1547) von der ewigen Strafe die Rede, wenn die Meinung zurückgewiesen wird, daß der Gerechte nur deswegen nicht verdammt werde, weil Gott die bösen Werke, die auch beim Gerechtfertigten gegeben sind, nicht zur ewigen Verdammnis anrechne (DH 1539, 1575).

11.4 Die Problematik des 20. Jahrhunderts

Der Umbruch im Verständnis der ewigen Hölle erfolgte zuerst in der *protestantischen Theologie*. Nur allmählich wurde die Frage nach dem ewigen Heilsverlust in der katholischen Theologie aufgenommen und vorsichtig zur Diskussion gestellt.

11.4.1 Die protestantische Theologie[99]

Etwas schematisiert lassen sich bezüglich der genannten Problematik in der evangelischen Theologie vier verschiedene Richtungen feststellen. Dabei muß freilich vorweg gesagt werden, daß die Zuordnung der einzelnen Theologen oft nicht genau getroffen werden kann.

11.4.1.1 Die Lehre vom doppelten Ausgang

Die Gerichtsaussagen des Neuen Testamentes können nur so verstanden werden, daß es ein ewiges Heil oder Unheil gibt. So sagt der Evangelische Erwachsenen-

[99] Vgl. H. Stich, Die Möglichkeit des Heilsverlustes in der neueren Theologie, Eschelbach 1982.

katechismus[100], die Lehre von der Allversöhnung stehe im Widerspruch zur Auffassung Jesu und der Mehrheit der neutestamentlichen Aussagen, die den Ernst der Glaubensentscheidung betonen. Der Mensch kann sein Leben verfehlen. Wir haben keine Garantie, „daß am Ende doch alles gut geht.“ Im Gericht wird die Entscheidung, die der Mensch in seinem Leben getroffen hat, offenbar und unwiderruflich. Die Möglichkeit des Heilsverlustes ist letzten Endes im Freiheitscharakter der Liebe begründet.

11.4.1.2 Die Lehre von der Apokatastasis

Eine Reihe von evangelischen Theologen vertritt sachlich die Lehre von der Apokatastasis, wenn sie auch diesem Ausdruck wegen seiner geschichtlichen Belastung zurückhaltend gegenüberstehen. Bereits *F. Schleiermacher* äußerte die Ansicht, daß sich die Lehre von der ewigen Hölle nicht mit der Idee von der göttlichen Liebe als dem Inbegriff der göttlichen Absolutheit in Einklang bringen lasse.

Besondere Bedeutung hat in unserem Jahrhundert *K. Barth* erlangt, der zumindest eine gemäßigte Allversöhnungslehre vertritt. Ihm wird das Wort zugeschrieben: „Wer die Wiederbringung nicht glaubt, ist ein Ochs, wer sie aber lehrt, ist ein Esel.“ Die Situation aller Menschen muß als eine „offene Situation“ zwischen göttlicher Erwählung und Verwerfung verkündet werden.

E. Thurneysen meint, man solle von der Hölle nur reden, wenn man zugleich auf Christus hinweist, der die Hölle überwunden hat. Wenn Thurneysen auch die Allversöhnung nicht lehren will, so fühlt er sich doch berechtigt, hoffnungsvoll Christus „als Allversöhner“ zu verkünden.

J.M. Lochman bestimmt die Hölle als ein Mythologumenon, das einen negativen Hinweis auf den freien Charakter der Gnade und auf die freie Verantwortung des Glaubens darstelle. Er spricht von der Apokatastasis als einer certitudo (Gewißheit) des Glaubens, die freilich keine selbstsichere *securitas* (Sicherheit) des Heilsbesitzes sein dürfe.

W. Michaelis bezeichnet die Apokatastasis-Lehre als Ausgangspunkt der gesamten Verkündigung der Kirche, die er aus der Schrift zu begründen versucht. Die Gerichtsaussagen müssen sich der dominierenden Verkündigung der Gnade so einfügen, daß diese eine Verkündigung der Allversöhnung sein kann.

11.4.1.3 Ein Mittelweg zwischen der ewigen Verdammung und der Apokatastasis

H. Ott will sowohl an der Lehre von der ewigen Verdammnis wie auch an der Lehre von der Apokatastasis festhalten und von zwei nebeneinander stehenden Möglichkeiten sprechen. Die Eliminierung des Gedankens der ewigen Verdammnis würde der Verkündigung ihren Anspruchscharakter nehmen, die Streichung der Idee der Apokatastasis würde die Radikalität des Gnadenangebotes Gottes verdunkeln.

---

[100] Evangelischer Erwachsenenkatechismus. Im Auftrag der Katechismuskommission der Vereinigten Evangelisch-Lutherischen Kirche Deutschlands, Hg. v. W. Jentsch u. a., Gütersloh [4]1982, 887.

Auch *A. Köberle* vertritt die Auffassung vom dualistischen Ausgang und gleichzeitig die Lehre von der Apokatastasis. Er ist sich dabei bewußt, daß beide zueinander in einem unauflöslichen Widerspruch stehen. *E. Brunner* hält beide Stimmen, sowohl das Wort vom Gericht und von der Ausscheidung, das Wort vom Himmel und der Hölle als auch das Wort von der Allversöhnung für Gottes Wort.

11.4.1.4 Die Vernichtungshypothese

Die Vertreter dieser Theorie nehmen an, daß jene Menschen, deren Leben völlig verfehlt war, von Gott vernichtet werden. So meint *T. Traub*, daß in der vollendeten Welt kein Platz für die Hölle sein kann, so daß die zur Verdammung Bestimmten vernichtet werden müssen.

Alle Stellen des Neuen Testamentes, die für eine Apokatastasis angeführt werden, können nicht in diesem Sinn verstanden werden. In der Botschaft Jesu findet sich kein Wort, das für eine Allversöhnung sprechen würde. Auf der anderen Seite ist aber eine ewige Höllenstrafe mit der Gerechtigkeit und Liebe Gottes nicht vereinbar. Traub ist der Überzeugung, daß verschiedene Stellen des Neuen Testamentes im Sinne der Vernichtungshypothese verstanden werden können, so etwa Mt 10,28; Mk 9,44.46.48; Offb 20,14.

C. Stange meint, daß die Gottlosen im leiblichen Tod untergehen; sie werden mit dem Nichts ihres Lebens zunichte. Der ewige Tod der Gottlosen ist eigentlich nicht Vernichtung, sondern das Offenbarwerden ihrer Nichtigkeit.

Wenn die Vernichtungshypothese auch nicht untrennbar mit der Ganztodtheorie verbunden ist, so wird sie doch unter Zugrundelegung dieser Theorie besonders leicht verständlich. Während alle Menschen den Ganztod sterben und die Gerechten von Gott aus dem Tod auferweckt werden, bleiben jene, die zur Verdammnis bestimmt sind, immer im Tod.

11.4.2 Die katholische Theologie

Sieht man von *G. Tyrrell*, der die Lehre von der Hölle als eine „für die Vernunft unerträgliche Last", als „eine grausame Lehre" bezeichnet, und von *H. Schell*, dessen Lehre verschieden interpretiert werden kann, ab, so wurde bis in die Mitte unseres Jahrhunderts in der katholischen Theologie die in der Scholastik ausgebildete Lehre von der Hölle nahezu ohne Einschränkungen vertreten. Eine zurückhaltende Neuinterpretation der Aussagen über die Hölle erfolgte in den letzten Jahrzehnten auf verschiedenen Ebenen.

11.4.2.1 Die Hölle als eine reale Möglichkeit

Während man nach der traditionellen Theologie in der Hl. Schrift durchaus eine Information über das Jenseits und damit auch über Einzelheiten der Hölle gesucht und gefunden hat, wird jetzt darauf Wert gelegt, daß die einschlägigen Texte des Neuen Testamentes nicht eigentlich den Sinn haben, unser Nichtwissen über das Jenseits aufzuheben. Auch das kirchliche Dogma von der Hölle sagt uns nicht informativ etwas vom Jenseits, sondern kerygmatisch etwas für unser jetziges Leben. Es kann nicht die Aufgabe der Theologie sein, Aussagen jenseitiger Faktizitäten zu entwerfen (etwa über die Zahl der Verdammten, die Höllenqualen usw.), es gehe vielmehr darum, an der ganzen Strenge des Realitätsanspruches der Hölle festzuhalten, damit der Mensch dazu gebracht wird, angesichts der realen Möglichkeit eines ewigen Scheiterns den Anspruch der Offenbarung in seiner letzten Ernsthaftigkeit zu verstehen.[101]

Ausdrücklich vertritt *K. Rahner* die These, daß man den Texten der Hl. Schrift und den Äußerungen des kirchlichen Lehramtes auch dann gerecht werde, wenn man in der Hölle eine reale Möglichkeit sieht. „Weder die Lehre der Kirche in der Tradition und im außerordentlichen Lehramt noch die Lehre der Schrift zwingen sicher verbindlich zu der bestimmten Aussage, daß wenigstens einige Menschen verdammt sind ... vielmehr lassen sich alle eschatologischen Aussagen in Schrift und Kirche (ohne einem künftigen Urteil der Kirche vorzugreifen) lesen als Aussagen darüber, daß die Verdammnis eine echte, für den Pilger unüberholbare Möglichkeit ist."[102]

Eine existentielle Bedeutung erlangen die Texte über die Hölle erst dann, wenn jeder einzelne sagt: ***Ich*** kann ewig verlorengehen; ***ich*** hoffe umso mehr, daß ich aufgrund der göttlichen Barmherzigkeit gerettet werde.

Es wird in diesem Zusammenhang auch darauf hingewiesen, daß die Kirche zwar in einem Heiligsprechungsverfahren zu der Überzeugung kommt, daß ein bestimmter Mensch mit Sicherheit die himmlische Seligkeit erreicht hat, daß sie aber ein entsprechendes Verfahren bezüglich der Verdammnis eines bestimmten Menschen nicht kennt.

11.4.2.2 Doppelter Ausgang und Allversöhnung

Obschon in der katholischen Theologie die von der Kirche verurteilte Lehre von der Apokatastasis abgelehnt wird, meinen einige Theologen doch, man müsse diese Verurteilung in das gesamte Heilsverständnis der katholischen Theologie einordnen und somit die Möglichkeit der Rettung aller offenlassen. So nimmt *H. U. von Balthasar*[103] an, daß die Hl. Schrift die Möglichkeit eines wirklichen doppelten Ausgangs des Gerichts „unversöhnt" neben den Ausblicken auf eine Allversöhnung stehen läßt. Es gibt keine Möglichkeit, die eine Lehre der anderen unterzuordnen.

Wir dürfen weder mit *Origenes* die Hölle in ein Fegfeuer auflösen und damit das Gerichtswort der Schrift aufweichen noch mit *Augustinus* (und der ihm folgenden Theologie) der Hoffnung auf Allversöhnung jede Grundlage entziehen. Auch *W. Theuerer*[104] meint, man dürfe von der Möglichkeit und Hoffnung, daß alle zum Heil gelangen, sprechen, ohne das Wort von der Hölle zu eliminieren.

---

[101] J. Ratzinger, Art. Hölle: LThK² 5, 448.

[102] Theologische Prinzipien der Hermeneutik eschatologischer Aussagen, 421, Anm. 18.

[103] Eschatologie, 413

[104] Kommt wirklich jemand in die Hölle?: THG(B) 6 (1963) 232-234.

11.4.2.3 Die Vernichtungshypothese

Die oben genannte Hypothese von der Vernichtung der Verdammten wird von einigen katholischen Theologen wenigstens als mögliche Interpretation der Hl. Schrift übernommen. So meint *A. Schmied*[105], man könne zwar die Lehre von der Allversöhnung nicht als eine gewisse Lehre vertreten; jedoch ist die Hoffnung auf die Rettung aller berechtigt. Die über den Tod hinausgehende Hoffnung heißt im Neuen Testament Auferstehung, und zwar Auferstehung als Heilsgut.

Wenn man mit der neueren Exegese die literarische Gattung der eschatologischen Texte ernst nimmt, so kann man zu der Erkenntnis kommen, daß es nicht so eindeutig sei, daß man die einschlägigen Texte der Schrift über die Verdammnis als nie endende Qual weiterexistierender Menschen verstehen müsse.

Das Bild von der Ernte als Veranschaulichung für das Endgericht (Mt 3,12; 13,39 f; Offb 14,14 f) „insinuiert weniger den Gedanken, daß die taube Frucht bzw. die Spreu in ihrem negativen und unbrauchbaren Zustand erhalten bleibt; sie wird nicht endlos konserviert, sondern ein für allemal vernichtet."[106] Der Ernst der Entscheidungssituation bleibt auch dann gewahrt, wenn man annimmt, daß die Menschen, die sich Gott endgültig verschlossen haben, völlig zunichte werden.

---

105 Ewige Strafe oder endgültiges Zunichtewerden?: ThG(B) 18 (1975) 178-183.

106 A.a.O. 180.

12. Der Himmel als Existenzweise des ewigen Heiles

12.1 Zur Problemlage

12.1.1 „Himmel" im Verständnis der heutigen Theologie

Unter Himmel versteht die christliche Theologie *die endgültige und unverlierbare Existenzweise des ewigen Heiles, die dem Menschen nach dem Tod bzw. einer notwendigen Läuterung von Gott als unverdientes Geschenk verliehen wird, an der nach der Auferstehung der Toten auch der Leib Anteil erhält*. Trotz dieser umfassenden Definition meint das Wort *Himmel*, das immer in der Einzahl begegnet, in der abendländischen Theologie weitgehend das Heil der unsterblichen Seele nach dem Tod. „In den Himmel kommen" heißt das ewige Heil erreichen. „Die Heiligen des Himmels" sind jene Menschen, die das Ziel ihrer Pilgerschaft mit Sicherheit erreicht haben. Es wurde bereits mehrfach darauf hingewiesen, daß sowohl die orthodoxen Kirchen wie auch die Theologen aus der Zeit der Reformation deutlicher zwischen dem Heil im Zwischenzustand und dem endgültigen Heil nach der Auferstehung der Toten unterscheiden.

12.1.2 „Himmel" im Verständnis der Hl. Schrift

Ohne den weiteren Ausführungen vorzugreifen, kann hier zunächst festgestellt werden, daß Himmel nach dem Zeugnis der Hl. Schrift immer *das eschatologische Heil nach der Auferstehung der Toten* meint. Für die Orte des Heiles nach dem Tod, im Zwischenzustand, werden andere Ausdrücke gebraucht, so etwa das Wort *Paradies* oder auch *die Scheol* als Stätte der vorläufigen Belohnung. Wenn in den späten Schriften des Alten Testamentes vom Heil des Menschen nach dem Tod gesprochen wird, so erscheint nicht das Wort „Himmel", sondern eine andere Sprechweise: Die Seelen der Gerechten sind in Gottes Hand (Weish 3,1); die Gerechten gehen in die Ruhe Gottes ein (Weish 4,7); sie leben in Ewigkeit (Weish 5,15).

So vielfältig das Verständnis des Himmels im Neuen Testament ist, wie anschließend gezeigt werden soll, so bezeichnet das Wort „Himmel" als eschatologische Aussage doch immer das ewige Heil nach der Auferstehung der Toten. Soweit überhaupt vom Heil im Zwischenzustand die Rede ist, so werden andere Ausdrücke verwandt, wie etwa das Wort Paradies (Lk 23,43) oder der Schoß Abrahams (Lk 16,22), oder es wird allgemein von einem „Mit Christus-Sein" (Phil 1,23) gesprochen.

12.2 Das biblische Verständnis des Himmels im allgemeinen

So verschieden das Verständnis des Wortes Himmel, das in der Hl. Schrift im Singular und im Plural begegnet, auch ist, so steht es doch immer zu Gott in einer Beziehung.

12.2.1 Die kosmologische Sicht

In der Schöpfungstheologie bezeichnet Himmel im Weltbild der Alten das Himmelsgewölbe (*firmamentum*), das die oberen und unteren Wasser voneinander trennt, an dem die Sterne wie Lampen befestigt sind (Gen 1,6 f). Himmel ist dann ein Ausdruck für den Luftraum zwischen Firmament und Erde, worauf der Ausdruck „Vögel des Himmels" (Mt 6,26; 8,20) hinweist. Schließlich kann der Ausdruck „*Himmel und Erde*" (Gen 1,1) oder „*Himmel, Erde und Meer*" eine Bezeichnung für den von Gott geschaffenen Kosmos sein. In der Hl. Schrift und im Judentum begegnet schließlich die Vorstellung von mehreren (3, 5, 7, 10) Himmeln. So ist Paulus in den dritten Himmel entrückt worden (2 Kor 12,2).

12.2.2 Die theologische Sicht

Himmel ist im Alten und im Neuen Testament ein Ausdruck für die Existenzweise Gottes. Gott wohnt im Himmel als König und Herr auf einem erhabenen Thron (Jes 6,5), umgeben von den himmlischen Heerscharen (1 Kön 22,19), um die Welt und die Menschen zu regieren. Der Himmel ist sein Thron, die Erde der Schemel seiner Füße (Mt 5,34). Im Neuen Testament ist dann an vielen Stellen die Rede vom Vater im Himmel (z.B. Mt 5,16.45; 7,11.21; 10,32.33) oder vom himmlischen Vater (Mt 5,48; 6,14.32).

Daß aber mit Himmel nicht eine Lokalisierung Gottes, sondern letzten Endes seine *Heilsdynamik* gemeint ist, bezeugt bereits das Tempelweihegebet im Alten Testament: „Siehe, selbst der Himmel und die Himmel der Himmel fassen Dich nicht, wieviel weniger dieses Haus, das ich gebaut habe" (1 Kön 8,27).

Wie sehr Gott und Himmel zusammengehören, sieht man schließlich daran, daß *Himmel* ein Ersatzwort für Jahwe, den Namen Gottes, den man nicht mehr auszusprechen wagte, werden konnte. So gebraucht gerade das Matthäusevangelium in der Regel den Ausdruck *Himmelreich*, während bei den anderen Synoptikern das Wort Gottesreich begegnet.

Himmel ist aber in diesen und ähnlichen Zusammenhängen nicht nur eine Umschreibung des Gottesnamens; es wird auch zum Ausdruck gebracht, daß Gottes Handeln in der Welt und an den Menschen als ein herrschaftliches Geschehen verstanden wird, das vom Himmel kommt.

12.2.3 *Die soteriologische Sicht*

Aus dem theologischen Verständnis des Wortes Himmel ergibt sich zugleich eine soteriologische Auffassung. Der Himmel ist der Ort des Heiles. Im Himmel sind die Gaben des Heiles, das von Gott geplante Heil schon vor der Verwirklichung auf Erden vorhanden. Der Seher, dem der geöffnete Himmel offensteht, kann dieses Heil schauen und damit die Gewißheit des kommenden Heiles verbürgen, wie gerade die Offenbarung des Johannes in vielfältiger Weise bezeugt. Die Tür zum Himmel wird geöffnet, eine Stimme aus dem Himmel spricht: Ich werde Dir zeigen, was geschehen muß (4,1 f).

Diese soteriologische Sicht erreicht dann im Neuen Testament in der christologischen Darstellung des Heiles den Höhepunkt. Christus ist vom Himmel herabgestiegen (Joh 6,38.42). Bei der Vision im Anschluß an die Jordantaufe öffnet sich der Himmel; der Hl. Geist kommt auf Jesus herab; eine Stimme aus dem Himmel ruft: Du bist mein geliebter Sohn, an dir habe ich Gefallen gefunden (Mk 1,9-11 par). Nach der Vollendung des Auftrages des Vaters fährt Jesus in den Himmel auf (Apg 1,9 f) und wird zur Rechten des Vaters erhöht (Phil 2,9 f). Vom Himmel her sendet er den Hl. Geist (Apg 2,1 f). Am Ende der Zeiten wird der Menschensohn mit großer Macht und Herrlichkeit auf den Wolken des Himmels kommen (Mt 24,30 par), um Gericht zu halten und die Geretteten zu den Wohnungen zu geleiten, die für sie vorbereitet sind (Joh 14,2 f). Damit wird die soteriologische Sicht des Himmels mit der eschatologischen Deutung verbunden.

12.3 Das eschatologische Verständnis des Himmels im besonderen

12.3.1 *Himmel als vollendete Gottesherrschaft und ewiges Leben*

Im Himmel wird jene Gottesherrschaft, die uns auf Erden in Glaube und Umkehr in einer vorläufigen Gestalt geschenkt wird, endgültig und für immer vollendet werden. Es wird durch eine Machttat Gottes, die der gegenwärtigen Weltzeit entgegengesetzte Ordnung der Dinge verwirklicht werden, in der Gott allein herrscht. Die Menschen, die zur rechten Seite des Weltenrichters stehen, werden das Reich in Besitz nehmen, das für sie seit der Erschaffung der Welt bestimmt ist (Mt 25,34). Sie werden endgültig selig sein, weil die Verheißungen der Bergpredigt (Mt 5,3-12) in Erfüllung gegangen sind.

Der Glaube geht über in Schauen (2 Kor 5,7), die Hoffnung wird zum Besitz (Röm 8,24), die Liebe wird nicht mehr enden (1 Kor 13,8). Mit der endgültigen Gottesherrschaft ist das ewige Leben verbunden, das uns als verborgene Wirklichkeit bereits im Glauben geschenkt ist (Joh 6,47).

Der Begriff „*ewiges Leben*" bezieht sich nicht primär auf die Zeit, sondern auf die Qualität des Lebens. Er meint die Fülle des Lebens, die Grenzenlosigkeit eines Glückes, das bruchstückhaft und begrenzt schon in der Christusnachfolge auf Erden aufgeleuchtet ist. Das ewige Leben löst nicht das irdische Leben ab, sondern es beginnt schon in ihm. Es ist nicht Ersatz für das gegenwärtige Leben, sondern seine Vollendung.

12.3.2 *Himmel als Christusgemeinschaft*

Die Christusgemeinschaft, die uns auf Erden durch Glaube und Taufe geschenkt wurde, wird im Himmel ihre eigentliche Vollendung finden. Wir werden mit Christus sein (Phil 1,23); daheim beim Herrn sein (2 Kor 5,8; 1 Thess 4,17); dort sein, wo Christus ist (Joh 14,3); unsere Heimat ist im Himmel (Phil 3,20); vereint mit ihm werden wir aus der Kraft Gottes leben (1 Thess 5,10; 2 Kor 13,4). Wenn unsere Kindschaft erfüllt ist, werden wir Gott ähnlich werden und ihn schauen, wie er ist (1 Joh 3,2). Weil der Himmel eine Teilhabe an der Existenzform des erhöhten Herrn ist, der zur Rechten des Vaters sitzt, werden auch wir auf Thronen sitzen und mit ihm herrschen (Mt 19,28).

12.3.3 *Himmel als Gemeinschaft der Heiligen*

Im Himmel wird all das vollendet werden, was wir in der Kirche und durch die Kirche auf Erden erwarten. Alle Bilder des Neuen Testamentes für die Kirche bringen die *Gemeinschaft der Glaubenden in Christus und mit Christus* zum Ausdruck. Die Kirche ist eine Gemeinschaft von Brüdern und Schwestern, deren einziger Lehrer und Meister Christus ist (Mt 23,8); sie ist die Herde Christi unter dem einen Hirten Christus (Joh 10); die Christen sind die Rebzweige, die mit Christus dem Weinstock verbunden sind (Joh 15,1-8); die Kirche ist ein Leib mit vielen Gliedern, dessen Haupt Christus ist (Röm 12,4 f; 1 Kor 12,12 f; Kol 1,18; Eph 1,22-23); die Kirche ist das geistige Haus aus lebendigen Steinen, während Christus der Eckstein ist (1 Petr 2,4 f). Was auf Erden oft mehr Sehnsucht als gelebte Wirklichkeit ist, wird im Himmel in Erfüllung gehen.

Die ekklesiologische Sicht des Himmels ergibt sich aus der *christologischen Betrachtung*. „Wenn Himmel auf dem Insein in Christus gründet, dann schließt er das Mitsein all derer ein, die zusammen den einen Leib bilden. Der Himmel kennt keine Isolierung; er ist die offene Gemeinschaft der Heiligen und auch die Erfüllung alles menschlichen Miteinander, die nicht Konkurrenz zu, sondern Konsequenz aus dem reinen Geöffnetsein für Gottes Angesicht ist ... Der Himmel wird erst dann ganz erfüllt sein, wenn alle Glieder des Herrenleibes versammelt sind ... Das Heil des Einzelnen .. ist erst ganz und voll, wenn das Heil des Alls und aller Erwählten vollzogen ist, die ja nicht einfach nebeneinander **im** Himmel sind, sondern miteinander als der eine Christus **der** Himmel sind.“[107]

Weil der Mensch Leib und Geist ist und nach der Bestimmung Gottes zur Erde gehört und für sie verantwortlich ist (Gen 1,27 f; 2,7 f), fordert das endgültige

[107] J. Ratzinger, Eschatologie, 191. 193.

Heil im Himmel nicht nur die Auferstehung der Toten, sondern auch eine heile Welt als Daseinsraum für den vollendeten Menschen. In diesem Sinn spricht die Offenbarung des Johannes (21,1 f) von einem neuen Himmel und einer neuen Erde, wo es Tränen, Trauer, Mühsal und Tod nicht mehr geben wird. Das neue Jerusalem wird von Gott her aus dem Himmel herabkommen. Gott wird in der Mitte der Geretteten wohnen; sie werden sein Volk sein und er wird ihr Gott sein.

12.3.4 Himmel als Lohn

Die Lehre Jesu vom Lohn, die in der Auseinandersetzung mit den Schriftgelehrten und Pharisäern entfaltet wird, enthält vor allem folgende Gedanken: Der Mensch hat Gott gegenüber keinen Anspruch auf Lohn. Wenn wir alles getan haben, was uns befohlen war, sollen wir uns als unnütze Knechte verstehen, die nur ihre Schuldigkeit getan haben (Lk 17,7-10). Der Lohn, den Gott ausbezahlt, ist reiner Gnadenlohn, wie das Gleichnis von den Arbeitern im Weinberg darlegt (Mt 20,1-16). Wir sind alle in der Rolle derer, die um die elfte Stunde in den Weinberg gegangen sind, die den Denar als Tageslohn nicht verdienen, sondern als Geschenk erhalten. Der Lohn, von dem Jesus spricht, ist vor allem ein reiner Jenseitslohn, wie gerade die Seligpreisungen der Bergpredigt zum Ausdruck bringen (Mt 5,3-12).

Dieser himmlische Lohn wird uns im Übermaß geschenkt. Den Verfolgten wird ein großer Lohn im Himmel verheißen (Mt 5,12). Wer um Jesu und des Evangeliums Willen alles verlassen hat, wird einen hundertfältigen Lohn empfangen (Mk 10,30). Die Gnadenhaftigkeit des Lohnes schließt seine Stufung nicht aus. Wenn der Menschensohn in der Herrlichkeit des Vaters mit seinen Engeln kommt, wird er einem jeden vergelten, wie es seine Taten verdienen (Mt 16,27). Ein jeder wird den Lohn empfangen, gemäß seiner Arbeit (1 Kor 3,8). Letzten Endes wird uns Gott nicht einen himmlischen Lohn ausbezahlen, sondern unsere Gemeinschaft mit Gott im Himmel wird der Lohn sein.

12.4 Bilder für den Himmel

Alle jenseitigen Wirklichkeiten können nur mit Erfahrungen und Bildern des Diesseits beschrieben werden. Dabei können unsere irdischen Bilder und Gleichnisse die jenseitige Wirklichkeit nur andeuten, aber nicht ausschöpfen. Diese Interpretationsregel eschatologischer Aussagen ist bei den Bildern für den Himmel zu beachten.

12.4.1 Das Mahl

Das Mahl, besonders in der Gestalt des Festmahles und Hochzeitsmahles, ist für den Menschen allgemein und besonders für den Orientalen, in besonderer Weise ein Zeichen der Gemeinschaft, weil in ihm alle Schichten der menschlichen Existenz, die körperlich-sinnliche, die geistig-seelische und die personale mit allen ihren Möglichkeiten und Tiefen aufgerufen werden und ihre Erfüllung finden.

Im Alten Testament ist das Mahl ein Zeichen der Gemeinschaft zwischen Gott und seinem Volk. Bereits in der Wüstenzeit hat Gott durch das Brot vom Himmel den Tisch seines Volkes gedeckt (Ex 16,13 f). Die Mahlgemeinschaft wird als Bild für die selige Gottesgemeinschaft in der Endzeit verstanden. Der Herr der Heere wird ein Festmahl für alle Völker geben mit feinsten Speisen, ein Gelage mit erlesenen Weinen (Jes 25,6).

Christus hat das Mannawunder der Wüste im Wunder der Brotvermehrung wiederholt und dabei ein Zeichen gesetzt für das ewige Gastmahl des Himmels. Im Blick auf diese endzeitliche Hoffnung sagt Jesus: „Viele werden von Osten und Westen kommen und mit Abraham, Isaak und Jakob im Himmelreich zu Tische sitzen“ (Mt 8,11). Christus selbst wird der Gastgeber sein; er wird sich gürten und jene, die er bei seinem Kommen wachend findet, zu Tische bitten und sie bedienen (Lk 12,37). Selig, wer im Reiche Gottes am Mahle teilnehmen darf (Lk 14,15). Das Gleichnis vom königlichen Hochzeitsmahl (Mt 22,1-14), zu dem die Leute von der Straße geladen werden, während die zuerst Geladenen ein schreckliches Schicksal erleiden, schildert mit besonderer Eindringlichkeit den Entscheidungscharakter und die Gnadenhaftigkeit des Mahles.

Das Bild vom endzeitlichen Mahl erscheint dann an verschiedenen Stellen der Offenbarung des Johannes: Wer die Stimme Christi hört und ihm die Tür öffnet, darf am eschatologischen Mahl teilnehmen (3,20). Selig, wer zum Hochzeitsmahl des Lammes geladen ist (19,9).

Das Festmahl enthält verschiedene Motive für das endgültige Heil im Himmel: Das ewige Leben ist reines Geschenk Gottes. Im Mahl erleben wir die Gemeinschaft mit dem Gastgeber und die Gemeinschaft untereinander. Die Not, die wir auf Erden in Hunger und Durst so bitter erfahren, wird für immer behoben sein.

12.4.2 Die Stadt

Mit dem Bild vom Mahl verbindet sich in der Offenbarung des Johannes das Bild von der Stadt, der heiligen Stadt des neuen Jerusalem (21,9-22,5): „Ich sah die heilige Stadt, das neue Jerusalem, von Gott her aus dem Himmel herabkommen; sie war bereit wie eine Braut, die sich für ihren Mann geschmückt hat“ (21,2). Es ist eine Stadt von Gold und Edelsteinen, eine Stadt des vollendeten Ebenmaßes, eine Stadt, deren Licht und Tempel Gott selber ist. Diese Stadt bedarf weder der Sonne noch des Mondes, weil sie von der Herrlichkeit Gottes erleuchtet wird. Nur jene, die im Buch des Lebens eingetragen sind, dürfen in die Stadt einziehen. Bewässert wird diese Stadt vom Strom des Lebens, der vom Thron Gottes und des Lammes kommt. In ihrer Mitte steht der Baum des Lebens, der jeden Monat Früchte bringt.

Wie in der gesamten Antike, so ist die Stadt auch in der Bibel ein beliebtes Symbol der Hoffnung, der Geborgenheit und der Gemeinschaft. In der Stadt erlebt der Mensch die Überwindung des barbarischen Urzustandes und die Kulturgestalt seines Daseins. Für den Menschen unserer Tage ist freilich die Stadt auch der Ort des Grauens, der Verwüstung und des Todes. Im Blick auf die Ruinen und die wieder aufgebauten Städte erwächst somit die Hoffnung auf die himmlische Stadt Jerusalem, wo der Mensch endgültig Heil und Geborgenheit erleben darf.

12.4.3 Die Paradiesesmotive

Wenn nach dem Zeugnis der Hl. Schrift auch die Endzeit nicht schlechthin als Wiederkehr des Urstandes verstanden wird, so dienen doch die Paradiesesmotive in vielfältiger Weise zur Beschreibung des endgültigen Heiles für den einzelnen Menschen, die Menschheit und die ihr zugeordnete heile Welt. In der vorchristlichen Apokalyptik begegnet der Gedanke, daß das Paradies der Urzeit (Gen 2,4 b-25) und das Paradies der Endzeit identisch sind.

Das verödete Land wird zum Garten Eden werden. Die zerstörten Städte werden wieder befestigt und bewohnt (Ez 36,35). Es wird der Friede unter den Tieren, zwischen Wolf und Lamm, eintreten. Man tut nichts Böses mehr und begeht kein Verbrechen auf dem heiligen Berg. Das Land ist erfüllt von der Erkenntnis Gottes, sowie das Meer mit Wasser gefüllt ist (Jes 11,6 f; 65,25). Man wird aus Schwertern Pflugscharen und aus Lanzen Winzermesser schmieden. Man zieht nicht mehr das Schwert, Volk gegen Volk, und übt nicht mehr für den Krieg (Jes 2,4). Gott selbst wird einen neuen Himmel und eine neue Erde erschaffen, auf der es kein Weinen und Klagen mehr geben wird (Jes 65,17 f).

Als Stätte des geöffneten Paradieses wird in der jüdischen Apokalyptik fast ausschließlich die Erde, näherhin das neue Jerusalem, genannt. Als wichtigste Gaben des Paradieses werden die Früchte des Lebensbaumes, das Wasser und das Brot des Lebens, das Hochzeitsmahl und die Gemeinschaft mit Gott genannt.

Das Paradies wird als der gegenwärtige Aufenthaltsort der verstorbenen Erzväter, der Auserwählten und Gerechten verstanden. Dieser Gedanke begegnet im Neuen Testament im Worte Jesu an den rechten Schächer (Lk 23,43). Auch Paulus berichtet davon, daß er in das Paradies entrückt wurde, das sich im dritten Himmel befindet (2 Kor 12,4 f).

Wenn auch in der Botschaft Jesu vom Gottesreich das Wort Paradies nicht auftaucht, so läßt sich doch ein Zusammenhang zwischen dem angekündeten Heil und den Paradiesesmotiven herstellen. Nach der Meinung mancher Exegeten[108] kann man dies aus Mk 1,13 entnehmen, wo im Zusammenhang der Versuchung Jesu gesagt wird, daß Jesus mit den wilden Tieren zusammenlebt und ihm die Engel dienen. Im Sinne einer antithetischen Adam-Christus-Parallele besagt die Stelle: Zum Paradies der Urzeit gehören der Friede zwischen Mensch und Tier und der Friede unter den Tieren. Nach seinem Fall wird Adam aus dem Paradiesesgarten vertrieben, die Erde wird zur Wüste; die Engel bewachen den Zugang zum Paradiesesgarten. Christus wird in der Wüste vierzig Tage versucht und überwindet den Satan. Dieser Sieg wird dadurch sichtbar, daß er ohne Schaden mit den

[108] Vgl. R. Pesch, Das Markusevangelium 1. Teil (HThK 2,1), Freiburg – Basel – Wien 1976, 95-96.

wilden Tieren zusammensein kann. Diese wilden Tiere, die als dämonische Mächte nicht nur zur Wüste, sondern auch zum Satan gehören (vgl. Offb 13), gehorchen ihm. Die Engel sind zu seinem Dienste bestellt. Jesus, der zweite Adam, erschließt das Paradies, das der erste Adam verloren hat, neu.

Paradiesesmotive für das endzeitliche Heil begegnen dann vor allem in der Offenbarung des Johannes. In seinem Schreiben an die Gemeinde von Ephesus wird dem Sieger das Essen vom Baum des Lebens, der im Paradiese steht, verheißen (2,7). Auch ohne Verwendung des Wortes Paradies wird der Gottesgarten als Inbegriff der Vollendungsherrlichkeit geschildert. So wird das endzeitliche Jerusalem als Paradies verstanden, wie der Hinweis auf das Wasser des Lebens (22,1), die Vernichtung der alten Schlange (20,2), die Freiheit von Leid, Not und Tod (21,4) zeigen. Die Stätte dieses endzeitlichen Paradieses ist das Jerusalem der erneuerten Erde (21,2.10), das mit allen Farben der Apokalyptik geschildert wird (21,2 f).

Der Gedanke, daß mit Christus das endzeitliche Paradies gekommen ist, steht auch im Hintergrund der Stellen des Johannesevangeliums, die Christus als das Brot des Lebens (6,35.48.51) oder das Wasser des Lebens (4,10; 7,38) bezeichnen.

Die Bilder vom Mahl, von der Stadt und die Paradiesesmotive enthalten die schon öfter erwähnte Aussage, daß *der ganze Mensch und mit ihm die Menschheit* nach der Auferstehung der Toten das endgültige Heil auf einer neuen, einer erneuerten Erde erlangen werden. Als Ort des Heiles wird der Himmel genannt, der als überirdischer Ort verstanden wird. Im Heil sein heißt, dorthin aufsteigen, wo Gott und Christus wohnen. Es gibt aber ebenso deutlich die andere Vorstellung, daß *die Erde dadurch zur verklärten Erde wird*, daß sich der Himmel auf die Erde senkt.

12.5 Die kirchliche Tradition

12.5.1 Die selige Schau und der selige Genuß

Wie bereits früher dargestellt wurde, wird durch die Begegnung des Christentums mit der hellenistischen Geisteswelt und der Übernahme der griechischen Seelenvorstellung eine ausgeprägte Lehre vom Zwischenzustand entwickelt, in dem sich nach dem Verständnis der abendländischen Theologie ewiges Heil und Unheil ereignen (vgl. oben 6.). Sinngemäß wird dann die Seligkeit des Himmels auf die beiden Seelenkräfte, den Verstand und den Willen, bezogen, so daß man von einer seligen Schau und einem seligen Genuß reden kann.

Für dieses Verständnis der Seligkeit als Gottesschau bietet das Neue Testament verschiedene Hinweise: „Selig, die reinen Herzens sind, sie werden Gott schauen" (Mt 5,8). „Wir werden schauen von Angesicht zu Angesicht" (1 Kor 13,12). „Noch wandeln wir im Glauben, nicht im Schauen" (2 Kor 5,7). „Ohne Heiligung wird keiner den Herrn schauen" (Hebr 12,14). „Wir werden ihn sehen, wie er ist" (1 Joh 3,2). „Sie werden sein Angesicht schauen und sein Name ist auf ihre Stirn geschrieben ... Der Herr, ihr Gott, wird ihnen leuchten, und sie werden herrschen in alle Ewigkeit" (Offb 22,4-5).

Im Blick auf diese Aussagen des Neuen Testamentes spricht *Augustinus* davon, daß die Seligen des Himmels das unveränderliche Wesen Gottes in ihrer Schau so umfassen, daß sie es schauend und liebend allem vorziehen und so zum Maß für ihr Urteil über alles andere machen und von ihm her all ihr Handeln bestimmen. Alles wird offenbar sein ohne jeden Irrtum, ohne jede Unkenntnis, das Körperliche, das Geistige, das Verstandesmäßige jeweils in seiner inneren Anordnung, in seiner vollen ungeschmälerten Natur und in seiner vollkommenen Seligkeit.

In der Theologie der mittelalterlichen *Scholastik* wird die Lehre Augustins übernommen und nach zwei verschiedenen Richtungen entfaltet. Dabei geht es um die Kontroverse, ob die himmlische Seligkeit mehr *affektiv-emotional* als radikale *Liebe* oder *theoretisch-intellektuell* als *Schau* zu verstehen ist. Die Thomisten vertreten die Meinung, daß die Schau, die durch das von Gott verliehene Licht der Herrlichkeit (*lumen gloriae*) ermöglicht wird, formell und primär ein Akt des Erkennens ist, auf den die Liebe folgt. Die *Skotisten* dagegen meinen, daß die Seligkeit formell und primär ein Akt der Liebe ist, der vom Erkennen erhellt ist.

Wenn auch beide Schulen einen wichtigen Gesichtspunkt in den Vordergrund stellen, so wird man doch sagen können, daß die Seligkeit des Himmels sich in jener Tiefe des menschlichen Geistes vollzieht, in der Erkennen und Wollen noch nicht zu zwei gesonderten Tätigkeiten auseinandergetreten sind. Die Gottesschau ist damit ein vom Erkennen erleuchteter Akt der Liebe und ein von der Liebe durchglühter Akt des Erkennens.

Weil Gott das Geheimnis schlechthin ist, und die Grenze zwischen Gott und Geschöpf auch im Himmel nicht aufgehoben wird, können die Seligen des Himmels Gott schauen, ihn aber nicht durchschauen. Allein Gott kann sein eigenes Wesen durchschauen. Für die Geretteten gilt im Verständnis der traditionellen Dogmatik: *Beati vident Deum infinitum, sed non infinite, Deum totum, sed non totaliter* (die Seligen schauen den unendlichen Gott, aber nicht auf unendlicher Weise, sie schauen den ganzen Gott, aber sie durchschauen ihn nicht gänzlich).

In unserer Zeit hat *K. Rahner*[109] darauf hingewiesen, daß die Gottesschau nicht eine Beseitigung oder Abschwächung des Geheimnisses Gottes ist, sondern die absolute Nähe des bleibenden Geheimnisses. Weil für den Erdenpilger das Geheimnis Gottes nur im Modus der abweisenden Ferne gegeben ist, kann sich der Mensch auf Erden über den Charakter Gottes als eines absoluten Geheimnisses hinwegtäuschen. Für die Seligen des Himmels ist dies nicht mehr möglich, weil für sie das Geheimnis Gottes radikal nahe ist.

Mit der seligen Schau und dem damit verbundenen Genuß verbindet sich im Sinne der scholastischen Theologie die *Unsündlichkeit* des Menschen. Weil die Seele des Menschen mit allen Kräften auf Gott hingeordnet ist, kann sie sich nicht mehr durch die Sünde von ihm abwenden. Wenn die Seligkeit des Himmels auch von Anfang an eine endgültige ist, so wächst sie doch extensiv und intensiv entsprechend der Gnade, die das menschliche Wesen erfüllt, ohne je an ihr Ende zu kommen, weil alles Endliche das Unendliche nie und in nichts erreichen kann.

[109] Über den Begriff des Geheimnisses in der katholischen Theologie, ders., Schriften IV, 76

Kirchliche Lehraussagen über das ewige Heil des Menschen

Dokument	Aussage	Text im DH
Konzil von Vienne	Seligkeit ist Schau Gottes	895
„Benedictus Deus“	Seligkeit ist Genuß (fruitio) des Wesens Gottes	1000
Konzil von Florenz	Die Gotteschau erfolgt nach den Verdiensten (pro meritorumdiversitate)	1305
5. Laterankonzil		800
1. Vatikankonzil	Auch für die Seligen ist Gott unbegreiflich	3001

12.5.2 *Die kirchlichen Lehrentscheidungen*

Die Lehrentscheidungen der Kirche über die Seligkeit des Himmels wurden zum Teil bereits bei der Darstellung der Lehre über den Zwischenzustand genannt. Die dogmatische Konstitution „*Benedictus Deus*“ des Papstes Benedikt XII. aus dem Jahre 1336 lehrt: „Die Seelen aller Heiligen sind auch vor der Auferstehung ihres Leibes und dem allgemeinen Gericht im Himmel und schauen die göttliche Wesenheit in intuitiver Schau von Angesicht zu Angesicht, ohne daß irgend ein Geschöpf sich als Mittel und eigentlich geschauter Gegenstand dazwischen stellt; vielmehr zeigt sich ihnen die göttliche Wesenheit unmittelbar und bloß, klar und offen (*immediate et nude, clare et aperte*; DH 1000-1001).

Das Konzil von Florenz (1439) fügt hinzu, daß die Schau der Seligen ihren Verdiensten entsprechend eine verschiedene Vollkommenheit besitzt (DS 1305). Das Konzil von Trient (1547) nimmt im Dekret über die Rechtfertigung diesen Gedanken auf, wenn es sagt, daß die Gerechtfertigten die Vermehrung der Gnade, das ewige Leben und die Steigerung der himmlischen Glorie verdienen können (DH 1582).

Literatur in Auswahl

1. Systematische Darstellungen der Eschatologie:

Althaus, P.: Die christliche Wahrheit. Lehrbuch der Dogmatik, Gütersloh [6]1962.

Althaus, P.: Die Letzten Dinge. Lehrbuch der Eschatologie, Gütersloh [9]1964.

Auer, J.: „Siehe, ich mache alles neu." Der Glaube an die Vollendung der Welt, Regensburg 1984.

Bachl, G.: Über den Tod und das Leben danach, Graz 1980.

Finkenzeller, J.: Was kommt nach dem Tod? Eine Orientierungshilfe für Unterricht, Verkündigung und Glaubensgespräch, München [2]1979.

Finkenzeller, J.: LKDog ([3]1991) Artikel: Antichrist, Apokatastasis, Auferstehung der Toten, Chiliasmus, Eschatologie, Eschatologische Konzeptionen, Ewiges Leben, Gericht, Himmel, Hölle, Naherwartung, Parusie, Purgatorium, Reich Gottes, Tod, Unsterblichkeit, Zeit, Zukunft, Zwischenzustand.

Hattrup, D.: Eschatologie, Paderborn 1992.

Kehl, M.: Eschatologie, Würzburg 1986.

Küng, H.: Ewiges Leben?, München 1982.

Libanio, J. B., Lucchetti-Bingemer, M. C.: Christliche Eschatologie, Düsseldorf 1987

Marquardt, F.-W.: Was dürfen wir hoffen, wenn wir hoffen dürfen? Eine Eschatologie. Bd. I, Gütersloh 1993.

MySal: Bd. 5, Zwischenzeit und Vollendung der Heilsgeschichte, Einsiedeln 1976. Beiträge von H. Vorgrimler, Ablaß und Fegfeuer; K. Rahner, Das christliche Sterben; Chr. Schütz, Allgemeine Grundlegung der Eschatologie; H. Groß und K. H. Schelkle, Grundzüge biblischer Eschatologie; W. Breuning, Systematische Entfaltung der eschatologischen Aussagen.

Nocke, F. J.: Eschatologie, Düsseldorf [4]1991.

Pannenberg, W.: Die Vollendung der Schöpfung im Reiche Gottes: Systematische Theologie III, Göttingen 1993, 569 – 694.

Ratzinger, J.: Eschatologie – Tod und ewiges Leben (KKD 9) Regensburg [6]1990.

Schmaus, M.: Von den Letzten Dingen, Regensburg – Münster 1948.

Schmaus, M.: Katholische Dogmatik IV/2, München [5]1959.

Schmaus, M.: Der Glaube der Kirche. Handbuch Katholischer Dogmatik. Bd. 2, München 1970.

Schmaus, M.: Der Glaube der Kirche. Bd. VI/2: Gott der Vollender, St. Ottilien [2]1982.

Vorgrimler, H.: Hoffnung auf Vollendung, Aufriß der Eschatologie, Freiburg 1980.

Winklhofer, A.: Das Kommen seines Reiches. Von den Letzten Dingen, Frankfurt a. M. 1959.

2. Dogmengeschichtliche Werke zur Eschatologie:

Daley, B., Schreiner, J., Lona, H. E.: Eschatologie in der Schrift und Patristik (HDG IV, 7 a), Freiburg – Basel – Wien 1986.

Escribano-Alberca I.: Eschatologie. Von der Aufklärung bis zur Gegenwart (HDG IV, 7 d), Freiburg – Basel – Wien 1987.

Le Goff, J.: Die Geburt des Fegfeuers, Stuttgart 1984 (München 1990).

Jezler, P. (Hg.): Himmel, Hölle, Fegfeuer. Das Jenseits im Mittelalter, München ²1994.
Kunz, E.: Protestantische Eschatologie. Von der Reformation bis zur Aufklärung (HDG IV, 7 c, 1), Freiburg – Basel – Wien 1980.
Ott, L.: E. Naab, Eschatologie in der Scholastik (HDG IV, 7 b), Freiburg – Basel – Wien 1990.
Schäfer, Ph.: Eschatologie. Trient und Gegenreformation (HDG IV, 7 c, 2), Freiburg – Basel – Wien 1984.
Stuiber, A.: Refrigerium interim, Bonn 1957.
Weber, H. J.: Die Lehre von der Auferstehung der Toten in den Haupttraktaten der scholastischen Theologie, Freiburg – Basel – Wien 1973.

3. Untersuchungen zu Einzelfragen der Eschatologie:

Adler, G.: Seelenwanderung und Wiedergeburt. Leben wir nicht nur einmal?, Freiburg ²1986.
Ahlbrecht, A.: Tod und Unsterblichkeit in der evangelischen Theologie der Gegenwart, Paderborn 1964.
Ambaum, J.: Hoffnung auf eine leere Hölle – Wiederherstellung aller Dinge? H. U. von Balthasars Konzept der Hoffnung auf das Heil: IKaZ 20 (1991) 33-46.
Ariès, P.: Studien zur Geschichte des Todes im Abendland, München 1976.
Balthasar, H. U von: Eschatologie: Fragen der Eschatologie heute. Hg. v. J. Feiner u.a., Einsiedeln 1957, 403-421.
Balthasar, H. U. von: Gericht: IKaZ 9 (1980) 227-235.
Balthasar, H. U. von: Was dürfen wir hoffen?, Einsiedeln 1986.
Baudler, G.: Jesus und die Hölle. Zum religionspädagogischen und pastoraltheologischen Umgang mit den Bildern der Gehenna: ThG(B) 34 (1991) 163–174.
Beinert, W.: Ich glaube an die Auferstehung der Toten: Th PQ 125 (1977) 348-367.
Beinert, W. (Hg.): Einübung ins Leben – der Tod. Der Tod als Thema der Pastoral, Regensburg 1986.
Benoit, P.: Auferstehung am Ende der Zeiten oder gleich nach dem Tod?: Conc(D) 6 (1970) 719-724.
Berg, W.: Jenseitsvorstellungen im Alten Testament mit Hinweisen auf das frühe Judentum: A. Gerhards (Hg.) Die größere Hoffnung der Christen, Freiburg 1990, 28-58.
Binder, K.: Die wichtigsten Lehrunterschiede zwischen der katholischen und der orthodoxen Kirche: E. von Ivánka (Hg.), Seit neunhundert Jahren getrennte Christenheit, Wien 1962, 13-54.
Biser, E.: Dasein auf Abruf. Tod als Schicksal, Versuchung und Aufgabe, Düsseldorf 1981.
Blain, L.: Zwei Philosophien um die Hoffnung: die von G. Marcel und die von E. Bloch: Conc(D) 6 (1970) 641-646.
Bloch, E.: Das Prinzip Hoffnung, Frankfurt a.M. 1959.
Boff, L.: Was kommt nachher? Das Leben nach dem Tod, Salzburg 1982.
Boismard, M. E.: Unser Sieg über den Tod nach der Bibel: Conc(D) 11 (1975) 340-345.
Boros, L.: Mysterium mortis. Der Mensch in der letzten Entscheidung, Olten ⁵1966.
Boros, L.: Hat das Leben einen Sinn?: Conc(D) 6 (1970) 674-678.
Breid F. (Hg.): Die Letzten Dinge, Steyr 1992.
Breuning, W.: Zur Lehre von der Apokatastasis: IKaZ 10 (1981) 19-31.
Breuning, W. (Hg.): Seele. Problembegriff christlicher Eschatologie, Freiburg 1986.
Brox, N.: Die frühchristliche Debatte um die Seelenwanderung: Conc(D) 29 (1993) 427-430.
Bürkle H. (Hg.): New Age, Kritische Anfragen an eine verlockende Bewegung, Düsseldorf 1988.
Carrez, M.: Mit was für einem Leibe stehen die Toten auf?: Conc(D) 6 (1970) 713-718.

Cerfaux, L.: Christus in der paulinischen Theologie, Düsseldorf 1964.
Choron, J.: Der Tod im abendländischen Denken, Stuttgart 1967.
Cody, A.: „Himmel" im Neuen Testament: Conc(D) 15 (1979) 156-161.
Congar, Y.: Das Mysterium des Todes, Frankfurt a.M. 1955.
Crespy, G.: Der Gott für uns, Weltbild und Theologie nach Teilhard de Chardin, Stuttgart 1968.
Cullmann, O.: Unsterblichkeit der Seele oder Auferstehung der Toten? Antwort des Neuen Testamentes, Stuttgart 1964.
Deissler, A.: Was wird am Ende der Tage geschehen? Biblische Visionen der Zukunft, Freiburg 1991.
Dexinger, F. (Hg.): Tod – Hoffnung – Jenseits. Dimension und Konsequenzen biblisch verankerter Eschatologie, Wien 1983.
Doniger, W.: Reinkarnation im Hinduismus: Conc(D) 29 (1993) 380-388.
Dubarle, A. M.: Die Erwartung einer Unsterblichkeit im Alten Testament und im Judentum: Conc(D) 6 (1970) 685-691.
Eggenberger O. u.a.: New age – aus christlicher Sicht, Freiburg i. Schw. [2]1987.
Finkenzeller, J.: Die Auferstehung Christi und unsere Hoffnung: Die Frage nach Jesus. Hg. v. A. Paus, Graz 1973, 181-270.
Finkenzeller, J.: Die „Seele" im Verständnis der Philosophie und Theologie. Zum Verhältnis von Anthropologie und Eschatologie: W. Baier u.a. (Hg.), Weisheit Gottes-Weisheit der Welt I (FS J. Kard. Ratzinger), St. Ottilien 1987, 277-291.
Fleischhack, E.: Fegfeuer. Die christlichen Vorstellungen vom Geschick der Verstorbenen geschichtlich dargestellt, Tübingen 1969.
Füglister, N.: Die Entwicklung der universalen und individuellen biblischen Eschatologie in religionsgeschichtlicher Sicht: F. Dexinger (Hg.) Tod – Hoffnung – Jenseits, Wien 1983, 17-40.
George, A.: Das Gericht Gottes. Interpretationsversuch zu einem eschatologischen Thema: Conc(D) 5 (1969) 3-9.
Gerhards, A.: (Hg.): Die größere Hoffnung der Christen. Eschatologische Vorstellungen im Wandel (QD 127), Freiburg – Basel – Wien 1990.
Giesen, H.: Naherwartung im Neuen Testament?: ThG(B) 30 (1987) 151-164.
Gläßer, A.: Konvergenz. Die Struktur der Weltsumme Pierre Teilhards de Chardin, Kevelaer 1970.
Gnilka, J.: Ist 1 Kor 3,10-15 ein Schriftzeugnis für das Fegfeuer? Eine exegetisch-historische Untersuchung, Düsseldorf 1955.
Gnilka, J.: „Parusieverzögerung" und Naherwartung in den synoptischen Evangelien und in der Apostelgeschichte: Cath(M) 13 (1959) 277-290.
Gnilka, J.: Exkurs: syn Christo einai: Der Philipperbrief (HThK 10/3), Freiburg – Basel – Wien 1968, 76-93.
Gnilka, J.: Die Auferstehung des Leibes in der modernen exegetischen Diskussion: Conc(D) 6 (1970) 732-738.
Gnilka, J.: Exkurs: Die Eschatologie: Der Epheserbrief (HThK 10/2), Freiburg – Basel – Wien, 1971, 122-128.
Greiner, S.: „Auferstehung im Tod." Überlegungen zu einer aktuellen Diskussion: IKaZ 19 (1990) 432-443.
Greshake, G.: Auferstehung der Toten. Ein Beitrag zur gegenwärtigen theologischen Diskussion über die Zukunft der Geschichte, Essen 1969.
Greshake, G.: Endzeit und Geschichte. Zur eschatologischen Dimension in der heutigen Theologie: HerKorr 27 (1973) 625-634.
Greshake, G.: Die Alternative „Unsterblichkeit der Seele" oder „Auferstehung der Toten" als ökumenisches Problem: ThPQ 123 (1975) 13-21.

Greshake, G.: Tod und Auferstehung (CGMG 5), Freiburg – Basel – Wien 1980, 63-130.
Greshake, G.: „Seele“ in der Geschichte der christlichen Eschatologie. Ein Durchblick: W. Breuning (Hg.), Seele. Problembegriff christlicher Eschatologie, Freiburg 1986, 107-158.
Greshake, G. (Hg.): Ungewißes Jenseits? Himmel – Hölle – Fegfeuer, Düsseldorf 1986.
Greshake, G., Lohfink, G.: Naherwartung – Auferstehung – Unsterblichkeit. Untersuchungen zur christlichen Eschatologie (QD 71), Freiburg – Basel – Wien [4]1982.
Greshake. G., Kremer, J.: Resurrectio mortuorum. Zum theologischen Verständnis der leiblichen Auferstehung, Darmstadt 1986.
Guggenberger, A.: Christus und das Selbstverständnis des heutigen Menschen nach Teilhard de Chardin: Teilhard de Chardin. Philosophische und theologische Probleme seines Denkens, Würzburg 1967, 89-124.
Haag, E.: Seele und Unsterblichkeit in biblischer Sicht: W. Breuning (Hg.), Seele. Problembegriff christlicher Eschatologie, Freiburg 1986, 31-93.
Heijke, J.: Reinkarnationsglaube in Afrika. Conc(D) 29 (1993) 404-409.
Heiler, F.: Urkirche und Ostkirche, München 1937.
Hoffmann, P.: Die Toten in Christus. Eine religionsgeschichtliche und exegetische Untersuchung zur paulinischen Eschatologie, Münster 1966.
Hünermann. P. (Hg.): Sterben, Tod und Auferstehung. Ein interdisziplinäres Gespräch, Düssseldorf 1984.
Ivánca, E. von u.a. (Hg.), Handbuch der Ostkirchenkunde, Düsseldorf 1971.
Joest, W.: Dogmatik. Bd. 2. Der Weg Gottes mit dem Menschen, Göttingen 1986.
Jüngel, E.: Tod, Gütersloh [3]1985.
Karmiris, J. N.: Abriß der dogmatischen Lehre der orthodoxen katholischen Kirche: P. Bratsiotis (Hg.), Die orthodoxe Kirche in griechischer Sicht. 1. Teil, Stuttgart 1959, 15-120.
Kegel, G.: Auferstehung Jesu – Auferstehung der Toten. Eine traditionsgeschichtliche Untersuchung zum Neuen Testament, Gütersloh 1970.
Kehl, M.: Hoffnung auf ein „Neues Zeitalter“? Die gegenwärtige Herausforderung der christlichen Eschatologie durch „New Age“: A. Gerhards (Hg.), Die größere Hoffnung der Christen, Freiburg 1990, 108-130.
Kern, W.: Atheismus – Marxismus – Christentum. Beiträge zur Diskussion, Innsbruck [2]1979.
Khoury, A. Th.: Der Islam. Sein Glaube – seine Lebensordnung – sein Anspruch, Freiburg 1988.
Khoury, A. Th.: Die islamische Welt heute. Strömungen – Organisationen – Probleme: HerKorr 45 (1991) 258-263.
Khoury, A. Th, Hünermann P. (Hg.), Weiterleben nach dem Tode? Die Antwort der Weltreligionen, Freiburg 1985.
Kirk, P.: Tod und Auferstehung innerhalb einer anthropologisch gewendeten Theologie. Hermeneutische Studie zur individuellen Eschatologie bei Karl Rahner, Ladislaus Boros, Gisbert Greshake, Bad Honnef 1986.
Klauck, H.-J.: Weltgericht und Weltvollendung. Zukunftsbilder im Neuen Testament (QD 150), Freiburg – Basel – Wien 1994.
Kochanek, H.: (Hg.), Reinkarnation oder Auferstehung. Konsequenzen für das Leben, Freiburg 1992.
Kremer, J.: ... Denn sie werden leben. Sechs Kapitel über Tod, Auferstehung, Neues Leben, Stuttgart 1972.
Kröner, L.: Eschatologie bei Karl Marx? Untersuchungen zum Begriff „Eschatologie“ und seiner Verwendung in der Interpretation des Werkes von Karl Marx, Erlangen 1981.
Lehmann, K.: Was bleibt vom Fegfeuer?: IKaZ 9 (1980) 236-243.

Lichtenberger, H.: Auferweckung in der zwischentestamentlichen Literatur und rabbinischen Theologie: Conc(D) 29 (1993) 417-422.
Löning, K.: Auferweckung und biblische Apokalyptik: Conc(D) 29 (1993) 422-426.
Lotz, J. B.: Tod als Vollendung. Von der Kunst und Gnade des Sterbens, Frankfurt a.M. 1976.
Manser, J.: Der Tod des Menschen. Zur Deutung des Todes in der gegenwärtigen Philosophie und Theologie, Frankfurt a.M. 1977.
Minois, G.: Die Hölle. Zur Geschichte einer Fiktion, München 1994.
Moltmann, J.: Theologie der Hoffnung. Untersuchungen zur Begründung und zu den Konsequenzen einer christlichen Eschatologie, München 1969.
Moltmann, J.: Umkehr zur Zukunft, München 1970.
Müller, G. L.: „Fegfeuer". Zur Hermeneutik eines umstrittenen Lehrstücks in der Eschatologie: ThQ 166 (1986) 25-39.
Müller, J. u.a., New Age – aus christlicher Sicht, Freiburg i. Schw. [2]1987.
Müller-Goldkuhle, P.: Die Eschatologie in der Dogmatik des 19. Jahrhunderts, Essen 1966.
Mußner, F.: Was lehrt Jesus über das Ende der Welt?, Freiburg 1958.
Mußner, F.: Die Auferstehung Jesu, München 1969.
Pieris, A.: Reinkarnation im Buddhismus. Eine christliche Bewertung: Conc(D) 29 (1993) 389-393.
Rahner, K.: Zur Theologie des Todes. Mit einem Exkurs über das Martyrium, Freiburg 1959.
Rahner, K.: Zur Theologie der Zukunft, München 1971.
Rahner, K.: Grundkurs des Glaubens, Einführung in den Begriff des Christentums, Freiburg – Basel – Wien [6]1991 (Sonderausgabe).
Rahner, K.: Auferstehung des Fleisches: ders., Schriften II, 211-226.
Rahner, K.: Über den Begriff des Geheimnisses in der katholischen Theologie: ders., Schriften IV, 51-99.
Rahner, K.: Theologische Prinzipien der Hermeneutik eschatologischer Aussagen: ders., Schriften IV, 401-428.
Rahner, K.: Marxistische Utopie und christliche Zukunft des Menschen: ders., Schriften VI, 77-88.
Rahner, K.: Kleiner theologischer Traktat über den Ablaß: ders., Schriften VIII, 472-487.
Rahner, K.: Zur heutigen kirchenamtlichen Ablaßlehre: ders., Schriften VIII, 488-518.
Rahner, K.: Über die theologische Problematik der „Neuen Erde": ders., Schriften VIII, 580-592.
Rahner, K.: Immanente und transzendente Vollendung der Welt: ders., Schriften VIII, 593-609.
Rahner, K.: Die Frage nach der Zukunft: ders., Schriften IX, 519-540.
Rahner, K.: Zu einer Theologie des Todes: ders., Schriften X, 181-199.
Rahner, K.: Über den „Zwischenzustand": ders., Schriften XII, 455-466.
Rahner, K.: Fegfeuer: ders., Schriften XIV, 435-449.
Ratzinger, J.: Dogma und Verkündigung, München [3]1977.
Ratzinger, J.: Zur Theologie des Todes: Dogma und Verkündigung, München [3]1977, 277-296.
Ratzinger, J.: Auferstehung und ewiges Leben: ders., Dogma und Verkündigung, München [3]1977, 297-310.
Ratzinger, J.: Heilsgeschichte, Metaphysik und Eschatologie: ders., Theologische Prinzipienlehre, München 1982, 180-191.
Ratzinger, J.: Jenseits des Todes: IKaZ 1 (1972) 231-244.
Ratzinger, J.: Zwischen Tod und Auferstehung: IKaZ 9 (1980) 209-223.

Rebic, A.: Der Glaube an die Auferstehung im Alten Testament: IKaZ 19 (1990) 4-12.
Reinhardt, K.: Das Verständnis des Fegfeuers in der neueren Theologie: TThZ 96 (1987) 111-122.
Reisinger, F.: Der Tod im marxistischen Denken heute. Schaff-Kolakowski-Machovec-Prucha. Mit einem Vorwort von Iring Fetscher, München 1977.
Richter, K.: (Hg.), Der Umgang mit den Toten. Tod und Bestattung in der christlichen Gemeinde, Freiburg 1990.
Ruh, U.: Perspektiven der Eschatologie. Zur neueren Diskussion in der katholischen Theologie: HerKorr 33 (1979) 249-253.
Ruiz de la Péna, J. L.: Die Frage des „Zwischenzustandes". Die Diskussion um die „anima separata": ThG(B) 15 (1972) 94-97.
Sachs, J. R.: Die christliche Lehre vom Purgatorium: Conc(D) 29 (1993) 431-435.
Sauter, G.: Zukunft und Verheißung. Das Problem der Zukunft in der gegenwärtigen theologischen und philosophischen Diskussion, Zürich [2]1973.
Schaeffler, R.: Was dürfen wir hoffen? Die katholische Theologie der Hoffnung zwischen Blochs utopischem Denken und reformatorischer Rechtfertigungslehre, Darmstadt 1979.
Scheffczyk, L.: Das besondere Gericht im Lichte der gegenwärtigen Diskussion: Schol. 32 (1957) 526-541.
Scheffczyk, L.: Apokatastasis: Faszination und Aporie: IKaZ 14 (1985) 35-46.
Scherer, G.: Das Problem des Todes in der Philosophie, Darmstadt 1979.
Scherer, G.: Das Leib-Seele-Problem in seiner Relevanz für die individuelle Eschatologie: F. Dexinger (Hg.) Tod – Hoffnung – Jenseits, Wien 1983, 61-88.
Schmaus, M.: Krankheit und Tod als personaler Auftrag: Krankheit und Tod. Hg. v. K. Forster, München 1959, 47-86.
Schmied, A.: Ewige Strafe oder endgültiges Zunichtewerden? Neuere Überlegungen zum Thema „Hölle": ThG 18 (1975) 178-183.
Schmied, A.: Ewige Strafe oder endgültiges Zunichtewerden?: Grenzgebiete der Wissenschaft (3/1975) 121-133.
Schmied, A.: Ein Lösungsversuch zum Problem der Naherwartung. Fragen der Eschatologie: ThG(B) 19 (1976) 173-181.
Schmied, A.: Kritik an der Endentscheidungshypothese: ThG(B) 20 (1977) 175-180.
Schmied, A.: Rückkehr zur Übersetzung „Auferstehung des Fleisches" und die Frage der „Auferstehung im Tode": ThG(B) 29 (1986) 238-246.
Schmied, A.: Der Christ vor der Reinkarnationsidee: ThG(B) 31 (1988) 37-49.
Schnackenburg, R.: Das eschatologische Denken im Joh-Ev: Das Johannesevangelium II (HThK 4), Freiburg – Basel – Wien 1971, 530-544.
Schockenhoff, E.: Sterbehilfe und Menschenwürde. Begleitung zu einem „eigenen Tod", Regensburg 1991.
Schönborn, Chr.: „Auferstehung des Fleisches" im Glauben der Kirche: IKaZ 19 (1990) 13-29.
Schumacher, J.: Die New-Age-Bewegung als Anfrage an das Christentum: Christliches ABC heute und morgen, Bad Homburg 3/1989, 61-80.
Schützeichel, H.: Calvins Protest gegen das Fegfeuer: Cath(M) 36 (1982) 130-149.
Sonnemans, H.: Seele – Unsterblichkeit – Auferstehung. Zur griechischen und christlichen Anthropologie und Eschatologie, Freiburg 1984.
Sopata, M.: Zur Theologie des Todes, Frankfurt a.M. 1993.
Spörlein, B.: Die Leugnung der Auferstehung. Eine historisch-kritische Untersuchung zu 1 Kor 15, Regensburg 1971.
Stich, H.: Die Möglichkeit des Heilsverlustes in der neueren Theologie, Eschelbach 1982.

Stockmeier, P.: Patristische Literatur und kirchliche Lehrdokumente als Zeugen der historischen Entwicklung der Lehre von Himmel, Hölle, Fegfeuer und Jüngstem Gericht: F. Dexinger (Hg.), Tod – Hoffnung – Jenseits, Wien 1983, 41-60.
Stuiber, A.: Refrigerium Interim. Die Vorstellungen vom Zwischenzustand und die frühchristliche Grabeskunst, Bonn 1957.
Theuerer, W.: Kommt wirklich jemand in die Hölle?: ThG(B) 6 (1963) 232-234.
Theuerer, W.: Theologie und Zukunftsfrage heute: ThG(B) 16 (1973) 65-73.
Toolan, D. S.: Reinkarnation und moderne Gnosis: Conc(D) 29 (1993) 394-404.
Vögtle, A.: Das Neue Testament und die Zukunft des Kosmos, Düsseldorf 1970.
Vorgrimler, H.: Geschichte der Hölle, München 1993.
Wagner, H.: (Hg.), Ars moriendi. Erwägungen zur Kunst des Sterbens, Freiburg 1989.
Waldenfels, H.: (Hg.), Ein Leben nach dem Leben? Die Antwort der Religionen, Düsseldorf 1988.
Wetter, F.: Die Lehre Benedikts XII. vom intensiven Wachstum der Gottesschau, Rom 1958.
Wiederkehr, D.: Perspektiven der Eschatologie, Zürich 1974.
Wohlgschaft, H.: Hoffnung angesichts des Todes. Das Todesproblem bei Karl Barth und in der zeitgenössischen Theologie des deutschen Sprachraums, München 1977.
Zenger, E.: Das alttestamentliche Israel und seine Toten: K. Richter (Hg.), Der Umgang mit den Toten, Freiburg 1990, 132-152.
Ziegenaus, A.: Auferstehung im Tod: Das geeignetere Denkmodell?: MThZ 28 (1977) 109-132.

Wolfgang Beinert

Epilog

Der Himmel ist das Ende aller Theologie

I.

Zugänge zum Glauben zu eröffnen – das war die Absicht der vielen hundert Seiten, an deren Ende die Leserin, der Leser nun angelangt sind. Das letzte Lehrstück handelte vom Himmel als dem Ziel und der absoluten Zukunft derer, die sich in den österlichen Glauben, den wir in den allerersten Zeilen bekannt haben, hineinnehmen lassen.

Der Himmel ist in jeder Beziehung das Ende aller Theologie, mithin auch der Dogmatik. Was diese über ihn sagen können, steht nicht nur zufällig am Schluß jedweder Abhandlung und Reflexion über den christlichen Glauben, weil der heilsgeschichtliche Aufriß dieses eben systemimmanent verlangte. Himmel – das ist ein Bildwort für die endgültige und unwiderrufbare Gemeinschaft mit Gott, von der den niemand und nichts mehr trennen kann, welchem sie aus der Gnade der dreieinen Liebe geschenkt worden ist. Die vielen Traktate der Dogmatik mit ihrer biblischen Besinnung, ihrer geschichtlichen Verdeutlichung und ihrer spekulativen Durchdringung hatten kein anderes Motiv und keine andere Absicht, als zu zeigen: Vom allerersten Schöpfungshandeln Gottes bis zum alleräußersten Moment der Geschichte, die da in Gang gebracht wurde, ist diese Güte und diese Huld über diesem Werk. Es gibt für diese Welt keinen anderen Grund und keine tiefere Begründung als die Liebe. Wo man das in Frage stellt, verliert sie jeden Halt – und mit ihr auch Leben und Existenz jedes Menschen in ihr. Sie wäre grundlos, ortlos, sinnlos. Grundlos, ortlos und sinnlos ist dann auch unser Dasein.

Die dogmatische Besinnung hat unter diesem Aspekt eine wahrlich lebenswichtige Bedeutung für Individuum und Gemeinschaft. Glaubenszugänge schaffen bedeutet nun: Sinn ermöglichen, Gewißheit vermitteln, Lebensmut geben. Die Wende vom zweiten zum dritten Jahrtausend der christlichen Zeitrechnung ist tief geprägt durch existentielle Verunsicherung, die existentielle Angst gebiert. Man kann auf sie nur reagieren mit Verzweiflung, mit Fundamentalismus oder – mit dem Glauben. Der aber darf in der heutigen Situation, die unwiderruflich durch die Aufklärung, durch den Primat der Rationalität vor der Emotionalität, der Verantwortung vor der Aggression gestaltet worden ist und auch gestaltet werden muß, nicht anders denn als reflektierter Glaube, als Glaube unter dem Anspruch der Wissenschaft, als theologisch begründeter Glaube also, in den Einsatz zur Gestaltung der Zeit und als Therapie gegen ihre Übel eingebracht werden.

Diese Forderung macht das Geschäft der Dogmatik zur Mühsal für beide Seiten, für den Autor eines Traktates oder eines Buches zum einen, nicht minder zum anderen für die Adressaten, an die er sich wendet. Wissenschaft kann und darf vielleicht fröhlich, sie vermag kaum kurzweilig zu sein. Das jedenfalls trifft besonders dann zu, wenn es um Heil oder Unheil, Sinn oder Unsinn nicht da oder dort, sondern allenthalben und überall geht. Die Plackerei vermehrt sich, wenn eine –

auch die Zeit des Ersten oder Alten Testaments gehört für den Christen dazu – fast über drei Millenien reichende Auseinandersetzung mit der dogmatischen Thematik in Rechnung zu stellen, von ihr in Kenntnis zu setzen ist.

Wer mit Überzeugung sagen kann, daß er wisse, nichts zu wissen, muß erst sehr viel Wissen erworben haben. So kann auch nur der aus voller Einsicht von der Einfachheit des Glaubens sprechen, der sich seiner vollen Thematik und Problematik in anstrengendem Studium versichert hat. Wer eine Dogmatik wirklich gelesen und das Gelesene sich angeeignet hat, der versteht, daß sie im Grunde nur einen einzigen „Gegenstand" hat: Gottes dreifaltige Liebe. Sie vertritt in allen Sätzen nur eine einzige These: Gott ist ein menschenliebender Gott. Und sie hat nur einen einzigen Beweis dafür: Leben, Werk und Tod des Jesus von Nazaret. Sie verlangt darum nur eine Reaktion: „Mein Herr und mein Gott!" (Joh 20,28). Es ist das Bekenntnis des Thomas, des Patrons unserer hartgläubigen Zeit, angesichts des Auferstandenen. Ihre Einfachheit ist es, die Dogmatik so schwierig erscheinen läßt.

II.

Der Himmel ist das Ende der Theologie noch in einer weiteren Hinsicht, deutet sich in der eben berührten österlichen Geschichte an. Die Sinnspitze des Dogmas, haben wir gleich eingangs dieses Werkes betont, ist die Doxa, Dogmatik mithin eine Art Grammatik des Gotteslobes. Sie steht im Dienst des Dialoges des trinitarischen Gottes mit den Menschen, der Menschen mit Gott im Heiligen Geist durch unseren Herrn Jesus Christus. Er ist alles andere als abstrakt. Denn er beruht auf einer Erfahrung, die der erste Brief des Johannes als durch und durch sinnliche Erfahrung beschreiben kann: „Was von Anfang an war, was wir *gehört* haben, was wir mit unseren Augen *gesehen*, was wir *geschaut* und was unsere Hände *angefaßt* haben, das *verkünden* wir: das Wort des Lebens. Denn das Leben wurde offenbart; wir haben *gesehen* und bezeugen und verkünden euch das ewige Leben, das beim Vater war und uns offenbart wurde" (1 Joh 1,1f). Was Johannes sah, beschreibt er zu Beginn seines Evangeliums als „Herrlichkeit" (*doxa*). Sie ist uns bestimmt, so der genannte Brief, „aber was wir sein werden, ist noch nicht offenbar geworden" (1 Joh 23,2). Dogmatik ist also Weg zur doppelten Doxa – zum Gotteslob und um des Gotteslobes willen zur Gottesschönheit. Diese aber ist Gnade, Wahrheit und Fülle (Joh 1,14.16) – also für uns kaum erahnbar, kaum im Umriß zu sehen. Die Helle ist so groß, daß unser Auge geblendet wird. So muß auch die dogmatische Rede es mit dem Ungefähren, der stammelnden Umschreibung, der fragmentarischen Annäherung genug sein lassen. Das ist angesichts Gottes nicht wenig, aber es ist ein sich im Geringen bescheidendes Unternehmen. Vor der Wirklichkeit der reinen Gnade, die wir Leben mit Gott oder eben Himmel nennen, spürt die theologische Aussage ihre Grenzen in aller Härte.

Sie ist, so haben die Gelehrten des Mittelalters gern gesagt, *scientia* auf dem Weg zur *sapientia*, Wissenschaft zur Weisheit unterwegs – einer Weisheit, die ein Verkosten (*sapere*), ein Schmecken, eine Wahrnehmung mit allen Fähigkeiten des Sinnen- und Leibwesens Mensch ist, ein Ein- und Aufgehen in der göttlichen Herrlichkeit, in der gleichwohl der Mensch und durch die allein er zur vollen Verwirklichung seiner selbst kommt. Weil Gott Mensch geworden ist, dürfen wir ihm dies gelingend nachmachen, was einzig erstrebenswert für uns ist: Mensch werden. Demgegenüber ist jede Wissenschaft nur etwas Anfängliches, ein Versuch, eine Approximation an das Gemeinte – und sie bleibt es auch, so nicht der Wissenschaftler sich aufmacht und auf den Straßen seiner Disziplin vom Denken zum Schauen, vom Diskurs zur Mystik geht. Je näher er dem Himmel ist, um so mehr ist er seiner Wissenschaft gerecht geworden, indem er sie von der Weisheit umfangen sein läßt.

III.

In einem dritten Verständnis noch ist der Himmel das Ende der Theologie, zeigt sich also. Ende ist auch Ziel und Zweck. Wer Dogmatik treibt, kann sich nicht damit begnügen, genügsam im Gehäuse wie einst St. Hieronymus zu verharren, seiner selbst selig und fröhlich. „Was wir gesehen und gehört haben", fährt der erste Johannesbrief im Anschluß an die oben wiedergegebenen Sätze mit Nachdruck fort, „das verkünden wird auch euch, *damit auch ihr Gemeinschaft mit uns habt*" und „damit unsere Freude vollkommen ist" (1 Joh 1,3f). Zugang zum Glauben finden bedeutet: Zu dem Gott gelangen, der für alle Menschen Vater und Mutter zugleich ist, dessen Söhne und Töchter wir somit allesamt sind. Dogmatik ist Zeugnis und Verkündigung der Herrlichkeit des Himmels. Sie stiftet Gemeinschaft und Teilhabe – beides heißt griechisch: koinonia, lateinisch: communio. Beides ist innerstes Wesen der Kirche, wie gerade die Ekklesiologie der Neuzeit einsehen gelehrt hat. Um dessentwillen muß man Dogmatik treiben und schreiben, studieren und examinieren.

Noch einmal: Diese Pflicht lastet in diesen Jahren in einer besonderen Weise auf uns. Spätestens seit dem 17. Jahrhundert sind die christlichen Kirchen, die römisch-katholische in besonderer Weise, in Rückzugsgefechte verstrickt – gegen Atheismus und Säkularismus, Liberalismus und Materialismus; der -Ismen ist kein Ende. Und oft begegnet ihnen nur die ganz banale Gleichgültigkeit des Pfahlbürgers und in steigendem Maß die blanke Ignoranz. Die Postmoderne ist auch postchristlich. Es ist nachgerade eine Binsenwahrheit, daß sie das mitnichten friedlich gestellt hat. Das unruhige Herz des Augustinus pocht in der Brust des Zeitgenossen. Er sucht es nicht selten mit Psychopharmaka und Neuroleptika, mit Drogen und Alkohol, mit Esoterik oder Okkultismus zu besänftigen.

Warum sucht er nicht, wie weiland Hippos Bischof, in Gott die Ruhe? Weil sein Bodenpersonal, so pflegt er sich manchmal mokant auszudrücken, nicht überzeugend sei und den Weg zu ihm mehr verstelle denn freilege. Gerade der „Insider" der Kirche wird dafür Verständnis haben. Die Institution Gottes auf Erden tut vieles, um nur ja nicht plausibel zu wirken; und nicht selten meint sie noch, damit gefährlichem Opportunismus zu widerstehen. Aber das bloß Importune ist auch nicht schon schlankweg mit dem Evangelium identisch. Maßstab ist einzig und allein die kritische Offenheit für alle Wirklichkeit. Wenn Gott Urheber des Alls ist und wenn dieses als vielgestaltige Fülle existiert, dann können Menschen, die das wirklich glauben, nur grenzenlose Realisten sein. In der ältesten Urkunde des Neuen Testamentes gibt Paulus Anweisungen an die Gemeinden und ihre Leiter, die ihre Aktualität taufrisch bewahrt haben (1 Thess 5,16-22):

„Freut euch zu jeder Zeit!
Betet ohne Unterlaß!
Dankt für alles; denn das will Gott von euch, die ihr Christus Jesus gehört.
Löscht den Geist nicht aus!
Verachtet prophetisches Reden nicht!
Prüft alles, und behaltet das Gute!
Meidet das Böse in jeder Gestalt!"

Wesentliche und dringlichste Aufgabe der Dogmatik (und der gesamten Theologie) heute ist es, bei diesem Werk prüfender Katholizität des Denkens sich zu engagieren. Sie kann Glaubenszugänge nur erschließen, wenn sie in den Dialog mit allen Menschen guten Willens in weltweiter Ökumenizität tritt. Sie muß den neuen Wein in neue Schläuche füllen, die junge Liebe Gottes in frischer Sprache vermelden, in jungfräulicher Anmut die Menschen zu dem Himmel locken, in dem es weder Nacht noch Tod gibt.

Sie ist noch weit von diesem Ziel – auch die Darstellung, die nun schließt. Ihrer Verfasser Lohn wäre gegeben, wenn sie dennoch und trotz allem wenigstens diesem oder jenem Leser, der einen oder anderen Leserin die Barrieren zum Verstehen der christlichen Botschaft nieder (vielleicht auch nur niedriger) gelegt hätte.

IV.

Das österliche Geschehen war der Beginn der Glaubensgemeinschaft und des Bedenkens dieses Glaubens durch die Jahrhunderte. Wie das heute geschehen könnte, sollte gezeigt werden. Welche Freude es freisetzt, mag die Dichterin Marie Luise Kaschnitz (Diese drei Tage) uns zum guten Ende sagen:

„Zur Beerdigung meiner
Wünsche ich mir das Tedeum
Tedeum laudamus
Den Freudengesang
Unpassender-
Passenderweise

Denn ein Totenbett
Ist ein Totenbett mehr nicht
Einen Freudensprung
Will ich tun am Ende
Hinab hinauf
Leicht wie der Geist der Rose

Behaltet im Ohr
Die Brandung
Irgendeine
Mediterrane
Die Felsenufer
Jauchzend und donnernd
Hinab
Hinauf."

Personenregister

Das Personenregister erstellte Barbara Kastenbauer. Das Sachregister erarbeiteten B. Stubenrauch (Pneumatologie/Gesamtredaktion), G. Kraus (Gnadenlehre), G. Koch (Sakramentenlehre), J. Finkenzeller (Eschatologie)

Sachregister